Gernot Preusser
Romantik in der Filmmusik zwischen 2010 und 2019

acoustic studies düsseldorf

—
Herausgegeben von
Dirk Matejovski und Kathrin Dreckmann

Band 9

Gernot Preusser

Romantik in der Filmmusik zwischen 2010 und 2019

Fiktive Welten im Spannungsfeld von Mythos, Utopie und Leitmotivik

düsseldorf university press

Zugl.: Dissertation, Leuphana Universität Lüneburg, 2025 eingereicht unter dem Titel: „Mythen, Utopien und Leitmotive im Filmscore. Ästhetische und stilistische Romantizismen in der Filmmusik fiktiver Welten zwischen 2010 und 2019".

Diese Veröffentlichung wurde aus Mitteln des Publikationsfonds NiedersachsenOPEN, gefördert aus zukunft.niedersachsen, unterstützt.

ISBN 978-3-11-914429-2
e-ISBN (PDF) 978-3-11-221900-3
e-ISBN (EPUB) 978-3-11-221938-6
ISSN 2702-8658
e-ISSN 2702-8666
DOI https://doi.org/10.1515/9783112219003

Dieses Werk ist lizenziert unter der Creative Commons Namensnennung 4.0 International Lizenz. Weitere Informationen finden Sie unter https://creativecommons.org/licenses/by/4.0/.

Die Creative Commons-Lizenzbedingungen für die Weiterverwendung gelten nicht für Inhalte (wie Grafiken, Abbildungen, Fotos, Auszüge usw.), die nicht im Original der Open-Access-Publikation enthalten sind. Es kann eine weitere Genehmigung des Rechteinhabers erforderlich sein. Die Verpflichtung zur Recherche und Genehmigung liegt allein bei der Partei, die das Material weiterverwendet.

Library of Congress Control Number: 2025947834

Bibliografische Information der Deutschen Nationalbibliothek
Die Deutsche Nationalbibliothek verzeichnet diese Publikation in der Deutschen Nationalbibliografie; detaillierte bibliografische Daten sind im Internet über http://dnb.dnb.de abrufbar.

© 2026 bei den Autorinnen und Autoren, publiziert von Walter de Gruyter GmbH, Berlin/Boston, Genthiner Straße 13, 10785 Berlin
d | u | p düsseldorf university press ist ein Imprint der Walter de Gruyter GmbH.
Dieses Buch ist als Open-Access-Publikation verfügbar über www.degruyterbrill.com.

Einbandabbildung: Deliris/iStock/Getty Images Plus; NGUYEN THI NHI/iStock/Getty Images Plus; seamartini/iStock/Getty Images Plus
Satz: Integra Software Services Pvt. Ltd.

dup.degruyter.com
Fragen zur allgemeinen Produktsicherheit:
productsafety@degruyterbrill.com

Vorwort und Dank

Im Jahr 1995 stand ich als Junge im Musikgeschäft und kaufte von meinem Taschengeld meine erste CD: den Soundtrack zum Film *Braveheart*, komponiert von James Horner. Damit begann meine Reise in die Welt der Filmmusik. Bald darauf fing ich an, meine eigenen Playlists von Filmscores auszubauen, die mich durch zahlreiche Streifzüge in fiktive Welten begleiteten. Und Jahre später machte ich mein Hobby zum Beruf, wurde Musikberater in der Medienbranche und konnte mich von nun an professionell mit Filmmusik und anderen medialen Musikformen beschäftigen. Eine Leidenschaft, die mich bis heute nicht losgelassen hat.

Die vorliegende Schrift wäre ohne den tatkräftigen Beistand und die vielfältige Hilfe zahlreicher Menschen nicht zustande gekommen, weswegen ich folgenden Personen ausdrücklich danken möchte:

Michael Ahlers für die immer hilfsbereite, motivierende und unterstützende Betreuung durch alle Höhen und Tiefen der letzten fünf Jahre,

Frank Hentschel für ehrliche Kritik, wertvolles Korrektorat und konstruktive Verbesserungsvorschläge,

Stefan Drees für detailliertes Feedback, wesentliche Hinweise zu filmischen und musikalischen Vorbildern der Analysebeispiele und wichtige Literatur-Empfehlungen,

Monika Schoop (stellvertretend für das Institut für Kunst, Musik und ihre Vermittlung der Leuphana Universität Lüneburg) für die organisatorischen, administrativen und inhaltlichen Hilfestellungen,

Sandra Kerschbaumer und Romy Langeheine (stellvertretend für das DFG-Graduiertenkolleg „Modell Romantik" in Jena) für den inspirierenden Forschungsaufenthalt in Jena und hilfreiche Denkanstöße,

Maria Behrendt und Pascal Rudolph (stellvertretend für die Kieler Gesellschaft für Filmmusikforschung) für ihr aufrichtiges Interesse und den inhaltlichen Austausch,

Antje Tumat und das Doktorandenkolloquium des Musikwissenschaftlichen Seminars in Detmold/Paderborn für die freundliche Einladung und hilfreiche fachliche Diskussionen,

Susanne Hardt für gegenseitige kollegiale Unterstützung, Inspirationen und Austausch,

Melanie Fritsch für Erweiterungen des wissenschaftlichen Horizonts,

Malte Struckmann für nützliche Vorab-Beratungen,

Christoph Kuhlmann für wertvollen und professionellen Rat in Sound- und Produktionsfragen,

Nils, Michael, Benjamin, Kerstin und Elisabeth für tiefe, immersive Einblicke und weite Reisen in fiktive Welten sowie die ausdauernde Unterstützung,

und nicht zuletzt Melissa für unschätzbaren familiären Beistand und entscheidende Unterstützung, ohne die diese Studie nicht möglich gewesen wäre.

Inhaltsverzeichnis

Vorwort und Dank —— V

Verzeichnis der Abbildungen und Tabellen —— XIII

Verzeichnis der Noten-, Klang- und Videobeispiele —— XV

1   **Einleitung** —— **1**
1.1   Romantik-Modelle —— **1**
1.2   Hypothesen —— **5**
1.3   Forschungsgegenstand —— **7**
1.4   Vorgehensweise —— **8**

2   **Theorie I: Romantik** —— **11**
2.1   Termini: Romantik und Romantizismus —— **11**
2.2   Mythos —— **18**
2.2.1   Neue Mythologie —— **19**
2.2.2   Richard Wagners Mythoskonzeption —— **22**
2.2.3   Mythisches Weltbild —— **28**
2.3   Utopie —— **35**
2.3.1   Utopie und Romantik —— **35**
2.3.2   Utopie und Zeitlichkeit —— **38**
2.3.3   Utopie und Dystopie —— **41**
2.3.4   Utopie und Musik —— **43**
2.4   Exotismus —— **45**
2.5   Ästhetik —— **50**
2.5.1   Ästhetik des Erhabenen —— **51**
2.5.2   Universalpoesie —— **52**
2.5.3   Realitätsflucht und Kunstreligion —— **55**
2.5.4   Virtuosität und Geniekult —— **58**
2.5.5   Antimodernismus und Historismus —— **63**
2.6   Stilistik —— **65**
2.6.1   Inhalt über Form —— **65**
2.6.2   Programmmusik und Sinfonismus —— **67**
2.6.3   Volkslied —— **71**
2.6.4   Musikdrama und Leitmotivik —— **74**
2.6.5   Harmonik —— **86**
2.7   Kritik und Zwischenfazit —— **91**

3	**Theorie II: Film Music Studies — 94**	
3.1	Termini: Score, Source Music und Soundtrack — 95	
3.2	Historischer Überblick — 98	
3.2.1	Stummfilm-Ära und Hollywood-Sound — 99	
3.2.2	Renaissance des Orchestralismus und spätes 20. Jahrhundert — 104	
3.2.3	Besonderheiten in Deutschland und Europa — 109	
3.2.4	Entwicklungen im 21. Jahrhundert — 112	
3.3	Filmische Genres — 118	
3.3.1	Genres und mythische Räume — 119	
3.3.2	Fiktive Welten: Science-Fiction, Superhelden und Fantasy — 124	
3.4	Stilistische Bedingungen — 137	
3.4.1	Termini: Stil und Genre in der Musik — 137	
3.4.2	Stilistische Vielfalt — 138	
3.4.3	Stilistische Romantizismen — 141	
3.4.4	Filmmusikalische Eigenheiten — 148	
3.4.5	Filmmusik und Neue Musik — 153	
3.4.6	Filmmusik und Sounddesign — 154	
3.5	Musik in fiktiven Welten — 158	
3.5.1	Musik in filmischen Fantasy-Medien — 161	
3.5.2	Musik in filmischen Science-Fiction- und Superhelden-Medien — 173	
3.5.3	Gemeinsamkeiten und Unterschiede fiktiver Welten — 194	
3.6	Musik in Serialisierungen — 196	
3.6.1	Musik in Serien — 197	
3.6.2	Musik in filmischen Reihen der Franchise-Ära — 202	
3.7	Funktionale Bedingungen — 203	
3.7.1	Funktionale und Programmmusik — 205	
3.7.2	Funktionen und Genre-Theorie — 207	
3.7.3	Unterstützende Funktion — 209	
3.7.4	Erweiternde Funktion — 209	
3.7.5	Vermittelnde Funktion — 210	
3.7.6	Kommentierende Funktion — 211	
3.7.7	Kontrastierende Funktion — 213	
3.7.8	Mythenbildende Funktion — 213	
3.8	Kompositionstechniken — 217	
3.8.1	Underscoring — 218	
3.8.2	Mood-Technik — 219	
3.8.3	Leitmotiv-Technik — 223	
3.8.4	Baukasten-Technik — 227	
3.8.5	Kompilation und präexistente Musik — 229	

3.9	Produktionsbedingungen —— **232**	
3.9.1	Hollywoods Dominanz —— **232**	
3.9.2	Kommerzielle Musik-Film-Beziehungen —— **234**	
3.9.3	Selbstverständnisse von Filmkomponist*innen —— **236**	
3.9.4	Digitale Filmmusik-Produktion —— **237**	
3.9.5	Teamarbeit —— **240**	
3.9.6	Integration von Musik und Sound —— **242**	
3.10	Rezeption und Kritik —— **244**	
3.10.1	Rezeption und Wirkungspsychologie —— **245**	
3.10.2	Filmmusik und Popkultur —— **247**	
3.10.3	Filmmusik und Hochkultur —— **250**	
3.10.4	Exotismen und interkulturelle Bedingungen —— **255**	
3.10.5	Kritische Diskurse —— **259**	
3.11	Zwischenfazit —— **266**	
4	**Hauptstudie I: Inhaltsanalyse von Komponist*innen-Interviews —— 269**	
4.1	Vorgehensweise und Methodik —— **271**	
4.2	Auswahl der Interviews —— **272**	
4.3	Kategorienbildung —— **273**	
4.4	Kategorien-Zusammenfassungen —— **274**	
4.4.1	Produktionsprozesse —— **274**	
4.4.2	Musikalische Funktionen —— **290**	
4.4.3	Selbstverständnisse von Komponist*innen —— **296**	
4.4.4	Beziehungen und Vergleiche —— **311**	
4.4.5	Begriffe —— **317**	
4.4.6	Personen —— **318**	
4.5	Fallzusammenfassungen —— **318**	
4.5.1	Quincy Jones —— **319**	
4.5.2	Rachel Portman —— **319**	
4.5.3	Howard Shore —— **320**	
4.5.4	Hans Zimmer —— **321**	
4.5.5	Bear McCreary —— **322**	
4.5.6	Trent Reznor & Atticus Ross —— **324**	
4.5.7	Brian Tyler —— **325**	
4.5.8	Tom Holkenborg —— **325**	
4.5.9	Trevor Rabin —— **327**	
4.5.10	John Powell —— **327**	

4.5.11	Alexandre Desplat —— **329**	
4.5.12	Elliot Goldenthal —— **329**	
4.5.13	Henry Jackman —— **330**	
4.5.14	Mark Mothersbaugh —— **331**	
4.6	Reduktion und Typisierung —— **332**	
4.6.1	Typ A: Traditionelle Einzelgänger*innen —— **336**	
4.6.2	Typ B: Digitalisierte Künstler*innen —— **337**	
4.6.3	Typ C: Technisierte Sound-Producer —— **339**	
4.6.4	Typ D: Innovative Teamplayer —— **341**	
4.6.5	Bewertung und Einordnung —— **342**	
4.7	Zusammenhänge zwischen den Kategorien —— **347**	
4.8	Mixed Methods und weitere Erkenntnisse —— **351**	
4.9	Rückbezüge zur Forschungsfrage —— **360**	
4.9.1	Romantizismen —— **360**	
4.9.2	Filmmusikalische Bedingungen —— **375**	
4.10	Vorläufiges Romantik-Modell —— **395**	
4.11	Zwischenfazit —— **399**	
5	**Hauptstudie II: Filmmusikanalyse —— 402**	
5.1	Vorgehensweise und Methodik —— **403**	
5.1.1	Filmmusik-Analysen in der Forschungsliteratur —— **403**	
5.1.2	Hermeneutischer Ansatz —— **405**	
5.1.3	Klang-, Video- und Notenanalysen —— **406**	
5.1.4	Pragmatische Reduktion —— **408**	
5.1.5	Parameter und Analyse-Ebenen —— **409**	
5.2	Rückbezüge: Komponist*innen-Typen, Genre-Theorie und Romantik-Modell —— **413**	
5.3	Legitimation des ausgewählten Korpus —— **414**	
5.4	Analysebeispiel 1: *The Hobbit: An Unexpected Journey* —— **417**	
5.4.1	Vorab-Informationen —— **417**	
5.4.2	Synopse des Films —— **421**	
5.4.3	Score-Analyse —— **421**	
5.4.4	Rückbezüge und Auswertung —— **442**	
5.5	Analysebeispiel 2: *Thor: The Dark World* —— **445**	
5.5.1	Vorab-Informationen —— **445**	
5.5.2	Synopse des Films —— **452**	
5.5.3	Score-Analyse —— **453**	
5.5.4	Rückbezüge und Auswertung —— **473**	
5.6	Analysebeispiel 3: *Interstellar* —— **477**	
5.6.1	Vorab-Informationen —— **477**	

5.6.2	Synopse des Films —— **483**	
5.6.3	Score-Analyse —— **484**	
5.6.4	Rückbezüge und Auswertung —— **507**	
5.7	Analysebeispiel 4: *Solo: A Star Wars Story* —— **512**	
5.7.1	Vorab-Informationen —— **512**	
5.7.2	Synopse des Films —— **521**	
5.7.3	Score-Analyse —— **522**	
5.7.4	Rückbezüge und Auswertung —— **541**	
5.8	Ergebnisse und Vergleiche —— **545**	
5.8.1	Vergleichende Auswertung der Filmmusikanalysen —— **545**	
5.8.2	Rückbezüge: Komponist*innen-Typen und Romantik-Modell —— **562**	
5.9	Überarbeitetes Romantik-Modell —— **570**	

6   **Ergebnisse und Fazit —— 575**
- 6.1   Romantizismen und Romantik-Modell —— **575**
- 6.2   Komponist*innen-Typen —— **578**
- 6.3   Stilistische Einordnung: Gibt es einen Filmmusik-Sound? —— **581**
- 6.4   Genre-Diskussion und mythischer Raum —— **583**
- 6.5   Filmmusikalische Funktionen —— **584**
- 6.6   Rezeption und interkulturelle Bedingungen —— **585**
- 6.7   Beantwortung der Forschungsfragen —— **586**
- 6.8   Einordnung in den Forschungsstand —— **589**
- 6.9   Kritische Reflexion —— **592**
- 6.10   Ausblick —— **593**

Quellenverzeichnis —— 597

Anhang —— 621

Register —— 623

Verzeichnis der Abbildungen und Tabellen

Abbildungen

Abbildung 1	Genre-Grenzen und mythische Räume (Quelle: eigene Darstellung) —— **124**	
Abbildung 2	Filmmusikalische Konzepte in fiktiven Welten (Quelle: eigene Darstellung) —— **195**	
Abbildung 3	Die Dimensionen „funktional"–„autonom" und „absolut"–„Programm" (Quelle: eigene Darstellung auf Grundlage von Dahlhaus 1988 und Bullerjahn 2001) —— **206**	
Abbildung 4	Semantische Übersicht filmmusikalischer Funktionen (Quelle: eigene Darstellung auf Grundlage von Bullerjahn 2001; Scheurer 2008; Kloppenburg 2012/2015) —— **208**	
Abbildung 5	Dokumentlandkarte der analysierten Interviews (Quelle: MAXQDA nach eigener Codierung) —— **334**	
Abbildung 6	Dokumentlandkarte mit hypothetischen Typen (Quelle: MAXQDA / eigene Bearbeitung) —— **335**	
Abbildung 7	Komponist*innen-Typen und wesentliche Merkmale (Quelle: eigene Darstellung auf Grundlage der Inhaltsanalyse) —— **344**	
Abbildung 8	Codelandkarte von ausgesuchten Produktionsprozessen und Selbstverständnissen (Quelle: MAXQDA nach eigener Codierung) —— **348**	
Abbildung 9	Codelandkarte von Selbstverständnissen und musikalischen Funktionen (Quelle: MAXQDA nach eigener Codierung) —— **349**	
Abbildung 10	Statistik für Subkategorien der Kategorie Begriffe (Quelle: MAXQDA nach eigener Codierung) —— **351**	
Abbildung 11	Statistik für Subcodes der Kategorie Musikalische Begriffe nach Vorkommen in den 14 ausgewerteten Interviews (Quelle: MAXQDA nach eigener Codierung) —— **352**	
Abbildung 12	Statistik für Subcodes der Kategorie Mediale und künstlerische Begriffe nach Vorkommen in den 14 ausgewerteten Interviews (Quelle: MAXQDA nach eigener Codierung) —— **352**	
Abbildung 13	Statistik für Subcodes der Kategorie Personen (Quelle: MAXQDA nach eigener Codierung) —— **353**	
Abbildung 14	Statistik für Subcodes der Kategorie Personen nach Vorkommen in den 14 ausgewerteten Interviews (Quelle: MAXQDA nach eigener Codierung) —— **353**	
Abbildung 15	Anzahl vergebener Codes der Kategorie Produktionsprozesse (Quelle: MAXQDA nach eigener Codierung) —— **354**	
Abbildung 16	Anzahl vergebener Codes der Kategorie Musikalische Funktionen (Quelle: MAXQDA nach eigener Codierung) —— **358**	
Abbildung 17	Anzahl vergebener Codes der Kategorie Selbstverständnisse (Quelle: MAXQDA nach eigener Codierung) —— **358**	
Abbildung 18	Vorläufiges filmmusikalisches Romantik-Modell (Quelle: selbst erstellte Darstellung) —— **396**	
Abbildung 19	Schematische Darstellung der zu analysierenden Parameter (Musik- und Sound-Ebene; Quelle: eigene Darstellung) —— **410**	

Abbildung 20 Schematische Darstellung der zu analysierenden Parameter (Musik–Film-Ebene; Quelle: eigene Darstellung) —— **411**

Abbildung 21 Überarbeitetes filmmusikalisches Romantik-Modell (Quelle: selbst erstellte Darstellung) —— **570**

Tabellen

Tabelle 1 Ähnlichkeitsmatrix der analysierten Interviews (Quelle: MAXQDA nach eigener Codierung) —— **333**

Tabelle 2 Code-Relations-Browser: Produktionsprozesse und Selbstverständnisse (Quelle: MAXQDA nach eigener Codierung) —— **350**

Tabelle 3 Quantitative Kreuztabelle der Produktionsprozesse, sortiert nach Komponist*innen-Typ (von Typ A links bis Typ D rechts; Quelle: MAXQDA nach eigener Codierung) —— **355**

Tabelle 4 Quantitative Kreuztabelle der Selbstverständnisse, sortiert nach Komponist*innen-Typ (von Typ A links bis Typ D rechts; Quelle: MAXQDA nach eigener Codierung) —— **359**

Tabelle 5 Korpus-Vorauswahl, geordnet nach Komponist*innen-Typen und Fiktive-Welten-Genres (Quelle: eigene Darstellung) —— **416**

Tabelle 6 Übersicht der Leitmotive in *The Hobbit: An Unexpected Journey* (Quelle: eigene Darstellung; vgl. Jackson 2012) —— **433**

Tabelle 7 Filmmusikalische Werkzeuge (Topics) in *Thor: The Dark World* (Quelle: eigene Darstellung; vgl. Taylor 2013) —— **466**

Tabelle 8 Prägende stilistische Einflüsse in den analysierten Filmmusiken (stark vereinfachte Übersicht; Quelle: eigene Darstellung) —— **547**

Tabelle 9 Ergebnisse aus den Filmmusikanalysen anhand wichtiger Parameter (stark vereinfachte Übersicht; Quelle: eigene Darstellung) —— **552**

Verzeichnis der Noten-, Klang- und Videobeispiele

Notenbeispiele

Notenbeispiel 1	Antonín Dvořák – 9. Sinfonie e-Moll, Op. 95, 2. Satz, Hauptthema (Quelle: eigene Notation) —— **48**
Notenbeispiel 2	Frédéric Chopin – Mazurka in D-Dur, Op. 33, Nr. 2, T. 1–8 (Quelle: eigene Transkription) —— **73**
Notenbeispiel 3	Richard Wagner – *Tristan und Isolde*, WWV 90, Vorspiel, Anfangsmotiv mit Tristan-Akkord (Quelle: eigene Transkription) —— **86**
Notenbeispiel 4	John Williams – *Star Wars: Episode I – The Phantom Menace*, Duel of the Fates, Beginn (Quelle: eigene Transkription) —— **106**
Notenbeispiel 5	John Williams – *Star Wars: Episode I – The Phantom Menace*, Duel of the Fates, Hauptmotiv (Quelle: eigene Transkription) —— **106**
Notenbeispiel 6	Bernard Herrmann – *Vertigo*, Scene d'Amour, Hauptmotiv-Ausschnitt (Quelle: eigene Notation) —— **145**
Notenbeispiel 7	John Williams – *Star Wars*, Main Title (stilisierter, vereinfachter Auszug) (Quelle: eigene Notation) —— **164**
Notenbeispiel 8	Howard Shore – Rivendell, Rivendell-Motiv (stilisierter, vereinfachter Auszug) (Quelle: eigene Transkription) —— **169**
Notenbeispiel 9	Howard Shore – Rivendell, Shire-Motiv (stilisierter, vereinfachter Auszug) (Quelle: eigene Transkription) —— **170**
Notenbeispiel 10	James Newton Howard / Hans Zimmer – *Batman Begins*, Main Title (vereinfachter Ausschnitt; klingende Transposition) (Quelle: eigene Transkription) —— **179**
Notenbeispiel 11	Alan Silvestri – *Back to the Future*, Main Title (vereinfachter, stilisierter Ausschnitt) (Quelle: eigene Notation) —— **185**
Notenbeispiel 12	Steve Jablonsky – *Transformers*, Autobots (vereinfachter, stilisierter Ausschnitt) (Quelle: eigene Notation) —— **189**
Notenbeispiel 13	Ramin Djawadi – *Game of Thrones*, Main Title (vereinfachter Ausschnitt) (Quelle: eigene Notation) —— **200**
Notenbeispiel 14	Howard Shore – Misty-Mountains-Thema (vereinfachte, stilisierte Darstellung; internationale Akkord-Bezeichnungen; Quelle: eigene Notation) —— **424**
Notenbeispiel 15	Howard Shore – Erebor-Motiv (vereinfachte Darstellung; Quelle: eigene Notation) —— **425**
Notenbeispiel 16	Howard Shore – Thorin-Motiv (vereinfachte Darstellung; Quelle: eigene Notation) —— **426**
Notenbeispiel 17	Howard Shore – Azog-Motiv (vereinfachte Darstellung; Quelle: eigene Notation) —— **427**
Notenbeispiel 18	Howard Shore – Gollum-Zymbal-Motiv (vereinfachter Ausschnitt; Quelle: eigene Notation) —— **429**
Notenbeispiel 19	Brian Tyler – Asgard-Motiv (vereinfachter Ausschnitt; internationale Akkordbezeichnungen; Quelle: eigene Notation) —— **457**

Open Access. © 2026 bei den Autorinnen und Autoren, publiziert von De Gruyter. (cc) BY Dieses Werk ist lizenziert unter der Creative Commons Namensnennung 4.0 International Lizenz.
https://doi.org/10.1515/9783112219003-205

Notenbeispiel 20	Brian Tyler – Asgard-Motiv, Thor-Variante (vereinfachter Ausschnitt; internationale Akkordbezeichnungen; Quelle: eigene Notation) —— **458**	
Notenbeispiel 21	Brian Tyler – Loki-Motiv (vereinfachter Ausschnitt; Quelle: eigene Notation) —— **459**	
Notenbeispiel 22	Hans Zimmer – Murph-Motiv (vereinfachter Ausschnitt; Quelle: eigene Notation) —— **488**	
Notenbeispiel 23	Hans Zimmer – Science-Motiv (vereinfachter Ausschnitt; Quelle: eigene Notation) —— **489**	
Notenbeispiel 24	Hans Zimmer – Science-Motiv-Variation (vereinfachter Ausschnitt; Quelle: eigene Notation) —— **491**	
Notenbeispiel 25	Hans Zimmer – Stay-Motiv (vereinfachter Ausschnitt; Quelle: eigene Notation) —— **492**	
Notenbeispiel 26	Hans Zimmer – Stay-Motiv-Variation (vereinfachter Ausschnitt; Quelle: eigene Notation) —— **492**	
Notenbeispiel 27	Hans Zimmer – Gravity-Motiv (vereinfachter Ausschnitt; Quelle: eigene Notation) —— **494**	
Notenbeispiel 28	John Powell / John Williams – Han-Motiv (vereinfachter, stilisierter Ausschnitt; Quelle: eigene Notation) —— **524**	
Notenbeispiel 29	John Powell / John Williams – Schurk*innen-Motiv (vereinfachter, stilisierter Ausschnitt; internationale Akkordbezeichnungen; Quelle: eigene Notation) —— **525**	
Notenbeispiel 30	John Powell / John Williams – Schurk*innen-Motivvariante (vereinfachter, stilisierter Ausschnitt; internationale Akkordbezeichnungen; Quelle: eigene Notation) —— **526**	
Notenbeispiel 31	John Powell / John Williams – Rebell*innenbanden-Motiv (vereinfachter, stilisierter Ausschnitt; Quelle: eigene Notation) —— **527**	
Notenbeispiel 32	John Powell / John Williams – Liebes-Motiv (vereinfachter, stilisierter Ausschnitt; Quelle: eigene Notation) —— **528**	
Notenbeispiel 33	John Powell / John Williams – Liebes-Motivvariante (vereinfachter, stilisierter Ausschnitt; Quelle: eigene Notation) —— **528**	

Klangbeispiele

Die Klangbeispiele wurden der besseren Zugänglichkeit halber eigens in einer öffentlichen Spotify-Playlist angelegt, die unter folgendem Link abrufbar ist: https://open.spotify.com/playlist/1Y0e6AWao4UPiymfOfWDi9?si=bfd2152b55ef4751.

Klangbeispiel 1	Alexander Borodin – *Eine Steppenskizze aus Mittelasien*, URL: https://open.spotify.com/track/0XgPWSYgvA56fGa39roY7t?si=48ac1dc5af8449c6 (vgl. Borodin 1994) —— **50**
Klangbeispiel 2	Modest Mussorgsky – *Eine Nacht auf dem kahlen Berge*, URL: https://open.spotify.com/track/5rPqo5uyPn5MDoJkkiu8Nr?si=1bcfba45c94e4d0f (vgl. Mussorgsky 1962) —— **52**

Klangbeispiel 3	Anton Bruckner – Sinfonie Nr. 9 d-Moll, WAB 109, 1. Satz, URL: https://open.spotify.com/track/5DP6YCounslWM8pXEvbt9b?si=20c82eaae0f54ed8 (vgl. Bruckner 1997) ——	57
Klangbeispiel 4	Johannes Brahms – *Ein deutsches Requiem*, Op. 45, I. Selig sind, die da Leid tragen, URL https://open.spotify.com/intl-de/track/7p7sL7iew6RXLPkiaft1OC?si=b47895ca701b4159 (vgl. Brahms 1999) ——	58
Klangbeispiel 5	Howard Shore – *The Lord of the Rings: The Return of the King*, Bilbo's Song, URL: https://open.spotify.com/intl-de/track/4aB29POCPX88HgVvwl4xqb?si=06b4cd24e1854491 (vgl. Shore 2003a) ——	58
Klangbeispiel 6	Hector Berlioz – *Symphonie fantastique*, Op.14, IV. Marche au supplice. Allegretto non troppo, URL: https://open.spotify.com/track/4s75QF6atcCeDhngDq7Oph?si=b6dae1d1126947a5 (vgl. Berlioz 2008) ——	66
Klangbeispiel 7	Franz Liszt – *Dante-Sinfonie*, I. Inferno, URL: https://open.spotify.com/track/6eGeorTcjri43QnoDoAJ4U?si=e2f981285dd9427d (vgl. Liszt 2022) ——	68
Klangbeispiel 8	Richard Strauss – *Also sprach Zarathustra*, Op. 30: I. Einleitung, oder Sonnenaufgang, URL: https://open.spotify.com/track/70V3XldSuKEmnoGNKKYvwi?si=30987f95e87047fc (vgl. Strauss 1998) ——	71
Klangbeispiel 9	Richard Wagner – *Götterdämmerung*, WWV 86D, Dritter Aufzug, Siegfrieds Trauermarsch, URL: https://open.spotify.com/track/1675rYJFlOhibhMaH1gRC0?si=30c5dd6ecdf54dc7 (vgl. Wagner 2010) ——	83
Klangbeispiel 10	Miklós Rózsa – *El Cid*, Prelude, URL: https://open.spotify.com/intl-de/track/2yTNDj5bKv4jrNk8DDWKiT?si=2df330e1ca2f4077 (vgl. Rózsa 2013) ——	103
Klangbeispiel 11	Gustav Holst – *The Planets*, Mars, the Bringer of War, URL: https://open.spotify.com/intl-de/track/08bONIq29Lp9rwdMRVDkqy?si=76a5fcd044bd4495 (vgl. Holst 2002a) ——	105
Klangbeispiel 12	John Williams – *Star Wars: Episode I – The Phantom Menace*, Duel of the Fates, URL: https://open.spotify.com/intl-de/track/415B3OUKVRUrNu09IRDufO?si=afa49ebc8a5c4b6e (vgl. Williams 1999) ——	107
Klangbeispiel 13	Hans Zimmer – *Inception* – Dream is Collapsing, URL: https://open.spotify.com/intl-de/track/5xKVYMxOHB2XRLCUafFrz6?si=ed5255ce0f9c442f (vgl. Zimmer 2010) ——	114
Klangbeispiel 14	Ramin Djawadi – *Game of Thrones (Season 1)*, Main Title, URL: https://open.spotify.com/intl-de/track/2USBToQBjvRoL22yzmURIr?si=8af9751dc86d4b7a (vgl. Djawadi 2011) ——	117
Klangbeispiel 15	Ramin Djawadi – *House of the Dragon (Season 1)*, The Heirs of the Dragon, URL: https://open.spotify.com/intl-de/track/75EiP8M4Egeqndtv08lD66?si=251aa1d39ca341f0 (vgl. Djawadi 2022) ——	117
Klangbeispiel 16	Bernard Herrmann – *Psycho*, The Murder, URL: https://open.spotify.com/intl-de/track/7gQWVKrrz830kWTB2wi2ME?si=12fa388047b5436a (vgl. Herrmann 2014) ——	154
Klangbeispiel 17	Ennio Morricone – *For a Few Dollars More*, Main Theme, URL: https://open.spotify.com/intl-de/track/1aXxjgFceA1j68soTeGsu8?si=5194c59045be4f3c (vgl. Morricone 1965) ——	157

Klangbeispiel 18	Frank Churchill / Larry Morey – *Snow White and the Seven Dwarfs*, Ouvertüre, URL: https://open.spotify.com/track/6xB1tVi17ufjIEB7seMZ23?si=a5d3c76d1c774da8 (vgl. Churchill/Morey 1997) —— **162**
Klangbeispiel 19	Richard Wagner – *Tannhäuser*, Ouvertüre, URL: https://open.spotify.com/track/4aso0NlcdYu33cf2HprNTu?si=3b8048e6a0d44804 (vgl. Wagner/Jansons/Oslo Philharmonic Orchestra 1992) —— **162**
Klangbeispiel 20	John Williams – *Star Wars Episode 5: The Empire Strikes Back*, Main Title, URL: https://open.spotify.com/intl-de/track/2wi6V9TPFAqciBWQ2FmD7o?si=0a7f4222c8bd4fd2 (vgl. Williams 1980) —— **164**
Klangbeispiel 21	James Newton Howard – *Maleficent*, Maleficent-Suite, URL: https://open.spotify.com/intl-de/track/0x5OFwaIy6cOQE2nT95YFw?si=7af37cc14f0740dd (vgl. Howard 2014) —— **166**
Klangbeispiel 22	Nicholas Hooper – *Harry Potter and the Order of the Phoenix*, A Journey to Hogwarts, URL: https://open.spotify.com/intl-de/track/3jDQ62q9iG7oZv6FpFGL6y?si=6a6848ad6aba4b20 (vgl. Hooper 2007) —— **166**
Klangbeispiel 23	Bedřich Smetana – *Ma Vlast*, Vltava, URL: https://open.spotify.com/intl-de/track/1ES671b3rtljUyR6y0Cm1V?si=8e2e1cfd453e41e7 (vgl. Smetana 2003) —— **166**
Klangbeispiel 24	Bernhard Herrmann – *The 7th Voyage of Sinbad*, Sultan's Feast, URL: https://open.spotify.com/intl-de/track/5rsNKFKaWxApO3bPIX2F1u?si=8371937ffd1e4776 (vgl. Herrmann 1998) —— **168**
Klangbeispiel 25	Carl Orff – *Carmina Burana*, O Fortuna, URL: https://open.spotify.com/intl-de/track/7BBeS9aFnEJSizuvtM2H4B?si=bc49a1ce27314ad0 (vgl. Orff 2008) —— **168**
Klangbeispiel 26	Howard Shore – *The Lord of the Rings: The Fellowship of the Ring*, Rivendell, URL: https://open.spotify.com/intl-de/track/3wlNmUeoHnM1jcOcXxC6qI?si=cb0df74dfa8c4f38 (vgl. Shore 2001) —— **169**
Klangbeispiel 27	James Horner – *Avatar*, Becoming One of „The People" Becoming One with Neytiri, URL: https://open.spotify.com/intl-de/track/1UBd7aWHZCz8yirI9KCvAU?si=04dd5fd62f12456f (vgl. Horner 2009) —— **170**
Klangbeispiel 28	Howard Shore – *The Lord of the Rings: The Two Towers*, The Uruk-hai, URL: https://open.spotify.com/intl-de/track/6XzqQBPwLws8fUH2KRBf7d?si=4df6c865d4784958 (vgl. Shore 2002) —— **171**
Klangbeispiel 29	Ramin Djawadi – *Game of Thrones*, The Army of the Dead, URL: https://open.spotify.com/intl-de/track/3M6i5gWJGqzeUzrxCnFrwE?si=6e4550e2aec74dff (vgl. Djawadi 2017) —— **171**
Klangbeispiel 30	Jerry Goldsmith – *Star Trek: First Contact*, Main Title https://open.spotify.com/intl-de/track/1JklSH0XqRJ8UPbO2p5Qs9?si=b304ea71ddd0478e (vgl. Goldsmith 2010) —— **174**
Klangbeispiel 31	John Williams – *Superman*, Main Title, URL: https://open.spotify.com/intl-de/track/6OhvyTlsBnubNpHZz7wXuT?si=a965640efd174e20 (vgl. Williams 2005) —— **178**
Klangbeispiel 32	Anton Bruckner – Sinfonie Nr. 4 Es-Dur, WAB 104, 3. Satz (Scherzo), URL: https://open.spotify.com/intl-de/track/6nQu75lj2zvMy6iITJ332F?si=76588350746c49da (vgl. Bruckner 1998) —— **178**

Verzeichnis der Noten-, Klang- und Videobeispiele — **XIX**

Klangbeispiel 33 James Newton Howard / Hans Zimmer – *Batman Begins*, Main Title, URL: https://open.spotify.com/intl-de/track/5s1vSkSpX2N9VqMkt0uWls?si=41080ca2e4de4d11 (vgl. Howard/Zimmer 2005) — **179**

Klangbeispiel 34 Alan Silvestri – *Avengers*-Leitmotiv, URL: https://open.spotify.com/intl-de/track/2Zb6Cu5peVtG3UDifxEd1u?si=7ab9c72d0b244749 (vgl. Silvestri 2018) — **181**

Klangbeispiel 35 Miklós Rózsa – *Ivanhoe*, Prelude, URL: https://open.spotify.com/intl-de/track/10nbkpmZ6cdb8Vbt6o2geJ?si=f091014782ca47e2 (vgl. Rózsa 2012) — **181**

Klangbeispiel 36 Gustav Holst – *The Planets*, Jupiter, the Bringer of Jollity, URL: https://open.spotify.com/intl-de/track/44tnk3aAHP80y3taeGtyAD?si=856691960ea344ca (vgl. Holst 2002b) — **182**

Klangbeispiel 37 Jerry Goldsmith – *Planet of the Apes*, The Searchers, URL: https://open.spotify.com/intl-de/track/7Ji5FCAGswh7RRn5Lw37Jh?si=c6f7e4b524474ee9 (vgl. Goldsmith 1968) — **183**

Klangbeispiel 38 Alan Silvestri – *Back to the Future*, Main Title: URL: https://open.spotify.com/intl-de/track/1FI5hblwy9ZwyPg4Jr5hni?si=bdceb6a9718a4ff2 (vgl. Silvestri 1999) — **185**

Klangbeispiel 39 Hans Zimmer – *Man of Steel*, Main Title, URL: https://open.spotify.com/intl-de/track/2wPb6n8xwP7JltmvxsNPhf?si=03eef25030704c51 (vgl. Zimmer 2013) — **186**

Klangbeispiel 40 Jerry Goldsmith – *Alien*, Main Title, URL: https://open.spotify.com/intl-de/track/4Rhue1CTPr3n1P3Zs0jPwU?si=28149165bf154214 (vgl. Goldsmith 2007) — **187**

Klangbeispiel 41 Tom Holkenborg – *Mad Max: Fury Road*, Intro, URL: https://open.spotify.com/intl-de/track/2swNqOr0IIINPHTdQZ2UGT?si=9bd989b89ef140bf (vgl. Junkie XL 2015) — **188**

Klangbeispiel 42 Steve Jablonsky – *Transformers*, Autobots, URL: https://open.spotify.com/intl-de/track/1hQMzVXdoDZXcO16GOhWc5?si=c6acbedc568b47e9 (vgl. Jablonsky 2007a) — **188**

Klangbeispiel 43 Steve Jablonsky – *Transformers*, Decepticons, URL: https://open.spotify.com/intl-de/track/3Lt5817WbIBT9Dp3Kv4J9r?si=c173de4060864997 (vgl. Jablonsky 2007b) — **189**

Klangbeispiel 44 Hans Zimmer / James Newton Howard – *The Dark Knight*, I'm Not a Hero, URL: https://open.spotify.com/intl-de/track/56pKYnSA0CyayMJWcEU5kH?si=069dd7ef7d874e59 (vgl. Zimmer/Howard 2008) — **227**

Klangbeispiel 45 Howard Shore – *The Lord of the Rings: The Return of the King*, Minas Morgul, URL: https://open.spotify.com/intl-de/track/0yaqMD9NrsqIHEPntfXd0z?si=7a8058c4e2ff4a29 (vgl. Shore 2003b) — **428**

Klangbeispiel 46 Ramin Djawadi – *Iron Man*, Driving With the Top Down, URL: https://youtu.be/n94MnbqO9d0 (vgl. OfficialMovie Soundtrack 2018) — **447**

Klangbeispiel 47 Alan Silvestri – *Captain America* (Main Title), URL: https://open.spotify.com/intl-de/track/4V2s08BMEqJWIfa3PcNOpR (vgl. Silvestri 2011) — **447**

Klangbeispiel 48 Alan Silvestri – *The Avengers* (Main Title), URL: https://open.spotify.com/intl-de/track/5SXsXjVJCWeJuf7FHvgBYR (vgl. Silvestri 2012) — **447**

Klangbeispiel 49	Brian Tyler – *Iron Man 3* (Main Title), URL: https://open.spotify.com/intl-de/track/7u5XBHnht6dyoRXRBb5soK (vgl. Tyler 2013) —— **448**
Klangbeispiel 50	Patrick Doyle – *Thor*, Sons of Odin, URL: https://open.spotify.com/intl-de/track/6x2fEIXvwEvLoTTtDLrzjW (vgl. Doyle 2011a) —— **449**
Klangbeispiel 51	Patrick Doyle – *Thor*, Laufey, URL: https://open.spotify.com/intl-de/track/2TNjRxvK55RkI1RLNJF0Qn (vgl. Doyle 2011b) —— **449**
Klangbeispiel 52	Patrick Doyle – *Thor*, Can You See Jane?, URL: https://open.spotify.com/intl-de/track/0A4qM3w8O5Dj28GVEnjj1K (vgl. Doyle 2011c) —— **449**
Klangbeispiel 53	Alan Silvestri – *Contact*, Awful Waste of Space, URL: https://open.spotify.com/intl-de/track/3Ck4MMfWA0O2BQqOAYIL1m (vgl. Silvestri 1997) —— **479**
Klangbeispiel 54	Steven Price – *Gravity*, Above Earth, URL: https://open.spotify.com/intl-de/track/4wrfG7WZathU9Z6tXlPxd1 (vgl. Price 2013) —— **479**
Klangbeispiel 55	John Williams – *The Force Awakens*, Rey's Theme, URL: https://open.spotify.com/intl-de/track/5wsHtmFHWntJzcN6n8ivjd (vgl. Williams 2015a) —— **516**
Klangbeispiel 56	John Williams – *The Force Awakens*, March of the Resistance, URL: https://open.spotify.com/intl-de/track/420y9qWviZ4cdneynQWSKr (vgl. Williams 2015b) —— **516**
Klangbeispiel 57	John Williams – *The Last Jedi*, Finale, URL: https://open.spotify.com/intl-de/track/5ow6O4uWFDrZlcDDxPYNCP (vgl. Williams 2017) —— **516**
Klangbeispiel 58	John Powell – *How to Train Your Dragon*, This is Berk, URL: https://open.spotify.com/intl-de/track/1g3Bc80hioYOSitxntNQYi (vgl. Powell 2010) —— **518**
Klangbeispiel 59	Michael Giacchino – *Rogue One: A Star Wars Story*, Jyn Erso & Hope Suite, URL: https://open.spotify.com/intl-de/track/4tD2tUs8Bf4X5dMS6CxccV (vgl. Giacchino 2016) —— **518**

Videobeispiel

Videobeispiel 1	Max Steiner – *King Kong*, King Kongs finaler Kampf, URL: https://www.youtube.com/watch?v=MMNICLfHE3M (vgl. Movieclips 2016) —— **69**
Videobeispiel 2	Carl Maria von Weber – *Der Freischütz*, Op. 77, Wolfsschluchtszene, URL: https://www.youtube.com/watch?v=9_pRfJHuGQw (vgl. Tydynian 2017) —— **75**
Videobeispiel 3	Vergleich der Tarnhelm-Progressionen in *Rheingold* und verschiedenen Filmmusiken, URL: https://www.youtube.com/watch?v=I33UqUhKE10 (vgl. Popoff 2021) —— **89**
Videobeispiel 4	John Williams – *Imperial March*, URL: https://www.youtube.com/watch?v=vsMWVW4xtwI (vgl. Deutsche Grammophon 2020a) —— **90**
Videobeispiel 5	Erich Wolfgang Korngold – *Robin Hood*, Szene „The King is Found", URL: https://youtu.be/eHl-HTV3Vwo (vgl. Wolfen45 2021) —— **101**
Videobeispiel 6	John Williams – *Star Wars*, Obi Wan Kenobis Tod, URL: https://youtu.be/9IiNhsoceaY (vgl. Screen Themes 2022) —— **104**
Videobeispiel 7	Francis Ford Coppola – Filmausschnitt aus *Apocalypse Now*, URL: https://youtu.be/hn37QfXw1-E (vgl. JoBlo Movie Clips 2020) —— **108**

Videobeispiel 8	Herbert Windt – *Triumph des Willens*, Eröffnungsszene, URL: https://youtu.be/_6uVrO5d6KU (vgl. Berg 2013) —— **111**	
Videobeispiel 9	Hans Zimmer – *The Dark Knight Rises*, Batpod-Verfolgungsjagd, URL: https://youtu.be/F9DYqoWl_JE (vgl. Movieclips 2020) —— **116**	
Videobeispiel 10	Filmausschnitt aus *Vertigo*, Scene d'Amour, URL: https://youtu.be/8317VVohgMo (vgl. Yuliano 2015) —— **145**	
Videobeispiel 11	Bernard Herrmann – *The 7th Voyage of Sinbad*, Skelett-Kampfszene, URL: https://youtu.be/XD5l9aEj00s (vgl. Cetkhup 2020) —— **168**	
Videobeispiel 12	Queen – *Highlander*, Opening Credits, URL: https://youtu.be/0YPtaqJqoHw (vgl. V Two 2019) —— **172**	
Videobeispiel 13	John Williams – *Jurassic Park* – Szene „All Aboard to Jurassic Park Island", URL: https://youtu.be/VzZN9AVBS1I (vgl. Universal Pictures All-Access 2022) —— **175**	
Videobeispiel 14	Stanley Kubrick – *2001: A Space Odyssey*, Szene „The Dawn of Man", URL: https://youtu.be/ypEaGQb6dJk (vgl. Art History 2015) —— **176**	
Videobeispiel 15	Alan Silvestri – *Avengers: Infinity War* – Szene „Thanos kills Gamora", URL: https://youtu.be/F-hCRJ9k79E (vgl. No Fools Anime 2018) —— **180**	
Videobeispiel 16	Vangelis – *Blade Runner*, Opening Scene, URL: https://youtu.be/P1jXmJmmj3o (vgl. 4K HDR Media 2018) —— **183**	
Videobeispiel 17	Jóhann Jóhannson – *Arrival*, First Encounter, URL: https://youtu.be/mBAQIhMMgjQ (vgl. Scene City 2022) —— **190**	
Videobeispiel 18	Ludwig Göransson – *Black Panther*, Szene „T'Challa Arrives in Wakanda", URL: https://youtu.be/WK_yQD_s8f8 (vgl. Screen Master 2020) —— **192**	
Videobeispiel 19	Hans Zimmer – *Dune*, Marsch der Atreides, URL: https://youtu.be/Oi3na4qTW1o (vgl. Dune 2021 2022) —— **194**	
Videobeispiel 20	John Williams / Anne-Sophie Mutter – *Harry Potter*, Hedwig's Theme, URL: https://youtu.be/qsCZP3wdF4w (vgl. Deutsche Grammophon 2020b) —— **253**	
Videobeispiel 21	Philip Glass – *Koyaanisqatsi*, Prophecies, URL: https://youtu.be/yBqcXU0t_Xc (vgl. Empire State Studios 2017) —— **480**	
Videobeispiel 22	Wichtige Leitmotive aus *Star Wars*, URL: https://youtu.be/52Pfq19L5JU (vgl. Inside the Score 2018) —— **513**	

1 Einleitung

Die vorliegende Studie widmet sich den Bezügen und Beziehungen zwischen zwei großen Bedeutungsräumen, die beide – jeweils für sich – nicht nur künstlerische Ausprägungen, sondern auch eigene Forschungsfelder darstellen: Romantik und Filmmusik. Wo Erstere für eine Epoche und Geisteshaltung steht, die zumindest im musikalischen Kontext historisch primär mit dem 19. Jahrhundert assoziiert wird und damit scheinbar vergangen ist, ist Letztere im medialen Alltag des 21. Jahrhunderts in all ihren Facetten geradezu omnipräsent geworden und scheint ein selbstverständlicher Teil der digitalisierten Mediengesellschaft der Gegenwart zu sein.

Was auf den ersten Blick auf ein Begriffspaar voller Gegensätze hindeutet, weist bei näherem Hinsehen vielfältige Verknüpfungen und gemeinsame Traditionslinien auf. Welche Aspekte der Romantik die Musik von filmischen Produktionen des frühen 21. Jahrhunderts aufgegriffen und für sich adaptiert hat, wie sich diese Bezüge in film- und serienmusikalischen Ausgestaltungen, aber auch in Rollenbildern, Selbstverständnissen und Verhaltensweisen von Film- und Serienkomponist*innen niederschlagen und wie sie immer wieder neu verhandelt wurden und werden, soll diese Studie genauer untersuchen.

1.1 Romantik-Modelle

Romantisch geprägte Musik ist Teil der Gegenwart und aus dem medialen, digitalisierten Alltag des 21. Jahrhunderts nicht mehr wegzudenken. Sie begegnet uns in Konzertsälen, in Radiosendern, in TV-Dokumentationen und online auf Social-Media-Plattformen, in YouTube-Channeln und Spotify-Playlists. Sie ist so allgegenwärtig, dass sie in der medialen Rezeption als Standard akzeptiert wird: „Im Gegensatz zur Musik anderer Epochen empfinden viele Menschen romantische Musik als ‚normal', gleichsam als musikalische Muttersprache" (Luyken 2023: 9). Luyken (ebd.) begründet die romantische Durchdringung des gegenwärtigen Alltags mit einer musikhistorischen Besonderheit:

> Der Neuen Musik nach dem Ersten Weltkrieg ist es allem Fortschrittsoptimismus ihrer Protagonisten zum Trotz nicht gelungen, die Musik der Romantik zu überwinden, abzulösen oder gar aus dem Musikleben zu verdrängen. Im Gegenteil: Immer noch stellt sie den von einem breiten Publikum ästimierten Löwenanteil des aktuellen Konzertrepertoires […]. Im Alltag sind wir im Pop, im Film und anderen Unterhaltungsmedien, in der Werbung und bei der Beschallung des öffentlichen Raums ständig von einer Musik umgeben, die sich in ihren Ausdrucksmitteln ungebrochen und häufig zum Klischee abgeschmackt des Stil- und For-

menrepertoires der romantischen Epoche bedient. Und schließlich bewegen wir uns mit großer Selbstverständlichkeit innerhalb einer musikalischen Infrastruktur, die ihren Ursprung im Wesentlichen im 19. Jahrhundert hat. (Luyken 2023: 9)

Mit den romantischen Auswirkungen auf das Musikleben, die mediale Rezeption oder die Kanonisierung des Konzertrepertoires gehen weitere Aspekte einher, die Aufmerksamkeit verlangen. In Zeiten zunehmender Sensibilisierung für postkoloniale und eurozentristische Theorien müssen romantische Einflüsse auf Musikformen des 21. Jahrhunderts diesbezüglich kritisch hinterfragt werden. Neben musikalisch-inhaltlichen Spuren stehen hier auch soziokulturelle Aspekte zur Disposition: Konstruktionen von musikalischer Romantik gehen nicht selten mit der Vorstellung von kanonisierten Werken weißer und männlicher Komponisten einher, die als Genies verehrt werden (vgl. Unseld 2011; Ritzer/Steinwender 2017; Janz/Yang 2019).

Nicht nur deswegen ist das Forschungsinteresse an der Romantik und ihren Spuren in gegenwärtigen Strömungen ungebrochen groß und erstreckt sich über mehrere Fachdisziplinen (vgl. Reinfandt 2003; Kompridis 2009; Murphy 2014; Hühn/Schiedermair 2015; Kerschbaumer 2018; Schanze 2018; Lehman 2018; Luyken 2023). Ob es romantische Attribute in der Literatur, in den Bildwissenschaften, der Philosophie oder den Theaterwissenschaften sind – die Frage der Kontextualisierung von romantischen Denkmustern ist nicht neu. „Romantik-Forschung ist [...] immer auch Interpretation der Gegenwart" (Hühn/Schiedermair 2015: 4).

So beschäftigte sich zwischen 2015 und 2024 das an der Friedrich-Schiller-Universität Jena angesiedelte interdisziplinäre Graduiertenkolleg *Modell Romantik* (vgl. Friedrich-Schiller-Universität Jena 2024) mit der Fortwirkung der Romantik über ihre historische Phase hinaus bis in die Gegenwart.

> Die Romantik, so die Kernthese des Kollegs, wirkt über ihren historischen Ursprung hinaus und wird in modernen Formen der Weltdeutung, der Selbstreflexion, der ästhetischen Gestaltung und der Lebensvollzüge aktualisiert. (Friedrich-Schiller-Universität Jena 2024: [Einleitung], o. S.)

Als zentrale Forschungsidee formuliert das Kolleg:

> Ausgangspunkt der Forschung im Graduiertenkolleg ist die Beobachtung der kulturellen Praxis, auch nach dem Ende der historischen Romantik Artefakte oder Lebensformen als ‚romantisch' zu bezeichnen. Die Präsenz von ‚Romantik' wird im Graduiertenkolleg als ein markantes europäisches und außereuropäisches Phänomen verstanden. Die seit mehr als 200 Jahren anhaltende Bezugnahme auf die Romantik (in einem weiten Spektrum vom philosophischen und politischen Denken bis hin zu emotionalen und ästhetischen Erfahrungen) erzeugt die Evidenz und Konventionalität einer Kategorie des ‚Romantischen' jenseits der historischen Romantik. In der Gegenwart ist diese Kategorie allgegenwärtig [...]. (Friedrich-Schiller-Universität Jena 2024: [Forschungsprofil], o. S.)

Sandra Kerschbaumer (2018), die dem Graduiertenkolleg als Forschungskoordinatorin vorstand,[1] beschreibt diese Fortwirkung des Romantischen in der Form von *Modellen*, die romantische Ideen, kulturelle Praktiken oder andere Topoi aufgreifen, transformieren und sich der Romantik gegenüber in heutiger Zeit positionieren. Dabei geht sie davon aus,

> dass wir ein Modell als eine idealisierende Nachbildung eines konkreten Objekts oder Systems verstehen können, eine Nachbildung, die dieses Objekt oder System auf die als wesentlich erachteten Eigenschaften reduziert. [...] Modelle können vergegenständlicht werden, aber sie können auch als Denkmodelle, als Gedanken-Konstrukte auftreten, die etwas beschreiben. In beiden Fällen führen sie eine Menge von Annahmen über ein Objekt zusammen, indem sie sich auf wesentliche Strukturen oder Mechanismen konzentrieren und diese in einem möglichst minimalen Bündel erfassen. (Kerschbaumer 2018: 13)

Die Idee eines oder mehrerer Romantik-Modelle wird in der vorliegenden Studie aufgegriffen und auf den Bereich der Film Music Studies sowie den angrenzenden Teilbereich der Seriensscores angewandt: Es geht nicht darum, ein allgemein gültiges Romantik-Modell zu designen, sondern ein filmmusikalisches Romantik-Modell, das ästhetisch, stilistisch und wirkungsgeschichtlich prägende romantische Charakteristika erkennt und schematisiert, die in der Film- und Serienmusik der 2010er-Jahre als Vorbilder dienen und in der kompositorisch-produktionstechnischen Praxis sowie in der Rezeption implizit oder explizit zur Anwendung kommen.

Dabei wird auch hier die Maxime einer möglichst hohen Reduktion und Verdichtung zur Anwendung kommen, um die prägendsten Charakteristika erkennbar machen zu können, ohne wesentliche Bestandteile zu ignorieren. Das bedingt die Inkaufnahme einer Komplexitätsreduktion des Bezugsgegenstands: Romantik-Modelle beziehen sich auf einige Ausprägungen und verdichten oder idealisieren diese, wodurch andere Aspekte notwendigerweise vernachlässigt werden müssen; sie sind lediglich ein verkürzendes, vereinfachendes Abbild des semantischen Raums Romantik. Kerschbaumer (2018: 22; 44) betont dabei, dass Modelle eines Gegenstands Romantik aus wissenschaftlicher Perspektive keine Option, sondern notwendig sind (vgl. Hühn/Schiedermair 2015). Sie konstatiert, dass

> [...] Wissenschaftler zwangsläufig ein ‚eigenes' wissenschaftliches Modell entwickeln, wenn sie sich mit dem Gegenstand ‚Romantik' auseinandersetzen. Denn auch jeder wissenschaftliche Zugriff auf ‚die Romantik' ist eine idealisierende Abstraktion. Das, was bisher als ‚Vorannahmen' bezeichnet wurde, eine Vorstellung und ein Begriff von ‚Romantik', setzt bereits

---

[1] Stand: September 2024 (vgl. Friedrich-Schiller-Universität Jena 2024).

eine theoretische Modellbildung, also die selektive Konzentration auf bestimmte Eigenschaften und Merkmale der historischen Romantik voraus. (Kerschbaumer 2018: 87)

Die Prinzipien wissenschaftlicher Modellierung sind dabei unterschiedlich. Modelle können empirisch ermittelt und anschließend verifiziert oder falsifiziert werden; etwa, wenn aus dem musikalischen Werk einer Komponistin der historischen Romantik ein ästhetisch-konzeptuelles Modell abgeleitet wird. Modelle können jedoch auch aus dem gegenwärtigen Forschungsstand konstruiert (und dann regelmäßig durch neue Erkenntnisse modifiziert) werden (vgl. Kerschbaumer 2018). Auch in der vorliegenden Forschungsarbeit erfolgt die Modellierung durch die Aufarbeitung des Forschungsstands im theoretischen Teil (Kapitel 2 und 3), ergänzt und überprüft durch die empirischen Ergebnisse der ersten und der zweiten Hauptstudie (qualitative Interview-Analyse sowie Musikanalyse; siehe Kapitel 4 und Kapitel 5). Dadurch wird nicht nur die theoretisch-konstruktive Aufstellung des filmmusikalischen Romantik-Modells, sondern auch die empirische Überprüfung (und eventuell Modifikation) des Modell-Konstrukts anhand von erhobenen Daten und Analysen sichergestellt.

Kerschbaumer (2018: 27) arbeitet – bezugnehmend unter anderem auf den Informatiker Bernd Mahr – vier grundlegende Säulen eines Modells heraus:

Erstens die *Matrix*, die den originalen Gegenstand bezeichnet, auf den sich das Modell bezieht (im vorliegenden Fall die Romantik, oder komplexer: eine breite, fortlaufend erweiterte Auswahl an Primär- und Sekundärquellen sowie künstlerischen Werken, die den Forschungsstand zum Begriffsfeld Romantik wiedergeben, ergänzt um die Ergebnisse der empirischen Studien des vorliegenden Textes);

zweitens das *Modell* selbst, also die als wesentlich oder relevant erkannten Eigenschaften der Original-Matrix (d. h. in diesem Zusammenhang: ein oder mehrere filmmusikalische Romantik-Modelle, die sich auf das ästhetische Verständnis prägender Romantik-Merkmale beziehen, aber auch konzeptuelle Grundlage für die Score-Produktion der 2010er-Jahre sind);

drittens das *Modell-Objekt*, in dem die Modellierung zur Anwendung kommt (in diesem Fall die vorliegende Studie);

viertens und letztens das *Applikat*, auf das das Modell deduktiv angewendet wird: Im vorliegenden Fall ist das zunächst der empirische Teil dieser Studie mit den beiden Hauptstudien, in denen das hypothetische Modell überprüft und eventuell angepasst wird, und je nach Rezeptionswirkung dann auch zukünftige Forschungsliteratur, in der das konstruierte Modell akzeptiert, modifiziert, kritisiert oder abgelehnt wird (vgl. Kerschbaumer 2018: 17–37).

Modelle sind nicht allein der Wissenschaft vorbehalten. Hypothetisch kommt das noch aufzustellende filmmusikalische Romantik-Modell bereits produktivkünstlerisch zur Anwendung, falls es sich als valide herausstellen sollte: Angenommen wird, dass das Modell-Konstrukt implizit und intuitiv bereits von Film- und Serienkomponist*innen bei ihren filmmusikalischen Produktionen der 2010er-Jahre, die in der vorliegenden Studie den empirischen Forschungsgegenstand darstellen, benutzt wurde. Die Konstruktion einer romantischen Kontinuität bis in die Gegenwart hinein erfolgt eben auch aus den Künsten heraus: „Immer wieder inszeniert man sich als Erbe der Romantik, um das eigene Projekt als Neuansatz zu legitimieren" (Hühn/Schiedermaier 2015: 4). Dabei ist selbstredend, dass auch hier mit *der* Romantik ein spezifisches Abbild, eine Konstruktion oder eben ein Modell gemeint ist.

Das zu entwerfende Modell wird nicht aus dem Nichts heraus entstehen: Das Forschungsfeld der Film Music Studies hat implizit oder explizit bereits vielfältige Versuche der Modellierung unternommen, indem die Beeinflussungen der Romantik auf die Film- und Medienmusik eingeordnet, kategorisiert und bewertet wurden. Wie noch ausführlich in den Kapitel 2 und 3 zu zeigen sein wird, sind in der Regel jedoch nur Einzelaspekte romantischer Einflüsse untersucht worden: etwa die Leitmotivik und das vor allem von Richard Wagner geprägte Konzept des Gesamtkunstwerks (vgl. Buhler 2000; Bribitzer-Stull 2017), die Einflüsse der Programmmusik (vgl. Mungen 2018), die spezifische Harmonik (vgl. Murphy 2014; Lehman 2018), der romantische Mythosgedanke (vgl. Scheurer 2008; Halfyard 2012) oder romantisch geprägte Utopievorstellungen (vgl. Flinn 1992). Kaum systematisch erforscht sind zudem romantische Einflüsse des Exotismus, (Post-)Kolonialismus und Rassismus auf filmmusikalische Konzeptionen und Realisierungen (vgl. Scheurer 2008; Unseld 2011; Janz/Yang 2019).

1.2 Hypothesen

Das Fortwirken romantischer Attribute in der Gegenwart ist Teil lebhafter und disziplinübergreifender Untersuchungen: „In der Forschung findet sich schon länger der Gedanke, dass sich jenseits der historischen Romantik um 1800 ein epochenüberschreitendes Phänomen ‚des Romantischen' etabliert hat" (Kerschbaumer 2018: 10; vgl. auch Hühn/Schiedermair 2015; Schanze 2018). Dabei wird dieses Fortwirken im vorliegenden Text am Gegenstand der Film- und Serienscores zwischen 2010 und 2019 untersucht.

Die erste zentrale Arbeitshypothese lautet deshalb, dass Adaptionen der musikalischen Romantik signifikant und prägend in Film- und Serienscores der 2010er-Jahre fortleben, dabei jedoch spezifische Muster der Transformation erfahren haben. Daraus folgt zweitens, dass innerhalb filmisch-medialer Genregrenzen *stilistische* Muster von musikalischen Scores nachgewiesen werden können, die romantisch beeinflusst sind, und drittens, dass *ästhetische* Idiome romantischer Prägung in Score-Produktionen identifiziert werden können, insbesondere die des Mythos, der Utopie und des kompositorischen Exotismus.[2]

Damit verbunden werden weitere Hypothesen aufgestellt: Die technologischen Fortschritte und rasanten Veränderungen der filmmusikalischen Produktionsprozesse seit den 1980er-Jahren haben nicht zu einer Abkehr von romantischen Adaptionen geführt. Im Gegenteil knüpfen Film- und Serienkomponist*innen der 2010er-Jahre bewusst oder unbewusst an romantische Konventionen und Ideale an, die sich auch in Prozessen filmischer Produktionen, Selbstverständnissen sowie Vor- und Rollenbildern nachweisen lassen. Die Reproduktion romantischer Topoi führt auch problematische postkoloniale Prägungen fort, etwa durch musikalische Exotismen und das kompositorische *Othering*.

Es kann und darf nicht außer Acht gelassen werden, dass die stilistischen Bezüge in Film- und Serienscores des 21. Jahrhunderts mannigfaltig sind. Die Forschung belegt hinreichend, dass sich die Filmmusik in eklektizistischer Weise vieler musikalischer Stile, Strömungen, Gattungen und Epochen bedient hat. Einflüsse der Barockmusik, der Wiener Klassik und der Neuen Musik finden sich in vielen Beispielen ebenso wie Adaptionen aus Jazz, Ragtime, Pop, Rock, Hip-Hop und elektronischer Musik; hinzu kommen reiche Bezüge zu regionalen Volksmusiken (vgl. exemplarisch Flinn 1992; Bullerjahn 2001; Kloppenburg 2012/2015; Hill 2017). Die Fragestellung der vorliegenden Studie und die Fokussierung auf romantische Topoi soll die anderen stilistischen und ästhetischen Einflüsse deswegen nicht marginalisieren oder gegeneinander ausspielen, kann sie aber auch nicht in angemessener Weise bezüglich ihres relativen Einflusses quantisieren oder einordnen. Wenn also der Frage nachgegangen wird, ob und warum es deutliche romantische Tendenzen in der Film- und Serienmusik zwischen 2010 und 2019 gibt und in welchen Formen sich diese niederschlagen, dann muss die womöglich ebenso interessante Frage nach anderen musikalischen Einflüssen in dieser Studie weitgehend vernachlässigt werden. Wichtig ist aber, dass die hier aufgestellten Thesen der Romantizismen in Film- und Serienscores eben über bloße stilistische Bezüge hinausgehen und auf eine Grundlage verweisen, die in der romantischen Weltanschauung und Ästhetik gelegt wurde, und die trotz einer postulierten stilistischen Vielfalt gegenwärtiger Filmmusiken in signifikanter Weise fortwirkt. Diese Grundlage gilt es genau zu charakterisieren und zu bestimmen, um zum Verständnis heutiger Film- und Serienmusik sowie ihrer Beschaffenheit beizutragen. Die resultierende Frage

---

[2] Der Begriff der Adaption wird in dieser Studie wertfrei im Sinne einer wiederholenden Übertragung ohne exakte Replikation verwendet; vgl. Hutcheon 2013.

daraus ist nicht, *ob*, sondern *wie* sich diese – im folgenden Text Romantizismen genannten – Einflüsse niederschlagen.

Diese Forschungsperspektive impliziert auch mögliche Gefahren: Wenn nur gezielt in eine Richtung gesucht wird, ist die Möglichkeit einer tautologischen Selbstbestätigung gegeben. Daher soll hier nochmals darauf hingewiesen werden, dass nicht primär die Existenz von Verbindungen zwischen Romantik und Filmmusik nachgewiesen werden soll. Stattdessen steht im Vordergrund, wie sich diese Romantizismen im hier behandelten Forschungsgegenstand – den fiktiven Welten der 2010er-Jahre – weiterentwickelt und transformiert haben, welche Aspekte gleichgeblieben sind, welche sich verändert haben und welche womöglich verschwunden sind. Auch sollen daher in möglichst präziser Weise einzelne und prägende romantische Ideen, Motive sowie ästhetische Konzepte herausgearbeitet werden, um ihre Adaptionen im 21. Jahrhundert genau nachvollziehen zu können.

1.3 Forschungsgegenstand

Um die Untersuchung der romantischen Einflüsse auf Film- und Serienmusik zwischen 2010 und 2019 gerade in stilistischer Hinsicht vereinfachen und präzisieren zu können, wird in Bezug auf den untersuchten Gegenstand ein weiterer Schwerpunkt gewählt, der die Analyse eingrenzt. Dabei wird unter anderem auf die bisher unklar umrissene filmmusikalische Genre-Theorie zurückgegriffen: Diese geht davon aus, dass sich stilistische Muster, historische Vorbilder und musikalisch-inhaltliche Umsetzungen von Film- und Serienmusiken anhand filmischer Genregrenzen (oder anderer filmischer Kategorisierungen wie Standardsituationen) manifestieren und nur im reflektierenden Bewusstsein dieser Genregrenzen auch analysieren lassen. So ist aufgrund der Forschungsliteratur davon auszugehen, dass sowohl ein Western-Score als auch die Musik zu einer Comedy-Serie oder einem politischen Podcast auf YouTube romantische Einflüsse haben können, diese sich jedoch unterschiedlich – aufgrund der jeweils etablierten Genre-Konventionen – niederschlagen. Deshalb ist es möglich, dass, sollte es ein übergreifendes filmmusikalisches Romantik-Modell geben, sich Varianten dieses Modells anhand von filmischen Genre-Grenzen herausbilden und innerhalb dieser Grenzen als tradierte kulturelle Praktiken und mediale Mythen fortwirken (vgl. Scheurer 2008; Halfyard 2012; Stokes 2013; Heldt 2016; Moormann 2020).

Für die Auswahl der filmischen Genres wurde neben der inhaltlichen Nähe das Kriterium der Relevanz in Form von Reichweite, kommerziellem Erfolg und breiter Rezeption gewählt: Der Fokus liegt deshalb auf den fiktionalen Genres Science-Fiction, Superhelden[3] und Fantasy, die im Folgenden als fiktive Welten bezeichnet werden: Diese sind medial erzählte Weltkonstruktionen, die sich in einem oder mehreren signifikanten Merkmalen von der realen Welt unterscheiden (vgl. Eco 1994; Stiglegger 2009; Bareis 2014; Bartsch/Bode 2019). Die Fiktive-Welten-Genres sind keine Nischenprodukte, sondern gehören weltweit zu den erfolgreichsten und meistrezipierten filmischen Genres (vgl. McSweeney 2018; Statista 2024; IMDb.com, Inc. 2024 m). Die Liste der höchsten Einspielergebnisse von Kinofilmen aus den Jahren 2010 bis 2019 verdeutlicht dies: In den Top 20 der weltweit erfolgreichsten Filme in dieser Dekade können mindestens 13 Filme den Fiktive-Welten-Genres zugerechnet werden; allein sieben Filme davon gehören dem Typus des Superheldenfilms an. Weitere vier Filme aus dieser Liste haben zumindest Elemente eines dieser Genres oder sind (animierte) Adaptionen oder Varianten fiktiver Welten. Von 2011 bis 2019 ist der jeweils weltweit erfolgreichste Film des Jahres ein Fantasy-, Superhelden- oder Science-Fiction-Film (vgl. IMDb.com, Inc. 2024 m).

Zugleich hat das Format Kinofilm in Bezug auf Qualität, Budget und Zuschauer*innenzahlen seit 2010 eine enorme Konkurrenz durch Video-on-Demand-Portale wie HBO, Disney +, Amazon Prime Video und Netflix erhalten, deren Serienprodukte, etwa HBOs erfolgreiche Fantasy-Serie *Game of Thrones* (vgl. Benioff/Weisz 2011–2019), zum popkulturellen Mainstream geworden sind und dabei gleichzeitig viele cineastische Eigenschaften in sich tragen (vgl. Knörer 2017; McSweeney 2018). Deshalb wird auch diese Medienform der narrativen Streaming-Serien, die den fiktiven Welten zuzuordnen sind, in der vorliegenden Studie mitberücksichtigt.

1.4 Vorgehensweise

Die Konstruktion eines filmmusikalischen Romantik-Modells erfordert eine komplexe Herangehensweise und birgt einige Herausforderungen. So erfordert die Forschungsperspektive eine detaillierte Untersuchung sowohl des semantischen Felds Romantik als auch der zentralen Diskurse und Topoi der Film Music Studies. Zunächst wird deshalb ein Blick auf die *Matrix* des zu konstruierenden Modells geworfen: die Romantik. Dabei werden im ersten Kapitel des theoretischen Teils diejenigen Aspekte der Romantik beleuchtet, die einerseits in der Forschungsliteratur als charakteristisch oder prägend erkannt wurden, andererseits

---

[3] Da sich der Begriff Superhelden als filmisches (Sub-)Genre etabliert hat, wird hier ausnahmsweise auf die gegenderte Form verzichtet.

insbesondere für ein filmmusikalisches Romantik-Modell eine wesentliche Rolle spielen könnten. Dazu wird die historische Romantik aus musikhistorischer Perspektive von ihren Anfängen um 1800 bis ins frühe 20. Jahrhundert im Vordergrund stehen, aber um mögliche Nachwirkungen ergänzt werden (siehe Kapitel 2).

Danach werden im zweiten Theorie-Kapitel die Film Music Studies in den Fokus gerückt, wobei insbesondere mögliche romantische Einflüsse im Vordergrund stehen. Wie bereits im ersten Kapitel sind hier ästhetische und stilistische Aspekte von großer Bedeutung, müssen aber auch um einige spezifische Problemstellungen dieses Forschungsfelds ergänzt werden. Dazu gehört die Auseinandersetzung mit der filmmusikalischen Genre-Theorie ebenso wie die Beschäftigung mit Medienformen jenseits des klassischen zweistündigen Kinofilms, namentlich Serien und Serialisierungen. Auch sind romantische Einflüsse auf die Filmmusik des frühen 21. Jahrhunderts keine neuen Erfindungen, sondern haben ihrerseits eine lange, auf das frühe 20. Jahrhundert zurückgehende historische Tradition, die ein Eigenleben mit verschiedenen Transformationen entwickelt hat, das ebenfalls aufgearbeitet werden muss. Außerdem werden weitere wichtige Diskurse der Film Music Studies wie funktionale Bedingungen, Produktionsprozesse, interkulturelle und postkoloniale Theorien sowie Wechselwirkungen von Musik und Sound(-design) aufgegriffen und in den Zusammenhang der Forschungsfrage eingebettet (siehe Kapitel 3).

Im empirischen Teil dieser Studie werden die gewonnenen Erkenntnisse zusammengebracht und erweitert, um ein filmmusikalisches Romantik-Modell zu konstruieren und zu überprüfen. Hierfür wird in der ersten Hauptstudie eine qualitative Inhaltsanalyse von Matt Schraders Interviewband *Score* (vgl. Schrader 2017) durchgeführt, um die Perspektive der zentralen Akteure des filmmusikalischen Produktionsprozesses berücksichtigen zu können: die Komponist*innen relevanter Film- und Serienscores der 2010er-Jahre (siehe Kapitel 4). Hier sollen romantische Spuren und Einflüsse gesucht werden, die sich etwa in musikalischen Vorbildern, Selbststilisierungen, Professionalitätsverständnissen oder Aspekten des Produktionsprozesses zeigen. Welche Vorbilder hatten die Komponist*innen während des kreativen Prozesses und während ihrer musikalischen Ausbildung? Welche Selbstverständnisse und Rollenbilder haben Filmkomponist*innen innerhalb eines Spannungsfelds zwischen Klassik und Pop, zwischen Kultur und kommerziellen Maximen, zwischen Geniekult und durchgeskripteter Teamarbeit? Gibt es ästhetische Anknüpfungen an die Vorstellungen des Gesamtkunstwerks und Musikdramas von Richard Wagner, an die Ideen der Programmmusik von Hector Berlioz, an andere Aspekte wie Realitätsflucht oder Virtuosentum? Und welche Rolle spielt das filmische Genre für die Ausgestaltung des musikalischen Scores (vgl. Flinn 1992; Scheurer 2008; Audissino 2017b)? Aus den Ergebnissen sollen zum besseren Verständnis romantizistischer Bezüge verschiedene Komponist*innen-Typen entwickelt werden, die unterschiedliche Zugänge zur Romantik repräsentieren.

Im Anschluss wird eine erste filmmusikalische Romantik-Modellierung unternommen, die die Erkenntnisse aus dem theoretischen Teil der Studie mit der Inhaltsanalyse zusammenbringt. Diese wird in der zweiten Hauptstudie einer eingehenden Prüfung unterzogen: Hier erfolgen einzelne Musikanalysen des filmmusikalischen Korpus zur empirischen Überprüfung der bisherigen Ergebnisse sowie der Modellierung. Dazu werden Scores ausgesucht, die zur gewählten zeitlichen und genremäßigen Eingrenzung passen, außerdem werden gezielt die Film- und Serienmusiken von in der ersten Hauptstudie analysierten und typisierten Komponist*innen geprüft. In der Filmmusikanalyse wird eine genauere stilistische sowie funktionale Untersuchung erfolgen, die beleuchtet, wie romantische Elemente oder romantizistische Adaptionen davon im medialen Gesamtwerk benutzt werden, welchen narrativen Zwecken dies dient und welche ästhetischen und stilistischen Mittel dafür eingesetzt werden. Die Fallanalysen sollen in Verbindung mit den Ergebnissen aus der ersten Hauptstudie ein umfassendes Bild der Wirkung musikalischer Romantizismen vom Entstehungs- und Produktionsprozess über das Selbstverständnis der*des Filmkomponist*in bis hin zum audiovisuellen Gesamtwerk zeichnen. Auf der Grundlage der Ergebnisse der Filmmusikanalysen wird das vorläufige Romantik-Modell kritisch reflektiert und gegebenenfalls angepasst oder erweitert (siehe Kapitel 5).

Auch an dieser Stelle erfolgt nochmals der Hinweis, dass die intensive und möglichst geschärfte Spurensuche nach Verbindungen zwischen romantischen und filmmusikalischen Elementen die Gefahr birgt, andere wesentliche stilistische Einflüsse zu übersehen oder zu marginalisieren. Diese Einschränkung lässt sich durch die Forschungsperspektive der vorliegenden Studie nicht gänzlich vermeiden. Daher wird festgestellt, dass der Fokus auf die Verbindung Romantik–Filmmusik keinen stilistischen oder ästhetischen Exklusivitätsanspruch erhebt: Es gibt, wie die Forschungsliteratur vielfach nachweist, mannigfaltige Einflüsse anderer Musikformen, ästhetischer Konzepte sowie musikhistorischer Epochen auf die Film- und Serienmusik des 21. Jahrhunderts. Hier wird daher nicht der Versuch unternommen, Romantizismen in der Filmmusik gegen andere Einflüsse aufzuwiegen. Stattdessen soll dieser Text einen Beitrag leisten, wie in Kapitel 1.2 bereits geschrieben, den Blick für das *Wie* zu schärfen: Wie prägen sich romantizistische Einflüsse aus, wie haben sie sich in historischer Hinsicht trans- oder deformiert, und welches Abbild (= Modell) der historischen Romantik bleibt in filmmusikalischen Produktionspraktiken, Kompositionen und Techniken des frühen 21. Jahrhunderts übrig?

2 Theorie I: Romantik

> Indem ich dem Gemeinen einen hohen Sinn, dem Gewöhnlichen ein geheimnisvolles Ansehn, dem Bekannten die Würde des Unbekannten, dem Endlichen einen unendlichen Schein gebe, so romantisiere ich es. (Novalis, zit. nach Safranski 2007: 13)

Wenn von Romantik die Rede ist, dann muss notwendigerweise geklärt werden, welche Bedeutung – oder Bedeutungen – dieser so überladene Begriff im Kontext der vorliegenden Studie annimmt. Dazu sollen zentrale Facetten dieses semantischen Feldes beleuchtet werden, um eine kritische, reflektierte und modellhafte Wesensbestimmung vornehmen zu können. Dabei müssen anschließend notgedrungen diejenigen Topoi ausführlicher analysiert werden, die für filmmusikalische Anknüpfungsmöglichkeiten – zumal der Fiktive-Welten-Genres – aussichtsreich erscheinen.

Zunächst werden allerdings zentrale Termini näher untersucht und für den Zweck dieser Studie erschlossen.

2.1 Termini: Romantik und Romantizismus

In der Forschung wird vielfach darauf hingewiesen, dass die Verortung des Begriffs Romantik aufgrund seiner semantischen Fülle mit gewissen Schwierigkeiten verbunden ist (vgl. etwa Rummenhöller 1989; Wehnert 1998; Eggebrecht 1999; Reinfandt 2003; Hühn 2015; Kerschbaumer 2018; Luyken 2023). Sowohl als historische Strömung als auch als Geisteshaltung ist der Begriff mit großen Erwartungen aufgeladen worden, die sich im Laufe der Zeit gewandelt haben und sich mitunter deutlich widersprechen. So stellt Kerschbaumer fest, „dass es einerseits eine Verbindung zwischen der historischen Romantik (verstanden als Institutionalisierung einer Gruppe von Autoren und Ideen um 1800 in Berlin, Jena, Dresden) und dem historisch späteren ‚romantischen' Phänomen gibt, andererseits aber auch eine Differenz" (Kerschbaumer 2018: 12). Diese Differenz gilt teils auch für die verschiedenen Kunstgattungen, die von der Romantik beeinflusst worden sind. Für die vorliegende Studie soll dabei zwar aus verständlichen Gründen die *musikalische* Romantik im Vordergrund stehen; die damit verwandten, aber eben nicht identischen Charakterisierungen der Romantik in der Literatur und anderen Künsten können aber nicht vernachlässigt werden, gerade weil die dezidiert musikalische Romantik auf literarischen sowie philosophischen Vorbildern und Denker*innen wie Novalis, Friedrich Wilhelm Joseph Schelling oder den Schlegel-Brüdern aufbaut. Einschränkend betont werden muss in diesem Zusammenhang, dass die Epoche der Romantik in der Literaturwissenschaft deutlich enger umfasst ist und um 1830 bereits ihr Ende findet – zu einem Zeitpunkt, als die Epoche der musikalischen Romantik laut gängiger Forschungsmeinung gerade erst begonnen hat (vgl. Frank 2008; Hühn/Schiedermair 2015; Kerschbaumer 2018). Wenn also im Folgenden die Rede von Romantik, Romantizismen oder romantischen Sachverhalten ist, beziehen sich diese Begriffe zwar in erster Linie, aber nicht ausschließlich auf die hier weiter spezifizierten semantischen Felder innerhalb der Musik.

Zweitens ist auch die Dichotomie einer historisierenden Auffassung der Romantik als Epoche und der psychologisch-ästhetischen Charakterisierung als Geisteshaltung bedeutend. Schon Rummenhöller stellt fest: „Romantik ist kein Epochenbegriff, sondern eine Weltanschauung" (Rummenhöller 1989: 9). Auch in der vorliegenden Studie soll dieser Definition gefolgt werden und Romantik als – keineswegs kohärentes – Bedeutungsfeld einer Reihe von Ideen, Idealen, Konzepten und Denkmustern verstanden werden, das sich nicht auf eine Epoche beschränkt (vgl. Hühn 2015; Kerschbaumer 2018). Die als romantische Epoche bezeichnete Phase europäischer Kunstmusik etwa zwischen 1820 und 1920 wird im Folgenden als historische Romantik bezeichnet.

Zur problematischen Begriffsbestimmung trägt nicht nur die Interdisziplinarität des Phänomens bei; hinzu kommen die unterschiedlichen nationalen Ausprägungen in Europa, weshalb Hühn (2015) von der Romantik als einem „Sammelbegriff" (Hühn 2015: 17) spricht, der sich nicht nur auf verschiedene Künste und Disziplinen, sondern auch unterschiedliche regionale und kulturelle Ausprägungen beziehen kann. Selbst innerdeutsche Strömungen der Romantik sind nicht immer in klar abgegrenzte und definierte Einzelaspekte zu differenzieren. Dennoch kann man einige Kernaspekte aus verschiedenen Romantik-Begriffen destillieren, die sich in allen Ausprägungen nachweisen lassen.

Daneben versucht Hühn (2015: 31), die Wechselwirkungen von Romantik und Moderne zu charakterisieren. Als Strömung, die Ende des 18. Jahrhunderts mit dem Beginn der Industrialisierung und Urbanisierung erstmals nachweisbar ist, ist die Romantik mit der sogenannten Moderne auf konträre Art und Weise verknüpft: Sie ist zugleich *Teil* der Moderne als auch ihr erklärtes *Gegenstück*. Dieses sich bis in die Gegenwart fortschreibende und immer wieder neu zusammenfügende Verhältnis wird unter anderem im Begriff des Romantizismus fortwährend neu definiert (vgl. Kompridis 2009).

Schanze (2018) problematisiert eindeutige semantische Definitionen des Begriffs Romantik ebenfalls:

> Eine wissenschaftlich bündige Auflösung des ‚Romantikproblems' ist bisher nicht gefunden. Die Frage ist, ob man danach überhaupt suchen sollte. Die im Wortsinn logische Begrün-

dung dafür ist einfach: Das Wort Romantik ist selber ein Zauberwort, ein generisch-generierendes Wort. (Schanze 2018: 2)

Schanzes pessimistischer Ansatz ist nachvollziehbar. Neben unterschiedlichen Auffassungen des Begriffs in verschiedenen Künsten und zu verschiedenen historischen Zeitpunkten sind auch geographische und kulturelle Unterschiede anzuführen; die kolportierte semantische Überfülle des Begriffs scheint nicht konkret fassbar. Versuche einer konstruktiven Standortbestimmung wurden vermehrt in jüngerer Forschung unternommen (vgl. Hühn 2015; Werbeck 2015; Hühn/Schiedermair 2015; Kerschbaumer 2018; Schanze 2018). Dabei ist die Strategie einer modellhaften (Re-)Konstruktion aussichtsreicher, da sie das Problem umgeht, die Romantik ganzheitlich oder auch nur hinreichend erfassen zu wollen. Ausgehend von der Fachliteratur lassen sich nach Schanze (2018) modellhafte Näherungen an den Begriff nicht nur aus philosophischer und literarischer, sondern auch aus ideengeschichtlicher sowie dezidiert musikalischer Perspektive ausfindig machen (vgl. auch Kerschbaumer 2018).

Welche semantischen Felder – etwa in ästhetischer, historischer oder ideengeschichtlicher Hinsicht – aber können mit der Romantik assoziiert werden? Rummenhöller (1989) beschreibt prägnant drei wesentliche inhaltliche Säulen des Romantischen:

> die Sehnsucht, die sich nach rückwärts in die Vergangenheit richtet, als Eingedenken; das Leiden, das dem Ungenügen an der ungeliebten Gegenwart Ausdruck verleiht, als negative Vergegenwärtigung; und die Utopie als die Hoffnung, in ferner Zukunft das goldene Zeitalter wieder zu erreichen, Erlösung zu erlangen, als Verheißung. (Rummenhöller 1989: 13)

Diese drei beschriebenen Säulen enthalten romantische Grundmuster, die sich in vielen Beschreibungsversuchen wiederfinden. Eggebrecht (1999) fasst beispielsweise die Grundzüge der Schriften der Jenaer Frühromantiker*innen mit folgenden zentralen Begriffen zusammen:

> Sehnsucht (Unendlichkeit, Unbestimmtheit, Ahnung),
> Universalismus (Kunst-, Stil- und Gattungsmischung, offene Form [Fragmentarismus]),
> Idealisierung des Ursprünglichen (Volkstümlichen, Nationalen),
> Autonomie der künstlerischen Welt (gegenüber der Wirklichkeit) und
> Thematisierung des Subjekts (des Neuen, Ungenormten; Ich-Verwirklichung).
> (Eggebrecht 1999: 2 [Absätze eingefügt durch den Autor])

Auch in jüngeren Forschungsbeiträgen finden sich ähnliche Schlagworte als romantische Charakteristika (vgl. Kompridis 2009; Hühn 2015; Kerschbaumer 2018; Schanze 2018; Luyken 2023). Wesentliche übergreifende Kriterien der Romantik sind zum Beispiel für Hühn (2015: 20) die poetisierte Vorstellung von der Welt, die Natur als Vorbild sowie ein symbolisierter und mythisierter Stil, die letztlich alle zum Ziel haben, die Grenzen zwischen Subjekt und Objekt, zwischen dem Ich und der Welt, zwischen dem Bewussten und dem Unbewussten zu überwinden. Schanze zählt als wesentliche romantische Topoi die „Thesen von der Vereinigung von Poesie, Philosophie und Rhetorik, vom Gesamtkunstwerk, die Theorien des Fragments und der Arabeske, die ‚Neue Mythologie'" (Schanze 2018: 7) auf. Auch der Topos der Wirklichkeitsflucht ist ein immer wieder nachweisbares Muster romantischer Vorstellungen. Kerschbaumer (2018: 110) benennt aus literaturwissenschaftlicher Perspektive die Dichotomie zwischen dem Streben nach dem Universalen und Transzendentalen einerseits sowie dem reflexiven Bewusstsein über das Fragmentarische andererseits. Dabei betont sie die Unerreichbarkeit jenes Strebens als eine der wesentlichen romantischen Ausprägungen.

Innerhalb der Musik wurden ebenfalls wesentliche romantische Charakteristika herausgearbeitet. Martin Wehnert zählt in seinem Artikel „Romantik und romantisch" der Enzyklopädie *Musik in Geschichte und Gegenwart* (vgl. Wehnert 1998) eine Reihe wichtiger Assoziationen auf, die in der Entstehungszeit um 1800 aufkommen: Opposition gegen Aufklärung und Industrialisierung, Genie-Kult, Realitätsflucht, Neigung zu Mystik und Natur, Vorherrschaft des Gefühls, der Fantasie und der Einbildungskraft über die Vernunft, Individualismus und Subjektivismus, „Sehnsucht nach einem ‚Goldenen Zeitalter'" (Wehnert 1998: 469), Musik als Ersatzreligion.

Neben diesen Bezügen arbeitet Wehnert (1998) in der Analyse zahlreicher früherer Definitionsversuche zwei essentielle Begriffsfelder heraus. Erstens die *poetische Idee* als ein zentrales Paradigma romantischer Musik: die Poesie als ein „kunstreiches und beseeltes Reflektieren eines wie auch immer gearteten ideellen Vorwurfs" (Wehnert 1998: 477) ist demnach die Wesensgrundlage und ein entscheidendes Charakteristikum romantischer Musik. Auch Hans Heinrich Eggebrecht (1999) urteilt: „Die Welt romantisieren heißt: sie poetisieren" (Eggebrecht 1999: 2). Zweitens betont Wehnert die romantische Affinität zum *Mythos*: Die Abkehr von der Strömung der Aufklärung führt zur Hinwendung zu einer neuen, romantisch (v)erklärten Mythologie. Auf die Suche nach Erlösung aus der Realität folgt die Überhöhung von Musik zur transzendentalen Kunst (vgl. Wehnert 1998: 487).

In der Forschung wird auch die Wechselwirkung zwischen Romantik und Moderne analysiert. So begreift Kompridis (2009: 249) Erstere zwar auch als Produkt, vor allem aber als Antithese zur Moderne: Nämlich im Sinne einer Abkehr vom modernen Leben und auch vom modernen Verständnis und der modernen Wahrnehmung der Welt. Kompridis bleibt allerdings eine konkrete Antwort schuldig, was genau diese modernen Charakteristika ausmachen. Indirekt lassen sich die gemeinten modernen Charakteristika jedoch rekonstruieren, von der sich die Romantik nach Kompridis abwendet: Die Säkularisierung und bürgerliche Lebensweise, die Industrialisierung und Technisierung, die soziale Individualisierung und Partikularisierung, die Bedeutungszunahme einer rational-wissenschaftlichen Weltanschauung und auch – im 20. Jahrhundert – die intellektuelle Avantgarde und kühle Rationalität der Neuen Musik (vgl. Kompridis 2009). Reinfandt (2003) beschäftigt sich ebenfalls mit dem Fortwirken des Romantischen in der Gegenwart und urteilt, dass die aus der Zeit der literarischen Romantik etwa zwischen 1790 und 1830 entstandenen zentralen Denkmuster nicht nach dem Ende der Epoche verschwanden, sondern im Gegenteil zu einem universalen kulturellen Allgemeingut geworden sind (vgl. Reinfandt 2003; Schanze 2018). Und so schlägt Reinfandt (2003) auch die Brücke zwischen der Romantik und der Moderne: In der Populärkultur des frühen 21. Jahrhunderts sind „romantische Vorstellungen von subjektiver Expressivität, Authentizität, Spontaneität, Unmittelbarkeit usw. relevant geblieben" (Reinfandt 2003: 25).

Die Romantik ist demnach eine Weltanschauung, die hilft, der industriellen, technisierten, rationalen und partikularisierten Welt zu begegnen: indem man alternative Wege findet, seine Umgebung wahrzunehmen, sinnstiftend zu deuten und mit ihr zu interagieren. Letztendlich beschreibt er damit eine Möglichkeit der Flucht in eine andere Welt: „the resurgent interest in romanticism might be a consequence of the decline of confidence in ‚modernist' modernity, and so an interest in retrieving long neglected or misunderstood possibilities for living modernity's form of life" (Kompridis 2009: 248). Ähnlich fassen auch Hühn und Schiedermair (2015) zusammen, dass die Inbezugnahme romantischer Denkmuster der eigenen Positionierung in der Gegenwart und letztlich der Überwindung der Moderne hin zu einer Postmoderne dient. Auch wenn diese dialektisch-geschichtsphilosophische Wechselwirkung an dieser Stelle nicht weiterverfolgt werden soll, so kann doch eines festgestellt werden: Eine romantische Geisteshaltung und Weltvorstellung ist gerade in der Spätmoderne[4] des frühen 21. Jahrhunderts eine wirkungsvolle und breit rezipierte Art, die beschleunigte, digitalisierte und partikularisierte Welt wahrzunehmen und zu verstehen (oder eben gerade nicht). Kompridis (2009: 255) schildert dafür einprägsame Beispiele: Etwa die romantische Neigung, tote Dinge als lebendig wahrzunehmen und lebendige als tot. Unbelebte Dinge werden durch den romantisierten Blick zu belebten Personen oder vergeistigten Subjekten: hier wird die profan-sachliche, dingliche Welt animiert, der festgefahrene, mechanische und rationale Alltag wird erlöst, einem hö-

---

4 Auf eine detaillierte definitorische Eingrenzung des Begriffs Spätmoderne soll an dieser Stelle ebenso verzichtet werden wie auf die Einordnung in Theorien der Spät- oder Postmoderne; verwiesen sei auf gängige soziologische Moderne-Diskurse (vgl. Brock 2014; Bernsen 2014; Schroer 2017).

heren, mythischen Zweck zugeführt, mit einem romantischen Weltgeist beseelt (vgl. auch Reinfandt 2003: 37).

Damit wurden zentrale Begriffe genannt, die in diesem Text wichtige Rollen spielen werden. Topoi wie Universalität, Poetizität, Idealisierung von Natur und Ursprung sowie Realitätsflucht werden in den folgenden Kapiteln genauer betrachtet werden. Auch scheinen die ebenfalls in der Literatur erwähnten Aspekte des Mythos und der Utopie einer genaueren Betrachtung lohnenswert, die beispielsweise bei Rummenhöller (1989: 13), Friedrich (1996: 25–30; 44–46), Wehnert (1998: 487), Hühn (2015: 20), Schanze (2018: 160) und Luyken (2023: 25) ebenfalls als wesentliche romantische Topoi charakterisiert werden. Die ausführlichere Analyse eben dieser beiden Begrifflichkeiten erfolgt auch deswegen, weil sie vor allem für die Filmmusik reichlich Ansätze für Anknüpfungspunkte bieten. Warum das so ist, wird in den jeweiligen Teilkapiteln deutlich werden.

Zunächst soll jedoch auch der Terminus *Romantizismus* betrachtet werden. Dieser muss anhand der deutsch-englischen Sprachgrenze strikt unterschieden werden: Das englische Wort *romanticism* bezeichnet gleichermaßen die Epoche und ästhetisch-stilistische Strömung aus historischer Perspektive, die im Deutschen in der Regel mit *Romantik* übersetzt wird, als auch die Geisteshaltung, die wesentliche Topoi der Romantik aufgreift und an die beispielsweise in der Gegenwart historisierend oder eklektizistisch angeknüpft wird. Im deutschsprachigen Raum ist die Verwendung des Begriffs *Romantizismus* seltener, und falls er gebraucht wird, dann lediglich im Sinne einer nachträglichen, also unzeitgemäßen Nutzung romantischer Topoi gebräuchlich (vgl. Reinfandt 2003; Schröder 2017; Schanze 2018). Dementsprechend kann das englische *romanticism* je nach Bedeutung im Deutschen sowohl die (historische) Romantik bezeichnen und wird teils synonym mit ihr verwendet, sie kann aber auch auf den deutschen Begriff *Romantizismus* rekurrieren, der erst das Aufgreifen *nach* der historischen Romantik beschreibt (vgl. Flinn 1992; Kompridis 2009; Reinfandt 2003; Emons 2014; Schröder 2017).

Schon Johann Wolfgang von Goethe verwendet den Terminus Romantizismus als Präzisierung des Romantischen, als Lehre und Weltanschauung (vgl. Schanze 2018: 20). Der Anglist Christoph Reinfandt (2003: 17 f.) charakterisiert den Romantizismus als Denkhaltung, die in „einer skeptischen Einstellung zu den Möglichkeiten der Erkenntnis und der Wirklichkeitserfahrung gründet" (Reinfandt 2003: 17) und damit ideengeschichtlich in Opposition zur Aufklärung steht. Nach Schanze (2018: 33) ist es somit möglich, Romantiker*in zu sein, ohne Romantizist*in zu sein – oder anders: Man kann der historischen Romantik zugeordnet werden, also ein*e Romantiker*in sein, ohne Verfechter*in der romantischen Denkströmungen, also ein*e Romantizist*in, sein zu müssen. Ein*e Romantizist*in kann man dagegen auch in der Gegenwart sein, wenn man sich klar zu romantischen

Ideen und Idealen bekennt oder diese im eigenen Schaffen benutzt, adaptiert oder weiterentwickelt.

Davon abgeleitet und definitorisch erweitert soll im folgenden Text von *Romantizismen* gesprochen werden, wenn bewusste oder unbewusste, explizite oder implizite Adaptionen von Vorstellungen, Denkweisen oder anderer Topoi der historischen Romantik auftreten, insbesondere in der Sphäre der Film- und Serienmusik des 20. und 21. Jahrhunderts. Analog dazu sollen auch die Adjektive verwendet werden: *Romantisch* sind jene Sujets, die sich auf die historische Epoche der Romantik beziehen lassen; *romantizistisch* dagegen sind diejenigen semantischen Felder, die eine (implizite oder explizite) Bearbeitung, Adaption oder Transformation romantischer Topoi in die Sphäre der Film- und Serienmusik beschreiben. Dabei muss einschränkend erwähnt werden, dass die Grenzen zwischen romantischen und romantizistischen Aspekten nicht immer klar zu trennen sind und es zu Bedeutungsunschärfen kommen kann. Als Adaptionen sollen in der vorliegenden Studie diejenigen Prozesse verstanden werden, die das Original – also etwa romantische Ideen – aufnehmen, dabei aber bewusst oder unbewusst neu interpretieren, rezipieren oder transformieren (vgl. Hutcheon 2013: 1–32).

Das semantische Feld der Romantik und seine musikalische Spielart, die europäische Kunstmusik des 19. und beginnenden 20. Jahrhunderts, in all ihren Strömungen, Tendenzen, Weiterentwicklungen, Brüchen und Widersprüchen zu beschreiben, kann nicht Aufgabe dieses Textes sein. Ebenso wenig kann von *der* Romantik als einem einheitlichen ästhetischen oder stilistischen Feld gesprochen werden (vgl. Hühn/Schiedermair 2015; Kerschbaumer 2018). Vielmehr wird von einer immer wieder neuen, modellhaften Konstruktion des Romantik-Begriffs bis in die Gegenwart ausgegangen: „Die unzähligen Modellierungsprozesse, die miteinander in Verbindung treten, sind es, die die Romantik lebendig halten" (Kerschbaumer 2018: 135). Deshalb soll der Versuch unternommen werden, einige wesentliche Topoi aus dieser äußerst heterogenen und teils widersprüchlichen Geisteshaltung aufzugreifen, die als modellhafte und zwangsläufig vereinfachende Annäherungen aus filmmusikalischer Perspektive an das Verständnis der Romantik verstanden werden können (vgl. Hanslick 1922/2017; Wehnert 1998; Reinfandt 2003).

Die Aufarbeitung konstitutiver Topoi eines Romantik-Begriffs ist fast so alt wie die Romantik selbst. Maßgeblichen Anteil an der Erarbeitung einer romantischen Musikästhetik hatte der Kreis der Jenaer Frühromantiker*innen, zu dem in der Regel Friedrich von Hardenberg (bekannter unter seinem Pseudonym Novalis), Ludwig Tieck, Dorothea Veit, Friedrich Schelling, Caroline Schlegel sowie die Brüder Friedrich und August Wilhelm Schlegel gezählt werden; weitere Personen wie Johann Gottlieb Fichte, Clemens Brentano oder Friedrich Schleiermacher gehörten dem erweiterten Kreis an oder pflegten zumindest einen engen Kontakt (vgl. Kerschbaumer 2018; Luyken 2023). August Schlegel versuchte bereits 1801 in seinen *Vorlesungen über schöne Literatur und Kunst*, ein romantisches Ordnungs-Modell mit wesentlichen Prinzipien auszuarbeiten (vgl. Kerschbaumer 2018: 17). Im Folgenden soll ähnlich vorgegangen werden, wobei zunächst kunstübergreifende wesentliche Aspekte und danach spezifisch musikalische Topoi beschrieben werden: Im Fokus steht die *filmmusikalische* Annäherung an ein Romantik-Modell, die notwendig eine spezifische Perspektive einnehmen muss. Die Herausarbeitung dieser Aspekte ist bereits ein erster Schritt zur Modellbildung: Durch die Analyse dieser Elemente sollen prägende Charakteristika herausgearbeitet werden, die im Hinblick auf ihre Wirkmächtigkeit, Vorbildfunktion und (mögliche) Weiterverarbeitung in der Film- und Serienmusik der 2010er-Jahre von Bedeutung gewesen sein könnten. Im weiteren Verlauf dieses Textes sollen daraus ein oder mehrere filmmusikalische Romantik-Modelle entwickelt werden, die als Repräsentationen prägnanter Elemente der Romantik dienen können (vgl. Kerschbaumer 2018).

2.2 Mythos

Der Mythos als Begriff kann bis zu Platons wirkmächtiger Unterscheidung zwischen *logos* und *mythos* zurückverfolgt werden: Der antike Philosoph legte den Grundstein für eine grundsätzliche Unterscheidung zwischen dem rationalen, faktenbasierten und analytisch-kategorienbildenden Zugang zur Welt einerseits und einer erzählenden, bildhaft-symbolischen, abstrahiert-synthetischen Wirklichkeitsauffassung andererseits (vgl. Heidenreich 2020: 55). Dabei finden sich mythische Erzählungen nicht allein in der griechischen Antike, sondern in allen menschlichen Zivilisationen und Gesellschaften (vgl. Cassirer 2010; Magdanz 2012).

Die Beschäftigung mit dem Mythischen ist nicht auf philosophisch-wissenschaftliche Auseinandersetzungen beschränkt, sondern scheint aus einer menschlichen Abneigung gegen (bisweilen unliebsame) rationale Wahrheiten zu entstehen. So fasst etwa Hans Blumenbergs anthropologisches Mythos-Konzept den Menschen „als erzählendes, als mythenbildendes, als sich um den Mythos versammelndes Wesen" auf, das „den vormodernen Techniken der Weltbewältigung niemals vollends entwachsen" kann (Heidenreich 2020: 53). Daraus entwickelt Blumenberg eine Dichotomie nicht zwischen Mythos und Wissenschaft, sondern zwischen Mythos und Dogma: Der Mythos sei liberal, erweiterungsfähig und könne alte Erzählungen immer weiter fortspinnen, während das Dogma dagegen feste Imperative und Gebote aufstelle, die nicht hinterfragbar seien (vgl. Blumenberg 1979/2006; Heidenreich 2020: 56–58). Andererseits gerät in der gegenwärtigen politischen Debatte der Mythos als Grundstein für populistische Verschwörungserzählungen unter Druck (vgl. Lamberty 2020). Die Mythos-Theorien des 20. und 21. Jahrhunderts sind jedoch nicht gleichzusetzen mit der Bedeutung des Begriffs in der romantischen Ästhetik. Hier wird der Mythos zum zentralen Ausgangspunkt für ein Wahrheits- und Wirklichkeitsverständnis gemacht, das sich von einer allzu rationalen Weltauffassung, die die Aufklärung mit sich brachte, lösen will (vgl. Frank 2008: 55). Im Folgenden soll der Mythos aus romantischer Perspektive nachgezeichnet werden.

2.2.1 Neue Mythologie

Die romantische Hinwendung zum Mythos ist aus verschiedenen Blickwinkeln erklärbar. Aus geschichtsphilosophisch-dialektischer Sicht folgte auf die der Vernunft, der Wissenschaft und dem rationalen Geist verschriebene Aufklärung, aus der in musikalischer Hinsicht die Wiener Klassik hervorging, eine Abkehr in Form einer Gegenbewegung: „Seit den antiken Hochkulturen hat es immer parallel zu dem sich entwickelnden Rationalismus die ‚Gegenbewegung' des Mythos und Mystizismus gegeben" (Magdanz 2012: 32). Der romantische Mythos wurde der Inbegriff einer Weltsicht, die sich nicht länger mit einer analytischen und rationalen Geisteshaltung zufriedengab. Romantische Denker*innen wie Friedrich Schlegel suchen – wie andere nachkantische Philosoph*innen auch – nach einem anderen, ganzheitlich-sinnstiftenden Zugang zur Welt, und für diesen Zweck entdecken sie die Mythen vergangener Zeiten (wieder): archaische Legenden von Geistern und Magie, antike Göttergeschichten, mittelalterliche Sagenstoffe und auch die mythischen Geschichten anderer, weniger bekannter Kulturen (vgl. Frank 2008).

Die romantische Auseinandersetzung mit dem Mythos beschränkt sich jedoch nicht darauf, archaische, antike oder mittelalterliche Mythen einfach neu aufleben zu lassen. Johann Gottfried Herder fordert bereits, dass die mythischen Stoffe an die jeweilige neue Zeit anzupassen und für sich zu nutzen seien. Friedrich Schlegel sieht die Kunst als prädestiniert an, die Mythen weiterzuerzählen und neu auszuformen: Er fordert nicht weniger als eine neu zu erschaffende Mythologie (vgl. Frank 2008; Magdanz 2012).

> Es fehlt, behaupte ich, unsrer Poesie an einem Mittelpunkt, wie es die Mythologie für die der Alten war, und alles Wesentliche, worin die moderne Dichtkunst der antiken nachsteht, läßt sich in die Worte zusammenfassen: Wir haben keine Mythologie. Aber setze ich hinzu, wir sind nahe daran eine zu erhalten, oder vielmehr es wird Zeit, daß wir ernsthaft dazu mitwirken sollen, eine hervorzubringen. (Friedrich Schlegel, zit. nach Kerschbaumer 2018: 96)

Die Begriffe des Mythos und der (neuen) Mythologie finden unter den Vertreter*innen der Jenaer Frühromantik viel Beachtung. Novalis, Ludwig Tieck und E. T. A. Hoffmann etwa setzen sich intensiv und in poetischer Form mit der postulierten neuen Mythologie auseinander (vgl. Negus 1965). Friedrich Wilhelm Joseph Schelling beschreibt in seiner Vorlesungsreihe *Philosophie der Mythologie* das mythische Denken als universales Bewusstseinsprinzip aller menschlichen Gesellschaften. Dem Mythos spricht er dabei eine hohe Bedeutung zu, da ihm eine eigene Wahrheit zugrunde liege: die mythische Wahrheit. Diese ist nicht deckungsgleich mit der in der Moderne unter Wahrheit verstandenen Korrektheit von Fakten: Die Wahrheit im Mythos liegt für Schelling darin, eine sinnliche, ethische oder religiöse Wahrheit zu bilden und diese durch mythische (Götter-)Geschichten erzähl- und erfahrbar zu machen. Für ihn ist diese mythische Wahrheit die *höhere* Wahrheit. Sie gebe dem Menschen etwas zurück, was in der aufklärerisch-analytischen Erkenntnislehre verloren gegangen sei: ein alles verbindender Sinn, eine universell gültige Glaubwürdigkeit, eine Synthese aller sinnlichen Erfahrungen des Subjekts bis hin zu einem gemeinschaftlichen Glaubenskonsens (vgl. Volkmann-Schluck 1969; Frank 2008; Kerschbaumer 2018).

Der mythische Wahrheitsbegriff wird in der historischen Romantik zu einer universellen Wahrheit überhöht, die sich nicht auf einen rational-wissenschaftlichen Zugang beschränkt. Auch Richard Wagner knüpft an diesen Wahrheitsgedanken des Mythos an: „Das Unvergleichliche des Mythos ist, daß er jederzeit wahr und sein Inhalt, bei dichtester Gedrängtheit, für alle Zeiten unerschöpflich ist" (Wagner 2008: 199). Friedrich (1996) beschreibt den romantischen Mythos-Begriff als Folge des Universalisierungsanspruchs, der das Kunstwerk in die Sphären einer zeitlosen – und damit konkrete historische Bezüge überwindenden – Mythologie überhöht. Damit wird der Mythos zu einem symbolisch verdichteten Bezugssystem, das sich von historischen Überlieferungen lossagt und eine zeitlose, allumfassende Gültigkeit für sich deklariert. Kerschbaumer spricht in diesem Zusammenhang von „[h]olistische[n] Sinnentwürfe[n]" (Kerschbaumer 2018: 110) als wesentliches Prinzip der Romantik: die Schaffung einer in sich stimmigen, universalen und glaubwürdigen Welt, die nicht auf der rational erklärbaren Realität, sondern auf der mythisch erfahrenen Annäherung durch das Subjekt fußt. „Der romantische Mythos ist von der Wirklichkeit abstrahiert, sein Inhalt ist der Zeit enthoben; er beruft sich auf das Urmenschliche als Quell des Mythosgedankens" (Magdanz 2012).

Die Romantiker*innen zielen mit dem mythischen Denken auf einen von ihnen empfundenen Mangel der wissenschaftlichen Weltsicht ab: Das analytische, kategorisierende und klassifizierende Denken lässt in ihren Augen das Wesentliche, Verbindende und Ganzheitliche zu kurz geraten. Der Philosoph Ernst Cassirer (2010) beschreibt dieses mythische Denken als Gegensatz zum wissenschaftlichen Weltbild: Die Trennung von Zeichen und Bezeichnetem in der Semiologie etwa, das wissenschaftliche Abstrahieren und Hinterfragen von Dingen, die nüchterne Analyse von Logik und Kausalitäten ist der mythischen Denkweise fremd. Dadurch verschieben sich die Grenzen zwischen Realität und Fantasie, auch zeitliche und räumliche Eingrenzungen können mit dem Mythos überwunden werden. Dieser bewusste Bruch mit dem rein rationalen oder wissenschaftlichen Denken hängt auch mit der romantischen Freude an der Unmittelbarkeit des Erlebens, des unhinterfragten, ganzheitlichen Rezipierens zusammen: Das sinnlich die Welt wahrnehmende Subjekt – das Ich – wird zum Zentrum dieser Weltanschauung, und sein Erleben gewinnt in der mythischen Erfahrung an Bedeutung (vgl. Frank 2008; Magdanz 2012).

Für die Vertreter*innen der historischen Romantik ist das mythische Denken also eine urmenschliche, natürliche Denk- und Geisteshaltung. Friedrich Schlegel, Schelling, Wagner und andere überhöhen den Mythos und laden ihn mit einer gesamtgesellschaftlichen Maxime auf: Die verlorengegangene, sinnstiftende Einheit der (Volks-)Gemeinschaft, die in der athenischen Demokratie durch Tragödienaufführungen oder im christlichen Abendland durch die Religion gepflegt, immer wieder neu erzählt, durch ritualisierte Akte gelebt und aufrechterhalten wurde, soll über den durch die Kunst vermittelten Mythos wiederhergestellt werden. Hier wird auch deutlich, welche Rolle die Kunst – und im Besonderen auch die Musik – einnehmen soll: Die Künste werden mit soziopolitischen und metaphysischen Aufgaben aufgeladen, die in dieser Qualität neu – und damit genuin romantisch – sind. Auch zeigt sich hier eine semantische Verbindung von romantischem Mythos-Konzept und dem aufkommenden (zunächst noch universellen) Volksgedanken, der sich im Laufe des 19. Jahrhunderts zum Nationalismus entwickelt (vgl. Friedrich 1996; Frank 2008; Kerschbaumer 2018).

Ein zentrales romantisches Denkkonstrukt ist die Vorstellung vom Mythos als Ursprung aller Künste. Dadurch überhöhen die Denker*innen der historischen Romantik die Kunst an sich und geben ihr einen erhabenen, universell gültigen Charakter mit durchaus sakraler Aura. Die Frühromantiker*innen suchen und finden im Mythos den würdigen Ersatz für die Religion, deren gesellschaftliche Legitimation durch die Aufklärung zerschlagen worden ist: „Die ‚neue Mythologie' sollte eine Völker verbindende, eine universalistische, eine ‚Mythologie der *Vernunft*', nicht – wie bisher – der Unvernunft sein" (Frank 2008: 15). Der Mythos ist in ihren Augen die edle und hehre Kraft, die gesellschaftlichen Zusammenhalt, moralische Integrität und sozial-kulturelle Identität schaffen und verstärken kann: „Denn allein im Mythos verkörpert sich der ‚gemeinsame Geist', den der Geist der Analyse (wörtlich übersetzt: der Geist der Auflösung) zerstört hat" (Frank 2008: 58 f.; vgl. Schanze 2018).

Die Vermittlerin dafür ist die Kunst mit der Musik als zentralem mythischem Werkzeug – bei Richard Wagner in der Form des Gesamtkunstwerks. Die Kunst als eng mit der Dichtung verwandte Universalsprache ist für Schelling und seine Zeitgenoss*innen dazu auserkoren, den Mythos zu erzählen: In Form der Kommunikation von übergreifenden, universalen Zusammenhängen, als sinnstiftende Synthese von poetischen Ideen. In reinster, dem Mythos am nächsten stehender Form aber sei hierzu die Musik imstande: Keine andere Kunstgattung rühre direkter an den urmenschlichen Wahrheiten und transportiere in allgemeinverständlicher Symbolik besser den wahrheitsstiftenden Mythos als diese (vgl. Dahlhaus 1988; Friedrich 1996; Frank 2008; Schanze 2018). Hier wird deutlich, dass der Kunst und der Musik mit der romantischen Re-Mythisierung nicht nur eine ersatzreligiös-kultische, sondern auch eine soziale und politische Funktion zugedacht wird. Diese Aufladung und „Politisierung der Kunst-Tätigkeit" (Frank 2008: 27) sollte nicht folgenlos bleiben: Wo eine (Volks-)Gemeinschaft beschworen und ihre Homogenität mythisch aufgeladen und verstärkt wird, ist der Weg zur Abgrenzung vom Anderen und Fremden nicht weit. Die Schattenseite einer politisierten, als Propaganda für rassistisches Gedankengut missbrauchten Musik im 20. Jahrhundert ist letztlich eine der Folgen der romantischen Wiederentdeckung des kollektiven Mythos (vgl. Frank 2008: 27).

2.2.2 Richard Wagners Mythoskonzeption

Die Romantik erschafft den Mythos neu und überträgt ihn in die Moderne. Das geschieht nicht nur durch die Auswahl von mythischen Stoffen, etwa von antiken Göttersagen und mittelalterlichen Märchen und Legenden, sondern auch durch ihre Loslösung von konkreten zeitlichen und örtlichen Bezügen. Richard Wagner knüpft in der Mitte des 19. Jahrhunderts hier an: Er greift auf die Ideen der Frühromantiker*innen, namentlich Friedrich Schlegels Neuer Mythologie und Schellings Ausführungen, zurück, und formt den romantischen Mythosgedanken weiter aus. So bedient sich Wagner für seine Opern und Musikdramen bei antiken griechischen, germanischen oder mittelalterlichen Sagenstoffen, abstrahiert sie jedoch und enthebt sie damit ihrer konkreten historischen Einordnung (vgl. Friedrich 1996; Frank 2008; Wagner 2008; Luyken 2023).

> Der Mythos bezeichnet bei Wagner die Urzelle des Seins, die in einer urzeitlich-unzeitlichen Allwahrheit aus einer harmonischen Urnatur entspringt. [...] [D]er Mythos ist das Weltprinzip an sich, welches Anfangs- und Endpunkt der Geschichte darstellt. (Friedrich 1996: 152)

Dieser Mythosgedanke ist eine Folge des Universalanspruchs des romantischen Kunstwerks und erklärt den mythischen Inhalt zum allzeit und allerorten gültigen Stoff, da er von konkreten historischen Handlungen entbunden ist. Dabei fußen die Kernideen und symbolisch verdichteten Hauptthemen des romantisch erklärten Mythos auf dem inneren Gefühl, das durch die Musik „intuitiv erfahr- und erlebbar" (Friedrich 1996: 46) gemacht werden kann: Die Musik kommuniziert bei Wagner den Mythos in enger Verflechtung mit dem Drama, also der poetischen Handlung (vgl. Cassirer 2010; Frank 2008; Wagner 2008).

Der Philosoph Manfred Frank beschreibt in seinen Vorträgen und Vorlesungsreihen zu Richard Wagners Mythoskonzeption, die in seinem Band *Mythendämmerung* (vgl. Frank 2008) zusammengefasst sind, die enge historische Verflechtung der frühromantischen Denkanstöße zum Kunst-Mythos mit Wagners Weiterentwicklung dieser Ideen. In Wagners Zeit waren die politisch-gesellschaftlichen Umstände bereits andere als um 1800: Der Vormärz brachte in Mitteleuropa einen nicht gekannten Modernisierungsschub mit sich; (gescheiterte) Revolutionen, die allmählich einsetzende Industrialisierung sowie demokratische, kommunistische und liberale Ideen politisierten die Öffentlichkeit in nie dagewesenem Maße. Wagner, als steckbrieflich gesuchter Revolutionär ins Schweizer Exil geflohen, malt um die Jahrhundertmitte ein düsteres Bild seiner Zeit, in der die Gesellschaft zersplittert, von Fliehkräften auseinandergerissen und von Partikularisierung gezeichnet ist (vgl. Frank 2008; Wagner 2008). Er attestiert ihr einen verloren gegangenen Gemeinsinn, einen fehlenden Volksgeist und eine nicht vorhandene Gemeinschaftsseele, wie sie die athenische Demokratie noch besessen habe. Vor allem der Staat ist für den Wagner der Zürcher Exilzeit ein künstliches, also der „reinen Menschlichen Natur" (Wagner 2008: 211) widersprechendes Gebilde, das die im Mythos liegende höhere Wahrheit verschleiert und den urmenschlichen Zustand in Form einer echten Volksgemeinschaft verhindert. Die Kunst aber ist es, die diesen verlorengegangenen Zusammenhalt herstellen muss: Als Vorbild dienen Wagner die – romantisch verklärten – antiken kultischen Tempelfeiern, gemeinschaftlichen Aufführungen der Tragödien sowie Weihefeste und Riten mit sakraler Bedeutung. Hier sieht er das Ideal der Gemeinschaft, eingeschworen durch die Kunst: Diese macht den Mythos, der dem Zusammenhalt und der Selbstvergewisserung des Volks dient, ästhetisch erleb- und erfahrbar (vgl. Friedrich 1996; Frank 2008: 55; Wagner 2008).

> [...] nur der griechischen Weltanschauung konnte bis heute noch das wirkliche Kunstwerk des Dramas entblühen. Der Stoff dieses Dramas war aber der *Mythos*, und aus seinem Wesen können wir allein das höchste griechische Kunstwerk und seine uns berückende Form begreifen. (Wagner 2008: 161 [Hervorh. im Orig.])

Wagner setzt seine Interpretation des romantischen Mythos in die Tat um: Die in seinen zahlreichen schriftlichen Zeugnissen – vor allem seinen im Schweizer Exil niedergeschriebenen Zürcher Schriften – ausformulierten Ideen und Konzepte führten zur Entwicklung seines Musikdramas, das als Nachfolger der attischen Tragödie und als bewusste Abgrenzung zur zeitgenössischen Oper eine sinnstiftende, erhebende und quasireligiös weihende Funktion einnehmen sollte, die mit der säkularen bürgerlichen Gesellschaft verloren gegangen war. Die von Wagner gewählten Bezeichnungen Bühnenfestspiel (für den *Ring*-Zyklus) und Bühnenweihfestpiel (für das Spätwerk *Parsifal*) bezeugen diesen Wunsch (vgl. Dahlhaus 1988; Frank 2008).

Der Mythos wird bereits bei den Frühromantiker*innen zur neuen sinnstiftenden Basis in einer Gesellschaft, in der die Religion nicht mehr zwingend diese Rolle einnimmt. Zugleich sind sich schon Schelling und Friedrich Schlegel der Unzulänglichkeit des Mythos als neuer, normativer Konsens für eine universale Gesellschaft bewusst. Wenn der Mythos zum neuen, sinnstiftenden Fundament einer Gemeinschaft erklärt werden kann, ist es auch möglich, ihn wieder zu dekonstruieren. Genau das ist ein spezifisch romantischer Aspekt des Mythos: So sehr er als neuer Heilsbringer der säkularisierten Gemeinschaft herbeigesehnt und mit hehren Erwartungen sakral aufgeladen wird, so sehr ahnen die Romantiker*innen, dass diese Ambition unerreichbar sein könnte und diese Wunschvorstellung letztlich sehnsuchtsvolle Träumerei bleiben muss (vgl. Dahlhaus 1988; Kerschbaumer 2018; Luyken 2023). Dieser ironische Gegensatz von sehnsüchtig-utopischer Vorstellung und ihrer realen Umsetzung zeigt sich eindrucksvoll an Richard Wagners Mythoskonzept – und seiner musikalisch-dramatischen Umsetzung. Wenngleich sich Wagner teils auf mittelalterliche Sagenstoffe beruft, ist sein primäres Vorbild das antike griechische Theater – oder die verklärte, romantisch tradierte Vorstellung davon. In der Versammlung des Volkes im athenischen Amphitheater wurden demnach mythische, aber auch aktuelle, gesellschaftlich relevante Stoffe aufgeführt; diese Aufführungen trugen zur Schaffung eines Volksgeistes und zur Selbstvergewisserung eines demokratischen Gemeinschaftsgefühls bei und waren damit eben keine dekadenten Aufführungen zur Unterhaltung eines gutbetuchten Publikums, sondern sie nahmen durch die idealisierte, rauschhafte Überhöhung gemeinsamer Werte soziale und religiöse Funktionen ein (vgl. Friedrich 1996; Frank 2008; Wagner 2008; Kerschbaumer 2018). Diese gemeinschaftsbildende Funktion des Mythos betont auch Cassirer (2010) in seiner Abhandlung über das mythische Weltbild:

> Das mythisch-religiöse Bewußtsein f o l g t sowenig einfach aus dem faktischen Bestand der Gesellschaftsform, daß es vielmehr als eine der B e d i n g u n g e n der gesellschaftlichen Struktur, als einer der wichtigsten F a k t o r e n des Gemeinschaftsgefühls und des Gemeinschaftslebens erscheint. Der Mythos ist selbst eine jener geistigen S y n t h e s e n , durch die erst eine Verknüpfung zwischen ‚Ich' und ‚Du' ermöglicht wird […]. (Cassirer 2010: 207 f. [Hervorh. im Orig.])

Diese Synthese versucht auch Wagner mit seinem Gesamtkunstwerk zu erreichen. Für ihn kann der durch die Kunst kommunizierte Mythos wie keine andere Kommunikationsform das Wesentliche der Welt in ihrem ursprünglichen, natürlichen Zustand ergründen und ausdrücken (worin er erkennbar an Schelling und Friedrich Schlegel anknüpft; vgl. Frank 2008; Kerschbaumer 2018); die wesentlichen Ideen aller Dinge – ob menschlich, übermenschlich oder göttlich – können so symbolisch verdichtet und auf ihren Wesenskern konzentriert zum Ausdruck gebracht werden (vgl. Dahlhaus 1988; Wagner 2008).

> Durch die Fähigkeit, [...] durch seine Einbildungskraft alle nur denkbaren Realitäten und Wirklichkeiten nach weitestem Umfange in gedrängter, deutlich plastischer Gestaltung sich vorzuführen, wird das Volk im Mythos daher zum Schöpfer der Kunst [...]. Die Kunst ist ihrer Bedeutung nach nichts anderes als die Erfüllung des Verlangens, in einem dargestellten bewunderten oder geliebten Gegenstande sich selbst zu erkennen, sich in den durch ihre Darstellung bewältigten Erscheinungen der Außenwelt wiederzufinden. (Wagner 2008: 162 f.)

Wagner will seinen Mythos, den er in mehreren Schriften konzeptuell erläutert und später – vor allem in seinem Hauptwerk *Der Ring des Nibelungen* (uraufgeführt 1869–1876) – künstlerisch umsetzt, moralisch aufladen. Dazu greift er nicht nur auf die attische Tragödie und die Vorstellungen der Frühromantiker*innen, sondern auch auf frühsozialistische Ideen und Denkern wie Ludwig Feuerbach, Michail Bakunin und Karl Marx zurück. So stehen positiv besetzte Werte wie Freiheit, Unschuld, Treue und Liebe negativ konnotierten wie Herrschaft, Gier, materieller Besitz und Verrat gegenüber. Diese semantischen Felder werden symbolisch verdichtet und sakral aufgeladen, wobei die Musik hier eine entscheidende Rolle spielt: Sie macht diese Bezüge ästhetisch und intuitiv erfahrbar, indem sie Emotionen auslöst und verstärkt, aber auch Andeutungen, Ahnungen und Erinnerungen bewirkt und so eine bisher unerreichte Glaubwürdigkeit schafft (vgl. Friedrich 1996; Frank 2008; Luyken 2023).

Doch zwischen Wagners Mythoskonzept in seinen Schriften und der Umsetzung im Musikdrama wurde in der Forschung ein Unterschied, ja ein Bruch erkannt (vgl. Dahlhaus/Miller 2007; Frank 2008). Vor allem dem späteren Wagner war wohl bewusst, dass die Vorstellung einer gesamtgesellschaftlich vereinigenden Mythosrealisation durch die Kunst, wie in der attischen Tragödie und den athenischen Volksversammlungen idealisierend dargestellt, ein utopisches Ideal ist, das in der bürgerlichen Gegenwart Wagners nicht erreicht werden konnte. Das hatte auch Einfluss auf seine Musikdramen, wie etwa die nur vorsichtig optimistische Katastrophe am Ende seiner *Götterdämmerung* zeigt. Hier endet der ganze Menschen-, Held*innen- und Göttermythos im Weltuntergang. „Der ganze mythologische Prozess [des *Rings des Nibelungen*; Anm. d. Verf.] erweist sich als auf haltlose, aber tödliche Herrschaftsansprüche gegründet" (Frank 2008: 17). Letztendlich bleibt der verherrlichte Mythos unerfüllt, das Idealbild der zeitlosen Göttergeschichte endet in den alles zerstörenden Flammen (vgl. Frank 2008: 16 f.).

> Für Schelling wie für Wagner ist Mythologie ein Fluch- und Verblendungszusammenhang, in dessen Bilderfolge das menschliche Bewusstsein unwillentlich und unaufgeklärt verstrickt ist. Er löst sich erst mit dem Ende der Mythologie selbst: mit dem Bewusstsein ihrer (im Wortsinn) Unhaltbarkeit. (Frank 2008: 86)

Hierin steckt nicht nur der Kern der berühmten romantischen Ironie – dem bewussten Gegensatz zwischen den geäußerten Vorstellungen und ihrer Realisierbarkeit. Auch verbinden sich Mythos- und Utopiegedanke zu einem romantischen Ideal, das unerreichbar bleibt. Manfred Frank (2008) sieht deshalb in Wagners Mythos zugleich dessen „Abdankung des Mythos" (Frank 2008: 86): Nach Frank ist für Wagner der Mythos deshalb gescheitert, da er von Göttern und Menschen missbraucht wurde; ihre fluch- und schuldbeladene Verstrickung führt zwangsläufig in den selbstverschuldeten Untergang (vgl. Frank 2008: 17; 86). Was bleibt, ist die reinigende Kraft der Natur (in Form des Weltenbrands). Diese Interpretation des Wagnerschen Mythos als Anti-Mythos wurde teils relativiert (vgl. Friedrich 1996; Dahlhaus/Miller 2007; Magdanz 2012), allerdings zeigt sich Wagners zutiefst romantischer Zwist in seiner Mythologie: Das mythologische Idealbild, das die gesamte Gemeinschaft letztlich retten und erlösen sollte, bleibt (verklärte, also trügerische, da dem Untergang geweihte) Utopie. Was Schelling in seinen Schriften bereits befürchtet, wird durch Wagners Musikdrama manifest: Die Neue Mythologie Friedrich Schlegels und der Jenaer Frühromantiker*innen bleibt in ihrem überhöhten Anspruch unvollendeter, also letztlich gescheiterter Wunschtraum. Dennoch ist Wagner die mythische Utopie lieber als das, was der Volksgemeinschaft sonst blüht: nicht nur eine Partikularisierung und Entzweiung der Gesellschaft, sondern auch der Gott des Geldes und die unterdrückende Herrschaft von oben. Und so empfindet Wagner den zeitgenössischen Opernbetrieb als Symbol für eine gutbürgerlich-verdorbene Kunstauffassung, die er als „unheilige Allianz zwischen heuchlerischen, egoistischen Machtinteressen industrieller und kirchlicher Instanzen und einer verdorbenen, nur nach dem Gelde gehenden Kunst" (Franke 1983: 37) wahrnimmt (vgl. Dahlhaus 1988; Friedrich 1996; Wagner 2008).

Das Wagnersche Leitbild enthält damit Elemente, die große Wirkungsmacht entfalten und Vorbildcharakter entwickeln sollten: auf der einen Seite die Kunst als Werkzeug und Vermittlerin des Mythos; die Synthese verschiedener Kunstgattungen zu einem mythischen Gesamtkunstwerk; das Primat des Dramas und der dramaturgische Einsatz der Musik; die gleichzeitige und widersprüchliche Idealisierung und Infragestellung einer neuen Mythologie. Auf der anderen Seite ist das Wagnersche Mythoskonzept geprägt durch die Konstruktion von stark wertenden Gegensätzen: die Dichotomien von idealisierter Antike und kritisierter Moderne; von sinnstiftender Synthese und verurteilter Partikularisierung; von technisch erzeugter Künstlichkeit und ursprünglicher Natürlichkeit; von wahrer Kunst und kommerzialisierter Anti-Kunst; von Verirrungen der menschlichen Zivilisation und verherrlichten Natur-Idealen (vgl. Frank 2008; Wagner 2008).

Der revolutionär-antibürgerliche Gestus vor allem des frühen Wagner darf nicht darüber hinwegtäuschen, dass seine Ideen – und auch seine Kunst – von der konservativ-völkischen Seite her vereinnahmt wurden, woran auch Wagner selbst nicht unschuldig war (vgl. Tönies 2022). Seine biographische Wandlung vom anarchistischen, steckbrieflich gesuchten Revolutionär, der sich für sozialistische Ideen begeistern ließ, zum vom bayerischen König Ludwig II. hofierten und bereits zu Lebzeiten kultisch verehrten Nationalkomponisten war nicht nur oberflächlicher Natur; die antisemitischen Ausschweifungen in seinen Schriften – etwa in seiner Hetzschrift *Das Judenthum in der Musik* (vgl. Wagner 1869) – zeugen davon, dass nicht jeder in Wagners Volksgeist- und Volksgemeinschaft-Konzeption willkommen ist. Von der deutschen Reichsgründung 1871 bis zur Machtergreifung der Nationalsozialisten lässt sich eine Kontinuität der Wagner-Vereinnahmung nachzeichnen, die nicht allein mit einem Missbrauch oder einer Pervertierung seiner ursprünglichen Ideen erklärt werden kann. Die Wahrheit ist komplizierter: Die Saat für völkische Abgrenzungen und Nationalismen, totalitäre und mythisch aufgeladene Propagandismen sowie pseudowissenschaftliche Verklärungen einer germanischen Herkunft ist auch bereits im romantischen, von Wagner modifizierten Mythos gelegt worden (vgl. Friedrich 1996; Frank 2008: 48; Brill 2012; Tönies 2022).[5]

Wagners Mythoskonzept ist jedoch auch die Keimzelle für eine musikalische Entwicklung, die im Folgenden noch näher ausgeführt wird – und die prägend für die Ausgestaltung von filmischen Scores des 20. und 21. Jahrhunderts wurde. Neben der wirkmächtigen Ausgestaltung der Musik zum vielseitigen und ausdrucksstarken Werkzeug des Mythos ist es auch die Verlagerung des allumfassenden Mythologiekonzepts der Frühromantiker*innen: Von diesen als neuer, gesamtgesellschaftlicher Religionsersatz auserkoren, wird der Mythos nun als Kunst- oder Musik-Mythos eingehegt. Er ist in der künstlerischen Aufführung intensiv spür- und erfahrbar und manifestiert sich innerhalb der ästhetischen Grenzen der Kunst als wahrhaftig, verbleibt jedoch auch in diesen: als schöpferische Träumerei, als eine Vorstellungswelt, die Fiktion und utopischer Sehnsuchtsort ist. Wie sich zeigen wird, ließ sich dieses Mythoskonzept vortrefflich auf neue Orte der Rezeption und Erfahrbarmachung übertragen: auf die Massenmedien,

---

5 Ein ausführlicheres wirkungsgeschichtliches Bild der nicht widerspruchsfreien Entwicklung vom frühromantischen Mythos über Wagner bis zum Nationalsozialismus zeichnet Frank 2008: 25–53.

die im 20. Jahrhundert Verbreitung finden. Um diese Verbindung besser zu verstehen, wird zunächst jedoch das mythische Weltbild, das die Romantiker*innen für sich wiederentdeckten, intensiver betrachtet. Dadurch wird die Bedeutung dieser Geisteshaltung auch für die filmischen fiktiven Welten deutlicher, die den Forschungsgegenstand dieser Studie darstellen.

2.2.3 Mythisches Weltbild

Zum Verständnis des Mythoskonzepts der Romantiker*innen soll unter anderem auf das mythische Weltbild in der Interpretation des Philosophen Ernst Cassirer zurückgegriffen werden. Unter dem Begriff des Mythos versteht dieser in seinem 1925 erstmals erschienenen Werk *Philosophie der symbolischen Formen. Zweiter Teil. Das mythische Denken* (vgl. Cassirer 2010) eine urtümliche, aber zentrale Art des Denkens. Er sieht darin „eine ursprüngliche Richtung des G e i s t e s , eine selbständige Gestaltungsweise des B e w u ß t s e i n s " (Cassirer 2010: 4 [Hervorh. im Orig.]). Das mythische Denken unterscheidet nach Cassirer nicht zwischen Bezeichnetem und Bezeichnendem, zwischen Ding und Bedeutung (Signifikat und Signifikant in der Semiologie), wodurch die Welt des Mythos zu einer symbolhaften wird: Ob Götter, Riesen oder Feen tatsächlich existieren oder ob sie nach naturwissenschaftlichen Gesetzen überhaupt möglich sind, spielt im mythischen Weltbild keine Rolle. Eine kritische oder gar wissenschaftliche Abstraktion erfolgt nicht: Etwas *ist*, aber zugleich stellt es ein Symbol dar: Die Kirschblüte ist genau das, aber gleichzeitig auch ein Symbol für den nahenden Frühling und das Erwachen der Natur. Ein Schwert ist nicht nur eine Waffe mit langer, gerader und scharfer Klinge aus Stahl, sondern hat gleichzeitig auch semantische Konnotationen von Ermächtigung, Gewalt, Adel, Heldenmut oder Ritterlichkeit. Das mythische Denken hinterfragt auch nicht, ob etwa Magie in der Realität existiert oder ob sie physikalisch funktionieren kann: Sie ist Teil der mythischen Welt, also existiert sie. Dinge, Zeichen und Worte erhalten so Wahrheitscharakter: Was ausgesprochen oder benannt wird, das *ist*. Dadurch verwischen die Grenzen zwischen Subjekt und Objekt, zwischen unbelebtem Ding und lebendigem Wesen, zwischen Realität und Traum, zwischen innen und außen: Die symbolhaften Dinge des Mythos werden zu „Gebilden der mythischen und ästhetischen Phantasie" (Cassirer 2010: 29).

Das mythische Denken verleiht auch fiktionalen Erzählungen und Geschichten Glaubwürdigkeit. Durch die dem Mythos eigene Konstruktion von unhinterfragten Zusammenhängen und Kausalitäten wird eine Narration greifbarer: Alles hat Ursache und Wirkung, alles hängt symbolisch zusammen. Die erzählte Fiktion wird auf diese Weise kongruent, aus einer womöglich unglaubwürdigen Geschichte wird ein plausibler Mythos, der Halt gibt. „Myths give men ‚something to hold to'" (Clyde Kluckhohn, zit. nach Frank 2008: 11): Diese sinnstiftende Wirkung ist für Cassirer ein Wesensmerkmal des Mythos, das auch die Romantiker*innen erkannt haben. Das mythische Weltbild wird zum Grundstein und zur Bedingung des Gemeinschaftsgefühls. Alles wird auf einen Ursprung, eine (gemeinsame) Herkunft – bisweilen auch in Abgrenzung zu anderen Gemeinschaften, Stämmen oder Völkern – zurückgeführt. Der Mythos postuliert und formt ein Wir-Gefühl, eine Schicksalsgemeinschaft (vgl. Cassirer 2010; Krois 1979).

In der Symbolfähigkeit des Mythos liegt auch seine ästhetische Ausdruckskraft. „Mythisches Denken im Sinne Cassirers kann sich [...] jederzeit in jeder Art von Kunst manifestieren" (Schwennsen 2014: 207). Hier zeigt sich ein romantisches Erbe der Mythos-Auffassung: Wenn innerhalb der mythischen Geisteshaltung ein Gedanke durch bloße Projektion und Ableitung zur symbolischen Wahrheit werden kann, dann ist die Schwelle zur Kunst nicht mehr weit. Die mythische Vorstellung bei Cassirer ist damit eine Art Vorstufe oder eine ursprüngliche Form der Kunst: Im Mythos ist die Imagination (im dialektischen Sinne) noch unreflektiert, zwischen Wahrheit und Fantasie wird nicht streng unterschieden. Das mythische Symbol wird zum Mittler zwischen Realität und Kunst, zwischen Objektivität und Subjektivität (vgl. Schwennsen 2014). Dabei löst der Mythos auch die Grenzen von Raum und Zeit auf und verschmilzt diese ebenfalls zu einer zusammenhängenden, kongruenten, mythischen Raum-Zeit. In zeitlicher Hinsicht sind nicht nur historische Zusammenhänge und Jahreszahlen hinfällig, auch das unerbittliche Ticken der modernen Uhr ist im Mythos aufgehoben. „Im Mythos sind die Unterschiede zwischen Gegenwart, Vergangenheit und Zukunft nivelliert" (Magdanz 2012: 97). Auch sind Räume im mythischen Weltbild nicht metrisch ausgemessen und exakt kartiert, sondern emotional gebildet: Heimat, Ursprung, Fremde und unbekannte Länder sind mythisch-symbolisch aufgeladene, semantische Räume (vgl. Cassirer 2010; Lévi-Strauss 1962/2022; Magdanz 2012).

Cassirers Fokussierung auf das Symbolische, Rituelle und Magische steht durchaus in Konkurrenz zu anderen, philosophisch-systematischen Auseinandersetzungen mit dem mythischen Denken. Claude Lévi-Strauss etwa betont in seiner Monographie *Das wilde Denken* (vgl. Lévi-Strauss 1962/2022) die Kategoriensysteme und Klassifizierungen, die insbesondere von Naturvölkern mit mythisch geprägten Weltbildern (bei Lévi-Strauss auch als wildes, magisches oder primitives Denken bezeichnet) ausgebildet werden. Lévi-Strauss sieht im mythischen Denken keinen grundsätzlichen Gegensatz zum wissenschaftlichen, vielmehr seien beide von einem menschlichen Streben nach Schaffung von Strukturen, Systemen und Unterscheidungen geprägt (vgl. Lévi-Strauss 1962/2022: 20–25). Der Unterschied liegt unter anderem in der Art und Weise der Erkenntnisgewinnung: In der mythischen Weltsicht nach Lévi-Strauss werden sinnlich wahrnehmbare Beobachtungen aus der Natur zu anpassbaren, flexiblen Strukturen und Klassifikationen verdichtet, die nicht nach starren, definiten Regeln wie in der Wissenschaft angeordnet werden: Vielmehr ist die mythische Kategorisierung der wahrnehmbaren Welt transformativ und passt sich an neue Beobachtungen – und an die natürlichen Bedingungen und Vorgaben – flexibel an (Lévi-Strauss 1962/2022: 121–127; 177–187). Lévi-Strauss sieht im mythischen Denken eine metaphorisch geprägte Variante, eine Schwester des modernen wissenschaftlichen Systems: „Anstatt also Magie und Wissenschaft als Gegensätze zu behandeln, wäre es besser, sie parallel zu setzen als zwei Arten der Erkenntnis [...]" (Lévi-Strauss 1962/2022: 25).

Lévi-Strauss beschäftigt sich außerdem mit zwei anderen Aspekten, die im mythischen Weltbild von großer Bedeutung sind. Einerseits die „Vermittlung zwischen Natur und Kultur" (Lévi-Strauss 1962/2022: 109), die der modernen Wissenschaft abhandengekommen sei: „Das mythische System und seine Erscheinungsformen dienen [...] zur Herstellung von homologen Beziehungen zwischen den natürlichen Bedingungen und den gesellschaftlichen Bedingungen [...]". Dies geschieht durch die Bildung von (teils metaphorischen) Kausalitäten: Natürliche Bedingungen wie Regenzeiten oder natürliche Feinde wie Giftschlagen haben nicht nur Fruchtbarkeit oder Gefahr zu Folge, sondern symbolisieren diese auch. Zugleich bedingen sie gesellschaftliche Folgen, etwa ein Opferritual für mehr Regen oder die Stigmatisierung von sozialen Gruppen als (symbolische) Schlangen. Die Natur wird nicht allein durch rationale Klassifizierungen zum Objekt eines Systems, sondern prägt das mythische Weltbild selbst mit (vgl. Lévi-Strauss 1962/2022: 109–114). Andererseits ist im mythischen Weltbild die Herausbildung von Gegensatzpaaren oder Dichotomien wichtig: Paare wie Himmel und Erde, Tag und Nacht, West und Ost, weiblich und männlich oder Sommer und Winter schaffen eine grundlegende Struktur, die beliebig erweitert und Teil eines holistischen Ganzen werden kann und die im Weltbild von Lévi-Strauss Ausdruck der „Vielfalt einer Einheit" ist (Lévi-Strauss 1962/2022: 160; vgl. dazu auch ebd.: 159–170).

Eine besondere Verbindung zum Mythos haben bei Ernst Cassirer die Künste. Besonders die Musik vermag eine ästhetische Verdichtung etwa eines filmischen Gesamtwerks zu schaffen, indem sie sich des symbolischen Denkens bedient (vgl. Cassirer 2010). Auch Lévi-Strauss sieht die Kunst „auf halbem Wege zwischen wissenschaftlicher Erkenntnis und mythischem oder magischem Denken" (Lévi-Strauss 1962/2022: 36): Künstlerische Formen werden so zu Vermittlerinnen zwischen rationaler Analytik und holistischem Mythos, da sie sich beider intellektueller Zugangsformen zur Welt bedienen. Auch ein künstliches Medium wie das filmische Genre wird dadurch zu einer konsistenten Welt, einem mythischen Raum, der – durch das mythische Denken bedingt – nicht mehr hinterfragt wird, sondern ein in diesem Sinne glaubwürdiges Gebilde ästhetischer Fantasie – und mythischer Realität – ist (vgl. Hickethier 2002/2007; Scheurer 2008; Magdanz 2012; Schwennsen 2014; Winter 2020; siehe für weitere Ausführungen hierzu auch die Kapitel 3.3 und 3.5).[6] Weshalb filmische Genres auch als mediale Mythenträger und neue Mythoskonstruktionen beschrieben werden, wird bei Ernst Cassirer deutlich: Der Rückgriff auf die mythische Denkform schafft ein in sich kohärentes, glaubwürdiges System, das durch symbolische Verdichtungen eine erzählerische Tiefe erhält und durch wiederkehrende optische, narrative, auditive oder andere Codes Wiedererkennbarkeit aufweist. Das ständige Rekurrieren und Verwenden dieser Codes verstärkt die Bindung zum Genre und verhilft zur Ausformung eines Gemeinschaftsgefühls – innerhalb der Filmnarration, aber auch unter den Rezipient*innen (was die Ausprägung von Subkulturen zur Folge haben kann). Der Mythos „hat etwas Bejahendes, Stützendes und Bestärkendes an sich, bietet einer Gruppe Halt und gibt Identität" (Magdanz 2012: 56). Diese Sehnsucht nach Ursprünglichkeit und Gemeinschaftlichkeit macht den medialen Mythos so beliebt. Die mythische Denkform ist demnach im Menschen selbst veranlagt, weshalb sie auch so erfolgreich abgerufen werden kann:

> […] mythisches Denken [spielt] immer schon und immer noch eine bedeutende Rolle in unserem Weltverhalten […]; es ist eine Erfahrungsweise des Alltags. Die emotionalen Qualitäten des Mythos sind, wie Cassirer selbst betont, nicht verzichtbar. Sie sind eine anthropologische Notwendigkeit. (Schwennsen 2014: 216 f.)

Die Mythisierung von medialen Genres hilft, die fiktionalen Geschehnisse der medialen Erzählung real erlebbar zu machen, indem die Distanz zwischen Rezipient*in und Narration verkürzt wird: Das mythische Bewusstsein erzeugt eine Unmittelbarkeit, die diese Distanz erfolgreich reduziert und das kindlich-naive Bewusstsein anspricht (vgl. Magdanz 2012; Schwennsen 2014). Mittels der mythischen Denkweise kann das filmische Medium außerdem eine Nähe zur Natur evozieren, die der wissenschaftlichen Weltsicht abhandengekommen ist (vgl. Lévi-Strauss 1962/2022: 109–114). Cassirer selbst sah diese künstliche Erschaffung moderner (Schein-)Mythen mit Sorge:

> Die neuen politischen Mythen wachsen nicht frei auf; sie sind nicht die wilden Früchte einer überreichlichen Phantasie. Sie sind künstliche Dinge, die von gewandten und listvol-

---

6 Hier zeigen sich deutliche Anknüpfungspunkte an grundlegende filmtheoretische Betrachtungen prägender Figuren wie Rudolf Arnheim, dessen Filmverständnis von einer künstlerischen Konstruktion der Realität ausgeht. Arnheims Grundannahme war, dass ein Film „eine ganz eigene Welt und Wirklichkeit erzeugt" (Rudolf Arnheim, zit. nach Lederer 2022: 58) – die Parallelen zu Cassirers Überlegungen werden hier deutlich.

len Handwerkern fabriziert werden. Es ist für das 20. Jahrhundert, unser eigenes großes technisches Zeitalter reserviert gewesen, eine neue Technik des Mythos zu entwickeln. Zukünftig können Mythen durch Manufaktur im gleichen Sinne und nach denselben Methoden hergestellt werden wie irgendeine andere moderne Waffe [...]. (Cassirer; zit. nach Krois 1979: 215)

Die modernen medialen Erzählungen – nicht nur innerhalb von Genre-Grenzen – bedienen sich also mitunter der Denklogik des Mythos, wenngleich sie völlig andere technologische, gesellschaftliche und kulturelle Voraussetzungen haben. Eingebettet in eine ästhetische Unterhaltungsmaxime und dem kommerziellen Erfolgsdruck unterworfen, erfüllt etwa ein Science-Fiction-Film eine andere Funktion als eine von Ernst Cassirer oder Claude Lévi-Strauss beschriebene kultische Handlung eines Naturvolkes. Magdanz (2012) definiert diese modernen Mythoskonstruktionen als „Scheinmythen" (Magdanz 2012: 53), die sie von echten Mythen unterscheidet:

> Auch sie [die Scheinmythen; Anm. d. Verf.] können das Seelenreservoir ansprechen, tun es aber immer im Auftrag von jemandem. Ist ein solcher Scheinmythos gut konstruiert, kann auch er begeistern und verführen, aber er wirkt stets zweckgebunden und damit manipulativ. Er saugt den echten Mythos aus, um sich selbst dessen Macht über die Menschen anzueignen. [...] Der echte Mythos will nie etwas; er ist nicht zielgerichtet. Er dient sich selbstlos lediglich an, dem Menschen auf der Suche nach seinem Ursprung und seiner Bestimmung zur Seite zu stehen [...]. (Magdanz 2012: 54)

Sind mediale Genres wie Fantasy und Science-Fiction also Scheinmythen, die die Rezipient*innen aus kommerziellen Gründen manipulieren, indem sie auf mythische Wahrheiten zurückgreifen? Magdanz (2012: 54) sieht die Differenz zwischen modernen echten Mythen und Scheinmythen in der dahinterliegenden Motivation: Echte moderne Mythen wie der Großstadtmythos, der Mythos der ewigen Jugend und Schönheit oder der Mythos der Maschine, der das 20. Jahrhundert mit seiner Technik-Begeisterung entscheidend geprägt habe, können demnach identitätsstiftend in einer immer schneller rotierenden, partikularisierten Welt sein (vgl. Wodianka/Ebert 2014). Doch bei medial erzählten (Schein-)Mythen mögen Motivationen wie etwa kommerzielles Kalkül und Unterhaltungsmaxime eine bedeutende Rolle spielen, dennoch – und umso erstaunlicher – bleiben Parallelen zu Cassirers und Lévi-Strauss' Mythosbegriffen evident (vgl. Cassirer 2010; Lévi-Strauss 1962/2022; Schwennsen 2014; Krois 1979). Die medialen (Schein-)Mythen bedienen sich also der Struktur und auch der sinnlich-symbolhaften Zugangsform der echten Mythen: Dazu gehören der holistische Anspruch, die Nähe zu natürlichen oder ursprünglich-zeitlosen Strukturen, die Bedienung von scheinbar natürlichen Gegensätzen und Dichotomien sowie die symbolische Verbindung verschiedener semantischer Ebenen zu einer glaubwürdigen, sinnstiftenden Kausalitätskette, die durch das filmische Medium ästhetisch erfahrbar gemacht wird. Und hier zeigt sich ein Kerngedanke der Romantiker*innen von Friedrich Schlegel und den Jenaer Frühromantiker*innen bis zu Richard Wagner: Auch sie wollten sich die Mittel der Künste (und hier vor allem der Musik) nutzbar machen, um nicht nur alte Mythen neu zu beleben, sondern auch neue zu erschaffen.

Eine Brücke zum Mythos der Moderne schlägt ebenfalls der französische Philosoph Roland Barthes mit seinem eigenen Mythosverständnis. In semiologischer Hinsicht erweitert er Cassirers Auffassung von der Gleichsetzung von Signifikat und Signifikant zum (mythischen) Zeichen. Nach Barthes erschafft der Mythos eine neue Zeichen- und damit Wahrheitsebene, indem er die semiotische Gleichung *Signifikat + Signifikant = Zeichen* erweitert: Das Zeichen wird im Mythos zu einem neuen Signifikanten, der mit einem anderen Signifikat ein weiteres – mythisches – Zeichen erschafft. Ein Beispiel dafür ist das Schwert: Das Wort Schwert (Signifikant) bezeichnet dem Sinn nach eine Stahlwaffe mit langer, gerader, beidseitig geschärfter Klinge (Signifikat). Zusammen ergeben sie das semiologische Zeichen *Schwert*, das beide Bedeutungsebenen vereint und zu einem Zeichen zusammenfügt. Wird dieses Zeichen nun als neuer Signifikant verstanden und mit einem anderen Signifikat verbunden, etwa der Bedeutung von Ehrenhaftigkeit, ritterlicher Tugend oder kämpferischer Tapferkeit, entsteht ein neues Zeichensystem Schwert, das zwar auch noch den ursprünglichen semantischen Bezug zur Klingenwaffe hat – doch dieser verblasst zugunsten der neuen Bedeutungsebene bereits. Hier entsteht für Barthes der Mythos, indem er die ursprüngliche Zeichenbedeutung durch eine neue Bedeutung, einen neuen Sinnzusammenhang beziehungsweise eine neue mythische Realität ergänzt oder verdrängt (vgl. Grabbe/Kruse 2009; Tönies 2022).

> Das ursprünglich Bedeutende ist zwar im Mythos immer noch präsent, jedoch weitgehend sinnentleert: Sinn wird zu Form. Das Bedeutende wird seiner Geschichte beraubt und bleibt als bloße Form für den Mythos zurück. Darin offenbart sich der Kern von Barthes' Untersuchungen des Mythos: Er verkehrt Geschichte in Natur, die wiederum als Faktensystem gelesen wird. Da der Mythos dem Objekt, von dem er spricht, jede Geschichte entzieht, verewigt er es. (Grabbe/Kruse 2009: 25 f.)

Magdanz (2012) zeigt dabei anschaulich, dass der Mythos nicht nur eine neue Konnotation im semiologischen Sinne schafft, sondern gerade die Denotation, die eigentliche Zeichenbedeutung, neu ausformt.

> Mythische Texte haben auf den ersten Blick konnotativen Charakter, da sie eher zusätzliche Erklärungen zur eigentlichen Bedeutung der Wörter zu liefern scheinen. Und doch ist die Bedeutungszuweisung eher denotativ [...]. Denotation ist dann speziell die unmittelbare Bezugnahme, die der Code dem Signifikant kulturspezifisch zuschreibt. Und das ist das Tückische und zugleich [...] die großartige Kraft, die dem Mythos innewohnt: Im Empfänger eröffnet sich eine ganze Welt; ein Zeichen ist mythisch aufgeladen und doch ist es für den

> Empfänger eben nicht der konnotative, emotionale Beigeschmack, den ein Zeichen in ihm auch noch auslöst, sondern es wird zur Bedeutung per se. Sozial vorgezogene Konnotationen werden durch den Mythos zu Denotationen, den für den Leser offensichtlich wahren Bedeutungen der Zeichen und des Textes. (Magdanz 2012: 128 f.)

Aus dem Symbol des Mythos werden neue Wahrheiten erschaffen: Dass hierin auch Gefahren der Manipulation etwa für politische Ideologien lauern, ist folgerichtig. Wollten die Frühromantiker*innen mit dem Mythos noch eine gemeinsame, sinnstiftende, wahre Grundlage für das soziale Zusammenleben, für eine schicksalsträchtig verbundene Gemeinschaft schaffen, wird der Mythos im spät- oder postmodernen Massenmedium nun potenziell zur beliebig manipulierbaren und manipulativen Waffe. Für Barthes sind deshalb die Massenmedien des 20. Jahrhunderts die neuen Träger (und gleichzeitig Neuinterpreten) von Mythen, da kaum etwas anderes geeigneter scheint als sie, um die manipulative, verführerische Kraft des Mythos auszunutzen. Dabei können sie inhaltlich keineswegs nur neuere (Schein-)Mythen erzählen, sondern auch tradierte (echte) Mythen in ihrer Botschaft nach Belieben modifizieren, um das gewünschte Ergebnis zu erreichen: „Effizient werden Mythen dann eingesetzt, wenn auf archaische Motive in modernem Gewand gesetzt wird" (Magdanz 2012: 82 f.). Die Medien des 20. und 21. Jahrhunderts als Mythologieträger haben für Barthes nicht nur affirmative Bedeutung, sondern vermitteln auch kulturelle Codes als mythische Symbole, die sich durchaus im Laufe der Zeit wandeln können. Durch die semiologische Umdeutung des Mythos können so neue Wahrheiten geschaffen werden (vgl. Grabbe/ Kruse 2009; Magdanz 2012). Auch Lévi-Strauss (1962/2022: 121–127; 177–187; 204–206) betont die Fähigkeit des mythischen Systems, sich zu transformieren: Die Übertragbarkeit von mythischen Regelsystemen und Strukturen auf neue Bedingungen ist demnach ein Wesensmerkmal des Mythos. Dadurch entstehen neue mythische Räume, die auch die spezifischen Bedingungen des medialen Massenmediums amalgamieren können. Mythen sind keine starren Erzählungen, sondern formen sich immer wieder neu aus und passen sich an neue Gegebenheiten an – auch in der digitalisierten Mediengesellschaft des frühen 21. Jahrhunderts.

Schanze (2018) greift ebenfalls die Verbindung vom Mythosbegriff bis zum Medium Film auf: In beidem sieht er Übergänge zur Körperlichkeit, zur Formung oder Bestimmung des Unendlichen und Zeitlosen. Auch der Film ist für Schanze ein Medium zur Vermittlung des Mythos. Wagner nimmt nach Schanzes Auffassung den Medienumbruch im 20. Jahrhundert bereits vorweg; er schafft mit seinen Musikdramen sozusagen die ersten Massenmedien, die darauf abzielten, die Massen zu begeistern und zu überwältigen. Ähnlich beleuchtet Winter (2019) die mythenbildende Wirkung von Filmgenres mit ihren jeweiligen kulturellen Codes, die eigene Welten erschaffen und die Zuschauer*innen dadurch in ihren unwiderstehlichen Bann ziehen können (vgl. auch Kloppenburg 2000; Grabbe/Kruse 2009). Hier hat die romantisch-mythisierende Funktion der Musik eine wichtige Wirkung: Sie erschafft symbolische Zusammenhänge, die über rein logische Grenzen hinausgehen, und kreiert letztlich eine Glaubwürdigkeit, die die Filmnarration zum Mythos werden lässt.

2.3 Utopie

Gegenwärtige Diskurse deuten auf zunehmend divergierende Meinungen zu globalen Gesellschaftsutopien hin. Ob es das bedingungslose Grundeinkommen ist, Weltfrieden, eine klimaneutrale Zivilisation oder ein Ende von Armut und Hunger: Wenige wünschenswerte Zukunftsvorstellungen scheinen realisierbar oder auf gesellschaftlichen Konsens zu stoßen (vgl. Bregman 2023). Anders dagegen werden utopische Vorstellungen medial verwertet: Ob in Science-Fiction-Büchern oder Fantasy-Serien, hier scheinen die utopischen Ideen grenzenlos und auf große Resonanz zu stoßen. Ähnlich steht auch ‚die jüngere Schwester' der Utopie, die Dystopie, in Medien und Rezeption hoch im Kurs. Endzeit-Serien über Zombie-Apokalypsen, Weltuntergangs-Blockbuster und dystopische Science-Fiction-Games erfreuen sich ungebremster Beliebtheit (vgl. Akremi 2016; Amberger/Möbius 2017). Zur Näherung an den Utopie-Begriff sollen zunächst die historischen Ursprünge und der spezifisch romantische Utopie-Ansatz beleuchtet werden. Mit Ernst Blochs konkreter Utopie wird zudem eine Brücke in die Mediengesellschaft des 20. Jahrhunderts geschlagen und werden auch utopische Potenziale in fiktiven Welten – sowie ihr Zusammenhang mit romantischen Konzepten – analysiert.

2.3.1 Utopie und Romantik

> Die *Idee* der Utopie ist es [...], dass sich eine für alle Menschen bessere Organisation des menschlichen Zusammenlebens aus der Betrachtung der gegenwärtigen Probleme entwerfen lässt. Diese ‚wünschenswertere' Welt kann auch aktiv gefunden werden, an einem noch nicht entdeckten Ort oder in der Zukunft, wenn man denn nach ihr sucht. (Akremi 2016: 76 [Hervorh. im Orig.])

Utopia als Vorstellung einer idealen Welt oder zumindest einer besseren Gesellschaft regt seit Jahrhunderten die menschliche Fantasie an. Der Wortschöpfer Thomas Morus wollte 1516 in seinem Werk über die imaginäre Insel Utopia vor allem eine alternative Staatsverfassung mit einem neuen Gesellschaftsmodell präsentieren, das einen positiven Gegenentwurf zu seiner reellen sozioökonomischen und politischen Gegenwart darstellt. Dieser Grundsatz einer „Alternative, die es in die Hand des Menschen legt, die gesellschaftlichen Verhältnisse zu gestalten" (Amberger/Möbius 2017: 1), hat sich bis in die Gegenwart hinein nicht wesentlich geändert, auch wenn unterschiedliche Disziplinen wie die Philosophie, die Politikwissenschaft oder auch die Theologie eine große Bandbreite möglicher Utopiekonzepte mit teils starken Unterschieden hervorgebracht haben, die hier nicht alle veranschaulicht werden können (vgl. Amberger/Möbius 2017; Akremi 2016).

So lässt sich feststellen, dass verschiedene Utopie-Konzepte einen unterschiedlichen Grad an Realisierbarkeit verfolgen: Wenn Morus eine konkrete gesellschaftliche Zukunftsvision aufstellte, die er in die Tat umgesetzt wissen wollte, haben andere die Utopie als unerreichbares Ideal begriffen: als sehnsuchtsvollen Fantasieort, als nostalgisches gedankliches Hinterzimmer oder als schwärmerische Träumerei (vgl. Amberger/Möbius 2017). Auch ist die Utopie nicht immer eine alternative Welt voller Neuerungen und fantasievoller Zustände an einem fernen Ort oder in einer imaginierten Zukunft: Flinn (1992) hebt die Nostalgie als wesentliches Element der utopischen Fantasie der Romantiker*innen hervor, also die ersehnte Wiederkehr zu verlorengegangenen Zuständen etwa von Familie, Gemeinschaft, Glück, Frieden oder Wohlstand; zu einem Goldenen Zeitalter der Kunst oder des sinnstiftenden, ganzheitliches Gemeinschaftsgefühls. Die Utopie kann also nicht nur mit der Zukunft, sondern auch mit der Vergangenheit assoziiert werden.

Die romantische utopische Sehnsucht ist nicht ohne die gesellschaftlichen und politischen Umstände der Zeit um 1800 zu erklären. Die Französische Revolution erweckte das republikanische Freiheitsstreben auch der Romantiker*innen und schuf eine (scheinbar unerreichbare) politisch anzustrebende Zukunftsvision, die nach Napoleons Aufstieg und Niedergang allerdings Risse bekam. Die Entwicklungen der Moderne, die technologischen Errungenschaften und die aufklärerischen Unterjochungsversuche der Natur unter die menschliche Zivilisation lösten jedoch auch eine andere Sehnsucht aus. Die romantische Entfremdung von der eigenen Gegenwart steht im engen Zusammenhang mit dem utopischen Streben nach einer Rückkehr der Naturverbundenheit, nach einer Wiederkehr der Ursprünglichkeit oder Wiedervereinigung des Menschen mit der Welt, die ihm durch die Zivilisation, die Rationalisierung und die rasante technische Entwicklung abhandengekommen war (vgl. Luyken 2023: 45). Hier zeigen sich Parallelen zum mythischen Weltbild bei Lévi-Strauss: Dieses bildet eine Brücke zwischen Natur und Kultur, die die Romantiker*innen zu rekonstruieren versuchen (vgl. Lévi-Strauss 1962/2022: 109–114). So findet sich etwa in E. T. A. Hoffmanns Erzählungen wiederholt das Motiv des (vergangenen) Goldenen Zeitalters (vgl. Auhuber 2010):

> Das naturphilosophische Konzept zur Wiederherstellung des Goldenen Zeitalters findet sich direkt und indirekt in vielen Erzählungen Hoffmanns; häufig geht es darum, wie denn die verloren gegangene Einheit jenes Vor- und Unbewussten der Vergangenheit mit dem quälenden Bewusstsein der Gegenwart wieder herzustellen sei [...]. (Auhuber 2010: 387)

Die scheinbar widersprüchliche romantische Sehnsucht sowohl nach einer besseren Zukunft als auch nach der idealisierten Vergangenheit kann mit dem Moment der Entfremdung von der eigenen Zeit zumindest teilweise erklärt werden. Das Ideal des Vergangenen ist dabei nicht an einem konkreten historischen Zeitpunkt festzumachen: Der Rückgriff auf die idealisierte Vergangenheit betont den gemeinsamen Ursprung, die imaginierte Herkunft einer Gruppe von Menschen (oder Göttern). Hier zeigt sich die Verwandtschaft von romantischer Utopie und romantischem Mythosgedanken:

> Alle Heiligkeit des mythischen Seins geht zuletzt in die des U r s p r u n g s zurück. [...] Erst dadurch, daß ein bestimmter Inhalt in zeitliche Ferne gerückt, daß er in die Tiefe der Vergangenheit zurückverlegt wird, erscheint er damit nicht nur als ein heiliger, als ein mythisch und religiös bedeutsamer g e s e t z t, sondern auch als solcher g e r e c h t f e r t i g t. (Cassirer 2010: 124 [Hervorh. i. Orig.])

Diese erwünschte Heimkehr oder Rückkehr zu einem imaginierten Refugium ist also ebenfalls ein Bestandteil einiger Utopiekonzepte – namentlich des romantischen –, wobei sie von utopistischen Denker*innen wie Ernst Bloch wegen ihrer Rückwärtsgewandtheit auch abgelehnt wurde. Gerade in den Imaginationsräumen von idealer Zukunft oder idealisierter Vergangenheit werden Schnittstellen zur Science-Fiction, aber auch zum Fantasy-Genre sichtbar. Das gesellschaftskritische Element der Science-Fiction trägt in der Regel utopische (oder dystopische) Züge, wenn es alternative Modelle des Gemeinsinns präsentiert – oder durch abschreckende Beispiele reale Fehlentwicklungen aufzeigt (vgl. Zudeick 2012).

> Dass die Science-Fiction Gesellschaftskritik übt, hat sie in gewisser Weise zur zu oft vernachlässigten Schwester der Utopie werden lassen. Sie [...] versucht eher als die Utopie, durch Extrapolation eine Kontinuität zwischen der Gegenwart und der fiktionalen Zukunft herzustellen. Im Gegensatz dazu tendiert die Utopie in ihrem normativ postulierten Idealbild viel mehr dazu, einen totalen Bruch mit der Realität herzustellen. (Stoppe 2021: 18)

Das unerreichbare Idealbild der Utopie wird in der Forschung auch kritisiert und bisweilen in Frage gestellt. Wie Flinn (1992) herausarbeitet, trägt dieses idealisierte Konzept der Utopie an sich utopische Züge: Die ideale Wunschwirklichkeit birgt die Gefahr einer allzu großen Unerreichbarkeit. Der Forderungskatalog an den Soll-Zustand steht so oft im schroffen Gegensatz zur Realität. Die Kritik am Ist-Zustand gewinnt so nicht nur ein subversives Potenzial, sondern verschafft der Realitätsflucht eine moralische Aufwertung: Wenn die gesellschaftliche Wirklichkeit nicht in den Idealzustand verändert werden kann, ist die Ausflucht in eine Fantasiewelt nur allzu legitim. Die Formulierung von Utopien birgt also potenziell eine Gesellschaftskritik, die durch utopische Vorstellungen moralisch legitimiert werden kann. Realitätsfernere Utopien dagegen gewinnen mitunter eskapistische Züge, indem die Hoffnung auf eine Veränderung des Ist-Zustands aufgegeben wird. Hier zeigt sich der spezifisch romantische Utopie-Ansatz: Das reflektierende Bewusstsein von der Unerreichbarkeit des Ideals – ob dieses nun in einer besseren Zukunft, in einem idealisierten Ursprungsort oder direkt in einem Reich der Fantasie liegt – erleichtert die imaginäre, mythische Reise dorthin. Diese Reise ist eine innere, wobei das Äußere bewusst ausgeblendet wird. Wenn die Realität nicht geändert werden kann, erschafft sich das Subjekt eben eine eigene. Diese wird – gemäß der typisch romantischen Ironie – einerseits ernstgenommen und mit der ganzen Kraft des Bewusstseins gestaltet, andererseits ist diese Reise niemals vollendet, da die Realität eben dauerhaft nicht vollends ausgeblendet werden kann. Zurück bleibt eine große, aber nie gänzlich zu sättigende Sehnsucht nach der Utopie (vgl. Flinn 1992; Frank 2008; Akremi 2016; Amberger/Möbius 2017).

2.3.2 Utopie und Zeitlichkeit

Ernst Bloch, der als Philosoph des frühen und mittleren 20. Jahrhunderts in enger Verbindung zum Neomarxismus und zur Kritischen Theorie steht, zeigt in seinen philosophischen Konzeptionen der Utopie eine Weiterentwicklung der romantischen Utopiegedanken, die Anknüpfungspunkte auch für medienästhetische Zugänge bietet.

So präferiert Bloch klar die Variante einer erreichbaren und zukunftszugewandten Utopie, die er mit dem Begriff der „konkreten Utopie" (Zudeick 2012: 633) umschreibt und zu einem philosophischen Prinzip erhebt. Aus menschlichen Träumereien, Ahnungen und Deutungen müssen demnach konkrete Konzepte einer besseren Zukunft abgeleitet werden, die umsetzbar sind. Die Quelle für utopische Konzepte sieht Bloch im Menschen selbst angelegt: „Bloch definiert den Menschen insgesamt als utopisches Wesen, dessen Träume, Phantasien, Hoffnungen über das jeweils Gegebene hinausweisen können" (Zudeick 2012: 654). Der Mensch als utopisch veranlagtes Wesen ist also in der Lage, nicht nur zu fantasieren, sondern sich die Zukunft herbeizuträumen, und das tut er in der Regel über ästhetische Erfahrungen oder Begegnungen mit der Kunst (vgl. Bloch 1971; Schwinning 2019).

Hier knüpft Bloch an die romantische Bedeutungserhöhung der Kunst an: Für ihn sind die Künste dazu prädestiniert, die Ideen einer – gesellschaftlichen oder politischen – Utopie durch ihre fantasiereiche Überzeugungskraft zu transportieren, da sie gegenwärtige Missstände offenlegen können: „Durch ästhetische Erfahrung wird erkennbar, dass die Welt, wie sie ist, unvollkommen und noch nicht zu einem guten Ende gekommen ist" (Vidal 2012: 25). Die Kunst signalisiert dem*der Rezipient*in, dass es Bereiche außerhalb der erlebten Gegenwart gibt: Sie erweckt das utopische Potenzial. Mit dieser zugeschriebenen sozio-politischen Funktion knüpft Bloch an Wagners Mythos-Begriff an. Doch Bloch versucht, diesen wieder in die Realität zurückzuholen: Blochs Begriff von der *Ungleichzeitigkeit* der Künste und insbesondere der Musik zielt auf die asynchrone Wechselwirkung von gesellschaftlicher Realität und künstlerischer Ausdrucksform ab. Durch diese Diskontinuität kann die Musik in ihrer abstrakten Ausdrucksform gleichzeitig Rückbezüge auf die Vergangenheit und Verheißungen der Zukunft ausdrücken (vgl. Bloch 1971; Flinn 1992; Zudeick 2012).

> Die Theorie der Ungleichzeitigkeit artikuliert den Umstand, dass sich im geschichtlichen Fortschritt Rudimente vergangener Daseinsweisen durch diesen Bruch mit der Vergangenheit in diskontinuierlicher Kontinuität erhalten und in einer ihnen fremd gewordenen Gegenwart fortwirken. Verschiedene historische Bewusstseinsformen koexistieren in derselben Gegenwart, leben aber nicht in derselben Zeit [...]. (Zimmer 2017: 19)

Daraus folgt für Bloch, dass ein „*Multiversum* geschichtlicher Zeiten in der Gegenwart" (Zimmer 2017: 20 [Hervorh. im Orig.]) existiert. Das gleichzeitige Leben mehrerer Personen zu einer bestimmten Zeit bedeutet noch nicht, dass diese auch in den Köpfen gleichzeitig leben; manche befinden sich gedanklich eher in der Zukunft, andere noch im Bewusstsein der Vergangenheit. Auch in verschiedenen Bereichen wie der Politik, dem technischen Fortschritt und der Gesellschaftsform sind für Bloch Ungleichzeitigkeiten die Regel. An der Vergangenheit interessiert Bloch vor allem, was aus ihr in die Zukunft übertragbar oder *vererbbar* ist:

> Bloch arbeitet speziell das Beerbbare im Vergangenen heraus. Er misst also das Ungleichzeitige nicht [...] lediglich am Maßstab des Gleichzeitigen, sondern befragt beides im Blick auf seine Zukunftsfähigkeit, auf Übergleichzeitigkeit. (Dietschy 2012: 589)

Diese Brücke von der Vergangenheit in die Gegenwart und die Zukunft schlägt bei Bloch die Kunst: Sie kann eine Ungleichzeitigkeit herstellen, oder besser: Sie ist Zeugin davon, dass Geschichte nicht einheitlich im Sinne eines einzigen, kontinuierlichen Fortschrittsbalkens verläuft, sondern von parallelen, teils widersprüchlichen, uneinheitlichen, *ungleichzeitigen* Entwicklungen geprägt ist. Auch hier knüpft Bloch an einen zutiefst romantischen Gedanken an: die Vorstellung, dass die Gegenwart nicht unbedingt die fortschrittlichste oder wünschenswerteste Zeit ist. Die eigene Epoche wird relativiert und die Möglichkeit formuliert, dass nicht nur die Zukunft Besseres bereithalten könnte, sondern auch die Vergangenheit in mancher Hinsicht Sehnsuchtsziel ist (vgl. Bloch 1971; Schwinning 2019).

Eine Sonderrolle innerhalb der Kunst nimmt für Bloch die Musik ein: Sie ist die Kunstform, die sich am wenigsten durch Nachahmung der Realität auszeichnet, sondern das höchste Potential besitzt, hinauszuweisen: auf andere Gemütszustände, fremde Orte und ferne Zeiten, kurz: auf Utopien. Die (instrumentalsinfonische) Musik kann wie keine andere Kunstgattung auf andere Räume und Zeiten verweisen; eine Vorstellung, die auch schon E. T. A. Hoffmann, Arthur Schopenhauer und Richard Wagner äußerten. Eine allzu lineare geschichtsphilosophische Vereinnahmung der Musik lehnt Bloch in seinem frühen Hauptwerk *Geist der Utopie* (erstmals 1918 veröffentlicht; vgl. Bloch 1971) ab; vielmehr ist für ihn die Geschichte der Musik die eines Teppichgewebes, eines gewölbten Neben-, Mit- oder Nacheinanders von zeitlichen Bögen, die sich verbinden, aber auch wieder auftrennen oder abrupt abreißen können; von Schemata, die zwar mitunter aufeinander aufbauen mögen, oft genug aber auch Einzelentwicklungen oder Produkte eines schöpferischen Genius sind. Daraus folgt auch: Es ist möglich, dass vergangene Ideen fortleben, dass Entwicklungen abreißen oder dass Rückbezüge auf ferne Epochen wieder aktuell werden. Diese *Ermöglichung* ist nach Bloch eine der Schlüsselfunktionen der Kunst und insbesondere der Musik: Die Kunst ist ein Instrumentarium der *Möglichkeiten* oder des *Möglichmachens* anderer zeitlich-räumlicher Zusammenhänge. So kann etwa die Musik, die den Geist der Utopie besonders intensiv atmet, mögliche, aber noch nicht eingetretene Gegenwarten verheißen, die erst in der Zukunft Realität werden: Die Musik in ihrer höchsten Ausformung antizipiert eine utopische Vorstellung der Gegenwart; sie kann nach Bloch gar Prophetin sein. An die Stelle des Hellsehens tritt mit ihr das „Hellhören" (Bloch 1971: 233). Für Bloch ist das Ahnen und Wähnen möglicher Zukünfte dezidiert eine Eigenschaft der Musik, die ihr immanent sei (vgl. Bloch 1971: 82–155):

> Es ist aber nicht zufällig, daß der Ton, wohlverstanden, nur der gebrauchte, von uns beseelte Ton, am meisten zum Träger solchen Ahnens bestimmt ist. Denn nur dieser ist fähig, jenes Neue auszusprechen, das sich vor uns, zukünftig, in unserem tiefsten Inneren zuträgt oder zutragen möchte […]. (Bloch 1971: 215 f.)

Das ermöglichende Potenzial der Ton- und Musiksphäre beschreibt auch Steinhauer (2018) ausführlich:

> Generell verweist das Akustische auf einen Spielraum möglicher, noch nicht anschaulich gegebener Aspekte des filmischen Bildes, impliziert, indem es ihm mitgegenwärtig zum Vi-

suellen neue Inhalte verleiht, mögliche Horizonte zukünftiger Fortgänge. Der Ton motiviert Antizipationen, die sich während des filmischen Verlaufs als wahr oder falsch erweisen können. (Steinhauer 2018: 202 f.)

Hier knüpfen Bloch und auch Steinhauer gedanklich an Wagners Potenzial des leitmotivischen Ahnens und Erinnerns an. Dabei unterscheidet Bloch mehrere Stufen von Potenzialen innerhalb der Musik. In der höchsten Stufe, die Bloch „gotische" (Bloch 1971: 34) oder „transzendente" (Bloch 1971: 167) Musik nennt, sieht er die bisher höchste Vervollkommnung des utopischen Potenzials. Die gotische Musik habe sich von der Maxime, außermusikalische Vorgänge mimetisch wiedergeben zu wollen, gelöst und sich ihrer eigenen Subjektivität zugewandt. Als Beispiele dafür erwähnt Bloch explizit sinfonische Werke von Beethoven und Bruckner, aber auch die späten Musikdramen Wagners, insbesondere den von ihm in diesem Zusammenhang hervorgehobenen *Parsifal*. Hier sieht Bloch die Musik auf ihrer musikhistorisch bisher höchsten Stufe, in der sie nicht mehr Außermusikalisches nachahmt, sondern ihr utopisches Potenzial im Sinne einer Durchleuchtung der tiefen menschlichen Fantasie, einer Erweckung verborgener Sehnsüchte und einer Ahnung möglicher zukünftiger Zustände weitgehend entdeckt hat (vgl. Bloch 1971; Schwinning 2019; Luyken 2023: 44).

Auch kann die Musik den Geist der Vergangenheit atmen und hinter vermeintlichen Zukunftsvisionen auch Rudimente nostalgischer Vergangenheitsverklärung – oder Elemente mythischen Vergangenheitsbewusstseins – reproduzieren. Nach Blochs Verständnis ist dies nur zielführend, wenn daraus konstruktive Ideen für die Zukunft ableitbar, vererbbar sind. Dann beerbt die Musik Ideen aus der Vergangenheit, die erst jetzt (oder in Zukunft) spruchreif werden und ihre Verwirklichung finden. Bloch wehrt sich gegen den geschichtsphilosophischen Vereinnahmungsversuch musikalischer Schöpfungen und ihrer Schöpfer*innen, dass diese stets als Produkte ihrer Zeit gelesen werden. Nach Bloch gibt es diese geschichtliche Zeit im Singular nicht; und im Besonderen nicht in der Musik mit ihrem überzeitlichen Charakter (vgl. Bloch 1971; auch Zimmer 2017; Dahlhaus 1988; Dietschy 2012; Zudeick 2012; Schwinning 2019).

2.3.3 Utopie und Dystopie

Als aus der Utopie entstandenes Konzept hat die Dystopie in medialen Erzeugnissen, in der Literatur und in der Kunst spätestens seit dem Anfang des 20. Jahrhunderts ebenfalls eine große ideengeschichtliche Wirkung entfaltet. Ausgehend von der Literatur um die Jahrhundertwende, etwa H. G. Wells' Roman *Die Zeitmaschine* aus dem Jahr 1895, konnten dystopische Gesellschafts- oder Zukunftsentwürfe wahre Schreckensbilder zeichnen und damit weit stärker als Utopien in Form von mahnenden „Gegenutopien" (Akremi 2016: 91) gegenwärtige Zustände kritisieren. Dabei nehmen dystopische Welten oft konkret auf zuvor utopische Vorstellungen Bezug und verzerren sie zu einem negativen, mit Ängsten besetzten Gegenmodell – etwa, wenn aus einer von jeder Kriminalität und jedem Chaos befreiten Gesellschaft ein totalitärer Überwachungsstaat wird wie in George Orwells Roman *1984*. Die Dystopie bringt deutlicher als die Utopie gesellschaftliche Ängste und verborgene Unsicherheiten zum Ausdruck und wird dadurch potenziell zum Spiegelbild kollektiver Angstvorstellungen und Zukunftsängste: „Der Glaube an gesellschaftlichen, wissenschaftlichen, vor allem aber technischen Fortschritt weicht der Furcht vor Fehlentwicklungen und vor dem Gang in die Katastrophe" (Zudeick 2012: 645; vgl. Akremi 2016).

Die Konfrontation mit Krisen oder Katastrophen ist dabei ein Konzept, um eigene Lebensmodelle und gesellschaftliche Ansichten zu hinterfragen und/oder zu bestätigen. Durch den Diskurs über gesellschaftliche Entwürfe, ihre möglichen Risiken und Gefahren können wiederum neue Zukunftsvorstellungen gewonnen und geprägt sowie potenzielle Probleme benannt und vermieden werden: Aus dem kritischen Hinterfragen möglicher zukünftiger Entwicklungen kann im Ideal ein kollektiver Handlungsimpuls entstehen, um wahrgenommene Gefahren abzuwehren. Neben diesem rationalen Zugang betont Akremi (2016) jedoch auch die Bedeutung der Verarbeitung von Zukunftsängsten in einer immer stärker beschleunigten Welt im Wandel. Seit der Mitte des 20. Jahrhunderts hat der Hollywoodfilm die Dystopie als häufig verwendetes narratives Szenario entdeckt und dystopische Vorstellungen als primäres Medium angestoßen. Besonders seit den 1970er-Jahren haben das einsetzende Umweltbewusstsein und Krisen wie der Kalte Krieg zu einer düsteren medialen Zeichnung der Zukunft beigetragen. Dystopische Welten erfreuen sich seit den 1980er-Jahren auch in narrativen Serien großer Beliebtheit und haben großen Einfluss auf das Science-Fiction-Genre, aber auch auf mediale Erzeugnisse des Fantasy- oder des Horror-Genres (vgl. Akremi 2016; Jaspers et al. 2017). Auch im Superheldenfilm sind Dystopien gegenwärtig: In *Avengers: Endgame* (vgl. Russo/Russo 2019) wurde die Weltbevölkerung einer erdähnlichen Welt durch den Antagonisten Thanos dezimiert, jedes zweite Lebewesen wurde ausgelöscht. Die Welt ist leer, trostlos und die Stimmung depressiv. Noch deutlicher wird dies im Film *Don't Look Up* (vgl. McKay 2021), der als Parabel auf den menschlichen Umgang mit dem Klimawandel angelegt ist: das menschliche Versagen führt zur eigentlich abwendbaren Zerstörung der Zivilisation. Diese Beispiele verdeutlichen das bewahrende Element der Dystopie: Das an die Wand gemalte Schreckensszenario verstärkt bei Akteur:innen und Rezipient:innen den Impuls, die Katastrophe zu verhindern, das bereits Errungene zu erhalten und zu verteidigen. Hier wird die Kehrseite des utopischen Denkens sichtbar:

Wenn wir uns keine bessere Welt mehr vorstellen können, können wir wenigstens den Wert des Jetzt-Zustands erkennen und vor negativen Entwicklungen verteidigen. Zugleich zeigt sich hier eine mal heimlich, mal offener ausgelebte Lust an oder Sehnsucht nach der Zerstörung: Was wäre, wenn die durchtechnisierte Zivilisation ausgelöscht und in einen vermeintlich ursprünglichen, natürlichen Zustand zurückgeworfen würde? Was wäre, wenn wir – wie unsere Vorfahren – jeden Tag ums Überleben kämpfen müssten, anstatt die Bequemlichkeiten des modernen Wohlstands zu genießen? Nicht nur in diesen Fantasien zeigt sich eine Adaption von Ende des 18. Jahrhunderts aufkommenden Ideen: Die Lust am Schrecklichen und Schauerlichen, die einerseits auf einem relativierenden Verständnis der eigenen Gegenwart, andererseits auf der Ästhetik des Erhabenen fußt (die beide weiter unten noch ausführlicher betrachtet werden). Und wie diese bietet auch die Dystopie zumeist einen Ausweg, eine Versöhnung oder Erlösung an: Nach dem Eintauchen in die Katastrophe erwacht das Gute, die Menschheit wird gerettet, der Untergang doch noch abgewendet. In *Endgame* können die Avengers durch eine Zeitreise in die Vergangenheit die Katastrophe abwenden, in *Don't Look Up* überleben einige Menschen in einem Raumschiff und entkommen auf einen anderen Planeten (vgl. Russo/Russo 2019; McKay 2021).

2.3.4 Utopie und Musik

Science-Fiction-Medien sowie das Fantasygenre neigen dazu, utopische und/oder dystopische Vorstellungen zu projizieren. Dabei spielt der musikalische Score eine wichtige Rolle. Caryl Flinn untersucht in ihrem Werk *Strains of Utopia* (vgl. Flinn 1992) die Verbindung von Musik und Film im Hollywood-Kino zur Schaffung und Formung von (filmischen) Utopien. Sie umschreibt den historisch gewachsenen Begriff Utopie folgendermaßen: „the term [utopia; Anm. d. Verf.] usually refers to a programmatic blueprint for an ideal society" (Flinn 1992: 10). Flinn weist darauf hin, dass der Musik generell seit Jahrhunderten ein utopisches Potenzial zugeschrieben wurde. Philosoph*innen, Theolog*innen, Psychoanalytiker*innen und Politiker*innen attestierten der Musik schon früh die Fähigkeit, auf geradezu magische Weise eine Realität zu überwinden, das Unperfekte zu überhöhen oder die Welt mit dem Mittel der Fantasie zu einem besseren Ort zu machen. Die Kraft der Musik, aus sich heraus Imaginationen zu erzeugen, ohne sich an die Realität anzulehnen, sei einzigartig: Flinn verweist hier dezidiert auf die Erweckung und Erhöhung dieses musikalischen Potenzials durch romantische Vordenker*innen (vgl. Flinn 1992: 13).

Auch für Ernst Blochs *konkrete Utopie* ist die abstrakte Musik als geeignetes Mittel keineswegs ein Paradoxon: Die Musik drückt bei Bloch – ganz in der romantischen Tradition – eine innere Wahrheit des Menschen aus, die in der materiellen, modernen Gesellschaft verlorengegangen ist und die dem Menschen mitunter erst in der Zukunft bewusst wird, auch wenn er sie durch die Musik bereits erahnen kann. In der Musik begegnet der Mensch sich selbst und öffnet sich – auch der Zukunft gegenüber. Daher ist die Musik für Bloch eine „innerlich utopische Kunst" (Bloch 1971: 231): Sie weist auf Orte, Zeiten, Gefühle oder Zusammenhänge, die uns nicht bewusst sind und die nur erahnt werden können. Auch erweitert sie den Horizont und ermöglicht nicht nur, von fremden Räumen oder Zeiten und fiktiven Welten zu träumen, sondern zeigt auch einen potenziellen Weg dorthin auf (vgl. Bloch 1971; Zudeick 2012).

Die utopische Fähigkeit der Musik ist gerade in der Zeit des klassischen Hollywood-Sounds der 1930er- und 1940er-Jahre reichlich genutzt worden, um filmische Utopien nicht nur musikalisch zu *untermalen*, sondern sie womöglich erst zu *erzeugen*. Dafür ist nach Flinn (1992: 14–50) keine andere musikalische Strömung geeigneter gewesen als die Musik der Romantik:

> It seems to me that what finally explains the currency of romanticism in Hollywood has less to do with actual empirical history than with the appeals the movement offered to practitioners, in other words, with its utopian promise [...]. (Flinn 1992: 24)

Die extensive Verwendung romantizistischer Ideen innerhalb des Hollywood-Filmscores ist Flinn zufolge auch deren utopischem Potenzial zu verdanken; dieses Potenzial beschränkt sich aber nicht allein auf ein nostalgisches Verständnis von einer Rückkehr zu früher herrschenden, heimeligen und vertrauten Bedingungen. Auch die von Bloch propagierte positive, konkrete Zukunftsvision kann nach Flinn (1992) mittels der Kraft der romantischen Musikästhetik sowie ihrer kompositorischen Werkzeuge hinreichend überzeugend zum Ausdruck gebracht werden. Die musikalische Romantik steht demnach nicht nur für ein überkommenes Ausdruckssystem der Vergangenheit, sondern hat im Gegenteil das utopische – und überzeitliche – Potenzial der Musik erkannt und erfolgreich in ein ästhetisches und stilistisches Ausdruckssystem überführt. Zu einem ähnlichen Fazit kommt Friedrich (1996):

> Das universale Kunstwerk [der Romantik; Anm. d. Verf.] [...] hebt die Zeitkategorien von Vergangenheit und Zukunft in einer permanenten, überzeitlichen Gegenwart auf. So realisiert es mit einer Vergangenheitsutopie, die zugleich ein Entwurf in die Zukunft ist, das wiedergewonnene Paradies eines Goldenen Zeitalters. (Friedrich 1996: 43)

Was genau macht nun die dezidiert romantische Utopie aus? Das romantische Kunstverständnis hat den noch im 18. Jahrhundert vorherrschenden kontinuierlichen Fortschrittsglauben durchbrochen; das Eingeständnis, dass die musikalischen Schöpfungen nur ein stets unzureichender, subjektiver Ausdruck des inneren Ichs sind, hat die Musik der Romantik aus den Ketten der eigenen Zeitlichkeit, des eigenen Epochenbewusstseins befreit und damit gewissermaßen für andere zeitliche und räumliche Verbindungen geöffnet: so unter anderem für die imaginierte Zukunft oder andere, fiktive Welten. Der romantische Blick auf ferne Zeiten und Räume kann dadurch mit einer zum Äußersten getriebenen Sehnsucht geschehen, die gerade dadurch so stark wird, weil sie sich ihrer Unerfüllbarkeit bewusst ist. Die romantische Utopie stellt die Idee und die damit verbundene Gefühlswelt der utopischen Projektion in den Vordergrund, nicht die Realisierbarkeit: Dadurch kann der utopische Blick der Romantik mit ebensolcher Inbrunst nostalgisch zurückblicken wie hoffnungsvoll-verheißend auf die Zukunft schauen; er kann ebenso überzeugt zu nicht existenten Orten jenseits der Sterne schweifen wie ins Idyll der heimischen Wälder und Felder. Die eigene Relativierung des Hier und Jetzt, des Profanen und Alltäglichen ermöglicht die extreme Gefühlsintensität einer sehnsuchtsvollen Utopie, deren Ort und Zeit nicht ausschlaggebend sind: Entscheidend ist der gefühlsbetonte Ausdruck, die Idee, die verheißende, da unerfüllbare Sehnsucht selbst (vgl. Schmidt 1988; Dahlhaus 1988; Flinn 1992; Auhuber 2010; Kerschbaumer 2018; Luyken 2023).

Die romantizistische Verwendung von Filmmusik im 20. und 21. Jahrhundert, die sich zu einem signifikanten Teil auf romantische Utopievorstellungen etwa von E. T. A. Hoffmann oder Richard Wagners universalem Kunstwerk beruft, ist demnach auch eine Beerbung der utopischen Ideen aus einer vergangenen Epoche (der historischen Romantik), die sich erst im Medium Film entfaltet. Hier zeigt sich eine weitere Ungleichzeitigkeit im Sinne Blochs, die in der visionären, prophetischen Kraft der Musik angelegt ist: In der Filmmusik kommt das bereits im 19. Jahrhundert ausgearbeitete utopische Potenzial erst zur Geltung (vgl. Bloch 1971; Flinn 1992; Friedrich 1996; Zimmer 2017).

2.4 Exotismus

Ein weiteres Phänomen, das in einem Zusammenhang mit romantischen Ideen steht, ist der Umgang mit anderen, kulturell fremden Einflüssen und Inhalten. Seien es indische Märchen, chinesische Musikinstrumente, orientalische Rhythmen oder die Lieder indigener Völker (nicht nur außerhalb, sondern auch innerhalb des europäischen Kulturraums): Die romantische Sehnsucht nach dem Anderen, das außerhalb des profanen und wohlbekannten Alltags lag, führt zu einer (Neu-)Entdeckung (außer-)europäischer und kulturell als exotisch empfundener künstlerischer Einflüsse. Dieses Aufgreifen fremder kultureller Erzeugnisse ist keine Erfindung der Romantik, aber der Umgang mit solchen Einflüssen wandelt sich in dieser Zeit (vgl. Keil 2018; Luyken 2023).

> Von den musikalischen Exotismen vorangegangener Epochen, etwa der Vorliebe für türkische Anklänge im ausgehenden 18. Jahrhundert, unterscheiden sich diese Einflüsse, indem sie von den Zeitgenossen nicht nur als Klangreiz, sondern auch als Bekenntnis kultureller Identität wahrgenommen werden. (Luyken 2023: 67)

Die Ausprägung dieser kulturellen Identität hängt mit den neuen Ideen zusammen, die um 1800 aufkommen. Inspiriert von der Französischen Revolution mit ihrer neuartigen Betonung des Volkes – anstelle der bislang herrschenden Adelselite – entwickelt sich bei den Jenaer Frühromantiker*innen und in ihrer Folge auch bei romantischen Komponist*innen wie Felix Mendelssohn, Robert Schumann und Modest Mussorgsky eine neue Stilisierung des Volksgedankens, zu dem in der musikalischen Umsetzung neben der zunehmenden Verwendung etwa von Massenchören als Ausdruck von Einheit, Zusammengehörigkeit und Verbundenheit auch die Überhöhung des Volkslieds zum musikalischen Vorbild gehört. Mit dem Aufkommen des Nationalismus in der ersten Hälfte des 19. Jahrhunderts transformiert sich der universal gemeinte Volksgedanke allmählich zu einem Primat der Nation. Eine der Folgen in der europäischen Kunstmusik ist die Etablierung von sogenannten Nationalstilen, die sich auf tatsächliche oder vermeintliche Volkslieder als Quell musikalischer Substanz berufen und diese auch in andere vokale und instrumentale Musikgattungen transferieren. Diese national ausgerichtete Gesinnung entspricht damit weitgehend den politischen Strömungen und Forderungen der Zeit des Nationalismus, die sich etwa (aber nicht nur) in Deutschland bekanntlich durch das gesamte 19. Jahrhundert und darüber hinaus hinzieht – angefangen beim revolutionären Vormärz bis hin zur Reichsgründung 1871 und den Vorboten der Weltkriege im 20. Jahrhundert. Das Aufkommen des Nationalismus führte auch in der Kunst zwangsläufig zu Konflikten. So wurde die intensive internationale Rezeption der Wagnerschen Musikdramen teils kritisch beobachtet und bereits von Zeitzeugen als expansionistischer Versuch einer deutsch geprägten Weltdeutung verstanden. Diese Geisteshaltung konnte als nationalistisch verstanden werden, auch wenn Wagners Intention zumindest bis zum Ende der 1860er-Jahre eher die Universalisierung und Überhöhung der inneren Gefühlslage als eine bewusste nationalistische Gesinnung ist (vgl. Flinn 1992: 25 f.; Friedrich 1996; Frank 2008: 25–53; Keil 2018: 271; Luyken 2023).

Dennoch zeigen die Biographien, Aussagen und Werke vieler Protagonist*innen der musikalischen Romantik, dass ihre Ideen und ihr Wirken aus einem komplexen Zusammenspiel von gegenseitigen kulturellen und regionalen Beeinflussungen entstanden sind, das vor nationalen Grenzen keinen Halt macht (vgl. etwa Luyken 2023: 20). Konzertreisen quer durch Europa (und manchmal darüber hinaus) sind im 19. Jahrhundert keine Seltenheit, und die Traditionen italienischer und französischer Opern, deutscher und russischer Sinfonik, englischer und preußischer höfischer Musik, jüdischer Lieder, spanischer Tänze, türkischer Instrumentalmusik oder österreichisch-ungarischer Kirchenmusik stehen im ständigen Austausch mit neuen Inspirationen und Weiterentwicklungen, nach denen zunehmend auch außerhalb des abendländischen Kulturkreises gesucht wird: Die musikalische Romantik entdeckt das Fremde und kulturell Unerschlossene als ergiebige Quelle der Inspiration (vgl. Dahlhaus/Miller 2007; Friedrich 1996; Keil 2018).

Bereits seit dem 18. Jahrhundert etablierten sich durch die musikalische Aufarbeitung fremder Klänge, Melodien und Rhythmen musikalisch-kulturelle Codes des Anderen, Fremden oder spezifischer Nationalitäten und Ethnien, die nur in seltenen Fällen authentisch im Sinne einer originalgetreuen Nachbildung waren. Die Vorliebe etwa in romantischen Opern, aber auch in instrumentalen Musikgattungen für das Fremde und Unbekannte führte in der Regel zur klischeehaften Darstellung des Wunderlichen oder Märchenhaften und diente in der Oper bisweilen „als bloßer Anlaß zur Demonstration von Maschinenkünsten des Bühnenarchitekten" (Dahlhaus/Miller 2007: 482). Die Zurschaustellung des vermeintlich Exotischen betraf neben Märchen- und Sagenstoffen auch Inhalte anderer Kulturen zum Beispiel aus dem orientalischen oder asiatischen Raum, die in oft trivialisierter Weise, als quasi musikalisch vertonte Wunderkammer, das Fremde offenbaren, ein Idyll entwerfen, aber dadurch auch vom Eigenen, Vertrauten abgegrenzt sein sollten. Eine realistische, ausgewogene Darstellung von Produkten und Sujets anderer Kulturkreise lag der romantischen Ästhetik weitgehend fern, da dies nicht ihren Zwecken diente. Das Andere und Fremdartige wurde vielmehr im Sinne des *Sense of Wonder* als wundersame Entdeckung oder utopisch-idyllische Idee in Szene gesetzt und als willkommener, unerwarteter Effekt präsentiert. „Nicht auf Echtheit kam es an, sondern auf das Pittoreske; die *couleur locale* (das ‚Lokalkolorit') musste außermusikalische Momente verstärken" (Keil 2018: 272). Das bisweilen rauschhafte, eintauchende Erlebnis des Unbekannten wurde als musikalisches Abenteuer im Konzertsaal oder auf der Bühne inszeniert. Das Fremde konnte somit als verlockende Wunderkammer inszeniert werden, die Entdeckung des Unbekannten stillte Sehnsüchte nach verborgenen Utopien (vgl. Flinn 1992; Dahlhaus/Miller 2007: 580 u. 742; Keil 2018; Lehman 2018).

Notenbeispiel 1: Antonín Dvořák – 9. Sinfonie e-Moll, Op. 95, 2. Satz, Hauptthema (Quelle: eigene Notation).

Das Hauptthema des zweiten Satzes aus Dvořáks 9. Sinfonie suggeriert eine vermeintliche Idylle der indigenen Völker Nordamerikas durch die Verwendung der pentatonischen Skala und einer punktierten Rhythmik. Die folkloristische Simplifizierung des Tonvorrats grenzt die Melodie von anderen, nicht exotisierten Themen und Motiven innerhalb der Sinfonie klar ab und schafft so eine – idealisierte – Kennzeichnung, die einen exotistischen Charakter gewinnt.

Dieser Exotismus geht zurück auf einen zentralen romantischen Gedanken: die unerfüllbare Sehnsucht nach dem Anderen. Hier zeigt sich der romantisierte Utopie-Gedanke: In der musikalischen Darstellung des Fremden manifestieren sich sowohl idealisierende Verwirklichungen angenommener idyllischer Utopien als auch schauerliche Abgrenzungen. Mit den musikalischen Exotismen einher geht nämlich auch eine Distanzierung vom Anderen: das sogenannte *Othering*, das sich vor allem, aber keineswegs nur auf die Darstellung außereuropäischer Einflüsse bezieht. Luyken (2023: 48 f.) skizziert anschaulich den Wandel von der Frühromantik, die durch die Französische Revolution elektrisiert ist und die brüderliche Vereinigung aller Völker anvisiert, zur späteren Nationalromantik: Nicht mehr alle Völker, sondern das eigene Volk – die Nation – steht als Identifikationsmerkmal im Zentrum des Wir-Gefühls. „Und so formiert sich auch die Musik im Rahmen der Nationenbildung neu und leistet gleichzeitig zur Neuformierung der ihr den Rahmen gebenden nationalen Gesellschaften einen wesentlichen Beitrag" (Luyken 2023: 49): Die Musik der historischen Romantik schafft gemeinsame Identifikation, grenzt aber gleichzeitig durch die Zurschaustellung und Exposition des Fremden aus. Durch diese Zurschaustellung des Fremden kann zugleich die eigene Identität abgegrenzt und so überhaupt erst ausgeprägt werden (vgl. Brill 2012; Keil 2018).

> In Alexander Borodins ‚musikalischem Bild' *Eine Steppenskizze aus Mittelasien*, 1880 zum 25-jährigen Thronjubiläum des russischen Zaren Alexander II. entstanden und Borodins Förderer Franz Liszt gewidmet, kommt ganz unverhohlen die Überzeugung von der eigenen kulturellen Überlegenheit gegenüber den zentralasiatischen Völkern Turkestans zum Ausdruck. (Luyken 2023: 50)

Jüngere Forschungsbeiträge haben diesen romantischen Exotismus deshalb kritischer bewertet und versucht, ihn in einen breiteren Kontext von Eurozentrismus, (Post-)Kolonialismus und Rassismus einzuordnen. Der frühe Musikforscher Johann Nikolaus Forkel etwa vergleicht die Musikkulturen außereuropäischer Völker mit menschlichen Entwicklungsstadien (vgl. Janz/Yang 2019; Luyken 2023):

> [...] Forkel states that people like the Turks, the Persians, the Chinese, and the American savage would build melodies lacking any order or beauty for European ears. [...] While Africa and the Americas musically stand for childhood, China, in Forkel's perspective, represents youth. (Janz/Yang 2019: 13)

Auch Keil (2018) weist auf den chauvinistischen Charakter dieses Exotismus hin:

> Der Exotismus bestand gerade nicht in einer unbefangenen Neugier des Westens gegenüber dem Osten; vielmehr traten die europäischen Nationen als imperialistische Kolonialmächte auf und der ‚Orient' lieferte ihnen ein Bild von sich, wie es seine Besatzer offen oder heimlich begehrten. (Keil 2018: 274)

Luyken (2023: 48 f.) führt weitere Beispiele für die abwertende Behandlung von Völkern und Kulturen in musikalischen Werken des 19. Jahrhunderts auf. Dieser nationalistisch aufgeladene Exotismus machte auch vor antisemitischen Elementen nicht Halt: In jüngerer Zeit gerät die ideologiekritische Auseinandersetzung mit Richard Wagners Opern und Musikdramen zunehmend in den Fokus, deren antisemitische Kodierungen nicht abschließend bewertet sind, aber in ihrer grundsätzlichen Existenz etwa im *Ring*-Zyklus nicht mehr angezweifelt werden (vgl. Brill 2012; Tönies 2022).

> In the nineteenth century, European Others were most often portrayed as either Gypsies, as in Bizet's Carmen, or Jews, as in Wagner's Ring cycle, where the Nibelung dwarves were subtly identified as Jews to knowing audiences. (Brill 2012: 21)

Wagners Hinwendung zum Nationalismus – die nicht frei von Widersprüchen bleibt – steht symbolisch für die unheilvolle Verbindung von Romantik und völkischem Geist, der in aggressivem Nationalismus und Rassismus mündet: „Die Romantik verliert ihre Unschuld, und Wagners Werk wird von vielen als adäquate Begleitmusik dieses Wandels verstanden" (Luyken 2023: 53).

Der romantische Exotismus hat damit zwei Gesichter, die – typisch für Charakterisierungen von romantischen Topoi – sich scheinbar widersprüchlich gegenüberstehen: Zum einen der sehnsüchtige Blick auf das Unbekannte, das sich als Wunderkammer oder gar idealisierende Utopie entpuppen kann. In dieser Spielart ist das Fremdartige ein überhöhtes Beispiel für vermeintlich ursprüngliche Reinheit, natürliche Verbundenheit und in der eigenen Gegenwartskultur verloren gegangene Idylle. Am anderen Ende dieses Spannungsfelds steht die nationalistisch aufgeladene eigene Überhöhung, die durch die bewusste Abgrenzung vom Anderen noch stärker betont wird. Das Andere wird mitunter in rassistischer oder antisemitischer Weise herabgewürdigt – und durch diese Herabsetzung wird erst die eigene kulturelle Überlegenheit herausgestellt.

> **Klangbeispiel 1:** Alexander Borodin – *Eine Steppenskizze aus Mittelasien*, URL: https://open.spotify.com/track/0XgPWSYgvA56fGa39roY7t?si=48ac1dc5af8449c6 (vgl. Borodin 1994).
>
> Borodins sinfonische Dichtung wird wesentlich von zwei konträren Themen getragen, die von einem chromatischen, pizzicato-getriebenen Reise-Thema eingerahmt werden. Das russische Thema hat einen getragenen, aber diatonisch-klaren Heldencharakter und zeichnet sich durch motivische Entwicklung aus: Zunächst erklingt es sanft und modulierend in Klarinette und Horn (vgl. Borodin 1994: 00′08″–00′44″), dann bald choral-gleich in den tiefen Blechblasinstrumenten und erstrahlt schließlich im Orchester-Tutti (vgl. ebd.: 02′23″–03′19″). Das Asien-Thema dagegen wirkt entwicklungsärmer und starrer und weist eindeutige melodische Verzierungsmarker zur Kennzeichnung des Fremden auf (vgl. ebd.: 01′05″–01′48″; 03′40″–04′43″). Die beiden Themen vermischen sich schließlich, jedoch nicht auf Augenhöhe: Das Asien-Thema wird sukzessive verdrängt; zurück bleibt einzig das russische Thema, mit dem die sinfonische Dichtung ausklingt (vgl. ebd.: 04′43″–07′04″).

Die Filmmusik hat auch dieses belastete Erbe der Romantik übernommen (vgl. Flinn 1992; Maier 2016; Ritzer/Steinwender 2017; Lehman 2018). Beispiele des unreflektierten, abwertenden und bisweilen rassistischen Exotismus finden sich in großer Zahl in der Film- und Medienmusik des 20. Jahrhunderts, die diese romantische Tradition, zumindest in Einzelfällen, kaum abgeändert adaptiert hat. Eine systematische Untersuchung hierzu ist bislang nicht erfolgt und ist dringend anzuraten, jedoch lassen sich durchaus viele Beispiele hierfür anführen, die in späteren Kapiteln auch ausführlicher aufgegriffen werden (vgl. Scheurer 2008; Brill 2012; Krohn/Strank 2018; Strank 2021).

2.5 Ästhetik

Ästhetische Prinzipien, Ideen und Diskurse der historischen Romantik sind vielfältig und können im Folgenden nur insofern wiedergegeben werden, als sie interessante Anknüpfungspunkte für die Forschungsfrage bieten. Auch hier gilt deshalb, dass dies keine vollständige Auflistung wesentlicher ästhetischer Aspekte der Romantik ist, sondern ausgehend von den bereits aufgeführten Grundprinzipien solche Topoi aufgegriffen werden, bei denen eine Vertiefung angebracht scheint. Des Weiteren soll hier erneut betont werden, dass es *die* romantische Ästhetik nicht gibt: Erstens aufgrund der komplexen Überfülle des Begriffs, zweitens aufgrund der unterschiedlichen, sich teils widersprechenden Strömungen und Gegenbewegungen, drittens aufgrund des gerade in der Musik langen Zeitraums der historischen Romantik über mehr als ein Jahrhundert, viertens aufgrund der bereits im romantischen Wesenskern angelegten Widersprüchlichkeit (vgl. etwa Dahlhaus 1988; Rummenhöller 1989; Eggebrecht 1999; Reinfandt 2003; Hühn 2015).

2.5.1 Ästhetik des Erhabenen

Grabes (2004: 6) charakterisiert die Ablösung der Ästhetik des Schönen durch die Ästhetik des Erhabenen – ausgehend von Edmund Burkes und Immanuel Kants Schriften – als prägend für das Kunst- und Literaturverständnis im Übergang vom 18. zum 19. Jahrhundert. Dies hat auch auf die Ästhetik der musikalischen Romantik einen erheblichen Einfluss. Die Idee, dass nicht mehr das reine Schöne, sondern im gleichen oder gar stärkeren Maße das Schauerliche, Unheimliche, Schreckliche oder Hässliche zum Gegenstand ästhetischer Erfahrung gemacht werden kann und die Gefühlsintensität der Rezipient*innen womöglich weit mehr in Wallung bringt als das allein Schöne, ist ein gleichermaßen zentraler wie neuer Gedanke der Musikästhetik um 1800. Auf den Punkt gebracht wird er 1810 in E. T. A. Hoffmanns berühmter Rezension über Ludwig van Beethovens 5. Sinfonie: „Beethovens Musik bewegt die Hebel der Furcht, des Schauers, des Entsetzens, des Schmerzes, und erweckt jene unendliche Sehnsucht, welche das Wesen der Romantik ist." (E. T. A. Hoffmann; zit. nach Schanze 2018: 313) Das Fürchterliche, Schreckliche und Schauerliche sind „Attribute des Erhabenen, jener ästhetischen Kategorie, die an der Schwelle zur Romantik allmählich gleichberechtigt neben das Schöne tritt" (Luyken 2023: 32). Auch die musikalische Klassik kennt bereits das Erhabene als ästhetische Kategorie des Furchterregenden und Unermesslichen, das die menschliche Begrenztheit gleichsam schön und gefahrvoll aufzeigt. So finden sich in der Zeit der Wiener Klassik genug Beispiele für die intensive – auch musikalische – Beschäftigung mit dem Topos des Erhabenen (vgl. Unseld 2022: 79). In der Romantik emanzipiert sich diese ästhetische Vorstellung jedoch weiter: Wo der Klassik zugeordnete Komponisten wie Haydn und Mozart trotz aller Ausflüge in erhabene Sujets in der Regel auf Ebenmaß und Ausgleich bedacht waren, gehen romantische Komponist*innen einen Schritt weiter. So wird das Erhabene einerseits zum Ziel einer sinnlichen Erfahrung, die vom Subjekt ausgeht und damit alle Facetten des menschlichen Inneren umfassen kann: Nicht nur schöne, sondern auch unheimliche, hässliche oder beängstigende Erfahrungen können so zum gewollten Ausdruck des Subjekts werden. Andererseits geht die historische Romantik auch in der musikalischen Umsetzung neue Wege, was sich etwa in der Hinwendung zu neuen Subgattungen und Sujets äußert wie der Schaueroper, unheimlichen und übernatürlichen Stoffen oder Themen mit Todes- und Schreckenscharakter. Diese Lust am Schauerlichen, Unschönen und damit Unvernünftigen wird als Gegenreaktion zur vernunftgeleiteten

Aufklärung gelesen und ist nicht nur in ihrer Charakteristik deutlich von der klassischen Vorstellung des Erhabenen emanzipiert, sondern auch das Vorbild für zahlreiche Schauer- und Schreckensthemen in der Musik, aber auch für das mediale Horror-Genre (vgl. Grabes 2004: 9; Dahlhaus/Miller 2007: 55; Luyken 2023: 32).

> **Klangbeispiel 2:** Modest Mussorgsky – *Eine Nacht auf dem kahlen Berge*, URL: https://open.spotify.com/track/5rPqo5uyPn5MDoJkkiu8Nr?si=1bcfba45c94e4d0f (vgl. Mussorgsky 1962).
>
> Mussorgskys sinfonische Dichtung musikalisiert das wilde Hexentreiben in der Johannisnacht ohne Rücksicht auf ästhetische Konventionen von Schönheit oder Harmonie: Kreischend wirbelnde Streicher, wild aufschreiende Holz- und brachial dröhnende Blechblasinstrumente entladen sich in chromatischen Tonskalen und rücksichtslosen, schroffen Klängen zu einem Spektakel voller schauriger und düsterer Anklänge (vgl. Mussorgsky 1962: 00'00"–07'24"). Der ungezügelte, diabolische Eindruck wird erst im ruhigen, nicht gänzlich schließenden Epilog abgedämpft (vgl. ebd.: 07'24"–11'00").

Dahlhaus und Miller (2007: 55 f.) betonen anhand des wegweisenden Beispiels der *Symphonie fantastique* (Uraufführung 1830) von Hector Berlioz, dass die Erfahrung des Düsteren, Schrecklichen oder Hässlichen der Erhöhung der Gefühlsintensität dient – aber stets die Überwindung und die Auflösung des Schreckens in Wohlgefallen folgt. Dennoch „diskutiert man unter dem Eindruck der Musik Berlioz' über die Kunstwürdigkeit des Hässlichen" (Luyken 2023: 32): Das Musikalisch-Schöne hat endgültig Konkurrenz in Form einer dunklen Gegenspielerin bekommen, auch wenn diese noch nicht gleichberechtigt war. Auch Grabes (2004) sieht hier ein zentrales Merkmal der romantisch geprägten Ästhetik des Erhabenen: Nach dem intensiven, gefühlsgesteigerten, bisweilen ekstatischen Eintauchen in musikalische Schreckensbilder, fremde Klangatmosphären, verstörende Kakophonien oder beunruhigende Schauermotive folgt stets die Rückkehr ins Vertraute, die Auflösung zum Schönen hin. Dem wonnevollen Eintauchen in die unheimliche Welt des Hässlichen folgt stets das Auftauchen, die Heimkehr in bekannte musikalische Bahnen, die Erlösung oder das Erwachen aus einem bösen Traum.

2.5.2 Universalpoesie

Die Jenaer Frühromantiker*innen streben nach der Poetisierung der Welt – und umgekehrt nach der Durchdringung der Poesie mit dem Lebendig-Weltlichen: Sie sehen darin vor allem eine universelle, verbindende Gemeinsamkeit (vgl. Kerschbaumer 2018). Diese ist die Konsequenz aus dem Universalgedanken aller Künste: Der Musik liegt ebenso wie den anderen Kunstgattungen ein poetischer Gedanke zugrunde, der letztlich erst die Musik zur Kunst macht. Die gedankliche Vorarbeit dafür liefern die Jenaer Frühromantiker*innen bereits um 1800, konkret in Friedrich Schlegels berühmt gewordenem Athenäums-Fragment 116 (vgl. Dahlhaus 1988; Keil 2022):

> Die romantische Poesie ist eine progressive Universalpoesie. Ihre Bestimmung ist nicht bloß, alle getrennte Gattungen der Poesie wieder zu vereinigen [...]. Sie umfaßt alles, was nur poetisch ist, vom größten wieder mehrere Systeme in sich enthaltenden System der Kunst, bis zu dem Seufzer, dem Kuß, den das dichtende Kind aushaucht in kunstlosen Gesang. [...] Nur sie kann gleich dem Epos ein Spiegel der ganzen umgebenden Welt, ein Bild des Zeitalters werden. (Friedrich Schlegel [1798], zit. nach Kerschbaumer 2018: 93 f.)

Dahlhaus und Miller (2007:165) betonen den zentralen romantischen Gedanken einer universalen poetischen Kraft, die im Innersten jeder Kunstgattung wirkt und über die Grenzen von Gattungen hinausreicht. Mehr noch ist es dieser postulierte und idealisierte Ursprung der Künste in der Poesie, der ein gemeinsames, mythisch überhöhtes „Urgesetz" (Dahlhaus/Miller 2007: 165) darstellt und aus dem heraus die Kunst als universeller Ausdruck des zutiefst Menschlichen geadelt wird. Im Kreise der Jenaer Frühromantiker*innen wird unter den Künsten die Musik als wirkmächtigste Universalkraft hervorgehoben: „Die Musik erscheint [...] als universale und ontogenetisch erste Sprache der Menschheit" (Kerschbaumer 2018: 41).

Friedrich (1996) spricht angesichts dieses überhöhten Ausdruckswillens von einer „Projektion jeder Einzelerscheinung auf das Lebensganze. Das Movens ist [...] die Totalität der Gemütskräfte" (Friedrich 1996: 27): Das Kunstwerk der Romantik wird mit einem Universalanspruch ausgestattet, der nicht nur räumliche und zeitliche Grenzen einzureißen vermag, sondern auch Fantasie und Realität, Idee und Gestalt überwindet: „Der Gegensatz von Kunst als Idee und Erscheinung kann damit in einem verabsolutierten, totalen und universellen Kunstbegriff aufgehoben werden, in dem Kunst und Leben zusammenfallen" (Friedrich 1996: 43). Das Leben wird poetisiert, und die Kunst wird zum höchsten Ausdruck des Lebens: Hierin wird der mythische Wahrheitscharakter der Kunst eminent. Einzig diese kann die höhere, universale Wahrheit aussprechen und erfahrbar machen. Nach Hühn (2015) baut diese romantische Maxime auch Brücken zwischen dem Bewussten und dem Unbewussten, zwischen dem (subjektiven) Ich und der (objektiven) Welt. Diese Maxime erklärt sich auch aus der romantischen Hinwendung zum mythischen Denken: „Das Ganze und seine Teile sind ineinander verwoben, sind gleichsam schicksalsmäßig miteinander verknüpft – und sie bleiben es auch, wenn sie sich rein tatsächlich voneinander gelöst haben" (Cassirer 2010: 63 f.).

Die Frühromantiker*innen sehen diesen Willen der universalen Synthese als Notwendigkeit, da nach der Aufklärung jede Verbindung und jeder Zusammenhang rational und analytisch „zerlegt, aufgelöst und demontiert" (Frank 2008: 25 f.) wurde. Damit sei das sinnstiftende Band der Gemeinschaft, ja überhaupt jede verbindende, höhere Idee zerbrochen, die in der Antike von der Mythologie und im abendländischen christlichen Zeitalter – bis zur Aufklärung – von der Religion ausging. Genau aus diesem empfundenen Mangel eines „Mittelglieds" (Frank 2008: 27) zwischen der Vernunft und der „Idee des Göttlichen" (Frank 2008: 26), zwischen Wissenschaft und Religion, speist sich die romantische Sehnsucht nach einer Universalpoesie, die auf die Forderung einer neuen Mythologie zurückgeht:

> Die Frage nach der Möglichkeit eines universellen Stoffes der Poesie [...] treibt uns also selbst auf etwas Höheres hin. Nur aus der geistigen Einheit eines Volkes, aus einem wahrhaft öffentlichen Leben, kann die wahre und allgemeingültige Poesie sich erheben – wie nur in der geistigen und politischen Einheit eines Volkes Wissenschaft und Religion ihre Objektivität finden. (Friedrich Wilhelm Joseph Schelling, zit. nach Frank 2008: 27)

Dabei bleibt der universale Anspruch unvollkommen, da er eine Utopie ist: Die vollständige Überwindung von Grenzen und Differenzen kann zwar versucht und durchgeführt, aber nie vollendet werden. Diese Reflexivität der eigenen Unvollkommenheit ist ein prägnanter Wesenszug der romantischen Ästhetik (vgl. Kerschbaumer 2018: 94). Aus diesem Bewusstsein von der eigenen Unvollkommenheit speist sich die spezifisch romantische, da unerfüllbare Sehnsucht:

> In Goethes berühmter Sentenz ‚das Klassische nenne ich das Gesunde, und das Romantische das Kranke' schwingt mit, was viele skeptische Zeitgenossen über die Romantik gedacht haben mögen, dass nämlich im prinzipiell unabschließbaren Streben der romantischen Kunst nach dem Unendlichen der Keim ihrer Selbstauflösung liegt. (Luyken 2023: 33)

Hierin zeigt sich auch die romantische Ironie, ohne die die universalpoetischen Sehnsuchtsgedanken nicht vollständig erklärt werden können: Das Bewusstsein über die Unerfüllbarkeit der romantischen Sehnsucht verstärkt diese nur noch weiter (vgl. Frank 2008; Luyken 2023). Der Hang zum universalen Anspruch und Überwinden von Gegensätzen überträgt sich auch auf Gattungs- und Kunstgrenzen: So wird der gemeinsame Ursprung aller Kunstgattungen betont und die Vereinigung der Künste gefordert. Einen konkreten Niederschlag finden diese bereits von den romantischen Vordenkern Novalis und E. T. A. Hoffmann geäußerten Postulate schließlich in dem Gesamtkunstwerk Wagnerscher Prägung (vgl. Friedrich 1996: 47; siehe Kapitel 2.6.4).

Luyken (2023: 27) definiert die romantische Poesie als zweite, metaphorische Realität, durch die sich ein romantisiertes Weltverständnis ausdrücken kann; ein „Gegenbegriff des Prosaischen, des Zweckmäßig-Alltäglichen, des Trivial-Eindeutigen und des Nüchtern-Kunstlosen" (Luyken 2023: 27). Ihr Ziel ist das transzendentale Verständnis der universalen Vereinigung aller Künste und der Überwindung von profanen Grenzen, die durch die Realität vorgegeben werden: Die Wirklichkeit wird durch das poetische Weltverständnis nicht ignoriert, aber auf Distanz gehalten. Vor allem – aber nicht nur – progressive Komponist*innen wie Franz Liszt, Richard Wagner, Hector Berlioz oder Anton Bruckner nehmen diese Gedanken auf und propagieren eine zunehmende Verflechtung von Musik und Dichtung, durch die die Musik literarische und poetische Ausdruckskraft gewinnen soll. Dies äußert sich in der zunehmenden Verknüpfung von rein instrumentaler Musik wie der Sinfonie mit außermusikalischen Ideen oder Programmen, wie es sie bei ihrem großen Vorbild Ludwig van Beethoven, etwa in seiner 6. Sinfonie *Pastorale*, bereits gab (vgl. Friedrich 1996: 61).

Durch diese Öffnung für poetische Ideen entsteht eine Ästhetik, die Musik nicht mehr als Kunst empfindet, die sich nur um sich selbst dreht. Die Musik drückt in mehr oder weniger poetischer Form etwas aus, das außerhalb der Musik liegt. Franz Liszt versteht in der Poesie und der Musik „die beiden Formen menschlichen Denkens und Fühlens" (Liszt, zit. nach Friedrich 1996: 63), und ihre Verbindung vertieft die Wirkung beider Einzelkünste. Eine weitere Folge dieser neuen Poetizität der Musik der Romantik ist, dass die Musik nicht mehr nur das Schöne ausdrücken soll, sondern wie die Dichtung nun auch mit völlig anderen Assoziationen wie dem Hässlichen, Grauenvollen oder Entsetzlichen in Verbindung gebracht werden kann: Die Ästhetik des Erhabenen und die Universalpoesie bedingen sich hier gegenseitig (vgl. Friedrich 1996: 64). Letztlich ist dies der Grundstein für die mythisierende Verwendung von Musik in Gattungen wie der Oper und dem Musikdrama, dem Oratorium oder der sinfonischen Dichtung (und später auch in filmischen Medien; vgl. Flinn 1992; Scheurer 2008; Schanze 2018).

2.5.3 Realitätsflucht und Kunstreligion

Bedeutende Teile der romantischen Musikästhetik des 19. Jahrhunderts sind von einer Flucht vor der Wirklichkeit geprägt, denn „alles was Sehnsucht weckt, das eintönige Treiben des Alltags zu fliehen, ist romantisch […]" (Walzel 1918, zit. nach Schanze 2018: 388). Die historische Romantik leitet eine Entfremdung der Musik von der Realität ein: Die Hinwendung zu märchenhaften und mythologischen Themen, zum unermesslich gesteigerten Gefühl, zum Traum, zum Rausch und schließlich zum Tod ist auch eine ästhetische Gegenreaktion zur nüchternen Aufklärung, zur klaren und aufgeräumten Formensprache der Wiener Klassik und nicht zuletzt zur zunehmenden Technisierung und Industrialisierung der Gesellschaft im 19. Jahrhundert. Die programmatische Musik der historischen Romantik – beispielhaft in der romantischen Oper und später im Musikdrama, aber auch in der sinfonischen Dichtung – befasst sich deshalb bevorzugt mit märchenhaften Stoffen, mit antiken oder mittelalterlichen Sagen und mythologischen Sujets. Die Sehnsucht nach dem Übersinnlichen, aber auch nach Schmerz und Tod ist eine Folge der geforderten Steigerung des gefühlshaften Ausdrucks, der einen wahrhaftigen Rausch erzeugen kann: ein Gefühl der Überwältigung (vgl. Friedrich 1996: 42 u. 58; Dahlhaus/Miller 2007).

Der romantische Wunsch nach einer neuen Mythologie, der Hang zur Utopie und zur Metaphysik verschafft der Kunst und insbesondere der Musik einen neuen Status, der sie in die Nähe der religiösen Verehrung rückt: „Die Kunst selbst setzt sich an die Stelle der Religion" (Frank 2008: 30). Dahlhaus (1988) sieht E. T. A. Hoffmanns berühmte Rezension über Beethovens 5. Sinfonie im Jahre 1810 als Ausgangspunkt einer neuen – romantischen – Auffassung von Musik als übermenschlicher Kraft, die sich „dem Unaussprechlichen hingebe" (E. T. A. Hoffmann, zit. nach Dahlhaus 1988: 99). Friedrich (1996) spricht in diesem Zusammenhang in seiner Monographie *Das auratische Kunstwerk* von der metaphorischen Aura des Kunstwerks, die vor der Erfindung der technischen Reproduzierbarkeit (Fotografie, Schallplatten, Film) ein konstitutiver Bestandteil jeder Kunsterfahrung gewesen ist. Die Unmittelbarkeit des Konzerterlebens, die Einmaligkeit der Aufführung und die Echtheit des nicht exakt reproduzierbaren Moments des musikalischen Erklingens führen mitunter zu einer ästhetischen Erfahrung, die das Kunstwerk in die Sphären einer kultischen, magischen Verehrung erhebt. Diese Heiligsprechung der Kunst – und insbesondere der Musik – trägt religiöse Züge; sie trägt dazu bei, eine ästhetische Erfahrung von Musik in vollständiger Ergriffenheit oder gar Ekstase zu ermöglichen. Dies spiegelt sich auch in der Idee des Erhabenen wider, des unbeschreiblich Schönen, das nicht mehr in Worte zu fassen ist (vgl. Friedrich 1996: 50; Grabes 2004). Auch führt diese kultische Auffassung zu einer Auflösung des (historischen) Zeitempfindens und zur Vorstellung einer zeitlosen, von allen irdischen Bezügen losgelösten Kunst, die der Utopie-Auffassung nahekommt. Der Kunst – anstelle der Religion – wird nun die Fähigkeit und die Kraft zugesprochen, den Menschen zu erlösen (vgl. Friedrich 1996: 23 u. 174; Frank 2008: 30; Bloch 1971). Auch Richard Wagner sieht die Kunst als Erbin der Religion an:

> Man könnte sagen, dass da, wo die Religion künstlich wird, der Kunst es vorbehalten sei, den Kern der Religion zu retten, indem sie die mythischen Symbole, welche die erstere im eigentlichen Sinne als wahrgeglaubt wissen will, ihrem sinnbildlichen Werte nach erfasst, um durch ideale Darstellung derselben die in ihnen verborgene tiefe Wahrheit erkennen zu lassen. (Richard Wagner, zit. nach Frank 2008: 32)

Schon der bedeutende romantische Vordenker Novalis nimmt in seinen 1798 erschienenen *Blüthenstaub*-Fragmenten an, dass nicht Religion allein, sondern theoretisch jeder Gegenstand, jede Erscheinung als Inkarnation des Transzendenten begriffen werden kann. Dadurch bekommt die Religion Konkurrenz, insbesondere durch die Kunst, die diese Mittlerfunktion zum Göttlichen besonders gut erfüllen konnte. In dieser religiös-mythischen Auffassung von Kunst kann jeder Moment heilig, jeder Gegenstand zur Offenbarung werden, von der man ergriffen, ja überwältigt werden kann (vgl. Kerschbaumer 2018: 92):

> Immer ist es dieser eigentümliche Zug zur ‚Transzendenz', der alle Inhalte des mythischen und des religiösen Bewußtseins miteinander verknüpft. Sie alle enthalten in ihrem bloßen Dasein und in ihrer unmittelbaren Beschaffenheit eine Offenbarung, die doch eben als solche noch die Art des Geheimnisses behält – und ebendieses Ineinander, diese Offenbarung, die zugleich Enthüllung und Verhüllung ist, prägt dem mythisch-religiösen Inhalt seinen Grundzug, prägt ihm den Charakter der ‚Heiligkeit' auf. (Cassirer 2010: 88 f.)

Klangbeispiel 3: Anton Bruckner – Sinfonie Nr. 9 d-Moll, WAB 109, 1. Satz, URL: https://open.spotify.com/track/5DP6YCounslWM8pXEvbt9b?si=20c82eaae0f54ed8 (vgl. Bruckner 1997).

Sowohl Haupt- als auch Seitenthema des ersten Satzes in Bruckners letzter (und unvollendeter) Sinfonie weisen transzendente Züge auf: Das Hauptthema (vgl. Bruckner 1997: 00'00"–03'11") entlädt sich in einem gewaltigen Klangmonument, dessen erlösender Tutti-Schlussakkord in D-Dur bis in überirdische Sphären zu ragen scheint (vgl. ebd.: 03'03"–03'11"). Das lyrische Seitenthema (vgl. ebd.: 03'52"–07'12") weist reichhaltige, suchende Modulierungen auf und gewinnt einen elegisch-nostalgischen Charakter, der schließlich durch ein ekstatisches, feierliches C-Dur erlöst wird (vgl. ebd.: 05'18"–05'32"). In der Coda des Satzes setzt sich das monumentale Hauptthema durch und schraubt sich erneut in erhabene Klanghöhen, die schließlich mit einem überwältigenden d-Moll-Schluss im Orchestertutti enden (vgl. ebd.: 22'58"–26'11").

Gerade der Verlust dieser sakralen Aura, des Geheimnisses des Kunstwerks durch die technische Reproduktion und die Partikularisierung im 20. Jahrhundert wird von Denker*innen wie Walter Benjamin als eklatanter Mangel empfunden: Die unendliche Reproduzierbarkeit, die Massenproduktion und die Schwelle der durch kleinteilige, technische Vorgänge wiedergegebenen Kunst nehme ihr die magische Unmittelbarkeit und die offenbarende, bisweilen überwältigende Einzigartigkeit des (erlebten) Moments. Die romantizistischen Verbindungen zu dieser Technologieskepsis sind offenkundig: Wo beispielsweise die Musik nicht mehr im konzertanten Live-Moment von 100 Musiker*innen zum Leben erweckt, sondern eine Aufnahme durch winzige Smartphone-Lautsprecher abgespielt wird und jederzeit unterbrochen werden kann, geht die gefühlte Aura der Musik womöglich verloren (vgl. Friedrich 1996; Cassirer 2010).

Typisch für romantische Topoi ist auch hier die vordergründige Widersprüchlichkeit von ausgeprägten Tendenzen: So ist neben dem sakralen Überhöhungsgedanken auch die Neigung zur Beschaulichkeit und zum intimen Moment zu nennen, die sich etwa in den Liedern der Biedermeierzeit oder den Solostücken und Formen mit sehr kleiner Besetzung ausdrückt. Die Tendenz zum Intimen entsteht aus einem ähnlichen Ansinnen wie der Gedanke der Beseelung des Profanen: Dahinter steckt in beiden Ausprägungen der Wunsch nach der Ausflucht aus dem Alltäglichen. Flinn beschreibt dies treffend als „romanticism's investment in both the gigantic and the miniature" (Flinn 1992: 26): Beide Extreme werden aus derselben Maxime heraus ausgelotet. Ihren Ausdruck findet diese Suche nach dem Reinen und Idyllischen unter anderem in der Bevorzugung von Volksliedern und der Idealisierung der Natur, wie im Folgenden noch aufzuzeigen ist (vgl. auch Dahlhaus/Miller 2007: 40). In der idealisierenden Hinwendung zur kleinen Form zeigt sich derselbe romantische Impetus einer Utopie: Die Zeichnung eines letztlich unerreichbaren Idealbilds von Zurückgezogenheit und völliger Intimität ist ein typisch romantischer Charakterzug einer utopisch angereicherten, unerfüllbaren Sehnsucht, die deshalb Utopie bleiben muss.

> **Klangbeispiel 4:** Johannes Brahms – *Ein deutsches Requiem*, Op. 45, I. Selig sind, die da Leid tragen, URL https://open.spotify.com/intl-de/track/7p7sL7iew6RXLPkiaft1OC?si=b47895ca701b4159 (vgl. Brahms 1999).
>
> Der erste Satz aus Johannes Brahms' *Deutschem Requiem* weist intime und zurückgezogene Momente auf. Statt einer düsteren Totenmesse fallen tröstende Worte über die Hinterbliebenen; sie mischen sich mit Mitleid und Erlösungshoffnung über den Tod hinaus. Der vierstimmige Chorsatz weist kontrapunktische Elemente ebenso wie romantische Akkordfortschreitungen auf und besticht durch einen poetischen, von kirchlichen Dogmen weitgehend befreiten Sehnsuchtsgedanken nach der Erlösung aller Menschen, die letztlich Utopie bleiben muss.
>
> **Klangbeispiel 5:** Howard Shore – *The Lord of the Rings: The Return of the King*, Bilbo's Song, URL: https://open.spotify.com/intl-de/track/4aB29POCPX88HgVvwl4xqb?si=06b4cd24e1854491 (vgl. Shore 2003a).
>
> Howard Shores Song erklingt im Abspann des dritten und letzten Teils von *The Lord of the Rings: The Return of the King* (vgl. Jackson 2003) und beschließt damit die Filmtrilogie. Der Kinderchor des Songs singt auf Elbisch über die Vergänglichkeit der Dinge und die niemals gänzlich zu ergründende Schönheit der Welt. Begleitet von ruhigen, zurückgenommenen Streichern und sanften Harfenklängen weist der zumeist einstimmige Choral unerwartete harmonische Wendungen auf und verstärkt dadurch den entrückten, nicht ganz zugänglichen Charakter einer unerreichbaren, utopisierten Idylle, die zudem eine sakrale Komponente hat.

2.5.4 Virtuosität und Geniekult

Die Ansprüche an die Form, Komplexität und Ausdruckskraft der Musik in einer zunehmend von bürgerlichen, professionalisierten Institutionen wie Musikvereinen und Konservatorien geprägten Gesellschaft steigen im 19. Jahrhundert deutlich an. Wie in anderen Bereichen ist auch hier Ludwig van Beethoven Vorbild und Messlatte zugleich: Seine Werke schraubten die üblichen Grenzen nicht nur der Form, sondern auch der Virtuosität und des Kunstanspruchs in ungeahnte Höhen. Immer virtuosere Konzerte und Solo-Passagen lassen Instrumentalist*innen etwa am Klavier (wie Clara Schumann, Franz Liszt oder Sergei Rachmaninow) und an der Violine (wie Louis Spohr, Niccolò Paganini oder Fritz Kreisler) mit ihren außerordentlichen Fähigkeiten strahlen. Dies führt zu einem ausgeprägten Verehrungskult, der bereits erste Ansätze des medialen Starkults prominenter Künstler*innen zeigt. Voraussetzung hierfür ist das romantische Künstler*innentum, das sich erstmals in einer bürgerlichen Gesellschaft – und in einem wechselvollen Spannungsverhältnis mit diesem – entwickelte. Die*der romantische Künstler*in ist nicht mehr am Hofe oder durch die Kirche eingespannt, sondern kann ihre*seine Kunst einigermaßen frei und zum Wohle der Gesellschaft – oder zur Erfüllung der eigenen künstlerischen Identität – entstehen lassen. Eine deutliche soziale Aufwertung der*des Musiker*in ist die Folge, und die bereits im 18. Jahrhundert entstandene Idee des musikalischen Genies kann sich nun entfalten (vgl. Brandstetter/Neumann 2011: 9; Luyken 2023: 45).

Die Verehrung trifft jedoch nicht nur Violin- oder Klaviervirtuos*innen. Das romantische Virtuosentum beinhaltet zwar einerseits die Zurschaustellung mechanischer Fähigkeiten, billige Schautricks und beeindruckende Fingerfertigkeit. Schon Mozart und Beethoven versuchten jedoch, instrumentale Virtuosität mit gelungener Kompositionskunst zu vereinen, und hatten in dem Zuge die Gattung des Konzerts durch die Annäherung an sinfonische Komplexität aufgewertet. Auch romantische Komponist*innen wie Franz Liszt, Robert Schumann und Frédéric Chopin sind „auf der Suche nach einer poetischen Virtuosität" (Luyken 2023: 173), die über akrobatische Tastenspiele und technisch gekonnte Fingerübungen hinausgeht. Gerade in musikalisch gebildeten Kreisen etabliert sich eine Ablehnung der als trivial empfundenen Bühnenvirtuosität, doch der Virtuosenglanz wird auf eine andere Art des Musikmachens übertragen. So gelangen nun auch Dirigent*innen und nicht zuletzt Komponist*innen zu einem mitunter bedingungslosen und pseudoreligiösen Verehrungskult um ihre Person, wie die Biographien und die Rezeption etwa von Hans von Bülow, Giuseppe Verdi oder eben Richard Wagner zeigen. Dieser Verehrungskult prägt das romantisierende Bild eines kreativen, oft verkannten Genies, dessen Publikum seine genialischen Werke nicht versteht, da diese ihrer Zeit voraus sind (vgl. Flinn 1992: 28 u. 30; Luyken 2023: 172). Auch Friedrich (1996) skizziert diese Stilisierung zur*zum verkannten Künstler*in, mit der*dem sich die Romantiker*innen „von der bloßen Verstandeshaltung der Aufklärer einerseits und dem sich allem Höheren verschließenden Materialismus des biedermeierlichen Bürgers abzugrenzen suchten" (Friedrich 1996: 59). Charakteristisch dafür sind die umfangreichen Genie-Bezüge in den literarischen Werken E. T. A. Hoffmanns (vgl. Schmidt 1988):

> Seine [E. T. A. Hoffmanns; Anm. d. Verf.] grundlegende Annahme ist die einer genialisch-dämonischen Innerlichkeit – einer Innerlichkeit aber, die sich nicht über die Welt leicht hinwegsetzt, sondern in einem problematischen Verhältnis zu ihr steht, aus dem sich immer wieder Leiden, Zerstörung und Wahnsinn ergeben." (Schmidt 1988: 2)

Das romantische Genie besitzt eine besondere, geradezu magische Befähigung, den übermäßigen Quell seines Inneren in künstlerisch-poetische Werke auszudrücken – wodurch sich Reibungen mit der Realität ergeben. Dabei wird gerade in der Musik ein geeignetes Ausdrucksmittel für das Genie gesehen, woraus sich eine ausgeprägte Verehrung für Komponist*innen speist. Der Geniekult des 19. Jahrhunderts verehrt deshalb in quasireligiöser Manier nicht nur lebende Virtuos*innen, sondern auch und gerade verstorbene Künstler*innen, denen nostalgisch nachgetrauert wird: Die Verehrung Ludwig van Beethovens ist dafür nur das bekannteste Beispiel. Das Genie wird in der romantischen Verehrung zu einem Geschöpf voller Schaffenskraft, das den Gesetzen der Natur, aber auch der eigenen Zeit trotzt: Es greift mit seinem Schaffen voraus oder weit zurück; ganz nach Ernst Blochs Verständnis der Ungleichzeitigkeit offenbaren sich manche Werke des Genies erst nach seinem Tod. Das bedeutet auch, dass eine formale Ausbildung dem schöpferischen Genius im Weg stehen kann und die geniale Schaffenskraft womöglich nur einhegt oder gar behindert. Im Unterschied zur Virtuosin oder zum Virtuosen stellt die romantische Genie-Verehrung das erschaffene Kunstwerk in den Vordergrund, das nicht nur in der performativen Aufführung lebt, sondern die Zeiten überdauert (vgl. Schmidt 1988; Brandstetter/Neumann 2011):

> Das Genie gilt [...] als jene Figur, deren schöpferisches Vermögen einmalige und zeitüberdauernde große Werke hervorbringt; jedoch nicht auf dem Weg der strengen Übung und Bemeisterung von vorgeschriebenen Regeln, sondern aufgrund der Einzigartigkeit seiner Natur und der Originalität seiner Phantasie. Die Kreativität des Virtuosen zeigt sich hingegen allein in der Aufführung: im Ereignis der transitorischen Performance. (Brandstetter/Neumann 2011: 9)

Dieser verklärende Genieansatz der Romantik wird durch eine weitere wichtige Dimension ergänzt: Das Genie wird mit einer Vorstellung des Männlichen verknüpft. Schon der romantische Vordenker Jean Paul behauptet, dass die höchste poetische Stufe des Genies nur vom Mann erreicht werden könne; die Frau sei auf eine passive, empfangende und nachahmende Fantasie beschränkt (vgl. Deisinger 2021). Noch um das Jahr 1900 nimmt der einflussreiche Musiktheoretiker Heinrich Schenker diese Gedanken auf und ist überzeugt, dass „alle Genies der

Kunst immerhin doch Männer [...] waren" (Schenker, zit. nach Deisinger 2021: o. S.). Dieser patriarchale Sexismus mag der Zeit geschuldet sein; umso genauer muss auf mögliche Fortwirkungen in filmmusikalischen Strukturen und Rollenbildern des 20. und 21. Jahrhunderts geschaut werden.

Nach Werbeck (2015) führt das romantische Verständnis von Virtuos*innen und Genies auch zu einer Erhöhung der Komplexion musikalischer Werke: So soll sich die ganze Wirkungsmacht erst nach genauerem Studium und mehrmaligem Hören voll entfalten. Dahinter steht ein wesentliches Merkmal der Musikästhetik des 19. Jahrhunderts: die Maßgabe, dass ein Musikwerk eine kreative, originale Schöpfung der*des autonomen Komponist*in sein müsse – in Abgrenzung zur Trivial- oder Gebrauchsmusik, die eher funktionale Wirkungen habe und abgewertet wird. Die musikalische Ästhetik der Romantik hat „den Unterschied zwischen autonomer und funktionaler Musik zum Bewußtsein [gebracht]" (Dahlhaus 1988: 189).

Dadurch wird die Trennung von sogenannter höherer und niederer Musik erstmals problematisiert und die Erhebung oder Erhöhung der Trivialmusik als erklärtes Ziel ausgegeben; wird das offen Einfache, etwa im Volkslied, teils noch verehrt und idealisiert, so wird gerade das Mediokre scharf verurteilt und zum Feindbild erklärt. Als mittlere Musik wird all das bezeichnet, was zwar – anders als das Volkslied – als Werk erschaffen und gedruckt wird, aber eher einen funktionalen statt artifiziellen Charakter hat; beispielsweise die Salon- und Unterhaltungsmusik. Dieser nur oberflächlich tiefgründigen, generell mittelmäßigen oder gar maskiert trivialen Musik wird unterstellt, sie täusche das Publikum und entstelle die wahre, universal-poetische Musik, da sie eben deren wahren autonomen und künstlerischen Charakter nur imitiere und dadurch fälsche: Diese Nicht-Kunst sei eben keine Kunst, sondern Kitsch (vgl. Dahlhaus 1988: 186). Der Kitsch als „abgesunkenes Kulturgut der Romantik" (Fuhrmann 2021: 105) ist als Forschungsbegriff durchaus umstritten, allerdings aus dem öffentlichen Diskurs – gerade in der Popkultur – bis heute nicht wegzudenken (vgl. Unseld 2011; Fuhrmann 2021). Neben der Abwertung des Trivialen, Mittelmäßigen und Kitschigen gesellt sich spätestens mit den sozialistischen Ideen Ludwig Feuerbachs und Karl Marx', die Richard Wagner in seinen Schriften aufgreift und weiterverbreitet, eine Abwertung des Kommerziellen hinzu: Die Marktmechanismen des Kapitalismus halten im Verlauf des 19. Jahrhunderts Einzug in das Musikleben, was von künstlerischer Seite nicht ignoriert und auch nicht gutgeheißen wurde (vgl. Frank 2008; Wagner 2008). Dennoch sollte Wagners Feindbild der aus kommerziellen Motiven hergestellten Nicht-Kunst erst im 20. Jahrhundert unter anderem durch das Aufgreifen durch die Kritische Theorie eine durchgreifende Wirkung entfalten (vgl. Adorno/Eisler 1944/2006).

Die gesellschaftliche und rezeptive Einteilung in höhere, mittlere und niedere Musik führt im 19. Jahrhundert zur Herausbildung eines Kanons, dessen Wirkmacht bis in die Gegenwart anhält. Als zeitlos oder klassisch angesehene Werke von (fast ausschließlich männlichen) Komponisten werden immer wieder neu aufgeführt, verarbeitet und rezipiert und dabei teils in glorifizierender und verehrender Form als musikalische Klassik gefeiert (vgl. Unseld 2011; Luyken 2023: 47).

> [In der Gegenwart] vielfach nachgefragt aber wird vor allem das Kanonisierte, das allerdings weitgehend auf einen Kanon rekurriert, der mit großer Beharrungskraft das Ideal des bildungsbürgerlichen 19. Jahrhunderts repräsentiert. [...] Hatte sich das 19. Jahrhundert – trotz seiner massenhypnotischen Phänomene wie dem Virtuosentum [...] – gerade in *Abgrenzung* zum Populären mit einem elitären Kanon ausgestattet, ist es nun gerade dieser Kanon, der gegenwärtig die Basis der ‚populären Klassik' bildet. (Unseld 2011: 193 [Hervorh. im Orig.])

In welcher Ausformung dieses Kunst- und Selbstverständnis Parallelen in jenem von Film- und Serienkomponist*innen des 20. und 21. Jahrhunderts findet, wird noch zu untersuchen sein. Klar erkennbar wird jedoch die ästhetisch-historische Herkunft auch gegenwärtig noch gültiger musikalischer Kategorien: Die Dichotomie von E- und U-Musik (also *Ernster* und *Unterhaltungs*-Musik) im deutschsprachigen Raum ist nicht allein bei den Verteilungsschlüsseln der GEMA-Tantiemen relevant, sondern ein wesentliches Merkmal des öffentlichen Diskurses, in dem die Höherwertung der sogenannten Hochkultur bereits sprachlich fest verankert ist (vgl. Hörisch 2016; Hemming 2016; Fuhrmann 2021; Gesellschaft für musikalische Aufführungs- und mechanische Vervielfältigungsrechte 2022). Maier (2016) charakterisiert diese wertende Unterscheidung treffend als fragwürdiges Konzept, das bestehende – hegemoniale – Machtverhältnisse zementiert: „Dichotomies such as high culture versus popular culture [...] are often based on essentialist ascriptions which have more to do with power relations than with aesthetic or cultural differences" (Maier 2016: 182).

Dass diese Ungleichbehandlung auch der Musik in Diskursen der Romantiker*innen zwar nicht erfunden, aber doch problematisiert und damit sowohl verschärft als auch verfestigt wurde, ist möglicherweise von hoher Relevanz für Eigen- und Fremdwahrnehmungen in Film- und Medienscores des 20. und 21. Jahrhunderts.

2.5.5 Antimodernismus und Historismus

Die historische Romantik wird in der Forschung als erste bürgerliche Epoche in Zeiten zunehmender Industrialisierung und Modernisierung beschrieben (vgl. Schanze 2018; Luyken 2023). Eine Folge davon ist eine Gegenreaktion: die Abwendung von allem Fortschrittlichen und die Hinwendung zum Natürlichen und Idyllischen, da man hier die mythische und ursprüngliche Reinheit verortet, die in der dekadenten modernen Gesellschaft verlorengegangen sei. Romantiker*innen wie E. T. A. Hoffmann oder Richard Wagner sehen in der Natur das ideale Vorbild für die Kunst, mit dem sie die Idee einer Ursprünglichkeit verbinden, die Gefahr läuft, in der industrialisierten, technologiegläubigen und kommerzialisierten Moderne verlorenzugehen. Die Natur ist nach Hoffmann das ideale Abbild der Schöpfung, an dem sich auch das ideale Kunstwerk zu orientieren hat, da hier der reine Urzustand aller Harmonie verborgen sei (vgl. Dahlhaus/Miller 2007: 82). Auch wird die Natur in die Nähe des Mythischen gerückt und die naturwissenschaftliche Annäherung an Natur-Phänomene kritisiert: „Die Natur soll uns aber wieder magisch werden" (August Wilhelm Schlegel, zit. nach Kerschbaumer 2018: 22). Hier klingt das mythische Weltbild nach Lévi-Strauss an, das Natur und Kultur vereinigt (vgl. Lévi-Strauss 1962/2022: 109–114). Auch für Wagner ist die Natur das künstlerische Vorbild: Die Vielfalt der in der Natur vorkommenden Dinge einerseits und den alles umfassenden, mythischen Zusammenhang zwischen diesen andererseits leitet Wagner in seine Kunst um, die er in seinem Gesamtkunstwerk verwirklicht sieht (vgl. Friedrich 1996: 103; Wagner 2008; Kompridis 2009).

Zur Abkehr von der Gegenwart, die als prekär empfunden wird, gehört auch die Historisierung oder Verzeitlichung: Aus der als ungenügend oder negativ konnotierten Gegenwart folgt, dass diese reflektiert und in einen historischen Zusammenhang eingeordnet werden kann. Dies erlaubt etwa die idealisierte Überhöhung vergangener Epochen wie des Mittelalters oder der griechischen Antike, die schließlich in der Erschaffung des (ahistorischen) Mythos gipfelt (vgl. Hühn 2015: 31). Bereits mit der Wiener Klassik setzte eine neue Qualität der Auseinandersetzung mit kompositorischen Stilmitteln und Techniken früherer Epochen ein. Wenn Haydn und Mozart fugale Durchführungen und barocke Satztechniken in ihre Werke einfließen ließen, dann war dies der Beginn einer historischen Reflexion, die die Gegenwart als eingebunden in einen historischen Zusammenhang begriff und damit relativierte (vgl. Dahlhaus 1988; Wehnert 1998). Dieser Prozess der Relativierung und Einordnung der gegenwärtigen Ästhetik intensiviert sich im 19. Jahrhundert weiter: Die intensive Auseinandersetzung mit Ludwig van Beethoven als scheinbar unerreichbarem Idol in der Gattung der Sinfonie oder mit Johann Sebastian Bach als polyphonem Vorbild hat unmittelbare Auswirkungen auf die komponierten Werke selbst und wird zur „Geburtsstunde [des] historischen Komponierens" (Werbeck 2015: 113; vgl. auch Wehnert 1998: 493–496). Bereits die frühen Romantiker*innen begreifen ihre Epoche kulturell als im Niedergang begriffen und sich selbst als Epigonen früherer Meister*innen. Wehnert (1998) sieht darin einen

> resignativen Zug, der sich damit im künstlerischen Bewußtsein verbindet [...]. Bereits in der um 1800 geborenen Generation wird uns die ‚Kehrseite des Genie-Kults', der bei den Frühromantiker*innen seinen Höhepunkt erlebt hatte, gezeigt: das Bewußtsein, sich in einer epigonalen Situation zu befinden, Bekenntnisse zu ihr einschließend. Die Vorstellung, einer Nach-Zeit anzugehören, war allgegenwärtig. (Wehnert 1998: 494)

Zugleich erweitert sich das historische Bewusstsein in ästhetischer und auch stilistischer Hinsicht derart, dass nun mehrere kompositorisch-stilistische Möglichkeiten zur Auswahl stehen und damit auch den zeitgenössischen Stil (wenn dieser überhaupt noch zu greifen ist) nur als Teil einer größeren „Verfügungsmasse" (Werbeck 2015: 113) ansehen – wiewohl dieser historisierende Blick keineswegs eine Gleichstellung älterer Denkweisen und Techniken mit den jeweils aktuellen Wertvorstellungen bedeutet. Charakteristisch für romantisch-ästhetische Prinzipien, stand diese epigonale Sicht in Konkurrenz mit einer anderen Sichtweise: So wird der romantische Historismus auch von einem teleologischen Geschichtsverständnis geprägt und damit von einer Betrachtung der historisch-musikalischen Entwicklung als zweckbestimmten Prozess, der letztendlich zum Fortschritt führt. Diese neuere – und sich von dem resignativen Zug der konservativeren Romantiker*innen deutlich unterscheidende – Auffassung machen sich ab der Jahrhundertmitte vor allem die Vertreter*innen der sogenannten Neudeutschen Schule wie Liszt und Wagner zu eigen und präsentieren ihr eigenes Werk als Ergebnis dieses historisch reflektierten Fortschritts (vgl. Werbeck 2015; Wehnert 1998).

Hier zeigen sich zwei Seiten des romantischen Genie-Kults, der zwischen resignativer eigener Abwertung und maßloser Überhöhung schwanken kann. Wagner stilisiert sich selbst und sein Werk als notwendigen Kulminationspunkt der musikalischen Entwicklung, zu der alle historischen Fäden führen müssen; Johannes Brahms, Anton Bruckner und andere dagegen hadern noch gegen Ende des 19. Jahrhunderts mit dem überlebensgroßen Schatten des zum Jahrhundertgenie hochstilisierten Ludwig van Beethoven. Doch blieb auch den selbstbewussten Protagonist*innen der Neudeutschen Schule bewusst, dass ihre musikalischen Schöpfungen stets nur unperfekte Werke sind, da sie einen Ausdruck des inneren, subjektiven Ichs darstellen: Der uneingeschränkte Fortschrittsgedanke des aufklärerischen 18. Jahrhunderts wurde dadurch relativiert und eingetrübt, die eigene Unzulänglichkeit als gegeben anerkannt und akzeptiert. Dadurch konnte sich der Blick verstärkt auf andere Zeiten und Orte richten: Die Neugier auf das

Fremde, Verborgene, auf das Überzeitliche, das Vergangene oder Zukünftige wuchs (vgl. Werbeck 2015; Bloch 1971).

Nach Hühn (2015) ist genau diese historische Reflexivität der (post-)moderne Kern der Romantik, der sich bis in die Gegenwart des 21. Jahrhunderts erhalten hat – und der sich unter anderem in dem romantizistischen Eklektizismus der Film- und Medienmusik äußert, der dadurch nicht nur im stilistischen Sinne, sondern auch in seinem historischen Bewusstsein romantische Züge trägt: Viele film- und medienmusikalische Werke beziehen sich eben nicht nur auf romantische Stilistik, sondern zeigen bereits in ihrer historischen Reflexion eine deutliche Romantizität auch unabhängig der tatsächlichen stilistischen Bezüge (vgl. Flinn 1992; Scheurer 2008; Halfyard 2012; Murphy 2014; Lehman 2018).

2.6 Stilistik

Das komplexe und teils widersprüchliche Feld der romantischen Ästhetik zu analysieren, war bereits mit Herausforderungen verbunden. Auch von einer einheitlichen Stilistik der musikalischen Romantik kann kaum gesprochen werden. Stärker noch als im ästhetischen Kapitel stehen hier jedoch dezidiert musikalisch-inhaltliche Tendenzen der historischen Romantik im Vordergrund, die einer weiteren Untersuchung wert sind.

2.6.1 Inhalt über Form

Die Ästhetik der musikalischen Romantik bringt einen Paradigmenwechsel im Form-Inhalt-Diskurs mit sich: Wo sich in der Wiener Klassik Form und Inhalt noch die Waage hielten und ein harmonischer Ausgleich angestrebt wurde zwischen den Vorgaben an die jeweilige Form und dem individuellen Ausdruck, wird die Form in der historischen Romantik zugunsten des individuell ausgestalteten Inhalts zunehmend weniger wichtig. Das Paradigma des gesteigerten Ausdrucks, der entfesselten Subjektivität und der poetischen Individualität erfordert es, musikalische Formen an die poetische Idee des romantischen Kunstwerks anzupassen, um ihre Inhalte gebührend ausdrücken zu können. Dabei wird die Form keineswegs völlig vernachlässigt, jedoch gegenüber dem Inhalt zum zwar mit diesem eng verbundenen, aber weniger wichtigen Teil: die Form wird das „Sekundäre" (Dahlhaus 1988: 336). Zum Primat steigt dagegen der individuell ausgestaltete Inhalt auf, der durch die subjektive – und potenziell genial-virtuose – Schaffenskraft gestaltet wurde (vgl. Dahlhaus 1988; Luyken 2023).

Die zunehmende Varianz und Flexibilität der mitunter als Korsett empfundenen Form dient also dem Vorrang des gefühlsmäßig gesteigerten Ausdrucks als poetisch-künstlerischen Niederschlags der inneren Stimme. Das Subjekt rückt an die Stelle allgemeingültiger Gesetze und Normen: Die „Ästhetik des Charakteristischen" (Dahlhaus/Miller 2007: 480) führt zu einer starken Erweiterung kompositorischer Ausdrucksmittel, aber auch zu einer zunehmenden Farbenvielfalt der musikalischen Untermalung ungewöhnlicher und fremdartiger Settings. Einen besonders ausgeprägten Niederschlag findet dieses Paradigma in dem Bruch der Form in der traditionellen Oper durch Richard Wagners Musikdrama (vgl. Friedrich 1996: 53 u. 175; Dahlhaus/Miller 2007: 151 u. 481; Frank 2008).

An die Stelle der äußeren Form – zum Beispiel des Sonatensatzes und der klassischen thematisch-motivischen Arbeit – tritt zunehmend die innere Form: Die Entwicklung motivischer Varianten, Transformationen und Weiterentwicklungen kann die äußere Form überwinden, in Gestalt eines Leitmotivs oder auch durch wiederkehrende Motivtransformationen über sinfonische Einzelsätze hinaus. Das musikalische Motiv als solches gewinnt als Ausdruck des Subjekts gegenüber der äußeren Form an Bedeutung. Diese grundlegende Verschiebung des Form-Inhalts-Gefüges bricht auch mit den klassischen melodischen Satzregeln, etwa der gleichmäßigen Verteilung von Vorder- und Nachsatz. Besonders prägnant ist dieser Bruch in Wagners „unendlicher Melodie", die nicht mehr der klassischen Motivgebung in vier- oder achttaktigen Ordnungsprinzipien, sondern allein dem durch das Drama vorgegebenen Ausdruck folgt. Eine Folge ist, dass die*der Rezipient*in sich nicht mehr auf eine tradierte Form verlassen und diese während des Hörens antizipieren kann, sondern sich ganz auf den subjektiven, individuellen Melodieverlauf, der sich von der erwarteten Form gelöst hat, einlassen muss. Diese erzwungene neue Rezeptionsform wurde von konservativer Seite kritisiert und als Gefühlsästhetik denunziert (vgl. Dahlhaus/Miller 2007; Luyken 2023: 93).

Klangbeispiel 6: Hector Berlioz – *Symphonie fantastique*, Op.14, IV. Marche au supplice. Allegretto non troppo, URL: https://open.spotify.com/track/4s75QF6atcCeDhngDq7Oph?si=b6dae1d1126947a5 (vgl. Berlioz 2008).

Hector Berlioz' *Symphonie fantastique* bricht auf vielfältige Weise mit den bisherigen Normen der sinfonischen Form: Das fünfsätzige Werk wird von einem musikalischen Leitmotto, der *idée fixe*, durchzogen, das immer wieder in unterschiedlichen Transformationen zurückkehrt. Neben der besonders um Schlagwerk und Blechblasinstrumente erweiterten Instrumentierung ist auch die äußerst bildhafte Musiksprache charakteristisch: Im 4. Satz ertönt ein greifbarer Todesmarsch in gespenstischer Atmosphäre und getragenem Duktus, der nicht nur als Programmmusik erkennbar ist, sondern auch die Verwandtschaft mit der Bühnen- und Opernmusik offenlegt (vgl. etwa Berlioz 2008: 00'00"–01'43"; 02'08"–03'51").

Nach Luyken (2023) begünstigt diese romantische entwickelnde Variation in Verbindung mit dem Universal-Anspruch auch die Verwendung zyklischer Formen: „Die musikalische Entsprechung zum großen Ganzen ist der Zyklus, und zyklisches Denken dringt nun in alle Bereiche romantischen Komponierens ein" (Luyken 2023: 31). Diese Verlagerung des inhaltlich-musikalischen Materials sowohl auf die Mikro- (einzelnes Motiv) als auch auf die Makro-Ebene (über das einzelne Werk hinaus) sollte sich für die Filmmusik in doppelter Hinsicht als vorbildhaft herausstellen: Erstens ist in der Filmmusik die äußere Form weitgehend aufgelöst; zweitens eignen sich das zyklische Primat und die romantische Neigung zur über das Einzelwerk hinausgehenden Form auch für filmische Serialisierungen, wie sie zu Beginn des 21. Jahrhunderts in Mode gekommen sind (vgl. Coleman/Tillmann 2017). Die stärker individualistische Ausarbeitung musikalisch-inhaltlicher Formen und Motivgebungen erschwert jedoch auch eine stilistische Bestimmung romantischer Kompositionsmuster. Je nach Charakteristik des jeweiligen Werks oder der übergeordneten poetischen Idee zeigen sich romantische Komponist*innen im 19. Jahrhundert in der Auswahl der musikalischen Stilmittel durchaus flexibel. Wehnert (1998) spricht deshalb von einem Stilpluralismus im 19. Jahrhundert, da eindeutige stilistische Näherungen an romantische Vorbilder problematisch sind. Hier wird eine Parallele zur stilistischen Bestimmung von Filmmusik deutlich: Auch dort sind stilistische Näherungen durch die jeweilige und flexible individuelle Ausgestaltung mit großen Herausforderungen verbunden (vgl. Kloppenburg 2012/2015; Murphy 2014; Lehman 2018).

2.6.2 Programmmusik und Sinfonismus

Die Verbindung von Bild und Musik gewinnt im 19. Jahrhundert eine neue Dimension – auch aufgrund technologischer Neuerungen. Einige heute weitgehend vergessene Erfindungen lassen sich als szenische Verbildlichungen, teils mit beweglichen Anteilen, einordnen, die insgesamt als technische Vorläufer des Films angesehen werden können. Die *Dioramen* – räumlich angeordnete, abgedunkelte Szenenbilder – werden schon ab 1826 von Musik begleitet, um einen höheren Eindruck zu erzielen. Das simulativ fortgeschrittenere *Pleorama* wird mit Geräuschkulissen, aber auch Musikanteilen untermalt, etwa ertönen Hornrufe zur Untermalung eines Rheinpanoramas. Der Maler Caspar David Friedrich wünschte sich 1835 eine ausdrückliche Musikbegleitung seiner Transparentgemälde. Ähnlich sind die *Moving Panoramas* in den USA und die *Tableaux vivants* in Europa erste Versuche, Bilder und Malereien durch Bewegung in zeitliche Zusammenhänge zu versetzen, die geradezu natürlich nach musikalischer Begleitung rufen. Hierfür werden häufig Kompilationen aus Stücken bekannter Komponist*innen herangezogen, aber auch neue Kompositionen werden eigens angefertigt von teils namhaften Komponist*innen wie Fanny Mendelssohn oder Giacomo Meyerbeer (vgl. Kloppenburg 2012/2015: 19; Mungen 2018: 37 f.).

Diese Lust an der Verbildlichung kommt nicht von ungefähr: Die Musik wird in der historischen Romantik zum Ausdrucksmittel subjektiver Gefühle, zur inneren Malerei, die Gedanken und Gefühle darstellen und damit quasi verbildlichen kann. Das Bild entsteht also bereits im Geiste und wird mittels der musikalischen Darstellung ausgedrückt oder gemalt. Gerade die progressiveren Vertreter*innen der musikalischen Romantik bauen die dramaturgischen Möglichkeiten der Musik durch eine zunehmende Hinwendung zur Programmmusik aus: Instrumentalmusik wird also mit Dichtung, mit poetischen Texten oder konkreten Programmen verknüpft, die die Musik mit außermusikalischen Topoi direkt verbinden. Als Vorbilder dienen dafür etwa Beethovens 6. Sinfonie *Pastorale* mit ihrem programmatischen Gehalt, doch auch die Verknüpfung anderer, ursprünglich nicht mit Programmen versehener Instrumentalwerke mit bildlichen, theatralischen oder textlichen Inhalten kommt im 19. Jahrhundert in Mode (vgl. Mungen 2018: 42).

Bedeutend ist jedoch bei solchen konkreten Handlungsanleitungen, dass die Musik nach Vorstellung der Verfechter*innen der Programmmusik nicht nur die außermusikalischen Vorgänge musikalisch wiedergibt, sondern sie emotional und symbolhaft verdichtet, semantisch vertieft und um Nebenbedeutungen erweitert, die nur mit der Sprache der Musik ausgedrückt werden können. Das dient letztlich dem symbolisch verdichteten Ausdruck der poetischen Idee des Werks: Programm und Musik verschmelzen im Idealfall zu einem gehaltvollen, höheren Gesamtwerk (vgl. Friedrich 1996: 60 f.; Mungen 2018: 34). Gegner dieser programmatischen Erweiterung beziehungsweise der Verbindung von musikalischen mit außermusikalischen Inhalten polemisierten gegen die ihrer Ansicht nach allzu deutliche Tonmalerei oder sprachen der Programmmusik jede ästhetische Qualität ab, da sie die Reinheit der absoluten Musik verwässere und den autonomen, für sich selbst stehenden Kern der Musik zerstöre (vgl. Hanslick 1922/2017; Dahlhaus 1988: 365).

Klangbeispiel 7: Franz Liszt – *Dante-Sinfonie*, I. Inferno, URL: https://open.spotify.com/track/6eGeorTcjri43QnoDoAJ4U?si=e2f981285dd9427d (vgl. Liszt 2022).

Im ersten Satz der *Dante-Sinfonie* Franz Liszts erklingt eine kühne und ausdrucksstarke Orchestermusik, die vor allem die Themen des Programms – Dante und Vergil stoßen das Tor zur Hölle auf und begeben sich hinab in die neun Höllenkreise – poetisch aufgreift. Dabei ist der sinfonische Satz weder eine exakte Illustration außermusikalischer Vorgänge, noch bleibt er zu strikt sinfonischen Konventionen verhaftet. Die poetische Idee steht im Vordergrund: Der Schrecken, die Ängste und das Leiden, aber auch die Hoffnung, lebend hindurchzufinden. Der Abstieg in die neun Kreise der Hölle wird durch eine infernalische, effektbeladene Komposition mit düsterem und unruhigem Charakter vertont, in der dennoch grundsätzlich eine Sonatensatzform mit Haupt- und Seitenthema, Durchführung, Reprise und Coda erkennbar bleibt. Bemerkenswert ist auch die progressive Themenanlage mit ungewöhnlichen Skalen sowie chromatischen Tendenzen. Dies äußert sich etwa in kleinen Sekundpendeln in Streichern und Holzblasinstrumenten (vgl. Liszt 2022: 01′14″–01′22″; 02′17″–02′48″), plötzlichen perkussiven Effekten (vgl. ebd.: 02′56″–03′12″; 18′19″–18′23″), chromatischen Wellenbewegungen (vgl. ebd.: 05′32″–05′53″), unruhigen Streicher-Trillern (vgl. ebd.: 14′22″–14′55″) und absteigenden chromatischen Tonfolgen mit Betonung des Tritonus (vgl. ebd.: 17′41″–18′12″).

Videobeispiel 1: Max Steiner – *King Kong*, King Kongs finaler Kampf, URL: https://www.youtube.com/watch?v=MMNICLfHE3M (vgl. Movieclips 2016).

Max Steiners Score zu *King Kong* (vgl. Cooper/Schoedsack 1933) spiegelt den Schrecken des Kampfes zwischen Natur (King Kong) und menschlicher Zivilisation beziehungsweise Technik (Empire State Building, Kampfflugzeuge) wider. Absteigende chromatische Motive und Bläsereinwürfe, Tonartverschiebungen und verzögerte Rhythmik begleiten den Todeskampf des Riesenaffen (vgl. Movieclips 2016: 01′19″–02′01″). Doch greift der Score auch die Tragik von King Kongs Ende auf und spielt mit einer lyrisch-andächtigen Abwandlung des Themas auf die tragische Liebe des Monsters zur Menschenfrau Ann an (vgl. ebd.: 00′46″–01′20″). Erst durch Steiners Filmmusik wird die animierte Stoffpuppe des Riesenaffen zu einem fühlenden Wesen. Der Score untermalt nicht allein die finale Kampfszene, sondern verweist auf weitere Sujets: die verletzliche Seite von King Kong, seine Liebe – und die Tragik seines gewaltsamen Todes. Steiners Musik verdeutlicht: Der Tod King Kongs ist kein heroischer Sieg, sondern ein trauriges Ereignis (vgl. ebd.: 02′23″–02′53″).

Flinn (1992: 24 f.) beschreibt die Neigung der Protagonist*innen der musikalischen Romantik zu großen Formen in der Sinfonie und der Oper als Teil ihres Interesses für das Überirdische, Übergroße und Universelle. Die Tendenz zur großen Geste und zum übersteigerten Ausdruck schlägt sich unter anderem in der Vergrößerung des Orchesters nieder, in der Erweiterung von üblichen tradierten Formen, der Ausreizung von Ausdrucksmöglichkeiten etwa im Ambitus und in der Lautstärke, oder dem Anspruch, Musik sei eine universale Menschheitssprache. Dadurch mag ein zwar subjektiver, aber dennoch transhumaner Wille zum Ausdruck kommen, der bis ins Gigantische gesteigert werden kann.

Für die Komponist*innen der historischen Romantik wird die Musik zum universalen Ausdruck dessen, was mit Worten nicht gesagt werden kann. Dieser Grundsatz bewirkt nicht nur die Hinwendung zur Programmmusik, sondern auch die Aufwertung der rein instrumentalen Musik, da sie nicht an die Sprache gebunden ist und umso freier und ungebundener den freien, inneren Gefühlsausdruck, die Sprache der Seele vermitteln kann (vgl. Dahlhaus 1988). E. T. A. Hoffmann formuliert dies 1810 so:

> Wenn von der Musik als einer selbständigen Kunst die Rede ist, sollte immer nur die Instrumentalmusik gemeint sein, welche, jede Hülfe, jede Beimischung einer andern Kunst ver-

> schmähend, das eigentümliche, nur in ihr zu erkennende Wesen der Kunst rein ausspricht [...]. (E. T. A. Hoffmann, zit. nach Dahlhaus 1988: 376)

Die instrumentale Musik wird zur reinsten Form nicht nur der Musik, sondern aller Künste erklärt. Diese romantische Aufwertung, besonders die Ausklammerung von vokalen Anteilen als nunmehr außermusikalische Elemente, ist ein genuin neues Element der Romantik (vgl. Dahlhaus 1988; Friedrich 1996; Luyken 2023).

> Die Fähigkeit, das Unaussprechliche zu sagen, eine mystische Qualität also, sicherte der Musik in einer Hierarchie der Künste den obersten Platz noch vor der Poesie und prädestiniert sie zu der romantischen Kunst schlechthin. (Friedrich 1996: 55)

Als höchste Ausprägung der instrumentalen Musik gilt nun die Sinfonie, die Königsdisziplin der Instrumentalmusik. Der im 19. Jahrhundert dafür vergrößerte und standardisierte Klangkörper ist das große Orchester: Besonders die Erweiterung um die Blasinstrumente, die mit Klappensystem und Ventilen bedeutend weiterentwickelt worden waren, vervielfachte die klanglichen Möglichkeiten des Orchesterapparats. Luyken (2023) sieht dies als entscheidende Entwicklung für die Ausdrucksmöglichkeiten des Sinfonieorchesters:

> Blasinstrumente sorgen im klassischen Orchester für die plastische Hervorhebung sowohl der (thematischen) Oberfläche des Tonsatzes als auch von dessen Tiefenstrukturen, also alles, was ‚Rhythmus im Großen' ausmacht – syntaktische Gliederung, harmonischer Gang, Formfunktion, Proportionierung der Formteile. Die Körperlichkeit, die Wucht, die gleichsam dreidimensionale Ausdehnung der Musik, die wesentlich durch den Einsatz der Blasinstrumente vermittelt wird, trägt – wenn auch häufig weniger beachtet – ebenso zu ihrer sinnlichen Wirksamkeit bei wie das Kolorit. (Luyken 2023: 71)

Auch Wagner sieht im Orchester die vervollkommnete und für sein Musikdrama perfekte musikalische Ausdrucksform, die die mannigfaltigen Möglichkeiten von Harmonie und Klangfarbe vielseitig wiedergeben und damit in höchster Potenz an den menschlichen Sinnen und am Gefühl rütteln könne; er weist dem Orchester die Fähigkeit der „Kundgebung des *Unaussprechlichen*" (Wagner 2008: 329 [Hervorh. im Orig.]) zu.

Paradoxerweise weichen viele Komponist*innen der historischen Romantik angesichts der empfundenen unerreichbaren Messlatte der neun Sinfonien Beethovens, an denen man sich zu messen habe, vor dieser Form zurück: Zu schwer lastet der Druck, sich mit dem Vorbild Beethovens messen zu müssen. Eine Folge davon ist, dass sinfonische Elemente etwa der Sonatensatzform, der motivischen Verarbeitung und Themenvariation in andere Formen der Instrumentalmusik (sinfonische Dichtung, Konzert, Streichquartett), aber eben auch in vokale Musikgattungen wie die Oper und das Musikdrama übernommen werden (vgl. Friedrich 1996: 61; Luyken 2023: 123).

Klangbeispiel 8: Richard Strauss – *Also sprach Zarathustra*, Op. 30: I. Einleitung, oder Sonnenaufgang, URL: https://open.spotify.com/track/70V3XldSuKEmnoGNKKYvwi?si=30987f95e87047fc (vgl. Strauss 1998).

Richard Strauss' sinfonische Dichtung *Also sprach Zarathustra* weist eine opulente Instrumentierung auf und ist neben der üblichen Orchesterbesetzung unter anderem mit sechs Hörnern, vier Trompeten, Großer Trommel, Becken, Triangel, Glockenspiel, Röhrenglocken und einer Orgel besetzt. Der Einleitungssatz entfaltet das Natur-Leitmotiv, das im Gesamtwerk ständig – und transformiert – wiederkehrt. Das Motiv ist einerseits mit seinem Quint- und Quartsprung durch eine besondere Simplizität charakterisiert, andererseits zeichnet es sich zu Beginn durch ein Changieren des Tongeschlechts zwischen Dur und Moll aus (vgl. Strauss 1998: 00'27"–01'07"). Das stark anschwellende Orchestertutti und der Zusatz der Orgel verleiht dem Motiv eine erhaben-sakrale Note, der kadenzierende Ganzschluss lässt das Motiv auf der triumphalen C-Dur-Tonika enden, die die Macht der Schöpfung, Überwältigung und Weltgeltung ausdrückt, ergänzt um ein metaphysisches Element der nachklingenden und -hallenden Orgel (vgl. ebd.: 01'32"–02'00").

Andersherum wird diese Königsdisziplin der absoluten Musik auch mit außermusikalischen, etwa poetischen oder programmatischen Ideen bereichert (oder, je nach Sichtweise, verwässert). Dazu gehören auch Einbindungen oder Adaptionen von Volksliedern und volkstümlichen Melodien, da diese dem romantischen Ideal der Reinheit und Ursprünglichkeit besonders nahekommen. Bruckners neun Sinfonien, die allesamt rein instrumental sind und ohne äußeres Programm oder textliche Anteile auskommen, werden dagegen als weihevolle musikalische Sakralgebäude mit tieferer, spiritueller oder metaphysischer Wirkung und Ausdruckskraft beschrieben. Sie drehen sich – zumindest in der Interpretation vieler Hörer*innen – eben nicht nur um sich selbst: Sie haben, und das ist durchaus beispielhaft für die Poetisierung der romantischen (Instrumental-)Musik, einen Sinn für etwas, das nicht in der Musik selbst zu finden ist, sie scheinen weitere Bezüge zu haben (vgl. Winters 2012; Luyken 2023: 114).

2.6.3 Volkslied

Dem Primat der sinfonisch geprägten Instrumentalmusik steht ein anderer Leitgedanke der romantischen Musikästhetik scheinbar diametral gegenüber: Die Beliebtheit von volkstümlichen Melodien und ihre zunehmende Verwendung nicht nur in einfachen Liedformen, sondern eben auch in großen Vokal- oder gar Instrumentalformen wie der Sinfonie. Diese Hinwendung zum Volksliedhaften ist, wie dies bei anderen Charakteristika der historischen Romantik ebenso der Fall ist, keine neue Entwicklung: Schon die Aufklärung und die musikalische Klassik kennen das Ideal des Volkslieds und das Idiom der bewussten Einfachheit (vgl. etwa Unseld 2022: 54). Die Stilisierung des Volks und seines tradierten Liedguts ist aus mehreren Gründen auch ein Quell der Inspiration für die Komponist*innen der Romantik: Ausgehend von dem durch die Französische Revolution vermittelten Primat des Volkes als Souverän und Träger der Nation erfährt das Volksliedgut eine neue Hochkonjunktur, da es als reiner Ausdruck des idealisierten „Volksgeistes" (Friedrich 1996: 104) wahrgenommen wird. Die Verehrung der Natur als Ursprung aller Künste findet ihren Niederschlag ebenfalls in der Suche nach vermeintlich natürlichen, reinen Musikformen und -inhalten, die man im Volkslied vervollkommnet sieht. Auch spielt hier die romantische Liebe zum Mythos eine Rolle: Im Volkslied wähnt man eine Ursprünglichkeit der Weltanschauung zu finden, die in der Moderne abhandengekommen sei. Hierin zeigt sich auch ein Unterschied zur Idealisierung des Volksliedhaften in der Klassik: Die romantische Hinwendung ist nicht nur ungezügelter und impulsiver, sondern explizit auch als Vergegensätzlichung zu einer entfremdeten Moderne mit ihren industriellen Auswüchsen gemeint (vgl. Luyken 2023: 25). Die schicksalsmäßige Verbindung aller Teile zum Ganzen, die symbolische Verwobenheit alles Natürlichen scheint sich im mythologisch verstandenen, ursprünglichen Volkslied am stärksten zu manifestieren (vgl. Friedrich 1996; Wagner 2008; Cassirer 2010; Buhler 2014). Die Hinwendung zur Folklore ist jedoch nicht nur durch die romantische Mythos-Konzeption zu erklären. Die Verehrung des Volkslieds hat auch einen exotistischen Hintergrund (vgl. Keil 2018):

> Zu den ‚Fremden' zählten im 19. Jh. auch bestimmte Bewohner des jeweils eigenen Landes, nämlich Bauern, Vagabunden und die städtischen Unterschichten. Sie waren noch um 1800 von der militärischen und zivilen Staatsverwaltung als fortschrittsstörend unterdrückt, umgezogen oder sonst gemäßregelt worden. Das änderte sich, seit die romantisch-nationalistischen Vorstellungen von den im ‚Volk' schlummernden Kräften an Boden gewannen. [...] Dem äußeren Exotismus lief fortan ein innerer *Folklorismus* parallel: Aus der anonymen Musik der einfachen Leute, aus nationaltypischen Musizierweisen, aus dem dem ‚Volk' zugehörigen Melodienschatz ging eine Art innereuropäischer musikalischer Orientalismus hervor. (Keil 2018: 272)

Dabei wird nun nicht nur tradiertes Volksliedgut aufgegriffen und verarbeitet, sondern auch neue Musik im Stile dieser Volkslieder geschaffen: Carl Maria von Weber komponiert in seiner Oper *Der Freischütz* (Uraufführung 1821) einige Weisen und Tänze, die nach existenten Volksliedern klingen, tatsächlich aber nur von diesen inspiriert sind. Auch andere Beispiele, beispielsweise von Beethovens 6. Sinfonie *Pastorale* (Uraufführung 1808) über Wagners Lied der Weberinnen und Matrosenlied in seinem *Fliegenden Holländer* (Uraufführung 1843) bis hin zu Gustav Mahlers *Lied von der Erde* (Uraufführung 1911) zeigen die hohe Beliebtheit der musikalischen Verwendung und kunstmusikalischen Adaption (oder Neuschaffung) von volkstümlichem Liedgut als scheinbar natürlichem Ausdruck idyllischer, volksnaher Unmittelbarkeit. Das Volkslied wird zu einer idealisierten Utopie, zu einem Ort der romantischen Sehnsucht nach Reinheit, Natürlichkeit, Idylle und Ursprünglichkeit; Zustände, denen die Romantiker*innen angesichts ihres vermeintlichen Verlusts in der Gegenwart sehnsuchtsvoll nachtrauern (vgl. Dahlhaus/Miller 2007: 323 u. 647; Luyken 2023: 190).

Notenbeispiel 2: Frédéric Chopin – Mazurka in D-Dur, Op. 33, Nr. 2, T. 1–8 (Quelle: eigene Transkription).

Der Beginn von Frédéric Chopins Mazurka zeichnet sich durch eine lebhafte Melodie mit spielerischen Verzierungen, aber einem simplen Grundmuster mit einfacher Kadenzierung aus. Die auf eine polnische Volksweise zurückgehende Mazurka weist einen tänzerischen Dreiertakt auf und versprüht Lebenslust, Schwung und Bewegungsfreude. Damit Volksnähe und Natürlichkeit suggeriert werden können, verzichtet Chopin für die Vorstellung des Hauptthemas bewusst auf die Aufweichung klassischer Funktionsharmonik oder virtuose Elemente.

Diese Verehrung des Volkslieds und die Anziehungskraft, die dieses auf romantische Komponist*innen ausübt, steht nach Dahlhaus (1988) in keinem Gegensatz zur Verabscheuung der sogenannten mittleren Musik, einer Musik, die zwar als Kunstmusik notiert war, aber entweder nur einen beschränkten artifiziellen Zweck hat – etwa Tanz- und leichte Unterhaltungsmusik –, oder an ihren ästhetischen Ansprüchen scheitert und schlicht *mittelmäßig* ist (siehe auch Kapitel 2.5.4). Auch ist die romantische Betrachtung und praktische Verwendung des außereuropäischen Volkslieds ambivalent: Die unreflektierte Darstellung des „fremden" Liedguts beispielsweise aus dem asiatischen Raum kann aus naiv-neugieriger, bisweilen mythisierender, aber auch aus offen abwertender Perspektive geschehen, wobei in letzterem Fall die europäische Kunstmusik klar als die höhere künstlerische Entwicklungsstufe dargestellt wird (vgl. Janz/Yang 2019; siehe auch Kapitel 2.4). Wie auch bei dem äußeren Exotismus zielt der romantische Folklorismus in der Regel nicht darauf ab, Volkslieder in irgendeiner Form von Authentizität wiederzugeben; es geht den Romantiker*innen eher um das Bereichern der musikalischen Substanz, um vermeintlich natürliche, ursprüngliche und deshalb besonders wahre musikalische Elemente, die freilich in die jeweils vorgesehenen satztechnischen und formgeberischen Leitplanken transferiert und transformiert werden (vgl. Keil 2018: 273).

2.6.4 Musikdrama und Leitmotivik

Wichtige Voraussetzungen für die Verbindung von Musik mit bildlichen oder programmatischen Vorgängen werden in der romantischen Oper geschaffen. Diese charakterisiert nicht nur eine Nähe des Libretto-Stoffes zu Zauber-, Märchen- und Sagenstoffen, sondern auch eine neue Auffassung der Bedeutung und der Funktion des musikalischen Teils. Auch wenn die (primär deutsche) romantische Oper sich vielfältiger Vorbilder bedient – so etwa des Singspiels, aber vor allem der Opéra comique, der Revolutionsoper und auch italienischer Opern – und in ihrer Wirkung ein temporäres und regional beschränktes Phänomen geblieben ist, gehen aus ihr Impulse hervor, die in anderen musikdramatischen Formen und Gattungen aufgenommen und weiterentwickelt werden (vgl. Luyken 2023: 214). Friedrich (1996: 50) führt aus, dass der Musik der romantischen Oper analog zu ihrer Poetisierung auch zunehmend dramatische Funktionen zugeführt werden. Dient die Musik vor allem in der italienischen Oper als Rahmen für den schönen Ariengesang und die weitgehend standardisierte Untermalung der dramatischen Vorgänge (im Rezitativ), wird sie nun zunehmend zum Ausgangspunkt des Dramas selbst. Zwar gibt es für diese Dramatisierung zum Beispiel in der französischen Oper durchaus Vorbilder, dennoch gewinnt sie nun eine andere Qualität. So übernimmt die Musik in sinfonischen Dichtungen und Opern „poetisch-literarische und szenisch-gestische Elemente" (Friedrich 1996: 50). Friedrich (1996: 104 f.) exemplifiziert diese Dramatisierung der Musik in der romantischen Oper anhand der berühmten Wolfsschluchtszene in Carl Maria von Webers wegweisender Oper *Der Freischütz*:

> In der Wolfsschluchtszene kulminiert, was für die deutsche romantische Oper richtungsweisend und charakteristisch sein wird: Das Orchester begleitet nicht mehr nur den Gesang, sondern die Stimmung der Szene wird in musikalische Malerei übertragen. Aber auch inne-

res Erleben und Empfinden der Figuren spiegelt sich in der Musik. Damit bekommt die Musik sprechende Funktion, sie sagt mehr aus als das Szenische allein und wird so zum dramaturgischen Gegenstand – sie schafft der dramatischen Handlung eine Aura. (Friedrich 1996: 105)

Die romantische Oper vertieft und verfestigt eine Rolle der Musik, die durchaus bereits in anderen Operngattungen vorkam, aber hier nun größeren Raum erhält: eine dramaturgische Funktion, die sich nicht allein auf eine begleitende Rolle beschränkt. In der romantischen Oper werden narrative und dramatische Funktionen der Musik erweitert und damit nicht nur die Bedeutung der Musik im Verhältnis zu den anderen Teilkünsten wie Gesang und Tanz erhöht, sondern auch ihre Ausdrucksmöglichkeiten vervielfältigt. Der Musik kommt hier die Aufgabe zu, eine eigene Stimme zu erheben und eine semantische Ebene zu eröffnen, die den szenisch-inhaltlichen Kontext übersteigt: Sie schafft Raum für subjektiven Ausdruck und poetische Ideen, die über bloße Begleitung hinausgehen und damit einen vorbildhaften Charakter auch für andere Gattungen darstellen.

Videobeispiel 2: Carl Maria von Weber – *Der Freischütz*, Op. 77, Wolfsschluchtszene, URL: https://www.youtube.com/watch?v=9_pRfJHuGQw (vgl. Tydynian 2017).

Die unheimliche Atmosphäre in der Wolfsschluchtszene von Carl Maria von Webers *Freischütz* wird nicht allein durch das Bühnenbild, sondern auch durch die Musik erzeugt: Flirrende Streicher, bedrohliche Blechblasinstrumente in tiefer Lage, Glockengeläut und Paukenschläge sind dramaturgisch eingesetzte Klangeffekte und werden als musikalischer Ausdruck zur Erzeugung eines geisterhaften Stimmungsbilds eingesetzt, das zudem eine unheilvolle, erwartungsvolle Stimmung aufbaut (vgl. Tydynian 2017: 00'00"–03'16"). Der erfolgende Anrufungszauber Samiels bringt schließlich übernatürliche und schaurige Effekte hervor, die vor allem in der Musik vielseitig und effektiv ausgedrückt werden: Wiederum erklingen rasende Violinen, die sich in atemloser Abfolge mit Pauken- und Glockenschlägen, dunklen Jagdhornklängen und Requiem-artigem Geistergesang rauschhaft abwechseln. Zusammen mit schnellen Tonartwechseln, ungewöhnlichen Skalen und Harmonien sowie plötzlichen Pausen wird steigende Spannung geschürt, die visuellen Bühneneffekte werden adäquat musikalisch verstärkt und auf einen dramatisch-schaurigen Höhepunkt gebracht (vgl. ebd.: 10'41"–15'10").

Bribitzer-Stull (2017: 261) sieht eine besondere Nähe der Opernmusik zur Schauspiel-, aber auch zur Filmmusik, was nicht nur auf der Ähnlichkeit der Formen beruht: Alle genannten Musikformen müssen narrative und dramatische Funktionen übernehmen und sich mit Figuren und deren Dialogen musikalisch auseinandersetzen. Eine der entscheidenden Grundlagen hierfür ist als Poetisierung und Dramatisierung der Musik in der romantischen Oper gelegt worden.

Eine besondere Nähe zur Filmmusik attestiert Bribitzer-Stull (2017: 262) der spätromantischen Harmonik, Melodik und Klangfarbe von Opernmusik etwa

Wagners, Strauss' und Rimsky-Korsakows. Das Musikdrama[7] ist Wagners in seinen Schriften ausführlich erläuterte Vision der künstlerischen Umsetzung seines Mythos, die er in seinen späteren Werken auch verwirklicht – allen voran in seinem vierteiligen Zyklus *Der Ring des Nibelungen* (Uraufführungen 1869–1876).

> Wollen wir nun das Werk des Dichters nach dessen höchstem denkbaren Vermögen genau bezeichnen, so müssen wir es *den aus dem klarsten menschlichen Bewußtsein gerechtfertigten, der Anschauung des immer gegenwärtigen Lebens entsprechend neu erfundenen und im Drama zur verständlichsten Darstellung gebrachten Mythos* nennen. (Wagner 2008: 227 [Hervorh. im Orig.])

Wagner versucht, sich mit seinem Musikdrama von etablierten Formen der Oper, etwa der Grand Opéra oder der romantischen Großen Oper, zu distanzieren. In seinen Augen sind diese Formen von Effekthascherei geprägt: Die Musik wird nur dazu genutzt, schöne Arien zu begleiten, ohne sich wahrhaftig in den Dienst des geforderten Narrativs, also des Dramas, zu stellen. Eine Schlussfolgerung daraus ist für Wagner die Abschaffung von Nummern, nach denen herkömmliche Opern gegliedert sind, und die Aufhebung des Arie-Rezitativ-Dualismus. Die Rolle des kommentierenden Chores aus der attischen Tragödie überträgt Wagner auf das Orchester, das damit gleichsam zum Sprechen gebracht wird: Das Orchester wird zur (subjektiv gefärbten) Erzählerin und Kommentatorin des Dramas, die bewusst auf sinfonische Elemente zur Aufwertung der Instrumentalmusik zurückgreift. Durch die symbolische Verbindung von semantischen Feldern mittels der Leitmotivik vertieft und verdichtet Wagner die Erzählung seiner Musikdramen zu mythisierten Stoffen, zum Mythos (vgl. Friedrich 1996; Frank 2008; Wagner 2008; Cassirer 2010).

Die emotionale Kraft des Musikdramas hat mehr als einen ästhetischen Zweck: Der neu erstandene romantische Mythos bildet ein neues Fundament für die bürgerliche Gesellschaft, also das säkularisierte Gemeinwesen. Das musikalische Drama scheint Wagner vor allem deshalb am besten geeignet, urmenschliche und allzeit gültige Botschaften zu vermitteln, weil es die Teilkünste zu einem höheren Ganzen vereint, das der menschlichen – mythischen – Erkenntnis sehr nahekommt und damit sowohl das Gefühl als auch den Verstand erreicht:

> Nur im vollendetsten Kunstwerke, im *Drama*, vermag sich daher die Anschauung des Erfahrenen vollkommen erfolgreich mitzuteilen, und zwar gerade deswegen, weil in ihm durch Verwendung aller künstlerischen Ausdrucksfähigkeiten des Menschen *die Absicht* des Dichters am vollständigsten aus dem Verstande an das Gefühl, nämlich künstlerisch an die un-

---

7 Der Begriff Musikdrama hat sich in der Forschung und Rezeption etabliert, stammt jedoch nicht von Richard Wagner selbst; dieser spricht lediglich vom Drama (vgl. Wagner 2008; Friedrich 1996).

mittelbarsten Empfängnisorgane des Gefühles, *die Sinne*, mitgeteilt wird. (Wagner 2008: 215 [Hervorh. im Orig.])

Damit hat Wagner die narrativen Möglichkeiten der romantischen Oper bedeutend weiterentwickelt, „deren Geisterwelt Wagner aus dem Märchen in den Mythos versetzte" (Dahlhaus/Miller 2007: 288). Für Wagner soll der Inhalt dieses erzählten Mythos, die Handlung des Dramas, „die verdichtete Gestalt des wirklichen Lebens" (Wagner 2008: 222) darstellen. Dazu bedient sich das Wagnersche Musikdrama der Mittel der Verdichtung, aber auch der Verstärkung, der Stauchung und Dehnung von Raum und Zeit, um das Wesentliche des Dramas ausdrücken zu können: zeitlose, von echten Gefühlen und Motivationen bestimmte Handlungen des menschlichen Zusammenlebens. Diese enthalten deshalb eine höhere Wahrheit, ja eine mythische, also besonders menschliche Wirklichkeit: „Zeit und Raum selbst [sind] durch die Wirklichkeit des Dramas vernichtet" (Wagner 2008: 364). Das Musikdrama blendet äußere Bedingungen der Realität wie Zeit und Raum aus und erzeugt so eine Konzentration, einen Sog auf unzeitlich-mythische Themen des allzeit Wahren, Natürlichen und Menschlichen. Dies erschafft eine Glaubwürdigkeit, die in ihrer emotionalen Kraft real wirkt. Dergestalt eingesetzt, kann das Musikdrama ein mythisches „Wunder" (Wagner 2008: 223) erzeugen, wie Wagner selbst formuliert (vgl. Wagner 2008: 219):

> Das *Wunder* im Dichterwerke [des Musikdramas; Anm. d. Verf.] unterscheidet sich von dem verrufenen Wunder im religiösen Dogma dadurch, daß es nicht, wie dieses, die Natur der Dinge *aufhebt*, sondern vielmehr sie dem Gefühle *begreiflich* macht. (Wagner 2008: 219 [Hervorh. im Orig.])
>
> Vermöge dieses Wunders ist der Dichter aber fähig, die unermeßlichsten Zusammenhänge in allerverständlichster Einheit darzustellen. Je größer, je umfassender der Zusammenhang ist, den er begreiflich machen will, desto stärker hat er nur die Eigenschaften seiner Gestalten zu steigern; er wird [...] die Eigenschaften unendlich zerstreuter Momente des Raumes und der Zeit ebenso zu dem Inhalte einer gesteigerten Eigenschaft machen, wie er die zerstreuten Motive zu einem Hauptmotive sammelte, und die Äußerung dieser Eigenschaft ebenso steigern, wie er die Handlung aus jenem Motive verstärkte. [...] Selbst die ungewöhnlichsten Gestaltungen, die bei diesem Verfahren der Dichter vorzuführen hat, werden in Wahrheit nie unnatürliche sein, weil in ihnen nicht das Wesen der Natur entstellt, sondern nur ihre Äußerungen zu einem übersichtlichen, dem künstlerischen Menschen einzig verständlichen Bilde zusammengefaßt sind. (Wagner 2008: 223)

Diese Verdichtung auf wesentliche Hauptmotive lässt bereits die kompositorische Umsetzung mittels der Leitmotiv-Technik anklingen. Das (Leit-)Motiv wird zum verdichteten Symbol, das die abstrahierten, universalen und poetisierten Hauptmotive musikalisch ausdrücken kann: „The primary purpose of Wagner's leitmotif is the production of myth not signification" (Buhler 2000: 42). Das als Symbol eingesetzte Leitmotiv ist jedoch keineswegs als Mittel zur Verschleierung der

Wahrheit gedacht. Im Gegenteil betont Wagner in seinen Schriften – etwa dem 1851 niedergeschriebenen Hauptwerk seiner Züricher Exilzeit *Oper und Drama* (vgl. Wagner 2008) – wiederholt zwei Maximen, denen er mit seinem Musikdrama nachstrebt: die Maximen der Natürlichkeit und der Wahrheit. Genau diese vermisst er in der zeitgenössischen Oper vollständig; für Wagner ist die Oper unterhaltend, frivol, auch bisweilen musikalisch gelungen, aber eben unnatürlich, aus aristokratischen, antiquierten Herrschaftsstrukturen entstammend, mit dem Popanz höfischen Schaulaufens ausgestattet und nicht die tieferen Wahrheiten des Dramas – und damit des urmenschlichen Handelns und Seins – ergründend. Wagner formuliert eine Maxime des Musiktheaters: es müsse nach der Natürlichkeit des Ausdrucks und Wahrheit des Dramas suchen. Und diese fänden sich aus musikalischer Perspektive in ihrer reinsten, edelsten Form im Volkstümlichen und im Volkslied:

> Das Volkstümliche ist von jeher der befruchtende Quell aller Kunst gewesen, solange als es – frei von aller Reflexion – in natürlich aufsteigendem Wachstum sich bis zum Kunstwerke erheben konnte. In der Gesellschaft, wie in der Kunst, haben wir nur vom Volke gezehrt, ohne daß wir es wußten. (Wagner 2008: 61)

Wagner verehrt die volkstümliche Form vor allem dafür, dass sich diese einen urmenschlichen, unmittelbaren Zugang zur Natur bewahrt habe. Diese sei durch die aufgesetzte Künstlichkeit der Zivilisation verlorengegangen. Die Natur ist für Wagner der Quell aller Erscheinungen, ein universeller Zustand von übergeordneten Wahrheiten, die durch den menschlichen Verstand und die moderne Zivilisation analysiert, also in ihrem ganzheitlichen, *natürlichen* Charakter auseinandergerissen werden. Darum geht es Wagner in seinem Musikdrama: Durch den synthetischen Charakter des Gesamtkunstwerks und die Vereinigung aller Teilkünste zu einem größeren, mythischen Ganzen könnten, so ist er der Überzeugung, die segmentierenden, zersetzenden Analysen der menschlichen Ratio überwunden werden und sich dem natürlichen Vorbild annähern (vgl. Wagner 2008; vgl. auch Lévi-Strauss 1962/2022: 109–114).

Unabdingbares Werkzeug dafür ist die Musik. Flinn (1992) betont, dass das Konzept des Wagnerschen Musikdramas der Überhöhung der Kunst dient, indem die Synthese aller Teilkünste bedeutender wird als die Summe ihrer Einzelteile: zum Gesamtkunstwerk. Das bedeutet auch, dass die Musik nicht nur das Drama dupliziert und begleitet, sondern mit eigener Stimme neue, tiefere Schichten auftun und so das Gesamtwerk zu etwas Größerem wachsen lassen kann.

> Der charakteristische Unterschied zwischen *Wort-* und *Tondichter* besteht darin, daß der Wortdichter unendlich zerstreute, nur dem Verstande wahrnehmbare Handlungs-, Empfindungs- und Ausdrucksmomente auf einen, dem Gefühle möglichst erkennbaren Punkt zu-

sammendrängte; wogegen nun der Tondichter den zusammengedrängten dichten Punkt nach seinem vollen Gefühlsinhalte zur höchsten Fülle auszudehnen hat. (Wagner 2008: 289 [Hervorh. im Orig.])

Die Wirkung des Dramas entfaltet sich erst gänzlich durch die Musik, die primär an das Gefühl appelliert, eben auch Handlungen, Symbole und Ausdrücke in höchster Steigerung zu vermitteln weiß. Ernst Bloch beschreibt die Musik in Wagners Musikdramen als die Handlung „verstärkende, realisierende Kraft" (Bloch 1971: 167). Sie schaffe eine Realität, die

> mythisch macht, das heißt eben die andere, tiefere Realitätsschicht eröffnet und statt der veristischen Wirklichkeit der Spieloper [...] die utopische Wirklichkeit der transzendenten Oper in Szene setzt [...]; die Musik, die erklingen muß, sobald das Übersinnliche in die Handlung eintritt, damit [...] das Unmögliche der Musik dem Unmöglichen, Visionären der Handlung sich verbinde und derart beide möglich werden [...]. (Bloch 1971: 167)

Die Rolle der Musik innerhalb dieses als Gesamtkunstwerk beschriebenen Musikdramas ist nicht einfach zu bestimmen. Wagners theoretische Schriften und sein Konzept des Musikdramas sehen alle Teilkünste als dem Drama untergeordnet an. Das Drama ist für Wagner nicht nur der narrative Inhalt oder das Libretto, sondern auch die poetisch überhöhte Grundidee, der grundlegende Mythos des musikdramatischen Werks. Die Musik soll sich diesem Drama fügen: als integraler Bestandteil des Gesamtkunstwerks nach antikem griechischem Vorbild (vgl. Friedrich 1996; Mungen 2018; Schanze 2018).

> Beachten wir aber wohl, daß die [...] Ausdrucksmomente des Orchesters nie aus der Willkür des Musikers, als etwa bloß künstliche Klangzutat, sondern nur aus der Absicht des Dichters zu bestimmen sind. [...] Die bloße, absolut musikalische Ausschmückung gesenkter oder vorbereitender Situationen, wie sie in der Oper zur Selbstverherrlichung der Musik [...] beliebt wird, hebt die Einheit des Ausdruckes vollständig auf und wirft die Teilnahme des Gehöres auf die Kundgebung der Musik – nicht mehr als Ausdruck, sondern gewissermaßen als Ausgedrücktes selbst. Auch jene Momente müssen nur durch die dichterische Absicht bedingt sein, und zwar in der Weise, daß sie als Ahnung oder Erinnerung unser Gefühl immer einzig nur auf die dramatische Person und das mit ihr Zusammenhängende oder von ihr Ausgehende hinweisen. (Wagner 2008: 359 f.)

Das Wagnersche Musikdrama stellt die Musik in den Dienst des Gesamtkunstwerks; Musik um der Musik willen lehnt Wagner in seinem Musiktheater-Konzept ab. Seine klaren funktionalen Anweisungen an die Musik dürfen jedoch nicht darüber hinwegtäuschen, dass der musikalische Teil des Gesamtkunstwerks zentral ist und Hand in Hand mit der Dichtung einhergeht. Auch ist dieses Konzept nicht allein Wagners Erfindung; er baut lediglich auf bereits vorhandenen frühromantischen Vorstellungen der universalen Vereinigung der Künste auf und erweitert diese (siehe Kapitel 2.5.2). Wagner sieht in der Vereinigung von Musik und Dichtung zugunsten des Gesamtkunstwerks eine Symbiose aus Gefühl und Verstand, die dadurch höchste Ausdruckskraft gewinnen kann. Er charakterisiert in seiner Schrift *Oper und Drama* die Musik als weiblich, die Dichtung dagegen als männlich, und erst aus ihrer Vermählung, also engen künstlerischen Verzahnung, kann das vollendete Kunstwerk in Form seines Musikdramas entstehen (vgl. Wagner 2008; Friedrich 1996; Mungen 2018; Schanze 2018): „Der Dichter ist Musiker geworden, der Musiker Dichter: jetzt sind sie *beide* vollkommener künstlerischer Mensch" (Wagner 2008: 313).

Begünstigt wird diese integrale Funktion der Musik auch durch einen Entstehungsprozess, in dem die*der Komponist*in eine andere Rolle als bisher einnimmt, wie die Beispiele von Guiseppe Verdi und Richard Wagner verdeutlichen:

> Er [der Komponist; Anm. d. Verf.] ist es, der den Produktionsverlauf in all seinen Phasen in der Hand hält, nicht nur während der Komposition, sondern auch während der Abfassung des Textes, der entweder von eigener Hand (Wagner) oder durch minutiöse Vorgaben an den Librettisten (Verdi) auf die musikalischen Vorstellungen hin zugerichtet wird, und während der Inszenierung, die sich strikt nach den festgeschriebenen Angaben des Komponisten zu richten hat. Verdi und Wagner erkämpfen so an jeweils ihrem Ort und auf ihre Weise der Oper den Rang eines absoluten und integralen Kunstwerks, im romantischen Kanon der Gattungen ansonsten nur der Sinfonie vergleichbar. (Luyken 2023: 220)

Die besondere Stellung dieser beiden Komponisten darf nicht darüber hinwegtäuschen, dass der Musik in diesen neuen Musiktheater-Formen zunächst kein höherer Stellenwert als in herkömmlichen Operngattungen zugeschrieben wird; entscheidend ist dagegen die stärkere Verzahnung und Integration der Musik in ein poetisches Gesamtkonzept mit einheitlicher dichterisch-dramatischer Ausdruckskraft. Wagner selbst stellt umfangreiche Überlegungen zu der Rolle der*des Komponist*in bei der Konzeption und Produktion des neuen Musiktheaters an und appelliert an das Ideal der Liebe für das gemeinsam zu schaffende Werk, die „die höchste Kraftentwicklung unsres individuellen Vermögens – zugleich mit dem notwendigsten Drange der Selbstaufopferung zugunsten eines geliebten Gegenstandes" (Wagner 2008: 367) ermögliche.

Wagner erschafft damit ein umfangreiches funktionales Konzept der Rolle der Musik in musikdramatischen Werken, das von großer wirkungsgeschichtlicher Bedeutung ist – auch über die Gattungen des Musiktheaters hinaus. In dieses Konzept passt etwa auch Wagners Idee des *unsichtbaren Orchester*s, das im Bayreuther Festspielhaus im Orchestergraben vor den Augen des Publikums verborgen wird (vgl. Friedrich 1996; Dahlhaus/Miller 2007; Mungen 2018). Das Orchester wird zum Organ für die musikalische Ausdruckskraft; es verbindet in Wagners Vorstellung des Kunstwerks der Zukunft den Gedanken der Dichtkunst mit der ganzen, reichen Sinnlichkeit menschlichen Erlebens und Fühlens. Und

Wagner möchte, getreu seinem Prinzip, dass die Musik nicht um ihrer selbst willen, sondern nur im Dienst des Dramas stattfinden sollte, diese sinnliche Erfahrung nicht durch ablenkende optische Reize trüben. Es soll allein der Klang der orchestralen Musik sein, der die Sinne der Zuschauer*innen für das Drama gewinnt; der Anblick der*des Dirigent*in und der Musiker*innen stört dabei nur: „die reale Quelle der Musik – das Orchester – muß unsichtbar bleiben, damit ihre ideale Quelle – das Drama – erscheinen kann" (Friedrich 1996: 174). Diese Trennung der sichtbaren musikalischen Vorgänge – der Aufführung durch die Musizierenden – von ihrem Klang ist eine Weiterentwicklung des Gedankens, dass die Musik als verbildlichendes Element der inneren Gefühle die Fantasie anregen solle. Die Musiker*innen bei der Tonproduktion beobachten zu können, ist dabei potenziell ablenkend und deshalb im Rahmen dieses Konzepts nicht gewollt: die reale Herkunft der musikalischen Produktion wird verschleiert. Die Musik wird dadurch, dass ihre Tonerzeugung nicht mehr sichtbar ist, zu etwas Magischem (vgl. Wagner 2008; Mungen 2018: 35 f.).

Dadurch wird die Musik zur unmittelbar erklingenden Vermittlerin und Kommentatorin der zum Mythos verdichteten Handlungsvorgänge. Die Parallelen zum nondiegetischen Filmscore, der wie aus dem Nichts erklingt und seinen Ursprung nicht im Filmbild hat, liegen auf der Hand (vgl. Bribitzer-Stull 2017: 266; Friedrich 1996: 45 f.). Kloppenburg (2012/2015: 20) sieht daher im Gesamtkunstwerk bereits den Weg zur Filmkunst bereitet, mehr noch: er betrachtet den Film mit seinen technischen Möglichkeiten erst als die vollendete Umsetzung der Idee des Wagnerschen Musikdramas:

> Die Konzeption seiner [Richard Wagners; Anm. d. Verf.] Musikdramen als integrale Einheiten der Künste, um die Einzelkünste zugunsten eines Gesamtkunstwerks aufzuheben, ist in der romantischen Ästhetik ebenso verankert, wie sie erst in der Nutzung kinematographischer Künste zur Vollendung gelangen konnte. (Kloppenburg 2012/2015: 20)

Der Film als Vollendung des Wagnerschen Gesamtkunstwerks, des Kunstwerks der Zukunft, das er selbst propagiert hat? Ob Wagner diese teleologische Perspektive selbst so gesehen hätte, bleibt Spekulation. Jedoch war er sich der Unzulänglichkeiten seiner eigenen Gegenwart, seine Ideen des Gesamtkunstwerks umzusetzen, bewusst: „Der Erzeuger des Kunstwerks der Zukunft ist niemand anderes als der Künstler der Gegenwart, der das Leben der Zukunft ahnt, und in ihm enthalten zu sein sich sehnt" (Wagner 2008: 392). Doch die Nachwelt im 20. Jahrhundert empfand seine Ideen erst mit den technischen Neuerungen der Kinematographie als vollgültig umsetzbar, da nun alle Teilkünste sich in der Produktion des Filmes integral vereinigen konnten und eine Illusion, einen Mythos erschufen, wie er zu Wagners Zeiten nicht möglich gewesen war (vgl. Grabbe/Kruse 2009; Kloppenburg 2012/2015: 20 f.; Citron 2014: 45; Cassirer 2010).

Wagner beschreibt in seinen Schriften nicht nur die allgemeine Rolle der Musik innerhalb des Gesamtkunstwerks. Er theoretisiert eine kompositorische Technik, die er in seinen musikdramatischen Werken auch umsetzt: die Technik der Leitmotivik.[8] Dieses Konzept, wie es Wagner umfassend in seinen (späteren) Musikdramen wie dem Hauptwerk des vierteiligen *Ring*-Zyklus verwendet hat, ist von herausragender kompositionstechnischer Bedeutung für die Filmmusik des 20. und 21. Jahrhunderts. Das Konzept der Leitmotivik besteht darin, ein prägnantes musikalisches Motiv – oder auch ein längeres musikalisches Thema – semantisch mit einem oder mehreren außermusikalischen Sujets zu verknüpfen. Das kann ein Gegenstand sein, eine Person, eine Idee, ein Gefühl oder ein abstrakter Vorgang. Das Leitmotiv wird je nach dramatischem Kontext variiert, weiterverarbeitet, gestutzt oder mit anderen Leitmotiven vermischt. Dabei sind motivische Zuweisungen zu Personen oder anderen Sujets in der Oper etwa als Erinnerungsmotive keine neue Erfindung Wagners. Auch Berlioz' *idée fixe* greift auf das Konzept eines wiederkehrenden Motivs zurück, das in durchaus veränderlicher Gestalt immer wieder auf ein oder mehrere Topoi verweist. Jedoch zeigen sich bei Wagner bedeutende Weiterentwicklungen, die sich nicht nur in musikalischer Gestalt manifestieren; insbesondere ergeben sie sich aus Wagners Ausrichtung auf das (übergeordnete) Drama sowie aus seinem Mythos-Konzept (vgl. Friedrich 1996; Frank 2008; Wagner 2008; Bribitzer-Stull 2017).

Das Leitmotiv kann eingesetzt werden, um die Gefühle der Handlungsfiguren zu verdeutlichen, um Ahnungen (der Zukunft) und Erinnerungen (an die Vergangenheit) zu repräsentieren, oder um die dramatische Entwicklung etwa von Personen musikalisch zu thematisieren. Wagner beschreibt die leitmotivische Fähigkeit der Ahnung nicht nur als dramatischen Ausdruck, um unausgesprochene Empfindungen auszudrücken, sondern auch als hilfreiches Mittel, um die Immersion der*des Rezipient*in zu erhöhen (vgl. Bribitzer-Stull 2017):

> Die Ahnung ist die Kundgebung einer unausgesprochenen, weil – im Sinne unsrer Wortsprache – noch unaussprechlichen Empfindung. [...] Eine solche ahnungsvolle Stimmung hat der Dichter uns zu erwecken, *um aus ihrem Verlangen heraus uns selbst zum notwendigen Mitschöpfer des Kunstwerkes zu machen.* (Wagner 2008: 344 [Hervorh. im Orig.])

Die Erinnerung dagegen stellt Verbindungen zu bestehenden Elementen der poetischen Handlung, des Dramas, her, und schafft so ein reichhaltiges Bezugssystem, das umso realer wirkt.

---

8 Auch den Terminus Leitmotiv verwendet Wagner nicht; in *Oper und Drama* spricht er von „melodischen Momente[n]" oder „Motiven" (Wagner 2008: 361).

> Die Ahnung ist das sich ausbreitende Licht, das, indem es auf den Gegenstand fällt, die dem Gegenstande eigentümliche, von ihm selbst aus bedingte Farbe zu einer ersichtlichen Wahrheit macht; die Erinnerung ist die gewonnene Farbe selbst, wie sie der Maler dem Gegenstande entnimmt, um sie auf ihm verwandte Gegenstände überzutragen. (Wagner 2008: 349)

Diese Prinzipien der Ahnung und Erinnerung verweisen also auf semantische Räume in Vergangenheit und Zukunft, aber genauso auch auf ferne und nahe Dinge; sie erschaffen ein musikalisches Gewebe, in dem reale Räume und Zeiten aufgelöst sind und die Wahrheit des Mythos greifbar geworden ist. Das Leitmotiv kann als eine Art magisches Zeichen vielschichtige, komplexe Zusammenhänge und Informationen musikalisch vermitteln, wodurch ein nicht immer eindeutig zu interpretierendes, musikalisch-semantisches Gewebe entsteht (vgl. Bribitzer-Stull 2017). Dieser symbolhafte Impetus des Leitmotivs, der eine objektive Realität suggeriert, erinnert an Cassirers Beschreibung der Bedeutung des mythischen (Zauber-)Zeichens (vgl. Cassirer 2010):

> Aller Anfang des Mythos, insbesondere alle magische Weltauffassung, ist von diesem Glauben an die objektive Wesenheit und an die objektive Kraft des Zeichens durchdrungen. Wortzauber, Bildzauber und Schriftzauber bilden den Grundbestand der magischen Betätigung und der magischen Weltansicht. (Cassirer 2010: 30)

Das Leitmotiv als gleichsam musikalischer Zauber, als kompositorisches Kraftzeichen durchdringt ebenfalls die Grenzen zwischen Subjekt und Objekt, zwischen Realität, Emotion und Fantasie: Indem ein Leitmotiv erklingt, wird ein emotionaler und symbolischer Zusammenhang hergestellt, der damit zur mythischen Realität (etwa der Opern- oder filmischen Narration) wird.

Klangbeispiel 9: Richard Wagner – *Götterdämmerung*, WWV 86D, Dritter Aufzug, Siegfrieds Trauermarsch, URL: https://open.spotify.com/track/1675rYJFlOhibhMaH1gRC0?si=30c5dd6ecdf54dc7 (vgl. Wagner 2010).

Der ermordete Held Siegfried wird zur Burg der Gibichungen gebracht: Das ist die an sich spärliche Handlung in der Trauermarsch-Szene gegen Ende von Wagners *Götterdämmerung*. In dieser erklingt jedoch eine ausdrucksstarke Musik, deren Substanz aus einer komplexen Verwebung leitmotivischer Variationen besteht. Zu Beginn der Szene erklingt drohend und anklagend das chromatisch geprägte Todesmotiv, das mit Andeutungen des Siegfried-Motivs verwoben ist (vgl. Wagner 2010: 00'10"–01'12"). Neben dem Schwert- und Schicksalsmotiv ertönt in zunehmend heroisch-verklärendem Duktus schließlich wieder das deutlich veränderte Todesmotiv (vgl. ebd.: 02'24"–05'15"). Schließlich erstrahlt, begleitet von Siegfried- und Todesmotiv, das Heldenmotiv als krönender, glorifizierender Abschluss des Trauermarschs (vgl. ebd.: 05'15"–06'18"). Epilog-ähnlich ahnen das Brünnhilde-Motiv sowie das Walhalla-Motiv die kommenden, abschließenden Ereignisse voraus (vgl. ebd.: 06'18"–07'34"). Während die dramaturgische Handlung praktisch stillsteht, kommentiert die Musik auf komplexe wie eindringliche Weise nicht nur die Szene selbst,

> sondern verweist emotionsgeladen auf Vergangenes, Zukünftiges, auf zentrale Figuren und Themen nicht nur der *Götterdämmerung*, sondern des gesamten *Ring*-Zyklus – und darüber hinaus: Themen wie Tod, Utopie, Hoffnung, Verehrung, vergebliche Sehnsucht und Trauer sind universal übertragbar. Durch die Abstraktion des Konkreten verleiht die Musik der Handlung eine universelle, mythische Note.

Im Unterschied zu lediglich wiederholenden Erinnerungsmotiven gehen die Leitmotive Wagnerscher Prägung über eine reine Repetition hinaus: Sie tragen musikalische wie dramatische Bedeutungen, sind nicht statisch, sondern einer motivischen Entwicklung analog zur Fortschreitung des Dramas unterzogen. Die Leitmotive funktionieren als musikdramaturgisches Mittel primär zum Ausdruck von Gefühlen, sind also kein rein musikalischer Selbstzweck. Bribitzer-Stull (2017) zeichnet die verschiedenartigen Transformationen von Leitmotiven bei Wagner nach: So treten Modulationen des Tongeschlechts, harmonische Ausflüge bis hin zur Chromatik, rhythmische Variationen, motivisch-melodische Kürzungen, thematische Fragmentierungen, Änderungen der Klangfarbe oder der Tonart, motivische Weiterentwicklungen oder Verschmelzungen mit anderen Leitmotiven auf. All dies erfolgt nicht um der Musik selbst willen, sondern als „Gefühlswegweiser durch den ganzen, vielgewundenen Bau des Dramas" (Wagner 2008: 360): „An ihnen [den Leitmotiven; Anm. d. Verf.] werden wir zu steten Mitwissern des tiefsten Geheimnisses der dichterischen Absicht, zu unmittelbaren Teilnehmern an dessen Verwirklichung" (Wagner 2008: 360).

Friedrich (1996) verdeutlicht, dass Wagner die Leitmotivik nicht aus der üblichen Kompositionstechnik der Oper entwickelt, von der er sich bewusst abzugrenzen sucht, sondern aus der Sinfonie, die er ganz im Sinne der Zeit für die höchste, reinste Form der Instrumentalmusik hielt. Die sinfonische Motiv- und Themenverarbeitung ist für ihn das Vorbild, aus rein musikalischer Substanz Verarbeitungstechniken zu entwickeln, die dramatische Ausdruckskraft gewinnen können. Für Dahlhaus/Miller (2007) ist die Leitmotiv-Technik des Wagnerschen Musikdramas die musikalische Verwirklichung des Mythos:

> Die Leitmotive bilden [...] ein genaues musikalisches Analogon zum Sinn des Mythos, wie er von Wagner verstanden wurde. Die mythische Struktur der Dramaturgie – und nicht nur des Stoffs der Handlung – und die leitmotivische der Musik sind zwei Seiten derselben Sache. (Dahlhaus/Miller 2007: 792 f.)

Auch Buhler (2000) sieht in Wagners Leitmotiv die musikalische Umsetzung des Mythos: „myth and music become directly allied" (Buhler 2000: 41). Er betont, dass Wagner die musikalische Leitmotivik eben nicht nur als Marker außermusikalischer Vorgänge einsetzt. Im Gegenteil seien einzelne Leitmotive nur schwerlich oder gar nicht mit semantischen Feldern der Narration in seinen Musikdramen in Einklang zu bringen; auch kontrapunktische oder widersprüchliche Einsätze der Leitmotivik in Bezug auf die Opernhandlungen seien vielfach nachweisbar. Die leitmotivische Komposition erschafft eine zweite semantische Ebene neben der Narration, die sich mit dieser zu einer mythischen Sphäre verbindet: Neben der semiotisch-linguistisch eindeutig zu bezeichnenden Ebene der dramatischen Handlung, die in Worten ausgedrückt wird, öffnet sich eine zweite, nämlich die musikalische Handlung, die nicht nur auf das Drama, sondern auch immer wieder auf sich selbst verweist und damit eine eigene Wahrheit erschafft (vgl. auch Xalabarder 2013). Diese Selbstreferenzialität in ständiger, komplexer Wechselwirkung mit der narrativ-diegetischen Ebene, also der Dramenhandlung, erschafft einen mythischen Raum, der eine Eigenständigkeit mit eigener Strukturiertheit darstellt: „music free of language in Wagner does not resist myth; it produces it" (Buhler 2000: 42). Hier wird Roland Barthes' semiologische Auffassung des Mythos verdeutlicht: Das Leitmotiv erschafft ständig neue Zeichenebenen, indem es die semiotisch eindeutigen Signifikant-Signifikat-Verbindungen aufbricht und neue semantische Ebenen – oder anders formuliert: mythische Wahrheiten – miterschafft (vgl. Grabbe/Kruse 2009).

Die ausgeprägte Wirkung der Leitmotivik auf die filmmusikalische Komposition ist vielfach nachgewiesen worden (vgl. etwa Flinn 1992; Murphy 2014; Kloppenburg 2012/2015; Hill 2017; Wilcox 2017): Die Leitmotiv-Technik ist ein kompositorisches Kernelement von Filmkomponist*innen und oft zentraler Bestandteil des filmmusikalischen Inhalts. Die traditionelle Musikforschung des 20. Jahrhunderts kritisierte eine Gleichsetzung und charakterisierte die filmmusikalische Adaption der Wagnerschen Leitmotiv-Technik als oberflächlich: In der Filmmusik seien lediglich Wiederholungen von Motiven als einfache auditive Signale zu hören, wenn der entsprechende Charakter oder andere Topoi im Film auftauchen, im Gegensatz zu der reichhaltigen, tiefgehenden, vielseitigen Verwendung bei Wagner (vgl. Lissa 1965; Maas 1994). Neuere Forschungsbeiträge zeigen allerdings, dass auch Filmscores eine ähnlich hohe Komplexität bei der Verwendung und Verarbeitung von (Leit-)Motiven zeigen können (vgl. Wilcox 2017; Bribitzer-Stull 2017; siehe hierzu auch Kapitel 3.8.3).

Bribitzer-Stull (2017: 159) zeichnet den Einfluss der Leitmotivik auf die weitere musikalische Entwicklung in verschiedenen Gattungen nach und schlägt schließlich auch die Brücke zur Filmmusik, die er als wahre Erbin dieser Technik ansieht: „[As] the use of the Wagnerian leitmotif waned in concert music, it found a new and natural home in the emerging genre of the film score" (Bribitzer-Stull 2017: 254). Wagners Leitmotivik ist demnach die ideale theoretische Anleitung für Filmkomponist*innen, um zu einer sinnstiftenden, eigenständigen Musiksprache zu finden, die die dramatisch-erzählerische Intention des filmischen Werks optimal unterstützen oder bereichern kann. Ein herausstechendes Beispiel neuerer Zeit ist die Filmmusik Howard Shores zu *The Lord of the Rings* (vgl. Jackson 2001; 2002; 2003), in der die Wagnersche Leitmotivik verblüffend konsequent umgesetzt worden ist (vgl. Bribitzer-Stull 2017: 280): Hier schafft der Filmscore ganz im mythisierenden Sinne Kausalitäten, stellt Andeutungen, Zusammenhänge und Verbindungen her und verhilft der Filmnarration zu einer mythischen Kongruenz und Geschlossenheit, die glaubwürdig wirkt.

2.6.5 Harmonik

Dem weiten Feld der romantischen Harmonik kann sich in der vorliegenden Studie nur anhand von herausgearbeiteten Einzelaspekten genähert werden; zwischen Carl Czernys Etüden, Isaac Albéniz' *Suite española* und Richard Wagners innovativer Harmonik in *Tristan und Isolde* bestehen bedeutende Unterschiede in Bezug auf Stimmführung, Kadenzen, Akkordauswahl und kontrapunktische Elemente. Eggebrecht (1999) erkennt die Problematik, aus den individualistischen Tendenzen romantischer Kompositionen allgemeingültige, spezifisch romantische harmonische Neuerungen zu systematisieren. Dennoch sieht er ein Aufbrechen der klassisch-stringenten und an den Regeln der Dur-Moll-Tonalität orientierten Harmonik als für die musikalische Romantik immanent an: Die romantischen Topoi des gesteigerten Ausdrucks, der Aufwertung des individuellen Subjekts, der poetisch-universalen Kunstidee und des Verwischens klarer Grenzen begünstigen harmonische Innovationen, die in einem Aufweichen der Regeln der klassischen Funktionstheorie münden, ohne diese völlig zu negieren.

Notenbeispiel 3: Richard Wagner – *Tristan und Isolde*, WWV 90, Vorspiel, Anfangsmotiv mit Tristan-Akkord (Quelle: eigene Transkription).

Der sogenannte Tristan-Akkord (aufsteigend F-H-Dis-Gis, wobei das Gis als Vorhalt zu A gelesen werden kann) ist der ikonische Ausdruck unerfüllter Liebessehnsucht, die über den Tod hinausgeht. Der Akkord kann je nach musiktheoretischer Annäherung unterschiedlich gelesen werden, etwa in der klassischen Funktionstheorie als Doppeldominante mit tiefalterierter Quinte und je nach Lesart Sextvorhalt oder Septime (Gis oder A). Nicht nur der Akkord selbst, auch die chromatische melodische Fortschreitung in kleinen Sekundschritten betont die auf harmonischer Ebene desorientierende Wirkung. Die Auflösung in funktionstheoretischer Hinsicht zum Dominantseptakkord (mit vermindertem Quintvorhalt) überzeugt in wirkungspsychologischer Hinsicht nicht vollends, ein Gefühl der Unsicherheit oder der nicht beantworteten Frage bleibt; die Auflösung bleibt unvollendet. Genau diese dramaturgische Wirkung der unerfüllten Sehnsucht wird hierdurch verstärkt; der Akkord taucht in der Oper immer wieder als quasi eigenständiges Leitmotiv auf. Nicht die Auflösung oder Erlösung steht im Vordergrund, sondern die unaufgelöste Sehnsucht selbst. Zugleich wird die empfundene Dissonanz hier gegenüber dem Schönklang in dramaturgischer Hinsicht aufgewertet.

Bedeutende Musiktheoretiker des ausgehenden 19. und frühen 20. Jahrhunderts wie Hugo Riemann und Heinrich Schenker haben in ihren Funktionstheorien versucht, verbindende und allgemeingültige Regeln aus dem breiten Korpus abendländischer Kunstmusik tonaler Prägung abzuleiten. Dabei führt Schenker die Grundcharakteristika jeder Stimmführung auf den *Ursatz* zurück, der jeder harmonischen Fortschreitung zugrunde liege: Jeder melodische wie harmonische Fortgang wird demnach letztlich zum tonalen Zentrum, der Tonika, hingezogen und findet in ihr schließlich die – vermeintlich naturgegebene – Erfüllung (vgl. Federhofer 2009). Riemann systematisiert dagegen die Beziehungen von Dreiklängen untereinander, wobei er vor allem im Werk Wagners Vorbilder für eine neue, modernere Harmonielehre findet: Hier vollzieht sich eine neue Priorisierung, weg vom Primat der Tonika hin zur Aufwertung von triadischen Akkordrelationen, ohne dass dadurch die Grundtonart bedeutungslos geworden wäre. So werden in der historischen Romantik die akkordischen Beziehungen untereinander wichtiger; die Bedeutung der Beziehung einzelner harmonischer Fortschreitungen zur Grundtonart – die in der klassischen Funktionstheorie noch eine zentrale Stellung einnimmt – nimmt dagegen ab (vgl. Kopp 2011; Murphy 2014; Hill 2017: 309; Lehman 2018).

Auch die vielfältigen Ergänzungen der klassischen Dur-Moll-Tonalität um Elemente der Chromatik, Enharmonik und Alterierung wird zumindest von Zeitgenoss*innen nicht als Bruch mit der Tonalität empfunden, sondern als logische Folge zunehmend individualisierter Tendenzen auch in der Harmonik: Die Verwendung des chromatischen Tonvorrats sowohl auf melodischer als auch harmonischer Ebene ermöglicht die Steigerung des persönlichen Ausdrucks und die Erforschung neuer Bereiche, ohne mit grundlegenden Prinzipien etwa des tonalen Zentrums zu brechen (vgl. Lehman 2018). Als typisch Wagnersche harmonische Fortschreitung wird die häufige Verwendung von nicht aufgelösten Vorhalten beschrieben, die als Ausdruck des Sehnens nach (nicht erfolgender) Erlösung charakterisiert werden (vgl. Friedrich 1996: 106; Kopp 2011; Luyken 2023). Auch Lehman (2018: 21–26) beschreibt die Chromatik als zentrales Element romantischer Harmonik (und auch der Harmonik des frühen Tonfilms), wobei er verschiedene Varianten der Chromatik unterscheidet: Die lineare Chromatik bezieht sich auf Melodieführung und Motivik und intensiviert die expressiven Möglichkeiten durch Hinzunahme von (empfundener) Dissonanz; gerade diese weist er in der romantischen Harmonik nach. Die intraphrasale Chromatik dagegen bezeichnet chromatische Akkordfolgen wie Es-Dur – D-Dur und destabilisiert damit zentrale funktionsharmonische Kategorien (ohne die Tonalität damit aufzulösen); diese Art der Chromatik ist nach Lehman eine Weiterentwicklung in der Filmmusik des 20. und 21. Jahrhunderts.

Aus der Erweiterung der harmonischen Möglichkeiten ergibt sich auch die zunehmende Verwendung von mediantischen Akkorden mit eigentlich tonartfremdem Material. Luyken (2023: 63) stellt die Entdeckung der Mediantik durch frühromantische Komponist*innen wie Franz Schubert als Aufstoßen eines Fensters zu neuem harmonischem Material dar: Hier eröffnet sich eine „poetische ‚zweite Welt'" (Luyken 2023: 64). Eine wichtige Folge dieser Entwicklungen ist die Aufwertung – nicht jedoch die Gleichstellung – der in der klassischen Harmonielehre empfundenen Dissonanz in Bezug auf die Konsonanz. Wehnert (1998: 501) zeigt, dass im Gegensatz zur musikalischen Klassik romantische kompositorische Verfahren als bewusste Ablehnungen von Ausgewogenheit aufgegriffen werden können: Dazu zählt er abrupte, spontane Stimmungs- und Tonartwechsel ebenso wie den Rückgriff auf ungewöhnliche, als fremdartig empfundene Stilmittel und extreme klangtechnische Dynamiken. Auch Luyken (2023: 61) erkennt diese Erweiterungen als spezifisch romantische Harmonik an und fasst sie als „Tendenz zur Verschleierung der tonalen Verhältnisse" (Luyken 2023: 61) sowie einer Erweiterung der Hauptfunktionen zusammen. Auch hierin zeigt sich der Bedeutungsverlust der Tonika, aber auch der Dominante und Subdominante zugunsten weiterer (Neben-)Funktionen, den auch Riemann erkannt hat (vgl. Federhofer 2009; Kopp 2011). Lehman (2018: 21–26) beschreibt ebenfalls die romantische (und filmmusikalische) Tendenz der Verschleierung und Erweiterung der klassischen Tonalität etwa durch die Substitution erwarteter Akkorde wie der Dominante durch mediantisches oder anderes, tonartfremdes Material.

Hinzu kommt eine Aufweichung der Dur-Moll-Dichotomie durch modale Elemente und die (Wieder-)Entdeckung von Kirchentonarten, ohne dass auch hier der Dur-Moll-Dualismus bedeutungslos geworden wäre. Die Verwendung des lydischen oder phrygischen Modus bringt nicht nur eine willkommene Abwechslung der Tonskalen und damit zusammenhängender harmonischer Verbindungen; zugleich werden modale Elemente – durchaus im Gegensatz zur komplexen Chromatik als musikalischem Ausdruck einer postulierten Reinheit – bevorzugt zur Betonung des Volksliedhaften und Folkloristischen benutzt, beispielsweise in den Nationalstilen Ost- und Nordeuropas (vgl. Luyken 2023: 67). Lehman (2018: 3) beschreibt den lydischen Modus explizit als etablierten musikalischen Code, „that has come to connote wonder and magic" (ebd.), wobei die Filmmusik diese Codierung von der (Spät-)Romantik übernommen hat.

In ihren Studien über harmonische Fortschreitungen regen Murphy (2014: 483) und Lehman (2018) zu einem systematischen Vergleich zwischen der Musik der Romantik und zeitgenössischer Filmmusik an. Dabei stellt Murphy – bezugnehmend auf die Vorarbeiten von Riemann und David Lewin – ein System von 48 möglichen Dreiklang-Fortschreitungen innerhalb einer tonalen Dur-Moll-Matrix vor. Hierzu unterscheidet er einen Intervallsprung von 0 (Prime) bis 11 (große Septime) Halbtonschritten sowie Dur- (große Buchstaben) und Moll-Akkorde (kleine Buchstaben). So bedeutet die Formel m0M bezogen auf den Grundton C ein Fortschreiten von c-Moll nach C-Dur; die Formel M7m steht entsprechend für einen Akkordwechsel von C-Dur nach g-Moll. Aufgrund dieser Systematisierung können quantitative Vergleiche von Akkordfortschreitungen zwischen Werken der Zeit der Romantik und filmischen Scores gezogen werden. Murphy selbst unterlässt diese Analyse bis auf wenige Beispiele. So kann er die sogenannte Tarnhelm-Progression, die ungewöhnliche Formel m8m (also etwa von gis-Moll nach e-Moll), die dem gleichnamigen Leitmotiv aus Wagners *Rheingold* entnommen ist, in John Williams' *Imperial March* aus dem Kinofilm *The Empire Strikes Back* (vgl. Kershner 1980) als prominente Akkordfortschreitung nachweisen. Howard Shores Filmscore zur Trilogie *The Lord of the Rings* (vgl. Jackson 2001; 2002; 2003) dagegen ist voller mediantischer Fortschreitungen und erinnert damit an typische harmonische Fortschreitungsmuster der musikalischen Romantik (vgl. Murphy 2014: 486 u. 489; Neuwirth/Rohrmeier 2016; White/Quinn 2016; Lehman 2018).

Videobeispiel 3: Vergleich der Tarnhelm-Progressionen in *Rheingold* und verschiedenen Filmmusiken, URL: https://www.youtube.com/watch?v=I33UqUhKE10 (vgl. Popoff 2021).

Das Videobeispiel zeigt die Verwendung der Tarnhelm-Progression (m8m) sowohl in Wagners Vorbild als auch in verschiedenen Filmscores. Der Duktus des Originals ist dabei zurückhaltend und mysteriös; umgesetzt wird der Akkordwechsel von einem getragenen und zurückhaltenden Bläserchoral, wobei eine auffallende Eigenschaft des Motivs das mehrmalige Hin- und Herwechseln zwischen den beiden Akkorden ist (vgl. Popoff 2021: 00'16"–00'29"). Dabei ist das berühmte Beispiel des *Imperial March* von John Williams nicht unbedingt jenes, das durch die größte Ähnlichkeit auffällt: Der Eindruck eines brutalen Todesmarschs ist ein gänzlich anderer, lediglich die auch hier mehrfachen m8m-Akkordwechsel weisen auf eine Verwandtschaft zum Tarnhelm-Motiv hin (vgl. ebd.: 00'45"–01'11"). Weitere Beispiele aus dem Fantasy-Genre zeigen, dass die m8m-Transformation sich möglicherweise als Marker für übernatürliche, unheimliche und fluchbeladene Vorgänge etabliert hat: Etwa, als sich die Kammer des Schreckens bei Harry Potter öffnet (wobei auch hier die Transformation mehrfach stattfindet; vgl. ebd.: 03'11"–03'35"), und besonders gut dokumentiert als Ring-Motiv bei *The Lord of the Rings* (vgl. Jackson 2001), wobei die Tarnhelm-Progression hier zumeist nur einmal erfolgt und nicht mehr als eine (vermutlich vom Komponisten Howard Shore bewusst angewandte) Andeutung und Hommage an Wagner ist: Der Ring der Macht hat unter anderem die Fähigkeit, seine*n Träger*in unsichtbar zu machen, und knüpft damit auch inhaltlich direkt an Wagners Tarnhelm an.

> **Videobeispiel 4:** John Williams – *Imperial March*, URL: https://www.youtube.com/watch?v=vsMWVW4xtwI (vgl. Deutsche Grammophon 2020a).
>
> John Williams' *Imperial March*, hier in einer konzertanten Bearbeitung, erklingt erstmals im Film *The Empire Strikes Back* (vgl. Kershner 1980) und steht als Leitmotiv für die dunkle Macht des galaktischen Imperiums sowie den Antagonisten Darth Vader. Neben der charakteristischen, wiederholten m8m-Transformation des Themas besticht der Marsch durch eine prägnante Rhythmik, starke instrumentelle Betonung von Blechblasinstrumenten und Percussion sowie in dieser Bearbeitung durch eine annähernd sonatensatzartige Form mit Exposition (vgl. Deutsche Grammophon 2020a 00'00"–00'53"), Durchführung (vgl. ebd.: 00'53"–01'55"), Reprise (vgl. ebd.: 01'55"–02'24") und Coda (vgl. ebd.: 02'24"–03'15"). In harmonischer Hinsicht signifikant sind die multiplen, schroffen Tonartwechsel, die sich oft als chromatische Grundtonverschiebungen manifestieren: Die Grundtonart ist g-Moll, die sich nach gis-Moll verschiebt (vgl. ebd.: 01'07") und über a-Moll (vgl. ebd.: 01'12"), ais-Moll (vgl. ebd.: 01'29"), h-Moll (vgl. ebd.: 01'46") und c-Moll (vgl. ebd.: 01'51") zurück nach g-Moll wandert (vgl. ebd.: 01'55").

Insgesamt bleibt Murphy eine quantitative Vergleichsstudie schuldig, weshalb er sich in seinem Fazit über den Einfluss romantischer Harmonik auf die Hollywood-Filmmusik zurückhaltend äußert (vgl. Murphy 2014: 495). Dennoch stellt er fest, dass die historische Romantik die Keimzelle nicht nur für den klassischen Hollywood-Sound, sondern auch für die jüngere Filmmusik bildet (vgl. auch Neuwirth/Rohrmeier 2016; Lehman 2018):

> Hollywood, with its emphasis on a consistent, popular appeal and its initial embrace of European émigré composers whose post-Romantic musical language has been revisited and reshaped with each passing generation of film composers, has essentially enabled history to play out this alternate-universe timeline in a manner worthy of a Hollywood science-fiction script. One can detect the seed of some of recent popular film music's stylistic traits lying dormant in the ‚long nineteenth century'. (Murphy 2014: 495)

Lehman greift Murphys Vorüberlegungen auf und betreibt in seiner Monographie *Hollywood Harmony* (Lehman 2018) eine detaillierte Untersuchung der harmonischen Spezifika amerikanischer Filmmusik, wobei auch er – anknüpfend an Murphys Ausgangsvermutung – die Interferenzen von romantischer und filmmusikalischer Harmonik hervorhebt:

> Much of the expressive richness of Hollywood's harmonic language stems from its assimilation of many idioms. […] Yet no style's shadow looms quite so large over American cinema as European Romanticism. If there is a concrete set of techniques behind the phrase ‚sounds like film music,' the harmonic language of Wagner, Tchaikovsky, and Liszt is a good place to start looking. (Lehman 2018: 16)

Dabei arbeitet Lehman die Gemeinsamkeiten von romantischer und Hollywood-Harmonik aus, für die er das Grundprinzip der erweiterten Tonalität („extended tonality", Lehman 2018: 22) anführt: Darunter versteht auch er die Techniken der

Chromatik, des Bedeutungsverlusts der Tonika sowie der Substitution klassischer Kadenzen oder harmonischer Funktionen wie dem Ganzschluss durch alternative, chromatische Akkordfolgen (vgl. Lehman 2018: 19–26; für eine nähere Untersuchung der Gemeinsamkeiten und Unterschiede zwischen romantischer und filmmusikalischer Harmonik nach Lehman siehe Kapitel 3.4.3 und 3.4.4).

2.7 Kritik und Zwischenfazit

So vielschichtig die ästhetischen Vorstellungen und stilistischen Entwicklungen der romantischen Musik sind, so umstritten sind bedeutende Teile der hier zusammengefassten Topoi schon bei den Zeitgenoss*innen. Der seinerzeit einflussreiche Musikästhetiker Eduard Hanslick etwa, ein scharfzüngiger und mitunter berüchtigter Kritiker, polemisiert stark gegen die neuen Strömungen um die Jahrhundertmitte und ihre wichtigen Vertreter*innen wie Wagner und Liszt. So wettert er in seinem erstmals 1854 erschienenen Manifest *Vom Musikalisch-Schönen. Ein Beitrag zur Revision der Ästhetik der Tonkunst* (vgl. Hanslick 1922/2017) mit deutlichen Worten gegen jede Form einer übertriebenen „Gefühlsästhetik" (Hanslick 1922/2017: 7) der Neudeutschen Schule. Diese lenke von den eigentlich musikalischen Inhalten ab, die eben nicht inhaltlich primär Emotionen darstellen würden, sondern erst einmal eben nur das: Musik. Erst in der Folge könne – aber müsse nicht – aus den tönend bewegten Formen, aus den musikalischen Ideen und Ausdrücken auch das Gefühl in den Rezipient*innen angesprochen werden (vgl. Hanslick 1922/2017). Und so verwahrt sich Hanslick gegen die neumodischen Schöpfungen eines Gesamtkunstwerks oder der Programmmusik genauso wie gegen die sakrale Erhöhung der Musik oder die Vermischung mit anderen Künsten:

> Als ich die zweite Auflage [der Monographie *Vom Musikalisch Schönen*; Anm. d. Verf.] veranstaltete, waren eben *Liszts* Programm-Symphonien hinzugekommen, welche vollständiger, als es bisher gelungen ist, die selbständige Bedeutung der Musik abdanken, und diese dem Hörer nur mehr als gestaltentreibendes Mittel eingeben. Seither besitzen wir nun auch *Richard Wagners* ‚Tristan', ‚Nibelungenring' und seine Lehre von der ‚*unendlichen Melodie*', d. h. die zum Prinzip erhobene Formlosigkeit, den gesungenen und gegeigten Opiumrausch, für dessen Kultus ja in Bayreuth ein eigener Tempel eröffnet worden ist. (Hanslick 1922/2017: 6 [Hervorh. im Orig.])

Hanslick weigert sich generell, der höheren Musik einen äußeren Zweck zuzugestehen, weshalb er die neue Form der Programmmusik unweigerlich ablehnen muss: Wer nach dem Zweck der Musik fragt, hat für Hanslick nicht begriffen, dass Musik für sich selbst steht und allein aus einer innermusikalischen Logik heraus erwächst. Die Musik richtet sich auch nicht in erster Linie an das Gefühl, sondern regt die Fantasie an. Deshalb lehnt Hanslick eine Vermischung der Musik mit anderen Künsten (etwa in der Oper) genau wie die Programmmusik ab: Die rein musikalischen Ideen seien hier verwässert, eine strikte Trennung zwischen rein musikalischem Ausdruck und außermusikalischen Vorgängen sei nicht mehr möglich, das Ergebnis dadurch geschmälert und unzulänglich. Nur die absolute, instrumentale Musik sei deshalb in der Lage, das rein musikalische Schöne in vollendeter Form zu vermitteln – eine Überhöhung der Instrumentalmusik, die auf E. T. A. Hoffmann zurückgeht. Hanslick tritt hier in eine Tradition der Kritik an allen Formen, die die Musik aus ihrer Absolutheit lösen und ihr mitunter ihre Eigenständigkeit nehmen – eine Kritik, die sich auch im 20. und 21. Jahrhundert vor allem an der Medien- und Filmmusik fortsetzt (vgl. Hanslick 1922/2017; Dahlhaus 1988; beispielhaft für jüngere Kritik in: Audissino 2017b).

Allein dieser Streit um die absolute Musik beziehungsweise die Gefühlsästhetik zeigt die Problematik auf, von *der* romantischen Musikästhetik zu sprechen. Vielmehr müssen alle in diesem Kapitel herausgearbeiteten Aspekte ästhetischer Vorstellungen und stilistischer Entwicklungen stets unter der Einschränkung genannt werden, dass *einige* Akteur*innen der historischen Romantik (wenn auch teils mit großer Wirksamkeit und breiter Rezeption) sie befürworteten, propagierten und praktisch ausübten, während andere sie kontrovers diskutierten, kritisierten oder völlig ablehnten. Bedeutende Zeitgenossen wie Friedrich Nietzsche suchten einen kritischen Umgang mit dem romantischen Geist oder wandten sich im Laufe ihres Lebens von zentralen Denkmustern oder bedeutenden Werken ab: Nicht erst im 20. und 21. Jahrhundert, sondern bereits während der historischen Romantik werden zentrale Prinzipien fortwährend neu verhandelt (vgl. etwa Dahlhaus 1988; van Rees 2020: 2).

Auch in der Forschung sind einheitliche ästhetische Grundmuster der Romantik umstritten. Carl Dahlhaus (1988) fasst die ästhetischen Grundsätze der musikalischen Klassik und Romantik als zusammenhängende Denkrichtung auf, die er einerseits als spezifisch deutsch geprägt betrachtet. Andererseits versucht er, die propagierte klassische-romantische Musikästhetik historisch von vorangegangenen und nachfolgenden musikgeschichtlichen Epochen klarer abzugrenzen. Dabei macht er den musikhistorischen Gegensatz von klassisch-romantischer Ästhetik und der Ästhetik der musikalischen Moderne (des 20. Jahrhunderts) primär an der Vorstellung fest, dass das 20. Jahrhundert durch die kunstmusikalischen Umbrüche der Neuen Musik geprägt ist, wohingegen die Entwicklungen der Film- und Medienmusik – die außerhalb des etablierten kunstmusikalischen Gattungskanons steht – bei Dahlhaus keine Berücksichtigung finden.

Wenn die Gegenüberstellung von musikästhetischen Prinzipien des 19. und 20. Jahrhunderts in der Lesart der klassischen historischen Musikwissenschaft üblicherweise als scharfer Bruch mit den (klassisch-romantischen) Traditionen gelesen wird, soll hier im Gegenteil nach Verbindungen, Fortsetzungen und Adaptionen romantischer Konzepte in das und im Zeitalter der Massenmedien ab dem 20. Jahrhunderts gesucht werden. Das gewünschte Ergebnis ist ein Abbild – ein Modell – ausgewählter musikalischer Ästhetik(en) der historischen Romantik (vgl. Schanze 2018; Kerschbaumer 2018). Möglicherweise sind wesentliche ästhetische Konzepte der Film- und Medienmusik des 21. Jahrhunderts immer noch modellhaft auf Vorbilder aus der historischen Romantik zurückzuführen – analog zu Dahlhaus' Vorstellung eines grundlegenden ästhetischen Zusammenhangs von Klassik und Romantik würde dieser um den Bereich der Filmmusik erweitert. Inwiefern dies zutrifft und welche romantischen Aspekte wie aufgenommen und romantizistisch adaptiert wurden, wird der Fokus auf das Forschungsfeld der Film Music Studies zeigen, wenn der Blick auf das 20. und 21. Jahrhundert fällt.

Einschränkend soll hier nochmals hinzugefügt werden, dass die hier erfolgte Untersuchung romantischer Idiome, ästhetischer Konzepte und stilistischer Elemente unvollständig und in ihrer repräsentativen Gesamtheit für das Themenfeld Romantik möglicherweise unausgewogen und verzerrend ist. Beispielsweise sind Sujets wie die romantische Liebe, die romantische Ironie oder die Hinwendung zum Märchen etwas vernachlässigt worden, da die Forschungsperspektive dieser Studie andere Schwerpunkte setzt. So erschienen semantische Felder wie Mythos, Utopie und Exotismus, die eben nicht wie selbstverständlich mit der Romantik assoziiert werden, als wichtiger hinsichtlich ihrer Erklärungsbedürftigkeit. Auch dies war bereits ein erster Schritt zur spezifisch filmmusikalischen Konstruktion eines (notwendigerweise vereinfachten) Romantik-Modells, das in den nächsten Kapiteln weiter verdichtet werden wird.

3 Theorie II: Film Music Studies

So vielschichtig die Ideen, Neuerungen und Entwicklungen in der historischen Romantik sind, so vielgestaltig und geradezu unüberschaubar gestalten sich auch die Bedingungen von Film- und Medienmusik im 20. und 21. Jahrhundert. Wie auch im vorangegangenen Kapitel müssen die für die Fragestellung der vorliegenden Studie wesentlichen Aspekte teils verkürzend beleuchtet werden, wobei das besondere Interesse den 2010er-Jahren, den Fiktive-Welten-Genres Science-Fiction, Superhelden und Fantasy sowie vor allem potenziellen Romantizismen gilt.

Die Film Music Studies[9] sind ein vergleichsweise junges Forschungsfeld, in dem Ansätze der historischen und systematischen Musikwissenschaft unter anderem auf musikethnologische, film- und medienwissenschaftliche, psychologische und kognitionswissenschaftliche, soziologische sowie ästhetische und philosophische Diskurse stoßen und mit diesen im interdisziplinären Austausch sind. Erste Anstöße im deutschsprachigen Raum – und zugleich prägende ästhetische Grundpfeiler – gaben Theodor W. Adorno und Hanns Eisler mit ihrer filmmusikästhetischen Arbeit *Komposition für den Film* (vgl. Adorno/Eisler 1944/2006) und Zofia Lissa mit ihrem Grundsatzwerk *Ästhetik der Filmmusik* (vgl. Lissa 1965). Weitere wegweisende Studien besonders auf dem Gebiet der Wirkungs- beziehungsweise funktionalen Forschung sind Georg Maas' und Achim Schudacks Band *Musik und Film – Filmmusik* (vgl. Maas/Schudack 1994) sowie Claudia Bullerjahns Standardwerk *Grundlagen der Wirkung von Filmmusik* (vgl. Bullerjahn 2001). In jüngerer Zeit sind unter anderem mit Josef Kloppenburgs umfassendem und mit vielen Musikbeispielen versehenem *Handbuch der Filmmusik* (vgl. Kloppenburg 2012/2015), dem ergiebigen Sammelband *Filmmusik. Ein alternatives Kompendium* (vgl. Hentschel/Moormann 2018), Iakovos Steinhauers filmmusikästhetisches Manifest *Das Musikalische im Film* (vgl. Steinhauer 2018) sowie dem Sammelband für Filmgenre-Forschung *Handbuch Filmgenre* (vgl. Stiglegger 2020) bedeutende Forschungsbeiträge erschienen, die auch in dem vorliegenden Text Beachtung finden.

Seit jeher umfassender und wirkungsmächtiger ist die englischsprachige Forschungsliteratur der Film Music Studies, bei der hier aufgrund ihres Umfangs nur einige für den vorliegenden Text besonders wichtige Beiträge aufgezählt werden: allen voran Caryl Flinns Monographie *Strains of Utopia* (vgl. Flinn 1992), die die Verbindungen von Romanik, Utopie und Filmmusik nachzeichnet, sowie Timothy E. Scheurers *Music and Mythmaking in Film* (vgl. Scheurer 2008), das die engen

---

9 Der Begriff Film Music Studies scheint sich in jüngerer Zeit gegen den älteren deutschsprachigen Terminus Filmmusikforschung durchzusetzen (vgl. Lederer 2022).

Open Access. © 2026 bei den Autorinnen und Autoren, publiziert von De Gruyter. Dieses Werk ist lizenziert unter der Creative Commons Namensnennung 4.0 International Lizenz.
https://doi.org/10.1515/9783112219003-003

Beziehungen zwischen Filmmusik, Mythos und Filmgenre in manchmal überzogener Deutlichkeit aufzeigt; daneben Matthew Bribitzer-Stulls *Understanding the Leitmotif* (vgl. Bribitzer-Stull 2017), das die leitmotivischen Adaptionen in der Filmmusik untersucht; Andy Hills Filmkompositions-Handbuch *Scoring the Screen* (vgl. Hill 2017), das ein ergiebiger Quell filmmusikalischer Analysen und Kompositionsanweisungen für angehende Filmkomponist*innen ist, und Frank Lehmans *Hollywood Harmony* (vgl. Lehman 2018), das ein wesentlicher Beitrag zur Frage nach einem filmmusikalischen Stil aus harmonischer Perspektive ist. Nicht zuletzt sollen die Sammelbände *The Oxford Handbook of Film Music Studies* (vgl. Neumeyer 2014), *The Cambridge Companion to Film Music* (vgl. Cooke/Ford 2016) und *Contemporary Film Music* (vgl. Coleman/Tillman 2017) genannt werden, daneben diejenigen mit besonderem Fokus auf die Filmmusik in Science-Fiction- und Fantasy-Medien: Mathew J. Bartkowiaks *Sounds of the Future* (vgl. Bartkowiak 2010) für Science-Fiction sowie Janet K. Halfyards *The Music of Fantasy Cinema* (vgl. Halfyard 2012) für Fantasy.

Fristeten Forschungsarbeiten zu filmmusikalischen Werken zumindest im deutschsprachigen Raum bis ins späte 20. Jahrhundert hinein ein Schattendasein, so haben die Film Music Studies seit dem Jahr 2000 signifikant an Dynamik gewonnen und sich zugleich dank der Komplexität und Interdisziplinarität des Forschungsgegenstandes in verschiedene Teilansätze zergliedert (vgl. etwa Bullerjahn 2001; Heldt 2016; Lederer 2022: 19). Deren gegenwärtiger Forschungsstand soll im Folgenden in den jeweiligen Teilkapiteln wiedergegeben werden – sofern er für den Fokus dieses Texts von Relevanz ist.

3.1 Termini: Score, Source Music und Soundtrack

Der in dieser Studie behandelte Gegenstand ist allgemein gesprochen Musik in audiovisuellen Medienerzeugnissen. Dabei wird, wenn von Film- und Medienmusik die Rede ist, zunächst von jeglichen als Musik wahrnehmbaren auditiven Ereignissen in Spielfilmen, Dokumentationen, Reportagen, TV- und Streaming-Serien, Videogames, Werbespots, Social-Media-Videobeiträgen, YouTube-Shorts und ähnlichen Formaten ausgegangen. Die Varianz der filmisch-audiovisuellen Kategorien wächst immer weiter und verändert sich in rasanter Weise, der Standard in den Film Music Studies ist jedoch (und das ist ein Teil des Problems) die Musik im etwa zweistündigen Kinofilm (vgl. Heldt 2016). Für die vorliegende Studie wird jedoch bei *Film*musik, wenn nicht explizit anders erwähnt, immer auch die Musik für die zweite mediale Gattung mitgedacht, die in diesem Text untersucht wird, also die Musik für (narrative) Streaming- oder TV-Serien. Analog dazu werden, wenn von filmischen Scores gesprochen wird, auch die Serienscores solcher narrativer Serienformate mitgemeint.[10]

Wie problematisch eine Kategorisierung von musikalischen Inhalten als Bestandteile von Filmen sein kann, zeigt bereits Claudia Bullerjahn (2001) auf. So unterscheidet sie grundlegend die Musik als Bestandteil des Bildtons von der des Fremdtons: Wenn etwa in einer Filmszene ein Autoradio oder ein Plattenspieler zu sehen ist und dazu eine passende Musik erklingt, deren Quelle offenbar jene Geräte sind, oder wenn bei einem filmischen Opernbesuch eine Arie aufgeführt wird, kann die Musik als Teil des Bildtons angesehen werden: Das ist die diegetische Musik oder *Source Music*. Die Source Music erklingt – zumindest vermeintlich – aus der filmisch-diegetischen Quelle, die klar zu erkennen und Teil der filmischen Narration ist. Ursprünglich wurde die Source Music mit dem filmischen Originalton gleichgesetzt; diese Gleichsetzung wird jedoch mittlerweile neu verhandelt, da in der Postproduktionsphase des Films nahezu sämtliche Elemente der Tonspur nachbearbeitet werden (vgl. Elias 2017; Heldt 2018; Rudolph 2022).

Im Gegensatz zur Source Music erklingt der nondiegetische *Score* als Bestandteil des Fremdtons, da diese Musik nicht aus der Logik des szenischen Kontexts entsteht: Das Bild verrät nicht, woher der Filmscore kommt; er erklingt sozusagen aus dem Nichts. Dies ist die üblicherweise eigens für das filmische Medium produzierte Musikkomposition. Lissa (1965) stellt bereits fest: „[Diese] Form ihres Auftretens richtet sich *ausschließlich* an den Filmzuschauer; nur er hört sie und nur er begreift ihre Rolle in der Ganzheit des Ablaufs. Sie existiert vollkommen außerhalb der im Film gezeigten Welt" (Lissa 1965: 57 f.). Die Eindeutigkeit dieser Aussage wird von neueren Forschungsbeiträgen ebenfalls eingeschränkt oder angezweifelt (vgl. etwa Steinhauer 2018; Heldt 2018) – davon wird noch zu sprechen sein. Der Score ist jedoch in der Regel das Ergebnis der musikalischen Produktion der*des Filmkomponist*in, das am Ende des filmischen Produktionsprozesses mit dem Filmbild synchronisiert und in der Regel neu komponiert wird. Der Fokus der vorliegenden Studie liegt auf diesem Score – was nicht heißt, dass die anderen musikalischen und auditiven Bestandteile ignoriert werden können.

Des Weiteren kann auch zwischen *Score* und *Soundtrack* unterschieden werden. Bisweilen wird der Begriff Soundtrack umgangssprachlich und in der Musikindustrie für eine als physischer oder digitaler Tonträger veröffentlichte Kompilation aus Tracks verwendet, die in ähnlicher Form in einem filmischen Medium vorkommen und – von anderen auditiven Bestandteilen bereinigt und oft auch

---

[10] Für den englischen Begriff *moving pictures music* der englischsprachigen Forschung, der eine Fixierung auf bestimmte mediale Genres aufbricht, hat sich bisher kein deutsches Äquivalent etabliert.

umarrangiert – als eigenes „Soundtrack-Album" veröffentlicht wird. Diese Verwendung des Terminus soll in dem vorliegenden Text nicht zur Anwendung kommen, um Missverständnisse zu vermeiden (vgl. auch Wierzbicki/Platte/Roust 2012). Vielmehr bezeichnet der Soundtrack im Folgenden die gesamte Tonspur eines Films oder audiovisuellen Mediums, die auch etwa Dialoge und Soundeffekte sowie andere musikalische Quellen im Film wie Popsongs einschließt (vgl. Kohli 2018; Lederer 2022; Rudolph 2022). Ein Popsong im Abspann eines Films ist demnach Teil des Soundtracks, aber nicht des Scores: Der Score ist die für das filmische Medium neukomponierte Musik, die auch losgelöst von allen weiteren Soundeffekten betrachtet werden kann. Oft wird dieser Score als Tonträger veröffentlicht oder – heutzutage üblicher – als Album bei Streaming-Anbietern wie Spotify, Apple Music oder YouTube angeboten, wobei er dafür in der Regel Veränderungen erfährt – allein schon, aber nicht nur, durch die Trennung von Musik- und restlicher Ton-Spur (vgl. Fuhrmann 2021).

Hinzu kommt der Gegensatz zwischen dem eigens für das filmische Projekt komponierten Score einerseits und präexistenter Musik andererseits: Diese bezeichnet üblicherweise „Musik, die nicht als Filmmusik komponiert wurde" (Rudolph 2022: 8), aber als solche eingesetzt wird. Sie ist damit Bestandteil des Soundtracks, aber in der klassischen Definition nicht Teil des Scores: Ein Beispiel wäre der oben genannte Popsong im Abspann des Films, ein anderes Beispiel ist die Verwendung eines romantischen Musikstücks als dramaturgisches Mittel innerhalb einer oder mehrerer Filmszenen. Synonym für den Begriff präexistente Musik wird in der Forschung bisweilen auch von kompilierter Musik gesprochen: Eine bereits vorhandene Musik wird adaptiert, also neu geschnitten, bearbeitet oder sogar neu aufgenommen, um sie im filmischen Medium einzusetzen (vgl. Kloppenburg 2012/2015). Das müssen nicht immer Popsongs, sondern können auch Werke aus dem klassisch-romantischen Repertoire sein. Hier können die Grenzen zwischen dem komponierten Score und der kompilierten, präexistenten Musik fließend sein: Das Ausmaß der Bearbeitung eines vorhandenen Musikstücks für eine filmische Verwendung kann einer Neukomposition sehr nahekommen (vgl. Rudolph 2022).

Die Abgrenzung dieser Begrifflichkeiten ist auch in anderer Hinsicht nicht immer eindeutig: Etwa, wenn sich der in einer filmischen Szene zu hörende Song aus einem sichtbaren Autoradio (also ursprünglich Source Music) in der nächsten Filmszene fortsetzt, oder wenn die Hauptfigur in einer einsamen Szene singt und dabei akustisch von einem – nicht im Bild vorhandenen – Streicherensemble begleitet wird (vgl. Bullerjahn 2001). Definitorisch nicht unproblematisch ist in diesem Zusammenhang auch die Grenze zwischen Musik und Sounddesign. Heldt (2016) zeigt anschaulich auf, dass die Frage des analytisch-interpretativen Umgangs mit diesen Bestandteilen des Soundtracks noch nicht hinreichend geklärt ist: Ist Filmmusik lediglich ein untergeordneter Teil der Audiospur des Films? Müssen Musik und Soundeffekte interpretativ zusammen behandelt werden, oder sollte die Filmmusik als eigene produktionstechnische und ästhetische Entität beschrieben werden? Für Ersteres spricht sich unter anderem Lensing (2009) aus, der kritisiert, dass Score-Veröffentlichungen in der Regel nur den musikalischen Teil des Soundtracks enthalten und Soundeffekte bewusst herausfiltern. Deshalb fordert er eine Neubewertung des Sounddesigns als potenziell gestalterische Tätigkeit, die viele Parallelen zur (musikalischen) Komposition hat. Gerade in jüngerer Zeit gibt es Beispiele der zunehmenden Zusammenarbeit beider Sphären nicht nur im Games-Bereich, sondern auch im klassischen Kinofilm, wie etwa die Kinofilme *The Dark Knight* (vgl. Nolan 2008) oder *Dunkirk* (vgl. Nolan 2017) verdeutlichen: In beiden Filmen arbeiteten Christopher Nolan als Regisseur, Hans Zimmer als Komponist und Richard King als Sounddesigner eng zusammen, um eine intensive Verzahnung auf der Soundtrack-Ebene zu erreichen. So kann teilweise nicht mehr zwischen Musik und Sounddesign unterschieden werden; vielmehr wird die Musik hier zu einem integralen Bestandteil des Soundtracks (vgl. Lederer 2022). Zudem werden in der digitalisierten Gegenwart des frühen 21. Jahrhunderts nahezu sämtliche auditiven Inhalte, auch diejenigen des Bildtons, nachträglich im Studio bearbeitet oder neu produziert und sind somit ähnlichen Entscheidungsprozessen und ästhetischen Vorstellungen ausgesetzt wie der sogenannte Score. Auch die Source Music darf deshalb in der Fragestellung der vorliegenden Studie nicht außer Acht gelassen werden, da die Grenzen nicht nur zwischen Musik und Soundeffekt, sondern auch zwischen Score und Source Music mitunter verschwimmen (vgl. Bullerjahn 2001; Lensing 2009; Karlin/Wright 2004; Heldt 2016; Rudolph 2022).

3.2 Historischer Überblick

Die Geschichte der Film- und Medienmusik und der ihr innewohnenden Stilistiken und Musikästhetiken nimmt einen anderen Verlauf als die tradierte Musikgeschichtsschreibung der europäischen Kunstmusik fernab von Film und Medien. Wo diese im 20. Jahrhundert von Brüchen, Pluralismen und Diskontinuitäten geprägt ist, können diese zentralen Entwicklungen auf die Geschichte der medialen Musik nicht ohne weiteres übertragen werden oder führen gar gänzlich in die Irre. Die radikalen ästhetischen und musiktheoretischen Neuerungen in Expressionismus, Avantgarde, Atonalität und Dodekaphonie im frühen 20. Jahrhundert, die zumeist unter den Labels *Neue Musik* oder *atonale Musik* zusammengefasst werden, haben – bis auf wenige Ausnahmen abgesehen – eine deutlich geringere Bedeutung für die historiographische Entwicklung der Filmmusik. Das liegt auch, aber nicht nur in der Natur der Sache: Die Geschichte der Filmmusik setzt erst um 1900 ein und hat nicht die ästhetischen Brüche erfahren, die die europäische Kunstmusik Anfang des 20. Jahrhunderts erlebte (vgl. Heimerdinger 2007; Kloppenburg 2012/2015: 93; Keil 2018: 196). Auch sind die historiografischen Parallelen zwischen Filmmusik und dem Bereich der populären Musik – der für sich schwer abzugrenzen und ebenfalls von parallelen Strömungen und pluralen Tendenzen gezeichnet ist – wenig untersucht (vgl. Meine/Noeske 2011: 7–25).

Die Kluft zwischen einer allgemein propagierten Musikästhetik für die Kunstmusik (etwa noch bei Moser 1953: 16 u. 165) und den speziellen ästhetischen Gegebenheiten der Film- und Medienmusik verstärkt sich bis zur Mitte des 20. Jahrhunderts noch weiter: Die avantgardistischen Prinzipien der Neuen Musik bleiben der Filmmusik weitgehend fern oder werden in der Breite zumindest nicht in dem Maße übernommen, wie sich dies Theoretiker*innen wie Adorno/Eisler (1944/2006) gewünscht hätten (vgl. auch Emons 2014). Vereinzelt wird der Sphäre der Filmmusik abgesprochen, überhaupt eigene historiografische Entwicklungen aufzuweisen: So unterstellt Emons (2014) eine „notorische Geschichtslosigkeit der filmmusikalischen Sprache" (Emons 2014: 124), die lediglich stilistischen und ästhetischen Strömungen aus anderen musikalischen Sphären folge. Diese Ansicht wird im Folgenden nicht vertreten: Vielmehr ist die folgende Skizzierung der film- und medienmusikalischen historischen Entwicklung mit einem Schwerpunkt auf ästhetische und stilistische Topoi primär eine Geschichte der Kontinuität (vgl. Flinn 1992; Scheurer 2008; Halfyard 2012; Halfyard 2013; Bribitzer-Stull 2017; Audissino 2017a; Hill 2017; Albrecht 2021).

3.2.1 Stummfilm-Ära und Hollywood-Sound

Die Zeit des Stummfilmes ist hinsichtlich der Filmmusik sowohl eine Zeit der Experimente als auch der Festigung der Rolle von Filmmusik: Hier etablieren sich funktionale Normen, kompositorische Regeln und stilistische Gewohnheiten, die die weitere Entwicklung bis in das 21. Jahrhundert prägen (vgl. Jaszoltowski/ Riethmüller 2019). Bullerjahn (2012/2015: 33) arbeitet einige Gründe heraus, warum sich in der Stummfilmzeit von ungefähr 1895 bis 1928 die Filmmusik als narrativ-dramaturgisches Element des Tons, als nondiegetischer Kommentar durchsetzt. Zunächst gab es aufführungstechnisch-pragmatische Gründe: So konnte die filmdramaturgisch eingesetzte Musik technische und menschliche Störgeräusche während der Aufführung übertönen sowie die bisweilen als unnatürlich wahrgenommene Stille des Stummfilms aufbrechen. Doch die begleitende Musik des Stummfilms knüpft auch an Konzepte des Musiktheaters an: Die musikalische Begleitung von Bühnenaufführungen, Theatern und Opern, speziell aber von Melodram, Operette und Varieté-Theater hat sich im 19. Jahrhundert bereits fest etabliert, weshalb der Stummfilm auf dieser – in die Zeit der musikalischen Romantik fallenden – Tradition aufbauen kann. Diese dramaturgische Rolle der Musik ist wesentlich durch Richard Wagners Konzeption des Musikdramas beeinflusst: Die Musik soll nicht um ihrer selbst willen erklingen, sondern im Dienste des *Dramas*, also dem – jetzt filmischen – Gesamtkunstwerk stehen (vgl. Flinn 1992; Bullerjahn 2012/2015: 61; Jaszoltowski/Riethmüller 2019). Stilprägend wird bereits in den 1910er-Jahren die Leitmotiv-Technik für die originale Filmmusikkomposition: Hierin erkannte man ein geeignetes Kompositionskonzept, um verschiedene filmdramaturgische Stationen adäquat ausarbeiten zu können und dennoch eine musikalische Kohärenz zu gewährleisten. Schon zu Beginn des zweiten Jahrzehnts des 20. Jahrhunderts wird in filmtheoretischen Schriften gefordert, sich für die Komposition von Filmmusik explizit auf Wagner und seine Ausgestaltung der Leitmotivik zu berufen (vgl. Flinn 1992: 15).

Die Durchsetzung des Tonfilms Ende der 1920er-Jahre bedeutet einschneidende Veränderungen auch für die Filmmusik. Diese wird nun nicht mehr zu jeder Vorführung live aufgeführt, sondern kann auf Band aufgezeichnet und synchron zum Bild wiedergegeben werden. Auch muss sie nun auf der Tonspur einem weiteren Element des Tonfilms Platz einräumen, das im Gegensatz zur Musik tatsächlich neu hinzukommt: den Dialogen. Die Stimmen der Schauspieler*innen werden nun hörbar, und die Filmmusik muss ihre Rolle im Zusammenspiel mit den Dialogen – und sukzessive auch den Soundeffekten – auf der Tonspur finden (vgl. Flinn 1992: 15; Mungen 2018: 34; Jaszoltowski/Riethmüller 2019: 99 f.). Dieser Wendepunkt in der Film- und Filmmusik-Geschichte führt zu einer Standardisierung der filmmusikalischen Konzeption auf mehreren Gebieten: Das bereits etablierte Studiosystem der großen Hollywood-Filmstudios führt dazu, dass wenige Filmkomponist*innen den Sound der frühen Tonfilmära entscheidend prägen; die dramaturgische Verwendung von Musik auch als nondiegetische Quelle setzt sich durch; und die stilistische Vereinheitlichung unter starkem Rückbezug auf spätromantische Kompositionsweisen und Klangvorstellungen führt zur Ausprägung des sogenannten *Hollywood-Sounds*, der die Musik von Hollywoods *Golden Age* prägt: „Die Musik zum ‚klassischen' Hollywoodfilm der 1930er- und 1940er-Jahre war grundiert von einem spätromantischen Orchesterklang" (Jaszoltowski/Riethmüller 2019: 105; vgl. auch Lehman 2018: 19–31). Auch Flinn (1992: 13) führt die 1930er- und 1940er-Jahre als klassische Hollywood-Zeit an, während Audissino (2017a: 221) diese Phase auf die Zeitspanne von 1933 bis 1958 ansetzt, auf die er die *modern period* (von 1958 bis 1978) und die *eclectic period* (1978 bis in die Gegenwart) folgen lässt.

Der Hollywood-Sound setzt sich in den 1930er- und 1940er-Jahren als Klangideal und Kompositionsweise für die Kinofilme der großen Hollywood-Studios durch und prägt nicht nur den amerikanischen, sondern – in geringerem, aber dennoch signifikantem Maße – auch den europäischen Film (vgl. Mera/Burnand 2006; Kloppenburg 2012/2015; Bullerjahn 2012/2015). Dabei kann er auf die Entwicklungen der späten Stummfilm-Zeit zurückgreifen: „By the time sound was ushered in, film composition already enjoyed a somewhat comfortable place within the studio system" (Flinn 1992: 15). Die Herausbildung dieses als klassisch empfundenen Filmmusikstils beschreibt Neumeyer treffend als „crucial moment in the history of cinema" (Neumeyer 2014: 8). Hier setzt sich die nondiegetische, zumeist orchestrale Filmmusik zur Unterstützung zentraler Narrationsmuster und Stimmungen des Filmes allmählich durch: Es erfordert nicht länger die Anwesenheit eines realen Orchesters in der jeweiligen Filmszene, damit auch orchestrale Musik erklingen kann. So etabliert sich auch, dass zumeist Filmmusik gewissermaßen als Stimme oder Kommentar des filmischen Dramas erklingt – ganz im Sinne von Wagners Mythos (vgl. Flinn 1992; Buhler/Neumeyer 2014: 30; Mungen 2018; Volker 2006). Dieser Kompositionsstil und auch die dahinterliegende ästhetische Konzeption sind doppelt europäisch geprägt: Wichtige Vertreter*innen wie Max Steiner, Erich Wolfgang Korngold, Dimitri Tiomkin, Franz Waxman, Miklós Rózsa und Sergei Prokofjew sind europäische Emigranten oder haben starke Bezüge zum alten Kontinent, sind teils Schüler spätromantischer Komponisten wie Gustav Mahler gewesen und greifen – mitunter in simplifizierter oder plakativer Form – auf die leitmotivisch-sinfonische Kompositionsweise der Spätromantik zurück (vgl. Bullerjahn 2012/2015; Kloppenburg 2012/2015; Lehman 2018; Albrecht 2021).

Videobeispiel 5: Erich Wolfgang Korngold – *Robin Hood*, Szene „The King is Found", URL: https://youtu.be/eHl-HTV3Vwo (vgl. Wolfen45 2021).

Erich Wolfgang Korngolds Musik zu *Robin Hood* (vgl. Curtiz/Keighley 1938) ist in dem gezeigten Filmausschnitt von einem lyrischen Heldenthema geprägt, das nicht nur in seinem sanften Gestus, sondern auch durch seine diatonisch aufsteigende Dur-Melodie zur Quinte des Grundtons auffällig an Richard Wagners Siegfried-Idyll erinnert – lediglich um die Sexte ergänzt. Das Thema repräsentiert hier den nach England zurückgekehrten König Richard Löwenherz und charakterisiert ihn bereits vor seiner Offenbarung als gutherzigen, heldischen Charakter (vgl. Wolfen45 2021: 00'00"–00'32"). Auch während der folgenden Dialoge ist die Filmmusik als kommentierende Stimme vernehmbar und prägt die Szene in emotionaler, aber auch inhaltlicher Hinsicht: Neben der Charakterisierung des Königs verdeutlicht der Score, dass durch die Begegnung mit Robin Hood keine Gefahr droht; im Gegenteil wird die Szene keck-humorvoll aufgeladen, wobei sich das königliche Motiv immer wieder bemerkbar macht (vgl. ebd.: 00'33"–02'06"). Als sich König Richard zu erkennen gibt, erklingt das Thema erneut in elegisch-heroischem Glanz, das zudem eine utopisch-sehnsuchtsvolle Komponente aufweist (vgl. ebd.: 03'30"–04'18").

Die stilistische Dominanz der Filmmusik durch romantizistische Idiome in jener Zeit der 1930er- bis 1950er-Jahre wird dennoch von Teilen der Forschung abgelehnt. So ist der Hollywood-Sound für Kloppenburg ein „Unstil" (Kloppenburg 2012/2015: 89), der keineswegs einheitliche musikstilistische Grundlagen habe, sondern ein Potpourri aus verschiedensten musikalischen Kategorien und Gattungen sei (vgl. Wegele 2012). Kloppenburg (2012/2015: 103) betont die Stilvielfalt gegenüber einheitlichen stilistischen Bezügen: Auch wenn sich die Filmkompositionen des Golden Age in den 1930er- bis 1950er-Jahren äußerlich flexibel zeigten, gehören die oben genannten Namen für ihn zu den „stilbildenden Komponisten für den Film in Hollywood" (Kloppenburg 2012/2015: 104), wobei das Stilbildende ihrer kompositorischen Arbeit im meisterhaften motivischen und dramaturgischen Umgang, aber auch in der stilistischen Vielfalt ihres Schaffens begründet sei (vgl. Kloppenburg 2012/2015: 104).

Anders betont etwa Wilcox (2017: 33 f.), dass die wichtigsten Komponist*innen der ersten Tonfilmära explizit auf die Musik des 19. Jahrhunderts zurückgreifen und in ihren Kompositionen die typischen Merkmale von Opern und Sinfonien der Romantik sowie eine konventionell-romantisch geprägte Tonalität, angereichert mit chromatischen Elementen, aufzufinden seien. Ähnlich urteilt auch Scheurer (2008), dass vor allem die Spätromantik im späten 19. und frühen 20. Jahrhundert einen prägenden stilistischen Einfluss auf die klassische Hollywood-Ära ausgeübt habe. Lehman (2018: 19–31) unterstreicht aus harmonischer Perspektive die vorbildhafte Wirkung spätromantischer Kompositionstechnik für den Hollywood-Sound. Flinn (1992: 13 f.) begründet diese stilprägende Wirkung auch damit, dass die Strukturen der großen Hollywood-Studios mit festangestellten Hauskomponisten bis in die 1950er-Jahre hinein stabilisierend auf die Herausbildung dieses spätromantisch geprägten Hollywood-Sounds gewirkt haben. Der Einfluss der Musikästhetik der Romantik – und insbesondere derjenige von Wagners Gesamtkunstwerk – habe sich jedoch nicht nur auf den Stil und die Kompositionsweise der klassischen Hollywood-Filmmusik ausgewirkt:

> [Romanticism] has done far more than simply determine the compositional shape of Hollywood film scores. In addition [...], it provided ideological directives as well – directives that influenced the classical understanding of film music even in nonaesthetical arenas such as the legal, institutional, and critical discourses of the time. In fact film music's longstanding association with romanticism has dramatically – and detrimentally – affected the way it has been constituted as an object of study. (Flinn 1992: 18)

Andere zumeist englischsprachige Forschungsbeiträge werten dies ähnlich und betonen die stilistische Dominanz der (Spät-)Romantik in der Filmmusik des Hollywood-Sounds – und darüber hinaus (vgl. Flinn 1992: 13; Murphy 2014; Bribitzer-Stull 2017: 269 f.; Hill 2017; Lehman 2018: 19–31; Jaszoltowski/Riethmüller 2019: 105).

Ein Wandel setzt mit den ersten prägenden Filmkomponist*innen US-amerikanischer Herkunft wie Alfred Newman und Bernard Herrmann ein, die beide aus russisch-jüdischen Einwandererfamilien stammen, aber in den USA geboren wurden. Dennoch weist etwa Hill (2017: 318) die besondere Nähe von Alfred Newmans kompositorischem Stil zu Opernarien und Chorwerken des 19. Jahrhunderts mit einigen Notenbeispielen nach, ohne ihm deswegen Eklektizismus zu unterstellen; eher betont er Newmans gekonnten Umgang in der adäquaten, stilsicheren und ausdrucksstarken Komposition von Filmscores unter nicht immer einfachen äußerlichen Bedingungen. Die Prinzipien und Gestaltungsweisen der Programm- und Bühnenmusik des 19. Jahrhunderts bilden nicht nur für Newman eine willkommene und vortrefflich geeignete Grundlage, um auch das noch immer relativ neue Medium Film auf eine ähnliche Weise zu vertonen.

Es lässt sich nicht von der Hand weisen, dass die romantischen konzeptuellen Vorarbeiten den Filmkomponist*innen eine breite Palette an musikalischen Ausdrucksformen hinterließen, aus denen sie sich bedienen konnten, um den Effekt filmischer Wirkungen zu steigern, Emotionen zu verstärken, aber auch, um die Glaubwürdigkeit, ja den Mythos der filmischen Erzählung zu festigen und das Publikum in den Bann einer faszinierenden filmischen Welt zu schlagen. Insgesamt überwiegt in der Forschung die Einschätzung, dass der Hollywood-Sound im klassischen Golden Age Hollywoods wesentlich vom romantizistischen, sinfonischen Stil geprägt ist und man deshalb durchaus – mit wenigen Einschränkungen – von einer stilistischen Prägung in dieser Zeit sprechen kann (vgl. Flinn 1992; Scheurer 2008; Halfyard 2012; Bullerjahn 2012/2015; Buhler/ Neumeyer 2014; Murphy 2014; Audissino 2017a; Bribitzer-Stull 2017; Hill 2017; Mungen 2018; Lehman 2018; Jaszoltowski/Riethmüller 2019; Albrecht 2021; Fuhrmann 2021; Lehman 2021).

Klangbeispiel 10: Miklós Rózsa – *El Cid*, Prelude, URL: https://open.spotify.com/intl-de/track/2yTNDj5bKv4jrNk8DDWKiT?si=2df330e1ca2f4077 (vgl. Rózsa 2013).

Miklós Rózsas Score zum Abenteuerfilm *El Cid* (vgl. Mann 1961) zeigt für die Zeit konventionelle Exotismen, die hispanische und arabische Bezüge andeuten: etwa Arabesken, für abendländische Kunstmusik ungewöhnliche Skalen mit kleiner Sekunde als zweiter Stufe sowie perkussive Schlaginstrumente (vgl. Rózsa 2013: 00'00"–00'55"). Dennoch entspricht der Score dem romantizistischen Idiom mit orchestraler Besetzung, heroischem Hauptthema und lyrischem Seitenthema. Der Score stellt durch diese Kombination sowohl mythische (Ursprung, Geburt der spanischen Nation) als auch utopische Bezüge (Sehnsucht nach Rettung und Erlösung) her und verleiht dem Film eine epische, über die filmische Handlung hinausgehende Tragweite (vgl. ebd.: 01'07"–03'32").

3.2.2 Renaissance des Orchestralismus und spätes 20. Jahrhundert

Von prägender Bedeutung für die historische Entwicklung der Filmmusik seit den 1970er-Jahren ist der US-amerikanische Filmkomponist John Williams. Nach einer Zeit des filmmusikalischen Experiments und der partiellen Abkehr von romantizistischen und orchestralen Idiomen während der 1950er- und 1960er-Jahre wird Williams neben Jerry Goldsmith und Elmer Bernstein als Schlüsselfigur für eine neue filmmusikhistorische Epoche angesehen. Seine Rolle für die Filmmusik-Historie wird dabei kontrovers diskutiert, mehrheitlich anerkannt ist jedoch, dass er nach dem Golden Age Hollywoods die zweite Periode leitmotivisch-sinfonischer Filmkomposition als Schlüsselfigur einläutete. Mit *Jaws* (vgl. Spielberg 1975) und vor allem *Star Wars* (vgl. Lucas 1977) beginnt diese neue Phase des stärkeren Rückbezugs auf die Leitmotivik und sinfonisch-spätromantische Klangästhetik, die seit 1950 zurückgedrängt worden war (ohne gänzlich verschwunden zu sein; vgl. Halfyard 2013; Bribitzer-Stull 2017; Audissino 2017a; Albrecht 2021).

Der Filmhistoriker Emilio Audissino (2017a: 225) stilisiert Williams zum letzten überlebenden Sinfonisten, der sich auf traditionelle Techniken des Hollywood-Sound besinne und hochwertige, komplexe sinfonische Musik mit Leitmotiv-Techniken, Kontrapunkt und klassisch beeinflussten Formanlagen (Sonatensatz) schreibe. Allerdings zeigt Audissino (2017a: 226 f.) selbst auf, dass Williams als filmmusikalisches Chamäleon stilistisch äußerst vielseitige Scores geschrieben hat – keineswegs nur im orchestral-sinfonischen Stil. Dadurch sei Williams die personifizierte Brücke zwischen Hollywoods Vergangenheit und seiner Gegenwart. Gerade für die filmischen Fiktive-Welten-Genres sind Williams' Scores vorbildhaft geworden und haben vielfache Nachahmungen gefunden. Für Halfyard (2013: 171) etablierte Williams durch seine Filmscores zu *Star Wars* (vgl. Lucas 1977), *Close Encounters of the Third Kind* (vgl. Spielberg 1977) und *Superman* (vgl. Donner 1978) über Jahrzehnte auch den Sound der Filmgenres Science-Fiction, Superhelden und Fantasy.

Videobeispiel 6: John Williams – *Star Wars*, Obi Wan Kenobis Tod, URL: https://youtu.be/9IiNhsoceaY (vgl. Screen Themes 2022).

Die Spannung des Lichtschwert-Kampfes zwischen Obi Wan Kenobi und dem Antagonisten Darth Vader in *Star Wars* (vgl. Lucas 1977) wird zunächst durch keinen musikalischen Score untermalt; stattdessen ist die Soundebene des Films durch technische Geräusche wie das Wabern und Knistern der Lichtschwerter sowie die erhöhte Atemfrequenz von Vaders Maske bestimmt (vgl. Screen Themes 2022: 00'00"–00'50"). Erst mit der überraschenden Entscheidung Kenobis, den Kampf nicht fortzusetzen, seinem Tod und der anschließenden Flucht der Protagonist*innen erklingt Williams' Score: Zunächst wird das Force-Thema angedeutet, das die alles durchdringende Macht der Jedi repräsentiert (vgl. ebd.: 00'50"–00'58"); die anschließende, dynamische Musik begleitet nicht nur die einsetzenden Kampfszenen, sondern untermauert auch die Tragweite von Kenobis Entscheidung und verdeutlicht mit Andeutungen des heroischen Main Titles, dass es sich hier nicht um eine tragische Niederlage handelt. Die Rhythmisierung, die chromatisch-polytonale Melodieführung und das bläserlastige Arrangement erinnern zudem in ihrem Duktus an den ersten Satz „Mars" aus Gustav Holsts Orchestersuite *The Planets* (vgl. ebd.: 00'58"–01'57"). Das lyrische Force-Leitmotiv im Anschluss spiegelt einerseits Luke Skywalkers Trauer über den Verlust wider, verweist durch seine leitmotivische Eigenschaft aber auf weitere semantische Ebenen, die über die Szene selbst hinausgehen: Sowohl Lukes Erinnerungen an den geliebten Onkel Ben Kenobi als auch Vorahnungen auf weitere Ereignisse im Zusammenhang mit Lukes Bestimmung (die Luke noch nicht wissen kann) werden hier musikalisch angedeutet (vgl. ebd.: 01'57"–02'30"). In klanglicher Hinsicht bildet der streng orchestral-leitmotivische Score einen prägnanten Kontrapunkt zu den übrigen Sound-Ereignissen sowie dem Science-Fiction-Setting des Films (vgl. auch Buhler 2000).

Klangbeispiel 11: Gustav Holst – *The Planets*, Mars, the Bringer of War, URL: https://open.spotify.com/intl-de/track/08bONIq29Lp9rwdMRVDkqy?si=76a5fcd044bd4495 (vgl. Holst 2002a).

Der martialische erste Satz aus Holsts Orchestersuite *The Planets* ist von einem treibenden Rhythmus im 5/4-Takt geprägt, der über dem Grundton G, später C einen prägnanten Wechselrhythmus aus triolischen und duolischen Achteln darstellt (vgl. Holst 2002a: 00'00"–02'02"). Darüber schweben bitonale, synkopische und teils chromatische Melodiestimmen in Streichern und Holzblasinstrumenten, die stilistisch moderne Anklänge an den Impressionismus und Expressionismus des frühen 20. Jahrhunderts offenlegen, aber auch ihre romantischen Vorbilder – etwa Liszts *Dante-Sinfonie* – erkennen lassen (vgl. ebd.: 01'00"–02'21").

Zacharopoulos (2017: 238) betont die Nähe von Williams auch zur musikalischen Klassik: Williams' oft geäußerte Liebe zu Haydn, Mozart und Beethoven zeige sich unüberseh- und unüberhörbar in seinen Partituren und Werken; doch auch stilistische Einflüsse von Gustav Holst (primär mit seiner Orchestersuite *The Planets*) sowie filmmusikalischer Vorläufer*innen wie Erich Wolfgang Korngold und Miklós Rózsa seien nicht abzuweisen (vgl. auch Kloppenburg 2012/2015; Audissino 2017a). In der musikalischen Syntax von Williams-Motiven in 66 Filmen weist Zacharopoulos (2017: 248) typische Muster von Satz- und Periodenformen nach, die er als Adaptionen klassischer Satzstrukturen interpretiert. Sie präsentieren ein musikalisches Thema oder Motiv, das zumeist wiederholt und dann in verschiedenen Formen variiert, kontrastiert oder moduliert wird – vergleichbar der Themenverarbeitung klassischer Sonatensatzformen. Williams' Formen zeigen sich jedoch deutlich variabler, da sie sich den filmischen Gegebenheiten und dem Narrativ anpassen müssen.

Notenbeispiel 4: John Williams – *Star Wars: Episode I – The Phantom Menace*, Duel of the Fates, Beginn (Quelle: eigene Transkription).

Für den (in der Reihenfolge der historischen Erscheinungsdaten) vierten *Star-Wars*-Film *Episode I – The Phantom Menace* (vgl. Lucas 1999) erweitert Williams das Orchester um einen gemischten Chor, der das bekannt gewordene Thema „Duel of the Fates" einleitet. Das Motiv repräsentiert den zentralen Antagonisten Darth Maul, steht aber auch für die finale kämpferische Auseinandersetzung zwischen Gut und Böse am Ende des Films. Der Chor singt ein auf Sanskrit übertragenes Gedicht walisischer Herkunft; die für die meisten Hörer*innen wohl unverständlichen Verse und ihre Bedeutung haben höchstens ergänzende Relevanz. Im Vordergrund steht die musikalisch-dramaturgische Aussage: Der Chor verleiht dem Musikstück eine zeitlose Dramatik, die ein düster-sakrales Element enthält.

Notenbeispiel 5: John Williams – *Star Wars: Episode I – The Phantom Menace*, Duel of the Fates, Hauptmotiv (Quelle: eigene Transkription).

Das Hauptmotiv von „Duel of the Fates" zeigt die enge motivische Verflechtung von Hauptstimme und Begleitung. Die Ostinato-Begleitung (hier dargestellt im Bassschlüssel) erschafft eine Grundanspannung, die nicht nur die athletische Dynamik und Bedrohungslage des Zwei- bzw. Dreikampfs widerspiegelt, sondern auch eine zyklische Form offenbart, die an die entsprechende romantische Maxime erinnert (siehe Kapitel 2.6.1): Das begleitende Motiv lässt sich in seiner Mikrostruktur auf einen Halbtakt beziehungsweise fünf einzelne Töne herunterbrechen und wiederholt sich in seiner Makrostruktur unzählige Male, jedoch transformierend. Im dramaturgischen Sinne ist dies die ständige Wiederholung des Kampfes zwischen Gut und Böse. Das melodische Motiv (dargestellt im Violinschlüssel) ist eine augmentierte, partielle Umkehrung des Begleitungsmotivs und zeigt ebenfalls starke Tendenzen zur ständig variierten Wiederholung; dadurch wird die enge Verwandtschaft der beiden Motive deutlich. Die zyklische Form gewinnt mythisch-zeitlosen Charakter. Besondere Prägnanz erhält das melodische Motiv durch das überraschend erklingende tiefe h (anstelle des erwarteten h1), also eine Oktave tiefer. Dadurch wird ein vollkommener Melodiebogen des zweitaktigen Motivs durchbrochen; die Melodie ist bewusst unvollkommen und gewinnt dadurch an individuellem Ausdruck.

> **Klangbeispiel 12:** John Williams – *Star Wars: Episode I – The Phantom Menace*, Duel of the Fates, URL: https://open.spotify.com/intl-de/track/415B3OUKVRUrNu09IRDufO?si=afa49ebc8a5c4b6e (vgl. Williams 1999).
>
> Die Album-Version von „Duel of the Fates" hat eine äußere Form, die als solche nur im Abspann von *Star Wars: Episode I* (vgl. Lucas 1999) erklingt, nicht jedoch in der finalen Konfrontationsszene des Films. Dennoch zeigen sich hier John Williams' dynamische Techniken zur Variation von Motivik, Klangfarbe und Expressivität. Das Chor-Intro setzt dabei den dramaturgischen Maßstab (vgl. Williams 1999: 00'00"–00'15"), woraufhin sich das Hauptthema entfaltet und mit dem Choral vermischt (vgl. ebd.: 00'15"–01'32"). Motivische Variation, Zunahme der Intensität und eine (mediantische) Modulation der Tonart von e-Moll nach g-Moll erschaffen einen vorläufigen Höhepunkt (vgl. ebd.: 01' 32"–02'04"). Zurück in e-Moll zeigt sich das Hauptmotiv nun variierter (vgl. ebd.: 02'04"–03'06"), bevor im reprisenartigen Schluss nochmals Dramatik und Intensität zunehmen (vgl. ebd.: 03'06"–04' 14"). Die zyklische, variierende Form und der dramatische Duktus unterstützen die mythenbildende Funktion eines immer wiederkehrenden Kampfes, dessen prinzipielles Wesen gleichbleibt und der deshalb losgelöst von konkreten Begebenheiten, räumlichen und zeitlichen Bezügen erscheint.

Williams' stilprägende Bedeutung für den Hollywood-Score des späten 20. Jahrhunderts wird in der Forschung einhellig betont (vgl. etwa Flinn 1992; Kloppenburg 2012/2015; Halfyard 2013; Audissino 2017a; Hill 2017; Zacharopoulos 2017; Lehman 2021). Differenzierter fällt das Urteil über die Nachwirkungen ins 21. Jahrhundert aus. Audissino (2017a) ist der Ansicht, dass Williams' sinfonische Filmmusiken spätestens seit der Jahrtausendwende ein Anachronismus seien und den Strömungen der Zeit widersprächen. Seine traditionelle, analoge Arbeitsweise mit Bleistift und Papier, aber auch die leitmotivisch-sinfonische Behandlung des Orchesters mit reichen Motivvariationen, detaillierten Arrangements und klassischen Satztechniken seien nicht mehr zeitgemäß. Der neuen Zeit unterstellt Audissino eine Aufweichung des sinfonischen Stils zugunsten eines mit (elektronisch verstärktem) Orchester eingespielten Pop-Scores: „The first general trait is a weakening of symphonic-style film music in favour of a simplified orchestral sound resembling more rock/techno/pop music arranged for orchestra rather than symphonic music" (Audissino 2017a: 222). Auch Lehman (2021) sieht Williams als Antipoden und romantisch beeinflussten Gegenpol zu Hans Zimmer, der für einen popmusikalisch und von der elektronischen Musik beeinflussten Filmmusikstil stehe. Ähnlich sieht auch Hill (2017: 317) Williams' Filmscores als gegenläufig zum Trend der allgemeinen melodisch-motivischen Reduktion an. Dennoch betonen beide Williams' Bedeutung für die Wiederkehr eines sinfonischen Stils, der viele Nachahmer*innen gefunden habe (vgl. auch Kloppenburg 2012/2015).

Ab den 1980er-Jahren führt eine technologische Entwicklung (abermals) zu einer tiefgreifenden Veränderung: Der Synthesizer, MIDI-Technik und die elektronische Klangverarbeitung mittels des Computers halten Einzug in die filmmusikalische Produktion – und sind seitdem nicht mehr aus dem Produktionsprozess wegzudenken (vgl. Lensing 2009; Elias 2017; Kohli 2018; Jaszoltowski/Riethmüller 2019). Diese Neuerung bewirkte Veränderungen auf verschiedenen Ebenen: Unter anderem entstehen weitgehend vom Sound des Synthesizers geprägte Filmscores wie etwa Vangelis' Musik zum dystopischen Science-Fiction-Film *Blade Runner* (vgl. Scott 1982). Mit den neuen Möglichkeiten digitaler Soundgestaltung nimmt auch die Bedeutung des Sounddesigns zu: Die Audiospur eines Kinofilms entwickelt sich zu einem komplexen, fein abgestimmten Gesamtmix aus Geräuschen und Atmosphären, O-Tönen (Dialogen), Soundeffekten und Musik. Als wegweisend für die rasante Entwicklung des Sounddesigns gilt neben *Star Wars* (vgl. Lucas 1977) der Antikriegsfilm *Apocalypse Now* (vgl. Coppola 1979), in dem sich gerade der atmosphärische Sound mit der Musik und dem Filmbild zu einem kunstvollen, komplexen und anspruchsvollen Gesamtgebilde vereinigt (vgl. Lensing 2009; Jaszoltowski/Riethmüller 2019: 106 f.).

> **Videobeispiel 7:** Francis Ford Coppola – Filmausschnitt aus *Apocalypse Now*, URL: https://youtu.be/hn37QfXw1-E (vgl. JoBlo Movie Clips 2020).
>
> Der berühmte Hubschrauber-Walkürenritt aus *Apocalypse Now* (vgl. Coppola 1979) ist auf mehreren Ebenen bemerkenswert. Die Soundebene schafft eine starke Immersion, indem sie nicht nur Atmosphäre durch dreidimensionalen Raumklang erzeugt, sondern auch dramaturgisch arbeitet: Der Kriegslärm der Rotoren, vermischt mit Richard Wagners Walkürenritt, steht im schroffen Gegensatz zur friedlichen Stille und dem Kindergesang im vietnamesischen Dorf (dessen nahende Zerstörung sich durch den Walkürengesang und die Hubschraubergeräusche ebenfalls primär auf der Soundspur ankündigt). Der Sound gewinnt hier dramaturgische Bedeutung und wird zur Vertiefung der Narration, aber auch der Grundbotschaft des Antikriegsfilms eingesetzt. Auch zeigt sich die Bedeutung des Sounddesigns anhand des Umgangs mit Wagners Walkürenritt: Ist dieser zu Beginn deutlich als durch die Lautsprecher im Hubschrauber ertönend erkennbar (vgl. JoBlo Movie Clips 2020: 00'06"–00'30"), scheint dasselbe Musikstück spätestens mit der Total-Einstellung des Hubschrauber-Geschwaders als Stimme aus dem Off zu erklingen (vgl. ebd.: 00'30"–01'21") – so, wie ein Filmscore erklingen würde und keine Source Music. Zuletzt muss in dieser Szene die radikale Umdeutung der präexistenten Musik Wagners zu einer schrillen und grausamen Schreckensfanfare genannt werden, die durch die Vermischung mit dem Sound des Krieges zusätzliche Brutalität gewinnt.

Ebenfalls seit den 1980er-Jahren gewinnen die Nutzung von Popsongs in Filmen als auch die Veröffentlichung von Filmmusik-Alben an Bedeutung, die sowohl Ausschnitte des Scores als auch Songs – darunter in der Regel einen Titelsong – enthalten. Beispiele dafür sind *Highlander* (vgl. Mulcahy 1986), *The Bodyguard* (vgl. Jackson 1992) oder *Titanic* (vgl. Cameron 1997). Der Titelsong wird als (nondiegetisch eingesetztes) Aushängeschild des Albums, aber auch als Höhepunkt der filmischen Dramaturgie eingesetzt, der die narrative Essenz des Films transportieren soll. Dabei vermischen sich die Stile von Song und Score: Der Song wird oft um Score-Elemente wie orchestrale Arrangements erweitert, während der Score etwa das Refrain-Thema des Songs adaptiert (vgl. Halfyard 2012; Wierzbicki/Platte/Roust 2012).

Flinn (1992: 151) zeigt darüber hinaus die Tendenz des Hollywood-Kinos seit dem späten 20. Jahrhundert auf, sich romantisierend auf frühere Jahrzehnte oder Epochen zu beziehen und so die Vergangenheit in immer neuen Retrospektiven wiederaufleben zu lassen. Diese nostalgischen Rückgriffe des Films auf das Mittelalter, das Viktorianische Zeitalter, die 1920er-, 1950er- oder 1970er-Jahre seien der Ausdruck eines Mangels, der durch utopische Vergangenheitsprojektionen kompensiert wird. Diese Reminiszenzen werden mit Einzelfallanalysen auch im Bereich der TV-Serien-Scores aufgezeigt, der eine ausgeprägte und immer weiter anwachsende musikalische Diversität anhand (aber nicht nur) der Genre-Grenzen aufweist. Neue Formate wie die Soap Opera *Dallas* (vgl. Jacobs 1978–1991) bringen musikalisch ausgesprochen konservative Konzepte: „Hier finden sich noch klassische Filmmusikelemente nach Hollywood-Manier: leitmotivische Themen [und] musikalische Nachzeichnungen des emotionalen Gehalts der Dialoge" (Krohn/Strank 2018: 161).

3.2.3 Besonderheiten in Deutschland und Europa

Die Beziehungen zwischen Hollywood und dem deutschen sowie europäischen Film im 20. und 21. Jahrhundert sind gerade in Bezug auf die Filmmusik unverkennbar eng. Nicht nur die häufige Emigration europäischer Filmkomponist*innen nach Hollywood verstärkte diese Nähe, sondern auch die damit zusammenhängende enge kulturelle und wirtschaftliche Verknüpfung von Hollywood und Europa. Ein wesentlicher Faktor der kulturellen Gemeinsamkeiten war und ist die gemeinsame Wurzel in romantizistischen Filmmusik-Konzeptionen. Die vielgestaltigen Verflechtungen und Beziehungen erschweren eine dezidert europäische oder deutsche Filmmusikgeschichte, die keinen Bezug auf Hollywood nimmt. Zusätzlich kommt die deutlich diversere und schier unübersichtliche Filmlandschaft Europas hinzu, die zu keinem historischen Zeitpunkt so homogen war wie Hollywoods Traumfabrik: Weder im ästhetischen noch im wirtschaftlichen Sinne gab es jemals eine einheitliche europäische Filmmusikproduktion. Im Folgenden sollen deshalb wichtige Unterschiede vorrangig in Bezug auf das Thema der vorliegenden Studie herausgestellt werden, wobei der Schwerpunkt auf die mitteleuropäischen und deutschen Verhältnisse gelegt wird (vgl. Mera/Burnand 2006; Kloppenburg 2012/2015).

Nach Kloppenburg (2012/2015: 25; 339) orientieren sich viele deutsche Filmkomponist*innen der Stummfilm- und frühen Tonfilmära stilistisch besonders stark an progressiven Vertreter*innen der Spätromantik wie Richard Wagner, Gustav Mahler oder Richard Strauss, deren Einfluss bis weit in die erste Hälfte des 20. Jahrhunderts hinein prägnant bleibt. Die Versuche der Filmkomponist*innen, ihre musikalischen Kompositionen durch die Adaption sinfonischer Elemente zu adeln und ihnen dadurch den in Deutschland besonders verbreiteten Ruch minderwertiger Gebrauchs- oder Salonmusik zu nehmen, sind allerdings von wechselhaftem Erfolg. Kloppenburg bezeichnet den sich durch die spätromantischen ästhetischen Ideale herauskristallisierenden Stil als „Tonfilmsymphonik" (Kloppenburg 2012/2015: 348), die die Filmmusik in Deutschland über drei Jahrzehnte geprägt habe und „genau bis zu jenem Punkt in der Entwicklung der europäischen Kunstmusik zurück[gehe], der die Bruchstelle der nach 1910 zunehmend gestörten Kommunikation zwischen Konzerthörern und zeitgenössischen Tonsetzern markiert" (Kloppenburg 2012/2015: 348): Wer sich als Rezipient*in nicht mit den disruptiven Ideen der neuen musikalischen Avantgarde anfreunden und der Neuen Musik wenig abgewinnen konnte, fand in vielen deutschsprachigen Tonfilmkompositionen der 1920er- und 1930er-Jahre Genugtuung durch die stilistische und ästhetische Nähe zur spätromantischen Sinfonik. Jedoch gibt es vor allem in den 1920er-Jahren auch gegenläufige Tendenzen – etwa diejenige, Musik im Stile der Wiener Schule um Arnold Schönberg oder anderer Gattungen für die Komposition im Film anzuwenden. Werner Richard Heymann beispielsweise, einer der prägenden Filmkomponisten der ersten deutschen UFA-Tonfilmproduktionen wie des Kassenerfolgs *Der Blaue Engel* (vgl. von Sternberg 1930), verbindet Revuemusik, Musical und Jazz mit romantischen Einflüssen (vgl. Volker 2006; Kloppenburg 2012/2015).

Eine filmhistorische Zäsur stellt die Machtergreifung durch den Nationalsozialismus ab 1933 dar, die viele bedeutende Komponist*innen, darunter Werner Richard Heymann, Erich Wolfgang Korngold, Hanns Eisler, Franz Wachsmann (später Waxman) und Miklós Rózsa, in die Emigration treibt – zumeist nach Hollywood. Durch die NS-Zensur werden Ansätze neuer stilistischer Entwicklungen – beispielsweise die Einbindung des verpönten amerikanischen Jazz oder der Neuen Musik – unterdrückt (vgl. Volker 2006). Die Kultur- und Gleichschaltungspolitik der Nationalsozialisten führt nicht nur zu biographischen Brüchen und schwierigen Bedingungen für viele Zwangs-Exilant*innen und andere unerwünschte Künstler*innen im NS-Staat, sondern auch zu einem kulturellen Aderlass für Mitteleuropa: „Within a few weeks the German film industry had deprived itself of some of its most talented musical pioneers" (Volker 2006: 19). Bedeutende Filmkomponist*innen, die sich mit dem NS-Regime arrangieren, wie

Franz Grothe oder Giuseppe Becce, können sich zwar teils eine eigene musikalische Klangsprache erarbeiten. Unter der nationalsozialistischen Gleichschaltung wird dennoch eine weitgehend einheitliche Musiksprache mit klaren Reminiszenzen an die Spätromantik im Stil etwa von Richard Strauss etabliert, die einen deutlich heroisierenden Charakter mit starken klischeehaften und schablonenhaften Anteilen hat. Herbert Windt, einer der prägenden Filmkomponisten unter der NS-Diktatur, machte derart reichlichen Gebrauch von pompösen Fanfaren und klischeehaften Heldenmotiven, dass seine Kompositionen zuweilen an verzerrte Abziehbilder der Musikdramen Wagners oder der sinfonischen Werke Mahlers[11] erinnern. Auch Märsche sowie der „Optimismusschlager" (Volker 2006: 24) erfreuen sich in der NS-Zeit – jeweils aus politischen Gründen und vom Propagandaministerium vorgegeben – großer Beliebtheit (vgl. Kloppenburg 2012/2015; Volker 2006).

Videobeispiel 8: Herbert Windt – *Triumph des Willens*, Eröffnungsszene, URL: https://youtu.be/_6uVrO5d6KU (vgl. Berg 2013).

Herbert Windts Score zum NS-Propagandafilm *Triumph des Willens* (vgl. Riefenstahl 1935) zeigt die verführerische Kraft von propagandistisch eingesetzter Filmmusik. Der eingangs erklingende Orchestermarsch (vgl. Berg 2013: 00'08"–00'50") zeigt Reminiszenzen an den spätromantischen Orchesterklang, wird jedoch von einem simplen und effektbeladenen Thema geprägt, das keinerlei Zweifel zulässt und die NS-Ideologie rauschhaft überhöht. Ebenso eindeutig wird die aus der Sicht des Films schändliche Vergangenheit mit der deutschen Niederlage im Ersten Weltkrieg musikalisch düster gezeichnet (vgl. ebd.: 00'58"–01'17"). Die orchestrale Adaption des Horst-Wessel-Lieds glorifiziert den Nationalsozialismus (vgl. ebd.: 03'03"–03'59"), während Hitlers Eintreffen auf dem Parteitagsgelände in Nürnberg auch durch die stark suggestive Heldenmusik in eine sakral überhöhte Ankunft eines Heilands verwandelt wird, der mit enthusiastischem Jubel willkommen geheißen wird (vgl. ebd.: 04'00"–04'53"). Die Filmmusik Windts nutzt die propagandistische Wirkmacht von Scheinmythen, um Hitlers NS-Staat und seine totalitäre Ideologie als eine utopische Verheißung und mythische Bestimmung des deutschen Volks umzudeuten. Dafür verzichtet Windt auf Modulationen, Variationen oder komplexe motivische Gestaltung und legt Wert auf maximalen Effekt durch motivische Simplizität, Adaptionen bekannter Propagandalieder und emotionale, effektbeladene Einfärbung, um die gewünschte (und geforderte) Wirkung zu erzielen.

Neben diesem nicht nur für die deutsche und europäische Filmmusik tragischen, in seinem Ausmaß gewaltigen kulturellen Emigrationsschub in Richtung Amerika durch die Machtergreifung der Nationalsozialist*innen, verstärkte die Auswanderungswelle auf der anderen Seite die europäisch-amerikanische geistige Ver-

---

11 Auf die musikhistorische Sonderrolle Gustav Mahlers kann hier nicht detailliert eingegangen werden; Mahler soll deshalb hier allgemein als Protagonist des Übergangs von der Spätromantik in die Moderne eingeordnet werden (vgl. Pederson 2014; Keil 2018).

wandtschaft bei der ästhetischen Filmmusikgestaltung: Die großen amerikanischen Filmproduktionsfirmen griffen wiederholt auf die musikalisch fundiert ausgebildeten europäischen Komponist*innen zurück. In Europa dagegen kommt es nach einer innovativen Phase der filmmusikalischen Experimente in den 1920er- bis 1930er-Jahren zu einem kreativen Stillstand, der erst in den 1950er-Jahren aufgebrochen wird (vgl. Volker 2006; Kloppenburg 2012/2015; Bullerjahn 2012/2015).

Neue filmmusikalische Tendenzen treten wie auch in Hollywood vor allem ab dem Ende der 1950er-Jahre auf, indem Jazz- und Popmusik wieder an stilistischem Einfluss auf die deutsche Filmmusik gewinnen; Beispiele dafür sind die zahlreichen Filmkompositionen von Hans-Martin Majewski und Jürgen Knieper. Experimentierfreudiger zeigen sich die 1970er- und 1980er-Jahre mit vielfältigen Bezügen zur Pop- und elektronischen Musik. Seit den 1990er-Jahren attestiert Kloppenburg der deutschsprachigen Filmmusikszene jedoch eine erneute „Stagnation" (Kloppenburg 2012/2015: 360), die auch in der wieder verstärkten Auswanderung talentierter deutscher und europäischer Filmkomponist*innen wie Hans Zimmer, Klaus Badelt, Tom Holkenborg, Marc Streitenfeld oder Ramin Djawadi nach Hollywood begründet ist (vgl. Kloppenburg 2012/2015). Es ist kein Zufall, dass alle aufgeführtem Komponisten zumindest zeitweilig in Hans Zimmers Filmmusik-Produktionsunternehmen „Remote Control" (vormals „Media Ventures") tätig waren; von der bedeutenden Rolle dieses Unternehmens auch für Hollywood wird noch zu sprechen sein (vgl. Audissino 2017a; Hans-zimmer.com 2024a).

Mera und Burnand (2006) sehen auch im 21. Jahrhundert den Arthaus-Film als wesentliches Unterscheidungsmerkmal des europäischen Kinos zu Hollywood – und zugleich als Symbol der Abgrenzung einer hochkulturellen europäischen Filmkunst zum popkulturellen Hollywood-Massenkino. Zugleich zeigen sie auf, dass es dennoch zu zahlreichen engen Anknüpfungspunkten zwischen europäischem und amerikanischem Kino kam – in kultureller, aber, gerade in Bezug auf die Filmkompositionen, auch in stilistisch-ästhetischer Hinsicht. Wie genau diese vielfältigen Beziehungen aus der historischen Perspektive heraus zu betrachten sind, ist weiterhin Gegenstand der Forschung und kann hier nicht in genügendem Umfang untersucht werden (verwiesen sei exemplarisch auf Audissino 2017a und Jaszoltowski/Riethmüller 2019).

3.2.4 Entwicklungen im 21. Jahrhundert

Auch im 21. Jahrhundert ist Hollywood einer der maßgeblichen Orte für die weltweite Kinofilm- und Serienproduktion: „Komponieren für den narrativen Film wurde und wird in Hollywood geprägt" (Kloppenburg 2012/2015: 178). Der globale

Einfluss reicht so weit, dass auch nicht in Hollywood produzierte audiovisuelle Medien stark von der dort etablierten Ästhetik, von Hollywoods Produktionsprozessen und Arbeitsteilungen geprägt sind (vgl. Xalabarder 2013: 132; Krohn/Strank 2018). In Bezug auf technische, konzeptuelle und kompositorische Entwicklungen zu Beginn des 21. Jahrhunderts überwiegt in der historischen Filmmusikforschung die Betonung von Kontinuität: Bedeutende Fiktive-Welten-Scores mit hohem Wirkungsgrad sind etwa Howard Shores Filmmusik zur Filmtrilogie *The Lord of the Rings* (vgl. Jackson 2001; 2002; 2003), deren Kompositionsweise der Leitmotivik, aber auch dem spätromantischen Duktus von Richard Wagner auffallend ähnlich ist (vgl. Bribitzer-Stull 2017: 280). Auch John Williams' Filmmusik zu *Harry Potter and the Philosopher's Stone* (vgl. Columbus 2001) sowie seinen Fortsetzungen (vgl. etwa Yates 2010; Yates 2011; Yates 2016) weisen viele Merkmale der Leitmotivik des Hollywood-Sounds beziehungsweise Richard Wagners auf (vgl. Bribitzer-Stull 2017: 281; Lehman 2021). Kloppenburg (2012/2015: 92) sieht eine große Kontinuität in der Kompositionsweise vom klassischen Hollywood-Sound bis zu Komponist*innen des ausgehenden 20. und beginnenden 21. Jahrhunderts wie Hans Zimmer, Alexandre Desplat oder Howard Shore, ohne dass er deswegen einen einheitlichen kompositorischen Stil konstatiert. Die mangelnde Innovation wird in der Literatur bisweilen auch kritisch bewertet (vgl. Hill 2017; Audissino 2017a).

Dennoch sind wichtige Tendenzen in der historischen Betrachtung der jüngeren Filmmusikgeschichte festzustellen, die für die vorliegende Forschungsperspektive interessant sind. In der Filmmusikforschung werden für das 21. Jahrhundert zwei bedeutende Entwicklungen beschrieben, die im Folgenden skizzenhaft wiedergegeben werden sollen: Erstens die sogenannte Hans-Zimmer-Ära mitsamt der disruptiven Veränderung von filmmusikalischen Produktionsprozessen, zweitens die Franchise-Ära mitsamt dem Aufleben von (Superhelden-)Franchises, filmischen Serialisierungen und hochwertigen narrativen Serienformaten auf Streaming-Portalen. Beide Entwicklungen können durchaus als gegensätzliche Pole gedeutet werden: Vereinfacht gesagt steht Erstere für (technische) Innovation, Letztere für musikalisch-inhaltliche Kontinuität.

Bereits in den 1990er-Jahren setzt eine durch die rasant voranschreitende Digitalisierung beschleunigte Entwicklung ein, an der Hans Zimmer mit seiner Produktionsfirma „Media Ventures", später „Remote Control Productions" maßgeblich beteiligt ist: „[...] Hans Zimmer can be considered the key figure in today's Hollywood music. His work has influenced most of the younger-generation Hollywood composers, many of them having even taken their first steps under his guidance" (Audissino 2017a: 222 f.). Ist es zuvor üblich gewesen, dass Filmkomponist*innen die ersten Entwürfe und Ideen handschriftlich festhalten und etwa der*dem Regisseur*in zur Abnahme vorspielen, wird dieses mühsame Prozedere nun durch eine deutlich schnellere (und damit flexiblere wie kostengünstigere) Innovation verdrängt: Die MIDI-Technik erlaubt es, mittels Instrumenten-Plugins bereits in einer frühen Produktionsphase eine annähernd echt klingende Demo-Version des angedachten Scores anzufertigen und zu präsentieren – auch und gerade zur Imitation eines großes Orchesters. Diese Demo-Version kann so beispielsweise auf einen Rohschnitt des Films synchronisiert und jederzeit schnell angepasst werden. Das bringt neben der Zeitersparnis auch Planungssicherheit für die kreativen Entscheider*innen der filmischen Produktion, bedeutet aber auch, dass der zeitliche Druck auf die Filmkomposition sich nochmals erhöht und das langwierigere analoge Komponieren (und erst nachträgliche Digitalisieren) bisweilen nicht mehr zu bewerkstelligen ist (vgl. Audissino 2017a; Coleman/Tillman 2017; Schrader 2017; Lehman 2021).

Die Möglichkeiten der digitalisierten Komposition – wobei in diesem Zusammenhang der Begriff Komposition in einzelnen Forschungsbeiträgen durchaus angezweifelt wird (vgl. Kloppenburg 2012/2015: 92; Audissino 2017a: 230) – führen auch zu einer stärkeren Verschmelzung von Musik und Sound: Die motivisch-thematische *Komposition* erhält Konkurrenz durch das musikalische *Design*, das nicht mehr das melodisch-harmonische Grundgerüst, sondern den *Sound* in den Fokus rückt. Gerade hier werden Hans Zimmers Scores, etwa zu Christopher Nolans *The-Dark-Knight*-Trilogie (vgl. Nolan 2005; 2008; 2012) oder zum Science-Fiction-Film *Inception* (vgl. Nolan 2010) als wegweisend und ab den 2000er-Jahren als dominant beschrieben: „The Zimmer blast, the Zimmer sting, the mammoth Zimmer chord, all have become not only expected tropes of his own scores, but are found in the symphonic scores of the vast majority of blockbusters to appear since *The Dark Knight*" (Coleman/Tillman 2017: 5). Dabei ist Zimmers Arbeitsweise von Teamwork und Arbeitsteilung geprägt, wodurch er unter anderem über seine Produktionsfirma Einfluss auf viele Kolleg*innen ausgeübt hat. Frank Lehman ordnet neben Hans Zimmer selbst eine ganze Reihe von etablierten Filmkomponist*innen dem Zimmer-Sound zu: Er nennt unter anderem Ramin Djawadi, Henry Jackman, John Powell, Trevor Rabin, Klaus Badelt, Nick Glennie-Smith und Harry Gregson-Williams als bedeutende Vertreter der Hans-Zimmer-Ära (vgl. Lehman 2021: 125).

> **Klangbeispiel 13:** Hans Zimmer – *Inception* – Dream is Collapsing, URL: https://open.spotify.com/intl-de/track/5xKVYMxOHB2XRLCUafFrz6?si=ed5255ce0f9c442f (vgl. Zimmer 2010).
>
> Hans Zimmers Musikstück „Dream is Collapsing" ist ein Ausschnitt des Scores zum Science-Fiction-Thriller *Inception* (vgl. Nolan 2010) – wenn auch in einer für das Musikalbum bearbeiteten Version. Das kurze Stück zeigt mehrere distinkte Merkmale des Scores, die seine innovativen Besonderheiten prägnant hervorheben. In einem klaren Dreivierteltrhythmus werden mehrere musikalische (oder Sound-)Schichten nach und nach addiert, was an die kompositorische Baukasten-Technik erinnert (siehe Kapitel 3.8.4). Statt eines klaren melodischen Motivs oder thematischen

Satzes drängen sich hier zwei andere Ebenen prägnant in den Vordergrund: Sound und Harmonik. Eingeleitet von E-Gitarre, elektronischem Bass und Synthesizern (vgl. Zimmer 2010: 00′00″–00′34″), werden Streicher, elektronische Percussion und Blechblasinstrumente darüber aufgeschichtet, die sich schließlich zu einem ersten Höhepunkt zuspitzen (vgl. ebd.: 00′34″–01′34″). Nach einem Tonartwechsel von g-Moll zu c-Moll kommen tiefe Drums, Glockenschläge und hohe Streicher hinzu und erzeugen einen weiteren, noch stärkeren Höhepunkt (vgl. ebd.: 01′34″–02′23″). Brachiale Blechblasinstrumente im tiefen Register werden elektronisch verzerrt, um einen neuartigen und zugespitzten, aber immer noch mit bisherigen Hörkonventionen verwandten Gesamtsound zu erreichen. Die nur um einen Halbtonschritt variierende Oberstimme wird durch eine innovative Harmoniefolge untermalt: Die teils von mediantischen Wechseln geprägte Abfolge i-VII-VIb-III# oder im vorliegenden Beispiel g-Moll / Ges-Dur / Es-Dur / H-Dur entspricht nicht traditionellen Kadenzen, zeigt aber jeweils eine Akkordverwandtschaft von je einem gleichen Ton auf; diese eingeschränkte Tonverwandtschaft lässt g-Moll (beziehungsweise c-Moll nach dem Tonartwechsel) immer noch als Tonika-ähnlichen Bezugspunkt erscheinen. Zimmer knüpft hier in harmonischer Hinsicht an Bernard Herrmanns Techniken etwa in *Vertigo* an (vgl. Lehman 2018: 153 f.). Die Kombination dieser innovativen Eigenheiten symbolisiert die zusammenstürzende filmische Traumwelt und stellt eine Konnotation zum modernen Science-Fiction-Setting her, ohne zu stark mit Gewohnheiten zu brechen. Die Eingängigkeit und Effektivität des achttaktigen Patterns zeigt kaum Adaptionen eines spätromantisch-sinfonischen Orchesterklangs, besticht aber durch das Idiom der radikalen Ausdruckssteigerung und Überwältigung. Die Musik weist eine eigene Syntax auf und passt sich nur eingeschränkt an einzelne szenische Ereignisse der Filmdiegese an; vielmehr entwickelt sie eine eigene musikalische semantische Ebene: Der Score ist die poetische, abstrahierte Vertonung eines bösen Maschinentraums, der stark dystopische Bezüge aufweist.

Diese disruptiven Neuerungen sind auch in der Forschung erkannt worden. Halfyard (2013: 184) konstatiert einen Bruch mit den bisher etablierten Genre-Konventionen des Superhelden-Films in Hans Zimmers und James Newton Howards Filmscore zu *Batman Begins* (vgl. Nolan 2005): An die Stelle leitmotivisch-sinfonischer Filmmusik ist ein von Ostinati und innovativen Musik-Sound-Vermengungen geprägter Score gerückt. In den Fortsetzungen (vgl. Nolan 2008; 2012) wird die integrale Verzahnung von Musik und Sound noch weiter ausgebaut: Der Klang des umherwehenden Umhangs des Protagonisten als leitmotivisch eingesetztes Erkennungsmerkmal ist ikonisch geworden.

Doch Zimmer und seine Mitstreiter*innen schaffen den leitmotivisch-orchestralen Score damit nicht ab, sondern erweitern ihn lediglich. Kloppenburg (2012/2015: 322) betont gerade Zimmers leitmotivische Arbeit in seinen jüngeren Werken, wobei der Komponist die Basis der sinfonischen Themenverarbeitung und des Orchesterklangs ganz selbstverständlich um andere musikalische Elemente wie Shanty- oder, Jazz-Musik, E-Gitarren-Einwürfe oder folkloristische Klänge bereichert. Der reine Orchestersound wird hier abgelöst und durch einen erweiterten, aber immer noch orchestral geprägten Klang ersetzt. Zimmer kreiert damit seinen eigenen Sound, den „Zimmer-Sound" (Kloppenburg 2012/2015: 322), eine wuchtige Mischung aus sinfonischen und elektronischen Klanganteilen, die in verschiedenen Scores immer wieder um Sound-Innovationen bereichert wird (vgl. Kloppenburg 2012/2015: 214 u. 322; Hill 2017; Lehman 2021).

> **Videobeispiel 9:** Hans Zimmer – *The Dark Knight Rises*, Batpod-Verfolgungsjagd, URL: https://youtu.be/F9DYqoWl_JE (vgl. Movieclips 2020).
>
> In der gezeigten Szene des letzten Teils von Christopher Nolans *Batman*-Trilogie (vgl. Nolan 2012) wird der Protagonist, auf der Suche nach dem Filmbösewicht Bane, selbst zum Ziel der Polizei und muss in einer Verfolgungsjagd durch Gotham City entkommen. Die Szene weist verschiedene dramaturgische Wendepunkte auf, die auch durch den Score von Hans Zimmer mitkreiert werden: Einer von Banes Gefolgsmännern wird von Batman gestoppt, der mit seinem Signature-Sound (dem sogenannten Bat Flap Sound) auftritt (vgl. Movieclips 2020: 00'23"–00'33"). Erst nach Batmans Realisierung, dass er in eine Falle geraten ist, setzt der Score wieder ein und steigert sich in der Folge immer weiter, als der Protagonist die Flucht antritt (vgl. ebd.: 00'42"–02'06"). Die überraschende Pointe, dass der scheinbar umstellte Batman mit seinem futuristischen Fluggerät aus dem Schatten entkommt, wird mit bewusster (musikalischer) Stille ausgefüllt: Stattdessen reicht hier der brachiale Sound des hypermodernen Flugantriebs als dramaturgischer Überraschungseffekt aus (vgl. ebd.: 02'06"–02'36"). Der Score selbst wird von einem festen Rhythmus angetrieben und setzt sich aus elektronischen Drums und pulsierenden Bässen, Streicher-Ostinati, tiefen Blechbläser-Einwürfen und perkussiven Effekten zusammen. Zimmers Filmmusik gibt damit nicht nur einen musikalischen Puls, sondern trägt den Film dramaturgisch mit und schafft gleichzeitig ein atmosphärisches Fundament: Die Musik begleitet nicht allein die Actionsequenzen, sondern betont das düstere und hochgefährliche Ambiente von Gotham City und charakterisiert Batman als dunklen Helden, den eine tragisch-pessimistische Aura umgibt.

In der Einleitung ihres Sammelbands *Contemporary Film Music* (vgl. Coleman/Tillman 2017) versuchen die Filmwissenschaftler*innen Lindsay Coleman und Joakim Tillman, die zentralen filmgeschichtlichen Entwicklungen im frühen 21. Jahrhundert prägnant zu charakterisieren:

> The twenty-first century is a strange time for films. Franchises upon franchises, a dwindling art house, piracy, one-off gimmick films propagating film series which last eons, and nostalgia, nostalgia, nostalgia. Mix in the increasing narrative power of animated films, the growing thematic sophistication of genre works, and the diminishing returns of filmdom's acknowledged auteurs, and one is left with a strange beast, a reanimated Frankenstein of cinema, torn apart and reassembled, torn apart and reassembled, endlessly. (Coleman/Tillman 2017: 1)

Die Charakterisierung als Franchise-Ära[12] geht auf den kontinuierlich wachsenden Erfolg von filmischen Franchises zurück, die in den 2010er-Jahren schier

---

12 Coleman/Tillman verwenden das englische Äquivalent des Begriffs: „franchise era" (Coleman/Tillman 2017: 5).

übermächtig wirken. Dabei bezeichnet Franchise hier die film- beziehungsweise medienrechtliche Verwertung oder Lizenzierung von Marken, Reihen und filmischen Universen. Die Filmreihen und Serialisierungen beispielsweise zu *Star Wars* (vgl. etwa Lucas 1977; Kershner 1980; Marquand 1983; Abrams 2015; Johnson 2017; Howard 2018; Abrams 2019), *Jurassic Park* beziehungsweise *Jurassic World* (vgl. etwa Spielberg 1993; Trevorrow 2015), *X-Men* (vgl. etwa Vaughn 2011; Mangold 2017), *Lord of the Rings* beziehungsweise *The Hobbit* (vgl. Jackson 2001; 2002; 2003; 2012; 2013; 2014a; McKay/Payne 2022–2024), *Harry Potter* beziehungsweise *Fantastic Beasts* (vgl. etwa Columbus 2001; Yates 2010; Yates 2011; Yates 2016), *Pirates of the Caribbean* (vgl. etwa Marshall 2011), *Marvel Cinematic Universe* (vgl. etwa Favreau 2008; Russo/Russo 2018; 2019), die *Dark-Knight*-Trilogie (vgl. Nolan 2005; 2008; 2012), *Transformers* (vgl. etwa Bay 2007), *The Hunger Games* (vgl. etwa Ross 2012) oder *DC Extended Universe* (vgl. etwa Snyder 2013; Wan 2018) sind nicht nur in kommerzieller Hinsicht erfolgreich, sondern weisen auch allesamt mindestens deutliche Bezüge zu den Fiktive-Welten-Genres Fantasy, Superhelden und Science-Fiction auf (vgl. IMDb.com, Inc 2024; Marvel Entertainment, LLC 2024). Der Erfolg der Franchises führt filmmusikalisch zu starken Kontinuitätsbewegungen oder – mit den Worten Colemans/Tillmans (2017: 1) – nostalgischen Tendenzen. Die wiederkehrenden Superheld*innen und gleichartigen Reihentitel begünstigen Jingle-artige Titelthemen, das ständig wiederholte Aufgreifen bereits bekannter musikalischer Motive, Themen und Stile sowie nur leichte Abwandlungen von bereits bekanntem musikalischem Material: „the era we are in fosters thematic and compositional conservatism" (Coleman/Tillman 2017: 8). Neben einem thematischen Minimalismus sehen sie nur auf dem Feld von Sound und Produktion experimentelle Prozesse und Kreativität, wie sie an den Beispielen von *The Social Network* (vgl. Fincher 2010) und *The Dark Knight* (vgl. Nolan 2008) verdeutlichen.

Klangbeispiel 14: Ramin Djawadi – *Game of Thrones (Season 1)*, Main Title, URL: https://open.spotify.com/intl-de/track/2USBToQBjvRoL22yzmURIr?si=8af9751dc86d4b7a (vgl. Djawadi 2011).

Klangbeispiel 15: Ramin Djawadi – *House of the Dragon (Season 1)*, The Heirs of the Dragon, URL: https://open.spotify.com/intl-de/track/75EiP8M4Egeqndtv08lD66?si=251aa1d39ca341f0 (vgl. Djawadi 2022).

Die beiden Musikbeispiele stammen aus zwei unterschiedlichen Serien – auch wenn *House of the Dragon* (vgl. Condal/Martin 2022–2024) eine Prequel-Serie ist und in demselben filmischen Universum angesiedelt ist wie *Game of Thrones* (vgl. Benioff/Weisz 2011–2019). Dennoch sind Instrumentierung, und thematisches Material nicht nur verwandt, sondern annähernd gleich. Während der Main Title der beiden Serien identisch ist und stets als Introstück der jeweiligen Episoden erklingt, ist „The Heirs of the Dragon" das erste eigene Musikstück des Prequels. Auch hier wird der originalen musikalischen Substanz kaum etwas hinzugefügt: Der atmosphärische Beginn lässt das aus der Vorgängerserie bekannte Drachen- oder Drachenflug-Motiv anklingen (vgl. Djawadi 2022: 00′00″–01′05″), bevor über die aus dem Main Title bekannte Begleitungsmelodie das eben-

> falls der Originalserie entstammende königliche Leitmotiv erklingt (vgl. ebd.: 01'22"–01'59"). Das leitmotivische Material wird hier im Sinne einer möglichst ausgeprägten Kontinuität weiterverwendet und schafft dadurch einerseits eine mythisierende Brücke über die einzelne Serie hinaus, lässt andererseits aber wenig Platz für neue Ideen und Innovationen.

Nicht nur Filmreihen sind zu Beginn des 21. Jahrhunderts von zunehmendem Erfolg gekennzeichnet. Der anhaltende und weiter wachsende Erfolg narrativer Serien zumeist von Streaming-Anbietern seit etwa der Jahrtausendwende hat Medienforscher*innen zu der These veranlasst, „TV-Serien seien das ‚narrative Leitmedium' unserer Zeit" (Böhnert/Reszke 2019: 28). Das hat Einfluss auf die musikalische Gestaltung: Die Serienscores nähern sich in Aufwand, Qualität und thematisch-konzeptuellem Anspruch an filmmusikalische Gegebenheiten an. Zunehmend schreiben Filmkomponist*innen für narrative Serien und umgekehrt, etwa Ramin Djawadi mit seinen Kompositionen für den Superhelden-Erfolgsfilm *Iron Man* (vgl. Favreau 2008) und für die preisgekrönte Fantasy-Serie *Game of Thrones* (vgl. Benioff/Weisz 2011–2019). Andere Beispiele dafür sind etwa Trevor Rabin, das Komponistenduo Trent Reznor und Atticus Ross oder Mark Mothersbaugh, die sich für beide Medienformen öffnen (vgl. Schrader 2017; Krohn/Strank 2018; Böhnert/Reszke 2019).

Zusammenfassend stehen die beiden beschriebenen Entwicklungen der sogenannten Hans-Zimmer-Ära sowie der Franchise-Ära simplifiziert für Innovation und Kontinuität. Dennoch sind sie nicht dichotomisch als konträre, sich gegenseitig ausschließende Tendenzen anzusehen: Auch wenn es Überschneidungen gibt, sind die Themenfelder der jeweiligen Innovationen und Kontinuitäten andere. Während die Hans-Zimmer-Ära eher auf eine Digitalisierung von Produktionsprozessen sowie einen stärkeren und integraleren Sound-Fokus abzielt, führt die Franchise-Ära mit dem großen Erfolg filmischer Reihen und Serialisierungen zu einer Verlangsamung von kompositorisch-stilistischen und konzeptuellen Innovationen.

3.3 Filmische Genres

Die Franchise-Ära rückt zwei Topoi in den Fokus, die einer genaueren Betrachtung lohnen: Einerseits scheint es einen Zusammenhang zwischen erfolgreichen filmischen Franchises und den Fiktive-Welten-Genres zu geben. Andererseits verlagert die Franchise-Ära die Aufmerksamkeit auf das Medium der narrativen TV- oder Streaming-Serie. Auch ihre medialen Spezifika sollen im Folgenden – trotz teilweise dünner Forschungslage – analysiert werden.

3.3.1 Genres und mythische Räume

Filmgenres helfen, unterschiedliche Spielarten und Kategorien von Filmen zu unterscheiden. Ob in der thematischen Übersicht von Netflix, den Genre-Beschreibungen im Programm des lokalen Kinocenters oder in den Rubriken der ZDF-Mediathek: Genre-Bezeichnungen sollen Halt und Orientierung sowie eine Vorstellung davon geben, was uns im jeweiligen filmischen Medium erwartet. Doch eine genaue Bestimmung der Definitionskriterien eines filmischen Genres erweist sich aus wissenschaftlicher Perspektive als schwierig. So problematisiert etwa Christoph Metzger (2012/2015) den Begriff Genre in Bezug auf die Einordnung und Kategorisierung von Filmen. Als relativ junger Gegenstand der (nicht nur) filmwissenschaftlichen Forschung hat die Klassifizierung von filmischen Genres noch nicht zu einer hinreichend scharfen Herauskristallisierung von abgrenzbaren Kategorien geführt. Im Gegenteil kristallisiert sich in der jüngeren Filmtheorie eher eine Abkehr von Kategorisierungen anhand etablierter Genregrenzen heraus (vgl. etwa Rauscher 2020; Moormann 2020; Lederer 2022: 15). Die Film- und Seriengenres folgen deshalb mitunter pragmatisch geprägten oder ökonomisch begründeten Zuschreibungen und Mustern, die sich zumeist außerhalb der Wissenschaft etabliert haben. Dabei werden Erzählmuster und Narrative ebenso nach Ähnlichkeiten sortiert wie Zeichensysteme und semantische Muster. Genres erhalten damit den Charakter, den Lévi-Strauss dem mythischen System zuschrieb: Ein mythisches System hat die Fähigkeit zur fortwährenden Transformation, wobei es nicht wissenschaftlichen Prinzipien folgt, sondern sich in seiner Übertragbarkeit und Flexibilität an die jeweiligen Umweltbedingungen anpassungsfähig zeigt (vgl. Lévi-Strauss 1962/2022: 121–127; 177–187). Dieses System des mythischen Raums ist nicht fest, sondern durchlässig und durchgängig wandelbar.

Hickethier (2002/2007) betont, dass das Konzept des filmischen Genres von den Gegebenheiten der amerikanischen Hollywood-Industrie mit ihren stärker schablonenhaften Filmkategorien geprägt ist, dem das europäische Autorenkino mit seinen stärker individuell ausgearbeiteten Einzelfilmen gegenübersteht. Auch sind Versuche der thematischen Bestimmung von Genre zu Genre unterschiedlich schwierig: So gibt es inhaltlich und historisch stärker umrissene, geschlossene Genres wie den Western und den Kriminalfilm, während andere Genres wie Science-Fiction oder Fantasy offener gesehen werden oder ihr Dasein als Genre generell in Frage gestellt wird. Deshalb haben sich mehrere strategische Ansätze zur Genre-Bestimmung in der Filmforschung entwickelt: Die historisch ausgerichtete Genre-Theorie geht davon aus, dass bestimmte gleichbleibende Erzählmuster die Filmgenres ausgeprägt haben, auch wenn diese filmischen Welten stetiger Veränderungen unterworfen sind: „Für Genres wird die Existenz einer zugrunde liegenden Basisgeschichte, eines ‚Mythos', angenommen." (Hickethier 2002/2007:

82) Dieser mediale Mythos ist demnach das erzählerische und deutungsmäßige Fundament eines Filmgenres, in dem eine jeweils etablierte Form grundlegender kultureller Rituale oder eines gesellschaftlichen Dialogs in immer neuen filmischen Ausgestaltungen auserzählt wird. Jedes filmische Genre tradiert also seinen eigenen medial-künstlichen Mythos und formt diesen immer neu aus, wobei dieser fortwährend verändert wird (vgl. Hickethier 2002/2007: 83). Die Auffassung filmischer und medialer Genres als moderne Mythos-Konstruktionen ist nicht neu. Tatsächlich scheint sich in medialen Narrationen eine spätmoderne Ausformung der Befriedigung urmenschlicher Bedürfnisse zu manifestieren:

> Das Bedürfnis des Menschen nach Mythen findet in unserer Zeit eine Oase immer wieder neuer, temporärer Befriedigung: bei den Medien. Die klassische mythische Erzählweise ist wie gemacht für den Bilderfluss des Fernsehens und des Kinos. (Magdanz 2012: 13)

Filmische Genres sind offenbar Orte, an die man immer wieder zurückkehren kann, um mythische Erfahrungen zu machen: Bekannte Codes wie optische Symbole, wiederkehrende Erzählungen, ritualisierte Handlungsmuster oder sprachliche Eigenheiten erwecken bei den Rezipient*innen Gefühle seltsamer Vertrautheit. Auch haben Film- und Seriengenres durch die Schaffung eigener räumlich-kultureller Gesetzmäßigkeiten eine identitätsstiftende Funktion, da sie die Zuschauer*innen in ihrer sozialen Position bestätigen können. Winter (2020) weist darauf hin, dass Filmgenres durch optische Codes im Filmbild wie Kleidung, Ausrüstung oder Architektur, aber auch durch tradierte Erzählmuster sowie moralische Vorstellungen eigene Scheinrealitäten erschaffen, die durchaus mythische Qualität gewinnen. Immer wiederkehrende Bildwelten, Narrative und typische Symbole (wie Raumschiffe, Aliens oder Zeitreisen im Science-Fiction-Medium oder Orks, Zwerge und Elfen im Fantasy-Genre) erfassen dabei tiefere Schichten als die Erzählung eines weniger genregebundenen Einzelfilms oder -mediums, da bereits Handlungsmuster und Codes durch das Genre tradiert sind, die dem Charakter eines modernen Mythos nahekommen und damit unhinterfragte Wahrheiten voraussetzen. Diese Tradierung von kulturellen Codes ist eine zentrale Funktion des Mythos: Das Wiederholen und Weitertragen von Traditionen, Bedeutungsmustern und Handlungen wird zu einem Ritual (vgl. Kloppenburg 2000; Magdanz 2012; Metzger 2012/2015).

Das Rekurrieren auf mythische Denkmuster nach Cassirer kann die Konstanz und Geschlossenheit der Inhalte medialer Genres erzeugen, jedoch lassen sich daraus auch die Anpassungsfähigkeit, Wandelbarkeit und Weiterentwicklungen von Genres in einer beschleunigten, spätmodernen Mediengesellschaft erklären (vgl. Cassirer 2010; Lévi-Strauss 1962/2022: 121–127; 177–187). Moormann (2020) urteilt, dass Filmgenres trotz – oder wegen – ihres mythischen Charakters wandelbare und dynamische Gebilde sind, die nur teilweise aus inhaltlichen Ähnlichkeiten von Filmen konstituiert werden könnten; vielmehr müssten auch die Erwartungen der Zuschauer*innen, kulturelle sowie produktions- und vermarktungstechnische Aspekte berücksichtigt werden. Auch Scheurer (2008) betont die transformative Entwicklung von Filmgenres, nimmt jedoch an, dass ihre dramatische Kernstruktur weitgehend dieselbe bleibt, wodurch bekannte, wiederkehrende Muster und dramatische oder narrative Neuerungen einander die Waage halten.

Als gesellschaftlich konstruierte „Bestandteile der (globalen) Populärkultur" (Winter 2020: 112) folgen Filmgenres etablierten Codes und Formeln, die den Zuschauer*innen einen Orientierungsrahmen geben und die Rezeption dadurch erleichtern (vgl. Winter 2020: 113 f.; Kloppenburg 2000: 228). Filmgenres dienen unter anderem der „schnelle[n] Kommunikation zwischen Produzenten und Publikum" (Metzger 2012/2015: 419), tragen aber auch eine Reihe von thematischen und stilistischen Gemeinsamkeiten in sich. Ähnlich beschreibt Winter (2020: 113) das Spiel mit Konventionen von Genres als Schlüsselwerkzeug der Filmemacher*innen, um zum Gelingen eines Films beizutragen, auch wenn diese Konventionen im europäischen Raum weniger stark ausgeprägt als im amerikanischen Hollywood-Film sind.

Der Widerspruch zwischen der mythischen Tradition und der Weiterentwicklung im beschleunigten medial-popkulturellen Zirkus der Spätmoderne muss keiner sein. Wie gezeigt wurde, können sich innerhalb des mythischen Wahrheitsmodells Bedeutungszusammenhänge zu neuen Wahrheiten (und neuen semiologischen Zeichen) wandeln, indem, nach Lévi-Strauss, neue Bedingungen und Regeln des mythischen Systems herausgebildet werden oder sich, nach Barthes, neue Symbolebenen zu weiteren mythischen Wahrheiten bilden (siehe Kapitel 2.2.3). Auch antike Mythen wandelten sich im Lauf der Zeit, veränderten ihren Charakter, setzten neue Betonungen oder verloren sogar ihre frühere Kernbotschaft (vgl. Magdanz 2012). Mediale Genres als mythische Räume entwickeln sich ebenfalls je nach Zeitgeist und gesellschaftlichen Diskursen weiter, entwerfen neue Utopien oder Dystopien, betonen neue Aspekte, technologisch-gesellschaftliche Fortschritte oder verwerfen diese wieder. All dies kann sowohl konstruktiv-strukturell innerhalb mythischer Denkmuster geschehen als auch narrativ, indem immer wieder auf andere Teile der reichen Mythenstoffe eigener oder fremder Kulturen zurückgegriffen wird. Der Erfolg des filmischen Superheld*innen-Subgenres seit den 2000er-Jahren ist dafür ein treffendes Beispiel.

Genres als mythische Räume haben über mediale Grenzen hinaus Bestand, auch wenn sie sich an andere technische, rezeptive und narrative Bedingungen anpassen können. Nach Rauscher (2020) sind Genres in der Regel intermedial übertragbar, wobei sich dabei jedoch erhebliche Unterschiede in einzelnen Genre-Spezifika und medialen Besonderheiten ergeben können. Hutcheon (2013) weist darauf hin, dass die jeweiligen Darstellungsmodi der Medienformate die Übertragung von Eigenschaften oder narrativen Elementen beeinflusst, wobei

Umcodierungen entstehen können. Im Bereich Film und Serie nennt sie etwa die intensivere Möglichkeit der Charakterentwicklung und narrativen Tiefe in Serien, was ein anderes Erzähltempo bedingt. Deutlichere Umcodierungen sind insbesondere für den Bereich der Videogames auszumachen, in denen sich zwar filmische Genre-Eigenschaften fortgesetzt haben, jedoch auch durch spielerische und interaktive Elemente ergänzt werden; dadurch entstehen Game-spezifische Genres mit teils deutlich transformierten Bedeutungen. In den narrativen Streaming-Serien von Portalen wie Netflix, Amazon Prime Video, HBO oder Disney + sind die filmischen Wurzeln deutlich stärker ausgeprägt; so arbeitet etwa Netflix in seinen personalisierten Empfehlungen für Nutzer*innen häufig mit filmisch-traditionellen – und daher schnell einschätzbaren – Genre-Begriffen, um Werbung für Formate zu machen, die den bereits angesehenen Produkten ähnlich sind. Die inhaltliche Nähe von Kinofilm und narrativer Serie erleichtert eine intermediale Übertragung von wesentlichen Genre-Eigenschaften deutlich (vgl. Hutcheon 2013; Dibeltulo/Barrett 2018; Rauscher 2020).

Die kulturellen Codes, ritualisierten Symbole und Handlungen sowie mythischen Weltkonstruktionen von filmischen Genres stehen im engen Zusammenhang mit einem weiteren zentralen Bereich: der Filmmusik. Die Zusammenhänge von Filmgenre und Filmmusik wurden von einigen Forscher*innen der auf Filmmusik bezogenen Genre-Theorie, die bisher nur in Ansätzen umrissen ist, näher untersucht. Diese versucht, filmmusikalische Funktionen, Formanlagen, kompositorische und stilistische Gesichtspunkte anhand der filmischen Genres zu unterscheiden, in denen die Filmmusik zur Anwendung kommt. Demnach hängen zentrale funktionelle, formale und stilistische Aspekte der Filmmusik wesentlich von dem jeweiligen Filmgenre ab, für das sie produziert wird. Analog zur filmischen Genre-Theorie wird Genre dabei als ein Setting mit etablierten visuellen, emotionalen, dramaturgischen und kulturellen Codes verstanden, die den Konsument*innen hinreichend bekannt sind. Diese Codes sind nicht starr, sondern wandeln sich im Laufe der Zeit durch ein ausgeglichenes Verhältnis zwischen Konvention und Innovation – oder mit den Begriffen von Lévi-Strauss' mythischem Weltbild geschrieben: zwischen Natur und Kultur (vgl. Lévi-Strauss 1962/2022; Scheurer 2008; Stokes 2013; Heldt 2016; Moormann 2020).

Scheurer (2008) betont die Rolle von filmischen Genres als mediale Mythen und spricht der Musik darin eine wichtige Bedeutung zu: Das ‚Dreigestirn' Genre-Mythos-Musik wirkt demnach durch die gegenseitige Bestätigung und Wiederholung genreeigener Werte und kultureller Konventionen als sich selbst reproduzierendes gesellschaftliches Ritual, das anhand der Genrekonventionen einen Konflikt aufwirft und auch sogleich die etablierte genretypische Auflösung anbietet. Die nondiegetische Musik der jeweiligen Filmgenres richtet sich grundsätzlich nach diesen Konventionen und befolgt stets die rituelle Funktion des medialen Mythosgedankens. Damit spricht Scheurer der Genrefilm-Musik eine primäre Metafunktion zu, die sich stets an der Erfüllung der Genrekonvention orientiere. Demgegenüber vernachlässigt er andere (und womöglich genreunabhängige) dramatische Funktionen der Filmmusik in typischen Filmszenen und Standardsituationen. Stokes (2013), der Scheurers konzeptionelles Dreigestirn Mythos-Genre-Musik grundlegend beibehält, weicht diese einseitige funktionelle Verknüpfung von Genre und Musik auf und erweitert die genrespezifischen Aufgaben von Filmscores sowohl um genreübergreifende Standardsituationen als auch um reflexive und kommerzielle Ansätze, die bedeutende Einflüsse auf das Genre-Musik-Verhältnis sowie die generelle Ausgestaltung des Soundtracks haben. Sowohl Scheurer (2008) als auch Stokes (2013) kommen jedoch zu dem Ergebnis, dass sich wesentliche Charakteristika der Filmmusik, sei es in Bezug auf ihre Funktion innerhalb der Filmszene, sei es in Bezug auf ihre inhaltliche Ausformung, primär innerhalb des Genre-Zusammenhangs erklären lassen. Demnach kann – muss aber nicht – beispielsweise ein sphärisches Harfenostinato in einem Fantasyfilm eine völlig andere codierte Bedeutung als in einer TV-Sitcom haben.

Auch Moormann (2020) stellt zwar das Filmgenre als entscheidendes Kriterium für die musikalische Formensprache und Ausgestaltung in Frage, da Filmgenres keine inhaltlich klar zu definierende Kategorie darstellen würden, sondern von zeitlichen Veränderungen betroffen seien; außerdem seien weitere Faktoren wie kulturelle Zuschreibungen und Vermarktungsstrategien wichtiger als filmgegenständliche Inhalte. Dennoch versucht er anhand der exemplarischen Standardsituation „Verfolgungsjagd" nachzuweisen, dass diese trotz ähnlicher Ausgangssituation in unterschiedlichen Genres wie Komödie, Horrorfilm oder Actionfilm musikalisch divers umgesetzt wird, da vor allem die erzählerischen Konventionen in den Genres höchst verschieden sind. Innerhalb eines Filmgenres kann er tatsächlich mehrheitlich nachweisen, dass die musikalischen Ausgestaltungen der Verfolgungsjagd einander deutlich ähnlicher sind als in unterschiedlichen Filmgenres (vgl. Moormann 2020: 282).

Ein Ansatz der Verbindung dieser unterschiedlichen Konzepte innerhalb der filmmusikalischen Genre-Theorie bietet die Konstruktion des mythischen Raums: Demnach sind filmische Genre-Grenzen zwar vorhanden, aber – und das sind auch wesentliche Eigenschaften des Mythos nach Cassirer (2010) und Lévi-Strauss (1962/2022) – sie sind weder undurchlässig noch definitorisch eindeutig zu greifen. Vielmehr handelt es sich um Grenzen des mythischen Raums, die eher emotional-semantische Gebilde mit veränderlichem Charakter sind, und die jeweils durch konnotativ-symbolhafte Verwandtschaftsbeziehungen mit anderen Genres, Subgenres, Standardsituationen oder weiteren filmischen Kategorien in einem komplexen Wechselverhältnis stehen. Hieran lässt sich Cassirers Beschreibung des mythischen Weltbilds veranschaulichen. Filmische Genres werden in dieser

Anschauung ebenfalls zu den schon erwähnten „Gebilden der mythischen und ästhetischen Phantasie" (Cassirer 2010: 29): Exakt vermessene Grenzen können hier nicht mehr gezogen werden, stattdessen führt die synthetische Tendenz des Mythos zur Herstellung von symbolisch-konnotativen Zusammenhängen semantischer Räume. Auch sind die Klassifizierungen dieses mythischen Regelsystems transformativ und anpassbar, sodass der Versuch, filmische Genres exakt zu kategorisieren und einzugrenzen, stets nur eine Momentaufnahme darstellen kann (vgl. Lévi-Strauss 1962/2022: 121–127; 177–187).

Diese mehrdimensionalen Verwandtschaftsbeziehungen bestehen sowohl auf horizontaler Ebene mit anderen Genres und anderen Medien als auch vertikal: nach unten in höherer Detailstufe mit Subgenres, Standardsituationen und spezifischen Reihen-/Serienmerkmalen; nach oben genreübergreifend etwa mit fiktiven Welten oder allgemein narrativen Kinofilmen. Das folgende Schaubild soll diese komplexen, nicht klar abgegrenzten semantischen Beziehungen der mythischen Genre-Räume anhand der Beispiele des *Marvel Cinematic Universe* (kurz: MCU), der *Batman*-Reihe sowie der Standardsituationen „Verfolgungsjagd" und „Kuss-Szene" illustrieren (siehe Abbildung 1):

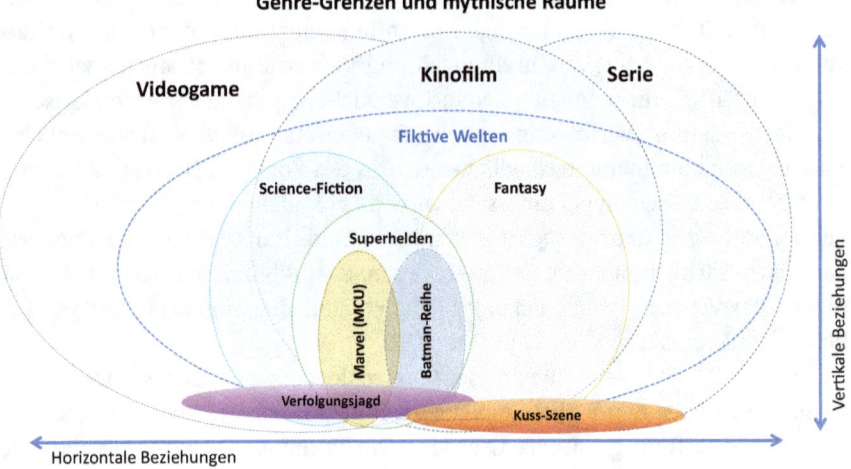

Abbildung 1: Genre-Grenzen und mythische Räume (Quelle: eigene Darstellung).

3.3.2 Fiktive Welten: Science-Fiction, Superhelden und Fantasy

Wie sich zeigen wird, weisen die hier vorgestellten fiktiven Welten von Science-Fiction, Fantasy und Superhelden Parallelen und Ähnlichkeiten auf, die sich unter anderem in gemeinsamen Bezügen zum Mythos sowie zu utopischen (und dystopischen) Vorstellungen äußern. Schon Stiglegger (2009: o. S.) fasst in seiner Keynote zur Gattungspoetik des Films die Genres Science-Fiction, Horror und Fantasy zu einem Meta-Genre „Phantastischer Film" (Stiglegger 2009: o. S.) zusammen. Dieses prototypische Meta-Genre kennzeichnet „Filme mit übernatürlich[en] und phantastischen Elementen" (Stiglegger 2009: o. S.), die sich je nach Ausprägung in die Darstellung spekulativer Technologien (Science-Fiction) oder Legenden und magischen Elementen (Fantasy) ausdifferenzieren. Die Gemeinsamkeit ist der Blick auf das Nicht-Reelle, das Konstruierte oder das in unserer Gegenwart Nicht-Mögliche. Das kann begleitend mit einem Gefühl der Angst, mit Skepsis, mit Neugier oder mit Staunen einhergehen; stets jedoch werden hier mediale Geschichten nicht-realer Umstände, also fiktiver Welten erzählt (vgl. Bartsch/Bode 2019; Lederer 2022). In der Fiktionstheorie hat der Semiotiker Umberto Eco den Begriff des Fiktionsvertrags verwendet, um den Rezeptionsmodus solcher fiktiven Welten zu erklären:

> Die Grundregel jeder Auseinandersetzung mit einem erzählenden Werk ist, daß der Leser stillschweigend einen *Fiktionsvertrag* mit dem Autor schließen muß, der das beinhaltet, was Coleridge ‚the willing suspension of disbelief', die willentliche Aussetzung der Ungläubigkeit nannte. Der Leser muß wissen, daß das, was ihm erzählt wird, eine ausgedachte Geschichte ist, ohne darum zu meinen, daß der Autor ihm Lügen erzählt. [...] [Der] Autor *tut einfach so, als ob* er die Wahrheit sagt, und wir akzeptieren den Fiktionsvertrag und tun so, als wäre das, was der Autor erzählt, wirklich geschehen. (Eco 1994: 103 [Hervorh. im Orig.])

Auch Kendall Waltons *Make-Believe*-Ansatz hat die Fiktionstheorie geprägt und interdisziplinäre Anknüpfungen erfahren: Ähnlich wie Eco mit seinem Fiktionsvertrag geht Walton davon aus, dass sich die*der Rezipient*in fiktiver Welten auf Setzungen, Regeln und Konventionen dieser Welt einlässt und in spielerischer Manier fiktionale Wahrheiten akzeptiert, die in der realen Welt nicht zu halten wären. Mehr noch ermöglicht das Make-Believe, sich sogar als aktive*r Teilnehmer*in die fiktive Welt zu eigen zu machen, indem sie*er sich selbst innerhalb dieser fiktiven Welt imaginiert – auch in einem wenig interaktiven Medium wie dem Film. Dadurch entsteht eine hohe Immersionskraft, die sich auch im Empfinden starker Emotionen etwa bei überraschenden narrativen Wendungen äußern kann (vgl. Bareis 2014). Hier zeigen sich Parallelen zu Cassirers mythischem Denken: Beide Theorien unterstellen einen psychologisch-rezeptiven Modus, mit dessen Mitteln sich die*der Rezipient*in bewusst, aber intuitiv auf Vorgänge einlassen kann, die nach Maßstäben der realen Welt unmögliche, also potenziell magische Elemente enthalten. Der (rationale) Wahrheitssinn wird im Make-Believe – und auch im mythischen Denken – zwar nicht ausgeblendet, aber doch in den Hintergrund gerückt, um sich auf offensichtlich ausgedachte, fiktionale Wahrheiten einzulassen. Das bedeutet jedoch nicht, dass dadurch andere Grundsätze von Glaubwürdigkeit, Plausibilität oder Logik ebenfalls aufgehoben werden; wie Walton und Eco gleichermaßen herausarbeiten, wird innerhalb der Fiktion weiterhin eine Kohärenz sowie ein Prinzip von Ursache und Wirkung angenommen (vgl. Eco 1994: 103–112; Bareis 2014: 59).

> Die fiktiven Welten sind Parasiten der wirklichen Welt. Es gibt keine Regel, die vorschreibt, wie viele fiktive Elemente in einem Werk akzeptabel sind, es gibt hier im Gegenteil eine große Flexibilität [...]. Doch alles, was im Text nicht ausdrücklich als verschieden von der wirklichen Welt erwähnt oder beschrieben wird, muß als übereinstimmend mit den Gesetzen und Bedingungen der wirklichen Welt verstanden werden. (Eco 1994: 112)

Die fiktiven Welten sind also durchaus der realen Welt ähnlich: Nur das explizit Erwähnte – oder implizit durch das Genre Vorgegebene –, etwa magische Elemente in der Fantasy oder fortgeschrittene Technologien in der Science-Fiction, unterscheidet sie von unserer Realität. Hier klingt Lévi-Strauss' mythische Weltkonstruktion an: Im mythischen Weltbild können neue, also auch fiktive Elemente dem bestehenden System flexibel hinzugefügt werden, ohne dadurch das System an sich mit seinen Gesetzmäßigkeiten und Regeln zu hinterfragen. Die mythische Weltkonstruktion hält solche Regelbrüche aus, ohne dadurch ihren Sinn oder ihre Glaubwürdigkeit zu verlieren (vgl. Lévi-Strauss 1962/2022: 159–170). Böhnert und Reszke (2019) sprechen in diesem Zusammenhang auch von (popkulturellen) Sekundärwelten, die ihre eigenen, nachvollziehbaren Realitäten besitzen:

> Betrachtet man Sekundärwelten, so nimmt man eine Perspektive auf fiktionale Narrationen ein, die die Beschaffenheit ihrer Weltkonstruktion fokussiert, mit ihren implizit und explizit ausformulierten Regelsystemen und Konventionen sowie ihren (Natur-)Gesetzmäßigkeiten. (Böhnert/Reszke 2019: 32)

Ein Beispiel für eine solche konstruierte Sekundärwelt ist die Gattung Science-Fiction, die zunächst umrissen werden soll.

3.3.2.1 Science-Fiction

Science-Fiction im Film hat eine lange Tradition und ist beinahe so alt wie das Medium Film selbst. Von der Literatur inspiriert, in der Science-Fiction im 19. Jahrhundert entstanden ist, entdecken Filmemacher*innen früh ihr Interesse für utopische und dystopische Zukunftsvisionen sowie die Möglichkeiten und Gefahren fortgeschrittener Technologie. Als markante frühe Beispiele können hier Georges Méliès' *Le Voyage dans la Lune* (vgl. Méliès 1902) sowie Fritz Langs *Metropolis* (vgl. Lang 1927) genannt werden, in späterer Zeit wurden Filme wie *2001: A Space Odyssey* (vgl. Kubrick 1968), *Blade Runner* (vgl. Scott 1982), die *Terminator-*

Reihe (vgl. etwa Cameron 1984; 1991) und *The Matrix* (vgl. Wachowski/Wachowski 1999) stilprägend für spätere Generationen. Science-Fiction als Filmkategorie lebt von der Illusion, dass die gezeigte Filmwirklichkeit aus der irdischen Gegenwart entstanden sein könnte (vgl. Scheurer 2008; Jaspers et al. 2017; Power 2018; Schmeink/Spiegel 2020). Diese Illusion ist nach Schmeink und Spiegel (2020) nicht nur nach wissenschaftlichen Maßstäben kaum haltbar, sondern auch nicht das wesentliche Kriterium von Science-Fiction; vielmehr lebt das Genre von der Erweiterung unserer Realität um sogenannte *Nova* (*Novum* im Singular), also in der Gegenwart (noch) nicht mögliche Elemente in Form von Zeitreisen, Raumschiffen mit *Warp*-Antrieben oder anderen technischen Errungenschaften (vgl. auch Power 2018). Diese Nova werden als quasi natürlicher Teil der (erweiterten) Realität dargestellt und entspringen einer *„technizistischen Ästhetik*, die sich an unsere Vorstellung von Wissenschaft und Technik anlehnt" (Schmeink/Spiegel 2020: 516 [Hervorh. im Orig.]). Durch diese Verfremdung der bekannten Welt verzerrt sich der Blickwinkel: Vertrautes erscheint auf einmal obsolet oder sinnlos, etwa jede Form von Nationalismen in der utopischen Vorstellung einer Föderation der Planeten aus dem *Star-Trek*-Universum oder traditionelle Waffentechnik im Film-Franchise *Marvel Cinematic Universe* (MCU).

Weitere charakteristische Wesensbestimmungen des medialen Felds Science-Fiction erweisen sich bereits als schwierig. Schmeink und Spiegel (2020) zufolge weisen Science-Fiction-Filme ansonsten kaum Gemeinsamkeiten auf; zu groß scheinen die Unterschiede zwischen einzelnen (Sub-)Genres wie Dystopien und Endzeitfilme, Cyberpunk, Space Operas, Science-Fiction-Horror-Hybride oder Superheldenfilme, die gemeinhin unter das Label Science-Fiction fallen. Die Autoren sprechen bei Science-Fiction deshalb von einem „fiktional-ästhetischen Modus" (Schmeink/Spiegel 2020: 517), um den problematischen Genre-Begriff zu vermeiden. Der oft von technizistischen Konzepten durchsetzte Modus Science-Fiction kann demnach in mehreren Genres zur Anwendung kommen, etwa auch im Thriller, Psychodrama oder Actionfilm. Als bekanntes Beispiel weist *Star Wars* (vgl. etwa Lucas 1977; Kershner 1980; Marquand 1983) Elemente aus Science-Fiction und Fantasy auf; die *Alien*-Filme (vgl. etwa Scott 1979; 2017) sind eher eine Reihe aus dem Horror-Genre im Science-Fiction-Modus, während die Blockbuster *Jurassic Park* (vgl. Spielberg 1993) oder *Independence Day* (vgl. Emmerich 1996) in das mit Science-Fiction-Elementen versetzte Actionfilm-Genre passen (vgl. auch Noelle 2020). Hier zeigt sich die Schwierigkeit, eindeutige Grenzziehungen oder Zuordnungen einzelner medialer Erzeugnisse zu spezifischen Genres in zufriedenstellender Weise zu erreichen: Filmische Genres, als mythische Räume begriffen, entziehen sich dieser Eindeutigkeit. Diese Ansicht vertritt auch Scheurer (2008), der an Science-Fiction als ein konventionelles (Film-)Genre festhält und ihm einen über viele Jahrzehnte soziokulturell etablierten Mythos unterstellt.

Demnach ist der Mythos keineswegs das Gegenteil einer technizistischen Weltkonstruktion: Das mythische Denken kann auch im Genre der Science-Fiction etwa in Form von unhinterfragten technischen Voraussetzungen (fortschrittlich-utopische Techniken wie Beamen oder Überlichtgeschwindigkeit) oder symbolischen Bedeutungsverschiebungen (Transhumanismus oder neu durchdachte soziologische Konzepte als Chance oder Bedrohung) nachgewiesen werden (vgl. Cassirer 2010). Und genau diese unhinterfragten, etablierten kulturellen Codes sind es, die ein Genre semantisch ausfüllen und charakterisieren.

Neben der Nähe zur (realen) Technik bestimmen auch soziale Konzepte die Science-Fiction-Erzählung: „Gerade Utopie und vor allem Dystopie problematisieren die voranschreitende Technologie als Faktor für soziale Umbrüche" (Schmeink/Spiegel 2020: 518), was sich filmisch etwa in Endzeitszenarien nach einem imaginären Dritten Weltkrieg – zumeist gegen Künstliche Intelligenz – oder in gewaltfreien, transzendenten Zukunftsgesellschaften, die in Wohlstand und Frieden leben, niederschlagen kann. Auch Jaspers et al. (2017) konstatieren, dass sich mit dem Medium Film vor allem dystopische Szenarien im Science-Fiction-Genre durchgesetzt haben. Die Sehnsucht nach utopischen Vorstellungen sowie dystopischen Schreckensvisionen hat auch in Europa eine lange Tradition. So beschreibt Power (2018) die europäische Tendenz zur Science-Fiction seit den 1920er-Jahren als prägend für Literatur und auch Film und führt dafür politisch-soziale Gründe an. Gerade durch die Erlebnisse der realen Katastrophen der beiden Weltkriege sind europäische Ausflüchte in Science-Fiction-Welten nachvollziehbar, während der anhaltende Science-Fiction- und Superhelden-Boom seit den 2000er-Jahren in Europa auch damit erklärt werden kann, dass nach dem Ende der Sowjetunion und der klaren Ost-West-Dichotomie ein Bedürfnis nach klaren Feindbildern erwachsen ist, das mit diesen Genres gestillt wird. Auch sind die Finanzkrise von 2008 sowie in jüngerer Zeit der Klimawandel gesellschaftlich relevante Themen, die zu einer vermehrten Aufarbeitung in zumeist dystopischen Medieninhalten führten.

Neben diesen Herleitungen dienen auch die bereits in Kapitel 2 beschriebenen romantischen Konzepte des Historismus, des Naturideals und des Utopiegedankens als Ausgangspunkte für die Erklärung des Erfolgs von Science-Fiction-Medien. Die Relativierung der eigenen Gegenwart fördert dystopische Vorstellungen, in denen der Fortschrittsglaube erschüttert ist und eher negative Entwicklungen – nicht nur der Zukunft, sondern auch der Gegenwart – betont werden. Die rasant fortschreitende Technologie kann nicht nur vielversprechend sein, sondern angsteinflößend wirken: Dadurch scheint der scheinbar ursprüngliche Bezug zur Natur, vielleicht gar die Sinnhaftigkeit des Lebens verlorenzugehen. Und der romantizistische Utopie-Ansatz nimmt keine Rücksicht auf die Realisierbarkeit oder technische Glaubwürdigkeit der gezeigten Science-Fiction-Welt, sondern taucht mit großer Inbrunst in scheinbar noch so unwahrscheinliche Utopien – und Dystopien – ein.

3.3.2.2 Superhelden

Die Augmentierung des Menschen durch Technologie in Form von künstlicher Intelligenz, sensorischen Hilfsmitteln, Robotik sowie Bio- und Gentechnologie ist ein wesentliches Merkmal von Science-Fiction, das den mit utopisch-dystopischen Gedanken wesensverwandten Topos des Transhumanismus aufgreift: Der technologisch aufgerüstete Übermensch ist gleichermaßen ein Symbol für Sehnsüchte als auch Horrorfantasien und ein beliebter Topos des Science-Fiction-Settings (vgl. Halfyard 2013; McSweeney 2018; Schmeink/Spiegel 2020; Noelle 2020). Die Abgrenzung eines eigenen Superhelden-Genres erweist sich deshalb als schwierig und soll daher im Folgenden als Subgenre von Science-Fiction eingestuft werden (mit durchaus eigenständigen Charakteristika und Diskursen). Dies hat sich seit den 2000er-Jahren in einer Reihe weltweit erfolgreicher und weit rezipierter Superheldenfilme niedergeschlagen, allen voran das Franchise *Marvel Cinematic Universe* (MCU) mit allein mehr als 34 Kinofilmen seit 2008 (vgl. Marvel Entertainment, LLC 2024).

> The image of the superhero is now one of the most pervasive in contemporary global popular culture: whether we like it or not, it is they that serve as examples for our children, who play with their likenesses and aspire to be them, it is their imposing personages we use as a barometer to measure our real-world figures and even ourselves by, and it is films about them which fill multiplexes all over the world, topping the box office from Argentina to Zimbabwe. (McSweeney 2018: 1 f.)

Der Superheldenfilm ist ohne die Franchise-Ära nicht denkbar und umgekehrt: Das Franchise-Konzept erlaubt nicht nur die gegenseitige Verknüpfung und ständige Vorankündigung weiterer Filme, sondern ermöglicht auch die Vertiefung vertrauter Topoi durch die kulturelle Verankerung in den Vorgängerfilmen und den Comic-Originalen (vgl. Schmeink/Spiegel 2020: 524; Noelle 2020). Dass allein zum MCU außerdem eine ganze Reihe von Serienformaten wie *Agents of S.H.I.E.L.D.* (vgl. Tancharoen/Whedon/Whedon 2013–2020), *Daredevil* (vgl. Goddard 2015–2018) oder *Loki* (vgl. Waldron 2021–2023) erschienen ist, verwundert deswegen nicht. Diese Konstellation des immer wiederkehrenden Superhelden-Franchises über Branchen und Mediengattungen hinweg erleichtert die Etablierung umfassender medialer Mythen und erschafft mythische Räume, die konsequent narrativ – und kommerziell – ausgeschlachtet werden.

Als ‚uramerikanisches' Genre umschreibt McSweeney (2018) den Superheldenfilm, der vor allem auf dem klassischen Genre des Westernfilms aufbaut. Der typische Erzählbogen ist hier wie dort annähernd gleich: Die*der Superheld*in zieht aus, um ihre*seine Antagonist*in eigenhändig zu stellen und zu besiegen, damit Recht und Ordnung wiederhergestellt werden können. Der gewaltsame Akt wird notwendig, da die Macht der Gesellschaft oder des Staates nicht ausreicht, um den Konflikt zu lösen und die*den Bösewicht*in zu besiegen. Dieses wiederkehrende Handlungsmuster kann in weiteren Genres und Settings adaptiert und dadurch variiert werden, bleibt in seinen Grundzügen jedoch gleich. McSweeney (2018) erklärt den großen Erfolg dieses Handlungsschemas mit der Sehnsucht der Rezipient*innen nach eindeutigen Gut-Böse-Schemata in Zeiten von Krise und Unsicherheit. Gerade nach den Terroranschlägen des 11. Septembers und ihren gesellschaftlichen Folgen sei das starke Bedürfnis nach neuen, potenten Held*innen wieder gewachsen, das mit dem Superheldenfilm gestillt werden konnte. Die enge Verflechtung des Superhelden-Mediums mit dem kulturellen Diskurs hat das Bedienen dieses Bedürfnisses erst möglich gemacht: „[…] the superhero genre should be considered as an articulation and manifestation of contemporary cultural mythologies" (McSweeney 2018: 16). Jedoch lassen sich nicht nur aktuelle Sehnsüchte als Erfolgsfaktor des Superhelden-Narrativs heranführen. Das Superhelden-Erzählschema kann als Ausprägung des *Monomythos* verstanden werden, der archetypischen Grundformel der Heldenreise, die Joseph Campbell aus der Analyse von Mythologien herausarbeitete (vgl. Brill 2012; Halfyard 2012; die Heldenreise wird in Kapitel 3.3.2.3 ausführlicher erläutert). Daher besteht auch eine Verwandtschaft in erzählerischer Hinsicht zwischen Superhelden- und Fantasy-Medien, die jedoch in der Forschung kaum Erwähnung findet (vgl. etwa Scheurer 2008; Bachmann 2014; Schmeink/Spiegel 2020; Noelle 2020; Stiglegger 2020).

McSweeneys US-amerikanisch geprägte Deutung des Erfolgs des Superheldenfilms lässt des Weiteren außer Acht, dass erstens auch Marvels Erfolgsreihe nicht nur auf amerikanischen Topoi und Held*innen beruht, sondern sich ebenso reichlich der nordischen Mythologie, der asiatischen Kampfkunst, der buddhistischen Philosophie oder afrikanischen Mythen bedient: Der heroische Übermensch als mythischer Archetyp ist keine Erfindung der Moderne. Zweitens ist der Erfolg des Superheldenformats ein weltweites Phänomen – und keineswegs auf den Kulturraum des sogenannten Globalen Nordens beschränkt. Das Konglomerat transnationaler Narrative mag ein Erklärungsansatz sein, weshalb Superheldenfilme und -serien weltweiten Erfolg haben, etwa zunehmend auch in China und dem asiatischen Raum (vgl. Bachmann 2014; McSweeney 2018). Die Protagonist*innen griechisch-antiker Sagenstoffe sind zumeist Männer von göttlicher oder königlicher Abstammung mit edlem Antlitz und bisweilen unmenschlichen Kräften. Sie stehen damit zwischen der menschlichen und der göttlichen Ebene. Auf dieser Tradition baut auch die*der spätmoderne Superheld*in auf:

> Superhelden sind zunächst mit dem US-amerikanischen Comic assoziierte Heldenfiguren, die in der weitläufigen Tradition des antiken Heros stehen. Der Superheld, dessen Prototyp Superman ist, zeichnet sich durch das menschliche Maß überschreitende körperliche und geistige Kräfte aus, die aus weitgehend unhinterfragter Überzeugung oder Selbstverpflichtung zum Kampf gegen ‚das Böse' eingesetzt werden […]. (Bachmann 2014: 352)

Die enge und mehrdimensionale Verflechtung mit dem Mythos erschafft ein Bezugs- und Identifikationssystem, das international ein breites Publikum anspricht. Auch aus der Perspektive der mythischen Weltdeutung erklärt sich daher der anhaltende Erfolg des Superheldenfilms: Wenn das mythische Denken eine urmenschliche Geisteshaltung ist, dann ist der Rückgriff auf – archaische wie moderne – mythische Stoffe im Superhelden-Subgenre ein folgerichtiger Schritt, um das menschliche Bedürfnis nach dieser ursprünglichen Denkform zu erfüllen, gerade in Zeiten der spätmodernen Entwurzelung, Beschleunigung und Technisierung (vgl. Cassirer 2010; Schroer 2017). Die Sehnsucht nach dem Übermenschlichen, das vielleicht in der Zukunft *ermöglicht* wird, ist zudem eine mögliche Verbindung von Superhelden-Medien und Utopiegedanken: Hier scheint eine gelungene, zeitgemäße Kombination dieser Topoi gefunden zu sein, die den Massengeschmack trifft und mehr als eine Modeerscheinung ist. Auch Bachmann (2014) betont die enge, multiple Verflechtung der*des Superheld*in mit dem Mythos:

> Mythen sind für den Superhelden auf dreifache Weise bedeutsam: Erstens als im kulturellen Gedächtnis fest verankerte textuelle Vorlagen (antiker) mythischer Gestalten, aus denen Superheldenfiguren abgeleitet werden können (Thor, Herkules). Zweitens im Rahmen der (Selbst-)Beschreibungsmechanismen des Superheldendiskurses [...]. Drittens und hauptsächlich sind moderne Superhelden Gegenstand der Mythisierung. Was Superhelden selbst mythisch macht, ist u. a. ihre internationale Verbreitung und interkulturelle Anschlussfähigkeit. (Bachmann 2014: 354)

Ist das Superhelden-Medium also eine Umsetzung der von Friedrich Schlegel eingeforderten Neuen Mythologie? Nicht von der Hand zu weisen sind die Anknüpfungen an die Forderungen der Frühromantiker*innen: So lässt sich argumentieren, dass die superheldischen Erzählungen Räume und Zeiten überwinden, dass sie durch die kulturübergreifende Identitätsstiftung ein gewisses universalistisches Prinzip offenbaren, dass sie durch ihre antiken Bezüge zeitlos wirken, dass sie (zumeist) eine moralische Integrität aufweisen und für ein vorgeblich allgemeinmenschliches, zumindest aber transnationales Gemeinschaftsgefühl eintreten. Diese gegenwärtige, utopisch und mythisch aufgeladene Gegenreaktion auf die Moderne scheint ein erfolgreiches Rezept der Unterhaltungsindustrie zu sein und erinnert nicht nur darin an den romantischen Antimodernismus. Die Idee dieser universalen Mythos-Utopie wurde jedoch auch transformiert: Nicht außer Acht gelassen werden darf, dass die Maxime einer filmischen Superhelden-Produktion an kommerzielle Faktoren gebunden ist und letztlich Teil einer Unterhaltungskultur ist, der zunächst wenig daran gelegen ist, eine sinnstiftend-geistige Einheit der Volksgemeinschaft herzustellen, wie die Frühromantiker*innen dies gefordert hatten. Der romantische Mythosgedanke ist hier zu einer medial aufgearbeiteten, willkommenen erzählerischen Grundlage transformiert und eingehegt worden, die dennoch eine wichtige Voraussetzung für den internationalen Erfolg des Superhelden-Subgenres und der Franchise-Ära darstellt.

3.3.2.3 Fantasy

Ähnlich wie Science-Fiction wurden grundlegende narrative Muster des Fantasyfilms aus der Literatur heraus geprägt. Dabei verweist Zornado (2017) auch auf die jahrhundertealten Vorläufer neuerer Fantasy-Literatur: Von den antiken Mythen über mittelalterliche Sagen bis zu den Märchen der Gebrüder Grimm oder Hans Christian Andersens sind zentrale Motive und Motivationen der Fantasy bereits vorgebildet worden. Der Literaturwissenschaftler und Mythologe Joseph Campbell fasste diese kulturübergreifenden Schemata historischer Erzählungen im Begriff „Monomythos" zusammen, der ebenfalls für die Bildung des Genres eine nicht unwesentliche Bedeutung hat: Dessen archetypische Heldenreise vom ‚Ruf des Abenteuers' über die eigentliche Reise mit ihren Gefahren und Prüfungen bis zur Rückkehr und Erleuchtung der*des Held*in dient als Vorlage für Fantasy-typische Erzählmuster (vgl. Brill 2012; Halfyard 2012). Damit enthält das Fantasy-Genre auch einen doppelten Bezug und eine besondere Nähe zum Mythos: Neben der Auffassung des Genres als medialen Mythos weisen Erzählungen aus der Fantasy besonders häufig inhaltliche Bezüge zu antiken, germanischen, mittelalterlichen oder anderen überlieferten Mythenstoffen auf. Hierin liegt auch eine wichtige Überschneidung zum Superhelden-Subgenre; der Fantasy liegt jedoch eine weltkonstruierende Überzeugung zugrunde, wovon noch zu sprechen sein wird.

Während die erzählerischen und inhaltlichen Vorläufer des Fantasy-Genres reichhaltig und kaum aufzuzählen sind, ist der Beginn des eigentlichen Genres im gegenwärtigen Verständnis deutlicher bestimmbar. Bedeutende Meilensteine der Fantasy sind Walt Disneys *Snow White and the Seven Dwarfs* (vgl. Hand et al. 1937; im Bereich Film) sowie J. R. R. Tolkiens Romane (im literarischen Bereich): das im Jahr 1937 erstveröffentlichte Buch *The Hobbit* und die 1954 und 1955 erschienene Romantrilogie *The Lord of the Rings* (vgl. Halfyard 2012). Halfyard (2012) sieht gerade die Werke Tolkiens als Blaupause des (filmischen) Fantasy-Genres jüngerer Zeit an: „The classic idea of a fantasy film is located somewhere quasi-medieval or exotic, involves swords, sorcery and quests and finds its paradigm in *The Lord of the Rings*" (Halfyard 2012: 4).

Eine Ein- und Abgrenzung der Kategorie Fantasy erweist sich dennoch als problematisch. Ist die Skizzierung eines Genres Science-Fiction bereits mit Herausforderungen verbunden, so gilt das nicht unbedingt weniger für den Begriff Fantasy. Denn fantastische Welten, übersinnliche Kräfte oder unerklärliche Phänomene allein finden sich in einer Unzahl an Filmen verschiedenster Machart. Halfyard

(2012) sieht in Fantasy „one of the more difficult genres top in down due to the diversity of the films that have this generic label thrust upon them" (Halfyard 2012: 3). Auch Cuntz-Leng (2020) verdeutlicht die Schwierigkeiten bei der Definition und Abgrenzung des Begriffs und kritisiert zwei in der Forschung verbreitete Wege, sich einem vermeintlichen (Film-)Genre Fantasy zu nähern: in Anlehnung an das Vorbild der Fantasy-Literatur oder in Abgrenzung von den verwandten Science-Fiction-, Horror-, oder Märchenfilmen, „wodurch der Fantasyfilm zu einem Sammelbecken all jener Werke verkommt, die den anderen Kategorien nicht zweifelsfrei zugeordnet werden können" (Cuntz-Leng 2020: 528). Stattdessen arbeitet sie zentrale Motive und Narrative der Fantasy heraus, die als konstituierend für ein Filmgenre angesehen werden können. Dazu zählt sie als zentrale Elemente den Bruch mit der Realität durch ein unerklärliches, also der Magie – und nicht der Wissenschaft wie bei der Science-Fiction – entlehntes Element, und zweitens die Mündung in der „Eukatastrophe" (Cuntz-Leng 2020: 529): eine utopische Vorstellung der finalen, oft unerwarteten oder plötzlichen Wendung zum Guten. Ähnlich fasst Halfyard (2012) die Magie als ein wesentliches Fantasy-Merkmal auf, das einen wahrnehmbaren Riss zur Realität (außerhalb des Films) erzeugt und damit die filmische Welt als eine fiktive, also Fantasy-Welt zu erkennen gibt.

Die Nähe zum Mythos nach Cassirer (2010) liegt auch hier auf der Hand: Die Magie als eine aus kultischen Handlungen ‚ursprünglicher' Völker geborene Kraft hat im mythischen Weltbild realen Einfluss. Der Zauberspruch und die magische Handlung verdinglichen oder konkretisieren hiernach nicht etwas Übernatürliches, sondern sie *sind* Realität: Die Idee eines Sachverhalts ist der Sachverhalt selbst. Wenn sich der Zauberer Gandalf in *The Lord of the Rings: The Fellowship of the Ring* (vgl. Jackson 2001) dem Dämon Balrog in den Weg stellt und ruft: „You shall not pass!" (Jackson 2001: 128′26″–128′32″), dann werden seine Zauberworte zur Wahrheit: Das übermächtige Ungeheuer scheitert dabei, das vom Zauberer verbalisierte Hindernis zu überwinden, und stürzt in die Tiefe ab. Auch Flinn (1992:151) beschäftigt sich aus utopischer Perspektive mit dem Fantasyfilm und beschreibt ihn als zentrale Manifestation von Hollywoods nostalgischer Utopievorstellung. Danach ist ein typisches und vielfach nachweisbares Handlungsschema der Fantasy die Abfolge der Heldenreise, die hier vereinfacht wiedergegeben wird: erstens der Beginn der Reise der*des Held*in in der Heimat; zweitens die Reise hinaus in eine Welt voller Gefahren, Wunder und Prüfungen; drittens die (letztlich erfolgreiche) Konfrontation mit der*dem Antagonist*in; und schließlich viertens die heimische Rückkehr mitsamt Happy End (so umgesetzt in der Filmtrilogie *The Lord of the Rings* [vgl. Jackson 2001; 2002; 2003], in *Star Wars* [vgl. Lucas 1977] oder in *Harry Potter and the Philosopher's Stone* [vgl. Columbus 2001]). Campbell extrahierte dieses Schema aus einer Vielzahl tradierter menschlicher Mythen verschiedener Kulturen und Epochen und verdichtete es auf folgende Formel (vgl. Brill 2012):

> A hero ventures forth from the world of common day into a region of supernatural wonder: fabulous forces are there encountered and a decisive victory is won: the hero comes back from this mysterious adventure with the power to bestow boons on his fellow man. (Campbell, zit. nach Brill 2012: 17)

Die Heldenreise ist also ein weiteres wesentliches Charakteristikum des Fantasy-Genres, das das enge Verwandtschaftsverhältnis zu tradierten Mythen unterstreicht, die immer wieder in neuen Varianten erzählt werden (vgl. Lévi-Strauss 1962/2022). Auch wandelt die*der Held*in auf dem Pfad zwischen menschlicher und göttlicher Sphäre; das immer gleiche Grundmuster der Heldenreise verfestigt ritualisierte Abläufe, schafft Standardsituationen und vererbt kulturelle Genre-Codes. Dies reicht aber für eine hinreichende Abgrenzung zu anderen Genres nicht allein aus. Als erzählerisches Momentum zählt darüber hinaus das Staunen über eine positiv konnotierte, von der Wirklichkeit deutlich abgegrenzte und opulent präsentierte Welt oder über die in ihr stattfindenden Handlungen oder ihr innewohnende Effekte zu Charakteristika des Fantasy-Genres. Die oft bildgewaltige, starke Imagination einer utopischen Fantasywelt spricht insbesondere das Bedürfnis nach einem Eskapismus der Rezipient*innen an, der in seiner Ausprägung über andere Genres hinausgeht (vgl. Cuntz-Leng 2020: 534). Böhnert und Reszke (2019) empfinden gerade diese sekundäre Welt als Wesensmerkmal zur Definition des Genres als charakteristischer und aussagekräftiger als der Handlungsverlauf der Heldenreise, da der Fokus so auf die Konsistenz, Glaubwürdigkeit und Kohärenz der Fantasywelt gelegt wird und nicht abhängig von variablen Handlungsverläufen ist. Demnach ist die filmische Handlung sekundär, die primäre genre-konstituierende Eigenschaft ist die Weltkonstruktion an sich.

Halfyard (2012) wählt einen ähnlichen Ansatz und unterscheidet drei Qualitätsstufen von Fantasy anhand der filmischen Realitätskonstrukte: Die erste Stufe sind filmische Welten, die wie die Realität funktionieren, aber ein begrenztes Momentum haben (analog zum *Novum* in der Science-Fiction), das sie von unserer Realität absetzt: In *Groundhog Day* (vgl. Ramis 1993) erwacht der von Bill Murray verkörperte Protagonist jeden Morgen zur selben Zeit am selben Tag, agiert aber ansonsten in einer Welt ohne übersinnliche Elemente, die ihn ihrer Konstruktion der realen Welt gleicht. In der zweiten Stufe der Fantasy werden bekannte Mythen und Legenden aufgegriffen und als wahr dargestellt, wodurch das Fantasy-Element die dargestellte Welt wesentlich verändert, diese aber immer noch als die tatsächliche Welt erkennbar ist: Santa Claus ist in *Miracle on 34th Street* (vgl. Seaton 1947) der – vom filmischen Gericht in New York bestätigte – Weihnachtsmann, der an Heiligabend mit seiner Rentierkutsche über die Dächer jagt und allen Kindern Geschenke bringt. Die dritte Stufe schließlich stellt übernatürliche und fantastische Elemente derart in den Mittelpunkt der filmischen Diegese, dass auch Halfyard von „secondary worlds" (Halfyard 2012: 6) spricht – ein Begriff, der auf J. R. R. Tolkien zurückgeht: Wo Monster, Unsterbliche oder Götter existieren, wo Zauberei, Hexenwerk oder magische Kräfte funktionieren und wo Held*innen sich auf eine Reise durch Unterwasserreiche, fliegende Städte oder Traumlandschaften begeben, ist das Fantastische zum zentralen Element des filmischen Mediums geworden. In den *Harry-Potter*-Filmen (vgl. etwa Columbus 2001; Yates 2010; Yates 2011) tritt der namensgebende Protagonist zu Beginn jedes Films seine Reise von der profanen Welt in die Parallelwelt voller Magier*innen, Zaubereiministerien, fantastischen Kreaturen und bösen Mächten an. Böhnert und Reszke (2019) charakterisieren die Sekundärwelt im tolkienschen Sinne als „fiktive Welt, die [...] in einer Art schöpferischem Akt von Autorinnen und Autoren erschaffen wird. Mit dieser fiktiven Sekundärwelt müsse eine in sich konsistente und kohärente Wirklichkeit erschaffen und gleichzeitig das Unwirkliche dieser Welt imaginiert werden, welches jenseits einer Faktizität unserer tatsächlichen Primärwelt liege" (Böhnert/Reszke 2019: 17). Im Folgenden soll deshalb als wesentliches Merkmal des Fantasy-Genres das Vorhandensein einer solchen kohärenten und von der realen Welt unterscheidbaren Sekundärwelt vorausgesetzt werden (vgl. Böhnert/Reszke 2019; Halfyard 2012). Die Betonung von Konsistenz und Kohärenz zur Schaffung einer glaubwürdigen Welt erinnert nicht ohne Zufall an Waltons Make-Believe sowie an Cassirers mythisches Weltbild. Durch die von Halfyard (2012) beschriebene dritte Stufe und die fiktive Welt Böhnerts/Reszkes (2019) gewinnt die Fantasy-Welt mythische Qualität: Sie wird greifbar und steckt alle Lebensbereiche glaubhaft ab; sie wirkt in ihrer fiktiven Konstruktion allumfassend, zusammenhängend und fertig. Dadurch entsteht im Fantasy-Genre ein (immer wieder neu erzählter und dadurch veränderlicher) medialer Mythos.

Wie auch in der Science-Fiction wird die Fantasy in der Forschung eher als Spektrum von Elementen und weniger als kohärentes Genre verstanden, wie die Stufeneinteilung von Halfyard (2012) zeigt. Dass auch deshalb nicht immer klare Grenzen zu anderen Genres gezogen werden können, zeigt bereits ein weitrezipierter und wegweisender Beitrag des Genres: So wird *Star Wars* (vgl. Lucas 1977) trotz seines gattungsmäßigen Mischungscharakters von Teilen der Forschung als bedeutender historischer Wegpunkt des Fantasyfilms angesehen, was vor allem auf seine Fantasy-typische Handlung zurückzuführen ist (vgl. Buhler 2000; Halfyard 2012). Charakterisierend für die Fantasy-Narration ist der Sieg des Guten über das Böse, der ein eskapistisches Moment in sich trägt: Wo die irdische Realität in Zeiten von Vietnam-Krieg, Massenprotesten und politischen Unruhen keine klare Trennung zwischen Gut und Böse mehr aufweist, taugt die Fantasy – in Literatur und Film – als willkommener Ersatz, um der Sehnsucht nach klaren

Strukturen nachkommen und der zunehmend komplexen Wirklichkeit entfliehen zu können. Doch selbst solche etablierten Elemente werden durch neuere Veröffentlichungen des Genres wie die HBO-Serie *Game of Thrones* (vgl. Benioff/Weisz 2011–2019) oder die Netflix-Serie *The Witcher* (vgl. Schmidt-Hissrich 2019–2023) in Frage gestellt, die einen deutlich düsteren und auch differenzierteren Ton mit einer weniger scharfen Trennung von Gut und Böse anschlagen, Anleihen an das Filmdrama sowie die Soap Opera nehmen und auch die magischen Elemente zurückgefahren haben – auch im Fantasy-Genre schlägt sich die zunehmende Beliebtheit dystopischer Erzählungen seit dem späten 20. Jahrhundert spürbar nieder (vgl. Krohn/Strank 2018; Cuntz-Leng 2020).

Wie im Superhelden-Subgenre spielen auch im Fantasy-Genre Serialisierungen und Franchises im frühen 21. Jahrhundert eine immer größere Rolle – nicht nur in kommerzieller Hinsicht. Neben den genannten Franchises sind weitere bedeutende Beispiele die *Chronicles of Narnia* (vgl. etwa Adamson 2005), die *Twilight*-Saga (vgl. etwa Condon 2012), *The Hobbit* (vgl. Jackson 2012; 2013; 2014a) oder die *Fantastic-Beasts*-Filmreihe (vgl. etwa Yates 2016) (vgl. IMDb.com, Inc. 2024a). Bei den Serien hat insbesondere *Game of Thrones* (vgl. Benioff/Weisz 2011–2019, HBO) einen wahren Boom an Fantasy-Serien ausgelöst: Neben dem schon genannten *The Witcher* (vgl. Schmidt-Hissrich 2019–2023, Netflix) können hier etwa *The Shannara Chronicles* (vgl. Gough/Millar 2016–2017, MTV/Paramount), *His Dark Materials* (vgl. Thorne 2019–2022, HBO), *The Wheel of Time* (vgl. Judkins 2021–2023, Amazon Prime Video), der *Game-of-Thrones*-Ableger *House of the Dragon* (vgl. Condal/Martin 2022–2024, HBO), *Willow* (vgl. Kasdan 2022, Disney +) oder das unter großem Aufwand produzierte *The Lord of the Rings: The Rings of Power* (vgl. McKay/Payne 2022–2024, Amazon Prime Video) genannt werden (vgl. auch Knörer 2017; McSweeney 2018; Krohn/Strank 2018; Wolther 2019). Es ist kein Zufall, dass bis auf *Willow* alle genannten Beispiele Literaturvorlagen haben oder zumindest auf literarisch erdachten Fantasywelten beruhen. Magdanz (2012) erklärte den Erfolg solcher Filmreihen und Serien mit der Macht der mythischen Erzählung: „Die Mythenschaffenden sind dann besonders erfolgreich, wenn ganze Mythensysteme ersonnen werden, die in sich konsistent sind, und komplett durchgehalten werden" (Magdanz 2012: 82). Die literarischen Vorlagen bieten hier willkommene Inspirationsquellen für komplexe Sekundärwelten mythischer Qualität an.

Die Untersuchung der drei (Sub-)Genres hat einige Charakteristika dieser fiktiven Welten zutage gefördert. Angelehnt an die begrifflichen Problemstellungen der Termini soll im Folgenden weiterhin vom Science-Fiction- und vom Fantasy-Genre sowie vom Superhelden-Subgenre gesprochen werden – bei aller gebotenen Vorsicht, die durch die oben beschriebenen Einschränkungen, Vermischungen und Unwägbarkeiten entstehen. Nach der Charakterisierung der Genre-Spezifika soll im Folgenden wieder die Brücke zur Filmmusik geschlagen werden.

3.4 Stilistische Bedingungen

Zu Beginn dieses Textes wurde als zentrale Hypothese formuliert, dass es signifikante Verbindungen zwischen der musikalischen Romantik und den Film- und Serienscores in fiktiven Welten der 2010er-Jahre gibt. Diese Bezüge, so die Hypothese, äußern sich unter anderem in stilistischen Adaptionen: So tragen diese Fiktive-Welten-Scores möglicherweise eine romantizistische Handschrift, indem sie bestimmte musikalisch-kompositorische Konzepte, Grundzüge und Charakteristika der historischen Romantik adaptiert haben. Diesen stilistischen Bezügen sind die folgenden beiden Kapitel gewidmet. Hierfür sollen zunächst allgemeine stilistische Einflüsse in der Filmmusik des 21. Jahrhunderts untersucht werden, bevor die musikalischen Spezifika in den Fiktive-Welten-Genres in den Vordergrund rücken.

3.4.1 Termini: Stil und Genre in der Musik

Nicht nur mediale und filmische Kategorien sind für die vorliegende Studie ein wichtiges und erklärungsbedürftiges Interessensfeld. Nachdem bereits filmische Genres als mythische Räume beschrieben und die komplexen Wechselwirkungen zwischen diesen analysiert wurden, müssen auch musikalische Kategorien beleuchtet werden. Hier zeigen sich bedeutende Unterschiede zwischen den Termini Genre und Stil, wie bereits der Popularmusikforscher Franco Fabbri (1999) herausgearbeitet hat. So definieren etwa Fabbri/Shepherd (2003) das musikalische *Genre* folgendermaßen:

> In music, genres emerge as labels for defining similarities and recurrences that members of a community understand as pertinent to identifying and classifying musical events. The process by which naming conventions are established can be explicit, as in the proclamation of an aesthetic manifesto, or in rules, regulations and laws, and marketing campaigns. [...] In this way, the knowledge of ‚what kind of music' an individual will be listening to, playing or discussing acts as a compass, helping the individual to choose the proper codes and tools for participation. (Fabbri/Shepherd 2003: 3)

Hier sind Ähnlichkeiten zum filmischen Genre-Begriff erkennbar: Wie auch dort sind musikalische Genres nicht allein – aber auch – Produkte innermusikalischer Klassifizierungen; sie haben darüber hinaus soziokulturelle Aspekte oder kommerzielle Motivationen und sind veränderliche sowie stets neu verhandelte Gebilde mit mal mehr, mal weniger eindeutigen Abgrenzungen. Kulturelle Codes, Zuschreibungen von sozialen Gruppen, Jugendkulturen, Medien oder Musiklabels, äußere Merkmale wie Kleidung und Habitus sowie Selbsteinschätzungen der Künstler*innen tragen zur Genese von – ebenfalls einem dynamischen Prozess sowie vielfältigen Uneindeutigkeiten unterworfenen – Musikgenres bei (vgl. Fabbri 1999; Fabbri/Shepherd 2003).

Anders dagegen verstehen Fabbri/Shepherd (2003) den musikalischen *Stil*:

> Rules that apply to musical features in a stricter sense are often referred to as matters of style rather than matters of genre. [...] In moving to a broader definition of a ‚kind of music' in terms of the many activities above and beyond the purely musical that are involved in a musical event, matters of genre are being discussed. In focusing on recurring musical features independently of the other activities involved in musical events, matters of style are being discussed. (Fabbri/Shepherd 2003: 3).

Diese Unterscheidung soll in der vorliegenden Studie dergestalt übernommen werden, dass der Stil eine musikimmanente Kategorisierung darstellt, die sich auf musikalische Parameter wie Melodik, Harmonik, Rhythmus, Struktur und Arrangement oder Instrumentierung stützt (vgl. Kühn 2002; Kramarz 2014). Bestimmte wiederkehrende Konzepte, Strategien und Tendenzen der historischen Romantik innerhalb dieser Parameter sind damit als stilistische Muster zu bezeichnen. Dadurch wird auch die ebenfalls nicht unübliche Definition eines Personalstils, einer Handschrift einer*eines oder weniger Komponist*innen in dem vorliegenden Text ausgeschlossen: Im Vordergrund sollen übergreifende Stil-Konzeptionen stehen, deren Zuschreibung als romantizistisch zumindest einigermaßen valide ist. Was aber ist ein romantischer oder romantizistischer Stil, und wie ist dieser nachweisbar? Bereits in Kapitel 2.6 wurden einige romantische Strömungen unter dem Oberbegriff Stilistik zusammengefasst und näher herausgearbeitet. Dabei sind Ambiguitäten nicht ausgeschlossen: Fabbri (1999) weist darauf hin, dass die Grenzen sowohl zwischen Stil und Genre als auch innerhalb von Stil- oder Genre-Kategorisierungen keineswegs eindeutig zu ziehen sind: „It is worth to point out again that the listings of ‚music spaces', ‚styles' and ‚genres' largely overlap" (Fabbri 1999: 10). Auch stilistische Romantizismen in filmischen Scores sind deshalb stets unter der Einschränkung zu sehen, dass sie nicht mehr als Hinweise auf mögliche Verbindungen sein können.

3.4.2 Stilistische Vielfalt

Unterschiedlich bewertet wird die Frage der stilistischen Varianz in der Film- und Medienmusik des 20. und 21. Jahrhunderts. Dabei stehen sich zwei konträre Forschungstendenzen gegenüber: Verfechter*innen einer großen stilistischen Vielfalt betonen in einer Reihe von Untersuchungen die eklektizistische Flexibilität des filmischen Scores.

Insbesondere in der deutschsprachigen Forschungsliteratur werden stilistische Ortungsversuche von Filmmusik aufgrund der hohen Varianz skeptisch bewertet (vgl. etwa Kloppenburg 2012/2015; Emons 2014; Elias 2017; Audissino 2017b). Kloppenburg (2012/2015: 91) etwa vertritt die Ansicht, dass von keinem einheitlichen Stil in der Filmmusik gesprochen werden könne: Er beschreibt den filmischen Score als eine bunte Zusammenstellung und Vermischung unterschiedlicher Stile, Klänge und Musikgenres. Die funktionale Anlage der Filmmusik als Teilkunst des Gesamtmediums Films und die daraus resultierende Heterogenität verhindere die Herausbildung einer stilistischen Einheitlichkeit oder das Herausstechen einzelner stilistischer Einflüsse. Im Gegenteil sei es ein Qualitätsmerkmal von Film- und Medienmusik, wenn sie sich stilistisch vielseitig und uneindeutig zeigt, um möglichst eine breite, globale Zuhörerschaft erreichen zu können. Dennoch erkennt Kloppenburg (2012/2015: 91) an, dass es durchaus dominantere klangliche Einflüsse gibt, weswegen er von einem weiter zu erforschenden „Stilproblem" (ebd.) spricht (vgl. Elias 2017).

> Der ‚Unstil' der Filmmusik, die stilistische Vielfalt, die Vermischung von Gattungen und Stilen, das Zitieren oder Adaptieren klassischer und populärer Genres, die Verwendung unterschiedlichster Instrumentationen wie eines E-Basses im Sinfonieorchester und die Verbindung von akustisch erzeugter Musik mit digital gesampelten und kombinierten Klängen wird vielfach als stillos, klischeehaft, trivial [...] oder affirmativ kritisiert. [...] Nicht Komposition bildet die Grundlage der Musik im Film, sondern Kompilation und Improvisation. (Kloppenburg 2012/2015: 92)

Jedoch schränkt Kloppenburg (2012/2015: 92 u. 110 f.) diese kolportierte Vielfalt wieder ein, wenn er einräumt, dass Kompositionstechniken des 19. und frühen 20. Jahrhunderts die Basis für eine Vielzahl bedeutender Filmkompositionen von der klassischen Hollywood-Zeit der 1930er- bis 1950er-Jahre sind sowie starke Einflüsse bis in das frühe 21. Jahrhundert hinein bilden – auch wenn er diese hochgradig auffällige Kontinuität nicht als Stil bezeichnen mag. Elias (2017) schließt sich diesem Gesamturteil an und sieht die postulierte stilistische Vielfalt als große Chance für kompositorische Experimente:

> „Das Feld der Filmmusik stellt heute ein musikalisch überaus lohnendes Feld für Experimente und noch nie Dagewesenes dar. Den Komponistinnen und Komponisten steht buchstäblich die ganze Welt zur Verfügung. In der Film- und Medienmusik ist heutzutage ‚alles' möglich – im Rahmen eklektizistischer Stilmixturen sogar gleichzeitig nebeneinander." (Elias 2017: 461)

Neben Elias (2017: 461) und Emons (2014: 124) kommt auch Xalabarder (2013: 17 f.) zu dem Schluss: Es gibt keinen filmmusikalischen Stil, genauer: Eine Filmmusikkomposition folgt ihren eigenen Regeln, hat ihre eigenen Kriterien und Funktionen und ist deshalb nicht stilistisch mit Musik gleichzusetzen, die nicht für den

Film geschrieben wurde. „While romantic music for film may be compared with the romantic music of any classical composer, such a comparison is entirely out of place" (Xalabarder 2013: 13). Nach Xalabarder ist die Komposition des Filmscores eine cineastische Kunst – und eben keine primär musikalische. Der filmische Score löst demnach primär die Probleme des Films und dient ihm – auch wenn er innerhalb der filmischen Wirkung mitunter dominant sein mag –, weswegen er auf die gesamte Breite möglicher musikalischer Stile zurückgreift, wenn sie ihm für die filmische Direktive dienlich sind. Diese Perspektive nimmt auch Bullerjahn (2001) ein, die Filmmusik nach funktionalen (und eben nicht stilistischen) Parametern klassifiziert: Da Filmmusik eine funktionale Musik ist und damit nicht nur den Anforderungen des Gesamtmediums Film unterworfen ist, sondern auch nur nach diesen Kategorien interpretiert und unterschieden werden kann, ist eine Anwendung stilistischer Kategorien der autonomen oder Kunstmusik sinnlos. Demnach führt die Untersuchung möglicher romantizistischer Stil-Einflüsse auf Filmmusik ins Leere (siehe hierzu Kapitel 3.7).

Doch wird diese Sichtweise nicht von allen Forscher*innen geteilt. So führen etwa Karlin und Wright (2004) aus, dass sich eine gute, durchdacht konzipierte Filmkomposition durch stilistische Eindeutigkeit auszeichnet und von dieser in der Regel nicht abweicht:

> Established musical styles, whether pop, rock, jazz, or classical, are often the foundation for a concept. If the concept is based on one distinct musical style, its purest execution is to be perfectly faithful to that style throughout the score, never changing its musical language or composing outside its musical boundaries. (Karlin/Wright 2004: 88)

Demnach gibt es zwar eine große Auswahlmöglichkeit an musikalischen Stilen, derer sich die Filmmusik – in der Theorie – bedienen kann. Doch ein beliebiger Wechsel oder beliebige Stilmixturen innerhalb einer Filmmusik entsprechen nicht den gängigen Gepflogenheiten; die stilistische Freiheit hat also Grenzen. Auch Audissino (2017a: 230), der John Williams' Personalstil zu charakterisieren versucht, sieht diese Grenzen als gegeben an: Williams adaptiere zwar unterschiedlichste Stile (und amalgamiere sie zu seinem eigenem), spricht jedoch auch von engen stilistischen Grenzen, die sich in filmischen Scores notwendigerweise aus Hintergrund, Story, Genre und Setting des filmischen Gesamtmediums ergeben: „The degree to which you can experiment, as you can in a concert work, is very limited. You're fulfilling more of a role of a designer, in the same way that a set designer would do a design for a period opera" (John Williams, zit. nach Audissino 2017a: 230). Hier kommt ein Argument zur Sprache, das in den nächsten Kapiteln noch weiter untersucht wird: Möglicherweise ist Filmmusik aufgrund ihres funktionalen Charakters stilistisch nicht *freier*, sondern im Gegenteil *gebundener* als autonome Musik wie Konzerte, Sonaten oder Songs. Das filmische Gesamtmedium führt bereits kulturelle Vorerwartungen durch Genre, Reihe, mediales Format, Story oder Setting mit sich, die auch durch die Musik erfüllt werden müssen.

3.4.3 Stilistische Romantizismen

Viele Forschungsbeiträge zu stilistischen Bezügen teilen die kolportierte Vielfalt der Filmmusik nicht oder machen signifikante Einschränkungen geltend (vgl. etwa Flinn 1992; Scheurer 2008; Halfyard 2012; Xalabarder 2013; Murphy 2014; Bribitzer-Stull 2017; Audissino 2017a; Hill 2017; Coleman/Tillman 2017; Fuhrmann 2021). Besonders häufig wird dabei der Einfluss der musikalischen Romantik auf einen hypothetischen filmmusikalischen Stil betont. Scheurer (2008) fasst die stilistischen Einflüsse der (Spät-)Romantik auf die Filmmusik prägnant zusammen:

> The elements of post-Romantic music that had the greatest impact on scoring are its lush sound (derived from increased orchestra size), expanded harmonic language, chromaticism, use of program music, and use of leitmotifs in orchestral as well as opera music. (Scheurer 2008: 41)

Das große romantische Orchester, die Ergänzung klassischer Funktionsharmonik, die Tendenz zur Programmmusik sowie die Leitmotivik finden sich auch in weiteren Forschungsarbeiten als stilistische Romantik-Marker herausgestellt, wobei teils andere Schwerpunkte gesetzt werden. Als wichtiger Aspekt wird wiederholt der romantische Sinfonismus genannt: Emons (2014) nennt die an klassisch-romantischen Musik- und Klangidealen orientierte Filmmusik „Kinosinfonik" (Emons 2014: 8) – als stilistisches Gegenstück zur „modernen Filmmusik" (ebd.), die sich der Neuen Musik bedient. Ähnlich beurteilt auch Xalabarder (2013) die ungebrochene Bedeutung thematisch-orchestraler Filmmusik: „Symphonic music is kingpin in cinema" (Xalabarder 2013: 132). Damit bezieht er sich vor allem auf die große Ausdruckskraft des romantischen vergrößerten Orchesters, das zur emotionalen Überwältigung genutzt und unter filmmusikalischen Bedingungen bis zum Exzess zur Steigerung der Emotionalität eingesetzt wird (vgl. ebd.).

Bribitzer-Stull (2017) hat eine Studie zur Fortführung der Wagnerschen Leitmotivik in der Filmmusik des 20. und 21. Jahrhunderts vorgelegt. So weist er die auch in ihrer Formanlage, Tiefe und motivischen Komplexität mit dem musikalischen Vorbild vergleichbare Kompositionsarbeit in einigen Filmscores des 20. und 21. Jahrhunderts nach. Die deutlichen Parallelen der europäischen Kunstmusik des 19. Jahrhunderts und der Filmmusik dürften allerdings nicht verallgemeinert werden:

> The parallels between film music and art music are understandable when one learns that early film composers like Sergei Prokofiev [...] emerged from the professional art music world. That said, all too often commentators indulge in facile but misleading equivalences between art and film music, implying that some sort of universal ‚nineteenth-century' style of composition undergirds both genres. Predictably, this unfortunate state of affairs is pandemic in descriptions of leitmotif, and in comparisons of film to Richard Wagner's operas. (Bribitzer-Stull 2017: 258)

Bribitzer-Stull (2017: 258 f.) verwahrt sich gegen verallgemeinernde Aussagen zu Stiladaptionen der Romantik und versucht sich an einer Differenzierung: Meist bezögen sich die oft fälschlich gezogenen Vergleiche von Musik der Romantik und Filmmusik auf die Werke von Richard Wagner, Gustav Holst oder Richard Strauss sowie auf spezifische Formen der Programm- und Vokalmusik des 19. und beginnenden 20. Jahrhunderts (etwa die Oper, das Lied oder die sinfonische Dichtung). Eine gleichartige Fortsetzung der Musik der Romantik in der Filmmusik zu sehen, sei eine nicht zutreffende und stark vereinfachende Interpretation. Dabei zeigt Bribitzer-Stull auch in einer Reihe von jüngeren Filmkompositionen leitmotivische Techniken Wagnerscher Prägung auf. Von 21 Filmen, an deren Beispielen er leitmotivische Techniken nachweist, sind 16 Filme dem Fantasy- oder Science-Fiction-Genre zuzurechnen (vgl. Bribitzer-Stull 2017: 279–300).

Auch bezüglich harmonischer Bezüge gibt es signifikante Forschungsbeiträge. Murphy (2014) versucht, die Film Music Studies mit der von David Lewin erstmals beschriebenen *Transformational Theory* in Einklang zu bringen, die auf dem Neo-Riemannschen Theoriekomplex[13] aufbaut. Murphys Vorschlag einer quantitativen komparativen Studie bezieht sich im Besonderen auf harmonische Fortschreitungen, die in der Musik des 19. Jahrhunderts und der Filmmusik einander vergleichend gegenübergestellt werden könnten. Die quantitative Auswertung von mathematisch normierten Beziehungen musikalischer Objekte kann damit in großer Zahl auf streng normierte Akkordfortschreitungen angewandt werden, um Gemeinsamkeiten, Unterschiede und Besonderheiten gerade von Musikwerken der Romantik und von Film- und Medienmusik besser vergleichen und messen zu können. Durch solche quantitativen Analysen könnten Hypothesen nach einem möglichen Filmmusik-Stil oder -Sound validiert werden:

> Ultimately, any results could, at least, shed light on idiolectical components of a ‚film music style'. They can help to answer questions like ‚In what ways does this music sound like film music?' [...] I acknowledge the widely held views that ‚there is no single style of music that can be defined as ‚film music' [...] and that it is a mélange of various preexisting styles ins-

---

[13] Vgl. gängige Forschungsliteratur zu diesem Forschungsfeld wie exemplarisch Gollin/Rehding 2011.

tead. But [der Filmmusikforscher; Anm. d. Verf.] William Rosar contends that ‚despite all its stylistic variability throughout the decades – whether the often cited ‚late Romantic' style or passing trends in musical fashion – there was and remains a film music sound, elusive though it may be to define'. (Murphy 2014: 476).

Lehman (2018) knüpft an Murphys Vorüberlegungen an und versucht, diesen filmmusikalischen Sound in harmonischer Hinsicht zu präzisieren. Dabei arbeitet auch er heraus, dass die Filmmusik Hollywoods zwar vielen harmonischen Einflüssen unterliegt und sich grundsätzlich aller musikalischer Stile in eklektizistischer Weise bedient; dennoch zeichnet er ein Bild der filmmusikalischen Harmonik, die sich in historischer Hinsicht aus ihrer Vorgängerin – der (spät-)romantischen Harmonik – entwickelt habe und mit ihr nach wie vor viele Gemeinsamkeit zeige (vgl. Lehman 19–31; 42–47). Dabei stellt er Analysen romantischer Kompositionen Wagners, Schuberts, Liszts und Rimskij-Korsakovs an und setzt sie aufgrund ihrer teils kühnen Harmonik mit starken chromatischen Anleihen, die dennoch triadische und tonale Bezüge bewahren, in eine vorbildhafte, prägende Vorgänger*innen-Position für den Hollywood-Sound und darüber hinaus (vgl. Lehman 2018: 49 f.). Auch in harmonisch-chromatischen Innovationen wie der Ganztonskala sieht er nicht nur die Musik der Romantik als Ursprung, sondern betont auch ihre intendierte Wirkung als musikalischer Code oder *Topic*, der auf eine utopisierende, verklärende Wirkung abziele: „Many of the specific semiotic targets of chromaticism were standardized in the nineteenth century: exotic lands, erotic experiences, magical encounters, and so on" (Lehman 2018: 52; zur Erklärung des Begriffs „Topic" siehe Kapitel 3.8.2).

Flinn (1992) verhandelt ausführlich den ausgeprägten musikalischen Romantizismus Hollywoods, wobei auch sie primär auf sinfonisch-orchestrale Ausdrucksmöglichkeiten und die Leitmotivik, aber auch auf die Neigung zur utopisch verklärten Folklore rekurriert. Hill (2017: 301) geht davon aus, dass etwa 80 Prozent aller zwischen 1931 und der Jahrtausendwende produzierter Filmmusik – wobei er implizit die Filmmusik Hollywoods meint – im Stil von Wagner, Mahler und anderen spätromantischen Komponist*innen geschrieben wurde. Dabei bezieht er sich inhaltlich vor allem auf die Harmonik, aber auch auf Melodiebildung, Form und Struktur sowie den dramatischen Ausdruck. Auch Coleman und Tillman (2017: 8) stellen einen ausgeprägten stilistischen Konservatismus in den filmischen Scores des 20. und frühen 21. Jahrhunderts fest, die durch ständige Wiederholungen, Adaptionen und kaum verhohlene Kopien von bereits oft Gehörtem geprägt seien.

In seinem Standardwerk für angehende Filmkomponist*innen *Scoring the Screen* (vgl. Hill 2017) versucht Hill, der nicht nur als Dozent für Filmmusik, sondern auch als Musikproduzent, Komponist und Music Supervisor tätig ist, sowohl eine Standortbestimmung der Filmmusik und ihrer musikimmanenten Parameter zu unternehmen als auch die Vision einer gelungenen Filmmusik der Zukunft zu entwerfen. So gibt Hill Einblicke in seine Vorstellung eines filmmusikalischen Stils (wobei er explizit Musik für Serien, Games und andere Medienformate mit einbezieht):

> This is what composers of music for drama (and by drama, I mean all forms of dramatic expression) should aim for: not originality for its own sake, but an original use of the vocabulary. Not an entirely new language (though if you can create one that works, more power to you!), but a development of the shared language in service of the story you have been asked to assist in telling. (Hill 2017: xxx)

Was aber definiert Hill als diese musikalische „shared language" (Hill 2017: xxx)? In der Analyse von mehr als fünfzehn für Hill herausragenden Filmscores zwischen 1958 und 2011 bedient er eine große Anzahl von kompositorischen Referenzen, nennt Dutzende Komponist*innen als Vorbilder meist aus dem späten 19. oder frühen 20. Jahrhundert und baut so eine große verbindende Brücke zwischen romantischem Stil und gegenwärtiger Filmkomposition. In Don Davis' Score zu *The Matrix* (vgl. Wachowski/Wachowski 1999) beleuchtet er explizit die um sechs Wagner-Tuben erweiterte Instrumentierung (vgl. Hill 2017: 191); in Danny Elfmans persönlichem Kompositionsstil sieht (und hört) er Einflüsse von Pjotr Iljitsch Tschaikowsky, Camille Saint-Saëns und Paul Dukas heraus (vgl. Hill 2017: 196), und in John Powells Score für den DreamWorks-Animationsfilm *How to Train Your Dragon* (vgl. DeBlois/Sanders 2010) erkennt er Beethovensche und Brahmssche Motiventwicklungen (vgl. Hill 2017: 354) sowie von Johann Strauss geprägte Walzer (vgl. Hill 2017: 377). Wenn er vermeintlich gelungene harmonische Innovationen hervorhebt, etwa den Einsatz von Bitonalität in James Newton Howards Filmscore zu *The Sixth Sense* (vgl. Shyamalan 1999) oder Bernard Herrmanns harmonisch progressive Komposition für *Vertigo* (vgl. Hitchcock 1958), führt er diese Techniken auf Vorbilder des 19. Jahrhunderts zurück, etwa auf Schuberts *Forellenquintett* oder Wagners *Tristan und Isolde* (vgl. Hill 2017: xxx; 8). In Bernard Herrmanns harmonischer Musiksprache, die unter anderem den zentralen und häufigen Einsatz von Medianten vorsah, sieht er zwar in historischer Hinsicht – zumindest für Hollywood – einen ersten genuinen Filmmusik-Stil: „Herrmann was the first to truly understand that film music required a harmonic language of its own, distinct from both the nineteenth-century romantic tradition and twentieth-century modernism." (Hill 2017: 14) Doch einen Absatz später gesteht er ein, dass die mediantische Harmonik Herrmanns ihre Wurzeln in kompositorischen Vorbildern des 19. Jahrhunderts habe (vgl. Hill 2017: 15). Wiederholt preist Hill die harmonische Medianten-Fortschreitung als neues Stilmittel der Filmmusik, doch das musikalische Vorbild ist klar erkennbar: Der Bezug zur romantischen Harmonik ist hier nicht zu leugnen (vgl. Hill 2017: 8; 15; 309). Hill beschreibt die mediantische Akkordfortschreitung im Übrigen als einen in der Filmmusik etablierten Code für das Übernatürliche, Magische und Realitätsfremde: Die Mediantik als kompositorisches Werkzeug des Mythos wird im empirischen Teil der vorliegenden Studie weiter untersucht und überprüft werden. Auch Lehman beschreibt die mediantische Akkordfortschreitung – bei ihm als „chromatic mediants" (Lehman 2018: 68) bezeichnet – als „perhaps the most stereotypically cinematic of all [...] procedures" (ebd.).

> **Videobeispiel 10:** Filmausschnitt aus *Vertigo*, Scene d'Amour, URL: https://youtu.be/8317VVohgMo (vgl. Yuliano 2015).
>
> Zentrale Motive in Bernard Herrmanns Score zu *Vertigo* (vgl. Hitchcock 1958) weisen mediantische Akkordwechsel als prägnantes Attribut auf. In der gezeigten Szene nimmt Judy, die Bekanntschaft des traumatisierten und depressiven Ex-Polizisten Scottie, immer mehr die Gestalt seiner verstorbenen Geliebten Madeleine an, und die beiden kommen sich näher. Das Hauptmotiv der Scene d'Amour stellt ein mediantisch harmonisiertes Streichermotiv dar, das an mehreren zentralen Stellen erklingt (vgl. Yuliano 2015: 00'41"–00'53"; 01'37"–01'46"; 02'12"–02'23"; 02'41"–02'51"; 03'42"–03'50"). Das Motiv symbolisiert Scotties besessene Liebe zur verstorbenen Madeleine, in die sich Judy immer stärker verwandelt. Die gesamte Szene wird von Herrmanns Musik getragen: Sie drückt Scotties Liebe und Besessenheit, seine Zweifel und Sehnsüchte, seinen Realitätsverlust und die angespannte, mysteriöse Situation aus; die zunehmende Leidenschaft wird musikalisch durch an Wagners *Tristan* angelehnte musikalische Steigerungen ausgedrückt (vgl. ebd.: 03'05"–03'42"; vgl. auch Hill 2017: 5–15; Lehman 2018: 153 f.).

Notenbeispiel 6: Bernard Herrmann – *Vertigo*, Scene d'Amour, Hauptmotiv-Ausschnitt (Quelle: eigene Notation).

Die diatonisch absteigende Melodie in e-Moll begleitet Herrmann nicht mit einer klassischen funktionstheoretischen Kadenz, sondern mit der mediantischen Abfolge Gis-Dur (beziehungsweise As-Dur) und e-Moll (in der Stufenabfolge III#-i). Die beiden großterzverwandten Akkorde weisen keinen gemeinsamen Ton und damit ein chromatisch-dissonantes Verhältnis zueinander auf. Gis-Dur dient hier als ungewöhnlicher, fremdartiger Dominanten-Ersatz. Dieses spannungsgeladene Verhältnis erzeugt eine mysteriöse Stimmung, in der sich zwar Liebe, Leidenschaft und die Sehnsucht nach Auflösung ausdrücken, gleichzeitig aber ein ungutes, zweifelndes Gefühl durchscheint, dass etwas nicht richtig ist.

Neben der Mediantik versucht Hill, weitere innovative Tendenzen einer filmmusikalischen Sprache zu definieren, die eine dem Filmscore eigene Stilistik ohne romantischen Bezug begründen könnten: Wie er) zu Recht herausarbeitet, sind die von ihm analysierten filmmusikalischen Kompositionen zwar der Dur-/Moll-Tonalität verpflichtet, doch haben sie durch ständige Modulationen, Tonartwechsel, chromatische Verschiebungen und mediantische Akkordfolgen keine eigentliche Grundtonart mehr (vgl. Hill 2017: 15). Zwar hat eine melodische Phrase, ein Motiv oder ein filmmusikalisches Thema in der Regel ein erkennbares tonales Zentrum, doch kann dieses in der nächsten Phrase bereits verschoben oder aufgelöst sein. „Wandering key centers are common in film music, and although most cues have a ‚practical tonality', you'll almost never see a key signature on a concert score" (Hill 2017: xxix): Auch das ist eine Entwicklung, für die man etwa in Werken Wagners mit seinem berühmtgewordenen Tristan-Akkord, bei Strauss mit seinen polytonalen Bezügen oder bei Chopin mit seinen chromatischen Verschiebungen romantische Vorbilder anführen kann – Hill veranschaulicht detailliert den Beginn des Schlusssatzes aus Saint-Saëns' Sinfonie Nr. 3 (Uraufführung 1886) als Beispiel für eine kühne harmonische Modulation und Etablierung eines neuen tonalen Zentrums (vgl. Hill 2017: 56–59; Lehman 2018: 54–58).

In der ungewöhnlichen, als innovativ wahrgenommenen Harmonik des Filmkomponisten Thomas Newman sieht Hill ebenfalls eine Verbindung zur Spätromantik, die er mit der Neo-Riemannschen Theorie veranschaulicht: Der Musiktheoretiker Hugo Riemann fand durch die harmonische Analyse von Werken Wagners (unter anderem *Tristan und Isolde*, aber auch *Der Ring des Nibelungen* und *Parsifal*), Liszts und anderen progressiven Komponist*innen zu einem neuen systematischen Akkordsystem, das auf der Wesensverwandtschaft von Dreiklängen und ihren Tonbeziehungen untereinander basierte – unter Auslassung der klassischen, auf Tonika, Dominante und Subdominante basierenden Harmonielehre. Die bereits von Riemann beschriebene triadische Progression, vorbildhaft mittels Wagners Tarnhelm-Motiv veranschaulicht, weist Hill auch in den Filmkompositionen von Bernard Herrmann und Thomas Newman nach (vgl. Hill 2017: 309 f.; vgl. ferner Murphy 2014; Lehman 2018).

Hills zutreffende Analyse der weiterentwickelten Dur-/Moll-Tonalität soll nicht darüber hinwegtäuschen, dass er hier gezielt harmonisch avancierte und ungewöhnliche, aus seiner Sicht besonders innovative Beispiele von Filmkompositionen auswählt. Inwieweit diese Innovationen sich durchgesetzt haben, wurde unterschiedlich bewertet: So kommt Wilcox (2017: 34) zu dem Schluss, dass im zweiten Jahrzehnt des 21. Jahrhunderts die in der Tonalität verbliebene Dur-/Moll-Dialektik mit ihren emotionalen, kulturell tradierten Bedeutungen immer noch die Standardsprache der filmischen Scores sei, auch wenn die Bedeutung der Grundtonart abgenommen habe.

Hills Kommentar zu neueren Filmscores, die sich von einer motivbildenden Melodien-Entwicklung abwenden, gibt ebenfalls Einblicke in seine ästhetische Verortung von Filmmusik: Er sieht die von ihm beobachtete Tendenz seit den

1970er-Jahren zur melodischen Reduzierung oder gar Auflösung in Filmkompositionen mit Skepsis. Er betrachtet diese Entwicklungen jedoch als Trend, der wieder vorbeigehe (auch wenn Gegentrends explizit melodischer Scores etwa von John Williams und Alan Silvestri großen Erfolg hatten): Denn die Melodie oder „line" (Hill 2017: 317), wie Hill den horizontalen Fortgang von Filmmusik bezeichnet, kann aufgrund der dramatischen Fortschreitung des Films nicht ausbleiben; filmische Scores können nicht statisch sein. Demzufolge ist die horizontale Fortschreitung der begleitenden Musik essentiell – unabhängig davon, welchen Terminus man hierfür verwendet. Doch neben dieser narrativ-dramaturgischen Begründung setzt Hill (2017: 317 f.) statische Klangflächen durchaus pejorativ mit Sounddesign gleich. Wenn es keine horizontale, also melodische oder motivisch-thematische Entwicklung gebe, sei Filmmusik nurmehr eine weitere Form von Hintergrundgeräusch – und eben keine Kunstform mehr: „Linking the score to both the central ideas and the emotional subtext of the story will insure that film music never becomes simply another branch of sound design" (Hill 2017: 318). Filmmusik ist in Hills Perspektive eine auf großen Ideen genialer Komponist*innen des 19. Jahrhunderts beruhende Kunstform der dramatisch-thematischen Gestaltung.

All diese Beispiele erlauben einen Blick in Hills musikalische Kontextualisierung: Er konstruiert in *Scoring the Screen* bewusst einen zeitlichen Horizont vom 19. über das 20. bis ins 21. Jahrhundert. Seine vielfachen Verweise auf Komponist*innen und Werke, die gemeinhin der (zumeist späten) Romantik zugerechnet werden, konstruieren nicht nur ein Idealbild des romantischen Kunstwerks, dessen geniale Ideen sich erst in der Gegenwart entfalten. Zugleich gibt Hill hier – ob bewusst oder unbewusst – ein präzises Beispiel von Ernst Blochs Ungleichzeitigkeitsgedanken wieder: Eine musikalische Innovation – beispielsweise die Mediantik – entsteht im 19. Jahrhundert, gedeiht aber erst richtig in der Film- und Medienmusik des 20. und 21. Jahrhunderts, in denen sie ihre volle Blüte erfährt, ja ihre historische Bestimmung findet. Hills utopische Vorstellung einer Musik der Zukunft besteht nicht darin, völlig Neuartiges, gar Revolutionäres zu erschaffen: Vielmehr müssten die bereits bestehenden Ideen und künstlerischen Entwicklungen erkannt und behutsam weiterentwickelt werden – auch wenn sie 200 Jahre alt sind.

> When you're searching for something genuinely novel, counterintuitively it's often best to search first in the archives of the past, and especially in the music that exerted and continues to exert the most potent psychic force. (Hill 2017: 301)

Auf welche Musik sich Hill dabei bezieht, gibt er durch die vielen genannten musikalischen Werke durchaus zu erkennen. Hill vollzieht hier, was er vorgibt zu vermeiden: Er idealisiert und überhöht, ja *romantisiert* den etablierten europäischen Kunstmusik-Kanon des 19. (und frühen 20.) Jahrhunderts durch Anführung prägnanter Beispiele und unterstellt dessen Ideen eine vermeintliche Bestimmung. Ganz im Sinne Blochs hat in Hills musikalischem Weltbild die Filmmusik die noch revolutionären und für ihre Zeit unreifen Ideen des 19. Jahrhunderts geerbt. Einschränkend soll hier angeführt werden, dass Hill durchaus auch andere Beispiele anführt: etwa aus dem Impressionismus, der (frühen) Neuen Musik, dem Jazz, dem indonesischen Gamelan oder der Minimal Music. Aber die von ihm konstruierte Brücke zur musikalischen Romantik ist nicht nur die zeitlich gesehen größte, sondern auch die durch viele konkrete Beispiele am stärksten fundierte. Für Hill sind die besten (film-)musikalischen Zukunftsideen bereits in der Vergangenheit formuliert worden; es geht ihm darum, diese zu entdecken und auszugestalten. Hill umschreibt damit eine musikalische Utopievorstellung, die sich eher rückwärtsgewandt gibt: Die utopischen Vorleistungen der Vergangenheit müssen erkannt, beerbt und ihrer Bestimmung (in der Film- und Medienmusik) zugeführt werden, damit sie sich entfalten können. Und Hill traut manchen Ideen der Vergangenheit zu, dass sie auch für die weitere Zukunft im 21. Jahrhundert eine wichtige Rolle spielen werden (vgl. Hill 2017).

Die vielfachen Reminiszenzen nicht nur der tatsächlichen, sondern auch der zukünftig zu komponierenden Filmmusik an romantische, teils Jahrhunderte alte Leitbilder stellte andere Forschende vor Erklärungsprobleme. Den Erfolg der eklektizistischen Anknüpfung an romantische Musikvorbilder erklärt Fuhrmann (2021) deshalb mit einer pointierten Aussage, die zugleich einen skeptizistischen Kern enthält: Filmmusik arbeite mit „den Mitteln der Vergangenheit, weil die Gegenwart keine hat" (Fuhrmann 2021: 106). Hill beschreibt diese Methode als „the *ancient-modern effect*: creating something new by reaching back to the distant past" (Hill 2017: 53 [Hervorh. im Orig.]).

3.4.4 Filmmusikalische Eigenheiten

Abseits von Einflüssen aus der Romantik oder von anderen stilistischen Eklektizismen haben einige Forschende versucht, genuin filmmusikalische Muster zu formulieren, die sich gerade nicht aus stilistischen Vorbildern, sondern aus der eigenen Dynamik, aus eigenen funktionalen, produktionstechnischen oder kompositorischen Maximen ergeben. So arbeitet Bullerjahn (2001: 129) die Einfachheit und Prägnanz als filmmusikalische Eigenschaften heraus, die im Kontrast zur Konzertmusik (der klassisch-romantischen Musikliteratur) stehen: Filmmusik hat demnach in der Regel nicht die Zeit, ein Thema über acht oder 16 Takte zu entwickeln, weshalb die Prägnanz des (kürzeren) Motivs und auch der Sound selbst als Erkennungsmerkmale an Bedeutung gewinnen. Ähnlich sieht auch Kloppenburg (2012/2015) die Prägnanz und Eindeutigkeit als wesentliche Qualitätsmerkmale von Film- und Medienmusik an: „Die Forderung nach motivischer Prägnanz sowie expressiver Stärke und Eindeutigkeit der Filmmusik erfolgt innerhalb des Paradigmas, als Teil der akustischen Schicht unauffällig sein zu müssen." (Kloppenburg 2012/2015: 112) Taugt eine solche Maxime der prägnanten Motivik und hohen Expressivität als stilistisches Alleinstellungsmerkmal der Filmmusik? Zumindest sind hier Zweifel angebracht: Zu deutlich sind die Anklänge an das romantische Inhalt-über-Form-Paradigma sowie an Wagners unendliche Melodie. Auch dort wurde die klassische Form zugunsten einer höheren, flexibleren und integraleren Ausdruckskraft vernachlässigt, die Bedeutung des erweiterten Klangspektrums nahm zu (siehe Kapitel 2.6.1). Lehman (2018: 19) stellt folgerichtig die Maxime der Prägnanz (bei ihm „immediacy" [ebd.]) als eine der charakteristischen Säulen filmmusikalischer Komposition in eine Tradition romantischer Idiome.

Xalabarder (2013: 14) formuliert einen anderen Anspruch an die filmisch-mediale Komposition: Filmmusik ist demnach dann gut, wenn sie dem Film gut dient; und nicht dann, wenn sie im musikalischen Sinne gut ist. Bullerjahn (2001) sieht das ähnlich: Filmmusik sei ein „gutes Kunsthandwerk" (Bullerjahn 2001: 297), das nur zusammen mit dem kommerziellen Gesamtprodukt Film hinreichend bewertbar sei. Versuche der „Rettung der Filmmusik für die Kunst" (Bullerjahn 2001: 297) seien deshalb übertrieben und widersprächen der Realität der Produktionsbedingungen. In jüngerer Zeit hat diese Sichtweise sowohl von Seiten der Komponist*innen als auch der Forschung Widerspruch hervorgerufen. So äußert sich Audissino (2017a: 221 f.) anhand eines Komponisten-Beispiels positiv über den potenziellen Kunstcharakter von Filmmusik: Ein wichtiger Grund für den dauerhaften Erfolg des Filmkomponisten John Williams sei neben seiner Vielseitigkeit die hohe musikalische Qualität seiner musikalischen Handschrift. Diese äußere sich nicht allein in motivischer Prägnanz oder Ausdrucksstärke, sondern auch in einer gelungenen Orchestrierung und Ausführung thematisch-motivischer Verarbeitungen. Auch Zacharopoulos (2017) vertritt die Auffassung, dass die Filmmusik von Williams neben ihrer hohen motivischen Einprägsamkeit auch ein anderes wesentliches Merkmal aufweist: Ihre Form ist nicht nur rein funktional durch das Narrativ des Films geprägt, sondern weist eine eigene musikalische Syntax auf, die – wenn auch flexibel und an filmische Gegebenheiten anpassbar – doch für einen eigenen musikalischen Zusammenhang sorgt. Das ist deshalb erwähnenswert, weil die äußere Form von Filmmusik eine gewisse Flexibilität bewahren muss: Im Produktionsprozess kommt es immer wieder zu (bisweilen sehr kurzfristigen) Änderungen im Schnitt. Bis zum finalen Filmschnitt besteht oft keine Sicherheit über die tatsächliche Ausgestaltung, weswegen Filmkomponist*innen ihre musikalischen Cues schnell anpassen können müssen. Gerade hier zeigt sich nach Zacharopoulos (2017) die Besonderheit von Williams' filmischen Kompositionen:

Sie sind in der größeren Form flexibel angelegt, bestehen jedoch in der Mikrostruktur aus innerlich zusammenhängenden musikalischen Einheiten. Nicht die äußere Form, sondern die Syntax ergibt hier die kompositorische Substanz – was ebenfalls nicht von ungefähr an Wagners theoretische Ausführungen des Musikdramas wie etwa die unendliche Melodie erinnert (vgl. Audissino 2017a: 224; Zacharopoulos 2017).

Auch Hill (2017) zählt als eine der zentralen Kriterien für gelungene Filmmusik ihre kompositorische Qualität auf – oder das, was er als solche ansieht:

> To retain its integrity as a craft deserving of awards and accolades, it must adhere – in some manner – to universally recognized principles of good composition, which include fundamentals such as melodic invention (however we define *melody*), theme and variation, symmetry, repetition, and development. (Hill 2017: 302)

Hill offenbart hier Kriterien für gute Filmmusik, die sich konservativ lesen und romantizistische Ideale gelungener musikalischer Komposition offenbaren; die Forderungen nach thematischer Variation, Symmetrie und musikalischer Fortschreitung könnten auch einer Anleitung für Sonatenformen oder Sinfonien aus dem frühen 19. Jahrhundert entstammen. Insgesamt wird in diesen Formulierungen der Anspruch deutlich, dass Filmkomposition mehr sein soll, als dem Film zu dienen: Sie sei als eigenständige und ernstzunehmende Kunst anzusehen. Hill gibt hier den romantizistischen Anspruch an höhere, künstlerisch anspruchsvolle Musik – in Opposition zum Mittelmaß – wieder.

Lehman zeichnet in seiner detaillierten harmonischen Analyse *Hollywood Harmony* (Lehman 2018) ebenfalls die spezifischen filmmusikalischen Eigenschaften nach, wobei er sich unter anderem der Analysemethode der Neo-Riemannschen Theorie bedient. Dabei stellt seine Studie über weite Strecken einen Vergleich zwischen der filmmusikalischen und der romantischen Harmonik dar, die Lehmann – mutmaßlich ohne Absicht – damit zu ihrem direkten Vorbild stilisiert. Dennoch arbeitet er durchaus spezifisch filmmusikalische Kompositionstechniken heraus, die vor allem Adaptionen, Ausweitungen und Transformationen romantischer Techniken darstellen. Ein besonderer Schwerpunkt liegt für Lehman auf den verschiedenen Varianten der Chromatik, etwa der linearen, mehrheitlich motivischen Chromatik oder chromatischen Akkordfolgen (vgl. Lehman 2018: 19–24). Auch analysiert Lehman die verschiedenen filmmusikalischen Methoden des Tonartwechsels, der sich als musikalischer Topic etwa – bei aufsteigenden Tonartrückungen – für Anspannung, Intensivierung, Aufregung oder Überraschung, bei absteigenden Rückungen dagegen für Heimkehr, Beruhigung oder (Wieder-)Erkennen etabliert habe (vgl. Lehman 2018: 54–65). Lehman fasst diese harmonischen Adaptionen der klassischen und einem tonalen Zentrum zugeordneten Funktionsharmonik unter dem Terminus „pantriadic chromaticism" (Lehman 2018: 66) zusammen – im Folgenden *triadische Chromatik* genannt. Zentral für dieses Konzept seien die bewusste Unterminierung funktionaler Akkordbeziehungen (wie dominantischer Wirkungen, Halb- oder Ganzschlüsse), der weitere Bedeutungsverlust eines tonalen Zentrums sowie die Verwendung nichtstandardisierter Tonskalen mit chromatischen Einflüssen. Gerade ersteres Konzept, also die Verwendung ungewöhnlicher, chromatischer Akkordfolgen, zeichnet Lehman als genuine Weiterentwicklung filmmusikalischer Komposition aus dem romantischen Vorbild nach. Dabei betont er jedoch, dass damit keineswegs die tonalen Bahnen vollständig verlassen werden: So besteht die harmonische Substanz von amerikanischer Filmmusik nach Lehman mehrheitlich aus Dur- und Moll-Dreiklängen, die eben das Spiel mit den Erwartungen klassischer Funktionsharmonik ermöglichen (vgl. ebd.). In funktionaler Hinsicht ermöglicht dieses Konzept der Aufweichung tonaler Regeln eine emotionale Ausdrucksteigerung, einen musikalischen Energiefluss und die schnelle Vermittlung expressiver Informationen; durch die Bedingungen der Ton-Bild-Synchronisierung mit häufigen und mitunter schnellen Szenen- und Stimmungswechseln stellt es eine nötige Werkzeugpalette musikalischer Ausdrucksmittel dar (vgl. Lehman 2018: 69–73). Dabei betont Lehman gerade die realitätserweiternden Wirkungen der triadischen Chromatik: Diese Ausdrucksmittel dienen nicht nur zur Realitätserzeugung, sondern auch zur Anregung der Fantasie und der Erzeugung magischer und wunderhafter Elemente. „Pantriadic harmony can seem phantasmagoric, as though steered by its own arcane will, rather than by human hands" (Lehman 2018: 70). So helfen die – auf romantischen Vorentwicklungen beruhenden – harmonischen Ausdrucksmittel der triadischen Chromatik bei der Erzeugung von Sensation, von Staunen und Wunder. Der zentrale Begriff ist für Lehman „Wonder" (Lehman 2018: 165): Darunter versteht Lehman diejenigen Funktionen und Wirkungen von Filmmusik, die die semantischen Felder von magischem und göttlichem Wirken, von unbegreiflichen Vorgängen oder unbekannten Räumen mit positiver Konnotation besetzen und die auf rezeptiver Seite ein Staunen, Erschaudern, Erzittern oder Ehrfurcht hervorrufen. Das rückt Lehmans „Wonder"-Begriff in die Nähe der Utopie, der Idylle und des positiv konnotierten Exotismus: Die Verklärung des Realitätsfernen ist für ihn ein wesentlicher Teil des cineastischen Wunders. Lehman weist auch an dieser Stelle darauf hin, dass die Filmmusik hier auf romantische Vorbilder zurückgreift: Der Reiz des Übernatürlichen und die Sehnsucht nach Wundern seien filmmusikalische Adaptionen der Romantik (vgl. Lehman 2018: 165–198).

Fuhrmann (2021) hat zwei nach seinem Urteil wesentliche Charakteristika gegenwärtiger Filmmusik entwickelt: Zum einen besteht der Reiz der Rezeption von Filmscores, auch unabhängig von ihrem Einsatz im Film selbst, im – bewussten – stilistischen Eklektizismus der musikalischen Substanz. Dieser Eklektizismus ist ein doppelter, da er nicht nur auf die Musik der Romantik, sondern auch auf den klassischen Hollywood-Sound der 1930er- bis 1950er-Jahre zurückgreift. Fuhrmann sieht in John Williams die Schlüsselfigur für diese (erneute) Hinwendung zum sinfonischen und leitmotivisch geprägten Filmscore, dessen Musik zu *Star Wars* (vgl. Lucas 1977) zugleich als stilprägend für die weitere historische Entwicklung der orchestralen Filmmusik angesehen werden kann. Aus ästhetischer Sicht interessanter sind Fuhrmanns Analysen einer filmmusikalischen Eigenart, die er „Zweidimensionalität" (Fuhrmann 2021: 102) nennt: Abgeleitet von Richard Wagners Musikkonzept in seinem Gesamtkunstwerk habe die Filmmusik eine kommentierende Sprache entwickelt, die sich nicht mehr – wie weite Teile der absoluten Musik vergangener Epochen – nur mit sich selbst und ihrer Formentwicklung beschäftigt:

> Was Musik, wenigstens potenziell, als Filmmusik verwendbar macht, ist hingegen der von ihr vermittelte Eindruck, dass sie etwas ‚bedeute' im allerweitesten Sinn. Filmmusik muss in jedem Moment in irgendeiner Form ‚welthaltige' Assoziationen erlauben: Sie muss Bewegung herstellen, Atmosphäre schaffen, Emotionen suggerieren, einen Vorgang nachzeichnen, eine Lichtwirkung illustrieren, eine Pointe unterstreichen, einen Übergang oder Schnitt vermitteln ... All das gibt es natürlich auch immer wieder in ‚absoluter' Konzertmusik, um von Programmmusik zu schweigen. Aber dort tritt es sozusagen intermittierend auf, als gelegentliches Fenster nach außen in einem sich selbst genügenden Spiel. Dagegen muss bei Filmmusik (oder in Wagners Musikdrama) alles vermieden werden, was das Hören auf die Musik *als* Musik, gleichsam auf ihre Selbstreflexion lenken könnte. Deshalb verbleibt sie auch außerhalb des Kinos gewissermaßen in den zwei Dimensionen der Leinwand, muss sie ohne zwischen geschaltete Reflexion direkt ins Blut gehen. (Fuhrmann 2021: 103)

Was Fuhrmann mit Zweidimensionalität übersetzt, erinnert an die Maxime der Neudeutschen Schule und der Ideen der romantischen Programmmusik: die *poetische Idee* als letztgültiger Antrieb des musikalischen Ausdrucks. Die Filmmusik kann und will sich nicht allein mit sich selbst beschäftigen, sondern sie zielt auf einen – wie auch immer gearteten – Zweck ab, der sehr konkret sein kann, etwa im Falle der Untermalung einer Bewegung oder eines Szenenwechsels, aber auch abstrakter und genereller auf eine Stimmung, eine Emotion oder den Ausdruck innerlicher Zustände und Gedanken abzielt. Abgesehen von der berechtigten Kritik an dieser Darstellung, die den Aspekt der außerfilmischen Verwendung, der vom medialen Kontext losgelösten Rezeption von Film- und Medienscores außer Acht lässt, wird hier deutlich, dass die Filmmusik konzeptuell auch im 21. Jahrhundert in einer Tradition der antiken Kommentarfunktion steht, die von Hanslick (1922/2017) und anderen als Gefühlsästhetik verunglimpft, von Flinn (1992) oder Scheurer (2008) jedoch als Mittel zur musikalischen Mythisierung, zur Formung des medialen Mythos erkannt wurde.

3.4.5 Filmmusik und Neue Musik

Die Frage stilistischer Charakterisierungen von Filmmusik kann nicht unternommen werden, ohne auf neuere Entwicklungen Rücksicht zu nehmen. Zwei prägende Strömungen des 20. und 21. Jahrhunderts, die teils ineinander übergehen, werden deshalb im Folgenden beschrieben: Neue Musik und Sounddesign.

Karlin und Wright (2004) beschreiben deutliche Weiterentwicklungen der romantischen Harmonik als gängige Stilmittel kontemporärer Filmmusik, etwa die Verwendung von Clustern, Zwölftontechnik und Polytonalität. Vor allem die Scores zu Horror- sowie Science-Fiction-Filmen weisen solche Merkmale auf, wie Karlin und Wright an Beispielen wie *E.T. The Extra-Terrestrial* (vgl. Spielberg 1982, Score von John Williams) oder *The Matrix* (vgl. Wachowski/Wachowski 1999, Score von Don Davis) exemplifizieren (vgl. Karlin/Wright 2004: 235; Listening In 2021). Auch Fuhrmann (2021) argumentiert in Anlehnung an Scheurer (2008), dass sich die Filmmusik Elemente der Neuen Musik, namentlich vor allem die Atonalität, durchaus einverleibt und dadurch ihr Spektrum an musikalischen Ausdrucksmitteln erweitert hat (vgl. auch Heimerdinger 2007). Doch geschieht dies einseitig als musikalisches Mittel zur Vertonung – und Betonung – des Fremden und des Schaurigen:

> [...] zahlreiche Komponisten [von Filmmusik; Anm. d. Verf.] haben atonale Musik geschrieben und damit neue Ausdrucksbereiche erschlossen: z. B. John Williams in *Close Encounters of the Third Kind* [...], Jerry Goldsmith [...] oder James Horner, der bei Ligeti studiert hatte [...], und andere. Aber es handelt sich hier eben um den Ausdruck von Angst, Horror und Entsetzen; von Mysteriösem, Unheimlichem und Außerweltlichem; von extremen physischen und psychischen Erfahrungen. Der Ausdrucksradius von Filmmusik ist damit breiter geworden, aber die Atonalität bleibt negativen, verstörenden oder fremdartigen Bereichen vorbehalten. Die Hegemonie der Tonalität als des musikalisch ‚Normalen' ist nach wie vor stabil und erlaubt gerade dadurch das volle emotionale Spektrum auszuschöpfen. (Fuhrmann 2021: 103 f.)

Hier wird die romantisch gefärbte Ästhetik des Erhabenen mit ihrer Lust am Eintauchen in das Unheimliche und Angstmachende auf den Stil der Neuen Musik übertragen. Auch Steinhauer (2018) sieht eine eindeutige Tendenz der Verwendung von atonaler Musik in filmischen Horrorszenen oder in semantisch mit Angst und Ungewissheit verknüpften Feldern.

> Die oft zu beobachtende Technik, einzelne Szenen in einer sonst tonalen Partitur atonal zu vertonen, um den Horrorszenen häufig immanenten, durch unruhige Kamerabewegungen und abrupte Schnitte suggerierten Eindruck von Ungewissheit und Angst bei einer nicht eindeutig zu interpretierenden Handlungssituation zu vermitteln, deutet auf die in der eigenen Gesetzmäßigkeit der Musik verwurzelte Möglichkeit hin, den visuellen Blickwinkel auf diejenigen Gegebenheiten lenken zu können, die am stärksten die geforderte Stimmung auslö-

sen. Durch eine immanent musikalische Eigenschaft in der Atonalität, das Fehlen der Tonikaperspektive und damit der Orientierungsmöglichkeit im harmonischen Raum, wird dem Bildcharakter der Unsicherheit am treffsichersten entsprochen. (Steinhauer 2018: 17)

> **Klangbeispiel 16:** Bernard Herrmann – *Psycho*, The Murder, URL: https://open.spotify.com/intl-de/track/7gQWVKrrz830kWTB2wi2ME?si=12fa388047b5436a (vgl. Herrmann 2014).
>
> In der berühmten Duschszene von *Psycho* (vgl. Hitchcock 1960) nimmt Herrmanns ikonische Musik eine zentrale Rolle als klanglicher Schockeffekt ein. Die Cluster-artigen Streichertöne erinnern an schrille Schreie eines Menschen, die einzig erkennbare melodische Linie basiert auf chromatischen Sekundschritten ohne erkennbaren Grundton (vgl. Herrmann 2014: 00'00"–00'24"). Das zweite Motiv ähnelt klanglich schnellen Bewegungen wie Messerstichen (vgl. ebd.: 00'24"–00'43") und geht in ein zuckendes, letztes Aufbäumen vor dem Tod über (vgl. ebd.: 00'43"–01'01"). Während die Instrumentierung und auch die klare Rhythmik den Konventionen entsprechen, sind die chromatischen Toncluster, das Fehlen von akkordischen Beziehungen oder tonaler Basis, der extrem hohe Ambitus sowie der geräuschhafte Einsatz von Musik den Idiomen der Neuen Musik entnommen.

Atonale Musik als Ausdruck von Orientierungslosigkeit: Dem hätten Adorno und Eisler (1944/2006) vehement widersprochen. Doch der Einsatz Neuer Musik in Film- und Serienscores bleibt auch im frühen 21. Jahrhundert in der Regel auf eine bestimmte zweckmäßige Verwendung limitiert und ist als musikalischer Ausdruck des Otherings kulturell konventionalisiert worden, was insbesondere im Science-Fiction-Genre nachgewiesen werden kann (vgl. Scheurer 2008). Eine detailliertere Analyse dieses Otherings mittels der Werkzeuge der Neuen Musik erfolgt in Kapitel 3.5.

3.4.6 Filmmusik und Sounddesign

Forscher*innen wie Lensing (2009) und Heldt (2016) betonen die Problematik des Verhältnisses von Musik und Sound: Als Teil des Soundtracks, also der Audiospur eines filmischen Mediums, teilt sich der filmische Score mit anderen auditiven Bestandteilen wie Atmosphären, Soundeffekten und Dialogen den Platz. Spätestens durch die integrale konzeptuelle Vereinigung von Musik und Sounddesign stellt sich die Frage, ob Sound damit auch als konstituierender stilistischer Faktor von Filmmusik angesehen werden muss.

In der Tat hat die ästhetische, dramaturgische und kompositorische Verwendung von Soundeffekten seit dem 20. Jahrhundert zugenommen. Die gewachsene Relevanz von Sounddesign für die auditive Gestaltung von filmischen und anderen Medienformaten in der Hans-Zimmer-Ära spiegelt sich auch in einer verstärkten Forschungstätigkeit seit der Jahrtausendwende wider, um die Lücke zwischen dem längst praktizierten Sounddesign und der hinterherhinkenden Sound-Studies-

Forschung zu schließen. Forschende wie Smith (2013) sowie Greene und Kulezic-Wilson (2016) erkennen die in der Produktionspraxis bereits realisierte Bedeutungssteigerung von Soundeffekten als dramaturgisches Mittel an, das im Rahmen eines klugen Sounddesigns potenziell von ähnlicher, wenn nicht höherer Bedeutung als der musikalische Score sein kann. Gerade das Beispiel des actiongeladenen Hollywood-Blockbusters wird dabei immer wieder bemüht, um anhand von Standardsituationen wie der Verfolgungsjagd auf ein Primat des Sounds gegenüber des in den Hintergrund gemischten musikalischen Scores hinzuweisen. Systematische Untersuchungen über Einzelbeispiele hinaus sind bislang allerdings selten. Der hohe Stellenwert von Sounddesign in der Praxis wird bisweilen auch kritisiert, wobei bis in jüngere Zeit vereinzelt abwertende Abgrenzungsversuche unternommen werden, um die Filmmusik als Kunstform von der vermeintlichen Nicht-Kunst Sounddesign zu separieren (vgl. etwa Audissino 2017b; Hill 2017).

Dagegen sprechen sich andere Forschungsbeiträge für die künstlerischen Möglichkeiten von Sounddesign aus und sehen die dramaturgische Verwendung von digital bearbeiteten Klangeffekten sogar als genuin musikalische Technik an: In direkter Tradition der Musique concrète, aber auch anderer elektroakustischer Klangexperimente der musikalischen Avantgarde des 20. Jahrhunderts fassen etwa Elias (2017) und Martin/Butzmann (2018) das Sounddesign als kompositorisches Mittel der Neuen Musik auf, das sich jedoch in Symbiose mit dem (weitgehend tonal gehaltenen) Film- oder Serienscore in den Rahmen des Gesamtkunstwerks Film nach Wagnerscher Prägung und damit in die (adaptierte) Fortführung romantizistischer Ästhetik einfügt. Dabei werden die gesamtheitliche Behandlung der filmisch-medialen Audiospur mit ihren Einzelteilen Musik, O-Töne (Dialoge), Atmosphären und Soundeffekte gefordert und gleichzeitig die etablierten Bedeutungen der Begriffe Sound und Musik sowie ihre definitorischen Abgrenzungen vor dem Hintergrund eines integrierten, Sounddesign und Score-Komposition beinhaltenden *Soundtracks* zunehmend hinterfragt (vgl. Buhler/Neumeyer 2014; Greene 2016; Elias 2017; Lederer 2022).

Nach Audissino (2017a) ist die orchestrale Filmmusik des frühen 21. Jahrhunderts kein Rückgriff auf die Musik der Romantik, sondern nur eine auditive Reaktion auf immer lautere, effektbeladene Filme. Er erkennt in der orchestralen Filmmusik deshalb keine stilistischen Vorbilder aus den historischen Epochen der Klassik oder Romantik:

> [...] it is no surprise that elaborate formal writing and old-fashioned symphonic style have little place in today's film music. Large orchestras are still used because they are able to produce a loud and massive sound that, electronically enhanced, can keep up with the level of the sound effects volume and contribute to creating the characteristic aural saturation of the contemporary ‚film concert'. But large orchestras are quite rarely employed to deliver symphonic film music. (Audissino 2017a: 225)

Hans Zimmer etwa kreiert seit den 1980er-Jahren durch die Kombination von Orchester- mit elektronischen Klängen mittels MIDI- Technologie und täuschend echten Samples klassischer Instrumente einen eigenen Musik-Sound, wobei die ersten Entwürfe im Produktionsprozess in der Regel anschließend für Orchester transkribiert und eingespielt werden. Oft werden dem orchestralen Klang elektronische Elemente hinzugefügt, die nicht immer als solche hör- oder erkennbar sind (vgl. Kloppenburg 2012/2015: 321). Dieses *Hyperorchester* (vgl. Casanelles 2016) ergänzt und vertieft die Möglichkeiten computergestützter Klangerzeugung deutlich, dennoch muss ein derart erweiterter digitaler Klangapparat keine stilistische Abkehr von einer traditionellen Klangästhetik bedeuten. Mera und Burnand (2006) sehen in der zunehmenden Verschmelzung von Sounddesign und (musikalischem) Score jedoch ein modernes Element, das sie klar im Widerspruch zum romantizistischen Orchesterscore verorten:

> Modernism is inherent to the technologically enabled means of audio production in filmmaking that encourages the alliance of music and sound design as a recorded and edited form, and thus is at odds with the rehashed nineteenth-century orchestral score typical of classic cinema, flown into the virtual orchestra pit of the movie theatre. (Mera/Burnand 2006: 5)

Auch Lensing (2009) befürwortet die einheitliche dramaturgische Gestaltung von Sound und Musik im Film, beschreibt jedoch das Sounddesign dezidiert als kompositorisches Mittel, das genau wie die musikalische Komposition auch (Leit-)Motive hervorbringen, Themen ausarbeiten und variieren sowie die kompositorische Mood-Technik[14] als atmosphärisch-dramaturgisches Werkzeug einsetzen kann, weshalb er auch das Sounddesign als Komposition – durchaus in der Tradition romantisch-sinfonischer Vorbilder – ansieht. Ähnlich fassen Martin und Butzmann (2018) das digitalisierte Sounddesign als ästhetisches Mittel auf, das entscheidend zum Gesamtkunstwerk Film beiträgt:

> Das Kino hat das Bestreben, sich dem Ideal eines totalen Kunstwerks mit einer umfassenden sinnlichen Immersion anzunähern, die Seherhörer in die Filmrealität eintauchen zu lassen. [...] Sound Design hat hier die Funktion, die totale Kontrolle der akustischen Umgebung im Kino zu erzeugen, die die von den Regisseuren gewünschten emotionalen Erfahrungen und Reaktionen bei den Seherhörern garantieren sollen [...]. Sound Design wird zu einem Instrument der emotionalen Manipulation. Man ist an Richard Wagners Idee des dramatischen Gesamtkunstwerks erinnert." (Martin/Butzmann 2018: 264 f.)

Sounddesign steht einem sinfonisch-orchestral geprägten Score in stilistischer Hinsicht womöglich entgegen, nicht jedoch im ästhetisch-konzeptuellen Sinne:

---

14 Zur Mood-Technik und zu weiteren Kompositionskonzepten in der Filmmusik siehe Kapitel 3.8.

Als Teilkunst des Gesamtkunstwerks trägt das Sounddesign in enger Abstimmung mit anderen Teilkünsten zum filmischen Mythos bei. Dabei wird auch der Filmsound analog zur filmmusikalischen Entwicklung als extradiegetisches Mittel zur Verstärkung emotionaler Effekte, atmosphärischer Dichte oder dramaturgischer Erfordernisse genutzt sowie akzeptiert, womit er seinen Ursprung nicht immer im Filmbild haben muss (vgl. Martin/Butzmann 2018).

Die integrale und dramaturgisch-konzeptuelle Vereinigung von Musik und Sound hatte bereits wichtige Vorläufer im 20. Jahrhundert und ist keine genuine Innovation, die durch die Digitalisierung ausgelöst wurde. Schon Lissa (1965) stellt fest, dass Soundeffekte in mythenbildender Funktion eingesetzt werden können: „Auch Geräuscheffekte können im Film als Symbole dienen" (Lissa 1965: 208). Erinnert werden soll hier an den italienischen Filmkomponisten Ennio Morricone, der in seinen filmischen Scores nicht nur kreative Instrumentationen verwendete, sondern auch Geräusche einbaute, etwa Peitschenhiebe und Pistolenschüsse. Erklärt werden kann dieser Ansatz auch mit Morricones musikalischem Hintergrund: So schrieb er autonome musikalische Werke der Neuen Musik mit Bezügen zu John Cage, der Aleatorik und der Musique Concrète.

Klangbeispiel 17: Ennio Morricone – *For a Few Dollars More*, Main Theme, URL: https://open.spotify.com/intl-de/track/1aXxjgFceA1j68soTeGsu8?si=5194c59045be4f3c (vgl. Morricone 1965).

Der Main Title zu Sergio Leones Italo-Western *For a Few Dollars More* (vgl. Leone 1965) weist viele Sound-Elemente auf, die musikalisch in den Track integriert werden: Die auf den Takt geschnittenen Schüsse, das Nachladen einer Feuerwaffe (vgl. etwa Morricone 1965: 01'13"–01'44"; 02'37"–02'49") und menschliche, nicht-tonale Ausrufe (vgl. ebd.: 01'52"–02'26") vermischen sich mit musikalischen Anteilen, die zumindest klangähnlich oder -nachahmend sind, wie galoppartige perkussive Rhythmen (vgl. ebd.: 01'42"–02'36"), tiefe Pauken, die an dumpfe Explosionen erinnern (01'31"–02'16"), oder Glockenschläge (vgl. ebd.: 01'42"–01'54"). E-Gitarre, Maultrommel, Flöten, Pfeifen und Schlagzeug ergänzen die kreative Instrumentation, in deren Gesamtklang Chor und Streichorchester dennoch nicht fehlen dürfen (vgl. ebd.: 03'11"–03'24"). Die Integration all dieser Elemente erschafft eine immersive Soundschicht, in der Musik, Sound Design und atmosphärische Anteile zu einer Einheit verschmolzen werden.

Auch Lensing (2009) versteht das filmisch-musikalische Sounddesign als Umsetzung der Musique Concrète, die eine ähnliche motivische, formgestalterische und kontrapunktische Komplexität erreichen kann. Demnach ist das filmische Sounddesign ein starker Einfluss aus dem stilistischen Bereich der Neuen Musik auf die filmische kompositorische Gestaltung im 20. und 21. Jahrhundert, die sich jedoch im Idealfall mit dem oft genug aus romantizistisch-orchestralen Adaptionen speisenden Score verbindet und zu einer auditiven Einheit verschmilzt, die dem Gesamtkunstwerk Film zugutekommt. Die digitale Arbeitstechnik innerhalb des Produktionsprozesses erleichtert hier die enge dramaturgisch-konzeptuelle Verzahnung von Musik und Sound und ermöglicht neue leitmotivische Ausdrucksformen eines vereinten *Soundtracks*.

3.5 Musik in fiktiven Welten

Die Zusammenhänge zwischen medialen Kategorien und der in ihnen verwendeten Musik sind in der Forschung vielfach untersucht worden. Die Verfechter*innen der filmmusikalischen Genre-Theorie vertreten dabei die Ansicht, dass das Filmgenre – andere Medien wurden in diesem Zusammenhang bisher nur sporadisch untersucht – ein entscheidendes Kriterium bei der Ausgestaltung der entsprechenden Filmmusik ist (vgl. Scheurer 2008; Halfyard 2012; Stokes 2013; Moormann 2020). Damit steht die Genre-Theorie in der Filmmusikforschung in Konkurrenz zur Wirkungsforschung nach Bullerjahn (2001) und zu Untersuchungen, die eine stilistische Freiheit und Beliebigkeit in der Filmmusik suggerieren (vgl. Kloppenburg 2012/2015; Emons 2014; Elias 2017; Audissino 2017b). Auch Deleon (2010) konstatiert, dass das Filmgenre nicht entscheidend für die äußere Gestalt und den emotionalen Gehalt von Filmscores sein darf:

> The scores the viewer hears, regardless of genre, are always similar in their construction. Scores can be slightly manipulated to suit particular genres or actions [...]. Orchestral compositions played with classical instruments of brass, strings and woodwinds are often heard in numerous genres and utilized in very similar ways to rhythmically bin the images viewed. There may be particular elements that call attention to the genre in which it resides – a harmonica or banjo for a western, for example. Despite particular elements of the genre, however, the basic structure is the same; it is here where you should feel tension or joy, supporting characters, emotions, and context. (Deleon 2010: 12 f.)

Der orchestrale Filmscore ist für Deleon (2010) der musikalische Klangstandard, der sich unabhängig vom Filmgenre etabliert hat und nur durch klangliche Nuancen klischeehaft in Ort und Zeit verortet wird. Karlin und Wright (2004) dagegen betonen den nicht von der Hand zu weisenden Zusammenhang von Filmgenre und erwarteter Filmmusik. So beschreiben sie in ihrem an angehende Filmkomponist*innen gerichteten Ratgeber *On the Track* (Karlin/Wright 2004) das Spiel mit den konkreten Erwartungen des rezipierenden Publikums an bestimmte Filmgenres wie Action, Western oder Comedy. Die tradierten Vorstellungen und Erwartungen der Rezipient*innen können von den Filmmusikschaffenden in begrenztem Umfang in Frage gestellt und überrascht, jedoch nicht völlig ignoriert werden: Zu mächtig sind die überlieferten Genre-Codes, die auch auf den Score bedeutenden Einfluss ausüben (vgl. Karlin/Wright 2004: 179). Ähnlich äußert sich Stokes (2013), der angesichts der Macht der Genre-Kontinuität davon ausgeht, dass Komponist*innen bisweilen bewusst Genre-Klischees vermeiden, um ausgetretene Pfade verlassen und innovative Wege beschreiten zu können. Diesen reflexiven Ansatz der bewussten Auseinandersetzung mit klischeehaften Genre-Codes verfolgt Stokes allerdings nicht weiter; er konzentriert sich im Folgenden, ähnlich wie Scheurer (2008), auf die Auswirkungen von Genre-Konventionen auf die filmmusikalische Ausgestaltung (vgl. auch Metzger 2012/2015).

Scheurer (2008) konstatiert darüberhinausgehend, dass filmische Genres neben Handlungsmustern, Symbolen und optischen Codes auch spezifische moralische Werte vermitteln, kulturelle Konflikte aufzeigen sowie Lösungswege anbieten: „Genres, like myths, are indeed sites where cultural conflicts are worked out and resolved, oftentimes reaffirming the values and ideologies of the dominant culture" (Scheurer 2008: 16). Daran orientiert sich nach Scheurer (ebd.) auch die Filmmusik: Je nach Genre habe sie neben narrativen und filmdramatischen Funktionen die Aufgabe, die Genre-spezifischen Werte und kulturellen Codes auf einer Metaebene zu vermitteln und damit zu bestätigen. Das Zusammenspiel Genre, Mythos und Musik hat demnach eine ritualisierte Wirkung, die den durch das Genre vorbestimmten, erzählerischen Spannungsbogen mitgestaltet und schließlich auflöst. Dadurch weist Scheurer der Filmmusik primär die Funktion zu, diese Genrekonventionen zu erfüllen und damit Teil des medialen Mythos zu werden.

Scheurer (2008) betont eine filmmusikalische Funktion, die an Wagners Konzeption des Gesamtkunstwerks erinnert. Auch in diesem hatten sich alle Teilkünste dem übergeordneten Drama unterzuordnen und trugen so zu einem größeren Ganzen bei. Die Funktion der Musik war dabei – angelehnt an den Chor in der attischen Tragödie – die Kommentatorin und emotionale Vermittlerin an das Publikum. Scheurer weist dem Score eben diese Rolle zu: Er dient nicht etwa dem Bild, sondern dem aus allen Teilmengen des Films entstehenden Mythos, der durch die Genrekonventionen geformt wird und durch ständige Wechselwirkungen zwischen Rezipient*innen, Produzent*innen, Medien und Öffentlichkeit weiterentwickelt wird. Deshalb ist es auch die Leitmotiv-Technik, die sich am besten zur filmmusikalischen Mythisierung eigne:

> The combination, or perhaps better alliance, of redundancy, narrative contextualization of the leitmotif, and the topical and gestural qualities of the motifs themselves, enable the viewer to relate the sign to the signified. And once that alliance is complete the viewer will [...] be in the very presence of the myth. (Scheurer 2008: 29)

Die Auflösung von Zeichen und Bezeichnetem als zentralem Grundpfeiler der mythischen Denkweise ist ein Schlüsselelement der Leitmotivik, das das filmische Gesamtprodukt mythisiert. Die narrativen Einzelteile der medialen Erzählung werden mittels des leitmotivischen Scores sinnstiftend miteinander verknüpft, wodurch Kausalität entsteht: Die dichte semantische Verknüpfung erschafft den Mythos (vgl. Cassirer 2010). Das Konzept der ständigen motivischen Variation je nach konkretem, narrativem oder dramatischem Inhalt unter Beibehaltung des leitmotivischen Kerns kann so immer wieder auf das größere Ganze des filmischen Mythos verweisen, das eben über konkrete szenische Besonderheiten hinausgeht (vgl. auch Lévi-Strauss 1962/2022). Der mittels der Leitmotiv-Technik komponierte Filmscore gewinnt dadurch nicht nur an dramatischer, sondern auch an epischer Qualität: Jede konkrete Ausformung eines Leitmotivs steht nicht nur in Verbindung zu konkreten filmischen Szenen oder Teilen, sondern stets auch in Beziehung zum gesamten filmischen Werk – und darüber hinaus nimmt es Bezug auf weitere mythische Räume: Seien es Standardsituationen, filmische Serialisierungen, Genres oder andere mediale (Meta-)Kategorien. Das musikalische (Leit-)Motiv schafft damit auch Halt und Orientierung, es stellt semantische Zusammenhänge her und ordnet konkrete filmische Gegebenheiten in einen emotional-semantischen Raum ein. Diese Eigenschaft des filmischen Scores geht also über den einzelnen Film und sogar die Filmreihe hinaus und erschafft für die*den Rezipient*in eine zeitlich-räumliche Orientierungsbrücke, die sich innerhalb des medialen Mythos, namentlich des Filmgenres, positioniert.[15]

Für konkrete expressive Szenen hat die Filmmusik nach Scheuer (2008) deshalb typische (also innerhalb von Genregrenzen etablierte) musikalische Schablonen entwickelt, die durch die Genrekonventionen als bekannte musikalische Ausdrücke für bestimmte emotional basierte Situationen dienen. Beispiele dafür sind etwa die semantischen Felder *Furcht* (musikalisch umgesetzt als zumeist in höheren Lagen angesiedeltes Streicher-Tremolo), *Mut* (Blechbläser-Fanfare in strahlendem Dur) oder *unterschwellige Spannung* (lange gehaltener Bordun im Bass). Ebenso sind etwa Dur-Akkorde für die*den Held*in und (aus funktionstheoretischer Sicht der klassischen Harmonielehre) dissonante oder Moll-Akkorde für die*den Antagonist*in üblich. Dieses musikalische Vokabular, das Scheurer „topics" nennt (Scheurer 2008: 38), erfüllt nicht etwa Klischees, sondern ist ein (durchaus wandelbarer) Teil des genrespezifischen Mythos, da seine Bedeutung ebenso von den etablierten kulturellen Kodierungen innerhalb des jeweiligen Filmgenres abhängt (vgl. Scheurer 2008).

Nach Stokes (2013) lohnt sich eine nähere Untersuchung dieser typischen musikalischen Schablonen in spezifischen Genres, da nur auf diesem Wege, nämlich im Zusammenhang der Genrekonventionen, Normalität und Außergewöhnliches beziehungsweise Stagnation und Innovation der Filmkomposition erkannt werden können:

---

15 Diese Mechanik nannte Steinhauer (2018) Territorialisierung (siehe Kapitel 3.7).

> [We] cannot afford to ignore the role of genre: not only do we risk praising as innovative a scoring choice that is in fact perfectly ordinary, we also risk allowing brilliant twists on generic formulae to pass unnoticed. (Stokes 2013: 5).

Stokes und vor allem Scheurer schränken dadurch die Freiheiten der Ausgestaltung von Filmmusik deutlich ein. Wenn die Komposition von Filmmusik derart von expressiven Schablonen und generellen Vorgaben des mythisierten Filmgenres abhängt, dann ist es um die von Teilen der Forschung propagierte große künstlerische Freiheit der*des Filmkomponist*in nicht weit bestellt: Von einer stilistischen Beliebigkeit kann hier keine Rede mehr sein. Gleichzeitig bieten die Thesen der filmmusikalischen Genre-Theorie eine plausible Erklärung für die auch im 21. Jahrhundert immer noch ausgeprägte stilistische und ästhetische Nähe des Fiktive-Welten-Scores zu romantizistischen Idiomen an: Wenn Genrekonventionen und mythenbildende Funktionen tatsächlich dominierende Faktoren für die Ausgestaltung der Filmmusik sind und diese in erster Linie den Genrecodes dienen muss, verwundert es nicht, dass einmal etablierte stilistische Entscheidungen nur unter Schwierigkeiten anpassbar sind. Die Verfestigung von stilistischen, motivischen und klanglichen Merkmalen als musikalische Topics ist, folgt man diesem Ansatz, kaum zu überwinden – vor allem wird der*dem Filmkomponist*in die alleinige Fähigkeit abgesprochen, musikalische Innovationen eigenhändig einzubringen, da dies nur im Zusammenspiel von Produzent*innen, Medien und Rezipient*innen geschehen kann.

Insofern wird im Folgenden ein näherer Blick auf die Musik der drei fiktiven Welten Science-Fiction, Superhelden und Fantasy geworfen; dabei werden durch die Forschungsliteratur erkannte Topics ermittelt, die sich innerhalb dieser Genres etabliert haben.

3.5.1 Musik in filmischen Fantasy-Medien

Es scheint eine besondere stilistische Nähe des Fantasy-Scores zur europäischen Kunstmusik des (späten) 19. Jahrhunderts zu bestehen, die sich bis in das 21. Jahrhundert fortsetzt. Das hängt mit der besonderen Nähe des Genres zum filmmusikalischen Mythoskonzept zusammen, das wie jenes durch romantische Ideale geprägt wurde (vgl. Halfyard 2012):

> Fantasy film has maintained a lasting relationship with the products of German romanticism; indeed, one could make a case for arguing that many fantasy films are direct descendants of the mythic narratives so beloved by the nineteenth century [...]. (Winters 2012: 111)

Winters (2012) erklärt sich durch diese enge ideelle Verwandtschaft die daraus resultierende stilistische und ästhetische Nähe des Fantasy-Scores zu Wagners Musikdramen, Schumanns Sinfonien und Mussorgskys sinfonischen Dichtungen.

> **Klangbeispiel 18:** Frank Churchill / Larry Morey – *Snow White and the Seven Dwarfs*, Ouvertüre, URL: https://open.spotify.com/track/6xB1tVi17ufjIEB7seMZ23?si=a5d3c76d1c774da8 (vgl. Churchill/Morey 1997).
>
> **Klangbeispiel 19:** Richard Wagner – *Tannhäuser*, Ouvertüre, URL: https://open.spotify.com/track/4aso0NIcdYu33cf2HprNTu?si=3b8048e6a0d44804 (vgl. Wagner/Jansons/Oslo Philharmonic Orchestra 1992).
>
> Der das filmische Fantasy-Genre co-konstituierende Score zu *Snow White and the Seven Dwarfs* (vgl. Hand et al. 1937), der mehrheitlich aus der Feder des Filmkomponisten Frank Churchill stammt, lässt seine musikalischen Vorläufer erahnen. Die Ouvertüre weist eine simple AB-Struktur auf mit heroischem Hauptmotiv (vgl. Churchill/Morey 1997: 00'00"–01'20") und tänzerisch-lyrischem Seitenthema (vgl. ebd.: 01'20"–02'11"). Der Orchesterapparat wird um Harfenklänge und einen kurzzeitigen Chor-Einsatz (vgl. ebd.: 00'06"–00'16") ergänzt, aber ansonsten von Streichern und Blechblasinstrumenten dominiert. Die tonale Kompositionsweise fügt Durchgangs- und Haltetöne sowie Modulationen (vgl. etwa ebd.: 00'21"–00'31"; 01'19"–01'26") einer ansonsten konventionellen Harmonisierung hinzu. Die Ouvertüre mit ihrer prägnanten Motivik gewinnt die Assoziation einer Sehnsucht nach einer verlorenen Zeit, die nun (medial) wieder zum Leben erweckt wird. Dieser nostalgische Utopiegedanke findet sich grundsätzlich auch in Richard Wagners Tannhäuser-Ouvertüre: Das sehnsüchtig-innige erste Thema entfaltet sich sukzessive und modulierend (vgl. Wagner/Jansons/Oslo Philharmonic Orchestra 1992: 00'00"–02'07") bis zu einem von Blechblasinstrumenten getragenen Höhepunkt (vgl. ebd.: 02'07"–02'58"), dessen zentrales E-Dur-Motiv wie eine (komplexere) Vorlage für die *Snow-White*-Ouvertüre erscheint. Das kontrastierende zweite Thema setzt dazu einen lebensfreudigen, überschäumenden Kontrapunkt (vgl. ebd.: 04'29"–10'35"), der jedoch wieder dem zurückkehrenden sakralen ersten Thema weicht (vgl. ebd.: 10'35"–13'48"): Auch hierin drückt sich eine unerfüllte Sehnsucht nach überschäumender Lebensfreude aus, die letztlich der melancholischen, ernsten Nachdenklichkeit weichen muss und damit Fantasie bleibt.

Janet Halfyard (2012) weist der Musik des Fantasy-Genres die aus den Erfordernissen des medialen Mythos erwachsene Funktion zu, die Rezipient*innen auf die Reise in die Fantasywelt mitzunehmen: Der Filmscore ist es, der die fiktive Realität des Mythos erst glaubwürdig macht und die Immersion der*des Rezipient*in, also das *Make-Believe* Waltons, ermöglicht oder zumindest begünstigt. Halfyard sieht darin ein Paradox: „it is one of cinema's great ironies that something as artificial and extra-diegetic as musical underscore can be so necessary to an audience's belief in the ‚reality' of a film narrative" (Halfyard 2012: 8). Hier wird Cassirers (2010) Verständnis der mythischen Glaubwürdigkeit deutlich, die sich durch symbolhafte Verweise, Verdichtungen und (vermeintliche) Kausalitäten in Form von Ursache-Wirkung-Prinzipien manifestiert: Der Filmscore hilft durch ständige leitmotivische Bezüge, eine glaubwürdige, konsistente Welt im Sinne eines Mythos zu erschaffen, auf die die*der Rezipient*in sich nicht nur voll einlassen, sondern von der er sich überzeugen, ja überwältigen lassen kann (vgl. auch Wagner 2008).

Gerade großformatige Werke, epische Narrationen und filmische Franchises, die sich über mehrere Einzelfilme hinweg erstrecken (wie *Star Wars* oder *The Lord of the Rings*), benötigen demnach leitmotivische Scores, um dem Publikum Halt und Orientierung zu geben: Leitmotive helfen dabei, Bindungen zu Charakteren und wichtigen Sujets aufzubauen, Bedeutungen emotional einzuschätzen und durch Vorausahnungen und Reminiszenzen Glaubwürdigkeit herzustellen. Auch helfen sie, die Erzählung besser nachvollziehen zu können, und sind damit eine wichtige Stütze der Filmhandlung (vgl. Halfyard 2012):

> The score [von *Star Wars*; Anm. d. Verf.] functions exactly as it is intended to: it anchors characters and places in a musical location that we recognize when we hear it, even if we do not do so consciously; and in doing this, it helps us to navigate the vast expanse of viewing time across which the narrative stretches. (Halfyard 2012: 9)

Dabei geschieht diese emotionale Bindung von Rezipient*in und Hauptfiguren oder Hauptsujets des filmischen Mediums in der Regel über ein musikalisches Haupt- oder Held*innenthema, den *Main Title* (auch *Main Theme*).[16] Halfyard (2012) arbeitet anhand des *Star-Wars*-Scores von John Williams typische Muster dieses Main Titles heraus, der in der Regel in einer Dur-Tonart steht und klar einem tonalen Zentrum zuzuordnen ist, ohne ablenkende Tonartverschiebungen oder chromatische Verrückungen. Primär von klaren Blechbläser-Motiven geprägt, wird dem treibend-rhythmischen Hauptthema oft ein lyrisch-gemäßigtes Seitenthema beigefügt, das bevorzugt von Streichern und/oder Holzblasinstrumenten vorgetragen wird.

Der Main Title verkörpert in der Regel die*den Held*in, die*der für das Gute steht und zum emotionalen Ankerpunkt der Narration wird. Seltener steht er für ein nicht personifiziertes filmisches Grundkonzept, etwa Heimat, Gemeinschaft oder Freundschaft. Auch stimmt er auf den Film, die Filmreihe oder die Serie ein und übernimmt hier eine ähnliche Funktion wie die Ouvertüre.[17] Jedoch ist der Main Title mehr als das: Er verkörpert ein Gefühl des Gemeinsinns, einer Schicksalsgemeinschaft, die beschworen und gefeiert wird. Dieses vertonte Wir-Gefühl überbrückt die Grenze zwischen Film und Zuschauer*in und hilft dabei, einen

---

16 Zur Bedeutung des Main Themes innerhalb des filmkompositorischen Konzeptes hat Xalabarder eine ausführliche Analyse und Hierarchisierung vorgenommen (vgl. Xalabarder 2013: 83–89). Im Folgenden soll der Einheitlichkeit wegen von Main Title gesprochen werden.
17 Tatsächlich ist die Opernouvertüre ein historisches Vorbild für die Filmouvertüre und den Main Title gewesen; zur Entwicklung der Filmouvertüre und ihrer Beziehung zum Main Title vgl. Henzel 2018.

mythischen Gemeinschaftsgedanken im Sinne Cassirers zu erschaffen (vgl. Cassirer 2010; Stephen 2012; Xalabarder 2013).

> **Klangbeispiel 20:** John Williams – *Star Wars Episode 5: The Empire Strikes Back*, Main Title, URL: https://open.spotify.com/intl-de/track/2wi6V9TPFAqciBWQ2FmD7o?si=0a7f4222c8bd4fd2 (vgl. Williams 1980).
>
> Der ikonische Main Title der *Star-Wars*-Filmreihe (hier am Beispiel von *The Empire Strikes Back* (vgl. Kershner 1980)) eröffnet alle neun Kinofilme der Reihe und stimmt auf das filmische Setting ein: Die heroische Fanfare in B-Dur mit dem Quintsprung und den triolischen Einschüben wird mit wirbelnden Streichern, melodischen Kontrapunkten, abwechslungsreicher Rhythmik und variierenden Wiederholungen angereichert, so dass das Thema durch opulente sinfonische Gestaltungsmittel zusätzliche Tiefe und Abwechslung erhält (vgl. Williams 1980: 00′00″–00′26″).

Notenbeispiel 7: John Williams – *Star Wars*, Main Title (stilisierter, vereinfachter Auszug) (Quelle: eigene Notation).

Das lyrische Seitenthema (vgl. Williams 1980: 00′26″–00′48″; T. 6–14 im Notenbeispiel) dient als Nachsatz zur Ergänzung des Themas, das sich durch ein viertaktiges Schema auszeichnet. Die Betonung der Quinte über dem tonalen Zentrum (hier B-Dur), kombiniert mit triolischen Übergangsnoten, teilt der Main Title mit den Hauptmotiven in den *Snow-White*- und *Tannhäuser*-Ouvertüren (vgl. Churchill/Morey 1997; Wagner/Jansons/Oslo Philharmonic Orchestra 1992; siehe die Klangbeispiele 18 und 19). Hier tritt das Thema deutlich optimistischer und heroischer zutage, während der Nachsatz lyrisch-elegische Konnotationen übernimmt. Dadurch wird hier stärker eine Mythisierung in Form der Betonung eines Gemeinschaftsgefühls erzeugt. Dies sind deutliche Reminiszenzen an den Abenteuerfilm des klassischen Hollywood-Sounds, aber auch an heroisierende

Vorbilder der Spätromantik: Die Verwandtschaft mit der (Opern-)Ouvertüre, aber auch mit orchestral-sinfonischer Verarbeitung werden hier deutlich. Der Main Title verweist auch durch seine stilistischen Bezüge eher auf idealisierte Vergangenheitsutopien (etwa des 19. Jahrhunderts oder des Golden Age Hollywoods) als auf Zukunftstopoi (wie es das filmische Setting erwarten lassen würde).

Auch Cuntz-Leng (2020) kommt in ihrer Untersuchung des Fantasyfilmgenres zu dem Schluss, dass orchestrale Filmscores mit leitmotivischer Kompositionstechnik als wesentliches Merkmal des Fantasy-Genres angesehen werden können und ein konstituierender Teil desselben sind. Die Wahl dieses von ihr als „klassisch" (Cuntz-Leng 2020: 535) beschriebenen Stils habe sich auch durchgesetzt, „um Bezugspunkte zur Realität des Publikums zu vermeiden" (ebd.): Die Rezipient*innen würden so nicht durch popkulturelle Bezüge im Soundtrack in die Gegenwart oder die jüngere Vergangenheit abgelenkt werden. Bereits Flinn (1992) stellt diese Bezugslosigkeit romantizistischer Filmscores in Frage und propagiert eine nostalgische Utopievorstellung im doppelten Sinne: Spätromantisch-orchestral geprägte Filmmusiken des Fantasy-Genres können demnach nicht nur die Sehnsüchte nach sekundären Welten befriedigen, sondern gleichzeitig auf eine vormoderne, vor-industrialisierte, mythische Zeit rekurrieren. Dies erinnert an E. T. A. Hoffmanns Goldene Zeitalter in seinen Erzählungen: Die romantisch geprägte Musik erweckt hier ein idealisiertes, utopisch verklärtes Vergangenheitsidyll zum Leben. Dabei ist es zweitrangig, dass es sich hier um Fantasy, also offensichtlich nicht um reale Bezüge handelt: Der romantizistische utopische Blick ist an dieser Unterscheidung nicht interessiert, sondern lediglich an den dahinterliegenden poetischen Ideen (vgl. Flinn 1992; Auhuber 2010).

Die vermeintliche historische Bezugslosigkeit romantizistisch-orchestraler und leitmotivischer Scores, die in der oben zitierten Behauptung von Cuntz-Leng (2020: 535) anklingt, ist dennoch Illusion: Es gibt einen realen musikästhetischen und stilistischen Bezug, der ins 19. Jahrhundert zurückreicht. Dagegen scheinen sich nicht erst seit dem wirkmächtigen und beispielgebenden Score zu *Star Wars* (vgl. Lucas 1977) Genre-Konventionen gebildet haben, die eine – im modernen Sinne – mythenhafte Zugehörigkeit von romantizistischem Score und Fantasy-Genre ergeben. Winters urteilt pointiert: „fantasy cinema often warrants a more traditional approach to scoring" (Winters 2012: 127), wobei er damit explizit nicht nur die Bezüge zum Hollywood-Sound, sondern auch zur Musik Bruckners, Wagners und Strauss' meint (vgl. Winters 2012; Lehman 2018: 17). Ernst Bloch hätte das Attribut *traditionell* in diesem Zusammenhang nicht verwendet, sondern auf das transzendente oder gotische Potenzial spätromantischer Musik Wagnerscher oder Brucknerscher Prägung verwiesen: Die tiefe orchestrale Auslotung von Emotionen, Sehnsüchten und Ahnungen, die überbordende Gefühlsästhetik, das kompositorische Eintauchen in träumerisch-transzendente Rauschzustände, der Drang zur musikalischen Überwältigung – all das erweckt utopische Sehnsüchte und Fantasien (vgl. Bloch 1971).

Der spätromantisch-orchestrale Standard hat das Genre und seine Filmmusiken über Jahrzehnte geprägt, wie auch jüngere Beispiele zeigen.

> **Klangbeispiel 21:** James Newton Howard – *Maleficent*, Maleficent-Suite, URL: https://open.spotify.com/intl-de/track/0x5OFwaIy6cOQE2nT95YFw?si=7af37cc14f0740dd (vgl. Howard 2014).
>
> Die „Maleficent-Suite" aus James Newton Howards Score zu *Maleficent* (vgl. Stromberg 2014) fasst zentrale Themen des Scores zusammen. Der mysteriöse Beginn offenbart eine konventionelle Orchestrierung und einen tonalen Rahmen, der nur gemäßigte Abweichungen von klassischer Harmonik und Melodik aufweist und als prägnante Merkmale eine einzelne Frauenstimme, Klarinetteneinwürfe sowie absteigende chromatische Streicherbewegungen aufweist (vgl. Howard 2014: 00′49″–01′28″): Die musikalischen Stilmittel erzeugen ein gruseliges, schauriges Ambiente, das in ein düsteres Märchenreich entführt, ohne mit zu großen Abschreckungen oder Schock-Effekten zu übertreiben. In diesem Märchenreich entfaltet sich das Hauptmotiv, das die (nur vorgeblich) böse Fee Maleficent selbst charakterisiert (vgl. ebd.: 2′18″–03′18″). Auch hier zeigt sich das Motiv im Rahmen der Erwartungen: Eine weibliche Chorstimme ist eingebettet in ein orchestrales Klanggerüst, auch die deutliche melodische Reduktion ist ein erwartetes Element. Danach erwächst ein dramatisch-heroisches Thema (vgl. ebd.: 03′35″–04′29″), das der Main-Title-Konvention entspricht und zwar düstere Intermezzi aufweist, aber mit den folgenden dramatischen Steigerungen und den heroischen Trompeten- und tiefen Blechbläser-Fanfaren als Höhepunkt (vgl. ebd.: 04′29″–05′31″) klare Hollywood-Sound- sowie Wagner- und Bruckner-Reminiszenzen aufweist.
>
> **Klangbeispiel 22:** Nicholas Hooper – *Harry Potter and the Order of the Phoenix*, A Journey to Hogwarts, URL: https://open.spotify.com/intl-de/track/3jDQ62q9iG7oZv6FpFGL6y?si=6a6848ad6aba4b20 (vgl. Hooper 2007).
>
> **Klangbeispiel 23:** Bedřich Smetana – *Ma Vlast*, Vltava, URL: https://open.spotify.com/intl-de/track/1ES671b3rtljUyR6y0Cm1V?si=8e2e1cfd453e41e7 (vgl. Smetana 2003).
>
> Die Reise zur Zauberschule Hogwarts wird mit einer musikalischen Begleitung unterlegt, die verdächtig nach der in Bedřich Smetanas sinfonischer Dichtung *Vltava* klingt (vgl. Hooper 2007: 00′00″–00′31″; Smetana 2003: 01′05″–03′03″). Beiden gemein ist die fließende Bewegung als musikalischer Ausdruck von Dynamik und aufregender Veränderung. Als melodische Oberstimme darüber erklingt in Hoopers Score zum fünften *Harry-Potter*-Film jedoch nicht Smetanas Vorbild, sondern eine Adaption des von John Williams komponierten ikonischen „Hedwig's Theme" der ersten drei *Harry-Potter*-Filme. Dieser doppelte Bezug zeigt den nicht nur motivischen, sondern auch stilistischen Referenzrahmen der erwarteten Konvention in Hoopers Score; auch die Instrumentierung sowie die Harmonik bleiben in diesem erwarteten Rahmen. Mit dem Erreichen Hogwarts' geht das Stück in eine Sense-Of-Wonder-Stimmung über, die durch das Bandoneon um einen ungewöhnlichen Beiklang ergänzt wird (vgl. Hooper 2007: 02′08″–02′52″).

Neben den deutlichen romantizistischen Bezügen mit Anleihen an Wagners Musikdrama und den ästhetischen Vorstellungen der Neudeutschen Schule wurde in der Filmmusikforschung ein zweiter Aspekt der Filmscores des Fantasygenres herausgearbeitet, der ebenfalls Verbindungen zu ästhetischen und interkulturellen Tendenzen des 19. Jahrhunderts zeigt: Die Fantasy-spezifische Form des musikalischen Exotismus untersuchen etwa Brill (2012) und Lehman (2018) anhand von Fantasyfilmen unterschiedlicher Dekaden. Dabei dient der als exotisch herausgestellte Topos des Fantasyfilms einerseits im positiven Sinne als Objekt des *Sense of Wonder*, der die*den Rezipient*in zum Staunen über die wundersame Welt des Fremdartigen bringen soll. Das filmmusikalische Wunder fußt auf den romantischen Ideen der Sehnsucht nach dem Unerfüllbaren. Wie Lehman (2018: 165–197) herausarbeitet, kommen dabei die kompositorischen Konzepte der triadischen Chromatik zur Anwendung: Unerwartete triadische Akkordfortschreitungen, unklare tonale Bezüge und modale Variationen spielen mit den Erwartungen der Rezipient*innen an Spannungsaufbau und Auflösung etwa einer klassischen Kadenz. Dadurch werden, wie Lehman am Beispiel von Howard Shores Score zu *The Lord of the Rings* aufzeigt, nicht nur Wirkungen des Staunens, der Ehrfurcht oder des Erschauderns evoziert, sondern dabei wird auch mit Distanz gearbeitet: „Pantriadic harmony is suited to evoking wonderment [...] because chromatic progressions so easily suggest distance or remoteness" (Lehman 2018: 186). Hierdurch wird die filmische Magie musikalisch erschaffen: Schier endlose chromatische Akkordfortschreitungen, mediantische und andere chromatische Akkordwechsel sowie wiederholte Tonartwechsel schaffen ein harmonisches Spannungsfeld, das Wunder zum Erklingen bringt.

Brill (2012) zeigt auf, dass musikalische Exotismen auch als Elemente des *Otherings* eingesetzt wurden, um das Eigene (gemeint ist hier im weiteren Sinne der abendländische Kulturkreis) von dem Fremden abzugrenzen – und das Fremde erst als solches zu kennzeichnen.

> A major trope in fantasy films is the depiction of the exotic Other, which has long been part of colonial and post-colonial European discourse. [...] The Other is a physical threat not only to the main protagonists but also to the moral construct with which the viewer is asked to identify. (Brill 2012: 19)

Elemente des Otherings weist Brill (2012) an den Beispielen von vier breit rezipierten Filmen mit deutlichem Fantasy-Bezug der 1950er- und 1960er-Jahre nach, die orientalische Klischees – darunter Dekadenz, Despotismus, weibliche Sinnlichkeit und Rückwärtsgewandtheit – nicht nur bedienen, sondern durch gezielten filmkompositorischen Einsatz weiter unterstreichen. So arbeitet er eine Reihe von musikalischen Codes heraus, die sich innerhalb der Genrekonventionen als Marker für Exotismen etablierten: Besonders melodisch-intervallische Abweichungen von klassischen Dur-Moll-Dualismen wie Ganztonskalen, die phrygische Skala, übermäßige Sekunden und den Tritonus kann Brill nachweisen, daneben auffällige melodische Verzierungen wie Arabesken. Auch diagnostiziert er synkopisierte Rhythmen und Harfen-Arpeggios als exotistische Topoi zur Betonung des Fremden.

> **Videobeispiel 11:** Bernard Herrmann – *The 7th Voyage of Sinbad*, Skelett-Kampfszene, URL: https://youtu.be/XD5l9aEj00s (vgl. Cetkhup 2020).
>
> Bernard Herrmanns Score zu *The 7th Voyage of Sinbad* (vgl. Juran 1958) beinhaltet kreative Lösungen für unterschiedliche kulturelle Topoi, etwa chromatisch aufsteigende Holzbläser-Motive für nächtliche magische Mysterien (vgl. Brill 2012). Perkussiv geprägte Polyrhythmen, die von einem Xylophon-Klang geprägt werden, markieren ein zum Unleben erwecktes Skelett. Chromatische Mikro-Motive, der stark perkussiv geprägte Klang und eine fehlende tonale Basis erzeugen ein Gefühl des Unwohlseins und der fehlenden Orientierung (vgl. Cetkhup 2020: 00'52"–02'32").

Es werden also nicht nur Elemente der atonalen Musik eingesetzt, um das Fremde und auch Bedrohliche zu kennzeichnen, sondern bewusst stereotype Komponenten außereuropäischer Musiken benutzt. Diese Elemente verbleiben eingebettet in einen konventionellen Score und offenbaren ihre semantische Bedeutung des Otherings erst durch den filmischen Inhalt. Auch sind diese Exotismen nicht an einer authentischen Wiedergabe etwa traditioneller arabischer Tanzmusik interessiert (vgl. Brill 2012).

> **Klangbeispiel 24:** Bernhard Herrmann – *The 7th Voyage of Sinbad*, Sultan's Feast, URL: https://open.spotify.com/intl-de/track/5rsNKFKaWxApO3bPIX2F1u?si=8371937ffd1e4776 (vgl. Herrmann 1998).
>
> **Klangbeispiel 25:** Carl Orff – *Carmina Burana*, O Fortuna, URL: https://open.spotify.com/intl-de/track/7BBeS9aFnEJSizuvtM2H4B?si=bc49a1ce27314ad0 (vgl. Orff 2008).
>
> Das Fest des orientalischen Sultans in Bernard Herrmanns Score zu *The 7th Voyage of Sinbad* (vgl. Juran 1958) ist ein mit Arabesken verziertes und von Schellen geprägtes Tanzstück, das in seiner musikalischen Charakteristik nicht nur an einen Hof in Bagdad (oder einer anderen orientalischen Stadt), sondern in seiner prägnanten Achtelbegleitung der Holzblasinstrumente auch an Carl Orffs „O Fortuna" aus seiner *Carmina Burana* erinnert (vgl. Orff 2008: 00'27"–01'41"). Allein dies zeigt die zweifelhafte geografische und kulturelle Authentizität des Sultansfests – die mutmaßlich auch nicht die Intention des Komponisten war.

Im Fantasyfilm des 20. Jahrhunderts wird nicht nur die positiv-idealisierende Seite des romantischen Exotismus fortgeführt, der einen neugierigen, naivwundersamen Blickwinkel einnimmt. Auch zeigt sich die andere Seite des Exotismus in Form einer bewusst identitär-kulturellen Abgrenzung als Othering, das als (post-)koloniales Ausdrucksmittel zur semantischen Konnotation des Fremden mit dem Bedrohlichen oder der Gefahr dient. Dies verdeutlicht Brill (2012) am Beispiel des (anti-)jüdischen Exotismus:

> The identification of Jews as Others – rarely benevolent and often anti-Semitic – was also inherited by twentieth-century film-makers, who subtly (and sometimes not so subtly) portrayed them as villains, including in fantasy and science-fiction films. (Brill 2012: 21)

Eine ideologiekritische Untersuchung eines antisemitischen Otherings in Film- und Medienscores bedarf weitergehender Untersuchungen – es liegt nahe, dass hier eine direkte historische Verbindung zu Richard Wagners antisemitischen Codierungen etwa in seinem *Ring*-Zyklus besteht (vgl. Tönies 2022). Brill (2012: 23) sieht dennoch historische Entwicklungen, die ab den 1970er-Jahren zu einer zwar nicht authentischen, aber doch weniger pauschalisierten Form der kulturellen Exotisierung führen. Als Beispiel führt er Miklós Rószas Score zu *The Golden Voyage of Sinbad* (vgl. Hessler 1973) an, der zumindest einer einigermaßen klaren Unterscheidung zwischen indischer und arabischer Musik folgt und damit nach Brill (2012) zu einem Umdenken bei der exotistischen Vereinheitlichung kultureller Klischees anregt.

Die Konvention der musikalischen Markierung des Fremden – entweder in positiver, neugieriger Sense-of-Wonder-Manier oder in weniger subtiler Abgrenzung von der ‚fremden Gefahr' – bleibt auch im frühen 21. Jahrhundert bestehen.

Klangbeispiel 26: Howard Shore – *The Lord of the Rings: The Fellowship of the Ring*, Rivendell, URL: https://open.spotify.com/intl-de/track/3wlNmUeoHnM1jcOcXxC6qI?si=cb0df74dfa8c4f38 (vgl. Shore 2001).

Howard Shores Score zu *The Lord of the Rings: The Fellowship of the Ring* (vgl. Jackson 2001) beinhaltet eine Vielzahl von Leitmotiven, zu denen auch musikalische Charakterisierungen von nichtmenschlichen Völkern zählen. In diesem Klangbeispiel sind die Motive der edlen, fremdartigen Elb*innen sowie der kleinwüchsigen und liebenswürdigen Hobbits zu hören, die deutliche Unterschiede aufweisen.

Notenbeispiel 8: Howard Shore – Rivendell, Rivendell-Motiv (stilisierter, vereinfachter Auszug) (Quelle: eigene Transkription).

Shores musikalische Charakterisierung der Elb*innen von Bruchtal (engl. Rivendell) steht im deutlichen Kontrast zum Thema der Freundschaft der Hobbits: Das elbische Rivendell-Motiv bleibt fremdartig-sphärisch und von mediantischen Akkordfortschreitungen sowie mehreren Tonartwechseln geprägt (vgl. Shore 2001: 00'21"–01'03"). Die Prinzipien der triadischen Chromatik werden hier angewandt, um ein magisches Moment zu erzeugen: Die mediantische Akkordfolge A-Dur / F-Dur wird durch ungewöhnliche Skalen mit chromatischen Elementen ergänzt; die übermäßige Quinte (oder kleine Sexte) in der Begleitung (T. 1–8) und die große Septime in der Melodiestimme (T. 7–8) exotisieren das Rivendell-Motiv zusätzlich und erzeugen ein Gefühl der Fremdheit. Das schwebende Motiv drückt Zeitlosigkeit und meditative Reinheit, aber auch Distanz aus: ein Ideal fremdartiger Balance, das für Menschen nicht zu erreichen ist (vgl. auch Lehman 2018: 142 f.; 186).

Notenbeispiel 9: Howard Shore – Rivendell, Shire-Motiv (stilisierter, vereinfachter Auszug) (Quelle: eigene Transkription).

Das Leitmotiv der treuen Hobbit-Gefährten aus dem lieblichen, idyllischen Auenland (engl. Shire) steht dazu in deutlichem Kontrast: Eine bewusst einfache und naturverbundene Song-Melodie bleibt im vertrauten tonalen Rahmen und weist eine leicht nachzuvollziehende Akkordstruktur auf. Das schafft Bindung und Nähe und erleichtert die Identifikation mit den halbwüchsigen Protagonisten der Filmtrilogie (vgl. Shore 2001: 01'02"–02'27"). Das viertaktige, folkloristische Motiv könnte einem Songbook entsprungen sein und wird in der Wiederholung durch Verzierungen in der Flötenstimme aufgelockert, die an irische Folktraditionen erinnern. Damit werden zwei unterschiedliche Mythisierungen durch die Filmmusik ausgeformt: Das Shire-Motiv macht die Halblinge menschlich und fördert die Identifikation mit ihnen, der musikalische Mythos zielt auf ein starkes Gemeinschaftsgefühl ab. Die Elb*innen dagegen werden als wundersame, edle und anbetungswürdige, aber eben auch fremde Wesen aus einer anderen Welt charakterisiert: Ihre Mythisierung zeigt Anzeichen einer exotistischen und utopischen Idealisierung.

Eine exotistische Tendenz wird auch in James Horners Score zu *Avatar* (vgl. Cameron 2009) deutlich, der zwar als Science-Fiction-Film angesehen werden kann, aber auch Elemente des Fantasy-Genres aufzeigt:

Klangbeispiel 27: James Horner – *Avatar*, Becoming One of „The People" Becoming One with Neytiri, URL: https://open.spotify.com/intl-de/track/1UBd7aWHZCz8yirI9KCvAU?si=04dd5fd62f12456f (vgl. Horner 2009).

Das musikalische Motiv der fremdartigen Welt der Na'vi weist eine Reihe exotistischer Marker auf: Der sphärische Solo-Gesang öffnet zusammen mit Harfen-Arpeggien und der ungewöhnlichen Harmoniefolge es-Moll / Des-Dur / As-Dur / es-Moll eine Ebene des Wunderlich-Fremden (vgl. Horner 2009: 00'50"–01'13"; vgl. auch Lehman 2018: 144 f.). Die ungewöhnliche Instrumentierung sorgt mit Klanghölzern, Kastagnetten, Djemben, Bongos, Tin Whistles sowie Panflöten für einen fremdartigen, aber kaum kulturell verortbaren Sound, der vor allem eines suggeriert: Hier handelt es sich nicht um unsere (abendländisch geprägte) Kultur, aber dennoch hat sie menschliche Elemente. So werden die Na'vi, die einheimischen und menschenähnlichen Einwohner des Planeten Pandora, musikalisch idyllisiert und es wird ein utopischer Sehnsuchtsort konstruiert, der gleichzeitig fremd bleibt.

Die beiden Beispiele der Elb*innen und der Na'vi zeigen vergleichbare Idealisierungsmuster und musikalische Utopie-Konzeptionen als Element des Otherings. Es lassen sich jedoch auch im frühen 21. Jahrhundert Beispiele einer pejorativen Abgrenzung mittels der Ausdrucksformen der Neuen Musik finden:

Klangbeispiel 28: Howard Shore – *The Lord of the Rings: The Two Towers*, The Uruk-hai, URL: https://open.spotify.com/intl-de/track/6XzqQBPwLws8fUH2KRBf7d?si=4df6c865d4784958 (vgl. Shore 2002).

Howard Shores musikalisches Motiv der Uruk-hai, der gezüchteten Orks des bösen Zauberers Saruman in *The Lord of the Rings: The Two Towers* (vgl. Jackson 2002), weist eine ungerade Rhythmik im 5/4-Takt, Hammer-artige Klangeffekte und andere mechanische Geräusche sowie tonal schwer zuzuordnende Bläser-Cluster im tiefen Register auf (vgl. Shore 2002: 02'24" –02'58"). Der Kontrast etwa zum heroischen Motiv der Ring-Gemeinschaft sticht klar heraus: Dieses kommt einem konventionellen Main Title mit seinem heldischen Gestus und Bläser-Fanfaren sehr nahe (vgl. ebd.: 00'00"–01'32").

Klangbeispiel 29: Ramin Djawadi – *Game of Thrones*, The Army of the Dead, URL: https://open.spotify.com/intl-de/track/3M6i5gWJGqzeUzrxCnFrwE?si=6e4550e2aec74dff (vgl. Djawadi 2017).

In Ramin Djawadis Score zur Fantasy-Serie *Game of Thrones* (vgl. Benioff/Weisz 2011–2019) ist die Armee der unheimlichen Weißen Wanderer mit einem musikalischen Motiv unterlegt, das chromatische und Tritonus-Intervalle und schreiende Streicherglissandi mit lauten Percussion-Einlagen, polytonalen sowie polyrhythmischen Schichtungen, verzerrten Blechblasinstrumenten und elektrischen Gitarren kombiniert (vgl. Djawadi 2017: 01'14"–03'06"). Der zunächst klare Dreiertakt wird schließlich durch weitere rhythmische Strukturen und Accelerandi vernebelt; der Chor fügt dem Todeswalzer eine Requiem-ähnliche Stimmung hinzu (vgl. ebd.: 03'06"–05'26"). Perkussive Effekte, chromatische Tonfolgen und ungewöhnliche Skalen im tiefen Blechbläser-Register erinnern zudem an Liszts *Dante-Sinfonie* (vgl. Liszt 2022: 17'42"–19'03").

Eine dritte Tendenz der Filmmusik im Fantasy-Genre soll ebenfalls nachgezeichnet werden: Als Ergänzung oder filmmusikalischer Kontrapunkt zum leitmotivischen, zumeist orchestralen Fantasy-Score hat sich seit den 1980er-Jahren auch der Pop- oder Rocksong etabliert. Die britische Rockband Queen etwa hat im Fantasyfilm *Highlander* (vgl. Mulcahy 1986) sechs eigene Songs platziert, die größtenteils eigens für den Film geschrieben wurden, während weitere Szenen mit dem Score vom Filmkomponisten Michael Kamen unterlegt wurden. Eine enge Zusammenarbeit der Band mit dem Komponisten sollte eine möglichst hohe Kohärenz von Songs und Score ermöglichen. Stephen (2012) kann dabei zeigen, dass Queens Rocksongs zwar äußerlich, klanglich und auch motivisch deutliche Abgrenzungen zum sinfonischen

Standard zeigen: Ein von verzerrten Gitarren, einem treibenden Schlagzeug und der einprägsamen Stimme Freddie Mercurys geprägter Song hat auf den ersten Blick wenig mit einem orchestralen Main Title zu tun. Stephen zeichnet jedoch nach, dass die Funktion innerhalb des Main Titles annähernd identisch mit typischen Heldenmusiken orchestralen Stils ist und damit den Genrekonventionen entspricht: Auch Queens Song „Flash" evoziert dieselbe emotionale Nähe von Filmheld und Publikum und suggeriert heroische, optimistische und machtvolle Aspekte, die mit dem Protagonisten verknüpft werden (vgl. Halfyard 2012; Stephen 2012).

Videobeispiel 12: Queen – *Highlander*, Opening Credits, URL: https://youtu.be/0YPtaqJqoHw (vgl. V Two 2019).

Der Queen-Song „Princes of the Universe" (in der bearbeiteten Filmversion) eröffnet den Fantasy-Film *Highlander* (vgl. Mulcahy 1986), dessen Score von Michael Kamen stammt. Der Song übernimmt nicht nur die Funktion des Openers, sondern leitet in die erste Filmszene über (vgl. V Two 2019: 00'33"–02'25"). Auch für die weitere Überleitung in die weit zurückliegende Vergangenheit bildet der Song die Brücke (vgl. ebd.: 03'11"–03'34") und schafft so eine semantische Verbindung zwischen dem Wrestling-Showkampf der Gegenwart und der Schlachtszene im Mittelalter. Michael Kamens Score schließt sich nahtlos an Queens Rocksong an und zeigt so die enge, auch konzeptionelle Verbindung (vgl. ebd.: 03'34"–04'23"). Der Song übernimmt Funktionen des Scores und ist in diesen zu einem musikalisch-dramaturgischen Gesamtkonzept integriert.

Der Song als Bestandteil der popkulturellen Gegenwart tritt extradiegetisch in die filmische Fantasywelt ein und kann dabei als potenziell inkohärentes Element wahrgenommen werden, das möglicherweise die Immersion der Rezipient*innen innerhalb der fiktiven Welt stört: Der Song hat einen deutlicheren zeitlichen Bezug und stellt eine semantische Verbindung zwischen der mythischen Filmwelt und der konkreten, realen Jetztzeit her. Dass er sich dennoch etabliert hat – ohne jedoch den romantizistischen Score zu ersetzen – und wiederholt nicht nur etwa im Abspann des Films, sondern auch in Szenen narrativer Wendepunkte oder gar als Main Title verwendet wird, könnte mehrere Gründe haben. So verwischt er ganz bewusst die Grenzen zwischen realer Welt (vertreten durch den Song) und Fiktion (der Filmdiegese). So verhilft der Pop- oder Rocksong der filmischen Sekundärwelt im Idealfall zu mehr Glaubwürdigkeit, weil ihre poetischen Ideen und narrativen Grundmuster, etwa der Kampf gegen eine Bedrohung oder die Betonung eines heroisierenden Gemeinschaftsgefühls, mit dem Alltagsleben verbunden werden (vgl. auch Hogg 2019). Der Song vermenschlicht zentrale Narrationen des filmischen Fantasy-Mediums: Durch die Identifikation mit dem Hier und Jetzt werden Handlungsstränge, Figuren und Konflikte greifbarer, profaner und dadurch leichter zugänglich.

Dieses Element der musikalischen Kompilation hat weniger deutliche Spuren der romantizistischen Ästhetik, da der Einsatz von Popsongs nur bedingt etwa mit dem romantischen Volkslied-Idiom gleichzusetzen ist. Dennoch bricht der

Einsatz von Songs in der Regel nicht mit Genre-Konventionen, beziehungsweise ist er Teil von diesen geworden: Ein Fantasy-Film kommt selten mit Songs alleine aus, sondern diese ergänzen in der Regel nur den komponierten Score. Das hat auch kompositorisch-dramaturgische Gründe: Kann der Main Title noch ohne allzu große Reibungsverluste in Songform dargestellt werden, erweist sich ein Songformat eben als nicht flexibel genug, um auf den individuellen Verlauf der filmischen Dramaturgie adäquat eingehen oder einen Mythos miterschaffen zu können. Dafür sind andere funktionale und Kompositionstechniken nötig, die in den folgenden Kapiteln ausführlicher behandelt werden.

3.5.2 Musik in filmischen Science-Fiction- und Superhelden-Medien

Auch im Scoring von filmischen Science-Fiction- und Superhelden-Medien[18] sind mehrere Grundtendenzen zu beobachten, die im Folgenden sowohl aus historischer wie systematischer Perspektive skizziert werden sollen. Hier gilt allerdings wie auch in der Fantasy, dass Genre-basierte Metaanalysen Seltenheitscharakter haben und deshalb hier an manchen Stellen ebenfalls Einzelbeispiele für induktive Hypothesen herhalten müssen. In der Forschungsliteratur wurden Science-Fiction-Scores auf einer ästhetisch-funktionalen Ebene bisher nach drei unterschiedlichen Lesarten sortiert, die vereinfacht mit den Kategorien Kontinuität, Innovation und einer Kombination von Kontinuität und Innovation (unter Anwendung des sogenannten Otherings) beschrieben werden können. Diese sollen im Folgenden nachgezeichnet werden, wobei auch auf die Sonderrolle des Superhelden-Subgenres dezidiert eingegangen wird.

Oberflächlich betrachtet eignet sich Science-Fiction wie kein zweites Genre für klangliche Experimente und stilistische wie kreative Neuerungen der üblichen Filmmusik-Konventionen. Wo zukünftige Welten entworfen, zivilisatorische Fortschritte gezeigt und heute undenkbare Technologien und Gesellschaftsformen als selbstverständlich dargestellt werden, ist der erzählerische Boden für eine Zukunftsmusik bereitet. Auch ferne Welten weitab unseres Heimatplaneten laden – vermeintlich – dazu ein, experimentelle Musikstile auszuprobieren und innovative Klanglandschaften entstehen zu lassen.

> [...] [S]cience fiction has been the one area where composers could move away from the conventions of the post-romantic idiom and embrace the innovations in 20th century music

---

18 Da in der Literatur Science-Fiction- und Superhelden-Filme bezüglich des Scorings in der Regel nicht unterschieden werden und zudem beide (Sub-)Genres ähnliche kompositorische Grundmuster aufweisen, werden sie hier in einem Teilkapitel zusammen behandelt – auf Unterschiede wird aber an geeigneten Stellen hingewiesen.

theory and practice. The key to why they were able to do this lies in the nature and the conventions of the genre. (Scheurer 2008: 48)

Auf den ersten Blick umso erstaunlicher ist, dass die musikalischen Scores einiger wegweisender Filme des Genres keineswegs Beispiele für große Innovationen oder nie gehörte musikalische Klänge sind. Die Musik zu bedeutenden Science-Fiction-Klassikern wie Stanley Kubricks *2001: A Space Odyssey* (vgl. Kubrick 1968), die erste *Star-Wars*-Trilogie (vgl. Lucas 1977; Kershner 1980; Marquand 1983), *Star Trek: The Motion Picture* (vgl. Wise 1979), *E.T. the Extra-Terrestrial* (vgl. Spielberg 1982), *Back to the Future* (vgl. Zemeckis 1985), *Jurassic Park* (vgl. Spielberg 1993) oder in jüngerer Zeit *Avatar* (vgl. Cameron 2009) mutet stilistisch konventionell an und erinnert an romantizistische Nachfolger des Hollywood-Sounds. Das gilt auch für bedeutende Serienformate wie *Star Trek* (vgl. Roddenberry 1966–1969), *Star Trek: The Next Generation* (vgl. Roddenberry 1987–1994), *Babylon 5* (vgl. Straczynski 1993–1998) oder *Stargate SG-1* (vgl. Wright/Glassner 1997–2007). Dabei fällt die konzeptuelle Begründung, die im Fantasy-Genre für den Einsatz einer spätromantisch-orchestralen Musik herhielt, hier aus. Ein filmische Science-Fiction-Narration eignet sich in der Regel nicht für nostalgische Rückbezüge auf ein utopisches Vergangenheitsidyll: Science-Fiction handelt von (fiktionalen) Zukunftsprojektionen (vgl. Deleon 2010; Krohn/Strank 2018).

> I remember as a 13-year-old going and seeing science fiction movies and going: ‚Why do all these science fiction movies have European orchestra, orchestral sounds, romantic period, tonalities about them?' We're supposed to be on a different planet, different culture. We're supposed to be in the future. (Hans Zimmer, zit. nach Vanity Fair 2022: 00'56"–01'29")

Klangbeispiel 30: Jerry Goldsmith – *Star Trek: First Contact*, Main Title

https://open.spotify.com/intl-de/track/1JkISH0XqRJ8UPbO2p5Qs9?si=b304ea71ddd0478e (vgl. Goldsmith 2010).

Jerry Goldsmiths Score zu *Star Trek: First Contact* (vgl. Frakes 1996) thematisiert das erste Aufeinandertreffen der menschlichen Zivilisation mit Aliens: in diesem Fall mit den friedliebenden Vulkaniern. Der Main Title (vgl. Goldsmith 2010: 00'37"–02'46") bringt die zugrundeliegende poetische Idee dahinter zum Ausdruck: Dieses Ereignis ist kein bedrohlicher Moment, sondern ein hoffnungsvoller Wendepunkt, ein Fortschritt in der Entwicklung der Zivilisation und ein Meilenstein, der den Menschen Glück und vielleicht sogar Erlösung bringen kann. Das drückt sich im Main Title aus: Stilistisch orchestral und konventionell gehalten, ist das getragene, choralartige Thema in F-Dur eine vertonte Zukunftsutopie – und zwar mit den musikalischen Mitteln der Spätromantik beziehungsweise des Hollywood-Sounds. Umso konträrer sticht das sich anschließende Thema der antagonistischen Borg heraus, die die unheimliche, gefahrvolle Alien-Bedrohung verkörpern (vgl. ebd.: 03'00"–03'50"): Anschwellende Posaunen-Tremoli, Ton-Cluster, plötzliche Percussion-Schläge, schrille Streicher-Glissandi und mechanisch anmutende Rhythmen betonen die Unmenschlichkeit und Fremdheit der feindlichen Aliens.

Dass dennoch der spätromantisch geprägte Score in Science-Fiction-Filmen eine eindeutig feststellbare Tendenz mit einflussreichen filmischen Wegmarken ist, muss also eine andere Erklärung haben, über die auch in der Forschung gemutmaßt wird. Kloppenburg (2012/2015) bietet als Erklärungsversuch die große emotionale Ausdruckskraft romantizistischer Ästhetik an: Diese ermögliche es besser, emotional-zeitlose Themen wie Gut gegen Böse, Krieg und Frieden, Liebe und Eifersucht mit expressiven Ausdrucksmöglichkeiten musikalisch zu gestalten. Demnach zielt der Science-Fiction-Score weniger auf das konkrete Setting ab als auf die zugrundeliegende poetische Idee. Auch Scheurer (2008) verweist darauf, dass ein Großteil der Science-Fiction-Filme letztlich menschliche Probleme, Konflikte und Moralvorstellungen behandelt:

> For all the science, technology and intellectual speculation about the future that courses through science-fiction films, the films are still primarily concerned with the human condition and, in fact, with the affirmation of our humanity. (Scheurer 2008: 48)

Der von romantischen Vorbildern geprägte orchestrale Score nutzt also deren reiche expressive Möglichkeiten zum Ausdruck zutiefst menschlicher Konflikte, Ideen und Themen – auch und gerade im Science-Fiction-Genre (vgl. auch Lehman 2018: 17).

Videobeispiel 13: John Williams – *Jurassic Park* – Szene „All Aboard to Jurassic Park Island", URL: https://youtu.be/VzZN9AVBS1I (vgl. Universal Pictures All-Access 2022).

John Williams' Score trägt große Teile dieser Szene aus *Jurassic Park* (vgl. Spielberg 1993), in der die filmischen Protagonist*innen erstmals zur gleichnamigen Dinosaurier-Insel fliegen und der urzeitlichen Echsen ansichtig werden. Zunächst erklingt eine Main-Title-artige heroische Trompetenfanfare, als der Helikopter die Insel erreicht (vgl. Universal Pictures All-Access 2022: 01'20"–03'14"). Als schließlich erstmals leibhaftige Dinosaurier erblickt werden (vgl. ebd.: 05'05"–07'32"), setzt ein neues musikalisches Thema ein: Ein getragenes Leitmotiv, stilistisch konventionell und rein orchestral gehalten, zelebriert die wiedererstandenen Urzeittiere als Rückkehr der (mythisierten, glorreichen) Vergangenheit durch fortgeschrittene Zukunftstechnologien. Das Thema ist die Vertonung eines wahr gewordenen utopischen Traums: Jurassic Park ist – zumindest noch in dieser Szene – ein Sehnsuchtsort, der Vergangenheit und Zukunft vereint. Der Score besetzt hier eine erweiternde und kommentierende, ja mythenbildende Funktion und benutzt die filmkompositorische Mood-Technik, um die Szene zu prägen (siehe Kapitel 3.7 und 3.8). Die poetische Idee, die primär durch die Filmmusik ausgedrückt wird, ist die Wiederbelebung eines Menschheitstraums, die Rückkehr der großen evolutionären Vergangenheit des Planeten und die Wiedererschaffung von majestätischen Kreaturen, die man sich bis dahin nur in der Fantasie leibhaftig ausmalen konnte: Es ist der triumphale, utopische Sieg von Natur und Wissenschaft gleichermaßen. Williams' Score zelebriert diesen Traum und erhebt die Szene noch weiter; ohne den Score würde die Szene nicht diese Zusatzbedeutungen transportieren können. Mythos (Millionen Jahre Erdgeschichte) und Utopie (Sehnsucht nach Wiederkehr vergangener Zeiten) sind hier musikalisch vereint. Interessanterweise setzt sich dieses musikalische Thema aus Williams' Score im

> Soundmix immer weiter durch: Bleibt die Musik zunächst im Hintergrund, als die konkreten Geräusche der Dinosaurier, die Naturkulisse und die Dialoge der erstaunten Protagonist*innen im Vordergrund stehen (vgl. ebd.: 05′05″–05′59″), ist der Score schließlich dominant und hat die anderen Sound-Anteile verdrängt (vgl. ebd.: 06′48″–07′32″): Der Score erhebt das Konkrete der bildlichen Vorgänge auf eine abstrahierte, poetische Ebene.

Die Musik der Spätromantik wird nicht nur nachgeahmt oder adaptiert, sondern kam in einigen Genre-Klassikern auch direkt zum Einsatz: Stanley Kubricks Verwendung von Richard Strauss' sinfonischer Dichtung *Also sprach Zarathustra* in seinem Science-Fiction-Klassiker *2001: A Space Odyssey* (vgl. Kubrick 1968) findet in Schlüsselstellen des Filmes statt und zeigt damit Funktionen eines Ersatz-Main-Title. Das berühmte Exzerpt aus Strauss' Tondichtung transportiert die zentrale Botschaft des Filmes von der Überwindung der Natur durch den Menschen, ja von der Menschwerdung selbst (vgl. Konzett 2010). Redner (2010: 179) zeigt allerdings auf, welche Schwierigkeiten durch die filmische Umdeutung der Originalkomposition von Strauss entstanden: Während des Produktionsprozesses des Films nur als vorübergehender *Temp*-Track angelegt, vereinnahmte das Musikstück im Produktionsprozess den Film für sich und setzte sich gegen den von Alex North eigens komponierten Filmscore durch (der von Stanley Kubrick schließlich fast vollständig abgelehnt wurde). Dadurch wurde die ursprüngliche Intention des romantischen Komponisten für sein Werk zwar adaptiert, aber mit filmischen Bildern überstülpt und dadurch narrativ umgedeutet.

> **Videobeispiel 14:** Stanley Kubrick – *2001: A Space Odyssey*, Szene „The Dawn of Man", URL: https://youtu.be/ypEaGQb6dJk (vgl. Art History 2015).
>
> Die Szene aus Stanley Kubricks Weltraumfilm *2001: A Space Odyssey* (vgl. Kubrick 1958) zeigt eine Gruppe Menschenaffen oder Urmenschen, die sich den täglichen Gefahren der Wildnis ausgesetzt sehen. Als eines Morgens aus dem Nichts ein seltsamer Monolith erschienen ist, erklingt ein Ausschnitt aus György Ligetis *Requiem* (vgl. Art History 2015: 02′31″–05′17″): Die atonale Neue Musik wird hier als Marker des Fremden benutzt. Das Erscheinen des Monoliths wirkt unheimlich, fremd und potenziell bedrohlich, was die Musik nicht nur unterstützt, sondern (durch die filmische Umwidmung durch Kubrick) erst erzeugt. Der Monolith selbst tut gar nichts, die Filmmusik verdeutlicht jedoch, dass hier etwas Bedeutendes, Außergewöhnliches und womöglich Gefährliches geschieht. Was der Monolith in den Affen ausgelöst hat, wird kurze Zeit später deutlich: Der Beginn von Richard Strauss' *Also sprach Zarathustra* (vgl. ebd.: 06′00″–07′42″) kündigt eine weitere bedeutende Entwicklung an und dient hier zum poetischen Ausdruck evolutionärer Vorgänge: das Erwachen des menschlichen Geistes. Der Affe erkennt, dass er ein Stück Knochen als Werkzeug (genauer: als Waffe) benutzen kann. Dies gibt ihm Macht und evolutionäre Vorteile (die er mit Gewalt durchsetzen kann). Strauss' Naturmotiv (siehe auch Klangbeispiel 8) wird hier umgedeutet zu einem Menschenmotiv, das den Beginn menschlicher Evolution symbolisiert.

Lars von Triers endzeitliche Dystopie *Melancholia* (vgl. von Trier 2011) benutzt das Vorspiel aus Richard Wagners Musikdrama *Tristan und Isolde* als musikalisches Leitmotto, das den Grundton des ganzen Films setzt und romantisches Begehren, depressive Endzeitstimmung sowie dekadente Avantgarde-Ästhetik miteinander semantisch verknüpft. Hierdurch werden semantische Funktionen durch die Verwendung romantischer Originalmusik in neuen filmischen Kontexten geschaffen, aber auch bewährte Interpretationen des musikalischen Scores aufgebrochen und in Frage gestellt. Von Triers Verwendung einer konnotativ bereits reich besetzten Musik eines breit rezipierten und geläufigen Musikdramas schafft zudem neue Verbindungen, Reminiszenzen und Kontinuitäten, wodurch dieser Musikeinsatz durchaus als mythisch zu verstehen ist (vgl. Cassirer 2010; Power 2018; Rudolph 2022; Rudolph 2023).[19]

Diese Beispiele sind keine Einzelfälle. Deleon (2010: 10) führt als weiteren Erklärungsansatz für das traditionelle Science-Fiction-Scoring die verbindende Funktion der Filmmusik an. Die Darstellung fiktiver Welten in Form eines modernistischen Soundtracks könnte zu einer Überbetonung des technischen Aspekts führen, der von der emotionalen Botschaft der Filmnarration ablenkt. Die Aufgabe der Filmmusik ist es deshalb, ein vertrautes Gefühl emotionaler Verbundenheit zu erwecken. Deshalb ist die komponierte Musik in erfolgreichen Science-Fiction-Filmen stilistisch und klangtechnisch eher konservativ statt futuristisch angelegt: Diese verbindende Funktion erhöhe die Immersion der Rezipient*innen, indem diese durch die Musik ein Gefühl von Wahrheit und Vertrautheit vermittelt bekommen und dadurch leichter in die filmische Realität eintauchen können. Hier wird das Glaubwürdigkeitsprinzip der mythischen Weltsicht deutlich: Der Science-Fiction-Score vermittelt Kausalität und Kohärenz und erschafft damit den Mythos mit (vgl. Cassirer 2010; Scheurer 2008).

Die konventionelle Auslegung des filmischen Scores in für das Publikum vertrauten Bahnen ist gleichermaßen – und insbesondere – auch im Superhelden-Subgenre üblich:

> If the film composer were to use a score that is removed from the familiar, the viewer would be removed from the world, no longer able to find basic signposts along the progression of the film in order to move within the space. (Deleon 2010: 20).

Halfyard (2013: 171) zeigt auf, dass gerade für den Superhelden-Film John Williams' orchestrale Filmmusiken stilprägend sind, was sie am Beispiel seiner Filmkomposition für *Superman* (vgl. Donner 1978) detailliert veranschaulicht. Typisch und vorbildhaft für das Subgenre ist die Verwendung eines martialischen,

---

[19] Der Einsatz präexistenter Musik in filmischen Scores soll hier nicht weiter ausgeführt werden; verwiesen sei auf Kloppenburg (2012/2015) oder jüngst Rudolph (2022; 2023).

marschähnlichen Main Titles als Ausdruck des Heroismus, das sich als sinfonisches Leitmotiv in variabler Form durch den gesamten Film zieht. Dafür gibt es mehrere mögliche Vorbilder aus dem spätromantischen Musikkanon: Neben den sinfonischen Dichtungen Liszts und den musikdramatischen Werken Wagners kann hier etwa auch Gustav Holsts Orchestersuite *The Planets* genannt werden, die nicht nur programmatisch, sondern auch in Bezug auf orchestrales Arrangement, Klangästhetik und Verbindung spätromantischer und expressionistischer Stilmittel prägend gewesen sein könnte. In der Forschung wurden weitere konkrete Anknüpfungspunkte herausgearbeitet: Winters (2012) etwa weist in Williams' *Superman*-Score (vgl. Donner 1978) die motivische, formgebende und stilistische Nähe zu Bruckners 4. und 7. Sinfonie, aber auch zu Wagners Musikdrama *Rheingold* sowie zu Strauss' Tondichtung *Tod und Verklärung* nach. Besonders die Nähe zu Bruckners sinfonischen Scherzi mit ihrem beschwingt-antreibenden Gestus, ihren fanfarenähnlichen Hauptthemen und ihrem teils weihevollem Grundcharakter rekonstruiert Winters dabei detailgetreu und findet erstaunliche Parallelen. Sinfonische Scherzi der Spätromantik scheinen eine besonders prägende Vorbildrolle für den Main Title des Superheldenfilms zu spielen (wobei hier weitere Untersuchungen dringend anzuraten sind).

Klangbeispiel 31: John Williams – *Superman*, Main Title, URL: https://open.spotify.com/intl-de/track/6OhvyTlsBnubNpHZz7wXuT?si=a965640efd174e20 (vgl. Williams 2005).

Der ikonische Main Title von *Superman* (vgl. Donner 1978) zeigt einige Merkmale eines romantischen sinfonischen Scherzos auf: Das dynamische Thema in Dur weist einen triolischen Drive beziehungsweise einen 6/8-Takt auf. Auch die Struktur ist Scherzo-ähnlich: Nach einem langsamen Intro (vgl. Williams 2005: 00′00″–01′10″), erklingt das erste Hauptthema in C-Dur (vgl. ebd.: 01′12″–02′14″), auf das ein Seitenthema in d-Moll folgt (vgl. ebd.: 02′14″–03′04″). Dem zweiten Hauptthema (vgl. ebd.: 03′04″–03′21″) folgt ein Trio-Part in F-Dur (vgl. ebd.: 03′21″–03′59″). Die reprisenhafte Wiederholung bringt das erste Thema in B-Dur (vgl. ebd.: 03′59″–04′19″) sowie das zweite Hauptthema in F-Dur (vgl. ebd.: 04′19″–04′38″) und G-Dur (vgl. ebd.: 04′38″–05′23″) zurück. Ausgenommen des Trios sind die Blechblasinstrumente, vor allem die Trompeten, die dominanten Melodie-Instrumente des *Superman*-Marsches. Wie auch in anderen Main Titles spielt die Quinte über dem Grundton eine herausgehobene Rolle in den beiden Hauptthemen.

Klangbeispiel 32: Anton Bruckner – Sinfonie Nr. 4 Es-Dur, WAB 104, 3. Satz (Scherzo), URL: https://open.spotify.com/intl-de/track/6nQu75lj2zvMy6iITJ332F?si=76588350746c49da (vgl. Bruckner 1998).

Das Scherzo aus Bruckners 4. Sinfonie weist in seinem Hauptthema eine ähnliche rhythmische Struktur wie der *Superman*-Marsch auf (vgl. Bruckner 1998: 00′00″–01′30″). Dennoch ist der thematische Verlauf deutlich weniger stringent, die Anteile von satztechnischen Verarbeitungen, motivischen Variationen und Modulationen sind ebenso deutlich höher wie die Expressivität und der dynamische Verlauf von piano bis fortissimo (vgl. ebd.: 01′30″–04′43″). Es sind eher der treibende, energievolle Duktus im Dreivierteltakt, die Bedeutung der Blechblasinstrumente in der Orchestrierung und der heroische Gestus, die Ähnlichkeiten aufweisen: Die musikalischen Ideen der hohen Bewegungsdynamik und des treibenden, Blechbläser-lastigen Klangideals scheinen hier besonders vorbildhaft gewirkt zu haben.

Dennoch zeigen Beispiele aus anderen Superheldenfilmen seit der Jahrtausendwende auch innovative Tendenzen. Der Filmscore zu *Batman Begins* (vgl. Nolan 2005), einer Zusammenarbeit von Hans Zimmer und James Newton Howard, weicht etwa vom leitmotivisch-sinfonischen Paradigma ab:

Notenbeispiel 10: James Newton Howard / Hans Zimmer – *Batman Begins*, Main Title (vereinfachter Ausschnitt; klingende Transposition) (Quelle: eigene Transkription).

Die musikalische Substanz enthält nicht nur kein heroisches Leitmotiv, sondern bei strenger Auslegung gar kein musikalisches Thema im traditionellen Sinne mehr. Neben der Ostinato-Begleitung, die zwischen d-Moll und B-Dur changiert, ist die einzige melodische Fortschreitung in der Hauptstimme von Waldhörnern und Blechblasinstrumenten der kleine Terzschritt vom Grundton d nach f (T. 4–5). Mindestens genauso charakteristisch ist die starke dynamische Expressivität des langgezogenen Motivs von pianissimo bis forte. Doch der Main Title der *Dark Knight*-Trilogie (vgl. Nolan 2005; 2008; 2012) ist über die herkömmliche Notation kaum zufriedenstellend darstellbar, um seine wesentlichen Aspekte zu erfassen. Entscheidend ist hier die Ausformung als Musikproduktion und Sound vereinigender Soundtrack:

Klangbeispiel 33: James Newton Howard / Hans Zimmer – *Batman Begins*, Main Title, URL: https://open.spotify.com/intl-de/track/5s1vSkSpX2N9VqMkt0uWls?si=41080ca2e4de4d11 (vgl. Howard/Zimmer 2005).

> Der Main Title gewinnt seine spezifische Charakteristik durch den Klang, nicht durch das thematische Material. Eingerahmt ist das Thema in atmosphärische Geräuscheffekte und Soundflächen, die mit dem Bat Flap Sound beginnen und ein düsteres, nächtliches Ambiente schaffen (vgl. Howard/Zimmer 2005: 00′00″–00′59″; 02′30″–02′52″). Das begleitende Streicher-Ostinato beginnt in den Violoncelli und wird schließlich durch Violinen, Violas, Bässe, aber auch Synthesizer und elektronische Beats ergänzt (vgl. ebd.: 00′57″–02′36″). Sub-Bässe, Synthesizer-Pads und metallische Soundflächen ergänzen das Thema meistenteils. Das Horn-Motiv erklingt dreimal, jeweils gesteigert und lauter als zuvor (vgl. ebd.: 01′23″–01′41″; 01′58″–02′09″; 02′12″–02′30″). Das Motiv deutet einen heroischen Main Title nur an und bricht nach zwei Tönen jeweils ab; Batman bleibt als misslungener, unheroischer Anti-Held bewusst unvollendet charakterisiert.

An die Stelle der motivisch-thematischen Arbeit mit einem sinfonischen Klangapparat rücken Zimmer und Howard psychologisierende Ostinati mit montage-ähnlichen Entwicklungen, eine innovative Vermischung von elektronischen Klängen mit Orchester sowie die zunehmende Integration von Musik und Sound; eine Entwicklung, die im Nachfolgerfilm *The Dark Knight* (vgl. Nolan 2008) noch intensiviert wird (vgl. Halfyard 2013: 184). Dennoch können diese Innovationen in ihrer prägenden Nachwirkung nicht als gleichbedeutend mit John Williams' Kompositionen für *Superman* (vgl. Donner 1978) oder *Star Wars* (vgl. Lucas 1977) angesehen werden. Ein Blick auf das Filmfranchise *Marvel Cinematic Universe* (im Folgenden MCU genannt) scheint zu bestätigen, dass gerade Williams' romantizistische Motivgebung etwa des Main Titles und die traditionelle Nutzung des Orchesterapparats eine nachdrücklichere und tiefergehende Wirkung entfaltet hat (vgl. Marvel Entertainment, LLC 2024). Die orchestral-spätromantische Prägung ist dabei nicht allein auf den Main Title beschränkt. Die Maximen der Kohärenz und Kontinuität innerhalb der Genre-Konventionen erfordern auch außerhalb des Main Titles in verschiedenen Standardsituationen eine ähnliche konventionelle Stilistik. Dies soll beispielhaft an einer Sterbeszene ebenfalls aus dem MCU untermauert werden.

> **Videobeispiel 15:** Alan Silvestri – *Avengers: Infinity War* – Szene „Thanos kills Gamora", URL: https://youtu.be/F-hCRJ9k79E (vgl. No Fools Anime 2018).
>
> Auch in dieser Szene aus *Avengers: Infinity War* (vgl. Russo/Russo 2018) steht nicht das Science-Fiction-Setting in Form etwa eines technologischen Fortschritts im Vordergrund, sondern die emotional-dramatische Bedeutung der Opferung Gamoras. Der Score legt nahe, dass der Antagonist Thanos tatsächlich für seine Ziehtochter Gamora, die er für die Erfüllung seiner Machtziele opfern muss, Liebe empfunden hat. Die Expressivität des Scores drückt nicht nur die dramatische Entwicklung des Todes, sondern auch Thanos' Trauer und Verbundenheit aus. Damit führt der Score die poetische Idee der Szene aus und führt sie zu einer gesteigerten Expressivität. Das entspricht Richard Wagners Vorstellung von der Verdichtung der poetischen Idee zum höchsten Gefühlsausdruck im Musikdrama (vgl. Wagner 2008: 289).

Dass auch die neueren Superheldenfilme des 21. Jahrhunderts musikalisch zumeist in konventionellen Bahnen verbleiben, lässt sich bereits durch die Auswahl der Filmkomponist*innen vermuten: So hat der langjährige Filmkomponist Alan Silvestri, Erschaffer einiger bedeutender Soundtracks des 20. Jahrhunderts, bislang vier Filme der MCU-Reihe vertont (vgl. Marvel Entertainment, LLC 2024), darunter die erfolgreichen Filme *Avengers: Infinity War* (vgl. Russo/Russo 2018) und *Avengers: Endgame* (vgl. Russo/Russo 2019) (vgl. auch IMDb.com, Inc. 2024a). Das musikalische Hauptthema der *Avengers*-Reihe reiht sich in die Tradition heroischer Bläser-Fanfaren mit militärischer Komponente ein, die von Erich Wolfgang Korngolds *The Adventures of Robin Hood* (vgl. Curtiz/Keighley 1938) über Miklós Rózsas *Ivanhoe* (vgl. Thorpe 1952), John Williams' *Star Wars* (vgl. Lucas 1977) und David Arnolds *Independence Day* (vgl. Emmerich 1996) nahezu unverändert bis ins 21. Jahrhundert reicht – und ihre Ursprünge möglicherweise in spätromantischen Scherzi hat (vgl. Winters 2012). Der melodische Quintsprung nach oben ist kennzeichnend für die heroisierende Erhebung, der punktierte Rhythmus betont die marschähnliche Herkunft (vgl. Scheurer 2008). Hier wird deutlich, dass der heroische Main-Title-Typus Genre-übergreifende Ähnlichkeiten zeigt und nicht klar durch Genre-Grenzen definiert werden kann. Besitzt der Main Title im Science-Fiction-Genre bisweilen ein kennzeichnendes Element wie elektronische Klangergänzungen oder Elemente der Neuen Musik, zeigt sich der Superhelden-Main-Title konventioneller und damit verbundener mit Genres wie Fantasy, aber auch anderen Genres mit heroischen Elementen.

Klangbeispiel 34: Alan Silvestri – *Avengers*-Leitmotiv, URL: https://open.spotify.com/intl-de/track/2Zb6Cu5peVtG3UDifxEd1u?si=7ab9c72d0b244749 (vgl. Silvestri 2018).

Alan Silvestris Leitmotiv der Avengers aus dem MCU (vgl. etwa Russo/Russo 2018; 2019) zeichnet sich durch eine simple Streicher-Begleitung aus, die von einer Achtelfigur mit wiederholten Wechseln zwischen Grundton und kleiner Oberterz geprägt ist (vgl. Silvestri 2018: 00'00"–00'21"). Die Fanfaren-ähnliche Melodie des Heldenmotivs ist durch einen punktierten Quintsprung nach oben und den folgenden diatonischen Abstieg sowie die Rückkehr zum Grundton geprägt (vgl. ebd.: 00'11"–00'22"), harmonisch wird dies durch die Stufenfolge I-IV-VIb-VIIb-I über e-Moll begleitet. Perkussive Effekte in Pauken und Becken ergänzen die orchestrale Instrumentation; ansonsten besticht das Motiv durch eine geradezu Jingle-artige Reduktion auf wesentliche Main-Title-Elemente.

Klangbeispiel 35: Miklós Rózsa – *Ivanhoe*, Prelude, URL: https://open.spotify.com/intl-de/track/10nbkpmZ6cdb8Vbt6o2geJ?si=f091014782ca47e2 (vgl. Rózsa 2012).

Ausführlicher ist Miklós Rózsas Main-Title-artiges Prelude aus dem Abenteuerfilm *Ivanhoe* (vgl. Thorpe 1952) angelegt: Die einleitende Betonung aufsteigender Quartsprünge in Trompeten und Posaunen zeigt auffallende motivische Ähnlichkeiten mit dem Jupiter-Satz aus Gustav Holsts *Planets*-Orchestersuite (vgl. Rózsa 2012: 00'00"–00'11"; Reprise: vgl. ebd.: 01'10"–01'31"). Das heroische Hauptmotiv zeigt die typischen Merkmale der aufsteigenden Quinte und punktierten Rhythmik und wird von einem Kontrapunkt in tiefen Blechblasinstrumenten eingerahmt (vgl. ebd.: 00′ 11″–01′10″). Die harmonische Abfolge hat Ähnlichkeiten mit dem *Avengers*-Motiv und enthält die Stufen I-IV-VIb-V über der Grundtonart B-Dur (vgl. ebd.: 00′11″–00′28″), wobei diese in ihrem Tongeschlecht nicht eindeutig ist und durch die kleine Terz auch b-Moll angedeutet wird. Das getragene Seitenthema stellt mit seinem elegischen Gestus und den Streicher-Legati einen deutlichen Kontrast her (vgl. ebd.: 01′31″–02′17″).

Klangbeispiel 36: Gustav Holst – *The Planets*, Jupiter, the Bringer of Jollity, URL: https://open.spotify.com/intl-de/track/44tnk3aAHP80y3taeGtyAD?si=856691960ea344ca (vgl. Holst 2002b).

Der zentrale Jupiter-Satz aus der Orchester-Suite *The Planets* hat (nicht nur) motivische Ähnlichkeit mit dem *Ivanhoe*-Prelude. Die Bläser-Fanfaren in der Exposition und in der Reprise beinhalten aufsteigende Quartsprünge als charakteristische Motivik (vgl. Holst 2002b: 00′29″–01′04″; Reprise: vgl. ebd.: 04′50″–05′00″). Die begleitende Streicherfigur zu Beginn ist als Sechzehntel-Ostinato ebenfalls vorbildhaft für filmmusikalische Main Titles (vgl. ebd.: 00′00″–00′22″). Eigentlicher thematischer Kern des Satzes ist das getragene, lyrische Seitenthema (vgl. ebd.: 03′10″–04′50″): In erhabenem, geradezu royalem Gestus wird ein klassisch anmutendes, viertaktiges Thema mit Vorder- und Nachsatz zunächst in Celli und Violen ausgebreitet und erhebt sich schließlich zum majestätischen Orchester-Tutti. Der heroische, sich triumphal steigernde Abschluss erklingt in strahlendem C-Dur (vgl. ebd.: 06′38″–07′59″).

All die gezeigten Beispiele sollen nicht darüber hinwegtäuschen, dass das Science-Fiction-Genre in historischer Hinsicht keineswegs nur durch konventionell-romantizistische Scores dominiert wird. Schmidt (2010: 34) zeichnet trotz aller Tendenzen zur traditionellen musikalischen Score-Gestaltung nach, dass es in der Geschichte der Science-Fiction-Filmmusiken im 20. Jahrhundert immer wieder Experimente und innovative Strömungen gegeben hat. Schon Adorno und Eisler (1944/2006) postulieren, dass für mediale Genres wie Science-Fiction traditionelle Filmmusik unangebracht sei; die die Tonalität aufbrechende Neue Musik sei dagegen besser zur Untermalung solcher Genres geeignet. Utopische oder dystopische Alternativwelten mit fortgeschrittener Technik und gesellschaftlichen Veränderungen veranlassten nicht nur Theoretiker*innen oder Forscher*innen, auch in der Filmmusik neue Wege einzuschlagen, um diesem Fortschritt (oder mahnenden Rückschritt) musikalisch zu entsprechen (vgl. Link 2016).

Neben dem Einsatz der Neuen Musik wurde in der klassischen Hollywood-Ära mit neuen Klängen, Instrumenten und elektronisch erzeugten Sounds experimentiert, um Science-Fiction-Welten adäquat zu untermalen. Um 1950 steigt das Theremin zum musikalischen Symbol für Science-Fiction schlechthin auf und findet Einzug in viele Filmscores. Elektronische Klangexperimente und ungewohnte Sounds werden auch im Score der britischen Kultserie *Doctor Who* (vgl. Newman/Webber/Wilson 1963–1989) eingesetzt.

Klangbeispiel 37: Jerry Goldsmith – *Planet of the Apes*, The Searchers, URL: https://open.spotify.com/intl-de/track/7Ji5FCAGswh7RRn5Lw37Jh?si=c6f7e4b524474ee9 (vgl. Goldsmith 1968).

Jerry Goldsmiths weitgehend atonal verbleibender Score zu *Planet of the Apes* (vgl. Schaffner 1968) sorgt für eine fremdartig-bedrohliche Atmosphäre, die durch den Verlauf des Films hindurch beibehalten wird, und lässt Vorbilder der musikalischen Avantgarde des frühen 20. Jahrhunderts wie Stravinskys Ballett *Le Sacre du Printemps* erkennen: Die prägnante rhythmische Figur in Streichern und Holzblasinstrumenten mit abwechselnd einem und zwei Clustern erinnert an Stravinskys Vorbild und erhöht die dramaturgische Intensität (vgl. Goldsmith 1968: 01'04"–01'28"). Goldsmith kreiert die fremde, unterschwellig bedrohliche Atmosphäre durch kreative musikalische und geräuschhafte Effekte: Streicher-Pizzicati mit Echo-Effekt (vgl. ebd.: 00'00"–00'09"; 00'33"–00'41"; 01'28"–01'37"), chromatische Streicher-Glissandi (vgl. ebd.: 00'08"–00'15"; 00'40"–00'48"; 01'35"–01'43"), plötzliche perkussive Schläge (vgl. ebd.: 00'15"; 00'31"; 00'47"; 01'42"; 01'58"; 02'12") und Motive, die aus ungewöhnlichen Instrumenten-Kombinationen entstehen (vgl. ebd.: 00'47"–01'02"). Noch vor der computergestützten Sound-Generierung findet Goldsmith damit kreative Lösungen für dramaturgisch eingesetzte Soundeffekte.

In *Blade Runner* (vgl. Scott 1982) ersetzt der Komponist Vangelis das Orchester fast gänzlich durch – in der traditionellen Musiksprache verbleibende – Synthesizer-Klänge. Konzett (2010), der die auditive Seite von Science-Fiction-Filmen als zusammenhängende Sphäre zur Schaffung glaubwürdiger Realitäten umschreibt, fasst Vangelis' Score zu *Blade Runner* (vgl. Scott 1982) als „synthesized soundtrack [...], electronically mimicking the Romantic music of Wagner and Bruckner" (Konzett 2010: 109) auf. In der Tat greift der Score die Ambivalenz zwischen Mensch und Maschine – das zentrale Thema des Films – direkt auf: Unter der synthetisierten Soundschicht sind intensive, geradezu romantische Momente der Sehnsucht und Wehmut, der Nostalgie und des zutiefst menschlichen Gefühls wahrzunehmen (vgl. Strank 2021).

Videobeispiel 16: Vangelis – *Blade Runner*, Opening Scene, URL: https://youtu.be/P1jXmJmmj3o (vgl. 4K HDR Media 2018).

In der Eröffnungsszene von *Blade Runner* (vgl. Scott 1982) hat Vangelis' Filmmusik die Funktion, den filmischen Mythos nicht nur zu begleiten, sondern mit auszuformen: Wie eine futuristische Fanfare erklingt der Synthesizer mit einem schwebend-sphärischen Motiv über den Bordun B-Dur, begleitet von Soundeffekten, einem wahrnehmbaren Sub-Bass und perkussiven Effekten (vgl. 4K HDR Media 2018: 00'31"–01'23"). Mittels der kompositorischen Mood-Technik erzeugt der Score eine dichte, düster-melancholische Atmosphäre und verzichtet dafür auf Leitmotive; vielmehr kreiert er eine mit dem Gesamtfilm integral vernetzte immersive Sogwirkung. Dabei benutzt er vielfache symbolische Bezüge (wie den zur Main-Title-Konvention, zum Film noir, zur Science-Fiction, aber auch zur Romantik), die das filmische Ambiente gleichzeitig fremd und vertraut erscheinen lassen. Das Setting des Films ist damit als zwar zukünftig, aber auch nicht allzu fremd und verwandt mit der Gegenwart gekennzeichnet, auch der emotionale Ton ist musikalisch durch morbide Dystopie-Sehnsüchte gesetzt.

Im Übergang vom 20. zum 21. Jahrhundert lassen sich ebenfalls bedeutende Beispiele innovativer Score-Gestaltungen finden. Don Davis' Filmscore zu *The Matrix* (vgl. Wachowski/Wachowski 1999) vermischt das Orchester mit Industrial-Beats und erweitert die tonal-orchestrale Musiksprache durch multitonale, chromatische und bi- oder multitonale Themenführungen, die an Stravinsky, Ligeti oder Boulez erinnern und auf die Gestaltungsmittel der triadischen Chromatik zurückgreifen (vgl. Lehman 2018). Auch der Score zu *The Fifth Element* (vgl. Besson 1997) von Éric Serra experimentiert mit Ausflügen in die atonale Neue Musik (vgl. Schmidt 2010). Link (2016) zeichnet filmmusikalische Innovationen in Science-Fiction-Filmen nach, die von der Vertonung des Fremden und Bedrohlichen herrühren. Dazu gehören etwa auch Einflüsse der Minimal Music (vgl. Prox 1993; Link 2016).

Moormann (2020: 282) untersucht filmmusikalische Charakteristika und Unterschiede in verschiedenen Genres, wobei er anhand des Beispiels einer Standardsituation – in diesem Beispiel eine Verfolgungsjagd – sowohl genreübergreifende musikalische Muster nachweist als auch Genre-Spezifika herausarbeitet. Im Science-Fiction-Genre weist er auf die auffällige Häufigkeit elektronischer Instrumente hin als musikalischen Ausdruck des „Topos der Zukunft" (Moormann 2020: 282). Dennoch kommt Schmidt (2010) zu dem Schluss, dass musikalische Elemente wie neue Klänge (Theremin, Synthesizer) oder atonale Adaptionen, die eigentlich natürliche Ausdrücke von Science-Fiction-Scores sein müssten, schnell in Richtung Konvention verwässert wurden und in filmhistorischer Perspektive nicht mehr als marginale Elemente sind, die sich eben nicht durchgesetzt haben. Dies liege in erster Linie an der kommerziellen Natur von Science-Fiction-Filmen, die eine musikalische Avantgarde letztlich nicht zulässt.

Stranks (2021) oben erwähnte Formulierung der Differenzen und Ambivalenzen, die durch die Musik im Science-Fiction-Genre ausgedrückt werden, zeigt einen möglichen Ausweg aus dem scheinbaren Widerspruch zwischen konventionellem Score im spätromantischen Stil und den gezeigten avantgardistischen Stilexperimenten auf. Auch Scheurer (2008: 48) kommt zu dem Urteil, dass die Filmscores von Science-Fiction-Filmen letztlich aus dem Spannungsfeld zwischen Konvention und Innovation, zwischen dem Vertrauten und dem Anderen, zwischen Technisierung und Menschlichkeit genährt werden und dementsprechend beide Elemente beinhalten – je nach dramatischen Erfordernissen in unterschiedlichem Ausmaß:

> The music of science-fiction film [...] effectively and evocatively underscores this human-versus-science conflict. The music is a blend of the conventional post-Romantic idiom and post-Viennese School experiments of the last eighty years. It is Strauss meets Subotnick, Wagner meets Webern, and Borodin meets Birtwhistle. (Scheurer 2008: 49)

Scheurer leitet daraus zwei Typen von Titelmusik ab (engl. Main Title Music): Erstens den heroischen Typus, der sich etwa mit der*dem Protagonist*in identifiziert oder eine zukünftige Welt im Sinne des Sense of Wonder positiv konnotiert; dieser Typus bewegt sich üblicherweise innerhalb der romantizistischen Konventionen und verwendet etwa harmonische Fortschreitungen wie mediantische oder chromatische Rückungen, um einen Effekt des Staunens oder der magischen Konnotation zu bewirken. Der Main Title hat auch den Zweck, ein Wir-Gefühl zu vermitteln und damit ein Zusammengehörigkeitsgefühl im mythischen Sinne zu erzeugen (vgl. Cassirer 2010). Auch Lehman (2018) beschreibt die Bedeutung des Sense of Wonder für die filmmusikalische Kompositionstechnik primär aus harmonischer Perspektive:

> Pantriadic harmony aims to amaze us. [...] This 'sense of wonder' is [...] the response that all the [film] music [...] strives to evoke. [...] Film composers, of course, did not invent this association of musical material and affect. Pantriadicism was linked with an aesthetic of astonishment throughout the 'long' nineteenth century. The connection [...] is evident across the entire spectrum of Romantic compositional schools, styles, and forms. (Lehman 2018: 165)

Klangbeispiel 38: Alan Silvestri – *Back to the Future*, Main Title: URL: https://open.spotify.com/intl-de/track/1FI5hblwy9ZwyPg4Jr5hni?si=bdceb6a9718a4ff2 (vgl. Silvestri 1999).

Der Main Title zu *Back to the Future* (vgl. Zemeckis 1985) besticht durch eine Vielzahl typischer Main-Title-Marker und weist gleichzeitig innovative Variationen auf. Nach einem einstimmigen Intro (vgl. Silvestri 1999: 00'00"–00'26") erklingt das Hauptmotiv des Main Titles zweimal in tiefen Blechblasinstrumenten, begleitet durch wirbelnde Überleitungen und Kontrapunkte in Trompeten, Schlagwerk und Streichern, und kulminiert schließlich in einem von Streichern vorgetragenen Höhepunkt (vgl. ebd.: 00'26"–00'56"). Modulationen, Überleitungen und Tonartwechsel erschweren die Verortung eines eindeutigen Grundtons, dennoch ist der Grundgestus zu jeder Zeit strahlendes Dur. Nach einem Durchführungs-ähnlichen Mittelteil (vgl. ebd.: 00'56"–01'58") erfolgt die Reprise, deren Höhepunkt durch Trompeten weiter verstärkt wird (vgl. ebd.: 01'58"–02'53"), und schließlich die Coda (vgl. ebd.: 02'53"–03'30").

Notenbeispiel 11: Alan Silvestri – *Back to the Future*, Main Title (vereinfachter, stilisierter Ausschnitt) (Quelle: eigene Notation).

Silvestris Main Title zeigt einen innovativen Umgang mit den Konventionen: Der anfängliche abfallende Quintsprung von As zu Des wird mit dem folgenden G durch einen Tritonus erweitert und damit die heroisierende Wirkung durch einen weniger harmonischen Störeffekt aufgeweicht; gleichzeitig erweist sich die Des-Dur-Tonika als trügerisch, da die harmonische Fortschreitung schließlich zu As-Dur führt (T. 1–4), nur um kurze Zeit später durch die aufsteigenden Quintsprünge in den Trompeten schließlich bei Es-Dur anzukommen (T. 4–6). Dieses Spiel mit der Grundtonart wiederholt sich um eine Quarte noch oben transponiert – in der Wiederholung des gesamten Motivs (T. 7–12). Auch die anschließende Kulmination weist wiederum verschleiernde harmonische Trugschlüsse auf und endet schließlich über H-Dur und Des-Dur bei Es-Dur (T. 13–16; die Akkordbezeichnungen im Notenbeispiel sind in internationaler Schreibweise dargestellt). Das Thema hat so zwar typische Attribute wie punktierte Rhythmen, Quintsprünge, Triolen- und Duolen-Abwechslungen sowie Trompeten- und Hörner-dominierte Heldenmotive in Dur; gleichzeitig wirken Tonartwechsel, Modulationen und chromatische sowie Tritonus-Einflüsse auflockernd und versetzen in eine Dauer-Aufregung, die das Sujet des Films mit formt: Der Main Title lädt zu einer aufregenden Heldenreise ein, auf der bekanntes Territorium teils verlassen wird und Neues zu entdecken ist.

> **Klangbeispiel 39:** Hans Zimmer – *Man of Steel*, Main Title, URL: https://open.spotify.com/intl-de/track/2wPb6n8xwP7JltmvxsNPhf?si=03eef25030704c51 (vgl. Zimmer 2013).
>
> Hans Zimmers Filmmusik zu Zack Snyders filmischer *Superman*-Neuauflage (vgl. Snyder 2013) weist eine für das frühe 21. Jahrhundert typische motivisch-melodische Reduktion auf. Das als Main Title fungierende Hauptmotiv hat heroische Merkmale, allen voran punktierte aufsteigende Quarten (E–A und C–F) – zunächst im mit Filtern versehenen elektronischen Soundmix nur undeutlich in Pauken und elektronischem Bass (vgl. Zimmer 2013: 00'12"–00'56"). Das Motiv wandelt sich schließlich – deutlicher vernehmbar in Waldhörnern und Posaunen – zur aufsteigenden Quinte C–G über C-Dur (vgl. ebd.: 01'04"–01'46"), die zwar weiter variiert wird, jedoch das zentrale Intervall bleibt. Das Orchester ist eingebettet in eine elektronische Klangatmosphäre von Synthesizer-Soundpads, aus der sich das Motiv langsam herausentwickelt (vgl. ebd.: 00'00"–01'04"). Die musikalische Konzeption erinnert an Williams' Score zu *Superman*, aber auch an Wagners *Rheingold*-Vorspiel: Aus einer mythischen Ursuppe wird langsam ein musikalisches Motiv geboren, das dadurch zeitlos-universalen Charakter gewinnt. So auch beim Main Title von *Man of Steel*: Superman wird durch die Musik als universeller Heros dargestellt, als ultimative Heldengestalt aus einer fremden Welt, die die Erlösung für die Menschheit bringen wird.

Der zweite Main-Titel-Typus ist derjenige, der das Andere, Fremde oder die Bedrohung beispielsweise durch das Alien thematisiert: Nach Scheurer (2008) ist diese Musik des Anderen stilistisch deutlich vielfältiger und kann Elemente von Neuer Musik, atonaler Musik und ungewöhnlichen Klängen aus anderen Kulturkreisen außerhalb des Globalen Nordens beinhalten, wobei das dominante Element die (atonale) Dissonanz ist, die auf die zweite Wiener Schule um Arnold Schönberg zurückgeht. Die ästhetische Vorprägung einer empfundenen Dissonanz ist dabei nicht nur durch Hörkonventionen der Popmusik, sondern auch durch klassisch-romantische Idiome bedingt (siehe auch Kapitel 2.6.5):

So accustomed are we to the soothing and unmarked qualities of consonant harmonies in our pop music, the presence of predominantly dissonant music creates at best a sense of unease and at worst a totally unsettling and, well, alienating feeling. (Scheurer 2008: 52)

Gerade die Darstellung des Andersartigen, etwa in Form eines Aliens oder gezüchteten Monsters, verbinden die Scores des Science-Fiction- und des Horror-Genres: „Es sind vor allem die Konzepte von Differenz und Ambivalenz, die Musik im Science-Fiction-Film einerseits auszeichnen und andererseits mit dem Genre des Horror verbinden" (Strank 2021: 25). Das Beunruhigende, Neu- oder Andersartige im Science-Fiction-Film wird durch seit den 1950er-Jahren etablierte musikalische Codes (*Topics*) ausgedrückt, die etwa flirrende, unruhige Streicher, extreme Hoch- oder Niedrigfrequenzen, dröhnende Bläsereinsätze mit kleinen Sekund- oder Tritonus-Intervallen, kontrapunktisch eingesetzte Holzblasinstrumente, ungewöhnliche Klangfarben wie diejenigen von Synthesizer oder Glockenspiel und mediantische Akkordfolgen sowie Tritonus- und kleine Sekund-Intervalle beinhalten können. Karlin und Wright (2004) und Lehman (2018) nennen auch den lydischen Modus als typisch für Vertonungen des Fremden in Science-Fiction-Filmen, aber eher im Sinne einer Bedeutung des Sense of Wonder. Auch wird die Ganztonskala als musikalischer Topic zum Ausdruck des Verträumten, Magischen oder Fremden verwendet – eine Tradition, die bis zu Rimskij-Korsakovs Oper *Sadko* zurückverfolgt werden kann (vgl. Lehman 2018: 52). Im Science-Fiction-Genre haben sich damit sowohl atonal geprägte Motive als auch modale Skalen sowie ein ungewöhnlicher, zum Beispiel elektronischer Sound als kodierte Merkmale des Otherings etabliert (vgl. Scheurer 2008: 60).

Klangbeispiel 40: Jerry Goldsmith – *Alien*, Main Title, URL: https://open.spotify.com/intl-de/track/4Rhue1CTPr3n1P3Zs0jPwU?si=28149165bf154214 (vgl. Goldsmith 2007).

Eine ganz andere emotionale Wirkung als bei *Star Trek: First Contact* (siehe Klangbeispiel 30) erzeugt Jerry Goldsmith im ikonischen Main Title zum Science-Fiction-Horror-Klassiker *Alien* (vgl. Scott 1979). Auch hier trifft die Menschheit – vertreten durch eine Raumschiff-Crew – erstmals auf ein Exemplar Außerirdischer. Wie diese Begegnung jedoch endet, ist bereits in Goldsmiths Main Title angelegt. Eingeleitet durch eine tonal nicht zuzuordnende Klangfläche (vgl. Goldsmith 2007: 00'00"–00'16"), erklingt kein heroisches Heldenmotiv, sondern eine Palette aus dem Instrumentarium des musikalischen Otherings: aufsteigende Streicher-Glissandi ohne festen tonalen Bezugspunkt (vgl. ebd.: 00'15"–00'18"), chromatisch absteigende Celesta-Klänge (vgl. ebd.: 00'21"–00'31") und schließlich die traurige Karikatur einer Heldenfanfare (vgl. ebd.: 00'34"–00'59"; 02'01"–02'25"): Eine einsame, zurückhaltende Trompete spielt über dem Bordun C eine durch das Tritonus-Intervall geprägte Tonfolge Ais-e-a, nach dem chromatischen Abstieg über gis und g landet die Melodie schließlich beim Tritonus fis. Deutlich bedrohlicher schwellen schließlich chromatisch erweiterte Hornrufe an (vgl. ebd.: 01'13"–01'44"). Auch pulsierende Schläge über tiefen Basstönen mit kleinen Sekund-Tremoli verdeutlichen die Gefahr; darüber erklingen mysteriöse Pendelmotive in Holzblasinstrumenten und Streichern in hoher Lage (vgl. ebd.: 02'44"–04'12"). Der Main Title ist eine düstere Vorahnung auf die kommenden

Geschehnisse, ohne bereits zu große Schockeffekte vorausnehmen zu müssen; die Andeutung genügt, um eine schaurige und spannungsgeladene Atmosphäre zu erzeugen.

Klangbeispiel 41: Tom Holkenborg – *Mad Max: Fury Road*, Intro, URL: https://open.spotify.com/intl-de/track/2swNqOr0IIINPHTdQZ2UGT?si=9bd989b89ef140bf (vgl. Junkie XL 2015).

Tom Holkenborg, der auch unter seinem Künstlernamen Junkie XL bekannt ist, entwickelt in seinem Score zum Endzeitfilm *Mad Max: Fury Road* (vgl. Miller 2015) die musikalischen Mittel zum Ausdruck des Bedrohlichen und Fremden weiter. Während im Intro eine bis drei Tonwiederholungen in Kontrabässen ohne tonale Zuordnung das prägnanteste musikalische Motiv darstellen (vgl. Junkie XL 2015: 00′08″–00′13″; 00′37″; 01′13″–01′28″), besteht der Track primär aus (elektronischen) Soundlandschaften, die ein postapokalyptisches Ambiente erzeugen: etwa mikrotonal mäandernde Streicherfiguren (vgl. ebd.: 00′00″–00′23″), dumpfe Donnerschläge (vgl. ebd.: 00′25″–00′28″; 00′51″–00′54″; 01′01″–01′08″), extrem hoch- und tieffrequente Klangflächen (vgl. ebd.: 00′43″–01′05″) und menschenähnliche Stimmen (vgl. ebd.: 00′29″–01′02″). Die orchestralen Elemente sind nur noch Spuren in der inhumanen, atonalen Soundlandschaft. Der Score setzt damit das filmische Setting und symbolisiert den Untergang menschlicher Kultur und menschlichen Miteinanders; zurück bleibt eine große Leere des endzeitlichen Wahnsinns, in der Humanität keinen Platz mehr hat: Nicht die Zivilisation, sondern das nackte Überleben ist die Maxime des filmischen Settings.

Xalabarder (2013: 89) beschreibt die Musikalisierung einer Bedrohung als *Counter-Theme*, das in bewusster Opposition zum Main Theme steht und so den Konflikt zwischen beiden filmischen Topoi weiter erhöht. Eine andere, aber damit verwandte Dichotomie arbeitet Buhler (2000) in seiner Analyse des Soundtracks von *Star Wars* (vgl. Lucas 1977) heraus: nämlich die zwischen dem naturalistischen, mythischen Musikscore von John Williams, der für die Mythisierung des Filmnarrativs, etwa der alles durchdringenden Macht (engl. *Force*), sowie für die Protagonist*innen der guten Seite steht. Dem diametral gegenübergestellt sind die Soundeffekte: Diese verkörpern Technologie, Gewalt, Roboter, aber auch die dunkle Seite um den Filmbösewicht Darth Vader, dessen charakteristischer Atem-Sound ikonisch geworden ist. Hier klingt das mythische Weltbild nach Lévi-Strauss an, das mit der grundlegenden Bildung von Dichotomien arbeitet, die zwar Gegensatzpaare bilden, aber dennoch Teile eines verbundenen Ganzen darstellen (vgl. Lévi-Strauss 1962/2022: 109–114).

Klangbeispiel 42: Steve Jablonsky – *Transformers*, Autobots, URL: https://open.spotify.com/intl-de/track/1hQMzVXdoDZXcO16GOhWc5?si=c6acbedc568b47e9 (vgl. Jablonsky 2007a).

In Steve Jablonskys Score zum Science-Fiction-Actionfilm *Transformers* (vgl. Bay 2007) stehen sich zwei zentrale musikalische Leitmotive gegenüber: Das Autobots-Thema dient als heroischer Main Title zur Charakterisierung der wohlwollend gesinnten Roboter, die sich mit der Menschheit verbünden. Das getragen-elegische Thema ist durch Akkordfolgen mit klarem tonalem Zentrum und eine traditionelle Blechbläser-Hymne mit melodischer Entwicklung gekennzeichnet (vgl. Jablonsky 2007a: 00′19″–01′00″), die durch einen von Streichern und Chor getragenen Durchführungsteil ergänzt wird (vgl. ebd.: 01′00″–02′21″).

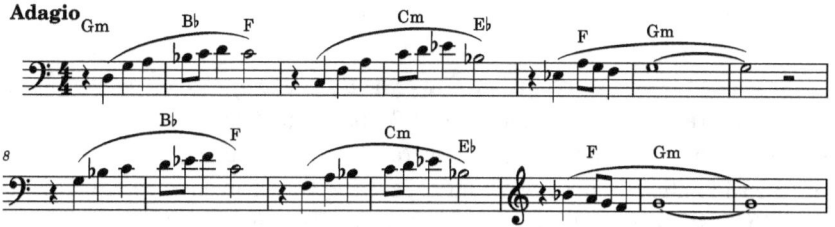

Notenbeispiel 12: Steve Jablonsky – *Transformers*, Autobots (vereinfachter, stilisierter Ausschnitt) (Quelle: eigene Notation).

Das Autobots-Thema ist durch den deutlichen tonalen Bezugspunkt g-Moll gekennzeichnet. Das Hornmotiv ist dabei dreiteilig: Zwei aufsteigende Melodiebögen werden durch eine absteigende Rückführung zur ersten Mollstufe beantwortet (T. 1–7; 8–14). Dadurch ergibt sich interessanterweise ein siebentaktiges Schema. Trotz dieser Auffälligkeit und der teils elektronischen Drum-Begleitung ist das Thema orchestral geprägt; es verweist auf die heroische Main-Title-Konvention und damit auf positiv konnotierte, mythische Sujets wie Gemeinschaft und Zusammenhalt, Moral und Heldenmut. Der Main Title transformiert die riesigen, mechanischen Roboter in gutmeinende, treue Freund*innen und schicksalhafte Verbündete der Menschen; gleichzeitig stellt es in den zahlreichen filmischen Materialschlachten und mechanistischen Action-Szenen einen emotionalen Bezugspunkt dar, der die filmische Story zusammenhält.

Klangbeispiel 43: Steve Jablonsky – *Transformers*, Decepticons, URL: https://open.spotify.com/intl-de/track/3Lt5817WbIBT9Dp3Kv4J9r?si=c173de4060864997 (vgl. Jablonsky 2007b).

Im deutlichen Kontrast dazu steht das Counter-Theme, das die antagonistischen Roboter kennzeichnet, die den Menschen den Kampf ansagen. Das Thema ist geprägt durch einen elektronischen tiefen (Sub-)Bass mit dem Grundton D, der im Dreivierteltakt pulsiert und durch Distortion-Effekte, perkussive Elemente und einen Bass-Chor ergänzt wird. Darüber türmen sich Chöre, Streicher und Synthesizer mit abfallenden Terz-Motiven auf (vgl. Jablonsky 2007b: 00'00"–02'13"). Es gibt keine melodische Themenentwicklung und kaum harmonische Fortschreitungen, dagegen reißen rhythmische Ver- und Überlagerungen und E-Gitarren-Motive das Thema weiter auseinander (vgl. ebd.: 02'13"–03'51"). Der Anteil elektronischer Sounds ist hier deutlich dominanter und hinterlässt ein Gefühl des Unbehagens. Die Decepticons werden durch dieses musikalische Othering als inhuman, fremd und feindlich charakterisiert.

Das kontrastierende Charakterisieren des Anderen als Bedrohung durch den Science-Fiction-Score muss nicht die Regel sein. Die berühmt gewordene Vertonung einer Alien-Jazz-Band in *Star Wars* (vgl. Lucas 1977) zeigt, dass auch eine diegetische Filmmusik gefordert sein kann, die teils fremdartige und ungewohnte Klänge hörbar macht – doch muss dies eher als ein exotistischer Farbtupfer und die Ausnahme von der Regel angesehen werden. Das Beispiel der Cantina Band zeigt jedoch, dass auch der Song im Science-Fiction-Genre eine Rolle spielen kann. Ein prägendes jüngeres Beispiel dafür ist das ebenfalls im MCU angesiedelte *Guardians of the Galaxy* (vgl. Gunn 2014), das eine Vielzahl klassischer Rocksongs in ikonischen Filmszenen verwendet (und dennoch nicht auf einen romantizistischen Score von Tyler Bates verzichtet).

Erst seit den 1980er-Jahren haben Filme wie *E.T. the Extra-Terrestrial* (vgl. Spielberg 1982, Score von John Williams) oder *Contact* (vgl. Zemeckis 1997, Score von Alan Silvestri) dem Fremden einen positiveren Anstrich versehen, wodurch die musikalischen Stilmittel, die das Andere ausdrücken, wieder konventioneller wurden – also im Sinne eines romantizistisch geprägten Stils. Scheurer (2008: 57) nennt etwa das Beispiel der blinkenden Sterne, die in Science-Fiction-Scores regelmäßig durch ein Glockenspiel, Chimes oder ähnliche Percussion-Sounds vertont werden – in vertrauten tonalen Bahnen spätromantischer Prägung.

> **Videobeispiel 17:** Jóhann Jóhannson – *Arrival*, First Encounter, URL: https://youtu.be/mBA QIhMMgjQ (vgl. Scene City 2022).
>
> Jóhann Jóhannssons Score zum Science-Fiction-Film *Arrival* (vgl. Villeneuve 2016) ist konzeptionell dicht mit dem Sounddesign verknüpft: durch die enge Integration zu einem dramaturgisch kohärenten Soundtrack wird eine intensive und immersive Atmosphäre erzeugt. Der vorliegende Filmausschnitt zeigt eine Sequenz von den Vorbereitungen des wissenschaftlichen Expert*innenteams bis zur ersten Begegnung der Linguistin Dr. Louise Banks mit den fremden Wesen. Schon der tiefe Bordun zu Beginn der Sequenz könnte als Sound des Alien-Raumschiffs identifiziert werden – oder Teil eines extradiegetischen Scores sein (vgl. Scene City 2022: 00'53"–01'37"). Die daraus emporwachsenden Stimmen-ähnlichen Klänge sind tonal zuzuordnen (Oberquart und -quint) und musikalisch-dramaturgisch gesehen eine Vorahnung der eigentlichen Begegnung (vgl. ebd.: 01'37"–02'10"; 02'53"–03'09"). Das eigentliche Begegnungsmotiv setzt mit der Ankunft des menschlichen Teams in der Alien-Dimension im fremdartigen Raumschiff ein und wird von einem klopfenden Pizzicato in C eingeleitet (vgl. ebd.: 07'01"–07'22"). Mit mächtigen, motivisch schwer einzuordnenden Bläserklängen werden die Aliens musikalisch charakterisiert (vgl. ebd.: 07'22"–07'34"; 07'43"–07'55"; 09'19"–09'31"): Diese rütteln zwar an den Grenzen der Tonalität, gleichzeitig aber erinnern sie an die Klangkathedralen aus Anton Bruckners Sinfonien (vgl. Bruckner 1997: 25'17"–25'45"; siehe auch Klangbeispiel 3). Jóhannssons Score spielt mit der Konvention des negativen Otherings und den Erwartungen, dass ein Schockeffekt einsetzen könnte. Dieser bleibt jedoch aus; stattdessen erklingt eine originelle Musik- und Soundlandschaft, die neue semantische Felder auslotet und durch ein behutsames Changieren raffiniert zwischen Andeutungen von Bedrohung und Gefahr einerseits sowie einer humanen, wohlgesinnten Neugier andererseits pendelt (vgl. auch Lederer 2022: 189–199).

An die Stelle von (lebenden) Aliens als Subjekte des musikalischen Otherings rücken seit den 1980er-Jahren zunehmend Maschinen: seien es Roboter oder Androiden (etwa in *The Terminator*, vgl. Cameron 1984), andere, durch die Menschen erschaffene Maschinen (etwa in *The Matrix*, vgl. Wachowski/Wachowski 1999) oder Künstliche Intelligenzen (etwa in *Alien: Covenant*, vgl. Scott 2017) (vgl. auch Deleon 2010).

Die durch Genrekonventionen verfestigte Dichotomie zwischen dem Vertrauten, ‚Unsrigen‘, das in der Regel mit romantizistischer Stilistik vertont wird, und dem Fremden, Anderen, das sich durch einen – sowohl aus popkultureller als auch romantizistischer Perspektive – dissonanteren oder zumindest fremdartigen

Stil auszeichnet, kann als Fortführung des in der Romantik geprägten Exotismus mit anderen Mitteln verstanden werden. Der Graben zwischen *denen* und *uns*, zwischen Alien, Maschine oder KI einerseits und Mensch andererseits oder zwischen Bedrohung und Heimat wird musikalisch verfestigt. Das wird auch darin deutlich, dass als fremd empfundene Klänge, Motive oder Intervalle letztendlich ein Element der Koloratur, der musikalischen Würze bleiben und der Score in aller Regel im Film-Finale nach dem heroischen Sieg über das Andere, von außen Bedrohende zum vertrauten romantizistischen Stil zurückkehrt.

> The final images of the films [der *Star-Wars*-Reihe; Anm. d. Verf.] celebrate the heroic and triumph of good, and, as in the case of the Return of the Jedi, the celebration of the natural world. Similarly, the older films, especially War of the Worlds and Them, feature closing themes which use bells to suggest the triumph of higher powers or at least some sort of religiously based moral system and an accompanying heroic theme scored for brass and strings. Thus, the films' final musical statements reaffirm the social order: tonal music dominates, things are back to normal and it is not ‚the end of the world as we know it'. (Scheurer 2008: 65)

Abgeleitet vom romantischen Utopiegedanken kann hier jedoch auch eine andere Dichotomie konstruiert werden: ein musikalischer Utopie-Dystopie-Dualismus. Wenn der Main Title (des ersten, heroischen Typus) des Science-Fiction-Films und die musikalische Verkörperung der*des Held*in ein positives Gefühl erzeugt, dann liegt das im Sinne des utopischen Konzepts nicht nur an der Vertrautheit des Stils, sondern am utopischen Potenzial der transzendenten, leitmotivisch geprägten Orchestermusik im Stil des späten 19. und frühen 20. Jahrhunderts. Der romantizistische Teil des Scores hat in dieser Argumentation nicht primär die Aufgabe, Vertrautheit zu schaffen oder ein Wir-Gefühl zu erzeugen, sondern er erschafft eine konkrete Utopie. Der Main Title drückt demnach aus, wie die Welt sich zum Positiven entwickeln könnte, er erweckt unsere Sehnsüchte nach und Träume von einer idealen oder zumindest positiveren Zukunft. Dem diametral gegenüber steht der exotisierende Teil des Scores, der vermeintlich das Fremde ausdrückt: Hier wird in Kontrast zur Utopie des Main Titles die Dystopie vertont, die den dunklen Ängsten und Befürchtungen vor dem nahenden Weltuntergang freien Lauf lässt. Gemäß der Ästhetik des Erhabenen kehrt der Score nach dem Eintauchen in die schreckliche und von Angst besetzte dunkle Seite zurück zum positiven Wir-Gefühl des heroischen Main Titles, analog dazu siegt der Mensch in der filmischen Narration über das Fremde. Zuletzt hat diese stark dichotomische Ausprägung auch ein mythisches Element: Im mythischen Weltbild nach Lévi-Strauss sind Gegensatzpaare (die dennoch nur Teile eines höheren Ganzen sind) grundlegendes Struktur- und Unterscheidungsmerkmal (vgl. Lévi-Strauss 1962/2022: 109–114). Wie Scheurers angeführtes Beispiel als auch die Untersuchungen zum Fantasy-Score zeigen, kommt dieses dichotomisch angelegte Konzept nicht nur im Science-Fiction-Score vor, sondern scheint – bei aller Vorsicht – auch ein wichtiges Scoring-Prinzip anderer Fiktive-Welten-Genres zu sein. Diese Hypothese wird in der folgenden Musikanalyse noch weiter überprüft werden (vgl. Bloch 1971; Schwinning 2019).

Kaum zusammenfassend untersucht sind bisher die historischen Entwicklungen im Science-Fiction-Score nach 2010 (vgl. Strank 2021). Dennoch gibt es Hinweise, dass in jüngeren Science-Fiction-Medien die bewusste, kompositorische Verwebung von Musik und Sounddesign zunimmt und der Sound als ein eigener musikalischer Charakter verwendet wird (vgl. Lederer 2022: 191). Strank (2021) beobachtet eine weitere wichtige Entwicklung aus narrativ-konzeptueller Sicht: Er konstatiert einen „human turn" (Strank 2021: 25) in der filmischen Entwicklung von Science-Fiction, durch den „der Mensch selbst als das Andere dargestellt wird" (ebd.). Im übertragenen Sinne ist dies die Umkehrung des traditionellen Exotismus: Die eindeutige Zuordnung und Betonung von Eigenem und Fremdem wird bewusst in ihr Gegenteil verkehrt, die territorialisierende Trennung von *Wir* (Vertrautheit, Gemeinschaft, Ursprung, Kontinuität, Zusammenhalt) und *Die* (Fremdheit, Bedrohung, Bösartigkeit, Unbekanntes, Disruption) wird aufgehoben.

Videobeispiel 18: Ludwig Göransson – *Black Panther*, Szene „T'Challa Arrives in Wakanda", URL: https://youtu.be/WK_yQD_s8f8 (vgl. Screen Master 2020).

Der Filmausschnitt aus *Black Panther* (vgl. Coogler 2018) zeigt den Flug der Protagonist*innen nach Wakanda, eine mit futuristischer Technologie ausgestattete, verborgene Metropole im Herzen Afrikas. Der weitgehend orchestrale Score von Ludwig Göransson wird von einem Intro mit einem traditionellen senegalesischen Gesang eingeleitet, begleitet von westafrikanischen Talking Drums sowie orchestralen Liegetönen (vgl. Screen Master 2020: 00'00"–01'01"). Die sich in ihrer Intensität immer weiter steigernden Talking Drums werden vom orchestral geprägten Main Title überblendet und weitgehend verdrängt. Dieser ist geprägt durch ein prägnantes rhythmisches Pattern aus Achteltriolen, dessen triolischer Fluss durch drei markante Sechzehntel um den vierten Schlag jedes 4/4-Taktes aufgebrochen wird (vgl. ebd.: 01'01"–01'18"). Das Motiv entfaltet sich in einer strahlenden, von Blechblasinstrumenten dominierten Heldenfanfare, deren Kadenz unvollendet bleibt und von Vorhalten und triadischer Chromatik geprägt ist (vgl. ebd.: 01'18"–01'34"). Das prägnante rhythmische Pattern erzeugt einen exotisierenden Reiz, der in ein der Main-Title-Konvention entsprechendes Orchestergewebe eingebunden wird. Dadurch ergibt sich eine positiv geprägte Ausformung eines utopischen Exotismus, der das Andere, das Fremde, als idyllisches, heroisierendes Idealbild darstellt. Das Wakanda-Motiv zielt nicht nur auf ein positives Gemeinschaftsgefühl, sondern auch auf eine emotional aufgeladene Überwältigung der*des Rezipient*innen, ähnlich dem Wagnerschen Prinzip des Gesamtkunstwerks. Die zentrale poetische Idee ist hier die idealisierende Überhöhung einer fortschrittlichen Nation mit großer Vergangenheit als auch Zukunft: Das rhythmische Pattern steht für die idealisierte Herkunft afrikanischer indigener Völker, das orchestrale Heldenthema drückt Verheißung und glorreiche Zukunft aus, die jedoch unvollkommen bleibt. Wakanda wird als Idealbild einer Vergangenheits- wie Zukunftsutopie dargestellt, die durch Kontinuität gekennzeichnet ist. Dadurch wird eine filmische Glaubwürdigkeit geschaffen, die sich in der Musik durch verbindende Elemente aus folkloristischen Elementen und konventioneller orchestraler Filmmusik niederschlägt. Der Main Title verspricht die (nicht vollendete) Erlösung der Menschen und des Planeten – oder eher die Sehnsucht danach – durch ein gutes, Natur und Technologie verbindendes Reich aus dem Herzen Afrikas, der Wiege der Menschheit. Wakanda erscheint so als mythischer Ort eskapistischer Fantasien und wird in eine semantische Reihe mit anderen mythischen Orten wie Atlantis oder Thule gestellt. Der mythische Raum der MCU-Filmreihe wird hier um einen weiteren Aspekt bereichert, ohne die Genrekonventionen des Superheldenfilms zu brechen.

Der *Human Turn* zeigt Auswirkungen auf die neuere filmmusikalische Entwicklung im Science-Fiction-Genre. Hans Zimmers und Benjamin Wallfischs Score zu *Blade Runner 2049* (vgl. Villeneuve 2017) ist nur in Teilen eine Reminiszenz an Vangelis' Soundtrack des ersten Teils aus dem Jahr 1982. Der Soundtrack verwandelt die Musik- und Soundebene in eine dystopische, fremdartige Landschaft voller beunruhigender und abstoßender, teils faszinierender und berührender Tongemälde, in denen das Menschliche nicht mehr unbedingt identisch mit der Spezies Mensch sein muss. Diese Entwicklung setzt sich in jüngeren Science-Fiction-Scores weiter fort. Ludwig Göranssons Score für Disneys Science-Fiction-Serie *The Mandalorian* (vgl. Favreau 2019–2023) zeigt auch Reminiszenzen an Italo-Western-Filmmusiken und vereint eine ungewöhnliche Instrumentation, einen vorantreibenden Rhythmus und ein orchestrales heroisches Thema scheinbar mühelos, wodurch das Fremde gleichsam mit dem Vertrauten verschmilzt.

Noch konsequenter ist der Human Turn in Denis Villeneuves Neuverfilmung des Science-Fiction-Klassikers *Dune* (vgl. Villeneuve 2021) umgesetzt. Hans Zimmers Score ist nicht nur eine Weiterentwicklung der Tendenz, Musik und Sound zu verweben und zu einer konzeptuell kohärenten, dieselbe Sprache sprechenden Dimension zu verknüpfen. So sind zentrale „Themen" charakteristische Sounds und besitzen kaum noch herkömmliche Merkmale eines musikalischen Motivs (außer der Eigenschaft, im Sinne der Musique concrète als explizit musikalisch-kompositorisches Element verwendet worden zu sein). Auffällig ist die Konsequenz des umgekehrten Otherings, die der Filmscore deutlicher als die narrative Erzählung des Films durchexerziert: Die Musik ist beinahe gänzlich aus der Perspektive der Fremen erzählt, des nur auf den ersten Blick fremden Wüstenvolks des geheimnisvollen Planeten Arrakis. Die Fremen haben eindeutige kulturelle Reminiszenzen an nordafrikanische, orientalische und vorderasiatische Kulturen, die sich als Ziel eines musikalischen Exotismus eignen würden. Das Gegenteil etabliert der Score: Hier wird der Human Turn so angewandt, dass die (westlich konnotierten) Protagonist*innen des Films – das Haus Atreides und seine Mitglieder – durchgängig als die Fremden markiert werden. Das geschieht durch die konsequente Beibehaltung der Perspektive der Fremen, wodurch die Hauptfiguren des Films keine Heilsbringer abendländischer Herkunft mit empfundener Überlegenheit mehr sind, die das barbarische Wüstenvolk mit ihrer Kultur beglücken, sondern sie werden in der Perspektive des Scores (und damit des Films) zu unerwünschten und fremdartigen Eindringlingen, die sich nicht anpassen können – und deswegen untergehen. Der eurozentristische Exotismus romantizistischer Prägung wird hier in sein Gegenteil verkehrt (wodurch die konzeptuelle Herkunft dennoch erkennbar bleibt).

> **Videobeispiel 19:** Hans Zimmer – *Dune*, Marsch der Atreides, URL: https://youtu.be/Oi3na4qTW1o (vgl. Dune 2021 2022).
>
> Das musikalische Thema des Hauses Atreides in der Science-Fiction-Romanverfilmung *Dune* (vgl. Villeneuve 2021) ist kein heroischer Main Title und auch kein Counter-Theme, sondern spielt im Film eine untergeordnete Rolle. Das Thema wird von einem getragenen Paukenrhythmus und einer Dudelsack-Melodie beherrscht, die fremdartig und verzerrt wirkt (vgl. Dune 2021 2022: 00'20"–01' 26"). Es gibt keine orchestrale Begleitung und keine Blechbläser-Fanfaren, stattdessen einen rohen, martialischen Gewaltmarsch, der wie die brutale Karikatur eines Heldenthemas klingt. Der langsame Rhythmus des Themas wirkt wie ein Totenzug, der den Untergang des Hauses vorwegnimmt. Wir hören den Atreides-Marsch, der den Stolz des Hauses charakterisieren soll, mit den Ohren der Wüstenbewohner*innen: als laute, bedrohliche Militärmusik feindlicher Invasor*innen. Hier wird bewusst mit dem romantizistischen Idiom eines heroisierenden Main Titles gespielt und dieses umgedreht: Die Atreides, die die Protagonist*innen des Films darstellen, werden zu Fremden, zu unerwünschten Eindringlingen auf dem Heimatplaneten der Fremen Arrakis charakterisiert. Ihre Ankunft bedeutet nicht Heldenmut und Ruhm, sondern Krieg und Tod.

3.5.3 Gemeinsamkeiten und Unterschiede fiktiver Welten

Die Charakterisierung typischer musikalischer Genre-Konventionen in den Fiktive-Welten-Genres hat gezeigt, dass hier viele Übereinstimmungen existieren, die über die einzelnen Genregrenzen hinausgehen (siehe Abbildung 2). So wird in der Forschung mehrheitlich die Funktion, der Stil und die Bedeutung des Main Titles herausgearbeitet, der besonders stark von einem romantizistischen Stil gekennzeichnet ist. Dabei zeigen gerade der Fantasy- und der Superhelden-Score eine deutliche Dominanz des heroisch-traditionellen Main Titles, der als prägendes Leitmotiv im filmischen Verlauf eine immer wiederkehrende und wichtige Rolle spielt. In der Science-Fiction kann der Main Title sowohl funktional (als Marker des Fremden) als auch stilistisch (mit Einflüssen der Neuen Musik, der elektronischen Musik, des Sounddesigns oder anderen Einflüssen) öfter davon abweichen und zeigt sich hier weniger ‚festgefahren'. Dagegen scheint die Verwendung von kompilierter Musik oder Pop- und Rock-Songs deutlich beschränkter zu sein und ist auf gelegentliche Verwendung als Main Title oder in einzelnen Szenen begrenzt. Der Song tritt – in allen fiktiven Welten – als ergänzendes Element auf, das gerade im Fantasy-Genre eine bewusste Brücke in die Jetztzeit schlagen kann, aber niemals grundlegend einen musikalischen Score ersetzt und somit in dramaturgischen Funktionen eine untergeordnete Rolle spielt.

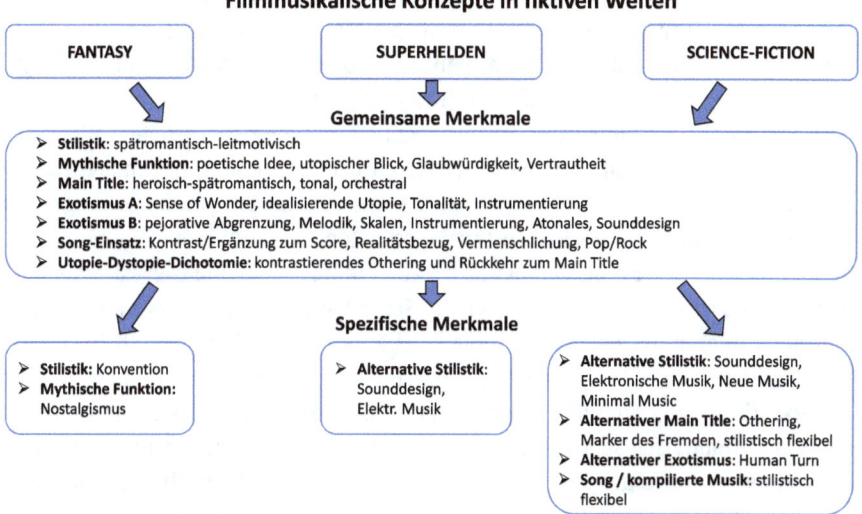

Abbildung 2: Filmmusikalische Konzepte in fiktiven Welten (Quelle: eigene Darstellung).

Die Parallelen des musikalischen Exotismus sowohl im Science-Fiction- als auch Fantasy-Genre werden hier deutlich: Beide Varianten des Otherings haben sich derart herausgebildet und innerhalb ihrer jeweiligen Genre-Grenzen konventionalisiert, dass musikalische Exotismen als Marker des Fremden verstanden werden. Sei es als bedrohliches Alien oder orientalische*r Antagonist*in: Die musikalische Realisierung dieses Exotismus ist bis in jüngere Beispiele des 21. Jahrhunderts hinein darauf bedacht, das Andere, Äußere von dem Eigenen, Inneren auch im kulturellen oder moralischen Sinne ab- oder auszugrenzen. Zudem zeigen verschiedene Beispiele, dass diese Exotismen zwar begrenzte Innovationen zulassen, aber letztlich durch die Genrekonventionen nur innerhalb eines musikalischen Ausflugs geduldet werden, und das Eigene – repräsentiert durch eurozentristische Topoi – sich durch eine Rückkehr zum musikalisch Vertrauten, das in der Regel von romantizistischer Ästhetik gekennzeichnet ist, am Ende durchsetzen muss. Diese Dualität kann auch durch eine Utopie-Dystopie-Dichotomie erklärt werden, in der die höchsten Wünsche und Sehnsüchte und die tiefsten Abgründe und Ängste sich musikalisch bewusst gegenüberstehen. Dennoch muss der Exotismus nicht mit dem Bedrohlichen konnotiert sein, wie das Fantasy-Genre zeigt: Im Sinne eines Sense of Wonder kann er auch das Märchenhaft-Wunderliche zum Ausdruck bringen. Dennoch wird hier deutlich, dass der romantizistische Score sowohl Topoi des mythischen Denkens wie Gemeinschaft, Glaubwürdigkeit und Sinngebung ausfüllen kann als auch solche des Utopiegedankens.

Auch die mythisierende Funktion von Film- und Serienscores im Fantasy-Genre ist verdeutlicht worden und erfüllt die Maxime der Schaffung von Glaubwürdigkeit, der Verdichtung einer scheinbar unlogischen, von Magie durchdrungenen Erzählung zum medialen Mythos. Interessanterweise lässt sich diese Funktion auch in Superheldenfilmen und Science-Fiction-Erzählungen feststellen: Hier wurden und werden ebenfalls bevorzugt leitmotivische Kompositionstechniken zur Erfüllung des medialen Mythos eingesetzt, Bezüge und Zusammenhänge hergestellt und letztlich narrative Realitäten (mit-)erschaffen, die mythische Bezüge haben. Und andersherum sind im Fantasy-Score auch utopische Tendenzen zu erkennen: Der romantizistische, meist leitmotivische Score kann potenziell sowohl einen Mythos konstruieren als auch eine Utopie erschaffen, er schafft Vertrautheit und ein Wir-Gefühl ebenso, wie er von einem besseren Morgen träumt.

Stilistisch zeigt sich das Science-Fiction-Genre am flexibelsten, auch wenn hier der leitmotivisch-spätromantische Score die größte Prägung hinterlassen hat. Auch sonst ist auffällig, dass das Science-Fiction-Genre die größten filmmusikalisch-konzeptuellen Abweichungen aufweist und nicht nur stärkere stilistische Alternativen, sondern auch – in der Konstruktion des Main Titles, im Einsatz von kompilierter Musik und des Exotismus – stärkere Flexibilität vorweist. Der Score des Superhelden-Subgenres scheint zwischen Fantasy und Science-Fiction zu stehen: Er zeigt zwar eine stärkere Öffnung für stilistische Alternativen und Sounddesign-Einflüsse, aber weist nicht die Flexibilität des Science-Fiction-Genres auf. Diese verdichteten (und notwendigerweise) vereinfachten konzeptuellen Haupttendenzen werden im empirischen Teil kritisch überprüft werden.

3.6 Musik in Serialisierungen

Den Forschungsgegenstand dieses Textes bildet nicht allein der Kinofilm, sondern bilden auch narrative Serienformate. Diese wurden in der Forschungsliteratur bisher vernachlässigt; bereits der Terminus Filmmusik – der erst in jüngsten Forschungsbeiträgen teils durch den Begriff Moving Pictures Music, teils durch den Begriff Bewegtbildmusik ersetzt wird – zeigt diese grundlegende Problematik auf. Deswegen sind zuletzt sowohl die Begrifflichkeiten als auch die Gegenstände *Film* und *Filmmusik* in der Forschung in die Kritik geraten. Heldt (2016: 98) weist zurecht darauf hin, dass der Fokus der Filmmusikforschung in der Vergangenheit zu sehr auf den Standardtypus des etwa zweistündigen, narrativen Kinofilms gelegt wurde. Die musikalischen Spezifika von TV-Filmen, Dokumentationen, Programmtrailern und Fernsehserien sind verglichen damit nur unzureichend erforscht; ganz zu schweigen von weiteren Entwicklungen wie Online-Werbespots, Production Music Libraries, narrative Serien von Streaming-Plattformen oder der gesamte Bereich der audiovisuellen Videogames. Insofern sind jegliche Theorien zur Filmmusik daraufhin zu überprüfen, ob sie auf diese oder weitere Formate überhaupt übertragbar sind. Diese Forderung wird angesichts der medialen Entwicklungen zunehmend dringlicher: „Digital technology drags film out of its former home in the cinema and transforms it into a dataset fit for an increasingly diverse multi-platform media world" (Heldt 2016: 98).

Die Anwendbarkeit von Hypothesen und Theorien der Filmmusikforschung auf Formate wie narrative Serien bleibt aufgrund der medialen Fokussierung oft unklar (vgl. Heldt 2016). Gerade die Franchise-Ära mit ihrem anhaltenden Erfolg nicht nur filmischer Reihen, sondern auch hochwertiger narrativer Serien legt eine Auseinandersetzung mit diesen Formaten nahe.

3.6.1 Musik in Serien

Die noch junge Teildisziplin der Television Music Studies hat andere Ursprünge als die Film Music Studies, da sie das Fernsehen primär als Kommunikations- und Informationsmedium – und weniger als narratives Medium – begreift. Dazu kommen – anders als im seit Jahrzehnten relativ stabilen Format Kinofilm – technische Neuerungen wie Streamingangebote, Smart-TVs und Mediatheken, deren Entwicklungen in musikalischer Hinsicht bisher kaum aufgegriffen worden sind (vgl. Rodman 2014; Krohn/Strank 2018; Wolther 2019).

Hutcheon (2013) weist bereits darauf hin, dass sich durch die Übertragung von Konventionen, Genres und kulturellen Codes in ein anderes Medium Transformationen ergeben, die neu übersetzt werden müssen. So haben sowohl Film als auch Fernsehen visuelle, auditive und mimetische Eigenschaften, die sich ähnelten; in Bezug auf filmische Länge und die sich dadurch ergebenden Unterschiede von Erzählstruktur, narrativem Tiefgang, Erzähltempo und Charakterentwicklung treten jedoch Transcodierungen ein, die auch die Musik betreffen. Unter anderem wird in der Literatur auf funktionale Differenzierungen zwischen Film- und Serienmusik hingewiesen. Die Unterschiede liegen in der Gewichtung der Primäraufgaben: So hat der TV-Serienscore eine stärkere Funktion der sofortigen Einbeziehung und Identifikation der Zuschauer*innen, damit diese nicht spontan wegschalten (vgl. Kohli 2010): Wo der Konkurrenzdruck groß und der Sender des Mit-Wettbewerbers nur einen Knopfdruck der Fernbedienung entfernt ist, scheint das TV-Format geradezu nach Aufmerksamkeit zu schreien. Ähnlich zeigen Krohn und Strank (2018) auf, dass der musikalische Einsatz in TV-

Serien mitunter deutlich plakativer in Form von musikalischen Emotionsmarkern daherkommt, um Zuschauer*innen sofort in vertrautes Terrain zu bringen. Eine komplexe musikalische Dramaturgie oder der vielschichtige Einsatz von Leitmotivik haben demnach Seltenheitscharakter, stärker dagegen sind syntaktische Funktionen, die klare Orientierungsmarker bieten. Deshalb greifen nach Kohli (2010) Komponist*innen gerade für kleinere und kostengünstigere Formate gerne auf ein Mischdesign aus halb vorgefertigten Musiken zurück, die dann schnell an die jeweilige Szene angepasst werden können (vgl. Kohli 2010; Krohn/Strank 2018; Böhnert/Reszke 2019). Die neueren narrativen Streaming-Serien von Plattformen wie Disney +, Apple TV +, HBO, Netflix oder Amazon Prime Video weisen teils signifikante Eigenheiten auf, die von den klassischen TV-Serien abweichen. So haben diese in der Regel keine oder kaum Werbeunterbrechungen, sind ständig verfügbar und bieten lediglich plattforminterne Alternativen an. Das Konsumverhalten des *Binge Watchings* – das zeitintensive und an Suchtverhalten erinnernde Massenrezipieren von vielen Serien-Episoden oder Einzelfilmen filmischer Reihen in Folge, ohne nennenswerte Unterbrechung oder Ablenkung – ist hier deutlich ausgeprägter. Diese Rezeptionsweise ermöglicht eine andere Art der Immersion mit den Medieninhalten, die im Free-TV strukturell nicht möglich ist (vgl. Krohn/Strank 2018; Böhnert/Reszke 2019).

Krohn und Strank (2018) sehen deutliche Ähnlichkeiten in der musikalischen Ausgestaltung von Film und TV-Serie: „Im Bereich der fiktionalen Serien ist das Fernsehen dem Film am ähnlichsten [...]" (Krohn/Strank 2018: 147). Auch Rodman (2014) legt nahe, dass es viele verbindende Elemente zwischen Filmmusik und Serien-Musik gibt. So haben viele namhafte Komponist*innen wie Henry Mancini, Bernard Herrmann oder in jüngerer Zeit Lorne Balfe und Ramin Djawadi sowohl für Filme als auch Serien komponiert. Ein wichtiger produktionstechnischer Unterschied ist die hohe Bedeutung des Showrunners in Serienformaten, der zentrale kreative Entscheidungen für die Serie trifft und damit eine mindestens ebenso wichtige Rolle spielt wie die*der Regisseur*in einzelner Episoden (wobei es hier durchaus zu personellen Überschneidungen kommt).

Auch bedingt die größere zeitliche Dimension der narrativen Serie eine andere Art der inhaltlichen Dramaturgie sowie des Erzähltempos: Die serielle Erzählung hat mehr Zeit und Raum, um lange inhaltliche Bögen zu schlagen, Spannungen aufzubauen oder eine Dramaturgie zu entwickeln, ohne auf starke Senderkonkurrenz oder ständige Werbepausen Rücksicht nehmen zu müssen. Das hat mutmaßlich Einfluss auf die Art der musikalischen Ausgestaltung. Einzelne Analysen haben gezeigt, dass diese Bedingungen zu einer deutlich stärker an der Filmmusik angelehnten Kompositionsweise führen als in der klassischen TV-Serie, die hier stärker dramaturgisch und weniger syntaktisch angelegt ist (vgl. Rodman 2014; Böhnert/Reszke 2019). Deshalb ist es fraglich, ob die Analysen und Erkenntnisse der Television Music Studies auf von Streaming-Plattformen produzierte narrative Serien jüngeren Datums wie *Game of Thrones* (vgl. Benioff/Weisz 2011–2019, HBO), *12 Monkeys* (vgl. Ficket/Matalas 2015–2018, Syfy), *Stranger Things* (vgl. Duffer/Duffer 2016–2022, Netflix), *Westworld* (vgl. Joy/Nolan 2016–2022, HBO) oder *The Mandalorian* (vgl. Favreau 2019–2023, Disney +) uneingeschränkt angewandt werden können: Die genannten Streaming-Serien sind zwar aus dem TV-Serien-Kosmos erwachsen, tragen aber in Bezug auf Ausstattung, Anspruch und Budget cineastische Züge.

Seit den 2000er-Jahren hat das sogenannte Third Golden Age of Television eine neue Ära von hochqualitativen, mit höheren Produktionsbudgets ausgestatteten und auch inhaltlich anspruchsvolleren Serien eingeläutet. Video-on-Demand-Plattformen setzten und setzen zunehmend auf Serien, die originelle Drehbücher oder Settings aufzuweisen haben, von etablierten Filmregisseur*innen und -produzent*innen umgesetzt werden und generell dem im verbreiteten Begriff *Quality TV* anklingenden Qualitätsmaßstab gerecht werden sollen. Analog zu den anderen Bestandteilen hat auch der musikalische Teil dieser Serien eine produktionstechnische und konzeptionelle Aufwertung erfahren, die ihn in die Nähe von großen Filmmusikproduktionen rücken lassen (vgl. Krohn/Strank 2018: 169).

Ramin Djawadis Score zur aus acht Staffeln bestehenden HBO-Serie *Game of Thrones* (vgl. Benioff/Weisz 2011–2019) ist ein maßgeblicher und konstitutiver Teil der Serie, der auf hohe Resonanz gestoßen ist und mutmaßlich zum Erfolg des Gesamtmediums beigetragen hat (vgl. etwa Djawadi 2024 für die hohen Aufrufzahlen des Scores). Die musikalischen Motive zentraler Figuren der Serie wie der Drachenmutter Daenerys Targaryen, der alten Götter des Nordens oder der unheimlichen Weißen Wanderer sind eingebunden in ein konsistentes musikalisches Konzept, das sich aus dem klassisch-romantizistischen Hollywood-Sound ebenso bedient wie aus der Folklore, weshalb Krohn und Strank nicht zu Unrecht an das Vorbild der von Howard Shore komponierten *Lord of the Rings*-Filmmusik (vgl. Jackson 2001; 2002; 2003) erinnern (vgl. Krohn/Strank 2018: 171).

Notenbeispiel 13: Ramin Djawadi – *Game of Thrones*, Main Title (vereinfachter Ausschnitt) (Quelle: eigene Notation).

Ramin Djawadis Score zur Fantasy-Serie *Game of Thrones* (vgl. Benioff/Weisz 2011–2019) beschränkt sich nicht allein auf motivische Stichwortgebung oder Folk-Exotismen: Der Main Title nutzt etwa triadische Chromatik wie Dur-/Moll-Wechsel und zyklisch angelegte Akkordfortschreitungen, die Entwicklung allen melodischen Materials aus einem gemeinsamen motivischen Kern heraus sowie eine (vereinfachte) Exposition des Sonatensatzes als äußere Struktur. Das Grundmotiv (etwa über c-Moll G-C-Es-F) wird in unzähligen Variationen moduliert, verändert, augmentiert oder umgekehrt. Diese mikro-motivische, zyklische Form erinnert unter anderem an John Williams' „Duel of the Fates" (siehe Notenbeispiel 5) und symbolisiert auch hier das nicht endende, in unzähligen Varianten wiederkehrende Machtspiel um den Thron von Westeros, das durch den Score auf eine zeitlos-mythische (und damit übertragbare) semantische Ebene abstrahiert wird.

Krohn und Strank (2018) sehen die Tendenz, neuere narrative Serien mit einem romantizistischen Score zu unterlegen, mit kritischem Blick:

> Etwas provokant formuliert schien sich hierbei ein Klischee des ‚großen Soundtracks' hartnäckig zu halten – vergleicht man Film, TV-Serie und auch zeitgenössische Computerspiele, fällt eine Tendenz zu symphonischen Soundtracks und formal homogenen, aber in ihren Binnenstrukturen differenzierten Kompositionen im neoklassischen Hollywood-Stil in der Nachfolge von John Williams, Howard Shore und Jerry Goldsmith auf, die auf Produzenten- wie auf Rezipientenseite als ‚Luxuskategorie' des Soundtracks angesehen zu werden scheinen. (Krohn/Strank 2018: 171)

Dient dieser vermutete Rückgriff auf den Hollywood-Sound also als marketingstrategischer Ritterschlag dieser Serien, um sie von dem Ruf vermeintlich minderwertigerer B-Ware zu befreien? Das mag aus Rezeptionssicht als Teil der Antwort zutreffend sein, doch bietet sich eine weitere Antwort in inhaltlich-dramaturgischer Hinsicht an: Der verwendete, meist leitmotivische Kompositionsstil zeigt sich für serielle Medienformen, die auf längere und komplexe Entwicklungen sowohl ihrer Charaktere als auch der Handlung selbst ausgelegt sind, besonders geeignet. Auch schlagen sich hier die Genre-bedingten Erwartungshaltungen nieder: Eine großformatige Fantasy-Serie mit hohem Budget verlangt geradezu nach einem aus dem verwandten Film-Medium abgeleiteten, leitmotivisch-orchestralen Score, weil die Konventionen des Genres eben dies erwarten lassen. Die Gesamtlänge der acht Staffeln von *Game of Thrones* beträgt etwa 96 Stunden – deutlich mehr noch als der gesamte *Ring-des-Nibelungen*-Zyklus von Richard Wagner mit etwa 16 Stunden Aufführungsdauer. Hier bieten sich leitmotivische Techniken geradezu an und können allein aufgrund der Länge eine andere Komplexität und Kohärenz mythischer Qualität erreichen als in einem zweistündigen Kinofilm. Eine genaue und umfassende motivische Analyse des Serienscores von *Game of Thrones* steht jedoch noch aus (vgl. auch Krohn/Strank 2018).

3.6.2 Musik in filmischen Reihen der Franchise-Ära

Umgekehrt zeigen Coleman und Tillman (2017), dass auch Filmscores immer stärker von Serialisierungen innerhalb des Trends der Franchise-Ära betroffen sind. Hier werden wiederkehrende Sequels und Prequels innerhalb eines Filmuniversums zur Regel. Bekannte Beispiele hierfür sind etwa das Film-Franchise *Marvel Cinematic Universe* (MCU) (mit bisher über 34 Kinofilmen seit 2008, vgl. Marvel Entertainment, LLC 2024), das mittlerweile auf drei Kinofilm-Trilogien und mehrere Film- sowie Serienableger angewachsene *Star-Wars*-Universum (neun Hauptfilme seit 1977; vgl. etwa Lucas 1977; Abrams 2019), die *Harry-Potter*-Verfilmungen (acht Filme; vgl. etwa Columbus 2001; Yates 2010; Yates 2011) mit ihren Prequels (drei Filme seit 2016; vgl. etwa Yates 2016) oder die beiden aus J. R. R. Tolkiens Mittelerde-Fantasywelt entnommenen Filmtrilogien *The Lord of the Rings* (vgl. Jackson 2001; 2002; 2003) und *The Hobbit* (vgl. Jackson 2012; 2013; 2014a).

Coleman/Tillman (2017) unterstellen, dass diese Serialisierungen sich filmmusikalisch in immer wiederkehrenden „jingle"-artigen (Coleman/Tillman 2017: 9) Titelthemen als plakative Erkennungsmotive äußern, während die motivische Verarbeitung des musikalischen Materials immer mehr zugunsten dieser klaren Signalwirkungen abnimmt. Dieses Urteil wird jedoch nicht durch über Einzelfalluntersuchungen hinausgehende Analysen belegt. In der Tat stellen sich hier viele Fragestellungen in Bezug auf die musikalische Ausgestaltung solcher filmischen Serialisierungen. So haben längst nicht alle Filmreihen eine personelle Kontinuität in Form der*desselben Komponist*in, und auch in Bezug auf den Score scheint es sowohl Kontinuitäten zu geben, wenn etwa Alan Silvestris *Avengers*-Titelthema in verschiedenen Filmen innerhalb des MCU immer wieder aufgegriffen und verarbeitet wird, als auch bewusste Abgrenzungen oder Relaunches: wenn etwa die vier *Thor*-Verfilmungen innerhalb des Franchises von vier unterschiedlichen Komponist*innen(-teams) vertont wurden und auch stilistisch oder motivisch kaum aufeinander Bezug nehmen.[20]

Caskel (2023) bestätigt in einer Untersuchung einiger Sequel-Beispiele die Heterogenität des musikalischen Umgangs mit filmischen Fortsetzungen und Reihentiteln. So stellt er die These auf: „Filmmusikalische Sequels ermöglichen durch ihr beständiges Spiel mit Neukombinationen und ‚Inside Jokes' auf ver-

---

20 Die bisher innerhalb des MCU erschienenen *Thor*-Verfilmungen sind (Stand: September 2024): *Thor* (vgl. Branagh 2011, Filmscore von Patrick Doyle), *Thor: The Dark World* (vgl. Taylor 2013, Filmscore von Brian Tyler), *Thor: Ragnarok* (vgl. Waititi 2017, Filmscore von Mark Mothersbaugh) und *Thor: Love and Thunder* (vgl. Waititi 2022, Filmscore von Michael Giacchino und Nami Melumad) (vgl. auch Marvel Entertainment, LLC 2024).

schiedenen Referenzebenen eine eigenständige Originalität" (Caskel 2023: 82). Dabei untermauert er diese These mit verschiedenen Fallbeispielen und findet Belege dafür, dass in filmischen Serialisierungen – ähnlich wie in den beschriebenen Genre-Konventionen – das Spiel mit dem erwarteten und etablierten Referenzrahmen und dessen ständig neues Ausformulieren oder Aushandeln ein zentraler Teil der Score-Ausgestaltung ist.

3.7 Funktionale Bedingungen

Filmmusik wurde und wird in der Forschung in der Regel als funktionale Musik betrachtet (vgl. Lissa 1965; Maas 1994; Bullerjahn 2001; Fuhrmann 2021). Filmische Scores haben demnach primär die Aufgabe, eine – oder mehrere – Funktion(en) innerhalb des filmischen Mediums zu erfüllen. Filmmusik, so die Folgerung, ist keine Musik, die für sich steht oder einen Selbstzweck hat, sondern sie erhält ihre Daseinsberechtigung daraus, einen gewissen Zweck im filmischen Medium zu erfüllen. Daraus wird abgeleitet, dass Filmmusik primär durch die Art und Wirkung ihrer Funktionen kategorisiert und bewertet werden sollte – und nicht etwa durch musikalische Stilistik, innere und äußere Form, melodische Sprache, harmonische Substanz oder die Wahl ihrer Instrumentierung (vgl. Bullerjahn 2001; Scheurer 2008; Kloppenburg 2012/2015; Bullerjahn 2018).

Die Art ihrer funktionalen Bedeutungen, ja ihres (innerfilmischen) Zwecks wurde in der Filmmusikforschung ausführlich analysiert, und es wurden mehrere Versuche der Typologisierung und Systematisierung unternommen (etwa bei Lissa 1965; Maas 1994; Bullerjahn 2001; Kloppenburg 2012/2015; Xalabarder 2013; Bullerjahn 2018). So charakterisiert Kloppenburg (2012/2015: 91) die Film- und Medienmusik als funktionale Musik, die erst im Medium Film ihren Sinn entfaltet und ihre Bedeutung vermittelt. Xalabarder (2013: 18 f.) stellt ebenfalls die (funktionale) Filmmusik der (autonomen) Konzertmusik diametral gegenüber und sieht daraus folgend die Grundcharakteristika und Wirkungen dieser beiden Musikformen als grundverschieden an.

Die innerfilmisch-funktionalen Kategorisierungs- und Ordnungsversuche sind teils ambitioniert, ausufernd und widersprüchlich, wie Bullerjahn (2001) selbst einräumt. Sie versucht, filmmusikalische Funktionen systematischer zu erfassen und nicht allein die emotionale Wirkung zu ermitteln. In ihrem vielbeachteten Standardwerk *Grundlagen der Wirkung von Filmmusik* (vgl. Bullerjahn 2001) beschreibt sie vier theoretische Annäherungsmuster, wie Filmmusik entschlüsselt und funktional kategorisiert werden kann: So differenziert sie zwischen dramaturgischen, epischen, strukturellen und persuasiven Funktionen, die sie zudem von weiteren Metafunktionen wie ökonomischen oder rezeptionspsychologischen

Funktionen unterscheidet. Aus allen vier Blickrichtungen lassen sich unterschiedliche Schwerpunkte der Funktionen von Filmmusik ableiten: Dazu gehören etwa narrative und dramaturgische Wirkungen, aber auch ideologiebezogene oder ästhetische Maximen. Je nach Fokus auf die Teilkunst Filmmusik oder das Gesamtmedium Film ergibt sich eine hohe Komplexität möglicher Erklärungsansätze für Aufgaben und Zwecke von Film- und Medienmusik, die hier nur in Ausschnitten wiedergegeben werden können. Dabei weist Bullerjahn (2018) selbst darauf hin, dass diese Funktionen nicht eindeutig oder widerspruchsfrei sind und zudem bei der*dem Rezipient*in individuell unterschiedliche Wirkungen entfalten kann:

> Vorrangig Regisseur und Komponist, aber auch Tonmeister und Cutter legen die Aufgaben bzw. ‚Funktionen' fest, die Filmmusik im Rahmen der Gesamtdramaturgie eines Films und seiner Vermarktung erfüllen soll. Ihre Hoffnung ist es, mit dem Einsatz von Musik bestimmte Wirkungen beim Filmbetrachter zu erzielen. Funktionen lassen sich folglich nur als ‚intendierte Wirkungen' umschreiben, die keineswegs zuverlässig und bei jedem Rezipient auftreten müssen. (Bullerjahn 2018: 185)

In der jüngeren Forschung ist diese eindeutige Zuweisung von Film- und Medienmusik als funktionale Musik jedoch angezweifelt und die immer weiter verästelte funktionale Kategorisierung hinterfragt worden (vgl. Scheurer 2008; Liu 2010; Stokes 2013; Steinhauer 2018; Fuhrmann 2021). Die starke Betonung des innerfilmischfunktionalen Charakters von Film- und Serienscores findet nicht nur Zustimmung, da sie beispielsweise keine klare Unterscheidung zwischen funktionellen Theorien und ästhetischen Erklärungsmustern bietet (vgl. Liu 2010) und zudem den Aspekt der zur Diskussion gestellten musikalischen Eigenständigkeit vernachlässigt (vgl. Fuhrmann 2021). Fuhrmann (2021) weist etwa auf die große und zunehmende Bedeutung der Zweitverwertungen von Filmscores hin – als reine Scores, die von anderen Elementen der filmischen Tonspur befreit sind. Auch die zunehmende Beliebtheit konzertanter Aufführungen von Filmscores lassen Zweifel an der reinen (filmischen) Funktionalität von Filmmusik aufkommen. So wird die rein funktionale Ausrichtung auf das filmische Medium zunehmend kritisiert, da dadurch weitere Verwendungen des Scores *außerhalb* des Films – etwa als konzertante Aufführung, als Zweitverwertung in anderen Medien oder als Bestandteil von Playlists in Musikstreamingdiensten wie Spotify und Apple Music – vernachlässigt werden. Fuhrmann (2021) bewertet Bullerjahns Fokus aus rezeptionstechnischer und soziologischer Perspektive heraus als unzureichend mit Verweis auf die genannten vielfältigen weiteren Nutzungen von Filmscores als ästhetischen Gegenstand des Musikgenusses – also als womöglich weit autonomere, aus ihrer ursprünglichen Funktion herausgelöste Musik.

3.7.1 Funktionale und Programmmusik

Aus historischer Perspektive ist der Forschungsstreit um die musikalische Autonomie nicht neu: Er erinnert an die romantische Diskussion um absolute Musik und Programmmusik. Schon Carl Dahlhaus (1988) betont die geschichtsphilosophische Dimension des Terminus: Als Streitbegriff war die Programmmusik im 19. Jahrhundert ein zentraler Teil der Auseinandersetzungen zweier musikästhetischer Parteien in Mitteleuropa, namentlich der progressiven Neudeutschen Schule sowie ihren konservativ gesinnten Gegner*innen. Je nach Definition und Parteigänger*in wurde die Programmmusik entweder als form- und geistlose Tonmalerei diffamiert oder als aufwertende Erweiterung der Musik um eine poetische Idee gepriesen. Neben diesen pointierten Extremen kann die Programmmusik nach Dahlhaus (1988) unterschiedliche Ausmaße der außermusikalischen Beigaben aufweisen: von vagen Andeutungen einer Stimmung oder Szene, etwa als Überschrift über der Partitur, bis hin zu konkreten Handlungsanweisungen, eigenen Programmschriften und szenisch-bildlichen Beschreibungen, die musikalisch ausgedrückt werden. Er filtert als allgemein akzeptierten Bestandteil der Programmmusik heraus, dass „die Beschreibung oder Andeutung von Vorgängen oder Handlungen, aber nicht die Schilderung von Zuständen" (Dahlhaus 1988: 366) wesentlich für den Begriff ist.

Auch Bullerjahn (2001: 53) beschreibt die Programmmusik in Anlehnung an Hans Heinrich Eggebrecht als dienstleistende Musik, der eine (außermusikalische) Aufgabe, ein Zweck oder eine Funktion zukommt. Dieser entgegengesetzt ist die autonome Musik, die sich rein aus ihren innermusikalischen Eigenheiten und Gesetzen konstituiert und nicht abhängig von weiteren Gesetzmäßigkeiten ist oder andere Aufgaben erfüllen muss. Dahlhaus (1988) modifiziert diesen Gegensatz um eine weitere Achse, indem er einerseits die autonome Musik von der funktionalen Musik, andererseits die absolute Musik von der Programmmusik unterscheidet. Vom Gegensatz *autonome Musik – funktionale Musik* macht Dahlhaus regen Gebrauch, wobei er darauf hinweist, dass die Determinanten *autonom – funktional* nicht mit dem Gegensatzpaar *absolute Musik – Programmmusik* identisch sind: Eine Programmmusik kann durchaus autonom sein, wenn sie beispielsweise wie bei einer sinfonischen Dichtung von Liszt oder bei einem Konzeptalbums einer Artrock-Band eine poetische Idee verfolgt und aus sich selbst entwickelt. Umgekehrt muss eine absolute Musik ohne textliche Bestandteile, ohne Handlungsanweisungen oder szenische Beschreibungen nicht rein autonom sein: Es ist denkbar, dass sie keine eigenen ästhetischen Zwecke verfolgt, sondern eine spezifische und in der Regel eindeutige funktionale Aufgabe hat, etwa Salon- oder Tanzmusik zur leichten Abendunterhaltung oder die Production Music gegenwärtiger Musikarchive (siehe Abbildung 3).

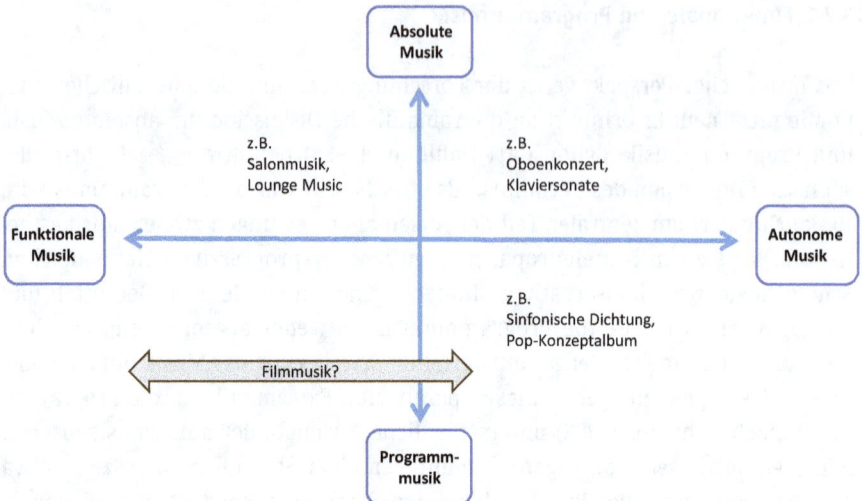

Abbildung 3: Die Dimensionen „funktional"–„autonom" und „absolut"–„Programm" (Quelle: eigene Darstellung auf Grundlage von Dahlhaus 1988 und Bullerjahn 2001).

Zur funktionalen Bestimmung von Filmmusik ist auch die Betrachtung der Beziehung von auditiv-musikalischer und visuell-cinematographischer Sphäre innerhalb des filmischen Gesamtmediums einer Analyse wert. In der filmtheoretischen Forschung[21] hat das Bild-Ton-Verhältnis insbesondere seit den 1980er-Jahren größere Aufmerksamkeit erfahren. Dabei wird zunehmend angezweifelt, dass sich die Soundebene dem Filmbild als zentralem Orientierungspunkt und semantischem Fokus lediglich unterordnet und die bildliche Erzählung nur unterstützt oder verdoppelt (vgl. Bullerjahn 2001; Kloppenburg 2012/2015; Audissino 2017b; Steinhauer 2018). Der Filmton hat sich seit den 1970er-Jahren – auch durch technologische Fortschritte wie Dolby Surround – vom Bild als semantischem Anker emanzipiert und wurde in der Forschung als wesentliche Brücke erkannt, die die Rezipient*innen körperlich, räumlich und auch zeitlich mit der Filmwelt verbindet. Zugleich ist diese auditive Brücke ebenso wenig verlässlich wie die visuelle Sphäre und wird oft – analog zur Bildebene – dramaturgisch eingesetzt, um die Rezipient*innen einerseits thematisch zu verankern, andererseits aber auch zu verunsichern, zu täuschen oder zu erschrecken, wie es etwa in Horror-Filmen

---

21 Der Forschungsstand der Filmwissenschaft kann hier nur in Auszügen und oberflächlich wiedergegeben werden, sofern er für die Fragestellung des vorliegenden Textes relevant ist. Zur Filmmusikforschung aus der Perspektive der Film Studies vgl. Audissino 2017b, für eine zusammenfassende Übersicht zur Filmtheorie aus filmmusikalischer Perspektive vgl. Lederer 2022: 55.

häufig genutzt wird. Daraus abgeleitet wird meist von einem gleichberechtigten und sich gegenseitig ergänzenden Miteinander von Filmbild und Filmton ausgegangen, ohne zumeist auf die besonderen Spezifika der Filmmusik (als Teil des Filmtons) näher einzugehen (vgl. Elsaesser/Hagener 2007). Eine Ausnahme jüngeren Datums ist Iakovos Steinhauers Monographie *Das Musikalische im Film* (vgl. Steinhauer 2018), in der der Autor aus ästhetischer Perspektive und in der Tradition des Philosophen und Filmtheoretikers Gilles Deleuze die Filmkunst als eine an sich bereits musikalische Kunst beschreibt. Die dialektische, sich gegenseitig ergänzende und bereichernde Verbindung von Bild und Ton löst hier sowohl räumliche als auch zeitliche Grenzen auf und erschafft ein Medium, das auch die Distanz zur*zum Zuschauer*in überwindet.

3.7.2 Funktionen und Genre-Theorie

Eine andere funktionale Zuschreibung verfolgen die Verfechter*innen der filmmusikalischen Genre-Theorie, die in der primären Funktion von Film- und Serienscores die Erfüllung des medialen Mythos sehen (vgl. Buhler 2000; Scheurer 2008; Halfyard 2012; Stokes 2013). Wie gezeigt wurde, steht hier die Musik in funktionaler Hinsicht in einer zentralen Rolle des mythischen Erzählens: Sie vermittelt Genre-spezifische Werte und kulturelle Codes, bestätigt diese und/oder verhandelt sie neu; sie leitet im eng verzahnten Zusammenspiel von Genre, Mythos und Musik den filmischen Erzählbogen; sie kommentiert und verdichtet ähnlich dem Wagnerschen Gesamtkunstwerk die Handlung auf emotional-symbolischer Ebene und vermittelt diese an die*den Rezipient*in; sie schafft narrative Kohärenz und Glaubwürdigkeit; sie baut eine Brücke zwischen filmischer Welt und äußerer Realität; und sie stellt einen mythischen Zusammenhang nicht nur zum filmischen Einzelmedium, sondern darüber hinaus her (vgl. auch Metzger 2012/2015; siehe Kapitel 3.5).

Im Folgenden sollen diese beiden Standpunkte – der klassischen Wirkungsforschung einerseits sowie der Mythos-basierten Genre-Theorie andererseits – zusammengebracht werden. Dazu werden zentrale innerfilmische Funktionen innerhalb einiger semantischer Großräume wiedergegeben und eingeordnet, wobei sie mit romantizistischen Tendenzen sowie dem Mythos in Beziehung gesetzt werden. Diese Ordnung kann nicht den Anspruch haben, vollständig, eindeutig oder widerspruchsfrei zu sein, dient aber einer Übersicht über gängige intendierte Wirkungsformen beziehungsweise Funktionsräume und funktionelle Besonderheiten, die jeweils kurz erörtert und eingeordnet werden sollen.

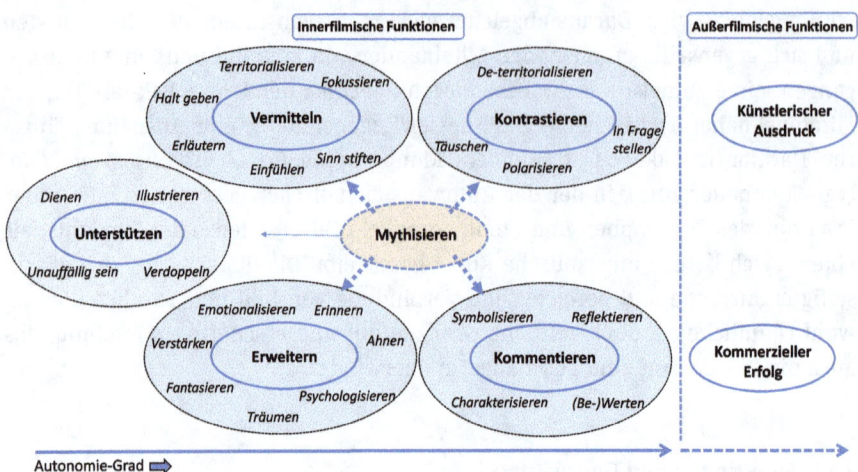

Abbildung 4: Semantische Übersicht filmmusikalischer Funktionen (Quelle: eigene Darstellung auf Grundlage von Bullerjahn 2001; Scheurer 2008; Kloppenburg 2012/2015).

Die Abbildung 4 zeigt eine semantische Übersicht über die funktionalen Großbereiche Unterstützung, Vermittlung, Erweiterung, Kontrastierung und Kommentierung sowie die außerfilmischen Funktionen künstlerischer Ausdruck und kommerzieller Erfolg, die im Folgenden veranschaulicht werden sollen. Auch spiegelt sich in vielen Funktionen der Grad der Autonomie der Filmmusik vom Film wider: So sind Beispielfunktionen mit eher geringer Autonomie etwa die Verdopplung der Filmbotschaft oder die illustrative Untermalung der Szene. Die definierten Funktionsfelder sollen für eine bessere Einordnung anhand ihres möglichen Autonomiegrads bemessen werden (vgl. auch Kloppenburg 2012/2015).

Ebenfalls sei darauf hingewiesen, dass hier vor allem die Funktionen *innerhalb* der filmischen Narration analysiert werden – Fuhrmann (2021) und Lederer (2022) weisen zurecht darauf hin, dass Filmmusik auch *außerhalb* des filmischen Mediums, für das sie ursprünglich geschrieben wurde, bedeutende Funktionen haben kann, die mutmaßlich von der*dem Filmkomponist*in im Produktionsprozess von Anfang an berücksichtigt wurden: etwa die Veröffentlichung als sogenanntes Soundtrack-Album, die Zweit- oder Drittverwertung, die konzertante Aufführung und damit zusammenhängend etwa die Erfüllung künstlerischer Ansprüche oder der kommerzielle Erfolg (vgl. auch Lissa 1965; Kloppenburg 2012/2015).

3.7.3 Unterstützende Funktion

Bullerjahn (2001) geht davon aus, dass sich der filmische Score dem Diktat der von Regisseur*in und Editor*in vorgegebenen Bilder primär unterordnen und diesen dienen muss: Die Musik illustriert die filmischen Vorgänge auf adäquater, also semantisch möglichst ähnlicher Weise, weshalb hier auch von der Verdopplung der filmischen Aussage gesprochen wird. Dies geschieht in der Regel mittels der Kompositionstechnik des Underscorings: Der Score gibt mehr oder weniger eindeutig die filmischen Vorgänge wieder, wobei er sich meist auf äußere Begebenheiten bezieht (etwa Bewegungsabläufe, räumliche und zeitliche Repräsentationen oder die Imitation realer Geräusche). Kloppenburg (2012/2015) fügt dieser Voraussetzung das Paradigma der Unauffälligkeit hinzu: Film- und Medienmusik soll möglichst nicht auf sich selbst lenken, sondern auf das Filmdrama verweisen. In der Literatur ist deshalb zurecht festgestellt worden, dass der Autonomiegrad des Scores bei dieser Funktion am geringsten ausgeprägt ist (vgl. Maas 1994; Bullerjahn 2001).

Dennoch gibt es in der eng abgesteckten, dienenden oder das Bild verdoppelnden Funktion interpretativen Spielraum, der mit der Natur der Musik zusammenfällt: Musik ist aus semiotischer Sicht nicht eindeutig; vielmehr fallen gerade in der Verwendung der Leitmotivik Bezeichnendes und Bezeichnetes ineinander, wodurch Filmmusik immer auch einen symbolischen, also nicht denotativ eindeutigen Charakter hat (vgl. Buhler 2000; Cassirer 2010). Lissa (1965) weist deshalb darauf hin, dass trotz der auf den ersten Blick eindeutigen Funktion hier unweigerlich eine Beeinflussung der Filmdiegese durch die Musik stattfindet (vgl. auch Maas 1994):

> Die Verbindung von Bild und illustrativer Musik ist dialektisch: Einerseits gibt das Bild das konkrete Designat der Musik, und andererseits trägt die Musik dessen verallgemeinerte Gestalt in das Bild hinein. Diese Verbindung bestimmt den nichtautonomen Charakter der Filmmusik, ganz besonders in ihren illustrativen Funktionen. (Lissa 1965: 117 f.)

Die unterstützende Funktion des Scores dient filmischen Zwecken, ist aber stets auch interpretativen Abweichungen unterlegen. Hier eröffnet sich die Grenze zur Erweiterung des filmischen Inhalts, etwa wenn durch die*den Rezipient*in etwas in eine Begleitmusik hineininterpretiert wird, das im Bild nicht vorhanden ist.

3.7.4 Erweiternde Funktion

Ein weiteres Funktionsfeld von Filmmusik ist die Verstärkung, Erweiterung oder Emotionalisierung der filmischen Aussage. So gehört zu einer ihrer Kernaufgaben, die Botschaft des Films oder audiovisuellen Mediums emotional oder psychologisch zu verstärken: Die Filmmusik taucht hier in den Subtext oder die eigentliche Botschaft der filmischen Diegese ein (vgl. Bullerjahn 2001; Scheurer 2008). Auch Hill (2017) sieht diese zentrale Aufgabe der Filmmusik in der emotionalen Aktivierung:

> Movies, when they move us, are anything but dry. They affect us because they have slipped past rationality and into one of the oldest parts of the brain, the moist, dark center where such emotions as terror, dread, anxiety, desire, reverence, wonder, and awe reside. The principal task of film music is to both clear and light the way into that ancient chamber. (Hill 2017: xviii)

Hill offenbart hier eine tiefe Prägung durch die romantisch geformte Ästhetik des Erhabenen: Die Erkundung des inneren Ichs mit seinen emotionalen Bedürfnissen, Sehnsüchten und Ängsten beschreibt etwa E. T. A. Hoffmann bereits anschaulich in seiner Rezension von Beethovens 5. Sinfonie (siehe Kapitel 2.5.1).

Wie Lissa (1965) zeigt, kann der Funktionsraum des Erweiterns auf vielfältige Art musikalisch ausgestaltet werden. Neben der emotionsbetonten Verstärkung der Gefühle von Filmfiguren oder dem psychologischen Eintauchen in das Unterbewusstsein von Protagonist*innen können auch weitergehende Erweiterungen erfolgen, etwa auf zeitlicher und räumlicher Ebene. So können musikalische Cues eine Vorahnung auf oder Erinnerung an weitere semantische Felder sein und symbolhaft bestimmte Topoi betonen. Dies geschieht in der Regel mittels der kompositorischen Leitmotiv-Technik. Auch die von Richard Wagner beschriebenen Erinnerungs- und Ahnungs-Motive des leitmotivischen Musikdramas zeigen Merkmale der Erweiterungsfunktion (wobei sie auch Tendenzen zur kommentierenden sowie vermittelnden Funktion aufweisen): In dieser Funktion wird die Filmnarration nicht nur um semantische Räume verstärkt oder emotional verdichtet, sondern sie wird auch um zeitliche und räumliche Bezüge erweitert – hier sind ebenfalls Elemente des Mythos zu erkennen (siehe Kapitel 2.6.4).

3.7.5 Vermittelnde Funktion

Kloppenburg (2012/2015) arbeitet eine Vielzahl möglicher Funktionen der Filmmusik aus früherer Forschungsliteratur heraus, die in der hohen Komplexität durch die Verknüpfung der Teilkunst Musik mit der Gesamtkunst Film sowie deren anderer Teilkünste begründet sind. Herausstechend bei ihm ist die Rolle der Filmmusik als einer Vermittlerin, die sie nicht nur auf emotionaler, sondern auch auf dramaturgischer, inhaltlicher sowie thematisch übergreifender Ebene einnimmt. Der musikalische Score baut hier eine Brücke zur*zum Rezipient*in: Er vermittelt nicht nur emotionale Eindrücke, sondern betont auch wichtige Elemente der Diegese und hilft damit dabei, der Handlung zu folgen. Die Filmmusik gibt der*dem Rezipient*in emotionalen Halt, vermittelt aber auch wichtige Handlungsbotschaften etwa durch Betonungen und orientierende Hinweise (vgl. auch Scheurer 2008; Lederer 2022).

Steinhauer (2018) stellt als eine der zentralen Funktionen des filmischen Scores die (De-)Territorialisierung heraus, die ebenfalls diesem Funktionsraum zugeordnet werden kann. Mit der Territorialisierung beschreibt Steinhauer die Verortungs- und Orientierungsfunktion, die der Score im filmischen Gesamtmedium einnimmt: Die Flut der visuellen wie akustischen Eindrücke birgt demnach chaotisches Potential in sich. Der Filmscore – insbesondere, wenn er ausreichend vom konkreten szenischen Inhalt abstrahiert ist und nicht nur eine Underscoring-Funktion einnimmt – hat deshalb die Fähigkeit, durch seine emotionale und semantische Verankerung einen zeitlichen und räumlichen Halt zu geben (Territorialisierung), oder diesen bewusst zu unterminieren (De-Territorialisierung), um neue semantische Felder anzusprechen.

Ähnlich sieht dies auch Lederer (2022), der der Funktion der Perspektivierung und Fokussierung eine große Rolle attestiert. So

> wirkt die Musik im Film wesentlich an der Steuerung von Wahrnehmungsperspektiven mit. Die dargestellten Ereignisse und Handlungen werden zumeist aus einem ganz bestimmten Blickwinkel körperlich, emotional und kognitiv erfahren. Dieser wechselt oft sehr schnell und stimmt nur in den seltensten Fällen mit der visuellen Einstellung in Form der Kamerarichtung überein. Insofern fungiert die Musik in vielen Situationen als perspektivische Instanz, die in eine spezifische Wahrnehmung des filmischen Geschehen einführt und deren Verläufe steuert. (Lederer 2022: 276)

Wenn die Filmmusik nicht lediglich zur deskriptiven Untermalung des bildlichen Vorgangs verwendet wird, kann sie eine eigene Struktur schaffen, die nicht nur eine psychologische, sondern auch eine räumlich-zeitliche Dimension erfasst. Insbesondere die filmkompositorische Mood-Technik sowie die Leitmotiv-Technik eignen sich zu dieser Verortung (siehe Kapitel 3.8). Der Score wird hier gleichsam zum Sinnstifter oder zur auditiven Kamera: Er hilft, den Fokus zu behalten, und gibt Orientierungshilfe beim Verfolgen und Verstehen der filmischen Handlung (vgl. Steinhauer 2018; Lederer 2022).

3.7.6 Kommentierende Funktion

Steinhauer (2018) weist der Filmmusik das Potenzial zu, die Filmdiegese nicht nur zu unterstützen und zu vermitteln, sondern zu reflektieren, zu kommentieren und um eine eigene Diegese zu modifizieren. Der Score wird in dieser Funktion zu einem eigenen, subjektiv gefärbten Charakter, der filmische Sujets bewertet, reflektiert und durch musikalische Symbole zu einer mythischen Handlung verdichtet.

> Die Verwendung von Ton und Musik [im filmischen Medium; Anm. d. Verf.] lässt eine spezifische ästhetische Haltung spürbar werden, in der die Selbstverständlichkeit der Welt, wie sie durch das Bild vermittelt wird, suspendiert und dem habituellen Umgang mit einer Welt, wie sie sich im filmischen Bild präsentiert, eine andere, nicht unmittelbar zu überblickende Welt entgegengesetzt wird. (Steinhauer 2018: 204 f.)

Durch die kommentierende Funktion ist der musikalische Score in der Lage, die Tür zu einer anderen Welt zu öffnen: dem filmischen Mythos. Das tut er unter anderem mithilfe des Symbols:

> [...] Filmmusik kann sich eigener musikalischer Symbole bedienen, wobei sie entweder nur gewisse *Eigenheiten* dargestellter Gegenstände oder ganze *Komplexe von Gegenständen* oder auch die *Beziehungen* zwischen ihnen symbolisieren kann. Die Musik selbst realisiert diese Symbolfunktion entweder mit gewissen klanglichen *Eigenheiten*, mit ganzen musikalischen *Strukturen* oder auch in längeren *Abschnitten* des musikalischen Gewebes. (Lissa 1965: 203 [Hervorh. im Orig.])

Die symbolhaften Verweise werden in der Filmmusik in der Regel mithilfe der kompositorischen Leitmotiv-Technik umgesetzt; aber auch Soundeffekte können symbolisch eingesetzt werden. Lissa (1965: 202) betont die Vielschichtigkeit des symbolischen Einsatzes: Das Symbol kann (einigermaßen) eindeutig sein, etwa wenn eine Fanfare den filmischen Helden repräsentiert. Es kann jedoch auch mehrdeutig sein, etwa wenn Leitmotive sich mit verschiedenen Topoi vermischen. Es kann auch vernebeln oder täuschen, etwa wenn ein zuvor als Todes-Symbol etabliertes musikalisches Motiv in einer Geburtsszene verwendet wird. Musikalische Symbole haben nach Scheurer (2008) und Halfyard (2012) starke Bezüge zu medialen Genres und damit zu mythischen Räumen: Als kulturelle Codierungen können sie auf interfilmische Traditionen verweisen und so größere Zusammenhänge herstellen; dennoch sind sie aufgrund des stetigen Wandels des mythischen Raums, aber auch wegen der semiotischen Ambiguität der Filmmusik nicht eindeutig und können komplexe Konnotationsmuster aufweisen.

Insgesamt erinnert die kommentierende Funktion mit ihren symbolisierenden, reflektierenden, charakterisierenden und bewertenden Eigenschaften stark an Richard Wagners Konzeption des Orchesters als kommentierende Instanz zur Schaffung einer symbolisch-abstrahierten Ebene der Handlung, einer fiktiven, mythischen Welt (siehe Kapitel 2.6.4).

3.7.7 Kontrastierende Funktion

Funktionen mit hohem Autonomiegrad können nicht nur die*den Rezipient*in anleiten, filmische Eindrücke verdichten oder weitere kommentierende Ebenen hinzufügen; sie können auch auf eine gänzlich falsche Fährte locken, eine Szene parodieren und kontrapunktisch arbeiten, indem sie bewusst eine der Semantik der Bilder widersprechende Stimmung vermitteln. Das kann etwa ein fröhlicher Popsong in einer dramatischen Kriegsszene sein oder auch die musikalische Andeutung von Gefahr, die sich als falscher Alarm herausstellt (vgl. Kloppenburg 2012/2015). Diese De-Territorialisierung (vgl. Steinhauer 2018) kann bewusst desorientieren, täuschen oder auf falsche Fährten locken (etwa wenn ein Filmbösewicht zunächst musikalisch positiv charakterisiert oder eine drohende Gefahr durch harmlose musikalische Begleitung verdeckt wird).

Sie kann außerdem ein verbindendes oder trennendes Element in der über einzelne Szenen hinausgehenden Filmsemantik darstellen, was Kloppenburg (2012/2015) als syntaktische Funktion bezeichnet. In diesem Fall ist sie in der Lage, einen szenenübergreifenden Kontrapunkt[22] zur Filmhandlung zu setzen und eine eigene semantische Ebene zu eröffnen, die eine Reibung mit der bildlichen Botschaft erzeugt (wobei hier auch Elemente der kommentierenden Funktion erkennbar sind). In diesem Fall besteht der Kontrast zwischen der einzelnen filmischen Szene und der musikalisch-abstrahierten semantischen Botschaft, die eher auf der übergreifenden, mythischen Ebene wirkt (vgl. Lissa 1965; Scheurer 2008). Dadurch wird auch Bedeutung geschaffen: Die bildliche Information steht im Kontrast oder gar im Widerspruch zum semantischen Gehalt des Scores. Wie Steinhauer (2018) betont, überwiegt in diesem Fall in der rezeptiven Wahrnehmung die musikalische Aussage, da diese emotional wirkmächtiger ist. Nicht der Score stellt auf der Rezeptionsebene den Kontrast her, sondern das Bild, das als falsch empfunden wird (vgl. Xalabarder 2013; dass Filmmusik im Produktionsprozess in der Regel erst *nach* der Fertigstellung zumindest eines filmischen Rohschnitts angefertigt wird, sei hier ausgeklammert – verwiesen sei auf Kapitel 3.9).

3.7.8 Mythenbildende Funktion

Wie an mehreren Stellen offensichtlich wurde, sind die vorgestellten filmmusikalischen Funktionen nur eingeschränkt voneinander abgrenzbar und überschnei-

---

22 Der filmisch-musikalische Kontrapunkt ist nicht zu verwechseln mit dem innermusikalischen, historisch geprägten Begriff des Kontrapunkts.

den sich. Bereits Lissa (1965: 223) weist auf das (analytische) Problem der Mehrfunktionalität und Mehrschichtigkeit von Filmmusik hin. Ein musikalischer Cue kann in einer Szene zum Beispiel gleichzeitig eine räumliche Orientierung geben und einen wertenden Kommentar darstellen; mehr als zwei semantische Ebenen – auch auf funktionaler Ebene – sind nicht unüblich. Hinzu kommt die Rolle der*des Rezipient*in, die*der durch eigene Persönlichkeitsmerkmale, aber auch gesellschaftliche Normen, genre-spezifische Konventionen oder kulturelle Merkmale die intendierten filmmusikalischen Wirkungen individuell unterschiedlich erfahren kann (vgl. Bullerjahn 2018; Heldt 2018).

Die Überkomplexität filmmusikalischer Funktionsbestimmungen ist ein anhaltendes Problem in der Forschungsliteratur (vgl. etwa Lissa 1965; Bullerjahn 2001; Kloppenburg 2012/2015; Lederer 2022). Auch Scheurer (2008) greift diese Funktionsproblematik auf, formt aus ihr jedoch eine eigene Schematisierung, indem er eine allen Einzelfunktionen übergeordnete Ebene einführt: die mythenbildende oder mythische Funktion. Scheurer sieht alle filmmusikalischen Wirkungen letztlich auf einen Zweck hinarbeiten, nämlich die Erschaffung des filmischen Mythos. Demnach steht der Score in Diensten dieses Mythos, der auch der (visuellen) Filmhandlung übergeordnet ist und erst aus dem Zusammenwirken aller einzelnen Ebenen und Teilkünste entsteht. Hier wird das Erbe des Wagnerschen Gesamtkunstwerks deutlich: Die Musik ist zugleich Dienerin und Erschafferin des Mythos.

Auch wenn die vor allem auf Bullerjahn (2001) zurückgehende, klassische funktionale Zuweisung der Filmmusik wegweisend ist, ist sie nicht unumstritten. Für Scheurer (2008) manifestiert sich die mythenbildende Funktion des Scores darin, eine glaubwürdige Welt zu erschaffen. Die Filmmusik kann hierin als Sinnstifterin, Vermittlerin des filmischen Erzählbogens oder Kommentatorin von Handlungen oder filmischen Charakteren auftreten; entscheidend ist jedoch, dass ihre eigentliche Funktion nicht in ihrer Rolle innerhalb einer konkreten Filmszene oder in einem konkreten musikalischen Cue zu suchen ist, sondern stets als Ausschnitt des gesamten Erzählbogens verstanden werden muss. Der filmische Score erläutert damit Zusammenhänge (oder stellt diese her), stellt Kontinuitäten her oder verschleiert diese, kreiert Sinn und Glaubwürdigkeit sowie Kausalität: Hier kommt Cassirers Mythosbegriff deutlich zum Vorschein (siehe Kapitel 2.2.3). Das Verhältnis zwischen dem Score und den restlichen Bestandteilen einer einzelnen Filmszene ist deshalb aus dieser spezifischen funktionstheoretischen Sicht sekundär – es zählt die Funktion der Erzählung und Erschaffung des gesamten Mythos. Dieser mediale Mythos ist keineswegs auf einen einzelnen Film beschränkt, er kann sich über mehrere Filme innerhalb einer Filmreihe erstrecken; stärker noch wirken allerdings die Konventionen des filmischen Genres als mythischer Raum: Der Rahmen dieses Raums, der kulturelle Angewohnheiten und Kodierungen etabliert hat, wirkt stärker auf die Ausgestaltung der Filmmusik als konkrete szenische Vorgaben (vgl. Scheurer 2008; Moormann 2020).

Die Glaubwürdigkeit des filmischen Mediums kann von den Rezipient*innen schlechter angezweifelt werden, wenn der musikalische Score – unterstützt von Soundeffekten – emotional authentisch und überzeugend umgesetzt ist; wenn er also eine mythische Qualität gewinnt (vgl. Scheurer 2008). Auch Xalabarder (2013: 10 f.) sieht hier die auditive Sphäre als eigenständige, mitunter treibende Kraft der Filmnarration an. Ähnlich schätzt der Filmwissenschaftler Audissino (2017b: 26 f.) die Filmmusik als nicht minder bedeutend für die Erzählung als die visuellen Vorgänge ein, weshalb er Termini wie Bildverdopplung oder Kontrapunkt (als Ausdruck einer semantischen Unterscheidung der Filmmusik von den visuellen Vorgängen) kritisiert: Dies spiegele eine filmwissenschaftliche Sichtweise wider, die dem Filmbild die dominante Rolle zuweise und der Filmmusik lediglich kommentierende oder bestätigende Funktionen einräume. Xalabarder (2013) sieht im Verhältnis des musikalischen Scores zum visuellen Filminhalt eine Dominanz des Musikalischen:

> It is quite normal that in a film there exist two scripts side by side – the literary and the music script – which on occasion move synchronically, or perhaps asynchronically, in the same direction while, at other times, in quite opposite directions. If this happens, what the music explains will be the dominant message because the viewer will find it difficult to question what it says. It will not matter how many trees and green fields are shown if what is heard is apocalyptic music. The music will always win. (Xalabarder 2013: 10)

Empirische musikpsychologische Untersuchungen der rezeptiven Dominanz von auditiven gegenüber visuellen Merkmalen sind nicht eindeutig und teilweise widersprüchlich, tendieren jedoch ebenfalls dazu hervorzuheben, dass auditive oder musikalische Intendierungen sich je nach Situation gegenüber visuellen Informationen durchsetzen können (vgl. Bullerjahn 2018). Die Filmmusik kann also eigene semantische Dimensionen des Filmes bilden, ja eigene, glaubwürdige Erzählwelten auftun und damit eine mythenbildende Kraft gewinnen (vgl. Scheurer 2008). Das macht die herkömmlichen und in den vorherigen Teilkapiteln beschriebenen Funktionen zwar nicht obsolet, reduziert ihre Bedeutung jedoch. Das Paradigma, dass der Score seine Funktionen in ergänzender, addierender Relation zu den anderen Bestandteilen des Films erhält, wird hier aufgebrochen: Funktionen wie das Unterstützen, Vermitteln, Kommentieren, Erweitern oder Kontrastieren des Films suggerieren, dass der Score sich in einer gewissen Weise zum *eigentlichen* Inhalt des Films verhalte. Der mythenbildende Score erschafft jedoch in erster Linie seine eigene Erzählung (die natürlich in enger Wechselwirkung mit den anderen Filmbestandteilen steht); er *ist* bereits der Inhalt des Films. Die stets suggerierte Ergänzungsrolle des Scores in der klassischen Funktionstheorie ist damit zweitrangig: So unterstützt etwa die Filmszene womöglich eher den mythenbildenden Score, als dass der Score in unterstützender Funktion auftritt, genauso vermögen andere filmische Inhalte wie Dialog, Farbgebung oder innerdiegetische Gegenstände die *eigentliche* filmmusikalische Intention ebenso zu kontrastieren, als dass die Filmmusik den *eigentlichen* Film kontrastiere. Der musikalische Score ist hier sowohl Erfüllungsgehilfe als auch Erzeuger des medialen Mythos, der durch das Zusammenspiel aller filmischen Teilelemente entsteht und in der rezeptiven Wahrnehmung die entscheidende Bedeutung innehat.

Festzustellen bleibt, dass die Palette der Möglichkeiten, Film- und Medienmusik (nicht nur) dramaturgisch einzusetzen, schier unbegrenzt erscheint und zudem eine eindeutige Analyse erschwert. Sowohl für Bullerjahn (2001) als auch Scheurer (2008) ist Filmmusik ein intentionaler Bestandteil des Gesamtmediums Film, der sich mit anderen Ebenen, etwa Dialogen, Soundeffekten und Bildebene, zu einem „gemeinsamen Nutzen vereinigen" (Bullerjahn 2001: 31) soll. Damit stellen beide die komplexe Beziehung zwischen Filmmusik und Film in eine direkte Tradition des Wagnerschen Gesamtkunstwerks, in dem das Verhältnis von Musik und Drama ebenfalls komplex und uneindeutig ist. Auch Heldt (2018) betont diese semantische Uneindeutigkeit der Filmmusik:

> Es ist nicht nur ihre semantische Unschärfe, die Musik anders funktionieren lässt als eine Erzählerstimme im Wortsinne; Unschärfe ist ein Aspekt ihrer filmischen Verwendung überhaupt (und darin mag ein wichtiger Beitrag von Musik zur filmischen Narration liegen). (Heldt 2018: 136)

Die funktionale Analyse wird außerdem dadurch erschwert, dass ein Film aus mehr als zwei Bestandteilen besteht. Auch Bribitzer-Stull (2017) forderte, Filmmusik in den übergeordneten semantischen Kontext des Gesamtmediums Film richtig einzuordnen, bevor eine eingehende Analyse erfolgen kann.

> In film, of course, there are more than two media. We have not only image to match to music, but also the larger soundtrack (including dialogue, sound effects, ambient scenic noise, and so forth), and the overarching sense of narrative or drama. (Bribitzer-Stull 2017: 276)

Musik steht damit auch in funktionaler Hinsicht in einem komplexen Spannungsverhältnis: auf auditiver Ebene mit Dialogen, Soundeffekten, Atmosphären, auf visueller Ebene mit bildlichen Informationen, auf übergeordneter Ebene mit der filmischen Narration (oder in romantischen Termini: mit dem poetischen Gehalt oder dem Drama).

3.8 Kompositionstechniken

Besonderes Augenmerk bei der Erfüllung und Umsetzung der filmmusikalischen Funktionen verdient die Unterscheidung verschiedener Kompositionstechniken in der Film- und Medienmusik. Dabei hat die Forschung sich schon früh mit den besonderen Spezifika der Filmmusik beschäftigt (wobei als Gegenstand stets der etwa zweistündige Spielfilm behandelt wurde; vgl. etwa Lissa 1965; Schneider 1983; Flinn 1992; Maas 1994; Bullerjahn 2001). Zu diesen Spezifika gehört, dass der filmische Score keine geschlossene Form hat: Der typische Spielfilm (und auch die narrative Serie) enthält nicht durchgängig Musik. Es gibt Pausen, und der komponierte Score teilt sich zudem den Soundtrack des filmischen Mediums mit anderen Elementen, etwa gezielt platzierten Popsongs, Source Music, Dialogen, Soundeffekten und Atmosphären.[23] Der Score ist also ein Stückwerk, dessen äußere Form von den Gegebenheiten des Films diktiert oder zumindest mitbestimmt wird. Schon Lissa (1965) stellt fest: „Eine Kontinuierlichkeit in der Filmmusik (abendfüllender Spielfilme) gibt es nicht. Es gibt nur eine Art *innerer* Kontinuierlichkeit [...]" (Lissa 1965: 40). Hier zeigt sich die Verbindung zum romantischen Primat des Inhalts über die Form sowie die Wagnerschen Maximen der unendlichen Melodie: Wenn die äußere Form an Bedeutung verliert, gewinnt die innere Form, also das musikalische Motiv, an Bedeutung (siehe Kapitel 2.6.1 und 2.6.4).

Die Art und Weise, wie diese innere Kontingenz erzeugt wird, fällt mit der Wahl der Kompositionstechnik(en) zusammen. Auch diese wurden in der Forschung ausführlich untersucht. So unterscheidet Bullerjahn (2001) vier filmmusikspezifische kompositorische Techniken: die deskriptive Technik, die Mood-Technik, die Leitmotiv-Technik sowie die Baukasten-Technik. Dagegen differenziert Kloppenburg (2012/2015: 125) nur zwischen drei filmmusikalischen Kompositionstechniken, wobei er im Unterschied zu Bullerjahn die Baukasten-Technik nicht als eigene Technik beschreibt und weitgehend ignoriert. Bullerjahn (2001: 75) und Kloppenburg (2012/2015: 125) betonen jedoch gleichermaßen, dass Filmkomponist*innen in ein und demselben Film zumeist mehrere Kompositionstechniken anwenden und diese mitunter nicht sauber zu trennen sind, sondern vermischt vorkommen. Auch ist es kein Qualitätsmerkmal einer Film- oder Medienkomposition, nur eine dieser Kompositionsweisen zu verwenden (es sei auf Kloppenburgs filmmusikästhetisches Paradigma der Vielfalt hingewiesen; vgl. Kloppenburg 2012/2015: 92; Lissa 1965: 223).

---

[23] Hier soll ergänzt werden, dass Pausen als Stille intendiert sein und ein dramaturgisches Mittel darstellen können; auch ist anzumerken, dass durchaus Filme mit durchgängiger Musik existieren, was vor allem auf die Stummfilmzeit zutrifft; verwiesen sei hier auf Lissa (1965) und Steinhauer (2018).

Dennoch können die unterschiedlichen Techniken für sich beschrieben werden, wobei der Fokus auf möglichen Verbindungen zu romantischen Vorbildern und romantizistischen Konzepten gelegt werden soll.

3.8.1 Underscoring

Das Underscoring (auch deskriptive Technik genannt) ist eine Kompositionsweise, die bildliche beziehungsweise narrative Vorgänge musikalisch nachzeichnet, beschreibt, ergänzt oder verstärkt. Dies kann auf psychologisch-emotionaler Ebene geschehen, indem etwa traurige Musik zu einer Szene mit einer traurig gestimmten Protagonistin erklingt. In diesem Fall wird auch von einer musikalischen Verdopplung gesprochen, da die Musik die durch die anderen narrativen Elemente des filmischen Mediums bereits vorgezeichnete primäre Emotion unterstützt und damit in ihrer Wirkung verdoppelt (vgl. Lederer 2022). Auch wird mit dem Underscoring das Verfahren bezeichnet, bildliche Vorgänge akustisch zu imitieren oder synchron zum Bild zu illustrieren, etwa Schüsse, Maschinengeräusche, Bewegungsabläufe und natürliche Geräusche. Funktional ist diese Technik deshalb zumeist der unterstützenden Rolle zuzuweisen (siehe Kapitel 3.7.3).

Bullerjahn (2001: 77 f.) zeigt auf, dass diese Kompositionspraxis bereits in der Stummfilmzeit verbreitet war und im Tonfilm zur Mitte des 20. Jahrhunderts hin weiter verfeinert wurde. Das sogenannte Mickey-Mousing bedeutete die exakte Synchronisation von Musik und Bild zwecks punktgenauer musikalischer Wiedergabe der bildlichen Bewegungen (vgl. auch Kloppenburg 2012/2015: 126). Diese in der Ära des Hollywood-Sounds und insbesondere in Zeichentrickfilmen von Walt Disney exzessiv verwendete Technik erforderte eine intensive Integration der Musik- mit der Bildebene, was dazu führte, dass die Komposition bereits vor dem Filmschnitt in der Postproduktionsphase erfolgte. Technische Neuerungen zum Ende des 20. Jahrhunderts erlaubten eine weitere Erhöhung der Synchronizität durch exakte Timecodes, die Bild und Ton gleichermaßen bestimmen (vgl. Bullerjahn 2001: 79 f.; Kloppenburg 2012/2015: 104).

Das Underscoring führte zur Etablierung charakteristischer Klangfarben, die als Signale oder Klischees für gewisse Sujets herhalten, etwa die Verwendung des Akkordeons für Paris oder französische Sujets, des Dudelsacks für schottisch-keltische Folklore oder der Zither für Alpen-Folklore. Dieser klischeebeladene Exotismus ist nicht neu, sondern weist eine lange Tradition auf, deren Ursprünge auf die Programmmusik des 19. Jahrhunderts zurückgehen. Ebenso weit reicht die Kritik an dieser Kompositionsweise zurück, die musikalische Farben und Motive als klischeebeladene Signale für außermusikalische Sujets benutzt (vgl. Bullerjahn 2001: 82):

> [...] diese entsetzliche Wagnerische Illustrationstechnik. Wenn von einem Hund gesprochen wird, bellt es im Orchester, wenn von einem Vogel gesprochen wird, zwitschert es im Orchester, wenn vom Tod gesprochen wird, werden die Herren Posaunisten bemüht [...]. Das ist unerträglich. (Eisler 1958, zit. nach Bullerjahn 2001: 83)

Dass die deskriptive Kompositionstechnik als effektives Mittel zur Illustration außermusikalischer Vorgänge gut geeignet ist, um dem Publikum schnell einen semantischen Kontext zu vermitteln, ist einleuchtend. Das hatten bereits die Vertreter der Programmmusik, die Komponist*innen von Opern oder Dramen wie Wagner im 19. Jahrhundert erkannt (vgl. Bullerjahn 2001: 83). Aufgrund ihrer deskriptiven Eindeutigkeit scheint sie jedoch auch dem mythisierenden Einsatz von Film- und Medienmusik im Wege zu stehen: Allzu kleinteilige, eindeutige Deskriptionen lassen symbolhafte Andeutungen, Verweise und Verdichtungen im Sinne eines umfassend glaubwürdig wirkenden Mythos kaum zu (vgl. Cassirer 2010). Jedoch ist dies in der Praxis nicht immer so eindeutig gegeben und multiple Deutungsmuster sind häufig anzutreffen: Die Verwendung eines Akkordeons für eine französische Assoziation ist nicht nur eine (klischeebeladene) Illustration, sondern kann auch ein symbolisierendes musikalisches Zeichen sein, das womöglich im Film an anderer Stelle – und in anderer Bedeutung – zurückkehrt, womit etwa nicht nur andere Funktionen (Vermittlungsfunktion, Kommentarfunktion), sondern auch andere Kompositionstechniken (Leitmotiv) zum Einsatz kämen. Auch hier zeigt sich die semiotische Uneindeutigkeit von Filmmusik: Eine musikalische Deskription etwa in Form eines etablierten Signals kann ein (versteckten) symbolischen Gehalt haben, der sich erst im Verlauf der filmischen Handlung offenbart oder sogar Querverweise zu anderen Filmen, Reihen oder Genres enthält (vgl. Buhler 2000; Scheuer 2008).

Auch im 21. Jahrhundert erfreut sich das Underscoring großer Beliebtheit. Weit verbreitet ist etwa die Untermalung von Dialogen mit Underscoring, woraus in jüngerer Forschung eine besondere Unterordnung des Scores unter andere filmische Elemente herausgelesen wird (vgl. Bullerjahn 2001; Kloppenburg 2012/2015; Elias 2017). In der Dimension von Realität und Fiktion dagegen ist das Underscoring eindeutig Ersterer zuzuordnen und scheint nur wenig fiktive und mythische Bezüge aufzuweisen. Entsprechend niedrig ist der potenzielle Grad der Autonomie des filmischen Scores (vgl. Lissa 1965; Lederer 2022).

3.8.2 Mood-Technik

Geht es im Underscoring primär um die musikalische Veranschaulichung oder Verdopplung bildlicher Vorgänge, so ist die sogenannte Mood-Technik deutlich weniger illustrativ: Mittels dieser Technik werden Gefühle oder Stimmungsbilder musikalisch ausgedrückt und verstärkt, die nicht immer einen direkten Bezug zu den visuellen Vorgängen innerhalb des Films haben müssen. Zuerst geprägt wurde die Mood-Technik in der Zeit des Hollywood-Sounds von den Komponisten Alfred Newman und Franz Waxman (vgl. Bullerjahn 2001; Wegele 2012; Kloppenburg 2012/2015).

Bullerjahn (2001: 84) stellt die Mood-Technik in einen Zusammenhang mit der barocken Affektenlehre: Wie diese vermittle auch die filmmusikalische Mood-Technik einen bestimmten Affekt oder ein Gefühl, wie es etwa bei Opern-Arien Usus ist. Dieses gefühlsmäßige Auskosten in Form eines musikalischen Stimmungsbilds ist ein wesentlicher Bestandteil der Mood-Technik, und Bullerjahn führt den Opernvergleich dahingehend weiter, dass sie filmische Szenen generell in Arien- oder Rezitativ-ähnliche unterteilt: Während arienartige Szenen mittels der Mood-Technik musikalisch verdichtet werden, bleiben rezitativische, also dialog- oder handlungsorientierte Filmszenen oft ohne Filmmusik, oder sie bedienen sich des Underscorings (vgl. Bullerjahn 2001). Auch Steinhauer (2018: 131) begreift die Mood-Technik als Gegensatz zum Underscoring: Wo Letzteres das Aktuelle des Films betone, stehe die Erstere für das Virtuelle der Filmnarration, also all das, was sich nicht direkt aus dem Filmbild ableiten lässt. Die Mood-Technik taucht in tiefere Realitäts- oder Fiktionsschichten des filmischen Mediums ein, indem sie emotionale Bezugspunkte setzt oder auch räumlich-zeitliche Grenzen zugunsten von Traum, Fantasie, Vergangenheit oder Zukunft aufbricht. Damit erscheint die Mood-Technik geeigneter, in eine Vermittlungs-, Kommentar-, Kontrastierungs- und Erweiterungsfunktion zu treten: Ihr Autonomiegrad ist notwendigerweise höher als in der deskriptiven Technik, die stark mit der unterstützenden Funktion verbunden ist.

Bullerjahn (2001: 86 f.) arbeitet zwei Arten der Mood-Technik heraus: Die expressive Variante vermittelt die Gefühlslage der jeweiligen Filmfigur, um sie dem Publikum näherzubringen. Kloppenburg (2012/2015: 129) beschreibt diesen Vorgang als ein musikalisches Aufstülpen einer Emotion auf eine Szene, ohne dabei auf handlungsmäßige Feinheiten näher einzugehen, um eine gleichmäßige Atmosphäre zu schaffen. Lederer (2022) erweitert die Möglichkeiten dieser Technik, da sie nicht nur Emotionen filmischer Figuren vermitteln, sondern auch psychologische Charakterseiten hörbar machen oder betonen könne: als „akzentuierendes, kommentierendes oder kontrastierendes Emotionalisierungselement" (Lederer 2022: 273) wird die Mood-Technik zur Charakterisierung und Psychologisierung von Personen der filmischen Handlung eingesetzt.

Die sensorisch ausgerichtete Variante der Mood-Technik dagegen zielt „direkt auf intensive physiologische Wirkungen beim Publikum ab" (Bullerjahn 2001: 87), um das Publikum emotional an den filmischen Gefühlslagen zu beteiligen: „als sei man selbst betroffen" (Bullerjahn 2001: 87). Gerade diese vor allem vom Filmkomponisten Bernard Herrmann geprägte Variante steht deutlich in der Tradition der Musik des 19. Jahrhunderts und des Wagnerschen Musikdramas, das signalartige Motive zur physiologischen Vermittlung musikalisch nutzte. Die assoziative Tradition etwa von Hörnern oder Trompeten in der hohen Lage für jagdliche oder militärische Sujets oder von Streicher-Tremoli für ängstliches Zittern hat sich bis in das frühe 21. Jahrhundert fortgesetzt und fest etabliert (vgl. Bullerjahn 2001: 88; Scheurer 2008). Ähnlich wie bei der deskriptiven Kompositionstechnik haben sich so musikalische Codes gebildet, die jedoch im Gegensatz zu den oft imitatorisch-lautmalerischen Signalen jener Technik hier eher assoziativer Natur sind: Nicht klangliche Imitation, sondern konnotativ-symbolische Assoziation steht im Vordergrund. Viele signalartige Beispiele aus Filmwerken um die Jahrtausendwende arbeitet auch Kloppenburg (2012/2015: 98) heraus, der diese ebenfalls als stark klischeehafte Kompositionsweise stigmatisiert. Scheurer (2008) widerspricht hier allerdings der negativ konnotierten Klischee-Zuschreibung und bezeichnet diese Assoziationen nicht als Klischees, sondern als musikalische *Topics* (vgl. Scheurer 2008: 38): Damit meint er durch die medialen Genre-Konventionen etablierte – und dadurch nötig gewordene – musikalische Codes, die auf gewisse Sujets oder semantische Felder durch kulturell erlernte Codierungen verweisen. Die Topics sind also durch filmische Genres vorgegebene beziehungsweise vom Publikum erlernte, innerhalb des Genres funktionierende musikalische Symbole, die für symbolische oder abstrahierende semantische Verweise essentiell sind und deshalb nicht nur nicht vermeidbar sind, sondern im Gegenteil sinnvolle semantische Marker zur Vermittlung des filmischen Mythos darstellen.

Neben den genannten Beispielen können dies etwa der Einsatz des Theremins im Science-Fiction-Genre für Alien-Topoi oder von Streicher-Pizzicati im Comedyfilm für humorige oder neckische Situationen sein. Auch Moormann (2020: 274 f.) plädiert für einen pragmatischeren Umgang mit diesen vermeintlichen Klischees und weist auf die lange Tradition dieser Technik seit der Stummfilmzeit hin. So sind in einem bereits 1927 erschienenen Leitfaden für Filmpianisten 54 verschiedene filmische Standardsituationen verzeichnet, die jeweils mit einem passenden musikalischen Notenbeispiel (entweder aus der zeitgenössischen Filmmusik-Literatur oder aus dem Repertoire des 19. Jahrhunderts) versehen sind. Für den Topos *Wilde Jagd* sind etwa rasende Tremolo-Bässe und wellenartige Melodie-Achtel im Fortissimo notiert; für die Standardsituation *Ausgelassene Wildheit – Furien* wird das Hauptthema aus Bedřich Smetanas *Šárka* zitiert.

Unabhängig von normativen Bewertungen wird deutlich, dass sich die Mood-Technik für den mythisierenden Einsatz von Film- und Medienscores vergleichsweise gut eignet: Ohne auf konkrete Vorgänge der medialen Diegese näher einzugehen, lassen sich emotionale Eindrücke und Andeutungen mittels der Mood-

Technik vortrefflich erzeugen und auch Verweise und Kausalitäten herstellen, die letztlich im mythischen Sinne ein geschlossenes (mediales) Weltbild erzeugen und damit Glaubwürdigkeit schaffen können (vgl. Scheurer 2008; Cassirer 2010; Halfyard 2012). Dabei drückt der Score der filmischen Narration nicht nur einen emotionalen Stempel auf, sondern er vermittelt auch Sinnzusammenhänge und hilft bei der semantischen Einordnung der Diegese, etwa wenn in einzelnen Filmszenen von *Dunkirk* (vgl. Nolan 2017, Score von Hans Zimmer) die konkrete Bedrohungslage ausschließlich auf der musikalisch-auditiven Ebene vermittelt wird (vgl. Lederer 2022).

Steinhauer (2018: 130) zeigt zudem auf, dass insbesondere die Mood-Technik in der Lage ist, dem zeitlichen Verlauf der visuellen Ebene eine eigene akustische Zeitebene entgegenzusetzen. Wenn der filmische Score nicht nur Filmszenen untermalt, sondern sich über mehrere Szenen hinweg erstreckt oder mitten in einer Szene einsetzt oder endet, ergibt sich eine vom visuellen Filmbild getrennte, weitere zeitliche Filmschicht: Diese Auflösung der stringent voranschreitenden Chronologie steht ebenfalls der mythenbildenden Funktion des Filmscores nahe. Lederer (2022: 271) kommt in seiner empirischen Untersuchung mehrerer Filmkompositionen seit dem Jahr 2000 zu dem Schluss, dass die Mood-Technik im 21. Jahrhundert zunehmend zur Etablierung einer emotionalen Grundstimmung benutzt wird, die nicht nur einzelne Szenen oder Sequenzen, sondern den gesamten Film prägt. Der filmische Score wird mittels der Mood-Technik zum wesentlichen Auslöser der filmischen Gesamtstimmung. „Als Emotionalisierungsinstrument leistet sie [die Filmmusik; Anm. d. Verf.] damit einen wesentlich[en] Beitrag zum Verstehensprozess und der Kohärenzbildung" (Lederer 2022: 272). Dadurch unterstützt sie nicht allein darin, Emotionen zu vermitteln, sondern verhilft auch zur mythischen Qualität der filmischen Erzählung: Sie erleichtert die Überwindung der Distanz zwischen Medium und Rezipient*in durch narrative Orientierung und Sinngebung. „Musik ist eine treibende Kraft, wenn es um das emotionale Verstehen von Erzählsituationen geht" (Lederer 2022: 276).

Insgesamt kann die Vielgestaltigkeit der möglichen Funktionen durch die Mood-Techniken herausgestellt werden: Sowohl Erweiterungsfunktionen als auch der Kommentar, der Kontrast sowie die Vermittlung an die*den Rezipient*in sind mittels der Mood-Technik möglich; damit ist auch ihr mythenbildendes Potenzial als hoch einzuschätzen. Ein wichtiger Grund dafür ist der erhöhte Abstraktionsgrad von konkreten szenischen Gegebenheiten: Der Autonomiegrad der Mood-Technik ist potenziell hoch ausgeprägt, was ihr eine höhere Anzahl an funktionalen Möglichkeiten verschafft.

3.8.3 Leitmotiv-Technik

Als Leitmotiv-Technik wurde zunächst Richard Wagners Kompositionsweise seiner *unendlichen Melodie* beschrieben, die er in seinem vierteiligen Zyklus *Ring des Nibelungen* umsetzte (siehe Kapitel 2.6.4). Schon in der Stummfilmzeit – die noch vom Wagnerianismus mit ihren Wagner-Epigon*innen geprägt war – wurden Kennmelodien oder prägnante musikalische Erinnerungsmotive als Wiedererkennungssignale für bestimmte Figuren, Gefühlsausdrücke oder Schlüsselhandlungen genutzt. In der Ära des Hollywood-Sounds ab den 1930er-Jahren etablierte sich die Leitmotiv-Technik als eines der prägenden Kennzeichen etwa des erfolgreichen Studio-Komponisten Max Steiner (vgl. Bullerjahn 2001: 88 f.; Wegele 2012: 256).

Gleichermaßen früh begann die vergleichende Analyse von Wagners Kompositionstechnik mit der filmkompositorischen Verarbeitung dieser Erinnerungs- oder Leitmotive (bei Kloppenburg Motiv-Technik genannt; vgl. Kloppenburg 2012/2015: 130). Schneider (1983) hat drei Stufen der Leitmotiv-Technik herausgearbeitet: Die erste Stufe benutzt nur unveränderte Motive gleichsam als musikalische Zitate, wie sie schon Carl Maria von Weber einsetzte. Die zweite Stufe benutzt Variationenbildungen der Motivik, um veränderte Gefühlslagen im Fortlauf der dramatischen Handlung auszudrücken, und geht auf Hector Berlioz' *idée fixe* zurück. In der dritten Stufe schließlich ist die Leitmotiv-Technik – wie in Wagners Musikdramen – voll ausgeprägt: Die Leitmotive bilden nahezu die gesamte musikalische Substanz sowie ihre Form in unzähligen Ausprägungen und Variationen, und sie sind nicht lediglich erinnernde oder bezeichnende Marker, sondern stark expressive musikalische Mittel zur Abstrahierung, Poetisierung und Mythisierung semantischer Felder (vgl. Bullerjahn 2001: 88 f.). Alle drei Stufen sind nach Bullerjahn (2001) auch in der Filmmusikkomposition zu finden. So hat bereits Max Steiner, ganz in der Tradition Wagners stehend, diese vollausgeprägte Technik etwa in *Gone with the Wind* (vgl. Fleming 1939) angewandt (vgl. Wilcox 2017: 31; Bribitzer-Stull 2017: 10). Die Verwendung der Leitmotiv-Technik in filmischen Scores wurde jedoch auch kritisiert sowie die Tradition Wagners bestritten. Adorno und Eisler (1944/2006) sprechen der Erinnerungsmotivik in der Filmmusik ab, dieselbe Tiefe und symbolische Bedeutung zu erreichen, wie sie in Wagners Musikdramen vorherrsche, und unterstellen solchen Filmkompositionen einen lediglich episodenhaften, trivialen Erinnerungscharakter ohne Tiefe, der von einer amerikanisch-industriellen Filmästhetik bestimmt sei.

> Das Wagnersche Leitmotiv ist unabtrennbar verbunden mit der Vorstellung vom symbolischen Wesen des Musikdramas. Das Leitmotiv soll nicht einfach Personen, Emotionen oder Dinge charakterisieren – obwohl es weithin immer so aufgefaßt worden ist –, sondern es soll im Sinn der eigentlichen Wagnerschen Konzeption die szenischen Vorgänge in die

Sphäre des metaphysisch Bedeutenden erheben. [...] Nur um solcher Symbolik willen ist die Leitmotivtechnik erfunden worden. Im Film, der sich die genaue Abbildung der Wirklichkeit vorsetzt, ist für solche Symbolik kein Raum mehr. Die Leistung des Leitmotivs reduziert sich auf die eines musikalischen Kammerdieners [...]. (Adorno/Eisler 1944/2006: 13)

Auch Buhler (2000) fasst die leitmotivische Verwendung im Film als demythisierte, rationalere Ableitung vom Wagnerschen Leitmotiv auf:

Film music, by contrast, has secularized the leitmotif, demythologizing it precisely by emphasizing its linguistic quality, the process of signification. Film typically deploys leitmotifs in a much more consistent manner than does Wagner; the motifs are much more rigidly bound to the action in film, and they are consequently rarely granted the independence motifs have in Wagner's dramas [...]. (Buhler 2000: 42)

Demnach haben filmische Leitmotive nicht eine mythisierende, sondern im Gegenteil eine klare Benennungsfunktion: Sie sind nach Buhler (2000: 42) in der Regel nicht mehr als Erinnerungsmarker, klare denotative Hinweise oder musikalische Mittel zur (eindeutigen) Kommunikation. Kloppenburg (2012/2015) sieht die Entwicklung filmischer Leitmotivtechnik ebenfalls skeptisch und konstatiert aus historischer Perspektive eine abnehmende Anzahl von leitmotivischen Themen, wenn man filmische Scores aus der Zeit des Hollywood-Sounds mit Kompositionen des frühen 21. Jahrhunderts vergleicht. So scheint die Anzahl der Motive abgenommen, dafür jedoch die dramaturgisch begründete Motivvariation und -vermischung zugenommen zu haben, was Kloppenburg an den Beispielen *King Kong* (vgl. Cooper/Schoedsack 1933) und *Casablanca* (vgl. Curtiz 1942, Filmmusik jeweils von Max Steiner) sowie der Filmtrilogie *The Lord of the Rings* (vgl. Jackson 2001; 2002; 2003, Filmmusik von Howard Shore) und *King Kong* (vgl. Jackson 2005, Filmmusik von James Newton Howard) exemplifiziert.

Die Ansichten einer grundsätzlichen Wesensverschiedenheit zwischen dem Leitmotiv bei Wagner und seinen Nachfolger*innen sowie der Leitmotiv-Technik im Film des 20. und 21. Jahrhunderts werden jedoch nur unzureichend mit Daten belegt.[24] Insbesondere filmmusikalische Leitmotiv-Studien, die über Einzelfallanalysen hinausgehen, sind hier anzuraten, um den Charakter filmisch-medialer Leitmotiv-Kompositionen zu entschlüsseln. Andere Forscher*innen wie Helga de la Motte-Haber und Hansjörg Pauli widersprechen dieser Analyse zudem und halten den direkten Vergleich mit Wagners Kompositionsweise etwa in den Filmmusik-Partituren Max Steiners für zulässig (vgl. Bullerjahn 2001). Auch Flinn (1992)

---

[24] Tatsächlich konterkariert Buhler seine eigene Aussage mit der Analyse von John Williams' Score zu *Star Wars* (vgl. Lucas 1977) in demselben Beitrag, dessen *Force*-Leitmotiv er eine „musicomythic logic" (Buhler 2000: 44) attestiert.

begreift gerade das filmische Leitmotiv nicht nur als Fortführung, sondern als Vollendung des Wagnerschen Gesamtkunstwerk-Konzeptes: Erst im filmischen Medium kann der romantizistische Filmscore demnach sein ganzes utopisches Potenzial entfalten und durch vielfältige symbolische Verweise gleichzeitig Vergangenes und Zukünftiges, Vertrautes und Fremdes sowie Reales und Erträumtes charakterisieren. Die Leitmotiv-Technik verhilft dadurch dem filmischen Medium zu mythischer Qualität: Durch die Verwischung der Grenzen gegensätzlicher semantischer Felder, etwa zwischen Realität und Traum, zwischen Physik und Magie, zwischen Vergangenem und Zukünftigem untermalt das Leitmotiv nicht nur den filmischen Mythos, sondern trägt wesentlich zu seiner Erschaffung bei. Der Zauber des Mythischen wird hier gleichsam durch die Magie des Leitmotivs erweckt, so „daß das Schattenreich der Worte, der Bilder und Zeichen eine solche substantielle Gewalt über das mythische Bewußtsein gewinnt" (Cassirer 2010: 30). Das Leitmotiv erschafft durch seinen symbolischen Charakter eine filmische Wahrheit, die durch sich selbst glaubwürdig wird. Auch Xalabarder (2013) beschreibt diesen mythischen Wahrheitscharakter des Leitmotivs:

> As an exclusive and precise musical reference, the leit-motif has a use that must always be true. It cannot be used as a trick, given that once this has happened the spectator will no longer believe in it and the result would be confusion. (Xalabarder 2013: 112)

Diese vielfältig nutzbaren Verknüpfungen von musikalischen Erinnerungs- oder Leitmotiven sorgen nach Bullerjahn (2001) und Bribitzer-Stull (2017) für die anhaltende Beliebtheit der Leitmotiv-Technik unter Filmkomponist*innen. Beide Forscher*innen stellen die besondere Fähigkeit der Leitmotivik heraus, auch größere filmische Werke oder darüber hinausgehende Projekte wie dramatische Serien oder Filmreihen in einen größeren Zusammenhang zu stellen. Ebenfalls kann die Leitmotiv-Technik für dramatische wie auch epische Funktionen genutzt werden: Kloppenburg (2012/2015) führt die filmmusikalische Nutzung dieser Technik auch darauf zurück, dass sie einen kompositorischen Mittelweg darstellen kann zwischen dem deskriptiven Underscoring, welches die visuellen Vorgänge des Films potenziell überdeutlich illustriert, und der statischen Mood-Technik, die kaum Bezug auf die Filmhandlung nimmt. So ist es möglich, dass die leitmotivische Filmmusik Stimmungsbilder und Gefühle prägen kann, aber gleichzeitig auf die jeweils spezifische Szene Bezug nimmt.

Die vielfältigen Möglichkeiten etwa der Bedeutungsverknüpfung mit Protagonist*innen, Orten, Gefühlen oder anderen Sujets sowie der Einsatz als Rückgriff, Erinnerung oder Ahnung und Vorhersehung bieten eine hinreichende Erklärung für die Nutzung dieser Technik durch Filmkomponist*innen – und zeigen die deutliche Herkunftslinie des (spät-)romantischen Musikdramas (vgl. Bullerjahn 2001; Bribitzer-Stull 2017; Albrecht 2021). Halfyard (2012) betont die Bedeutung der Leitmotiv-Technik gerade in großen, epischen Film- oder Serienformaten wie der insgesamt neunstündigen Filmtrilogie *The Lord of the Rings* (vgl. Jackson 2001; 2002; 2003, Filmmusik von Howard Shore), da der musikalische Score den Rezipient*innen Orientierung und Halt geben kann und ihnen damit auf ihrer immersiven Reise durch die Narration hilft. Der leitmotivische Score schafft durch Kohärenz semantische Geschlossenheit (vgl. Albrecht 2021).

Auch Steinhauer (2018) weist darauf hin, dass musikalische (Leit-)Motive keineswegs nur dramaturgische Wegweiser sind, die sich auf außermusikalische Topoi beziehen, sondern dass sie ein eigenes klanglich-musikalisches Gewebe bilden, das dem Film Halt und Orientierung gibt und Teil seiner Identität ist.

> Die Leitmotive schaffen analoge Strukturen wie die Protagonisten in der visuellen Ebene. Durch ihre wiedererkennbare Identität, die ihnen auch zu einer vom Bild losgelösten, selbständigen Seinsweise im Film verhilft, bilden sie ‚rhythmische Gesichter oder Figuren', charakteristische Orte mit ‚expressiven Eigenschaften', die in veränderliche oder konstante Verhältnisse zueinander treten. (Steinhauer 2018: 113)

Die kompositorische Leitmotivik fügt einem filmischen Medium also eine charakteristische Dimension mit eigener Expressivität hinzu, die Steinhauer (2018) explizit als räumliche Verortung versteht. Leitmotive geben im Idealfall Halt in der Flut von Bildern, Szenen und Schnitten und werfen einen eigenen, expressiven Lichtkegel – quasi als emotionale Kameraführung – auf wichtige semantische Felder der Dramaturgie. In funktionaler Hinsicht hat die Leitmotiv-Technik damit ein unübertroffenes Potenzial in der Vermittlung zum Publikum: Die motivischen Verweise und Sinnzusammenhänge können Halt geben, auf zentrale narrative Sujets hinweisen und damit Kausalitäten schaffen, wie es etwa die Mood-Technik nicht vermag.

Lensing (2009) und Elias (2017) veranschaulichen, dass die Leitmotiv-Technik keineswegs nur für traditionelle musikalische Themen orchestraler Art verwendet wird. Auch im Bereich des Sounddesigns werden bestimmte *signature sounds* in leitmotivischer Art eingesetzt:

> Eine rein synthetisch erzeugte Klangwelt, völlig motiv- und themenfrei strukturiert, kann durch die Kraft des reinen Sounds in all seiner vielschichtigen Plastizität funktionieren, und kann auf ihre eigene Art und Weise die gleichen dramaturgischen und architektonischen Funktionen übernehmen, wie z. B. ein üblicherweise in 8 oder 16 Takten strukturiertes filmmusikalisches ‚Leitthema', das in typischer wagnerianischer Leitmotivtradition verwendet und entsprechend durchgeführt wird. (Elias 2017: 465)

Ein Klang mit Wiedererkennungseffekt kann also leitmotivische Bedeutung erlangen, wenn er im Sinne der Leitmotiv-Technik eingesetzt wird. Hier sind vielschichtige Wandlungen, Veränderungen, kontrapunktische Verwendungen und Vermischungen mit anderen Sounds (oder musikalischen Bestandteilen) möglich, wodurch das Sounddesign eine kompositorische Qualität erlangt. Lensing nennt dafür explizit die Musique concrète als Vorbild: Der Ausgangspunkt für kompositorische Experimente wie Motiventwicklung, Themenfortschreitung und Kontrapunkt ist der (nicht-musikalische) Klang (vgl. Lensing 2009).

> **Klangbeispiel 44:** Hans Zimmer / James Newton Howard – *The Dark Knight*, I'm Not a Hero, URL: https://open.spotify.com/intl-de/track/56pKYnSA0CyayMJWcEU5kH?si=069dd7ef7d874e59 (vgl. Zimmer/Howard 2008).
>
> Der flatternde Klang von Batmans Umhang in *The Dark Knight* (vgl. Nolan 2008) etwa wird als ein solches zentrales Motiv verwendet – und ist deshalb auch ein elementarer Teil des musikalischen Soundtracks (hier gemeint als Musik- und Sound-Ebene) von Hans Zimmer, James Newton Howard und Richard King. Im vorliegenden Beispiel erklingt er mehrmals – in klanglichen Variationen und auf den Takt – als Mittel zur semantischen Denotation des Protagonisten (vgl. Zimmer/ Howard 2008: 02'39"–02'53"; 02'58"–03'12") und wird so zu einem integralen Element der dramaturgisch eingesetzten Sound-Musik-Sphäre.

Diese Entwicklungen unterstreichen die fortdauernde Beliebtheit der leitmotivischen Kompositionstechnik in filmisch-medialen Zusammenhängen auch im 21. Jahrhundert. Wenn die leitmotivische Komposition einen Mittelweg zwischen deskriptivem Underscoring und von der Filmszene losgelöster Mood-Technik darstellt, so scheint sie auch die Erschaffung eines medialen Mythos in idealer Weise zu ermöglichen und hier einen kompositorischen Königsweg zur Mythisierung von Filmen und Serien darzustellen: Die symbolische Verdichtung von narrativen Zusammenhängen, die thematische Nutzung von Erinnerungen, Verweisen, Ahnungen und Andeutungen erschafft eine verdichtete Erzählung, die im mythischen Sinne geschlossen und glaubwürdig wirkt.

3.8.4 Baukasten-Technik

Die Baukasten-Technik weist im Gegensatz zu den anderen nach Bullerjahn beschriebenen Techniken als einzige keine direkten Bezüge zur Musik des 19. Jahrhunderts auf und ist nach dieser Lesart potenziell die einzige neue Filmkompositionstechnik der postromantischen Medienkultur des 20. Jahrhunderts (vgl. Bullerjahn 2001: 93 f.). Diese auch – abgeleitet von Sergei Eisensteins berühmtem filmtheoretischem Begriff – Montagetechnik genannte Kompositionsweise entwickelt ihre musikalische Substanz aus kleinen musikalischen Bausteinen in Form von zumeist eintaktigen, voll auskomponierten Zellen, die kombiniert und so zu vier- oder achttaktigen Mustern zusammengelegt werden können. Verschiedene Varianten der Zellen ergeben so unterschiedlich aufgebaute Muster-Architekturen. Oft haben diese Zellen einen Grundrhythmus, der gleichbleibt, während in den Variationen neue, zumeist melodische Elemente auftauchen können oder vorhandene Elemente weggelassen oder ersetzt werden. Nicht von ungefähr ist dieser gleichsam visuell anmutenden Kompositionsweise eine auffällige Nähe zur Technik des Filmschnitts zu attestieren. Genauso deutlich wird die Nähe zur zeitgenössischen Popmusikproduktion mit ihren vier- oder achttaktigen Patterns (vgl. Bullerjahn 2001: 93; Elsaesser/Hagener 2007: 34). Erstmals in ironisierter Weise von Erik Satie im Jahr 1924 angewandt, wirkt diese Kompositionstechnik geradezu mechanistisch und zergliedernd, wobei sie mit der rasanten Entwicklung digitaler Kompositionstechnologien, MIDI-Technik und Digital Audio Workstations einen neuen Aufschwung erlebte (vgl. Bullerjahn 2001: 99).

Kloppenburg (2012/2015: 111) führt diese Technik interessanterweise nicht als eigene Kompositionsweise auf, sondern begreift sie als notwendiges technisches Mittel im Film- und Musikschnitt, der also sämtliche Filmmusik- und potenziell alle Kompositionstechniken im Produktionsprozess unterliegen. Als flexibler und digitalisierter Prozess der adaptiven Montage von musikalischen Cues sowohl in horizontaler Richtung (wenn etwa Patterns wiederholt oder gekürzt werden) als auch in vertikaler Richtung (wenn etwa zur Zunahme von Intensität weitere musikalische Spuren wie Drums oder Blechblasinstrumente hinzukommen) erinnert die Baukasten-Technik zudem stark an das bei Erbe (2018) beschriebene übliche Musik-Design für Videogames.

Für Kloppenburg sind also die Kompositionstechniken auf einer Achse der Abstraktion und Eigenständigkeit von der konkreten filmischen Handlung anzuordnen, wobei die musikalische Autonomie im Underscoring am niedrigsten ist, ein ausgewogenes Maß bei der (Leit-)Motiv-Technik innehat und den größten Grad bei der Mood-Technik erreicht, während die Baukasten-Technik lediglich ein – durch die digitalisierte Produktion längst etabliertes – Mittel zum musikalischen Design und der Synchronisation mit dem Filmbild ist (vgl. Kloppenburg 2012/2015: 125; Buhler/Neumeyer 2014: 33).

Die Baukasten-Technik mit ihrer genau getimten, auf das mediale Bild abgestimmten Zergliederung und Aufsplittung einzelner Teile widerspricht deutlich dem romantischen Gedanken einer mythisierenden Verwendung von Musik in der medialen Erzählung. Diese Technik seziert und verknüpft neu, sie setzt klar voneinander getrennte Bausteine technisch zusammen und zerrupft diese regelrecht wieder. Hier wird klar, dass zumindest im konzeptuellen Sinne eine Technik zum Einsatz kommt, die nicht nur mit einer Romantisierung von medialen Kompositionen unvereinbar ist, sondern diese womöglich aktiv bekämpft. Unter diesem Aspekt verdient die Baukasten-Technik besondere Beachtung als möglicher Hinweis auf die Verdrängung romantizistischer Musikkonzepte in Filmen und narrativen Serien.

3.8.5 Kompilation und präexistente Musik

Kloppenburg (2012/2015: 247) und Rudolph (2022) beschreiben eine weitere und verbreitete Möglichkeit, Filmmusik einzusetzen: Statt des *Komponierens* ist auch das *Kompilieren* von Filmmusik eine häufig verwendete Technik, um Filme und audiovisuelle Medien mit Musik zu unterlegen. Diese Kompilationstechnik reicht bis zum historischen Beginn des Mediums Film zurück, hat ihre Ursprünge also in der Stummfilmära, in der sich eigens für den Film komponierte Stücke mit bereits existierenden Musikwerken mitunter bunt vermischen konnten. So werden etwa Lieder oder Popsongs unter ausgesuchte Filmszenen oder den Filmabspann gelegt. Teilweise liegen die Gründe für die Auswahl solcher Popsongs außerhalb des Filmnarrativs und haben einen kommerziellen Hintergrund (vgl. Kloppenburg 2012/2015: 266). Beliebt ist zudem sowohl die Verwendung von früheren, meist bekannten Filmscores als auch das Zitieren von bekannten Werken aus dem klassisch-romantischen Musikrepertoire in Filmen (beispielhaft in *Excalibur* [vgl. Boorman 1981] oder *Melancholia* [vgl. von Trier 2011], die beide exzessiven Gebrauch von Richard Wagners Musik machen und dieser dadurch auch neue Bedeutungsebenen verleihen; vgl. Power 2018: 41; Rudolph 2022: 171).

Mitunter werden auch die Temp-Tracks[25] aus früheren Produktionsphasen des Films beibehalten, anstatt die eigens angefertigte Filmmusik in der Endfassung des Films zu verwenden (etwa im bekannten Beispiel *2001: A Space Odyssey*, vgl. Kubrick 1968). Aus Zeit- oder Kostengründen werden zunehmend auch vorgefertigte Musikstücke aus extra für diesen Zweck kreierten Musikarchiven verwendet, den sogenannten Production Music Libraries. Diese Archive sind beispielsweise nach Stimmungen, Instrumenten oder Genres durchsuchbar und bieten passend zum Suchwort womöglich passende Musikstücke an, die schnell lizenziert und im Film oder audiovisuellen Medium eingesetzt werden können. In Serienformaten haben diese Libraries eine lange Tradition: Spezielle Musikarchive mit aufgenommener Serienmusik wurden seit den 1960er-Jahren nach Kategorien, etwa Stimmung, Stil oder Standardsituation, geordnet, um die Musik in geeigneten Szenen wiederverwenden zu können (vgl. Kloppenburg 2012/2015: 247).

Dabei kann die Kompilierung von Musik mit allen filmmusikalischen Kompositionstechniken kombiniert beziehungsweise in deren Weise eingesetzt werden: Ein Song kann eine Szene im Sinne der Mood-Technik emotional prägen oder eine gewisse Stimmung vorgeben. Ein Zitat etwa von Carl Orffs „O Fortuna" aus seiner *Carmina Burana* (1936) kann aber auch motivisch eingesetzt werden, indem es für eine bestimmte semantische Funktion besetzt wird und immer wie-

---

[25] Auf die Temp-Tracks wird in Kapitel 3.9 genauer eingegangen.

derkehrt. Als Illustration einer malerischen Landschaft etwa in Irland im Sinne der deskriptiven Kompositionstechnik kann auch ein bereits existierendes Lied der irischen Folklore verwendet werden (vgl. Kloppenburg 2012/2015: 247).

Rudolph (2022) zeigt die weit zurückreichende Tradition des Einsatzes von Musikstücken aus dem romantischen Repertoire in Filmen auf. Von Franz Schubert über Richard Wagner und Gustav Mahler bis hin zu Richard Strauss: Die Zitate von Musikwerken der Romantik sind vielfältig und zahlreich, zudem decken sie eine große funktionelle Bandbreite ab, von der klischeebeladenen Adelsball- oder Jagdszene bis hin zur Umdeutung von Raumschiffreisen in Science-Fiction-Filmen zu Klängen des Wiener Walzers in Stanley Kubricks *2001: A Space Odyssey* (vgl. Kubrick 1968). Dabei können die Grenzen zwischen Kompilation und Komposition verwischen: Rudolph (2022) veranschaulicht, dass präexistente Musikstücke aus dem klassisch-romantischen Kanon nicht einfach verwendet, sondern in der Regel vielfach bearbeitet werden: Dies kann eine Kürzung ebenso wie eine Neuaufnahme bedeuten, auch die Reorchestrierung und Rearrangierung mit neuen Abfolgen, Transpositionen und Wiederholungen prägnanter Teile nennt Rudolph (2022). Dabei kann die Vielzahl von Bearbeitungsmöglichkeiten durchaus kompositorische Qualität aufweisen (vgl. auch Kloppenburg 2012/2015: 250).

Die Kombination von komponierter und kompilierter Musik (bisweilen missverständlich als Score und Source Music bezeichnet) in einem Film oder einer Serie ist die Regel und hat eine ebenfalls bis in die Entstehungszeit des Films zurückreichende Tradition, die in den 1980er- und 1990er-Jahren mit Filmen wie *Highlander* (vgl. Mulcahy 1986) oder *The Bodyguard* (vgl. Jackson 1992) eine Renaissance erfuhr (vgl. Kloppenburg 2012/2015; Rudolph 2022). Dabei spielt die Kunst der gelungenen Kombination von Filmscore und ausgesuchten Songs eine wichtige Rolle, die in der Regel gemeinsam von der*dem Filmkomponist*in und dem sogenannten *Music Supervisor* übernommen wird. Beide Ebenen – der komponierte Film*score* sowie die kompilierte, bisweilen als *Soundtrack*[26] bezeichnete Songauswahl – treffen idealerweise Charakter und Ton der Filmdramaturgie und ergänzen sich ästhetisch, stimmungsmäßig und/oder stilistisch, um zu einem kohärenten Ganzen beitragen zu können. Songs und Filmscore können einen interessanten Kontrast bieten, jedoch werden Popsongs bisweilen auch von der*dem Filmkomponist*in aus dem thematischen Material des Filmscores eigens angefertigt, etwa vom Komponisten James Horner im erfolgreichen Historiendrama *Titanic* (vgl. Cameron 1997), in welchem der von Celine Dion gesungene Song *My Heart Will Go On* der Untermalung des emotionalen Filmhöhepunkts dient. Auch der Filmabspann wird oft mit Songs unterlegt (vgl. Kloppenburg 2012/2015). Die

---

26 Auf die missverständliche Begrifflichkeit des Soundtracks wurde in Kapitel 3.1 hingewiesen.

Verwendung von Songs in filmischen Medien wird in der Forschung durchaus kontrovers beurteilt. Xalabarder (2013: 122) etwa warnt vor dem Einsatz von Songs, der meistens aus kommerziellen Gründen geschehe und das Filmnarrativ und die stilistische Geschlossenheit des Scores empfindlich störe. Scheurer (2008) dagegen urteilt, dass die Verwendung von Popsongs als Ausdrucksmittel für das Normale und Gegenwärtige, also etwa den gesellschaftlichen oder familiären Alltag, diene – zumindest in Genres wie Science-Fiction oder Horror. Der Filmscore ist in diesen Fällen bewusst vom vermeintlich alltäglichen und gefälligen Popsong abgegrenzt und bildet einen stilistischen, aber auch semantischen Kontrapunkt, wenn etwa die heile Welt durch einen Song ausgedrückt wird und der Filmscore die äußere Gefahr musikalisch vermittelt. Auch Hogg (2019: 1–21) betont, dass Popsongs viele der Funktionen übernehmen können, die der Score üblicherweise einnimmt. Deutlich wird hier, dass der Song durchaus in dramaturgischer sowie mythenbildender Funktion eingesetzt werden kann: Dann ist er eingebunden in ein filmmusikalisches Gesamtkonzept, das dem Song eine abgestimmte Teilfunktion in enger Verzahnung mit dem Score zuweist.

Auf funktionaler Ebene können sowohl Songs als auch andere kompilierte Musik alle beschriebenen Funktionen einnehmen: Häufig sind Szenen etwa mit zeitlich/räumlich passender Tanzmusik untermalt, aber ein Song kann auch verstärkend oder antithetisch in handlungsintensiven oder entscheidenden filmischen Szenen zum Einsatz kommen und dann erweiternde, kommentierende oder kontrastierende Funktionen erfüllen (vgl. Maas 1994; Bullerjahn 2001). Eine weitere Bedeutungsebene entsteht durch die bereits vorhandenen semantischen Räume der eingesetzten Musik: Durch ihre Präexistenz in anderen Zusammenhängen ergeben sich komplexe Bezüge, die durch den erneuten Einsatz im filmischen Medium infrage gestellt oder neu umgedeutet werden können. Rudolph (2023) veranschaulicht diese Mechanismen anhand des Einsatzes von Johann Sebastian Bachs Choralvorspiel „Ich ruf zu dir, Herr Jesu Christ" in Lars von Triers Film *Nymphomaniac* (vgl. von Trier 2013a; 2013b). So kommt er zu dem Schluss: „Bezogen auf das Phänomen der präexistenten Musik bedeutet dies, dass die filmische Adaption von präexistenter Musik durch einen wechselseitigen Transfer von Eigenschaften neue Bedeutungen schafft" (Rudolph 2023: 197). Diese neuen Bedeutungen können mitunter konfliktreich und nicht widerspruchsfrei sein, wie das Beispiel der Verwendung eines christlichen Chorals innerhalb expliziter Sexszenen zeigt. Genau aus diesen Konflikten ergeben sich Bedeutungsverschiebungen, die in mehrere Richtungen funktionieren können: Die präexistente Musik alteriert die Bedeutung der filmischen Narration, da sie diese in einen anderen Zusammenhang stellt; die Verwendung der (zumeist bearbeiteten) präexistenten Musik im filmischen Zusammenhang kann jedoch auch eine Veränderung der Rezeption des Originals bedeuten (wobei Rudolph zurecht die Frage stellt, was die originale Bedeutung beziehungsweise was die postulierte Präexistenz des Musikstücks eigentlich ausmacht; vgl. Rudolph 2022). Die – in anderer Form – bereits existierende Musik eignet sich den Film auf ähnliche Weise an, wie der Film oder zumindest der Filmausschnitt sich der Bedeutung des Musikstücks bemächtigt. Dabei entstehen mitunter konflikthafte Bedeutungsverschiebungen, aber auch neue Metaphern und symbolische Zeichenverschiebungen. Diese Bedeutungsverschiebungen erinnern nicht ohne Grund an die mythische Semiotik: Die zeichenhafte Umformung, symbolische Umdeutung oder semantische Transferierung von Bedeutungsträgern ist ein wesentliches Attribut des Mythos.

3.9 Produktionsbedingungen

Nicht nur ästhetische, artifizielle und kompositorische Bedingungen sind wesentlich für eine Standortbestimmung von Film- und Serienmusik in den 2010er-Jahren. Ebenso einflussreich sind kommerzielle Aspekte, technologische Neuerungen und etablierte Standards des digitalisierten Produktionsprozesses von filmischen Scores, um die wesentlichen Faktoren der Ausgestaltung von Filmmusikkompositionen im frühen 21. Jahrhundert verstehen zu können. Eine wichtige, aber nicht die einzige Rolle spielt hier die schon beschriebene, sogenannte Hans-Zimmer-Ära – dennoch lassen sich auch Kontinuitäten erkennen, die auf Vorbilder der Vergangenheit verweisen.

3.9.1 Hollywoods Dominanz

Zu Beginn des 21. Jahrhunderts ist Hollywood einer der maßgeblichen Orte für die weltweite Kinofilm- und Serienproduktion und durch die jahrzehntelange Dominanz wesentlich verantwortlich für eine Kontinuität auch in kommerzieller Hinsicht – zumindest in den Kulturen des Globalen Nordens (vgl. Mera/Burnand 2006; Kloppenburg 2012/2015: 173 f.; Coleman/Tillman 2017). Hollywood ist in den 2010er-Jahren weiterhin nicht nur der kulturelle, sondern auch wirtschaftliche Ankerpunkt der Kinofilmproduktion. Dabei setzen die Filmstudios zunehmend auf Sicherheit statt auf Risiko und investieren in hochbudgetierte Fortsetzungen, Filmreihen und auch Serien-Spin-Offs von erfolgreichen Einzelfilmen, Marken und Vorlagen aus der (Pop-)Kultur. In der Franchise-Ära haben allein Filmreihen wie das MCU ihren Studios Einnahmen in zweistelliger Milliardenhöhe beschert (vgl. McSweeney 2018: 1; Marvel Entertainment, LLC 2024; IMDb.com, Inc. 2024a).

Hollywood ist allgegenwärtig – auch in Europa: die Listen der nach Einspielergebnissen sortierten erfolgreichsten Kinofilme etwa in Deutschland werden von Produktionen der großen Filmstudios von 20th Century Studios über Warner Bros. und Paramount Pictures bis zu den Walt Disney Studios dominiert (vgl. IMDb.com, Inc. 2024 m). Aus dieser Dominanz wird bisweilen ein Bedrohungsszenario für das europäische Kino konstruiert (vgl. Mera/Burnand 2006): So sei das von vielen unabhängigen Produktionsfirmen und Ländern geprägte hiesige Arthaus-Kino potenziell darin gefährdet, von Hollywoods Produktionsstandards, kommerziellen Maximen und kulturellen Einflüssen überrollt oder übernommen zu werden. Auch wenn diese Sichtweise teils angezweifelt wurde (vgl. etwa Flinn 1992; Smith 2014), hat Hollywood in vielfältiger Weise zweifellos Einfluss auf die europäische Filmlandschaft:

> The prevalent argument that European cinema is threatened by the external power of Hollywood is in reality much more complicated than polarized studies would initially suggest. Given the increased ease of communications, the processes of globalization, and the intricate nature of film financing, the fluency between European and Hollywood film is a vital feature of both industries and cultures. (Mera/Burnand 2006: 4)

Aufgrund vielfältiger Beziehungen nicht nur auf kultureller, sondern eben auch auf kommerzieller und produktionstechnischer Ebene ist nicht von der Hand zu weisen, dass Hollywood einen im 21. Jahrhundert unverminderten Einfluss auf das europäische Kino ausübt. Doch auch umgekehrt machen Mera und Burnand (2006) einen nicht unerheblichen europäischen Einfluss auf Hollywood aus, etwa wenn Produktionsunternehmen wie das französische Canal+ spezifische Filmförderungen für Hollywood-Produktionen betreiben, die deutlich ausgeprägte europäische Inhalte haben. Auch die Filmförderungen deutscher Bundesländer unterstützen internationale Großproduktionen, wenn beispielsweise Drehorte von Hollywood-Filmen oder internationalen Netflix-Serien in Deutschland angesiedelt sind (vgl. Mera/Burnand 2006). Darüber hinaus sind Hollywood-Produktionen internationale Großprojekte, die nicht nur die verschiedenen Märkte und deren Befindlichkeiten weltweit berücksichtigen müssen, sondern auch personell unterschiedliche Nationalitäten aus verschiedenen Kulturkreisen zusammenbringen. Die erhebliche Mitwirkung von europäischen Akteur*innen an den filmischen Produktionen ist unbestritten; auch und gerade im Bereich der Filmmusik (vgl. Mera/Burnand 2006; Kloppenburg 2012/2015; Buhler/Neumeyer 2014). Hollywood beeinflusst und formt die Entertainment-Industrie sowie die Unterhaltungskultur auch in Deutschland mit, doch unterliegt umgekehrt Hollywood ebenso verschiedenen – auch internationalen – Einflüssen (vgl. auch Flinn 1992).

3.9.2 Kommerzielle Musik-Film-Beziehungen

Negus (1999) weist darauf hin, dass die Produktion eines Film- und Serienscores durch vielfältige technische Möglichkeiten im digitalen Zeitalter eher kostengünstiger geworden ist, während die Filmbudgets immer weiter gewachsen sind. Den strikten Gegensatz von Kultur und Industrie sieht Negus kritisch: Jedes industriell gefertigte Medium hat auch kulturellen Inhalt, umgekehrt sind mediale Kulturprodukte in der Regel aus kommerziell ausgerichteten Industrieunternehmen entstanden. Adorno und Eisler (1944/2006) hätten hier widersprochen: Kommerzielle Inhalte wie Filmmusik, die keinen reflektiert-kritischen, an die Vernunft appellierenden Kommentar beinhalten, sind demnach zu Ware verkommene Produkte der Kulturindustrie, die nur noch eine konformistische Selbstbestätigung ausüben und damit den eigentlichen Zweck von Kunst und Kultur konterkarieren.

Buhler (2014) stellt heraus, dass das System Hollywood das Selbstverständnis der Filmkomponist*innen geformt hat: Seit den 1980er-Jahren sind diese in der Regel Selbständige und werden für einzelne Filmprojekte engagiert. Hollywoods Filmkomponist*innen begreifen sich als Dienstleistende, die keine Macht über das System haben und kaum Innovationen vorantreiben können. Das System führt außerdem zu einer großen Ungleichheit, da relativ wenige Komponist*innen relativ viele Filmkompositionsaufträge bekommen, was nur bedingt mit dem tatsächlichen Talent der*des Einzelnen korreliert. Auch Scheurer (2008) beurteilt die Situation der Komponist*innen innerhalb der Filmindustrie deshalb als problematisch:

> Books about film music are filled with stories, many of them horror stories, about the work environment of the film composer. These stories are peopled with villains (musically ignorant studio bosses, producers and directors), heroes (the composers) and exciting deadlines (,They don't want it good, they want it *Thursday*!'). [...] Industry discourse reveals that the films are indeed perceived as types that are expected to fulfill a certain artistic standard and also to ensure healthy bottom line figures [...]. In order to ensure continued movie attendance (or consumption if we think in terms of a sales paradigm), quality and standardization are key elements: consumers expect the same quality every time they buy it, regardless of where they buy it. It is this philosophy which composers face most often. (Scheurer 2008: 44)

Diese Erwartungshaltung kann zu einem kreativen Stillstand führen, wenn etwa im Rahmen von etablierten Genre-Konventionen immer wieder die gleiche Handschrift erwartet wird (vgl. Scheurer 2008; Halfyard 2012; Stokes 2013). Jedoch teilen nicht alle Forschende diesen problematisierenden Blickwinkel: Smith (2014) etwa betont die symbiotische Beziehung von Hollywood-Industrie und Musikbranche, von der beide Seiten profitiert hätten. So sichert eine gute Kompilation mit erfolgreichen Songs der Filmproduktion Zusatzeinnahmen, während einige Album-Veröffentlichungen (von der Industrie in der Regel als Soundtrack-Album bezeichnet) mit Songs zu Filmen wie *The Bodyguard* (vgl. Jackson 1992) oder *Titanic* (vgl. Cameron 1997) zu den meistverkauften Musikalben aller Zeiten gehören und damit der Musikindustrie in die Hände gespielt haben. Tatsächlich hat die Veröffentlichung als CD oder als Album in gängigen Streaming-Portalen eine lange Tradition: „Die kommerzielle Verwertung einer Filmmusik gehört seit langem zum Merchandising fast jeden Films" (Wünschel 2018: 328; vgl. auch Wierzbicki/Platte/Roust 2012). Diese Zweitverwertung von Filmmusik bringt Komponist*innen mitunter in einen Interessenskonflikt. Xalabarder (2013: 17) tritt dafür ein, dass der Score nur dann gut ist, wenn er für das filmische Gesamtmedium funktioniert. Er argumentiert, dass die Filmkomposition außerhalb des Films einen Teil ihres (künstlerischen) Werts verliert: Die Musik müsse *innerhalb* des Films funktionieren und nicht für sich genommen schön sein oder einen ästhetischen Wert haben. Sein Appell an Komponist*innen, lediglich die Qualität und Wirkung der Musik im filmischen Zusammenhang zu beachten, steht in Diskrepanz zu den Möglichkeiten – und mitunter den kommerziellen Erfordernissen – einer Auswertung des Scores über den filmischen Einsatz hinaus.

Darin wird die enge Verzahnung, aber auch gegenseitige Abhängigkeit von Film- und Musikbranche deutlich. Seit der Jahrtausendwende ist jedoch ein zunehmendes Ungleichgewicht im Beziehungsgefüge beider Branchen zu beobachten (vgl. Mera/Burnand 2006; Xalabarder 2013; Smith 2014). Seit dem wirtschaftlichen Niedergang der Musikbranche durch den starken Rückgang der Tonträgerverkäufe ab dem Jahr 2000 suchten Komponist*innen, Künstler*innen und Musiklabels nach neuen Umsatzquellen. So sorgte seitdem das verstärkte Interesse von Musikkünstler*innen, Bands und Plattenfirmen an einer Lizenzierung für einen Film – das sogenannte Synchronisationsrecht – dafür, dass die jeweiligen Lizenzierungserlöse durch die höhere Konkurrenz deutlich gesunken sind. Auch machte um das Jahr 2009 das komplette Musikbudget – inklusive aller Kosten für die Komponist*innen, für das Recording, die Arrangements, die Bezahlung von Musiker*innen oder Orchestern, Spotting Sessions und so fort – einen Anteil am gesamten Produktionsbudget eines Hollywoodfilmes von nur noch etwa einem Prozent aus. Dabei ist der Musikanteil oder die Anzahl an lizenzierten Songs in einem Film keineswegs gesunken: Der Großteil eines Kinofilms im frühen 21. Jahrhundert ist in der Regel mit Musik unterlegt (vgl. Smith 2014: 286). Diese starke Diskrepanz erzeugt zu Beginn des 21. Jahrhunderts ein historisch bisher nicht dagewesenes Abhängigkeitsverhältnis der Musikschaffenden von Hollywoods Medienindustrie, das die Rolle und das Selbstverständnis der Filmkomponist*innen schwächt (vgl. Scheurer 2008; Hill 2017).

3.9.3 Selbstverständnisse von Filmkomponist*innen

Doch wurde die Rolle von Filmkomponist*innen im Laufe der Zeit nicht nur geschwächt, sondern sie hat sich auch diversifiziert. Waren die – fast durchweg männlichen – Filmkomponisten in der Studio-Ära Hollywoods noch festangestellt und sorgten für eine oft gleichbleibende musikalische Handschrift bei den jeweiligen Studios über längere Zeiträume hinweg, so sind im 21. Jahrhundert freischaffende Komponist*innen die Regel, die für eine stärkere Individualisierung und stilistische Vielfalt sorgen (vgl. Kloppenburg 2012/2015). Dennoch steht diese Individualisierung etwa durch die Franchise-Ära, den kommerziellen Druck, die Erwartungen an Genre-Konventionen sowie die starke Abhängigkeit von Musik- und Medienindustrie auf dem Prüfstand (vgl. Coleman/Tillman 2017). Schon die frühen Filmkomponisten des Hollywood-Sounds wie Max Steiner und Erich Wolfgang Korngold zeigten die ambivalenten Beziehungen der*des Komponist*in zu ihrer Rolle als Dienstleister*in innerhalb der Unterhaltungsbranche auf. So ging etwa Steiner als ursprünglicher Theater- und Bühnenkomponist völlig in seiner Rolle als Filmkomponist auf; Korngold dagegen freundete sich nicht mit seiner Stellung an und plante, seine Karriere als „ernster" Komponist wiederaufzunehmen (vgl. Wegele 2012: 254).

Einen eigenen Weg, den aus dieser Individualisierung entstehenden Problemen entgegenzuwirken und sich den Anfordernissen der Filmindustrie anzupassen, schlug Hans Zimmer mit seiner einflussreichen Produktionsfirma „Remote Control Productions" (vormals Media Ventures) ein. Diese ist mehr als ein Pool von Film- und Medienkomponist*innen: sie wirbt nicht nur mit Zimmers Namen und Bekanntheit, sondern auch mit der Garantie, filmische Anforderungen und Deadlines durch Arbeitsteilung und musikalisch-sounddesignerisches Teamwork zu erfüllen (vgl. Coleman/Tillman 2017).

> Zimmer's Remote Control Productions is a ‚music factory' capable of providing whatever music one film needs in the shortest time possible. Diatribes about authorship or *the* composer as the individual creator are pointless: Zimmer's approach is patently collectivist, his policy being to have a pool of talents that is coordinated by himself, acting more as a music producer, talent scout, and sound designer than as a composer *stricto sensu*." (Audissino 2017a: 223 [Hervorh. im Orig.])

Jaszoltowski und Riethmüller (2019: 110) betonen, dass sich das Selbstbewusstsein von Filmkomponist*innen gesteigert hat, seitdem bekannte Vertreter*innen wie John Williams, James Horner oder Hans Zimmer einen „Popularisierungsschub" (Jaszoltowski/Riethmüller (2019: 110) erhalten haben. Die Verehrung, die diesen Filmkomponist*innen entgegenschlägt, führt sie auch in die Konzertsäle, wo sie etwa Potpourris ihrer Filmscores aufführen. Dadurch nehmen sie teils die eigentlich dem klassisch-romantischen Musikkanon im weiteren Sinne vorbehaltene Rolle der*des ernstzunehmenden Künstler*in ein, deren Filmkompositionen als Kunstwerke und nicht nur als funktionale Begleitklänge eines kommerziellen Unterhaltungsfilms wahrgenommen werden. Hier werden Anklänge an das romantische Stereotyp des Genies deutlich. Dennoch gilt diese Popularisierung nur wenigen Stars der Szene, und längst nicht alle Filmkomponist*innen haben die Gelegenheit, sich ihre Aufträge aussuchen, über Nebeneinkünfte etwa aus Millionen von Streams verfügen oder gar ihre filmmusikalischen Werke im Konzertsaal aufführen zu können (vgl. Hill 2017; Coleman/Tillman 2017; Kohli 2018). Auffällig ist allemal, dass diese wenigen Stars als weiß und männlich identifiziert werden können und insofern auch dem Genie-Klischee des klassisch-romantischen Kanons entsprechen (siehe Kapitel 2.5.4).

Das ambivalente Verhältnis zwischen Filmkomponist*in und Filmindustrie erinnert an den Grundkonflikt zwischen Kunst und Kommerz, zwischen Künstler*in und Massenprodukt, der nicht neu ist. So weist bereits Flinn (1992: 30) auf das romantizistisch geprägte Bild der*des individuell angetriebenen Kreativen hin, die*der eine zeitlose, authentische Kunst schaffen will und diametral einer kapitalistisch motivierten, unbarmherzigen Industrie gegenübersteht, die jede Individualisierung zu beseitigen sucht: „romanticism formed a utopian alternative to this advancing industrial capitalism, a utopia both based on and defined against some of capitalism's social and economic rigors" (Flinn 1992: 30). Auch dies erinnert an das romantizistische Rollenbild des künstlerisch-musikalischen Genies, das sich gegen äußerliche Einflüsse verwahrt und seine (zeitlose) Kunst gegen Strömungen seiner Zeit – wie den Kapitalismus – abschirmen muss: Hier zeigen sich durchaus Einflüsse der romantizistischen Virtuos*innen- und Genie-Stereotypen auf die Professionalisierungsverständnisse der Filmkomponist*innen des frühen 21. Jahrhunderts, wobei die konkreten Wechselwirkungen genauerer Untersuchungen bedürfen (siehe Kapitel 4).

3.9.4 Digitale Filmmusik-Produktion

Romantische Spuren scheint es auf den ersten Blick in gegenwärtigen Produktionsbedingungen von Film- und Medienmusik kaum noch zu geben. Die rasante technologische Entwicklung hat nicht nur zu einer Veränderung von Aufnahmeprozessen und zur Digitalisierung von musikalischer Kreation geführt, sondern auch die Wahl der Musikinstrumente entscheidend verändert: „Seit Mitte der 1980er-Jahre ist das Hauptwerkzeug für viele Filmkomponisten der Computer" (Kohli 2018: 28). Die technische Basis der Filmkomposition ist seit dem späten 20. Jahrhundert die *Digital Audio Workstation* (DAW), die die*den Komponist*in potenziell auch zur*zum Produzent*in, Musikeditor*in, Sounddesigner*in,

Arrangeur*in und Toningenieur*in macht (vgl. Casanelles 2016; Elias 2017; Hill 2017; Kohli 2018). Die DAW ist in den 2010er-Jahren die zentrale, softwarebasierte Infrastruktur aller wesentlichen filmmusikalischen Produktionsprozesse vom Recording, Songwriting/Komposition, Klangfindung und Sound Design bis zum Mixing und Mastering. Filmkomponist*innen im 21. Jahrhundert verfügen in der Regel über reichlich Expertise in der Bedienung und Benutzung einer DAW für ihre Zwecke. Dabei kommen sowohl in der Popmusikproduktion übliche DAWs (wie Cubase, ProTools oder Logic), aber auch auf Filmmusik spezialisierte Software (wie Nuendo) zum Einsatz, die unter anderem die Synchronisation mit dem Filmbild erleichtert. Die Arbeit mit der DAW beeinflusst nicht nur die Art der musikalischen Kreation, sondern auch die inhaltliche Substanz der Musik selbst. Stilistisch führt dies zu einer Betonung des vertikalen gegenüber des horizontalen Musikinhalts: Harmonie steht tendenziell über Melodie, Klangflächen und Patterns über Kontrapunkt und Themenverarbeitung (vgl. Huschner 2016: 234; Hill 2017: 316 f.; siehe auch Kapitel 3.8.4 bezüglich der Baukasten-Technik).

Kloppenburg (2012/2015) beschreibt ebenfalls die digital geprägten Produktionsbedingungen als stilprägend und hebt die Auswirkungen des Timings hervor, das eine möglichst genaue Synchronisation an das Filmbild zu gewährleisten versucht. Die Musikproduktion mit der DAW ist zu einem Standard geworden, der die Arbeitsbedingungen diktiert. So müssen die Musikschaffenden etwa beim Einspielen eines instrumentalen Parts während einer Recording-Session das Timing genau beachten:

> Fast alle Studioaufnahmen werden mit Metronom-Klick der DAW eingespielt, damit spätere Veränderungen am Klangmaterial ohne Probleme möglich sind. Die Freiheit des Interpreten, das Zeitmaß seinem Empfinden nach zu stauchen oder zu dehnen, ist in der Studiosituation nur selten gegeben: Das Tempo und somit die Geschwindigkeit der von ihm zu erbringenden Leistung sind [...] fixiert. (Huschner 2016: 94)

Die Produktion, Aufnahme und Mischung von Filmmusik findet in der Regel in der Postproduktionsphase eines Films statt; also zu einem Zeitpunkt, in dem ein erster Filmschnitt bereits vorliegt und der Film weitgehend Gestalt angenommen hat: „By the time the composer becomes involved in the process, the film is usually already in, or approaching its final visual form, and thus a relatively brief period is set aside for these activities" (Cooper 2016: 47). Dabei ist der Ausgangspunkt für alle kompositorischen Überlegungen in der Regel das filmische Drehbuch, auf dessen Grundlage – meist in enger Zusammenarbeit mit der*dem Regisseur*in – die Grundpfeiler eines filmmusikalischen Konzepts festgezurrt werden (vgl. Kohli 2018). Die übliche der*dem Filmkomponist*in zur Verfügung stehende Zeitspanne für alle Arbeitsphasen der Komposition und Produktion der

Filmmusik wird je nach Produktion, Genre und Format zwischen drei und acht Wochen angegeben (vgl. Cooper 2016; Kohli 2018). Diese Zeitspanne wird nicht nur von den Komponist*innen selbst, sondern auch von Forschenden als unzureichend, um große Filmscores in zufriedenstellender Gestalt beziehungsweise unter zumutbaren Arbeitsbedingungen fertigzustellen (vgl. etwa Audissino 2017b), kritisiert.

> Zwangsläufig hat die Knappheit der zur Verfügung stehenden Zeit einen nicht zu unterschätzenden Einfluss auf die Wahl der kompositorischen Mittel, Experimentierfreude und die Motivation sich auf neues Terrain zu bewegen und dabei alle Beteiligten überzeugend mitnehmen zu können. (Kohli 2018: 29 f.)

Auch Cooper (2016) kritisiert die kurze Zeitspanne für die Filmmusik-Produktion als bedrohlich für die Kreativität: Hier prallen die Realität des Produktionsalltags und die Sorge, nur Mittelmäßiges abzuliefern, aufeinander. Des Weiteren von großer Bedeutung für den Produktions- und Kompositionsprozess von Filmmusik ist seit dem 20. Jahrhundert der sogenannte Temp-Track. Diese Temp-Tracks werden in der Regel von der*dem Regisseur*in oder Cutter*in temporär auf den Rohschnitt des Filmes gelegt, um der*dem Filmkomponist*in eine Richtung vorzugeben, bevor diese*r mit der Komposition beginnt (vgl. Bullerjahn 2001: 132): „Unter dem Begriff temp track versteht man eine Reihe von Musikstücken, die den Charakter und Stil der zu komponierenden Filmmusik modellhaft verdeutlichen sollen [...]." (Bullerjahn 2001: 132) Auch Cooper (2016: 47) betont, dass Filmregisseur*innen und Cutter*innen einen bisweilen großen Einfluss auf die Filmmusik ausüben: Neben den Temp-Tracks sind auch die Spotting Sessions bedeutsam, in denen in der Regel Regisseur*in, Cutter*in und Komponist*in die einzelnen Szenen und ihre mögliche musikalische Untermalung besprechen (vgl. Kohli 2018). Das letzte Wort hat die*der Regisseur*in, wie das berühmt gewordene Beispiel von Stanley Kubricks *2001: A Space Odyssey* (vgl. Kubrick 1968) eindrucksvoll untermauerte: Kubrick lehnte, wie oben bereits berichtet, Alex Norths eigens komponierte Filmmusik für die finale Filmversion letztlich ab und beließ die Temp-Tracks – unter anderem Richard Strauss' *Also sprach Zarathustra* und Johann Strauß' *An der schönen blauen Donau* – im fertigen Film. Hill (2017) beschrieb deshalb in seinem an angehende Filmkomponist*innen gerichteten Ratgeber *Scoring the Screen* die verbreitete Skepsis unter Filmkomponist*innen angesichts der Diskrepanz zwischen künstlerischem Anspruch und tatsächlicher Rolle innerhalb des filmischen Gesamtmediums: „Mention aesthetics to a panel of professional film composers and you are likely to see a lot of eye rolling. They will humbly insist that they are, at best, artisans, there to serve the project and its producers" (Hill 2017: 300).

Die technischen Möglichkeiten der digitalisierten Filmmusik-Produktion in Form der DAW sind bequeme und nützliche, aber aufgrund des großen Zeitdrucks bei der Produktion des filmischen Scores auch nötige Hilfsmittel. Als Konsequenz davon haben Klangsamples, sogenannte Instrumente-Plug-Ins und weitere Software die realen Instrumente und auch Orchester durch immer originalgetreuere Klangimitationen teils verdrängt, da sie nicht nur eine schnellere, sondern auch deutlich kostengünstigere klangliche Realisation ermöglichen (vgl. Cooper 2016; Kohli 2018). Diese Praxis wird von einigen Forschenden auch kritisiert, da sie zwar großes Potential zum Einsparen von Kosten besitze, aber auch einen artifiziellen Rückschritt darstellen könne. Der Computer könne die*den ausgebildet*n Musiker*in nicht ersetzen und führe potenziell zu einer blassen Imitation echter musikalischer Kunst (vgl. Cooper 2016; Audissino 2017a). Komponist*innen seien immer auch Computer-Programmierer*innen:

> Film music is now more about *designing* soundscapes rather than *composing* music in the traditional meaning of the term. Much of today's film music is not even notated in the traditional sense but directly rendered through computer technology. (Audissino 2017a: 223 [Hervorh. im Orig.])

Hierin kommt eine Abwertung zum Ausdruck, die ein anachronistisches Kunstverständnis offenbart: Digitale und arbeitsteilige Technologien, aber auch kommerzielle Maximen (wie zeitlicher Druck) stehen einer möglichst hohen künstlerischen Wertigkeit des Filmscores demnach diametral gegenüber. Das erinnert nicht zuletzt an Richard Wagners Polemik gegen die Opernproduktion (vgl. Wagner 2008), aber auch an Adornos und Eislers Verurteilung der kapitalistischen Einflüsse auf die Filmmusik (vgl. Adorno/Eisler 1944/2006; siehe auch Kapitel 3.10).

3.9.5 Teamarbeit

Nicht nur die hervorgehobene Stellung der*des Regisseur*in beeinflusst das musikalische Ergebnis im fertigen filmischen Medium. Die Arbeitsbedingungen im musikalischen Produktionsprozess (nicht nur) von Hollywood-Produktionen sind von Teamwork geprägt. Ein ganzer Pool von Spezialist*innen für das Editing, Mixing, Orchestrieren und Arrangieren der Filmmusik unterstützt die*den Filmkomponist*in bei der Produktion, Ausgestaltung und Synchronisation und bildet zusammen das *Music Department*. Hinzu kommt die immer wichtigere Zusammenarbeit und Abstimmung mit den Klangeffekten des *Sound Departments* (vgl. Audissino 2017a: 223). Auch Winters (2016: 52) betont die Bedeutung der Teamarbeit bei der Erstellung eines Filmscores, ohne die die Filmmusik unter typischen Bedingungen der Hollywood-Produktion kaum zu bewältigen ist. Das Ausmaß der nötigen Zusammenarbeit mit Spezialist*innen wie Music Supervisors, Musikeditor*innen, Arrangeur*nnen, Instrumentalist*innen und Dirigent*innen ist in ein Missverhältnis geraten zur traditionell den Komponist-*innen zugeschriebenen Rolle als *Auteur* der Filmmusik. Zwar hat auch in romantischen Opern oder Balletts bereits ein höheres Maß an Kooperation und Teamarbeit stattgefunden, dennoch ist nach Winters der Maßstab der Zusammenarbeit in der Filmmusik-Produktion derart gesprengt, dass die Vorstellung von der*dem Filmkomponist*in als Auteur*in ihrer*seiner Werke überholt sei (vgl. Winters 2016: 65). Nach Flinn (1992: 30) führt dieses hohe Ausmaß an Arbeitsteilung in Kinofilmproduktionen zu Spannungen und Kritik von der Seite der Filmkomponist*innen selbst, da diese kollektiv geprägte Produktionsweise mit der romantizistischen Auffassung einer*eines individuellen, nur von ihrer*seiner eigenen Schaffenskraft und Fantasie geleiteten Künstler*in kaum vereinbar ist. Dieses Spannungsfeld zwischen dem Teamwork in einer digitalisierten und partikularisierten Arbeitsumgebung der Spätmoderne und der Vorstellung des einsamen Genies als alleinigem Erschaffer des musikalischen Werks gilt es in der ersten Hauptstudie intensiver zu untersuchen (siehe Kapitel 4).

Die Arbeitsteilung ist im deutschsprachigen Raum sowie außerhalb der Sphäre des mit üppigen Produktionsbudgets ausgestatteten Hollywood-Films geringer ausgeprägt, auch wenn hierzulande eine Teamarbeit bei Komponist*innen ebenfalls verbreitet ist (vgl. Kohli 2018). So beschreiben Huschner (2016) und Ahlers (2019) die*den (Tonstudio-)Produzent*in als maßgebliche Schnittstelle und zentrale Entscheidungsfigur im Produktionsprozess populärer Musik, die auch in der Film- und Medienmusik von großer Bedeutung ist. Die Produzent*innen bestimmen in der Regel das klangliche Konzept sowie die Endmischung der Musikaufnahme, suchen Studiomusiker*innen zum Einspielen wichtiger Takes aus und weisen breite Kenntnisse in unterschiedlichen Musikgenres sowie den technischen Produktionsabläufen auf. Dabei findet eine Hierarchisierung statt, die zu einer – individuell stark variierenden – Weisungsbefugnis der*des Produzent*in gegenüber Mitmusiker*innen führt (vgl. Huschner 2016). Die Ähnlichkeiten der Rolle der Produzent*innen und der Filmkomponist*innen in produktionstechnischer Hinsicht liegen auf der Hand, und es verwundert nicht, dass ein und dieselbe Person mitunter je nach Auftrag sowohl die Rolle der*des Musikproduzent*in als auch der*des Film- oder Serienkomponist*in einnimmt. Allerdings gibt es einen wesentlichen Unterschied zwischen Pop- und Filmmusikproduktion: Der Prozess der Synchronisation, also die exakte Verlinkung von auditiver und visueller Ebene, findet naturgemäß nur in Letzterer statt. Und hier hat die*der Filmkomponist*in in der Regel nicht das letzte Wort; so sind Änderungen an der Bild-Musik-Synchronisation in letzter Minute durch die*den Filmeditor*in oder die*den Regisseur*in keine Seltenheit (vgl. Scheurer 2008; Schrader 2017; Hill 2017). Auch ist festzustellen, dass die Produktionsbedingungen sowie die filmmusikalischen Herstellungs- und Aufnahmeprozesse in Europa allein aufgrund der dezentralisierten Produktionslandschaft diverser und weniger schablonisiert im Vergleich zu Hollywood ausfallen (vgl. Mera/Burnand 2006).

3.9.6 Integration von Musik und Sound

Die Digitalisierung nicht nur von Produktions- und Kompositionsprozessen, sondern auch von bisher analogen Instrumenten und deren Klängen verändert auch den Sound eingesetzter Instrumente. Sogenannte Hybride aus Orchester und elektronischen Klängen ersetzen zunehmend den traditionellen Orchesterapparat, der etwa durch donnernde Drums, elektronische Klangflächen, tiefe Sub-Bass-Frequenzen und Synthesizer ergänzt oder mit charakteristischen, dramaturgisch eingesetzten *Sounds* angereichert wird (vgl. Casanelles 2016; Hill 2017).

> This category [hybrid scores; Anm. d. Verf.], which now accounts for the vast majority of film, television, and game scores, utilizes both conventional orchestral performance and very sophisticated use of electronics [...] from ‚found sound' to highly processed acoustic instruments and atmospheres that often render the line between music and sound design very, very gray. (Hill 2017: 67)

Nicht nur Hill thematisiert diese zunehmende Hybridisierung von (traditionellem) Orchester und (elektronischen, unkonventionellen) Sounds. Auch Smith (2013) betont die große Bedeutung des Sounds im gegenwärtigen Hollywood-Film. Analog zur Digitalisierung der Bildinhalte mit immer größeren Spezialeffekt-Anteilen hat auch eine zunehmende Digitalisierung der auditiven Seite stattgefunden. Neben einer generell höheren Lautstärke ist der Ambitus der Audio-Frequenzen gewachsen; insbesondere tieffrequente Effekte, die außerhalb der Frequenz-Reichweite üblicher Musikinstrumente liegen, haben an Bedeutung und Verbreitung gewonnen. Durch die Einbindung von nondiegetischen Sounds – hörbaren Effekten also, die keinen erkennbaren Ursprung in den Bildinhalten haben – werden Soundeffekte zunehmend auch narrativ eingesetzt (siehe Kapitel 3.4.6). Es ist naheliegend, dass sich die Musik- und Soundabteilungen einer Filmproduktion enger miteinander abstimmen müssen, damit es zu keinen Überlagerungen oder Kannibalisierungen, sondern im Gegenteil zu einer bis ins kleinste Detail abgestimmten Audiomischung kommt, die der Filmnarration dient. Lensing (2009) betont deshalb die „gestalterischen Möglichkeiten" (Lensing 2009: 45) einer gelungenen Verbindung von Sound und Musik, mahnt aber an, dass diese Symbiose mangels Anerkennung eines kompositorischen Sounddesigns sowie wegen fehlender Kenntnisse der klangtechnischen Möglichkeiten oft genug eine nicht verwirklichte Wunschvorstellung bleibt (vgl. Lensing 2009). Die enge Verzahnung von Filmmusik und Film-Sounddesign wird auch daran deutlich, dass sich die beiden Bereiche auf Produktionsebene zunehmend annähern. Die Annäherung von Sound und Musik hat in jüngeren Publikationen kontroverse Äußerungen provoziert. Audissino (2017a) meint angesichts der jüngeren technischen Entwicklungen polemisch, dass die Soundeffekte der wahre Star gegenwärtiger Filme seien – nicht mehr die Musik, die im Gegenteil zunehmend unter einer Verklanglichung, Schablonisierung und Schrumpfung zu einem akustischen Effekt leide. Kloppenburg (2012/2015) urteilt weniger wertend, kommt aber zu der Konklusion, dass von der*dem Filmkomponist*in auch als einem „Sounddesigner" (Kloppenburg 2012/2015: 145) gesprochen werden kann. Umgekehrt sieht Lensing (2009) in der Arbeit der Sounddesigner*in/des Sounddesigners eine kompositorische, also *musikalische* Tätigkeit, für deren gutes Gelingen Fähigkeiten wie „thematische Entwicklung, entwickelnde Variation, Reprise oder Kontrapunkt" (Lensing 2009: 39) gefordert seien.

Casanelles (2016) charakterisiert die vielfältigen Möglichkeiten, die die*der Komponist*in durch die Ergänzung traditioneller Instrumente mit Klangoptionen des Sounddesigns gewinnen, als große Chance für eine zunehmende, hyperreale Immersion. Dadurch werden filmische Welten nicht nur auf der visuellen, sondern auch auf der auditiven Ebene greifbarer – und im Idealfall auch durch angepasste, individuelle und charakteristische Soundkomposition wiedererkennbar. Den durch elektronisches Sounddesign veränderten Orchesterklang vieler Filmmusikkompositionen beschreibt Casanelles als „hyperorchestra" (Casanelles 2016: 58): als einen hyperrealen, mit den Mitteln einer DAW und computergestützter Mixing- und Masteringprozesse aufpolierten und erweiterten Orchestersound, der sich live, etwa durch ein reales Orchester, nicht reproduzieren ließe, aber die produktionstechnischen Vorteile eines digitalen Soundtracks perfektioniert hat. Auch vor diesem Hintergrund hinterfragt Casanelles die traditionelle (und von der Ästhetik der Romantik geprägte) Unterscheidung zwischen (tonaler) Musik und (geräuschhaftem) Klang: „The definition of music as a subset of sound has been culturally established. In other words, the distinction between what is sound and what is music is a product of pure cultural convention" (Casanelles 2016: 61).[27]

Die teils bedeutenden und rasanten technologie-basierten Veränderungen der Produktionsprozesse im 21. Jahrhundert sollen nicht darüber hinwegtäuschen, dass sich die grundlegende Rolle des musikalischen Scores innerhalb einer

---

27 Ein Ausblick in die Videogame-Industrie zeigt, dass diese historisch gewachsene Dichotomie zwischen Musik- und Sound-Department auch hinterfragt werden kann (vgl. Bridgett 2013); dies soll hier aber nicht weiterverfolgt werden.

Kinofilm-Produktion seit den Anfängen des Tonfilms nicht wesentlich verändert hat. Dies betrifft auch die Produktionsprozesse: Der Score wird wie bereits zu Zeiten des klassischen Hollywood-Sounds in enger Abstimmung mit kreativen Filmschaffenden wie der*dem Regisseur*in gegen Ende der filmischen Produktionsphase unter einem gewissen zeitlichen Druck produziert und mit dem (fast) fertigen Filmbild synchronisiert. Cooper (2016) sieht die durchdigitalisierte Prozedur des Filmmusikschaffens zwar als Technologie-dominiert an, weist jedoch eine erstaunlich stabile Kontinuität auch in diesem Prozess nach, der sich seit den Anfängen des Tonfilms in den 1930er-Jahren nicht grundlegend geändert habe.

> While there certainly have been some radical developments, particularly at the interface between music and effects, the influence of ‚classical Hollywood' can still be strongly detected in US and European mainstream cinema, an indication, perhaps, of both the strength of those communicative models and the innate conservatism of the industry. (Cooper 2016: 50)

Auch die Selbstverständnisse der Filmkomponist*innen scheinen, wie gezeigt wurde, romantizistischen Einflüssen zu unterliegen und damit möglicherweise Reste von Rollenbildern zu offenbaren, die nicht immer kompatibel mit den Erfordernissen an spätmoderne Produktionsprozesse sind – die erste Hauptstudie des vorliegenden Textes wird diese semantischen Felder weiter beleuchten (siehe Kapitel 4).

3.10 Rezeption und Kritik

Die Rezeption von Filmmusik besitzt mehrere Dimensionen: Aus wirkungs- und wahrnehmungspsychologischer Sicht, die Bullerjahn (2018) zusammenfasst, wird die direkte Wirkung auf die*den Rezipient*in beobachtet. Diese Forschungsrichtung untersucht die Filmmusik als Teil des Films und analysiert ihre affektiven und psychologischen Wirkungen. Andererseits kann die Rezeption von Filmmusik auch losgelöst vom filmischem Gesamtmedium betrachtet werden: Die vielseitigen und teils widersprüchlichen rezeptiv-kulturellen Verbindungen, die Filmmusik mit den Sphären von Pop- und Hochkultur hat, zeigen die hohe Komplexität interkategorialer Bezüge im Bereich der Filmmusik. Hierbei sind postkoloniale Tendenzen und interkulturelle Problematiken aufzuweisen, die ebenso wie zentrale Diskurse der Kritik in Forschung, Literatur und Öffentlichkeit im Folgenden zusammengetragen werden.

3.10.1 Rezeption und Wirkungspsychologie

Ausführliche Analysen hat Bullerjahn in Bezug auf psychologische Auswirkungen von Filmmusik auf die*den Rezipient*in durchgeführt (vgl. Bullerjahn 2001; Bullerjahn 2018). Dabei setzt sie sich unter anderem mit dem Realitätsbezug des Mediums Film auseinander: Filmische Inhalte sind der wahrgenommenen Realität näher als andere Kunstgattungen wie Malerei oder Bildhauerei. Dennoch ist die filmische Realität unvollständig: „Filme zeigen keineswegs alle Aspekte einer (erzählten) Realität, sondern präsentieren Inhalte in einer verkürzenden, gerafften Darstellung, die erst während der Rezeption mit Sinn gefüllt werden muss" (Bullerjahn 2018: 185). Diese Herstellung von Sinnzusammenhängen leistet die*der Rezipient*in selbst, aber die Filmmusik spielt hierbei eine tragende Rolle: Wie in Kapitel 3.7 gezeigt, stehen all ihre zentralen innerfilmischen Funktionsräume in Relation zur Unterstützung, Vermittlung, Beeinflussung, Kontrastierung oder Kommentierung von Sinnzusammenhängen. Dabei weist auch Bullerjahn (2018) darauf hin, dass die Rezeption von Filmmusik durch soziokulturelle Faktoren wie Genre-Konventionen beeinflusst und erlernt wird:

> Rezeption ist immer ein aktiver und kreativer Prozess der Interpretation, der gesellschaftlich, kulturell und lebensweltlich vorgeformt ist. Zu den Kenntnissen filmischer Konventionen, die erst erworben werden müssen, zählen beispielsweise die Verwendung von nicht in der Erzählwelt verankerter Filmmusik, Genreeigenheiten oder bestimmte Montageformen. Film(musik)- rezeption unterliegt somit soziokulturellen Einflüssen, ist einem historischen Wandel unterworfen und abhängig von den ästhetischen Normen des Publikums. (Bullerjahn 2018: 185)

Filmmusik formt den medialen Mythos fiktiver Welten mit, wird aber auch durch ihn selbst beeinflusst, indem sie unter Berücksichtigung von Genre-Konventionen und anderen kulturellen Faktoren produziert und rezipiert wird. Faktoren auf Rezipient*innenebene, die die interpretative Wahrnehmung von Filmmusik beeinflussen, sind etwa demografische Verhältnisse, Einstellungen und Vorurteile oder Persönlichkeitsmerkmale, aber auch die sogenannte Medienkompetenz beziehungsweise Erfahrung in der Rezeption von Spielfilmen. Innerhalb des Films weist Bullerjahn (2018) eine große Bandbreite rezeptiver Wirkungen von Filmmusik auf die*den Rezipient*in nach. So ist Filmmusik in der Lage, die Aufmerksamkeit der*des Rezipient*in zu beeinflussen, die Wahrnehmung selektiv zu steuern, die Immersion und Einfühlung in das Filmerlebnis zu erhöhen oder Emotionen zu verstärken. Auch ablenkende, neugierig machende oder Orientierungs-Effekte können in der Filmrezeption durch die Filmmusik nachgewiesen werden. Von Interesse ist auch, *wie* Filmmusik das tut: Einerseits sind innermusikalische Eigenschaften ausschlaggebend, etwa Parameter wie Tonhöhe und Klang, aber auch erlernte emotionale Reaktionen durch laute, rhythmisch pulsierende Passagen oder träumerische Klavierbegleitungen. Andererseits ist die Kongruenz der Filmmusik mit den anderen filmischen Elementen entscheidend (wie etwa – aber nicht nur – dem Filmbild). Je nach empfundener Kongruenz oder Abweichung von Musik und Film können unterschiedliche Reaktionen hervorgerufen werden. Auch kann Filmmusik die räumliche und vor allem zeitliche Rezeption beeinflussen sowie die Identifikation mit filmischen Protagonist*innen deutlich erhöhen. In emotionaler Hinsicht verweist Bullerjahn (2018: 188; 196) auf empirische Studien, die zeigen, dass Filmmusik Emotionen nicht nur verstärken, sondern bei relativ uneindeutigen Filmbildern auch selbst hervorrufen kann. Das bestätigt die mythenbildende Potenz der Filmmusik in wahrnehmungspsychologischer Hinsicht: Sie hat eine große Palette möglicher intendierter Wirkungen, die sich in der Vielfalt möglicher filmmusikalischer Funktionen niederschlagen (siehe Kapitel 3.7).

Durch die filmmusikalische Fähigkeit, die Aufmerksamkeit zu beeinflussen, kann sie auch die Informationsverarbeitung und die Erinnerung der*des Rezipient*in beeinflussen:

> Musik hat dadurch Einfluss auf Gedächtnisleistungen, dass sie die Aufmerksamkeit auf die relevanten visuellen Details lenkt, das Material strukturell organisiert oder als Kontextinformation emotional etikettiert und dadurch die Elaborierung anregt. (Bullerjahn 2018: 202)

Ähnliches Potenzial hat die Filmmusik für die Steuerung von selektiver Wahrnehmung, für das Spannungsempfinden sowie für das Verständnis filmischer Aussagen. Auch dies erfolgt sowohl durch musikalisch zugeschriebene Eigenschaften (besonders positiv empfundene Musik begünstigt etwa das Erinnern positiver Details, die teilweise gar nicht im Film vorkamen) als auch durch die Kontextualisierung von Musik und Film (eine als besonders unpassend empfundene Filmmusik in einer Filmszene kann die kognitive Verarbeitung und damit die Erinnerungsleistung erhöhen) (vgl. Bullerjahn 2018: 203). Hier zeigen sich die sinnstiftenden und territorialisierenden Wirkungsräume der potenziellen filmmusikalischen Funktionen, die nicht nur die filmische Erzählung vermitteln, sondern dabei Halt, Struktur und Orientierung geben können. Weniger eindeutig sind die empirischen Ergebnisse bei der Auswirkung von Filmmusik auf politische Ansichten oder andere langfristige Verhaltensänderungen: Filmmusikalische Wirkungen im Sinne von Manipulation oder Propaganda sind demnach nicht ausgeschlossen, bedürfen aber weiterer empirischer Untersuchungen (vgl. Bullerjahn 2018: 210; 219).

Dennoch zeigt Bullerjahns Analyse, wie potent und umfassend die Fähigkeit von Filmmusik ist, auf verschiedenen Rezeptionsebenen beeinflussende oder entscheidende Wirkungen zu erzielen. Diese Fähigkeiten können, vereinfacht zusammengefasst, als mythische Potenz charakterisiert werden und spiegeln empirisch die im vorangegangenen Kapitel zugewiesene mythenbildende Funktion des filmischen Scores wider (siehe Kapitel 3.7.8).

3.10.2 Filmmusik und Popkultur

Einige Forschungsarbeiten beschäftigen sich mit der Frage, wie Filmmusik innerhalb eines musikalischen Kategoriensystems einzuordnen ist: Das betrifft nicht nur die Frage der stilistischen Näherung, sondern auch der rezeptiven Kategorisierung (vgl. etwa Bullerjahn 2001; Hemming 2016; Fuhrmann 2021). Eine Definition populärer Musik soll hier vor dem Hintergrund erfolgen, Film- und Serienmusik in den Kosmos der Popkultur einordnen oder von der Popkultur anhand spezifischer Kriterien abgrenzen zu können. Nur unter dieser Prämisse sollen deshalb Definitionsversuche der populären Musik wiedergegeben werden, die notwendigerweise unvollständig bleiben müssen und dem Themenfeld Pop und Popkultur in nur unzureichendem Ausmaß gerecht werden können (vgl. Ahlers 2019; Jacke 2019). Vielmehr sollen die Berührungspunkte und Vergleichsfaktoren zwischen filmischen Scores einerseits und populärer Musik andererseits anhand von stilistisch-ästhetischen, technologischen, wirtschaftlichen und kulturellen Parametern untersucht werden.

Bullerjahn (2001) sieht Filmmusik unzweifelhaft als „Bestandteil der Populärkultur" (Bullerjahn 2001: 14), die „in verstärktem Maße dem schnellen Wechsel der Modeströmungen unterworfen ist" (ebd.). Nach Ahlers (2019: 422) ist eines der konstitutiven Charakteristika von populärer Musik ihre enge Verzahnung mit den Massenmedien und den damit verbundenen technologischen Voraussetzungen sowie kulturellen Praktiken; dazu gehört demnach auch die Musik in Tonfilmen oder Fernsehsendungen. Ähnlich betont Jacke (2019) die Nähe von Pop und Popkulturpopkulturellen Termini mit kommerzieller Verbreitung und medialer Rezeption:

> Popmusik und die sie rahmende Popkultur – hier entgegen anderer Konzepte synonym mit Pop, populärer Kultur, Populärkultur verstanden – werden hier eingeordnet als kommerzialisierter gesellschaftlicher Bereich, der Themen industriell produziert und medial vermittelt, die dann von breiten Bevölkerungsgruppen mit Vergnügen genutzt und zu neuen Angeboten weiterverarbeitet werden. (Jacke 2019: 501)

Daraus abgeleitet soll auch im vorliegenden Text dieser definitorischen Näherung von Kommerz, Industrialisierung und Medien mit Pop gefolgt werden. Auch in technologischer Hinsicht können wesentliche popkulturelle und -musikalische Merkmale beschrieben werden. Eine grundlegende technische Bedingung populärer Musik seit dem späten 20. Jahrhundert ist die Verwendung einer *Digital Audio*

Workstation (DAW) als zentrales, computerbasiertes Produktionssystem für den Kompositions- und Produktionsprozess. Dazu zählt mit ihr zusammenhängende weitere Software und Hardware wie etwa Plug-Ins, also elektronische Klangbibliotheken mit Aufnahmen echter Instrumentenklänge, die so technisch reproduziert werden können (vgl. Ahlers 2019: 424). Wie bereits gezeigt wurde, sind dies eindeutige Parallelen und vergleichbare technologische Voraussetzungen wie in der Sphäre der filmmusikalischen Produktion, auch wenn der Produktionsaspekt der Synchronisation in popmusikalischen Produktionsprozessen folgerichtig entfällt. Eine wichtige Abgrenzung zur Kunstmusik ist des Weiteren die niedrigere Schwelle zur Ausübung und Produktion:

> Während in den langjährigen Expertisierungsverläufen innerhalb der kunstmusikalischen Ausbildung in klar hierarchischen Meister-/Schüler_innen-Verhältnissen vor allem der Erwerb von Spiel- oder Kompositionstechniken, die (richtige?) Interpretation präexistenten (Noten-)Materials sowie die Erlangung einer Legitimation zur Teilnahme an generativen und performativen Prozessen im Mittelpunkt stehen, finden produktive Prozesse anscheinend vergleichsweise früher, niedrigschwelliger und selbstverständlicher in populären Musikpraxen statt. (Ahlers 2019: 423)

In performativer Hinsicht soll eine Pop-Produktion deshalb als niedrigschwelliger, kollaborativer und aus improvisatorischen und kompositorischen Anteilen bestehender Prozess verstanden werden, der durch Einsatz technologisch-digitaler Mittel wesentlich mitgeprägt ist (vgl. Ahlers 2019).

Offen bleibt dabei jedoch, wie sich spezifisch filmmusikalische Hierarchisierungen und Einstiegsschwellen zwischen Popmusik- und Kunstmusikproduktionen einordnen lassen. In ästhetischer Hinsicht zweifelt Jacke (2019) an, dass bei der populären Musik und der mit ihr vermengten Popkultur überhaupt von einer ihr innewohnenden Ästhetik (oder von ihr innewohnenden Ästhetiken) gesprochen werden kann, da der aus der Kunst entlehnte Ästhetikbegriff auf ein vielmehr soziokulturell zu verstehendes Phänomen angewandt wird, das sich zudem durch eine enorme Breite an Mainstream-, Sub-, Gegen-, Übergangs-, Zwischen- und Alltagskulturen auszeichnet und schwerlich zu fassen ist. Im Sinne der Unterhaltungsmaxime würde vielmehr jede*r Rezipient*in die passenden popkulturellen Formate suchen und finden, die eben erfreuliche Gefühle erwirken oder Vergnügen auslösen könnten. Auch sind zentrale, aber nicht unproblematische ästhetische Begriffe, die in popmusikalischer und popkultureller Hinsicht relevant sind, etwa „Unterhaltung" oder „Ablenkung", „Zerstreuung" und „Anspannung": Wie die meisten popkulturellen Phänomene sind die genauen Ausgestaltungen zur Erfüllung dieser Topoi einem stetigen Wandel unterzogen. Dennoch, so Jacke, könnten gewisse Strömungen oder Objekte der Popkultur ästhetische Konzepte aufweisen, die wiederum beschrieben werden könnten (vgl. Jacke 2019: 510). Nach dieser Einschätzung erscheint es möglich, dass Film- und Serienmusik als Teil der popkulturellen Sphäre eigene ästhetische Konzepte entwickelt hat, die sowohl in ihren historischen und interkulturellen Entwicklungen als auch den weiteren Subgenre-spezifischen Aufspaltungen beschreibbar sind.

Hemming (2016: 503 f.) skizziert zur Definition verschiedener Musikarten ein schematisches Dreieck mit den Ecken Volksmusik, Kunstmusik und Popmusik, die er jeweils mit speziellen, sich teils auch überschneidenden Charakteristika verbindet. Danach hat auch die Film- und Medienmusik viele Merkmale der nach Hemming definierten populären Musik: Sie wird zumeist professionell produziert oder aufgeführt (und nicht durch Laien wie bei der Volksmusik), sie wird primär über Aufnahmen und Massenmedien verbreitet (und weniger durch Noten oder den Konzertsaal wie bei der Kunstmusik), sie ist kommerziell ausgerichtet und Teil der Medienindustrie. Allerdings sind die Grenzen nicht immer eindeutig und Veränderungen unterworfen: So ist auch die Kunstmusik längst einer kommerziellen Verbreitung und den Bedingungen des Marktes unterworfen, und die populäre Musik hat zunehmend auch Produzent*innen und Akteure aus dem Amateur-Bereich gefunden. Zudem wird Filmmusik zunehmend über Noten verbreitet und findet häufiger auch im Konzertsaal statt (vgl. Hemming 2016: 506 f.; Fuhrmann 2021).

Adorno und Eisler (1944/2006) haben versucht, die Filmmusik vor dem kapitalistischen und am Massengeschmack interessierten Zugriff der Unterhaltungskultur mit ihren modernistischen Produktionsbedingungen zu bewahren und eine Alternative zu formulieren. Denn die populäre „Amüsiermusik" (Adorno/Eisler 1944/2006: 11) der Kulturindustrie habe kein Potenzial, eine eigene, kritische Stimme zu erheben und eine andere als eine lediglich affirmative Wirkung zu erzielen. Dadurch sehen Adorno und Eisler in der zeitgenössischen Popularmusik letztlich ein konformistisches Element zur Selbstbestätigung des totalitären spätkapitalistischen Systems. Die beobachteten Produktionsbedingungen veranlassten Adorno und Eisler, auch die Filmmusik in einer Kategorie mit Genres der Popularmusik zu nennen (vgl. Adorno/Eisler 1944/2006; Flinn 1992).

Im deutschen Raum ist der Gegensatz zwischen Kunst- und Unterhaltungsmusik unter anderem urheberrechtlich verankert. So weist etwa die deutsche Gesellschaft für musikalische Aufführungs- und mechanische Vervielfältigungsrechte (GEMA), die für die Ausschüttung von musikalischen Tantiemen zuständig ist, einen unterschiedlichen Verteilungsschlüssel je nach Einstufung als ernste oder Unterhaltungsmusik auf, wobei Werke der sogenannten Ernsten Musik vorteilhaft vergütet werden. Die Filmmusik wird hier in der Regel als Unterhaltungsmusik klassifiziert und damit im Rahmen einer Vergütung schlechter gestellt als etwa zeitgenössische Neue Musik[28] (vgl. Gesellschaft für musikalische Aufführungs- und mechanische Vervielfältigungsrechte 2022: 178; 182). Angesichts dieser wertenden und auch finanziell bedeutsamen Einteilung urteilt Hemming (2016) zwar: „Bis heute ist diese Unterscheidung [...] nicht definitorisch legitimiert, sondern wird durch einen Werkausschuss pragmatisch vorgenommen [...]. Dies hilft also nicht weiter, um populäre Musik definitorisch einzugrenzen" (Hemming 2016: 507). Doch die engen Verflechtungen von Film- und Unterhaltungsmusik auf mehreren Ebenen scheinen die „Rettung der Filmmusik für die Kunst" (Bullerjahn 2001: 297) auf den ersten Blick unmöglich zu machen.

Dieser kurze Rundblick verdeutlicht die engen Verflechtungen der Sphären von Filmmusik und Pop; dennoch zeigt sich, dass etwa bei ästhetischen Prinzipien, Produktionsmaßgaben und auch rezeptiven Bedingungen eigene filmmusikalische Charakteristika herrschen, die nicht immer deckungsgleich mit der popmusikalischen und popkulturellen Sphäre sind.

3.10.3 Filmmusik und Hochkultur

Dass es auch filmmusikalische Verbindungen zur Konzertmusik, zum klassisch-romantischen Kanon und zur hochkulturellen Sphäre gibt, die gerade in jüngster Zeit vermehrt wahrgenommen werden, wird im Folgenden nachgezeichnet. Die soziokulturelle Rezeption von Film- und Medienmusik ist noch nicht ausreichend untersucht und wirft viele Fragen auf. Martin Böhnert und Paul Reszke (vgl. Böhnert/Reszke 2019) beschäftigt beispielsweise die Frage, wie popkulturelle Sekundärwelten, zu denen sie auch Film- und Medienscores zählen, im 21. Jahrhundert rezipiert werden. Dabei leiten sie die klassische Dichotomie der Hoch- und Populärkultur von Horaz' berühmten Ausspruch her: „Aut prodesse volunt aut delectare poetae / aut simul et iucunda et idonea dicere vitae" (Horaz, zit. nach Böhnert/Reszke 2019: 11), zu Deutsch: Entweder wollen die Dichter nützen oder unterhalten, oder zugleich Erfreuliches und für das Leben Nützliches sagen. Literarische Werke – und im weiteren Sinne narrative Medien – seien also im klassisch-bürgerlichen Sinne informative, intellektuelle und den Verstand schärfende Werke oder Erzeugnisse mit Unterhaltungsmaxime – oder auch beides zugleich. Diese bis in die Gegenwart fortgeschriebene Dichotomie zweifeln die Autoren an und plädieren für eine tiefergehende Rezeption popkultureller und medialer Werke über die reine Unterhaltungs- oder Genussperspektive hinaus. Durch die

---

[28] Ein Reformvorhaben der GEMA zur Aufhebung der Trennung von E- und U-Musik ist vorerst gescheitert (Stand: August 2025; vgl. Kremer/Bommer 2025).

ästhetisch-diskursive Rezeption von popkulturellen Medien sei es durchaus möglich, mehr als triviales Wissen zu erlangen, ästhetische Erfahrungen zu machen und den eigenen Horizont und Erkenntnisstand zu erweitern (vgl. Böhnert/Reszke 2019).

Fuhrmann (2021) weist darauf hin, dass außerfilmische beziehungsweise filmunabhängige Kontexte für die Rezeption von Filmmusik von großem Interesse für die Forschung sind: Es gibt nachweislich eine große Nachfrage nach Filmmusik außerhalb des filmischen Zusammenhangs (vgl. exemplarisch Zimmer 2024). Für Fragen nach der rezeptiven Wirkung von Film- und Medienmusik ergeben sich dadurch weitere Anknüpfungspunkte. Der Filmscore als Bestandteil des Soundtracks wird nicht live aufgeführt, sondern in seiner ursprünglichen Intention als digital aufbereitete Aufnahme innerhalb der Audiospur des Filmes konsumiert. Der Filmkomponist Howard Shore verdeutlicht die Bedeutung des Recordings: „Film music is about performance in a recorded art form" (Shore, zit. nach Schrader 2017: 85). Das ist jedoch spätestens seit den 2010er-Jahren nur noch teilweise richtig, wie die erfolgreichen Live-Tourneen und konzertanten Auftritte etwa von Hans Zimmer, John Williams oder Howard Shore zeigen: Auch als Erlebnis im Live-Rahmen werden filmische Scores (und auch Serien- und Games-Musik) zunehmend erfolgreich aufgeführt und rezipiert (vgl. Coleman/Tillman 2017; Wünschel 2018; Fuhrmann 2021).

Bribitzer-Stull (2017) weist auf die Besonderheiten hin, zu denen die Rezeption über die Audiospur des Films, des Soundtracks, führt. So ist die Filmmusik im Audiomix oft simultan mit Dialog, Umgebungsgeräuschen oder anderen Soundeffekten zu hören und mitunter nur schwer wahrzunehmen. Dies hat Auswirkungen auf die Rezeption: Einzelheiten der Filmmusik gehen womöglich unter, und musikalische Motive oder Themen werden überdeutlich angelegt und oft wiederholt, um Prägnanz und Eingängigkeit bei der Rezeption zu gewährleisten. Doch auch hier gibt es seit Jahrzehnten andere – und populäre – Formen der Rezeption von Filmscores, Serien- oder Games-Musiken: Einerseits hat sich etwa seit der Jahrtausendwende die Wiedergabe von Filmkompositionen – oft im konzertanten oder zumindest umarrangierten Rahmen – in Radiosendern mit klassischem Profil etabliert, und das selbst im von einer traditionellen Unterscheidung zwischen sogenannter Hoch- und Populärkultur geprägten deutschsprachigen Raum (vgl. Fuhrmann 2021). Andererseits werden von der Musikindustrie seit dem 20. Jahrhundert Filmmusik-Aufnahmen (und zunehmend auch solche von Serien- und Videogame-Scores) veröffentlicht, sei es auf Tonträgern wie Schallplatten oder CDs, sei es bei den Streaming-Anbietern von Spotify, Amazon Music, YouTube oder Apple Music (vgl. exemplarisch Djawadi 2024; Zimmer 2024). Hier ist von besonderer Bedeutung, dass diese Veröffentlichungen in der Regel nur die Musik selbst beinhalten und von anderen Elementen der filmischen Soundspur wie Dialog und Soundeffekten befreit sind (vgl. Fuhrmann 2021).

Betrachtet man hier die Abrufzahlen bekannter Hollywood-Komponist*innen wie Hans Zimmer, Thomas Newman oder Michael Giacchino, dann wird deutlich, dass diese Form der Rezeption mit Streams in Höhe von teils dreistelligen Millionenzahlen pro Einzeltrack kein Nischenprodukt ist (vgl. etwa Djawadi 2024; Zimmer 2024). Gleichsam emanzipiert sich hier der musikalische *Soundtrack* des Films oder der Serie zu einem eigenen Produkt, dem *Score*, der also vom audiovisuellen Gesamtprodukt losgelöst ist und weiterhin rezipiert wird. Auf einer rezeptiven und soziologischen Ebene zu untersuchen bleibt, wie sehr Hörer*innen die rezipierten Score-Veröffentlichungen im filmisch-medialen Zusammenhang wahrnehmen oder aber aus diesem ursprünglichen Kontext lösen und als eigene, ja vielleicht *absolute*, Musik wahrnehmen (vgl. auch Bullerjahn 2018). Die vielfältige Nutzung von Film- und Serienscores in anderen Zusammenhängen legt allerdings nahe, dass die Musik sich von ihrer ursprünglichen Rolle emanzipiert hat und herausgelöst aus ihrem früheren, (zumeist) filmischen Kontext neue Verwendung findet: So erfreuen sich etwa auf YouTube Playlists mit Film-, Serien- oder Game-Scores großer Beliebtheit, die thematisch geordnet sind: etwa Musik zum Lernen, Musik zum Autofahren oder Musik für die Gartenparty (vgl. exemplarisch Entropy DarkEn 2023). Des Weiteren nimmt die*der mit dem gängigen film- und medienmusikalischen Repertoire vertraute Hörer*in nicht selten filmische Scores in anderen audiovisuellen Zusammenhängen wahr, etwa Zimmers Score zu *Interstellar* (vgl. Nolan 2014) in panoramischen Szenen von Naturdokumentationen oder der von Steve Jablonsky komponierte Score zum Action-Spektakel *Transformers* (vgl. Bay 2007) in TV-Kriegsreportagen. Auch Coleman und Tillman (2017) konstatieren, dass die Rezeption von Filmmusik nicht nur allgegenwärtig geworden ist und sich zu einem Massenphänomen entwickelt hat, sondern dass Film- und Medienscores immer selbstverständlicher aus dem ursprünglichen Zusammenhang gerissen werden, für den sie zunächst komponiert worden waren, um ein Teil unseres Lebens, unserer wahrgenommenen Welt zu werden: „In the end, film music becomes, literally, world music" (Coleman/Tillman 2017: 7).

In diesem Zusammenhang fehlen weitere Untersuchungen, welche Rolle die Möglichkeit der Score-Veröffentlichung und Zweitverwertung schon während des primären Produktions- und Kompositions-Prozesses bei Film- und Medienkomponist*innen spielt. Es gibt jedoch Hinweise darauf, dass Filmmusik, aber auch Serienkompositionen und Videogame-Scores einen Teil des klassisch-romantischen Konzertrepertoires verdrängt oder zumindest eine Nische in diesem elitären Bereich gefunden haben: Da die Besucher*innenzahlen von klassischen Sinfoniekonzerten immer stärker zurückgegangen sind, sind Orchester, Musikvermittler*innen und Konzertmanagements dazu übergegangen, durch Aufführungen von Film- und Medienscores wieder mehr Publikum zu erreichen und womöglich auch neue Zuschauer*innengruppen zu erschließen (vgl. auch Fuhrmann 2021): „Ein junges Publikum erlebt (vielleicht zum ersten Mal) eine Konzertsituation; Kulturanbieter hingegen erhalten einen (im besten Fall nicht nur einmaligen) Zugang zu neuen Zuhörerinnen und Zuhörern" (Wünschel 2018: 322).

Dadurch dringt Filmmusik in eine der bestgehüteten Sphären sogenannter Hochkultur ein: Sie wird von Philharmonie-Orchestern in klassischen Konzerthäusern und auf traditionellen Bühnen aufgeführt und in Programmheften oder im Klassik-Radio in einer Reihe mit dem vertrauten Repertoire der Kunstmusik genannt und beworben (vgl. Fuhrmann 2021). Der durch die demografische Situation beschleunigte Rückgang der Zuschauer*innenzahlen von klassischen Konzerten erhöht den Druck auf E-Musik-Veranstalter*innen, den Anteil an vermeintlich zugänglicheren Konzerten aus dem Bereich der Film-, Serien- und Games-Musik weiter zu vergrößern. Das gilt gleichermaßen für US-amerikanische und europäische Orchester, auch wenn die Aufführung filmmusikalischer Konzerte in Großbritannien und den USA eine längere Tradition als in Kontinentaleuropa hat und sich gerade im deutschsprachigen Raum lange Zeit Vorbehalte gegen ein filmmusikalisches Repertoire im klassischen Konzertrahmen gehalten haben (vgl. Wünschel 2018; Fuhrmann 2021):

> Dass sich deutsche Kulturorchester seit einigen Jahren vermehrt der Aufführung von Filmmusik (mit oder ohne Filmprojektion) widmen, ist nicht nur der erst allmählich schwindenden Unkenntnis um das Genre geschuldet, sondern auch dem ideologischen Vorbehalt, dass Filmmusik per se Musik minderer Qualität sei und dass es nicht zu den Aufgaben eines Orchestermusikers gehöre, diese Art von Musik aufzuführen. (Wünschel 2018: 325)

Dieser vermutete Verdrängungsprozess – der, wie bereits gesagt, naheliegt, aber nicht hinreichend nachgewiesen ist – würde die Rolle der Film- und Medienscores als Erben und Nachfolger klassisch-romantischer Musik bestätigen, und man könnte argumentieren, dass filmische Scores hier in gewisser Weise selbst zur Klassik werden: Filmmusik (und im zunehmenden Maße auch Serien- und Games-Kompositionen) verdrängt nicht nur den Klassik-Korpus, sondern wird selbst zu einem Teil von ihm (vgl. Talks at Google 2017; Wünschel 2018; Fuhrmann 2021). Wünschel (2018) geht aufgrund der Entwicklung seit 2010 davon aus, dass sich dieser Trend fortsetzt: „Es bleibt abzuwarten, wie lange es noch dauert, bis Filmmusik völlig gleichberechtigt mit anderen Musikgattungen wie der Ballettsuite oder der Konzertouvertüre in einem regulären Sinfoniekonzert erklingen wird" (Wünschel 2018: 327).

Videobeispiel 20: John Williams / Anne-Sophie Mutter – *Harry Potter*, Hedwig's Theme, URL: https://youtu.be/qsCZP3wdF4w (vgl. Deutsche Grammophon 2020b).

In ehrwürdiger Konzertatmosphäre tritt Filmkomponist John Williams im Januar 2020 mit den Wiener Philharmonikern und Starviolinistin Anne-Sophie Mutter auf, um als Komponist, Dirigent und Arrangeur in einer Person das bekannte „Hedwig's Theme" aus den *Harry-Potter*-Filmen auf-

> zuführen. Dabei ist das Thema für diesen Anlass eigens zu einer Art Variationensatz mit Violinkonzert-Ambiente umgearbeitet worden, um Mutter viel Raum für virtuose Solo-Passagen zu bieten. Das Konzert-Arrangement ist nicht nur eine gekonnte Umwidmung des filmischen Themas für ein Hochkultur-Ambiente, sondern bedient auch die romantizistischen Idiome des Genies und der Virtuosin: Williams erscheint als dirigierender Maestro mit Genie-Charakter, dem man kaum anmerkt, dass er in der Klassik-Szene eher als Quereinsteiger zu betrachten ist; gleichzeitig kann sich Mutter als Virtuosin sowie den Klassik-Kanon weiterentwickelnde Innovatorin feiern lassen.

Aus einem anderen Blickwinkel beschreibt Hill (2017) die Kanonisierung von Filmmusik, indem er argumentiert, dass der Kinobesuch – oder die Rezeption eines Films oder einer Serie zuhause – das gegenwärtige Äquivalent zum traditionellen Besuch eines Konzertsaals oder Opernhauses sei:

> [...] big changes are occurring in the way we receive and appreciate ‚serious music'. Radio still exists [...], but otherwise – to borrow a term from the drug industry – the ‚delivery terms' for music are being revamped. [...] Critics bemoan the fact that fewer people go to the concert hall, and almost no one seems to sit down and listen to a complete ‚album' anymore, whether it's a symphonic work or a pop release. Music seems at risk of becoming completely incidental.
>
> But there is a time *when* and *where* we do absorb and digest seriously composed music for ninety minutes or more at a stretch, and that is when we are under the spell of the screen. (Hill 2017: xiv [Hervorh. im Orig.])

Der heimische Bildschirm oder die Kinoleinwand als neuer Konzertsaal: Dieses Gleichnis birgt immer noch eine gewisse Sprengkraft, da es gerade in Mitteleuropa an traditionellen Strukturen rüttelt. Zugleich zeigt es, dass die Frage nach der ästhetischen Einordnung von Film- und Medienscores zwischen Kunst- und Unterhaltungsmusik neu verhandelt wird. Fuhrmann (2021) sieht die Filmmusik diesbezüglich in einem Zwischenraum oder „Niemandsland" (Fuhrmann 2021: 95) zwischen pop- und hochkultureller Sphäre:

> Wo situiert sich nun in diesem Zusammenhang [der Hoch- bzw. Populärkultur; Anm. d. Verf.] die klassische Hollywood-Filmmusik symphonischer Prägung, von Max Steiner, Erich Wolfgang Korngold und Franz Waxman bis zu Jerry Goldsmith, John Williams und Laurence Rosenthal? Man könnte sagen: in einem merkwürdigen Niemandsland. Bis vor kurzem jedenfalls war sie den Klassikhörern zu seicht und den Pophörern zu klassisch. Ist sie der (zumindest deutschsprachigen) Filmmusikforschung zu populär, hat sie auch keinen Platz als Gegenstand in der Popmusikforschung, da ihre Idiome der klassischen Musik verpflichtet sind. (Fuhrmann 2021: 95)

Was Fuhrmann als „Idiome" (ebd.) bezeichnet, sind letztlich die bereits herausgearbeiteten Romantizismen der Filmmusik – wobei hier wiederum die (ungelöste) Mutmaßung aufgeworfen wird, dass Filmmusik, zumal diejenige der im Zitat genannten Komponisten, eben doch ähnlich klingt wie bekannte Werke des klassisch-romantischen Kanons. Deutlich wird, dass die klassische Dichotomie von Kunstmusik beziehungsweise E-Musik einerseits und Popmusik beziehungsweise U-Musik andererseits nur begrenzt auf Film- und Medienscores angewandt werden kann und an ihre Grenzen stößt – unabhängig davon, dass der pseudoästhetische Vertiefungsversuch von Gräben zwischen Ober- und Unterschicht, der seinen Ursprung im 19. Jahrhundert hat, im 21. Jahrhundert generell aus ethischer und soziologischer Perspektive zu hinterfragen ist. Filmmusik weist Elemente beider Sphären auf – worin auch eine Chance liegt, alte ideologische Grabenkämpfe beizulegen (vgl. auch Fuhrmann 2021).

3.10.4 Exotismen und interkulturelle Bedingungen

Postkoloniale Diskurse haben in den letzten Jahren zunehmend Einzug in die Film Music Studies und angrenzende Forschungsgebiete erhalten. Jedoch fehlen bisher grundlegende Studien, die über Aufarbeitungen singulärer Aspekte und Einzelfallanalysen hinausgehen (vgl. Unseld 2011; Maier 2016; Ritzer/Steinwender 2017; Lund 2018; Janz/Yang 2019). Kritisch beäugt werden etwa zunehmend die Strukturen der traditionellen Musikforschung: Janz und Yang (2019: 12) kritisieren die traditionelle Dichotomie zwischen der eurozentristischen Historischen Musikwissenschaft und der dezidiert global ausgerichteten Ethnomusikologie, die die abendländische Kunstmusik bewusst ausklammert, und mahnen eine Annäherung an: „Music seems to exist in two different types: ‚world music' and ‚Western music'" (Janz/Yang 2019: 12). Für die Popularmusikforschung fordert Lund (2018) eine historische Aufarbeitung euro- und amerikazentristischer sowie postkolonialer Strukturen der international vernetzen Popmusikszene. Insbesondere kritisiert er, dass musikgeschichtliche Schriften auch über andere Länder und Regionen immer noch in Europa oder Nordamerika – und von Europäer*innen oder Amerikaner*innen – geschrieben würden und abwertende Exotismen über sogenannte nicht-westliche Popmusik immer noch die Regel seien.

In der Medienwissenschaft sieht Maier (2016) großen Bedarf bei der Aufarbeitung hegemonialer und postkolonialer Strukturen in audiovisuellen Medien und Populärkulturen gerade aus mediengeschichtlicher Perspektive. Ritzer und Steinwender (2017) fordern auch aus diesem Grund ein globales „World Cinema" (Ritzer/Steinwender 2017: 1), das das stark Hollywood-basierte internationale System abhängiger Filmlandschaften aufbrechen und die postkoloniale Dichotomie von Hollywood (und eingeschränkt dem europäischen Kino) als Zentrum sowie dem Rest der Welt, insbesondere dem Globalen Süden, als abhängige Peripherie beenden soll. Stattdessen plädieren sie für eine dezentrierte, gleichberechtigte und internationale Vernetzung verschiedener kinematografischer Kulturen, die in einem stetigen Austausch miteinander stehen, aber auch auf jeweils kultureigene Gegebenheiten Rücksicht nehmen können. Auch im Bereich der Filmmusik gibt es postkoloniale Strukturen, die zu hinterfragen sind: Bisher kaum in Frage gestellt ist etwa der filmmusikalische (und im geringeren Maße auch serienmusikalische) spezifische Kanon, der analog zum mittlerweile immer stärker in Frage gestellten Klassik-Kanon ebenfalls fast ausschließlich Werke weißer männlicher Komponisten einbezieht (vgl. Unseld 2011; Fuhrmann 2021).

Wie zuvor beschrieben wurde, herrschen komplizierte Beziehungen auf kommerzieller, produktionstechnischer, kultureller und ästhetischer Ebene zwischen Hollywood einerseits und dem europäischen Kino andererseits. Europäische Film- und Serienkomponist*innen haben seit den Anfängen der Stummfilmzeit einen wesentlichen Anteil an Hollywoods Score-Gestaltungen, und in kulturell-ästhetischer Hinsicht gibt es einen breiten Austausch und gegenseitige Beeinflussungen, auch wenn in kommerzieller Hinsicht die amerikanische Film- und TV-Landschaft zu Beginn des 21. Jahrhunderts dominant ist (vgl. Mera/Burnand 2006; siehe auch Kapitel 3.9.1).

Anders sehen die Bezüge zu denjenigen Kulturen und Regionen aus, die außerhalb dessen liegen, was man gemeinhin als den Kulturraum des Globalen Nordens bezeichnet. Der Reiz des Fremdartigen und die klischeehafte Verwendung von – nicht immer authentischen – Volksliedern als Symbole für idealisierte Ethnien, fremde Nationalitäten, ferne Kontinente oder weit entfernte Regionen weist auf eine lange Tradition bis zur Musik der Romantik zurück (siehe Kapitel 2.4). Der verstärkte und verklärende Rückgriff auf Folk-Melodien in der jüngeren Filmmusik wurde ebenfalls als (nationaler oder globaler) Romantizismus erkannt (vgl. Kvifte 2001; Schröder 2017). Dieser hat auch einen signifikanten Einfluss auf Filmscores, wie Schröder (2017) anhand des Beispiels der Filmtrilogie *The Lord of the Rings* (vgl. Jackson 2001; 2002; 2003) aufzeigt: Die Nachahmung idyllischer, ländlicher Volkslieder – etwa aus dem keltischen Raum – suggeriert eine besondere Nähe zur naturbewussten Simplizität, lässt aber auch Raum für nationale Identität. Auch diese Implementierung von traditionellem Volksmelodien (oder Harmonien, Rhythmen, Spielweisen und Instrumentierungen) ist bereits in der Musik der historischen Romantik zu finden (vgl. Buhler 2014: 211; Kloppenburg 2012/2015: 205).

Schon in der Zeit des Hollywood-Sounds wurde diese Tradition unvermindert fortgeführt, ohne dabei den spezifischen Charakteristika bestimmter exotisierter Stile zu viel Bedeutung beizumessen. Bezeichnend ist dabei ein Eingeständnis des Filmkomponisten Dimitri Tiomkin:

> [...] much of the [film] music that is accepted as typical of certain races, nationalities and locales, is wholly arbitrary. Audiences have been conditioned to associate certain musical styles with certain backgrounds and peoples, regardless of whether the music is authentic. (Dimitri Tiomkin, zit. nach Buhler 2014: 211)

Tiomkin trug mit seinem filmmusikalischen Schaffen selbst zu dieser unauthentischen Verwendung bei: Als Komponist erfolgreicher Westernfilme wie *Rio Bravo* (vgl. Hawks 1959) formte er zu einem wesentlichen Teil den Stil des klassischen Western-Scores mit, wobei er nicht primär auf amerikanische Folklore zurückgriff, sondern sich von seiner eigenen Heimat inspirieren ließ: der Steppenlandschaft der Süd- und Ostukraine. Der idealisierende Rückgriff auf Volksmusiken und die Anleihen an Folk Music oder World Music sind auch nach Flinn (1992: 94) sentimentale Ausdrücke romantisierender Utopien und damit Teil einer romantizistischen Geisteshaltung – und nicht etwa eine fundierte Auseinandersetzung mit Musiken anderer Kulturen, die auf Authentizität Wert legen würde (vgl. Brill 2012).

Auch im 21. Jahrhundert setzen sich diese Exotismen fort. Neuere Beispiele in den fiktiven Welten sind etwa James Horners Filmscore zum Science-Fiction-Film *Avatar* (vgl. Cameron 2009), in dem die idealisierte, aber auch distanzierende Darstellung des Fremden besonders eindrucksvoll herauszuhören ist, oder Ludwig Göranssons Score zu *Black Panther* (vgl. Coogler 2018), der versucht, afrikanische Rhythmen und orchestral-abendländische Tradition zu vereinen (vgl. Link 2016: 204; siehe Kapitel 3.5.2). Auch im Fantasy-Genre zeigt sich eine exotistische Tradition, die mit einigen Beispielen nachgezeichnet wurde (siehe Kapitel 3.5.1). Dennoch sind postkoloniale Strukturen in aktuellen Film- und Serienmusikkompositionen bisher nur ansatzweise aufgearbeitet und dekonstruiert: Einzelne Arbeiten wie die von Maier (2016) zeigen auf, dass auch die auditiven und musikalischen Bestandteile medialer Erzeugnisse dazu benutzt werden, um bestehende hegemoniale Machtverhältnisse zu zementieren. Das ist bemerkenswert, da nicht nur Hollywood-basierte Filmproduktionen in zunehmendem Maße internationale Unternehmen sind, die sich eben auch an ein multinationales Publikum richten (vgl. McSweeney 2018):

> Das Medium Film hat Teil an Prozessen kulturellen Austausches, der auf basaler Ebene als hybrid zu charakterisieren ist. Finanziert von einer Reihe differenter Produktionsfirmen, hergestellt von einem Team multinationaler Kreativkräfte, gedreht an verschiedenen Orten der Erde, ist Film heute Agentur fortschreitend globaler Bewegungen, deren Ströme sowohl Grenzen von Regionen als auch Kulturen überschreiten. (Ritzer/Steinwender 2017: 4)

Ritzer und Steinwender (2017) weisen in diesem Zusammenhang darauf hin, dass der so oft konstatierte internationale Austausch durch filmische Großproduktionen eben in erster Linie nicht gleichberechtigt in verschiedene Richtungen stattfindet, sondern als ein primär (post-)kolonial begründeter kultureller Expansionsfluss vom Zentrum des Globalen Nordens in Richtung des kulturell marginalisierten Globalen Südens beschrieben werden kann. Problematisch ist dies auch, da Untersuchungen nahelegen, dass wesentliche Konzepte des Exotismus aus dem 19. Jahrhundert auch in Film- und Serienscores unreflektiert übernommen worden sind und auch im frühen 21. Jahrhundert weiter Anwendung finden (vgl. Scheurer 2008; Brill 2012; Maier 2016; Ritzer/Steinwender 2017; Krohn/Strank 2018; Strank 2021). Tiefergehende Untersuchungen werden hier in Zukunft nötig sein, um diesen Problemkomplex adäquat aufarbeiten zu können. Doch gibt es deutliche Hinweise auf die unreflektierte Fortsetzung alter (post-)kolonialer Reflexe, die etwa Lund (2018) für den Bereich der Popularmusik beschreibt:

> Unhinterfragter Maßstab aus westlicher Sicht sind vor allem weiße, männliche, westliche Pop-Größen [...]. Mit ihnen wird die nicht-westliche Pop-Musik abgeglichen und man stellt fest: soundtechnisch ist das weit vom primär erachteten Original entfernt, musikkünstlerisch ist das in allen Pop-Aspekten [...] ein schwacher Abklatsch der westlichen Originale. So wird nicht-westliche Pop-Musik entwertet, es entsteht Musik zweiter Klasse im Vergleich zu erstklassiger westlicher Pop-Musik. Genau mit dieser Perspektive wird musikhistorischer Kolonialismus betrieben.
>
> Oder: Die nicht-westlichen Elemente nicht-westlicher Pop-Musik werden als exotistischer Wert gleichsam kulinarisch genossen, so wie man etwa Currygewürze schließlich auch positiv als Gewürz wertet, welches das ewige Einerlei der heimischen Küche zu durchbrechen vermag. (Lund 2018: 244 f.)

Die Metapher der kulinarischen Würze erinnert deutlich an gängige exotistische Praktiken in filmischen Scores. Die unkritische Übernahme exotistischer Konzepte des 18. und 19. Jahrhunderts ist letztlich ein unrühmliches Relikt eurozentristischer ästhetischer Vorstellungen, die auch auf romantizistische Denkmuster zurückzuführen sind (siehe Kapitel 2.4). Das ist umso bedrückender, als dass im 21. Jahrhundert aufgrund der zunehmend globalisierten Welt den Rezipient*innen ein höherer Wissensstand von fernen Kulturen und musikalischen Stilen unterstellt werden darf, als dies im 19. Jahrhundert der Fall war; die dennoch fortgesetzte Pauschalisierung, klischeehafte oder gleichsam kulinarische Anwendung von Exotismen und naive oder abwertende Vertonung des Andersartigen und Fremden mutet gerade deshalb befremdlich an.

Dennoch gibt es Zeichen eines zunehmend reflektierenden Umdenkens: Der bereits beschriebene *Human Turn* (vgl. Strank 2021: 25; siehe Kapitel 3.5.2) in jüngeren Science-Fiction-Scores zeigt, dass auch jahrzehntelange Traditionen des Otherings und abwertende Exotisierungen aufgebrochen werden können, wenn die Sensibilität und Reflexivität für postkoloniale Diskurse zunehmen. Das Hinterfragen eines eurozentristischen Standpunkts der Filmmusik erst in jüngsten Produktionen des Hollywood-Mainstreams zeigt aber auch, welche Wirkmacht romantizistische Idiome entfalten können und wie schwierig das Aufbrechen kultureller Codierungen und Klischees ist (vgl. Scheurer 2008).

3.10.5 Kritische Diskurse

Filmmusik hat seit ihrer Entstehung Kritik hervorgebracht und Diskurse ausgelöst: In der öffentlichen Wahrnehmung, in den Medien, aber auch in der Literatur sowie der ästhetischen und wissenschaftlichen Forschung. Im Folgenden soll auf Letzterer die Aufmerksamkeit gelegt werden, wobei zwei Diskurse besonders beleuchtet werden: zum einen die aus dem 19. Jahrhundert erwachsenen Werturteile über funktionale Musik sowie die Gefühlsästhetik, zum anderen der besonders im 20. Jahrhundert ausgeprägte Diskurs um das ambivalente Verhältnis von Filmmusik und Kommerzialisierung.

Schon im 19. Jahrhundert wurde die Verbindung von Musik mit anderen Künsten wie Tanz, Gesang, Schauspiel oder Bühnenkunst kritisiert. Sahen die einen – wie die Wagnerianer – in der Symbiose aller Teilkünste zum Gesamtkunstwerk die Vollendung, verurteilten andere – wie der konservative Kreis um den einflussreichen Musikkritiker Eduard Hanslick – dies als Verwässerung der reinen, absoluten Musik. In der Abkehr vom klassischen Formsatz und der Hinwendung nicht nur zur Programmatik, sondern auch zur inneren Form und der unendlichen Melodie sahen sie erstens eine zu starke, intendierte Wirkung auf das Gefühl, zweitens eine Herabstufung des musikalischen Potenzials zu bloß funktionalen Klangbildern (vgl. Hanslick 1922/2017; siehe auch Kapitel 2.7).

Auch über ein Jahrhundert nach Hanslick beschäftigt sich Carl Dahlhaus – mit deutlich entschärfter Formulierung – noch mit der „Gefühlsästhetik" der Neudeutschen Schule (Hanslick, zit. nach Dahlhaus 1988: 329), deren Maximen nicht verschwunden seien, sondern ein Jahrhundert überdauert hätten:

> Daß die Gefühlsästhetik der unablässigen, von Verachtung getragenen Polemik, der sie ein Jahrhundert lang ausgesetzt war, standgehalten hat – zwar eingeschüchtert, aber nicht entkräftet (sie wird eher praktiziert, als daß man sich zu ihr bekennt) –, braucht zwar keineswegs ein Zeichen für die Untriftigkeit der Argumente zu sein, die ihr entgegengehalten wurden […]. Daß der philosophische Urteilsspruch über die Gefühlsästhetik vom Musikpublikum nicht vollstreckt wurde, ist aber jedenfalls ein Anlaß, die Gründe, auf denen er beruht, noch einmal zu untersuchen […] Denn die ‚verrottete Gefühlsästhetik' ist keineswegs tot und abgetan; und es ist nicht ausgeschlossen, daß sie die Einwände, mit denen ihr das ästhetische Daseinsrecht bestritten wird, überdauert." (Dahlhaus 1988: 329)

Dahlhaus (1988: 329 f.) zweifelt an, dass die rein durch das Gefühl motivierte ästhetische Erfahrung von Musik, also der Wille der*des Rezipient*in, sich durch

Musik lediglich in eine Stimmung versetzen zu lassen, überhaupt eine ästhetische Erfahrung sei:

> Der Hörer wendet sich, statt auf das musikalische Werk gerichtet zu sein, auf sich selbst zurück; er versenkt sich in den eigenen Gefühlszustand, der durch Musik ausgelöst wurde, ohne daß sich das tönende Phänomen für das Bewußtsein des ‚Stimmungshörers' – der kein Zuhörer, sondern ein ‚Nebenbei-Hörer' ist – als Werk, als ästhetisches Objekt konstituiert. (Dahlhaus 1988: 330)

Dahlhaus kann der Kritik an der Gefühlsästhetik einiges abgewinnen, auch wenn er sich nicht die scharfe Polemik der Kritiker*innen zu eigen macht. Das Misstrauen gegen eine Musik, deren Funktion in erster Linie in der Erzeugung einer Stimmung oder Emotion besteht – und die diese Emotion bisweilen ins schier Unerträgliche steigert –, war auch manchen Musikforschenden des 20. Jahrhunderts suspekt (vgl. Adorno/Eisler 1944/2006; Lissa 1965; Dahlhaus 1988).

In kritischen Werturteilen zur Filmmusik lassen sich Elemente dieses Diskurses wiederfinden. Der Fokus verlagert sich hier jedoch hin zu den funktionalen Tendenzen der Filmmusik, was ebenfalls zu (ab-)wertenden Urteilen geführt hat (vgl. etwa Adorno/Eisler 1944/2006; Bullerjahn 2001; Kloppenburg 2012/2015). Neuere Forschungsbeiträge weisen allerdings zurecht darauf hin, dass funktionale Restriktionen aus historischer Sicht kein Alleinstellungsmerkmal der abgewerteten Programm-, Bühnen- oder eben der Filmmusik sind (vgl. Flinn 1992; Wegele 2012; Fuhrmann 2021; Lederer 2022):

> Aber viele Musik, auch solche von kanonischer Geltung, ist als funktionale entstanden; man denke nur an die Geschichte der Kirchenmusik; Funktionalität (Heteronomie) sagt noch nichts über den künstlerischen Gehalt aus [...].
> Die Geschichte der Musik ist voller Restriktionen des Komponierens – nicht alle waren selbst auferlegt, und der Zwang, den sie auferlegten, löste zugleich Experimentierfreude im dann noch offenen Bewegungsfeld aus. (Fuhrmann 2021: 96)

Neben der Kritik am funktionalen, also nicht-autonomen Charakter und an der Gefühlsästhetik von Filmmusik spielt der kommerzkritische Aspekt im kritischen Diskurs eine weitere wesentliche Rolle. Auch hier zielt die Kritik darauf ab, dass das ästhetische Potenzial und der Kunstcharakter von Filmmusik eingeschränkt oder gefährdet seien; dieses Mal aufgrund kulturindustrieller Maximen. Von nach wie vor nicht zu unterschätzender Bedeutung für diesen ästhetischen Diskurs sind die Beiträge der Kritische Theorie beziehungsweise der sogenannten Frankfurter Schule in Bezug auf Filmmusik. So haben Theodor W. Adorno und Hanns Eisler in ihrem Werk *Komposition für den Film* (vgl. Adorno/Eisler 1944/2006), das 1944 in New York entstand und 1947 in englischer Sprache erstmals veröffentlicht wurde, ein umfassendes ästhetisches Manifest zur Filmmusik verfasst.

Darin stellen sich Adorno und Eisler (1944/2006) in die Tradition der Kritik an den ästhetischen Entwicklungen der funktionalen Musik, die schon Hanslick und andere vor ihnen betrieben. Die zeitgenössische, spätromantisch geprägte Filmmusik geißelten sie darin als in der Regel redundant, konformistisch und weit unter ihren künstlerischen Möglichkeiten des kritischen Kommentars bleibend, da sie den Produktionsbedingungen der kommerziellen Filmindustrie – und damit der ökonomischen Maxime der Industriegesellschaft – gänzlich unterworfen sei. Anstatt eine notwendige eigene, auf den ästhetischen Prinzipien der Neuen Musik basierende Musiksprache zu entwickeln, bleibe die Filmmusik in konventionellen Formen des 19. und frühen 20. Jahrhunderts und gebe lediglich die Bildvorgänge in trivialer Weise wieder (vgl. Liu 2010: 30 f.; Buhler 2014: 206; Heldt 2016: 108). Die auf spätromantische Vorbilder zurückgreifende gegenwärtige Filmmusik sei von schablonisierten Effekten, billigen Klischees und unauthentischem Gefühlskitsch geprägt, der die eklektizistische Fortführung einer romantischen Ästhetik sei (vgl. Adorno/Eisler 1944/2006).

> Die Diskrepanz zwischen den gegenwärtigen Filmen und der üblichen Begleitmusik ist schlagend. Diese legt sich wie ein Dunstschleier vor den Film, schwächt die fotografische Schärfe ab und wirkt dem Realismus entgegen, den jeder Film notwendig anstrebt. Sie macht den gefilmten Kuß zum Titelbild eines Magazins, den Schmerzausbruch zum Melodram, Naturstimmung zum Öldruck. (Adorno/Eisler 1944/2006: 35)

Und ähnlich wie Hanslick sprechen auch Adorno und Eisler der funktionalen Musik ab, etwas künstlerisch Wertvolles beitragen zu können. Die kommerziellen Mechanismen der Kulturindustrie zwingen in ihrer Argumentation die Filmmusik in die kreative Stagnation. Filmkompositionen sind demnach Gefälligkeitswerke, die lediglich das Filmbild verdoppeln und letztlich durch kitschige Klischeehaftigkeit und längst verbrauchte Konvention die Emotionen verwässern und ad absurdum führen, die sie ausdrücken wollen (vgl. Adorno/Eisler 1944/2006).

> In Wahrheit geht kein ernsthafter Komponist aus anderen als materiellen Gründen zum Film. Bis heute erfährt er sich dort nicht als Nutznießer utopischer technischer Möglichkeiten, sondern als kontrollierter und leicht kündbarer Angestellter. Da der autonomen Kunst die ökonomische Basis, ja nachgerade selbst der Schlupfwinkel entzogen ist, so wäre es sentimental und kaltherzig zugleich, irgendeinem einen Vorwurf daraus zu machen, daß er bei der Gebrauchsmusik sein Unterkommen sucht. (Adorno/Eisler 1944/2006: 53)

Aufgrund des Primats des Ökonomischen sei auch eine ästhetische Verortung der Filmmusik, die sich gänzlich in den Bedürfnissen der niederen, gewinngesteuerten Unterhaltung verliere, unmöglich. Vielmehr müsse die Filmmusik an einer aktuelleren, eigenständigen und selbstbewussten Ausdrucksweise angelehnt sein, durch die ein kritisch-reflektierter Kommentar möglich werde. Dabei ist für die beiden Autoren selbstverständlich, dass die Neue Musik, die so radikal mit den traditionellen Formen und harmonischen Inhalten gebrochen hat, aufgrund ihres sachlicheren, rationalen Charakters deutlich besser für das technische Medium Film geeignet ist und diesem die nötige Ernsthaftigkeit und ästhetische Tiefe verleihen kann, um ihn zu einem künstlerisch ernsthaften Medium zu machen. Besonders Arnold Schönbergs Zwölftonmusik führen Adorno und Eisler dabei wiederholt als stilistisches Vorbild an. Die Neue Musik, „die von Musikdrama, Programm und Synästhesie sich losgelöst hat und an der dialektischen Aufgabe, unromantisch zu werden und doch Musik zu bleiben, laboriert" (Adorno/Eisler 1944/2006: 66 f.), weist aufgrund ihrer weitgehenden Möglichkeiten die Flexibilität auf, eine filmische Szene anhand ihrer dramaturgischen Gegebenheiten adäquat zu vertonen, anstatt immer wieder in dieselben Klischees und Floskeln zu verfallen. Freilich müsste auch der Film selbst sich zu einer neuen wahrhaftigen Sachlichkeit bekennen und sich von dem verleumderischen Gefühlskitsch des Massenkinos verabschieden, damit die postulierte neue Filmmusik ihre Wirkung entfalten kann (vgl. Adorno/Eisler 1944/2006).

Dieser fordernde Blickwinkel Adornos und Eislers wurde auch kritisiert. So charakterisieren Richardson und Gorbman diese Thesen als „extension of Romantic idealism" (Richardson/Gorbman 2013: 26), in der die*der Künstler*in als Individuum über dem Produkt Film stehen müsse und ihre Kunst sich nicht dessen kommerziellen Bedingungen unterordnen dürfe (vgl. Richardson/Gorbman 2013). Auch Flinn (1992) sieht in Adornos und Eislers skeptischer Wahrnehmung der zeitgenössischen Filmmusik eine nostalgisch-romantische Verklärung der sogenannten musikalischen Klassik, der sie eine von den Bedingungen der kapitalistischen Massenmedien bestimmte, simplifizierte und minderwertige Popularmusik gegenüberstellen. Diese pessimistische, von utopischen Wertvorstellungen getragene Gegenüberstellung von Soll- und Ist-Zustand in der Filmmusik trägt nach Flinn (1992) implizit eindeutige Denkmuster des Romantizismus, gegen den sich die Vertreter*innen der Frankfurter Schule so explizit aussprechen.

Adornos und Eislers aufgeworfene Dichotomie von (wahrer) Kunst und kommerziell motivierter Nicht-Kunst weist starke Parallelen zu Richard Wagners Verrissen der Opernwelt auf, in der er ebenfalls kreativen Stillstand und kommerzielle Interessen beklagte, die letztlich nur das Publikum in gefälliger Weise unterhalten sollten (vgl. Wagner 2008). Auffällig an dieser seit dem 19. Jahrhundert anhaltenden Tradition der pejorativen Behandlung und bisweilen polemischen Herabwürdigung von funktionaler und Film-Musik sind gleich mehrere Aspekte. Zunächst scheint der abstraktere Kern der Kritik auf den empfundenen Verlust der musikalischen Reinheit oder Absolutheit zu zielen, was sowohl den musikalischen Zweck als auch die Abhängigkeit etwa im Kompositionsprozess von anderen Faktoren oder Bedingungen adressiert.

Zweitens wird funktionale Musik, besonders Filmmusik, zumeist pauschal mit einer Gefühlsästhetik in Verbindung gebracht, die lediglich bestimmte intendierte Stimmungen und Emotionen erwecken will. Wie bereits gezeigt wurde, sind die funktionalen Möglichkeiten von filmischen Scores bei weitem größer und breiter aufgestellt, als lediglich eine Emotion zu unterstützen oder zu verstärken – und auch im Wagnerschen Gesamtkunstwerk sollte die Musik bereits weit mehr Funktionen erfüllen, als nur auf das Gefühl zu zielen (siehe Kapitel 2.6.4). Hier wird die Polemik besonders deutlich: Der romantische Diskurs um höhere, mittlere und niedere Musik ist deutlich spürbar. Die Kritik an der Filmmusik ist selbst romantizistisch geprägt.

Drittens wird eine Transformation der Kritik bis in das 20. und 21. Jahrhundert deutlich: Die Abwertung von der Programmmusik der Neudeutschen Schule aufgrund außermusikalischer Faktoren wandelt sich im 20. Jahrhundert spätestens mit den Schriften der Kritischen Theorie zu einer Abwertung aufgrund von kommerziellen Einflüssen. Die Kritik an der mangelnden Autonomie konkretisiert sich hier: Nicht mehr der Umstand, *dass* die Musik außermusikalische Anforderungen erfüllen muss, steht im Mittelpunkt; vielmehr ist die Tatsache, *welche* Anforderungen dies sind, ausschlaggebend: Hier wird der Kapitalismus als Feindbild zementiert (vgl. Adorno/Eisler 1944/2006). Adornos und Eislers Forderungen, sich in der Auswahl der filmmusikalischen Mittel von den Zwängen der spätkapitalistischen Kulturindustrie zu befreien, blieben jedoch zumindest für das Hollywood-Kino weitgehend unerfüllt: Die präferierte Neue Musik verdrängte den romantisch geprägten Score nicht, auch wenn dieser durchaus Elemente der Neuen Musik in sich aufnahm. Flinn (1992: 91) beschreibt den bleibenden Einfluss romantischer Ästhetik auf die Filmmusik im 20. Jahrhundert:

> It is by now apparent that romanticism's influence extends well beyond the golden era of Hollywood film scoring. Virtually all of the approaches to film or popular music we have covered subscribe to at least one of its tenets: that music offers something more than conventional language; that it reveals glimpses of a better, more unified world (or a more profound experience of our own); that it unveils universal truths or essences and opens doors to exotic situations or lands; and lastly – and perhaps most importantly – that it can capture the sense of lost integrity and grandeur. [...] In many ways, film music has been handed down to us as something ethereal, timeless, and deeply ahistorical. It is easy to see how a utopian understanding of it can emerge – and indeed has emerged – from this particular set of assumptions. (Flinn 1992: 91)

Dieser romantisierende, utopische Anspruch an die Filmmusik prallt auch im 21. Jahrhundert auf die andersgeartete Wirklichkeit. Hill (2017: 310 f.) etwa zeichnet in seinem Ratgeber für Filmmusik *Scoring the Screen* ein düsteres Bild der gegenwärtigen Filmmusik-Ästhetik: Diese sei praktisch nicht vorhanden oder von kommerziellen Erwägungen überlagert. Die Filmkomponist*innen würden sich zu klein gegenüber Regisseur*innen oder Produzent*innen machen und seien rein Ausführende von deren ästhetischen Vorstellungen oder filmbezogenen Vorgaben. Auf der Ebene der kompositorischen Substanz jedoch kritisiert Hill romantische Spuren deutlich: So mahnt er Innovationen vor allem auf dem Feld der Harmonik an, da die immer wiederkehrenden Bezüge etwa zu Richard Wagner und Gustav Holst auch für das Publikum ermüdend seien und außerdem die Filmmusik Innovationen brauche, um als Kunst zu überleben. Gleichzeitig warnt Hill vor allzu radikalen Neuerungen: die harmonische Basis müsse bleiben, da nur mit ihrer Hilfe eine tiefe Emotionalität erreicht werden könne. „[G]reat film music demands the unfamiliar-familiar" (Hill 2017: 313).

Hills Forderungen nach kompositorischer Innovation sind nicht neu und stehen in einer langen Tradition von Kritik an der musikalischen Qualität von filmischen Scores (vgl. Wierzbicki/Platte/Roust 2012; Audissino 2017a). Auch weisen sie deutliche Parallelen zu Eislers und Adornos Kritik an der Filmmusik ihrer Zeit auf: nämlich den an sich romantizistischen Anspruch an die Filmkomposition, mehr zu sein als nur ein Teil des (negativ konnotierten) kommerziellen Massenprodukts Film, und zugleich als individuelle Kunstform ernstgenommen zu werden. Auch zeigt sich hier eine Kontinuität der stilistischen Kritik am eklektizistischen oder nostalgischen Anachronismus von Filmmusik. Gleichzeitig lehnen alle drei die stilistische Aneignung romantischer Ausdrucksformen in der Filmmusik – wenn auch in unterschiedlichem Maße – ab, wobei ihre Begründungen jeweils romantizistische Denkmuster implizieren: Hier zeichnet sich die Kontinuität einer utopischen Vorstellung von Musik ab, die als Kunstform nicht nur *im* oder *losgelöst vom* durchkommerzialisierten Produkt Film, sondern notfalls auch *gegen* es bestehen muss (vgl. Adorno/Eisler 1944/2006; Flinn 1992; Scheurer 2008; Wierzbicki/Platte/Roust 2012).

Auch die kritischen Äußerungen Audissinos (2017a), dass Film- und Serienkomponist*innen nur noch Sounddesigner seien und letztendlich keine Musik mehr komponieren würden, implizieren ein romantizistisches Bild von Kunst und dem Akt des Kunstschaffens, dem die modernen (und damit antiromantischen) technologischen Bedingungen und Fortschritte Steine in den Weg legen (vgl. auch Flinn 1992: 31). In dieselbe Kerbe schlägt die Analyse von Prox (1993: 21), der die Filmmusik durch die Vermischung mit und die Konkurrenz durch den Sound als dekonstruiert und in ihrer künstlerischen Wertigkeit herabgesetzt sieht.

Solcherart Kritik hat auch schon Nietzsche an Wagner verübt, wenn er Wagner als eine Art von Toningenieur charakterisierte, der eine industriell anmutende Arbeitsteilung hatte und kleinteilige, auf Effekt haschende Musik schrieb (vgl. Schanze 2018: 372). Auch der Philosoph und Soziologe Georg Simmel verurteilte die moderne Arbeitsteilung in kulturellen Erzeugnissen bereits zu Beginn des 20. Jahrhunderts und sah darin die Kunst ihrer Seele beraubt und zu einem industriellen Produkt degradiert (vgl. Schwennsen 2014). So unterschiedlich die Standpunkte und Weltanschauungen ihrer Autoren sind, haben diese Kritiken gemeinsam, dass sie den Kern einer romantizistischen Ästhetik offenbaren, die die Musik als Kunst bewahren und vor technologischen sowie kommerziellen Angriffen der industriellen, partikularisierten Moderne schützen möchte: „Technology, it would appear, obstructs music's expressive capabilities: if it plays too large a part in the production of music, there is less of an available role for the individual ‚creator' to play" (Flinn 1992: 31). Diese Vergegensätzlichung von artifiziellen und kommerziellen oder technologischen Aspekten offenbart eine Sicht auf Filmmusik, die von einer künstlerischen Reinheit ausgeht, die durch die spätmodernen Produktionsbedingungen befleckt wird. Hier setzt sich bis in das 21. Jahrhundert hinein die von Kritiker*innen, Feuilletonist*innen, aber bisweilen auch Forscher*innen geäußerte ästhetische Herabsetzung künstlerisch vermeintlich verstümmelter, also minderwertiger Film- und Medienscores fort. Die Parallelen zu Hanslicks Verunglimpfung der Programmmusik sind nicht von der Hand zu weisen, wie ein aktuelles Beispiel zeigt:

> Es soll [...] der Versuch unternommen werden, eine Ästhetik der Filmmusik zu entwerfen, die deren verdächtig Populäres offensiv in den Mittelpunkt rückt – eben den Verdacht, es handle sich musikalisch um minderwertige Gebrauchs- und billige Effektmusik, um die Stimulierung oder auch Manipulation der bildungsfernen Massen, die allenfalls soziologisch, aber nicht ästhetisch ein Thema sei. Solche Vorurteile [...] sind ja keineswegs völlig gegenstandslos. (Fuhrmann 2021: 92)

Auch wenn Fuhrmann im Folgenden durchaus gegen diese Einschätzung argumentiert, sieht er die Gefahr der Verbindung von Filmmusik mit Kitsch, die zwar problematisch, aber durch die Neigung von Filmmusik zur prägnanten, bisweilen oberflächlichen Motivbildung eben auch nicht ganz von der Hand zu weisen sei (vgl. Fuhrmann 2021). Kloppenburg fühlt sich deshalb genötigt, das große ästhetische und expressionistische Potenzial zu betonen, wenn beispielsweise Musik und Sound in gelungener Weise miteinander kombiniert und dem Film gemeinsam dienen würden (vgl. Kloppenburg 2012/2015: 125).

Der kritische Diskurs um die Qualität von Filmmusik setzt sich in abgewandelter Form bis in die Gegenwart fort – besonders im deutschsprachigen Raum, wie die angeführten Beispiele zeigen. Der Einfluss der Kritischen Theorie ist hier erkennbar – aber auch der lange Arm einer romantizistischen und wertenden Vorstellung von Musik, die möglichst rein, autonom und frei von den zersetzenden Kräften der (Spät- oder Post-)Moderne bleiben soll.

3.11 Zwischenfazit

Die bisherigen Analysen haben vielfältige und mehr oder weniger deutliche Spuren von Romantizismen in filmischen Scores aufgezeigt. Dabei lag der Fokus in der Regel auf Erkenntnissen musikalischer Einzelfallanalysen, soziokultureller Beobachtungen oder abstrahierter Konklusionen. Dadurch konnten reichlich Hinweise auf Verbindungen zu und Adaptionen von romantischen Idiomen gefunden werden, deren wertende Einordnung jedoch oft nicht eindeutig ist.

Im Bereich der historischen Entwicklungen konnten für die Forschungsperspektive der vorliegenden Studie vier wichtige Strömungen festgehalten werden: Zunächst der Hollywood-Sound als wirkmächtige Prägung späterer Entwicklungen, der selbst unmittelbar durch spätromantische, leitmotivische und orchestrale Stilistik beeinflusst wurde; dann die Renaissance des Orchestralismus ab den 1970er-Jahren mit so einflussreichen Akteuren wie dem Filmkomponisten John Williams und seinen orchestralen Scores zu Filmen wie *Star Wars* und *Superman*; drittens und viertens zwei prägende Strömungen des frühen 21. Jahrhunderts: die bisweilen als Hans-Zimmer-Ära bezeichnete Digitalisierung von Produktionsprozessen mit ihren disruptiven Innovationen in der Herstellung von Scores, aber auch der Arbeitsteilung sowie der Verbindung von musikalischen und Sound-Bestandteilen; und die Franchise-Ära mit dem großen Erfolg filmischer Reihen, Serialisierungen und Aufwertungen narrativer Streaming-Serien, die für Kontinuitätsaspekte und das Primat der stilistisch-dramaturgischen Konvention steht.

Für die Fortsetzung romantizistischer Mythos-Konzeptionen wurden mediale Genres als geeignete Orte ermittelt und die fiktiven Welten Science-Fiction, Fantasy und Superhelden näher bestimmt, um nicht nur ihre Verbindungen zum Mythos, sondern auch ihre spezifischen ästhetischen und stilistischen Anforderungen an die Filmmusik zu dechiffrieren, die durch kulturelle Codes, Publikumserwartungen und Genre-Klischees mitgeformt werden. Dabei konnten vielfältige stilistische Einflüsse auf die Filmmusik nachgezeichnet werden, wobei immer wieder romantizistische Adaptionen wie der Wagnerschen Leitmotivik, aber auch spätromantische und orchestral-sinfonische Idiome, motivische Prägnanz und Stärke des Ausdrucks sowie Stilmittel der triadischen Chromatik wie Spiel mit Tonalität und Aufweichung klassischer Funktionsharmonik nachgewiesen wurden.

Ein besonderes Augenmerk lag auf der Nachzeichnung nicht nur stilistischer Muster, sondern auch konzeptioneller, ästhetischer und funktionaler Kompositionsprinzipien von Filmmusik in den fiktiven Welten. Dabei konnten viele Gemeinsamkeiten der drei (Sub-)Genres ermittelt werden, speziell die Bedeutung des in der Regel heroischen und spätromantisch-orchestralen Main Titles, die mythenbildende Funktion des Scores sowie die Strategien des exotistischen Otherings und der Rückkehr zum Main Title. Auch hierbei konnten mögliche Verbindungen zu romantischen Vorbildern nachgezeichnet werden, neben der Leitmotivik und dem Sinfonismus auch die romantische Form der Ästhetik des Erhabenen, die Universalpoesie sowie utopische, mythische sowie exotistische Konzepte. Dabei wurde auch deutlich, dass diese filmmusikalischen Konzepte in fiktiven Welten bisher nur lückenhaft belegt sind und deshalb im empirischen Teil dieses Textes hinsichtlich ihrer Validität hinterfragt werden müssen.

Ergänzt wurde die Untersuchung des Musikeinsatzes in fiktiven Welten um Untersuchungen zu funktionalen Bedingungen und Kompositionstechniken, wie sie in den Film Music Studies beschrieben wurden. Auch hier wurde neben der Leitmotivik im Anschluss an die filmmusikalische Genre-Theorie die mythenbildende Potenz als eine Art Überfunktion besonders betont und versucht, diese mit der klassischen Wirkungstheorie zu verknüpfen. Das herausgearbeitete filmmusikalische Funktionsschema wird ebenso im empirischen Teil zur Anwendung kommen und gleichzeitig auf den Prüfstein gestellt sowie mit empirischen Daten validiert, modifiziert oder verworfen werden.

Wie zu Beginn der vorliegenden Studie angekündigt, sollte nicht allein die Filmmusik selbst als fertiges kompositorisches Erzeugnis betrachtet werden, um romantizistische Bezüge nachzuweisen: Auch der Ablauf des Musikausübens im filmmusikalischen Produktionsprozess, die kulturelle Rezeption sowie die wirtschaftliche Interdependenz von Filmmusik sollten nachgezeichnet werden, ebenso kritische Diskurse, die wichtigsten Akteure in der Produktion sowie deren ästhetische Vorstellungen, Stereotypen und Selbstverständnisse. Dabei wurden die Rolle von Filmmusik, aber auch die Professionalitätsverständnisse von Filmkomponist*innen in der Filmindustrie beleuchtet; hier lag der Schwerpunkt auf Hollywood als dominantem System filmischer Produktion im Kulturkreis des Globalen Nordens. Auch in diesem Kontext zeigten sich – trotz aller Entwicklungen des späten 20. und frühen 21. Jahrhunderts wie etwa der Digitalisierung, arbeitsteiliger Musikproduktion und Vermischung von Musik und Sounddesign – romantizistische Bezüge etwa in der kritischen Hinterfragung artifizieller Aspekte und des künstlerischen Gehalts von Filmmusik innerhalb eines kommerzialisierten Produktionssystems. Ebenso zeigten sich (bisher unzureichend untersuchte) Anknüpfungen an ein romantizistisches Genie-Verständnis. Auch die dramaturgisch erstaunlich konstant gebliebene Rolle des Filmscores innerhalb der Filmproduktion wurde beleuchtet.

Zuletzt wurden die vielfältigen wechselseitigen Beziehungen von Filmmusik und zwei anderen Sphären aufgezeigt: einerseits die Bezüge zwischen Filmmusik und Popmusik beziehungsweise Unterhaltungskultur; und andererseits zwischen Filmmusik und Kunstmusik beziehungsweise Hochkultur. Innerhalb dieser Spannungsfelder zeigten sich vielfältige Verbindungen und ästhetische Reminiszenzen zu beiden Sphären, die aber gerade in jüngerer Zeit in Frage gestellt und neu verhandelt werden. Das zeigte sich auch anhand der kritischen Diskurse, deren Inhalte Kontinuitäten bis in das 19. Jahrhundert erkennen lassen: Insbesondere die Kritik am funktionalen Charakter von Filmmusik, an der Verbindung zur Gefühlsästhetik, am nostalgischen, bisweilen als kitschig kritisierten Eklektizismus sowie an den vielfältigen Bezügen zu kommerziellen Maximen stehen hier im Vordergrund. In vielen Kritikformen zeigen sich Ähnlichkeiten zu romantischen Vorstellungen von Musik als (potenziell) höherer Kunstart, die auf die Hinterfragung des Kunstcharakters von Filmmusik abzielen. Eine weitere problematische Kontinuität erwies sich im Bereich der interkulturellen Bezüge, die eindeutige exotistische Traditionen vom späten 18. bis in das frühe 21. Jahrhundert offenbarten. Eurozentristische und postkoloniale Muster zeigen sich nicht nur in der Verwendung des musikalischen Otherings, sondern auch in der kulturellen Dominanz des Hollywood-Systems und dem unauthentischen Umgang mit exotisierten, d. h. aus postkolonialer Perspektive nicht-westlichen kulturellen Einflüssen, der erst in jüngster Zeit durch positivere, ausgeglichenere Exotismen sowie vor allem den sogenannten Human Turn entschärft oder aufgebrochen wird.

All diese Erkenntnisse werden, wo es angebracht scheint, im folgenden empirischen Teil des Textes als theoretische Grundlage, Hypothese oder kritisch zu hinterfragender Prüfstein benutzt, um durch die Verbindung mit den empirischen Ergebnissen zu einem Erkenntnisgewinn für die eingangs formulierte Forschungsperspektive zu gelangen.

4 Hauptstudie I: Inhaltsanalyse von Komponist*innen-Interviews

Die folgende Hauptstudie soll eine wesentliche Lücke schließen, die in vielen bisherigen Untersuchungen über romantizistische Spuren in jüngeren Filmscores aufklafft: die Lücke, die die (fehlende) Perspektive der Akteur*innen und Produzierenden der Scores selbst, also primär der Filmkomponist*innen, bildet. Diese Perspektive soll durch die qualitative Inhaltsanalyse eines 2017 erschienenen Interviewbandes erschlossen werden: *Score. A Film Music Documentary. The Interviews* von Matt Schrader (2017). Das Buch ist begleitend zum ebenfalls von Schrader produzierten Dokumentarfilm *Score: A Film Music Documentary* (vgl. Schrader 2016) erschienen, der die filmmusikalische Entwicklung im Hollywood-Film seit den 1970er-Jahren beleuchtet und dabei eine Vielzahl von Filmschaffenden und Komponist*innen zu Wort kommen lässt. Der begleitend zum Dokumentarfilm erschienene Interview-Band enthält 25 Interviews, die Schrader im Rahmen der Filmproduktion geführt hat. Viele, aber bei weitem nicht alle Aussagen der Interviewten sind deshalb Teil des Dokumentarfilms und in diesem zu sehen und zu hören. 23 der Interviews sind mit Komponist*innen und zwei mit Regisseur*innen geführt worden. Die Interviews erlauben Einblicke in Wertvorstellungen, Entscheidungsprozesse, ästhetische Einsichten und Vor- sowie Rollenbilder der Interviewpartner*innen, bei denen es sich zumeist um bekannte, etablierte Filmkomponist*innen erfolgreicher Hollywood-Produktionen handelt.

Die Entscheidung, dieses Buch zur Grundlage einer qualitativen Inhaltsanalyse zu machen, ist aus mehreren Gründen getroffen worden. Zum einen verfügt der Band über einen großen Umfang an Informationen aus erster Hand von relevanten[29] Filmkomponist*innen. Die inhaltliche Fülle der getätigten Aussagen – zudem in einem untereinander vergleichbaren Rahmen – macht eine nähere und vergleichende Untersuchung lohnenswert. Hinzu kommt der Zeitraum der Interviews, der sich als ideal für das hier untersuchte zweite Jahrzehnt des 21. Jahrhunderts herausstellt. Nach Schrader (2017: 9) wurden die Interviews ab dem Jahr 2014 geführt, sind also im Zeitraum zwischen 2014 und 2016 entstanden. Dadurch wird *Score* zu einem bedeutenden Zeitzeugnis für Ästhetiken, Leitbilder, Produktionsprozesse und Professionalitätsverständnisse aus der Perspektive der Akteur*innen des Filmscorings in den 2010er-Jahren.

---

[29] Der Begriff der Relevanz wurde bereits in der Einleitung im für die vorliegende Studie präferierten Sinne definiert und meint wie auch dort den messbaren Rezeptionserfolg der filmischen Medienproduktionen, an denen die interviewten Akteur*innen beteiligt waren.

Open Access. © 2026 bei den Autorinnen und Autoren, publiziert von De Gruyter. Dieses Werk ist lizenziert unter der Creative Commons Namensnennung 4.0 International Lizenz.
https://doi.org/10.1515/9783112219003-004

Damit einher gehen mehrere Einschränkungen. Zunächst ist die Auswahl der interviewten Film- und Musikschaffenden nicht repräsentativ, sondern spiegelt eine kleine, erfolgreiche und bekannte Gruppe von Film- und Serienkomponist*innen im Umfeld Hollywoods wider. Daraus ergibt sich eine Kinofilm-, Männer- und Hollywoodlastigkeit, die berücksichtigt werden muss. Kategorien wie Low-Budget-Filme oder auch das Serien-Scoring sowie europäische Produktionen sowie solche außerhalb des Globalen Nordens werden dadurch notgedrungen vernachlässigt (wenn auch nicht völlig außer Acht gelassen). Auch ist Schraders Erkenntnisinteresse primär kein wissenschaftliches, sondern ein journalistisches beziehungsweise unterhaltungsmotiviertes:

> [...] in 2014 [...] I left my job in television news to make a film about these little-known musical geniuses, their experimentation and creativity. What followed were months of interviews with modern Mozarts [...]. I hope these interviews provoke and inspire you, just as they did us. (Schrader 2017: 9)

Diese ursprüngliche Intention Schraders – die zugleich eine wertende Charakterisierung und Verehrung von Filmkomponist*innen offenbart – muss bei der folgenden Analyse stets berücksichtigt werden, da Schraders Fragen möglicherweise wichtige Impulse für die Antworten der Komponist*innen geben und so signifikanten Einfluss auf die getätigten Aussagen und angesprochenen Themen geben könnten. Des Weiteren muss auch mit der Einschränkung umgegangen werden, dass die getätigten Aussagen der Komponist*innen gerade vor diesem Hintergrund stets subjektive Aussagen und möglicherweise Konstruktionen der eigenen Rolle und des eigenen Selbstverständnisses nach außen sind (an denen auch Schrader als Fragensteller durch seine Perspektive möglicherweise mitwirkt). Auch kommen durch die Fokussierung auf Filmkomponist*innen andere Produktionsbeteiligte[30] nicht zu Wort.

Mit der Berücksichtigung dieser Einschränkungen können dennoch wichtige Erkenntnisse aus dem Interviewband gezogen werden, die es erlauben, viele der im theoretischen Teil aufgenommenen romantizistischen Spuren aus der Perspektive der Filmmusikschaffenden zu beleuchten. Dabei kann sich die vorliegende Studie die journalistische Intention zunutze machen: Schrader führt die Interviews nicht mit einem einheitlichen Fragenkatalog, sondern bereitet sich durch intensive Recherchen auf jede*n Interviewpartner*in individuell vor, wobei in seinen Fragen oft die Intention zum Ausdruck kommt, besondere Charakteristika und herausstechende Besonderheiten der Komponist*innen herauszuarbeiten, die er durch

---

[30] Die beiden interviewten Regisseur*innen wurden bei der Auswahl der Interviews in der vorliegenden Studie nicht berücksichtigt.

seine vorbereitenden Recherchen erkannt zu haben glaubt. Das Ergebnis sind unterschiedliche und individuell verlaufende Interviews mit Umfängen zwischen fünf und 31 Buchseiten, die sich dennoch größtenteils um vergleichbare Themenkomplexe drehen: Zu nennen sind hier die Produktionsprozesse von filmischen Scores, Ansätze und Vorgehensweisen während der Filmmusikkomposition, die musikalischen Funktionen und die Aufgaben von Filmmusik, die Selbst- und Rollenverständnisse der Komponist*innen sowie die Beziehungen, Vorbilder und Vergleiche zwischen Filmmusik und Filmkomponist*in einerseits und anderen Genres, Gattungen, Musik- und Filmschaffenden oder ästhetischen Bezügen andererseits (vgl. Schrader 2017).

4.1 Vorgehensweise und Methodik

Der Interviewband *Score* (Schrader 2017) wurde mittels der Methode der inhaltlich strukturierenden qualitativen Inhaltsanalyse nach Kuckartz (2018: 97) ausgewertet. Als Software für die Datenanalyse, Codierungen und Visualisierungen wurde MAXQDA (Version 2022) benutzt. Diese Methodik wurde gewählt, weil sie einen flexiblen Ablauf aus Vorverständnis und Textverständnis, aus A-priori-Kategorisierungen und empirischen Codierungen zuließ. Durch diesen hermeneutischen Zirkel konnte das Kategoriensystem in mehreren Schritten und sukzessive – vor dem Hintergrund der Forschungsfrage – erweitert und angepasst werden.

Dabei war es das Ziel, Erkenntnisse zu Selbstverständnissen der Komponist*innen, musikalischen Leitbildern und ihrer Rolle im Produktionsprozess zu gewinnen, wobei die Verbindung zu möglichen Romantizismen wie Mythisierung und mythenbildenden Funktionen, utopisch-dystopischen Ansätzen, leitmotivischen Konzeptionen oder Genie-Bezügen eine ständige Leitlinie war. Im nachfolgenden Schritt sollten die untersuchten Fälle gruppiert und geclustert werden, um Typen zu bilden: Die Typisierung sollte anhand mehrdimensionaler Merkmalsähnlichkeiten erfolgen, wobei Bezüge zu romantizistischen Spuren hier im Zentrum der Typologie stehen sollten. Dabei wurden bewährte Strategien der empirischen Sozialforschung benutzt:

> Aufgrund von Ähnlichkeiten in ausgewählten Merkmalsausprägungen werden Elemente zu Typen (Gruppen, Clustern) zusammengefasst. Ein Typ zeichnet sich dabei durch die gleiche Kombination von Merkmalsausprägungen aus. Die Elemente desselben Typs sollen einander möglichst ähnlich sein, die verschiedenen Typen hingegen sollen möglichst unähnlich und heterogen sein. (Kuckartz 2018: 146)

Erstes großes Ziel war es also, im Sinne des Erkenntnisinteresses der Forschungsfrage eine Typologie von Filmkomponist*innen vorzunehmen, die jeweils charakteristische Merkmalsausprägungen in Verbindung mit romantizistischen Tendenzen erkennen lassen.

Nach den ersten Schritten der für die Forschungsfrage relevanten Auswahl der Interviews sowie der Kategorienbildung wurden in den weiteren Analyse- und Auswertungsschritten zunächst die einzelnen Kategorien inhaltlich zusammengefasst und anschließend die Fallzusammenfassungen der Interviewpartner*innen geschrieben. Daraus wurde schließlich durch eine Ähnlichkeits- und Merkmalsanalyse versucht, eine Typisierung aufzustellen und diese durch weitere gezielte Analysen zu validieren und zu charakterisieren. Außerdem wurden weitere im Zusammenhang der Forschungsfrage wichtige Erkenntnisse mittels von MAXQDA erstellter Visualisierungen zusammengetragen und diese schließlich zusammenfassend ausgewertet.

Nach der abgeschlossenen Typisierung sollten die Erkenntnisse mit den Auswertungen des theoretischen Teils abgeglichen werden, um ein erstes hypothetisches Romantik-Modell zu entwerfen. Hierfür schien es auch angebracht, nach der Betonung von typenbildenden Unterschieden den entgegengesetzten Schritt zu gehen und nach typen*übergreifenden* Merkmalen Ausschau zu halten, die sich als allgemeine filmmusikalische Romantik-Bezüge festhalten lassen. Diese wurden ebenfalls detailliert analysiert und ausgewertet, um das vorläufige Romantik-Modell empirisch und argumentativ untermauern zu können.

4.2 Auswahl der Interviews

Es wurden aus zeitökonomischen Gründen nicht alle Interviews von *Score* (Schrader 2017) für die Studie berücksichtigt. Der Band enthält 25 Interviews, von denen nach einer ausführlichen Sichtung 14 für die Studie ausgewählt wurden.

Mehrere Auswahlkriterien wurden dafür aufgestellt. Erstens sollten die Befragten Komponist*innen sein, um eine Vergleichbarkeit hinsichtlich Rollenbildern und Selbstverständnissen gewährleisten zu können. Daher wurden die beiden Regisseur*innen-Interviews nicht ausgewertet. Zweitens war eine möglichst hohe Diversität hinsichtlich des Geschlechts, Alters und kulturellen Hintergrunds ein erklärtes Ziel, um ein möglichst hohes Spektrum unterschiedlicher Aussagen abbilden zu können. Drittens sollten die interviewten Filmkomponist*innen nach Möglichkeit für die filmischen Genres Fantasy, Science-Fiction oder Superhelden gearbeitet und im Zeitraum von 2010 bis 2019 entsprechende Scores produziert haben, damit in der nachfolgenden zweiten Hauptstudie eine für das Erkenntnisinteresse dieses Textes sinnvolle musikalische Analyse ihrer Scores erfolgen und so ein direkter Zusammenhang zwischen den beiden Studien hergestellt werden kann.

Es wurde versucht, alle Auswahlkriterien zu erfüllen, was nicht auch in allen Fällen möglich war: In manchen Fällen standen sich die Diversitätsmaxime und der Fiktive-Welten-Bezug unvereinbar gegenüber, so dass hier Kompromisse gefunden werden mussten. Letztlich fiel die Wahl auf die Interviews mit folgenden Komponist*innen: Quincy Jones, Rachel Portman, Howard Shore, Hans Zimmer, Bear McCreary, Trent Reznor und Atticus Ross,[31] Brian Tyler, Tom Holkenborg, Trevor Rabin, John Powell, Alexandre Desplat, Elliot Goldenthal, Henry Jackman und Mark Mothersbaugh.

4.3 Kategorienbildung

Die Kategorienbildung fand nach Kuckartz (2018) in einem deduktiv-induktiven Arbeitskreislauf statt. Nachdem ein erstes Grundgerüst von Kategorien gebildet werden konnte, wurde dieses Gerüst während des Textstudiums immer wieder ergänzt, neu strukturiert und angepasst. Das a priori aufgestellte Kategoriensystem umfasste bereits die beiden Hauptkategorien der Produktionsprozesse und Selbstverständnisse, enthielt daneben aber weitere Kategorien, die restrukturiert und teils auch gestrichen wurden, da es in den Interviews keine oder kaum Aussagen dazu gab (beispielsweise zum Mythos oder zur Gender-Inklusivität).

Die Hauptkategorien wurden während der Inhaltsanalyse immer weiter verfeinert, zusammengefasst oder mit Subkategorien erweitert. Das Ergebnis dieses mehrstufigen Prozesses waren sechs Hauptkategorien: Produktionsprozesse, musikalische Funktionen, Selbstverständnisse von Komponist*innen, Beziehungen/Vergleiche (als eine gemeinsame Kategorie), Begriffe sowie Personen. Die letzten beiden Hauptkategorien (Begriffe und Personen) wurden primär für quantitative Erhebungen benutzt: Hier wurde die Nennung von Begrifflichkeiten und Personennamen dokumentiert, um daraus möglicherweise weitere Erkenntnisse in der Auswertung gewinnen zu können.

Da diese Hauptkategorien teils unterschiedliche semantische Dimensionen erfassen, ergaben sich beim Codieren des Textmaterials viele Überschneidungen verschiedener Hauptkategorien bei denselben Textstellen. Innerhalb einer Hauptkategorie jedoch wurde die mehrfache Codierung möglichst vermieden (was nicht immer gelang, wenn etwa Uneindeutigkeiten bestanden; vgl. Kuckartz 2018: 97–121).

Auch zeigten sich deutliche Unterschiede zwischen den Hauptkategorien: So waren Produktionsprozesse teils im Detail zu bestimmen und voneinander abzu-

---

[31] Trent Reznor und Atticus Ross wurden zusammen interviewt, da sie regelmäßig als festes Komponistenteam auftreten (vgl. Schrader 2017: 173).

grenzen, während musikalische Funktionen und vor allem die Selbstverständnisse einen höheren Interpretationsspielraum aufwiesen.

4.4 Kategorien-Zusammenfassungen

In den folgenden Zusammenfassungen werden keine Komponist*innen-Namen genannt, da hier einzig die getätigten Aussagen im Vordergrund stehen sollen. Auch werden zwar dort, wo es sinnvoll ist, Angaben über die Häufigkeit bestimmter Aussagen gemacht, dennoch ist hier das primäre Ziel, die ganze Bandbreite möglicher Aussagen komprimiert wiederzugeben und keine Wertung anhand quantitativer Daten vorzunehmen. Auch die Charakterisierung und Gruppierung der einzelnen Komponist*innen erfolgt erst in den nachfolgenden Schritten.

4.4.1 Produktionsprozesse

Die befragten Komponist*innen zählen eine große Anzahl unterschiedlicher Prozesse im Rahmen der filmischen Musikproduktion auf, die von der Auftragsvergabe über einzelne Produktionsschritte bis hin zu Feedback-Sessions reichen. Insbesondere hier ergaben sich die meisten Kategorien und die genauen Abgrenzungen untereinander erst nach dem Studium der Interviews und der konsequenten, in mehreren Prozessen wiederholten Restrukturierung der Subcodes. Dadurch konnten insgesamt 16 Teilprozesse beziehungsweise Arbeitsschritte unterschieden werden. Diese wurden in eine sinnvolle Reihenfolge eines möglichen tatsächlichen Produktionsablaufs gebracht (wobei es hier deutliche Abweichungen geben und ein Produktionsprozess viele individuelle Verläufe nehmen kann).

4.4.1.1 Pitch / Auftragsvergabe

Die von den Komponist*innen beschriebene Auftragsvergabe startet in der Regel mit der direkten Kontaktaufnahme der*des Regisseur*in (seltener: der*des Produzent*in), in dem diese*r ihr*sein nächstes filmisches Projekt vorstellt und die*den Komponist*in um die Produktion des Scores bittet. Mehrere Befragte beschrieben dabei ein Gefühl des Geschmeichelt-Seins, der Aufregung oder Neugier. In diesem Erstgespräch werden nach Schilderung der Interviewten in der Regel zunächst inhaltlich-kreative Dinge besprochen: Das filmische Projekt wird kurz vorgestellt, zentrale Ideen und Genre-Annäherungen oder Vorbilder werden besprochen, bisweilen wird auch das Drehbuch zur Verfügung gestellt. Dabei werden oft typische Genre-Erwartungen geschildert (und möglicherweise Wege, mit diesen Erwartungen zu spielen oder sie zu brechen). Dann erfolgt die Zu- oder Absage des*der Komponist*in.

Als Gründe für Absagen werden zeitliche Probleme, aber auch persönliche Neigungen oder Grenzen genannt (in einem Fall etwa die strikte Ablehnung, für Zigarettenwerbung oder Militärfilme zu arbeiten). In der Mehrzahl der Fälle werden jedoch Zusagen geschildert, bisweilen erst nach Überzeugungsarbeit durch die*den Regisseur*in oder nach Bedenkzeit der*des Komponist*in. Als Gründe für die Zusagen werden zumeist die Möglichkeiten genannt, neue kreative Wege gehen oder etwas Ungewöhnliches komponieren zu können.

Auffällig ist, was nicht oder kaum zur Sprache kommt: finanzielle Aspekte, vertragliche Angelegenheiten oder organisatorische Punkte. Die Auftragsvergabe wird als Startpunkt einer künstlerischen Reise, nicht als ein finanzielles Angebot oder kommerzielles Projekt beschrieben.

4.4.1.2 Kommunikation / Abstimmung

Die Befragten beschreiben diverse kommunikative und Abstimmungsprozesse. Am häufigsten wird die Kommunikation mit der*dem Regisseur*in der filmischen Produktion beschrieben, die von der Auftragsvergabe über die gemeinsame Produktionsarbeit bis zur finalen Abnahme reicht.

Die Beziehung zur*zum Regisseur*in wird dabei meist als eine ungleiche beschrieben: In der Regel kommunizieren hier nicht zwei gleichgesinnte und gleichgestellte Teammitglieder miteinander, sondern es werden gleich mehrere Hürden, Hindernisse, Übersetzungsschwierigkeiten und perspektivische Unterschiede erläutert.

Besonders häufig wird zwischen der Sphäre der Filmschaffenden (der die*der Regisseur*in angehört) und der musikalischen Sphäre (der neben der*dem Komponist*in auch Instrumentalist*innen, Toningenieur*innen, Orchestrator*innen und andere Musikschaffende angehören) unterschieden. Die Befragten beschreiben ihre eigene Rolle hier oft als Übersetzer*in beziehungsweise Schnittstelle zwischen diesen beiden Sphären: So steht für sie im Vordergrund, etwa Anforderungen an die Musik, die die*der Regisseur*in hat, von filmischer in musikalische Sprache zu übersetzen und musikalische Inhalte in verständlicher Sprache für Nicht-Musiker*innen zu erläutern. Hier erfolgt eine klare Abgrenzung zwischen zwei Welten: Filmschaffende wie Regisseur*innen, Editor*innen und Produzent*innen hätten zwar (inhaltliche, kreative, aber auch kommerzielle) Anforderungen, aber kaum inhaltliches Wissen über die musikalische Welt, die Komponist*innen dagegen hätten die Aufgabe, diese musikalische Welt in stetiger, teils mühsamer Kommunikation zu erläutern, zu präsentieren und in die filmische Welt zu überführen.

Nicht immer werden diese Gegensätze so deutlich beschrieben. Oft wird auch eine enge, vertrauensvolle Zusammenarbeit auf kreativer Augenhöhe zwischen Komponist*in und Regisseur*in (seltener auch Editor*in und Toningenieur*in) genannt. Hier steht das Erarbeiten einer gemeinsamen Vision und eine vertrauensvolle kreative Zusammenarbeit im Vordergrund, wobei auch die Selbstzweifel und Ängste der Komponist*innen etwa beim ersten gemeinsamen Hören musikalischer Ideen oder Ausarbeitungen erwähnt werden.

Die zentrale Person bei kommunikativen Prozessen ist mit einigem Abstand die*der Regisseur*in, deren Verhältnis zur*zum Komponist*in durchaus ambivalent dargestellt wird: Enge, künstlerische Zusammenarbeit kommt genauso vor wie angst-geprägte Dienstleistungsmentalität oder Rivalität um die filmische Vision. Distanzierter wird die Beziehung zur*zum Filmproduzent*in beschrieben (die in einem Fall explizit als Kunden-Dienstleister-Beziehung charakterisiert wird), während in der Regel eine vertrauensvolle Zusammenarbeit mit Toningenieur*innen und weiteren Musikschaffenden, aber auch mit Filmeditor*innen beschrieben wird. Die Rolle der*des Filmkomponist*in ist im Fall der Kommunikation mit anderen musikalisch Beteiligten deutlich dominanter als in der Beziehung zur*zum Regisseur*in: In musikalischen Fragen gibt die*der Komponist*in in der Regel die Richtung vor und erteilt klare Anweisungen und Aufgaben.

4.4.1.3 Vorbereitung / Recherche

Der Prozess der Vorbereitung und Recherche steht für die Befragten zeitlich in der Regel an erster Stelle, sobald sie in eine filmmusikalische Produktion involviert sind. Hierbei zeichnen sich zwei Hauptströmungen der Vorbereitung ab: die eigenständige Vorbereitung sowie die Kommunikation mit den Filmschaffenden (in der Regel den Regisseur*innen).

Bei der eigenen Vorbereitung werden Recherchen beschrieben, so etwa das intensive Studium des filmischen Drehbuchs, falls vorhanden einer ersten Schnittversion des unfertigen Films selbst, oder der Originalmedien bei Buchadaptionen oder filmischen Fortsetzungen von Serien oder Reihen. Dabei stehen nicht der Handlungsverlauf an sich, sondern zentrale Botschaften im Vordergrund, etwa die Frage nach der Intention des*der Autor*in, dem sogenannten Setting und anderen zugrundeliegenden Aussagen (etwa in emotionaler, sozialer oder politischer Hinsicht). Von besonderer Bedeutung bei filmischen Reihen ist die Suche nach der zentralen musikalischen ‚DANN' der Reihe, um diese aufnehmen und behutsam weiterentwickeln zu können.

Bei der Kommunikation mit den Filmschaffenden steht die Frage nach der größeren Vision, der filmischen Intention oder der Kernbotschaft im Vordergrund. So wird von mehreren Befragten die wichtige Aufgabe beschrieben, die eigentliche

Vision der*des Regisseur*in für das filmische Projekt herauszufinden oder zu verstehen (was mitunter kommunikative Schwierigkeiten bedeutet, siehe oben). Hierbei wird mehrfach die Interpretation der Erwartungen von Filmschaffenden genannt, wobei man sich bisweilen für eine Annäherung bei (Film-)Genre-Klischees, filmischen und musikalischen Vorbildern oder anderen Beispielen bedient. Diese dienen als Orientierungshilfe, werden jedoch von mehreren Befragten skeptisch oder ablehnend beurteilt, da sie ein potenzielles Hindernis bei der Suche nach eigenen kreativen Wegen darstellen können.

Die dritte Variante der Vorbereitung wird als Experiment in musikalischer Hinsicht beschrieben, vor allem das Ausprobieren und Testen geeigneter elektronischer Klänge oder ungewöhnlicher Instrumente (beispielsweise Dudelsack, Duduk oder Drehleier). Als Inspirationsquellen werden hier Musikarten aus vergangenen Zeitaltern (etwa Mittelalter, 18. Jahrhundert), aber auch lokale Volksmusiken (etwa armenische Volksmusik) oder im Film selten zu hörende Musikgenres (etwa Shanties) genannt. Hier steht im Vordergrund, neue Soundwelten oder weniger bekannte musikalische Praktiken auszuloten, die zwar innovativ sind, aber eine adäquate Verbindung zum filmischen Meta-Setting darstellen könnten.

Im Einzelfall werden auch besondere Bedingungen bei der Vorbereitung genannt, so etwa strikte Geheimhaltungsbedingungen, die besondere Sicherheitsvorkehrungen vor der Veröffentlichung des Films erforderlich machen.

4.4.1.4 Spotting Sessions

Spotting Sessions werden in der Regel als Sitzungen mit der*dem Regisseur*in in einer frühen Phase des Produktionsprozesses beschrieben, bei denen die vorhandene Filmversion (etwa ein Rohschnitt) begutachtet und gemeinsam entschieden wird, an welcher Stelle ein Musikeinsatz erfolgt (und welcher Art dieser sein könnte).

Typischerweise versucht die*der Komponist*in in dieser Session (oder bereits zu einem früheren Zeitpunkt in Vorbereitung auf diese Session) herauszufinden, welche Intention die*der Regisseur nicht nur für das filmische Projekt als Ganzes, sondern auch bei einzelnen Szenen hat, etwa hinsichtlich der Frage, welche Szenen was dramaturgisch bewirken sollen, wo Spannung oder bestimmte Emotionen erzeugt werden sollen und welche Rolle die Musik dabei spielen könnte. Die Befragten sind hier in der Regel bereits vorbereitet und haben Recherchen betrieben oder Vorgespräche mit den Filmschaffenden geführt. Die Spotting Session vertieft die Suche nach einer geeigneten musikalischen Sprache oder einem musikalischen Konzept für das filmische Projekt.

Einige Komponist*innen begreifen diese Sessions auch als psychologische Chance, nicht geäußerte Wünsche oder Probleme der*des Regisseur*in zu erkennen: Etwa die Unzufriedenheit mit dem Ergebnis schauspielerischer Leistungen in einer Szene, die mit intensiver Musik aufgefangen werden sollen, oder die Unsicherheit über die Art der Musik an spezifischen Stellen des Films.

Dabei wird bei einigen Befragten die Problematik von Temp-Tracks angesprochen und der Umgang damit. Temp-Tracks werden als kreative Einschränkungen, bisweilen als Zwangsjacke beschrieben, nicht etwa weil sich die Komponist*innen davon beeinflussen lassen, sondern die Regisseur*innen oder andere Filmschaffende durch diese vorgeprägt sind und Abweichungen davon mitunter kritisieren.

Spotting Sessions können durch diese Schilderungen als kollaborativer Prozess verstanden werden, der das Verständnis für die dramaturgischen und narrativen Intentionen der*des Filmregisseur*in und damit auch für die Rolle des filmischen Scores in der Produktion vertiefen soll. Die eher unbeliebten Temp-Tracks werden dabei entweder ignoriert oder als kreatives Problem wahrgenommen, bisweilen aber auch als Chance, die dahinterliegenden konzeptionellen Absichten und dramaturgischen Probleme der*des Regisseur*in besser zu verstehen.

4.4.1.5 Ideen / Entwürfe / Skizzen

Die interviewten Komponist*innen beschäftigen sich intensiv mit der Thematik erster filmisch-musikalischer Ideen, Entwürfe und Skizzen, was sich in der Inhaltsanalyse nicht nur quantitativ in einer vergleichsweise hohen Anzahl von 53 vergebenen Subcodes, sondern auch in ausführlichen und umfangreichen Schilderungen der entsprechend codierten Textstellen niedergeschlagen hat.

Mit einigem Recht kann dieser Produktionsabschnitt als zentraler und entscheidender Prozess für die*den Komponist*in beschrieben werden. Die meisten Befragten verstehen die Produktion von filmischen Scores als künstlerischen Prozess, an dessen oberster Stelle eigene musikalische Einfälle und Ideen stehen.

Auffällig ist die Ähnlichkeit in der Beschreibung dieses Prozesses bei der großen Mehrheit der Befragten. In der Regel wird hier eine innere Reise beschrieben, ein kreativer Prozess der musikalischen Ideenfindung, der als intuitiver, bisweilen magischer Akt verstanden wird. Viele Komponist*innen isolieren sich dabei bewusst von ihrer Umwelt und allen äußeren Faktoren, um in ihr eigenes Ich hineinzuhören: Dieses Innere wird etwa als Traumwelt, als Unterbewusstsein, als Mysterium, als fernes imaginäres Raumschiff oder als kindliches Ich beschrieben. In diesem inneren, hochkreativen, kindlich-reinen und künstlerischen Raum versuchen die Filmkomponist*innen musikalische Ideen zu finden, die mit den abstrahierten Kernbotschaften der filmischen Produktion resonieren. Dabei greifen manche Komponist*innen bewusst auf analoge Werkzeuge wie Stift und Notenpapier oder das Klavier zurück, andere bedienen sich der digitalen Möglichkeiten des Studios beziehungsweise des Computers, um ihre Ideen festzuhalten.

Die musikalische Ideenfindung wird von mehreren Befragten als schwieriger Prozess beschrieben, in dem sie sich als hochempfindlich und verletzbar wahrnehmen und Ängste, Selbstzweifel und Panikattacken aushalten müssen, gleichzeitig aber auf der Suche nach ihrem ungetrübten, naiven und unbeeinflussten Ich sind. Dieser intime Prozess wird von einigen Interviewten als ihre Kernaufgabe empfunden, etwas, das sie nicht wie andere Prozesse an Mitstreiter*innen oder Assistent*innen auslagern können.

In einigen Interviews wird der Prozess der Ideenfindung nicht nur als intimer, persönlicher Akt, sondern je nach Film und Beteiligten auch als arbeitsteiliger Ideenfindungsprozess mit mehreren Beteiligten beschrieben (und zwar mit Mitkomponist*innen, aber auch mit der*dem Regisseur*in oder Editor*in). Auch hier wird auf die besondere Bedeutung einer geeigneten, vertrauensvollen und intimen Atmosphäre für eine fruchtbare Arbeit verwiesen.

Einige Interviewte beschreiben diesen Prozess als spontan, frei und innovativ, bisweilen auch als chaotisch: Der kreative Akt der Ideenfindung soll nicht durch das Korsett einer Strukturierung oder Ordnung gestört werden. Auch wird an mehreren Stellen betont, dass die Komponist*innen sich innerlich mit den Kernaussagen des Films verbunden haben müssen, sonst könne keine passende musikalische Idee dafür entstehen. Für andere Interviewte kommt dieser Schritt erst *nach* der freien musikalischen Ideenfindung: Hier wird im Anschluss geprüft, ob die musikalische Skizze zum Film passen könnte oder nicht; abhängig vom Ergebnis wird der Entwurf vertieft oder verworfen.

Dabei werden die kreativen Möglichkeiten und Grenzen unterschiedlich bewertet. Manche Befragten charakterisieren die Ideenfindung als Suche nach adäquaten musikalischen Mitteln etwa in Bezug auf den richtigen oder passenden Sound, die Instrumentierung, Rhythmik, Harmonik oder Melodik/Motivik. Auch wird vereinzelt ein beabsichtigter historischer Bezug genannt – nicht zum Zweck einer vermeintlichen Korrektheit für die filmische Handlung, sondern als mögliche Inspirationsquelle (beispielsweise die 1980er-Jahre mit ihren MIDI-Klängen in Computerspielen, was ein Gefühl des Aufbruchs oder der Nostalgie erzeugen kann).

Für einige Komponist*innen ist dieser Prozess ein Experimentierfeld, in dem explizit und möglichst ungebunden nach neuen Wegen und musikalischer Innovation gesucht wird. Bisweilen wird explizit das Ziel des bewussten Zerschlagens des Herkömmlichen oder der Erwartungen genannt: Wenn etwa ein bestimmtes filmisches Genre eine gewisse Art des Scores erwarten lässt, wird diese Erwartung unter Umständen gezielt gebrochen. Musikalische Genres werden hierbei als Bedienfeld angesehen, aus dem man Genres frei miteinander vermengen kann, um etwas Neues zu kreieren. Für diese Komponist*innen steht in dieser Produktionsphase das Ausprobieren, Experimentieren und Improvisieren im Vordergrund.

Ebenso wichtig ist nach einem gewissen zeitlichen Abstand die Sichtung oder Prüfung, nach der entweder das Verwerfen der Idee oder die weitere Vertiefung erfolgt. Hierbei steht die Überprüfung im Vordergrund, ob der Entwurf für das filmische Projekt passend sein könnte (in einem Fall beschrieben als die Suche nach dem musikalischen Charakter für den Film).

Nicht alle Komponist*innen teilen diese Präferenz des uneingeschränkten Experimentierens. Mehrere Interviewte betonen die Wichtigkeit von Grenzen, Eingrenzungen und einschränkenden Parametern, da eine allzu freie Ideenfindung sonst ins Leere führen würde. Als Einschränkungen werden Vorgaben der*des Regisseur*in oder anderer Filmschaffender genannt, Erwartungen des Publikums durch das vorgegebene filmische Genre sowie das Setting beziehungsweise die zentralen Botschaften des Films selbst.

4.4.1.6 Themenentwicklung / Auskomponieren

Die Beschreibung der Themenentwicklung und des Auskomponierens von musikalischen Entwürfen wird deutlich diverser beschrieben als der Arbeitsprozess der Ideenfindung und kann in insgesamt vier Varianten eingeteilt werden.

Die Variante A wird von den Komponist*innen als stilles Auskomponieren von musikalischen Themen beschrieben. Dies geschieht in der Regel am klassischen Instrument (zumeist das Klavier) und mithilfe von Notenpapier und Bleistift. Einige Befragte gaben an, in diesem Modus ihre ersten musikalischen Entwürfe auszuarbeiten, wobei der besondere Fokus auf der (Weiter-)Entwicklung von musikalischen Themen oder Leitmotiven liegt.

Variante B ähnelt der Variante A insofern, als dass der Kompositionsprozess ohne Mitarbeiter*innen und ohne Zuhilfenahme des Filmbilds erfolgt. Im Unterschied zur ersten Variante wird hier jedoch der Computer als Instrument benutzt und nicht mit Noten gearbeitet, sondern einzelne Motive, Melodien oder andere Elemente werden direkt mittels der DAW (etwa Logic oder ProTools) aufgenommen und dann weiterverarbeitet. Auch hier liegt der Fokus auf Motiv- und Themenentwicklungen; es deutet sich in den Äußerungen der Interviewten an, dass hier die Frage nach einem geeigneten Sound beziehungsweise der Instrumentierung bereits eine größere Rolle als in Variante A spielt, aber zumeist erst nach der eigentlichen Komposition im Detail weiterverfolgt wird.

Bei beiden Varianten beschreiben einige Komponist*innen einen Zwischenschritt, bevor das eigentliche detaillierte Ausgestalten am Filmbild beginnt: das Schreiben einer Themen-Suite mit allen Leitmotiven oder dem zentralen thematischen Material. Diese dient als Grundlage, die die gesamte musikalische Motivsubstanz für den filmischen Score enthält und aus der man sich bei der Komposition von Cues für einzelne Szenen bedient; der zweite wichtige Grund für diesen Zwischenschritt ist die Präsentation aller wichtigen Themen für die*den Regisseur*in oder für weitere Filmschaffende.

Mehrere Komponist*innen gaben an, den Kompositionsprozess oder die Ausgestaltung der einzelnen musikalischen Cues direkt am Filmbild vorzunehmen (Variante C). Dies erfolgt mittels der Unterstützung des Computers beziehungsweise dafür geeigneter Software. Auch hier spielen Themenentwicklungen eine bedeutende Rolle, jedoch scheint diese Variante in ihrer Arbeitsorganisation weniger strukturiert zu sein: Zwei Befragte gaben an, dass sich durch diese Art des Auskomponierens immer wieder Motivveränderungen, Themenstreichungen oder neue (Leit-)Motive ergeben, wodurch wiederholt Anpassungen an bereits komponiertem oder synchronisiertem Material notwendig seien.

Die vierte Variante wird als eine kollaborative musikalische Gestaltung beschrieben, wobei sich hier verschiedene Subtypen ergeben (Variante D). Bei einigen Befragten wird eine enge, arbeitsteilige Zusammenarbeit von zwei Komponist*innen beschrieben. Hier erfolgt die Komposition einzelner Motive oder Cues zumeist immer noch in Eigenarbeit, wobei die Arbeitsteilung darin besteht, dass entweder beide Komponist*innen in enger Absprache jeweils etwa die Hälfte der Themen komponieren, oder ein*e Komponist*in eher für die (improvisatorische) Themenfindung und die*der andere für die weitere Ausgestaltung zuständig ist. Ein*e weitere*r befragte*r Komponist*in beschreibt eine sehr enge Teamarbeit zwischen ihr*ihm selbst und der*dem Regisseur*in, die*der direkt am Kompositionsprozess durch detailliertes Feedback und Themenauswahl beteiligt wird.

In allen Varianten wird dieser Prozess als deutlich arbeitsintensiver als der Prozess der Ideenfindung beschrieben. In den Vordergrund rückt hier auch die eigene Beurteilung der entstandenen Skizzen oder Cues nach zwei Kriterien: Sie müssen sowohl Substanz haben – wofür es verschiedene Kriterien geben kann, die häufig nicht explizit erläutert werden – als auch zu Setting und Botschaft des filmischen Mediums passen. Für die Frage nach der Substanz scheint die filmische Eignung keine Rolle zu spielen: Hier geht es darum, ob das musikalische Fundament da ist, ob es auf eigenen Beinen stehen und die*den Konsument*in überzeugen kann. Für das zweite Kriterium – das der Eignung für das vorliegende filmische Medium – wird die Tauglichkeit der Cues immer wieder an verschiedenen Stellen getestet, bisweilen wird dabei auch Feedback von der*dem Regisseur*in eingeholt. Bestehen sie diese interne Prüfung, werden sie immer detaillierter ausproduziert und arrangiert, wobei die Frage des Sounds, des Arrangements und der Instrumentierung weiter in den Fokus rückt. Dieser als sehr arbeitsintensiv beschriebene Prozess kann Wochen, Monate oder im Einzelfall sogar Jahre andauern.

Ein weiterer Unterschied ist die stärkere Hinwendung zum Film: In diesem Arbeitsschritt wird intensiver geprüft, ob sich die musikalischen Skizzen nicht nur generell für den Film eignen, sondern sich etwa in spezifischen Szenen verwenden lassen (bei denen etwa besondere Rücksicht auf den Filmsound in Form von Soundeffekten und Dialogen genommen werden muss).

Auch erfolgt hier mitunter eine genauere musikalische Charakterisierung von Protagonist*innen des Films in Form einer leitmotivischen Ausarbeitung. Diese kann auch darin bestehen, einen direkten Bezug von einzelnen Motiven zu Botschaften, Personen, Gefühlen oder anderen semantischen Orten des Films herzustellen. Im Anschluss erfolgt bei einigen Komponist*innen die strukturierte, also geplante Variation von zentralen Leitmotiven an verschiedenen Stationen der Filmnarration, also eine dramaturgische Anpassung von zentralen Themen über den Verlauf des filmischen Mediums.

4.4.1.7 Organisation / Projektmanagement

Obwohl dieser Teilprozess innerhalb einer filmischen Score-Produktion mutmaßlich einen nicht unbedeutenden Teil einnimmt, beschreiben die Befragten diesen nur selten. Im Einzelnen wird hier etwa die Organisation von Einzelterminen für weitere Arbeitsprozesse genannt: Die Buchung von Musiker*innen und Orchester für Recordings oder die Koordinierung von Feedback-Schleifen mit Regisseur*in oder anderen Beteiligten der filmischen Produktion. Auch wird das Zeitmanagement erwähnt, also die Einteilung von Arbeitsprozessen in Einzelschritte mit festen Deadlines, um die Verzögerung der Produktion zu vermeiden.

4.4.1.8 Orchestrierung

Der Arbeitsprozess der Orchestrierung wird von einigen Befragten als altehrwürdige, traditionsbesetzte Tätigkeit beschrieben, deren Vorbilder Komponist*innen wie Ravel, Stravinsky, Rimskij-Korsakov oder Elmer Bernstein sind. Zugleich wird dieser Produktionsprozess als zeitintensive Tätigkeit beschrieben, weswegen einige Komponist*innen hierfür spezialisierte Orchestrator*innen einsetzen. Die Beziehung zwischen Komponist*in und Orchestrator*in wird als sehr vertrauensvoll und über die Jahre gewachsen beschrieben, da Letztere*r die Anweisungen, die musikalische Handschrift und die Anmerkungen der*des Komponist*in richtig verstehen und interpretieren können muss, um daraus in möglichst kurzer Zeit eine Orchesterfassung zu erstellen, die im Sinne der*des Komponist*in ist.

Dabei begreifen nicht alle Befragten den Arbeitsschritt des Orchestrierens als essentiell für ihre eigene Rolle als Komponist*in. Bei zwei Interviewten wird deutlich, dass sie die Orchestrierung nicht als Kern ihrer Musikkomposition und auch nicht als Bestandteil des kreativen Kompositionsprozesses begreifen, weswegen sie diese Arbeit in die Hände einer*eines vertrauten Orchestrator*in ausgelagert haben, um sich auf die empfundene Kernaufgabe des Komponierens konzentrieren zu können. In einem Beispiel erstellt die*der Komponist*in am

Computer eine MIDI-basierte, vier Notenzeilen enthaltene Basis aller wichtigen motivischen Bestandteile, die die*der Orchestrator*in für das Orchester ausarbeitet. Ein*e andere*r Befragte*r betont, dass der Orchesterklang nicht die finale klangliche Ausgestaltung der Komposition ist, sondern wiederum nachträglich mit elektronischen Klängen gemixt wird.

Das sehen jedoch nicht alle Befragten so. Ein*e Komponist*in betont etwa die hohe Bedeutung des Orchestrierens, weil erst hier die eigene Komposition an Ausdruck, Strahlkraft und Dynamik gewinne und sie in den verschiedensten Farben zum Leuchten bringe. Hier wird deutlich gemacht, dass die Ausarbeitung für Orchester sehr wohl als essentieller Bestandteil des Kompositionsprozesses angesehen wird.

Die Befragten lassen hier unterschiedliche Präferenzen und Strategien erkennen, wie mit der Orchestrierung umgegangen wird. Ein Teil bewertet diesen Arbeitsschritt zwar als wichtigen, aber nicht essentiellen Produktionsprozess, der vor allem aus zeitlichen Gründen an eine*n Spezialist*in ausgelagert wird. Der andere Teil misst dem Orchestrieren einen noch höheren Stellenwert bei und sieht darin einen entscheidenden Part der Komposition, wobei auch hier das zeitliche Problem bisweilen dazu führt, dass die*der Komponist*in diese Aufgabe nicht selbst übernimmt, sondern mit einer*einem Orchestrator*in zusammenarbeitet.

4.4.1.9 Dirigieren / Orchester-Recording

Einige der interviewten Komponist*innen beschreiben den Produktionsschritt der Orchesteraufnahme. Jeweils zwei Befragte lassen erkennen, dass sie selbst das Orchester dirigieren, während die beiden anderen das nicht tun. Interessanterweise dirigiert ein*e Komponist*in das Orchester, ohne ihre*seine Kompositionen selbst orchestriert zu haben; diese beiden Arbeitsschritte sind also nicht untrennbar miteinander verwoben.

Die Auswahl der Orchester wird von den Komponist*innen unterschiedlich beschrieben. In einem Fall wird seit vielen Jahren mit demselben Studio-Orchester zusammengearbeitet, zu dem eine sehr vertrauensvolle Beziehung aufgebaut wurde. In zwei anderen Fällen erfolgt die Wahl des Klangkörpers nach dem Kriterium der Eignung für den jeweils angestrebten Sound der filmischen Produktion.

Bei den Befragten wird deutlich, dass Orchester-Aufnahmen keine Routine-Arbeit sind: Das Orchester wird einerseits als traditionswürdige kulturelle Errungenschaft beschrieben, die mit Respekt behandelt und gepflegt wird. Andererseits wird die Bedeutung des Orchesters für die Veredelung der Komposition betont: Das Orchester bringt den emotionalen Ausdruck von Dutzenden Profimusiker*innen mit sich; daraus entsteht ein Mehr an Bedeutung, Gefühl und Menschlichkeit, die mit keinem elektronischen Klang erreicht werden kann und bisweilen beim ersten Hören Gänsehaut erzeugt.

4.4.1.10 Recording-/ Musiker*innen-Session

Ähnlich wie im Prozess der Orchesteraufnahme werden auch Recording-Sessions mit kleineren Ensembles oder einzelnen Musiker*innen als besondere Etappe beschrieben, wenn die eigene, auf Notenpapier oder mittels der DAW entstandene Komposition erstmals von menschlichen Interpret*innen gespielt wird. Dieser Arbeitsprozess wird als emotional, positiv und bisweilen magisch beschrieben, da die im Kopf entstandene Musik sinnbildlich zum Leben erweckt und in die Welt geboren wird.

Im Unterschied zur Orchesteraufnahme ist der Grad des Experimentierens höher. Manche Komponist*innen beschreiben die Musiker*innen-Session als Lerneinheit für sich oder als Kennenlernstunde, da sie etwa die Möglichkeiten vermeintlich exotisch-fremdartiger Instrumente noch nicht kennen und sich von den Instrumentalist*innen erklären lassen. Ein*e einzelne*r Befragte*r beschrieb zudem den hohen Organisationsaufwand bei einer zeitlich eng getakteten Produktion, da hier oft mehrere Recording-Sessions parallel stattfinden und somit die*der Komponist*in nicht bei jeder Aufnahme persönlich anwesend ist, sondern sich auch hier auf ein eingespieltes Team von Assisten*innen, Toningenieur*innen oder Produzent*innen verlässt.

Es können hier außerdem zwei unterschiedliche Typen der Recording-Session benannt werden: Im ersten Typus spielen Instrumentalist*innen oder kleinere Ensembles die auskomponierten Arrangements ein. Im zweiten Typus gibt es keine genau ausgearbeiteten Einzelstimmen in Notenform, sondern die*der Musiker*in oder Sänger*in kann eigene Ideen in einer Art Jam Session improvisiert einbringen.

4.4.1.11 Sound und Instrumentierung

Arbeiten an Sound und Instrumentierung sind ein wichtiger Teil des Produktionsprozesses, der von der großen Mehrheit der 14 ausgewerteten Befragten beschrieben wird. Dabei zeigen sich einige Unterschiede, die vor allem auf die Heterogenität dieses Teilprozesses zurückgehen.

Für einige Komponist*innen ist das Feilen an Sounds, möglicherweise passenden Klängen und Instrumenten integraler Teil der ersten musikalischen Ideenfindung und Skizzen. Hier trägt das Ausprobieren ungewohnter musikalischer Stile oder Genres mit jeweils ungewöhnlichen Instrumenten-Konstellationen oder die ungewöhnliche Kombination oder Nutzung verbreiteter Instrumente wesentlich zur Findung des Score-Charakters bei: Die Innovationsleistung wird über das semantische Feld Sound und Instrumentierung definiert. Dabei ist die Suche nach dem geeigneten Klang für gleich mehrere Interviewte primär abhängig vom filmischen

Genre und/oder vom Setting beziehungsweise der zentralen filmischen Message. Durch diese Vorbedingungen werden musikalisch-stilistische Einschränkungen vorgenommen, auf deren Grundlage weiter experimentiert wird.

Hierfür werden nicht nur Stilmixturen angewendet wie etwa eine Mischung orchestraler Romantik und elektronischer Musik, sondern es können auch andere Besonderheiten wie ein absichtlich verstimmtes Klavier, ein mit einem Ringmodulator modifizierter Orchesterklang, der Einsatz von Tierknochen als Schlaginstrumente oder getunte Vogelstimmen den individuellen Klangcharakter des filmischen Scores ausmachen. Auch kann hier als klangliches Charakteristikum die räumliche Aufteilung des Soundmixes im Surround Sound im Vordergrund stehen. Andere Komponist*innen nennen explizit Geräusche wie das Schlagen eines Umhangs oder mechanisch-robotische Sounds als Ergebnis ihrer kreativen Klangsuche.

Einige Komponist*innen beschreiben für diesen Produktionsschritt eine in ihrem Impetus durchaus vergleichbare Arbeitsweise: Sie engagieren eine*n Musiker*in eines spezifischen Instruments, etwa einer Drehleier, einer Fiedel, eines Dudelsacks oder auch einen Sänger, der sich beispielsweise auf traditionellen hebräischen Gesang spezialisiert hat. Nicht nur ungewöhnliche oder wenig bekannte Instrumente werden dabei genannt, sondern auch Orchesterinstrumente wie Violine oder Trompete. Mit der*dem Musiker*in wird eine Art gemeinsame Jam Session absolviert: Die*der Komponist*in lässt die*den Instrumentalist*in beziehungsweise Sänger*in verschiedene Stile ausprobieren und improvisieren, wobei Elemente und Ideen, die für den filmischen Score interessant sein könnten, vertieft werden. Daraus entsteht dann in gemeinsamer Arbeit und in mehreren Schritten die fertige Aufnahme für den Score, die dann in den Soundmix eingebettet wird. Der Prozess wird von diesen Komponist*innen als intensive Lernerfahrung geschildert, in der sie eher zuhören, sich detailliert über die Möglichkeiten des Instruments und/oder des Stils aufklären lassen und versuchen, Teile des Gehörten weiter auszuloten und für den filmischen Score zu adaptieren.

Nicht alle Komponist*innen setzen die Soundfindung an den Anfang ihrer musikalischen Produktion. Ein*e Komponist*in beschreibt die finale klangliche Ausgestaltung auch als Kostenfrage, da ein echtes Orchester aufgrund eines engen finanziellen Rahmens nicht immer engagiert werden kann. In diesem Fall wird entweder das Orchester durch digitale Instrumente-Plug-Ins möglichst adäquat ersetzt – oder bewusst ein anderer, etwa elektronischer Sound gewählt, der sich deutlich von einem orchestralen Klang abhebt.

4.4.1.12 Synchronisierung / Dub Stage

Diese Kategorie vereinigt mehrere Einzelschritte im Produktionsprozess, die teilweise deutliche Unterschiede haben. Gemeinsam ist ihnen jedoch, dass hier die auditiven Cues produktiv in Verbindung mit den visuellen filmischen Bestandteilen gesetzt werden. Im Synchronisationsprozess wird der produzierte (oft noch unfertige) Score auf das filmische Bild geschnitten. Bisweilen werden hierbei oder im Nachgang noch deutliche Veränderungen auch an der musikalischen Produktion, am Soundmix oder am Tonschnitt vorgenommen. In der Dub Stage wird der filmische Soundtrack im Surround Sound abgemischt und räumlich verteilt. Bei all diesen Prozessen steht das exakte, also synchrone Zusammenwirken von Soundspur beziehungsweise dem musikalischen Score und der (möglichst finalen) visuellen Ebene im Vordergrund.

Dieser Produktionsprozess wird von der Mehrheit der Interviewten als intensive kollaborative Arbeit geschildert: Die Synchronisierung des Scores mit dem visuellen Film erfolgt meist in Zusammenarbeit mit der*dem Editor*in und dem*der Filmregisseur*in. So werden etwa für eine spezifische filmische Szene mehrere Score-Variationen ausgearbeitet, von denen die*der Editor*in die passendste auswählt. Dabei wird in der Folge in mehreren Abstimmungs- und Überarbeitungsschritten schließlich die finale Synchronisation erarbeitet. Auch wird in einem Fall geschildert, dass die*der Filmeditor*in die Synchronisierung ganz ohne die*den Komponist*in vornimmt, die*der in diesem Fall nur noch die ausproduzierten musikalischen Cues anliefert. Meist jedoch erfolgt eine enge Abstimmung mit Regisseur*in und/oder Editor*in: Die*der Komponist*in muss auf Änderungswünsche flexibel reagieren und Anpassungen bisweilen in letzter Sekunde vornehmen können. Eine befragte Person beschreibt die für etwaige Anpassungswünsche vorgenommene Musikmischung in verschiedenen, nach Instrumentengruppen separierten Stems, wodurch etwa zu laute Blechblasinstrumente oder Percussion schnell heruntergeregelt werden können, ohne alles neu abmischen oder gar aufnehmen zu müssen.

Die Verknüpfung von musikalischem Score und visueller Filmebene wird von mehreren Interviewten als Kollision der musikalischen Ideen mit der (filmischen) Realität beschrieben: Hier zeigt sich, ob die musikalischen Themen und Entwürfe funktionieren, oder ob etwa die gewollte Botschaft einer vertonten Filmszene nicht erreicht wird. Dabei kann durch den Score im Zusammenspiel mit dem visuellen Film beispielsweise zu viel ungewollte Emotion erzeugt werden, die semantische Assoziation des Scores durch die filmische Szene eine unerwartete – und unerwünschte – Einfärbung bekommen, oder die musikalische Emotion ist zu identisch mit der szenisch-visuellen (was eine ungewollte Verdopplung bewirkt). In einigen Fällen wird dieser Prozess als ein weiteres Experiment geschildert: Es wird ausprobiert, wie sich die Botschaft spezifischer filmischer Szenen durch unterschiedliche Parts des musikalischen Scores verändert. Dadurch können auch spontane Änderungen erfolgen, etwa wenn ein Score-Thema, das eigentlich für Szene A angelegt war, überraschend gut mit Szene B funktioniert und kurzerhand dafür verwendet wird.

Einige der Interviewten schildern in der Dub Stage die große Rolle der anderen visuellen, aber auch akustischen Effekte. Gerade in Actionszenen müssen nicht nur der Filmdialog, sondern auch die Spezialeffekte bei der Tonabmischung berücksichtigt werden. Diese schränken die musikalischen Möglichkeiten teilweise deutlich ein, da sie die Tonspur in solchen Szenen dominant besetzen und den musikalischen Score dadurch zwingen können, in den Hintergrund auszuweichen oder ganz zu verschwinden.

Nicht nur einzelnen Szenen wird in diesem Produktionsprozess Bedeutung geschenkt: Auch auf die musikalische Dramaturgie beziehungsweise den szenenübergreifenden musikalischen Bogen wird hier geachtet, der mit den filmischen dramaturgischen Gegebenheiten möglichst in Einklang gebracht werden soll.

4.4.1.13 Editing / Mixing / Mastering

Der Prozess des musikalischen Schnitts, des Mixings und Masterings wird nur in wenigen der analysierten Interviews erwähnt. Diese Produktionsschritte werden vorwiegend als technische Prozesse beschrieben, die zudem in der Regel von Toningenieur*innen übernommen werden. Die Aufgabe der*des Komponist*in ist in diesem Fall die Supervision, also die Anleitung, Prüfung und eventuelle Korrektur des musikalischen Mixes.

Hier wird deutlich, dass ein Teil der Komponist*innen diesen Produktionsprozess als Arbeitsschritt auffassen, der sich relativ gut auslagern lässt und weniger mit dem künstlerischen Kern der Score-Produktion in Verbindung steht. In Kontrast dazu äußert eine befragte Person explizit, dass sich traditionell gesinnte Komponist*innen nicht mit dieser Arbeit im Detail beschäftigen, sondern dies den Toningenieur*innen oder Musikeditor*innen überlassen.

4.4.1.14 Überarbeitung

Die Befragten beschreiben mehrere Typen von Überarbeitungsprozessen. Die am häufigsten genannte Art der Überarbeitung wird als mühsamer Prozess der Optimierung, Verfeinerung, Ausarbeitung oder Korrektur des bereits komponierten Scores beschrieben. Dies kann in mehreren Produktionsstadien geschehen (etwa nach der Sichtung erster thematischer Ideen oder auch nach dem Synchronisationsprozess). Manche Komponist*innen beschreiben diese Art der Überarbeitung als konstanten, mit Arbeit und manchmal auch Selbstzweifeln verbundenen, sich durch alle Produktionsschritte ziehenden Prozess.

Überarbeitungen finden auch durch Feedback statt. Die häufigste Art des Feedbacks ist die Rückmeldung der*des Regisseur*in zu präsentierten musikalischen Cues und die anschließende Überarbeitung, wobei dies laut den Aussagen der Interviewten in der Regel kleinere Korrekturen sind, seltener komplette Neukompositionen oder Re-Recordings. Auch die*der Komponist*in selbst lässt mitunter Teilprozesse überarbeiten und ist hier in der Funktion des Supervisors oder der*des Teamleiter*in, die*der Feedback an weitere Produzierende wie Toningenieur*in, Instrumentalist*in oder Musikeditor*in weitergibt und um Korrekturen bittet.

4.4.1.15 Listening Sessions / Publikumsfeedback

Dieser Teilprozess liegt teils außerhalb des eigentlichen Produktionsprozesses und wird uneinheitlich beschrieben. Nur eine befragte Person beschreibt explizite Listening Sessions, die als Entscheidungsgrundlage für die Beibehaltung oder Verwerfung von musikalischen Cues, Themen oder speziellen Sounds dienen und somit innerhalb des Produktionsprozesses liegen. Drei weitere Komponist*innen beschreiben zwar Publikumsreaktionen auf ihren Score, beziehen sich jedoch auf die Premiere eines Kinofilms oder ein Konzert.

4.4.1.16 Erstellung Soundtrack-Album

Dieser Prozess wird nur in einem Interview explizit erläutert. Hier wird die komponierte musikalische Substanz als Ausgangspunkt für einen eigenen Prozess verwendet, in dem aus dieser Substanz ein Album mit eigener Dramaturgie produziert wird – keine bloße Kopie der im filmischen Medium verwendeten Cues. Die Soundtrack-Erstellung ist hier weitgehend emanzipiert von der Score-Produktion und dient anderen Zwecken; so soll hier ein kohärentes, hörbares Album produziert werden, das zwar den Geist des filmischen Scores atmet, aber für sich funktionieren soll, ohne dass der Inhalt des Filmes für die Rezeption bekannt sein muss.

4.4.1.17 Zusammenfassung

Auch wenn die analysierten Produktionsprozesse nach technischen Vorgängen klingen, so ist in den ausgewerteten Interviews ein artifizieller Fokus bemerkbar: Die Interviewten begeben sich auf eine künstlerisch geprägte Reise von der vagen Idee bis zur konkreten Umsetzung, in der die Suche nach dem geeigneten Sujet und der richtigen Botschaft, das Verständnis vom filmischen Thema, die Kommunikation sowie Zusammenarbeit mit anderen Produktionsbeteiligten und das Finden von musikalischen Einfällen (die dann umgesetzt und ausgestaltet werden müssen) im Vordergrund stehen. Eher technisch dominierte Teilprozesse wie Mixing, Recording oder Projektmanagement werden deutlich weniger häufig beschrieben und oft – wenn möglich – ausgelagert.

Als zentrales Herzstück des Produktionsprozesses aus Sicht der Filmkomponist*innen können die Prozesse der Ideenfindung sowie der Themenentwicklung beziehungsweise des Auskomponierens identifiziert werden. Hier befindet sich das Zentrum der Bemühungen von Filmkomponist*innen, einen geeigneten, gelungenen Score für die mediale Produktion zu kreieren. Während dieses zentralen Prozesses stehen zwei Vorgänge im Fokus, die sich teils überschneiden und je nach befragter Person unterschiedliche Bedeutung annehmen. Die Reihenfolge ist jedoch in der Regel dieselbe: Zunächst erfolgt eine innere Reise der Ideenfindung, in der sich die Filmkomponist*innen auf die kreative Suche nach dem eigenen Ich begeben, um möglichst frei zu musikalischen Ideen und Themen zu kommen. Diese Suche ist mitunter mit Schwierigkeiten verbunden und ist anfällig für äußere Einflüsse, aber auch für innere Kritik, wodurch Blockaden, Unsicherheiten oder sogar Panikattacken entstehen können. Der zweite, arbeitsintensivere, aber weniger fragile Teil dieses Zentralprozesses ist die Teamarbeit, wenn eigene musikalische Cues in Zusammenarbeit mit anderen Beteiligten weiter ausgearbeitet werden. Die Art und Intensität der Zusammenarbeit sowie der Beziehungen kann höchst unterschiedlich ausfallen, lässt sich aber in die beiden Dimensionen Komponist*in – Filmschaffende*r sowie Komponist*in – Mitmusiker*in einteilen. Letztlich wird hier die abstrakte musikalische Idee in vielen Teilschritten in eine konkrete Form gegossen und mit dem Film verbunden.

Als übergeordnete, verallgemeinernde Großprozesse kann man folgende vier Abschnitte im gesamten Produktionsprozess unterscheiden:

erstens die **eigene Idee und Ausgestaltung** (mit folgenden Konnotationen: verstehendes Antasten und Einfühlen, Verstehen, Experimentieren, Erschaffen; innerlich, kreativ, innovativ, frei, fragil, visionär),

zweitens die **Kollaboration**[32] (Kommunizieren, Übersetzen, Überzeugen; äußerlich, durchsetzend, inspirierend, kollegial, abwägend, kompromissbereit),

drittens die weitere **Produktion** (Konkretisieren, Organisieren, Verarbeiten; arbeitsintensiv, bodenständig, kontrolliert, detailliert, diszipliniert, fleißig)

und viertens die **Film-Passung** (Überarbeiten, Realisieren, Synchronisieren; übersetzend, zusammenbringend, abschließend, erweiternd, erhellend).

Nicht jeder dieser großen Abschnitte wird von allen interviewten Komponist*innen als gleich wichtig oder gleich zentral beschrieben. Auch sind diese Großab-

---

[32] Der Begriff ‚Kollaboration' wird hier ausschließlich im wertneutralen Sinne von künstlerischer Zusammenarbeit verwendet und ist frei von politisch oder historisch geprägten Bedeutungen.

schnitte keinesfalls klar definiert, sie überlagern und vermischen sich, bisweilen kehrt sich ihre Reihenfolge auch um. Im Zentrum der empfundenen Wichtigkeit stehen bei den Interviewten eindeutig die musikalische Ideenfindung und die Ausgestaltung von Themen, Cues oder Sounds (der erste Großabschnitt). Ebenso essentiell ist das Davor und Danach, auch wenn hier die tendenzielle Begeisterung und Motivation der Interviewten spürbar abnimmt: die Vorbereitung und das Eintauchen in das Sujet des filmischen Projekts sowie die intensive Kommunikation mit weiteren an der Produktion Beteiligten, um die eigenen Cues auszuformulieren, zu überarbeiten, auszuproduzieren und auf den Film anzupassen.

Gerade die Teile dieser weiteren Produktion (vor allem der dritte, aber auch der vierte Großabschnitt) können bereits als nicht mehr essentiell angesehen werden: Für alle Produktionsschritte vom Arrangement, der Orchestrierung und dem Dirigat über Recordings, Instrumentalist*innen-Sessions und Instrumentierungen bis hin zu Synchronisierung, Editing und Soundmix finden sich Beispiele in den Interviews für Auslagerungen an für diese Teilprozesse spezialisierte Kollaborateur*innen.

In einer nach Wichtigkeit wertenden Reihenfolge steht der erste Großabschnitt an erster Stelle. An zweiter Stelle folgen die Kollaboration und die Film-Passung, die beide nur von Teilen der interviewten Komponist*innen als essentiell wahrgenommen werden. Deutlich zurück in der Wichtigkeit fällt der dritte Großabschnitt der Produktion, der mit Abstand am häufigsten ausgelagert wird und nicht als essentieller Teil der Aufgaben der*des Filmkomponist*in angesehen wird.

4.4.2 Musikalische Funktionen

Musikalische Funktionen werden in unterschiedlicher Weise in den Interviews erwähnt oder erörtert. Dabei ergab sich eine sinnhafte Unterteilung in zwei Unterkategorien: zum einen musikalische Funktionen innerhalb des filmischen Mediums, zum anderen die Beschreibung musikalischer Funktionen, die nicht in einem filmischen Zusammenhang stehen.

4.4.2.1 Musikalische Funktion im filmischen Medium

Diese Unterkategorie umfasst den größeren Anteil der beschriebenen musikalischen Funktionen: 13 der 14 untersuchten Interviews enthalten entsprechende Bezüge. Dabei stehen mehrere Teilaspekte im Mittelpunkt. Im Zentrum vieler Beschreibungen musikalischer Funktionen steht das Verhältnis zwischen dem musikalischen Score und dem filmischen Medium beziehungsweise anderen Einzelaspekten des

Gesamtmediums. Dabei zeichnen sich unterschiedliche Bewertungen über die funktionale Hauptaufgabe ab. Insgesamt konnten fünf wesentliche Funktionsmerkmale in den Aussagen der Befragten unterschieden werden.

4.4.2.1.1 Kontinuität gewährleisten

Für einige Interviewte ist es wichtig, dass die Kontinuität in serialen Medien, etwa Filmreihen oder Neuauflagen, beachtet wird. Die Glaubwürdigkeit und Sinnvermittlung des Scores leidet, wenn gegen diese Kontinuität verstoßen wird. Hier ist etwa wichtig, wie frühere Filme – oft mit Musik von einer*einem anderen Komponist*in – klingen. Deshalb könne hier eine musikalische Innovation nur behutsam erfolgen und müsse die Kontinuitätsfrage stets mit berücksichtigt werden.

Dies gilt bei einigen Interviewten auch für die filmischen Genre-Grenzen: Ein Fantasyfilm habe einfach anders zu klingen als eine romantische Komödie. Auch müsse etwa ein Animationsfilm deutlich mehr Musik enthalten, um ihn zum Leben zu erwecken und menschlich anfühlen zu lassen, als etwa ein Drama. Eine besondere Rolle spielen hier die Publikumserwartungen, die berücksichtigt werden müssen: „It's really about whom it's for, so you wouldn't think of the audience without kind of trying to tell yourself, ‚Is this audience, is this visual, is the story more dramatic or less dramatic than this audience wants it to be?'" (John Powell, zit. nach Schrader 2017: 300) Auch folgert ein*e Komponist*in daraus, dass sie*er manche filmischen Genres nicht vertonen könnte, weil die geforderten Konventionen nicht zum eigenen musikalischen Stil passen.

4.4.2.1.2 Dienen / Unterstützen

Viele Interviewte betonen an der einen oder anderen Stelle, dass die komponierte Musik dem Bild, der filmischen Message und/oder den wichtigen filmischen Charakteren dienen muss, sie sich also in die (bereits antizipierte) filmische Welt einpassen sollte. Das kann zum Beispiel über die Auswahl des als passend empfundenen Sounds geschehen, also über die Auswahl geeigneter stilistischer Mittel oder den Einsatz speziell abgestimmter Instrumente oder computergenerierter Sounds. Innerhalb dieser Vorstellung vom Score als Diener*in des Gesamtmediums betonen einige Befragte, dass die komponierte Filmmusik bei einer bereits starken, also funktionierenden oder besonders gelungenen Filmvorlage nicht zu sehr auffallen, sondern einfach ihren Job machen soll. Manchmal solle die Musik am besten im Hintergrund bleiben.

Die dienende Funktion wird mitunter auch anhand der filmischen Protagonist*innen erklärt: Hier soll der Score etwa die*den Filmheld*in schützen und ihr*ihm loyal dienen. Genauso wichtig kann es hier sein, anderen wichtigen Beteiligten wie der*dem

Produzent*in die Sorgen zu nehmen, dass der Score nicht funktionieren könnte. Dabei kann es sich ebenfalls als hilfreich erweisen, sich nicht zu sehr in den Vordergrund zu drängen (personell beziehungsweise organisatorisch) oder mit dem Score nicht zu sehr in eine gewisse Richtung zu gehen (emotional).

4.4.2.1.3 Vermitteln / Erklären

Bei einigen befragten Personen wird die Rolle der Filmmusik als Mittlerin zwischen dem filmischem Medium und der*dem Rezipient*in beschrieben. Dabei wird oft betont, dass der Score die*den Rezipient*in aktiv in die filmische Welt holt oder sie*ihn förmlich hineinsaugt. Die Musik nimmt hier eine Schlüsselrolle ein, die die Filmerzählung greifbar macht, ein technisches Medium in eine sensitiv erlebbare Welt transformiert und dabei die Immersion bei der Rezeption derart steigert, dass die Wahrnehmung der außermedialen Realität weitgehend ausgeblendet wird.

Die gegebenen Aussagen lassen sich in zwei Arten dieser Vermittlerrolle einteilen. In der ersten Variante wird die emotionale Wirkung betont: Der filmische Score zielt darauf ab, eine emotionale Verbindung zur*zum Rezipient*in herzustellen, emotional zu berühren und dadurch das filmische Erlebnis zu steigern. Dabei betonen einige Interviewte, dass dabei behutsam mit der manipulativen Kraft der Musik umgegangen werden muss: Der Score soll emotional verbinden beziehungsweise eine Konnektivität herstellen, ohne dabei zu sehr eine Gefühlsrichtung vorzugeben.

Damit verwandt ist die zweite Variante, die der Filmmusik die Rolle einer Erklärerin der filmischen Narration zuweist. Hier betonen einige Komponist*innen, dass eine wesentliche Aufgabe des Scores darin besteht, die filmische Story zu vermitteln. Das kann etwa durch konnotative Hilfestellungen geschehen, indem der Score in einer spezifischen Szene die intendierte Affekt-Wirkung andeutet und damit zum Verständnis der Szene beiträgt: Die*der Rezipient*in soll so besser verstehen, wie gewisse Handlungen, Dialoge, Reaktionen der Figuren und so weiter gemeint sind. Der Score wird hier auch zum Sinnstifter: Durch die emotionale Einordnung werden Informationen vermittelt, die die Logik der filmischen Narration stützen und dadurch die mythische Qualität der Erzählung steigern. Dieses musikalische Storytelling verdeutlicht semantische Plätze und Beziehungen. Dadurch wird Glaubwürdigkeit geschaffen: Die Filmfiguren werden durch die musikalische Charakterisierung glaubhafter – und dadurch menschlicher. In einem Interview wird die Leitmotivik explizit als dafür geeignetste Kompositionstechnik genannt. Der Score stützt damit die Filmnarration und hilft der*dem Rezipient*in aktiv beim Verständnis der Story.

4.4.2.1.4 Verstärken / Verbessern / Erweitern

Einige interviewte Komponist*innen beschreiben den filmischen Score als (mindestens) gleichberechtigten Teil des Films mit großem Potenzial. Hier wird etwa die Ansicht vertreten, dass die musikalische Komposition das filmische Medium insgesamt besser macht oder es erhebt. Der Score leistet hier einen aktiven Beitrag dazu, dass das Gesamtmedium stärker ist als die Summe seiner Einzelteile. Auch wird davon gesprochen, dass die Musik das filmische Medium überhaupt erst zum Leben erweckt:

> Animation – no matter how beautiful the animation is, it's impossible for animators to make the grass in the background growing, and to make blood pulse through veins properly, and animation requires you to do all this stuff. You bring life to it.
> As a matter of fact, I think that's why people still stick with orchestras so much for animation; because in that, you hear it. You don't really hear it, but it's there on the soundtrack. (Mark Mothersbaugh, zit. nach Schrader 2017: 339)

Diese Teilfunktion findet sich am häufigsten in den getätigten Aussagen der Filmkomponist*innen und lässt sich in weitere Aspekte unterteilen. So wird etwa betont, dass der Score dem Film eine Tiefe verleiht – in räumlicher, zeitlicher oder auch narrativer Hinsicht. Diese Tiefe wird auch an anderer Stelle genannt, wenn szenische und musikalische Botschaft aufeinandertreffen: Hier wird die Meinung geäußert, dass aus der Synchronisation von Score und filmischem Bild eine Reibung entsteht, eine Vibration, die den Film zum Leben erwecke, interessant mache, die Energie erzeuge und die Film-Seele ausmache. Auch kann der Score der filmischen Story eine poetische Idee hinzufügen, die sich nicht explizit auf der visuellen Ebene findet – etwa den melancholischen Klagegesang einer Frau in einem kämpferischen, maskulin geprägten Historienfilm.

Die manipulative Kraft von Filmmusik wird in mehreren Interviews hervorgehoben. So könne der Score Charaktere beliebter machen, die Filmhandlung stützen oder manche Teile von ihr betonen, die Wahrnehmung der*des Rezipient*in beeinflussen oder das immersive Erlebnis des Publikums steigern – und dadurch den Film transzendieren. Andere Ausführungen zu diesem Aspekt sehen in dieser Kraft auch eine moralische Verantwortung: Musik sollte etwa nicht Gewalt verherrlichen oder kriegerische Akte heroisieren, da sie ein großes manipulatives Potential hat und etwa als Propagandainstrument missbraucht werden kann.

4.4.2.1.5 Musikalische Substanz haben

Für die Mehrheit der Befragten ist es relevant, dass die Musik im filmischen Medium auch für sich funktionieren und etwas bedeuten oder auslösen können muss. Die Musik soll einen eigenen Charakter haben, wie ein gut gezeichneter, wiedererkennbarer (Haupt-)Charakter im Film. Auch soll sie ein gut komponiertes, eindrückliches

Thema mit Wiedererkennungswert haben, das gleichzeitig genug Substanz hat, um als Leitmotiv im filmischen Verlauf mehrfach variiert werden zu können.

Für manche Filmkomponist*innen gibt es gelungene musikalische Cues oder Themen, die hohe Qualität haben, aber noch ihre filmische Verwendung finden müssen. Diese sind mitunter von der*dem Komponist*in für sich selbst geschrieben worden – einfach, weil sie gute Musik sind. Ähnlich ist hier der vertretene Ansatz, dass es ein Ziel sein kann, in den filmischen Scores seine eigene musikalische Handschrift erkennen zu lassen. Einige Interviewte äußern in diesem Zusammenhang ihre Abneigung vor mittelmäßigen oder wenig qualitativen Scores: Ein gelungenes musikalisches Motiv oder Cue müsse tief berühren und Gänsehaut auslösen können oder eine künstlerische Idee besitzen.

4.4.2.2 Musikalische Funktion außerhalb des filmischen Mediums

Musikalische Funktionen außerhalb ihrer Rolle als Score im filmischen Medium werden ebenfalls beschrieben, wenngleich weniger häufig. Der schon beschriebene Anspruch, dass die Musik auch für sich stehen können müsse, findet sich hier in einigen Varianten wieder.

Einige Komponist*innen betonen die Gemeinsamkeit aller Musik – unabhängig ihres Stils oder ihrer Herkunft –, die darin bestehe, gut zu sein oder besonders zu berühren. Hier wird etwa von der Musik als universal verständlicher Sprache gesprochen, die jeden Menschen unabhängig seiner kulturellen Herkunft gleichermaßen erreiche und berühre. Ein*e Befragte*r sieht Filmmusik als Nachfolgerin von Popmusik mit universeller Strahlkraft an. Ein*e andere*r Interviewte*r betont, dass gute Musik unabhängig von ihrem Stil oder ihrer ursprünglichen Funktion generell als solche erkannt wird und sich durchsetzt.

Dabei geben einige Befragte ihren Stolz zu erkennen, dass ihre Musik außerhalb des filmischen Mediums verwendet wird: etwa als Intromusik für politische Veranstaltungen, als Hintergrundmusik in Freizeitparks, als Bestandteil konzertanter Aufführungen oder als kaufbares Album im CD-Regal (beziehungsweise als Streaming-Album bei Spotify oder Apple Music). Dabei wird die Erstellung des Soundtrack-Albums im Anschluss an die filmische Komposition teils von Anfang an mitgeplant. Auch wird von einem Teil der Befragten der Anspruch betont, dass ihre Musik möglichst breite Verwendung findet und von möglichst vielen Menschen gehört wird.

Mehrere Komponist*innen unterstreichen ihre musikalische Ambition, dass die Musik nennenswert oder hörenswert ist und in einem Atemzug mit großen Kompositionen aus dem klassisch-romantischen Repertoire genannt wird. In zwei Interviews wird die Rolle der Musik als Kunstform betont. Hier dient die komponierte Musik – unabhängig davon, ob sie für ein filmisches Medium oder in einem anderen Zusammenhang komponiert wird – als Ausdrucksform der*des Künstler*in. Daraus wird abgeleitet, dass die Kompositionen nicht mittelmäßig oder gar langweilig sein dürfen: Innovation, Exzellenz und genug Tiefe für eine intensive Beschäftigung mit ihr werden als wichtige Funktionen genannt. Auch wird in einem Interview die Verantwortung der*des Komponist*in betont, Orchester als kulturelle Errungenschaft der Menschheit mit neuen Kompositionen zu versorgen und so ihr Weiterbestehen zu sichern.

4.4.2.3 Zusammenfassung
Die geäußerten Funktionen von filmischen Scores decken ein weites Spektrum zugewiesener Wirkungen und Aufgaben ab. Innerhalb des filmischen Zusammenhangs können die fünf unterteilten Subcodes in einer Skala angesiedelt werden, wobei das eine Extrem für eine unselbständige, untergeordnete, Vorgaben beachtende und dienende Rolle steht, das andere Ende der Skala dagegen für manipulative und transzendierende Kraft, Eigenständigkeit und hohe musikalische Qualität – auch über das filmische Medium hinaus.

Dabei treten durchaus Widersprüchlichkeiten in Erscheinung, weil die einzelnen Funktionen mitunter gleichzeitig erfüllt werden sollen und in direkter Konkurrenz zueinander stehen. Einerseits kommt das funktionale Verständnis des Scores als Diener*in des filmischen Mediums zum Ausdruck: Hier sind die Maximen, dass der Score das Filmbild, die jeweilige Szene oder die Narration unterstützt, auch soll die Musik sich nicht zu sehr in den Vordergrund drängen oder nicht anderweitig auffallen. Andererseits wird der filmische Score als mindestens gleichberechtigt angesehen oder ihm sogar eine essentielle Rolle zugewiesen, in der die Filmmusik das Gesamtmedium erhebt oder besser macht.

Etwa in der Mitte der Skala steht die Aufgabe des Scores als Mittler oder Übersetzer: Erstens besteht eine bedeutende Transferleistung darin, eine emotionale Beziehung zwischen filmischem Medium und der*dem Rezipient*in herzustellen. Zweitens besteht die Mittlerrolle darin, zum Verständnis der Handlung beizutragen: Hier tritt der Score als Sinnstifter auf und betreibt musikalisches Storytelling, das nicht nur hilft, die Narration zu verstehen, sondern auch, eine emotionale oder narrative Glaubwürdigkeit zu erzeugen.

Außerhalb des filmischen Mediums kann die Musik ebenfalls die Funktion einer (in diesem Fall kulturübergreifenden) Übersetzerin einnehmen, die Unterschiede überwinden und emotional berühren kann. Daneben gibt es auch die Auffassung, Musik als möglichst exzellente Kunstform zu pflegen und als kulturelle Errungenschaft zu bewahren.

4.4.3 Selbstverständnisse von Komponist*innen

Selbstverständnisse von Komponist*innen zu erfassen, zu kategorisieren und auszuwerten, war von vornherein ein erklärtes Ziel dieser Studie. Immer dann, wenn die Befragten Einblick in ihre eigene Rollenauffassung geben, wenn sie künstlerische (oder andere) Werte betonen, Rollenmuster beschreiben oder sich selbst stilisieren, kam diese Kategorie zur Anwendung. Dabei wurde jedoch deutlich, dass eindeutige Zuordnungen und insbesondere die Einordnung in klar voneinander zu unterscheidende Subcodes mit besonders großen Schwierigkeiten verbunden waren. Die Grenzen zwischen eindeutiger Analyse und Interpretation waren hier fließend. Insofern sind alle präsentierten Ergebnisse mit der Einschränkung versehen, dass es interpretativen Spielraum gibt, der größer ist als beispielsweise bei den Produktionsprozessen.

Grundsätzlich wurde hier mit verschiedenen Subcodes gearbeitet, die sich zu Gruppen bündeln lassen. Die erste Gruppe umfasst drei Subcodes, die auf bestimmte Einzelaspekte von Selbstverständnissen eingehen. Darunter fallen das Gender-Verständnis, das Ausbildungs- und Expertise-Verständnis sowie das Team-Verständnis. In der zweiten Gruppe wurden drei Selbstverständnisse definiert, die einen dienenden Aspekt haben: Das Traditionsverständnis (als Diener*in von Vorbildern), das Dienstleister-Verständnis (als Diener*in der Auftraggeber*innen) sowie das Arbeitsethos- beziehungsweise Fleiß-Verständnis (als Diener*in einer gelungenen Arbeit).

Die letzte Subcode-Gruppe umfasst drei Verständnismuster, die alle miteinander zusammenhängen und nur in (interpretierbaren) Nuancen wesentliche Unterschiede aufweisen: das Kreativitäts- oder Innovations-Verständnis, das Künstler-Verständnis sowie das Genie-Verständnis. Diese Selbstverständnisse stellen den künstlerischen Aspekt und das Musikmachen als schöpferisch-artifiziellen Akt in den Vordergrund, wobei die Tendenz zum Experiment (beim ersten Verständnis), zum Kunst- oder Künstler*in-Dasein (beim zweiten Verständnis) sowie zum transzendenten Unverstanden-Sein (beim dritten Verständnis) besonders ausgeprägt sein kann.

4.4.3.1 Gender-Verständnis

Ein Selbstverständnis mit ausdrücklichem Gender-Bezug kommt nur in einem einzigen Interview zum Ausdruck, wobei die Thematisierung hier gezielt durch die Fragen des Interviewers erfolgt – aufgrund des weiblichen Geschlechts der Filmkomponistin. Nach den hörbaren Unterschieden zwischen Kompositionen durch Frauen oder Männer befragt, relativiert die Komponistin diese Unterschiede und zweifelt an, dass man durch das Hören einer unbekannten Musik

Rückschlüsse auf das Geschlecht der*des Komponist*in ziehen könne. An anderer Stelle betont sie, dass sie sich zunächst als (geschlechtsneutrale*r) Komponist*in identifiziert, nicht als weibliche Komponistin. Dennoch hofft sie auf eine bessere Repräsentanz durch weibliche Komponistinnen in der Zukunft, da das Geschlechterverhältnis stark unausgeglichen sei und es viel zu wenige Filmkomponistinnen im Vergleich zu männlichen Komponisten gebe.

4.4.3.2 Ausbildungs- / Expertise-Verständnis

Dieser Code wurde immer dann vergeben, wenn die eigene Rolle als Komponist*in primär durch die musikalische Ausbildung und/oder Berufserfahrung charakterisiert wird. In elf der 14 Interviews kommt dieses Selbstverständnis in der einen oder anderen Form zum Ausdruck.

Dies äußert sich etwa in der Benennung bekannter Komponist*innen als Lehrende, Mentor*innen oder Inspirationen für die Interviewten. So wird in einem Interview Alfred Newman mehrfach als wichtige Inspiration und späterer Mentor genannt, dessen Lehren und praktische Tipps prägend gewesen seien. Ganz ähnlich wird in einem weiteren Interview Elmer Bernstein als Vorbild und Mentor genannt – an vier Stellen wird hier mit einem spürbaren Stolz auf die enge Verbindung hingewiesen. Ein*e dritte*r Befragte*r nennt den Filmkomponisten Harry Gregson-Williams als zeitweiligen Senior-Partner und Lehrer.

Noch häufiger als Vorbilder und Mentor*innen thematisieren die Befragten eigene Prägungen, Erfahrungen und die musikalische Ausbildung in jungen Jahren. So wird beispielsweise in einem Interview die wiederholte Musikerfahrung in einer musikalisch gebildeten und aktiven Familie beschrieben, etwa der regelmäßige Besuch von Opern und klassischen Konzerten, der die musikalische Sprache geprägt habe. Auch andere interviewte Filmkomponist*innen stellen nicht ohne Stolz ihre Verbindung zur klassisch-romantischen Tradition heraus: etwa durch eine formale Ausbildung am Konservatorium, die Arbeit mit Sinfonieorchestern oder traditionellen Klavierunterricht. In den meisten Fällen wird auch der Bruch mit oder zumindest die Ergänzung der klassisch-formalen Ausbildung durch weitere musikalische Expertisen beschrieben: Ein*e Interviewte*r lässt ihre*seine Scham erkennen, keine oder kaum formale musikalische Ausbildung genossen zu haben; zugleich habe er*sie aber einen innovativen musikalischen Weg eingeschlagen. Hier wird die klassische Ausbildung explizit als innovationsfeindlich, stark strukturiert und rückwärtsgewandt beschrieben, zugleich aber die eigene, nachträglich erworbene Expertise, etwa mit einem Orchester umgehen zu können, betont. Auch in zwei anderen Interviews finden sich solche geschilderten Ausbrüche aus den ‚geordneten' Bahnen, wenn etwa der bewusst rebellische Quereinstieg in jungen Jahren in die Rockmusik oder in die elektronische Musik beschrieben wird.

Die stilistische Prägung durch Rockbands wird auch in einem weiteren Interview erwähnt. Hier wird auch an den romantischen Genie-Gedanken angeknüpft, dass eine formale Ausbildung womöglich hinderlich für die eigene schöpferische Kreativität sei (siehe Kapitel 4.4.3.9 zum Genie-Verständnis).

Neben der musikalischen Ausbildung und Prägung in jungen Jahren wird auch die eigene Berufserfahrung in der Filmkomposition thematisiert. Zwei Interviewte betonen ihre langjährige Expertise in der Filmmusikbranche, wodurch sie auf eine große Erfahrung im Filmscoring, aber auch im Umgang mit weiteren am Produktionsprozess Beteiligten zurückgreifen können.

Dieser Umgang mit musikalisch nicht Ausgebildeten wird in zwei weiteren Interviews zur Sprache gebracht: Hier wird betont, wie wichtig es sei, die Laiensprache musikalisch Ungebildeter zu verstehen und in musikalische Sprache zu übersetzen, etwa wenn ein*r Regisseur*in Feedback zu musikalischen Entwürfen gibt. Hier ist eine klare Trennlinie zwischen an der Produktion Beteiligten zu erkennen, die musikalisch versiert sind, und solchen, die nur die Filmsprache verstehen, nicht aber die Musiksprache. Die musikalische Expertise bekommt hier den Ruch einer Exklusivität, eines eingeweihten Kreises oder Clubs von dezidierten Musiker*innen, der für Außenstehende nicht erschließbar ist.

Anders wird die Zusammenarbeit mit anderen Musiker*innen geschildert: Manche befragte Komponist*innen sehen in der intensiven Zusammenarbeit mit klassisch ausgebildeten Instrumentalist*innen wie Lang Lang einen legitimen Ersatz für die fehlende formale Ausbildung, da solche Sessions inspirierend und lehrreich seien. Die hohe Bedeutung der ständigen Zusammenarbeit mit Instrumentalist*innen, Arrangeur*innen und Orchestermusiker*innen wird hier explizit herausgestellt, wobei in zwei Interviews auch das Selbstverständnis einer*eines Quereinsteiger*in zum Ausdruck kommt, die*der zwar nicht klassisch ausgebildet ist, aber über eine hohe musikalische Kompetenz mit hoher Innovationskraft verfügt.

4.4.3.3 Team-Verständnis

In Opposition zur*zum allein arbeitenden Filmkomponist*in wird im Team-Verständnis zum Ausdruck gebracht, dass hinter der filmisch-musikalischen Komposition und Produktion kein*e einzelne*r Künstler*in steht, sondern eine Arbeitsgemeinschaft von kollaborierenden Filmmusikschaffenden.

Wie auch beim Ausbildungs-/Expertise-Verständnis kann hier eine klare Trennlinie gezogen werden zwischen der Kollaboration mit Musiker*innen (oder Personen, die musikalisch versiert sind) und der Zusammenarbeit mit anderen Beteiligten wie Produzent*in, Editor*in oder Regisseur*in.

In einem Interview werden die Entscheidungsträger des Films (zumeist als Filmemacher*innen bezeichnet) als Fremde charakterisiert, die potenzielles Unverständnis für musikalische Prozesse, Details und Inhalte aufbringen. Die*der Komponist*in rückt hier in die Rolle der*des Berater*in, die*der die Filmemachenden begleitet und die musikalischen Prozesse erläutert und übersetzt, um zum Verständnis beizutragen. Demgegenüber ist das musikalische Team, bestehend aus Orchestermusiker*innen, Instrumentalist*innen, Orchestrator*innen, Toningenieur*innen und Assistent*innen, eine geschlossene Einheit, die dieselbe Sprache spricht und an einem Strang zieht – in der Regel unter der Leitung der*des Filmkomponist*in.

An einer anderen Stelle wird ein entscheidendes, in sehr enger und vertrauensvoller Abstimmung stehendes Kernteam aus Filmkomponist*in, Sound Designer*in, Editor*in und Regisseur*in beschrieben, das kreative Entscheidungsprozesse – nicht nur des Filmscores – zusammen austrägt.

Ein weiteres Interview beschreibt das Selbstverständnis einer*eines Filmkomponist*in, die*der durch den hohen zeitlichen Druck und großen Aufwand der filmischen Score-Produktion förmlich dazu gezwungen wurde, aus einer One-Man-Show einen arbeitsteiligen Team-Prozess zu formen. Auch hier wird zwar eine vertrauensvolle, enge Zusammenarbeit beschrieben, zugleich wird aber die hierarchische Anordnung mit der*dem Filmkomponist*in an der Spitze deutlich.

Eine andere Form von Team-Verständnis kommt in der Kollaboration von zwei Filmkomponist*innen zum Ausdruck, von der einige Interviewte berichten. Hier wird in der Regel ein vertrauensvoller, kreativer Prozess auf Augenhöhe geschildert, wobei bisweilen Konkurrenzgedanken oder Arbeitsteilungen nach Expertise erfolgen können.

4.4.3.4 Traditionsverständnis

Traditionsverständnisse der befragten Filmkomponist*innen äußern sich primär über den Bezug zu (vermeintlich) traditionellen Rollenmustern und etablierten Traditionen und finden sich in einer Mehrheit der ausgewerteten Interviews.

Dabei zeichnet sich eine klare Tendenz ab, sich mit der Tradition der musikalischen Klassik und Romantik zu identifizieren. Das tun mehrere Befragte durch Erwähnungen, Vergleiche, Nennung von Vorbildern oder Berichte über eigene prägende Erlebnisse. Ein*e befragte*r Komponist*in erzählt von der ersten musikalischen Prägung: als Mitglied des Kinderchors der Kirche in England und als Ensemblemitglied des örtlichen Sinfonieorchesters. In mehreren anderen Interviews finden sich ähnlich Bezüge zur Vergangenheit der Befragten mit Betrieben, Ensembles oder Konzerten der Klassik-Sphäre. Selbst wenn in einem weiteren

Interview explizit nach der eigenen Vergangenheit als Rockmusiker*in gefragt wurde, wird stattdessen die Nähe zur Kunstmusik betont.

Dabei äußern die Befragten auch Werturteile und Wünsche bezüglich der klassisch-romantischen Musiktradition. Da ist etwa die geäußerte Bewunderung der Fülle an Möglichkeiten bei der Komposition für ein Orchester, wobei als Vorbild die Orchester-Ouvertüre genannt wird. Auch äußert ein*e andere*r Komponist*in den Wunsch, dass junge Leute wieder mehr klassische Musik hören und die Verbindung zu zeitgenössischer Filmmusik dadurch besser verstehen, denn alles in der Filmmusik sei schon einmal dagewesen. Als Beispiel dafür wird John Williams' Score zu *Star Wars* angeführt, der starke traditionelle Verbindungen aufweise (die nicht genauer benannt werden). In weiteren Äußerungen wird die Orchestrierung eines komponierten Themas als Teil traditioneller Komposition angesehen und daraus der Wunsch abgeleitet, dies selbst durchzuführen, auch wenn dafür im Produktionsalltag kaum Zeit bleibt. Diese nostalgische Sehnsucht nach einer etablierten Kompositionsweise äußert sich auch in der Ansicht, die praktizierte Filmkomposition mit Bleistift und Papier sei eine Technik des 19. Jahrhunderts.

Bei einigen Komponist*innen wird das Bewusstsein für eine historische Verantwortung spürbar. Das äußert sich etwa in der Aussage, dass gegenwärtige Filmkomponist*innen eine besondere Verantwortung für die Orchester weltweit tragen, da diese essentielle kulturelle Errungenschaft der Menschheit ohne die stetigen Neukompositionen für Film verschwinden würde. Teil dieses Verantwortungsgefühls ist es auch, in die Fußstapfen früherer großer Filmkomponist*innen zu treten, etwa wenn Neuauflagen altbekannter Filmreihen oder Serien vertont werden.

Zuletzt, aber nicht weniger häufig, wird eine große Anzahl an Vorbildern genannt. Die genannten Vorbilder lassen sich in zwei Gruppen klassifizieren: in die Gruppe der Filmkomponist*innen früherer Generationen, die teils auch als Lehrer*innen oder Mentor*innen der Befragten fungiert haben (etwa Carl Stalling, Jerry Goldsmith, Elmer Bernstein, Alfred Newman, John Williams oder Alan Silvestri), und in die Gruppe der Komponist*innen der romantischen Musiktradition (Franz Schubert, Felix Mendelssohn, Richard Wagner, Pjotr Iljitsch Tschaikowsky, Gabriel Fauré) oder darüber hinaus (Johann Sebastian Bach, Maurice Ravel, Igor Stravinsky, Olivier Messiaen).

4.4.3.5 Dienstleister-Verständnis

Nicht immer wird der Prozess der Komposition für Film als künstlerischer Akt verstanden. In der Mehrheit der Interviews finden sich Textstellen, die das Filmscoring primär als Handwerk oder Dienstleistung charakterisieren. Die befragten

Filmkomponist*innen nehmen hier eine Rolle als Erfüller*innen des Auftrags ihrer Kunden ein, die einfach nur ihren Job machen.

So wird längst nicht jede filmische Komposition als inspirierender, schöpferischer Akt verstanden. In einigen Interviews kommt zum Ausdruck, dass manchmal andere Zielsetzungen im Vordergrund stehen. So ist die*der Filmkomponist*in je nach Auftrag und Auftraggeber*in froh, wenn es einfach vorbei ist. Dabei ist in manchen Aussagen eine Distanz zu anderen Produktionsbeteiligten, vor allem zu Produzent*innen und Regisseur*innen, spürbar: Sie kommen zur*zum Filmkomponist*in, weil sie eben Musik brauchen. Und diese muss geliefert werden. Deshalb rät ein*e Befragte*e, die Sprache zu lernen, mit der Filmschaffende sprechen (nicht zu verwechseln mit der Musiksprache): Das erleichtere die (Übersetzungs-)Arbeit und die Abstimmung mit wichtigen Entscheidungsträger*innen wie der*dem Regisseur*in deutlich. Ein*e Befragte*r benennt die Filmemacher*innen durchweg als Kund*innen, deren Auftrag erfüllt werden müsse.

Im Dienstleistungsverständnis ist auch eine Distanz zum eigenen Werk spürbar: Ein*e interviewte*r Komponist*in äußert sich über die Gewöhnung daran, zu abstrahieren und einen Abstand von der eigenen Komposition zu gewinnen; eine Fähigkeit, die freilich Jahre der Erfahrung benötigt. Dadurch ist es auch besser verkraftbar, wenn etwa die*der Regisseur*in negatives Feedback zu Score-Entwürfen äußert.

Einige Befragte charakterisieren das Scoring als Handwerk: Es benötigt nicht immer den großen kreativen Wurf, um eine filmische Produktion mit dem richtigen Score zu versehen. Manchmal geben die Bilder, die Story oder auch die*der Regisseur*in vor, was zu tun ist, oder es ergibt sich von selbst. Wenn ein Film durch Story, schauspielerische Leistungen, Kameraführungen oder andere Aspekte bereits gelungen sei und für sich (ohne Musik) funktioniere, stehe nur noch im Vordergrund, es nicht zu ruinieren: Die Musik folgt hier einfach der gelungenen Narration und sollte nicht zu viel Aufmerksamkeit auf sich ziehen. Dazu passt auch die Aussage aus einem weiteren Interview, dass ein*e gute*r Filmkomponist*in nicht unbedingt herausragende Musik schreiben müsse: vielmehr müsse diese einfach mit den Filmbildern funktionieren oder diese zumindest nicht stören.

Zum Dienstleistungsaspekt gehört auch die Thematisierung monetärer und zeitlich-organisatorischer Verhältnisse. Unter Zeitdruck zu arbeiten, gehört für einige befragte Filmkomponist*innen zum Alltag: Manchmal bleibt keine Zeit, um überhaupt darüber zu reflektieren, was die richtige Musik sein könnte; man muss buchstäblich mit Auftragsvergabe anfangen zu komponieren, um die Deadline einhalten zu können. Der Druck aus den Filmstudios zwingt eine*n andere*n Komponist*in zu einer effizienten Arbeitsteilung während des Produktionsprozesses, um möglichst schnell möglichst gute Arbeit abzuliefern und die Kund*innen (also das Filmstudio, die Verleiher*innen, Produzent*innen und weitere Geldgeber*innen oder Entscheidungsträger*innen) zufriedenzustellen.

Die Nöte, Geld zu verdienen, thematisiert ein*e weitere*r Filmkomponist*in. Als freischaffende*r Komponist*in sei man nicht immer in der Lage, moralisch fragwürdige Angebote (etwa für die Waffenindustrie oder fossile Energieträger) abzulehnen. Die Bereitschaft zu moralischen Zugeständnissen steigt bei Geldsorgen zügig an. Doch auch in der Kreation haben ökonomische Erwägungen Einfluss: So kann die Instrumente-Auswahl etwa durch das verfügbare Budget vorherbestimmt sein, wenn kein Geld zur Bezahlung von Studiomusiker*innen oder gar Ensembles vorhanden ist. In diesem Fall wird auf günstigere, elektronisch erzeugte Musik zurückgegriffen.

4.4.3.6 Arbeitsethos / Fleiß-Verständnis

Auch wenn die Filmkomposition primär als Dienstleistung verstanden wird, heißt das noch nicht, dass die Filmkomponist*innen sich selbst als Dienstleister*innen verstehen. Häufig genug kommt dabei ein anderes Selbstverständnis zum Ausdruck, das sich über den Fleiß und das Durchhaltevermögen bei komplexer, mühsamer und langwieriger Arbeit definiert. Der Fokus rückt hier weg von den Auftraggeber*innen und äußeren Bedingungen hin zum Arbeitsprozess und dem Bestandteil der Arbeit selbst: der Produktion des filmischen Scores durch die*den Komponist*in.

Einige Befragte betonen den großen Wert von Arbeitsdisziplin: Es helfe, einen strukturierten und festen Tagesablauf zu haben, um Schritt für Schritt voranzukommen. Der Produktionsprozess des Filmscorings wird als harte, schwierige Arbeit beschrieben: Viele kleine Teilstücke müssen erarbeitet und zusammengesetzt werden. Dabei gibt es auch Rückschläge (etwa durch kreative Sackgassen oder negatives Feedback) sowie Druck (von sich selbst, aber auch von außen). Als Symptom wird bei einer*einem interviewten Komponist*in auch Schlafmangel beschrieben.

Gerade die Zeit nach dem eigentlichen Komponieren und der Themen-Erarbeitung wird von zwei Befragten als harte Arbeit verstanden, für die man ein Team brauche: Die eigentliche Musik-Produktion sowie die knappen Zeitvorgaben erfordern eine arbeitsteilige, terminlich eng abgestimmte Vorgehensweise. Dabei spielt auch der organisatorische Aspekt eine Rolle, wenn Musiker-/ und Studiosessions koordiniert, Mix und Soundproduktion bewerkstelligt und Abnahmen getätigt werden müssen. Insbesondere gerät diese Phase zu einem nervenaufreibenden Prozess, wenn der Zeitdruck zunimmt oder es zu unvorhersehbaren Änderungen kommt (etwa durch Änderungen des Filmschnitts in letzter Sekunde oder Korrekturwünsche durch Verantwortliche). Da in der Schlussphase der Produktion so viel zu tun ist, wird in einem Interview explizit dazu geraten, ein gutes Team an Assistent*innen zusammenzustellen, um die eigene Gesundheit nicht zu gefährden. Zeitdruck ist ohnehin ein Thema, das einige Interviewte ansprechen: Die oft zu knapp bemessene Zeit zwingt zu einer effizienten Vorgehensweise bei der Produktion. Ein*e Komponist*in berichtet in Einzelfällen von Produktionszeiträumen von weniger als zwei Wochen bis zur finalen Abnahme, wohingegen acht bis zehn Wochen wünschenswert sind.

Die Gewöhnung an diesen Druck bringt eine*n interviewte*n Filmkomponist*in zur Aussage, dass es verdächtig ist, wenn der Produktionsprozess zu flüssig und reibungslos abläuft: Es müsse schon eine Art von Geburtsschmerz geben, sonst sei die vollbrachte Arbeit möglicherweise seicht, unkreativ oder berühre die*den Rezipient*in nicht. Dabei wird in einem weiteren Interview betont, dass es auch für eine erfolgreiche Karriere viel Durchhaltevermögen, Ausdauer und großen Einsatz bedarf: Gerade zu Karrierebeginn sind die Filmkomponist*innen diversen großen Schwierigkeiten ausgesetzt, von denen monetäre Engpässe und mangelnde Aufträge nur ein Aspekt sind.

Zuletzt äußert sich dieses Arbeitsethos auch in der Verantwortung gegenüber dem Publikum, gute Arbeit abzuliefern. Es sei die Pflicht der Filmkomponist*innen, die hart arbeitenden Rezipient*innen, die sich ein Kinoticket kaufen und entspannen wollen, gut zu unterhalten.

4.4.3.7 Kreativitäts- / Innovations-Verständnis

Innovationsgedanken und die Sichtweisen von Filmscoring als Experimentierfeld oder Akt des kreativen Fortschritts finden sich in einem Großteil der analysierten Interviews. Dabei werden die erfinderischen Möglichkeiten in diesen Textstellen durchweg als positiv dargestellt und oft genug als Grund genannt, weshalb man sich für die Karriere als Filmkomponist*in entschieden hat.

So wird in einem Interview die Score-Komposition als magischer Prozess verstanden, der sich rationaler oder wissenschaftlich erklärbarer Bahnen entzieht. Gerade der Prozess des freien, bewusst kreativen Komponierens – oder eher des musikalischen Experimentierens – wird von vielen Interviewten als Teil des eigenen Selbstverständnisses beschrieben. Ohne die Möglichkeit des freien Experimentierens würde Langeweile einkehren: Der kreative Prozess selbst ist das Ziel, nicht das Endergebnis.

Dabei wird die große Entscheidungsfreiheit in der Filmmusik von einigen Komponist*innen positiv hervorgehoben. Filmische Scores seien stilistisch abwechslungsreicher und hätten weniger feste Bahnen, als beispielsweise die Musik einer Rockband oder für ein Orchester. Besondere Bedeutung kommt dabei für mehrere Befragte der bewussten Abkehr von der Tradition beziehungsweise der Musiktheorie zu. Regeln sind da, um sie zu brechen: Das Entdecken des noch nicht Dagewesenen steht im Vordergrund; die kindlich-naive Suche nach neuen musikalischen

Glanzstücken, der keine Grenzen gesetzt sind. Dem kreativen Ausprobieren als entscheidenden Prozess wird bewusst Raum zur Entfaltung gegeben.

Dennoch betonen zwei Interviewpartner*innen die besondere Verantwortung gegenüber den Erwartungen des Publikums. Dadurch gibt es Grenzen des musikalischen Experimentierens: Die Rezipient*innen müssen eingeladen oder mitgenommen werden, wenn das Ergebnis des kreativen Austobens nicht auf Ablehnung stoßen soll. Dazu sind genaue Kenntnisse des filmischen Genres und der üblichen musikalischen Score-Ausarbeitung nötig, um die Erwartungen des Publikums berücksichtigen zu können.

Demgegenüber betonen ebenfalls zwei Komponist*innen, dass für echte Kreativität das Vertraute mit dem Unbekannten oder Unerwarteten kombiniert werden sollte. Dazu gehört die Abkehr von anderer Filmmusik als Inspirationsquelle: Der Blick über den Tellerrand der Filmmusik hinaus wird hier zur Maxime, da filmische Scores immer gleichartiger würden. Besser sei es, in anderen Genres und Epochen nach Inspiration zu suchen.

Wie in der Analyse der Produktionsprozesse gezeigt (siehe Kapitel 4.4.1), äußert sich die Kreativität in unterschiedlichen Ausprägungen. Etwa werden ausgiebige Studio-Experimente und Jam Sessions genutzt, auch werden bewusst Instrumentalist*innen von (ungewöhnlichen oder vermeintlich fremdartigen) Instrumenten eingeladen, mit deren Hilfe neue Ideen improvisatorisch ausprobiert werden können. Für eine*n andere*n Befragte*n steht dagegen die klassische Themenfindung am Klavier anhand des Film-Rohschnitts als Ideenfindung im Vordergrund.

Eine dritte Gruppe von Komponist*innen beschreibt die Bedeutung der Inspiration durch das Lesen und Studieren des Drehbuchs: Dadurch entstehen direkt musikalische Ideen (noch bevor einzelne filmische Szenen oder anderes Videomaterial bekannt ist), die dann später am filmischen Bild ausprobiert (und oft genug verworfen) werden. Die vierte Variante der prozesshaften Ideenfindung ist das ständige Wechselspiel mit anderen an der Produktion Beteiligten, etwa der*dem Regisseur*in, wobei diese kreative Teamarbeit mitunter auch als problematisch beschrieben wird und scheitern kann.

Für den Großteil wird das Kreativitäts-Selbstverständnis mit der Nutzung neuer Sounds und (elektronischer) Instrumente sowie mit der Vermischung traditioneller, neuer und fremdartiger Spielarten der Musik gleichgesetzt. So werden Beispiele eines Soundmixes aus traditionellem Instrument und Geräusch genannt: etwa ein bewusst verstimmtes Klavier, ein Orchester mit Ringmodulator oder ungewöhnliche Instrumente, kombiniert mit Synthesizern.

Die spielerisch-innovativen Möglichkeiten des Computers werden von mehreren Interviewten betont: Manchmal ist die Nutzung des Computers aus der Not geboren, da die Nutzung echter Instrumente oder gar Orchester zu teuer wäre.

Doch oft genug äußert sich ein Selbstverständnis moderner Kreativität in der Nutzung von elektronischen Instrumenten, Synthesizern, Plug-Ins, Sound-Libraries und den unendlichen Möglichkeiten der individuellen Soundproduktion.

Auch werden immer wieder stilistische Mixe und Genre-Überblendungen angeführt, wobei meist ein traditioneller Stil (orchestral, klassischer Hollywood-Sound, erwartbarer Score-Stil des Filmgenres) mit einem innovativen Genre neueren Datums kombiniert wird. Hier wird eine große Zahl von Möglichkeiten genannt: etwa Jazz, New Age, 1920er-Stummfilmzeit, Punk, HipHop, 70s-Art-Rock, Drum & Bass, Rave, Mid-80s-Electro-Pop, Minimalismus, Art Pop, Chip Tunes, Production Music / Fahrstuhlmusik, Alternative Rock, Musical, Hebräische Chormusik oder traditioneller westafrikanischer Gesang.

Dieses Innovationsverständnis äußert sich bei zwei Filmkomponist*innen in dem Gefühl, dass die Soundmöglichkeiten des traditionellen Orchesters nicht ausreichen, um die zeitgenössische industrielle oder digitalisierte Kultur klanglich zu (re-)präsentieren. Hier wird nach ständig neuen Kombinationsmöglichkeiten von alt (traditionell, erwartbar, klassisch, orchestral) und neu (unerwartet, fremdartig, modern, elektronisch) gesucht.

4.4.3.8 Künstler-Verständnis

Dass die Tätigkeit als Filmkomponist*in als primär künstlerische angesehen wird und die Befragten sich in eine Reihe von Kunstschaffenden stellen, zeigt eine Vielzahl an Textstellen.

So spricht ein*e Filmkomponist*in von der Bedeutung des eigenen musikalischen Fingerabdrucks, der sich einerseits klangmäßig durch eine bevorzugte Ensemble-Besetzung, andererseits durch die Fähigkeit zum besonders effizienten Arrangieren definiert.

An anderer Stelle wird das Erschaffen und Formen des eigenen filmmusikalischen Werks explizit mit dem künstlerischen Schreiben eines Buches oder dem Modellieren einer Skulptur verglichen. Ein* weitere*r Interviewte*r sieht sich selbst in direkter Tradition des verstorbenen Buchautors J. R. R. Tolkien: die Liebe zur Natur und das Hingezogen-Sein zu Wäldern und Feldern verbinde beide stark. An anderer Stelle wird der Künstler Andy Warhol als Idol hervorgehoben. Auch wird bewusst an traditionelle Kunstformen wie die musikalische Ouvertüre angeknüpft.

Ein*e Befragte*r vergleicht das Filmerlebnis mit einem Traumzustand, und auch das Komponieren des Scores sei mit einem schlafähnlichen Modus vergleichbar, da im Schlaf das innere Ich am stärksten spreche und musikalisch-künstlerische Ideen unmittelbar entstehen könnten. An anderer Stelle besteht der ideale Modus zum Komponieren des Scores darin, das kindliche, ungetrübte Ich zu finden. Dass ein künstlerisches Objekt wie Filmmusik überhaupt in der partikularisierten, digitalisierten Gegenwart funktioniere, liege an dem traumähnlichen Zustand, in dem man als Rezipient*in das filmische Medium konsumiere.

Auch stellen mehrere Filmkomponist*innen den Score als eigenständiges, nicht unbedingt mit der filmisch-szenischen Aussage übereinstimmendes Teilkunstwerk mit durchaus eigenem künstlerischem Charakter dar, der das Gesamtmedium Film zu erheben imstande ist. Dieser eigenständige Charakter kann eine Reibung mit der visuellen Ebene erzeugen und dadurch dem Gesamtmedium Tiefe verleihen. Diese Filmmusik-Kunst kann qualitativ für sich stehen, also auch ohne den Zusammenhang mit dem filmischen Medium funktionieren. Auch wird in mehreren Interviews betont, dass es sich bei einem filmischen Score um Musik handele – und damit um eine künstlerische Gattung. Das Scoring ermöglicht es, sich kreativ zu entfalten und künstlerische Zwangsjacken abzustreifen, die es etwa in der Popmusik gibt. Auch sei das Komponieren von Filmmusik herausfordernder und damit künstlerisch interessanter, als einen Popsong zu schreiben. Ein*e weitere*r interviewte*r Komponist*in betont die gesellschaftliche Verantwortung, die man durch das manipulative Potenzial von filmischen Scores habe.

Teil des Selbstverständnisses als Künstler*in ist die eigene Fragilität, die sich etwa in andauernden und wiederkehrenden Selbstzweifeln äußert, oder in dem angstbehafteten Moment, wenn die eigene Musik erstmals der*dem Regisseur*in präsentiert wird. Hier wird von mehreren Befragten die eigene Sensibilität in Bezug auf das erschaffene musikalische Werk zum Ausdruck gebracht: Der komponierte Score ist mehr als eine bloße Auftragsarbeit, sondern in ihn ist ein Teil des eigenen Inneren, der Seele der*des Komponist*in geflossen. Der Score ist hier Teil des eigenen künstlerischen Œuvres, in dessen Erschaffung Kreativität und die Lust auf das Neue geflossen sind, aber auch Ungewissheit, Mühsal und sogar Angst (vor dem künstlerischen Scheitern, aber auch vor Kritik von außen). Die Maxime ist deshalb auch, etwas Exzellentes zu schaffen: Das Mittelmaß oder Gleichgültigkeit als Reaktion ist nicht akzeptabel, sondern im Gegenteil das schlimmstmögliche Ergebnis der eigenen künstlerischen Arbeit. Die Musik soll tief berühren, begeistern oder andere Emotionen wecken, man will etwas Magisches oder Transzendentes erschaffen. Der Anspruch an die eigene Arbeit ist dementsprechend hoch, die Selbstkritik bisweilen sehr ausgeprägt. Diese kritische Sicht gilt auch dem Beruf der*des Filmkomponist*in selbst: In einem Interview wird das Anders-Sein explizit angesprochen. Man wolle keineswegs eine Karriere verfolgen, sondern lediglich seiner künstlerischen Ausdruckskraft ein Medium geben.

Die erschaffenen Scores werden in zwei Interviews als Kinder charakterisiert, die man lieben lernt – und an denen man nichts ändern würde. Auch wird das Ziel vorgegeben, dass die komponierte Musik von möglichst vielen Menschen weltweit gehört wird. Ebenfalls äußert sich dies in dem selbst empfundenen oder von außen angetragenen Ruhm, den Status oder die Ehre, wenn etwa ein*e erfolgreiche*r Filmregisseur*in anruft und eine Zusammenarbeit anbietet oder der Score zu einem anderen öffentlichen Anlass verwendet wird, auch wenn es unentgeltlich geschieht. Zudem wird in mehreren Interviews geäußert, dass das Komponieren von Filmmusik eine Leidenschaft ist, die gelebt wird und mit der man sich identifiziert. Diese Leidenschaft ist bisweilen so ausgeprägt, dass die arbeitsteilige Produktion in großen filmischen Projekten als Problem angesehen wird: Bei einigen Befragten wird deutlich, dass man nicht gern Teile des Produktionsprozesses aus der Hand gibt, etwa das Orchestrieren, Dirigieren oder das Mixen. Ähnlich eingeordnet werden kann die Abneigung gegen überbordende Soundeffekte, gegen die sich die eigene Musik durchsetzen müsse, etwa in Action-Szenen.

4.4.3.9 Genie-Verständnis

Textstellen, aus denen man Auffassungen, ein Genie zu sein, herausinterpretieren kann, sind ebenfalls zahlreiche zu finden. Etwa beschreibt ein*e der befragten Filmkomponist*innen die langjährige Zusammenarbeit mit einem als sehr talentiert charakterisierten Orchestrator und Musiker, der eindeutig die Rolle des Assistenten einnimmt und dabei hilft, das Genie in der ersten Reihe – die*den Filmkomponist*in – strahlen zu lassen. Eine ähnliche Konstellation wird in einem weiteren Interview deutlich, in dem geschildert wird, wie die Orchestermusiker*innen während des Dirigierens auf kleinste mimische oder gestische Reaktionen der*des Filmkomponist*in reagieren müssen. Ein*e Befragte*r beschreibt sich als alle Fäden in der Hand haltendes Zentrum des musikalischen Schaffensprozesses, ohne das viele übrige Beteiligte wie Editor*innen, Orchestrator*innen, Kopist*innen, Instrumentalist*innen, Toningenieur*innen und so weiter sehr schnell arbeitslos würden.

An anderer Stelle wird die Produktionsphase der ersten Entwürfe detailliert geschildert: die*der Befragte schließt sich in dieser Zeit allein in ihr*sein Studio ein und darf keinesfalls gestört werden. Das Ergebnis sei dann weit mehr als eine erste Skizze, sondern bereits extrem detailliert ausgearbeitet; auch die musikalische Vision sei dann bereits sehr klar und müsse nur noch (etwa von Orchestern) befolgt werden. Ein*e weitere*r Befragte*r berichtet Ähnliches: Die Menge an verworfenen musikalischen Skizzen und Ideen sei sehr gering; meist müssten nur kleinere Korrekturen vorgenommen werden, um die musikalischen Cues an die jeweiligen filmischen Szenen anzupassen. Eine weitere Variante zeigt ein*e Befragte*r auf, die*der davon berichtet, nach langen Jahren wieder einige Frühwerke von sich selbst gehört zu haben und dabei positiv überrascht worden zu sein, weil sich die frühen Scores als keineswegs so unreif wie befürchtet herausgestellt haben.

Das Arbeiten für sich kann jedoch Probleme mit sich bringen, wenn das Unverständnis anderer am Produktionsprozess Beteiligter überhandnimmt: Die soziale Isolierung kann ein Karrierehindernis werden, weshalb in einem Interview von bewusst angeeigneten, mühsam erlernten sozialen Fähigkeiten erzählt wird, damit die Karriere nicht ins Stocken gerät. In einem anderen Interview wird der eigene Drang, jeden einzelnen Produktionsschritt selbst kontrollieren zu wollen, als ausgeprägt erläutert; so dürfe etwa kein*e Soundmixer*in die eigene Musik in irgendeiner Weise verändern.

Teil dieses Selbstverständnisses kann sein, dass andere mit Unverständnis reagieren oder gewisse künstlerische Anforderungen oder Entscheidungen (zunächst) nicht verstehen: Etwa, wenn ein*e Orchestrator*in eine ungewöhnlich hohe Melodielinie für Waldhorn auf eine Trompete übertragen will, aber genau dieser ungewöhnliche Ambitus von der*dem Komponist*in gewollt war; oder wenn ein weiblicher Gesang für einen konzeptionell männlichen Sandalenfilm erdacht wird und die anfänglich ablehnenden Reaktionen auf diesen Einfall beschrieben werden (welcher sich letztlich als geniale Idee herausstellt). Hier inszeniert sich die*der Interviewte*r als ihrer*seiner Zeit voraus. Ein*e Filmkomponist*in erzählt von der eigenen Angewohnheit, sich im Produktionsprozess gänzlich auf die filmische Narration einzulassen und die Atmosphäre der Filmstory ganz aufzunehmen. Dies führe bei Kriegs- oder Katastrophenfilmen zu einer (gewollt) dauerhaft schlechten Stimmung, die beim Ehepartner sowie den Mitstreiter*innen in der Produktion zu Unverständnis und verärgerten Reaktionen führe.

Eine Mischung aus Unverständnis und Stolz kann auch die*der Filmkomponist*in empfinden, etwa wenn eigene Werke weltweit in Konzertsälen aufgeführt werden oder auf YouTube eigene Kompositionen in völlig neuen Arrangements hochgeladen werden. Damit verwandt ist die Aussage in einem Interview, dass man gar nicht in der Lage sei, nur gewöhnliche, repetitive oder recycelte Scores zu schreiben, die man manchmal in anderen filmischen Produktionen höre. Das Mittelmaß wird als abstoßend und schädlich für den Film empfunden.

In einem weiteren Interview wird das Genie als Voraussetzung für erfolgreiche Filmkomponist*innen genannt: Nicht Ausbildung, Fleiß und jahrelange Übung machen den Meister, sondern in erster Linie die mit der Geburt bereits in die Wiege gelegten natürlichen Veranlagungen. So wird auch John Williams wiederholt als Symbolfigur für ein musikalisches Genie genannt (an den Beispielen seiner Scores zu *Close Encounters* und *Jaws*) – und als auf einer Stufe stehend mit den größten klassischen Komponist*innen angesehen. Auch das Kokettieren mit der eigenen unkonventionellen oder informellen Ausbildung hängt hiermit zusammen und findet sich in mehreren Interviews: Der geniale Geist rebelliert gegen die allzu strengen Regeln der klassischen Musiktheorie.

4.4.3.10 Zusammenfassung

In den geäußerten Selbstverständnissen wird eine große Vielfalt an unterschiedlichen Auffassungen und Rollenbildern deutlich. Diese können zusammenfassend in verschiedenen Dimensionen anhand von vier Spannungsfeldern eingeordnet werden.

4.4.3.10.1 Soziales Spannungsfeld Einzelkämpfer*in – Team

In diesem Spannungsfeld changieren die Selbstverständnisse der Befragten zwischen dem Verständnis als Einzelkämpfer*in und der Rolle als Mitglied eines Kollektivs. Die*der Einzelne versteht sich als kreative*r Schöpfer*in von musikalischen Einfällen, wobei Elemente der Isolation, Einsamkeit und des Unverstandenseins dominant sind. Hier ist die*der Komponist*In isoliert von der Außenwelt und auf einer nicht unbeschwerlichen Reise ins eigene Innere, äußerlich abgeschottet im Studio, am Schreibtisch oder am Klavier. Die eigene Schöpfung – der Score – muss der fremden Umwelt nähergebracht, erklärt, übersetzt und bisweilen vor ihr verteidigt werden, da die anderen potenziell unwissend und nicht verstehend sind. Die*der Komponist*in oder ihr*sein Score ist der Zeit möglicherweise voraus, in jedem Falle aber das unersetzliche Herzstück des kreativ-künstlerischen Schöpfungsprozesses. Dem gegenüber steht das geäußerte Selbstverständnis, gleichberechtigter, teilweise auch lernender, überlegener oder unverstandener Teil eines zusammenarbeitenden Teams zu sein. Die Teamrolle kann unterschiedlich ausfallen, jedoch zeichnen sich vier Varianten ab:

Erstens die Rolle als **Schüler*in** einer*eines Mentor*in, die*der gleichzeitig auch Vorbild ist (meist ältere oder verstorbene Filmkomponist*innen);

zweitens die Rolle als **gleichberechtigter Part** innerhalb eines musikpraktizierenden Kreativ- oder Produktionsteams (mit weiteren Komponist*innen oder Instrumentalist*innen);

drittens die Rolle als **Meister*in** für Assistent*innen und Gehilf*innen (etwa Orchestrator*innen);

viertens die Rolle als **Unverstandene*r** in der Zusammenarbeit mit musikalisch nicht ausgebildeten Filmschaffenden (etwa Regisseur*innen).

4.4.3.10.2 Kulturell-transformatives Spannungsfeld Tradition – Fortschritt

In diesem Spannungsfeld äußern sich die Selbstverständnisse auf der einen Seite innerhalb der formal-klassischen musikalischen (Aus-)Bildung, die teils mit Stolz als Identifikationsmerkmal angenommen wird. Dieses Verständnis äußert sich im Selbstbewusstsein musikalisch-formaler Fähigkeiten und Kenntnisse, durch die man sich im Kreis der (kunst-)musikalisch Versierten befindet, der sich von den Nicht-Gebildeten abhebt. Zwei Varianten ergänzen dieses Verständnis: entweder die Rolle als Verantwortliche*r der musikalischen Traditionslinien, die durch Vorbilder und stilistische Vorgaben geprägt sein kann, oder die Rolle als Rebell*in, die*der bewusst mit der Tradition bricht, sie hinterfragt und erneuert.

Am anderen Ende dieses Spannungsfeld steht die Rolle als Innovator*in und Experimentator*in, die*der keine klassische Ausbildung erfahren hat, sondern sich lebenslang neugierig und experimentierlustig fortbildet. Hier wird die Musik nicht als Tradition aufgefasst, die man bricht, sondern Musik wird als Potenzial technologisch-künstlerischer Möglichkeiten begriffen. Durch die freie Kombination von Altem und Neuem, von Bekanntem und Fremdem entstehen neue Sounds, neue Stilmixturen und neue Musiklandschaften. Der Wert der erschaffenen Musik wird nicht im erfolgreichen Aufgreifen von Traditionslinien, sondern in der Anzahl von überraschenden, innovativen, nie gehörten musikalischen Ideen und Cues gemessen.

4.4.3.10.3 Professionelles Spannungsfeld Handwerk/Dienstleistung – Kunst

Die gegensätzlichen Pole in diesem Spannungsfeld sind einerseits das Verständnis als Dienstleister*in (alternativ Handwerker*in) von Musik und andererseits als Künstler*in.

Im erstgenannten Verständnis wird das Scoring als Job oder als kommerzieller Auftrag (nicht als Kunst) verstanden, die*der Komponist*in wird hier zur*zum Erfüller*in oder Auftragnehmer*in eines wirtschaftlichen Projekts. Die Auftragserfüllung wird primär durch finanzielle und zeitökonomische Rahmenbedingungen beeinflusst; im Vordergrund steht die Zufriedenstellung der Auftrageber*innen. Des Weiteren gibt es zwei unterschiedliche Ausprägungen: Die erste stellt das Handwerkliche in den Vordergrund und definiert die Scoring-Tätigkeit als mühsame Produktionsarbeit, die organisiert und diszipliniert unter zeitlichem Erwartungsdruck durchgeführt werden muss. Die zweite Variante stellt die Dienstleistung in den Vordergrund und definiert das Scoring als digitalisierten, kollaborativen Routinejob, der möglichst unauffällig und ohne grobe Fehler über die Bühne gebracht werden muss.

Auf der anderen Seite steht das Verständnis der*des Komponist*in als Künstler*in und die Definition des Scorings als kreativen Prozess oder künstlerischen Schöpfungsakt. Der musikalische Score wird in einem intimen, traumähnlichen Schaffenszustand teils unter größten Mühen aus kreativ gewonnenen Einfällen erschaffen, zum Leben erweckt und geformt wie eine Skulptur oder ein

Bauwerk der Architektur. Der so nach künstlerischen Wertmaßstäben erdachte oder errungene Score ist ein Teil des Œuvres, ein Kind der eigenen geistigen Schöpfungskraft, das ein möglichst herausragendes künstlerisches Werk darstellt, in das Stil, Leidenschaft und Seele der*des Komponist*in geflossen sind und das sich mit anderen berühmten Kunstwerken messen kann. Ein mittelmäßiger, durchschnittlicher, langweiliger Score ist deswegen abzulehnen.

4.4.3.10.4 Autonomes Spannungsfeld Musik für Film – Eigenständige Musik

Dieses Spannungsfeld der Autonomie-Dimension ist weniger ausgeprägt und auch weniger durch Textstellen belegbar, zeichnet sich aber dennoch in einem groben Rahmen ab.

Hier wird die eine Position durch das Verständnis des musikalischen Scores als Teilprojekt des filmischen Gesamtmediums vertreten. Die*der Komponist*in ist ein integrativer Teil eines auf ein gemeinsames Ziel hinwirkenden Produktionsteams, ihr*sein Score erfüllt den ihm zugedachten Zweck dieser Zweckgemeinschaft und dient dem filmischen Gesamtkunstwerk als unselbständige, allein für sich nicht funktionierende Teilkunst.

Die diesem Verständnis diametral entgegengesetzte Position ist die Rolle der*des Filmkomponist*in als unabhängige*r Figur mit eigener Agenda, eigenen Ansprüchen und individuellen Methoden. Der musikalische Score ist ein für sich selbst funktionierendes Werk, das auf beiden Füßen steht, also musikalische Substanz oder Qualität besitzt, die das Werk auch unabhängig vom filmischen Gesamtmedium bestehen lässt. Hier ist der Wert der musikalischen Substanz mindestens ebenso wichtig wie die Erfüllung der Funktion innerhalb des filmischen Mediums.

4.4.4 Beziehungen und Vergleiche

Beziehungen und Vergleiche wurden in den ausgewerteten Interviews in mannigfaltiger Weise hergestellt. In dieser Studie wurden diese in sechs Subcodes eingeteilt, die verschiedene Dimensionen abdecken. Die Beziehungen können etwa zwischen Filmscores und Popmusik sein, zwischen unterschiedlichen kulturellen Ansätzen oder zeitlichen Semantiken hergestellt werden oder auch Analogien sein. Auch gibt es an mehreren Textstellen Gegenüberstellungen anhand der Dimensionen Kunst vs. Kommerz, analog vs. digital sowie Tradition vs. Innovation, wobei hier die Übergänge bisweilen fließend sind.

4.4.4.1 Filmmusik vs. andere Genres

Dieser Subcode wurde in der Mehrheit der Interviews vergeben und stellt meistens den Vergleich Filmmusik – klassische Musik sowie Filmmusik – Popmusik her.

So wird in einigen Interviews geäußert, dass Filmmusik im Gegensatz zu klassischer Konzertmusik deutlich weniger autonome Kontrolle zulasse, da filmische Bedürfnisse und kollaborative Aspekte eine viel größere Rolle spielen würden: Die*der Komponist*in muss stärker auf Bedürfnisse der filmischen Narration, des Genres oder des Geschmacks der*des Regisseur*in eingehen. Dafür würden virtuose Fähigkeiten bei filmischen Scores weit weniger nötig als bei klassischen Konzerten, da der Computer als Instrument die Arbeit deutlich erleichtert. Auch müssten menschliche Einschränkungen weniger beachtet werden: Da filmische Scores zunächst nicht für Live-Auftritte, sondern als Aufnahmen für das filmische Medium produziert werden, muss etwa nicht auf die Ausdauer von Balletttänzer*innen (wie bei Ballettmusik) oder von Sänger*innen (wie bei Opernmusik) geachtet werden. Und auch musikalische Regeln müssten weniger beachtet werden: Der Usus, harmonische oder musiktheoretische Regeln zu brechen, sei in filmischen Scores üblicher und akzeptierter. Auch sei die Auswahl der Instrumentation freier.

In einem Interview werden Ähnlichkeiten zwischen der Erstellung eines filmischen Scores und eines Rockmusik-Albums festgestellt: bei beiden gilt die Maxime, ein Werk zu produzieren, das wie aus einem Guss klingt und in dem die Songs oder Cues aufeinander abgestimmt sind. Ein*e weitere*r Komponist*in sieht auch Ähnlichkeiten zwischen dem Schreiben eines Songs und dem Schreiben eines Score-Themas. Der filmische Score erlaube jedoch mehr Zeit, zur Sache zu kommen; auch sei es ein Unterschied, Songs mit Gesang und Texten oder meist instrumentale Scores zu schreiben. Des Weiteren sei der Moment, die eigene Musik erstmals einer anderen am Produktionsprozess beteiligten Person zu präsentieren, sehr ähnlich.

Ein*e andere*r Befragte*r sieht die Score-Produktion als höhere Kunstform an, da mehr Fähigkeiten vorausgesetzt werden würden und Herausforderungen bewältigt werden müssten als bei einer Popalbum-Produktion; so muss etwa die Unterstützung der jeweiligen filmischen Szene beachtet, müssen Emotionen erzeugt und der Geschmack der*des Filmregisseur*in berücksichtigt werden. Auch berichtet ein*e weitere*r Befragte*r von der weit größeren Klangpalette, die ein Orchester bietet, im Vergleich mit einer instrumentell beschränkten Rockband. Auch der Ambitus und die Lautstärkenvarianz seien weit größer. In einem anderen Interview werden die kreativen Möglichkeiten des filmischen Scores als weit über denen der Popmusik stehend beschrieben.

An anderer Stelle wird Filmmusik als die Popmusik unserer Zeit angesehen beziehungsweise als Erbin der Popmusik, was die neuerliche Vielzahl und der Erfolg der Filmmusikkonzerte eindrücklich beweise.

4.4.4.2 Interkulturelle Beziehungen

Interkulturelle Beziehungen werden lediglich in zwei Interviews genannt. Ein*e Befragte*r berichtet als Betroffene*r von eigenen Erfahrungen mit Rassismus in den USA der 1960er-Jahre, in denen es unüblich war, dass ein*e Schwarze*r orchestrale filmische Scores schreibt. In einem anderen Interview wird Filmmusik als Kulturen verbindendes, quasi-universales Element beschrieben.

4.4.4.3 Analogien, Reminiszenzen

Einige wenige Analogien und Reminiszenzen werden in den ausgewerteten Interviews genannt, die filmische Scores und ihre Entstehung mit anderen Worten oder Analogien umschreiben.

So ist an einer Stelle Filmmusik eine Sprache (die vom Publikum weltweit verstanden wird). An anderer Stelle ist sie – insbesondere die Melodie in ihr – Gottes Stimme.

Analogien mit anderen Künsten gibt es ebenfalls in den ausgewerteten Interviews: (Film-)Musik ist einmal flüssige Architektur oder auch emotionale Architektur, in einem anderen Interview dagegen ist die Filmkomposition gleichzusetzen mit der Malerei mit breitem Pinsel. In einer weiteren Textstelle wird das Schreiben an einem musikalischen Thema gleichgesetzt mit der Arbeit einer*es Bildhauer*in, die*der an einer Skulptur arbeitet.

Ein*e Befragte* spricht davon, dass Scoring wie das Schreiben eines Pop-Albums sei. Doch an anderer Stelle wird orchestrale Filmmusik ohne festes rhythmisches Pattern – etwa in Horror- oder Actionszenen – mit Stockhausen als Beispiel für Neue Musik assoziiert.

4.4.4.4 Kunst vs. Kommerz

Einige Textstellen lassen sich als Vergleich von künstlerischen und kommerziellen Bedingungen lesen, wobei ein interpretativer Spielraum übrigbleibt. So wird etwa die Rezeption von John Williams' Kompositionen als erleuchtende Erfahrung geschildert, durch die die*der Befragte zur Erkenntnis gelangte, dass Filmmusik nicht nur Auftragserfüllung, sondern wahre Kunst – in der Traditionslinie der klassisch-romantischen Musik – sein könne. In einem weiteren Interview wird der Begriff des Filmmusikgeschäfts („film scoring business"; Schrader 2017: 151) als grundfalsch zurückgewiesen: Das Schreiben und Produzieren von Filmmusik sei primär eine

Kunst und kein Geschäft, auch wenn es nötig sei, wirtschaftliche Grundkenntnisse zu erwerben.

An anderer Stelle wird die Notwendigkeit, die Regeln des Geschäfts zu verstehen und zu meistern, erläutert: So wird etwa empfohlen, ein Team von Assistent*innen, Agent*innen oder Buchhalter*innen aufzubauen, die es der*dem Filmkomponist*in ermöglichen, sich auf die Kunst der Komposition und Musikproduktion zu konzentrieren. Auch seien wirtschaftliche Kompetenzen primär politisch-soziale Fähigkeiten: Man müsse als Filmkomponist*in lernen, sich auf andere Menschen zu verlassen, vernünftig zu kommunizieren und Auftraggeber*innen und Produktionspartner*innen ein gutes Gefühl geben. In moralische Konflikte geriet ein*e weitere*r Befragte*r, die*der die zurückliegende Zeit der Werbefilmkompositionen für fragwürdige Auftraggebende als Notwendigkeit beschreibt, um Geld zu verdienen.

In einem Interview wird eine vergleichbare Perspektive von Filmmusik als Kunstform eingenommen, wenn kritisiert wird, dass viele – auch hochbudgetierte – Filme nur durchschnittliche, vorhersagbare, recycelte Scores beinhalten. Der mutmaßliche Grund dafür liege in kommerziellen Interessen: Manche Filmkomponist*innen würden möglichst viele Aufträge annehmen, um Geld zu verdienen, auch wenn sie nur eine begrenzte Menge guter Einfälle im Jahr hätten. Dadurch entstünden zwangsläufig uninspirierte, mittelmäßige Filmscores. Ein*e weitere*r befragte*r Komponist*in ergänzt passend dazu, dass es das Ziel jeglicher komponierten Filmmusik sein müsse, aus dem Herzen und der Seele Musik zu schreiben und mit ihr Gänsehaut zu erzeugen: Mittelmäßige Musik, die nur hingenommen werde, anstatt zu inspirieren und zu fesseln, sei möglichst zu vermeiden.

4.4.4.5 Analog vs. digital

Zwei Tendenzen zeichnen sich in den ausgewerteten Interviews bezüglich des Gegensatzes analoger und digitaler Topoi ab: erstens die zukunftszugewandte, innovationsfreundliche Technologieoffenheit und zweitens eine nostalgische Rückbesinnung auf analoge Techniken und Werkzeuge.

Ein*e Befragte*r erzählt, wie sie*er sich zwischenzeitlich aus der Filmmusikbranche zurückgezogen habe, weil die unzureichende Technologie (hier die Wiedergabe sehr niedriger Sound-Frequenzen) die eigene künstlerische Ausdrucksfähigkeit beschnitten habe. An anderer Stelle im Interview wird betont, die*der Erste gewesen zu sein, die*der den Synthesizer in einem filmischen Score eingesetzt hat. Die Entscheidung zwischen analog und digital kann sogar die Wahl der*des Komponist*in für den Film beeinflussen: So wird in einem Interview geschildert, dass die*der Befragte für das filmische Projekt ausgewählt wurde, weil sie*er einen digitalen Ansatz habe und kein*e klassische*r, mit Notenpapier und Bleistift bewaffnete*r Filmkomponist*in sei.

Die fortschreitende und sich beschleunigende technologische Entwicklung in der Score-Produktion wird in einem weiteren Interview ausdrücklich begrüßt; dennoch schränkt die*der Befragte die Verwendung elektronischer Hilfsmittel ein, da der eigene Kreativ- und Denkprozess besser mit analogen Mitteln (Stift und Notenpapier, akustisches Klavier) darstellbar sei. In einem anderen Interview wird die digitale Technologie ebenfalls als aufregend und voller Möglichkeiten, aber auch mit einem wichtigen Mangel behaftet beschrieben: Es fehle der lebende Organismus, wie etwa das Orchester einer sei, da hier viele Menschen durch ihre Instrumente ihre Stimme erheben könnten. Ein*e andere*r Befragte*r umgab sich in einem großen Scoring-Projekt mit Büchern, die es ihr*ihm ermöglichten, tief in die Narration der (von den Büchern adaptierten) Filmhandlung einzutauchen. Dazu passend wurde während der Produktion nahezu ausschließlich mit einem Orchester als Klangapparat gearbeitet und auf digitale Instrumente verzichtet. Der Gegensatz zu heutigen Aufnahmetechniken, dem Editing, Mixing und Mastering als digitale Arbeitsprozesse, wird als große Lücke empfunden: das 19. und das 21. Jahrhundert treffen hier – nicht unbedingt kompatibel – aufeinander.

4.4.4.6 Tradition vs. Innovation
Teilweise verwandt mit dem Analog-digital-Vergleich ist der Bereich von Tradition und Innovation. Jedoch zeigen sich in den Interviews noch weitere Schwerpunkte als die technologische Frage.

Ein*e Befragte*r hält die zunehmenden Ausbildungsmöglichkeiten von Filmkomponist*innen im Vergleich zu früheren Zeiten für positiv; jedoch geht dies mit der geäußerten Befürchtung einher, dass bei einer stärkeren Fokussierung auf Technologie, Sound und Produktionsbedingungen die traditionelle Kunst der (am musikalischen Thema und seiner Verarbeitung ausgerichteten) Komposition leiden könnte.

Doch es gibt auch die Befürchtung, dass neuere, digitale Instrumente (wie der Computer) von der Außenwelt nicht als legitimes Werkzeug oder als wahres kreativ-künstlerisches Mittel angesehen würden, da man weniger virtuose Fähigkeiten benötige. Die gesellschaftliche Akzeptanz von etablierten Musikinstrumenten wie Streichinstrumenten oder Klavier sei immer noch größer. Jedoch verbessere sich diese Akzeptanz sukzessive, was auch eine Zunahme sowohl an musikalischen Experimenten als auch an neuen Komponist*innen ermögliche.

Ein*e weitere*r Befragte*r beschreibt ausführlich zwei Gruppen von filmischen Komponist*innen: Die erste Gruppe seien die traditionellen Old-School-

Komponist*innen, die mit Stift und Notenpapier sowie traditionellen Instrumenten komponierten. Diese Gruppe konzentriere sich auf das Ausarbeiten von Themen sowie das Arrangieren und Orchestrieren, da deren Scores meist im traditionell-orchestralen Rahmen verblieben. Die zweite Gruppe, der sich die*der interviewte Komponist*in selbst zurechnet, habe stärker die Produktion im Fokus: hier werde mit digitalen Mitteln und der DAW als zentralem Werkzeug am Sound, am Mix und der (innovativen) Instrumentierung gearbeitet und diese Parameter würden von Anfang an mitgedacht werden. Das Orchester spiele immer noch eine wichtige, aber nicht mehr die alles entscheidende Rolle. Ein*e andere*r Filmkomponist*in, die*der nach dieser Aufteilung der ersten Gruppe zugeordnet werden würde, äußert sich über jene Kolleg*innen kritisch, die die Kunst, sinfonische Scores für Orchester zu schreiben und selbst zu orchestrieren, nicht ordentlich gelernt hätten.

4.4.4.7 Zusammenfassung

Es zeigt sich in den ausgewerteten Interviews eine große Zahl von gezogenen Vergleichen und hergestellten Beziehungen, die hier zusammenfassend und einordnend wiedergegeben werden.

Im Vergleich mit anderen musikalischen Genres und Gattungen stehen die Vergleiche Filmmusik – Klassik sowie Filmmusik – Pop im Vordergrund. Verglichen mit der klassisch-romantischen Musiktradition werden filmische Scores als weniger autonom, reglementiert und virtuos, dafür als stärker digital geprägt und stilistisch freier angesehen. Im Vergleich mit Pop seien Filmscores dagegen instrumentaler, komplexer hinsichtlich ihrer Funktionen, Herausforderungen und Ausdrucksmöglichkeiten sowie stilistisch vielfältiger.

Auch Analogien werden verschiedentlich gezogen: Mal ist Filmmusik die neue Popmusik oder aber die Erbin der klassisch-romantischen Orchestermusik; sie kann auch wie eine Sprache sein oder wird mit anderen Künsten wie Bildhauerei, Malerei oder Architektur verglichen.

Die Textstellen zum Vergleich von Kunst und Kommerz beinhalten in der Regel Werturteile und lassen sich als Kunst-Kommerz-Dichotomie interpretieren: Filmmusik hat durch die Produktionsbedingungen und wirtschaftliche Ausrichtung von filmischen Medien (notwendigerweise) kommerzielle Aspekte, ist aber dennoch (glücklicherweise) eine Kunstform.

Im Vergleich von analog und digital kristallisieren sich ebenfalls Unterschiede heraus: der Filmscore *kann* analoge Aspekte und analoge Werkzeuge haben, etwa in seiner Entstehung oder in der Ausführung durch klassische Musikinstrumente. Zeitgenössische Filmmusik *muss* dagegen digitale Aspekte und Werkzeuge haben, unter anderem beim Recording, beim Mixing/Mastering/Editing, bei der Synchronisation oder der Verwendung von digitalen Plug-Ins und DAWs.

Auch beinhaltet die Filmmusik viele und gute Innovationen (digitale Technologie, Instrumentierung, Genre-Mixes, Produktionswerkzeuge), die – so die Befürchtung – nicht immer anerkannt sind und unter denen auch die Tradition (klassische, thematische Komposition) leiden kann. Demgegenüber hat Filmmusik gute Traditionen (aus der klassisch-romantischen Musiksphäre, aus dem Orchester oder aus der Kompositionsweise des 19. Jahrhunderts), die – so die Befürchtung – teils an Bedeutung einbüßen oder verlorengehen, wodurch kulturelle Errungenschaften verschwinden könnten.

4.4.5 Begriffe

Die Kategorie der Begriffe wurde (genau wie die der Personen) verwendet, um eine Übersicht über verwendete Termini zu gewinnen. Dies dient der Vollständigkeit und hat nur begrenzte Aussagekraft in dieser qualitativen Inhaltsanalyse. Da die Anzahl der vergebenen Codes insgesamt sehr hoch ist, werden im Folgenden nur unvollständige Beispiele von Begriffsnennungen wiedergegeben.

4.4.5.1 Technische Begriffe
Es werden Werkzeuge wie Notenpapier und Stift oder auch digitale Hilfsmittel genannt. Auch wird Software und digitale Tools wie YouTube, ProTools und MIDI aufgezählt.

4.4.5.2 Räumliche und örtliche Begriffe
Es wird in den ausgewerteten Interviews der Komponist*innen eine Vielzahl geografischer Begriffe wie Länder und Städte aufgeführt, auch fallen mehrere historisch-zeitliche Begrifflichkeiten wie die 1980er-Jahre, die Goldene Ära Hollywoods oder das 19. oder 20. Jahrhundert.

4.4.5.3 Mediale und künstlerische Begriffe
Die Aussagen zu Medien, Genres und anderen Künsten werden von der Nennung von Film- oder Serientiteln dominiert, die in einer sehr großen Zahl aufgeführt werden. Auch filmische Genres wie Abenteuer, Animation, Horror oder Fantasy werden vermehrt genannt.

4.4.5.4 Musikalische Begriffe

Bei musikalischen Termini überwiegt die Nennung von Musikinstrumenten: Sehr oft kommt die Sprache auf das Orchester, aber auch einzelne (digitale wie analoge) Instrumente werden häufig aufgezählt. Ebenfalls häufig werden musikalische Kategorien wie Stile oder Genres benutzt: Hier finden sich Gattungen wie Oper, Sinfonie und Konzert ebenso wie popmusikalische Genres (beispielsweise Rockmusik, Western, Drum & Bass, Dubstep oder Punk).

4.4.6 Personen

Es wird eine große Anzahl an Personen in den ausgewerteten Interviews genannt. Der größte Teil hiervon fällt in die Kategorie der Komponist*innen, wobei hier klassische, verstorbene Vertreter*innen ebenso vorkommen wie andere, zeitgenössische Film- und Medienkomponist*innen oder Songwriter*innen aus der Sphäre der Popkultur. An zweiter Stelle (nach Häufigkeit sortiert) stehen andere Filmschaffende: Meist werden hier Regisseur*innen wie James Cameron, Christopher Nolan, Ridley Scott oder David Fincher genannt. An dritter und vierter Stelle folgt die Nennung von weiteren Musikschaffenden (die nicht primär als Komponist*innen einzuordnen sind) sowie von anderen Künstler*innen, Autor*innen oder Schauspieler*innen.

4.5 Fallzusammenfassungen

Die bisherigen Analysen, Kategorisierungen und Interpretationen werden im Folgenden auf die Zusammenfassungen der einzelnen Interviews angewandt. Dabei wird besondere Aufmerksamkeit auf zwei Themenkomplexe gelenkt:

    erstens auf die individuellen Herangehensweisen der jeweiligen Komponist*innen an den Produktionsprozess, wobei insbesondere im Fokus steht, welche der vier Großphasen welche Bedeutung erlangt (Idee/Ausgestaltung, Kollaboration, Produktion, Film-Passung) und welche Besonderheiten hier zu beobachten sind;

    zweitens auf die zum Ausdruck kommenden Selbstverständnisse der Interviewten, wobei die vier beschriebenen Spannungsfelder als Orientierungspunkte genutzt werden (Einzelkämpfer*in – Team, Tradition – Fortschritt, Dienstleistung/Handwerk – Kunst, Eigenständige Musik – Musik für Film).

    Darüber hinaus sollen geäußerte musikalische Funktionen sowie Beziehungen und Vergleiche kurz zusammengefasst werden.

4.5.1 Quincy Jones

In der Dimension der Produktionsprozesse betont der Komponist Quincy Jones gleichermaßen die Bedeutung von musikalischen Grenzen und das Experimentieren mit diesen. Er beschreibt die Melodie als zentralen Bestandteil und Stimme Gottes. Jones sieht das Komponieren für Filme als eine Art emotionale Architektur, die jedoch stets an der filmischen Narration orientiert ist. Der Großprozess der musikalischen Idee und ihrer Ausgestaltung steht für Jones im Vordergrund. Des Weiteren betont er die Bedeutung des Arrangierens sowie der Orchestrierung und die Freiheit, mit verschiedenen Klängen und Instrumenten zu experimentieren: „Every composer has sounds. Sonic or romantic" (Quincy Jones, zit. nach Schrader 2017: 53).

In funktionaler Hinsicht muss der Score das filmische Bild loyal unterstützen, alle weiteren Funktionen sind sekundär.

Quincy Jones hat ein variables Selbstverständnis als Filmkomponist. So sieht er sich in der Tradition europäischer Größen wie Nadia Boulanger und französischer oder osteuropäischer Einflüsse. Gleichzeitig beschreibt er eindrücklich seine negativen Erfahrungen mit Rassismus in den USA und ordnet sich als Mitglied der Black Community ein. Als junger Komponist hat er Innovationen wie den Synthesizer vorangetrieben. Auch wenn die Ausbildung und Erfahrung als Filmkomponist wichtig ist, glaubt Jones, dass Genies geboren werden und nicht durch Expertise entstehen. Die Intuition muss die letzte Entscheidungsinstanz beim Scoring bleiben. Innerhalb der Spannungsfelder neigen Jones' Aussagen zu den Polen Einzelkämpfer, Tradition, Kunst und Musik für Film.

In der Kategorie der Beziehungen zieht Quincy Jones Vergleiche zwischen Musik und Sprache sowie zwischen Musik und Architektur.

4.5.2 Rachel Portman

Beim Komponieren für Filme taucht Rachel Portman intensiv in die Kernbotschaften des Drehbuchs oder Films ein und schaut diesen wiederholt, um ein immersives Gefühl für die verschiedenen Teile und Szenen zu entwickeln. Sie betont die Bedeutung der Intuition beim Schreiben von Filmmusik. Diesen Prozess beschreibt sie als eine Art instinktive Reaktion auf das, was eine Szene erfordert. Sie beginnt nicht immer am Anfang und arbeitet sich dann vor, sondern folgt einem organischen, intuitiven Ansatz. Portman experimentiert eher mit Themen und Motivverarbeitungen, weniger mit Instrumentierung oder Sound. Für sie hat der übergeordnete Prozess der Ideen und ihrer Ausgestaltung den größten Stellenwert, gefolgt von der Film-Passung.

Portman glaubt, dass Musik für Filme dazu da ist, den Film zu unterstützen, und nicht dazu, im Vordergrund zu stehen. Sie betont, dass die Musik nie zu laut sein sollte und sich nicht in den Dialogen verlieren darf. Sie versucht dabei auch, in ihren Scores etwas anderes zu erwecken, als nur das Geschehen auf dem Bildschirm genau zu spiegeln, um eine Reibung zu erzeugen oder eine weitere semantische Ebene zu öffnen. Die unterstützende Funktion ist in ihren Äußerungen jedoch dominant.

Portman versteht sich als künstlerische, in der Tradition klassisch-romantischer Vorbilder stehende Filmkomponistin. Sie möchte sich als Komponistin nicht primär Gender-bezogen definieren, sondern die Linie von Komponist*innen wie Faure, Schubert oder Messiaen fortsetzen. Das Scoring ist eine in großer Tradition stehende Kunstform. In den definierten Spannungsfeldern tendiert sie klar zur Tradition sowie zur Filmmusik als Kunst, auch stilisiert sie sich eher als Einzelkämpferin.

Portman vergleicht das Komponieren von Filmmusik mit anderen künstlerischen Prozessen wie dem Schreiben eines Buches oder dem Schaffen einer Skulptur. Verglichen mit neuen Entwicklungen des Filmscorings sieht sie sich in einer traditionellen Rolle und möchte die qualitätsvolle, thematisch orientierte Kompositionsweise bewahren. Es gibt nach ihrer Aussage kaum Berührungspunkte zwischen Filmmusik und Pop.

4.5.3 Howard Shore

Howard Shore beginnt im Produktionsprozess mit einem intensiven Eintauchen in die filmische Narration. Zur Entwicklung musikalischer Ideen und Themen begibt er sich absichtsvoll in einen traumähnlichen, intuitiven Zustand. Beim Ausgestalten der Ideen geht er diszipliniert und strukturiert vor, wobei er erst Themen und Leitmotive ausarbeitet, bevor er die Phasen Orchestrierung und Instrumentierung angeht. Auch dem Thema Aufnahmetechnik und Sound misst er dann große Bedeutung bei. Dabei geht er so planvoll und strukturiert vor, dass er im Nachhinein nur noch wenig überarbeiten oder verwerfen muss. Bei ihm nehmen die Großprozesse Ideen/Ausgestaltung sowie die weitere Produktion den größten Raum ein.

Shore betont, dass Filmmusik eine wichtige Funktion erfüllt, indem sie das Publikum in die Welt des Films eintauchen lässt. Wenn Musik effektiv mit den anderen filmischen Elementen zusammenarbeitet – wie Drehbuch, Kameraarbeit, Schnitt, Schauspiel und Regie –, entsteht eine kollaborative und ganzheitliche Erfahrung für das Publikum. Shore sieht Filmmusik als ein Mittel, um Emotionen zu transportieren, Charaktere zu definieren und Handlungen zu unterstützen. Dabei verwendet er gern Leitmotive (etwa bei *The Lord of the Rings*), um die verschiedenen Charaktere,

Orte und Kulturen im Film zu repräsentieren und dem Publikum zu helfen, die komplexe Geschichte zu verstehen. Dies ist jedoch – je nach Erfordernissen des jeweiligen Films – nicht immer der Fall. Die Kontinuitäts- sowie Mittler-Funktion stehen für Shore also an erster Stelle, er setzt sie jedoch flexibel ein, je nach Anforderungen des filmischen Projekts.

Shore betrachtet Filmmusik sowohl als akustische als auch visuelle Kunstform. Für ihn ist Musik nicht nur auditiv, sondern auch visuell, durch ihre grafische Notation. Er sieht das Komponieren für Filme als eine Mischung aus individueller kreativer Vision, disziplinierter Arbeit und kollaborativem Prozess mit anderen Filmschaffenden. Dabei kommen die Selbstverständnisse eines Einzelkämpfers, sein Verständnis von Fleiß und Tradition, aber vor allem auch sein Selbstverständnis eines Künstlers zum Vorschein, auch wenn es deutlich handwerkliche Aspekte gibt (Disziplin, Organisation, strukturiertes Arbeiten).

Shore vergleicht den Prozess des Komponierens für Filme mit dem Komponieren von klassischer Konzertmusik. Während bei Konzertmusik der Komponist eine vollständige Kontrolle über das Werk hat, ist das Komponieren für Filme ein stärker kollaborativ ausgerichteter Prozess, der verschiedene Aspekte des Filmemachens berücksichtigt, wie Dialoge, Action-Szenen und Soundeffekte. Shore beschreibt die Filmmusik als eine offenere Art der Komposition, bei der mehr Raum für die Zusammenarbeit mit anderen kreativen Bereichen bleibt.

4.5.4 Hans Zimmer

Hans Zimmer geht ausführlich auf Produktionsprozesse ein. Auffällig sind seine Betonung kollaborativer Prozesse (sowohl mit Filmschaffenden als auch Mitmusiker*innen) sowie die intensive Einbeziehung von Erwartungen (von Kolleg*innen und anderen Filmschaffenden, aber auch vom Publikum). Bereits die Phase der Ideenfindung ist zumeist ein intensiver Dialog mit der*dem Regisseur*in: „Everything comes from conversation. Everything comes from conversation with the director [...]" (Hans Zimmer, zit. nach Schrader 2017: 104). In die Ausgestaltung werden weitere Musikschaffende mit einbezogen, mit den (vermuteten) Erwartungen des Publikums wird gespielt. Dadurch entsteht ein kollaborativer, reflexiver Experimentierprozess, der nah an der filmischen Idee gehalten wird. Eine große Rolle spielt in der Produktion das Feilen an (analogen wie digitalen) Klängen. Alle vier Großprozesse kommen in Zimmers Aussagen einigermaßen ausgewogen vor.

Filmmusik kann nach Zimmer im optimalen Fall erheben und nicht nur unterstützen. Die Filmnarration musikalisch zu erzählen, ist die wichtigste Aufgabe eines Scores. Dennoch kann und sollte der Score auch auf eigenen Füßen stehen, also musikalische Substanz haben. Außerhalb des Films gibt es außerdem die Verantwortung, die Orchesterkultur als menschliche Errungenschaft zu bewahren. Insofern sind die Verstärkungs- und Substanzfunktionen am stärksten ausgeprägt.

Zimmer charakterisiert sich als ausgeprägter Teamplayer: sowohl in Zusammenarbeit mit der*dem Regisseur*in als auch mit in der musikalischen Ausgestaltung involvierten Mitstreiter*innen. Das Scoring ist jedoch mehr als eine Dienstleistung: Als Kunstform erhebt der Score den Film und erweitert ihn um eine poetische Idee, auf die noch niemand zuvor gekommen ist. Die musikalische Substanz kann auch eigenständig – ohne den filmischen Zusammenhang – funktionieren. Zimmers Aussagen tendieren zum Selbstverständnis eines innovativen, experimentierfreudigen Künstlers, der jedoch seine europäisch-formalen Wurzeln nicht verleugnet und sich ihren Traditionen verbunden fühlt. In den definierten Spannungsfeldern neigen seine Aussagen zur Teamposition und zur Kunstform, in den beiden übrigen Dimensionen sind seine Aussagen ausgewogen beziehungsweise nicht eindeutig.

Filmmusik kann laut Zimmer die zeitlose Qualität großer klassischer Werke erreichen und hat die Klassik etwa in der Beschäftigung von Orchestern teilweise ersetzt. Gleichzeitig ist Filmmusik zur neuen Popmusik geworden, wie die Beliebtheit nicht nur der Rezeption von Soundtracks, sondern von Konzerttourneen beweist.

4.5.5 Bear McCreary

Bear McCrearys Beschreibungen von Produktionsprozessen sind in ihrem Detailgrad unübertroffen in den ausgewerteten Interviews. McCreary sieht den filmmusikalischen Produktionsprozess als ein arbeitsintensives Großprojekt eines professionellen Produktionsteams, in dem er selbst als künstlerisches Zentrum, Fixpunkt und kommunikativ-organistorisch-entscheiderische Schnittstelle agiert.[33] McCreary agiert als Übersetzer zwischen Film- und Musiksprache (beziehungsweise den diese Sprache sprechenden Musik- oder Filmschaffenden), er schreibt den Kern des Scores allein (zentrale Motive, Themen und Instrumentierungen) und agiert in der weiteren Produktion als eine Art Supervisor oder Manager, der den Prozess überwacht, organisiert, kommuniziert und die Entscheidungen auf strategischer Ebene

---

[33] Hier muss angemerkt werden, dass McCreary primär Serienkomponist ist und daraus womöglich notgedrungen ein stärker durchgetakteter Produktionsablauf entsteht, der sich an zeitlichen Vorgaben ausrichtet (vgl. Schrader 2017: 151).

trifft. Das Ziel ist eine möglichst schnelle, effiziente und reibungslose Produktion. So orchestriert McCreary (aus Zeitgründen) nicht selbst, dirigiert aber persönlich das Studioorchester.

> Anything that does not involve the most intimate creative process shouldn't be done by me. I feel like it's almost irresponsible for me to indulge in two days of orchestrating, as much as I enjoyed it, because that's two days I could spend writing, coming up with better ideas, more worthy ideas. (Bear McCreary, zit. nach Schrader 2017: 161)

Der Großprozess der Produktion nimmt bei ihm einen so großen Teil wie bei keinem anderen der Interviewten ein, aber auch die übrigen Großprozesse – mit leichten Abstrichen bei der Film-Passung – haben einen hohen Stellenwert.

Filmmusik soll laut McCreary primär die Erwartungen der Auftraggeber*innen erfüllen – und das tut sie nur, wenn diese in die Produktion involviert werden. Die dienende Funktion ist hier am stärksten ausgeprägt.

McCrearys zum Ausdruck kommendes Selbstverständnis ist der Fixpunkt und das Mastermind an der Spitze eines musikalischen Produktionsteams zu sein, dessen Arbeit sowohl in kreativer als auch organisatorischer Hinsicht unersetzlich ist. Dabei sieht er sich in der Tradition seines Mentors Elmer Bernstein. Aus seiner einzigartigen Position heraus sieht er sich nicht als gleichberechtigtes Teammitglied: In musikalischen Dingen ist er der Entscheider, seine Mitmusiker*innen arbeiten ihm zu. In der Interaktion mit Filmschaffenden sieht er sich als Dienstleister, der seinen Erfolg daran misst, seine Auftraggeber*innen zufriedenzustellen und dadurch seine Karriere voranbringen zu können. Seine Filmmusik hat einen künstlerischen Kern (den McCreary allein ausfüllt) und bedarf intensiver handwerklicher Bearbeitungen (die nach McCreary delegierbar, da nicht zentral für die Musik sind). McCreary stilisiert sich hier durchaus zum filmmusikalischen Genie, bei dem alle Fäden zusammenlaufen, und das lernen musste, seine Einfälle in die Sprache der Nicht-Eingeweihten (der nichtmusikalischen Filmschaffenden) zu übersetzen und sein Werk zu erklären, um Erfolg zu haben.

Interessanterweise lehnt McCreary die Vorstellung des Scorings als Geschäft ab; vielmehr sei die Erstellung von Filmmusik eine Kunst, und er begrüßt es, wenn diese von möglichst vielen Menschen rezipiert wird: „The film scoring business, I think, is a misnomer, because it is primarily art" (Bear McCreary, zit. nach Schrader 2017: 151). Die nötigen kommerziellen Anteile an dieser Kunst seien erlern- und beherrschbar (durch das Aneignen organisatorischer und sozialer Fähigkeiten).

4.5.6 Trent Reznor & Atticus Ross

Das Komponistenteam Trent Reznor und Atticus Ross startet den beschriebenen Produktionsprozess mit einer intensiven Vorbereitung, bei der die Frage nach dem geeigneten Sound früh im Fokus steht. Dazu gehört auch die Ausarbeitung eines eigenen, zum Film passenden musikalischen Skripts, das in intensiver Kollaboration mit weiteren Filmschaffenden (primär der*dem Regisseur*in) entsteht. Das gemeinsame Improvisieren und Experimentieren an Sounds und Motiventwicklungen sowie das Feilen und Überarbeiten von Ideen nimmt ebenfalls einen großen Raum ein und ist zentral im Produktionsprozess. Die weitere Produktion und Synchronisation nimmt nur eine untergeordnete Rolle ein und wird kaum beschrieben. Verwendete und auch nicht verwendete Cues werden nach Abschluss des Films für die Erstellung eines Soundtrack-Albums verarbeitet.

Filmmusik hat die Kraft, ein filmisches Medium entscheidend zu verbessern (oder zu verschlechtern). Um dies tun zu können, muss sie einen eigenen (filmischen) Charakter darstellen, der als Mittler zur*zum Rezipient*in fungiert und emotional berühren kann. Dazu muss der Score exzellent sein und mit Herzblut produziert werden; dann kann er tief berühren und ein intensives, immersives Erlebnis bei der Rezeption auslösen. Das Score-Material kann auch für die Erstellung eines Soundtrack-Albums genutzt werden, das einen eigenständigen Charakter erlangen kann. In ihren Aussagen überwiegen die Verstärker- sowie Substanz-Funktionen.

Reznor und Ross verstehen sich als Quereinsteiger aus der Pop- und Rockmusik, die einen hochinnovativen, künstlerischen Ansatz verfolgen. Dabei legen sie viel Wert auf Authentizität und eine tiefe künstlerische Auseinandersetzung mit dem filmischen Ansatz und der Vision der*des Regisseur*in. Reznor und Ross lehnen eine bloße, kommerziell ausgerichtete Dienstleistung ab und haben die Maxime, dass ihr Score ein immersives, artifiziell wertvolles, tief bewegendes Stück Kunst ist. Dabei nehmen sie vielfältige Inspirationen aus der Popkultur auf und verarbeiten diese zu einem innovativen Ansatz mit neuartigem, originellem Charakter. Dieser ins Leben gerufene Score vertieft die filmische Rezeption entscheidend und kann auch außerhalb des Films als Soundtrack funktionieren; dahingehend gibt es Parallelen zur Erstellung eines Albums als Pop- oder Rockmusiker*in. Reznor und Ross tendieren – selbstredend – zu Teamplayern und sehen sich nah am Fortschritt, an der Kunst sowie der Eigenständigkeit der Musik.

Ein Score hat Ähnlichkeiten mit einem Album aus dem Pop- oder Rockbereich: Auch auf einem (gelungenen) Album sind die Songs thematisch oder atmosphärisch verwandt und wie Geschwister, so wie es bei einem guten Score zwischen den verschiedenen Cues, Themen oder Szenenmusiken der Fall ist.

4.5.7 Brian Tyler

Brian Tyler achtet in der Vorbereitung auf ein Scoring-Projekt genau auf Bedingungen und Erwartungen von Genre, filmischer Reihe/Serie und Regisseur*in. Er trennt in der Kommunikation zwischen Film- und Musiksprache: Essentiell ist das Lernen von Filmsprache und die Übersetzung von musikalischen Topoi für nicht-musikalische Filmschaffende, besonders die*den Filmregisseur*in, mit der*dem Tyler möglichst eng zusammenarbeitet. Die Kollaboration mit musikalischen Mitstreiter*innen ist streng hierarchisch: Tyler beschreibt sich selbst als Kontrollfreak, der notwendigerweise (aus Zeitgründen) mit einem Team an Assistent*innen kooperiert, aber lieber auf Kontrolle statt auf Vertrauen setzt. Diese spezifische Form der Kollaboration sowie die Film-Passung sind bei Tyler besonders ausgeprägt.

Der filmische Score soll helfen, eine Filmfigur – etwa eine Superheldin – hilfreich und auf emotionaler Ebene zu charakterisieren. Auch soll der Score eine Kontinuität (etwa bei Filmreihen) herstellen, weil dies ein verbindendes Element für das Publikum darstellt. Außerhalb von Filmen soll Musik Freude vermitteln und Grenzen überwinden. Die Kontinuitäts- sowie Vermittlungsfunktionen überwiegen, wenn auch nicht besonders ausgeprägt.

Tyler charakterisiert sich als musikalisches Allround-Talent, das durch popkulturelle (Led Zeppelin, Rush) und filmmusikalische Vorbilder (Jerry Goldsmith, Alan Silvestri) sozialisiert wurde. Dabei versteht sich Tyler als Einzelkämpfer, dem es Schwierigkeiten bereitet, seine musikalischen Ausgestaltungen während der Produktion mit anderen Musikschaffenden zu teilen. Tyler sieht seine Musik als fertige, individuelle Kunstwerke an, die aus seiner sehr konkreten Vision heraus entstanden sind – und auf der ganzen Welt zu hören sind, auch außerhalb von filmischen Zusammenhängen. Dabei sieht er sich durchaus in einer popkulturell und filmmusikalisch geprägten Traditionslinie. In den Spannungsfeldern sind Tylers Aussagen zumeist wenig greifbar, am stärksten ausgeprägt ist die Neigung zum Kunstcharakter seiner Musik.

Tyler sieht Musik als universale Sprache, die überall verstanden werden kann und Freude auslösen soll; insofern leistet (nicht nur Film-)Musik einen Beitrag zur Überwindung von Grenzen und zur Kommunikation zwischen Kulturen.

4.5.8 Tom Holkenborg

Tom Holkenborg beschreibt nicht nur das Lesen des Drehbuchs, sondern auch vorbereitende Gespräche mit anderen Filmschaffenden als entscheidende Informations- und Inspirationsquelle für eigene Score-Entwürfe. Diese Ideen entstehen in einem innerlichen, intimen Zustand. Bei der Umsetzung arbeitet Holkenborg eng am filmischen Bild, da er bereits bei ersten Entwürfen als Producer denkt: Er versucht, szenische Gegebenheiten und den Soundmix direkt mitzuberücksichtigen. Der entscheidende Moment des Produktionsprozesses ist für Holkenborg das erste Präsentieren der eigenen musikalischen Entwürfe vor der*dem Regisseur*in. In der weiteren Finalisierung spielt der Soundmix eine zentrale Rolle, an dem er bisweilen über Monate feilt. Die Produktion sowie Film-Passung spielen insgesamt eine zentrale Rolle und werden bei Holkenborg von Anfang an mitgedacht.

Filmische Scores können dem Film und ihren Figuren einen eigenen Stempel aufdrücken und diese interpretieren – nach den Vorstellungen des Komponisten. Auch sollten sie Emotionen transportieren und die filmische Story unterstützen. Außerhalb von filmischen Gegebenheiten ist Musik eine universelle Sprache, die Herz und Seele berühren und Gänsehaut auslösen kann, wenn sie mit Leidenschaft und Herzblut produziert wurde: „Music is this universal language that goes straight to the heart and soul of everybody. Therefore, it talks by itself" (Tom Holkenborg, zit. nach Schrader 2017: 219). Dabei unterscheidet Holkenborg zwischen dieser positiv konnotierten Musik und solcher Musik, die nicht mit Leidenschaft produzierte wurde, lediglich Mittelmaß darstellt und daher auch die*den Rezipient*in nicht berührt. Die Vermittler- und Verstärkerfunktion sind bei Holkenborg am prägnantesten genannt.

Das Erstellen von Scores ist für Holkenborg eine komplexe Kunstform, da sie verschiedene Aufgaben erfüllen muss und nicht nur für sich als Musik bestehen können soll. Stilistisch versucht Holkenborg, verschiedene Welten zusammenzubringen, unter anderem seine Erfahrung als Künstler in der Popmusik unter dem Künstlernamen Junkie XL. Als solcher hat er ein großes Selbstbewusstsein aufgebaut und profitiert von seinen Erfahrungen als Musikproduzent. Diese bringt er als Teil eines Komponist*innenteams in Hans Zimmers Unternehmen „Remote Control Productions" ein, wobei er seine Vergangenheit in der elektronischen Musik als Besonderheit und Vorteil wahrnimmt. Er grenzt sich bewusst ab von klassischen, mit Notenpapier und Stift arbeitenden und an Motiv- und Themenverarbeitungen feilenden Filmkomponist*innen und sieht sich als Vertreter einer neuen Generation, die sich auf digitale Technologie stützt, ihren Fokus auf Aufnahmen, Produktion und Soundmix setzt und für die das Orchester zwar noch eine wichtige, aber nicht mehr zentrale Rolle spielt. Dabei versteht Holkenborg seine Musik als technisches, ausgefeiltes und mit Leidenschaft hergestelltes Produkt, das berühren und Emotionen transportieren soll, wobei künstlerische und handwerklich-technische Aspekte sich die Waage halten. Holkenborg versteht sich als eindeutig dem Fortschritt zugewandt; die anderen Spannungsfelder sind ausgeglichener.

Holkenborg sieht eine höhere Komplexität bei Filmmusik im Vergleich zu Popmusik, da mehr Aufgaben bewältigt und Wünsche Beteiligter befriedigt werden müssen. Jedoch gibt es auch Gemeinsamkeiten, etwa dass beide Musikarten letztlich das Publikum berühren und begeistern sollen.

4.5.9 Trevor Rabin

Trevor Rabin lässt sich in der ersten Phase des Produktionsprozesses stark vom Drehbuch und Rohschnitt des Films inspirieren, bevor er die Arbeit aufnimmt. Hier steht der Entwurf von musikalischen Motiven und Themen im Vordergrund. Die Ausarbeitung einer guten Themensubstanz ist das Herzstück von Rabins Scoringprozess und zugleich die schwierigste Aufgabe. Die Themen werden zu einer Suite ausgearbeitet, die der*dem Regisseur*in präsentiert werden. Danach folgt die Orchestrierung als nächster wichtiger Teilschritt. Die weitere Ausarbeitung, Produktion und Synchronisierung gehen dann meist leicht von der Hand, wobei es zu Verzögerungen etwa durch neue Filmschnitte kommen kann.

Die ideale Filmmusik hat eine gewisse thematische Bandbreite, damit sie sich nicht nach der Hälfte des Films erschöpft. Sie soll den Film stützen und die Vision der*des Regisseur*in aufnehmen, aber auch ergänzen und erweitern. Außerhalb des filmischen Kontexts kann Musik eine wichtige unterhaltende Bedeutung haben. Am deutlichsten tritt hier die Diener-Funktion zutage.

Rabin ist seine fundierte musikalische Ausbildung gerade im klassischen Bereich wichtig, auch wenn er als Rock-Gitarrist (unter anderem der Band Yes) bekannt wurde. Er macht deutlich, dass er sich Filmmusik aus dieser Traditionslinie nähert und ihm wichtig ist, wo diese Musik herkommt. Dabei repräsentiert er sich eher als einzeln agierender Komponist, dessen Werk künstlerische, aber auch Dienstleistungs-Aspekte aufweist.

Filmmusik hat mehr Zeit, sich zu entwickeln, als Popmusik. Das musikalische Thema als Essenz der Musik ist im Filmscore besonders wichtig, unter anderem, weil sie – im Gegensatz zur Popmusik – in der Regel instrumental ist. Durch das Orchester bekommt Filmmusik deutlich mehr Ausdrucksmöglichkeiten, Varianzen und Schattierungen als Popmusik.

4.5.10 John Powell

Powell spricht ausführlich über die Auftragsvergabe von filmischen und medialen Kompositionen, die keineswegs linear läuft und verschiedenartige Ausprägungen haben kann. Erste Ideen und Motive erstellt Powell mithilfe des Computers, wobei er versucht, nicht dem Temp-Track aus der Spotting Session zu folgen, sondern einen eigenen Ansatz zu finden. Je nach Anfordernissen des Films oder des filmischen Genres versucht er, innovative Wege zu gehen und sich etwa von popmusikalischen Genres inspirieren zu lassen. Für viele Projekte hat er kollaborativ im Team mit einem weiteren Komponisten gearbeitet. Bei der weiteren Produktion und Film-Passung betont er das Handwerkliche: oft gehe es darum, einfach keine Fehler zu machen. Gern mischt er einen individuell gefundenen Sound mit dem aufgenommenen Orchester, weil dieses der Konvention und den Erwartungen entspricht (die man jedoch auch brechen kann). Die Synchronisation kann ebenfalls ein Experimentierfeld sein, wenn geschriebene musikalische Cues an verschiedenen Filmszenen ausprobiert werden.

Filmmusik ist laut Powell in der Lage, die*den Rezipient*in emotional zu manipulieren oder zu überwältigen, wofür er Wagners *Parsifal* als Beispiel nennt. Das kann auch im negativen Sinne Propaganda sein, etwa wenn Gewalt – wie in manchen Action- oder Historienfilmen – glorifiziert wird. Auch kann der Score beruhigen oder bewusst aufwühlen. Doch nicht immer ist das nötig oder die Aufgabe – ein guter Film mit funktionierendem Drehbuch benötigt manchmal nur subtile emotionale Unterstützung und muss nicht im Vordergrund stehen. Bis auf die Kontinuitäts-Funktion sind alle Funktionen bei Powell in der einen oder anderen Form ausgeprägt.

Powell empfindet Filmmusik oft als wiederholend und stilistisch langweilig, weshalb er andere musikalische Genres als Inspirationsquellen nutzt, etwa Popmusik, Genres aus der Musik des 19. Jahrhunderts oder aus der Neuen Musik. Er hat den Anspruch an filmische Scores, dass diese innovativ sind und neue Ansätze ausprobieren, was gern auch in Teamarbeit gelingen kann. Dennoch müssen oft auch ökonomische Kompromisse eingegangen werden, etwa wenn das Budget nicht für eine Orchester-Einspielung ausreicht, oder wenn Aufträge lediglich wegen Geldmangel angenommen werden. Aus diesem Mangel können jedoch kreative Ideen entstehen, etwa bei der Instrumentierung. Powell offenbart hier ein ausgeprägtes Dienstleister-Verständnis, das jedoch im Konflikt mit moralischen und künstlerischen Fragen steht. Außerdem neigt er dem Fortschritts- sowie Teamverständnis zu.

Filmmusik entsteht wie Popmusik am Computer und ist digital, bekommt jedoch durch Orchestereinspielungen eine teure, wertige Facette. Auch ist die kreative Ausgestaltung weniger frei, weil man die Musik passend für den Film gestalten muss. Bisweilen kann ein filmischer Score wie Neue Musik klingen (etwa wie Stockhausen), gerade in Cues für Action- oder Horrorszenen, in denen es keinen regulären Rhythmus oder Beat gibt (um die Angst und Unsicherheit zu erhöhen).

4.5.11 Alexandre Desplat

Alexandre Desplat äußert sich nur knapp zu einzelnen Produktionsprozessen. Eine Kollaboration mit der*dem Regisseur*in ist eng und beruht auf Vertrauen; dann hat man in der Ausgestaltung genug Raum für freie Ideen. Desplat arbeitet eng am filmischen Bild und probiert erste musikalische Ideen direkt daran aus, wobei er sich dabei komplett von der Außenwelt abschließt. In der Produktion arbeitet er mit einem Team von Assistent*innen zusammen, wobei er deren Beiträge regelmäßig kontrolliert. Er selbst konzentriert sich auf musikalische Ideen, deren Ausgestaltung und die Synchronisation.

Stilistisch muss Filmmusik das filmische Genre beachten und respektieren. Gute Filmmusik erzeugt eine Vibration mit dem filmischen Bild, wodurch das Gesamtwerk zum Leben erweckt wird und zu atmen – und mit der*dem Rezipient*in zu kommunizieren – beginnt. Die Filmmusik kann dem Film eine Tiefe verleihen und ihm so eine dritte Dimension hinzufügen – ausgerichtet zur*zum Rezipient*in. Auch außerhalb des Films kann großartige Filmmusik funktionieren und genossen werden, und das sollte auch während des Produktionsprozesses bereits im Hinterkopf behalten werden. Die Kontinuitäts-, Verstärker- und Substanz-Funktionen sind hier am deutlichsten ausgeprägt.

Desplat ist auf der Suche nach einer atmenden, dem Film Tiefe verleihenden, dreidimensionalen Musik, die auch für sich stehen kann. Diesen hohen künstlerischen Anspruch führt Desplat auch auf Vorbilder zurück, die alle mit demselben Buchstaben beginnen und in deren Tradition er sich stellt: Debussy, Dutilleux und Dudamel. In den vier Spannungsfeldern hat Desplat klare Tendenzen zum Einzelgänger mit Genie-Ambitionen, als Traditionalist und Künstler sowie als Gestalter nicht nur von Filmmusik, sondern als Schöpfer von Musik, die auch für sich stehen kann.

4.5.12 Elliot Goldenthal

Elliot Goldenthals Aussagen zu Produktionsprozessen sind lückenhaft. Zusammen mit der*dem Regisseur*in entwickelt er eine thematische Substanz, die dem filmischen Narrativ und der Vision der*des Regisseur*in zusagt. Diese Substanz wird im weiteren Ausgestaltungsprozess oft noch weiter gekürzt und nur passende Stellen werden in den Film übernommen. Bei der Produktion arbeitet Goldenthal aus zeitökonomischen Gründen unter anderem mit einem Orchestrator vertrauensvoll zusammen.

Gute Filmmusik kann die zeitlichen Proportionen einer Filmszene manipulieren und die Bedeutung von Schlüsselszenen erheben. Die Verstärker-Funktion tritt hier als einzige prägnant hervor.

Goldenthal identifiziert sich als vielseitig interessierter und versierter Komponist, der nicht auf Filmscoring beschränkt ist, sondern auch beispielsweise Opern- und Ballettmusik schreibt. Er empfindet Soundeffekte als störend für seine Filmscoring-Kunst, verfolgt also eher traditionelle Rollenbilder. Im Team mit der*dem Regisseur*in sieht er sich als gleichberechtigter Partner, während ihm ansonsten zugearbeitet wird. Seine Werke haben den Anspruch, Kunst zu sein, doch manchmal erfordern baldige Deadlines ein zügiges, strukturiertes Abarbeiten.

Filmmusik ist digitaler als Opern- oder Ballettmusik, wo auf die physischen Gegebenheiten der Sänger*innen oder Tänzer*innen Rücksicht genommen werden muss. Auch hat Goldenthal in der Filmmusik weniger Kontrolle, etwa wenn seine detailliert ausgearbeitete Orchestermusik von einer Wand aus Soundeffekten verdrängt wird.

4.5.13 Henry Jackman

Jackman legt Wert auf eine enge Zusammenarbeit mit der*dem Filmregisseur*in. Aus dieser ergibt sich eine gemeinsame Vision, die Jackman in der Komposition umsetzt, wobei er direkt am filmischen Bild arbeitet und auch gern mit Ideen experimentiert. Die Ausarbeitung von musikalischen Themen ist in dieser Phase zentral. Auf die weitere Ausgestaltung und Produktion geht Jackman nicht ein, er deutet jedoch an, dass diese sich von selbst ergibt, wenn die klaren Leitlinien in enger Abstimmung mit der*dem Regisseur*in festgelegt wurden. Insofern stehen die Ausarbeitung und Themengestaltung in enger Teamarbeit mit der Filmregie im Fokus.

Filmmusik hat das Potenzial, die filmischen Charaktere und die Narration enorm voranzutreiben, zu erklären und zu erheben. Gerade die Verlinkung von Score und Story ist entscheidend und hat großes Potenzial, die Story zu verbessern. Die Vermittler- und Verstärkerfunktionen überwiegen.

Jackman definiert sich stark als Team mit der*dem Regisseur*in, der*dem er helfen will, den Film zu verbessern. Wenn dieses Team gut harmoniert, ergeben sich die filmmusikalischen Aufgaben und ihre Lösungen von selbst. Jackman hat sowohl eine klassisch-formale musikalische Ausbildung genossen als auch in jungen Jahren gegen diese rebelliert und die elektronische Musik für sich entdeckt. Innovativen Tendenzen und kreativen Freiräumen ist Jackman auch in der Filmmusik zugetan, wobei er beide Welten beherrscht. Filmmusik ist für den Film da und nicht für das Ego des Komponisten, insofern offenbart Jackman auch ein

Dienstleister-Rollen-Verständnis. Filmscoring hat für Jackman auch handwerkliche Aspekte.

Filmmusik ist sowohl reglementierter als auch freier als Konzert- oder Popmusik: reglementierter, weil die Bedürfnisse des Films gestillt werden müssen, und freier, weil die Auswahl von Instrumentierung, Genre, Stil und generellem Ansatz in der Filmmusik vielfältiger ist.

4.5.14 Mark Mothersbaugh

Mark Mothersbaugh versucht zunächst, Verständnis für die Bedürfnisse der*des Regisseur*in und den spezifischen Film zu gewinnen. Der Höhepunkt der Produktion ist das hochkreative Sammeln von Ideen, Sounds, Genres, Stilmixen und anderen Ansätzen für die musikalische Ausgestaltung, die Mothersbaugh explizit Freude bereitet. Gerade in das Finden von Sounds und originellen Instrumentierungen investiert Mothersbaugh einen Großteil seiner Energie. Dabei lässt er sich von Instrumenten anderer Kulturen ebenso inspirieren wie von selbst erschaffenen digitalen Sounds. Dazu geht er intensive, gleichberechtigte Kollaborationen mit Instrumentalist*innen und anderen musikalischen oder soundbasierten Expert*innen ein. Ideen/Ausgestaltungen sowie Kollaboration sind die prägnantesten Großprozesse.

Der Filmscore kann manchmal filmische Schwächen ausgleichen und schwächere Szenen stützen. Je nach Filmgenre kann Musik eine bedeutende oder gar dominante Rolle bei der filmischen Ausdruckskraft spielen; bei einem Animationsfilm etwa hat der Score die Aufgabe, den Film zum Leben zu erwecken und ein organisches Element der Natur hineinzutragen. Der Score erhöht hier also den Film und leistet einen wichtigen Vermittlungsbeitrag hin zum rezipierenden Publikum. Vermittler- und Verstärkerfunktionen sind in Mothersbaughs Ausführungen dominant.

Mothersbaugh beschreibt sich als künstlerischer Mensch, der Kunst – nicht nur Musik – atmet, lebt und mit ihr aufgewachsen ist. Als ambitionierter Pop-Künstler mit seiner Band Devo hat er sich selbst den Weg in Richtung Film und Filmmusik geebnet und unter anderem eine tiefe, artifiziell ausgerichtete Teamarbeit erlernt, die ihm im Filmgeschäft zugutekommt. Dabei hat er sich von Anfang an dem Fortschritt verschrieben: Alles Etablierte und bereits Dagewesene lehnt er ab, er sucht nach neuen, innovativen, fortschrittlichen Ausdrucksmöglichkeiten in der Musik. Auch kommerzielle Vorgaben etwa der Plattenfirma lehnte er in seiner Zeit als Popkünstler ab. In seiner Filmmusik-Kunst möchte Mothersbaugh möglichst freie, originelle, innovative Experimente ermöglichen und durch inspirierende Einfälle Freude erleben. In den Spannungsverhältnissen neigt er der Teamarbeit, dem Fortschritt und dem Kunstaspekt zu.

Filmmusik bringt die Ebenen von Klang und Bild in integrativer Weise zusammen, was eine Besonderheit innerhalb der Kunstgattungen darstellt. Auch sind Filmscores potenziell viel kreativer und vielfältiger als Popmusik, die stilistisch beschränkt, wiederholend und langweilig ist und zudem nur kommerzielle Zwecke kennt.

4.6 Reduktion und Typisierung

Die getätigten Aussagen der Komponist*innen wurden hier stark reduziert wiedergegeben, um eine Typisierung zu vereinfachen. Wiederkehrende Muster und ähnliche Code-Strukturen werden im Folgenden näher analysiert, um erste Hinweise auf Ähnlichkeiten und Unterschiede der jeweiligen Interviews zu erhalten. Im Fokus stehen dabei erneut die Hauptkategorien der Produktionsprozesse, der musikalischen Funktionen sowie der Selbstverständnisse, wobei auch die Beziehungen und Vergleiche nicht außer Acht gelassen werden sollen.

Auf der Suche nach einer geeigneten Gruppierung der Komponist*innen erwies sich die von MAXQDA erzeugte Ähnlichkeitsmatrix als geeignet. Diese vergleicht die Muster vergebener Codes in den einzelnen Interviews. Hierbei lassen sich die Aussagen der Komponist*innen thematisch vergleichen – ohne, dass dabei die wirklich getätigten Aussagen analysiert werden, da nur vergebene Codes beachtet werden. Durch den Vergleich der Codierungsmuster ergeben sich Ähnlichkeiten, die vermuten lassen, dass auch ähnliche Inhalte wiedergegeben werden (was jedoch anschließend zu überprüfen ist). Die in der Ähnlichkeitsmatrix verwendete Werteskala reicht von 0 (keine Ähnlichkeit der vergebenen Codierungen) bis 1 (perfekte Übereinstimmung der Codierungen); je dunkler eingefärbt ein Feld ist, desto höher ist die Ähnlichkeit. Berücksichtigt wurden für die Ähnlichkeitsanalyse die Kategorien Produktionsprozesse, Musikalische Funktionen, Selbstverständnisse von Komponist*innen sowie Beziehungen und Vergleiche (inklusive der jeweiligen Unterkategorien). Die Ähnlichkeitsmatrix berechnet sich nach dem Vorkommen der Codes in den jeweiligen Interviews (verwendetes Ähnlichkeitsmaß: einfache Übereinstimmung). Die Häufigkeit eines verwendeten Codes ist in dieser Variante unerheblich.

Eine Sortierung und Einordnung der Interviews nach Typen ist nicht eindeutig und komplex, kann aber aufgrund besonders hoher Codesystem-Ähnlichkeiten erfolgen. Hierdurch kann eine systematische Grundlage gebildet werden, die im Nachhinein inhaltlich anhand der getätigten Aussagen überprüft wird. Die in Tabelle 1 dargestellten Ähnlichkeitswerte lassen bereits eine vorläufige Gruppierung der Komponist*innen zu. So haben etwa Hans Zimmer und Tom Holkenborg den höchsten Ähnlichkeits-Koeffizienten (0,83), während dieser bei Alexandre Desplat und

4.6 Reduktion und Typisierung — 333

Tabelle 1: Ähnlichkeitsmatrix der analysierten Interviews (Quelle: MAXQDA nach eigener Codierung).

Dokument-name	Quincy Jones	Rachel Portman	Howard Shore	Hans Zimmer	Bear McCreary	T. Reznor / A.Ross	Brian Tyler	Tom Holkenborg	Trevor Rabin	John Powell	Alexandre Desplat	Elliot Goldenthal	Henry Jackman	Mark Mothersbaugh
Quincy Jones	1,00	0,74	0,64	0,57	0,55	0,57	0,64	0,45	0,67	0,67	0,57	0,69	0,67	0,55
Rachel Portman	0,74	1,00	0,71	0,55	0,52	0,55	0,48	0,57	0,69	0,60	0,50	0,62	0,69	0,52
Howard Shore	0,64	0,71	1,00	0,74	0,62	0,64	0,52	0,62	0,74	0,64	0,45	0,57	0,64	0,57
Hans Zimmer	0,57	0,55	0,74	1,00	0,69	0,71	0,50	0,83	0,71	0,71	0,57	0,50	0,57	0,64
Bear McCreary	0,55	0,52	0,62	0,69	1,00	0,55	0,62	0,71	0,69	0,60	0,50	0,48	0,50	0,57
Trent Reznor / Atticus Ross	0,57	0,55	0,64	0,71	0,55	1,00	0,55	0,64	0,71	0,76	0,57	0,55	0,62	0,69
Brian Tyler	0,64	0,48	0,52	0,50	0,62	0,55	1,00	0,52	0,60	0,55	0,64	0,62	0,55	0,48
Tom Holkenborg	0,45	0,57	0,62	0,83	0,71	0,64	0,52	1,00	0,69	0,69	0,60	0,52	0,64	0,62
Trevor Rabin	0,67	0,69	0,74	0,71	0,69	0,71	0,60	0,69	1,00	0,67	0,57	0,60	0,71	0,60
John Powell	0,67	0,60	0,64	0,71	0,60	0,76	0,55	0,69	0,67	1,00	0,57	0,64	0,71	0,74
Alexandre Desplat	0,57	0,50	0,45	0,57	0,50	0,57	0,64	0,60	0,57	0,57	1,00	0,69	0,67	0,60
Elliot Goldenthal	0,69	0,62	0,57	0,50	0,48	0,55	0,62	0,52	0,60	0,64	0,69	1,00	0,69	0,62
Henry Jackman	0,68	0,70	0,62	0,57	0,49	0,59	0,59	0,65	0,70	0,70	0,73	0,70	1,00	0,65
Mark Mothers-baugh	0,59	0,57	0,54	0,59	0,62	0,68	0,51	0,62	0,62	0,73	0,59	0,68	0,65	1,00

Howard Shore nur 0,45 beträgt. Auch die Analyse der von MAXQDA erstellten Dokumentlandkarte, die die Ähnlichkeiten der Code-Muster nach denselben Kriterien optisch darstellt und so Nähe und Distanz sichtbar macht, erlaubt eine Sortierung in Gruppen (siehe Abbildung 5). Ausgewertet sind auch hier die Kategorien der Produktionsprozesse, der musikalischen Funktionen, der Selbstverständnisse von Komponist*innen sowie der Beziehungen und Vergleiche inklusive ihrer jeweiligen Unterkategorien; die Dokumentlandkarte ist ebenfalls nach Vorkommen der Codes angeordnet (Ähnlichkeitsmaß: einfache Übereinstimmung).

Abbildung 5: Dokumentlandkarte der analysierten Interviews (Quelle: MAXQDA nach eigener Codierung).[34]

---

[34] Die Zahlen vor den Komponist*innen-Namen geben die Kapitelnummer des jeweiligen Interviews im Band *Score* wieder und haben ansonsten keinerlei Bedeutung (vgl. Schrader 2017).

Nach der Analyse der Ähnlichkeitsmatrix sowie der Dokumentlandkarte von MAXQDA wurden vier Typen von Komponist*innen gebildet, wobei diese Typisierung sowie die Arbeitstitel der Gruppen zunächst nur Hypothesen darstellen, die auf inhaltliche Stimmigkeit hin überprüft werden müssen. Die Abbildung 6 zeigt dabei, dass die eingeteilten Typen ein unterschiedliches Maß an Diversität aufweisen und die Zuordnung einzelner Komponist*innen zu den Gruppen (wie etwa Quincy Jones, der zwischen Typ A und B steht) teils uneindeutig war:

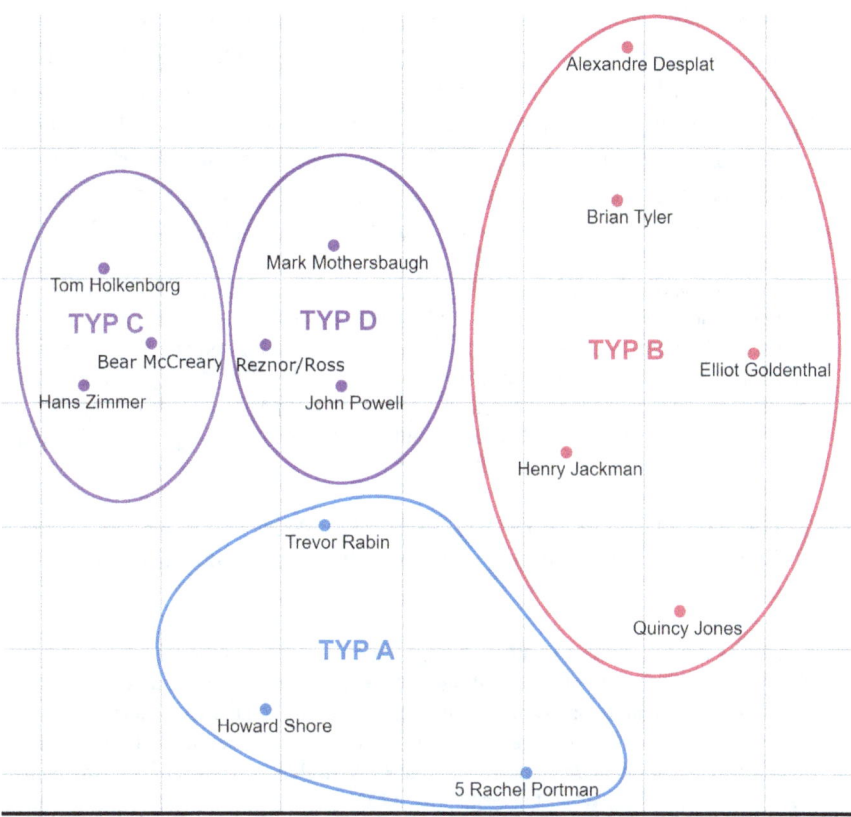

Abbildung 6: Dokumentlandkarte mit hypothetischen Typen (Quelle: MAXQDA / eigene Bearbeitung).

Diese Einteilung ist zunächst eine Arbeitshypothese, auch deswegen, weil sie aufgrund von Codierungen (und nicht von Inhalten der jeweiligen Aussagen) getätigt wurde. Genau dies wird im nächsten Schritt näher analysiert und die vier Typen werden nach übereinstimmenden Aussagen beschrieben.

4.6.1 Typ A: Traditionelle Einzelgänger*innen

Dieser Gruppe wurden Rachel Portman und Howard Shore zugeordnet. Trevor Rabin hat auch Ähnlichkeiten zu Typ C und D, wurde aber ebenfalls in dieser Gruppe eingeordnet.

Eine inhaltliche Analyse der getätigten Aussagen, sortiert nach den vier wichtigsten Hauptkategorien, beschreibt den Komponist*innen-Typ A als stark traditionell veranlagt sowie dem Typus der*des Einzelkämpfer*in zugewandt. Dieser Komponist*innen-Typ versteht den Produktionsprozess als intensives, artifizielles und immersives Eintauchen in die filmische Welt. In einem traumähnlichen, intuitiven Prozess werden musikalische Entwürfe in Eigenregie und in einem isolierten Zustand zu Themen weiterentwickelt, wobei analoge Werkzeuge und Instrumente benutzt werden und musikalische und filmische Traditionslinien beachtet werden. Die musikalische Idee und ihre Ausgestaltung stehen im Vordergrund, das Komponieren von Themen und Leitmotiven als musikalische Substanz ist zentral.

> The Tolkien book The Lord of the Rings is very complex. [...] The music had to use themes and leitmotifs, courtesy of Wagner's work from the 19th Century, which showed us how you could use music to describe characters and places and cultures and objects. And it helped you follow the story. When Aragorn hold a certain sword in the film, and you hear a certain motif, you may connect it to an Elven culture. You understand the source of that sword. It helps you to understand the relationships in the story. (Howard Shore, zit. nach Schrader 2017: 90)

Die Orchestrierung sowie das Dirigat werden selbst übernommen und haben ebenfalls hohe Bedeutung, da sie eine hohe und altehrwürdige Tradition darstellen:

> One thing I've always found kind of strange about film music is the guys who come to it from an orchestral point of view, and then – I don't want to mention names, but there are people who, without an orchestral background, and give it to an orchestrator to do. And a large part of what that film score becomes is from the orchestrator. If you look back at the greats, you would say to them, „Oh, I like your orchestration on the fifth". It's part and parcel of the whole thing. When I'm writing music, I'm writing the themes, but the orchestration is very much part of that. (Trevor Rabin, zit. nach Schrader 2017: 267)

Die wichtigste Aufgabe der Filmmusik ist die Unterstützung des Films, sowohl in konkreten Szenen als auch in der übergreifenden, zentralen Filmaussage.

> I feel music is there to serve the film. And it's the film that you're putting your music to, so the music should never be too large for a scene. It should never be in the way of the dialogue. It's there to support, and it shouldn't be put on too loud, either, in the mix. (Rachel Portman, zit. nach Schrader 2017: 75)

In funktionaler Hinsicht zeigt sich der Komponist*innen-Typ A jedoch nicht allein auf die Unterstützungsfunktion fokussiert. So sind auch die Eröffnung einer eigenen semantischen Ebene (Erweiterungsfunktion), die Beachtung von Kontinuität sowie die Mittler- und Erklärfunktion zum Publikum von Bedeutung.

Filmmusik ist für die Vertreter*innen von Typ A eine zumeist orchestrale Kunst, die in der großen Tradition der abendländischen Kunstmusik sowie von klassischen und romantischen Komponist*innen wie Schubert, Faure oder Wagner steht; diese Vorbilder sind wichtiger als Filmkomponist*innen des 20. oder 21. Jahrhunderts:

> For me personally, my favorite composers are Bach and Ravel, and I mostly listen to classical music. That's what I love. I love Faure. I love Schubert. I love Messiaen. [...] And in terms of film music, I never studied it. [...] So I think, if anything, I found my own voice through just my own writing, really, and probably classical music more that film. (Rachel Portman, zit. nach Schrader 2017: 80)

Die Typ-A-Vertreter*innen sehen sich in dieser kunstmusikalischen Traditionslinie und definieren sich als Künstler*innen, die jedoch auch mitunter als Dienstleister*innen auftreten (müssen), wenn es die filmischen Gegebenheiten erfordern. Es gibt zwischen Filmmusik und klassischer Kunstmusik sowie zwischen dem Scoring und der Bildhauerei und Schriftstellerei große Ähnlichkeiten. Ein Innovationsverständnis ist nur gering ausgeprägt.

4.6.2 Typ B: Digitalisierte Künstler*innen

In diese Gruppe wurden Alexandre Desplat, Henry Jackman, Elliot Goldenthal und Brian Tyler eingeordnet. Quincy Jones steht als ‚Mischtyp' zwischen Typ A und B, wurde letztlich aber auch dieser Gruppe zugerechnet, da die für Typ B charakteristischen Merkmale bei ihm überwiegen.

Die Komponist*innen dieses hypothetischen Typs beachten im Produktionsprozess genau die Vorgaben von Genre, Publikums-Erwartungen sowie Regisseur*in, mit der*dem eng und vertrauensvoll zusammengearbeitet wird. Innerhalb dieser Grenzen kann allerdings experimentiert werden, zum Beispiel mit Sounds und Instrumentierungen. Die musikalische Substanz wird allein von der*dem Komponist*in erdacht. Im Vordergrund steht die Entwicklung passender und kreativer musikalischer Ideen sowie deren weitere Verarbeitung, wobei eng am Filmbild gearbeitet wird. Der Fokus auf den Großprozess der Ideen und Ausgestaltung ist immer noch stark, aber schwächer ausgeprägt als bei Typ A. Die Orchestrierung wird teils selbst übernommen, teils ausgelagert:

> But yes, letting go of orchestration physically is something that I really miss now. I think I do in between films transcribe music, movie music, for a string quintet that I love and that allows me to go back to my pencil and eraser and it's a moment of great joy for me. (Alexandre Desplat, zit. nach Schrader 2017: 313)

In der Kollaboration mit anderen Musikschaffenden herrscht eine klare Hierarchie: Die*der Filmkomponist*in stellt die kreative und konzeptionelle Teamleitung dar und delegiert lediglich Einzelaufgaben an weitere ihr*ihm zuarbeitende Musikschaffende.

Der filmische Score unterstützt das Gesamtmedium und erhebt sowie verbessert dieses teilweise (Unterstützer- und Erweiterungsfunktion). Im Vergleich zu Typ A gestehen die Typ-B-Vertreter*innen dem Filmscore ein größeres manipulatives Potenzial zu: Der Score kann die filmische Handlung erklären, Filmfiguren treffend charakterisieren und der Filmnarration Tiefe sowie eine weitere semantische Ebene verleihen (Vermittlungs- und Kommentarfunktion). Dabei müssen aber auch Genre-Grenzen sowie Publikums-Erwartungen respektiert werden (Kontinuitäts-Funktion).

> You can enormously enhance the characters and the storytelling and a sort of – funny enough, if it's the sort of film where a director will let you, you can actually enhance the structure, the narrative structure of the film. (Henry Jackman, zit. nach Schrader 2017: 321)

Die Komponist*innen dieses Typs haben sowohl Berührungspunkte mit der klassischen, mit der filmmusikalischen als auch mit der Pop-Sphäre. Sie sind formal-klassisch gut ausgebildet, haben aber teils neue musikalische Sphären für sich entdeckt. Sie möchten diese Traditionslinien bewahren und gleichzeitig behutsam neue Wege gehen, wobei sie Filmmusik primär als Kunstgattung verstehen. Stärker als Typ-A-Komponist*innen stellen sie sich explizit in eine filmmusikalische Tradition: „I've been lucky enough to follow in the footsteps of my heroes, Jerry Goldsmith, being right there at the top" (Brian Tyler, zit. nach Schrader 2017: 195). Die (Selbst-)Stilisierung zum Genie ist ebenfalls verbreitet:

> So all my mockups are done by me and myself in my studio, there's nobody there, it's just, it's a very little studio. There's nobody in my studio and I couldn't take it. I couldn't bear it I think, since I've been orchestrating since I started to write music, and it's a passion, my demos are actually really precise, detailed, which allows me to give them away to somebody in Paris, or here, or wherever team I work with. But I follow that very carefully. I check it regularly and I make sure that it does match what I have in mind. (Alexandre Desplat, zit. nach Schrader 2017: 313)

Filmmusik ermöglicht für Typ-B-Komponist*innen vielfältige kreative Entfaltungsmöglichkeiten, wobei diese teils durch andere Interessen oder Gegebenheiten eingeschränkt werden (wenn das filmische Medium es erfordert).

If architecture is frozen music, then music must be liquid architecture, and it is. Brass, woodwinds, strings, percussion. And you're writing it. It feels like emotional architecture, it really does. And I'm sure that – Ravel, Stravinsky, Korsakov – everybody thought of it the same way. (Quincy Jones, zit. nach Schrader 2017: 55)

4.6.3 Typ C: Technisierte Sound-Producer

Dieser Gruppe wurden Tom Holkenborg, Hans Zimmer und Bear McCreary zugeordnet. Die Überschneidungen mit Typ D waren hier am größten, die Zuordnung der einzelnen Komponist*innen war dennoch eindeutig.

Typ-C-Vertreter*innen zeichnen sich durch einen stärkeren Fokus auf die Score-Produktion mittels neuerer technologischer Möglichkeiten aus. Der Produktionsprozess ist ein digitales, intensives und kollaboratives Projekt. Dabei stehen zwei Kollaborationsarten im Vordergrund: die dialogische, teils transferleistende Kommunikation mit der*dem Filmregisseur*in sowie die Mitarbeit von musikalischen Assistent*innen (unter der Führung beziehungsweise Supervision der*des Komponist*in). Das Finden des geeigneten Sounds nimmt eine zentrale Stellung ein und wird von Anfang an mitgedacht (sei es in analoger oder digitaler Form). Bear McCreary beschreibt dies anschaulich anhand eines typischen Soundfindungsprozesses zu Beginn eines Scoring-Projekts für eine Serie:

> I started with the hurdy gurdy, which I happen to play. […] And a framed drum and animal bones played like castanets. Fiddle, although we ended up using viola because it was darker and scratchier. I did have a string quartet for some of the more emotional passages. That was the absolute most traditional Hollywood sound that we got. And some guitars. And it was so scratchy and small and bizarre. It sounded like an improvised score but it's not. It's very detailed in its notations just to make sure I'm hitting everything in the picture. (Bear McCreary, zit. nach Schrader 2017: 170 f.)

Stärker als bei den Typen A und B werden improvisatorische Anteile bei der musikalischen Ausgestaltung eingebunden: intensive Instrumentalist*innen-Sessions sind ein zentraler Teil der Produktion, in dem nicht nur der Sound gefunden, sondern auch motivisch und melodisch experimentiert wird.

> And part of why that is because there's a thing that happens when you get musicians into a room and they really start playing. You get to that point when they're really starting to dig in, when they know what they're playing and they're telling you a story with great passion through their instruments. That's why these film directors keep calling us – because we can do that thing they can't do with the camera, that they can't do with the dialogue. (Hans Zimmer, zit. nach Schrader 2017: 114 f.)

Die*der Typ-C-Filmkomponist*in wird hier zu einer*einem Produzent*in einer engen, mit improvisatorischen Anteilen versehenen Teamarbeit zur Erarbeitung des Filmscores. Die Kompositionsarbeit stammt teilweise nicht mehr aus ihrer*seiner Hand, sondern sie*er gibt lediglich das Framing, das musikalisch-narrative Setting, den mythischen Rahmen vor. Auch die weitere Produktion hat einen großen Stellenwert, der Soundmix spielt eine große Rolle.

In funktionaler Hinsicht unterstützt und erhebt der filmische Score die Filmnarration, wobei er in der Lage ist, tief zu berühren (Unterstützer-, Erweiterungs- und Kommentarfunktion):

> But thinking about it, and I'm not thinking about my own work, but I'm thinking about just being a fan of film music, great film music can elevate the movie. And I think that's really what you should aim for. You should try to elevate, you know, everything that is there – the story, the acting, the camerawork, and the director's vision. (Hans Zimmer, zit. nach Schrader 2017: 95)

Filmmusik kann auch außerhalb des filmischen Zusammenhangs gut funktionieren, wenn sie mit Herzblut produziert wurde. Die Betonung der musikalischen Substanz, die unabhängig vom filmischen Projekt gegeben sein muss, ist verbreitet: „But I do think film music needs to be able to stand on its own two feet. It needs to transcend" (Hans Zimmer, zit. nach Schrader 2017: 100).

Der Soundtrack ist ein technisch ausgefeiltes Produkt, das mit viel Detailliebe und Leidenschaft meist in Teamarbeit erstellt wird. Der handwerkliche Arbeitsaspekt ist bei diesem Typ am stärksten ausgeprägt. Dabei gibt es ebenfalls starke künstlerische Bezüge und innovative Möglichkeiten; den kreativen Kopf mit durchaus genialischen Zügen bilden die Komponist*innen selbst. Filmmusik hat mehr Ähnlichkeiten mit Klassik als mit Pop: Eine Scoring-Produktion ist ein respekteinflößendes Großprojekt, das musikalische, erzählerische, kommunikative, technologische und organisatorische Kompetenzen erfordert. Nichtsdestotrotz (oder gerade deswegen) sozialisieren sich die Vertreter*innen von Typ C eher mit der popkulturellen Sphäre.

> In that perspective, it's important to pull the two major group of composers apart. I'm in the second group of composers; the first group of composers are the old school guys that I admire so incredibly for all the things that they have done and still are doing. And by old school, I don't mean the guys that are old; I'm talking [about] the way of writing music. Some of them are just pencil and paper. Some of them just sit behind the piano, and then orchestrate it later, or work with orchestrators. [...] The second group of composers where I see myself being part of. Where there's a lot of production going on at the same time, and the orchestra has a role in the final result, but it's not the defining role. Actually, all the movies that I did have that in them. (Tom Holkenborg, zit. nach Schrader 2017: 227 f.)

4.6.4 Typ D: Innovative Teamplayer

In dieser Gruppe wurden John Powell, Mark Mothersbaugh sowie das Komponistenduo Trent Reznor und Atticus Ross eingeordnet.

Im beschriebenen Produktionsprozess dieses Typs steht das gemeinsame Experimentieren im gleichberechtigten Team im Vordergrund. Zentral ist hierbei das scheuklappenlose Ausprobieren neuer, innovativer Wege in enger Teamarbeit: „I was used to collaborating, and when I got into TV and film I realized, ‚Oh, that's what a lot of it's about [...]'"(Mark Mothersbaugh, zit. nach Schrader 2017: 344). Kollaboration, Sound- und Stilexperimente sowie die Synchronisation nehmen einen Großteil des Produktionsprozesses ein und halten sich gegenseitig in etwa die Waage.

> [Reznor:] It's like, ‚Hey, what do you think about all this stuff? What do you think if we put that over here? Oh, you think we should flip this on its head. I don't agree but let's try it,' you know. And often we wound up in a place that was a lot, basic collaboration, which for me is a kind of new concept.
> Ross: And it's a very small team. That's the other thing. And I think that we're all friends. But it's literally us, David, Kirk, and Ren. And that's, you know, we're all in permanent communication. (Trent Reznor / Atticus Ross, zit. nach Schrader 2017: 181).

Nicht nur die Intensität, sondern auch die Art der Kollaboration ist bei Vertreter*innen von Typ D signifikant. Die hierarchiearme Erarbeitung der musikalischen Substanz in kreativen Teams geht über die Instrumentalist*innen-Session mit klarer Hierarchie hinaus: Nicht nur einzelne Bestandteile, sondern potenziell der gesamte Score kann aus improvisierten Cues entstehen. Die Arbeit der Typ-D-Komponist*innen wandelt sich vom Komponieren zum Improvisieren, aber auch Kompilieren und Zuordnen der einzelnen musikalischen Einzelstücke, Motive und Sounds.

Filmmusik hat für Typ-D-Komponist*innen auf funktionaler Ebene ein großes Potential zur Verbesserung (oder Verschlimmerung) des filmischen Gesamtmediums und zur Manipulation der Rezeption (Erweiterungs- und Kommentarfunktion). Sie kann tief berühren, filmische Schwächen ausgleichen und sogar als Propaganda missbraucht werden (Kontrastierungsfunktion): „I think film music has the power to completely change the experience of the movie. I think it can actually – I'm not saying it can make a bad movie good, but it can make a good movie great" (Atticus Ross, zit. nach Schrader 2017: 173).

Die Komponist*innen dieses Typs haben starke (teils durch ihre Biographie erklärbare) Überschneidungen mit der Popmusik und verstehen sich als Teamplayer. Sie versuchen, ausgewählte popmusikalische Traditionen für neue musikalische Experimente zu kombinieren. Das Genie-Verständnis sowie die Selbstauffassung als Einzelgänger*in sind in diesem Typ folgerichtig am wenigsten verbreitet. Innovation, Technologieoffenheit und Originalität sind zentrale Maximen dieser Gruppe: „So everything that we would normally do that sounded ambient, I'd make dry. Everything that sounded big, I'd make small. It was literally just 180° on everything, and it made it easy in a way" (John Powell, zit. nach Schrader 2017: 296). Filmische Scores bieten jedoch mehr kreative Möglichkeiten als Pop und lassen auch stilistische Experimente zu:

> One of the things that attracted me was that [...] I was working with jazz music and space-age bachelor-pad music and sci-fi outer space music, and over-the-top silent movie distraught music, and punk and hip-hop styles [...]. I got to bring all those styles and just smash them together, and then add electronics and Spike Jones elements to it. I just loved that it wasn't restricted. Because pop music – when was the last time you heard a pop song and you said, ‚That doesn't sound like anything I've ever heard before?' Never. They always sound like something that was out last month. (Mark Mothersbaugh, zit. nach Schrader 2017: 346 f.)

In den definierten Spannungsfeldern tendieren die Vertreter*innen von Typ D klar zu Teamplayern, zum Fortschritt sowie zur Filmmusik als Kunst, auch gibt es eine leichte Tendenz zur Eigenständigkeit der Musik.

4.6.5 Bewertung und Einordnung

Die Einordnung der ausgewerteten Komponist*inneninterviews in diese vier Typen funktioniert anhand einiger im Fokus stehender Merkmale gut. Die inhaltliche Auswertung der aufgrund der Ähnlichkeitsmatrix sowie der Dokumentlandkarte vorgenommenen Typisierung zeigt, dass die Spannungsverhältnisse Tradition – Fortschritt, analog – digital und einzeln – Team innerhalb dieser Typen darstellbar sind. Auch sind eingeschränkt Tendenzen und Ähnlichkeiten auf der funktionalen Achse zwischen unterstützender Funktion und eigenständiger musikalischer Substanz erkennbar. Ebenfalls zeigen sich in der Kategorie der Beziehungen und Vergleiche einige ästhetische Bezugsmerkmale, die analog zu anderen Merkmalseigenschaften darstellbar sind.

Daraus zeigen sich weitere Analogien und Verdichtungen:

Typ-A-Komponist*innen zeigen sich nicht nur der klassisch-romantischen Tradition, analogen Werkzeugen sowie kompositorischen Einzelgängen zugetan, sondern sie haben auch die größte Affinität zu kunstmusikalischen Gattungen, Vorbildern aus vergangenen Jahrhunderten und funktionaler Kontinuität. Auch steht für sie die musikalische, oft leitmotivische Ideen- und Themenausgestaltung an vorderster Stelle, der gegenüber andere Großprozesse an Bedeutung verlieren.

Der Vergleich mit anderen etablierten Künsten wie Architektur, Bildhauerei und Malerei ist naheliegend und wird oft gezogen. Der deutlichste ästhetische Bezug ist die musikalische Romantik sowie das 19. Jahrhundert.

Vertreter*innen von Typ B und Typ C neigen weniger eindeutig einem Pol dieser Spannungsverhältnisse zu und zeigen sich kollaborativer, fortschrittlicher, technologieoffener und mehr der popkulturellen Sphäre verbunden als Typ A.

*Typ-B-Vertreter*innen* respektieren in stilistischer Hinsicht sowohl die klassisch-romantische als auch die filmmusikalische Tradition, wobei sie auch Bezüge zum Pop aufweisen. Sie sehen Filmmusik als digitale Kunst, die großes Potential hat. Der deutlichste ästhetische Bezug ist die sinfonische Filmmusik des 20. Jahrhunderts. Musikalische Kollaborationen finden nur unter der eindeutigen Leitung der*des Komponist*in statt.

Die *Komponist*innen des Typs C* priorisieren dagegen im stärkeren Maße (Sound-)Experimente und betrachten Filmmusik als technisches Produkt (mit kreativ-künstlerischen Elementen). Produktion und Synchronisation haben einen höheren Stellenwert. Der deutlichste ästhetische Bezug ist die Filmproduktion im 20. und 21. Jahrhundert. Es wird in der Produktions- und Filmpassungs-Phase oft im Team gearbeitet, wobei sich Mitmusiker*innen auch kreativ einbringen können.

Die *Typ-D-Komponist*innen* stehen am gegenüberliegenden Ende der Skalen in multipler Hinsicht: Sie zeigen sich digitalen Werkzeugen, dem Fortschritt, der uneingeschränkten Teamarbeit, der Aufwertung von experimenteller Improvisation (gegenüber starrer Komposition), der stilistischen Offenheit, der popkulturellen Sphäre und dem innovativen Experiment verpflichtet. Der deutlichste ästhetische Bezug ist die Popkultur und das 21. Jahrhundert. Es kann in gleichberechtigten Teams in allen Phasen der Produktionsprozesse gearbeitet werden. Im Vordergrund der Innovationen stehen Sounddesign, Improvisation, Instrumentierung und Mischungen musikalischer Stile sowie von Musik und Sound.

Weniger eindeutig gelingt die Anwendung dieser Typen auf die Einordnung filmmusikalischer Funktionen und Aufgaben: Unter Vorbehalt lässt sich hier eine leichte Tendenz ablesen, dass die manipulative Kraft sowie die eigenmusikalische Substanz von filmischen Scores in Typ A am geringsten und in Typ D am höchsten eingeschätzt wird; die Bereitschaft zur Innovation und zum Regelbruch könnte also mit der Sichtweise zusammenhängen, dass ein Filmscore großes Potenzial (für unterschiedliche Zwecke) besitzt.

In einem formalisierten, stark vereinfachten Schema mit wesentlichen Merkmalsausprägungen könne die vier Typen entlang einer Reihe mit semantischen Assoziationen angeordnet werden (siehe Abbildung 7). Diese stimmt mit den Ergebnissen der Inhaltsanalyse in der Regel überein und gewinnt dadurch an Validität.

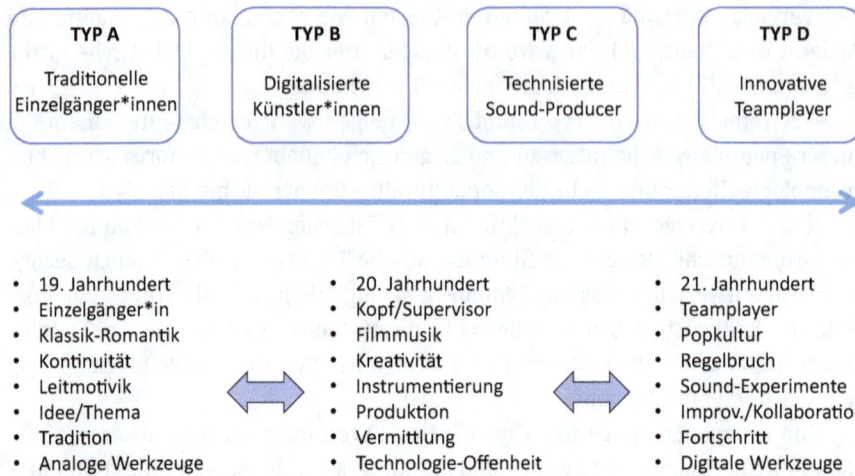

Abbildung 7: Komponist*innen-Typen und wesentliche Merkmale (Quelle: eigene Darstellung auf Grundlage der Inhaltsanalyse).

So können entlang der Typen-Grenzen eine Vielzahl von Dimensionen gebildet werden, die vom ersten Pol (Typ A) über die Mitte (Typ B und C) bis zum gegensätzlichen Pol (Typ D) in etwa wie folgt textlich formuliert werden können:

historischer Bezug (zum 19. Jahrhundert / zum 20. Jahrhundert / zum 21. Jahrhundert);

Zusammenarbeit (Einzelgänger*in / Leiter*in oder Supervisor / Teamplayer);

ästhetischer Bezug (Klassik – Romantik / Filmmusik / Popkultur);

Umgang mit Vorgaben (Kontinuität / Kreativität / Regelbruch);

Art der Musik-Kreation (Leitmotivik / Instrumentierung / Sound-Experimente);

Produktions-Schwerpunkt (Idee – Thema / Produktion / Improvisation – Kollaboration);

transformativer Schwerpunkt (Tradition / Vermittlung / Fortschritt);

technologische Präferenz (analoge Werkzeuge / Technologie-Offenheit / digitale Werkzeuge);

Klangpräferenz (orchestral – sinfonisch / hybrider Klang / elektronisch – Plug-Ins);

Funktionspräferenz (Musik dient dem Film / Musik verleiht Tiefe / eigenständige Musik).

Dennoch gibt es Einschränkungen, die sich in dieser Typologie nicht genügend berücksichtigt finden. So wird die Ausprägung einzelner Dimensionen von Typ A bis Typ D anhand einer eindimensionalen Achse beziehungsweise Skala vereinfachend dargestellt – die Wahrheit ist jedoch komplexer, wie die Dokumentlandkarten zeigen (siehe Abbildung 5 und Abbildung 6): Teils stehen Komponist*innen von Typ A und Typ D, die nach der erfolgten Typisierung semantisch weit auseinanderliegen müssten, nah beieinander, wie das Beispiel der Nähe von Trevor Rabin und John Powell in der dargestellten Dokumentlandkarte zeigt. Dies untermauert, dass die hier vorgestellten Typisierungen nur einzelne Aspekte berücksichtigen, die auf das Forschungsthema dieser Studie zurückgehen, und damit in erster Linie auf romantizistische Perspektiven fokussierte Typisierungen sind (und keine umfassenden oder vollständigen Charakterisierungen der Komponist*innen-Typen).

Diese Einschränkungen sollen an dieser Stelle durch einen kurzen Exkurs auf zwei biographische Komponist*innen-Daten ergänzt werden: Auch dieser Abgleich externer Daten mit der Zuordnung zu den vier Komponist*innen-Typen zeigt nämlich wenig aussagekräftige Unterschiede zwischen den Typengrenzen. So lässt sich vom Alter der untersuchten Komponist*innen nur begrenzt auf ihre Typenzugehörigkeit schließen: Das durchschnittliche Geburtsjahr der vier Typen ist 1953 (Typ A), 1959 (Typ B), 1968 (Typ C) und 1962 (Typ D). Der älteste Jahrgang (Quincy Jones, geboren 1933) gehört Typ B an, das jüngste Geburtsjahr entfällt mit Bear McCreary (geboren 1979) auf Typ C (vgl. IMDb.com, Inc. 2024n). Auch wenn es damit eine leichte Alterstendenz von Typ A (ältester Durchschnitt) bis zu Typ C (jüngster Durchschnitt) gibt, ist die Typenzugehörigkeit offenbar keine Generationenfrage, und in allen vier Typen ist die Altersvarianz hoch (16 bis 41 Jahre zwischen der*dem jeweils jüngsten und ältesten Typen-Angehörigen). Neben dem Alter ist die Zugehörigkeit zu Hans Zimmers einflussreicher Produktionsfirma „Remote Control Productions" erwähnenswert, für die zahlreiche Film- und Medienkomponist*innen tätig gewesen sind. So werden neben Zimmer auch Trevor Rabin, Henry Jackman, Tom Holkenborg und John Powell in Verbindung mit Zimmers Komponist*innenpool genannt. Die Frage, ob die Zugehörigkeit möglicherweise einen Komponist*innen-Typ begünstigt, kann damit eindeutig beantwortet werden: Die fünf Komponisten sind auf alle vier Typen verteilt. So wurden etwa Zimmers langjährige Mitarbeiter Henry Jackman und John Powell den Typen B und D zugeordnet. Trevor Rabin, der ebenfalls für „Remote Control" tätig war, wurde in Typ A eingeordnet. Auch wenn auf Typ C zwei dieser Komponisten entfallen (Holkenborg und Zimmer selbst), kann daraus noch keine Tendenz abgelesen werden (vgl. Schrader 2017; Hans-zimmer.com 2024a).

Auch konnten in der qualitativen Inhaltsanalyse des Interviewbands typenübergreifende Aspekte analysiert werden, die keinem der Typen dezidiert zugeordnet werden können, aber dennoch erwähnenswert sind:

zum einen das Verständnis von Musik als Kunst: Die Kunst-Affinität – als Gegenpol sowohl zum Handwerks- oder Dienstleistungsverständnis als auch zu kommerziellen Topoi – findet sich in allen Typen wieder und ist nur schwerlich anhand der Typengrenzen zu charakterisieren. Unterschiede gibt es jedoch in der

Art, wie die Filmmusik-Kunst verstanden wird. Hier lässt sich die Tendenz beobachten, dass Sujets der hochkulturellen oder kunstmusikalischen Sphäre in Typ A verbreiteter sind und bis zum Typ D sukzessive abnehmen, wohingegen die gegenteilige Beobachtung bei popkulturellen Themen gemacht werden kann. Wird etwa das Filmscoring bei Typ-A-Vertreter*innen mit der Bildhauerei oder Schriftstellerei assoziiert, ziehen Typ-D-Komponist*innen Popart-Kunst, Songwriting oder die Erstellung eines Rockmusik-Konzeptalbums als Vergleich heran. Die Favorisierung von künstlerischen gegenüber kommerziellen Aspekten betrifft alle Typen, wobei Typ C diejenige Gruppe ist, die sich am stärksten mit kommerziellen Bedingungen auseinandersetzt und diesen am wenigsten Widerstand entgegenbringt.

Auch ein Bezug zum Genie-Verständnis findet sich vielgestaltig und gruppenübergreifend und kann als gemeinsames Charakteristikum der analysierten Interviewaussagen herausgestellt werden. In Typ A und B äußert sich dieses Genie-Verständnis etwa in einer gewollten Isolation, aber auch darin, dass laut der Aussagen der Interviewten kaum Fehler gemacht werden oder keine Überarbeitungen nötig sind. In Typ C charakterisiert sich das Genie durch ein Unverstanden-Sein, etwa wenn der kühne poetisch-musikalische Einfall von den Filmschaffenden nicht verstanden wird oder die Sprache der (musikalisch versierten) Eingeweihten in die Filmsprache (der Unwissenden) übersetzt werden muss. Typ D zeigt ein Genie-Verständnis weniger offensichtlich, aber etwa dadurch, dass Trivialität abgelehnt und Exzellenz betont wird.

Die Existenz dieser dezidiert musikalischen Sphäre ist ein weiteres auffälliges und typenübergreifendes Merkmal: In allen Typen finden sich Hinweise auf die Vorstellung einer Musikwelt, die von musikalisch Versierten gelebt und verstanden wird. Diese Welt bleibt den Unmusikalischen verschlossen, unter anderem wegen Ermangelung der Kenntnisse der Musiksprache. In den meisten Typen finden sich Hinweise darauf, dass die*der Komponist*in eine Rolle als Übersetzer*in oder Interpret*in einnimmt, insbesondere in der zumeist intensiv beschriebenen Kommunikation mit der*dem Regisseur*in. Dadurch tritt deutlich zutage, dass alle Komponist*innen-Typen die Tätigkeit des Scorings (und der damit zusammenhängenden Teilschritte der Score-Produktion) als primär musikalische verstehen – und erst sekundär als filmische Produktionshandlung.

Viertens ist die hohe Bedeutung von musikalischen Ideen und ihren Ausgestaltungen in allen Typen evident und kann mit leichten Einschränkungen als Kern der produktionstechnischen Aufgabe der*des Filmkomponist*in angesehen werden: Die Kreation von Musik – in welcher Ausprägung auch immer – ist das Herzstück der Komponist*innen-Tätigkeit. Das ist nur auf den ersten Blick selbsterklärend: In durchgetakteten, arbeitsteiligen und kommerziellen Produktionen wäre es nicht abwegig, andere Schwerpunkte zu bilden oder die Hauptaufgabe einer*eines

Komponist*in anders zu definieren, etwa als Supervisor oder Organisator*in eines (Musik kreierenden) Produktionsteams, als Kommunikator*in zwischen den Abteilungen und Teams oder als Synchronisationsexpert*in. Alle diese Funktionen sind unzweifelhaft wichtig und nachweisbar, fallen aber eben gegenüber der Kernaufgabe der musikalischen Kreation zurück. Lediglich in Typ C und D lässt sich durch die verstärkte Arbeitsteilung im Team die leichte Tendenz erkennen, dass die Kreation nur mitgestaltet anstatt allein übernommen wird.

Fünftens und letztens finden sich Hinweise auf die Validität der filmmusikalischen Genre-Theorie in allen vier Typen: Die Berücksichtigung von filmischen Genre-Vorgaben ist zentral für die musikalische Ausgestaltung, sei es, dass ein besonderer Wert auf Kontinuität gelegt wird (etwa in den Typen A und B), sei es, dass bewusst mit den Publikumserwartungen an das Genre oder die filmische Reihe gespielt wird (Typen C und D), oder sei es, dass gewisse filmische Genres wegen der Besonderheiten der musikalischen Mittel von vornherein ausgeschlossen werden oder je nach Genre oder Franchise völlig andere Ansätze der musikalischen Gestaltung inklusive der Stilistik und der Instrumentierung gefunden werden müssen. Hier zeigt sich deutlich die Hollywood-affine Ausprägung von filmischen Genre-Grenzen (und ähnlichen medialen Kategorie-Grenzen), die eine nachweisbare Wirkung auf alle Komponist*innen-Typen hat. Die Anerkennung dieser Grenzen erfolgt in den Aussagen der Interviewten in der Regel ohne Werturteil; vielmehr wird dies als anerkannte, nicht hinterfragte Tatsache hingenommen.

4.7 Zusammenhänge zwischen den Kategorien

Wie bereits die Typisierungen gezeigt haben, fallen oft parallele inhaltliche Verschiebungen über Kategoriengrenzen hinweg an: Beispielsweise sind die Typ-A-Komponist*innen nicht nur eher der filmmusikalischen Themengestaltung zugeneigt, sondern auch einem Einzelgänger*innen-Verständnis mit hochkultureller Traditionslinie. Typ-D-Komponist*innen sind dagegen nicht nur mehr an Soundexperimenten, Kommunikation und Teamarbeit interessiert, sondern verstehen sich auch eher als Innovator*innen und Teamplayer. Gerade die Zusammenhänge zwischen den Produktionsprozessen und Komponist*innen-Selbstverständnissen sind hier einer weiteren Analyse wert.

In der Codelandkarte (angeordnet nach Überschneidungen von Codes am Segment) zeigen sich einige interessante Zusammenhänge (siehe Abbildung 8): Dass ein Kreativitätsverständnis mit einer besonderen Nähe zu Ideen/Entwürfen/Skizzen einhergeht, ist nachvollziehbar. Dass Traditions- und Genieverständnisse nahe beieinanderliegen und sich mit dem Prozess der Orchestrierung auffallend

Abbildung 8: Codelandkarte von ausgesuchten Produktionsprozessen und Selbstverständnissen (Quelle: MAXQDA nach eigener Codierung).

überschneiden, ist durch eine Genieauffassung zu erklären, die vor allem auf historisch-traditionelle Vorbilder zurückgreift. So sagt etwa Trevor Rabin:

> I remember doing something once and it was transcribed, the french horn part was put on a trumpet because it was too high. It wasn't too high for a great horn player; it was fine. And I remember getting in a fit because it'd been given to the trumpet part, to the trumpet player, and I said, ‚No, I want this on the french horn. I want it to struggle. That's part of why it's on the french horn.'" (Trevor Rabin, zit. nach Schrader 2017: 267)

Das Künstler-Verständnis liegt nicht nur in erkennbarer Nähe zum Prozess der Themenentwicklung und des Auskomponierens, sondern auch zum Pitch beziehungsweise zur Auftragsvergabe: Hier wird die Eigenpositionierung als Künstler*in gegenüber dem kommerziell-organisatorischen Akt der Beauftragung besonders deutlich.

> Here's the trap. Every project starts roughly the same way when somebody comes into the room and says, ‚I have this idea for a project. It'll be fun to do.' And they tell you this idea, and you get drawn in, and you get excited, and you're flattered that they're even considering you. ‚Woo, me', you know, ‚I get to go along on this ride.' And this is the lesson I never learn. You go, ‚Yes, please. Yes.'" (Hans Zimmer, zit. nach Schrader 2017: 117 f.)

Auch die Relationen von Selbstverständnissen und musikalischen Funktionen (sortiert nach Überschneidungen von Codes am Segment) bergen interessante Erkenntnisse (siehe Abbildung 9):

4.7 Zusammenhänge zwischen den Kategorien — 349

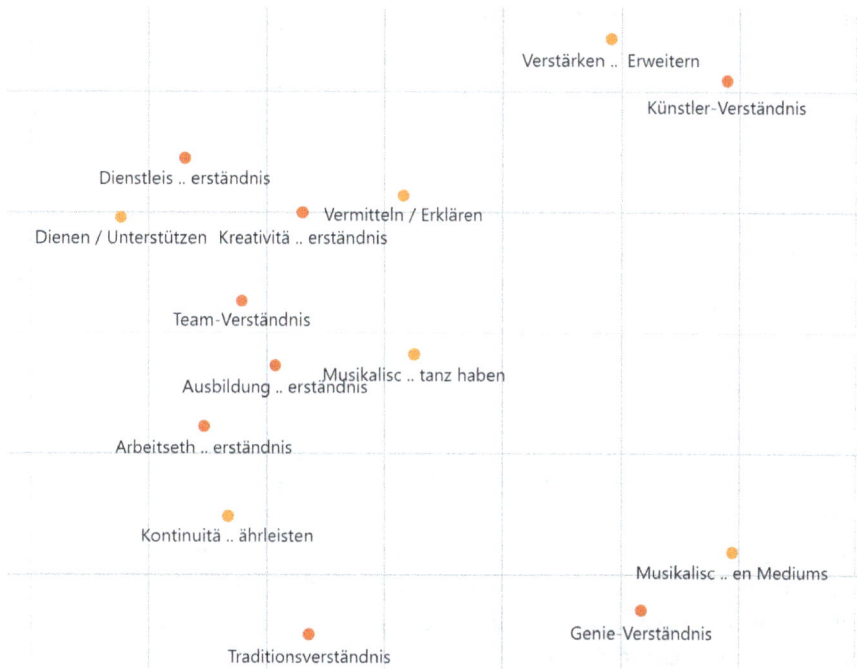

Abbildung 9: Codelandkarte von Selbstverständnissen und musikalischen Funktionen (Quelle: MAXQDA nach eigener Codierung).

So ist das Genie-Verständnis in auffälliger Nähe zu musikalischen Funktionen außerhalb des filmischen Mediums angesiedelt. Das ist auf einige Aussagen zurückzuführen, in denen von der Bewunderung der eigenen Musik durch ein weltweites Publikum erzählt wird – etwa auf Konzerten und Veranstaltungen oder durch anhaltende Beliebtheit bei Streaming-Plattformen. Das Künstler-Verständnis dagegen liegt in semantischer Nähe zur filmmusikalischen Funktion des Verstärkens und Erweiterns. Hier wird deutlich, dass in den Augen vieler Komponist*innen die höhere Kunst darin besteht, den Film nicht einfach zu unterstützen oder visuelle Vorgänge musikalisch zu verdoppeln, sondern eine neue, eigene Ebene aufzutun oder eine poetische Idee einzubringen. Nennenswert ist auch, dass die musikalische Substanzfunktion in der Nähe des Ausbildungsverständnisses liegt: Das Erreichen einer hohen musikalischen Qualität kann also durchaus erlernt werden, und zwar durch formale Ausbildung.

Ein Blick auf den Code-Relations-Browser in MAXQDA zeigt die relative Häufigkeit der Überschneidungen einzelner Produktionsprozesse und Selbstverständnisse (die Symbolgröße bezieht sich hier auf die Spalte):

Tabelle 2: Code-Relations-Browser: Produktionsprozesse und Selbstverständnisse (Quelle: MAXQDA nach eigener Codierung).

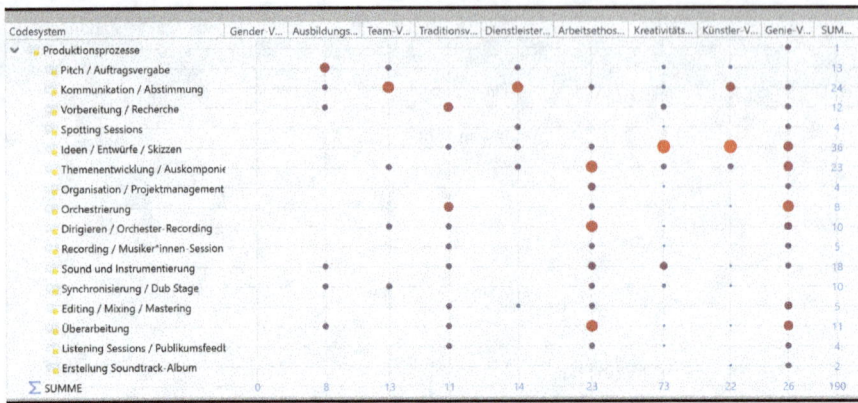

So lässt sich etwa das Team-Verständnis vor allem in Kommunikations-Prozessen nachweisen. Ein traditionelles Verständnis findet sich in vielen Teilprozessen, besonders aber in der Vorbereitung/Recherche sowie der Orchestrierung: Hier scheinen sich zwei wichtige Traditionslinien anzudeuten, nämlich die Anknüpfung an filmische Genre- oder Reihen-Vorgaben (in der Vorbereitung) und die Anknüpfung an die Arbeitsweise berühmter klassisch-romantischer Komponist*innen (in der Orchestrierung).

> I think one of the responsibilities we have as film composers in Hollywood, or anywhere, is we're the last people on earth who on a daily basis commission orchestral music. And the responsibility basically is, without us, and orchestra is a very expensive hobby, and without us orchestras might just disappear. And I think that might create a rift in human culture that's much larger than a bunch of musicians out of work. I think it will be such a loss to humanity. (Hans Zimmer, zit. nach Schrader 2017: 114)

Die Arbeit mit dem Orchester ist prestigeträchtig und wird klar mit dem semantischen Feld der Kunstmusik, der klassisch-romantischen Tradition und dem Verständnis der*des Filmkomponist*in als Genie in Verbindung gebracht (in dem eine utopische Vorstellung der Ungleichzeitigkeit zum Ausdruck kommt, das jedoch eher eine Brücke in die Vergangenheit schlägt). Mit Fleiß und Arbeit verbunden sind vor allem die Prozesse des Auskomponierens, des Dirigierens, der Instrumentierung und der Überarbeitung. Das Genie-Verständnis scheint in vielen Prozessschritten durch und ist nicht eindeutig zu verorten: Hier wird die Auffassung eines Genies deutlich, das alle Teile des Produktionsprozesses beherrscht und selbständig durchführen kann.

4.8 Mixed Methods und weitere Erkenntnisse

Neben den Ähnlichkeitsanalysen und Code-Landschaften wurden auch quantitative Darstellungen von MAXQDA ergänzend eingebunden, da diese manche bereits aufgestellte Schlussfolgerungen untermauern oder relativeren. Daher sollen einige dieser quantitativen Statistiken im Folgenden präsentiert und in Relation zu den aufgestellten Thesen gesetzt werden.

Dass das Scoring primär in der musikalischen (und nicht in der medialfilmischen oder technologisch-digitalen) Sphäre verortet wird, zeigen auch folgende quantitative Darstellungen.

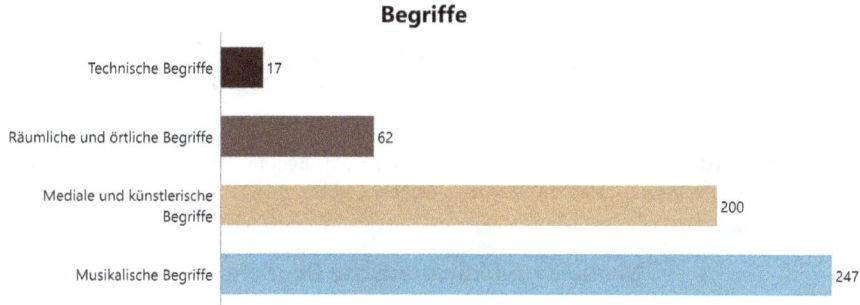

Abbildung 10: Statistik für Subkategorien der Kategorie Begriffe (Quelle: MAXQDA nach eigener Codierung).

So entfällt der größte Teil der Begrifflichkeiten auf musikalische Termini, erst an zweiter Stelle folgen Begriffe aus dem filmisch-medialen und künstlerischen Bereich (siehe Abbildung 10). Untersucht man, in wie vielen der 14 untersuchten Interviews welche musikalischen und medial-künstlerischen Begriffskategorien verwendet wurden, entsteht folgende Statistik:

In allen 14 ausgewerteten Interviews werden Musikinstrumente erwähnt, was die Bedeutung von Sound und Instrumentierung über alle Komponist*innen-Typen hinweg hervorhebt. Auch werden oft musikalische Kategorien wie (popmusikalische) Genres oder (kunstmusikalische) Gattungen genannt, was die Bedeutung – und teils auch die Vielfalt – der stilistischen Bezüge untermauert (siehe Abbildung 11).

Bei der quantitativen Darstellung der vorkommenden medialen und künstlerischen Termini überwiegt die Nennung von einzelnen Film- oder Serientiteln, wie sie in 13 der 14 Interviews erfolgt (siehe Abbildung 12). Ebenfalls häufig ist die Erwähnung filmischer Genres, was ein Hinweis auf die Bedeutung filmischer Genre-Vorgaben ist.

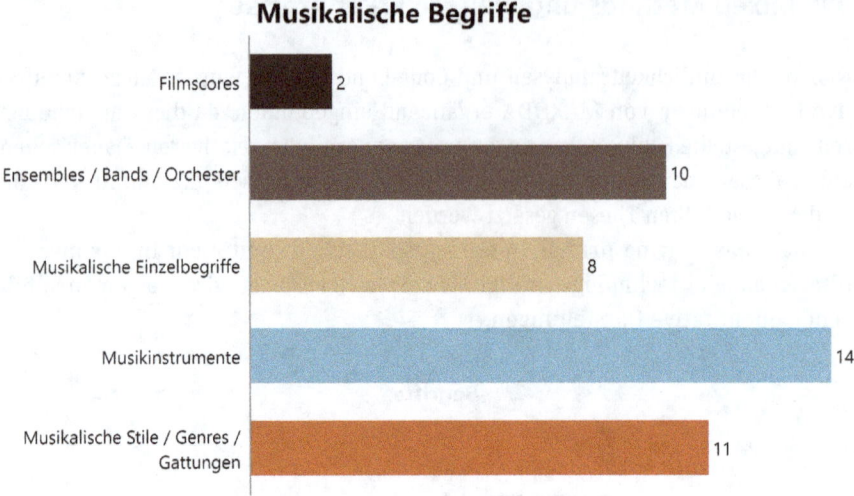

Abbildung 11: Statistik für Subcodes der Kategorie Musikalische Begriffe nach Vorkommen in den 14 ausgewerteten Interviews (Quelle: MAXQDA nach eigener Codierung).

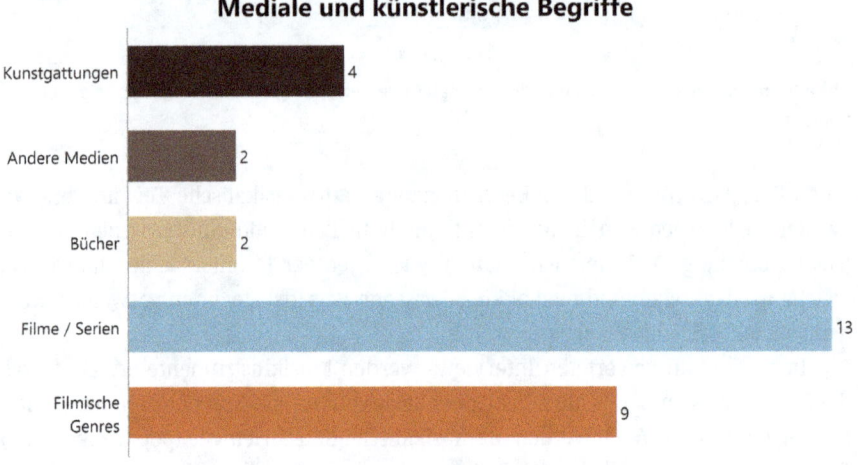

Abbildung 12: Statistik für Subcodes der Kategorie Mediale und künstlerische Begriffe nach Vorkommen in den 14 ausgewerteten Interviews (Quelle: MAXQDA nach eigener Codierung).

Ähnlich sieht die Statistik für geäußerte Personennamen aus (siehe Abbildung 13):

Die Statistik zeigt die Anzahl der in den Interviews genannten Personen, geordnet nach Berufsgattungen. Der größte Anteil genannter Personennamen entfällt auf (andere) Komponist*innen, erst danach folgen Filmschaffende (zumeist

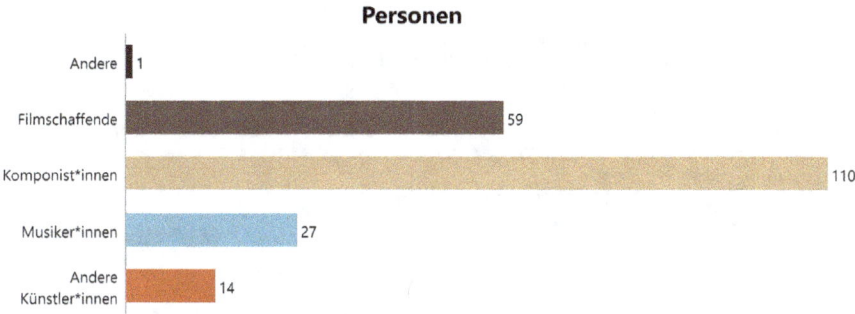

Abbildung 13: Statistik für Subcodes der Kategorie Personen (Quelle: MAXQDA nach eigener Codierung).

Regisseur*innen). Das gilt auch für das Vorkommen in den 14 Interviews: Andere Komponist*innen werden in 12 Interviews genannt, Filmschaffende in neun Interviews (siehe Abbildung 14).

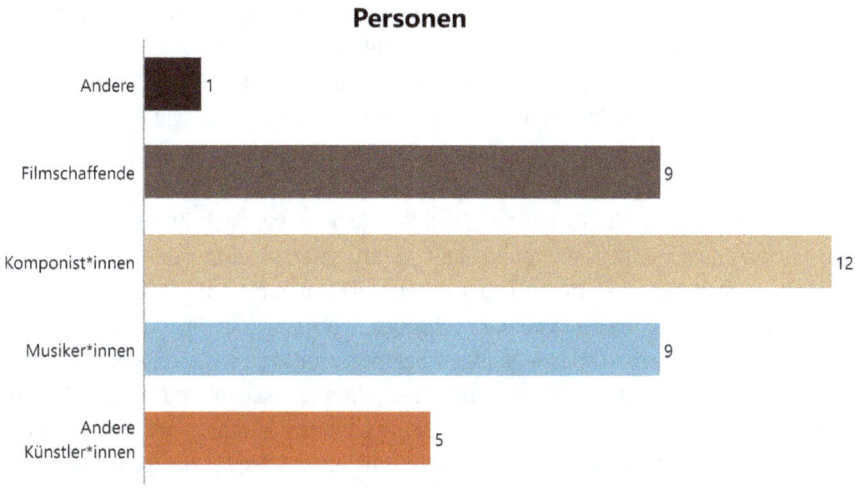

Abbildung 14: Statistik für Subcodes der Kategorie Personen nach Vorkommen in den 14 ausgewerteten Interviews (Quelle: MAXQDA nach eigener Codierung).

Die Analyse, dass der Großprozess der musikalischen Idee und Ausgestaltung das produktionsmäßige Zentrum aller Komponist*innen-Typen darstellt, wird ebenfalls durch quantitative Darstellungen untermauert (siehe Abbildung 15).

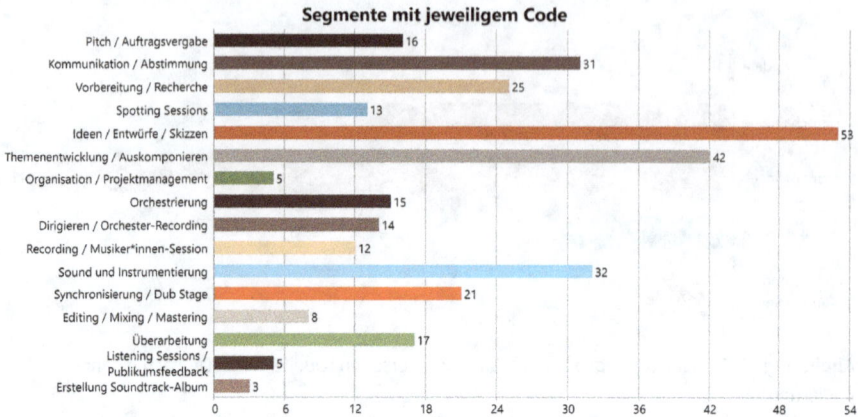

Abbildung 15: Anzahl vergebener Codes der Kategorie Produktionsprozesse (Quelle: MAXQDA nach eigener Codierung).

Die Segmente mit den Subcodes Ideen / Entwürfe / Skizzen sowie Themenentwicklung / Auskomponieren nehmen auch in quantitativer Hinsicht den größten Stellenwert in den Interviews ein. In ihrer Anzahl bedeutend sind auch die Prozesse Sound und Instrumentierung sowie Kommunikation / Abstimmung. Deutlich wird hieran auch, dass nicht-künstlerische oder produktive Prozesse wie Organisation / Projektmanagement oder Listening Sessions / Publikumsfeedback deutlich zurückfallen.

Sortiert man die Häufigkeit der Produktionsprozesse nach Komponist*innen-Typ, so lassen sich daraus ebenfalls einige Beobachten ableiten oder verstärken.

Die nach Komponist*innen-Typen sortierte Kreuztabelle der Produktionsprozesse zeigt die Häufigkeit vergebener Subcodes, wobei sich die Prozentangaben auf die Häufigkeit innerhalb des jeweiligen Segments (also des Interviews) beziehen (siehe Tabelle 3). So lässt sich hier beobachten, dass die beiden häufigsten Subcodes (Ideen / Entwürfe / Skizzen sowie Themenentwicklung / Auskomponieren) sich einigermaßen gleichmäßig auf alle vier Typen verteilen. Jedoch hat die (unfertige) Idee bei Typ A, C und D leichten Vorrang, während Typ B eher die fertig auskomponierten musikalischen Themen in den Vordergrund stellt. Auch zeigt sich, dass das Reden über den Teilprozess der Kommunikation und der Abstimmung sowie das Erwähnen von Listening Sessions und Publikumsfeedback von Typ A bis zu Typ D tendenziell zunimmt, während der Teilprozess der Orchestrierung in ähnlicher Weise an Häufigkeit abnimmt. Das deckt sich weitgehend mit den Beobachtungen, dass der Anteil der Kollaboration bei Typ C und D deutlich höher ist, während das Thema der Orchestrierung bei den Typen A und B wichtiger ist.

Tabelle 3: Quantitative Kreuztabelle der Produktionsprozesse, sortiert nach Komponist*innen-Typ (von Typ A links bis Typ D rechts; Quelle: MAXQDA nach eigener Codierung).

	Portman	Shore	Rabin	Jones	Tyler	Desplat	Goldenthal	Jackman	Zimmer	McCreary	Holkenborg	Reznor-Ross	Powell	Mothersbaugh
Produktionsprozesse	0%	0%	0%	0%	0%	0%	0%	0%	0%	2.60%	0%	0%	0%	0%
Pitch / Auftragsvergabe	0%	0%	0%	0%	0%	20.00%	0%	0%	4.30%	2.60%	9.50%	8.10%	14.80%	13.30%
Kommunikation / Abstimmung	0%	0%	5.30%	9.10%	7.10%	0%	25.00%	0%	15.20%	14.50%	14.30%	5.40%	7.40%	13.30%
Vorbereitung / Recherche	8.30%	9.10%	15.80%	0%	14.30%	0%	0%	0%	6.50%	7.90%	4.80%	16.20%	0%	6.70%
Spotting Sessions	0%	4.50%	10.50%	0%	21.40%	0%	0%	20.00%	0%	3.90%	0%	2.70%	3.70%	6.70%
Ideen / Entwürfe / Skizzen	41.70%	9.10%	10.50%	27.30%	0%	0%	0%	40.00%	32.60%	7.90%	19.00%	21.60%	18.50%	6.70%
Themenentwicklung / Auskomponier.	8.30%	18.20%	26.30%	9.10%	14.30%	40.00%	25.00%	40.00%	6.50%	11.80%	4.80%	13.50%	14.80%	13.30%
Organisation / Projektmanagement	0%	0%	5.30%	0%	0%	20.00%	0%	0%	0%	2.60%	0%	0%	0%	6.70%
Orchestrierung	0%	9.10%	10.50%	18.20%	7.10%	0%	25.00%	0%	2.20%	5.30%	0%	0%	7.40%	0%
Dirigieren / Orchester-Recording	0%	13.60%	0%	0%	0%	0%	0%	0%	4.30%	10.50%	4.80%	0%	0%	0%

(fortgesetzt)

Tabelle 3 (fortgesetzt)

	Portman	Shore	Rabin	Jones	Tyler	Desplat	Goldenthal	Jackman	Zimmer	McCreary	Holkenborg	Reznor-Ross	Powell	Mothersbaugh
Recording / Musiker*innen-Session	0%	4.50%	0%	9.10%	7.10%	0%	0%	0%	2.20%	9.20%	0%	0%	0%	6.70%
Sound und Instrumentierung	25.00%	4.50%	5.30%	27.30%	0%	0%	0%	0%	17.40%	6.60%	4.80%	10.80%	14.80%	13.30%
Synchronisierung / Dub Stage	16.70%	13.60%	5.30%	0%	0%	0%	25.00%	0%	2.20%	3.90%	9.50%	13.50%	7.40%	6.70%
Editing / Mixing / Mastering	0%	4.50%	0%	0%	14.30%	0%	0%	0%	0%	2.60%	14.30%	0%	0%	0%
Überarbeitung	0%	9.10%	5.30%	0%	7.10%	20.00%	0%	0%	2.20%	6.60%	9.50%	2.70%	11.10%	0%
Listening Sessions / Publikumsfeedb.	0%	0%	0%	0%	0%	0%	0%	0%	4.30%	1.30%	4.80%	0%	0%	6.70%
Erstellung Soundtrack-Album	0%	0%	0%	0%	7.10%	0%	0%	0%	0%	0%	0%	5.40%	0%	0%

Ein Blick auf die Codierung der Funktionen zeigt ein weniger eindeutiges Bild (siehe Abbildung 16). Am deutlichsten hervor tritt hier die Verstärker-Funktion, aber auch die Unterstützer-Funktion, die Musikalische-Substanz-Funktion sowie die Funktion außerhalb des filmischen Mediums werden einigermaßen häufig erwähnt.

Zuletzt wird eine quantitative Veranschaulichung der Selbstverständnisse unternommen (siehe Abbildung 17):

Hier spiegelt sich die bereits analysierte Kunst-Affinität wider, und auch die Kreativitäts- und Genie-Verständnisse schlagen sich in einer hohen Anzahl an codierten Segmenten nieder. Diverser ist das Bild bei den übrigen Selbstverständnissen, die stärker Typen-abhängig sind und deshalb auf eine insgesamt geringe Anzahl codierter Segmente kommen.

Ein Blick auf die Kreuztabelle der Produktionsprozesse zeigt die Häufigkeit vergebener Subcodes, sortiert nach Komponist*innen-Typen (die Prozentangaben beziehen sich auf die Häufigkeit innerhalb des jeweiligen Segments; siehe Tabelle 4). Hier zeigt sich, dass ein Traditionsverständnis von Typ A zu D leicht abnimmt, während das Dienstleister-Verständnis eher zunimmt. Interessant sind auch die drei mit Kreativität, Kunst und Geniedasein konnotierten Selbstverständnisse: Das Künstler-Selbstverständnis ist einigermaßen häufig in allen vier Komponist*innen-Typen. Das Kreativitäts- / Innovationsverständnis nimmt hingegen quantitativ von Typ A zu Typ D zu, während in ähnlicher (wenn auch nicht derart ausgeprägter) Weise das Genie-Verständnis leicht abnimmt. Auch dies untermauert die Beobachtung, dass eigene Genie-Konnotationen eher einen traditionellen und bisweilen romantizistischen Bezug haben, während ein mit Innovation verbundenes Selbstverständnis offenbar mit einem weniger starken Genie-Verständnis korreliert (und sich damit eher von etablierten Rollenbildern emanzipiert).

Insgesamt untermauern die quantitativen Visualisierungen die aufgestellten Beobachtungen und die vorgenommene Typologie. Sie geben unterstützend zu den bisherigen Erkenntnissen Hinweise darauf, in welcher Welt sich die Komponist*innen bewegen, worüber sie reden und mit welchen Sujets sie sich auseinander- oder in Relation setzen. Auch hier zeigt sich die Präferenz für musikalische semantische Felder, die von filmischen Sujets nur sekundär ergänzt werden. Ebenfalls steht die künstlerisch ausgerichtete musikalische Kreation an erster Stelle. Diese ist zumeist nicht nur Dienerin des Gesamtmediums, sondern hat die Fähigkeit, den Film oder die Serie zu bereichern. Anhand der untersuchten Kreuztabellen zeigt sich, dass die Komponist*innen-Typen A und B eher Produktionsprozessen mit traditionellem Bezug wie thematische Komposition und Orchestrierung zugeneigt sind, während

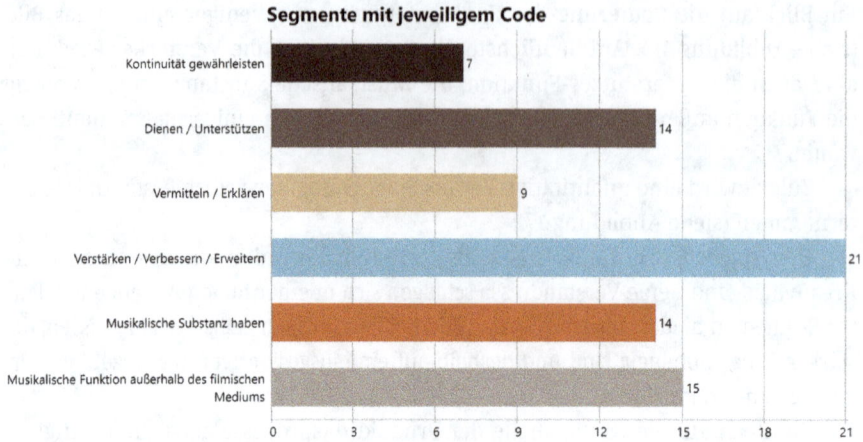

Abbildung 16: Anzahl vergebener Codes der Kategorie Musikalische Funktionen (Quelle: MAXQDA nach eigener Codierung).

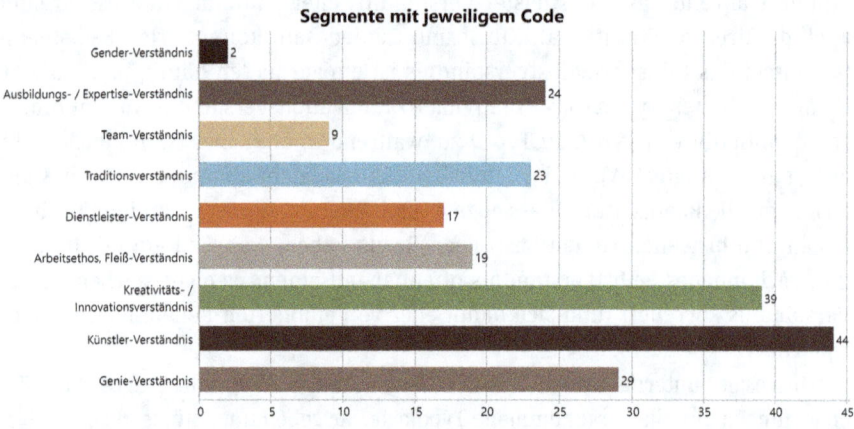

Abbildung 17: Anzahl vergebener Codes der Kategorie Selbstverständnisse (Quelle: MAXQDA nach eigener Codierung).

die Typen C und D häufiger über kreative Ideen, Kommunikation und Publikumsfeedback reden. Auch die Selbstverständnisse verschieben sich von Typ A zu Typ D vom Traditions- und Genie-Verständnis hin zum Innovations- und Dienstleister-Verständnis, was sich ebenfalls mit unterschiedlichen Traditions- und Fortschrittsbezügen erklären lässt.

Tabelle 4: Quantitative Kreuztabelle der Selbstverständnisse, sortiert nach Komponist*innen-Typ (von Typ A links bis Typ D rechts; Quelle: MAXQDA nach eigener Codierung).

	Portman	Shore	Rabin	Jones	Tyler	Desplat	Goldenthal	Jackman	Zimmer	McCreary	Holkenborg	Reznor-Ross	Powell	Mothersbaugh
Gender-Verständnis	25.00%	0%	0%	0%	0%	0%	0%	0%	0%	0%	0%	0%	0%	0%
Ausbildungs- / Expertise-Verst.	12.50%	10.00%	7.10%	25.00%	15.40%	0%	0%	18.20%	18.40%	6.50%	23.10%	16.70%	4.80%	0%
Team-Verständnis	0%	0%	0%	0%	7.70%	0%	0%	0%	0%	9.70%	0%	8.30%	14.30%	7.70%
Traditionsverständnis	12.50%	10.00%	28.60%	25.00%	7.70%	12.50%	0%	9.10%	5.30%	16.10%	7.70%	0%	19.00%	0%
Dienstleister-Verständnis	0%	0%	0%	0%	7.70%	12.50%	16.70%	18.20%	2.60%	9.70%	7.70%	0%	23.80%	15.40%
Arbeitsethos, Fleiß-Verst.	12.50%	40.00%	14.30%	0%	0%	0%	0%	9.10%	15.80%	9.70%	15.40%	0%	0%	0%
Kreativitäts- / Innovationsverst.	0%	0%	7.10%	25.00%	0%	12.50%	0%	36.40%	18.40%	9.70%	15.40%	58.30%	23.80%	53.80%
Künstler-Verständnis	37.50%	30.00%	28.60%	12.50%	23.10%	37.50%	66.70%	9.10%	23.70%	6.50%	30.80%	8.30%	14.30%	23.10%
Genie-Verständnis	0%	10.00%	14.30%	12.50%	38.50%	25.00%	16.70%	0%	15.80%	32.30%	0%	8.30%	0%	0%

4.9 Rückbezüge zur Forschungsfrage

Die Auswertungen der Inhaltsanalyse förderten wichtige Erkenntnisse zutage über die Charakterisierung und Typisierung von Filmkomponist*innen, über ihre Werte und Selbst- beziehungsweise Professionalitätsverständnisse, über semantische und ästhetische Bezüge und ihre Vorstellungen der Aufgaben von Filmmusik. Diese Erkenntnisse sind für sich genommen bereits aufschlussreich; die Intention dieser Studie ist jedoch, sie mit der Forschungsfrage und den aufgestellten Arbeitshypothesen in Verbindung zu bringen.

4.9.1 Romantizismen

Im theoretischen Teil dieses Textes wurden unterschiedliche romantische Aspekte beleuchtet und für sich untersucht (siehe Kapitel 2). Diese Ergebnisse werden nun angewandt, um eventuelle Romantizismen in den Aussagen der Filmkomponist*innen zu überprüfen. Dabei wird möglichst präzise auf romantische Topoi und die Form ihrer Adaptionen eingegangen.

4.9.1.1 Mythos und Utopie

Ein zentrales Element der Analyse im theoretischen Teil dieser Studie war der (romantisch interpretierte) Mythos. Auch wenn der Begriff in den ausgewerteten Interviews nur an einer Stelle explizit genannt wird,[35] lassen sich auch hier vielfältige Bezüge herstellen. Die Art, wie sich der Mythos in den Aussagen der Interviewten manifestiert, ist verschiedenartig und weist unterschiedliche Adaptionen auf.

Einerseits können sowohl die verstärkenden als auch die vermittelnden Funktionen der Filmmusik als mythische Kraft interpretiert werden, durch die der Film eine Brücke zur*zum Rezipient*in schlägt: „When film music is at its best it takes the audience into the world of the film." (Howard Shore, zit. nach Schrader 2017: 83) (Typ A). Auch die Komponist*innen suchen in der musikalischen Ideenfindung und Ausgestaltung aktiv nach dieser mythischen filmischen Welt und versuchen, sich etwa durch einen traumähnlichen Zustand auf die Reise dorthin zu begeben, um einen mythischen Score schreiben zu können (Typen A bis C). Typ-A- und B-Komponist*innen suchen sich zudem aktiv analoge Werkzeuge oder begeben sich

---

[35] Der Terminus taucht in einer Aussage von Howard Shore auf, jedoch nur innerhalb einer Aufzählung ohne tiefere Bedeutung: „They can watch the movie and enjoy it on a level that was just pure fantasy and myth and entertainment, but it has an inner logic." (Howard Shore, zitiert nach Schrader 2017: 91) (Typ A).

4.9 Rückbezüge zur Forschungsfrage

in eine ungestörte Isolation, um den Effekt des Mythos zu verstärken und eine utopisch gefärbte zeitliche Entkoppelung herbeizuführen.

Die mythische Potenz des filmischen Scores zeigt sich auch dadurch, dass der Score die realen zeitlichen Bezüge auflösen und eine mythische Zeit ausformen kann:

> [Schrader:] *You brought up a very interesting idea about film music's role in a film, as it relates to time. How can music bend timing of a film?*
>
> [Goldenthal:] It's very specific about malleability of time. You can bend time in such a way that a 20-minute sequence of the movie feels like 10 minutes by adding something that pulls you along, and some string that all of a sudden engages you, and 20 minutes ago you said, ‚What happened? It felt like 10 minutes.'
>
> In the same way, you can make a millisecond seem like three minutes. (Schrader 2017: 318 f.) (Typ B)

Auch an anderer Stelle wird das Potenzial beschrieben, eine mythische, primär emotional wahrgenommene Raum-Zeit aufzutun:

> I guess, the magic of movie music is what brings out to your emotions and your sensations and is not yet in the frame – meaning it could be depth of field, to take an example, which is more physical; it could be the past or the future of the character so that's more emotional content. It's a movement that goes from A to Z, that direction for you. (Alexandre Desplat, zit. nach Schrader 2017: 309) (Typ B)

Hier klingt ebenfalls Ernst Blochs Ungleichzeitigkeit an: Filmmusik vermag die zeitliche Gegenwart zu überwinden und eine Brücke sowohl in die Vergangenheit als auch in die Zukunft zu schlagen.

Ein weiterer mythischer Aspekt des Filmscores ist die Vermittlung von Kausalität, von mythischer Glaubwürdigkeit und eines emotionalen Zusammenhangs. Die Filmmusik begleitet nicht die filmische Handlung, sondern sie erzählt sie selbst:

> And I think part of what we do is we get to tell the story – that part of the story you can't elegantly tell in pictures or words.
>
> And so part of it is this – our job is we can invite the audience into an emotional experience. Not to tell them what to feel, but to tell them that the possibility exists to feel something. (Hans Zimmer, zit. nach Schrader 2017: 95) (Typ C)

Dabei hat der mythisch verwendete Score eine potente manipulative Kraft, die auch missbraucht werden kann. Wenn mit dieser Kraft nicht verantwortlich umgegangen wird, kann der Score zum Propaganda-Instrument, zur Waffe eines medialen (Schein-)Mythos werden – diese Befürchtung, die bereits Ernst Cassirer formulierte (siehe Kapitel 2.2.3), hat auch John Powell genannt (Typ D):

> [Schrader:] *What does music bring to a film?*
>
> [Powell:] Emotional manipulation. It was invented by Leni Riefenstahl for Triumph of the Will. By the end – the time the end – you get to the end of this giant sequence with Wagner playing, I think it's „Parsifal," and you just are so absolutely behind those Nazis.
>
> Nothing else can do that. Obviously the imagery and the cinematography and the beauty of the construction of the shots was a big part of it. Words were clearly nothing. And then the rest of it was done by music. So the ability to be able to manipulate people, really. It's the ultimate propaganda tool.
>
> So I mean I think that's absolutely the pinnacle of its achievements sometimes. (Schrader 2017: 291) (Typ D)

Gerade den Typ-C- und Typ-D-Komponist*innen scheint dieses mythenbildende Potenzial des filmischen Scorings genau bewusst zu sein.

> [...] its only job is to make that experience of the listener or the viewer in the theater to be transported into that storytelling world. And whatever can do to help manipulate that, that's what we're here to do. It's exciting. When asked about the role of music in a film, clearly I logically understand when you're seeing a film, what you're hearing underneath it affects you. (Trent Reznor, zit. nach Schrader 2017: 177) (Typ D)
>
> Or they come in, and they see it was raining all week. ‚We had to do something out in the sun. We had one hour where we could, but you still see glistening rain. I need you to make people know it's a bright, sunny day.' And I kind of love that. (Mark Mothersbaugh, zit. nach Schrader 2017: 344) (Typ D)

Möglicherweise sind die Einsicht und die Erkenntnis der Typ-C- und D-Komponist*innen über das große mythische Potenzial des Scores, eine glaubwürdige, konsistente, fiktive Welt zu erzählen und zu erschaffen, nicht nur ein gemeinsames Merkmal, sondern auch der Grund für ihren Erfolg. Auch dem gilt es, in der Musikanalyse nachzugehen.

Die Zugänge der verschiedenen Komponist*innen-Typen zum Mythos variieren, sind jedoch ähnlich ausgeprägt. In Typ A und B herrscht eine Vorliebe für ein aktives Eintauchen in mythische Sujets – Traum, Isolation und Entfremdung von modernen Aspekten wie technologischer Fortschritt. Die romantische Vorstellung, dass die Musik eine vermittelnde Brücke zum Mythos darstellt und sich aus seiner Quelle speist, ist hier klar erkennbar, wenn sich die Komponist*innen in einem innerlichen, reinen, außerweltlichen Zustand auf die Suche nach der Musik machen. Der Mythos wird aktiv durch die Wagnerschen Symbole des Leitmotives im Scoring auserzählt und der Film als Gesamtkunstwerk begriffen. Auch wird der mythischen Bedeutung von Genre-Grenzen und der daraus folgenden Maxime der Kontinuität bei den Typ-A- und Typ-B-Komponist*innen sehr große Beachtung geschenkt: Diese

Komponist*innen-Typen wollen nicht das Rad durch maßlose Innovation neu erfinden; vielmehr wollen sie den zu Produktionsbeginn bestens erforschten, bereits vorhandenen mythischen Raum, der durch mediale Genre-Leitlinien, aber auch durch die Vorgaben filmischer Reihen und Serialisierungen vorgegeben ist, weiter ausfüllen und mit eigener Handschrift neu erzählen.

Bei den Komponist*innen-Typen C und D tritt Roland Barthes' formulierte semiologische Umdeutung – und damit die mythische Umformung der Realität – deutlicher zutage. Die Manipulation zur Verbiegung von Wahrheit, zur Verschiebung von Sinnzusammenhängen oder von Emotionen ist in den Aussagen dieser Komponist*innen evident. Hier hat sich der Mythos-Zugang von Wagners konkreten Vorstellungen stärker emanzipiert und wird nicht nur über leitmotivische Komposition oder über Genre-Kontinuitäten realisiert, sondern der Mythos wird hier deutlich individueller in innovativeren, charakteristischen Formen immer wieder neu erzählt, wobei die Gefahr des Missbrauchs und der Verwendung von medialen (Schein-)Mythen gegeben ist. Der Mythos ist hier ein willkommenes Werkzeug, aber mitunter auch eine gefährliche Waffe des filmischen Scorings, da mit ihm neue, auch falsche Realitäten erschaffen werden können und der Weg zur Manipulation nicht weit ist.

Utopische Bezüge gibt es in den untersuchten Interviews ebenfalls, sie sind jedoch weniger greifbar als der Mythos. Die eskapistischen und nostalgischen Tendenzen der Typ-A- und B-Komponist*innen, sich ins Studio zurückzuziehen oder tief in die Welt des Drehbuchs einzusteigen, haben durchaus Elemente einer utopischen Idealvorstellung (mit starkem Vergangenheitsbezug) und der Ausflucht aus der überdrehten, digitalisierten Gegenwart der Spätmoderne. Diese Komponist*innen-Typen lassen eine nostalgische Rückbesinnungs-Utopie auch in der Wahl ihrer musikalischen Mittel und den starken Bezügen auf das 19. und 20. Jahrhundert erkennen.

Vereinzelt klingt auch das Potenzial zur zeitlichen Überwindung durch den filmischen Score an. Die zitierten Aussagen von Trent Reznor und Atticus Ross (Typ D) über das Kino als (womöglich letzten verbliebenen) Ort der spätmodernen Unterhaltungsgesellschaft, in dem Musik ungestört aufblühen kann, sind ein Hinweis auf utopische Realitätsausflüchte (vgl. Schrader 2017: 191). Hier lässt sich der Ungleichzeitigkeitsgedanke in den ständigen Innovationsuchen und Sound-Experimenten wiederfinden: Der Wille, etwas Neues und Ungehörtes zu schaffen, das vielleicht noch seine eigentliche Zeit zur Entfaltung findet, ist spürbar.

In die Nähe der Utopie rückt zudem der Einsatz vermeintlich exotischer Instrumente und Klänge. Die positiv-idyllische Umdeutung fremder, da wenig bekannter Stile, Instrumente oder Sounds ist, wie an einigen Textstellen selbst zugegeben wird, zumeist nicht authentisch, sondern dient eher einer musikalischen Entdeckungsreise, die utopische Fantasien beflügeln kann. Dieser utopisch gefärbte Exotismus ist in den Interviews jedoch nur vereinzelt nachweisbar und bedarf weiterer Untersuchungen.

Ebenfalls herausgestellt wurde die romantische Sehnsucht nach Intimität, idyllischer Beschaulichkeit und die Freude an der idealisierten kleinen Form. Für diese finden sich jedoch nur in Typ A Anknüpfungspunkte:

> I'm often there, in mixes, saying, ‚You could actually lower the volume of the music. It would be good.' Because sometimes, depending on what the music is, you might be writing a piece of music that is meant to be played incredibly subtly, and it's just a little hint of something. So it's almost sort of unconscious.' (Rachel Portman, zit. nach Schrader 2017: 75 f.) (Typ A)

Wenn Rachel Portman (Typ A) etwa ihre Musik leiser abgemischt haben will, kommt darin auch die Ästhetik der kleinen Form zum Ausdruck: Die Musik muss nicht immer groß und schwer sein oder besonders aufwühlen. Das erinnert an die Freude an der Beschaulichkeit des Biedermeier, lässt sich jedoch nur hier und nicht bei anderen Komponist*innen-Typen beobachten.

Utopische Bezüge finden sich damit – naheliegend aufgrund der bereits festgestellten Bezüge zu Vergangenheit und Zukunft – in allen Komponist*innen-Typen, wobei das nostalgisch-rückwärtsgewandte Element in Typ A und B überwiegt, während eine zukunftszugewandte Utopievorstellung in Typ C und D schemenhaft erkennbar wird (ohne sich allzu deutlich herauszukristallisieren).

4.9.1.2 Ästhetik des Erhabenen und Universalpoesie

Spuren der romantizistisch geprägten Ästhetik des Erhabenen finden sich besonders ausgeprägt in den Merkmalsräumen der Komponist*innen-Typen C und D: Wenn Hans Zimmer von seiner tiefen Immersion in die Story eines Kriegsfilms erzählt oder Trent Reznor und Atticus Ross ausführlich das intentional erzeugte Gefühl der Unsicherheit in der Score-Produktion von *The Social Network* (vgl. Fincher 2010) beschreiben, sind klare Bezüge zu einer Affinität des Schauerlichen, Unschönen oder Schrecklichen gegeben.

> And I wanted something that felt a bit stoic but flawed. And a bit bold, yet melancholy – aware of its own shortcomings. Not to sound too pretentious. But the simplicity of that kind of unsettling drone that got more dissonant as it went on just felt like a cool moment that we could use somewhere. (Reznor, zit. nach Schrader 2017: 178) (Typ D)

Eingeschränkter finden sich entsprechende Bezüge in den Typen A und B, lassen sich aber in der Charakterisierung von Filmfiguren finden, wenn etwa Gegenspieler*innen und Antagonist*innen mit bösen Absichten musikalisch treffend untermalt werden sollen.

Deutliche Bezüge bestehen zum Topos der poetischen Idee. Spuren der Vorstellung, dass sich Musik und Poesie zu einem höheren Ganzen verbinden, finden sich in den Interviews aller untersuchten Komponist*innen-Typen.

> You're sitting in the cutting room of Gladiator. So we had this idea: It had to be a woman's voice. It had to be poetic. So the next day we came in, and there was the hand on the wheat field. And that shot holds for a minute. And if you had written that in the script, that wouldn't have even made it to being shot. Why would you hold a hand on the wheat field? The only way that shot can work was because of the music, because of [Lisa Gerrards's] voice. But it sort of gave license for the rest of the movie to be a little bit more poetic and to be a little more expansive. (Hans Zimmer, zit. nach Schrader 2017: 102) (Typ C)

Die Verbindung von Poesie und Musik wird hier explizit benannt, ist aber sinngemäß in einer Vielzahl von Textstellen der ausgewerteten Interviews Thema. Auch getätigte Aussagen, in denen der Musik Tiefe verliehen wird, oder dass Musik Reibung oder Vibration erzeugen soll, können als Suche nach einer poetischen Kraft identifiziert werden.

> Sometimes you write a piece, you hear it to a mock up, to the picture, and you feel it's flat. There's nothing. You're not bringing anything new to what is already on the screen, there's nothing magical about it.
>
> Until you find, after many attempts, something where I feel that suddenly there's a movement in front of me, which is the music which certainly is part of what the film is doing, of the energy of the film, of the soul of the film, of its breath, the way it evolves on the timeline, and that's what I call the vibration – when I can feel the music is really in the face. (Alexandre Desplat, zit. nach Schrader 2017: 312) (Typ B)

Die romantische poetische Idee kann eng mit der musikalischen Verstärker-Funktion in Verbindung gebracht werden: Der die Filmstory erweiternde, um eine Ebene ergänzende oder kontrapunktierende Score ist ein valider Verweis auf die romantische Verbindung von Musik und Dichtung. Diese findet sich am stärksten ausgeprägt in den Komponist*innen-Typen B und C.

4.9.1.3 Realitätsflucht und Kunstreligion

Auch finden sich viele Anknüpfungspunkte an den romantischen Topos der Realitätsflucht und Sehnsucht nach dem Ausbruch aus dem Alltäglichen. Nicht nur der Score, sondern das filmische Medium an sich werden als Ausfluchtsorte aus dem Alltag begriffen. Verweise darauf finden sich bei allen vier Komponist*innen-Typen:

If you think of films – you go into a room and the lights come down and it's dark. And then images start appearing. Isn't that close to what happens in the dream state? You go into a room. It gets dark. You close your eyes and images start appearing. You're in a dream state.

I like to capture that feeling, and I think I've tried that on certain films. And, yes, of course you get ideas when you're asleep. (Howard Shore, zit. nach Schrader 2017: 87 f.) (Typ A)

[...] then I come here to my studio, and this is where I kind of take the phone off the hook and I just try to keep myself as creative as possible, as undisturbed as possible, and just try to find that childlike place where I'm imagining things.

In a way, that's my favorite part of the process, because it's the most pure and simple. (Bear McCreary, zit. nach Schrader 2017: 164) (Typ C)

Howard Shore als Vertreter einer*eines Typ-A-Komponist*in beschreibt die (bei Typ A, B und C nachweisbare) Praxis, sich für die musikalische Kreation aus dem Alltag zurückzuziehen und sich in einen traumähnlichen Zustand zu begeben – an den Ort, der seiner Empfindung nach die stärkste Verbindung zur Musik hat. Ganz ähnlich beschreibt dies der Typ-C-Komponist Bear McCreary. Trent Reznor (Typ D) charakterisiert nicht nur die kompositorisch-produktive Arbeit, sondern auch die filmische Rezeption als Ausbruch aus der Wirklichkeit der (kritisch betrachteten) Gegenwart des 21. Jahrhunderts mit all ihren technologischen und sozialen Ablenkungen. „It's still an interesting thing to think about in today's distracted, bombarded, over-informationalized world, that there's still a format where music can thrive." (Trent Reznor, zit. nach Schrader 2017: 191) (Typ D) Die romantische Realitätsflucht wird hier transformiert und adaptiert: Nicht allein übersinnliche Sujets – etwa in Schreckensopern oder Fantasyfilmen – sind geeignet zum Ausbruch aus dem Alltag. Ebenso können im Produktionsprozess intime, traumähnliche, kindlich-reine Inseln des Eskapismus für die*den Filmkomponist*innen geschaffen werden: offenbar auch deswegen, weil die zu erstellende Musik eben nicht nach Alltag klingen, sondern aus ihr in eine andere Welt herausführen soll. Das gelingt besonders gut, wenn man sich für die Kreation selbst mental in jene Welt begibt. Hier klingt eine utopisch gefärbte Sehnsucht nach einem Ort, aber auch nach einer anderen Zeit an. Diese andere Zeit hat einen stärker historisch geprägten Charakter bei Typ A und B, während bei den Typen C und D eine zeitlich erschwert zu bestimmende Nostalgie durchschimmert.

Daneben kann auch die Rezeption des filmischen Mediums – unabhängig des Filmgenres und des Realitätsbezugs der Handlung – ein Ausweichen aus der Gegenwart sein: Die konzentrierte, immersive Rezeption eines zweistündigen Kinofilms, idealerweise in einem abgedunkelten und leisen Kinosaal, birgt bereits eine Realitätsflucht in sich und hat damit eine romantizistische Dimension. Die Erfahrung des filmischen Erlebnisses kann durch den Score gesteigert werden, wodurch Überwältigungs- oder Rauschzustände entstehen können: „[Schrader:] *What is it about a great score that gives you goosebumps*? [Jones:] Well, it touches all the emotions in you and it's out of control. You just can't fight the feeling." (Schrader 2017: 50) (Typ B).

4.9.1.4 Virtuosentum und Genie-Dasein

In Kapitel 4.6.5 wurden bereits die vielfältigen Bezüge zum Genie-Dasein beschrieben, die sich bei allen Typen finden (allerdings eingeschränkt in Typ D). Auch gibt es dezidiert Adaptionen des romantischen Virtuosentums, das sich vielgestaltig bemerkbar macht: etwa in der Ansicht, jeden einzelnen Teilschritt in der Produktion kontrollieren zu wollen, da man davon mehr verstehe als alle anderen (Brian Tyler – Typ B); auch äußert sich dies darin, dass die eigene, gelungene Score-Komposition weltweit zu anderen Anlässen verwendet wird (Trevor Rabin – Typ A).

Bei den Komponist*innen-Typen C und D – jenen mit fortschrittlicheren Konnotationen – finden sich Hinweise darauf, dass das Rollenbild als gefeierte*r Virtuos*in ebenfalls eine große Rolle spielt:

> When I was a teenager, I sort of started playing around with computers and figure out that this is a legitimate musical instrument. This is a legitimate writing tool. Do they think of journalists or authors, that they're not creative because they work on a word processor? There's this weird sort of anachronistic way of thinking in music that if it's not a violin, it can't be any good. Or if it's not a piano – if you're not a virtuoso piano player. (Hans Zimmer, zit. nach Schrader 2017: 113) (Typ C)

Auch John Powell (Typ D) zeigt mit seinem typischen Humor, dass er letztlich an einer Anerkennung als versierter (Computer-)Virtuose interessiert ist:

> There's lots of shitty music done on a computer, so obviously that's the whole point is that everybody gets the chance to mess up on computers. That's why I like them as well. It allows me to quietly, in the privacy of my own room, make a lot of mistakes over and over and over again and then work through those mistakes and eventually try and swim up and find some interesting thing.
>
> If I had to do that on paper, straight with an orchestra, I'd be making so many mistakes I think. I don't think anyone would hire me. (John Powell, zit. nach Schrader 2017: 294) (Typ D)

Auch Typ-C- und D-Komponist*innen wollen als Virtuos*innen gelten, spüren jedoch die rezeptiven Vorbehalte gegen die neueren technischen Einsatzmittel, die nicht dem klassischen Virtuos*innenbild entsprechen: Sie ringen um Anerkennung als Genie, das jedoch seiner Zeit voraus ist. Der Computer als fortschrittliches Arbeitsmittel ist demnach der materielle Beweis, dass diese Genies aus der Zeit gefallen sind und ihre Anerkennung womöglich erst in der Zukunft erfolgen wird. Eng damit verbunden ist auch das Kokettieren mit einer mangelnden formalen Ausbildung, wie dies etwa Hans Zimmer tut: Dies ruft Reminiszenzen an die romantische Vorstellung eines Genies wach, das durch formale Regeln – die etwas sehr Gegenwärtiges haben, da sich Regeln mit der Zeit ändern – nur in seiner zeitlos-schöpferischen Kraft eingeschränkt wird.

Die romantische Vorstellung von höherer und niederer Musik hat ihre Spuren in den Denk- und Wertvorstellungen der untersuchten Filmkomponist*innen hinterlassen. Die Angst vor (oder die abwertende Beurteilung von) Kitsch oder Trivialität in der Filmmusik findet sich in mehreren Aussagen und ist besonders in den Typen B bis D ausgeprägt.

Henry Jackman (Typ B) beschreibt etwa den ewigen Konflikt zwischen höherer, autonomer Musik und den Anfordernissen von Filmschaffenden im Hinblick auf gute Filmmusik:

> If you're a concert composer, or in a band, you write a piece of music because it's cool, and people like your music, right? Whereas film music – if you're a producer and you had a choice between Stravinsky, who's one of the greatest concert composers who ever lived, who potentially might just ignore the film and write a fantastic piece of music that is world class concert music, but severely harming the film. Versus someone who's quite mediocre but has a phenomenal sense of picture and how to help the film, but the actually pieces might not be the greatest composition ever. As a producer, you would definitely pick number two not number one. Number one you'll end up with these amazing concert pieces that are of no use to you. (Henry Jackman, zit. nach Schrader 2017: 322) (Typ B)

Damit eng verbunden ist die Vorstellung, dass ein Filmscore auch musikalische Substanz haben muss: Er soll also nicht allein funktional (im Sinne des Bedienens der gesamtmedialen Bedürfnisse) sein und damit potenziell flach oder unauthentisch, sondern auf den eigenen zwei Beinen stehen können (im Sinne einer musikalischen Autonomie). Mit der Abneigung gegen Mittelmäßigkeit geht eine Abneigung einher, Filmmusik allein aus kommerziellen Gründen schreiben zu wollen:

> There's lots of films where I'm blown away, you know what I mean? Something like the Incredibles. That's a film which I – there's no possible way I could do that. But when I listen to the score to it. It's incredible to me, not to overstate the word. But generally speaking, there is an aspect where you can feel, like Trent mentioned, where it's the same thing recycled. I'm surprised it's not just library music. And I don't mean it with any malice towards anyone. But I think that, in a sense, it's that thing of – I mean I guess our position has always been quality over quantity. And I can understand you want to make money. You do as many films as you possibly can. I don't know how many great ideas you can have a year. I mean not every film demands the music to be a character. But one often leaves – I've often left. There have been some movies I've seen which I'm definitely not going to mention where I've felt, ‚Wow. That could have been a great opportunity for the music to really play a role. And it would have made the film a lot better.' And in fact, I think that the music has harmed the film. (Atticus Ross, zit. nach Schrader 2017: 187) (Typ D)

In allen vier Typen ist die Intention spür- und nachweisbar, dass Filmmusik als Kunstform ernstgenommen werden soll. Die romantische Abneigung gegen Kitsch wandelt sich hier und verschiebt den Fokus auf eine Abneigung gegen Unauthentizität, gegen allzu dominante kommerzielle Interessen und gegen Trivialität (vor allem in den Typen B, C und D). Bei Typ D kommt zudem die Anforderung der Innovation hinzu, wenn etwa Mark Mothersbaugh die fehlende Inspiration und die Gleichförmigkeit in gegenwärtiger Popmusik kritisiert. Alle vier Typen fordern eine gewisse Autonomie des Scores ein, da eine völlig funktionale Unterordnung nicht mit der Maxime einer höheren Musik vereinbar wäre.

Hier soll einschränkend berücksichtigt werden, dass Matt Schraders Fragen durchaus als Impulsgeberinnen für dezidiert künstlerische Themen angesehen werden können und deshalb die Neigung zum Kunstcharakter möglicherweise begünstigt haben. Das mag in der Tat eine Rolle gespielt haben – dennoch zeigt eine Vielzahl von Beispielen, dass Schrader den interviewten Komponist*innen viel Raum für ihre Antwort gegeben hat, mit teils seitenlangen Ausführungen ohne Unterbrechung durch Schrader (vgl. Schrader 2017: 151; 180; 266; 291). Ebenso gibt es viele Beispiele, in denen die Antwortenden bewusst auf ein künstlerisches Thema gewechselt sind, ohne dass die Frage darauf abzielte (vgl. Schrader 2017: 74; 87; 95; 160; 311).

In den Typen C und D ist auch der Versuch zu erkennen, Filmmusik als Kunstform aufzuwerten, vor allem gegenüber der Popularmusik:

> And as access changed and everybody has access to everything, and now music is something that you listen to through two tiny little shitty speakers on your laptop while you're doing something else. The value, the importance of music has changed. Its role has changed. In a lot of ways, and not for everybody, but to a lot of people it's just a thing in the background. And it just dawned on me when we were working on Gone Girl, one of the few places I can think where people in attention on something for an hour or two or a couple hours, is in the cinema. And during that time we've got their attention, even though it's part of the whole. (Trent Reznor, zit. nach Schrader 2017: 190 f.) (Typ D)

> There is a story there of two and a half hours, and you need to bring the best out of that story with your music, and you need to shift emotions, based on what you're seeing on screen, based on what the director finds interesting to pursue. That makes it, to me, a higher art form, because it demands way more from you than just being a cool musician. There are so many cool people in the world that make absolutely – and I mean that – really, absolutely fantastic music. But it doesn't mean they're great film composers, because that is, to me, a different art form, and a higher art form. You need so much more than just being a musician. (Tom Holkenborg, zit. nach Schrader 2017: 220 f.) (Typ C)

Die durchkommerzialisierte und digitalisierte Gesellschaft ist eine Gefahr für die Musik, doch es gibt verbliebene Inseln, in denen hochwertige Filmmusik aufblühen und sich entfalten kann. Der Versuch solcher Aufwertung erfolgt in den

Typen A und B eher über die Konstruktion direkter Traditionslinien zur kunstmusikalischen Sphäre (hier am Beispiel von Alexandre Desplat – Typ B):

> My name starts with a D, like many composers that I admire – Dutilleux, Dudamel, that's for movie soundtracks. Debussy. And it was hard for me to imagine that I would have one day a CD, I mean an album at the time, then a CD, in the same section as these letters. (Alexandre Desplat, zit. nach Schrader 2017: 310) (Typ B)

4.9.1.5 Historismus und Antimodernismus

Des Weiteren können Bezüge zum romantischen Ideal des Historismus sowie des Antimodernismus hergestellt werden. Die Auffassung, dass die Musik vergangener Epochen – und die Mittel zu ihrer Erzeugung – (mindestens) ebenso gut sein könnte wie Musik der Gegenwart, findet sich bei allen Typen, aber in unterschiedlicher Ausprägung. Wie bereits angesprochen, tendieren Vertreter*innen von Typ A stärker zu früheren Epochen und benutzen etwa dieselben Werkzeuge wie romantische Komponist*innen:

> So I've now taken you from the pencil and paper, really a 19th Century world to 21st Century technology, and you bridge the gap between all of those periods – a couple of hundred years of music making. (Howard Shore, zit. nach Schrader 2017: 86) (Typ A)

Howard Shore greift auch ungefiltert das romantische Naturideal auf, das er als Inspiration für das Scoring von *The Lord of the Rings* (vgl. Jackson 2001; 2002; 2003) benutzte.

Während der Typ A auch in der Kompositionsweise eine Adaption des Antimodernismus zeigt, findet sich ein historischer Relativismus auch in den Typen B bis D, etwa wenn sie sich aus verschiedensten musikalischen Genres des 20. und beginnenden 21. Jahrhunderts in eklektizistischer Manier bedienen, um den Score zu schreiben:

> And the first thing I wrote was the main title, which I even amped up a little bit and brought in some electric guitars and drum kit. And it was like this weird heavy metal sea shanty thing. (Bear McCreary, zit. nach Schrader 2017: 171) (Typ C)

> But in fact what I didn't realize is all of that that bifurcation into staying out until four in the morning listening to drum and bass and rave stuff, and then going into pop music and working with people like Trevor Horn, was a great privilege. What I didn't realize is this is all priceless education for film music [...]. (Henry Jackman, zit. nach Schrader 2017: 326) (Typ B)

Die historische Reflexivität, die für Hühn (2015) der moderne Kern der Romantik war, tritt hier bei allen vier Komponist*innen-Typen zutage. Lehnt Typ A jüngere und zeitgenössische Musikformen eher ab und bevorzugt historische Gattungen, zeigt sich in Typ B bis D eine relativistische Einstellung gegenüber verschiedenen musikalischen Epochen und Genres.

4.9.1.6 Sinfonismus und Instrumentalmusik

Ein weiterer Aspekt ist der romantische Sinfonismus sowie die Aufwertung der Instrumentalmusik, die sich bei den Filmkomponist*innen zu einem Orchestralismus entwickelt hat. Dafür finden sich Zitatbeispiele bei allen vier Komponist*innen-Typen:

> I was going to use the word finesse because, the ability to light and shade an orchestra is just so extreme, and it's just so rare. Rarely do you hear that in the Rock & Roll world. The orchestra can have just a powerful presence, and then go down to such a tiny presence. You have an oboe with a tiny melody only to be enveloped by everything. (Trevor Rabin, zit. nach Schrader 2017: 269) (Typ A)

> And honestly, that is why orchestras sound beautiful. Because you have many, many players, trying to play the same note, but no one can. Everyone is off by microns of a percentage, which gives it that chorusing effect. (Brian Tyler, zit. nach Schrader 2017: 201) (Typ B)

> Being in the room conducting an orchestra and hearing music that I've worked on for a long time become realized is – it's sort of the adrenaline blast that keeps me going through the whole process. It's the part of the process I think I enjoy the most. (Bear McCreary, zit. nach Schrader 2017: 153) (Typ C)

> So much of what I've done probably is this combination of music that is creative in the computer, and is computer-created in the same way that rock and roll and pop music are created. But then just to mix it up with the orchestra, because the orchestra makes everything sound expensive. (John Powell, zit. nach Schrader 2017: 295) (Typ D)

Nicht mehr die Gattung der Sinfonie, aber die instrumental-orchestrale Musik und der orchestrale Klangkörper werden zu Höhepunkten filmmusikalischer Errungenschaften stilisiert; die expressiven und klanglichen Möglichkeiten des Orchesters sind für die ausgewerteten Komponist*innen unübertroffen. Diese Glorifizierung geschieht im Bewusstsein, dass das Orchester eine direkte Traditionslinie zur Kunstmusik darstellt und für Wertigkeit, Qualität, ernstzunehmende Kunst und Hochkultur steht. Das wird auch in reflexiver Weise genutzt, wie das angeführte Beispiel von John Powell zeigt: Das Orchester bringt eine Aura des Qualitativen und Wertigen, aber auch des Mythischen mit sich, und in diesem Potenzial ist es unübertroffen. Auffällig ist auch, dass diese Würdigung der orchestralen Möglichkeiten nicht Genre-mäßig eingeschränkt wird, sondern verallgemeinernd als die hochwertigste und generell anzustrebende Form der Instrumentierung dargestellt wird. Dessen ungeachtet wird nicht immer der reine Orchestersound angestrebt, sondern er wird frei mit weiteren Instrumenten oder Sounds kombiniert. Dies wird besonders evident in Aussagen von Komponist*innen der Typen C und D.

Beachtenswert ist, dass viele in den Interviews angeführte Beispiele für orchestrale Vorbilder nicht allein aus dem Kosmos der Kunstmusik stammen, sondern sich oft auf klassische Filmmusik-Vorbilder des Hollywood-Sounds oder der vorherigen Filmkomponist*innen-Generation um John Williams, Jerry Goldsmith oder Elmer Bernstein beziehen. Hier wird die Transformation eines romantischen Ideals durch das 20. Jahrhundert deutlich. Dennoch wird klar, in welcher Traditionslinie sich die Filmkomponist*innen unterschiedlicher Typen sehen, wenn etwa Hans Zimmer seinesgleichen als Erb*innen der Orchestertradition sieht oder Vorbilder des 19. und frühen 20. Jahrhunderts genannt werden. Hier ist ein übergeordnetes Selbstbewusstsein greifbar, das das semantische Feld Filmmusik als direkte Nachfolgerin orchestraler Konzert-, Programm- oder Opernmusik sieht. Dieses orchestrale Verständnis von Filmmusik findet sich bei allen definierten Komponist*innen-Typen – mit leichten Einschränkungen bei Typ D.

> [...] we have become the popular music of our day, in a peculiar way. There's so many concerts these days devoted to film music. I've got Pirates out there, I've got Gladiator out there. Our music has transcended the confines of the medium it was written for. And at the same time, we're making people come back to the concert hall. And that's a great thing." (Hans Zimmer, zit. nach Schrader 2017: 125) (Typ C)

Interessant ist in diesem Zusammenhang auch die bewusste Abgrenzung der Filmmusik von Popmusik:

> If I write a song and then put the lyrics to it, the lyrics are sometimes a bit of a task. Whereas when I write a song where the lyrics come first, it's easier to write the music to it. I find it harder to write lyrics to music than music to lyrics if that makes sense.
>
> Writing film music doesn't burden you with lyrics. Although I like writing lyrics, I can really concentrate on the essence of the music. (Trevor Rabin, zit. nach Schrader 2017: 267) (Typ A)
>
> You just grab enough clichés and put them all together, and make one little shift and there you go. Your brand new pop song.
>
> To say, ‚difficult' is not really the way to think about it. But it is totally a different part of your brain. A pop song is a different part of your brain than a score. But a score for a movie, there's really a lot of directions you can go. (Mark Mothersbaugh, zit. nach Schrader 2017: 346) (Typ D)

Die Essenz der Musik ist instrumental, nicht vokal: Das ist ein genuin romantischer Gedanke (vgl. Friedrich 1996; Dahlhaus 1988; siehe auch Kapitel 2.6.2). Auch wird selbst bei den mit der Popkultur am stärksten sozialisierten Typ-D-Komponist*innen ein Abgrenzungswille deutlich, in dem sich die Topoi des Orchestralismus mit der Betonung der Höherwertigkeit von Filmmusik vermengen.

4.9.1.7 Inhalt über Form

Ein weiterer wesentlicher Topos der romantischen Musikästhetik ist die Priorisierung des Inhalts gegenüber der Form. Diese Maxime des Charakteristischen ließ die poetische Idee und die Ausdruckskraft gegenüber den äußeren Konventionen in den Vordergrund rücken (siehe Kapitel 2.6.1). In den ausgewerteten Komponist*innen-Interviews finden sich viele Aussagen, die sich wie eine direkte Fortführung dieses ästhetischen Ansatzes lesen. Gerade die stilistische Freiheit ist für mehrere Komponist*innen der ausschlaggebende Grund gewesen, eine Laufbahn in der Filmmusik einzuschlagen. Doch wie auch die romantische Favorisierung des Charakteristischen zwar den Inhalt gegenüber der Form priorisiert, damit aber die Form keineswegs auflöst, so gibt es auch bei den Filmkomponist*innen Grenzen der Freiheit. So tätigt etwa Quincy Jones zwei auf den ersten Blick sich widersprechende Aussagen:

> [Schrader:] *Is there any limit to the amount of experimentation you can do in a film score?*
>
> [Jones:] No limit. Not one. No. I mean, even with colors and just the sound. I used all kinds of stuff. We used the first synthesizers in a score. It was in Ironside. You had never heard of synthesizers before that. (Schrader 2017: 54 f.) (Typ B)
>
> [Schrader:] *You've said before that you have to give yourself some type of boundaries when scoring or else it doesn't work. Why is that?*
>
> [Jones:] Well that's what [Nadia Boulanger] said. Nadia told us that. Because if you have total freedom, it doesn't work. You play in any key, any tempo? That doesn't work. There are boundaries. But it's fun to explore, isn't it? Ain't no kind of music scare me, man. (Schrader 2017: 49) (Typ B)

Diese Grenzen – die vorgegebene Form – ergeben sich unter anderem aus dem Drehbuch, aus der Vision der*des Regisseur*in, aber auch aus dem filmischen Genre und den damit verbundenen Publikumserwartungen.

> So I try to follow that track, but when we speak of movies there's various types of movies. There are many types of movies in the cinema. If you write for a very intimate cinema verite type of film, music has to be of another caliber than if you do a fantasy movie. So I would say that it's impossible to generalize. (Alexandre Desplat, zit. nach Schrader 2017: 312 f.) (Typ B)

Auch Bear McCreary (Typ C) spricht diese Grenzen an – und heißt sie ausdrücklich gut. „So I gave myself some parameters, because I need parameters. I can't just say it can be anything" (Bear Mc Creary, zit. nach Schrader 2017: 170) (Typ C).

Das filmische Genre setzt zu einem großen Teil diese Leitplanken fest – doch innerhalb dieser Leitplanken gibt es Gestaltungsspielraum. Das sieht auch Mark Mothersbaugh als Beispiel für eine*n Typ-D-Komponist*in so:

> [Schrader:] *How much of a film's impact comes from the music?*
>
> [Mothersbaugh:] Depending on the kind of film it is – if it's live action, it's probably only about 40 to 50 percent of the film. But if it's animation, it's probably about 75 percent or more of the film. Because you have a lot more heavy lifting to do in animation. (Mark Mothersbaugh, zit. nach Schrader 2017: 339) (Typ D)

Hier zeigt sich, dass das Postulat der völligen Freiheit in der musikalischen Ausgestaltung keine grenzenlose ist: Sie hat in der Tat Grenzen, und hier ergeben sich starke Parallelen zum romantischen Paradigma des Charakteristischen. Es verschiebt sich der eigene empfundene – oder in Anspruch genommene – Entfaltungsraum von Typ A bis zu Typ D immer weiter von strikteren Grenzen hin zur individuellen Freiheit, aber der Raum ist weder in Typ A völlig restriktiv noch in Typ D grenzenlos geöffnet. Mit einigem Recht kann hier argumentiert werden, dass gerade die Charakter-Musik, das Charakteristische und Subjektive in den Aussagen der Typ-D-Komponist*innen, die auf den ersten Blick die geringsten romantizistischen Bezüge haben, am stärksten ausgeprägt ist. In der zweiten Hauptstudie wird im Fokus stehen, wie sich diese Grenzen – und der Spielraum innerhalb davon – ausgestalten, und welche musikalischen Konsequenzen sich daraus ergeben (siehe Kapitel 5).

4.9.1.8 Leitmotivik und Gesamtkunstwerk

Der Einfluss von Richard Wagners Werk auf die Filmmusik wurde immer wieder in der Forschung untersucht und ihre Wirkmächtigkeit betont. Das betrifft nicht nur den leitmotivischen Kompositionsstil, sondern auch Wagners ästhetische Vorstellungen des Musikdramas und der Hinwendung zum antiken Mythos (siehe Kapitel 2.2.1 u. 2.6.4). Die Beobachtungen dieser Inhaltsanalyse des *Score*-Interviewbandes bestätigen die mannigfaltigen Bezüge zu Wagners Paradigmen in den Äußerungen der interviewten Komponist*innen.

Auf der kompositorischen Ebene des Leitmotivs sind es dezidiert die Typ-A-Komponist*innen, die sich in diese Traditionsreihe stellen:

> Usually what I'll do at that stage is not work with the film too much, but I'll work with themes and leitmotifs. I'll try to create a body of work that has to do with the story of the film or what I remember from the film. Sometimes this piece can be 20–30 minutes in length, and to me, I'm trying to incorporate all the aspects of the composition in this suite away from the film. (Howard Shore, zit. nach Schrader 2017: 87) (Typ A)

> [...] if you're working with something that's the melodic theme, it can have real power if you've tracked that melodic idea from the beginning of the film. (Rachel Portman, zit. nach Schrader 2017: 76) (Typ A)

> The most important thing, for me, with film scoring is theme. In that sense, it is very much like writing a song. If you have a theme that people can remember, hum to themselves. If someone is walking out and is humming the melody, and you ask them what is that, and they say, „I don't know" because they've sort of just unconsciously enjoyed the theme, and has tied that theme to the various characters. But I think theme is really the important thing. (Trevor Rabin, zit. nach Schrader 2017: 266) (Typ A)

Auch wenn nur Shore explizit Wagner und Leitmotive nennt, wird auch aus den Aussagen Portmans und Rabins deutlich, dass sie das thematische Material eines Scores im leitmotivischen Sinne verwenden, um die gesamte musikalische Substanz (oder zumindest ihren Kern) damit abzubilden.

Die Musik als Vermittlerin und Kommentatorin der Handlungsvorgänge: Das ist das Wagnersche Paradigma der Leitmotivik und ihrer Einbindung in das zum Mythos verdichtete Musikdrama (siehe Kapitel 2.6.4). Dieses drückt sich nicht nur in der Kompositionstechnik aus, sondern auch darin, dass die Filmkomponist*innen eine Pluralität an Funktionen in der Filmmusik beschreiben, die nebeneinander und gleichzeitig wirken: Wenn der Score eine weitere semantische Ebene öffnet, aber auch die Story vermittelt und Emotionen weckt, dann lassen sich diese Aussagen – die bei allen vier Komponist*innen-Typen vorkommen – durchaus in enger Tradition von Wagners Ästhetik lesen. Wenn die Filmmusik darüber hinaus Substanz haben soll (eine Aufgabe, die ihr ebenfalls von allen Komponist*innen-Typen zugewiesen wurde), dann soll der Score sowohl selbstreferentiell sein als auch poetisch aus sich hinausweisen. Hier ist ein Unterschied zu Wagners Konzeption erkennbar: Wagner verbat sich in seinen theoretischen Ausführungen zum Musikdrama eine Selbstreferentialität der Musik und forderte, dass diese stets im Dienst des Dramas zu stehen habe. Zumindest von den getätigten Aussagen der untersuchten Komponist*innen her ist eine Vergleichbarkeit mit der Komplexität im Wagnerschen Musikdrama damit insgesamt teilweise gerechtfertigt – die Musikanalyse in der zweiten Hauptstudie wird hier weitere Erkenntnisse bereithalten. Interessanterweise finden sich Hinweise auf die Vermittler-Funktion des Scores und auf die Vorstellung eines eigenständigen Kommentars durch die Musik vermehrt in den Typen C und D.

4.9.2 Filmmusikalische Bedingungen

Nachdem auf die Bezüge zu zentralen Romantizismen eingegangen wurde, sollen die beleuchteten filmmusikalischen Bedingungen im 20. und beginnenden 21. Jahrhundert nicht außer Acht gelassen und ebenfalls in Relation zu den Ergebnissen der Inhaltsanalyse gestellt werden: Die mehr als 100-jährige Geschichte der Filmmusik hatte einen wesentlichen Einfluss auf die Ausformung und Transformation romantischer Vorstellungen.

4.9.2.1 Stilistik und filmische Genres

Die Erkenntnisse der Forschungsliteratur bezüglich stilistischer Freiheiten werden in den Interviews nur eingeschränkt bestätigt. Es wurde deutlich, dass das Gewährleisten von Kontinuität – sei es durch Genre-Konventionen, durch die Beachtung von Filmreihen und anderen Serialisierungen oder durch die Tradition von verehrten filmmusikalischen Vorgänger*innen – eine wichtige musikalische Funktion ist, die bei allen Typen zum Ausdruck kommt. Dennoch überwiegt die Betonung kreativer Freiheiten, die – innerhalb dieser vorgegebenen Grenzen – schier endlose Möglichkeiten, aber auch große Herausforderungen bedeuten können.

> I mean, you'll go down a few blind alleys, and it's always worth doing that and experimenting to see how far you can push something. Or it's actually valuable sometimes to do something, and discover that it fundamentally doesn't work." (Henry Jackman, zit. nach Schrader 2017: 323) (Typ B)

Deutlich wird bei allen Typen, dass das kreative Ausprobieren Grenzen hat: Eine große Rolle spielen einerseits das Drehbuch, das Setting und die Genre-Zugehörigkeit des filmischen Mediums, aber auch die Vision der*des Regisseur*in – und letztlich auch, ob die eigenen Score-Kreationen zusammen mit dem Film funktionieren oder nicht. Dies schränkt die stilistische Beliebigkeit deutlich ein und setzt ihr auf mehreren Ebenen Grenzen, innerhalb derer allerdings immer noch viel Raum für kreative Ideen bleibt. Die Experimentierfreudigkeit ist bei allen vier Komponist*innen-Typen nachweisbar, nimmt aber wie zu erwarten von Typ A bis Typ D kontinuierlich zu. Allerdings wandelt sich auch die Art des stilistischen Experimentierens: Besteht sie bei Typ A und B mehrheitlich darin, alte Stile vergangener Epochen neu zu beleben, zu vermischen oder zu variieren, nimmt in Typ C die Neugier auf möglichst authentische und unbekannte Spielarten zu, ausgeübt durch eingeladene instrumentelle Expert*innen, mit denen in Recording Sessions kreativ und teils improvisiert zusammengearbeitet wird. In Typ D verschiebt sich der Fokus auf völlig neue Klang- und Geräuschkreationen und mehrheitlich digitale, in kollaborativer Improvisation erschaffene Soundlandschaften.

Mehrheitlich bestätigen sich in den ausgewerteten Interviews außerdem die Einschätzungen von Karlin und Wright (2004) und Williams (vgl. Audissino 2017a), dass ein einmal im Scoring eingeschlagener stilistischer Pfad, der für sich genommen höchst innovativ sein kann, nicht mehr oder kaum noch unterbrochen wird, sondern dass ihm – im Sinne eines filmmusikalischen Scripts – die Treue gehalten wird, damit der Score insgesamt eine Konsistenz bewahrt. In Bezug auf Sounddesign zeichnet sich eine klare Dichotomie ab: Empfinden Typ-A- und B-Komponist*innen wie Trevor Rabin und Elliot Goldenthal Soundeffekte tendenziell als störend, nutzen Typ-C- und D-Vertreter*innen die kreativen und dramaturgischen Möglichkeiten des Sounddesigns auf vielfältige Weise aus und nähern sich so tatsächlich dem Typus des Sounddesigners an – doch auch hier bleibt die primär musikalische Perspektive erhalten. Das Primat des Musikalischen wird auch bei Typ-D-Komponist*innen nicht angezweifelt, dafür jedoch gibt es deutliche Anzeichen, dass die Bedeutung der Komposition zugunsten kollaborativer, improvisatorischer und Produktionsaspekte zurückgeht.

Stilistische Bezüge zur historischen Romantik werden in den Interview-Aussagen besonders bei Typ-A- und Typ-B-Komponist*innen deutlich, etwa in den ausführlichen Leitmotiv-Erläuterungen Howard Shores, aber auch in der geäußerten Verehrung für das große Orchester oder die Präferenz für instrumentale Musikarten. Wenn Portman sich in eine direkte Traditionslinie zu Faure, Schubert und Ravel stellt und gleichzeitig erzählt, dass sie Filmmusik – im Gegensatz zu klassischer Musik – nie studiert habe, liegt nahe, dass ihre Scores stilistisch eine romantizistische Handschrift tragen; dies müsste jedoch in einer filmmusikalischen Analyse genauer untersucht werden. Das gilt auch für Analysen der Scores von Typ-C- und Typ-D-Vertreter*innen, die deutlich weniger explizite romantische Vorbilder oder Traditionen nennen. Die spärlich geäußerten Bezüge zur Neuen Musik stehen in Kongruenz zur im theoretischen Teil herausgearbeiteten Verwendung als Marker des Bösen, Angsteinflößenden oder Fremden:

> If you have a constantly moving rhythm, it gives you a comforting expectancy. In other words, a drum groove going under an orchestra.
>
> The orchestra can be sounding like it's, you know, Stockhausen, but if the drum groove is there, it totally stops the Stockhausen, that sort of desperate fear of the music. And it allows you to balance it with something that's kind of known, and more importantly, cyclic. And the cyclic part of a drum groove lets everyone know that things are stepping forward in a very ordinary way. That's why you might get a great effect from a score that doesn't have that, and is kind of lots of crazy meters. (John Powell, zit. nach Schrader 2017: 300) (Typ D)

In Bezug auf geäußerte musikalische Qualitätsansprüche weichen die Interview-Aussagen durchaus von den Diskursen in der Forschung ab: Wie schon gezeigt wurde, liegt die Betonung bei allen vier Typen, besonders aber bei Typ-C- und D-Komponist*innen, auf der Qualität der musikalischen Substanz, die auch für sich stehen können soll. Diese musikalische Qualität äußert sich in den Aussagen der interviewten Komponist*innen nicht nur – wie in der Forschung angegeben –

durch Einprägsamkeit, motivische Prägnanz und hohe Ausdruckskraft, sondern auch durch Authentizität, Originalität (etwa im Sounddesign) oder gelungene Themenverarbeitung (sieh hierzu Kapitel 3.4.4). Im übertragenen Sinne unternehmen die befragten Komponist*innen das, was Bullerjahn (2001: 297) für sinnlos erachtete: den Versuch, den eigenständigen Kunstcharakter der Filmmusik zu legitimieren. Auch hier wird die Musikanalyse zeigen, ob sich Spuren dieser postulierten musikalischen Substanz finden lassen.

Der Interviewband *Score* (Schrader 2017) trägt im Untertitel den namentlichen Verweis auf Filmmusik. Dabei haben die interviewten Komponist*innen nicht nur Kinofilm-Musiken kreiert, sondern sind für Score-Veröffentlichungen unterschiedlicher Medienformate und Musikstile bekannt geworden. Ein Blick auf die Diskografien und Veröffentlichungslisten offenbart dabei einige Unterschiede bei den vier definierten Komponist*innen-Typen: So haben die Vertreter*innen von Typ A mehrheitlich einen filmmusikalischen Hintergrund, auch wenn Trevor Rabin hier eine Ausnahme darstellt. Dennoch dominiert hier der Kinofilm vor serialen Veröffentlichungen. Bei Typ B ist die Diversität der Veröffentlichungen höher; mit Quincy Jones und Elliot Goldenthal haben hier zwei Vertreter primär andere musikalische Hintergründe (aus dem Pop- und Jazz-Bereich sowie der kontemporären Kunstmusik). Doch auch hier ist die Mehrheit der Vertreter*innen für filmmusikalische Veröffentlichungen bekannt. Die Diversität bei Typ C nimmt weiter zu: Auch wenn Hans Zimmer durch seine Filmmusiken bekannt geworden ist, hat er auch einen popmusikalischen Hintergrund – ähnlich wie Tom Holkenborg, der erst relativ spät den Sprung von einer popmusikalischen Künstler-Karriere in die Filmmusik gewagt hat. Bear McCreary hat zwar eine lange filmmusikalische Veröffentlichungsliste, ist aber primär für seine Serien-Scores bekannt geworden. Alle drei Komponisten haben auch für Videogames Musik geschrieben. Bei Typ D ist das Komponisten-Duo Trent Reznor und Atticus Ross fest verbunden mit der erfolgreichen Industrial-Rock-Band Nine Inch Nails, während Mark Mothersbaugh ebenfalls mit der Popkultur sozialisiert und mit der Art-Pop-Band Devo bekannt geworden ist; auch hat er eine lange Vergangenheit als Serienkomponist.

Insgesamt können daraus Affinitäten abgeleitet werden, die jedoch hypothetisch bleiben. So ist das Interesse von Typ-A-Komponist*innen für Serienformate nicht besonders ausgeprägt (Ausnahme: seriale Filmreihen). Ähnlich kann dies für Typ B konstatiert werden. Hintergründe als vorrangige Serienkomponisten haben dagegen jeweils ein Vertreter von Typ C und D (Bear McCreary und Mark Mothersbaugh). Die mediale Flexibilität scheint sich auch auf Videogames zu übertragen: Besonders die drei ausgewerteten Typ-C-Komponisten weisen eine Veröffentlichungsliste im Games-Bereich auf, auch wenn sie nicht primär als Games-Composer angesehen werden können. Die Aussagen zu serien-spezifischen Produktionsprozessen oder musikalischen Funktionen der beiden für Serienscores bekannt gewordenen Komponisten Bear McCreary und Mark Mothersbaugh sind spärlich. Nur bei Bear McCrearys detaillierter Schilderung der zeit- und ressourcenoptimierten Arbeitsteilung innerhalb des Produktionsprozesses liegt nahe, dass dies mit den Bedingungen von Serienproduktionen zusammenhängt, die deutlich mehr filmisches Material aufweisen, das in relativ knapp bemessener verfügbarer Zeit vertont werden muss. Interessanterweise bestätigen die Aussagen von Mothersbaugh mit seinen ausschweifenden Experimenten dies nicht. Anders ist die Sachlage bei der Vertonung von filmischen Serialisierungen: Alle vier Typen und die meisten der interviewten Komponist*innen haben für solche Filmreihen Scores angefertigt, sodass hier vom Regelfall ausgegangen werden kann (vgl. Schrader 2017).

Wie bereits gezeigt wurde, spielen Genre-Konventionen für alle Komponist*innen-Typen eine wichtige Rolle und setzen natürliche Grenzen bei der Wahl der filmmusikalischen Mittel. Scheurers (2008) Ausführungen zur filmmusikalischen Genre-Theorie wurden durch die Aussagen der untersuchten Komponist*innen zum Teil untermauert, wie die Verbindungen zum Mythos und zur mythenbildenden Funktion zeigen (siehe Kapitel 4.9.1.1 und 4.9.2.2). Die Textaussagen der Komponist*innen zeigen, dass sich diese der Erwartungen des Publikums an filmische Genres, aber auch an Franchises, Fortsetzungen und Serialisierungen sehr bewusst sind. Die Komponist*innen bringen ihre Art der musikalischen Innovation in höchster Kenntnis des Genre-Diskurses mit seinen etablierten Codes, Symbolen und Schablonen ein. Die genaue Kenntnis von vorangegangenen filmischen Scores innerhalb von Genres oder Reihen auch über lange Zeiträume hinweg ist die unabdingbare Grundlage, um mit einem eigenen Beitrag erfolgreich in diesen Genre-Diskurs – und damit nach Scheurer (2008) in den medialen Mythos – einzutauchen und Teil dieser fiktiven Welt zu sein. Als Genre-Beispiele führen die Komponist*innen jedoch nicht nur in der Literatur etablierte Genres wie Fantasy oder Science-Fiction an, sondern zeigen sich teilweise differenzierter: So spricht Hans Zimmer von den spezifischen musikalischen Erwartungen an einen *Batman*-Film, und Bear McCreary zeigt ebenfalls detailliertere Überlegungen zu Genre-Vorgaben:

> [Die Abenteuer-Serie; Anm. d. Verf.] Black Sails is a very gritty, adult, dark drama. It is not Pirates of the Caribbean. It's Deadwood, on the high seas. So anything remotely adventurous would have destroyed it. In the same way anything remotely fanfare and bombastic on Battlestar Galactica would have destroyed that because it was not the language of the show. (Bear McCreary, zit. nach Schrader 2017: 170) (Typ C)

Der mediale Mythos manifestiert sich nicht allein durch das filmische Genre, sondern auch durch filmische Serialisierungen; jeder einzelne Film kann eigene Grenzen und Vorgaben aufzeigen und eine eigene fiktive Welt, einen medialen Mythos einfordern:

> When I'm working on Interstellar, I can only play Interstellar. If you ask me to go play Gladiator, I won't know what that cue is. It's just gone once I'm in that zone and that style. But it takes a while to get there. (Hans Zimmer, zit. nach Schrader 2017: 106) (Typ C)

Konkret formulierte Genre-Vorstellungen der Fiktive-Welten-Genres Fantasy, Science-Fiction und Superhelden sind im Interviewband kaum anzutreffen. Vereinzelt finden sich jedoch auch hier Kontinuitäts-Vorgaben:

> Hero themes are more varied than I think people realize. Even within the DC Universe or the Marvel Universe. You almost have to step back – and I was really scared, by the way, at first when I had multiple movies. [...] There's kind of this certain vibe to superhero melodies and everything. (Brian Tyler, zit. nach Schrader 2017: 195) (Typ B)

In den Veröffentlichungslisten der meisten ausgewerteten Komponist*innen finden sich Scores aus den Fiktive-Welten-Genres Science-Fiction, Superhelden und Fantasy. Die musikalische Analyse im nächsten Kapitel wird zeigen, inwieweit die Komponist*innen mit den jeweiligen Genre-Konventionen so umgegangen sind, wie sie in Kapitel 3.5 beschrieben worden sind.

4.9.2.2 Funktionale Bedingungen und Kompositionstechniken

Die Aussagen der interviewten Komponist*innen wurden in der Inhaltsanalyse anders kategorisiert als die funktionale Systematisierung im theoretischen Teil der vorliegenden Studie. Dies ist den anders gelagerten Schwerpunkten in den getätigten Aussagen geschuldet. Da bereits in den Typisierungen auf die funktionalen Besonderheiten der jeweiligen Komponist*innen-Typen eingegangen wurde, sollen hier die auffälligsten Unterschiede zwischen der Wirkungsforschung und den funktionellen Ergebnissen der Studie auf einer allgemeineren Ebene beleuchtet werden.

Es ist zunächst nicht überraschend, dass die meisten in der Theorie abgebildeten musikalischen Funktionen innerhalb des Films auch in den Aussagen der Komponist*innen vorkommen. Dies betrifft die unterstützende, die vermittelnde sowie die erweiternde Funktion. Nicht vergeben wurden die Subkategorien der kontrastierenden oder der kommentierenden Funktion, da hierfür zu wenig oder keine Textstellen gefunden wurden – oder die Aussagen nicht eindeutig genug einer dieser Funktionen zugeordnet werden konnten.

Die unterstützende Funktion konnte in allen Komponist*innen-Typen nachgewiesen werden und findet weite Verbreitung als selbstverständliche, wenn auch nicht besonders erwünschte Aufgabe des filmischen Scores: „You've got to please the picture. You've got to be loyal to the picture and deal with the science first, which is about synchronization. Because those brackets don't lie. They keep it the same every time." (Quincy Jones, zit. nach Schrader 2017: 48) (Typ B). Ähnliches gilt für die vermittelnde Funktion: diese wird zuvörderst als Erklärung von Sinnzusammenhängen, zur Betonung von Kausalität und damit zur Schaffung des Mythos eingesetzt: „[...] if it's the sort of film where a director will let you, you can actually enhance the structure, the narrative structure of the film" (Henry Jackman, zit. nach Schrader 2017: 321).

Die Erweiterungsfunktion zielt in den Aussagen der Interviewten auf eine poetische Idee, auf emotionalen Ausdruck, aber auch (besonders in Typ D) auf räumliche, zeitliche oder konnotative Manipulation: Hier verwischen die Grenzen zur Vermittlungs- sowie Kommentarfunktion; dies deutet an, dass eine andere Überfunktion eine adäquatere Beschreibung solcher Aussagen bietet, nämlich die mythenbildende oder mythische Funktion.

Ins Auge fällt die fehlende Kommentarfunktion als eigener Code in der Inhaltsanalyse: In den ausgewerteten Interviews sind die diesbezüglichen Aussagen spärlich, auch wenn es vereinzelt Textstellen zur Charakterisierung von filmischen Figuren gibt. Die Kontrastfunktion taucht als Subkategorie mangels Textaussagen ebenfalls nicht auf; auch hier deuten Textpassagen diese Funktion an, etwa hinsichtlich eines manipulativen Potenzials.

Dagegen wurden zwei weitere funktionale Codes vergeben: Kontinuität gewährleisten und musikalische Substanz haben. Die Ergebnisse der Inhaltsanalyse betonen die Bedeutung der Kontinuitätswahrung als mythenbildende Funktion. Diese wird zwar in der Forschungsliteratur erwähnt (etwa bei Bullerjahn 2001: 65), verdient aber womöglich nicht die Aufmerksamkeit, die ihr gebührt. Die Wahrung der Kontinuität als wichtigen filmmusikalischen Zweck findet sich in den Aussagen aller vier Komponist*innen-Typen und wird als entscheidende Voraussetzung erfolgreichen Scorings erachtet:

> It [der Filmscore; Anm. d. Verf.] doesn't write itself. Nothing writes itself. But in a sense at least the map guides us, guides me. [...] Anytime that I've been brought into a franchise or something when there's been previous score, – I've been lucky enough to follow in the footsteps of my heroes, Jerry Goldsmith, being right there at the top. So when Rambo came along, and I got the call from Sly, he wanted to make sure that my stamp was on it. And at the same time he loved the original score. [...] He was like, ‚Brian, do we use the original?' And I was like, ‚Absolutely, must incorporate the original Jerry Goldsmith theme, and then create something new around it.' And to me, that's always the way to go. Because you want continuity, and having just finished The Avengers, it was important for me to incorporate Alan Silvestri's Avengers music in there, as well. I love Alan, but at the same time I think it gives those movies continuity that using your own Iron Man 3 theme in those movies in there, as well. (Brian Tyler, zit. nach Schrader 2017: 195 f.) (Typ B)

Diese Funktion bestätigt zudem die Genre-Theorie hinsichtlich der Wichtigkeit von kulturellen Codes und Publikumserwartungen bei spezifischen filmischen Genres. Die Wahrung des Genre-Mythos spielt hier eine entscheidende Rolle.

> And there's an inherent structural problem with an original story, because the audience thinks they are going to go see a Batman movie, but Batman doesn't appear until reel four.
>
> So I thought if we have something really iconic at the beginning that sort of promises them that. And then literally the way it worked is as we get closer to really meeting Batman, you hear that sound, and it's like, ‚Oh yes, I kept my promise.' Chris (Nolan) kept his promise. ‚This really is a Batman movie, guys.'" (Hans Zimmer, zit. nach Schrader 2017: 108) (Typ C)

Auch ist bei den Aussagen zu der Kontinuitätsfunktion ein großer Respekt vor früheren Komponist*innen spürbar. Dies betrifft besonders die Typen A und B, die sich in eine Reihe mit Kunstmusik- oder Filmmusik-Größen der Vergangenheit stellen. Hier tritt eine romantizistische Genie-Verehrung sowie ein nostalgischer, rückwärtsgewandter Utopiegedanke in Erscheinung.

Der größte Unterschied zur Theorie ist bei den ausgewerteten Funktionen im Interviewband die Maxime der musikalischen Substanz. Hier soll angemerkt werden, dass dieser Subcode dezidiert als *innerfilmische* Funktion vergeben wurde: Es geht bei diesbezüglichen Textaussagen nicht um Anfordernisse an eine zweitverwertete Filmmusik etwa in einer konzertanten Aufführung, sondern konkret um den Score als Teil des filmischen Gesamtmediums. Diese Funktion ist bei allen vier Komponist*innen-Typen nachweisbar, wird aber deutlicher in den Typen C und D formuliert.

> But at the same time, yes, I do have a musical ambition and I have a musical aesthetic, and the game really is, ‚How can I go and get as many of my cool notes that I want to go and play and still try to elevate the movie?'" (Hans Zimmer, zit. nach Schrader 2017: 97) (Typ C)

> I'm a big fan of great composers writing music for film. I'm not a great fan of shitty composers writing totally good, appropriate music for film. (John Powell, zit. nach Schrader 2017: 301) (Typ D)

Hier wird offensichtlich, dass ein wichtiger Teil filmmusikalischer Funktionen in der Theorie zu wenig Beachtung findet. Zumindest für ihre Erschaffer*innen gilt die zentrale Maxime, dass ihr Score Substanz hat und gut funktioniert, aber auch für sich auf zwei Füßen stehen kann. Filmmusik kann (und sollte für einige interviewte Komponist*innen) als Teilkunst mit durchaus autonomen Zügen wahrgenommen werden. Aber was bedeutet musikalische Substanz für die Befragten? Die Interview-Aussagen geben Hinweise auf diese Frage: So wird die Qualität der Produktion erwähnt, eine gelungene Motivbildung und Themenführung, die (leitmotivisch ausformulierte) Vertonung einer höheren, poetischen Idee, eine große Expressivität, aber auch Originalität und Authentizität sind wichtige Anliegen.

> So the only thing that you can do is just really invest all your energy and time in it and make it your own, and do something that is your own, because there will be some other composer who will do it again. (Tom Holkenborg, zit. nach Schrader 2017: 221) (Typ C)

Holkenborgs exemplarisches Zitat lässt neben dem Anspruch an höhere Musik weitere romantizistische Merkmale erkennen: die zentrale Rolle des Subjekts und das Bewusstsein, dass der Versuch, etwas Perfektes zu erschaffen, aufgrund der eigenen Unzulänglichkeit stets unvollkommen bleiben muss; dennoch wird versucht, etwas Bleibendes, potenziell Transzendentes für die Nachwelt zu hinterlassen. Ebenfalls kommt der Anspruch zur Geltung, dass der produzierte Score das Potenzial zur Überwältigung hat:

> I don't care what music it is, but if I make a track, it has to give me goosebumps myself. I don't say that to be arrogant, but if it doesn't hit me in the stomach as being a great piece of music, I cannot expect the audience – anybody out there – to have a feeling that it hits the stomach. Then it obviously doesn't come from my heart and soul; it's a fabricated piece of music that sounds great, that sounds like something else but will not hit anybody's stomach. People will say, ‚That sounds cool,‘ but they're going to leave it at that. But if you make a track that is life defining for you, maybe out of the seven and a half billion people on this planet there's one person that feels the same way. (Tom Holkenborg, zit. nach Schrader 2017: 226) (Typ C)

Neben dem Ideal der poetischen Idee, die aus dem eigenen Inneren kommen muss, wird hier auch das romantische Virtuosentum verdeutlicht. Die Abneigung, nur mittelmäßige Musik abzuliefern, kommt hierin zum Ausdruck. Auch äußern sich hier die Ideen des Gesamtkunstwerks: Die Musik als bedeutende, vielleicht zentrale Teilkunst des Ganzen muss für sich stehen können und von herausragender Qualität sein, um das Gesamtkunstwerk tragen und erheben zu können.

Bei den beschriebenen Kompositionstechniken der interviewten Komponist*innen ist die Anzahl der aussagekräftigen Textstellen erwartungsgemäß gering. Wie gezeigt wurde, erwähnt nur Howard Shore explizit die Leitmotiv-Technik, allerdings lassen sich andere Aussagen durchaus als Verwendung der Deskriptions- und Mood-Technik deuten.

Drei Auffälligkeiten hinsichtlich der Kompositionstechniken sind allerdings festzuhalten: Erstens wird kaum über das Platzieren von Songs im filmischen Medium gesprochen, obwohl dies eine übliche Praxis geworden ist und sich Songs in einem Großteil filmischer Produktionen finden. Zwar werden an mehreren Interviewstellen Songs und Songwritings erwähnt, weniger jedoch als Einsatz im filmischen Medium aus dramaturgischen Zwecken, als als Gegenüberstellung von Film- und Popmusik. Zwar mag dieses auffällige Schweigen auch mit der Arbeitsteilung zwischen Komponist*in und Regisseur*in, Editor*in und Music Supervisor zu tun haben, so dass die Komponist*innen das Platzieren von Songs nicht als ihre primäre Aufgabe betrachten. Dennoch ist bei einem intensiven kollaborativen Austausch im Produktionsprozess undenkbar, dass der*dem Filmkomponist*in Song-Placements gleichgültig sind oder nicht beachtet werden. Verbunden mit anderen Textstellen, in denen Filmmusik gegenüber Popmusik aufgewertet wird, lässt sich dies als Folge des Orchestralismus und der Aufwertung von Instrumentalmusik interpretieren: Die Komponist*innen als potenzielle Genies und filmmusikalische Virtuos*innen beschäftigen sich primär mit der größeren Herausforderung beziehungsweise der wahren Kunst, nämlich dem instrumentalen, orchestralen, für mythische Zwecke eingesetzten Score. Das große Schweigen über Songs in den ausgewerteten Interviews lässt diese als Nebenprodukte oder Beiwerke erscheinen, die nicht im Zentrum der künstlerischen Arbeit stehen.

Zweitens tritt der Songwriting-Aspekt an anderer Stelle des Interviewbands deutlicher zutage – deutlicher, als dies in der Forschung seinen Platz zu haben scheint: Wie bereits gezeigt wurde, sind kollaborative und improvisierte Elemente der musikalischen Kreation besonders bei den Typen C und D häufig anzutreffen und machen möglicherweise einen nicht unbeträchtlichen Teil der Score-Substanz aus. Wenn eingeladene Musiker*innen zu eigenen musikalischen Interpretationen ermutigt werden oder Komponist*innen in an Jam Sessions erinnernde Kreativphasen musikalische Cues entwerfen, werden Ähnlichkeiten zu popmusikalischen Produktionsbedingungen deutlich. Hier tritt an die Stelle der Komposition nicht die Kompilation, sondern die Improvisation.

Drittens ist der Aspekt des Sounddesigns ebenfalls bei den Komponist*innen-Typen C und D verstärkt anzutreffen, was sich in der jüngeren Forschung durchaus widerspiegelt. Aufgrund der Ergebnisse der Inhaltsanalyse kann hier zusätzlich unterschieden werden zwischen der (motivisch-thematischen) Komposition und der (klang-basierten) Sound-Produktion.

Diese Auffälligkeiten bei den Kompositionstechniken werden in der zweiten Hauptstudie näher untersucht.

4.9.2.3 Produktionsbedingungen

Wie in Kapitel 3.9 herausgearbeitet wurde, wird die kommerzielle Abhängigkeit der Filmkomponist*innen als Auftragnehmer*innen in der Forschung bisweilen problematisiert und werden überdies die Filmschaffenden als rein unternehmerische und gewinnorientierte Akteure, die nichts von Musik oder Kunst verstehen, dämonisiert. Die Ergebnisse der Inhaltsanalyse zeigen dagegen, dass die interviewten Filmkomponist*innen aller Typen in einen engen kommunikativen Prozess mit leitenden Filmschaffenden – meist die*der Regisseur*in – treten, mit der*dem in enger, auch kreativer Abstimmung die musikalische Realisierung des Filmscores umgesetzt wird.

4.9 Rückbezüge zur Forschungsfrage

Selbst der kommerziellen Bedingungen affinste Komponist*innen-Typ C äußert sich in den wenigen vorhandenen Kommentaren eher kritisch zu wirtschaftlichen Chancen in der Filmmusikbranche:

> [...] I've found that I've just always done what I wanted to do and found projects that I like. And at a certain threshold I started getting paid to do it. And that was great.
>
> But it's a foolish business to get into for business. There are much easier ways to make money. (Bear McCreary zit. nach Schrader 2017: 151) (Typ C)

Alle vier Komponist*innen-Typen zeigen eine (tatsächlich geäußerte oder unterschwellige) Tendenz zur Vermeidung oder Ablehnung von kommerziellen Faktoren. Nicht nur die Auftragsvergabe ist ein potenziell überfordernder Vorgang für die*den Komponist*in; auch die eigene Vergangenheit als Werbekomponist*in wird lieber humorvoll als vergangene Sünde angesehen oder die Produzent*innen von großen Filmstudios unterschwellig als nicht-verständnisvolle Wirtschaftsbosse dargestellt, die wenig für künstlerische Vorgänge übrighaben. Wenn etwa Howard Shore oder Hans Zimmer zur Kreation sich in einen isolierten Raum flüchten, dann versuchen sie auch, sich vor Anrufen von Produzent*innen zu schützen, die womöglich Druck ausüben. „There's a lot of pressure on a big studio film. And they get ferociously large here in L.A." (Elliot Goldenthal, zit. nach Schrader 2017: 317).

Zu den in den Interviews bewusst vermiedenen kommerziellen Topoi gehören die tatsächliche Bezahlung (die im Falle der interviewten Komponist*innen erster Riege mutmaßlich deutlich höher liegt als etwa bei deutschsprachigen Fernsehproduktionen), aber auch Vertragsgestaltungen, Honorare für Mitmusiker*innen, Verhandlungen oder die Aufteilung von Tantiemen durch Verwertungsgesellschaften. Diese Dinge werden in den Interviews abgetan oder schlichtweg ausgelassen: Im Vordergrund steht das filmische Scoring als künstlerischer Akt, der – wenn überhaupt – durch kommerzielle Faktoren potenziell gestört, bedroht oder eingeschränkt wird.

Wie Flinn (1992) bereits formulierte, findet hier eine romantisch inspirierte Selbststilisierung und Abgrenzung statt: Die*der Künstler*in (in Form der*des Filmkomponist*in) sieht sich durch die*den Kapitalist*in der Filmindustrie nicht nur herausgefordert und bisweilen bedroht; die Kunst (in Form der Score-Produktion) muss vor allzu übergriffigen wirtschaftlichen Interessen und kapitalistischen Umtrieben bewahrt werden. Dies wird in ähnlicher Form auch bei Adorno und Eisler theoretisiert: Die (wahre) Kunst als unabhängige, individuelle und selbstreflexive Stimme ist von den Fängen der (in die gesellschaftliche Katastrophe führenden) Kulturindustrie ständig bedroht. Gleichzeitig wird eine romantizistische Utopie-Illusion aufrechterhalten: Der Akt des Scorings, aber auch der Rezeption des filmischen Werks soll als idealisierte Zuflucht frei von den Übergriffen der kommerzialisierten Spätmoderne gehalten und als mythische Raumzeit des Kunstschaffens beschützt werden (vgl. Flinn 1992; Adorno/Eisler 1944/2006).

Auch der Forschungsstand zu den Produktionsbedingungen in Hollywood konnte durch die Auswertung der Interviews teilweise bestätigt werden. So finden sich der hohe Zeitdruck und das teils enorme Arbeitspensum in mehreren Aussagen wieder, etwa in der Beschreibung einer typischen Produktionswoche:

> There's no day off. Actually, weekends don't mean anything to me once I'm on a film. (Trevor Rabin, zit. nach Schrader 2017: 271) (Typ A)

> I don't have weekends. I once tried an experiment; I said to everyone here, ‚OK, it's Christmas. Everybody, we're going to shut down from, I don't know, the 20th of December through the 6th of January. […]' And then, Christmas Day, I […] hit the speed dial button, [and] behold there were a ton of people here doing music, and I'm going, ‚Why aren't you at home, and why aren't you celebrating Christmas? What happened?' And you realize they're passionate. They love what they do. They'd rather be here. So I'd rather be here. (Hans Zimmer, zit. nach Schrader 2017: 120) (Typ C)

Differenzierter wird die Rolle der DAW als zentraler Produktionseinheit beschrieben. Hier zeigt sich, dass Vertreter*innen von Typ A zwar die DAW im Produktionsprozess benutzen, aber gerade im entscheidenden Teil der musikalischen (Themen-)Kreation bewusst auf die DAW verzichten:

> For me, I like the process of sitting with a pencil in hand and actually physically writing my music onto manuscripts. And I work with electronic instruments as well. I work with programming. But for my writing process, I like it to come from my head and from my acoustic instrument, which is my piano. And that's a good tool for me to write with. (Rachel Portman, zit. nach Schrader 2017: 81 f.) (Typ A)

Dies ist ein Distinktionsmerkmal von Typ-A-Komponist*innen. Die Rolle der DAW bei Typ B ist mangels eindeutiger Aussagen unklar; die Typen C und D dagegen scheinen die DAW in jeden einzelnen Teilprozess des Scorings zu integrieren.

> I play the computer. I'm very good at playing the computer because I realized early on that all instruments are technology. They're just technology of a different era.

> […] I practiced how to get good at manipulating the computer, and that just became my musical instrument. That just became my tool. And there are quite a few people here who are incredible instrumentalists and practice their scales for eight hours a day. And to this day, I still try to explain to them that ‚No, no, you've got that under your fingers now. Now go and really figure out how the computer works.' Because it can be a legitimate voice in the orchestra. And it is a great writing tool. (Hans Zimmer, zit. nach Schrader 2017: 113 f.) (Typ C)

> I'm musically dyslexic and intellectually stunted, apart from being, you know, emotionally disabled. So I need a computer to basically remember all the things I can't remember. It's

like a constant companion, sketchpad. It's paper, but it's just my version of paper. Or my version of being able to remember what I've just played. Or my version of being able to actually voice chords correctly. (John Powell, zit. nach Schrader 2017: 293) (Typ D)

Die durch die digitale Score-Produktion evozierten Arbeitsbedingungen sind bei Typ-A-Komponist*innen nur teilweise wiederzufinden. Die bevorzugt in alleiniger Arbeit erbrachte Komposition wird weniger stark in einen arbeitsteiligen Prozess involviert. Die Typen B, C und D haben (auf unterschiedliche Weise) einen arbeitsteiligen Produktionsprozess, wobei die Typen B und C stärker in den im theoretischen Teil beschriebenen Rahmen der*des zentralen Produzent*in fallen, wohingegen den Vertreter*innen von Typ D die Rolle eines weniger hierarchisch organisierten Teamplayers zufällt.

Deutlich abweichend von der in der Forschung beschriebenen hohen Bedeutung des Temp-Tracks wird dieser in den Interviews heruntergespielt – unabhängig vom zugewiesenen Typ:

Once I start scoring, I very rarely listen to the score. My ambition is to get to a point where the director doesn't care about the temp anymore. ‚Oh, you've brought something that gives us something that enhances further than what the temp does.' That's important to me. (Trevor Rabin, zit. nach Schrader 2017: 272) (Typ A)

At other studios, I have encountered where they tell you they want something different, and then when you do it, they say, ‚Well, why didn't you do it like the temp?' There is this box that they try to jam you into, and I've always been really box-resistant or temp-resistant." (Brian Tyler, zit. nach Schrader 2017: 200 f.) (Typ B)

I always try to encourage people to get out and listen to some other music. And film music is getting narrower and narrower and narrower, as it's getting temped and temped to the Nth degree, and the composers who come in and write that music are following the temp so closely that we're getting to a narrow point where there's hardly anything interesting coming. (John Powell, zit. nach Schrader 2017: 292) (Typ D)

[...] and then you watch how they temp their film, (how) they put in (temp) music. And then you see how they react to their own temp. They go, ‚This is terrible. I hate this piece of music, but it was the closest we could find.' (Mork Mothersbaugh, zit. nach Schrader 2017: 345) (Typ D)

Nach den ausgewerteten Aussagen spielt der Temp-Track also eine weit geringere Rolle, als ihm in der Forschung zugewiesen wird. Da, wo er erwähnt wird, wird oft genug betont, dass er schnell vergessen wird, dass er für das Finden des richtigen musikalischen Settings keine Rolle spielt oder dass er die eigene Kreativität unnötig einschränkt. Diese Aussagen müssen aus zwei Gründen eingeordnet und relativiert werden. Einerseits sind die Interview-Aussagen stets auch eine Selbstdarstellung und Präsentation der eigenen kreativen Leistungen vor einem öffentlichen Publikum, und der Temp-Track als Hindernis der eigenen Autonomie stört dieses Bild. Andererseits – und womöglich im Gegensatz zum ersten Grund stehend – wurden hier die Aussagen nachweislich erfolgreicher Komponist*innen ausgewertet, die erfolgreiche und hochbudgetierte Hollywood-Produktionen mit teils weltweitem Bekanntheitsgrad vertont haben. Hier steht die Hypothese im Raum, dass der Erfolg der Komponist*innen auch darauf zurückzuführen sein könnte, dass sie es geschafft haben, einen Weg zu finden, die Vorgaben des Temp-Tracks zu umgehen und ein davon möglichst unabhängiges musikalisches Ergebnis mit eigener, autonomer kreativer Vision zu erschaffen.

In beiden möglichen Fällen ist eine Selbststilisierung abzulesen, die an das romantische Virtuosentum sowie an den Geniekult erinnern – eine Stilisierung, die bei allen vier Komponist*innen-Typen zu erkennen ist. Damit einher geht der erkennbare Versuch, die auch in der Forschung zugeschriebene Rolle der*des Filmkomponist*in als Diener*in der filmischen Ansprüche selbstbewusst zu hinterfragen und eine eigenständigere Rolle einzunehmen (vgl. Hill 2017; siehe auch Kapitel 3.9).

Des Weiteren bemerkenswert sind die Inhalte der *Score*-Interviews hinsichtlich der Rolle von Musik und Sound, Soundeffekten und Sounddesign. Die kontroverse Beurteilung des zunehmenden Zusammenwachsens von Musik- und Soundebene, die in Kapitel 3.4.6 besprochen wurde, findet sich in den Aussagen der Filmkomponist*innen wieder – und zwar anhand der Typen-Grenzen. So wurde bereits nachgezeichnet, dass die integrale Bedeutung von Sounddesign als Teil des Schaffensprozesses von Typ A bis D kontinuierlich zunimmt. Dass Komponist*innen von Typ A und B die Verschmelzung von Musik und Sound mitunter kritisch sehen, untermauern exemplarisch die folgenden Zitate.

> If you look at my concert pieces, the counterpoint is more detailed bar by bar, whereas in the film scores, there's a lot more space in the harmony and the orchestrations. And I think that's just part of the filmmaking process – working with dialogue, action scenes, and sound effects, so it's a more open type of composition. The analogy I was making was to classical concert music, where you're really in complete control. (Howard Shore, zit. nach Schrader 2017: 85) (Typ A)

> I understand volume, but it's hard to get a complete grasp on all the sound effects that are required for an action movie. [...] In some cases it works out great, really great. In other cases I say, ‚Why did I go to all that trouble composing and working on the orchestration and revisions and modulations and instrumentation, and now I can't hear it because there's a car chase happening?' [...] I understand turning down the volume. I understand getting rid of the music completely. But I have trepidation in composing something that a giant block of sound effects will be added to it. (Elliot Goldenthal, zit. nach Schrader 2017: 316) (Typ B)

Vertreter*innen von Typ A und B sind sich bewusst, dass Musik, Soundeffekte (sowie Atmos und Dialoge) in der Soundspur zusammenkommen, aber ihre Aussagen geben wenig Hinweise darauf, dass sie gestalterische Versuche unternehmen, eine abgestimmte Musik-Sound-Ebene mit intendierter, narrativ getriebener Wirkung zu kreieren. Damit einher geht eine Abgrenzung vom Sound-Department: Die*der Typ-A- und Typ-B-Komponist*in ist dezidiert ein*e musikalische*r Akteur*in, die*der Soundeffekte als Beiträge aus anderen Departments versteht, die potenziell in Konkurrenz zum musikalischen Score stehen.

Konträr dazu nehmen die Komponist*innen von Typ C und D Sounddesign als gestalterisches Mittel mit poetischem Potenzial wahr:

> [Schrader:] *I've heard that at one point in time the creation of that bat flap sound was a big secret. Can you tell us about it now?*
>
> [Zimmer:] Well, it's really my friend Mel Wesson. Mel and I have known each other since I think I was 18 and he was 16 or something. [...] There isn't a big secret about it. It's just really good bits of synthesis. And I described exactly what I sort of wanted from him. And the danger is when the composer intrudes into the world of sound design. You usually get a raised eyebrow from the sound design people, and you're usually not doing it as well as they are. And I just remember Richard King going, ‚Yeah, that works.' [...] I needed the sound effect guys to go, ‚Oh, yeah.' (Schrader 2017: 109) (Typ C)

> I don't sit and strum it on a guitar and get a song together, I kind of start with the setting, and the soundscape that it sits in [...]. And in that way when Atticus and I crossed paths many years ago, we both were coming from a kind of sound design perspective where the sound, the place, the setting, the dressing of the set sonically was of great importance, just as much as the lyric or the melody or anything else – the setting. (Trent Reznor, zit. nach Schrader 2017: 174 f.) (Typ D)

> [...] I have this collection of about 150 birdcalls. I just collect sound-making instruments and foghorns and all different kinds of things. [...] Then I realized it's impossible to play them right, because you need like 150 people to all be sitting there waiting for their turn to go. So I found this guy about five or six years ago that that built things for amusement parks [...]. And I said, ‚Well, I'm trying to get all these bird calls to play' and he goes, ‚I never did that.' [...] [W]e did like 60 or 70 of these birdcalls all on one machine, so I could play them on a keyboard through MIDI. And I started writing music for that. (Mark Mothersbaugh, zit. nach Schrader 2017: 350) (Typ D)

Während bei Komponist*innen-Typ C Sound bereits als kreativer Fokus wichtig wird, ist hier noch eine Abgrenzung zum Sound Department spürbar, auch wenn mit der Abteilung konstruktiv und eng zusammengearbeitet wird. Bei Typ D dagegen wird die*der Komponist*in selbst zum Sound Designer: Das Denken in Soundsphären und Klanglandschaften oder die faszinierende Leidenschaft für Vogelstimmen, für die ein eigenes MIDI-Instrument gebaut wird, sind überzeugende Belege hierfür.

Das Sounddesign ist hier ein nondiegetisches, dramaturgisch-narrativ eingesetztes Mittel zur Erzeugung eines mit Musik verwobenen *Soundtracks*, der nach denselben Mitteln verwendet und ausgestaltet wird wie dezidiert musikalische Cues.

4.9.2.4 Rezeption und Kritik

Die interviewten Komponist*innen gestehen dem Filmscore generell ein mannigfaltiges Wirkungspotenzial auch auf psychologischer Rezeptionsebene zu: Typenübergreifend gehen sie davon aus, dass Filmmusik vielfältige emotionale Beeinflussungen auslösen und sogar in dieser Hinsicht manipulativ eingesetzt werden kann. Die zugestandene Beeinflussungskompetenz – und damit auch das mythenbildende Potenzial – nimmt hier allerdings von Typ A zu Typ D kontinuierlich zu. Vor allem – aber nicht nur – Typ-D-Komponist*innen sind sich des manipulativen Potenzials des Scores bewusst und nehmen dies nicht nur als innerfilmische oder musikalische Fähigkeit, sondern auch als ethische Verantwortung wahr.

Auch rezeptionale Wirkungen außerhalb des filmischen Zusammenhangs sind für die Komponist*innen aller vier Typen tendenziell wichtig und werden mit positiven Beispielen exemplifiziert. So erzählt etwa Trevor Rabin (Typ A) von der nachträglichen Verwendung seiner Titelmusik für den Sportfilm *Remember the Titans*:

> When President Obama was at the acceptance speech [...], I was watching it. And the phone rang, and it was Joel McNeely, who's a friend of mine and a great composer, and he said, ‚I'm at the convention, and Remember the Titans is playing as loud as a Kiss concert.' Fireworks were going on, and it was quite a moment. And I thought it worked. I thought it was written for it. So that was really enjoyable. [...] So it's quite interesting, watching it being used for something completely different. Sports as it may be, and in Obama's case, politics. It's a very different placement with how I used it with Titans, but I think it worked, I think because it's very stirring. I went for a very stirring piece of music for that, and it worked. (Trevor Rabin, zit. nach Schrader 2017: 273 f.) (Typ A)

Ähnliche Erfahrungen schildern auch andere Komponist*innen, und zumeist wird diese außerfilmische Verwendung und Umdeutung für einen anderen Zusammenhang als schmeichelnd und überraschend empfunden. Zuweilen wird angedeutet oder explizit geäußert, dass die nachträgliche Verwendung bei der ursprünglichen Komposition keine Rolle spielt:

> As you write them, you don't even really think about it, but there's a very high likelihood that it is going to be used somewhere else. (Brian Tyler, zit. nach Schrader 2017: 203) (Typ B)

> I can give you the bad example of this as well: the really simple brass ‚brahms' [sic] of Inception. Now, when Chris (Nolan) and I did those, they were a story point, an absolute story point. They were in the script. And then they sort of became ubiquitous, in a funny way, in

> trailer music. People were just sort of using them as transitional pieces. So the idea that they actually tell a story got lost. They're just a sound effect. So their meaning got distorted, and so there's a sort of misuse of that. (Hans Zimmer, zit. nach Schrader 2017: 101) (Typ C)

Doch auch das Gegenteil ist der Fall, nämlich die von Anfang an mitgedachte Verwendung außerhalb des filmischen Zusammenhangs:

> So, of course, when I started composing for movies I always hoped that I could write good music that could stand alone. (Alexandre Desplat, zit. nach Schrader 2017: 310) (Typ B)
>
> But what it leaves us with at the end of the day, so we're creating a lot more music, because we do that for every little snippet. But the bonus of that is, at the end of the process when the film is done and now we all feel great about it – now, we've got a ton of stuff over here. Our next collaborative, or our next creative endeavor is to make an album, a listenable soundtrack album. And instead of trying to expand, ‚How do we take that 12-second thing and make it into something that makes sense to the listener […]?' We've got a whole, we've got too much stuff to put into an album. And then we try to segue that into something that's listenable as its own piece of work. (Trent Reznor, zit. nach Schrader 2017: 186) (Typ D)

Vereinzelt gehen die interviewten Komponist*innen auch auf konzertante Aufführungen ihrer filmmusikalischen Werke ein, etwa Brian Tyler oder Hans Zimmer. Auch in diesen Aussagen ist ein erkennbarer Stolz auf den eigenen Score erkennbar, weil er etwa gut gelungen oder besonders beliebt ist. Hier wird wiederum die Maxime der musikalischen Substanz deutlich, die sowohl innerfilmisch als auch unabhängig vom Film Bedeutung hat. Typenunabhängig zeigt sich, dass den Komponist*innen im Produktionsprozess mehr oder weniger bewusst ist, dass ihre musikalischen Cues auch unabhängig vom filmischen Zusammenhang rezipiert, zweitverwendet oder live aufgeführt werden könnten. Wenn dies einen Einfluss auf die Score-Kreation haben sollte, dann zweifelsfrei jenen, einen möglichst gelungenen musikalischen Entwurf zu kreieren.

> But what matters is making yourself feel happy. And what I've found makes me feel happy, and I know makes him feel happy, is to give up at the end of the day saying, ‚That's the best fucking work we can do.' And if you like it, great. If you don't, you don't. But it wasn't ‚good enough.' And it wasn't ‚acceptable.' It was fucking excellent. (Trent Reznor, zit. nach Schrader 2017: 191) (Typ D)

Hinsichtlich interkultureller Aspekte gibt es nur wenige Textaussagen, die ein Bewusstsein der Filmkomponist*innen für die Exotismus-Problematik oder postkoloniale Tendenzen andeuten. Erkennbar ist eine Neugier, unbekannte oder weniger verbreitete Stile, Instrumente oder Spielarten in den Score zu integrieren, wenn es dem filmischen Zweck dienlich ist. Dabei wird nicht nur etwa ein im Kulturraum des Globalen Nordens weniger verbreitetes Instrument im vertrauten

Stil bespielt, sondern ein*e (vermeintliche*r) Expert*in für das traditionelle Spielen des Instruments gleich mitgebracht:

> Sometimes it's in the research phase, I will bring in someone. Like on Outlander I'll bring in someone who plays bagpipes. Actually I did all my bagpipe research long before Outlander, that's a bad example because I knew all about bagpipes. But for example, if I'm doing something that needs some ancient Hebrew Singing. This is a new thing for me, so I bring in a singer and say, ‚Teach me all about this.' And before I start writing, I meet with musicians; sometimes I even do recording sessions just to give myself a crash course. (Bear McCreary, zit. nach Schrader 2017: 157) (Typ C)
>
> And here we were doing this weird thing in Africa and what have you. So I thought, if right at the beginning, I put my friend Lebo M.'s voice – I mean that chant. It just sort of says, ‚We're not in Kansas anymore. This is going to be different, but it's going to be interesting. So come along on this journey.' (Hans Zimmer, zit. nach Schrader 2017: 104) (Typ C)

Diese Lust auf noch weniger bekannte Spielarten der Musik legt einen Exotismus im Sinne eines Sense of Wonder offen, der sich mit möglichst ungetrübtem Interesse, vielleicht auch naiver Neugier solchen im Globalen Norden weniger bekannten Stilen des Musikmachens annähert, wobei hier durchaus ein Bewusstsein durchscheint, dass die musikalischen Cues, die dadurch entstehen, nicht authentisch im Sinne einer tradierten, regional oder kulturell etablierten Spielweise sind:

> So I did like field drums and marching snare drums that morphed into Indian tom toms, but like the kind you would think of from an old Hollywood movie. Not authentic. (Mark Mothersbaugh, zit. nach Schrader 2017: 349) (Typ D)
>
> I might put a different hat on if I'm doing a period drama in England – a different one than if I was doing a film set in China, obviously. I think, at one point, I probably had fairly strong ideas about the kind of instruments I would use. (Rachel Portman, zit. nach Schrader 2017: 77) (Typ A)

Trotz dieses Bewusstseins tritt vereinzelt auch der Gedanke auf, dass Musik jegliche kulturellen Unterschiede ignorieren oder nivellieren könne:

> Since I'm terrible at languages, that the idea of being able to speak one language that everyone can understand is pretty cool. And to create music that kind of crosses cultural divides made it so my need or my love of being able to show people the music I'd written made it so there were no barriers to that. That's part of why I love what I do. (Brian Tyler, zit. nach Schrader 2017: 194) (Typ B)

Postkoloniale Tendenzen und rassistische Erlebnisse werden explizit nur von Quincy Jones geschildert, der in der Reihe der Interviewten den einzigen nicht-weißen Komponisten darstellt. Entsprechend sind seine Erfahrungen eindrücklich und aus der Perspektive der unterdrückten Minderheit:

> When I first started in movies, they only had three-syllable Eastern European composers. Not a brother within site. And at Universal, they didn't have brothers out in the kitchen. It's heavy. The 60s, man? Please.
>
> Same in Vegas with Sinatra. He stopped the racism out there, but it was heavy. (Quincy Jones, zit. nach Schrader 2017: 46) (Typ B)

> [...] [B]ack then they never let us let brothers write for strings. America's got some weird shit going on. And it's finally kind of cleared up now, but it's pitiful. Why can't you use strings? (Quincy Jones, zit. nach Schrader 2017: 54) (Typ B)

Es scheint, als hätte sich die empfundene Situation hinsichtlich eines abwertenden, eurozentristischen und bisweilen rassistischen Exotismus im frühen 21. Jahrhundert deutlich gebessert. Insgesamt erkennbar ist in den Interviews der Wille, außereuropäische Musik ohne abwertende Tendenzen, aber mit großer Neugier zu verstehen und in den Score einfließen zu lassen. Das zeigen gerade bei Typ-C- und Typ-D-Komponist*innen die Recording-Sessions mit Musiker*innen, die das Musikmachen mit Instrumenten etwa aus dem Globalen Süden in einer für sie authentischen Art und Weise gelernt haben: diesen wird nicht vorgegeben, was sie wie zu spielen haben, sondern ihnen wird bewusst Raum gelassen für ihre eigene Interpretation. Dennoch bleibt die Frage offen, wie diese musikalischen Exotismen im Score verarbeitet werden und ob sie etwa trotz einer positiv-neugierigen Herangehensweise als Werkzeug des Otherings zur Markierung des Fremden oder als exotisches ‚Gewürz' benutzt werden. Klarheit kann hier nur die filmmusikalische Analyse bringen.

Die interviewten Komponist*innen beschäftigen sich typenunabhängig mit der (äußeren wie eigenen) Bewertung ihrer filmmusikalischen Arbeit (siehe Kapitel 3.10). Dabei ist anzunehmen und vereinzelt auch nachweisbar, dass der kritische Kurs um die herabsetzende Beurteilung von Filmmusik den Komponist*innen bewusst ist. So zeigt etwa Hans Zimmer ein ausgeprägtes Bewusstsein für die öffentliche Meinung, wenn er appelliert, dass der virtuose Umgang mit dem Computer als Instrument genauso wertvoll und künstlerisch legitim ist wie das vollendete Spielen der Violine. Auch generelle Bewertungen von Filmmusik scheinen bei dem Komponisten, der seine Kindheit und Jugend in Deutschland verbracht hat, Spuren hinterlassen zu haben:

> I suppose that other than Ennio Morricone, it was John Williams who made me, first of all, realize that film music can be of a quality and distinction that is as great as any of the classical composers I grew up with. (Hans Zimmer, zit. nach Schrader 2017: 124) (Typ C)

Besonders die Komponist*innen-Typen C und D ringen um die Anerkennung ihrer Arbeit, wobei hier explizit der Appell zu einer technologiefreundlichen und kollaborativen Arbeitsweise zum Ausdruck kommt. Die Typ-A- und B-Komponist*innen dagegen betonen ihre Präferenz für traditionelle, analoge Produktionsmittel und haben eine andere Strategie, mit der Filmmusik-Kritik umzugehen: Durch das Herstellen einer direkten oder indirekten Traditionslinie von Komponist*innen des Klassik-Kanons und das Betonen der Gemeinsamkeiten und Ähnlichkeiten zwischen Kunstmusik und Filmmusik versuchen sie, einer möglichen Kritik an ihrem Schaffen zu entgehen, sich in einem hochkulturellen Kontext zu inszenieren und damit auch ihre Scores aufzuwerten.

Die Äußerungen der Komponist*innen zum funktionalen, nicht-autonomen Charakter des filmischen Scores sind weniger von Werturteilen geprägt, sondern haben pragmatischen Charakter: So wird in mehreren Interviews betont, dass die kollaborative Arbeit etwa mit der*dem Filmregisseur*in besondere Herausforderungen beinhaltet und dadurch das Scoring interessanter, komplexer und schwieriger macht als etwa das Schreiben eines Popsongs. Auch hier wird deutlich, dass die Komponist*innen tendenziell versuchen, ihr Schaffen von angeblich niederer Musik abzugrenzen und ihre eigenen Score-Produktionen zu verteidigen und aufzuwerten. Dadurch unterliegen sie mutmaßlich dem Einfluss der romantizistischen Dichotomie von höherer und niederer Musik. Ebenfalls negativ besetzt wird eine vorgeblich mittelmäßige Musik, womit etwa Gelegenheitswerke, musikalischer Kitsch oder unoriginelle, vorhersehbare Dienstleistungsmusik gemeint sind. Die Komponist*innen betonen dagegen den Kunstcharakter ihres Schaffens und zeigen Versuche, die eigenen Scores als Kunstmusik zu charakterisieren.

Kommerzielle Motive werden dagegen als potenzielle Gefahr für die eigene Arbeit – und für die Qualität des Scores – angesehen; interessanterweise sind es vor allem die Typ-C- und D-Komponist*innen, die sich besonders deutlich von dem Kunst-vs.-Kommerz-Diskurs beeinflusst zeigen. So grenzt sich etwa Bear McCreary (Typ C) deutlich von kommerziellen Aspekten seines Schaffens ab und stilisiert sich damit zum Kunstschaffenden. Auch Mark Mothersbaugh (Typ D) drückt seine negative Beurteilung der Musikbranche aus:

> The kind of business skills that you need really are social skills. Ultimately, you get to a certain point where you have a team that helps you with the business stuff. So I don't get into details about contracts or royalties. My eyes glaze over. But I had to be smart enough to get to the point where I could get people to help me with that. So doing budgets and things like that was a part of the earlier part of my career. (Bear McCreary, zit. nach Schrader 2017: 152) (Typ C)

> [...] [T]here was a time when I was struggling between the idea of being a pure artist, and then even getting into the record business. And then realizing that the more success you had in the record industry, the more the record company tried to manipulate you. (Mark Mothersbaugh, zit. nach Schrader 2017: 346) (Typ D)

Wirtschaftliche Maximen sind potenziell schädlich für die Arbeit als künstlerisch ausgerichtete*r Filmkomponist*in. Diese Abwehr und Abgrenzung von kommerziellen Faktoren sind in den Typen C und D nachweisbar. In Typ A und B gibt es diese Art der Abgrenzung nicht, dafür jedoch ein anderes auffälliges Phänomen: Kommerzielle Aspekte kommen in keinem Interview dieser Typen überhaupt zur Sprache – als würden sie schlicht nicht existieren. Diese beiden Typen verbleiben zu einem überwiegenden Anteil ihrer Textaussagen in einer artifiziellen Sphäre und verstärken dadurch ihre Sicht auf Filmmusik als künstlerische – und eben nicht kommerzielle – Ausübung.

4.10 Vorläufiges Romantik-Modell

In den letzten Kapiteln wurden die Ergebnisse der qualitativen Inhaltsanalyse des *Score*-Interviewbands ausführlich mit den Erkenntnissen zu romantischen Topoi und filmmusikalischen Bedingungen in Beziehung gesetzt. Das Ziel dieser detaillierten Gegenüberstellung war es einerseits, Abweichungen zwischen der Theorie und den empirischen Ergebnissen der Studie aufzuspüren. Andererseits sollten die vier hypothetischen Komponist*innen-Typen in dieser Untersuchung charakterisiert werden. Nicht alle in Kapitel 2 beschriebenen romantischen Aspekte – und auch nicht alle in Kapitel 3 herausgearbeiteten filmmusikalischen Bedingungen – wurden dabei in Relation zu den Ergebnissen dieser Studie gesetzt. Hier ergab sich eine Priorisierung, um diejenigen Adaptionen, Weiterführungen, Relationen und Brüche zu beschreiben, die den größten Erkenntniswert besitzen.

Im Folgenden werden die prägnantesten und – nach den Maßgaben der Forschungsperspektive – relevantesten Erkenntnisse der vier Typen in einem weiteren Schritt nochmals verdichtet und schematisiert zusammengetragen. Die vorangegangene Untersuchung hat gezeigt, dass die hypothetische Typologie der vier Komponist*innen-Typen valide ist und auch einer Detailuntersuchung insofern standhält, als dass jeder Typ charakteristische Ausprägungen individueller Romantizismen zeigt. Während die vier Komponist*innen-Typen Unterschiede betonen, sollen nun Gemeinsamkeiten aller vier Typen herausgefiltert werden, um daraus typen-übergreifende, allgemeine Aspekte filmmusikalischer Romantizismen ableiten zu können. Dabei ist sich die Studie bewusst, dass dieses vorläufige Modell lediglich ein reduziertes und verdichtetes Abbild von romantischen Bezügen darstellen kann: „Im Rahmen der Repräsentation umfasst ein Modell nun aber nicht alle ‚Originalattribute', sondern lediglich diejenigen, die dem Modellbildner relevant erscheinen" (Kerschbaumer 2018: 22).

Welche relevanten Romantik-Adaptionen bleiben übrig, wenn die allen vier Komponist*innen-Typen gemeinsamen Merkmale destilliert und verdichtet werden? Im Zentrum des Romantik-Modells aus filmmusikalischer Perspektive steht der romantische *Mythos* als fundamentales, ästhetisch-konzeptuelles Prinzip. Die

Filmmusik als mythisierte Kunstform übernimmt innerhalb des filmischen Mediums die zentrale Aufgabe der Schaffung einer glaubwürdigen, konsistenten Welt, die jedoch über die Grenzen des Mediums hinausreicht: Der durch den filmischen Score miterschaffene mediale Mythos speist sich aus Kontinuitäten innerhalb von Serialisierungen, Reihen- oder Genre-Konventionen und schreibt diese fort. Der so mit jedem Score immer wieder neu formulierte Mythos wandelt sich und entwickelt sich weiter, jedoch nicht in beliebiger Weise. Die Musik nimmt innerhalb des medialen Gesamtkunstwerks eine Schlüsselrolle ein, da sie von der digitalisierten, technologisierten Realität am meisten abstrahiert ist und mit einer gesteigerten Gefühlsintensität die Glaubwürdigkeit und Sogwirkung der mythischen Realität verstärkt.

Hier ist die Forderung Friedrich Schlegels nach der Schaffung einer neuen Mythologie durch die Romantik zumindest in eingehegter Form erfüllt (vgl. Kerschbaumer 2018: 96; siehe Kapitel 2.2.1). Der Ruf nach dem Mythos der historischen Romantik hat sich durch die Bedingungen der Filmmusik-Produktion im 20. und 21. Jahrhundert transformiert: Filmisch-mediale Genres, Reihen und andere Serialisierungen haben mythische Räume – oder noch treffender: Raum-Zeiten – aufgetan, die jeweils für sich Kontinuitäten bieten, sich zugleich aber überschneiden und – wesenstypisch für den Mythos – nicht trennscharf an Genre- oder anderen medialen Grenzen enden, sondern sich in einem Amalgam von Kontinuitäten, Weiterentwicklungen, Adaptionen, Variationen, Innovationen und Rückbezügen gegenseitig beeinflussen. Ein zentraler und konstituierender Faktor und zugleich die Brücke in diese mythischen Räume stellt der musikalische Score dar, der die*den

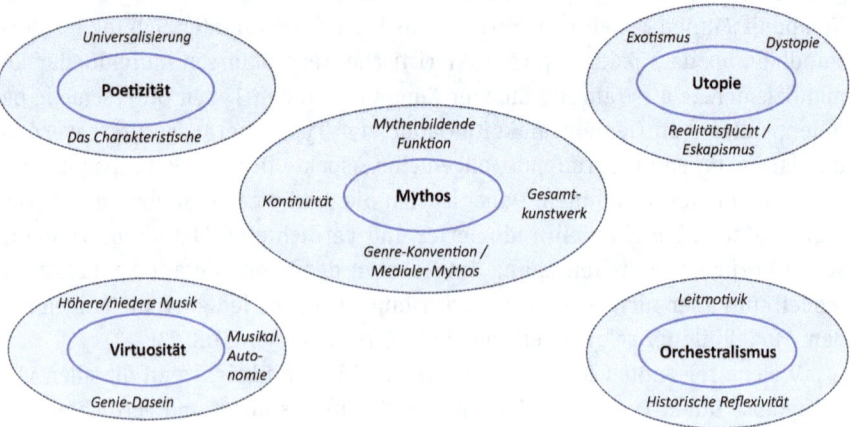

Abbildung 18: Vorläufiges filmmusikalisches Romantik-Modell (Quelle: selbst erstellte Darstellung).

Rezipient*in in die teils partikularisierten, teils zusammenhängenden medialen Universen entführt. Der frühromantische Ruf nach einer neuen Mythologie für die Gesellschaft wurde eingehegt und in einen medial umgesetzten Mythosgedanken transferiert: In der filmischen Welt – und nur dort – sind die utopischen Mythologievorstellungen umgesetzt und werden dort zur Realität.

Der romantische Mythos wird ergänzt durch einen *Utopie*gedanken, der die für die historische Romantik typische Sehnsucht nach dem Unerfüllbaren enthält: Der filmische Score soll eine möglichst glaubwürdige Welt erschaffen, doch ist das Bewusstsein, dass sie nur eine medial inszenierte Fantasie ist, allgegenwärtig. Das filmische Medium soll aus der digitalisierten, von Marktmechanismen beherrschten Realität hinausführen und ist doch als hochtechnologisches und kommerzialisiertes Produkt ein integraler Bestandteil von ihr. Die Darstellung einer Musik der Zukunft erfolgt mangels besserer Alternativen mit den Mitteln der Vergangenheit; als exotisch empfundene Klänge und Stile rufen ein unauthentisches Utopiebild hervor. Und der mediale Mythos, der erschaffen und immer wieder neu erzählt wird, ist letztlich nur ein medial ausgeschlachteter Traum, eine fiktive Welt zwar außerhalb der realen Zeit, aber letztlich auch nicht real: sie bleibt eine Utopie; ein Wunschtraum, der unerfüllt oder zumindest unvollkommen bleibt. Die romantische Utopievorstellung wurde außerdem um ein dystopisches Gegenbild ergänzt, das musikalisch in der Regel mittels der Ausdrucksmöglichkeiten der Neuen Musik realisiert wird. Dennoch erfüllen filmmusikalisch ausgedrückte Utopien wie die Vertonung von Superheld*innen oder der heroische Main Title Sehnsüchte nach Idylle und Realitätsflucht und bestärken eskapistische Ausflüge in fiktive mediale Welten.

Dem Mythos ebenfalls zur Seite steht die romantische Vorstellung eines Primats des *Poetischen*. Die Filmmusik ist eine Kunstform mit poetischem Potenzial. Der Score fügt dem filmischen Medium eine eigene, charakteristische und sowohl subjektiv gefärbte als auch möglichst universell abstrahierte Dimension hinzu. Der Filmscore kann dabei einzelne Szenen, aber auch generelle filmische Sujets verallgemeinern, verdichten, abstrahieren und auf eine universelle, oft emotionalisierende Ebene verweisen: Damit schafft der Score Brücken und bietet universale Anknüpfungspunkte an große Themen wie Liebe, Konflikt, Stolz, Trauer oder Verrat. Die Filmmusik verbindet sich dafür mit den anderen filmischen Teilkünsten zu einem größeren Ganzen, in dem sich der poetische Gedanke zu einer Universalpoesie der Filmkunst ausweitet. Es zeigen sich Spuren der romantisch beeinflussten Ästhetik des Erhabenen mit der ausdrücklichen Auseinandersetzung mit schrecklichen oder schauerlichen Sujets. Die romantizistische poetische Idee wird bisweilen auch auf den Bereich des Sounddesigns übertragen und der Einsatz von Klängen und Geräuschen in ein poetisch-mythisierendes Gesamtkonzept produktiv eingebunden. Auch dieses historisch-romantische Merkmal hat eine Transformation erlebt, die durch mediale Veränderungen bedingt ist: an die Stelle der Dichtung in der historischen Romantik rückt die filmische Narration (oder: die Story), an die Stelle des Programms rückt das filmische Drehbuch (oder: das Script).

Den Mythos in geeignetster Form klanglich wiedergeben kann das Orchester als zugleich mythischer und mythisierter Klangapparat: In der romantischen Tradition des Sinfonismus und der Aufwertung der Instrumentalmusik stehend, hat sich der filmmusikalische *Orchestralismus* zu einer nostalgische Züge tragenden Maxime reduziert, in der bewusst an die romantische Orchestertradition angeknüpft wird. Der leitmotivische Orchester-Score ist das überhöhte Ideal. Doch auch klanglich und expressiv ist das Orchester das – bisweilen überhöhte – Mittel, um den medialen Mythos in optimaler Weise zum musikalischen Leben zu erwecken. Zugleich ist das Orchester eine Konstante, die sowohl für historische Reflexivität (in stilistischer Hinsicht) als auch für mythische Kontinuität steht: Beliebige Kombinationen von orchestralen Bestandteilen mit Synthesizern, elektronischen Sounds, popmusikalischen Elementen oder ungewöhnlichen Instrumenten stehen für Vielfalt, doch der kleinste gemeinsame Nenner bleibt das Orchester als Garant für maximalen Ausdruck, expressives Potenzial, stilistische wie klangliche Kontinuität und immersive musikalische Überwältigung. Das Orchester ist ein materialisierter romantizistischer Traum, der die Jahrhunderte überdauert hat und einen willkommenen Kontrapunkt zur digitalisierten Score-Produktion setzt.

Ergänzt werden diese Modellcharakteristika durch ein der historischen Romantik entlehntes Selbstverständnis der*des Filmkomponist*in von Virtuosentum und Genie-Dasein. Das filmische Scoring ist eine virtuose, höherwertige Kunstform mit autonomen Tendenzen, die über rein funktionale Aufgabenerfüllung weit hinausgeht. Gelungene Filmmusik dient nicht allein den filmischen Bedürfnissen, sondern hat musikalische (und darüber hinausgehende, universal-poetische) Substanz. Dem diametral gegenüber stehen trivialer Kitsch, Gelegenheitsmusik und rein funktional motivierte, uneigenständige Anti-Kunst, die damit abzulehnen sind. Die*der erfolgreiche Filmkomponist*in hat Tendenzen zum Genie, das glorifiziert wird und auf Vorbilder aus vergangenen Epochen verweist. Eine Transformation hat hier im Gegenstand der Ablehnung stattgefunden: Die Dichotomie Wahre Kunst – Anti-Kunst im romantischen Genieverständnis wurde um eine deutlichere Kunst-Kommerz-Vergegensätzlichung ergänzt (die sich allerdings auch schon bei Wagner abzeichnet). Der romantizistische Virtuositätsgedanke wird außerdem um die Maxime einer musikalischen Autonomie ergänzt: Der filmische Score ist im Idealfall eine künstlerische Schöpfung mit universellem Kunstcharakter, die auch außerhalb des filmischen Zusammenhangs funktioniert und anerkannt wird.

Das hier vorgestellte, vorläufige filmmusikalische Romantik-Modell (siehe Abbildung 18) weist Einschränkungen auf: die Betonung von Produktionsprozessen, Funktionen und Selbstverständnissen in der Inhaltsanalyse lässt den musikalischen Fokus außer Acht, der in der folgenden Musikanalyse nachgeholt werden muss. Weiters sind in diesem Modell, das exemplarisch und kompakt beschrieben wurde, durchaus Unsicherheiten und Fragezeichen enthalten, die weiterer Untersuchungen bedürfen. Das betrifft unter anderem die Rolle von filmmusikalischen Exotismen, die in eine utopische Nähe gerückt wurden; diese Nähe muss aufgrund des sensiblen Gegenstands in weiteren Musikanalysen kritisch überprüft werden. Der Orchestralismus könnte sich als Spezifikum eines Hollywood-geprägten Romantik-Modells entpuppen, was ebenfalls in weiteren Untersuchungen mit Schwerpunkt auf filmische Scores außerhalb des Hollywood-Systems begutachtet werden sollte. Die Leitmotivik ist hier ebenfalls in einer weiten Definition angewandt worden, da sie sich auch auf dramaturgisch angewandtes Sounddesign bezieht: diese Auslegung bedarf ebenfalls weiterer genauer Analysen.

4.11 Zwischenfazit

Die Ergebnisse der Inhaltsanalyse haben wichtige Erkenntnisse zu Tage gefördert, wobei das Augenmerk auf diejenigen Beobachtungen gelegt wurde, die offensichtliche Abweichungen oder Modifikationen des Forschungsstandes implizierten. Die Auswertungen des Kategorien-Systems und die Reduktion auf die vier Komponist*innen-Typen verdeutlicht die zentralen ästhetischen Diskurslinien, anhand derer romantizistische Bezüge verhandelt werden. So zeigen alle vier Typen intensive Bezüge zu romantizistischen Ideen, die jedoch unterschiedliche Interpretationen und Perspektiven bieten. Die Komponist*innen-Typen A und teilweise auch Typ B weisen etwa deutliche Bezüge zur historischen musikalischen Romantik als Epoche (und nicht nur als Geisteshaltung) auf, die sich in der Wahl von Instrumenten, Musikstilen und Arbeitsmitteln niederschlagen. Das verändert sich bei den Typen C und D zu einer eher ideenbasierten Bezugnahme, die auch hier – bei den vordergründig fortschrittlicheren Komponist*innen-Typen – deutliche Kontinuitäten zur Romantik aufweist.

Bemerkenswert ist, wie die digitalisierte Produktionsumgebung des frühen 21. Jahrhunderts mit romantizistischen Vorstellungen verknüpft wird und welche zentralen Leitlinien daraus abgeleitet werden. Die etwa bei den Typen C und D praktizierte Technologie-Offenheit und Einbindung digitaler, kollaborativer Arbeitsweisen verhindert nicht, diese in ein romantizistisch geprägtes Bezugssystem mit stark poetisch-künstlerischer Ausprägung einzubinden. Dennoch werden hier zentrale Traditionslinien neu verhandelt: prägnante Beispiele hierfür sind die Art der Entstehung des filmischen Scores (von der handgeschriebenen Komposition mit Notenpapier und Stift, die starken Werkcharakter hat, hin zu einer teilimprovisierten, arbeitsteiligen DAW-Produktion, die nicht nur kompositorische, sondern auch kollaborative, improvisatorische und Design-Aspekte aufweist), die stilistisch-ästhetischen Bezüge (von Klassik-Kanon und Kunstmusik über Filmmusik bis zur Popkultur des 21. Jahrhunderts) und der kreative Output (von der orchestral-leitmotivischen Kinosinfonik bis zum rein elektronischen Musik-Sounddesign-Hybrid).

Stärker als in den ermittelten Komponist*innen-Typen zeigen sich die fortwirkenden und transformierten Romantik-Aspekte in der Konstruktion des vorläufigen filmmusikalischen Romantik-Modells. Dieses Modell ist der Versuch, den Forschungsstand mit den Ergebnissen der Inhaltsanalyse in Einklang zu bringen und die bestehenden Modell-Konstruktionen der Romantik zu modifizieren und zu aktualisieren. Es zeigt sich deutlich, dass hier nicht nur Reduktionen auf einige Merkmale stattfinden, die stellvertretend für *die Romantik* stehen, sondern auch Bedeutungsverschiebungen und Transformationen der historischen Ideen zu erkennen sind. Die filmmusikalische Romantik-Rezeption ist so alt wie die Filmmusik selbst und hat sich im 20. Jahrhundert verselbständigt. Der Hollywood-Sound mit seiner eigenen, epigonalen Romantik-Interpretation, ergänzt und erneuert durch die filmsinfonischen (Re-)Novationen ab den 1970er-Jahren von John Williams, Jerry Goldsmith, Elmer Bernstein und weiteren Vertreter*innen, hat dem filmmusikalischen Romantik-Modell seinen Stempel aufgedrückt.

Besonderes Augenmerk verdienen auch hier die jüngsten Transformationen, die sich davon emanzipieren und das filmmusikalische Romantik-Modell im frühen 21. Jahrhundert weiterentwickeln: Der Gedanke eines universalen, poetisch-narrativ eingesetzten Musik-Sounddesign-Bereichs im Modell des Komponist*innen-Typs D ist vom romantischen Poetisierungsgedanken inspiriert und zeigt eine deutliche Abwandlung des traditionellen Romantik-Modells. Der Orchestralismus als Adaption des romantischen Sinfonismus und der Aufwertung der Instrumentalmusik hat sich auf eine eher klangorientierte Maxime (allerdings mit mythisierenden Zügen) reduziert. Im Zentrum des Modells bleibt jedoch unverändert der romantizistische Mythosgedanke: die Schaffung einer glaubwürdigen filmischen Welt mit nachvollziehbaren Kausalitäten und sinnstiftenden Zusammenhängen, die innerhalb von medialen Genres, Reihen und anderen mythischen Räumen kontinuierlich und über den Einzelfilm hinausgehend weitererzählt werden, bleibt eine zentrale funktionale Aufgabe des Scores. Die Neigung zum Übernatürlichen und rational nicht zu Erklärenden, zu den fiktiven Welten hinter der Alltagswelt wird mit den Mitteln des Mythos ausgeschöpft und (im Wortsinn) realisiert. Auch die Utopie als romantizistisch verklärter, niemals vollständig erfüllbarer Sehnsuchtsgedanke hat eine zentrale Rolle innerhalb des Modells, erfährt jedoch Transformationen durch Neuverhandlungen exotistischer Merkmale, Dystopie-Ergänzungen und verheißende Innovationsmaximen. Auffallende Kontinuität weist die Eigenzuschreibung der*des Komponist*in als Virtuos*in und potenzielles Genie auf, das mit der Kreation des

Scores einen schöpferisch-künstlerischen Akt vollzieht und ein musikalisches Werk erschafft, das den romantizistischen Ansprüchen an vermeintlich höhere Musik genügen kann. Bereichert ist dieses Selbstverständnis um eine antikommerziell ausgerichtete Eigenpositionierung, die deutliche Züge der Beeinflussung von Richard Wagners Ausführungen, aber auch von sozialphilosophischen Gedanken des 19. und 20. Jahrhunderts wie der Kritischen Theorie trägt.

Die in dieser Studie ausgearbeiteten Komponist*innen-Typen und das vorläufige Romantik-Modell erheben den Anspruch, Erklärungshypothesen für filmmusikalische Prinzipien, Vorbilder und Selbstverständnisse, Leitlinien sowie Handlungen zu liefern. Dies beschränkt sich ausdrücklich nicht auf die Fiktive-Welten-Genres Science-Fiction, Superhelden und Fantasy, auch wenn spezifische Unterschiede anderer Genres, aber auch regionale und kulturelle Besonderheiten in diesen nicht berücksichtigt werden konnten. In der zweiten Hauptstudie wird dennoch eine Einschränkung hinsichtlich dieser Genre-Auswahl vorgenommen: erstens, weil die bisherigen Beobachtungen den Schluss zulassen, dass besondere filmmusikalische Ausprägungen innerhalb von Genre-Grenzen wegen einer besseren Vergleichbarkeit leichter zu erkennen sind; zweitens, weil die hier propagierten mythischen Räume sich zwar nicht strikt an Genre-Grenzen halten, aber doch mit ihnen resonieren und so mediale Mythen und ihre Fortschreibungen durch filmische Scores präziser innerhalb dieser mythischen Räume zu beobachten sind.

Letztlich wird damit – validiert durch die Ergebnisse der Inhaltsanalyse – an einem der Leitsätze der filmmusikalischen Genre-Theorie festgehalten: Genre-Grenzen können nicht ignoriert werden, da sonst sowohl das Risiko besteht, innovative Neuerungen als ordinär zu verkennen, als auch Genre-übliche, konventionelle musikalische Wendungen als vermeintlich brillante Ideen misszuverstehen (vgl. Stokes 2013: 5; siehe auch Kapitel 3.5). Die Ergebnisse der Inhaltsanalyse ergänzen diese Annahme durch die Hypothese, dass nicht nur filmische Genre-Vorgaben wesentlich sind für die Ausgestaltung des Scores in ästhetischer, kompositioneller und stilistischer Hinsicht: Auch der Komponist*innentypus sowie das filmmusikalische Romantik-Modell könnten ebenfalls signifikante Einflüsse auf die tatsächliche Ausgestaltung haben. Dies wird in der folgenden Musikanalyse berücksichtigt werden.

5 Hauptstudie II: Filmmusikanalyse

In der ersten Hauptstudie wurde ein vorläufiges filmmusikalisches Romantik-Modell aufgestellt, das den Anspruch hatte, die Ergebnisse des theoretischen Teils und der Inhaltsanalyse der vorliegenden Studie miteinander in Einklang zu bringen. Wie bereits deutlich wurde, weist dieses Modell Unschärfen und Lücken auf, die in dieser zweiten Hauptstudie geschlossen oder zumindest entschärft werden sollen. Dazu gehört vor allem der filmmusikalische und kompositionstechnische Teil, der in den Komponist*innen-Interviews aus nachvollziehbaren Gründen zu kurz gekommen ist. Daher erfolgen in diesem Kapitel filmmusikalische Analysen, die vor dem Hintergrund der zentralen Fragestellung dieser Studie den Fokus auf filmmusikalische Umsetzungen von Romantizismen legen sollen.

Film- oder serienmusikalische Analysen bergen verschiedene Herausforderungen. Zum einen ist der Untersuchungsgegenstand nicht eindeutig: Filmmusik ist Teil eines filmischen Gesamtprodukts; daraus ergeben sich Problemstellungen hinsichtlich des Analysefokus, aber auch des Umfangs der Untersuchung. In der Forschung wird dieses Problemfeld dahingehend verhandelt, ob und wie Musikanalysen erfolgen können, wenn diese doch nur einen Teil des Gesamtmediums darstellen und nur innerhalb dessen vollständig erfasst werden können (vgl. etwa Neumeyer 2015; Audissino 2017b; Lederer 2022). Hieraus lässt sich bereits die Komplexität dieser Herausforderung ablesen: Nicht nur das Verhältnis der Musik zum Film selbst auf der Makro-Ebene wird in dieser Hinsicht problematisiert; hinzu kommen auf der Mikro-Ebene auch die Verhältnisse etwa zwischen Score und Source Music, zwischen Musik und Sound(-design), zwischen Musik und der auditiven Gesamtspur sowie zwischen Musik und filmischer Dramaturgie. Auf der Makro-Ebene gesellen sich weitere Fragestellungen in methodischer Hinsicht dazu: Für ein hinreichendes Verständnis filmmusikalischer Vorgänge reicht es womöglich nicht aus, nur das Musik-Film-Verhältnis zu betrachten; auch filmische Genre-Vorgaben, etablierte Konventionen und mediale Sozialisierungen, die bereits als mythische Räume beschrieben wurden, werden in der Forschung als notwendige Untersuchungsfokusse genannt (vgl. etwa Scheurer 2008; Halfyard 2012; Stokes 2013). Weitere mögliche Untersuchungsperspektiven, die in einer relevanten Beziehung zu musikanalytischen Ergebnissen stehen können, sind sozialhistorische, ökonomische, geografische oder produktionstechnische Aspekte: Beispiele dafür sind die Sozialisation und Werk-Vorgeschichte der beteiligten Komponist*innen, die konkreten Produktionsprozesse während der Entstehung der Filmmusik oder die vorhandenen monetären und zeitlichen Budgets (vgl. Karlin/Wright 2004; Kloppenburg 2012/2015; Hemming 2016; Hill 2017).

All diese Analyse-Schwerpunkte und Problemfelder wurden dahingehend abgewogen, inwiefern sie zum Erkenntnisgewinn für die Fragestellung dieses Texts beitragen können. Dabei wurde allein aus zeitökonomischen Gründen ein pragmatischer Ansatz gewählt, der auf eine möglichst effiziente Filmmusikanalyse zur Erhellung der Forschungsfragen abgestimmt ist. Daraus ergibt sich auch, dass die hier erfolgenden Filmmusikanalysen keinen Anspruch auf Vollständigkeit oder ganzheitliches hermeneutisches Verständnis erheben, sondern der Schwerpunkt in allen Teilaspekten der Analysen stets auf einen möglichst hohen Erkenntnisgewinn hinsichtlich der Frage nach romantischen Adaptionen, stilistischen und ästhetischen Vorbildern, mythischen Genre-Konventionen, musikalischen Umsetzungen von Mythos oder Utopie und letztlich nach einem filmmusikalischen Romantik-Modell gelegt wird.

Im Folgenden werden zunächst einige analytische Verfahren und Methoden aus der filmmusikalischen Forschungsliteratur skizziert, aus denen eine eigene, der Fragestellung dienliche Methodik abgeleitet wird. Danach erfolgt die detaillierte Vorstellung der zu analysierenden Bestandteile und Dimensionen, bevor die Kriterien der ausgewählten Filmmusikbeispiele erläutert werden.

5.1 Vorgehensweise und Methodik

5.1.1 Filmmusik-Analysen in der Forschungsliteratur

In der Forschungsliteratur gibt es eine Vielzahl von Filmmusikanalysen, die mit klarer Forschungsperspektive spezifische Aspekte des Gegenstands beleuchten und bewusst auf eine umfassende oder vollständige Analyse verzichten (vgl. Kühn 2002: 21). Ein Beispiel dafür ist Scheurer (2008), der seine spezifische Analysemethode mit seinem thematischen Blickwinkel begründet: Für die Überprüfung der filmmusikalischen Genre-Theorie und des Zusammenspieles Genre – Mythos – Musik vernachlässigt er bewusst Aspekte wie musikalische Detailanalysen, das Verhältnis von Musik und Sounddesign oder vollständige Werkbetrachtungen:

> My approach is a decidedly formalistic one, focusing as I am on the narrative kernel of the genres and how music is used to augment and comment on the dramatic and narrative conventions of the individual genres. I will deal with contextual agents only as they are relevant to the discussion of the efficacy of the music in a particular genre in supporting the kernel structure of the films. (Scheuer 2008: 47)

Ebenfalls beispielhaft hierfür sind die filmmusikalischen Analysen von Hill (2017), die auch einen klaren Fokus und, damit verbunden, deutliche Einschränkungen zeigen. Hill beschäftigt sich intensiv mit kompositorischen Mitteln und musikalisch-stilistischen Bezügen, wodurch in seinen zahlreichen und detaillierten Partituranalysen vor allem die Harmonik, Melodik und Stilistik in den Vordergrund rücken. Dies geht zulasten einer funktionalen Bewertung ebenso wie der Aufdeckung des Verhältnisses zwischen dem Score und dem Sound oder anderen auditiven, visuellen und narrativen Bestandteilen des filmischen Gesamtmediums.

Auch Audissino (2017b) problematisiert explizit die besonderen Herausforderungen der Filmmusikanalyse – sowohl aus filmwissenschaftlicher als auch aus musiktheoretischer Sicht – und widmet ihr eine eigene Monographie, in der er seinen methodischen Analyse-Ansatz entwickelt und mit Beispielen untermauert. Eine Filmmusikanalyse muss für Audissino zwei Dinge leisten können: eine präzise Analyse der Filmmusik mit musikwissenschaftlichen Techniken zum einen, zum anderen und zugleich muss sie fest eingebunden in den filmischen Kontext und die hiermit erforderlichen filmischen Ausdrucksformen und Konventionen sein. Audissino sieht das Film-Musik-Verhältnis als entscheidendes Analysekriterium von Filmmusik-Analysen an:

> Film/music analysis is about tracing the correspondence (or lack of correspondence, or the degree of correspondence) between the perceived micro-configuration of the music device and the micro-configuration of the other devices in the scene/sequence at hand. (Audissino 2017b: 125)

Für die vorliegende Studie soll die Maxime Audissinos insofern berücksichtigt werden, als dass eine spezifisch musikalische Analyse im Filmmusik-Kontext zwar legitim ist und wichtige Erkenntnisse liefern kann; wenn jedoch die Filmmusik *im* Film, also als Teil des filmischen Mediums, analysiert und interpretiert werden soll, kann nicht ignoriert werden, welche anderen Faktoren – seien sie visueller, auditiver, narrativer, dramatischer oder andersgearteter Natur – die musikalische Ausgestaltung beeinflussen (vgl. Audissino 2017b). Dies betrifft auch eventuelle Vermischungen von Musik und Soundeffekten und Sounddesign: Liegt der Fokus der Analyse eindeutig auf dem musikalischen Bestandteil der Soundebene, so sollen auffällige oder besondere enge Verbindungen von Musik und Sound dennoch explizit herausgearbeitet und näher analysiert werden. Die hier propagierte Musikanalyse hat also zwar die (Film-)Musik als primären, aber nicht einzigen Gegenstand im Fokus, da sie – zumindest unter der Prämisse der vorliegenden Forschungsperspektive – nicht losgelöst vom filmischen Gesamtwerk betrachtet werden kann. Ebenso kann nicht allein der Score in der Analyse betrachtet werden, sondern auch andere musikalische Elemente wie Source Music oder Songs werden berücksichtigt und im Kontext des Arbeitsthemas eingeordnet.

5.1.2 Hermeneutischer Ansatz

Das filmische Medium, dessen Teil die Filmmusik ist, muss also bei der Analyse mitberücksichtigt werden. Insbesondere ist für das hier vorliegende Erkenntnisinteresse die filmische Erzählung sowie das Setting und die Dramaturgie zu nennen. Hier liegt im Fokus der Betrachtung, wie die Filmmusik – oder weiter gefasst: der auditive Teil des Films – mit den übrigen filmischen Bestandteilen interagiert und zum Gesamtmedium beiträgt. Wie bereits in der Einleitung zu diesem Kapitel erwähnt, muss die Analyse jedoch auch den Kontext mitberücksichtigen, der über das einzelne filmische Medium hinausgeht: Die Frage nach Genre-Konventionen, aber auch nach Produktionsbedingungen wie Produktionsort und -zeit, Budgetierung oder beteiligten Akteur*innen kann einen Einfluss darauf haben, wie nicht nur die Interpretation, sondern auch bereits die Analyse selbst erfolgt. Hier kommen die Prinzipien des hermeneutischen Interpretierens zur Anwendung: Eine Beachtung von Entstehungsbedingungen ermöglicht erst eine adäquate Vergegenwärtigung von möglichen musikalischen Ausgestaltungen, Erwartungen und Besonderheiten; ein fundiertes Vorverständnis ist der Ausgangspunkt des hermeneutischen Zirkels, der kritisch-reflexiv versucht, sich zyklisch dem Verständnis des Gegenstands zu nähern. Dabei muss stets auch die Möglichkeit in Betracht gezogen werden, dass der Hintergrund, die Sozialisation und die kulturelle Perspektive der*des Analysierenden einen Einfluss auf die Analyse und die verstehende Interpretation haben (vgl. Hemming 2016: 155 f.; Kuckartz 2018: 16).

Lederer (2022: 40) wendet diesen hermeneutischen Zirkel implizit an und zählt zusammenfassend vier in den Film Music Studies bewährte Analyseschritte auf, die bereits Neumeyer in seiner Schrift *Meaning and Interpretation of Music in Cinema* (vgl. Neumeyer 2015) theoretisierte. Der erste, *Itemizing* genannte, Schritt zielt auf einer rein deskriptiven Ebene auf die genaue strukturelle Beschreibung der auditiven Ebene des zu analysierenden Elements. Im zweiten Schritt (*Characterizing*) wird die Analyse der einzelnen auditiven Bestandteile vertieft und der musikalische Score für sich näher auf Form und Struktur und hinsichtlich des Zusammenspiels mit den anderen auditiven Elementen des filmischen Mediums untersucht. Der dritte Schritt wird *Locate synch points* genannt und soll Schlüsselstellen des filmischen Mediums ausfindig machen: Hier geht es um die Interaktion mit der visuellen Ebene. Der vierte und letzte Analyseschritt (*Compare sound and image*) führt schließlich eine vergleichende Zusammenfassung der verschiedenen Ebenen herbei und arbeitet Charakteristika, Unterschiede und Synchronitäten heraus. Ohne ein adäquates Vorverständnis, ein reflektierendes Bewusstsein über die eigene Perspektive und den hermeneutischen Mut zur Lücke sind diese Schritte nicht durchführbar. Für die vorliegende Studie soll das Grundschema insofern übernommen werden, als dass musikalisch-auditive Analysen von Untersuchungen des Musik-Film-Verhältnisses zunächst getrennt werden – bevor sie in der verstehenden Interpretation im folgenden Arbeitsschritt wieder miteinander kombiniert werden.

Auch Stokes (2013: 5) konstatiert, dass filmmusikalische Innovationen, Auffälligkeiten und Besonderheiten nur erkannt werden können, wenn sie in den Kontext des filmischen Genres eingeordnet werden: Nur dann könne die echte filmmusikalische Neuerung erkannt und bewertet werden, und andersherum erweisen sich durch die Kenntnisse der Genre-Konventionen manch vermeintliche Innovationen als längst ausgetretene Pfade. Im theoretischen Teil dieses Texts wurde das filmische Genre als durch kulturelle Konventionen und Codes vorgeformte mediale Rahmenbedingung um den mythischen Raum erweitert: Nicht nur Genres, sondern auch Subgenres, filmische Reihen, fiktive Universen, Standardsituationen oder auch mediale Formate erzeugen Vorerwartungen und schaffen kulturell beeinflusste Konventionsbedingungen, die einen Erwartungsrahmen um die Ausgestaltung des jeweiligen filmischen Scores abstecken (siehe Kapitel 3.3.1). Die Ergebnisse der Inhaltsanalyse bestätigen die Bedeutung der Konvention bei den Vorbereitungen und Ausgestaltungen des Scoring-Prozesses (siehe Kapitel 4.6, 4.9 und 4.10). Daher müssen für ein besseres Verständnis vor der eigentlichen Analyse diese Vorbedingungen, soweit möglich, erläutert werden. Dazu gehören Einordnungen in Genres, Reihen und andere mediale Klassifizierungen, aber auch weitere Informationen im Vorfeld: Eine kurze Zusammenfassung frei verfügbarer Informationen zur Produktion des Films, der wirtschaftlichen und soziokulturellen Einordnung wird ebenso erfolgen wie biographische Informationen zur*zum beteiligten Komponist*in und – falls verfügbar – Erkenntnisse zum jeweiligen Produktionsprozess gesammelt werden. Falls der zu analysierende filmische Gegenstand einer Reihe angehört, muss besonderes Augenmerk auf relevante Vorläufer und sich daraus ergebende Kontinuitätserwartungen gelegt werden. Abschließend wird auch kurz auf die filmische Rezeption eingegangen, um den filmischen Erfolg (der als relevanter Faktor vorab festgelegt wurde) anhand von Daten nachvollziehen und einschätzen zu können.

5.1.3 Klang-, Video- und Notenanalysen

Film- und Serienmusik ist primär – aber nicht ausschließlich – eine produzierte, bearbeitete und abgemischte digitale Klangaufnahme, die im filmischen Kontext konsumiert wird: „Film music is about performance in a recorded art form" (Filmkomponist Howard Shore, zit. nach Schrader 2017: 85). Wie bereits in den vorausgegangenen Kapiteln ausgeführt, ist die Rezeption von Film- und Serienmusik im 20. und frühen 21. Jahrhundert jedoch vielfältiger und muss nicht auf den filmischen Kontext beschränkt sein. Neben den seit Jahrzehnten etablierten sogenannten Soundtrack-Alben mit Bearbeitungen des im filmischen Medium verwendeten

Scores – in der Regel unter Beseitigung anderer akustischer Bestandteile – ist mittlerweile auch eine zunehmende Rezeption von filmischen Scores im konzertanten Rahmen, in Radio- und Fernsehprogrammen, in Social-Media-Videos oder als Zweitverwertung etwa in thematischen YouTube-Playlisten festzustellen (siehe hierzu die Kapitel 3.7, 3.9.2 und 3.10). Auch zeigt die Auswertung der Inhaltanalyse, dass die sogenannte musikalische Substanz, die viele Filmkomponist*innen einfordern, eine wichtige Maxime bei der Komposition oder der Produktion sein kann: Im Idealfall ermöglicht der filmische Score auch außerhalb des filmischen Kontexts eine ästhetische Erfahrung (oder zumindest einen Unterhaltungswert; siehe hierzu die Kapitel 4.6, 4.9 und 4.10). Für die Analyse ergibt sich hieraus die herausfordernde Prämisse, dass zwar primär die Filmmusik im medialen Kontext analysiert und interpretiert wird; jedoch müssen hier mehrere Analyseblickwinkel vereinigt werden, um sowohl der Forschungsperspektive als auch dem Gegenstand selbst gerecht werden zu können. Im digitalen Zeitalter reichen ausschließliche Notenanalysen nicht mehr aus. Daher wird auf eine gemischte Methodik zurückgegriffen: Es erfolgen an geeigneten Stellen und je nach Erkenntnisinteresse sowohl Klang- beziehungsweise Höranalysen als auch Videoanalysen sowie Notenanalysen (vgl. Hemming 2016: 118; vgl. auch Kühn 2002: 10). Dabei erfolgt die Wahl der geeigneten Analysemethode nach dem jeweiligen Erkenntnisdesiderat. Das geschah auch schon in den kurzen Klang-, Noten- und Videobeispielen im theoretischen Teil des vorliegenden Textes: Hier wurde ebenfalls anhand des analytischen Fokus (und manchmal auch anhand der Verfügbarkeit des Materials) entschieden, welche Analyseform zur Anwendung kommt.

Klang- oder Höranalysen erfolgen dann, wenn dezidiertes Hinhören gefragt ist und der auditive Teil des filmischen Mediums, spezifischer der Score selbst, im Fokus der Betrachtung steht: Die Analyse des Soundmixes, der Soundtextur des Scores oder die Mischung mit anderen auditiven Bestandteilen auf der Tonspur des Films kann so am besten erfolgen. Für die Analyse des Musik-Film-Verhältnisses und für die Bestimmung filmmusikalischer Funktionen im filmischen Medium sind audiovisuelle oder Video-Analysen das Mittel der Wahl. Steht die motivisch-thematische Analyse, die Untersuchung von Kompositionstechniken oder die Beleuchtung von harmonischen Fortschreitungen sowie Leitmotiven im Vordergrund, wird primär auf die Notenanalyse zurückgegriffen. Hier besteht die besondere Problematik darin, dass in vielen Fällen kein offizielles Notenmaterial zur Verfügung steht (oder für den Verfasser zu bekommen war). Daher werden in der Regel eigene Notentranskriptionen aus dem verfügbaren Audio- beziehungsweise Filmmaterial angewandt, wie dies auch schon in den Notenbeispielen in den vorangegangenen Kapiteln der Fall war. Bei den Notenabbildungen werden grundsätzlich keine Tonart-Vorzeichen angegeben; Tempoangaben, Artikulationen und andere ergänzende Notationen werden in der Abbildung nur mit aufgeführt, wenn sie für die Analyse relevant oder konstitutiv für das vorgestellte Leitmotiv sind.

Insofern kommt hier aufgrund der verschiedenen Anfordernisse und der Komplexität einer Filmmusikanalyse ein gemischtes Analyseverfahren zur Anwendung, um dem eigenen Erkenntnisinteresse und Forschungsblickwinkel gerecht werden zu können.

5.1.4 Pragmatische Reduktion

Die Überkomplexität des Forschungsgegenstands, das reichhaltige Material sowie die spezifische Forschungsperspektive zwingen bei dieser Hauptstudie zu Auslassungen und Reduktionen. Diese Studie erhebt nicht den Anspruch auf eine vollständige Analyse des gesamten musikalischen Materials eines filmischen Mediums, da insbesondere bei Serienscores die detaillierte Analyse von teils mehr als 20 Stunden Musik die Kapazitäten dieser Studie bei weitem sprengen würde. Daher wurden mehrere Einschränkungen vorgenommen.

Zunächst wird der Ansatz verfolgt, das gesamte (verfügbare) audiovisuelle Material einer Erstsichtung zu unterziehen und unter der reflektierten Berücksichtigung der zu analysierenden Parameter und Dimensionen besondere Stellen und ihre Timecodes zu notieren. Dabei ist folgerichtig, dass Schlüsselmomente des filmischen Materials wie Intro, Main Title, Einführung wichtiger filmischer Protagonist*innen, Ausgestaltung von Antagonist*innen und Anwendungen von Exotismen und Othering, dramaturgische Höhepunkte, Plot-Twists und Abspann besondere Aufmerksamkeit verdienen. Im zweiten Schritt sollen die in der Erstrezeption notierten Schlüsselstellen vertieft analysiert werden (vgl. Neumeyer 2015; Lederer 2022: 40). Das Prinzip des hermeneutischen Zirkels kann dabei die Wiederholung des ersten Schritts erforderlich machen – gerade dann, wenn entdeckte Auffälligkeiten, Leitmotive oder andere, für die Forschungsfrage besondere Ausgestaltungen auf ihre Anwendung in weiteren filmischen Szenen beziehungsweise Teilen des Scores hin überprüft werden. Auch hier – ähnlich wie in der Inhaltsanalyse im vorherigen Kapitel – wird also für ein tieferes hermeneutisches Verständnis die Wiederholung von Gesamtsichtung und tieferer Analyse nicht nur in Kauf genommen, sondern für die Schärfung der Analyse angestrebt (vgl. Kuckartz 2018: 16; Lederer 2022: 40).

Auf diese Weise soll bei den untersuchten Scores der große Umfang des Materials bewältigt und eine zugespitzte, für die Forschungsfrage relevante Analyse vorgenommen werden, die bewusst keinen Anspruch auf Vollständigkeit erhebt, sondern sich auf für die Forschungsperspektive besonders lohnende Schlüsselstellen beschränkt. Innerhalb dieser Schlüsselstellen jedoch erfolgt eine detaillierte Analyse des musikalischen Materials sowie der Wechselwirkung mit anderen auditiven, visuellen und narrativen Elementen des filmischen Mediums anhand der im nächsten Kapitel aufgeführten Parameter und Dimensionen.

Diese Vorgehensweise birgt naturgemäß mehrere Einschränkungen, die hier nochmals explizit geäußert werden sollen. So ist die Erstrezeption und die spontane Identifizierung von Schlüsselstellen subjektiv gefärbt und nicht nur durch die Forschungsfrage, sondern auch die musikalische, filmische und soziokulturelle Vorprägung des Verfassers getrübt. Diese Schwäche wird bewusst in Kauf genommen, um gezielt Erkenntnisse hinsichtlich romantizistischer Elemente im filmischen Score gewinnen zu können, ohne den Anspruch auf eine hinreichende und semantisch oder strukturell vollständige Filmmusikanalyse zu erheben.

5.1.5 Parameter und Analyse-Ebenen

Das letzte Kapitel hat die methodische Vorgehensweise bei der Analyse beschrieben: Es sollte die Frage beantwortet werden, *wie* die Musikanalyse durchgeführt wird. Im Folgenden soll dagegen geklärt werden, *was* untersucht wird. Ein Großteil der zu untersuchenden Bestandteile ergibt sich bereits aus dem zentralen Forschungsthema der filmmusikalischen Romantizismen sowie den Ausarbeitungen und Ergebnissen in den Kapiteln 3 und 4. Hierdurch gerät eine Vielzahl an Parametern in den Fokus, die hier nach zwei Ebenen beziehungsweise Dimensionen getrennt sind (vgl. auch Hemming 2016: 77; 141 f.).

5.1.5.1 Musik- und Sound-Ebene

Nach dem Vorbild der vierstufigen Filmmusikanalyse von Neumeyer (2015) und Lederer (2022: 40) wird auch hier – in vereinfachter Form – zunächst die auditive Analyseebene behandelt. Diese beinhaltet einige Parameter, die für die Forschungsfrage von Interesse sind und die bereits im theoretischen Teil dieser Studie herausgearbeitet wurden (siehe Kapitel 3.2, 3.4, 3.5 und 3.8) – modifiziert um einige Impulse aus den Ergebnissen der Inhaltsanalyse (siehe Kapitel 4.9). Dabei werden filmische Bezüge – etwa die Erwähnung einer filmischen Szene, in der der Main Title erklingt – nicht ignoriert, sondern zur besseren Orientierung genannt; dennoch steht hier der auditive Teil der Analyse im Vordergrund.

Wie in Abbildung 19 dargestellt, betrifft dies unter anderem die Frage der stilistischen Bezüge der Soundebene. Mögliche stilistische Näherungen an klassische oder romantische Vorbilder werden hier ebenso untersucht wie Reminiszenzen und Ähnlichkeiten zum Hollywood-Sound oder zu musikalischen Spielarten des 20. oder 21. Jahrhunderts. Unter dem Parameter der Kompositionsweise wurden

Musikanalyse – Parameter I

Musik- und Sound-Ebene

- **Stilistische Bezüge** (Klassik, Romantik, Hollywood-Sound, Pop, Jazz, Elektronische Musik, Neue Musik etc.)
- **Kompositionsweise** (Main Title, (leit-)motivisch, triadische Chromatik, Mediantik, Tonalität, Tonskalen/Modi)
- **Instrumentierung und Sound** (Rolle des Orchesters, Sounddesign, elektronische Instrumente)
- **Exotismen** (Authentizität, angewandte Stilistik)
- **Äußere Form** (Zusammenhänge, Themen-Verarbeitungen, Dramaturgie, Rückkehr zum Main Title)
- **Verhältnis Musik und Sound** (Score <> Songs <> Source Music <> Sounddesign)
- **Musikalische „Substanz"** (Prägnanz, Ausdruckskraft, Originalität, Innovation)

Abbildung 19: Schematische Darstellung der zu analysierenden Parameter (Musik- und Sound-Ebene; Quelle: eigene Darstellung).

hier sowohl Kompositionstechniken wie die Leitmotivik als auch weitere Ausgestaltungen zusammengefasst. Dies betrifft etwa das Vorhandensein und die Beschaffenheit eines (thematischen, heroischen) Main Titles, aber auch die triadische Chromatik, den Umgang mit Tonalität und der Grundtonart sowie besondere Tonskalen und modale Elemente wie den lydischen Modus (vgl. Lehman 2018). Zentrale filmmusikalische (Leit-)Motive werden hinsichtlich ihrer Gestalt, ihres musikalischen Gestus sowie ihrer Variabilität und Präsenz im filmmusikalischen Gesamtwerk einer eingehenden Analyse unterzogen. Die harmonische Analyse erfolgt dabei in der Regel nach den Prinzipien der Stufenharmonik, wobei an geeigneten Stellen auch auf funktionsharmonische Zusammenhänge wie Kadenzen hingewiesen wird, wenn der Gegensatz eine solche Kontextualisierung begünstigt (vgl. Hemming 2016: 93).

Ebenfalls von Bedeutung sind Analysen der Instrumentierung und des Sounds: Hier wird etwa beleuchtet, welche Rolle orchestrale Elemente im Soundmix spielen, welche Bedeutung ein Sounddesign einnimmt und ob dieses dramaturgisch und/oder leitmotivisch eingesetzt wird. Dabei wird auch auf die Klangtextur des Soundtracks geachtet und die Dominanz von einzelnen Instrumentengruppen oder Sounds ausgemacht (vgl. Hemming 2016: 113). Im Rahmen der Exotismus-Bezüge soll auf dieser Ebene ebenfalls bestimmt werden, ob und, wenn ja, welche stilistisch-musikalischen Exotismen eingesetzt werden, wie sich diese inhaltlich und konzeptionell niederschlagen und ob in ihnen – soweit dies möglich ist – authentische Bezüge zu kulturellen Räumen oder musikalischen Stilen erkennbar sind (siehe hierzu auch die Kapitel 2.4 und 3.10.4). Auch wird das Verhältnis des Scores zu anderen auditiven Bestandteilen wie etwa Source Music oder eingesetzten Popsongs betrachtet. Hier wird analysiert, welche Interferenzen und konzeptionellen Überschneidungen es gibt und welche Rollen nicht nur der Score, sondern auch Song-Elemente auf der auditiven Ebene des filmischen Mediums einnehmen.

Neben der Detailanalyse der musikalischen Substanz in einem konkreten Ausschnitt (beziehungsweise einigen Schlüsselstellen) soll auch der Blick auf die äußere Form geworfen werden. Hier wird etwa betrachtet, welche thematisch-motivischen Weiterentwicklungen es gibt, welche Zusammenhänge hergestellt werden, wie eine musikalisch-auditive Dramaturgie aufgebaut wird und ob es gegen Ende der Narration eine Rückkehr zum Main Title gibt. Auch wird die filmmusikalische Form hinsichtlich ihrer stilistischen und konzeptuellen Geschlossenheit und Kohärenz bewertet, um Antworten auf die Frage nach einer eventuellen stilistischen Vielfalt zu erhalten. Gewissermaßen als Ausblick wird zuletzt die sogenannte musikalische Substanz kritisch betrachtet, deren Bedeutung durch die Ergebnisse der Interview-Auswertungen weiter herausgestellt wurde. Hier werden vor allem Parameter wie motivische Prägnanz, Einprägsamkeit sowie Ausdruckskraft untersucht, aber auch Hinweise auf Originalität, Authentizität sowie (gelungene) Innovation, etwa in Form eines kreativen Musik-Sounddesign-Mixes.

5.1.5.2 Musik-Film-Ebene

Musikanalyse – Parameter II

Musik-Film-Ebene

- ➢ **Funktionen** (unterstützend, vermittelnd, erweiternd, kontrastierend, kommentierend)
- ➢ **Mythische Funktion** (Glaubwürdigkeit, Sinnstifterin, Aufgreifen Genre-Konventionen)
- ➢ **Verhältnis zum Genre / mythischen Raum** (Erwartungen, Konvention <> Innovation)
    - ➢ Stilistik
    - ➢ Main Title
    - ➢ Othering
    - ➢ Utopie-Dystopie-Dichotomie
    - ➢ Song-Einsatz
    - ➢ Genre-Codes & Topics
- ➢ **Film-Musik-Verhältnis** (musikalische Autonomie, Rolle innerhalb des Films, Nutzung Gestaltungsspielraum)

Abbildung 20: Schematische Darstellung der zu analysierenden Parameter (Musik–Film-Ebene; Quelle: eigene Darstellung).

Auf der Ebene der Musik-Film-Interaktion kommen ebenfalls die Erkenntnisse früherer Kapitel als Parameter zum Tragen; dies betrifft etwa die Beziehungen und Einflüsse filmischer Genres und Konventionen ebenso wie funktionale Fragen (siehe Kapitel 3.3, 3.5, 3.6, 3.7 u. 4.10).

Zunächst werden hier die filmmusikalischen Funktionen untersucht. Dabei wird analysiert, welche konkreten Funktionen vorherrschend sind (ohne dabei zu detailliert auf einzelne Funktionen in konkreten filmischen Szenen einzugehen). Diese Analyse filmmusikalischer Funktionen soll Hinweise aufdecken, welche Rolle der Score (sowie eventuell andere auditive Elemente) im filmischen Kontext einnimmt. Von besonderem Interesse ist hier die mythische oder mythenbildende Funktion, die als eine Art Überfunktion komplexe Bezüge nicht nur zu einzelnen Szenen herstellt, sondern auch auf filmische Genres, Reihen und andere mythische Räume verweist (siehe Kapitel 3.7.8). Es wird auch im Vordergrund stehen, wie etwa mit musikalischen Mitteln Glaubwürdigkeit geschaffen, Sinn gestiftet sowie ein Wir-Gefühl kreiert wird; des Weiteren wird die in der Inhaltsanalyse konstatierte Kontinuitätsfunktion mit einbezogen (siehe Kapitel 4.9.2.2). Hier soll allerdings auch kritisch reflektiert werden, ob die mythenbildende Funktion tatsächlich gegenüber anderen Funktionen eine vorherrschende Stellung einnimmt oder die Hypothese einer übergeordneten Meta-Funktion nicht validiert werden kann.

Das Verhältnis nicht nur zum Film selbst, sondern auch über den Film hinaus spielt eine wesentliche Rolle bei der mythenbildenden Wirkung. Hier soll untersucht werden, wie sich verschiedene Parameter innerhalb eines Rahmens von Erwartungen, Konventionen und Innovationen verhalten, wenn der Score des untersuchten filmischen Mediums mit dem zugehörigen mythischen Raum abgeglichen wird: So soll aufgedeckt werden, ob etwa die Stilistik, der Main Title, ein eventuelles Othering mit den Mitteln des musikalischen Exotismus, eine Dichotomie von utopischen und dystopischen Wirkungen oder der Einsatz von typischen weiteren Genre-Codes und Topics sich mit den Erwartungen an das filmische (Sub-)Genre, die Reihe oder Serialisierung, das Franchise oder die jeweilige Standardsituation decken. Daraus soll letztlich ermittelt werden, wie sich das Film-Musik-Verhältnis ausprägt: Welche Autonomie nimmt der Score ein, ist ein eigenes Music Script zu erkennen und wie wird der durch die Rahmenbedingungen vorgegebene Gestaltungsspielraum ausgenutzt – sowohl gegenüber dem einzelnen filmischen Medium als auch gegenüber dem mythischen Raum (vgl. auch Xalabarder 2013)?

5.2 Rückbezüge: Komponist*innen-Typen, Genre-Theorie und Romantik-Modell

Die Ergebnisse der Musikanalyse werden im nächsten Schritt mit den Resultaten der bisherigen Kapitel in Beziehung gesetzt. Hier stehen drei Themenfelder im Fokus: Die Thesen der filmmusikalischen Genre-Theorie (siehe Kapitel 3.3, Kapitel 3.4 und 3.7), dann die in der Inhaltsanalyse ausgearbeiteten Komponist*innen-Typen (siehe Kapitel 4.6), und anschließend die extrapolierten Romantizismen beziehungsweise das ausgearbeitete vorläufige Romantik-Modell (siehe Kapitel 4.10).

Die Ergebnisse der filmmusikalischen Genre-Theorie sagten spezifische filmmusikalische Muster für die Filmmusik-Konzeption in den Fiktive-Welten-Genres Fantasy, Science-Fiction und Superhelden voraus. Dazu gehörten stilistische Bezüge, die mythenbildende Funktion, ein heroisierender, romantizistischer Main Title, Exotismen, Song-Einsätze und eine Utopie-Dystopie-Dichotomie. Die Ergebnisse der Filmmusikanalyse sollen hier kurz hinsichtlich der Wirkkraft solcher Genre-Konzepte ausgewertet werden. Dabei spielt auch eine Rolle, ob das Genre gegenüber anderen Ebenen des mythischen Raums wie Franchise, Filmreihe oder Standardsituationen eine erkennbare Gewichtung hat.

Wie in der Inhaltsanalyse beschrieben wurde, spielen die ausgearbeiteten Komponist*innen-Typen auch bei der Einordnung der Ergebnisse der Filmmusikanalyse eine signifikante Rolle. Die vier Typen stehen für unterschiedliche Ansätze der Adaption romantizistischer Maximen und Idiome: Sie zeigen vier Varianten auf, wie Romantik rezipiert und in einem filmmusikalischen Kontext neu verhandelt werden kann. Dazu wurden mehrere Dimensionen beschrieben, in denen die vier Typen unterschiedliche Ausprägungen zeigen: etwa stilistische und soziokulturelle Bezüge, die Kompositions- und Produktionsweise, die Instrumentierung sowie der Umgang mit Sounddesign, aber auch die Vorgehensweise im Produktionsprozess sowie der Umgang mit musikalischer Eigenständigkeit (siehe Kapitel 4.6). Dadurch ergeben sich Erwartungshaltungen, die mit den Ergebnissen der Musikanalyse abgeglichen werden: Entsprechen die analysierten Resultate der Erwartung aufgrund des Komponist*innen-Typus, oder ergeben sich Abweichungen? Finden sich Typenspezifische Eigenheiten (wie Nostalgie bei Typ A oder Sound-Experimente bei Typ D) in der Filmmusikanalyse wieder? Ist die Balance zwischen Kontinuität und Innovation entsprechend der Erwartung durch den Komponist*innen-Typ beeinflusst? Die Beantwortung dieser Fragen soll einerseits den Blick für unterschiedliche Umgangsformen mit Romantizismen schärfen, andererseits aber auch zur Validierung (oder Verwerfung) der hypothetischen Komponist*innen-Typen beitragen.

Ein Rückbezug nach ähnlichem Muster wird auch für das in Kapitel 4.10 aufgestellte vorläufige Romantik-Modell unternommen. Dieses stellt als zentrale Romantizismen die semantischen Felder des Mythos, der Poetizität, der Utopie, der

Virtuosität sowie des Orchestralismus in den Vordergrund. Dabei wurde bereits darauf hingewiesen, dass dieses Modell möglicherweise unvollständig ist und eine Lücke aufweist, die durch eine stärkere Beleuchtung der filmischen Scores in der Musikanalyse geschlossen werden könnte. Auch hier wird also einerseits die Erwartungshaltung durch das Romantik-Modell mit den Analyseergebnissen verglichen und auf Kongruenzen, Abweichungen oder Überraschungen hin untersucht. Andererseits werden spezifisch musikalische Charakteristika, die im vorläufigen Romantik-Modell weitgehend ausgeklammert waren, stärker berücksichtigt und im letzten Schritt – je nach Ergebnissen – in das Modell eingearbeitet. Das könnte je nach Auswertung aller Ergebnisse kompositorische Eigenheiten betreffen, aber auch Instrumentierungs- und Soundfragen, Maßgaben der äußeren Form oder Fragen nach einer musikalischen Autonomie oder Substanz. Auch Konzepte der Harmonik, des Main Titles oder der Kompositionstechnik können hierunter fallen und das Romantik-Modell modifizieren.

5.3 Legitimation des ausgewählten Korpus

Bei der Auswahl der zu analysierenden Filmscores wurden mehrere Kriterien festgelegt, die sich zu einem großen Teil bereits aus der Forschungsfrage ergaben, aber teilweise auch der pragmatischen Optimierung von Zeit, Aufwand und erwartetem Erkenntnisnutzen geschuldet sind.

Folgende Kriterien kamen bei der Auswahl des Korpus zur Anwendung:

Die Komponist*innen der Scores sollten **in der ersten Hauptstudie untersucht** worden sein, um Typisierungen überprüfen zu können und ein Vorverständnis für Produktionsprozesse, Verhandlungen von Romantizismen und Konzepte der musikalischen Produktion zu haben.

Die untersuchten Scores selbst sollten den (Sub-)Genres **Science-Fiction, Superhelden und Fantasy** zuzuordnen und **zwischen 2010 und 2019 veröffentlicht** worden sein: Diese Einschränkung war ein konstitutiver Teil der eingangs aufgestellten Forschungsfrage und dient der Schärfung der Perspektive auf einen eng abgesteckten Analysegegenstand.

Das Merkmal der **Relevanz** wurde ebenfalls beachtet: Eine möglichst hohe Rezeptionswirkung beziehungsweise Verbreitung war ein zentrales Kriterium bei der Auswahl. Der Einfachheit halber wurden hier die Einspielergebnisse der jeweiligen Filme als Grundlage genommen: So sollte der jeweilige Film mindestens in den Top 25 der Jahreslisten der weltweit erfolgreichsten Filme vorhanden sein. Als Datenbasis hierfür diente die Plattform Internet Movie Database (vgl. IMDb.com, Inc. 2024a; 2024i; 2024 m; vgl. auch Lederer 2022: 15). Wesentlich schwieriger ist die Ermittlung der Relevanz bei Serienformaten, unter anderem da nicht alle Statistiken der Streaming-Plattformen frei einsehbar sind. Hier wurde dieses Kriterium weniger hart angewandt und kam nur insofern zum Tragen, als dass eine gewisse Rezeptionswirkung nachgewiesen werden musste, etwa durch Zuschauer*innenzahlen oder Popularitätslisten.

Des Weiteren wurde die Maxime der **Vielfalt** angewandt: Bei der Auswahl der zu analysierenden Filme und Serien wurde darauf geachtet, dass erstens alle drei fiktiven Welten (Science-Fiction, Superhelden und Fantasy) mindestens einmal vertreten sind, dass alle Komponist*innen-Typen berücksichtigt werden und dass die Erscheinungsjahre der ausgesuchten Medien eine möglichst hohe Varianz (innerhalb des Zeitraums 2010–2019) haben. Auch sollten nicht allein einzelne Kinofilme, sondern Serialisierungen zum Tragen kommen: entweder TV- beziehungsweise Streaming-Serien, oder explizite und als solche ausgewiesene Teile filmischer Reihen.

Ausgeschlossen von der Korpusauswahl wurden Filme und Serien mit **unklarem Genre-Bezug** oder Mischformen, etwa Fantasy-Animationsfilme oder Science-Fiction-Western-Serien. Ebenso ausgeschlossen wurden Scores, deren **Autor*innenschaft unklar** ist.

Zuletzt spielte auch das Kriterium der **Verfügbarkeit** eine Rolle: Der Score und das filmische Medium sollten über verbreitete Streaming-Anbieter (Amazon Prime Video, HBO, Disney +, YouTube, Netflix oder Spotify) zugänglich sein. Dabei wurde bei Kinofilmen stets die Kinofassung gewählt, keine Extended Versions und kein Director's Cut.

Aus der Anwendung dieser Kriterien entstand eine Vorauswahl von Filmen und Serien, die in Tabelle 5 aufgelistet sind, sortiert nach Komponist*innen-Typ sowie (Sub-)Genre. Die Namen der beteiligten Komponist*innen sowie die Film- und Serientitel sind hier der besseren Darstellung halber nur verkürzt wiedergegeben; ein (f) steht für Film, ein (s) für Serie. In Klammern hinter dem Kurztitel ist das Veröffentlichungsjahr angegeben. Die fett und unterstrichen dargestellten Kurztitel sind die letztlich ausgewählten Filme.

Diese Vorauswahl entspricht den bisher aufgestellten, durchaus spezifischen Kriterien inklusive der Verfügbarkeit und hat deshalb wenig Aussagekraft etwa für eine generelle Prävalenz von Typ-A-Komponist*innen für Fantasy-Scores oder den kommerziellen Erfolg von Superhelden-Medien. Vielmehr diente sie als Grundlage für die letztliche Entscheidung, gemäß dem Kriterium der Vielfalt möglichst alle Komponist*innen-Typen und (Sub-)Genres sowie beide Medienformen zu berücksichtigen.

So fiel die Wahl auf folgende Filme:

The Hobbit: An Unexpected Journey (Film aus der *Hobbit*-Filmreihe, Komponist: Howard Shore, Typ A, Fantasy; vgl. Jackson 2012),

Thor: The Dark World (Film aus dem *Marvel Cinematic Universe*, Komponist: Brian Tyler, Typ B, Superhelden; vgl. Taylor 2013),

Tabelle 5: Korpus-Vorauswahl, geordnet nach Komponist*innen-Typen und Fiktive-Welten-Genres (Quelle: eigene Darstellung).

	SCIENCE-FICTION	SUPERHELDEN	FANTASY
TYP A	(s) Rabin – 12 Monkeys (2015–2018)		(f) Shore – Twilight III (2010) **(f) Shore – The Hobbit I (2012)** (f) Shore – The Hobbit II (2013) (f) Shore – The Hobbit III (2014)
TYP B	(s) Tyler – Terra Nova (2011)	(f) Tyler – Iron Man 3 (2013) **(f) Tyler – Thor: The Dark World (2013)** (f) Tyler – Teenage M. Ninja Turtles (2014) (f) Jackman – X-Men: First Class (2011) (f) Jackman – Cpt. America: Winter Soldier (2014) (f) Jackman – Cpt. America: Civil War (2016)	(f) Desplat – Harry Potter VII (2010) (f) Desplat – Harry Potter VIII (2011)
TYP C	(f) Zimmer – Inception (2010) **(f) Zimmer – Interstellar (2014)** (f) Holkenborg – Terminator 5 (2019) (f) Holkenborg – Alita: Battle Angel (2019)	(f) Zimmer – The Dark Knight Rises (2012) (f) Zimmer – Man of Steel (2013) (f) Zimmer – X-Men Dark Phoenix (2019) (f) Zimmer / Holkenborg: Batman v Superman (2016) (f) Holkenborg – Deadpool (2016) (s) McCreary – Agents of Shield (2014–2020) (s) McCreary – Defiance (2013–2015)	
TYP D	**(f) Powell/Williams – Solo: A Star Wars Story (2018)**	(f) Mothersbaugh – Thor: Ragnarok (2017) (s) Reznor/Ross – Watchmen (2019)	

Interstellar (Einzelfilm, Komponist: Hans Zimmer, Typ C, Science-Fiction; vgl. Nolan 2014) und

Solo: A Star Wars Story (Film aus dem *Star-Wars*-Universum, Komponisten: John Williams und John Powell, Typ D (Powell), Science-Fiction; vgl. Howard 2018).

Diese Wahl fiel nicht leicht. Zwar konnten so alle vier Komponist*innen-Typen sowie alle drei (Sub-)Genres berücksichtigt werden. Auch wurde auf diese Weise eine gewisse Bandbreite unterschiedlicher Zeiträume innerhalb der Dekade gewährleistet. Auf der anderen Seite ist die Auswahl mit Einschränkungen verbunden, die erklärungsbedürftig sind. Insbesondere ist hier zu kritisieren, dass keine Serie als Analysegegenstand ausgewählt wurde. Der letztlich ausschlaggebende Grund hierfür war, dass die knappen zeitlichen Ressourcen eine Analyse einer TV- oder Streamserie mit zehn oder 20 Stunden an musikalischem Material nicht möglich machten. Deshalb wurde auf die Berücksichtigung filmischer Reihen und Franchises geachtet, um den Aspekt der Serialisierung nicht völlig außer Acht zu lassen.

5.4 Analysebeispiel 1: *The Hobbit: An Unexpected Journey*

5.4.1 Vorab-Informationen

Der Fantasy-Film *The Hobbit: An Unexpected Journey* erschien 2012 und hat in der dem Verfasser vorliegenden Kinofassung eine Länge von 169 Minuten und 33 Sekunden (vgl. Jackson 2012).[36] Er ist der erste Teil der aufwändig produzierten *Hobbit*-Trilogie der Produktionsfirma New Line Cinema (vgl. Jackson 2012; 2013; 2014a), die ihrerseits eine filmische Umsetzung des 1937 veröffentlichten Romans *The Hobbit, or There and Back Again* von J. R. R. Tolkien ist. Des Weiteren stellt die Filmtrilogie ein Prequel zur *Lord-of-the-Rings*-Trilogie dar, die ebenfalls auf den gleichnamigen Romanen von Tolkien beruht und in derselben fiktiven Welt angesiedelt ist (vgl. Jackson 2001; 2002; 2003). Diese Filmtrilogie gilt als Standardwerk des jüngeren Fantasy-Films und hat das filmische Fantasy-Genre in vielen Teilbereichen – inklusive der Filmmusik – geprägt (vgl. etwa Halfyard 2012: 4; Lederer 2022: 245; Behrendt 2025; siehe auch Kapitel 3.3.2.3). Der relevante mythische Raum ist also das Genre Fantasy im Allgemeinen, im Besonderen aber Tolkiens fiktive Welt Mittelerde (engl. Middle-earth), ihre literarischen Grundlagen sowie ihre Verfilmungen.

---

36 *The Hobbit* und auch die drei folgenden Filme der Filmmusikanalyse wurden über die Streaming-Plattform Amazon Prime Video angesehen.

Relevant ist in diesem Zusammenhang nicht nur, dass die filmische Narration eng mit Tolkiens detailliert ausgearbeiteter Fantasy-Welt von Mittelerde verknüpft ist und mit dieser – und ihren anderen medialen Erzeugnissen – stark interferiert. Die Filmtrilogie basiert auf einem Kinderbuch, dessen Handlung und Umfang vergleichsweise dünn ist, wenn man etwa die Romantrilogie von *The Lord of the Rings* danebenstellt. Anders als deren Filmtrilogie, bei der ein Film einer Buchvorlage entsprach, musste der Stoff des *Hobbit*-Buchs für drei Verfilmungen herhalten: dieses hat nur etwa ein Fünftel des Umfangs der *Lord-of-the-Rings*-Trilogie (vgl. Meyer 2021: 151). Interessant ist auch die Umkehrung der Veröffentlichungen: Das Buch *The Hobbit* spielt nicht nur viele Jahre vor *The Lord of the Rings*, sondern erschien auch 17 Jahre früher. Bei den Verfilmungen ist dies umgekehrt: Die filmische *Hobbit*-Trilogie wurde etwa zehn Jahre nach der Sequel-Trilogie produziert und veröffentlicht. Das ermöglicht den Filmen Referenzen, Vorahnungen und Querverweise auf die Sequel-Story, die im Buch noch nicht möglich waren. Dabei wurde seitens der beteiligten Filmproduktionsfirmen auf eine besondere Kontinuität zur *Lord-of-the-Rings*-Filmtrilogie Wert gelegt, die zulasten der Werktreue der Buchvorlage ging (vgl. Michelle et al. 2017: 7; Meyer 2021).

Auch stellt das Spannungsfeld zwischen Kinderbuch und Fantasy-Genre ein interessantes Gefüge dar, das in der Analyse berücksichtigt werden wird: Schon die Buchvorlage ist hier nicht eindeutig und ist zwar einerseits eine explizit für Kinder geschriebene Märchengeschichte, andererseits ist sie eingebettet in eine riesige, teils bis ins Detail ausgearbeitete Welt mit verschiedenen Völkern, Kulturen, Zeitaltern, Legenden und geographischen Räumen, die dadurch mythenbildenden Charakter gewinnt. Behrendt hebt zudem den romantischen Kern des *Hobbit* hervor und arbeitet neben dem Mythen- und Märchenbezug weitere romantische Aspekte des Stoffes heraus, so etwa das Wandern und das Fernweh als romantische literarische Motive (vgl. Behrendt 2025: 22–27). Die *Hobbit*-Verfilmung hat den Originalstoff der Literaturvorlage nicht nur adaptiert und an *The Lord of the Rings* angenähert, sondern auch verschiedene Anpassungen vorgenommen, die Meyer (2021) mit „actionization and epicization" (Meyer 2021: 152) beschrieben hat: Letzteres bezeichnet die bereits beschriebene größere Einbettung in die fiktive Fantasy-Welt von Tolkien, für die auch auf anderes literarisches Material zurückgegriffen wurde, während Ersteres auf eine bewusste Hinzunahme von Action-Szenen und -Elementen verweist, die keinerlei literarische Entsprechung haben. Hier wird zu untersuchen sein, welche Rolle der Score in dem Spannungsfeld zwischen Kinderbuch, Fantasy-Genre und Action-Elementen spielt (vgl. Meyer 2021; Lederer 2022: 245–248; Tally Jr. 2022: 2).

Des Weiteren gibt es weitere enge Parallelen zwischen den beiden Film-Trilogien: In allen sechs Kinofilmen war der Neuseeländer Peter Jackson der Regisseur und Howard Shore der Komponist des Filmscores, auch große Teile der Filmcrew und des Casts waren an beiden Trilogien beteiligt (vgl. Michelle et al.

2017: 7; IMDb.com, Inc. 2024b). Die Produktion des Films war ebenfalls eng mit der Vorgänger-Trilogie verbunden: Nicht nur kehrte die Filmcrew für die Dreharbeiten nach Neuseeland zurück, sondern nutzte auch Originalsets, Produktionsstätten, Requisiten und Drehorte, die bereits in *The Lord of the Rings* zur Anwendung kamen (vgl. Jackson 2014b). Die Zusammenarbeit zwischen dem Score-Komponisten Howard Shore und dem Regisseur Peter Jackson konnte ebenfalls auf den Erfahrungen der vorherigen Trilogie aufbauen, was eine enge und vertraute Kollaboration ermöglichte. Shore erschuf im ersten Schritt des Kompositionsprozesses Leitmotive für wichtige Charaktere und Themenfelder auf der Grundlage von Tolkiens Buch, bevor er Filmszenen sah. Diese wurden von Jackson geprüft und freigegeben und standen so bereits während der Dreharbeiten zur Verfügung. Die orchestralen Score-Aufnahmen der *Hobbit*-Filmtrilogie wurden von zwei Orchestern in unterschiedlichen Produktionsphasen ausgeführt: dem London Philharmonic Orchestra sowie dem New Zealand Symphony Orchestra. Shore dirigierte ersteres selbst, überließ allerdings das Dirigat des zweiten Orchesters seinem Team um Conrad Pope. Die verfügbaren Informationen deuten darauf hin, dass der Score des hier untersuchten ersten Teils der Trilogie vom London Philharmonic Orchestra mit Shore selbst als Dirigenten ausgeführt wurde, während das New Zealand Symphony Orchester in Teil zwei und drei der *Hobbit*-Trilogie zur Ausübung kam. Auch der Abspann von *The Hobbit: An Unexpected Journey* nennt unter „Music Performed by" nur das London Philharmonic Orchestra (vgl. Jackson 2012: 168'32"). Der Orchester-Wechsel nach dem ersten *Hobbit*-Film hatte vor allem Abstimmungsgründe: Regisseur Jackson wollte während der Orchester-Aufnahmen zugegen sein und so direktes Feedback geben können, was ihm wegen der intensiven Postproduktionsphase in Neuseeland nicht möglich war, solange die Orchesteraufnahmen in England stattfanden. Daher veranlasste er die Verlegung der Aufnahmen von England nach Neuseeland, was zum Orchesterwechsel führte. Die verfügbaren Behind-the-Scenes-Videos zeigen hierbei die bedeutende Rolle des Dirigenten Conrad Pope – in Vertretung des abwesenden Shore – als Mittler zwischen filmischen Ansprüchen und musikalischer Umsetzung. Im Umkehrschluss bedeutet dies, dass der Einfluss Shores auf die tatsächliche Ausgestaltung des Scores im ersten, hier untersuchten *Hobbit*-Film noch größer war, da dieser unter Shores persönlicher Leitung in London entstand (vgl. WaterTower Music 2012; Jackson 2012; Pajasek99 2022a; 2022b).

Der kanadische Komponist Howard Shore, Jahrgang 1946, war während der Produktionsphase von *The Hobbit: An Unexpected Journey* bereits um die 66 Jahre alt. Seine Filmografie bis dahin zeigt mindestens 60 Einträge von Kinofilmen seit den 1970er-Jahren, an denen Shore bis dahin als Komponist (und oft auch als Dirigent, Orchestrator und Music Producer) mitgearbeitet hat. Der Berklee-Absolvent wirkte in jungen Jahren auch in einer Jazz-Fusion-Band mit, bevor er seit den

1970er-Jahren zu einem der bekanntesten Filmkomponist*innen Hollywoods aufstieg, der mit Regisseur*innen wie David Cronenberg, Martin Scorsese, Jonathan Demme und Peter Jackson zusammenarbeitete (vgl. IMDb.com 2024d). Wie bereits in den *Score*-Interviews herausgearbeitet, legt Howard Shore großen Wert auf eine thematische Entwicklung und Leitmotivik seiner Scores (siehe Kapitel 4.5.3). Dabei betont er die Bedeutung der Leitmotivik für das Verstehen der filmischen Handlung: Diese vermittelt nicht nur semantische Bezüge, sondern hat nach Shore auch die Aufgabe, dem Publikum Halt und Orientierung zu geben. Auch bezieht sich Shore im Interview explizit auf Richard Wagners Vorbild für die musikalische Konzeption des *Lord-of-the-Rings*-Scores, weswegen davon auszugehen ist, dass für den Score von *The Hobbit* ähnliche Voraussetzungen gelten (vgl. Schrader 2017: 90). Ein besonderes Augenmerk für die folgende Filmmusikanalyse besteht deshalb darin, Shores Adaption mit Wagners ursprünglicher Intention zu vergleichen. Des Weiteren wird auch Shores Umgang mit kulturell zu verortenden Exotismen untersucht werden: Wie Schröder (2017) aufzeigen konnte, spielt Shore in der Vorgänger-Trilogie bei zentralen Leitmotiven mit kulturellen Verweisen, so etwa beim Shire-Motiv, das sowohl Reminiszenzen an die angelsächsische als auch an die keltische Folklore beinhaltet (vgl. auch Lehman 2018: 237 ff.).

Die erste *Hobbit*-Verfilmung entfaltete eine große Rezeptionswirkung. Die weltweiten Einnahmen beliefen sich auf über eine Milliarde US-Dollar, womit der Film auf Platz vier der erfolgreichsten Filme des Jahres 2012 liegt (vgl. IMDb.com, Inc. 2024 m). Damit konnte er einen ähnlichen Rezeptionserfolg verbuchen wie die drei Filme der Sequel-Trilogie. Die öffentlichen Kritiken und Bewertungen des Films fallen demgegenüber etwas zurück: Mit einer Durchschnittsbewertung von 7,8 von 10 möglichen Punkten und einem Metascore von 58 von 100 bei öffentlichen Reviews hat der Film zwar tendenziell eher positive Rezensionen erfahren, jedoch auch Kritik erhalten; insbesondere wurden die hohen Erwartungen durch die sehr positive Rezeption der *Lord-of-the-Rings*-Trilogie nicht erfüllt. Häufige Kritikpunkte sind das Aufbauschen eines Kinderbuchs auf drei Kinofilme und die daraus folgende Verflachung der Handlung beziehungsweise den ungünstigen Erzählbogen, sowie die nicht immer gelungene Zusammenführung von kindlich-komödiantischen Elementen mit epischen High-Fantasy-Themen (vgl. Lederer 2022: 247 f.; IMDb.com, Inc. 2024c). Analog dazu wurde Howard Shores Score generell positiv bewertet; er hat hohe Aufrufzahlen etwa bei Spotify, fällt aber in beiden Kategorien gegenüber *The Lord of the Rings* etwas zurück: Während der Score in vielen Reviews gelobt wurde und als positiver Aspekt des Films angesehen wurde, wurden als Kritikpunkte die fehlende Innovation im Vergleich zur Vorgänger-Trilogie, wenig neue einprägsame Themen und die bisweilen zu ernste Musik, die eher zu *Lord of the Rings* als zur Kinderbuch-Vorlage passe, genannt (vgl. Michelle et al. 2017; Lederer 2022: 248; Shore 2024).

5.4.2 Synopse des Films

Der gealterte Hobbit Bilbo Beutlin berichtet in seinen Memoiren von den erlebten Abenteuern als junger Mann, die dazu führten, dass er in den Besitz des *einen* Rings, eines bedeutenden Gegenstands mit unermesslicher Macht, gekommen ist. Diese Abenteuer beginnen mit dem Besuch des alten, machtvollen Zauberers Gandalf im lieblichen Auenland (engl. *Shire*), Bilbos Heimat. Gandalf überrascht Bilbo damit, dass er über ein Dutzend Zwerge – derbe und kräftige Männer aus dem Berg, angeführt von dem jungen König Thorin Eichenschild – in Bilbos Haus einlädt. Thorin und Gandalf rekrutieren den überrumpelten Bilbo als Meisterdieb für ihren großen Plan: Sie möchten die verloren gegangene Heimatstadt der Zwerge namens Erebor wiedergewinnen, die vom Drachen Smaug eingenommen wurde und von diesem seitdem bewacht wird. Die Reise dorthin gestaltet sich voller Ereignisse und Gefahren, die unter anderem in Begegnungen mit Trollen, Elb*innen und Wargreitern sowie in die schließliche Gefangennahme durch eine Rotte durchtriebener Orks mündet. Mit Mühe befreit sich die Gemeinschaft aus der Berghöhle der Orks, wobei Bilbo, von seinen Gefährten zwischenzeitlich getrennt, hierbei dem unheimlichen Gollum begegnet, einer Kreatur, die seit vielen Jahren den *einen* Ring trägt. Das Schmuckstück gelangt durch einige Wendungen und ein Rätselspiel in Bilbos Besitz, und gemeinsam mit Gandalf und den Zwergen kann er schließlich unbeschadet die Reise fortsetzen, um das Ziel Erebor zu erreichen (vgl. Jackson 2012; Tally Jr. 2022).

5.4.3 Score-Analyse

5.4.3.1 Musik- und Sound-Ebene

The Hobbit: An Unexpected Journey ist nicht nur eine Verfilmung des *Hobbit*-Stoffes, sondern führt auch das filmische Franchise von Tolkiens Mittelerde weiter. Das hat auch Auswirkungen auf den von Howard Shore komponierten Score: Dieser nimmt eine große Zahl von Leitmotiven aus der ersten Filmtrilogie auf und verarbeitet sie in *The Hobbit*. Wichtige Leitmotive aus der Filmtrilogie sind gut dokumentiert und festgehalten worden (vgl. Ryle Music Theory 2016; Middle-Earth Themes 2020a; 2020b; 2020c). Einige zentrale Leitmotive wie das Shire-Thema, das Motiv der Rivendell-Elb*innen, das Ringgemeinschaft-Motiv oder das Motiv der Uruk-Hai wurden bereits in Klangbeispielen vorgestellt. Sie werden in der Analyse an geeigneten Stellen aufgegriffen, falls sich Ähnlichkeiten, direkte Fortsetzungen oder sonstige Verwandtschaften im Score von *The Hobbit* zeigen (siehe die Klangbeispiele Klangbeispiel 6, Klangbeispiel 26 und Klangbeispiel 28). Wie noch im Einzelnen zu zeigen sein wird, ist der Score von *The Lord of the*

Rings von starken spätromantischen Einflüssen geprägt: Der orchestralleitmotivische Stil zeigt Anleihen an Richard Wagners Musikdramen und weist typische Konventionen an einen Fantasy-Score auf (die Shore teils selbst geprägt hat; siehe Kapitel 3.5.1).

Howard Shores Score zu *The Hobbit: An Unexpected Journey* ist ein komplexes musikalisches Gewebe aus Leitmotiven, die die Substanz der Soundschicht des Films bilden: Einerseits besteht nur wenig musikalisches Material, das nicht einem der Leitmotive zugeordnet werden könnte. Andererseits zeigt sich der Score im Film insgesamt dominant: Auf der Tonspur des Films bilden die Dialoge und der Score eine tragende Rolle, während Elemente wie Atmos, Soundeffekte und Sounddesign eine untergeordnete Rolle einnehmen. Auch in Action-Szenen wie der retrospektiv gezeigten gewaltsamen Einnahme der Zwerg*innenstadt Erebor durch den Drachen Smaug (vgl. Jackson 2012: 04'55"–07'20") oder dem Angriff der Steingigant*innen (vgl. 104'40"–107'18") sind Soundeffekte zwar präsent, gegenüber dem Score jedoch nur ein additives Element. Das zeigt sich auch darin, dass filmische Szenen ohne Musik die Ausnahme bleiben und als solche auffallen. Ein Beispiel dafür ist die letzte Filmszene vor dem Abspann: In der dunklen, echolastigen Berghalle von Erebor erwacht der Drache Smaug, der in der filmischen Fortsetzung eine wichtige Rolle spielen wird. Zu hören sind nur das nachhallende, dumpfe Klopfen eines Vogels sowie das laute, effektbeladene Atmen des erwachenden Drachen, das von Grollen und dem Klingen der Goldmünzen begleitet wird (vgl. Jackson 2012: 159'49"–160'26"). Es gibt keine längeren Abschnitte, die ohne den Score auskommen in *The Hobbit*: Das unterstreicht die tragende Rolle von Howard Shores Filmmusik in Peter Jacksons Film (vgl. Jackson 2012). Dem gegenüber ist das Sounddesign in *The Hobbit* lediglich ein additives, ja sekundäres Element: Es dient entweder als bewusst eingesetzter (Überraschungs-)Effekt – oder zur immersiven Unterstützung der Glaubwürdigkeit der filmischen Welt (vgl. etwa Jackson 2012: 50'30"–50'55"; 69'00"–69'21"; 159'06"–159'27").

In stilistischer Hinsicht zeigt sich Shores Filmmusik als homogene Einheit, die weitgehend kohärent erklingt und kaum stilistische Experimente erlaubt. Die Instrumentierung ist bis auf wenige Ausnahmen durchgängig orchestral angelegt, wobei den Blechblasinstrumenten in vielen Leitmotiven – sowohl denen der Zwerge als auch der Antagonist*innen – eine besondere Rolle zukommt. Auch ist der Orchesterapparat bisweilen durch Chorgesang, Schlagwerk sowie einzelne Instrumente wie Gitarren, irische Flöten, Harfen oder das Zymbal ergänzt (vgl. Jackson 2012: 02'31"–03'00"; 40'00"–40'47"; 87'20"–88'51"; 94'33"–94'59", 117'18"–117'46"). Diese Ergänzungen dienen der (manchmal exotistisch eingesetzten) Erweiterung der Klangfarbe, um eine besonders prägnante Charakterisierung oder expressive Motivik zu erreichen. Es ist deshalb nicht falsch, die Filmmusik insgesamt als orchestralen Score zu charakterisieren. Das Sounddesign im *Hobbit*-Score ist daher weitgehend durch eine analoge, in der orchestralen Sphäre verbleibende Instrumentierung zwecks prägnanter Klangcharakteristik ersetzt. Folgerichtig kommen elektroakustische oder elektronische Instrumente – bis auf eine Song-Ausnahme in den End Credits – im Film nicht vor.

Auch die sonstigen musikalisch-konzeptionellen Einsatzmittel bei der Gestaltung der Leitmotive lassen sich zusammenfassend als zumeist tonal und von (spät-)romantischen und Hollywood-Sound-Vorbildern geprägt beschreiben. Ein Großteil der Leitmotive beruht auf Dur- oder Moll-Skalen und weist eine konventionelle Harmonik auf, die mit der harmonischen Funktionstheorie hinreichend aufgelöst werden kann. Das gilt im Besonderen für diejenigen Leitmotive, die den Protagonisten zugeordnet sind oder die generell positive oder heroische Eigenschaften haben. Stilmittel der triadischen Chromatik wie Medianten, chromatische oder unerwartete Akkordfolgen, melodische Chromatik und erweiterte Skalen kommen ebenfalls in einigen Leitmotiven vor, sind jedoch stets Hinweise für das Besondere, Fremdartige oder Böse: Während Medianten eher als Code für Geheimnisvolles eingesetzt werden, werden Völker wie die Elb*innen, Kreaturen wie Gollum oder die feindlichen Orks mit ungewöhnlichen Skalen, chromatischen Elementen, nicht eindeutigen harmonischen Entwicklungen oder fehlenden tonalen Zentren musikalisch charakterisiert. Die folgenden Einzelbeschreibungen der Leitmotive werden darauf näher eingehen.

Eine besondere Beziehung hat der Score auch zu den eingesetzten Songs im Film. Songs oder liedhafte Elemente kommen an fünf Stellen im Film (davon einmal im Abspann) vor und sind jeweils eingebettet als Source Music in die jeweilige Szene: Die beiden Zwergen-Lieder in Bilbos Haus (vgl. Jackson 2012: 24'10" u. 36'55"), eine elbische Instrumentalbegleitung in Rivendell mit Harfe, Laute und Flöte (vgl. Jackson 2012: 87'20") sowie ein schräg-ulkiges Marschlied mit makabrem Humor, vorgetragen vom König der Grubenorks (vgl. Jackson 2012: 130'25"). Von besonderem Interesse sind jedoch die Songs, die von den zwergischen Protagonisten intoniert werden. Während das erste vorgetragene Lied ein derbes, fröhliches Trinklied mit irischen Assoziationen und simpler Trommel-, Fiedel und Flötenbegleitung ist, das eine leicht idealisierte Folk-Anleihe aufzeigt (vgl. Jackson 2012: 24'03"–24'53"), ist das zweite Lied der Zwerge von gänzlich anderem Charakter: Zur Nachtstunde singt ein bassbetonter Männerchor der Zwerge ein getragenes, besinnliches Lied, dessen Songtext aus Tolkiens Feder selbst stammt (vgl. Jackson 2012: 36'50"–38'26"):

> Far over the Misty Mountains cold
> To dungeons deep, and caverns old
> We must away, ere break of day
> To find our long, forgotten gold

The pines were roaring on the height
The winds were moaning in the night
The fire was red, it flaming spread
The trees like torches, blazed with light (Jackson 2012: 36′50″—38′26″).

Notenbeispiel 14: Howard Shore – Misty-Mountains-Thema (vereinfachte, stilisierte Darstellung; internationale Akkord-Bezeichnungen; Quelle: eigene Notation).

Das Lied erzählt von der Vergangenheit der Zwerge, ihrer verlorenen, reichen Heimat und dem Angriff des Drachen, der zur Flucht und der andauernden Diaspora der Zwerge führte. Es nimmt eine dramaturgisch wichtige Funktion ein, da es nicht nur über die Vergangenheit und die Sehnsüchte der Zwerge informiert, sondern sie auch als tiefgründige und fühlende Wesen charakterisiert (vgl. Behrendt 2025). Die geschlossene Liedform in g-Moll mit viertaktiger Struktur kommt ohne triadische Chromatik aus; das wiederkehrende F-Dur als Subdominantparallele (beziehungsweise als siebte Stufe in der Stufentheorie) hat hier dominantischen Charakter. Die Melodielinie weist eine zweitaktige Phrasierung auf und kehrt in diatonischen Bögen immer wieder zum Grundton G zurück. Dies entspricht dem romantizistischen Ideal einer volksverbundenen, naturnahen Simplizität. Dass dieses geschlossene Lied-Thema sich zu einem zentralen Leitmotiv entwickelt, das in der Folge mehrfach zurückkehrt und dabei von allen Leitmotiven einem Main Title am nächsten kommt, ist daher zunächst überraschend. Im weiteren Verlauf kehrt das Motiv – nun in orchestraler und in der Regel Blechbläserlastiger sowie heroisierender Form – zurück und wird dabei eng mit der Quest, dem Abenteuer und dem Heldenmut der Zwergengemeinschaft verknüpft. Hier übernimmt das Motiv die Main-Title-Funktion eines Gemeinschaftsgefühls, wobei das tiefe Register und die Mollgrundtonart eine ernster, schwer und weniger strahlend wirkende Variante der konventionellen Main-Title-Formel bilden (vgl. Jackson 2012: 43'03"; 63'02"; 63'51"; 100'28"; 103'06"; 110'55"; 131'40"; 135'56"; 142'37"; 147'08"; 151'40"; 159'30"). Allerdings stammt das Misty-Mountains-Motiv nicht allein aus Shores Feder: Für die Urheberschaft werden auch die neuseeländischen Musiker*innen David G. Donaldson, David O. Long, Stephen G. Roche und Janet Roddick genannt, die unter dem Ensemble-Namen Plan 9 in Erscheinung treten. Es gibt Hinweise, dass die Gruppe die ursprüngliche Melodie des Motivs geschrieben hat, während Shore diese für den Film adaptiert und orchestriert hat (vgl. Wolf 2014; ISWC Network 2025; ASCAP Repertory Search 2025; Behrendt 2025: 42)[37]. Das Misty-Mountains-Motiv kehrt auch im Filmabspann wieder – diesmal erneut in Songform, jedoch neu interpretiert vom neuseeländischen Künstler Neil Finn. Selbst hier jedoch wird der Song orchestral eingeleitet und im weiteren Songverlauf arrangiert, so dass kein hörbarer Bruch zwischen dem Score-Material, der typisch orchestralen Instrumentierung und dem Abspann-Song entsteht. Im Gegenteil bildet Neil Finns Song durch die Verbindung von orchestralem Score und aktuellen Pop-Elementen einen behutsamen Übergang von der fiktiven Welt des Hobbits zurück in die reale Gegenwart (vgl. Jackson 2012: 159'30"–164'07").

Der Zwergen-Gemeinschaft können zwei weitere Leitmotive zugeordnet werden, die sich deutlich vom Misty-Mountains-Motiv unterscheiden: das sogenannte Erebor- sowie das Thorin-Motiv (vgl. Middle-Earth Themes 2019). Die beiden Motive sind semantisch eng miteinander verbunden, gehen an vielen Stellen ineinander über und bilden ein komplementäres, aber auch gegensätzliches Motivpaar, das die Zwergengemeinschaft, ihren Charakter und ihr Schicksal symbolisiert. Das Erebor-Leitmotiv bildet dabei musikalisch eine Art Ruhepol, in dem sich über einem gleichbleibenden Grundton eine melodische Phrase, zumeist von Waldhörnern oder Englischhorn gespielt, erhebt:

Notenbeispiel 15: Howard Shore – Erebor-Motiv (vereinfachte Darstellung; Quelle: eigene Notation).

Das Erebor-Motiv bringt dabei lediglich eine simple melodische Fortschreitung vom Moll-Grundton über die Terz bis zur Quinte mit sich, ohne dass es eine Ak-

---

37 In diesem Zusammenhang ist erwähnenswert, dass das Misty-Mountains-Motiv in den Nachfolgefilmen der *Hobbit*-Trilogie trotz der hohen Bedeutung im ersten Film nicht zurückkehrt; womöglich waren hier Copyright-Gründe ausschlaggebend (vgl. Jackson 2013; Jackson 2014a; Wolf 2014).

kordfortschreitung gibt. Das Motiv versinnbildlicht damit einen Stillstand oder eine Art stillstehendes Tongemälde, das als musikalische Metapher für das Erebor-Bergmassiv steht. Im Verlauf des Films ist es jedoch nicht allein mit dem Berg selbst verbunden, sondern erklingt an Stellen, die mit Heimat, Tradition, Stolz, Bodenständigkeit und Treue der Zwerge verbunden sind (vgl. Jackson 2012: 02'31"; 26'40"; 28'28"; 35'50"; 81'01"; 89'24"; 147'23"; 157'46"; 158'35").

Im Gegensatz dazu hat das Thorin-Motiv einen anderen Charakter:

Notenbeispiel 16: Howard Shore – Thorin-Motiv (vereinfachte Darstellung; Quelle: eigene Notation).

Über eine Akkordfortschreitung von der ersten zur fünften Stufe (im Beispiel von a- zu e-Moll) erhebt sich eine diatonisch aufsteigende Melodie, die schließlich um eine Quarte abfällt. Zwar zeigt sich hier eine Verwandtschaft zum Erebor-Motiv durch die Mollterz, Quarte und Quinte über dem Grundton, dennoch werden auch Unterschiede deutlich. Das Motiv ruht in harmonischer Hinsicht nicht, sondern führt von der ersten zu fünften Stufe (i–v): Es endet funktionsharmonisch als Halbschluss, der nicht abschließend wirkt, sondern im Gegenteil in der klassisch-romantischen Funktionstheorie eher Überleitungscharakter hat. Die Harmonieabfolge hat damit eine unvollendete Assoziation und strebt nach einer Fortsetzung oder einem befriedigenden Abschluss. Dadurch gewinnt das Thorin-Motiv einen drängenden, sehnsüchtigen Charakter, es bleibt unvollständig oder bruchstückhaft, was durch den melodischen Quart-Abfall verstärkt wird. Auch ist das Thorin-Motiv deutlich veränderlicher als das Erebor-Motiv: Oft nur in Solo-Horn oder seltener in Streichinstrumenten angedeutet, entwickelt es sich zuweilen weiter und erhebt sich heroisch, bevor es mit einer zur ersten Moll-Stufe zurückkehrenden Harmoniefolge abschließt (etwa die Abfolge v–i; vgl. Jackson 2012: 28'49"–29'11"; 157'20"–157'41"; 158'06"–158'26"). Zuletzt soll auch auf die Ähnlichkeit des Thorin-Motivs mit einem Leitmotiv aus Richard Wagners *Tristan und Isolde* hingewiesen werden: das Blick-Motiv zeigt nicht nur einen ähnlichen diatonischen Aufstieg mit der charakteristischen, punktierten Tonwiederholung auf der Oberterz, sondern weist auch einen vergleichbaren drängenden und sehnsüchtigen Charakter auf (vgl. Wagner Leitmotifs 2014). Dass Shore, der sich explizit auf Wagners Leitmotivik berufen hat, dieses Motiv gekannt und bewusst adaptiert hat, ist durchaus plausibel.

Die beiden Leitmotive ergeben so zwei semantische Enden desselben semantischen Bereichs: Die Zwergengemeinschaft mit ihrer verlorenen Heimat Erebor, die ihnen einst Bodenständigkeit und Ruhe schenkte (ausgedrückt durch das Erebor-Motiv) sowie ihr Exodus und der Wille, ihre Heimat zurückzugewinnen (ausgedrückt durch das Thorin-Motiv).[38] In Kombination mit dem Misty-Mountains-Motiv hat Howard Shore so ein reichhaltiges, komplexes und vielschichtiges Motivgewebe geschaffen, um den Themenkomplex Zwerge mit ihren verschiedenen Ebenen musikalisch verdichten, symbolisieren und emotional ausdrücken zu können.

Die den Zwergen zugeordneten Leitmotive gehören zu den prägnantesten thematischen Gebilden des *Hobbit*-Scores; auch deshalb, weil ihre Leitmotive neues und charakterlich eigenständiges Material darstellen – vor allem in Anbetracht der meisten übrigen Motive, die im Film Verwendung finden. Bei einem Großteil dieser Motive zeigt sich nämlich entweder eine deutliche Verwandtschaft zu oder Adaption von Motiven der Filmtrilogie von *The Lord of the Rings*, oder diese sind direkt und ohne erkennbare Veränderung aus dieser übernommen worden.

Das betrifft beispielsweise das Motiv eines der Hauptantagonist*innen von *The Hobbit*: den brutalen, rachsüchtigen Ork-Anführer Azog. Dieser Figur (die nicht in der *Lord-of-the-Rings*-Reihe vorkommt) ist ein in Terzen absteigendes Motiv zugeordnet, vorgetragen in verschiedenen Varianten, aber stets im tiefen Blechbläser-Register:

Notenbeispiel 17: Howard Shore – Azog-Motiv (vereinfachte Darstellung; Quelle: eigene Notation).

Das Azog-Leitmotiv besticht durch zwei prägnante Terzabstiege, jeweils diatonisch verschoben; der Abschluss des Motivs (im Notenbeispiel dargestellt im zweiten Takt) kann dagegen im filmischen Verlauf variieren und ist deshalb nur sekundär (vgl. Jackson 2012: 45'53"; 49'58"; 53'07"–53'34"; 55'00"; 73'12"; 73'58"–74'21"; 92'39"; 96'40"; 116'08"; 145'13"; 148'52"). Dabei fallen mehrere Verwandtschaften zu

---

38 Dass das sogenannte Thorin-Motiv in der Rezeption einen irreführenden Namen erhalten hat, soll hier nur festgestellt und aus Kontinuitätsgründen nicht weiter verfolgt werden (vgl. Middle-Earth Themes 2019). Der Verfasser hält Namensgebungen wie Quest-Motiv oder Exodus-Motiv in inhaltlicher Hinsicht für passender, da das Motiv zwar auch einen Bezug zu Thorin selbst hat, mehr aber noch die schicksalhafte Bestimmung der Zwerge Erebors symbolisiert, ihre Heimat zurückzuerlangen.

anderen Motiven auf: einerseits zum Thorin-Motiv, das fast denselben Tonvorrat aufweist (je nach Transposition etwa die Töne D, Es, F und G), jedoch mehrheitlich nach oben – und nicht nach unten – strebt. Die antagonistische Beziehung der beiden Todfeinde wird dadurch musikalisch vertieft und verfestigt. Andererseits und ebenso bedeutend ist die Verwandtschaft mit dem Mordor- oder Sauron-Motiv aus *The Lord of the Rings*:

> **Klangbeispiel 45:** Howard Shore – *The Lord of the Rings: The Return of the King*, Minas Morgul, URL: https://open.spotify.com/intl-de/track/0yaqMD9NrsqIHEPntfXd0z?si = 7a8058c4e2ff4a29 (vgl. Shore 2003b).
>
> Die Begleitung des Sauron- oder Mordor-Motivs in den Blechblasinstrumenten zeigt eine dem Azog-Motiv stark ähnelnde absteigende Terzen-Figur in tiefen Posaunen sowie Streichern und stellt damit eine enge semantische Beziehung zwischen den Motiven her (vgl. Shore 2003b: 00′ 00″–00′25″). Die abfallenden Terzfiguren sind hier ein wesentlicher Teil der Begleitung, während die Oberstimme eine chromatisch geprägte Pendelfigur ist, deren tonale Zuordnung nicht eindeutig ist.

Das Azog-Motiv ist dadurch als musikalisches Material zu erkennen, das aus *The Lord of the Rings* erwachsen ist: Damit wird Azog mit der bekannten Bedrohung assoziiert, die sich in der Sequel-Trilogie zur finalen Auseinandersetzung entwickeln wird. Das Azog-Motiv wird somit mythisiert: Auch wenn Azog selbst eine neue Figur darstellt, wird er durch sein Leitmotiv in die filmische Welt eingebunden und in Beziehung gesetzt. Auch das Azog-Motiv ist variabel und weist an einigen Stellen eine prägnante Änderung auf: In dieser Variante ist der dritte Ton um einen Halbton erhöht (im Notenbeispiel etwa von f zu fis). Diese Motivvariante findet sich an einigen Stellen und ist klar mit dem geheimnisvollen und düsteren Necromancer assoziiert, dessen Identität noch nicht enthüllt ist (vgl. Jackson 2012: 53′20″; 73′12″; 73′58″–74′21″; 96′40″). Die Motivvarianten tragen zu einer Verschleierung bei, die genaue Verweise erschweren, aber Bezüge und Beziehungen aufzeigen. So ist das Necromancer-Motiv eine Variante des Azog-Motivs, das wiederum seinen Ursprung im Sauron- bzw. Mordor-Motiv aus *The Lord of the Rings* hat: Die engen motivischen Verflechtungen gehen zwar auf Kosten der musikalischen Prägnanz, lassen aber semantische Ähnlichkeiten und Verortungen zu – in diesem Fall liegt der Schluss nahe, dass die verschiedenen Ausprägungen des Bösen in *The Hobbit* einen gemeinsamen Ursprung haben, der über den Film selbst hinausgeht und auf die mythisierte Welt von Mittelerde verweist.

Die direkten oder indirekten Verweise auf *The Lord of the Rings* sind zahlreich und beschränken sich nicht allein auf das Azog-Motiv. Mit der Wiederkehr bekannter Figuren wie der weisen und mächtigen Elbin Galadriel und der zwielichtigen Kreatur Gollum sowie Schauplätzen wie dem elbischen Zufluchtsort Rivendell kehren auch ihre bekannten Leitmotive zurück. Dabei zeigen sie wenig

Variationen oder Weiterentwicklungen und dienen hier primär als Zitate und musikalische Wegweiser (vgl. Jackson 2012: 81′25″; 94′33″; 101′28″ (Lothlorien/Galadriel); 82′46″; 84′02″ (Rivendell); 117′18″; 121′00″; 122′23″; 123′56″; 128′36″–129′51″; 139′02″ (Gollum)). Diese Leitmotive zeichnen sich durch unterschiedliche Grade an exotistischer Fremdheit aus: Die beiden elbisch geprägten Motive von Rivendell und Lothlorien (das zur Charakterisierung Galadriels dient) haben verschiedene Konzepte der Betonung des Fremden: das Rivendell-Motiv zeigt sphärische Streicherklänge mit Mediantik und übermäßiger Quinte, die utopisch-idyllische Züge tragen (siehe auch Klangbeispiel 26 sowie Notenbeispiel 8); während das Lothlorien-Motiv mit seiner phrygischen Skala und dem mysteriösen Frauenchor noch entrückter und fremdartiger erscheint und stärker mit den Zügen des Geheimnisvollen spielt.

Die beiden musikalischen Motive, die mit der mysteriösen und bedrohlichen Kreatur Gollum verbunden sind, zeigen dagegen Ansätze einer exotisierenden Charakterisierung mit negativer Konnotation.

Notenbeispiel 18: Howard Shore – Gollum-Zymbal-Motiv (vereinfachter Ausschnitt; Quelle: eigene Notation).

Das Motiv, das unter anderem bei Gollums erstmaligem Auftreten in *The Hobbit* erklingt (vgl. Jackson 2012: 117′14″–117′46″; vgl. auch 121′00″; 123′56″) besitzt mehrere Merkmale, die seine Fremdartigkeit – gerade im Vergleich mit anderen zentralen Motiven – unterstreichen. Zunächst ist das dominante Instrument ein Zymbal, das nicht zum üblichen Orchesterrepertoire gehört, sondern eher mit Volksmusik aus dem pannonischen oder ungarischen Raum in Verbindung gebracht wird. So wird es etwa in Franz Liszts *Ungarischem Sturmmarsch* verwendet und spielte in Werken ungarischer Komponisten wie Ferenc Erkel, Mihály Mosonyi, Emmerich Kálmán und Zoltán Kodály eine zentrale Rolle, um eine spezifisch ungarische Klangfarbe auszudrücken. Im 20. Jahrhundert wurde es jedoch auch unabhängig von kulturell-geographischen Relationen zur Erzeugung spezifischer Klangfarben genutzt, etwa in Igor Stravinskys *Ragtime* oder Bernd Alois Zimmermanns *Concerto pour violoncelle et orchestre en forme de pas de trois*. Dadurch lässt das Zymbal konkurrierende Interpretationen angesichts einer kulturellen und geografischen Zuordnung zu.

Die Tremolo-Spielweise des Zymbals im Gollum-Zymbal-Motiv verstärkt den besonderen Klang und die geheimnisvolle Aura, da präzise Tonwahrnehmungen hierdurch erschwert werden. Eine eindeutige tonale Zuordnung oder harmonische Rückschlüsse werden durch die Auswahl des melodischen Tonvorrats erschwert. Im Zusammenspiel mit der Begleitung der Violinen lässt sich zwar der Ton B als tonales Zentrum annehmen, doch die teils chromatisch absteigende Melodie, die Toncluster mit kleinem Sekundabstand und die in beiden Stimmen gegenläufigen Makro-Strukturen (zweitaktige Struktur, kombiniert mit 1,5-taktiger Struktur) erschweren auch hier eine Einordnung. Auffällig hinsichtlich einer Verwandtschaft mit anderen Motiven sind lediglich die beiden abfallenden Terzen, die sich im Sekundabstand diatonisch wiederholen, womit sich eine mögliche semantische Verbindung zum Azog- und zum Sauron- oder Mordor-Motiv herstellen lässt: Im konnotativen oder mythenbildenden Sinne ist hier ein musikalischer Bezug zur filmischen antagonistischen Ebene, vereinfacht gesagt: zum *Bösen*, hergestellt. Das bereits in *The Lord of the Rings* angewandte Gollum-Zymbal-Motiv fällt dennoch sowohl in instrumenteller als auch melodisch-harmonisch-struktureller Hinsicht exotisierend auf, da es einen klar herausstechenden Charakter besitzt. Vermittelt wird eine geheimnisvolle, aber auch verunsichernde und fremd- bis bösartige Konnotation, mit der die Figur Gollum verbunden wird. Das exotistische Element ist jedoch nicht eindeutig, da die semantische Verbindung mit dem pannonisch-ungarischen Raum nicht zwingend ist. Das zweite mit der Figur Gollum verbundene Leitmotiv ist ebenfalls aus der Sequel-Trilogie bekannt und ist zwar im konventionell-orchestralen Stil gehalten, verwendet jedoch Medianten zur Unterstreichung des Geheimnisvollen (vgl. Jackson 2012: 122'23"; 128'36"; 139'02").

Damit tragen mehrere Leitmotive in Shores Score exotisierende Züge, die jedoch unterschiedliche Qualität und auch Ausprägungen besitzen. Der idealisierende und utopisierende *Wonder*-Charakter des Rivendell-Motivs wird durch Elemente triadischer Chromatik wie Medianten, Tonartwechsel und eine sphärisch anmutende, aber von Dur-Akkorden dominierende Charakteristik erreicht. Das Gollum-Zymbal-Motiv zeigt dagegen spannungserzeugende Toncluster, eine ungewöhnliche Instrumentierung und Spielweise, fehlende harmonische und strukturelle Zuordnungen sowie Reibung durch die Verwendung von kleinen Sekundintervallen, was eine Fremdartigkeit mit negativer Assoziation unterstreicht. Im Gegensatz dazu fällt die deutlich geringer ausgeprägte Exotisierung der Zwerge auf: Das mit irischen Folk-Elementen durchsetzte Trinklied zu Beginn des Films ist kein integraler Bestandteil des Scores, dagegen aber setzen sich drei mit den

5.4 Analysebeispiel 1: *The Hobbit: An Unexpected Journey* — 431

Zwergen verbundene Leitmotive durch,[39] die sich zwar alle durch eigenständige, charakteristische Ausprägungen auszeichnen, aber sämtlich einem konventionell-orchestralen Stil ohne melodische, harmonische oder andere Exotisierungen entsprechen. In gewisser Weise sind sie es, die den Grundtenor des Scores prägen: einerseits deswegen, weil sie zentrale Protagonisten des Films charakterisieren und dementsprechend häufig vorkommen; andererseits, weil sie im Gegensatz zum Großteil der anderen zentralen Motive eigenständiges und neues Material darstellen, das nicht schon in *The Lord of the Rings* verwendet wurde. Die charakteristischen Gemeinsamkeiten dieser drei Motive sind nicht nur der schon angesprochene konventionell-orchestrale Stil Wagnerscher Prägung, sondern auch eine Dominanz der Blechblasinstrumente, eine heroische Assoziation sowie eine expressive Melancholie und Schwere, die die Ernst- und Schicksalhaftigkeit ihrer Mission unterstreichen und eine Grundstimmung des Films bilden, die nur schwerlich mit einer passenden Kinderbuch-Stimmung in Einklang zu bringen ist.

Auch der filmische Protagonist Bilbo ist mit mehreren musikalischen Motiven verbunden. Hier zeigt sich im filmischen Verlauf eine Entwicklung der Figur, die sich in der leitmotivischen Begleitung widerspiegelt: Mehrheitlich in der ersten Hälfte des Films werden wichtige Szenen im Zusammenhang mit Bilbo mit variierenden Streicher-Staccato-Motiven begleitet, die einen neckischen und eher komödiantischen Charakter haben und zumeist durch einen tänzerischen ¾-Rhythmus geprägt sind (vgl. Jackson 2012: 19'12''–19'25''; 20'20''–20'40''; 41'40''–41'57''; 42'42''–43'04''; 57'30''–59'53''). Ebenfalls bedeutend – auch und gerade für Bilbos Charakterisierung – ist das Hobbit- oder Shire-Motiv, das ebenfalls aus *The Lord of the Rings* bekannt ist (siehe auch Klangbeispiel 26 sowie Notenbeispiel 9). Das Shire-Motiv findet reichliche und variantenreiche Verwendung in *The Hobbit* und macht dabei auch Entwicklungen durch. Zu Beginn des Films erklingt es etwa, während der Filmtitel eingeblendet wird, in ruhig-nostalgischem Gestus, vorgetragen von Klarinette und Streichinstrumenten (vgl. Jackson 2012: 00'52''–02'05''; auch 09'12''–10'15''). Die Klarinette anstelle der in der Sequel-Trilogie dominierenden irischen Flöte oder der Querflöte hat eine bodenständigere, nahbarere Konnotation und wird damit primär mit Bilbo assoziiert. Dennoch trägt das Motiv auch hier klare Züge der utopisch verklärten Vertonung einer Heimatidylle. Das Motiv wird von Shore jedoch variiert und trägt an anderen Stellen beschwingte Züge mit Aufbruchcharakter, indem über einem schnellen Dreivierteltakt die melodieführenden Streichinstru-

---

[39] Ein viertes den Zwergen zugeordnetes Leitmotiv, das House-of-Durin-Motiv, spielt in dem behandelten Film eine untergeordnete Rolle und wird erst in den filmischen *Hobbit*-Fortsetzungen wichtig (vgl. Jackson 2012: 00'00''–00'38''; Middle-Earth Themes 2019).

mente unter anderem von einer akustischen Gitarre begleitet werden (vgl. Jackson 2012: 40′25″–40′47″). Im Verlauf des Films erhält das Motiv zunehmende Bedeutung für die Entwicklung von Bilbos Charakter, indem es in Erinnerungsfunktion an heimatliche Treue, Gutherzigkeit und Gemeinschaft eingesetzt wird und damit auch einen heroisierenden Charakter gewinnt. Musikalisch wird dies etwa durch einen friedlichen, getragen-elegischen Gestus mit Holzbläser- und Streicher-Instrumentierung umgesetzt (vgl. Jackson 2012: 71′33″–71′57″; 101′45″–102′37″; 139′19″–139′43″; 142′02″–142′38″; 156′49″–157′19″). Als sich Bilbo todesmutig der Ork-Übermacht entgegenstellt, um den geschlagenen Thorin zu retten, klingt das Shire-Motiv als heroischer, Main-Title-ähnlicher Blechbläser-Choral an (vgl. Jackson 2012: 151′07″–151′17″).

Shores Einsatz von Mediantik ist in mehreren Fällen den semantischen Ebenen des Geheimnisvollen, Fremdartigen und Unerwarteten zugeordnet, wie nicht nur die Leitmotive von Gollum und von Rivendell zeigen. Als eine Art Übergangs-Musik verwendet Shore an mehreren Stellen des Films ein Leitmotiv, das hier Transition-Motiv genannt werden soll. Dieses wird in variantenreichen Formen an Stellen des Übergangs und der Ungewissheit, aber auch der mysteriösen und angespannten Vorgänge eingesetzt (vgl. Jackson 2012: 08′12″–09′00″; 15′57″–16′27″; 18′20″–19′10″; 19′40″–20′01″; 153′57″–156′45″). Das Motiv wird wesentlich durch ein auf- und absteigendes Arpeggio über einem Moll-Akkord und den anschließenden harmonischen Wechsel zur Mediante geprägt (etwa in der Stufenabfolge i–iiib oder i–vi).

In dieser Analyse wurden nicht alle Leitmotive des Scores beschrieben. Die Motive etwa des Drachen Smaug, der Trolle, der Steingigant*innen, der Zauberer Gandalf sowie Radagast oder der Grubenorks sollen hier auch aus Platzgründen nicht näher verfolgt werden. Insgesamt beweist das musikalische Gewebe aus mindestens 29 identifizierten Leitmotiven jedoch, wie bedeutend und gleichzeitig komplex die Leitmotivik in Howard Shores Filmmusik zum *Hobbit* ausgeprägt ist.

In Tabelle 6 ist eine Übersicht der Leitmotive in *The Hobbit* dargestellt, die als solche identifiziert werden konnten. Die Namensgebung wurde, soweit möglich, an gängige und öffentlich zugängliche Bezeichnungen angepasst (vgl. Ryle Music Theory 2016; Middle-Earth Themes 2019; 2020a; 2020b; 2020c). In der Timecode-Spalte ist jeweils für eine bessere Übersicht nur der Zeitpunkt des ersten Vorkommens festgehalten. Die dritte Spalte gibt an, ob ein Leitmotiv bereits in der Filmtrilogie von *The Lord of the Rings* verwendet oder zumindest erkennbar daraus abgeleitet wurde. Von 29 Motiven sind 14 entweder direkt aus der Vorgänger-Trilogie übernommen oder haben so starke Ähnlichkeit mit einem existierenden Leitmotiv, dass sie als Variante oder direkte Adaption angesehen werden können.

In Bezug auf eine erwünschte musikalische Substanz, wie sie als ein Ergebnis der Inhaltsanalyse postuliert wurde (siehe Kapitel 4.9.2), ist dieses komplexe Ge-

Tabelle 6: Übersicht der Leitmotive in *The Hobbit: An Unexpected Journey* (Quelle: eigene Darstellung; vgl. Jackson 2012).

Nr.	Leitmotiv	TC	Enthalten in LOTR
1	House of Durin	00'00"	
2	Shire	00'52"	Ja
3	Erebor	02'31"	
4	Thorin	02'58"	
5	Arkenstone	03'40"	
6	Elb*innen (Thranduil)	04'03"	
7	Smaug	05'31"	
8	Transition	08'13"	
9	Hobbits	10'34"	Ja
10	Bilbo-Staccato	13'34"	
11	Bilbo	34'34"	
12	Misty Mountains	36'55"	
13	Gandalf	42'10"	
14	Mythos	45'26"	Ja (adaptiert)
15	Azog	45'53"	Ja (adaptiert)
16	Radagast	51'43"	
17	Trolle	58'18"	
18	Sauron/Mordor	70'48"	Ja
19	Necromancer	73'34"	Ja (adaptiert)
20	Warge	77'09"	Ja (adaptiert)
21	Lothlorien	81'25"	Ja
22	Rivendell	82'46"	Ja
23	Steingigant*innen	104'42"	
24	Grubenorks	114'52"	Ja (adaptiert)
25	Gollum-Zymbal	117'18"	Ja
26	Ring	118'32"	Ja
27	Gollum-Smeagol	122'23"	Ja
28	Adler	144'59"	Ja
29	Ringwraith	148'53"	Ja

webe nicht immer förderlich: Zwar reizt Shore das orchestrale Repertoire weit aus und erweitert es um charakteristische Instrumentierungen und prägnante Motivgebungen, die teils großen Wiedererkennungswert haben. Viele Leitmotive haben durch Melodie und Instrumentierung eine hohe Ausdruckskraft und dienen dadurch als musikalische Anker und potenziell auch emotionale Verstärker mit hoher Expressivität. Das gilt etwa für den ungewöhnlicher Acapella-Männerchor in tiefer Stimmlage, der das Misty-Mountains-Motiv erstmals erklingen lässt (vgl. Jackson 2012: 36'55"–38'26") oder das Rivendell-Motiv, das direkt in die elbische Sphäre mit Assoziationen von Entrückung, Zuflucht und Meditation versetzt (vgl. Jackson 2012: 82'46"–84'30"). Doch die Prägnanz kann im dichten Leitmotiv-Gewebe bisweilen verlorengehen, besonders dann, wenn verschiedene Motivvarianten existieren.

Das gilt etwa für die Variationen des Azog-Motivs, aber auch für weitere verwandte Motive wie das der Trolle, der Warge oder der Grubenorks (vgl. Jackson 2012: 58′ 35″; 76′10″; 114′52″). Auch in den Bereichen von Originalität und Innovation zeigen sich hier ähnliche Probleme: Die vielen zurückkehrenden Leitmotive aus *The Lord of the Rings* sind oft nicht mehr als (leicht variierte) Wiederholungen, die wenig Neues zu den Figuren oder Topoi beitragen und an manchen Stellen wie uninspirierte Aufgüsse wirken. Das gilt weniger für das Shire-Motiv, das sich in *The Hobbit* stärker mit Bilbos eigenständigem Charakter verbindet, mehr jedoch beispielsweise für die Lothlorien-, Gollum-Zymbal- und Ring-Leitmotive, die eben außer der Herstellung eines semantischen Bezuges nichts Neues beitragen und auch keinerlei erkennbare Weiterentwicklung haben (vgl. etwa Jackson 2012: 94′33″; 117′18″; 133′05″). Hier stellt sich bisweilen der Charakter einer müden oder lieblosen Wiederholung ohne einen kreativen Umgang ein – auch wenn diese Einsätze eine klare mythenbildende Wirkung haben und damit zweckdienlich sind. Auch kann hier argumentiert werden, dass der lediglich verweisende, starre Einsatz dieser Motive im kompositionstechnischen Sinne keine Leitmotivtechnik ist, sondern eher den Charakter von Erinnerungsmotiven hat (siehe Kapitel 3.8.3). Zumindest in der Dimension einer tiefen Verwobenheit mit der Substanz des Scores sowie einer flexiblen Variabilität, die auch funktional mit den Mitteln des Mythos wie Ahnung und Erinnerung arbeitet, fallen diese Motiv-Zitate bisweilen deutlich hinter die Qualität der zentralen Leitmotive etwa der Zwerge zurück.

5.4.3.2 Musik-Film-Ebene

Wie schon beschrieben wurde, zeigt Howard Shores (leit-)motivisch geprägter Score eine prägende Wirkung nicht nur auf der auditiven Ebene, sondern auch für die Narration des Films. Dabei schöpft er reichhaltig aus dem Repertoire filmmusikalischer Wirkungen und übernimmt verschiedene Funktionen, die zumeist der Vermittlung zentraler narrativer und mythischer Aspekte dienen.

Ein Beispiel für den komplexen leitmotivischen Einsatz ist etwa der Umgang mit dem semantischen Feld der Zwerge und die Verwendung des Erebor- sowie Thorin-Motivs. Zu Beginn des Films erzählt die Stimme des gealterten Bilbo von der ruhmreichen Vergangenheit des Zwergenreiches Erebor (vgl. Jackson 2012: 02′31″–03′39″). Zu den Klängen des Erebor-Motivs wird die stolze Heimat der Zwerge gezeigt und ihr Reichtum, ihre Macht und ihre große Tradition symbolisiert. In derselben Tonart geht das Erebor- in das Thorin-Motiv über, als der Erzähler vom Verlust des Königreichs erzählt: Hier betont der Score die Sehnsucht und die Melancholie, verweist aber gleichzeitig auf die Dynamik und Dringlichkeit des aktuellen Abenteuers der Zwerge. Der Score deutet damit die Aktualität sowie die traurige Entwicklung an, dass nämlich Erebor als Heimat verlorengegangen ist. Die musikalisch ausgedrückte Nostalgie und Wehmut ergänzt die ruhmreichen und stolzen Bilder um eine andere semantische Konnotation und idealisiert zugleich die glorreiche Vergangenheit. Der Score übernimmt hier eine Erinnerungs- und gleichzeitig auf die Zukunft verweisende Ahnungsfunktion; er charakterisiert den Stolz der Zwerge und symbolisiert ebenfalls die verlorengegangene Heimat. Nicht zuletzt vermittelt der Score hier wichtige semantische Narrationsebenen: Er fokussiert eines der zentralen narrativen Topoi vom Exodus der Zwerge und ihrem Versuch, Erebor zurückzugewinnen, und fühlt in ihre Emotionen von Sehnsucht nach dem Vergangenen, Wehmut, Stolz und Tradition ein. Dadurch leistet der Score eine wichtige Territorialisierungsfunktion und hilft nicht nur dabei, die zwergischen Protagonisten besser einzuordnen, sondern auch dabei, zentrale narrative Botschaften des Films zu vermitteln. Zuletzt verbinden die Leitmotive die Vergangenheit, die in dieser Retrospektive erzählt wird, mit der (filmischen) Gegenwart.

Die Tiefe, die der Score dem Themenkomplex der Zwerge verleiht, kann auch an einer Sequenz beobachtet werden, in der die drei Motive miteinander verbunden werden. In dem Filmausschnitt im ersten Viertel des Films (vgl. Jackson 2012: 35′50″–38′25″), der der Standardsituation des Rufs zum Abenteuer entspricht, wird zunächst ein Dialog zwischen dem jungen Zwergenkönig Thorin und seinem weisen Stellvertreter Balin gezeigt, in dem Balin seine Skepsis gegenüber dem aus seiner Sicht verwegenen Plan zum Ausdruck bringt, die Heimat Erebor zurückzugewinnen. Dabei erinnert Thorin ihn an die Loyalität, den Mut und die Treue seiner Gefährten: Dies wird untermalt vom Erebor-Motiv, wodurch der Score symbolisch Heimattreue und Standhaftigkeit andeutet. Als Thorin seinen Willen bekräftigt, das Abenteuer der Rückgewinnung zu wagen, erklingt das Thorin-Motiv: Hier werden implizite Bedeutungen einer drängenden Sehnsucht und eines Veränderungswillens hergestellt. In der folgenden Szene singen die Zwerge in einsamer, ruhiger Abendstimmung erstmals das Misty-Mountains-Lied. Diese Szene wirkt wie ein Chor oder eine Arie in der Oper: Die Handlung steht still, und die Szene dient primär der Charakterisierung und emotionalen Einordnung der handelnden Figuren mit den Mitteln der Musik. Der Misty-Mountains-Song reflektiert zudem die derzeitige Gefühlslage der Zwerge und psychologisiert sie damit nicht nur, sondern macht sie auch ein Stück menschlicher: Sie erscheinen als verletzliche, emotionale und dennoch stolze Gefühlswesen, die der menschlichen Psyche sehr nahekommen (vgl. auch Behrendt 2025): „die Zwerge werden erst durch die Musik von komödiantischen Charakteren zu romantischen Helden" (Behrendt 2025: 45).

Ebenfalls von zentraler Bedeutung ist die mythenbildende Funktion des Scores in *The Hobbit*. Der Score setzt die verschiedenen Figuren zueinander in Beziehung, verortet semantische Zusammenhänge und hat so eine wichtige sinnstiftende Wirkung. Als etwa das Auenland (*Shire* im englischen Original) zu Beginn des Films gezeigt wird (vgl. Jackson 2012: 00'52"–02'05"; 09'12"–10'15"), ordnet der Score die Bilder ein und stellt durch Wiederholen des aus *The Lord of the Rings* bekannten Shire-Motivs eine direkte Beziehung her, die zugleich nostalgische und vorausahnende Züge hat: nostalgisch, weil die Sequel-Trilogie zwar in späterer Zeit handelt, aber ja bereits veröffentlicht wurde und einem großen Teil des Publikum wahrscheinlich bekannt ist, und vorausahnend, weil die filmischen Ereignisse in *The Lord of the Rings* noch nicht stattgefunden haben. Das erneute Anklingen des Motivs verweist damit mehrdimensional in verschiedene Richtungen: Zeitlich deutet es zugleich in die Vergangenheit und in die Zukunft; es schafft eine interfilmische Beziehung zwischen *The Hobbit* und der Trilogie von *The Lord of the Rings*, und es schafft eine Verbindung zwischen der konkreten Szene und der fiktiven Welt Mittelerdes, die über den Einzelfilm hinausgeht. Das Motiv verortet und verankert ein Zuhause-Gefühl, das sich wohlbekannt und vertraut anfühlt. All dies verstärkt die sinnstiftende Funktion der Schaffung eines filmischen Mythos, durch den Glaubwürdigkeit, Identifikation und Nähe erzielt wird. Ähnliche Funktionen erfüllt die Vielzahl der übrigen zurückkehrenden Leitmotive, die bereits in der Sequel-Trilogie Verwendung fanden, unabhängig von ihrer jeweiligen Funktion in der konkreten Szene. Primär wird hier eine Welt mit Sinn und Glaubwürdigkeit ausgefüllt, und der Score abstrahiert die jeweiligen Figuren und Szenen auf eine ganzheitlich stimmige Ebene. Tolkiens fiktive Welt von Mittelerde fühlt sich auf diese Weise glaubwürdig, stimmig und echt an. Dafür reicht es auf auditiver Ebene aus, die jeweiligen Leitmotive in bekannter Gestalt anklingen zu lassen, um diese tiefschichtigen Funktionsräume wirken zu lassen.

Eine solche mythenbildende Funktion lässt sich auch an den unterschiedlichen Umgängen des Scores mit den filmischen Antagonist*innen herauslesen: Die drei Steintrolle etwa, die drohen, nicht nur die Reittiere der Gemeinschaft, sondern Bilbo und die Zwerge selbst zu verspeisen, werden durch den Score emotional und narrativ charakterisiert (vgl. Jackson 2012: 57'30"–61'42"): Die musikalische Vermischung mit Bilbos Staccato-Motiv deutet an, dass es sich hier lediglich um eine episodische und komödiantisch assoziierte Gefahr handelt, nicht um die Hauptantagonist*innen des Films. Der Score zeigt an dieser Stelle eine kommentierende, vermittelnde und teils kontrastierende Funktion: Er charakterisiert die riesenhaften und gefräßigen Trolle, die eigentlich eine tödliche Gefahr darstellen, als plumpe Schwachköpfe, vor denen man sich nicht fürchten muss, und stellt die ganze Sequenz in einen abwechslungsreichen, Comedy-haften Zusammenhang. Zwar sind auch die visuellen Darstellungen der Trolle, ihre Sprache und ihr Verhalten teilweise im Einklang mit den komödiantischen Assoziationen des Scores, doch ist die Sequenz auch von einer gezeigten Spannung und gefährlichen Vorgängen geprägt. Diese stellt der Score eindeutig in Frage, indem er die lustigen Konnotationen verstärkt.

Konträr hierzu ist der Umgang des Scores mit dem Antagonisten Azog, dem rachsüchtigen und grausamen Anführer der Orks: Es wurde bereits dargestellt, dass sein Leitmotiv reichhaltige Verbindungen zum Sauron- oder Mordor-Motiv enthält und damit zum mythischen Ursprung alles Bösen in der filmischen Welt Mittelerdes. Azog wird damit durch den Score als zentraler Antagonist etabliert, zugleich symbolisiert der Score mit dem Azog-Leitmotiv das mythische Böse der fiktiven Welt, das nicht allein auf *The Hobbit* beschränkt ist. Azog ist nur eine Ausprägung des gemeinsamen Ursprungs des Übels und wird damit auch dystopisch eingeordnet und entmenschlicht: Er trägt keinerlei positive Züge, sondern dient auf narrativer Ebene als pauschale Projektionsfläche aller möglichen negativen Eigenschaften wie Grausamkeit, Rachsucht, Hass, Sadismus, Brutalität, Angst und Hässlichkeit. Im mythenbildenden Sinne wird Azog durch den Score so ein Gewicht zuteil, das ihn als Dreh- und Angelpunkt aller antagonistischen und feindlichen Bezüge etabliert. Die bereits aufgezeigten Motivvariationen verstärken die abstrahierende Funktion und rücken Azog semantisch in die Nähe der anderen antagonistischen Verkörperungen des Bösen wie des geheimnisvollen Necromancers (der in Wahrheit der noch nicht enttarnte Bösewicht Sauron ist).

Die gezeigten Beispiele verdeutlichen, dass Howard Shores Leitmotive in der Regel eindeutige Wegweiser sind, die helfen, die Funktion und den Charakter von Figuren zu verstehen, Bezüge herzustellen und die Narration nachzuvollziehen. Dadurch haben sie manchmal – aber nicht immer – lediglich den Charakter von Erinnerungsmotiven und nicht von Leitmotiven, wobei die Grenzen auch hier fließend sind (vgl. Schneider 1983). All diese territorialisierenden Eigenschaften werden durch gelegentliche Uneindeutigkeiten (wie den Azog-Motivvarianten) und bewusste Vermengungen von Assoziationen ergänzt sowie abgerundet und sind Exemplifizierungen eines Scores, der hilft, eine Fantasy-Welt zu mythisieren, ihr Tiefe und Glaubwürdigkeit zu verleihen. Damit einher geht eine starke Anwendung der Kontinuitätsfunktion: Dass ein großer Teil des musikalischen Materials aus der Vorgänger-Trilogie entnommen oder adaptiert wurde, schafft automatisch eine starke Verbindung zum Franchise, wodurch sich *The Hobbit* in vielfacher Hinsicht und insbesondere auf der Ebene des Scores wie eine Fortsetzung – oder je nach Lesart: wie ein Prequel – von *The Lord of the Rings* anfühlt.

Damit wurden auch die Erwartungen an die Konventionen durch das Genre beziehungsweise den mythischen Raum erfüllt: Stilistisch ordnet sich der Score nahtlos in den spätromantisch-leitmotivischen Stil mit zumeist orchestraler Instrumentierung ein, der als Genrekonvention erkannt – und auch schon in *The Lord of the Rings* eingesetzt wurde. Abweichungen etwa in Harmonik, Skalen und Instrumentierung dienen in der Regel zur Herausstellung und teilweise Exotisierung von besonderen Figuren, die entweder verklärenden Charakter haben (wie die Rivendell- und Lothlorien-Leitmotive unterstreichen) oder pejorative Assoziationen zeigen. Dieses musikalische Othering wird in The Hobbit benutzt, um den Grad von Menschlichkeit und damit auch des Identifikationspotenzials verschiedener Personen und Spezies zu unterstreichen: Während Bilbo mit dem Shire-Motiv und auch die Zwerge mit den Misty-Mountains-, Erebor- und Thorin-Motiven nur leicht exotisierende Züge durch einen (gemäßigten) idyllischen Folk-Bezug haben und dadurch menschliche Züge gewinnen, ist die Darstellung der Elb*innen bereits ambivalenter: Hier wird durch ungewöhnliche Skalen und Mediantik eine (immer noch eher idealisierte) Distanz geschaffen, die die Elb*innen als entrückte, überirdische Wesen charakterisiert. Ein klares Othering wird zudem sowohl bei Azog eingesetzt, das hier weniger durch musikalische Exotismen, sondern durch ein tiefes Blechbläser-Register und die Verwandtschaft mit dem Sauron-/Mordor-Motiv realisiert wird, als auch bei Gollum, bei dem mit dem Zymbal bewusst eine ungewöhnliche Instrumentierung als markantes und durchaus exotistisch interpretierbares Signal eingesetzt wird. Das Zymbal hat einen spezifischen, charakteristischen Klang und kann – muss aber nicht – mit einem realen geographischen Raum (Ungarn, pannonischer oder osteuropäischer Raum) assoziiert werden. Shores Score zeigt damit verschiedene Ebenen des Otherings, die teils nicht unproblematische semantische Bezüge herstellen. Eine weitere Folge dieses Einsatzes ist die Erschaffung einer ausgeprägten Utopie-Dystopie-Dichotomie: Die Idealisierung etwa des Auenlands und der elbischen Motive zeigen eine idyllisch-utopische Verklärung, die unter anderem durch einen Bezug zum vermeintlich Ursprünglichen, Natürlichen und Liedhaften hergestellt wird. Das gilt auch für das Misty-Mountains-Motiv, das nicht allein aus Howard Shores Feder stammt, aber dessen liedhafter Ursprung von ihm mit orchestral-leitmotivischen Mitteln heroisiert wird. Dagegen zeigen sich klare dystopische Bezüge bei den filmischen Antagonist*innen wie Azog, dem Necromancer und (eingeschränkt) Gollum, die auch durch musikalische Ausdrucksmittel zu Projektionsflächen für negative Assoziationen wie Angst, Gewalt und Hass werden. Dadurch wird ein in der Regel klares Gut-Böse-Schema geschaffen, das musikalisch weiter verstärkt wird. Ambivalente Darstellungen finden sich dagegen weniger, etwa in den Vertonungen des Lothlorien- oder auch des Thorin-Motivs. Insgesamt ist die schiere Anzahl und die Komplexität des leitmotivischen Gewebes keine notwendige Bedingung der Fantasy-Genrekonvention, sondern ein spezifisches Merkmal des filmischen Mittelerde-Franchises; hier zeigen sich außerdem direkte Bezüge zu Richard Wagners Konzeption, dessen Leitmotive in einem Fall sogar (in adaptierter Form) zitiert werden.

Auch wenn eine musikalische Aufteilung in Gut und Böse klar erkennbar ist, ist die Frage nach dem Main Title dennoch nicht eindeutig zu beantworten. Auch dies hängt mit dem komplexen leitmotivischen Gewebe zusammen, das einen eindeutigen Main Title erschwert, wenn nicht verhindert. Die Betrachtung des ersten erklingenden Motivs in *The Hobbit* ist hierbei keine Hilfe: Der Film beginnt mit einer Abwandlung des House-of-Durin-Themas, das im Verlauf des Films jedoch keine weitere Rolle spielt und erst in den filmischen Fortsetzungen wieder aufgegriffen wird (vgl. Jackson 2012: 00'00"–00'38"). Dem Main Title am nächsten kommt das von Shore und Plan 9 stammende Misty-Mountains-Motiv: Auch wenn es in der Anfangsphase des Films gar nicht vorkommt und erst nach knapp 37 Minuten erstmals erklingt, setzt es sich im filmischen Verlauf immer stärker als heroisierendes Motiv zur Unterstreichung des zwergischen Kampfesmutes durch und wartet zudem mit zwei Song-Interpretationen auf: erstmalig mit dem Source-Music-artigen Zwergenlied in Bilbos Haus sowie der popmusikalisch beeinflussten Song-Interpretation durch Neil Finn im Abspann des Films (vgl. Jackson 2012: 36'55"–38'26"; 159'27"–164'07"). Dennoch ist es keineswegs gegen Ende des Films als dominanter Main Title erkennbar oder verdrängt es gar andere Leitmotive – außer in dem Sinne, dass die Zwerge immer stärker im filmischen Verlauf mit diesem Motiv assoziiert werden. Eine ähnliche Entwicklung macht auch das Shire-Motiv durch: Weniger im musikalischen als im dramaturgischen Sinne steht es zunehmend für Bilbos Charakterentwicklung zu einem filmischen Protagonisten mit heroischem Potenzial. Beide Motive dienen der Heroisierung der Filmprotagonisten, aber auch der Identifikation mit ihnen. Dadurch wird letztlich ein Gemeinschaftsgefühl erschaffen, das mythisierenden Charakter hat: Sowohl die Zwerge als auch der Hobbit Bilbo werden von Personen mit Stärken und Schwächen zu Vorbildern, die über sich hinauswachsen und eine – nachvollziehbare – Entwicklung hin zum Helden machen. Der Score begleitet diese Entwicklung nicht nur, sondern prägt sie durch seine Leitmotive. Ein Beispiel dafür ist die finale Auseinandersetzung der Gemeinschaft mit Azog in einer typischen Showdown-Standardsituation: Nachdem Azog unter Begleitung seines Leitmotivs seinen großen Auftritt hat, erklingen nacheinander das Shire- sowie das Misty-Mountains-Motiv, als erst Bilbo und dann die übrigen Zwerge ihrem Anführer Thorin zu Hilfe eilen (vgl. Jackson 2012: 148'52"–152'08"). Die Main-Title-Ausprägung bleibt in *The Hobbit* schwach: Das Misty-Mountains-Motiv charakterisiert die Zwerge, die als Gemeinschaft eine zentrale Rolle im Film spielen, doch die namensgebende Figur des Films ist der Hobbit Bilbo: Dessen prägendes Shire-Motiv ist jedoch bereits bekannt und wird mit dem Auenland, den Hobbits an sich und wichtigen Protagonisten aus *The Lord of the Rings* wie Frodo und Sam assoziiert. Diese Tatsache schwächt den *Hobbit*-Score zumindest auf der Ebene der Eigenständigkeit und Substanz, was durch die geteilte Urheberschaft des Misty-Mountains-Motivs noch verstärkt wird.

Innerhalb der Erwartungen trifft der Song-Einsatz im ersten Teil der *Hobbit*-Trilogie nur teilweise die Konventionen: Songs haben eine durchaus wichtige und unterstützende Rolle, wie etwa am Misty-Mountains-Song der Zwerge deutlich wird. Dennoch sind alle Songs im Film eingebettet in die mythische Welt und keine zeitgenössischen Pop- oder Rocksongs: Ob es das zwergische Trinklied ist (vgl. Jackson 2012: 24′10″–25′12″), eine elbische, instrumentale Harfenmusik (vgl. Jackson 2012: 87′20″–88′51″) oder ein ulkig-makabres Marschlied der Grubenorks (vgl. Jackson 2012: 130′25″–130′44″): Stets wird das musikalische Material in die fiktive Welt als glaubhaftes Liedgut eingebettet, das ohne aktuelle Trends oder elektronische Instrumente auskommt. Die eingesetzten Lieder sind gleichzeitig musikalische Auflockerungen als auch Charakterisierungen: Es ist kein Zufall, dass jedes Volk in *The Hobbit* durch mindestens ein Lied oder zumindest eine Folk-hafte Melodie geprägt wird (neben den drei genannten Beispielen der Zwerge, Elb*innen und Grubenorks weist das Shire-Motiv ebenfalls einen folkloristischen Charakter mit irischem Bezug auf; siehe hierzu auch Notenbeispiel 9). Neben der Stilisierung eines Natur-Ideals wird so die mythische Glaubwürdigkeit jeder Spezies durch einen vermeintlichen völkischen Ursprung gesteigert. Auch der Song-Einsatz in *The Hobbit* folgt damit der mythenbildenden Funktion und der Erschaffung einer nachvollziehbaren, sich echt anfühlenden Welt; dafür findet eine Kontrastierung durch aktuelle Popsongs im Film nicht statt – außer der bereits angesprochenen, orchestral eingerahmten, behutsamen Überleitung zum Lonely-Mountain-Song von Neil Finn im filmischen Abspann, der symbolisch am Ende des Films aus der fiktiven Welt von Mittelerde zurück in die reale Welt führt. Tatsächlich wird so der Bezug zum Hier und Jetzt verhindert und die Kohärenz einer in sich geschlossenen und glaubwürdigen fiktiven Welt gesteigert.

Zu Beginn der Analyse von *The Hobbit* wurde die Frage aufgeworfen, wie sich der Score im Spannungsfeld zwischen Kinderbuch, Fantasy-Genre und Action-Elementen positioniert. Da die filmmusikalischen Konventionen an eine Kinderbuch-Verfilmung hier nicht behandelt wurden, ist diese Frage nur teilweise adäquat zu beantworten. Klar ist jedoch geworden, dass Howard Shores Score in vielerlei Hinsicht den filmmusikalischen Konventionen des Fantasy-Genres entspricht. Allein die großen Kontinuitäten durch das Aufgreifen vieler Leitmotive aus *The Lord of the Rings*, aber auch das nahtlose stilistische Anknüpfen daran entsprechen annähernd vollkommen den Erwartungen an einen Fantasyfilm und insbesondere an ein filmisches Erzeugnis im mythischen Raum von Tolkiens erschaffener Welt. Ein kindlicherer Einschlag im Vergleich zur Vorgänger-Trilogie ist in Shores Score nicht zu erkennen; im Gegenteil fügt sich der Score weitgehend nahtlos in die Fantasy-Konventionen ein (vgl. auch Lederer 2022: 249). Die Anreicherung mit Action-Elementen dient eher der Erfüllung der Konventionen an einen Fantasy-Film im frühen 21. Jahrhundert, als dass diese dadurch aufgebrochen würden; auch hier stärkt Shore die Konventionen durch stetige Bewahrung eines kohärenten, leitmotivischen Scores, der auch in actiongeladenen Szenen nicht mit den Fantasy-Konventionen bricht (vgl. Meyer 2021: 161–163). Dadurch wird ein tiefgehendes, glaubwürdiges Gefühl eines filmischen Mythos erzeugt, der sich durch viele semantische Verbindungen und kausale Verweise wahr anfühlt. Die mythenbildende Funktion des Scores zeigt sich hier an vielen Stellen und hilft, eine fiktive Fantasy-Welt mit Sinn, emotionalem Bezug und narrativer Tiefe zu erschaffen. Der Score erweckt diese Welt zum Leben, macht die Zwerge, Hobbits, Zauberer und Orks lebendig und zu nachvollziehbaren, fühlenden Wesen, mit denen wir uns identifizieren können (vgl. auch Meyer 2021: 163).

Für die Frage nach dem Film–Musik-Verhältnis gibt es keine eindeutige Antwort, da mehrere Aspekte berücksichtigt werden müssen. Zunächst bleibt festzustellen, dass der Score bei der Schaffung der filmischen Erzählung eine konstitutive Rolle innehat und ein zentrales Standbein bei der Vermittlung der filmischen Narration, aber auch der darüberhinausgehenden Bezüge etwa in den mythischen Raum bildet. Auch die beschriebenen Produktionsbedingungen unterstreichen die enge Verflechtung des Scores mit den restlichen filmischen Bestandteilen. Der filmische Mythos wird auf mehreren Ebenen erzählt: auf diegetischer Ebene (primär durch Dialoge und visuelle Handlung), auf visueller Ebene (durch optische Codes wie Aussehen, Kleidung, Architektur oder Gegenstände), aber eben auch auditiv (primär durch den Score und seine Leitmotive). Hierbei ist der Score eine prägende, vielleicht dominante Stütze und nimmt somit eine wichtige Rolle ein. Er spinnt den Mythos auch über den Einzelfilm hinaus weiter, er verortet semantische Felder und stellt räumliche wie zeitliche und intermediale Zusammenhänge her. Dies alles geschieht durchaus zum Preis einer musikalischen Autonomie: Der Score ist so eng mit der filmischen Erzählung und ihren abstrahierten Ideen verknüpft (bei Wagner wäre dies äquivalent mit dem Drama), dass wenig Raum für Autonomie oder Gestaltungsspielraum bleibt. Der Score ist ein Teil von Tolkiens verfilmter Welt, was unter anderem an dem konzeptionellen Gebrauch von Song- und liedhaften Elementen gut zu exemplifizieren ist. Der Gestaltungsspielraum durch Genre- und Franchise-Konventionen war hier stark begrenzt: Shore weicht folgerichtig auch kaum erkennbar von den erwarteten Leitlinien ab, verwertet einen großen Teil des musikalischen Materials aus der Vorgänger-Reihe wieder und hat einen Score kreiert, der nahtlos an diese anknüpft. Eigene Charakteristika entwickelt der Score lediglich durch neue Motive vor allem der Zwerge, die letztlich dem Score auch ihren charakteristischen und emotionalen Stempel aufdrücken. Dennoch ist der Score mehr als nur ein unterstützender Dienstleister der filmischen Szenen und Figuren. Wie mehrere Beispiele gezeigt haben, zeigt Shores Kompositionsweise eine Vielzahl leitmotivischer Techniken wie Vorahnungen, Andeutungen und verstärkende Abstrahierungen, die ihren Ursprung nicht nur in den Fantasy-Genrekonventionen, sondern auch im Hollywood-Sound sowie im Wagnerschen Musikdrama haben. Der Score bricht aus diesen großen Vorgaben und Leitlinien kaum aus, was zur Folge hat, dass er homogen und kohärent erscheint, aber auch den Erwartungen und Konventionen sehr entspricht.

5.4.4 Rückbezüge und Auswertung

Die Analyse des Scores von *The Hobbit: An Unexpected Journey* hat gezeigt, dass Howard Shore in stilistischer und historisch-kultureller Hinsicht, aber auch bei den eingesetzten Kompositionstechniken und filmmusikalischen Funktionen den herausgearbeiteten Erwartungen an eine*n Typ-A-Komponist*in erfüllt. Sein Score ist nicht nur stark von der Achtung der Genre-Konventionen erfüllt, sondern zeigt auch und in besonderem Maße direkte Verbindungen zu Richard Wagners Leitmotivik und Mythos-Konzeption in seinem Musikdrama, die über die Konventionen des Fantasy-Genres hinausgehen, aber den Erwartungen an den Typ A entsprechen. Der Score besticht durch Kontinuität (vor allem in Bezug auf das filmische Tolkien- beziehungsweise Mittelerde-Franchise), einen primär leitmotivisch eingesetzten Kompositionsstil und klare Fortsetzungs- und Traditions-Tendenzen. Diese gehen bisweilen zulasten einer musikalischen Eigenständigkeit, Prägnanz und vor allem Originalität, aber erhöht die Immersionsleistung des Scores, der sich nicht nur nahtlos in die fiktive Fantasy-Welt einfügt, sondern eines ihrer zentralen Standbeine darstellt. Die recherchierten Vorab-Informationen haben zudem aufgezeigt, dass die Themen- und Motiv-Entwicklung eine zentrale Rolle im filmmusikalischen Produktionsprozess gespielt haben. Stilistisch ist der Score von tonalen, orchestralen Leitmotiven geprägt, wobei die Instrumentierung nur durch wenige (analoge) Ergänzungen bereichert wird. Damit erfüllen sich die Erwartungen an den Komponist*innen-Typ-A beinahe gänzlich.

Die Erwartungen der Genre-Konventionen und der Vorgaben und Leitlinien des mythischen Raums, also des Franchises, und der fiktiven Welt von Tolkiens Mittelerde wurden ebenfalls erfüllt. Betrachtet man das herausgearbeitete Konzept der filmmusikalischen Fantasy-Vertonung (siehe Abbildung 2 bzw. Kapitel 3.5.3), so wurden auch hier die Vorgaben weitgehend eingehalten. Das betrifft sowohl die zum Tragen kommende musikalische Stilistik als auch die verwendete mythische oder mythenbildende Funktion. Die Frage des Main Titles ist dagegen weniger eindeutig, auch wenn mit einigem Recht das – von Shore sowie der Musikgruppe Plan 9 stammende – Misty-Mountains-Leitmotiv als Main Title angesehen werden kann, das jedoch nicht im dramaturgischen Verlauf zurückkehrt, sondern sich eher allmählich durchsetzt. Auch die beiden Formen von idealisierend-utopischem sowie pejorativem Exotismus sind zu finden, wobei sich hier komplexe Abstufungen und nicht immer konkrete kulturelle Verweise finden lassen. Dennoch sind die gefundenen Methoden des Otherings auch in *The Hobbit* nicht unproblematisch, wie das Beispiel des Gollum-Zymbal-Leitmotivs untermauert. Auch die postulierte Utopie-Dystopie-Dichotomie ist aufgrund des komplexen Leitmotiv-Einsatzes weniger eindeutig, kann jedoch durchaus als ein – wenn auch durch Abstufungen abgeschwächtes – kontrastierendes und wertendes Gut-Böse-Schema interpretiert werden. Der Song-Einsatz zeigt ebenfalls Abweichungen: So ist er weniger kontrastierend und wird kaum vermenschlichend beziehungsweise auf die Realität verweisend eingesetzt. Dafür wird er eingebettet in die dramaturgische und auch leitmotivische Score-Konzeption. Ein ausgeprägter Nostalgismus bei der Wahl der eingesetzten Stilmittel erfüllt jedoch die Fantasy-Konventionen gänzlich. Besonders die spezifischen Erwartungen an das Mittelerde-Franchise sind damit voll erfüllt; die besonderen Anforderungen hier sind auch als Gründe für die partiellen Abweichungen von den allgemeinen Genre-Vorgaben anzusehen. Dies verdeutlicht, dass das Genre allein nicht alle Konventionen und Leitlinien des Scores erklärt, sondern der mythische Raum betrachtet werden muss: In diesem Fall war dies Tolkiens literarisches Werk sowie die maßgebliche verfilmte Trilogie von *The Lord of the Rings*. Hier lohnt sich auch ein kurzer Vergleich der Erwartungen und Konventionen, die zumindest Hinweise auf die Wirkmächtigkeit verschiedener Leitlinien geben können: Am stärksten erfüllt wurden die Konventionen von Tolkiens filmischem Mittelerde-Franchise, ebenfalls sind die Erwartungen an eine*n Typ-A-Komponist*in voll getroffen worden. Die Genre-Vorgaben an das Fantasy-Genre dagegen wurden zwar ebenfalls weitgehend erfüllt, jedoch zeigen sich hier bereits Veränderungen und Relativierungen. Hypothetisch – und damit durch weitere Untersuchungen zu validieren – kann hier gemutmaßt werden, dass Genre-Grenzen weniger strenge Leitlinien oder andersherum mehr Gestaltungsspielraum für die Score-Ausgestaltung zulassen, während sowohl der spezifischere mythische Raum – hier das filmische Mittelerde-Franchise – als auch der Komponist*innen-Typ möglicherweise eine stärkere Vorhersage hinsichtlich der filmmusikalischen Konventionen erlauben.

Shore hat selbst das direkte Vorbild der Leitmotivik Wagners angesprochen (vgl. Schrader 2017: 90). Sein *Hobbit*-Score mit mindestens 29 Leitmotiven zeigt, dass die Leitmotivik auch hier der zentrale, ja entscheidende Baustein des filmmusikalischen Kompositionskonzepts war. Dennoch zeigen sich Unterschiede in der konkreten Ausgestaltung der Leitmotive und ihrer konkreten Verwendung im dramaturgischen Einsatz. Die kurze Analyse von Siegfrieds Trauermarsch in Wagners *Götterdämmerung* etwa zeigte auf, wie Wagner motivische Andeutungen, Ahnungen, Variationen und deutliche Veränderung in Duktus und Ausdrucksmittel einsetzte, um ein dichtes, vielschichtiges und komplexes Gewebe aus Leitmotiven zu erschaffen, das das übergeordnete Drama abstrahiert, aber auch kommentiert und vermittelt (siehe Klangbeispiel 9). Shore geht im Vergleich dazu eindeutiger und direkter vor. Die Leitmotive in *The Hobbit: An Unexpected Journey* vermischen sich in der Regel nicht; auch motivische Entwicklungen oder Veränderungen in Instrumentierung und Expressivität sind wenigen zentralen Leitmotiven vorbehalten. Shores Motive zeigen oft eine andere Funktion, nämlich die des eindeutigen, denotativen Benennens von Sachverhalten, die vor allem Halt und Orientierung bei der

Rezeption bietet. Dadurch haben viele Motive im *Hobbit* eher Erinnerungsmotiv- als Leitmotivcharakter. Dennoch zeigen sich auch Überschneidungen und Gemeinsamkeiten: Auch die *Hobbit*-Leitmotive dienen letztlich und in vielen Beispielen der emotionalen Verortung sowie der abstrahierenden Verstärkung von Topoi; das sogenannte Erebor-Motiv etwa ist primär keine Vertonung eines Orts, sondern symbolisiert Werte wie Treue, Tradition und Heimat. Damit leisten auch Shores musikalische Motive in *The Hobbit* eine Erweiterung oder Erhebung der narrativen Vorgänge auf eine poetische Ebene. Auch arbeiten sie mit symbolischen Verweisen und Andeutungen: Die Verwandtschaften der Azog- und Mordor-/Sauron-Motive etwa beinhalten eine konnotative Spekulation über den (gemeinsamen) Ursprung des Übels, und die Weiterentwicklungen des Shire-Motivs stellen vielfache semantische Verbindungen zwischen dem Auenland, den Hobbits, den Geschehnissen in *The Lord of the Rings* und der Figur Bilbo her. Das komplexe Leitmotiv-Gewebe des Scores dominiert nicht nur (zusammen mit den Dialogen) das gesamte auditive Material des Films, sondern ist ein zentrales Element der Geschichtenerzählung, die tatsächlich – und dies durchaus im Wagnerschen Sinne – durch Mittel wie Verallgemeinerung, Abstrahierung, Poetisierung und Emotionalisierung zur Schaffung eines medialen Mythos beiträgt. Der Score leistet auch hier einen wichtigen Beitrag dabei, dass wir die für sich genommen nicht glaubhaften Vorgänge, Fantasiekreaturen und magischen Tricks nicht nur ernst nehmen, sondern sie emotional nachvollziehen und als Teil einer geschlossenen, sinnhaften und kohärenten Welt wahrnehmen können. Zentrale Botschaften des Films wie Freundschaft, Hilfsbereitschaft und Heimatliebe werden durch die Filmmusik vermittelt, abstrahiert und damit nachvollziehbar und -fühlbar gemacht.

Insgesamt wurden auch die Erwartungen durch das vorläufige Romantik-Modell weitgehend erfüllt. Die weitreichenden Konzepte und Auswirkungen des Mythos wurden auf verschiedenen Ebenen beschrieben und reichen von dem mythenbildenden Einsatz des leitmotivischen Scores bis zur starken Ausprägung der Kontinuitätsfunktion, was etwa das Fortsetzen der Konventionen des mythischen Raums betrifft. Die Filmmusik ist im *Hobbit* tatsächlich einer der Grundpfeiler bei der Erschaffung des filmischen Mythos, so wie es Scheurer (2008) postuliert. Ähnliches kann für die Felder der Utopie und des Orchestralismus festgehalten werden. Mehrere Leitmotive des fast durchgehend orchestralen Scores zeigen klare utopische Bezüge, die sich in nostalgisch-idyllischen Idealisierungen ebenso zeigen wie in musikalischen Heroisierungen. Dystopische Merkmale zeigen sich dagegen in den Vertonungen von Antagonist*innen, auch wenn diese weniger ausgeprägt sind. Zu ergänzen ist hier die starke Tendenz zum Natur-Ideal, das als Utopie in mehreren Leitmotiven klar zu erkennen ist. Dazu gehören teils exotistische Adaptionen von liedhaften und Folklore-Elementen. Umgekehrt zeigt sich auch ein negativ eingesetzter Exotismus etwa bei der Kreatur Gollum. Auch das

Kriterium der Poetizität ist erfüllt worden, wobei der Teilbereich des Charakteristischen noch stärker ausgefüllt wurde als die Universalisierung (wofür es dennoch deutliche Anzeichen gibt). Weniger starke Hinweise gab es auf die Virtuosität: Zwar zeigen die Recherchen des Produktionsprozesses und Shores Zitate, dass hier eine eindeutige Genie-Tradition (in diesem Fall zu Wagner) konstruiert wird. Dafür sind Aspekte für musikalische Autonomie und eine Dichotomie von höherer und niederer Musik weniger deutlich nachzuweisen. Insgesamt ist das vorläufige Romantik-Modell für das Beispiel der Filmmusik des *Hobbit* ein passendes und gut nachvollziehbares Schema, dessen Aspekte sich überwiegend und deutlich in der musikalischen Ausgestaltung – und auch in den Produktionsprozessen – des Films wiederfinden.

5.5 Analysebeispiel 2: *Thor: The Dark World*

5.5.1 Vorab-Informationen

Das *Marvel Cinematic Universe* (MCU) ist das größte und kommerziell erfolgreichste filmische Franchise der 2010er-Jahre (und darüber hinaus; vgl. IMDb.com, Inc. 2024a; 2024m). Die heroische Überhöhung der Protagonist*innen, der in Varianten immer wiederkehrende Kampf zwischen Gut und Böse und die vielfache Adaption mythischer Gestalten und Erzählungen sind nur einige der Erfolgsrezepte des MCU. Als Gründe für den kommerziellen und rezeptiven Siegeszug können einerseits die neuen technologischen Möglichkeiten etwa von visuellen Effekten mittels CGI genannt werden, die sich nach der Jahrtausendwende in bisher nicht dagewesener Qualität durchsetzten. Andererseits ist es die antimoderne (und romantizistisch motivierte) Sehnsucht nach universellen Mythen, die im MCU-Kosmos einen besonders breiten Niederschlag gefunden hat: Nicht nur kann das MCU auf eine lange Tradition der Superhelden-Comics zurückgreifen, in denen seit 1940 in Hunderten von Veröffentlichungen Dutzende Superheld*innen erfunden und ihre Geschichten erzählt wurden. Auch gelang es den Verantwortlichen, eine *Universe* genannte fiktive Welt aus diesem reichen Fundus an Comic-Erzählungen zu bauen, die in die cineastische Sphäre überführt wurde (vgl. etwa Halfyard 2013; Bachmann 2014; McSweeney 2018; Noelle 2020; siehe auch Kapitel 3.3.2.2).

Innerhalb dieses medialen Universums hat die Figur Thor früh eine wichtige Rolle eingenommen. Erstmals erscheint er als Superheld in den Marvel Comics 1962 und entwickelt sich zu einer eigenen Adaption des mythischen Gottes aus den nordeuropäischen Sagen, die sich durch übersteigerte Maskulinität, übermenschliche Kräfte und einen amerikanischen Einschlag auszeichnet. Erst in den

2000er-Jahren weicht dieses einseitige Bild zugunsten einer mit sensibleren Elementen ausgestatteten, größeren charakterlichen Tiefe auf. Insgesamt hat der Thor aus dem Marvel-Franchise nicht mehr allzu viele Ähnlichkeiten mit der Gottheit aus der germanischen Mythologie – oder ihren Varianten, Deutungen und Wandlungen in unterschiedlichen geografischen und historischen Rahmenbedingungen. Dennoch sind einige mythische Verbindungen geblieben: Thor ist auch im MCU der hammerschwingende Sohn Odins, der sich durch große Kraft und eine kämpferische Natur auszeichnet. Andere mythologische Aspekte Thors wie Fruchtbarkeit oder das Patronat der Bauern finden dagegen kaum oder keine Entsprechung. Auch ist Thor im Marvel-Universum kein unsterblicher Gott, sondern ein den Menschen immer noch deutlich überlegenes und im direkten Vergleich extrem langlebiges Mitglied des Volks des Asen – im filmischen Universum sind diese keine Götter, sondern Außerirdische mit einer weit fortschrittlicheren Zivilisation, die sich aufgrund ihrer überlegenen Eigenschaften hervorragend als Superheld*innen eignen (vgl. McSweeney 2018: 72 f.).

Thor: The Dark World (im deutschsprachigen Raum veröffentlicht als *Thor – The Dark Kingdom*) ist der achte Film des MCU; er stellt die zweite Thor-Verfilmung dar und weist eine Länge von 107 Minuten und 45 Sekunden auf (vgl. Taylor 2013; IMDb.com, Inc. 2024a). Von besonderem Interesse für eine filmmusikalische Einordnung sind deshalb nicht nur die Scores der sieben Vorgängerfilme, sondern insbesondere die erste Thor-Verfilmung (mit dem simplen Titel *Thor*, vgl. Branagh 2011). Insgesamt und auch ohne detaillierte Filmmusikanalysen aller sieben Vorgänger kann dabei festgehalten werden, dass die Scores der MCU-Verfilmungen keine so hohe Kohärenz haben, wie es etwa bei den *Lord-of-the-Rings-* beziehungsweise *Hobbit*-Verfilmungen der Fall ist. Das hat erstens personelle Gründe: An den ersten acht MCU-Kinofilmen waren sieben unterschiedliche Regisseur*innen und sechs unterschiedliche Filmkomponist*innen beteiligt. Zweitens sind die Subreihen innerhalb des MCU unterschiedlich auch in Bezug auf referentielle Bezüge: die *Iron-Man*-Verfilmungen etwa sind deutlich stärker mit US-amerikanischen Verweisen und Referenzen ausgestattet als die *Thor*-Filme, die stärker mit mythologischen, antiken und Sagen-Stoffen arbeiten. Selbst innerhalb dieser Subreihen des MCU sind Wechsel von Komponist*innen und Regisseur*innen eher die Regel als die Ausnahme. Das hat Auswirkungen auf die Scores: Nur wenige übergeordnete Themen, wie etwa der *Avengers*-Main-Title (siehe Klangbeispiel 34), kehren in mehreren Filmen zurück. Inwiefern die MCU-Scores außerhalb direkter motivischer Ähnlichkeiten in Bezug auf Konzeption, Stilistik, Sound und Funktionalität übergeordnete Gemeinsamkeiten haben, ist nicht im Detail erforscht. Festzuhalten bleibt jedoch, dass die Scores des MCU generell – und im Besonderen – von den filmmusikalischen Entwicklungen des 21. Jahrhunderts betroffen sind, namentlich der sogenannten Hans-Zimmer-Ära und der Franchise-Ära. Die Folge ist eine Weiterentwicklung des orchestral dominierten Scores hinsichtlich Sounddesign, digitaler Produktion, Erweiterung des Orchesterklangs, motivischer Reduktion, aber auch stilistischer Kontinuität (siehe die Kapitel 3.2.4 und 3.4).

Ein Vergleich der Main Titles (oder von anderen prägnanten Ausschnitten der Scores) einiger der Vorgänger-Filme gibt Hinweise auf diese Ähnlichkeiten und schafft eine grundlegende Orientierung für die stilistische und soundbezügliche Erwartungshaltung an den Score von *Thor: The Dark World*.

Klangbeispiel 46: Ramin Djawadi – *Iron Man*, Driving With the Top Down, URL: https://youtu.be/n94MnbqO9d0 (vgl. OfficialMovie Soundtrack 2018).

Ramin Djawadis Score zu *Iron Man* (vgl. Favreau 2008) verzeichnet verzerrte E-Gitarren-Riffs mit Hörner-Rufen und Rock-Schlagzeug (vgl. OfficialMovie Soundtrack 2018: 00′32″–00′55″); diese werden von Synthesizer-dominierten Parts mit Soundeffekten ergänzt, die einen popmusikalischen Bezug herstellen (vgl. ebd.: 00′56″–01′10″). Die Streicher-dominanten Patterns wechseln sich mit Synthesizer-Fills ab und werden durch E-Gitarren-Riffs ergänzt (vgl. ebd.: 01′19″–02′35″). Die Orchester-Rock-Instrumentierung und die rhythmische, Pattern-orientierte Motivik zeigt deutliche Reminiszenzen an Hans-Zimmer-Filmmusiken der 1990er-Jahre sowie das filmische Action-Genre. Die orchestral begleiteten, heroischen Blechblasinstrumente- und Streicher-Motive offenbaren aber auch eine Verbindung zur Hollywood-Sinfonik und konventionellen Main-Title-Stilistik (vgl. ebd.: 02′43″–03′10″).

Klangbeispiel 47: Alan Silvestri – *Captain America* (Main Title), URL: https://open.spotify.com/intl-de/track/4V2s08BMEqJWIfa3PcNOpR (vgl. Silvestri 2011).

Im Main Title zu *Captain America: The First Avenger* (vgl. Johnston 2011) nutzt Alan Silvestri deutliche Militär-Reminiszenzen, um den US-patriotischen Gehalt des Films musikalisch zu transportieren. Stilistische und instrumentelle Anleihen an Militärkapellen, Blasorchester oder Brass Bands enthalten nicht nur Bläser-Choräle und eine gut erkennbare Trennung zwischen hohen und tiefen Bläsern, sondern auch eine Snare Drum sowie Becken als rhythmische Akzentuierung (vgl. Silvestri 2011: 00′00″–00′41″). Als stilistisches Vorbild kann hier auch John Williams' Score zu *Superman* herausgehört werden (siehe Klangbeispiel 31). Nach einem marschähnlichen Mittelteil wird die heroische Geste durch Tonartwechsel und eine kontrapunktische Streicherbegleitung weiter gesteigert (vgl. ebd.: 00′21″–01′02″). Das Bläser-Motiv ist trotz (oder wegen) der militärischen Anleihen klassischer Main-Title-Stoff: Der punktierte Rhythmus und der Quart-Sprung nach oben werden vom Orchester eingerahmt und erfüllen damit nicht nur die Erwartungen an ein (übersteigertes) Wir-Gefühl, sondern treffen auch das konventionelle Muster des Superhelden-Subgenres. Der Main Title transportiert ein utopisch aufgeladenes Verheißungselement mit Erlösungscharakter.

Klangbeispiel 48: Alan Silvestri – *The Avengers* (Main Title), URL: https://open.spotify.com/intl-de/track/5SXsXjVJCWeJuf7FHvgBYR (vgl. Silvestri 2012).

Die filmübergreifende Avengers-Fanfare ist hier in ihrer (der Veröffentlichungs-Reihenfolge nach) ersten Variante als Main Title von *The Avengers* zu hören und wird orchestral auserzählt (vgl. Whedon 2012). Über einem rhythmischen Ostinato in tiefen Streichern, Bässen und Schlagwerk erhebt sich ein Blechbläser-Motiv als Intro, das von Glockenspiel und komprimierten Drums begleitet wird, die schließlich in ein Synthie-Drum-Pattern im Stil der 1990er-Jahre übergehen (vgl. Silvestri 2012: 00'00"–00'48"). Nach einer Modulation mit Tonartwechsel erfolgt das Hauptthema mit dem Quintsprung nach oben in den Blechblasinstrumenten, nur von gelegentlichen Snare-Drum-Schlägen und den ostinaten Streicherfiguren ergänzt (vgl. ebd.: 00'48"–02'02"). Hier erklingt ein zwar modern produzierter und vor allem durch Schlagwerk, Drums und Bassfrequenzen ergänzter, aber dennoch primär orchestral-konventioneller Score, der zudem stilprägende Eigenschaften für den Superhelden-Film (oder zumindest für die MCU-Reihe) enthält.

Klangbeispiel 49: Brian Tyler – *Iron Man 3* (Main Title), URL: https://open.spotify.com/intl-de/track/7u5XBHnht6dyoRXRBb5soK (vgl. Tyler 2013).

Das zeigt sich auch daran, dass sich Djawadi mit dem Score zu *Iron Man* stilistisch und instrumentell innerhalb des MCU nicht durchgesetzt hat. Brian Tylers Score zu *Iron Man 3* (vgl. Black 2013) folgt weitgehend Alan Silvestris konzeptuellen Vorbildern von *Captain America* und vor allem *The Avengers*: Über ein teilsynthetisches Orchester-Pattern mit verstärkten sowie verzerrten Bass-Synthesizern erhebt sich das Hauptthema in den Blechblasinstrumenten, das klassisch-heroisch mit diatonisch aufsteigender Motivik und einem Sextsprung nach oben arbeitet (vgl. Tyler 2013: 00'28"–01'34"). In der modulierten Wiederholung türmt sich der Soundmix mit hohen Streichern, Chören, metallischen Effekten und lauten Synthesizer-Bässen weiter auf (vgl. ebd.: 01'34"–02'21"). Der Main Title zeichnet sich durch starke rhythmische Akzentuierung, eine Ostinato-Pattern-Struktur und harmonische Simplizität (mit der wiederkehrenden Stufenabfolge i–VIb–IV, etwa e-Moll / C-Dur / A-Dur) aus. Im Bereich Sound zeigt der Score dagegen die größte Veränderung hinsichtlich eines nach aktuellen Klangmaßstäben produzierten Hybrid-Sounds, der orchestrale Elemente mit erweiterten Frequenzen vor allem im Bass- und Sub-Bass-Bereich, Synthesizern und verschiedenen Arten von Beats, Drums und Schlagwerk vermischt. Der Score nähert sich hier auch in sound- und produktionstechnischer Hinsicht nur stärker einem am Pop-Idiom orientierten Soundmix an.

Die Klangbeispiele zeigen ein Spektrum an stilistischen, motivischen und sonstigen Einflüssen der Main Titles aus dem MCU und deuten nicht nur einen musikalischen Konventionsrahmen an, sondern zeigen durchaus eine Entwicklung auf. So kann festgestellt werden, dass Ramin Djawadis Rock-Orchester-Hybrid in stilistischer Hinsicht keine Nachahmer*innen gefunden hat, dagegen aber ist eine klare Tendenz zu filmmusikalischen Konzepten abzulesen: eine Pattern- oder Ostinato-geprägte Motivik mit oft viertaktiger Struktur sowie ein Hybrid-Sound mit orchestralem Anteil, der aber durch Synthesizer, tieffrequente (Sub-)Bässe, erweitertes Schlagwerk und Drums sowie Sounddesign ergänzt wird. Dieses Hyperorchester (vgl. Casanelles 2016) verzeichnet in der Regel eine heroische Main-Title-Motivik, die ihre Ursprünge in romantizistischen Idiomen und im Hollywood-Sound hat, aber durch Annäherungen an Pop-Idiome wie einen – aktuellen Hörgewohnheiten entsprechenden und primär um Bassfrequenzen verstärkten – Soundmix, riffbasierte Patterns, eine klare melodische und harmonische Struktur und elektronische Instrumente beziehungsweise Sounds modifiziert wird.

5.5 Analysebeispiel 2: *Thor: The Dark World*

Diese MCU-Konventionen (der frühen Phase etwa der Jahre 2008 bis 2013) werden im Folgenden um einige Score-Beispiele aus dem direkten Vorgänger *Thor* (vgl. Branagh 2011) ergänzt.

Klangbeispiel 50: Patrick Doyle – *Thor*, Sons of Odin, URL: https://open.spotify.com/intl-de/track/6x2fElXvwEvLoTTtDLrzjW (vgl. Doyle 2011a).

Der Main Title aus Patrick Doyles Score zu *Thor* (vgl. Branagh 2011) ist orchestral geprägt, wird aber durch rhythmische Klangeffekte, die an Hammerschläge erinnern, und verstärkte (synthetische) Drums ergänzt (vgl. Doyle 2011a: 00'31"–01'16"). Das Hauptmotiv zeigt sich in elegischem Gestus und wird von Celli und Kontrabässen intro-artig präsentiert (vgl. ebd.: 00'00"–00'31"), bevor die Blechblasinstrumente, begleitet vom Schlagzeug-betonten Pattern, übernehmen (vgl. ebd.: 00'37"–01'05"). Doch der lyrische Intro-Teil kehrt mit dem Hauptmotiv in den Celli zurück und lässt den Main Title getragen ausklingen (vgl. ebd.: 01'12"–01'44"). Die viertaktige Akkordfolge des Hauptmotivs (T–D–S–Tp in der Funktionstheorie beziehungsweise I–V–IV–vi als Akkordstufen) ist einprägsam und wird durch eine Pattern-basierte Ostinato-Begleitung eingerahmt (vgl. ebd.: 00'49"–01'05"). Die Melodik hat zwar Elemente der Main-Title-Konvention, etwa eine Punktierung und einen diatonischen Aufstieg, verzichtet aber auf Tonsprünge oder Betonungen von Oberquarte, -quinte oder -sexte, was den getragenen Duktus verstärkt. Die Charakterisierung Thors ist hier semantisch mehrdimensional und entspricht nicht allein einem hypermaskulinen, hammerschwingenden Superhelden, sondern enthält auch nachdenkliche und melancholische Züge.

Klangbeispiel 51: Patrick Doyle – *Thor*, Laufey, URL: https://open.spotify.com/intl-de/track/2TNjRxvK55RkI1RLNJF0Qn (vgl. Doyle 2011b).

Die musikalische Porträtierung des filmischen Antagonisten, des Eisriesen Laufey, setzt Doyle mit chromatisch absteigenden, dräuenden Liegetönen, Soundeffekten im Subbass-Bereich und frostig-kristallinen Synthesizern um (vgl. Doyle 2011b 00'00"–02'16"). Anschwellende Toncluster in Streichinstrumenten und Bass-Halleffekte verstärken die bedrohliche Atmosphäre weiter und zeigen ein moderates Othering, das jedoch auf musikalische Exotismen verzichtet (vgl. ebd.: 02'56"–03'37"). Hier wird eine unheimliche und angespannte Atmosphäre mittels musikalischen Sounddesigns geschaffen, dafür verzichtet Doyle auf ein einprägsames Motiv im thematischen Sinn. Die musikalischen Elemente des subtilen Spannungsaufbaus zur Erzeugung einer dichten, unheimlichen Atmosphäre erinnern durchaus an vergleichbare Scores aus dem Fantasy-Genre (etwa *Maleficent*, siehe Klangbeispiel 21) und verweisen auch auf gemeinsame historische Vorbilder wie etwa die Wolfsschluchtszene aus Carl Maria von Webers *Freischütz* (vgl. Tydynian 2017: 00'00"–00'43"; siehe Videobeispiel 2).

Klangbeispiel 52: Patrick Doyle – *Thor*, Can You See Jane?, URL: https://open.spotify.com/intl-de/track/0A4qM3w8O5Dj28GVEnjj1K (vgl. Doyle 2011c).

Das primär mit Streichern und Harfe instrumentierte Liebesthema aus *Thor* zeigt nicht nur ein weiteres getragen-lyrisches Element, sondern ist weitgehend orchestral gehalten (vgl. Doyle 2011c: 00'00"–01'56"). Ostinato-Figuren und Patterns fehlen hier zugunsten weitflächiger und ausholender motivischer Gesten fast gänzlich; lediglich der dynamische Schlussteil ist mit moderater Percussion und Streicher-Ostinati angereichert (vgl. ebd.: 01'56"–02'21"). Das Liebesthema stellt eine zeitlos-nostalgische Idylle dar, die zudem ein poetisch-utopisches Element der (vielleicht vergeblichen) Hoffnung transportiert. Damit zeigt dieser Score-Ausschnitt nicht nur die Nähe zu romantizistischen Idiomen, sondern auch die besondere Nähe zum Fantasy-Genre.

Patrick Doyles Score zur ersten *Thor*-Verfilmung (vgl. Branagh 2011) zeigt sich nicht grundlegend abweichend vom Konventionsrahmen eines MCU-Scores. Er weist Elemente wie viertaktige Patterns, klare Main-Title-Motivik und -Idiomatik, eine aktuellen popmusikalischen Maßstäben entsprechende Produktion mit Soundeffekten und elektronischen Instrumenten sowie ein um Synthesizer, Drums und (Sub-)Bässe erweiterten Soundmix auf. Dennoch scheinen diese Elemente – bei oberflächlicher Analyse – zugunsten eines stärker an Romantizismen wie orchestrale Dominanz, utopische Zeitlosigkeit und lyrisch-elegische Gesten angelehnten Stils zurückgefahren. Auch der Main Title hat einen leicht melancholisch-elegischen Einschlag, der zeigt, dass Patrick Doyle und Kenneth Branagh erstens keine allzu eindimensionale Charakterisierung des namensgebenden Protagonisten zulassen, sondern der mythologischen Figur mehr psychologische – und poetische – Tiefe verleihen wollten. Zweitens bestätigt der Score zwar die Konventionen des vor allem durch Alan Silvestri geformten MCU-Sounds, zeigt aber auch Anleihen an das Fantasy-Genre und an eine gewisse – vermeintliche – Zeitlosigkeit, die sich durch einen Verzicht auf zu starke zeitgenössische Reminiszenzen wie Synthesizer oder Beats ausdrückt. Das entspricht durchaus den Erwartungen an den Score, der eine Figur mit deutlich stärker epochenübergreifendem Bezug charakterisiert, als dies etwa bei *Iron Man* oder *Captain America* der Fall ist.

Insgesamt gibt diese kurze Analyse von frühen filmischen Scores aus dem MCU Hinweise auf einige Auffälligkeiten. Zunächst ist signifikant, dass das MCU insgesamt keine leitmotivische Kongruenz aufzeigt, so wie es etwa in Tolkiens filmischem Mittelerde-Franchise der Fall ist. Ein übergeordnetes musikalisches Motiv, die Avengers-Fanfare, etabliert sich erst mit Alan Silvestris Score zu *The Avengers* (vgl. Whedon 2012), was aufgrund des Ensemble-Charakters dieses Films durchaus nachvollziehbar ist. Auch innerhalb filmischer Sub-Reihen des MCU setzt sich keine kontinuierliche leitmotivische Fortsetzung durch, wie die Beispiele der Scores zu *Iron Man*, aber auch zu *Thor* veranschaulichen. Dagegen findet in stilistischer Hinsicht nach einer experimentellen oder zumindest freieren Frühphase eine Konsolidierung statt, die spätestens mit *The Avengers* und *Iron Man 3* zur Herausbildung eines typenbildenden MCU-Sounds mit wiedererkennbaren Merkmalen führen, wie kombiniertes (Hyper-)Orchester mit verstärkten Beats, Bässen und Schlagwerk, heroische Main-Title-Fanfaren oder zyklische Ostinato-Patterns. Die Erkenntnisse der filmmusikalischen Genre-Theorie, über die mythenbildende Funktion und über die Herausbildung eines mythischen MCU-Raums der vorliegenden Studie legen nahe, dass die motivische Verbindung durch das Avengers-Motiv, aber auch die stilistische (und Sound-bezogene) Konsolidierung der frühen MCU-Phase nicht nur zum kommerziellen Erfolg des MCU beigetragen hat, sondern auch zur Weitererzählung des filmischen Marvel-

Mythos notwendig war: Das immer größer werdende Marvel-Universum wird auch durch wiedererkennbare und gleichbleibende Merkmale der Scores zusammengehalten.

Das verfügbare Behind-the-Scenes-Material des Produktionsprozesses zeigt, dass die Filmschaffenden in Filmsets und Kostümen, aber auch im generellen (visuellen wie auditiven) Design eine filmische Welt mit reichhaltigen Bezügen erschaffen wollten: So werden explizit Science-Fiction- und Fantasy-Reminiszenzen, mittelalterliche und Wikinger-Anleihen sowie Opern-Assoziationen genannt, die mit neueren technologischen Elementen vermischt werden sollten. Dabei war es ein erklärtes Ziel der Filmschaffenden, eine glaubwürdige Filmwelt zu erschaffen, die sich echt anfühlt. Als Drehort dienten unter anderem die Naturlandschaften Islands für die Darstellung von Svartalfheim, der düsteren Welt der Dunkelelf*innen (vgl. Marvel Studios Movies 2018: 01'15"–03'18"; 07'38"–09'01"). Auch Filmkomponist Brian Tyler beschreibt in einem selbst produzierten Making-Of-Video das Ziel, eine möglichst hohe Glaubwürdigkeit über die mythischen Bezüge Thors herzustellen: „All the music I actually write and record – it has to feel like it's part of a universe that has existed already" (Tyler 2019: 00'18"–00'26"). Unter anderem griff Tyler deshalb auf große Orchester für die Aufnahmesessions zurück und dirigierte diese selbst; laut dem Making-Of haben das London Philharmonic Orchestra sowie das Philharmonia Orchestra in London den Score eingespielt, um sowohl eine menschliche Note als auch eine epische Größe zu erreichen (vgl. Tyler 2019: 03'25"–03'57"). Dabei führt Tyler die dramaturgische Entwicklung und charakterliche Reifung Thors in den bisherigen MCU-Filmen als Gründe dafür an, Thor ein neues musikalisches und leitmotivisches Gewand zu geben. Das Thor repräsentierende Motiv in *Thor: The Dark World* ist eng verwandt mit den die Heimatwelt Asgard sowie den Göttervater Odin symbolisierenden Leitmotiven, die somit eine Motiv-Familie mit verschiedenen Varianten bilden, während die ambivalente Figur Loki, der nicht immer zuverlässige und eigensinnige Bruder Thors, ein eigenes, davon auf mehreren musikalischen Ebenen deutlich differenziertes Motiv erhalten hat (vgl. Tyler 2019: 01'08"–03'12"; die Leitmotive werden im Analyseteil detailliert vorgestellt). Das Making-Of-Video muss allerdings mit Vorsicht betrachtet werden, da hier tendenziell ein Aspekt der Selbstinszenierung des Komponisten zu erkennen ist. Andere Musik- oder Filmschaffende kommen darin nicht zu Wort; auch zur Zusammenarbeit des Regisseurs Alan Taylor mit dem Komponisten Brian Tyler konnten während der Recherche keine Hinweise gefunden werden (vgl. Marvel Studios Movies 2018; Tyler 2019).

Tyler, Jahrgang 1972, war zum Zeitpunkt der Produktion bereits ein erfahrener Filmkomponist, dessen erste Credits für Kinofilme bis in das Jahr 1993 zurückreichen. Seitdem zeigte er sich verantwortlich für die Vertonung einer Vielzahl von Kino- und TV-Filmen, aber auch Serien und Videogames, wobei er in vielen

Fällen nicht (nur) als Komponist, sondern auch als Dirigent und Orchestrator aufgeführt wird (vgl. IMDb.com, Inc. 2024e). Die Ergebnisse der Inhaltsanalyse haben gezeigt, dass Tyler als Typ-B-Komponist großen Wert auf Kontinuität legt und (film- wie popmusikalische) Vorbilder sowie deren Musik nicht nur berücksichtigt, sondern dieser Respekt teilweise Verehrungscharakter hat (vgl. etwa Schrader 2017: 195 f., siehe auch Kapitel 4.5.7). Neben diesen Reminiszenzen zeigt Tyler ebenfalls eine Neigung zum musikalischen Substanzcharakter, der sich auch im Making-Of-Video zeigt: Er ist daran interessiert, dass sein Score Wiedererkennungswert hat, Prägnanz zeigt und auch außerhalb des filmischen Kontexts rezipiert wird (vgl. Tyler 2019: 03′57″–04′28″). Insgesamt führt dies zur Erwartungshaltung, dass auch sein Score zu *Thor: The Dark World* den eingeschlagenen Weg von *Avengers* und *Iron Man 3* weitgehend fortsetzt und einen orchestralen, aber modernisierten Hybrid-Score darstellt, der sich am MCU-Sound orientiert, wobei er Patrick Doyles Filmmusik zum ersten *Thor* nicht vollkommen unberücksichtigt lässt.

Thor: The Dark World war weltweit ein kommerzieller Erfolg (vgl. IMDb.com, Inc. 2024 m). Mit einer durchschnittlichen Bewertung von 6,8 von 10 und einem Metascore von 54 von 100 bei den öffentlichen Kritiken hat der Film insgesamt gemischte Rezensionen erfahren, auch wenn die positiven Anteile überwiegen. Häufig genannte positive Aspekte sind die Einbindung und Darstellung der Figur Loki, die gelungenen Spezialeffekte und Actionszenen, die filmischen Sets sowie die insgesamt guten schauspielerischen Leistungen der Hauptdarsteller*innen. Dagegen wurden besonders häufig der Antagonist Malekith und seine fehlende Motivation, der unlogische oder unmotivierte Plot und der nicht immer gelungene und manchmal bemühte Humor kritisiert (vgl. IMDb.com, Inc. 2024 f).

5.5.2 Synopse des Films

Der aus mehreren Abenteuern erfolgreich zurückgekehrte Thor, Sohn von Odin, dem König von Asgard, steht vor einer neuen Bedrohung, die alle neun Welten des Universums betrifft. Die Handlung beginnt mit der Wiedererweckung des Dunkelelfen Malekith durch ein seltenes kosmisches Ereignis, die Konvergenz, welche alle neun Welten mehrdimensional miteinander verschränkt. Malekith, einst von den Asen besiegt, strebt danach, den Aether, eine alte und mächtige Substanz, zu nutzen, um die Dunkelheit über alle Welten zu bringen. Parallel dazu entdeckt die Astrophysikerin Jane Foster auf der Erde den Aether und wird dessen Wirtin, wodurch sie in Lebensgefahr gerät. Thor bringt Jane in seine Heimat Asgard, um eine Heilung zu finden und den Aether zu sichern. Malekith greift währenddessen mit seiner Armee und der Macht des Aethers Asgard an und tötet dabei Thors Mutter Frigga, was Thor dazu verleitet, gegen den Willen seines Vaters Odin zu handeln: Um Malekith zu stoppen, verbündet sich Thor widerwillig mit seinem Halbbruder Loki, der über entscheidende Informationen verfügt, und befreit ihn aus seiner Gefängniszelle, in der er wegen vergangener Verbrechen lebenslang bleiben sollte. Die Handlung führt die Protagonist*innen durch verschiedene Welten, während die Konvergenz näher rückt. Dabei kommt Loki – scheinbar – heldenhaft zu Tode, als er Thor im Kampf beschützt. In einer finalen Schlacht in London auf der Erde gelingt es Thor mit Unterstützung seiner Freund*innen aus Asgard sowie Jane, Malekith zu besiegen und den Aether zu neutralisieren. Im Verlauf des Chaos nutzt Loki, der seinen eigenen Tod nur vortäuschte, die Gelegenheit, um sich als Odin auszugeben und die Macht in Asgard zu übernehmen, was unbemerkt bleibt (vgl. Taylor 2013).

5.5.3 Score-Analyse

5.5.3.1 Musik- und Sound-Ebene

Brian Tylers Score zu *Thor: The Dark World* nimmt einen bedeutenden, aber nicht allgegenwärtigen Teil der Soundspur des Films ein. Diese wird durch drei zentrale Elemente bestimmt: die Dialoge, das Sounddesign beziehungsweise die Soundeffekte und den Score. Zwar hat der musikalische Score quantitativ deutlich mehr Anteile an der Gesamtlänge des Films als die Soundeffekte und verstummt nur in einer Minderheit der Szenen; dennoch machen gerade in Action- und Kampfszenen – und von diesen gibt es einige – die Soundeffekte den dominanten Anteil der auditiven Sphäre aus und sind hier im Soundmix meist deutlich stärker im Vordergrund als der musikalische Score (vgl. Taylor 2013: 00'57"–03'04"; 05'58"–06'46"; 20'10"–21'11"; 27'06"–27'46"; 36'50"–38'33"; 40'00"–43'25"; 73'15"–76'54"; 84'24"–93'50"). Auffällig ist hier, dass der Film generell laut ist: Die energieintensiven Vorgänge, die visuelle Action und die vielen Kampf- und Schlachtenszenen finden eine auditive Entsprechung. In größeren Kampfszenen mischen sich menschliche Stimmen (Schreie, Rufe, Gebrüll, Befehle) mit technischen und mechanischen Sounds (futuristische Schussgeräusche, Fahr- und Antriebsgeräusche von Raumschiffen, Explosionen, Aufschläge, Reibung und Kratzen, Bröckeln, tiefes Dröhnen und Grollen sowie verzerrtes Kreischen).

Doch erklingt während dieser geräuschintensiven Vorgänge in der Regel auch Filmmusik: Während das Sounddesign immer wieder punktuelle Effekte erzeugt und dadurch konkrete auditive Betonungen herstellt, bildet der Score hier zumeist ein zusammenhängendes Gewebe, das sich in der Regel ohne Lücken oder Pausen fortsetzt und die auditive Basis für actiongeladene Szenen bildet. Beispielsweise ist in der ersten, retrospektiv gezeigten Schlachtszene der Asen gegen die Dunkelelf*innen ein beständiges musikalisches Gewebe, eine Art auditiver Hintergrundteppich zu hören, der punktuell durch laute – und für den spezifischen Moment auch dominante – Soundeffekte wie Schussgeräusche, Gebrüll oder Explosionen ergänzt beziehungsweise unterbrochen wird (vgl. etwa Taylor 2013: 01'04"–02'37"). Dies zeigt das enge dramaturgische Zusammenspiel der Musik- und Soundebenen: Während die Soundebene primär für Konkretisierungen steht und punktuelle Effekte schafft, die Aufmerksamkeit lenkt und auch visuelle und narrative Vorgänge greif- und fühlbar macht, ergänzt der Score eine abstrahierte Dimension, eine Grundstimmung oder semantische Ebene, die einordnet, emotionale oder semantische Bezüge herstellt und Halt gibt. Die musikalischen Funktionen sowie einzelne filmische Szenen werden im Folgenden noch ausführlicher analysiert.

Die musikalische Substanz des Scores besteht in stilistischer und instrumentaler Hinsicht aus mehreren Teilen. Zunächst hat der Score einen bedeutenden orchestralen Anteil: Zentrale Motive und Cues sind von einem großen Orchester eingespielt, wobei hier die Blechblasinstrumente in vielen Beispielen die (orchestrale) Klangfarbe dominieren (vgl. etwa Taylor 2013: 01'35"–01'59"; 21'12"–22'14"; 32' 57"–33'17"; 50'46"–51'05"; 88'59"–90'17"). Die stilistischen und inhaltlichen Bezüge dieses orchestralen Anteils entsprechen den Konventionen eines Superhelden-Scores, der durch spätromantische und Hollywood-Sound-Elemente beeinflusst ist, wie Detailanalysen weiter unten aufzeigen.

Doch das Orchester bleibt selten allein: Neben der engen und reichhaltigen Kombination mit dem Sounddesign weist auch die musikalische Ebene weitere wichtige Elemente auf. Zunächst muss hier das Schlagwerk genannt werden, wobei dies nicht allein klassische Orchesterpauken, sondern weiteres Schlagwerk wie Taiko-Drums, Beats sowie im Soundmix mit Equalizer und Kompressor zusätzlich verstärkte Drum-Sounds umfasst. Ergänzt werden diese digital verstärkten Drums durch Synthesizer-(Sub-)Bässe und Halleffekte, wodurch ein brachialer, mit Bassfrequenzen verstärkter Drum-Sound entsteht. Diese donnernden Drums korrelieren in den meisten Fällen mit Actionszenen und sind in ein- bis viertaktigen Patterns rhythmisch angeordnet. Außerdem sind sie im Soundmix bisweilen sehr dominant, wobei auch hier eine Korrelation zum Ausmaß der visuellen Action beobachtet werden kann (vgl. etwa Taylor 2013: 01'35"–01'59"; 03'24"–03'42"; 27'06"–27'46"; 33'25"–33'44"; 43'56"–44'26"; 97'30"–97'40"). Dieser digital bearbeitete Hybrid aus Orchester und Drums wird in manchen Szenen zusätzlich durch Chor-Elemente ergänzt, die jedoch deutlich seltener sind und in der Regel auch nicht im Vordergrund stehen (vgl. Taylor 2013: 38'35"–39'52"; 44'26"–44'55"; 92'33"–93'20").

Daraus ergibt sich stilistisch ein Hybrid-Score, der zwar deutliche orchestrale Anteile zeigt; diese sind jedoch nur eines von mehreren musikalischen Elementen des Scores und zusätzlich im Soundmix digital bearbeitet, um etwa die Bassfrequenzen zu verstärken. Die Sound-Produktion ist hier erkennbar anders als ein herkömmlicher Orchestermix, wie er etwa auf orchestralen Aufnahmen großer Klassik-Labels von Kompositionen des 19. Jahrhunderts gebräuchlich ist – oder auf den Aufnahmen des *Hobbit*-Scores. So sind die Drums derart mit einem Equalizer bearbeitet, dass sie sowohl mehr Höhen als auch mehr Bassfrequenzen haben, was ihnen im Zusammenspiel mit dem Synthesizer-Bass im tieffrequenten Sub-Bass-Bereich große auditive Wucht verleiht. Damit die Streicher in diesem Soundwall nicht untergehen, weisen sie deutlich spitzere Höhen auf. Insgesamt ist hier eine auch an popmusikalischen Klangidealen orientierte Produktion am Werke gewesen, die einen teilorchestralen Hybrid-Sound erschafft, der an ein hochglanzpoliertes Soundspektakel erinnert.

Der Score teilt sich zudem die Audiospur des Films nicht nur mit den Dialogen, sondern in einem dramaturgisch eng abgestimmten Gesamtkonzept mit dem effektbeladenen Sounddesign: Die beiden Ebenen ergänzen sich durch Konkretisierung (Sound) und Abstrahierung (Musik) zu einem immersiven dramaturgischen Mittel der Erschaffung einer glaubwürdigen, greifbaren wie übertragbaren Atmosphäre mit mythischem Bezug. Das Hyperorchester wird nur an einigen filmischen Stellen durchbrochen beziehungsweise kontrastiert durch andere musikalische Elemente, die gerade dadurch auffallen. Dazu gehören das weiter unten detaillierter analysierte Loki-Motiv mit seiner Harfen-Celesta-Instrumentierung, einige Szenen mit Marimba-Vertonung sowie kurze Source-Music-Anteile (vgl. Taylor 2013: 03'42"–05'58"; 15'03"–16'12"; 16'35"; 78'58"; 90'00"). Diese Anteile sind so gering, dass sie als bewusste Kontrastierungs-Effekte zur Auflockerung eingeschätzt sowie als Ausnahmen von dem weitgehend kohärenten, orchestralen Hybrid-Sound angesehen werden können. Ebenso ist auffällig, dass es keine Songs oder liedhaften Elemente gibt – abgesehen von kurzen HipHop-Beats als Handy-Klingelton (vgl. Taylor 2013: 16'35"; 78'58").

Tylers Score zu *Thor: The Dark World* hat deutliche leitmotivische Anteile, jedoch sind diese nicht so omnipräsent, wie dies etwa in Shores *Hobbit*-Score der Fall ist. Es gibt einige zentrale musikalische Motive, die wiederkehren und durch Häufung, funktionalen Einsatz, Variation und Weiterentwicklung durchaus die Bezeichnung Leitmotiv verdienen. Diese bilden jedoch keineswegs die gesamte oder auch nur annähernd gesamte musikalische Substanz des Films ab: Viele Szenen weisen musikalisches Material auf, das entweder nur einmal vorkommt oder motivisch zumindest nicht so prägnant oder wiedererkennbar ist, dass hier von einer leitmotivischen Verwendung gesprochen werden könnte. Im Vordergrund steht an diesen Stellen ein musikalisches Produktionskonzept, das sich eher am Sound als am musikalischen Thema orientiert. Spürbar wird dies auch in der Mehrheit der großen Kampf- oder Schlachtenszenen. Der Score bildet hier einen mit dem Energielevel des Action-Spektakels resonierenden Hintergrundteppich aus (zumeist) orchestralen und Drum-Anteilen, dessen genaue motivische Ausgestaltung nicht entscheidend ist (vgl. etwa Taylor 2013: 01'10"–01'59"; 05'58"–06'25"; 36'50"–38'33"; 83'25"–83'50"). Der Score spricht hier eher Codes oder musikalische Topics an (vgl. Scheuer 2008: 38), die konnotative Symbolisierungen – oder konkrete, denotative Signale – für bestimmte Sujets darstellen. Dabei zeichnet sich in Tylers Score zu *Thor: The Dark World* ein musikalischer Werkzeugkasten ab, der gerade – aber nicht nur – in nicht-leitmotivischen Cues bestimmte musikalische Topics benutzt. Dazu gehören neben den schon gezeigten Elementen Orchester – Drums – Chor – Sounddesign auch die Stilmittel Mediantik, Chromatik/Toncluster, Streicher-Pizzicato/Staccato sowie (tiefe) Blechblasinstrumente. Die Bedeutungen dieser Stilmittel werden im nächsten Teilkapitel anhand einiger Beispiele genauer untersucht.

Ein weiteres wichtiges Element des Scores macht die Ostinato-Form aus, wobei der popmusikalische Begriff der Patterns hier mindestens ebenso passend ist: Die treibenden Drum-Rhythmen, aber auch viele orchestrale Cues sind gut hörbar in zyklischen Strukturen angelegt, die sich meist ein- oder zweitaktig wiederholen. Das betrifft sowohl die Filmmusik in Actionszenen als auch zentrale Leitmotive: Die ostinate Form eignet sich besonders gut, um als eine Art musikalisches Gemälde zu längeren Szenen ständig wiederholt zu werden und nicht eine melodisch-harmonische Entwicklung, sondern den Sound in das Zentrum der Aufmerksamkeit zu stellen und zu betonen. Ein Beispiel ist etwa die Filmmusik, die während Heimdalls Kampf gegen ein Invasionsschiff erklingt (vgl. Taylor 2013: 40'00"–40'38"): Laute, bassverstärkte Drum-Schläge zu Taktbeginn werden von Streicher-Ostinati ergänzt, die lediglich rhythmische Tonwiederholungen darstellen; diatonische Melodie-Aufstiege zur Steigerung der Spannung werden zu Taktbeginn einfach wiederholt. Der in Patterns organisierte Hybrid-Score kann beliebig wiederholt werden und dient in vergleichbaren Szenen als auditives Schlachtengemälde. Außerdem zeigt die zyklisch angelegte Pattern-Form zwar eine Nähe zum romantischen Primat des Inhalts über die Form, aber unverkennbar auch eine Verwandtschaft mit popmusikalischen Idiomen und Konzepten (siehe auch Kapitel 2.6.1).

Trotz all dieser Tendenzen enthält die Filmmusik in *Thor: The Dark World* nicht nur einige zentrale, leitmotivisch eingesetzte Themen, sondern auch einen ausgeprägten Main Title, der als eine Art Leit-Motto und in verschiedenen Varianten, Instrumentierungen und Weiterentwicklungen im filmischen Verlauf wiederkehrt (vgl. Taylor 2013: 03'24"; 06'46"; 09'13"; 11'11"; 27'08"; 34'46"; 35'00"; 38'35"; 46'29"; 53'25"; 62'10"; 64'42"; 67'22"; 75'32"; 76'54"; 77'52"; 81'16"; 82'20"; 84'42"; 91'22"; 92'33"; 94'00"; 96'01"; 98'06"; 101'24"; 103'10"; 105'23"; 105'50"; 106'24"). Dieses zentrale Motiv wird – anknüpfend an Tylers eigene Bezeichnungen – im Folgenden Asgard-Motiv genannt.

Notenbeispiel 19: Brian Tyler – Asgard-Motiv (vereinfachter Ausschnitt; internationale Akkordbezeichnungen; Quelle: eigene Notation).

In der vollen Ausprägung (zu hören etwa bei der Ankunft in Asgard, vgl. Taylor 2013: 09'13"–09'53") zeigt das Motiv eine viertaktige Struktur. Diese ist melodisch durch aufsteigende Quart- und Quintsprünge in den Achtelnoten zur Obersexte über dem (anfänglichen) Grundton B gekennzeichnet, bevor die zunächst von Hörnern und Posaunen vorgetragene Melodie sich über die Oberquinte (F) und -quarte (Es) diatonisch abwärts bewegt (T. 1–4). Die variierende Wiederholung endet mit einer Aufwärtsbewegung zum As, das über den in T. 3 beziehungsweise 7 etablierten neuen Grundton Des die Oberquinte bildet. Das melodische Material der aufsteigenden Tonsprünge mit reichlicher Verwendung von Quarten und Quinten entspricht damit der Main-Title-Konvention. Der 6/8-Takt beziehungsweise der triolische Rhythmus wird durch eine simpel gehaltene, rhythmisch orientierte orchestrale Begleitung, laute Orchesterpauken sowie bearbeitete Drums unterstützt. Der Grundduktus zeigt mit der digital verstärkten Betonung des Dreiertakts mit Schlaginstrumenten eine tänzerisch-dynamische Verwandtschaft zu spätromantischen sinfonischen Scherzi sowie Genre-Vorbildern wie John Williams' Main Title zu *Superman* (siehe Klangbeispiel 31). Nach einer mediantischen Tonartrückung um eine kleine Terz nach oben in T. 9 von B zu Cis wird das Motiv von Trompeten wiederholt, wobei die orchestrale Begleitung ebenfalls leicht variiert wird und Ansätze eines Kontrapunkts zeigt, indem die Violinen eine im Soundmix allerdings kaum wahrnehmbare diatonisch-triolische Achtelbegleitung anstimmen. Die Harmonik ist gleichermaßen prägnant wie simpel gehalten und entspricht dem viertaktigen Muster vi–IV–I–V beziehungsweise Tp–S–T–D, das stets – ab Takt 9 in der neuen Tonart – wiederholt wird. Der Halbschluss auf der dominantisch wirkenden fünften Stufe lädt zur Wiederholung ein und entspricht damit einem zyklischen Prinzip, das zwar auch auf das romantische Primat der entwickelnden Motivvariation und dem Zyklus-Gedanken zurückgeführt werden kann (vgl. etwa Luyken 2023: 31; siehe Kapitel 2.6.1); jedoch hat die gezeigte viertaktige Akkordfolge klare Bezüge zur popmusikalischen Sphäre: Diese als „Moll Pop-Formel" (Kramarz 2014: 97) bezeichnete Kadenz ist ein typisches Hit-Merkmal besonders erfolgreicher Popsongs (vgl. Kramarz 2014: 90–100). Diese Akkordfolge steigert die Einprägsamkeit und Eingängigkeit des Motivs. Trotz – oder unabhängig von – dieser popmusikalischen Nähe zeigt das Asgard-Motiv deutliche Merkmale der Main-Title-Konvention und trägt Züge eines utopisch gesteigerten Heroismus, der motivische Prägnanz und Simplizität mit expressivem Optimismus und auch einer martialisch-kämpferischen Note vereint.

Dabei geht die Bedeutung dieses Main Titles über die eines Leitmotivs hinaus: Eher entspricht es einem zentralen Leitmotto, das allein durch die Vielzahl der Verwendungen den musikalisch-expressiven Grundtenor des Films setzt. Allerdings verwendet Tyler eine signifikante Zahl von Adaptionen und Varianten des Asgard-Motivs, von denen die wichtigsten hier kurz präsentiert werden sollen. So erwähnt Tyler selbst im Making-Of-Video zum Score die Thor-Variante des Asgard-Motivs (vgl. Tyler 2019: 01'13"–01'35"). Diese enthält eine kleine, aber auffällige Variation:

Notenbeispiel 20: Brian Tyler – Asgard-Motiv, Thor-Variante (vereinfachter Ausschnitt; internationale Akkordbezeichnungen; Quelle: eigene Notation).

Durch die Transformation des Tongeschlechts des ersten Akkords von Moll zu Dur, die durch die große Oberterz in der Melodielinie aufgegriffen wird, verändert sich nicht nur die Expressivität des Motivs. Durch die Verwendung der Durvariante im ersten Akkord wird aus der gewöhnlichen Akkordfolge eine mediantische (mit der Stufenabfolge VI–IV–I–V). Damit wendet Tyler einen einfachen, aber effektiven Kunstgriff an: Er verbindet die filmmusikalische Codierung der Mediantik mit der Main-Title-Konvention. Die semantischen Felder von Magie, Wunder und Geheimnis werden mit einer Heroik und einem Wir-Gefühl vereint: Thor wird durch diese Variation unter Zuhilfenahme der triadischen Chromatik zu einem übernatürlichen Mysterium, ja einer utopischen Verheißung stilisiert, die zudem durch Hinzunahme eines Chors in der Instrumentierung weiter verstärkt wird. Allerdings ist diese Motivvariation keineswegs so häufig wie das Asgard-Hauptmotiv und hat damit keine Main-Title-Funktion (vgl. etwa Taylor 2013: 06'25"–06'46"; 24'49"–25'05"; 62'10"–62'17").

Eine weitere wichtige Variation ist die Frigga-Variante des Asgard-Motivs. Diese äußert sich primär durch eine deutliche Änderung der Instrumentierung und des sich daraus ergebenden affektiven Gehalts: Aus dem orchestralen, heroischen Main Title wird ein einsamer, trauriger Klagegesang, begleitet in der Regel nur von einem ruhenden Grundton in Moll ohne harmonische Fortschreitung (vgl. Taylor 2013: 34'46"–35'00"; 67'22"–67'30"). Ihre größte Entfaltung erhält diese Motivvariante jedoch in einer dramaturgischen Schlüsselszene des Films nach dem Mord an Frigga, Thors Mutter und Odins Gemahlin (vgl. Taylor 2013: 46'29" – 49'51"): Auch beginnt das Motiv mit einer einsamen, frei rezitierenden Frauenstimme über einen ruhenden Grundton in tiefen Streichern, variiert jedoch mit verschiedenen Akkordfortschreitungen und entwickelt sich nach einer deutlicheren Näherung an das Asgard-Hauptmotiv mit dessen typischer Akkordfolge (vgl. Taylor 2013: 47'38"–49'37") in eine weitere Variante, die von einer diatonisch absteigenden Streicherfigur und einem Lamentobass bestimmt ist (vgl. Taylor 2013: 49'03"–49'51"). Diese Lamento-Variante ist eine expressiv gesteigerte Form eines Toten- oder Klagelieds und weist die Lamento-typische Basston-Folge cis–H–A–Gis über der Grundtonart cis-Moll auf. Auch fällt auf, dass das um einen Chor ergänzte Orchester hier ohne digital bearbeitetes, verstärktes Schlagwerk auskommt und die Lamento-Variante damit einem herkömmlichen Orchester-Sound besonders nahekommt.

Neben der zentralen Asgard-Motivfamilie, die den Film motivisch weitgehend dominiert, gibt es wenige andere prägnante musikalische Motive. Das ohne Zweifel wichtigste dieser ist das Loki-Motiv. Es ist eindeutig dem ambivalenten Ziehbruder Thors zuzuordnen und zeigt eine Wandelbarkeit und Flexibilität, die auch Loki selbst zugeschrieben werden kann.

Notenbeispiel 21: Brian Tyler – Loki-Motiv (vereinfachter Ausschnitt; Quelle: eigene Notation).

Bei Lokis erstem Auftritt entspinnt sich das Motiv in der Solo-Harfe über einem liegenden es-Moll-Akkord (vgl. Taylor 2013: 04'25"–05'59"). Dabei scheint das Motiv rhythmisch frei zu schweben; eine Zuordnung nach Takten ist nicht eindeutig und auch im Notenbeispiel nur eine Näherung. Das Motiv ist unter anderem durch einen Quartsprung abwärts zu Beginn bestimmt, der als Reminiszenz an einen heroischen Main Title interpretiert werden kann – oder als dessen Infragestellung. Dann jedoch nimmt das Loki-Motiv einen individuellen Verlauf: Es folgt ein diatonisches Mäandern um den Grundton Es, auf zwei Aufstiege nach F und Ges folgt ein Abstieg zum Leitton D, der sowohl eine chromatische Schärfe mit dem weiter als Bordun vernehmbaren Grundton Es als auch ein musikalisches

Fragezeichen einer nicht abgeschlossenen Motivgebung darstellt. Die diatonischen Auf- und Abstiege sind von längeren, aber unterschiedlich langen Pausen unterbrochen, die den unfertigen, gebrochenen Charakter des Motivs weiter unterstreichen. Dazu kommt eine Taktstruktur, die – wenn überhaupt, dann – nur mit einer ungeraden Taktanzahl oder einem Taktwechsel (zu sehen im Notenbeispiel in T. 4) dargestellt werden kann. Die unfertige, unterbrochene Motivgebung, die fehlende harmonische Entwicklung, der auf dem Leitton endende Motivschluss und das Mäandern um den Moll-Grundton verstärken den Gestus einer Unsicherheit sowie eines wankelmütigen Elements und zeigen die Schwierigkeit, das Motiv sensorisch zu greifen.

Tyler verstärkt diese Unsicherheit durch weitere Stilmittel: Zunächst steigert die Wahl der (durch Hall-Effekte digital bearbeiteten) Harfe als Melodieinstrument die mysteriöse, entrückte Wirkung weiter. Außerdem spinnt sich das Motiv weiter fort und wird von Streichinstrumenten im tiefen Register aufgenommen (vgl. Taylor 2013: 04'14"). Ansätze einer motivischen Entwicklung mit harmonischer, tonal eindeutiger Akkordfolge werden immer wieder unterbrochen (vgl. Taylor 2013: 04'36"–05'29"); chromatische Tonfolgen in Celli und Kontrabässen sowie mediantische Akkordwechsel unterstützen die geheimnisvolle Wirkung (vgl. Taylor 2013: 04'36"; 05'25"; 05'32"; 05'41"). Das Loki-Motiv kehrt an verschiedenen dramaturgischen Punkten der Filmerzählung zurück und zeigt hier seine gestische, soundmäßige und expressive Wandelbarkeit: unter anderem als düstere Posaunen im tiefen Bassregister, als freundlichere Streicher-Version mit hoffnungsvoll-ambivalentem Ausdruck, als heroische Bläser-Fanfare oder eingebettet in ein martialisches Orchester-Tutti im Hybrid-Sound (vgl. Taylor 2013: 38'02"–38'20"; 56'02"–56'29"; 64'13"–64'37"; 75'55"–77'33"). Diese motivisch-expressive Vielseitigkeit der Loki-Motivnutzung unterstreicht den ambivalenten Charakter der Figur und lässt Raum für Interpretationen. Die Veränderungen werden primär über eine andere Instrumentierung sowie ein angepasstes Tempo vorgenommen und benutzen je nach expressiver Anforderung auch filmmusikalische Topics und Codes wie den vollen Hybrid-Orchester-Sound mit verstärkten Drums für Kampfszenen, einen antreibenden Rhythmus für einen Spannungsaufbau, eine ungewöhnliche Harfen-Instrumentierung für mysteriöse Anklänge oder eine Main-Title-artige Waldhorn- oder Posaunen-Fanfare für heroische Elemente.

Gegenüber diesen wichtigsten Motiven zeigen andere musikalische Motive weniger eigenständige Ausprägung. Dies betrifft etwa auch das den filmischen Antagonisten charakterisierende Malekith-Motiv, das zwar einen charakteristischen, verzerrten Cello-Sound aufweist, der mit chromatischen Motivfigurationen spielt, aber keine Variation und auch kaum Verwendung zeigt (vgl. Taylor 2013: 01'59"; 43'56"; 44'26"; 84'24"). Dagegen ist ein weiteres Leitmotiv nicht der musikalischen, sondern der Sound-Sphäre zuzurechnen: das Aether-Motiv, das die zerstörerische Substanz auditiv repräsentiert, die die Existenz der Welten bedroht. Das Aether-Motiv besteht akustisch aus einer Vielzahl verfremdeter, unmenschlicher Schreie in höheren Frequenzen, die sich wie ein Schwarm zu einem charakteristischen, bösartigen Gesamtsound zusammensetzen, aus dem immer wieder einzelne Schreie hervorstechen (vgl. Taylor 2013: 00'57"; 20'10"; 23'38"; 30'00"; 36'27"; 51'05"; 72'27"; 91'22"). Weitere wiederkehrende Motive sind wenig ausgeprägt, darunter ein chromatisches Blechbläser-Motiv zur Untermalung großer Bedrohungen (vgl. Taylor 2013: 00'57"–01'09"; 32'57"–33'17"; 90'17"–90'40") sowie ein mediantisch geprägtes Spannungsmotiv in epischen Actionszenen (vgl. Taylor 2013: 00'33"–00'55"; 21'12"–21'40"; 84'02"–84'22"; 87'03"–87'26").

Die hohe Kohärenz der Filmmusik zu *Thor: The Dark World* drückt sich nicht nur darin aus, dass keine Songs verwendet wurden, sondern auch darin, dass Tyler auf musikalische Exotismen weitgehend verzichtet – zumindest auf solche, die kulturelle oder geographische Bezüge zulassen würden. Stilistisch und instrumentell auffällig sind vor allem diejenigen Motive, die antagonistischen Figuren zugeordnet sind: Das Malekith-Motiv mit seinem verzerrten Cello, das von der Harfe dominierte Loki-Motiv sowie der Aether-Sound. Dieses musikalisch-soundliche Othering verzichtet jedoch auf Exotismen, die etwa ungewöhnliche Skalen, weniger bekannte Instrumente oder sonstige kulturell oder geographisch zu lokalisierende Elemente enthalten. Das Konzept des Otherings wird hier primär über die auffällige Solo-Instrumentierung, eine chromatisch dominierte Melodieführung, eine unklare Rhythmik und Metrik sowie den Verzicht auf harmonische Fortschreitungen realisiert.

Durch die schon beschriebene Dominanz des Main Titles erhält der Score eine deutliche Prägung durch das fast omnipräsente Asgard-Motiv mitsamt seinen Varianten. Dadurch erscheint die Form des Scores insgesamt hochkonsistent und auch weitgehend geschlossen, aber gleichzeitig wenig abwechslungsreich. Eine zwischenzeitliche Verdrängung des Main Titles ist nicht erkennbar, auch wenn es immer wieder kurze Episoden mit anderer motivischer Prägung gibt. Die beiden längsten dieser Art – und damit die größten Unterbrechungen der Main-Title-Omnipräsenz – sind die filmischen Abschnitte der Entdeckung des Aethers durch Jane Foster in London (vgl. Taylor 2013: 12'33"– 22'14") sowie der Befreiung Lokis aus seiner Zelle (vgl. Taylor 2013: 56'02"–61'49"). In der finalen Actionszene sowie dem anschließenden Epilog des Films in Greenwich findet eine allenfalls kurzzeitige Verdrängung statt: Der Main Title schweigt einige Minuten zu Beginn der Szene und kehrt schließlich triumphal zurück (vgl. Taylor 2013: 84'24"–93'50"); auch im anschließenden Epilog sowie dem Abspann kehrt er mehrfach zurück und macht seine Dominanz damit erneut hörbar (vgl. Taylor 2013: 94'00"–107'45").

Dabei wird deutlich, dass Tyler großen Wert auf das gelegt hat, was in der Inhaltsanalyse als musikalische Substanz beschrieben wurde. Bereits im Making-

Of-Video gab Tyler zu erkennen, dass es sein wesentliches Ziel war, ein prägnantes und eingängiges (Main-Title-)Motiv zu komponieren, das nachgesummt werden kann und Wiedererkennungswert hat (Tyler 2019: 04'14"–04'34"). Eine gewisse motivische Eingängigkeit ist dem Asgard-Motiv auch dank der vor allem harmonischen Nähe zur Popmusik zu attestieren, und Tyler schafft es im Score, durch teils geschickte kompositorische Handgriffe das Motiv mehrfach zu variieren und in expressiv deutlich verschiedenartiger Gestalt wiederkehren zu lassen. Dafür verzichtet Tyler auf innovative Einfälle, die den Main Title aus den Genre-Konventionen hervorstechen lassen würden: Der Main Title könnte wohl ebenso gut einen Superman- oder Wonder-Woman-Film untermalen, weswegen hier mit einigem Recht auf mangelnde Originalität hingewiesen werden kann. Dagegen sind gerade die Kreation und die variantenreiche Verwendung des Loki-Motivs deutlich origineller, weil sie sowohl auf musikalische Exotismen als auch auf bekannte filmmusikalische Topics weitgehend verzichtet und hier ein originelles Motiv erklingt, dessen eigenständiger Charakter prägnant heraussticht. So erschafft Tyler einen eingängigen, effektiven und effektbeladenen Score, der im engen Zusammenspiel mit der Sound-Sphäre und den Dialogen den auditiven Teil des Films beherrscht. Insgesamt zeigt sich die Filmmusik in *Thor: The Dark World* weitgehend klar strukturiert und wird von einem heroischen, konventionellen Main Title dominiert.

5.5.3.2 Musik-Film-Ebene

Brian Tylers Score hat in einer signifikanten Anzahl an filmischen Szenen eine Unterstützungsfunktion, die hauptsächlich die visuellen Vorgänge spiegelt oder musikalisch-auditiv illustriert. Dieses Underscoring zeigt sich unter anderem in einigen Actionszenen, in denen Kampfhandlungen oder größere Schlachten stattfinden. Allerdings sind in den meisten Szenen gleichzeitig auch andere Funktionen nachzuweisen. Ein Beispiel ist die retrospektiv nacherzählte Schlacht zwischen den Asen und Dunkelelf*innen, in der Letztere besiegt wurden und die Gefahr des Aethers zunächst gebannt wurde (vgl. Taylor 2013: 01'02"–02'39"). Der Score zeichnet sich hier durch antreibende Drum-Rhythmen aus, die von martialischen Tönen der Blechblasinstrumente sowie verschiedenen Soundeffekten ergänzt werden. Zur dramaturgischen Unterstützung werden diese rhythmischen Patterns an geeigneten Stellen verändert oder sie pausieren kurzzeitig, um einen Spannungsaufbau zu erzeugen oder veränderte narrative Situationen musikalisch wiederzugeben. Beispiele dafür sind etwa das Erscheinen der Armee Asgards auf dem Schlachtfeld oder die überraschende Verstärkung der Dunkelelf*innen durch besonders starke Kämpfer*innen, was jeweils mit musikalischen Rhythmus- und Tempowechseln einhergeht (vgl. Taylor 2013: 01'10"; 01'35"). Chromatische Aufstiege in den Blechblasinstrumenten und Streichern verstärken die Anspannung in konkreten Szenen. Der martialische Grundduktus der Schlachtenmusik wird hierdurch jedoch kaum variiert, sondern begleitet die Szene bis zur Niederlage Malekiths und der Dunkelelf*innen. Der Score unterstützt hier die epische, mythische Grundstimmung der Retrospektiv-Erzählung und resoniert auditiv mit den visuellen Spektakeln. Gleichzeitig hat der Score auch eine dramaturgisch vermittelnde Funktion, indem er wichtige Wendepunkte betont und die Szene in Abschnitte unterteilt, wodurch er Halt gibt und hilft, den Fokus zu wahren.

Ähnlich verhält sich der Score beim Angriff der Dunkelelf*innen-Raumschiffe auf Thors Heimatwelt Asgard, was ebenfalls der Standardsituation einer epischen Schlachtszene ähnelt (vgl. Taylor 2013: 40'00"–44'59"). Zu Beginn sind die Soundeffekte derart präsent, dass der Score noch ohne besonders prägnante Drumsounds auskommt, aber auf unheilverkündende Posaunen- und Tuben-Rufe im tiefsten Register setzt (vgl. Taylor 2013: 40'00"–40'43"). Als nach der Zerstörung des ersten Invasoren-Raumschiffes weitere Schiffe auftauchen, variiert der Score wieder in Tempo und Rhythmus und beginnt mit einem weiteren Pattern, das sich durch viele Tonwiederholungen im Orchester-Tutti auszeichnet und mit vereinzelten Hörner- und Posaunen-Rufen den Schlachtengemälde-Duktus beibehält (vgl. Taylor 2013: 40'54"–41'57"). Auch hier wird nach einer dramaturgischen Wende (dem Aufspannen eines Schutzschirms um Asgard) wieder eine Variation von Tempo, Rhythmus und Motivik vorgenommen, ohne dass sich der Duktus dadurch substanziell wandelt (vgl. Taylor 2013: 41'57"–42'13"). Selbiges wiederholt sich nach der nächsten Wende (der Zerstörung des Schutzschirms), wobei sich hier ein Chor zum Hybrid-Orchestersound mischt, der eine weitere Dramatik- und Spannungszunahme symbolisiert (vgl. Taylor 2013: 42'13"–43'00"). Das laute Getöse des zerbrechenden Thronsaals von Asgard unterbricht den Score kurzzeitig, bevor dieser beim finalen Angriff von Malekiths Leibgarde leicht variiert wieder einsetzt. Mit dem Erscheinen Malekiths erklingt in demselben martialischen Duktus dessen Leitmotiv, durch einen Frauenchor um eine weitere dramatisch zugespitzte Dimension verstärkt. Der Frauenchor ist gleichzeitig eine klanglich angedeutete Vorahnung auf die folgende Ermordung Friggas (vgl. Taylor 2013: 43'00"–44'59").

Bei der genaueren Höranalyse auch der anderen großen Actionszenen zeigt sich einerseits zwar ebenfalls das aus Orchester (mit dominantem Blechblasinstrumente-Anteil), verstärkten Drums, Soundeffekten und bisweilen Chor zusammengesetzte Hybrid-Soundspektakel, das hier als Schlachtenmusik beschrieben wurde – so etwa bei der Schlacht in Vanaheim, beim Kampf in der Dunkelelf*innen-Welt Svartalfheim sowie beim finalen Showdown-Kampf in Greenwich (vgl. Taylor 2013: 05'58"–07'18"; 73'13"–76'50"; 84'24"–93'50"). Dennoch bestehen jeweils graduelle Unterschiede, die auf dramaturgische Gegebenheiten eingehen und sich auch auf die genaue Ausgestaltung der Soundspur auswirken. So hat die Schlacht in Vanaheim zu Beginn des Films auch die Funktion, zentrale Protagonist*innen wie Thor und seine Mitstreiter*innen vorzustellen und gleichzeitig zu heroisieren. Der Hybrid-Sound des Scores entspricht hier dem gewohnten Schlachtenmusik-Klangbild, zeigt aber im Soundmix weniger Einsätze von verstärkten Drums und lässt mehr Raum für das orchestral ausgestaltete Asgard-Motiv sowie seine Thor-Motivvariante. Dadurch hat der Score an dieser Stelle stärker als in den anderen Schlachtszenen eine Kommentarfunktion: Die utopische Verklärung vor allem von Thor selbst durch den Score lässt zudem erahnen, dass dieser Kampf für ihn gut ausgehen wird (vgl. Taylor 2013: 05'58''–07'18''). Ähnlich ist auch die filmmusikalische Charakteristik des Kampfes um den Aether in Svartalfheim leicht angepasst: Hier signalisieren verstärkt chromatische melodische Verläufe und Toncluster, hinzugemischte Choreinsätze sowie tiefste Blechbläser-Register eine erhöhte Bedrohungslage und eine dramatische Zuspitzung, die sich auch in einer bedrohlich-chromatischen Asgard-Motivvariante äußert (vgl. Taylor 2013: 73'13''–76'50'').

Während des finalen Kampfes in Greenwich, der der Standardsituation des Showdowns entspricht, zieht der Score weitere Register, um eine Zuspitzung zu einem dramaturgischen Höhepunkt zu untermalen (vgl. Taylor 2013: 84'24''–90'30''): Die Drums ertönen nun besonders laut, mehrere schnelle Rhythmus- und Tempowechsel erzeugen Unsicherheit und Anspannung, und die Verwendung von triadischer Chromatik wie chromatischen Motiven, Tonclustern in den Blechblasinstrumenten und mediantischen Akkordwechseln ist mit Assoziationen von Mysterien, epischen Geheimnissen, (übernatürlicher) Gefahr sowie Unheil konnotiert. Plötzliche Pausen und Motiv-Abbrüche werden zudem als Überraschungsmomente und für schnelle dramaturgische Wendungen genutzt; anschwellende Blechbläser-Cluster und steigende Streicherfiguren wechseln sich immer wieder ab und erhöhen die Anspannung weiter. In der finalen Konfrontation verstärken Chöre und mediantische Bläserchoräle erneut die Dramatik, bevor das Asgard-Motiv im martialischen Duktus den Sieg Thors über Malekith einläutet (vgl. Taylor 2013: 90'31''–93'02''). All dies geschieht in konzeptioneller Verbindung mit den zahlreichen, lauten Soundeffekten, die szenische Vorgänge konkretisieren. Der Score transportiert primär Grundstimmungen und setzt das semantische, emotionale und auch energiemäßige Fundament der jeweiligen Szene. Daher wäre es in analytischer Hinsicht eine unbotmäßige Vereinfachung, die musikalischen (und soundlichen) Vorgänge während der Actionszenen als bloße Illustrationen oder Verdopplungen der Kämpfe und Auseinandersetzungen zu beschreiben. Tyler zeigt je nach Szene und narrativem Erfordernis erstens flexible Variationen in Sound, Instrumentierung, Motivik und Einsatz von Topics (die weiter unten ausführlicher beschrieben werden). Zweitens führt der bisweilen nur punktuelle, teils aber auch stärkere Einsatz von Leitmotiven zur Addierung weiterer Funktionen (und damit semantischer Ebenen): So vermittelt der Main Title in seinen verschiedenen Versionen immer eine gewisse Form von Heroismus, Optimismus und Utopie, während die genaue Auswahl der Instrumentierung, Phrasierung und Stilmittel beispielsweise Hinweise auf den Ausgang der Actionszene geben kann und mit positiven (Hoffnung, Heroik, Sieg) und negativen (Gefahr, Unsicherheit, Bedrohung, Niederlage, Tod) Konnotationen spielt – oder mit Symbolisationen, die in normativ-ethischer Hinsicht ambivalenter sind (Übernatürliches, Mysterien, Energie, Spektakel, Aggression).

Deutlich wird hier, dass der Score zu *Thor: The Dark World* eine spezifische Rolle einnimmt, die in enger Abstimmung mit dem Sounddesign gefunden wurde. Das Sounddesign und die Soundeffekte übernehmen zumeist konkrete dramaturgische Funktionen wie die Steuerung von Aufmerksamkeit, die Entfaltung von Überraschung, komischen Momenten oder gar Schockeffekten. Auch können sie gezielt und konkret auf semantische Felder verweisen, wie das nichtmusikalische Aether-Motiv unter Beweis stellt. Demgegenüber nimmt der Score primär einen anderen Funktionsraum ein: Er abstrahiert die Actionszenen und ordnet sie durch Sound, Instrumentierung, Soundmix, Motivik, Gesten und Topics semantisch ein; damit erweitert er auch ihre konkreten Vorgänge um Verbindungen, Assoziationen, Hinweise, Vorahnungen und räumlich-semantische Verortungen – und das nicht allein mit leitmotivischen Kompositionen, sondern auch mit musikalischem Material, das auf den ersten Blick den Eindruck eines Musik- und Soundspektakels erweckt. Dabei benutzt der Score durchaus Kontraste, um die energieintensiven Hybrid-Orchester-Patterns abzuwechseln. Das dient nicht nur der dramaturgischen Entlastung der Schlachtszenen, sondern auch der kontrastierenden Abwechslung des Scores: Wenn etwa nach dem epischen Filmbeginn in das London der Jetztzeit übergeleitet wird, wird auch durch den Score eine deutlich kontrastierende, profan-alltägliche Atmosphäre geschaffen. Leise Klavierbegleitungen im Restaurant, lockere Marimba-Figuren und neckische Streicher-Pizzicati setzen sich bewusst vom episch-martialischen Gestus der großen Kämpfe ab (vgl. Taylor 2013: 12'33"–16'12"). Damit erhalten die London-Szenen einen eigenen semantischen Raum, der bewusst demythisiert wird – aber genau dies wird mit der mythenbildenden Funktion des Scores unter anderem durch die territorialisierende Wirkung erreicht. Die mythenbildende Funktion zeigt sich nicht zuletzt auch in der Verwendung des Main Titles in Form des Asgard-Motivs: Dieser hat eine klare Wir-Gefühl-Semantik und erzeugt eine Verbundenheit mit dem Heroen Thor und seinen Begleiter*innen. Auch die Verwandtschaft der Asgard-Motivvarianten trägt dazu bei, eine Kausalität und Verbundenheit zu erzeugen, die zur Schaffung des filmischen Mythos beiträgt.

Tyler nutzt für die Erzeugung und Bestätigung dieses MCU-Mythos nicht allein die kompositorische Leitmotivik oder musikalische Schablonen für Schlacht- und Kampfszenen. Der Score von *Thor: The Dark World* ist ein charakteristisches Beispiel dafür, wie auch nicht-leitmotivische musikalische Topics, also durch mediale Referenzräume wie Genre, filmische Reihe und Filmuniversum beeinflusste musikalische Signale und Symbole, zur abstrahierenden und mythenbildenden Verwendung eingesetzt werden können. Diese Topics ähneln einem musikalischen Werkzeugkasten, mit dessen Mitteln verschiedene semantische Felder berührt werden können. Die häufigsten Topics in Brian Tylers Score werden im Folgenden genannt und jeweils drei exemplarische Timecodes für ihre Verwendung angeführt:

Tabelle 7: Filmmusikalische Werkzeuge (Topics) in *Thor: The Dark World* (Quelle: eigene Darstellung; vgl. Taylor 2013).

Topic	TC	Semantische Felder
Blechblasinstrumente im tiefen Register	21'44"–22'14" 32'57"–33'17" 40'00"–40'33"	(Dunkle) Macht, (Anti-)Heroik, globale Bedrohung, Unheil
Bearbeitete, verstärkte Drums	27'06"–27'46" 36'50"–38'33" 92'33"–93'50"	Energie, Spektakel, Kampf, Aggression
Chöre	06'25"–06'46" 38'35"–39'52" 44'26"–45'13"	Dramatisch-epische Zuspitzung, Höhepunkt, Überirdisches
Chromatik, Toncluster	36'27"–36'44" 69'44"–71'00" 87'30"–89'52"	Semantische Unheils-Sphäre, „Böses", Niederlage, Feindliches, Gefahr
Mediantik	00'33"–00'57" 72'50"–73'15" 85'58"–87'29"	Unheimliches, Mysteriöses, Wunder, Übernatürliches, Geheimnisvolles
Streicher-Pizzicato	15'03"–16'12" 25'03"–25'35" 53'58"–54'42"	Komisches, Humor, Bodenständigkeit, Neugier
Streicher-Tremolo	17'33"–19'06" 27'56"–28'40" 97'30"–97'39"	Aufgeregtheit, (An-)Spannung, Unsicherheit, Angst
(Auffällige) Solo-Instrumentierung	10'42"–11'43" 43'40"–43'56" 69'45"–69'57"	Anderes, Besonderes, Sonderliches, Abgegrenztes, Fremdes
(Abrupte) Pausen	07'07"–08'14" 86'29"–86'37" 92'58"–93'09"	Überraschung, Komisches, Schock, plötzliche (dramaturgische) Wendung

Tyler nutzt diesen filmmusikalischen Werkzeugkasten nicht nur dafür, um offensichtliche visuelle Vorgänge zu unterstützen. Ähnlich den Leitmotiven können auch diese Topics Konnotationen herstellen, Ahnungen aussprechen, Kausalitäten aufzeigen und damit Teile der mythenbildenden Funktion übernehmen, auch wenn sich diese Mittel beschränkter und weniger flexibel als die Leitmotive zeigen. Daher treten an vielen Stellen nicht nur ein, sondern mehrere Topics in Kombination miteinander – oder kombiniert mit den vorhandenen Leitmotiven – auf. Ein Beispiel dafür ist der erste Auftritt Lokis, als er in Ketten gelegt vor König Odin geführt wird. Das Loki-Motiv wird in einigen motivischen Weiterführungen chromatisch variiert und durch mediantische Akkordwechsel mit zusätzlichen semantischen Feldern verziert, die die Szene, aber auch die Figur Loki mit Nebenbedeutungen von Unheil, Gefahr und Bösem umgibt, aber auch Interpretationen von Übernatürlichem, Trauer und Niederlage zulässt (vgl. Taylor 2013: 04′25″–05′59″). Hierdurch verbreitet sich der Spielraum der symbolischen Bezüge, die mehrschichtige Dimensionen und Bedeutungen annehmen: Der Score erfüllt hier eine mythenbildende Funktion. Diese Funktion kann auch ein irreführendes, täuschendes Element enthalten: Als Jane Foster und ihre Begleiter*innen in London ein erstaunliches Phänomen aufgelöster Schwerkraft und verschwindender Gegenstände beobachten, was letztlich auf den Aether und die nahende Konvergenz, also auf weltbedrohende Dinge zurückzuführen ist, erklingt eine Sense-of-Wonder-Musik, die den unerklärlichen Vorgängen eine magische – und positive – Konnotation verleihen. Tyler setzt dies mit einem von Streichern und Klavier beherrschten sanften Klang um, der mediantische Akkordwechsel aufweist und das Phänomen zu etwas Übernatürlichem stilisiert. Solo-Klavierklänge verstärken das Besondere dieses Phänomens, während Streicher-Tremoli diese positiv-naive Sichtweise trüben und ein ängstlich-angespanntes Element hinzufügen (vgl. Taylor 2013: 17′33″–19′06″).

Dass der Score nicht allein visuelle Vorgänge akustisch doppelt oder lediglich mit brillant klingenden Sound-Schablonen unterstützende Wirkung zeigt, verdeutlicht auch der kompositorische Umgang mit den Leitmotiven und den verschiedenen Varianten des Main Titles. Viel Raum für den Score lässt die Szene der Ermordung Friggas durch den Antagonisten Malekith und seinen Handlanger, die der Standardsituation der Zeitlupen-Szene entspricht. Während Friggas letztem Kampf erklingt das Malekith-Motiv, begleitet von unruhigen, Beat-ähnlichen Drums und einem das Malekith-Motiv aufgreifenden Frauenchor (vgl. Taylor 2013: 45′13″–45′53″). Plötzliche Drum-Schläge, tonal nicht zuzuordnende Cluster und chromatische Tonverschiebungen in hoher Lage deuten auf das drohende Unheil hin (vgl. Taylor 2013: 45′53″–46′28″). Bemerkenswert ist die Verschiebung der filmischen Narrationsebene mit dem Augenblick des Todesstoßes, die im Wesentlichen durch den Score geleistet wird: Die visuellen Vorgänge zeigen, wie Thor direkt nach dem Mord den Schauplatz erreicht und mit der Macht seines

Hammers Mjölnir mehrfach – aber vergeblich – versucht, die Mörder auszuschalten. Diese können durch eine Flucht auf ihr Raumschiff dem Zorn des Protagonisten entkommen. Thor, Jane und dem hinzugeeilten Odin bleibt nur das Trauern um die gestorbene Frigga (vgl. 46'27"–47'38"). Diese Handlung wird in Zeitlupe wiedergegeben, und der Score zeigt hier den Wechsel auf eine abstrahierte, poetische Ebene. Direkt mit dem Todesstoß erklingt eine Frauenstimme, die zunächst über einem ruhigen Bordun die Frigga-Variante des Asgard-Motivs anklingen lässt. Der Score nimmt an dieser Stelle bereits das Klagelied vorweg, als der Ausgang der Szene noch nicht absehbar und zudem von actionreichen Handlungen bestimmt ist. Während visuell zur Begräbnisszene Friggas gewechselt wird, die mit vielen Trauernden, Feuer- und Seebestattung, Booten und aufgehenden Lichtern aufwändig inszeniert ist, setzt sich das Frigga-Leitmotiv mit einer Terzrückung der Grundtonart fort und geht schließlich in die bereits beschriebene Lamento-Motivvariante über, die ein von Orchester und Chor vorgetragenes Klagelied darstellt (vgl. Taylor 2013: 47'38"–49'48"). Die klagende Alt-Frauenstimme symbolisiert den Schmerz und den Schock über den Tod Friggas, noch während der Kampf sich fortsetzt. Der Score verweist retrospektiv und melancholisch auf Friggas stolzes, langes Leben und ist ein vertontes Gedenken an die Würde und den Stolz der Asen. Zugleich scheint dieser Stolz gebrochen: Das weiterentwickelte Frigga-Motiv drückt auch die visuell nicht zu erkennen Trauer und den Schmerz der Hinterbliebenen aus, etwa der optisch die Fassung wahrenden Männer Heimdall, Thor und Odin. Selbst der ambivalente Loki wird hier von dem Frigga-Motiv vereinnahmt und damit (scheinbar) zum loyalen Teil der um die verstorbene Frigga trauernden Asen, die in ihrer Trauer nun als Familie vereint sind. Der Score betont hier die familiäre Verbundenheit Lokis, was sich als dramaturgischer Kniff erweist: Denn Lokis scheinbar neugewonnene Loyalität mag zwar zum Teil korrekt sein, dennoch ist das hier erweckte, durch den Score betriebene Vertrauen in ihn angesichts seines großangelegten, bevorstehenden Täuschungsmanövers übertrieben. Der Score ist Teil dieser Täuschung und charakterisiert hier Loki, bisher antagonistische Figur, teilweise um, indem der Score Lokis Emotionen und damit seine Menschlichkeit (im übertragenen Sinne) offenlegt und ihn dadurch mitfühlend und loyal erscheinen lässt.

Eine ähnliche, mehrere semantische Ebenen berührende Funktion erfüllt der Score bei einer weiteren (vorgeblichen) Sterbeszene, nämlich dem vorgetäuschten Tod Lokis (vgl. Taylor 2013: 76'54"–78'56"). Schon in der vorangehenden Actionszene, in der Thor und Loki gemeinsam gegen Malekith und seine Handlanger*innen kämpfen, entspricht der Score zwar grundsätzlich dem gewohnten Soundbild eines orchestralen Hybridklanges mit verstärkten Drums (vgl. Taylor 2013: 73'13"–76'54"). Dennoch bietet der Score hier einige Besonderheiten: Gleich zu Beginn des Kampfes deutet die Thor-Variante des Asgard-Motivs auf einen heroischen Moment hin, weil Thors und Lokis Plan bis hierhin aufgeht (vgl. Taylor 2013: 73'13"–73'18"). Als es Malekith jedoch gelingt, die Aether-Substanz von Jane Foster zurückzuerlangen, hält sich der Score auffallend zurück: Im Vordergrund stehen hier – nach einer nur von Soundeffekten begleiteten Score-Pause – Toncluster, tonal nicht zuzuordnende Streicherfiguren, chromatische Pendelbewegungen und ein um einen Chor ergänztes orchestrales Klangbild (vgl. Taylor 2013: 73'18"–74'17"). Im Folgenden greift die musikalische Begleitung immer wieder in verschiedenen Varianten das Loki-Motiv auf und setzt damit den Fokus auf Thors illustren Ziehbruder: Dieser wird hier nicht nur in das Zentrum der Aufmerksamkeit gerückt, sondern durch Main-Title-ähnliche Phrasierungen des Loki-Motivs auch in ein heroisches Licht getaucht (vgl. Taylor 2013: 74'27"–74'33"; 75'53"–76'05"; 76'33"–76'37"). Der Score illustriert hier nicht allein die visuellen Vorgänge, sondern berührt primär die semantischen Ebenen von zugespitzter Dramatik, Angst und Unheil und fokussiert die Figur Loki. Zugleich erfüllt der Score eine Vorahnungsfunktion, die auch ohne Leitmotive funktioniert: Die hier angewandten, expressiv gesteigerten Topics lassen vorausahnen, dass diese Szene einen ernsten Ausgang nehmen könnte – und dass dies womöglich mit Loki in Verbindung steht. Dafür verzichtet der Score in diesem Abschnitt auch weitgehend auf die sonst übliche Drum-Begleitung in Actionszenen und lässt so auch im Soundmix mehr Raum für dramaturgische Erzählmomente (auf Kosten einer auditiven Entsprechung von Kampfspektakeln). Noch deutlicher nutzt Tylers Score seinen Gestaltungsspielraum in der sich anschließenden Szene, in der Loki im Sterben liegt. In dem Abschnitt tauschen Thor und der tödlich verwundete Loki letzte Worte aus, woraufhin Loki schließlich – vermeintlich – stirbt. Thor und Jane entkommen in einem Staubsturm in eine naheliegende Höhle (vgl. Taylor 2013: 76'54"–78'56"). Diese szenischen Vorgänge werden zunächst von elegischen Celli untermalt, die Elemente des Loki- sowie des Asgard-Motivs vereinen und schließlich in das Lamento-Motiv übergehen, das bereits als Klagelied für Friggas Tod gedient hat. In demselben Duktus greift das Orchester das Asgard-Motiv auf, das nun getragen und im langsamen Tempo erklingt (vgl. Taylor 2013: 76'54"–78'23"). Der Score verfestigt und bestätigt den Eindruck, der durch die Filmhandlung entsteht: dass Loki im heldenhaften Kampf für seinen Bruder gestorben ist. Der elegisch-trauernde Score stärkt hier die Glaubwürdigkeit seines Todes und ist damit der zentrale Teil von Lokis Schwindel: Dieser täuscht seinen eigenen Tod nur vor, worauf es jedoch in dieser Szene keinen Hinweis gibt. Der Score nährt den (falschen) Mythos von Lokis Tod und erhebt dies zur Wahrheit. Tyler nutzt hier die Leitmotivik sowie die Mood-Technik, um gleich mehrere Funktionsfelder zu erfüllen: Der trauernde Gestus des Scores ähnelt einer emotionalen Elegie über den Tod; die Verschmelzung von Lokis und Asgards Motivelementen erzeugt eine Verbundenheit, in der Loki vermeintlich mit seinem Tod in den heroischen Kreis seiner Familie zurückgekehrt ist. Das Lamento-Motiv drückt auch Thors Trauer aus, erhöht die Glaubwürdigkeit des Todes noch weiter und erinnert zudem an die nicht lange zurückliegende, ergreifende Bestattungsszene Friggas. Damit werden kausale Bezüge hergestellt, die sinnstiftend wirken und die Glaubwürdigkeit weiter stärken. Leid und Trauer stehen hier im Mittelpunkt der emotionalen Bezüge. Dass sich der Score in dieser Szene zum Verbündeten von Lokis Betrug macht und damit eine bewusst deterritorialisierende Wirkung entfaltet, wird erst mit dem Plot-Twist zum Filmende deutlich (vgl. Taylor 2013: 97'30"–97'40").

Brian Tylers Score zu *Thor: The Dark World* weist des Weiteren auch Elemente und Konzeptionen auf, die als musikalisches Othering beschrieben werden können. Wie schon analysiert wurde, verzichtet der Score dabei allerdings auf Exotismen. Stattdessen wird das auditive Othering über zwei Konzepte realisiert: erstens über den Einsatz eines besonderen, sich von dem üblichen orchestralen Hybrid-Sound absetzenden Klangbilds, indem etwa eine Solo-Harfe für das Loki-Motiv, ein verfremdetes Cello für das Malekith-Motiv oder eine Marimba für die kontrastierenden London-Szenen verwendet wird; zweitens dient das dramaturgisch eingesetzte Sounddesign – unter anderem – ebenfalls dem Othering. Ein Beispiel dafür ist das bereits beschriebene Aether-Motiv, das über ein verfremdetes, unmenschlich und unangenehm klingendes Sounddesign umgesetzt ist. Dies betont die besondere Fremdartigkeit dieser mysteriösen und bedrohlichen Substanz und verleiht ihr des Weiteren eine dramaturgische Bedeutung. Auch werden Musik und Sounddesign eng miteinander verzahnt, um eine fremdartige Atmosphäre zu erzeugen. Ein Beispiel dafür ist die auditive Charakterisierung von Svartalfheim, der Heimat der Dunkelelf*innen. Die dunkle, unheimliche Landschaft wird mit plötzlichen, an Donner erinnernden Drum-Gewittern, starken Windgeräuschen, Bass-Bordunen, fernen Chorstimmen, Streicher-Liegetönen in sehr hoher Lage und subtilen mediantischen Akkordwechseln untermalt. Obwohl Malekith im Zentrum der Szene steht, verzichtet Tyler hier auf das Malekith-Motiv; stattdessen findet eine auditive Erzeugung einer gefahrvollen Fremdartigkeit statt. Dies geht allerdings zu Lasten einer Charakterisierung oder Akzentuierung von Malekith als zentralem Antagonisten des Films (vgl. Taylor 2013: 27'56"–28'40"). Ein ähnlicher Musik-Sound-Mix wird auch in einer Szene im Raumschiff der Dunkelelf*innen verwendet: Tiefe Synthesizer-Liegetöne im Sub-Bass-Bereich vermischen sich mit Raumschiff-Drones oder Antriebsgeräuschen sowie chromatisch und mediantisch geprägten Streichermotiven (vgl. Taylor 65'24"–65'51"). Hier sind die Grenzen zwischen Musik und Sound kaum wahrzunehmen; die Musik- und Sounddesign-Sphäre verschmilzt an dieser Stelle zu einer konzeptionellen Einheit, die dramaturgisch verwendet wird, um eine immersive, greifbare Atmosphäre zu schaffen, die sowohl einen konkreten und technischen Bezug hat als auch Konnotationen von Unsicherheit, Mysterium und Gefahr enthält. Allerdings bleibt eine solch enge Verschmelzung die Ausnahme; die Regel ist die klare konzeptuelle Aufteilung zwischen konkretisierenden Soundeffekten und abstrahierendem Score.

Die je nach Sichtweise variable oder inkonsequente Nutzung der Leitmotivik ist besonders an dem Umgang mit dem zentralen Antagonisten des Films, Malekith, zu erkennen. Die beiden zuletzt beschriebenen Szenen zeigen Malekith jeweils als zentralen Akteur; jedoch gibt es keine motivischen Bezüge zum Malekith-Motiv. Dadurch bleibt die filmmusikalische Charakterisierung von Malekith verhältnismäßig schwach – gerade im Vergleich zu den Protagonist*innen, die reichlich mit Varianten des Asgard-Motivs untermalt sind, und auch im Vergleich zum Aether-Motiv: Dieses verrät die Präsenz des Aethers etwa auch in Szenen, in denen die Substanz durch visuelle Codes nicht oder nicht eindeutig zu erkennen ist (vgl. Taylor 2013: 20'10"–20'42"; 36'25"–36'34"; 72'23"–72'33"). Dieser deutliche Unterschied in der akustischen Charakterisierung der beiden Bedrohungen degradiert Malekith zur sekundären Nebenfigur. Dies mag in der Konzeption von Score und Sounddesign durchaus beabsichtigt sein und entspricht auch der filmischen Erzählung; gleichzeitig erklärt dies aber auch die beschriebenen negativen Kritiken an der Darstellung der verhältnismäßig schwachen Figur Malekith.

Insgesamt erfüllt der Score die Erwartungen an den mythischen Raum: Der typische Sound des MCU findet hier seinen erwarteten Niederschlag. Dieser ist unter anderem durch Tylers Vorgänger-Scores, aber auch durch weitere Filmmusiken sowie die zentralen Strömungen der Hans-Zimmer-Ära und der Franchise-Ära vorgeprägt. Dabei zeigt der Score in *Thor: The Dark World* eine ausgeprägte Main-Title-Lastigkeit, die den gesamten Film prägt und auch den Konventionen des Superhelden-Subgenres entspricht. Der MCU-Sound erklingt nicht nur im Main Title, sondern auch in anderen filmischen Teilen. Für viele Actionszenen, aber auch andere, dramaturgisch weniger wichtige Abschnitte des Films, greift Tyler auf musikalische Schablonen zurück, die zwar variiert werden, aber stark an einen Wall of Sound erinnern und in denen motivisch-thematische Kompositionsdetails weniger wichtig erscheinen als der digital bearbeitete Sound sowie die Dynamik und das Energielevel, das der Score (im Zusammenspiel mit dem Sound) transportiert. Hier erinnert der Score an Games-Musiken, die in vordefinierten Szenen als (variable) musikalische Schlachtengemälde mit der bildlichen Action musikalisch-auditiv resonieren. Der Score wird hier teilweise zum (Sound-)Spektakel. Diese Gamifizierung charakterisiert den Score dennoch insgesamt unzureichend und wird ihm in einer detaillierteren Betrachtung nicht gerecht: Narrative und dramaturgische Schlüsselszenen sowie Charakterisierungen und Entwicklungen wichtiger Figuren werden von einem variabel auskomponierten Score mit mehreren Leitmotiven begleitet, zudem macht Tyler reichlichen Gebrauch von einem musikalischen Werkzeugkasten etablierter und durch Genre-Konventionen vorgerahmter Topics, die ebenfalls verschiedene Funktionsräume erfüllen und auch den filmischen Mythos weiter ausformen.

Auch ist der Score konzeptuell eng mit dem Sounddesign und den Soundeffekten verknüpft; an einigen filmischen Stellen kommt es sogar zu einer funktionalen Übertragung: Der Sound wird leitmotivisch eingesetzt, und andersherum zeigt der musikalische Score bisweilen ein Primat des Sounds (der wichtiger erscheint als thematisch-motivische Elemente der Filmmusik).

Das Film–Musik-Verhältnis zeigt, dass der Score in *Thor: The Dark World* vielfältige Rollen und Funktionen ausfüllt. In einigen Szenen bietet der Score primär die auditive Untermalung von bildlichen Vorgängen, etwa in einigen Actionszenen. Doch auch hier erfüllt der Score damit die Erwartungen an die Genre-Konventionen und gibt zudem durch leichte Variationen und Anpassungen an narrative und dramaturgische Situationen – vor allem in Sound und Instrumentierung – Hinweise auf weitere semantische Felder. Einige Schlüsselszenen lassen zudem viel Raum für den Score, den dieser auch ausfüllt; er stellt mit unterschiedlichen filmmusikalischen Mitteln mehrere Assoziationen her, vermittelt Glaubwürdigkeit oder berührt durch expressive Abstraktion emotionale Felder. Auch zeigt sich durch die Verwendung des Main Titles klar eine Utopie-Dystopie-Dichotomie: Die starke Ausprägung des heroischen Main-Titles ist zugleich eine utopische Verheißung und lässt kaum Zweifel am Sieg des Guten über die Bedrohung aufkommen, die zudem nur ein mäßig ausgeprägtes, dystopisch angehauchtes Gegengewicht zum Main Title darstellt. Eine Besonderheit stellt der Verzicht auf Songs dar: Dies erhöht die ohnehin hohe Kohärenz der auditiven Sphäre. Der Score verleiht den vielen actionreichen Szenen, die bildlich und narrativ eine breite assoziative Vielfalt von Pseudo-Mittelalter bis zu futuristischer Technologie zeigen, eine abstrahierte emotionale, menschliche Ebene. Diese Kohärenz ist bei den vielen Schauplatz-Wechseln erstaunlich: Der Score verwandelt selbst sehr greifbare, realitätsnahe Schauplätze wie den Ort Greenwich in eine mythische Kulisse, in der konkrete zeitliche und räumliche Bezüge aufgehoben scheinen. Damit hält der Score auch die bunt zusammengewürfelten visuellen Kulissen zusammen und strafft und fokussiert die Narration. Dies ist letztlich ebenfalls dem mythischen Raum dienlich und entspricht gleichzeitig den Erwartungen an das MCU. Zugleich zeigt sich gerade im Main Title eine gewisse musikalische Autonomie, da dieser nicht allein den Konventionen entspricht, sondern auch mit den popmusikalischen Mitteln der Moll-Pop-Formel auf möglichst hohe Prägnanz und Eingängigkeit optimiert ist – und damit auch außerhalb des filmischen Kontexts als Hör- oder Mitsummerlebnis rezipiert werden kann.

5.5.4 Rückbezüge und Auswertung

Insgesamt erfüllt der Score in *Thor: The Dark World* die Erwartungen, die durch die Typisierung von Brian Tyler als Komponist*innen-Typ B aufgestellt wurden (siehe Kapitel 4.6.2). Im Rahmen des Spannungsfelds zwischen Konvention und Innovation reiht sich Tyler in eine primär auf Tradition und Konvention bedachte Linie ein, die jedoch behutsam angepasst wird. So entspricht der weitgehend hybride Orchesterscore ebenso der Erwartung wie auch einige popkulturelle Bezüge ihr entsprechen. Die hohe Bedeutung des brillant herausgearbeiteten Sounds, der Instrumentierung und der auch an popmusikalischen Idealen orientierten Produktion sollte allerdings nicht darüber hinwegtäuschen, dass wesentliche Elemente des Scores nach wie vor einen orchestralen Kern, eine leitmotivische Umsetzung sowie eine vielschichtige Funktionsebene, die vor allem über thematisch-motivische Gestaltungen ausgedrückt wird, aufweisen. Eine Abkehr von dem digital bearbeiteten, orchestralen Hybrid-Sound bleibt in Tylers Score die Ausnahme. Neben der hohen Kohärenz des Scores nimmt auch die Kontinuitätsmaxime einen derart hohen Stellenwert ein, dass Innovationen bisweilen schwer zu entdecken sind. Allerdings gibt es (moderate) Tendenzen, weg von einer leitmotivisch-thematischen Komposition, hin zu einer musikalisch-klanglichen Grundkonzeption, die den Parameter Sound mehr in den Fokus rückt. Zudem zeigt Tylers eigenproduziertes Making-Of-Video Anzeichen für eine Selbststilisierung, die einen eindeutigen Genie-Bezug aufweist.

Die Auswertung von Tylers Aussagen in der Inhaltsanalyse ergab, dass er besonderen Wert auf Kontinuität legt und zudem eine ausgeprägte Verehrung für die Filmkomponisten Jerry Goldsmith und Alan Silvestri zeigt (siehe Kapitel 4.5.7). Die Ergebnisse der Musikanalyse bestätigen, dass sich Tylers Score eindeutig in die Tradition von Vorgänger*innen-Kompositionen wie Silvestris *The Avengers*, aber auch von konventionell-orchestralen Science-Fiction-Scores älteren Datums stellt. Die behutsamen stilistischen Neuerungen wie Ostinati-Strukturen, popmusikalisch beeinflusste Akkordfolgen, digital verstärkte Instrumentierungen und die konzeptionelle Einbindung des Sounddesigns fügen sich dennoch in einen weiterhin primär orchestral-thematischen Score ein, der heroische Blechbläser-Motive, elegisch-lyrische Streichermotive, leitmotivische Konzeptionierungen und variable Themenentwicklungen zeigt. Nicht vollständig den Erwartungen entspricht Tylers Score im funktionalen Spannungsfeld von dienender Filmmusik bis hin zu eigenständig funktionierender Filmmusik. Zwar macht der Score ausgiebigen Gebrauch von (Figuren-)Charakterisierungen, doch werden in vielen Szenen – gerade in solchen mit actionreichen Handlungen – primär Unterstützungsfunktionen abgebildet, die vor allem die geballten szenischen Actionhandlungen akustisch doppeln oder verstärken. An einigen Stellen zeigt Tylers Score jedoch auch Vermittlungs- und Kontrastierungsfunktionen; im Vordergrund und dominanter erscheint aber die Kontinuitätsfunktion, die durch Stil, Instrumentierung, Sound und wiederkehrende musikalische Topics immer wieder den mythischen Raum bestätigen und auf die etablierten Konventionen des MCU-Kosmos verweisen.

Im stilistischen Vergleich mit den vorab vorgestellten Filmmusik-Ausschnitten aus weiteren MCU-Kinofilmen zeigt Tylers Score eine behutsame Weiterentwicklung unter spezifischer Rücksichtnahme auf die Anforderungen an die *Thor*-Filmreihe mitsamt ihren mythologischen Bezügen. Weisen etwa die Scores zu *The Avengers* (von Silvestri) und zu *Iron Man 3* (von Tyler selbst) noch stärkere popmusikalische Bezüge auf, so hat die Filmmusik zu *Thor: The Dark World* auch aufgrund der stärker fantasyhaften Figuren und Schauplätze weniger direkte Pop- oder Songanleihen. Im Vergleich zu Patrick Doyles Vertonung des ersten *Thor*-Films fällt dagegen auf, dass Tylers Version vor allem im Bereich der Produktion Weiterentwicklungen aufweist und sich stärker am popmusikalischen Wall of Sound orientiert. Dies könnte auf den ersten Blick beziehungsweise Höreindruck zum Urteil verleiten, dass hier eine motivische Reduktion stattfindet, wie es die Erwartungen an die Hans-Zimmer- und die Franchise-Ära vermuten ließen. Die nähere Analyse konnte das jedoch nur eingeschränkt bestätigen. Auch wenn gerade die Cues zu den Actionszenen in *Thor: The Dark World* eine stärkere Betonung des Sounds (zu Lasten einer motivisch-thematischen Fokussierung) zeigen, so darf dies nicht auf den Film insgesamt verallgemeinert werden. Im Gegenteil zeigen die Motiventwicklungen und -varianten etwa des Main Titles oder des Loki-Motivs, dass ein wesentlicher Teil des Scores nicht von einer motivischen Reduktion betroffen ist. Auch veranschaulichen die vielfältigen kommentierenden, charakterisierenden und mythenbildenden Funktionen, dass auch für Tylers Score einige Konzepte des Wagnerschen Musikdramas in adaptierter Form übertragen werden können. Tatsächlich zeigt gerade die Rollenaufteilung zwischen konkretisierendem Soundbereich und der abstrahierenden Musiksphäre in *Thor: The Dark World*, dass der Score nach wie vor diejenigen Rollenanteile einnimmt, die bereits Wagner in seinem musikdramatischen Gesamtkunstwerk für die Musik vorsah (vgl. Wagner 2008; siehe Kapitel 2.6.4). Während die Sound-Ebene üblicherweise zumindest einen vorgeblichen Ursprung im visuell Gezeigten hat, also Stimmen, Schussgeräusche, Reibungen und Explosionen in der Regel auch zu sehen sind, übernimmt die Filmmusik hier die Rolle des Abstrahierten und Verallgemeinerten, also der kommentierenden Stimme aus dem Nichts, die emotional einordnet, semantische Felder anzeigt oder auftut, Konnotationen und Bezüge herstellt, vorausahnt oder zurückerinnert, Charakterisierungen vornimmt oder auf allgemeinere Themenfelder verweist. Interessanterweise nehmen hier übrigens die digital bearbeiteten Drums eine Zwischenrolle zwischen Musik- und Soundsphäre ein, da sie die in den visuellen Vorgängen vorhandene Energie oft spiegeln und so ebenfalls Konkretisierungs- und unmittelbaren Erfahrungscharakter haben. In dieser Betrachtungsweise, also wenn die digital verstärkten Drums dramaturgisch eher der Soundsphäre zugerechnet werden, bleibt die auch schon im Wagnerschen Musikdrama vorgesehene abstrahierende, expressive und emotionalisierende Vermittlungs- und Kommentarfunktion in *Thor: The Dark World* ebenfalls fast exklusiv dem Orchester vorbehalten.

Ein Blick auf das vorläufige Romantik-Modell bestätigt die deutlichen Mythos-Bezüge im Tylers Score und eine dramaturgisch-funktionale Verwendung, die durchaus in eine adaptierte Traditionslinie mit einem romantizistisch geprägten Gesamtkunstwerk gebracht werden kann. Auch die gezeigte starke Präsenz der Kontinuitätsfunktion zeigt die hohe Bedeutung der Miterschaffung, Bestätigung und behutsamen Weiterentwicklung des mythischen Raums, hier primär der Thor-Reihe, aber auch des MCU sowie der medialen fiktiven Welt der Superheld*innen. Ähnlich können utopische Elemente festgehalten werden, die sich vor allem in einem heroisierenden Main Title manifestieren, der nicht nur den Protagonisten Thor, sondern auch seine Heimatwelt Asgard idyllisch-idealisierend erstrahlen lässt. Im Kontrast hierzu sind die dystopischen Bezüge der antagonistischen Dunkelelf*innen und ihrer düsteren Heimatwelt Svartalfheim offensichtlich, auch wenn sich der Score hier teilweise zurückhält und die auditiven Umsetzungen der Dystopie dem (dramaturgisch und konzeptionell eng verbundenen) Sounddesign überlässt. Exotismen verwendet der Score jedoch nicht: Zwar zeigt er ein ausgeprägtes musikalisches Othering der ambivalenten und antagonistischen Figuren und Topoi, dies wird jedoch durch Konzepte wie Sound und kontrastierende Instrumentierung realisiert, ohne dass deshalb exotisierende Referenzen benutzt werden.

Hinsichtlich eines romantizistischen Orchestralismus zeigt Tylers Score deutliche Ausprägungen einer Adaption, wobei diese auf zwei Ebenen Einschränkungen aufweist. Zunächst ist der Score zu *Thor: The Dark World* kein rein orchestraler Score. Die enge Verzahnung mit dem Sounddesign, vor allem aber das Hinzufügen digital verarbeiteter Drums, (Sub-)Bässe und Synthesizer erschaffen einen Hybrid-Sound, der durch eine an der Pop-Ästhetik orientierte Hochglanzproduktion weit vom Klangbild etwa einer klassischen Orchesteraufnahme entfernt ist. Zweitens weist der Score zwar eine ausgeprägte Leitmotivik auf, diese erweist sich jedoch nur als eines von mehreren Konzepten der musikalisch-auditiven Realisierung und ist daher nicht durchgängig angewandt. Stattdessen verwendet Tyler in weiten Teilen des Films einen ausgeprägten musikalisch-auditiven Baukasten von Topics, die durch Genre-Konventionen bekannt und vorgeprägt sind. Diese Einschränkungen sollen dennoch nicht darüber hinwegtäuschen, dass ein adaptierter Orchestralismus erkennbar bleibt. Neben der durchaus ausgeprägten und wichtige dramaturgische Schlüsselstellen des Films bestimmende Leitmotivik zeigt der Main Title, dass Motivgebungen, Themenverarbeitungen, musikalische Verweise, Andeutungen und

Bezüge weiterhin primär dem Orchester vorbehalten sind. Damit einher geht auch ein weitgehender Verzicht auf aktuelle Songs, wodurch ein offensichtlicher konkreter musikalischer Zeitbezug vermieden wird. Der orchestrale Anteil des Scores ist bei Tyler geeignet und auch dafür vorgesehen, universal-abstrahierte Topoi musikalisch zu symbolisieren; das geschieht unabhängig davon, ob eine konkrete Szene an Bord eines futuristischen Raumschiffs, im düsteren Svartalfheim oder in einem Restaurant im London der Gegenwart spielt. Hier zeigt sich der Charakter der Zeitlosigkeit des orchestralen Score-Anteils: Selbstredend können etwa in der Art der Produktion und der digitalen Bearbeitung zeitliche Bezüge hergestellt werden. Die Art, wie ihn Tyler (und auch andere) einsetzen, erhebt ihn jedoch zur Zeitlosigkeit: Der Komponist enthebt den Orchester-Score einer chronologischen oder geographischen Zuordnung und macht ihn damit im Sinne Cassirers und Wagners zu einem Element des (medialen) Mythos.

Des Weiteren erbringt auch der Abgleich mit dem romantizistischen Feld der Poetizität eine – teils mit Einschränkungen und Abweichungen verbundene – Erfüllung der Erwartungen. Wie bereits ausführlich analysiert wurde, ist Tylers Score nicht durchgängig in einer abstrahierenden, kommentierenden und symbolisierenden Funktion verwendet, die ihn auf eine erkennbar poetische Ebene hebt. Doch werden dem Score an einigen Stellen – und bei näherer Analyse häufiger als auf den ersten Höreindruck wahrgenommen – Räume zugestanden, die es ihm erlauben, auf universelle Weise Emotionen zu assoziieren oder auf semantische, abstrahierte Ebenen zu verweisen, die von der konkreten Szene und auch von der filmischen Handlung selbst fortweisen. Der Score spricht nicht durchgängig, aber in vielen Teilbereichen Topoi wie Liebe, Trauer, Stolz, Heimat, Nostalgie, Täuschung oder Angst an, wodurch er nicht nur die filmische Narration abstrahiert und gleichzeitig die bunt gemischten Schauplätze, Zeiten und Orte zusammenhält. Sondern hierin zeigt sich auch ein Erfolgsmodell des Superhelden- und des MCU-Scores: Die Generalisierung konkreter Filmhandlungen zu urmenschlichen und mythisch überhöhten Themen wird durch einen teilweise zeitlos wirkenden, auf die abstrahierte, poetische Grundidee zielenden Score erst mitschaffen.

Zuletzt zeigen sich bei Tylers Produktion des Scores für *Thor: The Dark World* auch deutliche Anzeichen einer Virtuosität, die mit den Ergebnissen der Inhaltsanalyse korrelieren. Die Selbstinszenierung in der Produktionsphase durch das Making-Of-Video offenbart Elemente eines Genie-Bezuges, der sich im Verzicht auf das Zeigen musikalischer Mitstreiter*innen, in der Präsentation der fertigen und scheinbar mühelos errungenen Score-Produktion sowie im Verweis auf die musikalische Eingängigkeit des Main Titles äußert. Tyler offenbart hier durchaus die Maxime einer filmmusikalischen Autonomie: Der Main Title soll allein durch seine musikalische Qualität überzeugen, die Tyler mit Wiedererkennbarkeit, Eingängigkeit und Prägnanz übersetzt. Insgesamt finden sich damit die Bereiche des vorläufigen filmmusikalischen Romantik-Modells in der Musikanalyse des Scores zu *Thor: The Dark World* wieder. Die größten Abweichungen sind in dieser Analyse der Verzicht auf jegliche kulturell oder geografisch zu verortende Exotismen sowie eine stilistische Offenheit, die auch Einflüsse aus der popmusikalischen Sphäre zulässt.

5.6 Analysebeispiel 3: *Interstellar*

5.6.1 Vorab-Informationen

Der Science-Fiction-Film *Interstellar* erschien im Jahr 2014 und weist in der dem Verfasser vorliegenden Version eine Länge von 169 Minuten auf (vgl. Nolan 2014). Er ist anders als die ersten beiden analysierten Filmbeispiele kein Bestandteil einer filmischen Reihe, einer Serialisierung oder eines fiktiven Kosmos im engeren Sinn. Dennoch steht auch *Interstellar* nicht bezuglos im medialen Raum, sondern weist – neben der offensichtlichen Genre-Zugehörigkeit zur Science-Fiction – ebenfalls Referenzen und Bezüge auf. In der filmwissenschaftlichen Forschung wird dabei besonders der Vergleich mit Stanley Kubricks Science-Fiction-Klassiker *2001: A Space Odyssey* (vgl. Kubrick 1968) hervorgehoben (vgl. Hantke 2022: 109; Bender 2023: 111). Beide Filme spielen in einer relativ nahen, nachvollziehbaren Zukunft der Menschheit und thematisieren keinen epischen Konflikt etwa mit einer Alien-Zivilisation, sondern sie behandeln auf mitunter metaphorische Weise den Fortschritt der menschlichen Zivilisation und den Drang des Menschen nach neuen Welten im Universum. Dabei betonen Forschende den Anspruch, die Komplexität und die poetische Tiefe beider Filme, etwa in der Frage nach den ethischen und philosophischen Implikationen, die sich durch den Griff nach den Weiten des Weltraums ergeben. Auch weisen einige Weltraumszenen beider Filme in kinematographischer Hinsicht Parallelen auf, und zu den thematischen Gemeinsamkeiten gehören die menschliche Evolution sowie die Wechselwirkungen und Implikationen im Umgang mit Künstlicher Intelligenz. Die filmische Ambition und die Vereinigung von kommerzieller Reichweite mit intellektuellem Anspruch zeigen hier durchaus Ähnlichkeiten (vgl. Hantke 2022: 112): Sowohl Stanley Kubrick als auch Christopher Nolan werden als einflussreiche, Auteur-hafte Regisseure in der Rezeption wahrgenommen: „most critics resort to the comparison between Nolan and Kubrick in order to highlight both films' introduction of philosophical speculation into blockbuster filmmaking" (Hantke 2022: 113). Hantke sieht *Interstellar* so deutlich durch den Referenzrahmen des Vorbilds *2001* geprägt, dass er hier von einem „cinematic [subgenre] within science fiction" spricht (Hantke 2022: 112):

> The tropes it chooses, as the comparison with 2001 popular with reviewers has demonstrated, are largely derived from Kubrick's film: a version of the sublime that could be called philosophical, cosmic, or historical in which individual human lives are measured against vast abstractions like ‚evolution', ‚humanity', or cosmic time or distance; the journey into outer space in pursuit of these abstractions; robots and artificial intelligences, and the signaling toward the conventions of hard science fiction (i. e. extrapolative technologies that refer back to those in the audience's recognizable present). (Hantke 2022: 120)

Nicht nur Hantke betont gerade im Visuellen den Einfluss des Erhabenen: Die wirkmächtigen Weltraumszenen (beider Filme) haben zwar eine atemberaubende Schönheit, gleichzeitig lassen sie die Rezipient*innen vor der unendlichen schwarzen Leere des Universums erschaudern (vgl. Hantke 2022: 117; Bender 2023: 111). Dieser Transfer eines zunächst (astro-)physikalischen Sujets in die Bereiche des Ästhetischen und Metaphysischen erinnert an die Ästhetik des Erhabenen: Beide Filme zeigen hier metaphysische Ansätze einer Transzendenz durch Wissenschaft, Fortschritt und Technologie. Diese Ansätze werden in der Forschungsliteratur bei *Interstellar* bisweilen als religiöse Bezüge interpretiert: Einerseits erscheint die Kosmologie und (Natur-)Wissenschaft als neue Religion oder zumindest als Religionsersatz, andererseits gibt es biblische Verweise, wenn etwa die menschliche Apokalypse, ein die Menschheit rettendes (Raum-)Schiff, unerklärliche (Wunder-)Zeichen oder ein ferner Planet als gesuchtes Gelobtes Land thematisiert werden (vgl. Nir 2020; Bender 2023: 112). Auch Hantke (2022: 123) betont, dass *Interstellar* nicht die strikte Rationalität von Stanley Kubricks *2001* aufweist und in seinen narrativen Fundamenten auf Emotionen und Werte wie Liebe, Heimat und Familie baut. Dennoch setzt *Interstellar* auf eine starke wissenschaftliche Fundierung der Geschehnisse, was vor allem auf die intensive Zusammenarbeit der Filmschaffenden um Regisseur Nolan mit dem Physiker Kip Thorne zurückgeht (vgl. Hantke 2022; Bender 2023). So wurde in den Produktionsvorbereitungen darauf geachtet, dass die gezeigten Phänomene wie das Wurmloch, das Aussehen des Schwarzen Lochs, die extremen Zeitdehnungen und -stauchungen oder die Gravitationswellen zumindest theoretische physikalische Grundlagen haben und nicht allein auf die Fantasie der Drehbuchautor*innen zurückgehen. Dadurch wurde ein hoher (vermeintlicher) Realismus und eine Gegenwarts-Bezogenheit geschaffen, die suggeriert: Das, was im Film gezeigt wird, könnte laut der physikalischen Gesetze in der Zukunft auch mit unserer menschlichen Technologie funktionieren.

Der ausgeprägte, auch als Hard Science Fiction bezeichnete Realismus lässt es jedoch möglich werden, *Interstellar* neben *2001* in eine Reihe weiterer Vorgängerfilme zu stellen, die ähnliche Sujets aufgreift und sich ebenfalls um eine möglichst hohe wissenschaftliche Korrektheit bemüht. Zu diesen Filmen gehören *Contact* (vgl. Zemeckis 1997; Score von Alan Silvestri) und *Gravity* (vgl. Cuarón 2013; Score von Steven Price), der nur ein Jahr vor *Interstellar* erschien (vgl. Hantke 2022: 124). Auch diese beiden Kinofilme vereinigen intellektuellen Anspruch, poetischen Tiefgang sowie Hollywood-Kommerzialisierung und zeigen einigermaßen realistische Umsetzungen menschlicher Weltraumtechnologie. Daneben zeigt auch Philip Glass' Musik zum Dokumentarfilm *Koyaanisqatsi* (vgl. Reggio 1982) deutliche Bezüge zu Hans Zimmers Score, unter anderem durch die Verwendung der Kirchenorgel, aber auch durch den Einfluss der Minimal Music mit ihren repetitiven Strukturen, ihrer bewusst simplen Motivik und ihrer meditativen Wirkung. Neben diesen Bezügen des medialen Raums müssen jedoch auch die biographischen Referenzen des Regisseurs Christopher Nolan und des Komponisten Hans Zimmers beleuchtet werden: Diese weisen eine Vorgeschichte der engen Zusammenarbeit auf, namentlich in den Filmen *Batman Begins*, *The Dark Knight*, *Inception* und *The Dark Knight Rises* (vgl. Nolan 2005; 2008; 2010; 2012). All diese referentiellen Bezüge ermöglichen es, einen Erwartungsrahmen für den Score von *Interstellar* abzustecken.

Die Liste dieser Referenzen führt zu einem insgesamt breiten Spannungsfeld von Erwartungen an den Score von *Interstellar*. So zeichnet sich *2001: A Space Odyssey* in filmmusikalischer Hinsicht dadurch aus, dass er gar keinen eigens komponierten Score aufweist, sondern auf präexistente Musik von Richard Strauss, Johann Strauss (Sohn), György Ligeti und Adam Chatschaturjan zurückgreift (was zur Zeit der Veröffentlichung von *2001* unkonventionell und innovativ war; siehe auch Klangbeispiel 8 und Videobeispiel 14). Die Vorgängerfilme *Contact* und *Gravity* dagegen haben deutlich unterschiedliche stilistische Score-Ansätze:

Klangbeispiel 53: Alan Silvestri – *Contact*, Awful Waste of Space, URL: https://open.spotify.com/intl-de/track/3Ck4MMfWA0O2BQqOAYIL1m (vgl. Silvestri 1997).

Silvestris Score zu *Contact* (vgl. Zemeckis 1997) wohnt eine konventionelle und orchestrale Stilistik inne, wie dieser kurze Ausschnitt illustriert: Der primär orchestrale Score weist keinerlei äußerliche Reminiszenen an das Science-Fiction-Genre auf, auch wenn ein träumerisches Glockenspiel einen möglichen Bezug darstellen mag (vgl. Silvestri 1997: 00'00"–00'19"; 01'23"–01'40"). Im Vordergrund steht hier der psychologisierende, poetische Ausdruck einer menschlichen Sehnsucht nach dem Unbekannten und dem neugierigen Staunen über die Weiten des Weltraums. Das elegische Cue wird von hohen Liegetönen in Streichern, Harfen-Arpeggien und einem aufsteigenden diatonischen Motiv in Dur geprägt (vgl. ebd.: 00'38"–01'03"), die Optimismus und Sense of Wonder symbolisieren. Damit reiht er sich stilistisch und funktionell in die spätromantisch-orchestralen Scores von großen Science-Fiction-Franchises wie *Star Wars* und *Star Trek* ein.

Klangbeispiel 54: Steven Price – *Gravity*, Above Earth, URL: https://open.spotify.com/intl-de/track/4wrfG7WZathU9Z6tXlPxd1 (vgl. Price 2013).

Der Eröffnungstrack aus Steven Prices Score zum Weltraumfilm *Gravity* (vgl. Cuarón 2013) zeigt dagegen stilistische Bezüge der Neuen und elektronischen Musik sowie die Nähe zum Sounddesign: Aus der Stille erhebt sich langsam ein mäandernder Synthesizer-Mollakkord, der an Vangelis' Score zu *Blade Runner* erinnert (vgl. Price 2013: 00'00"–00'29"). Dieser wird überlagert von immer schneller rotierenden und lauter werdenden Sounds eines trudelnden oder abstürzenden Raumschiffs, die abrupt in plötzlicher Stille enden (vgl. ebd.: 00'30"–00'50"). Diese vertonte, abrupt einsetzende Stille und musikalische Generalpause repräsentiert das leere, tödliche Vakuum des Weltraums. Über einem neuen Grundton setzen daraufhin schwebende digitale Klangflächen (sogenannte Pads) ein, die durch eine einzelne weibliche Stimme ergänzt werden und konventionelle akkordische Fortschreitungen zeigen, bevor auch diese wieder im Nichts ausfaden (vgl. ebd.: 00'50"–01'50"). Price hat hier auf innovative Weise die Schwerelosigkeit des Weltraums außerhalb der schützenden Atmosphäre der Erde vertont, wobei er im Score durchaus immer wieder auf bewährte stilistische Mittel, darunter auch ein Orchester, zurückgreift. Dennoch zeigt der Score ausgeprägte Innovationen, die vor allem durch eine Annäherung an das Sounddesign, ein Primat elektronischer Instrumentierung und den weitgehenden Verzicht auf traditionelle musikalische Motive und Themen bestechen.

Videobeispiel 21: Philip Glass – *Koyaanisqatsi*, Prophecies, URL: https://youtu.be/yBqcXU0t_Xc (vgl. Empire State Studios 2017).

Philip Glass' Filmmusik zum Dokumentarfilm *Koyaanisqatsi* (vgl. Reggio 1982) kommentiert auf meditativ-entrückte Weise die Bildwelten des Films, die die Wechselwirkungen von Mensch und Natur und die dadurch entstehende Disbalance aufzeigen. Der Score entfaltet durch seine nur langsam voranschreitende motivisch-harmonische Entwicklung eine metaphysische Komponente, die zudem die Zeitebene des Filmes verschleiert und ihm eine eigene Zeitlichkeit hinzufügt. Der prominente Einsatz der Orgel versetzt die filmische Narration auf eine poetische Ebene mit sakralen Bezügen. Ein archaisch anmutender Chor mit Versen in der Hopi-Sprache enthebt die gezeigten Szenen aus dem zeitgenössischen Alltag und ihrer Zeitlichkeit und abstrahiert die menschlichen Aktivitäten von ihren gegenwärtigen Bezügen. Dadurch gewinnen die Alltagsszenen eine mythisch-zeitlose Qualität mit meditativem Charakter.

Die früheren Kollaborationen von Zimmer und Nolan wurden in mehreren kurzen Beispielen in dieser Forschungsarbeit exemplarisch untersucht (siehe Notenbeispiel 10, Klangbeispiel 13, Klangbeispiel 33, Klangbeispiel 44 und Videobeispiel 9). Hier zeigen sich die stilistischen Bezüge der sogenannten Hans-Zimmer-Ära deutlich: Ein hybrider Orchestersound, der um digital bearbeitete Percussion und Synthesizer verstärkt wird, die Annäherung und dramaturgische Verschmelzung von musikalischen und Sound-Bestandteilen und eine motivisch-thematische Reduktion zugunsten soundmäßiger Innovationen. Dabei zeigen sowohl die Scores zu *Inception* als auch zur *Batman*-Trilogie Ansätze einer immersiven Überwältigung, die sich etwa im ikonisch gewordenen brachialen Blechbläser-Sound von *Inception*, aber auch den starken Blechbläser-Crescendi und Ostinato-Figuren von *The Dark Knight* äußern.

Insgesamt ergibt sich so ein durchaus weites Feld möglicher referentieller Bezüge, wobei interessant zu beobachten sein wird, ob die filmischen Referenzen des engeren (Sub-)Genres oder aber die eigenen Vorgängerwerke der Nolan-Zimmer-Kollaborationen einen stärkeren stilistischen und konzeptionellen Einfluss auf den Score von *Interstellar* haben. Dabei sind auch die Ergebnisse der Inhaltsanalyse nicht zu vernachlässigen, die Zimmer als Typ-C-Komponisten eingestuft hat (siehe Kapitel 4.5.4 und 4.6.3). So legt Zimmer großen Wert auf eine intensive Kommunikation mit der*dem Regisseur*in, aber auch auf eine starke Kollaboration mit Musiker*innen, mit denen in Recording Sessions teils improvisierte (Sound-)Experimente begangen werden. Eine große Bedeutung hat für Zimmer auch die Produktion und der Soundmix sowie die integrale Vereinigung von Musik und Sounddesign. Zimmer zeigt sich offen für technologische Neuerungen, er empfindet den Computer als sein Standard-Instrument. Dennoch zeigt er deutliche Einflüsse der europäischen Kunstmusik und auch romantizistischer Ideen: So ist er überzeugt, dass ein guter Score nicht nur im Film funktionieren, sondern auch eine generell hohe musikalische Substanz besitzen sollte, die für sich – ohne den filmischen Kontext – bestehen kann. Auch ist er ein Anhänger der Orchester-Tradition und sieht sich in der Verantwortung, diese weiterzuführen. Zuletzt verficht er die poetische Idee als wichtige Maxime, um mittels des Scores den Film auf eine höhere künstlerische Ebene zu hieven; hier zeigen sich Anklänge des Wagnerschen Gesamtkunstwerks.

Zimmer, Jahrgang 1957, war zum Zeitpunkt der Filmproduktion längst eine etablierte Größe in Hollywood mit jahrzehntelanger Filmografie und mehr als 120 Credits als Komponist für Kinofilme (vgl. IMDb 2024g). Zu seinen bedeutenden Score-Produktionen für das Science-Fiction- und Superhelden-Genre vor *Interstellar* zählen *Inception*, *The Amazing Spider-Man 2*, *Man of Steel* und die *Dark-Knight*-Trilogie. Sein Werk ist nicht auf filmische Genres beschränkt und weist darüber hinaus auch zahlreiche Vertonungen von Videogames und TV-Produktionen auf.

Die verfügbaren Einblicke in den Produktionsprozess von *Interstellar* zeigen, dass, wie erwartet, der Score-Produktion eine intensive Kommunikation und Zusammenarbeit von Regisseur, Nolan, und Komponist, Zimmer, vorausging. Dabei berichten beide übereinstimmend die Anekdote, dass Nolan noch vor Produktionsbeginn Zimmer darum bat, ein möglichst intimes und persönliches Musikstück über die Beziehung zwischen Vater und Sohn zu schreiben, ohne weitere Hinweise auf das filmische Genre oder Inhalte des Drehbuchs zu geben. Zimmer schrieb daraufhin ein musikalisches Cue, das zu einem der zentralen Motive des Films werden sollte und Einflüsse von Philip Glass und der Minimal Music zeigt (vgl. Hantke 2022: 116; eine ausführliche Analyse der musikalischen Motive erfolgt im nächsten Kapitel). Hervorzuheben ist, dass dieses Cue zwei Motive enthält: das

Science-Motiv sowie das Murph-Motiv.[40] Diese standen Nolan früh zur Verfügung und hatten dadurch mutmaßlich Einfluss auf die Finalisierung des Drehbuchs, weil Nolan das Cue laut eigener Aussagen unablässig in dieser Phase hörte (vgl. Zimmer 2014; Elegyscores 2014: 00'00"–01'49"; vgl. auch DP/30: The Oral History of Hollywood 2015: 08'05"–12'52"). Für Zimmer waren dabei die beiden Kernthemen des Scores Familie und Wissenschaft (vgl. DP/30: The Oral History of Hollywood 2015: 22'25"–22'36").

Auch betonen beide die Wichtigkeit der Entscheidung, als zentrales Instrument für den Score eine Kirchenorgel zu verwenden: Diese repräsentiere religiöse und metaphysische Bezüge (auch wenn Nolan betont, dass *Interstellar* kein religiöser Film sei) und eröffne eine Ebene jenseits des gezeigten Bildes. Auch bringe die Kirchenorgel ein menschliches Element mit hinein, da die Tonerzeugung mit Luft an menschliches Atmen erinnere. Dabei geht die Idee, die Kirchenorgel für den Score zu verwenden, originär auf Nolan (und nicht auf Zimmer) zurück (vgl. DP/30: The Oral History of Hollywood 2015: 22'30"–22'43"). In der Score-Produktionsphase wurden intensive Recording Sessions in der Temple Church in London durchgeführt, wobei das Making-Of-Video zeigt, dass dem Organist Roger Sayer ein beträchtlicher Einfluss auf die genaue Ausgestaltung der Kirchenorgel-Cues zugestanden wurde und er sich auch mit eigenen Ideen und Improvisationen einbringen konnte. Ebenfalls signifikant ist das Ausmaß der kreativen musikalischen Mitarbeit von Nolan, der unter anderem bei den Recording Sessions zugegen war und intensive Gespräche mit dem Organisten Sayer geführt hat (vgl. Elegyscores 2014: 01'49"–04'49"). Zimmer betont Nolans Einfluss ebenfalls unmissverständlich: „I see that score very much and completely as a collaboration, a co-creation between the two of us" (Zimmer, zitiert nach DP/30: The Oral History of Hollywood 2015: 17'05"–17'18"). In stilistischer Hinsicht betrieb Zimmer intensive Vorüberlegungen und Bemühungen, um den Klang der Kirchenorgel stimmig in den Score einzubinden, ohne etwa Assoziationen an Gothic- oder Horror-Filme zu wecken. Gleichzeitig wurden auch zahlreiche Aufnahmen mit einem Orchester durchgeführt, das zu einem intensiven Bestandteil des Scores gemacht wurde, wobei Zimmer versuchte, mit den Orchester-Instrumenten Atem- oder Windgeräusche nachzuahmen, um einen lebendigen Organismus musikalisch darzustellen (vgl. DP/30: The Oral History of Hollywood 2015: 23'32"–30'02").

Hier zeigt sich ein eng verzahntes System der Zusammenarbeit zwischen Komponist und Regisseur, das in besonderer Weise an Wagners Ideal im Musikdrama erinnert: Dort ist es die Kollaboration zwischen Dichter*in und Musiker*in, die in

---

40 Die Motiv-Bezeichnungen stammen vom Verfasser; die Motive werden im nächsten Teilkapitel ausführlich analysiert.

einer möglichst engen Verquickung das Drama zu seiner höchsten Bestimmung führen kann. Und auch das Ausmaß der Zusammenarbeit von Nolan und Zimmer zeigt sich als ungewöhnlich für die etablierte Produktion eines Hollywood-Films und gibt Hinweise darauf, dass der Score eine zentrale und tief in die filmische Dramaturgie integrierte Rolle in *Interstellar* spielt. Dennoch soll darauf hingewiesen werden, dass Zimmer über die musikalische Zusammenarbeit mit Sayer hinaus auf ein Team von Mitarbeiter*innen zurückgegriffen hat und der Score – gerade in seiner finalen, ausproduzierten Gestalt – kein Ergebnis eines Einzelkämpfers, sondern von koordinierter Teamarbeit ist. Aufschluss darüber geben unter anderem die Angaben auf Zimmers eigener Website: Demnach halfen mehrere Arrangeure, Dirigenten, Orchestrator*innen, Toningenieur*innen, Musikeditoren, Instrumentalist*innen und andere Zuarbeitende bei der Produktion des Scores (vgl. Hans-zimmer.com 2024b). Zimmers Rolle war hier – wie in anderen Score-Produktionen auch – mutmaßlich die des kreativen Kopfs, Teamleiters und Supervisors der musikalischen Produktion.

Interstellar war nicht nur ein kommerzieller Erfolg, sondern wurde auch in der Rezeption in der Regel überaus positiv bewertet. Mit einer Durchschnittsbewertung von 8,7 von 10 bei der Internet Movie Database und einem Metascore von 74 von 100 bei öffentlichen Rezensionen weist der Film insgesamt klar positive Bewertungen auf (vgl. IMDb 2024h). So ist er in verschiedenen Bestenlisten von am höchsten bewerteten Filmen zu finden; etwa befindet er sich in der Internet Movie Database auf Platz 19 der bestbewerteten Filme aller Zeiten und auf Platz fünf der bestbewerteten Science-Fiction-Filme aller Zeiten (vgl. IMDb 2024i). Besonders oft betonte positive Aspekte des Films sind der starke immersive Sog, die dichte Atmosphäre und die in der Regel als gelungen angesehene Mischung aus fesselnder Unterhaltung und intellektuellem Anspruch. Der Film hat bei vielen Rezensent*innen während der Rezeption einen emotionalen Sog entfaltet, für den im positiven Sinne auch Hans Zimmers Score hervorgehoben wurde (vgl. Bender 2023: 106). Der Score weist auch ohne filmischen Kontext beeindruckende Aufrufzahlen auf; so zählt der Track „Cornfield Chase" vom *Interstellar*-Soundtrackalbum allein mehr als 300 Millionen Aufrufe bei Spotify; in Zimmers Top 10 der beliebtesten Spotify-Tracks sind vier Stücke aus dem Interstellar-Score vertreten (vgl. Zimmer 2014; 2024).

5.6.2 Synopse des Films

In einer dystopischen Zukunft kämpft die Menschheit mit Umweltkatastrophen und Nahrungsmittelknappheit, die Erde wird durch Missernten zunehmend unbewohnbar. Der ehemalige Pilot Cooper wird von einer geheimen NASA-Mission rekrutiert, um in einem letzten Versuch nach einer neuen Heimat für die Menschheit zu suchen. Dafür muss er seine Kinder zurücklassen, was ihm besonders seine aufgeweckte Tochter Murphy übelnimmt. Cooper und seine Crew reisen durch ein Wurmloch nahe dem Saturn in eine ferne Galaxie, um potenziell bewohnbare Planeten zu erkunden. Auf ihrem Weg begegnen sie extremen Umweltbedingungen und einer starken, durch ein Schwarzes Loch verursachten Zeitverzögerung, wodurch Jahrzehnte auf der Erde vergehen, während sie selbst nur minimal altern. Coopers Tochter Murphy wächst während seiner Abwesenheit zu einer führenden Wissenschaftlerin heran und arbeitet daran, die Menschheit durch die Lösung einer Gravitationsgleichung zu retten. Coopers Crew untersucht unterdessen mehrere Planeten, von denen jeder seine eigenen Herausforderungen birgt. Auf einem Wasserplaneten verlieren sie wertvolle Zeit durch massive Gezeitenwellen, während ein Eisplanet von dem egoistischen früheren Missionsleiter Dr. Mann bewohnt wird, der die Mission sabotiert und das Raumschiff der Crew schwer beschädigt. Schließlich opfert sich Cooper in einem waghalsigen Manöver, um das letzte überlebende Crewmitglied, Dr. Brand, vor dem Sog des Schwarzen Lochs zu retten und ihr die Fortsetzung der Mission zu ermöglichen. Cooper stürzt dadurch in das Schwarze Loch und gelangt überraschend in eine fünfdimensionale Raumstruktur, in der er mittels Gravitation durch Raum und Zeit kommunizieren kann. Er übermittelt wichtige Daten an Murphy, die diese nutzt, um die Menschheit zu retten und die Erde zu evakuieren. Am Ende wird Cooper gerettet und auf einer Raumstation wieder mit Murphy vereint, die inzwischen im hohen Alter ist. Der kaum gealterte Cooper bricht erneut zu einer Mission auf, um Dr. Brand auf dem Planeten zu finden, den sie als neue Heimat für die Menschheit ausgewählt hat (vgl. Nolan 2014).

5.6.3 Score-Analyse

5.6.3.1 Musik- und Sound-Ebene

Hans Zimmers Score zu *Interstellar* zeichnet sich durch einen individuellen Stil aus, der sich primär aus der originellen Kombination von Instrumenten und Sounds ergibt. Dabei spielt die Kirchenorgel eine große und prägnante Rolle und ist in weiten Teilen des Scores zu hören. Zimmer setzt die Kirchenorgel jedoch vielfältig ein und beschränkt sie nicht auf eine, sondern setzt mehrere, teils deutlich voneinander verschiedene Klangfarben ein. So sind einsame Pfeifen im höchsten Register zu hören, grollende Bässe, donnernde Prinzipal-Tutti, Flöten-ähnliche Koloraturen, sanft rauschende Register, hauchende Atemtöne, strahlende Dur-Akkorde, glitzernde Klangkronen und Geräusche des Windwerks (vgl. Nolan 2014: 08'03"–09'34"; 18'18"–19'37"; 24'16"–25'06"; 33'52"–35'15"; 37'00"–42'17"; 44'45"–

46'08"; 58'54"–60'13"; 66'13"–66'35"; 70'28"–71'56"; 77'21" –78'12"; 96'53"–100'40"; 131' 45"–133'00"; 154'18"–155'08"). Charakteristisch für den Kirchenorgel-Sound ist auch der lange Hall, der auf den großen Raum einer Kirche zurückzuführen ist (aber mutmaßlich auch digital nachbearbeitet wurde). Die Kirchenorgel ist in *Interstellar* in klanglicher Hinsicht eine Art analoger Synthesizer und übernimmt gleichzeitig durch ihre vielfältigen Klangregister auch Teile der Aufgaben eines Orchesters, um eine breite klangliche Farbpalette mit hohen, expressiven Facetten abzubilden.

Dabei ist die Orgel in der auditiven Sphäre des Films geradezu omnipräsent und Bestandteil aller filmischen Abschnitte und auch aller Leitmotive des Scores. Diese deutliche Prägung in Kombination mit der ungewöhnlichen Wahl – die Kirchenorgel als Klang ist kein erwartetes Instrument für einen Science-Fiction-Score, auch wenn es in Einzelfällen durchaus Anwendungen gibt, wie weiter unten noch ausgeführt wird – lässt die Orgel als Markenzeichen des *Interstellar*-Scores deutlich herausstechen. Die Kirchenorgel verleiht dem Film darüber hinaus eine religiöse Nebenbedeutung: Der unverwechselbare Klang mit dem ausgeprägten Halleffekt trägt eine metaphysische und sakrale Aura, die *Interstellar* auditiv einhüllt, und enthält Assoziationen an kirchliche Riten, christliche Gottesdienste und Kantaten.

Dennoch ist die Verwendung der Kirchenorgel im *Interstellar*-Score teils mit Vorsicht zu lesen. Die Betonung der Kirchenorgel durch Nolan und Zimmer selbst sowie die öffentlichkeitswirksame Präsentation der Recording-Sessions in der Temple Church (siehe Kapitel 5.6.1) dürfen nicht darüber hinwegtäuschen, dass viele gehörte Sounds und Techniken auf eine akribische Nachbearbeitung im Soundmix hinweisen. So gibt es Crescendi und Decrescendi, Oszillationen, gleitende Veränderungsverläufe und teils künstlich klingende Sounds, die eher auf eine digitale Soundbearbeitung in Form eines Editings oder der (zusätzlichen) Verwendung von digitalen und elektronischen Instrumenten wie Synthesizern hindeuten (vgl. Nolan 2014: 02'31"–03'31"; 08'03"–09'34"; 31'25"–31'58"; 49'28"–50'21"; 81'25"–82'38"; 96'53"–100'40"; 139'31"–140'01").

Außerdem muss hervorgehoben werden, dass die (digital bearbeitete) Kirchenorgel – bis auf wenige Ausnahmen – keineswegs allein erklingt und der Score wichtige andere Sound-Bestandteile hat und Instrumente benutzt. Dazu gehört erstens das Orchester, das sich an vielen filmischen Stellen unter anderem mit dem Orgelklang vermischt. Auch hier zeigt der Score eine kreative, vielfältige Verwendung unterschiedlicher Koloraturen und Spielweisen: So sind etwa Tremoli, anschwellende perkussive Wellen, Holzbläser-Liegetöne, Blechbläser-Rufe, Flöten-Orgel-Mischklänge oder Walls of Sound mit Orchester, (Sub-)Bass, Synthesizer, Klavier, Orgel und Beat zu hören (vgl. Nolan 2014: 07'17"–07'47"; 28'51"–31'25"; 41'39"–42'17"; 58'54"–60'13"; 68'27"–71'56"; 115'14"–116'04"; 120'33"–127'19"; 140'

21"–140'50"). Der Einsatz des Orchesters ist in *Interstellar* weit weniger pauschal und genormt als beispielsweise in *Thor: The Dark World*. Hier kann nicht von einem einheitlichen Orchester-Sound gesprochen werden, sondern die Verwendung unterschiedlicher Orchester-Instrumente und -Instrumentengruppen zeigt einen hohen Variantenreichtum und einen breiten Spielraum von Dynamiken, Phrasierungen und expressiven Möglichkeiten.

Zweitens müssen als weitere bedeutende Klangsphären in Ergänzung zur Kirchenorgel der Synthesizer sowie digital erzeugte oder bearbeitete Sounds und Pads genannt werden. In Interstellar werden schwebende Synthesizer-Klangflächen – hier Pads genannt – im höheren Frequenzbereich mehrfach als Ergänzung zu liegenden Orgeltönen eingesetzt, kommen aber auch in Kombination mit tieferen Drones, einem elektronischen (Sub-)Bass sowie Querflöten vor. Oft bilden die Synthesizer einen Übergang zum Sounddesign, etwa wenn sie von Atmosphären-Sounds wie Wind und Regen kaum unterscheidbar sind (vgl. Nolan 2014: 13'37"–15'26"; 19'19"–21'44"; 24'16"–25'6"; 31'58"–33'52"; 46'21"–48'31"; 96'53"–100'40"; 104'20"–105'08").

Drittens spielt das Klavier eine wesentliche klangliche Rolle im Score von *Interstellar*. Mal in Ergänzung zur Orgel, mal als Lead-Instrument wird es primär für eines der musikalischen Hauptmotive (das Science-Motiv, siehe weiter unten) eingesetzt. Es symbolisiert die semantische Sphäre des Menschlich-Neugierigen, der Wissenschaft, des Rationalen und des Nachdenkens und bildet damit einen klanglichen Kontrapunkt zur Kirchenorgel, die mit dem Metaphysischen konnotiert ist (vgl. Nolan 2014: 28'04"–29'55"; 44'45"–46'08"; 54'46"–56'14"; 82'47"–84'18"; 91'24"–92'49"; 104'20"–106'13"; 152'38"–153'17").

Viertens gehört auch der Sound des Beats zu den wesentlichen klanglichen Ausprägungen in *Interstellar*. Mit Beat sind hier nicht allein elektronische Beats gemeint, sondern auch ein Ticken, ein Pulsieren sowie Schläge, die oft mechanischen oder analogen Ursprungs sind. So ist das Space-Motiv (siehe dazu weiter unten) oft von einem Puls in Form eines langsamen, rhythmischen An- und Abschwellens etwa von Synthesizer-Pads sowie einem Ticken geprägt (in Form von perkussiven Schlägen, Streicher-Pizzicati, einem Klopfen oder dem Ticken einer Uhr oder eines Metronoms). Auch diese unter dem Oberbegriff Beat zusammengefassten Soundphänomene sind uneinheitlich und von hoher klanglicher Diversität; außerdem zeigen auch sie Überschneidungen mit dem Sounddesign. Generell sind sie mit einem Anstieg von Energie, Dynamik, Anspannung und Dramatik konnotiert (vgl. Nolan 2014: 21'44"–23'18"; 44'45"–46'08"; 68'27"–70'28"; 120'33"–121'40"; 142'53"–144'37").

Insgesamt ergibt sich ein klangliches Bild des *Interstellar*-Scores, das eine hohe individuelle Ausprägung mit wenig konkreten filmischen Referenzen aufweist. Die spezifische Mixtur aus Kirchenorgel-Klängen und orchestralen Elementen, Synthesizern, Beats und Klavier ist in dieser Art originell und verweist nicht generell auf direkte cineastische Vorbilder im medialen Leitrahmen des Science-Fiction-Genres. Die in der filmwissenschaftlichen Literatur hervorgehobene Ähnlichkeit zu Stanley Kubricks *2001: A Space Odyssey* kann für den Score eindeutig verworfen werden: In stilistischer oder klanglicher Hinsicht (und auch in konzeptioneller und dramaturgischer Hinsicht; siehe das folgende Kapitel) zeigt sich hier insgesamt keine Kontinuität. Es gibt jedoch ein wiederholt auftretendes Motiv in *Interstellar*, das man als Reminiszenz an Richard Strauss' Tondichtung *Also sprach Zarathustra* deuten kann (siehe Klangbeispiel 8) – beziehungsweise als Verneigung vor Kubricks Verwendung dieses Naturmotivs in *2001* (siehe Videobeispiel 14): Ein anschwellender, strahlender C-Dur-Akkord der Kirchenorgel hat eine deutliche klangliche Ähnlichkeit mit dem triumphalen Schluss von Strauss' Naturmotiv, das von demselben Akkord der Kirchenorgel – und in vergleichbarer, Tutti-ähnlicher Klangfarbe – abgeschlossen wird. Dieser spezifische Akkord-Sound, der als Teil des Stay-Motivs interpretiert werden kann, erklingt an einigen (Schlüssel-)Stellen des Films und erweist sich als musikalische Klammer mit vielfältigen semantischen Referenzen, zu denen auch die Strauss- beziehungsweise *2001*-Konnotation gezählt werden kann (vgl. Nolan 2014: 02'31"–02'45"; 81'34"–82'35"; 159'55"–160'10"; siehe auch weiter unten).

Der Score in *Interstellar* weist mehrere zentrale Motive auf, die durch ihre Verwendung in wichtigen narrativen Momenten, ihre (veränderliche) Wiederkehr und ihre Assoziation mit zentralen Filmfiguren oder Themen des Films einen leitmotivischen Charakter besitzen. Zu diesen gehören das Murph-Motiv, das Science-Motiv, das Gravity-Motiv, das Stay-Motiv sowie das Space-Motiv.[41] Für die Analyse der Motive ist der Sound und der Soundmix ebenso wichtig wie eine Notenanalyse mit dem Fokus auf Melodie, Harmonie und Rhythmus, weswegen nur dann eine Notation erfolgt, wenn diese sinnvoll zu bewerkstelligen und aussagekräftig ist.

Das Murph-Motiv ist ein primär von der Kirchenorgel vertontes musikalisches Motiv, das semantisch eng mit der Vater-Tochter-Verbindung von Cooper und Murph verbunden ist. Es erklingt erstmals in einer Alltagsszene mit Cooper und Murph und kehrt im Verlauf der Filmhandlung in dieser Grundform einige Male wieder (vgl. Nolan 2014: 05'46"–06'17"; 78'12"–81'30"; 144'39"–146'53"; 160'09"–163'57"). Das Motiv zeichnet sich klanglich in der Grundform durch ein weiches, sanftes Orgelregister im langsamen Dreier-Rhythmus aus, zu dem optional weitere Instrumente wie Synthesizer-Pads oder Klavier oder das Orchester treten

---

[41] Die Namensgebung der Motive ist durch den Verfasser aufgrund des semantischen Gehalts erfolgt und weicht teilweise von anderen Benennungen oder den Track-Titeln des veröffentlichten Score-Albums ab.

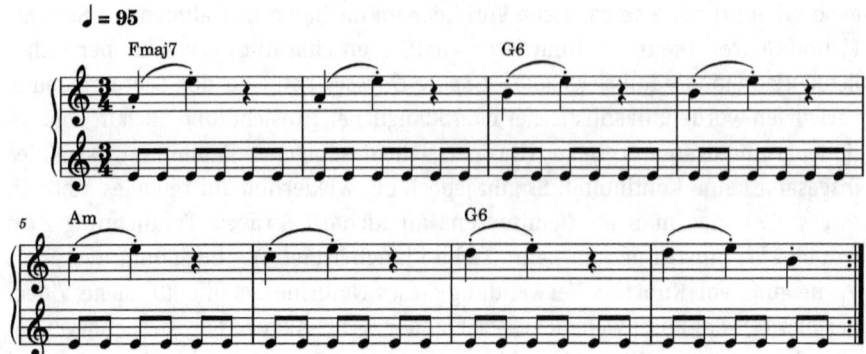

Notenbeispiel 22: Hans Zimmer – Murph-Motiv (vereinfachter Ausschnitt; Quelle: eigene Notation).

können. Melodisch fällt das Motiv durch eine Reduktion und durch Simplizität auf: Die Melodiestimme der Orgel ist bestimmt durch zwei identisch wiederholte Quintsprünge nach oben auf den Zählzeiten 1 und 2, gefolgt von Quartsprüngen sowie Terz- und Sekundaufstiegen. Die Artikulation ist portato oder non legato: Die Melodietöne werden nur kurz angespielt und nicht legato gehalten. Der Zielton e bleibt dabei stets derselbe; auch die Achtelbegleitung der Orgel verharrt auf Tonwiederholungen des Tons E, der die Quinte zum Grundton A darstellt. Das achttaktige Motiv wird zudem in der Regel (teils in variierter Form) wiederholt und gewinnt so einen zyklischen Charakter. Durch diese expressive Kontinuität zeigt das Motiv seine Nähe zur Minimal Music und zu Komponist*innen wie Philip Glass; auch wirkt das Motiv einlullend und meditativ, seine Bewegung ist weniger fortschreitend, sondern sanft wiegend wie ein Kinder- oder Wiegenlied. Hier klingt eine deutliche motivische und gestische Nähe zu Glass' Score für *Koyaanisqatsi* an (vgl. Videobeispiel 21). Dazu passt die pendel-artige harmonische Abfolge mit den Stufen VIb–VIIb–i–VIIb, die sich endlos wiederholen kann; in der häufigsten Tonart a-Moll etwa F-Dur (mit großer Septime) / G-Dur (mit Sexte) / a-Moll / G-Dur (mit Sexte).

Die simple Grundform dient Zimmer als flexible Ausgangsbasis für zahlreiche Variationen im filmischen Verlauf, die aus orchestralen Ausführungen, ergänzendem Sounddesign wie Wind- und Antriebsgeräuschen, verzierenden Orgel- oder Klavierfigurationen oder Begleitungen von Synthesizer-Pads und (Sub-)Bass bestehen können (vgl. Nolan 2014: 06'17"–07'47"; 101'02"–102'00"; 144'39"–146'53"; 152'38"–153'17"; 166'42"–168'01"). Auch wird teils nur die Akkordfolge des Motivs übernommen (vgl. Nolan 2014: 09'15"–09'33"; 126'07"–126'30"; 129'57"–131'05") Diese Variationen bringen oft einen deutlichen expressiven Wandel mit sich, beispielsweise wenn schnelle Orgel-Verzierungen einen spielerischen Charakter einbringen oder die Klavier-Variante desselben Motivs eine nachdenklich-nüchterne Konnotation hat. Die prägnante Quinte auf der Zählzeit 2 im Dreivierteltakt wird zudem für Motiv-Andeutungen und Verschmelzungen mit anderen Motiven genutzt, wodurch weitere semantische Beiklänge hergestellt werden (vgl. Nolan 2014: 91'24"–92'49"; 105'08"–106'13"; 114'33"–115'14"; 142'53"–144'37"; 146'53"–148'43"; 149'51"–152'38").

Durch die Konzentration des Motiveinsatzes auf den Beginn sowie das Ende von *Interstellar* und die semantische Verbindung mit dem zentralen Sujet der Vater-Tochter-Beziehung kommt das Murph-Motiv von allen Leitmotiven in *Interstellar* einem Main Title am nächsten. Doch sind musikalischer Inhalt und Gestus konträr zum konventionellen Genre-Main-Title: Wo dort Glorifizierung, Wir-Gefühl und martialischer Optimismus durch Trompeten- oder Hörner-Fanfaren, treibende Rhythmen, Dur-Tonalität und eine dynamische Gesamtstimmung betont werden, wird hier eine Eltern-Kind-Beziehung durch sanfte, Wiegenlied-ähnliche Orgel-Pendel mit Anleihen bei der Minimal Music vertont. Durch die Dominanz der Kirchenorgel innerhalb des Motivs verleiht es dem Film insgesamt eine metaphysische Konnotation. Der lyrisch-elegische Gestus des Motivs, der weitgehende Verzicht auf Beats oder Schlagwerk sowie der spezifische Klangcharakter mit dem großen Nachhall prägen damit auch zentrale filmische Botschaften und schaffen eine schwebende, meditative, ergreifende und gefühlsbetonte Atmosphäre, die zwischenmenschliche Bindung, Geborgenheit, Liebe, Sehnsucht und Melancholie adressiert.

Mit dem Murph-Motiv verwandt, aber eine andere semantische Sphäre besetzend, ist das Science-Motiv, das mit dem Murph-Motiv ein kontrastierendes und dennoch ähnliches Geschwisterpaar bildet.

Notenbeispiel 23: Hans Zimmer – Science-Motiv (vereinfachter Ausschnitt; Quelle: eigene Notation).

Das Science-Motiv zeigt seine Verwandtschaft zum Murph-Motiv deutlich: Auch dieses steht in einem Dreivierteltakt bei etwa 95 BPM (beats per minute) und hat a-Moll als eindeutige Grundtonart. Das Science-Motiv beginnt in der Hauptstimme ebenfalls mit einem A, dann jedoch entwickelt sich eine diatonische, tendenziell aufwärtsstrebende Melodie, die nach einer drei- bis sechstaktigen Phrase über der Terz c jeweils auf der Sekunde H zum Stehen kommt (siehe Notenbeispiel 23: T. 1–19). Harmonisch wird diese Phrasierung in der Regel von der Moll-Stufenabfolge i–v (im konkreten Beispiel a-Moll – e-Moll) begleitet. In dieser langsameren Form findet sich das Science-Motiv in zahlreichen filmischen Szenen, die sämtlich den Sujets Technik, (Natur-)Wissenschaft, Raumfahrt, Erforschung sowie kosmologischen oder raumfahrttechnischen Problemen und ihren Lösungen zugeordnet werden können (vgl. Nolan 2014: 08′03″–09′34″, 23′18″–24′16″; 28′04″–28′51″; 31′58″–35′15″; 82′47″–84′18″; 84′18″–85′13″; 89′06″–90′40″; 91′24″–92′49″; 94′31″ –95′52″; 163′57″–164′47″; 166′14″–166′42″). Das Science-Motiv zeigt sich in seiner Struktur und Form variabler als das Murph-Motiv mit seiner klaren vier- beziehungsweise achttaktigen Gliederung: So kann das Science-Motiv ebenfalls mehrfach wiederholt werden, aber auch in verkürzter Form vorkommen. In instrumenteller und klanglicher Hinsicht zeigt sich das Science-Motiv ebenfalls variantenreich: Hier dominiert nicht die Orgel als Lead-Stimme, sondern in der Regel – aber nicht immer – tritt hier das Klavier als prägnantestes Instrument im Soundmix hervor. Zumeist wird es zusätzlich begleitet von Orchesterinstrumenten wie Querflöten, von Synthesizer-Pads und auch von der Kirchenorgel. Das jeweilige Phrasenende auf der fünften Mollstufe e-Moll lässt das Motiv unfertig erscheinen, eine Auflösung zur ersten Stufe a-Moll erfolgt nicht. Dadurch erhält das Science-Motiv einen suchenden und fragenden Charakter, der zudem durch die Instrumentierung weniger metaphysisch, sondern bodenständiger erscheint. Das Science-Motiv wird durch seine Form, seinen Gestus, seine Instrumentierung und seine Verwandtschaft zum Murph-Motiv mit der semantischen Ebene des Menschlichen verbunden: Es charakterisiert nicht primär physikalische oder kosmologische Phänomene, sondern den menschlich-wissenschaftlichen Umgang damit: Die Neugier und der Forschergeist, die Rationalität, die Konfrontation mit Problemen und die Suche nach Lösungen bis zum Heureka-Moment werden durch dieses Motiv symbolisiert.

Auch das Science-Motiv besticht durch seine Wandelbarkeit, die sich nicht nur in einer veränderten Instrumentierung oder einem variierten Soundmix äußert. An mehreren filmischen Stellen erwächst aus der langsamen Grundmelodie eine prägnante Begleitung, die zugleich ihre Augmentation wie auch ihre Diminution darstellt, da sich das melodische Tempo vervielfacht.

Notenbeispiel 24: Hans Zimmer – Science-Motiv-Variation (vereinfachter Ausschnitt; Quelle: eigene Notation).

Die Variation erklingt zumeist unisono mit der Grundmelodie, wobei die jeweils gleichzeitig erklingenden Töne identisch sind und die variierende Begleitung diese mit (zumeist diatonischen) Durchgangstönen auffüllt, woraus sich annähernd eine Diminution des Grundmotivs ergibt. Diese Variation findet sich in mehreren Filmszenen, in denen eine höhere Dynamik oder Action gezeigt wird (vgl. Nolan 2014: 21'44"–23'18"; 28'51"–31'58"; 115'14"–120'22"; 128'10"–131'25"; 164'47"–166'14"). Dadurch wandelt sich auch der Gestus des Grundmotivs: Aus wissenschaftlicher Neugier und theoretischem Forschergeist wird die spannungsreiche Fokussierung auf drängende Probleme sowie Gefahren und die intensive, manchmal ebenfalls gefahrvolle Suche nach Lösungen. Dabei lässt das Science-Motiv durch die Verwandtschaft mit dem Murph-Motiv sowie die variierende Instrumentierung, die bisweilen prägnante Anteile der Kirchenorgel aufweist, auch eine semantische Verknüpfung mit dem Metaphysischen zu: Der Score schafft so semantische Verwandtschaftsverhältnisse und mythische Gemeinsamkeiten zwischen den so unterschiedlichen Sphären von einerseits Liebe, Bindung, Emotion und Metaphysik (Murph-Motiv) und andererseits Wissenschaft, Forschergeist und Problemlösung (Science-Motiv). Verstärkt wird diese Verwandtschaft durch einige filmische Sequenzen, in denen die beiden Motive vermischt werden (vgl. Nolan 2014: 91'24"–92'49"; 105'08"–106'13"; 128'10"–131'25"; 142'53"–144'37"; dies wird im nächsten Teilkapitel genauer untersucht).

Das nächste zu analysierende Motiv in *Interstellar* ist das Stay-Motiv. Dieses wird wie das Murph-Motiv von der Kirchenorgel dominiert, weist jedoch noch andere klangliche Merkmale auf. So ist das Sounddesign ein wesentlicher Bestandteil des Motivs: Zu diesem gehören Windgeräusche, die sich in einem tieferen Rauschen, einem hohen Pfeifen oder einem hauchenden Blasgeräusch im mittleren Frequenzbereich äußern können. Zu diesen Windklängen addieren sich sehr langgezogene Haltetöne auf dem Ton C zumeist im hohen und/oder tiefen Frequenzbereich: über mehrere Takte gehaltene Orgelbordune oder Synthesizer-Bässe und hohe Liegetöne in Kirchenorgel, Orchesterinstrumenten oder Synthesizer-Pads.

Notenbeispiel 25: Hans Zimmer – Stay-Motiv (vereinfachter Ausschnitt; Quelle: eigene Notation).

Über diesen langgezogenen C-Haltetönen spinnt sich eine zumeist von der Kirchenorgel vorgetragene Melodie in sehr langsamem Tempo, die in mittlerer bis hoher Lage mit dem Quartsprung F–B beginnt und hiernach mit dem Verharren auf dem Ton A einen F-Dur-Akkord etabliert, der sich jedoch durch den nächsten Halteton As in ein f-Moll wandelt. Dieses Changieren zwischen Dur-Terz und Moll-Terz kann sich je nach konkreter Szene mehrfach wiederholen. Durch das in der Regel sanft-zurückhaltende Orgelregister, die schwebenden Liegetöne und die mit Wind, Atem und Luft assoziierten Sounds erhält das Stay-Motiv einen schwebenden, überirdischen und so weitreichenden wie entrückten Charakter. Das Stay-Motiv ist mit der semantischen Ebene der Zeit und ihren verwandten Bedeutungen konnotiert: Es kann Vergangenheit, Vergänglichkeit, Altern und Erinnerung symbolisieren, steht aber in anderen Szenen auch mit Sehnsucht, Zukunft, Hoffnung und Aufbruch in Verbindung.

Notenbeispiel 26: Hans Zimmer – Stay-Motiv-Variation (vereinfachter Ausschnitt; Quelle: eigene Notation).

Wie das Science-Motiv hat auch das Stay-Motiv eine wichtige Variation, die aus langsam absteigenden Terzen in der Oberstimme besteht und zumeist auf das Grundmotiv nachfolgt. In einigen (Schlüssel-)Stellen des Films endet diese Variation mit einem stark anschwellenden C-Dur-Fortissimo in der Kirchenorgel (vgl. Nolan 2014: 02'31"–02'45"; 81'34"–82'35"; 159'55"–160'10"), kann jedoch auch in ein expressiv stark gesteigertes Orchestertutti mit kontrapunktierenden Hörner- und Posaunenrufen und grollenden Orgel- und Synthesizerbässen übergehen (vgl. Nolan 2014: 37' 00"–42'17"; 135'33"–136'37"). Das Stay-Motiv erklingt als erstes Motiv in *Interstellar* zu Filmbeginn und kehrt mehrfach wieder, wobei die Konzentration des Motivs klar auf dem Filmbeginn sowie dem Ende liegt (vgl. Nolan 2014: 00'25"–01'15"; 01'46"–03' 31"; 37'00"–42'17"; 66'13"–66'35"; 133'00"–135'33"; 135'33"–136'37"; 156'29"–159'55"). Allein dadurch gewinnt das Motiv den Charakter einer musikalischen Klammer, die Anfang und Ende zusammenhält (siehe dazu das nachfolgende Kapitel). Der Charakter des Stay-Motivs in seiner Grundform mit seinem extrem langsamen Tempo ist wehmütig und nostalgisch, wobei sich dieser Gestus in den beschriebenen Orchestertutti-Sequenzen in schmerzende Sehnsucht und gefühlsgesteigerte Melancholie verwandeln kann. Zudem hat das Stay-Motiv – als einziges Motiv in *Interstellar* – durch den aufsteigenden Quartsprung zu Beginn einen entfernten motivischen Bezug zu typischem Main-Title-Material, doch ist der Gestus auch hier (ähnlich wie beim Murph-Motiv) ein deutlich anderer als bei einem konventionellen Main Title. Das Stay-Motiv ist die Vertonung von Zeit und ihres menschlichen Erlebens: von nostalgischen Erinnerungen an die Vergangenheit über schmerzliche Bewusstwerdungen der Vergänglichkeit bis hin zu sehnsüchtigen Ahnungen der Zukunft. Das Stay-Motiv gewinnt hierdurch auch mythische und utopische Züge: einerseits durch ein verklärendes Gedenken an Vergangenes, andererseits durch sehnsüchtig-idealisierende Konstruktionen von Zeit und Raum überwindenden Bindungen.

Zwei weitere Motive sollen noch vorgestellt werden: das Gravity- und das Space-Motiv. Beide Motive haben gemein, dass sie besonders stark durch Sounddesign geprägt sind und durch die reine notative Beschreibung nur unzureichend charakterisiert werden können. So ist das Gravity-Motiv aus schwebenden, ineinander übergehenden Akkordschichten (Soundlayers) aufgebaut, die in der Regel von Querflöten beziehungsweise Holzblasinstrumenten, Synthesizer-Pads und Streicher-Tremoli gebildet werden. Der prägnanteste harmonische Layer ist dabei ein C-Dur-Akkord mit zusätzlicher hochalterierter Quarte (Fis), der langsam in gemächlich pulsierenden Phasen an- und wieder abschwillt. Dadurch entsteht der Eindruck eines lydischen Modus, zusätzlich verleiht der Tritonus Fis in Verbindung mit dem gleichzeitigen Erklingen der Quinte G dem Layer eine chromatische Reibung. Auch ist in weiteren Layern der Ton Gis zu hören, was auf einen übermäßigen C-Akkord hindeutet und ebenfalls mit dem gleichzeitigen G eine chromatische Spannung erzeugt. Die Verwendung von Holzblasinstrumenten (zumeist Querflöten), Pads und Streichern im hohen Register und der Verzicht auf tiefe (Sub-)Bässe, Beats oder Drums verleihen dem Motiv eine unterschwellige, mysteriöse Spannung mit sphärischer Nebenassozioation; auch fügt sich das Gravity-Motiv dadurch in den Gestus der weiteren Hauptmotive ein und bewahrt die expressive und klangliche Kohärenz des Scores. Aus den lydisch und chromatisch gefärbten Soundlayern entspinnt sich außerdem im weiteren Verlauf des Motivs eine Melodie in den Streichern, die ebenfalls chromatisch geprägt ist:

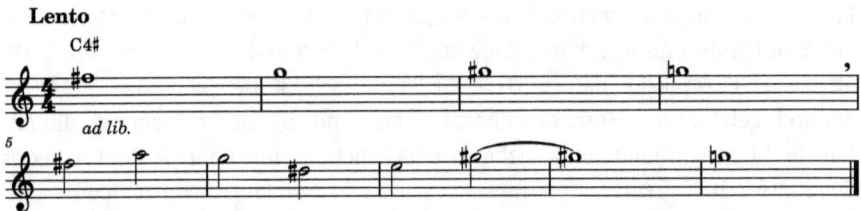

Notenbeispiel 27: Hans Zimmer – Gravity-Motiv (vereinfachter Ausschnitt; Quelle: eigene Notation).

In dieser getragenen und mysteriösen Grundform erklingt das Gravity-Motiv einige Male im Film (vgl. Nolan 2014: 13'37"–15'26"; 19'37"–21'44"; 61'43"–62'22"), bevor auch dieses Motiv variiert wird und das tonale Zentrum C einer dominantisch wirkenden Harmoniefolge weicht; auch ergänzen sich hier langsame Arpeggio-Begleitungen von Orgel, Querflöten und Synthesizer sowie Obertöne in Streichern oder Synthesizer (vgl. Nolan 2014: 46'21"–48'59"; 106'30"–112'00"). Der geheimnisvolle, mysteriöse Grundgestus wird gegen Ende des Films schließlich aufgelöst: zunächst in ein kadenzierendes Orchester-Tutti mit ergänzender Orgel und (Sub-)Bass, das über F-Dur und G-Dur schließlich zurück zu C-Dur führt (mit den Akkordstufen I–IV–V–I; vgl. Nolan 2014: 136'46"–138'15"). Ein letztes Mal taucht das Gravity-Motiv in einer Mischform mit dem Murph-Motiv auf: Zwar erklingt der charakteristische, sphärische C-Dur-Akkord mit zusätzlichem Tritonus in schwebenden Synthesizer-Pads, jedoch in deutlich hörbarem Dreiertakt und mit präganten Quintschlägen auf der Zählzeit 2 von Kirchenorgel und Klavier; schließlich geht das Motiv ganz im Murph-Motiv auf und kehrt im filmischen Verlauf nicht wieder (vgl. Nolan 2014: 146'53"–150'10"). Das Gravity-Motiv symbolisiert das Phänomen der Schwerkraft und charakterisiert diese: Zunächst als geisterhaft-übersinnliches Ereignis, dann als erkanntes, aber noch nicht vollständig verstandenes physikalisches Phänomen, schließlich als entscheidendes Werkzeug und Kommunikationsmittel für Cooper, um Zeit und Raum zu überbrücken und seine Tochter zu erreichen. Diese Bedeutungswandlung findet sich im musikalischen Motiv wieder: Die starke chromatische Reibung und der lydische Modus werden zunehmend aufgelöst, der schwebende harmonische Stillstand geht über in kadenzierende Akkordfolgen, und das Motiv wird schließlich ganz vom mit Liebe und Familie konnotierten Murph-Motiv abgelöst (siehe hierzu auch weiter unten).

Zuletzt soll auch das Space-Motiv nicht unerwähnt bleiben. Dieses ist von den fünf wichtigsten und hier vorgestellten Motiven das einzige, das keinen melodisch-harmonischen Verlauf aufweist, der sich adäquat und hinreichend mittels einer Notation abbilden lässt. Das Motiv erklingt in verschiedenen Variationen primär in der Mitte der filmischen Narration und ist mit dem Sujet des Weltraums und der Raumfahrt verknüpft (vgl. Nolan 2014: 44′45″–46′08″; 49′28″–50′21″; 58′54″–60′13″; 68′27″–70′28″). Es ist von einem auditiven Pulsieren geprägt, das durch Tonwiederholungen des Tons E, aber auch von chromatischen Clustern (um E herum) gebildet wird. Auch erklingt bisweilen ein anschwellender übermäßiger C-Akkord (mit den Tönen C–E–Gis), worin sich eine Nähe zum Gravity-Motiv andeutet. Als Instrumente finden Streicher mit Tremolo- und Pizzicato-Spielweisen, Schlagwerk und Percussion, Kirchenorgel, Synthesizer-Pads sowie Beats Verwendung, wobei ein perkussiver Puls oder Beat in Verbindung mit dem übermäßigen Akkord die prägnantesten Merkmale sind. Im späteren filmischen Verlauf nimmt das Grundtempo des Motivs zu und wird durch stärkere Beat-Anteile ergänzt, die auch durch ein Ticken des Metronoms oder durch Bogenschläge von Streichinstrumenten gebildet werden können. Dabei überlagert sich das Space-Motiv in Actionszenen zunehmend mit anderen Motiven (namentlich dem Stay-, Science- und Murph-Motiv) und bildet hier eher einen dynamischen, energetischen Grundrhythmus, der die Inhalte anderer Motive ergänzt (vgl. Nolan 2014: 112′00″–120′22″; 120′33″–127′19″; 127′45″–131′25″; 133′00″–135′33″; 142′53″–144′37″). Das Space-Motiv symbolisiert die technische und bisweilen unerbittliche oder unheimliche Seite der Raumfahrt. Dazu gehören die Gefahr einer Reise durch das Wurmloch ebenso wie technische Fehler, die tödliche Leere des Vakuums oder die Einsamkeit der Weite des Raums. Damit hat das Space-Motiv eine antagonistische Funktion; als einziges der zentralen Leitmotive beinhaltet es keine (deutliche) Vermenschlichung oder Subjektivierung von semantischen Feldern, sondern schafft eher eine Distanz, die Merkmale des Otherings enthält.

Insgesamt zeigt der Score in *Interstellar* eine stark ausgeprägte Leitmotivik. Die fünf vorgestellten Motive sind die Grundlage für das musikalische Material im Film. Dabei zeigen sich die Motive als äußerst flexibel, wandlungsfähig und vielseitig: Jedes Leitmotiv hat mehrere Ausprägungen und Varianten, die auch den Gestus, Duktus, expressiven Gehalt sowie die Instrumentierung deutlich verändern können. Dadurch ergeben sich auch semantische Wandlungen der Motive und neue Konnotationen (wofür im nächsten Teilkapitel einige Beispiele analysiert werden). Auch verschmelzen Motive teils ineinander, entwickeln sich weiter oder werden von anderen Motiven überlagert oder verdrängt. Wenn in wenigen

Szenen auch anderes motivisches Material erklingt, besteht der Score dennoch größtenteils aus diesen Motiven, wodurch die Leitmotivik stärker als beispielsweise bei *Thor: The Dark World* ausgeprägt ist.

Dagegen ist die Main-Title-Ausprägung in *Interstellar* gering. Keines der Leitmotive entspricht den Main-Title-Konventionen des Genres oder mythischen Raums, und das dominanteste Leitmotiv, das Murph-Motiv, hat einen deutlich konträren Gestus sowie eine unübliche Instrumentation für einen Main Title. Auch der Titel „Day One (Interstellar Theme)" auf dem veröffentlichten Soundtrack-Album hilft in diesem Zusammenhang nicht weiter, enthält der Track doch mit dem Science- und dem Murph-Motiv die beiden dominantesten Leitmotive des Films (vgl. Zimmer 2014).

Neben den erwähnten Anleihen bei der Minimal Music zeigen sich in stilistischer Hinsicht auch typische Genre-Konventione: Zu nennen ist die weitgehend durchgehaltene triadische Chromatik mit Ausgestaltungen wie beispielsweise einer mehrheitlichen Dur-Moll-Tonalität, einer ergänzenden Verwendung von akkordischer und melodischer Chromatik, aber auch von Skalen wie dem lydischen Modus und übermäßigen Akkorden. Auch ist die erwartete motivische Reduktion der Hans-Zimmer-Ära deutlich erkennbar, die sich nicht nur in einer Simplizität des melodisch-motivischen Materials äußert, sondern auch in der Harmonik: Zwar kommen bisweilen erweiterte Akkorde wie ein Subdominantakkord mit großer Septime oder ein Durakkord mit zusätzlicher großer Sexte vor. Auch gibt es – zumeist konventionelle – Akkordfortschreitungen. Doch die bewusste Simplizität in harmonischer Hinsicht äußert sich unter anderem in dem C-Dur-Akkord als krönendem Schluss des Stay-Motivs, in nur wenigen Tonartwechseln und Modulationen und vielen Klangflächen ohne harmonische Fortschreitung. Durch diese Reduktion ist es Zimmer möglich, die Motive in expressiver Hinsicht flexibel zu halten und Variationen zu kreieren.

In interkultureller Hinsicht zeichnet sich der Score von *Interstellar* durch ein Fehlen von musikalischen Exotismen aus. Die eingesetzten Mittel des Otherings, beispielsweise der lydische Modus im Gravity-Motiv oder chromatische Reibungen, fügen sich in die üblichen Genre-Konventionen ein und sind für Hörer*innen des globalen Nordens keine kulturfremden Merkmale. Die Elemente des Otherings erweisen sich zudem als gemäßigt und werden gegen Ende der filmischen Narration teilweise aufgelöst, wenn das Gravity-Motiv im Murph-Motiv aufgeht oder das Space-Motiv nicht mehr erklingt.

Der Score von *Interstellar* erweist sich zudem als einerseits prägnant und ausdrucksstark an entscheidenden filmischen Stellen, andererseits in seiner Gesamtform als äußerst kohärent in Bezug auf Klangfarbe, Instrumentierung und Stilistik. Das äußert sich unter anderem darin, dass keine Songs im Film zu hören sind. Dass dies eine bewusste Entscheidung war, zeigt sich beispielsweise am Beispiel einer

Fahrszene im Auto, die der Standardsituation der (entspannten, dialogisch geprägten) Autofahrt entspricht. Üblicherweise erklingt in einer solchen Szene ein Song als Source Music (der gleichzeitig eine dramaturgische und emotionale Wirkung haben kann). Hier jedoch schweigt das Autoradio (vgl. Nolan 2014: 05′02″–05′33″). Ein Song würde hier nur ablenken und die expressive Geschlossenheit des Scores (in Verbindung mit dem Sounddesign) stören. Stattdessen wird die Alltagssphäre in *Interstellar* durch musikalisches Schweigen begleitet, was ebenso einen (behutsamen) kontrastierenden Gegensatz darstellt, ohne andere Stilistiken oder musikalische Assoziationen herstellen zu müssen (vgl. etwa Nolan 2014: 09′34″–13′37″). Die hohe Kohärenz der auditiven Seite von *Interstellar* äußert sich auch in einer hohen Integration von Musik und Sounddesign. Anders als in *The Hobbit*, wo Sounddesign lediglich eine untergeordnete, ergänzende Rolle spielt, oder in *Thor: The Dark World*, wo zwischen Musik und Sounddesign zumeist eine kontrastierende Arbeitsteilung hinsichtlich Abstrahierung und Konkretisierung herrscht, ist in *Interstellar* eine symbiotische Integration beider Anteile zu beobachten. Zwar zeigt sich auch hier eine ähnliche Rollenverteilung von abstrakter (Musik) und konkreter (Sounddesign) Sphäre mit einer dominanten Vorrangstellung des Musikalischen in der Gesamtbewertung, doch gibt es auch deutliche Vermischungen, wie das Gravity- und besonders das Space-Motiv zeigen. Diese Verschmelzung resultiert in einem mythischen Phänomen: Stärker als in den anderen analysierten Filmen verwischen die Zuordnungen von tatsächlichem (physikalischem) Schall-Phänomen und dramaturgisch-kommentierendem Score. Beispielsweise ist das rhythmische Pulsieren des Space-Motivs möglicherweise auf einen tatsächlichen Ursprung in der Diegese zurückzuführen (etwa einem Antriebsgeräusch), vielleicht aber auch nicht. Die Wahrnehmung wird an diesen Stellen getrübt und lässt das Sounddesign abstrakter und gleichzeitig den Score greifbarer werden. Die Kombination erschafft eine auditive Ebene, die metaphysisch wirkt: Sie hat mögliche, aber nicht nachgewiesene Elemente in der Filmdiegese, sie hat rationale, aber auch emotionale Bezüge, sie ist gleichzeitig mit dem Filmbild verbunden und weist darüber hinaus.

Zuletzt zeigt sich die hohe Kohärenz des Scores auch in seiner äußeren Form, die zyklisch und für einen Filmscore auffallend geschlossen ist: Wichtige Motive wie das Murph- und Stay-Motiv kehren zum Filmschluss Reprisen- oder Coda-artig zurück und verdrängen andere Leitmotive wie das Gravity-Motiv. Auch wird eine klare musikalische Klammer hergestellt, insbesondere durch das Murph- und das Stay-Motiv, die beide ihre Konzentration auf den eröffnenden Filmbeginn sowie das schließende Ende legen. Der Score gewinnt dadurch eine sinfonische Konnotation: Musikalische Probleme (wie chromatische Reibungen oder lydische Skalen im Gravity- und Space-Motive) werden verarbeitet und nach mehreren motivischen Entwicklungen und Variationen zum Schluss hin aufgelöst. Diese zyklische Form hat nicht nur sinfonische Referenzen, sondern verbindet auf auditiver Ebene auch Anfang und Ende des Films. Dadurch hebt der Score die kontinuierliche Wahrnehmung von Zeit auf und schafft eine mythisierende Verbindung zwischen Vergangenheit und Zukunft.

Abschließend sei noch festgehalten, dass der Score in *Interstellar* auch eine deutliche Affinität zur musikalischen Substanzfunktion besitzt. Einerseits weist der Score eine hohe Prägnanz durch seine Instrumentierung und seinen Soundmix mit der charakteristischen Kirchenorgel auf, wodurch er ein originelles Klangbild bietet, das nicht den Genre-Konventionen entspricht. Auch die untypischen Klangflächen im hohen Frequenzbereich, die Musik-Sounddesign-Verschmelzungen und die ungewöhnliche Instrumentierung mit einer Mischung von analogen Spieltechniken und digitaler Bearbeitung erweisen sich als innovativ. Auch wenn mit Philip Glass' Score zu *Koyaanisqatsi* durchaus ein musikalisches Vorbild existiert, ist der Grad der Verarbeitung durch Zimmer nicht nur in musikalischer, sondern auch in poetisch-semantischer Hinsicht hoch; dadurch ist eine deutliche Originalität des Scores gegeben. Andererseits erweist sich die hohe Expressivität vieler Motive als vorteilhaft für die Rezeption: Tatsächlich verfügen die hohen Ausdrucksmöglichkeiten der Kirchenorgel in Verbindung mit den expressiven Steigerungen des Hybrid-Orchesters – ganz im Gegenteil zu Glass' *Koyaanisqatsi* – über ein hohes Überwältigungs- und Immersionspotenzial bei der Rezeption, auch außerhalb des filmischen Zusammenhangs. Die Aufrufzahlen des Scores in dreistelliger Millionenhöhe stellen dies unter Beweis (vgl. Zimmer 2014).

5.6.3.2 Musik-Film-Ebene

Die dominante Rolle des Scores in *Interstellar* zeigt sich unter anderem in der vielfältigen Verwendung auf funktionaler Ebene: Der Score beschränkt sich selten auf eine allein unterstützende oder verdoppelnde Wirkung; vielmehr macht er reichlich Gebrauch von der Erinnerungs- und Ahnungsfunktion, von symbolisierenden und charakterisierenden Wirkungen und von vermittelnden, territorialisierenden und sinnstiftenden Funktionen.

Bereits zu Beginn des Films unterstreicht dies eine Szene, in der Cooper aus einem Alptraum erwacht, nach einem kurzen Dialog mit seiner Tochter Murph aufsteht und aus dem Fenster sieht. Dort erblickt er ein Maisfeld mit Bergen dahinter. Die Szene wird überblendet mit Interview-Aussagen von älteren Personen, die von der Situation auf der Erde erzählen: vom Staub und von nachlassenden Ernten durch die veränderten klimatischen Bedingungen (vgl. Nolan 2014: 01'46"–03'30"). Die Filmsequenz ist unterlegt mit dem Stay-Motiv, das durch seinen nostalgischen Gestus und die Verbindung mit Wind- und Staubgeräuschen einen erinnernden Gehalt verstärkt: Die Sequenz wird zu einer Erinnerung an die Vergangenheit. Das geschieht unter anderem dadurch, dass das Stay-Motiv sich auch in den Überblendungen mit den älteren Zeitzeug*inneninterviews fortsetzt und so eine semantische Klammer herstellt. Die Erinnerung wird durch das Stay-Motiv mit nostalgischen Zügen aufgeladen, die leicht idealisierende Tendenzen zeigen, die jedoch durch die karge, desillusionierende Realität konterkariert werden: Die Sehnsucht nach der Vergangenheit zeigt sich als trügerisch, der Traum von der Ursprungs-Idylle als falscher Irrglaube, was sich auch in dem Wechsel zwischen Moll und Dur des Stay-Motivs wiederfindet.

Einen besonderen Höhepunkt findet das Motiv in der gerade beschriebenen Szene, in der Cooper von seinem Bett aufsteht und aus dem Fenster auf das Feld – und vielleicht zum Horizont – blickt (vgl. Nolan 2014: 02'31"–02'44"). Diese an sich ereignis- und informationsarme Szene trägt Züge der Standardsituation des von Joseph Campbell beschriebenen ‚Rufs zum Abenteuer' (vgl. Kapitel 3.3.2.3) und wird mit einem gewaltig anschwellenden Orgel-Tutti-Crescendo eines strahlenden C-Dur-Akkords unterlegt. Der expressive Ausschlag interferiert nicht erkennbar mit der visuellen Ebene: Die weiten Maisfelder sind weder majestätisch noch furchteinflößend, das Wetter weder besonders gut noch besonders schlecht; nichts weist auf eine bestimmte emotionale Regung von Cooper oder auf eine überraschende Wendung hin. Der Score übernimmt in dieser Szene mehrere wichtige Funktionen gleichzeitig, darunter eine Ahnungs- und Erinnerungsfunktion, die sowohl zurück in die Vergangenheit als auch in die Zukunft weist. Der Score deutet an, dass sich noch etwas Großes am gezeigten Horizont ereignen wird; Coopers Blick in die Ferne erweist sich als schicksalsträchtig. Zugleich erinnert der Score an Coopers traumatischen Flugzeugcrash, von dem er gerade geträumt hat, aber deutet möglicherweise auch seine neuerliche Sehnsucht nach den Sternen an.

Der Score verweist außerdem mit dem Changieren zwischen Dur und Moll sowie dem strahlenden Orgel-C-Dur-Akkord intermedial auf Stanley Kubricks *2001* beziehungsweise Richard Strauss' Naturmotiv aus *Also sprach Zarathustra*: Dort jedoch untermalt der Akkord ein Triumphgefühl menschlicher Evolution, hier zeigt sich eher der Niedergang der menschlichen Zivilisation auf der Erde. Statt des mysteriösen Monolithen dort findet sich hier lediglich ein verstaubtes Fensterkreuz als vergleichbares optisches Symbol. Durch diese vielfältigen Verweise erwirkt der Score zeitlich und räumlich mehrdimensionale Assoziationen; er stellt Zusammenhänge zwischen Vergangenheit und Zukunft, aber auch zwischen subjektivem Empfinden und weiten räumlichen Entfernungen her. Dadurch werden semantische Ebenen eröffnet, die sich nicht im konkreten visuellen Vorgang wiederfinden. Damit ahnt und erinnert der Score nicht nur, sondern er psychologisiert Cooper, fokussiert und vermittelt wichtige filmische Messages und verweist zugleich in sinnstiftender, verbindender Form auf zeitliche und räumliche Zusammenhänge. Auch zeigt sich hier die Ästhetik des Erhabenen: Der strahlende C-Dur-Akkord hat Überwältigungscharakter und wird religiös-metaphysisch konnotiert. Aber: Der Glanz ist fahl, vielleicht trügerisch, und wird durch die Tristesse des Ausblicks aus dem Fenster sowie Coopers gerade zurückliegenden Alptraum konterkariert. Schönes mischt sich hier mit Schaurigem, die utopische Idealisierung der Vergangenheit ist gleichzeitig dystopische Abschreckung. Insgesamt schafft der Score in dieser Szene bereits einen poetisierenden, aber auch mythenbildenden Referenzraum, indem er Zeit und Raum überbrückt, sowohl subjektiv-psychologische Einblicke als auch weitreichend-universale Assoziationen bietet und sogar intermediale Referenzen zulässt.

Der charakteristische C-Dur-Akkord kehrt zudem an einigen wichtigen Stellen der filmischen Narration wieder und schafft dadurch verbindende Zusammenhänge (vgl. Nolan 2014: 02'31"–02'45"; 81'34"–82'35"; 159'55"–160'10"). Einmal erklingt er nur angedeutet, fern und leise, als Cooper erstmals nach 23 Jahren eine Videobotschaft der mittlerweile erwachsenen Murph empfängt: Hier ist der Score ein ferner Erinnerungsruf an die Vergänglichkeit der Zeit und bestätigt gleichzeitig die tiefe Verbindung zwischen Cooper und Murph. Zuletzt erstrahlt der Akkord erneut in einer fast identischen Wiederholung der Anfangsszene, als Cooper am Ende des Films in einer Happy-End-Standardsituation die mittlerweile über 120-jährige Murph im Krankenzimmer wiedertrifft. Der Score ist hier eine metaphysisch aufgeladene Bestätigung der Verbindung, er stellt zudem eine Klammer zum Filmanfang her und durchdringt die Zeit mit der Rückbesinnung auf die Vergangenheit am Filmbeginn. Dies hat eine erlösende Konnotation, der Score zeigt die Erfüllung der Prophezeiung, die er zum Filmbeginn selbst aufgestellt hat. Zugleich bildet der Score dadurch eine Coda-ähnliche Funktion.

Ein weiteres Exempel für die originelle und vielseitige funktionale Wirkung des Scores ist die Drohnenfang-Szene, die grundsätzlich der Standardsituation einer Verfolgungsjagd entspricht (vgl. Nolan 2014: 06'17"–09'34"): In einer actionreichen Fahrt mit dem Geländewagen durch ein Maisfeld gelingt es Cooper und seinen beiden Kindern, eine Drohne zu verfolgen und ihre Kommunikation so zu hacken, dass sie gesteuert werden kann. Dabei wird der actionreiche erste Teil der Sequenz von einer Variation des Murph-Motivs unterlegt: Mit der Kirchenorgel als Lead-Instrument erklingt eine zwar auch dynamische Musik, aber kein den Konventionen entsprechender Score für die Standardsituation einer Verfolgungsjagd oder einer Actionszene. Stattdessen ist hier eine schwebende Kirchenorgel mit orchestraler Begleitung zu hören, untermalt von Sounddesign (Fahr- und Antriebsgeräusche, das Umknicken der Maispflanzen und die Düsen der Drohne). Nachdem die Drohne erfolgreich eingefangen wurde, erklingt nach kurzer Stille das Science-Motiv in Synthesizer-Pads, Kirchenorgel und Querflöten, das einen noch zurückhaltenderen, mysteriösen Gestus hat.

Insgesamt zeigt der Score-Einsatz in dieser Sequenz, dass der Score mit dem Inhalt der visuellen Geschehnisse eine Reibung erzeugt oder, anders ausgedrückt, eine weitere semantische Ebene eröffnet: Im Vordergrund steht hier für den Score nicht, die visuellen Vorgänge zu begleiten, zu untermalen oder zu verstärken. Im Gegenteil betont der Score emotionale Beiklänge von Schönheit, Elegie und Nostalgie sowie metaphysische Bezüge. Diese semantischen Verbindungen ergeben vor allem durch einen retrospektiven Blick Sinn: Der Score betont hier idealisierte, verklärte vergangene Momente der Vater-Kind-Beziehung, es sind vertonte Kindheitserinnerungen. Dadurch gibt der Score auch den Sinn der Sequenz zu erkennen: Gezeigt wird hier exemplarisch, wie sich die Beziehung zwischen Vater und Tochter auf einer emotionalen Ebene ausgestaltet. Auch wenn Coopers Sohn Tom den Geländewagen fährt, ist er nur Nebenfigur: Der Score fokussiert den emotionalen Gehalt der Sequenz auf die Bindung zwischen Cooper und Murph. Durch das Science-Motiv wird zudem Murphs Neugier für Raumfahrt und Technik untermalt, was sich ebenfalls im weiteren narrativen Verlauf des Films widerspiegelt. Dadurch abstrahiert der Score die Sequenz, er schafft in den visuellen Vorgängen nicht vorhandene semantische Assoziationen und greift sowohl retrospektiv auf die Vergangenheit zurück als auch vorausahnend auf die Zukunft voraus, indem er die die Zeit überdauernde Vater-Tochter-Liebe illustriert. Der Score erklingt hier wie eine retrospektiv erzählende Musik aus der Zukunft – mit dem Wissen der Zukunft – und idealisiert auf emotionsbasierter Ebene die Vergangenheit. Dadurch erschafft der Score zeitliche, semantische und räumliche Brücken und überwindet unterschiedliche Sequenzen, Orte und Zeiträume. Der Score hat hier also eine deutlich ausgeprägte mythenbildende Wirkung, aber auch eine vermittelnde, territorialisierende, reflektierende und emotionalisierende Funktion.

Von Interesse ist auch der Umgang des Scores mit naturwissenschaftlichen Themen. Von zentraler Bedeutung ist hier das Science-Motiv: Wie bereits beschrieben wurde, ist dieses keine Musikalisierung physikalischer Phänomene, sondern es symbolisiert die subjektiv-menschliche Sichtweise und den Umgang mit naturwissenschaftlichen und technischen Phänomenen auf einer emotionalen Ebene. Dies wird gut in einer langen Sequenz verdeutlicht, in der Cooper und Murph in einer geheimen NASA-Einrichtung wichtige Informationen über den Zustand der menschlichen Zivilisation sowie über die Rettungspläne der NASA erfahren (vgl. Nolan 2014: 28'04"–35'15"): Die über sieben Minuten lange Sequenz ist fast ununterbrochen mit dem Science-Motiv unterlegt, wobei dieses insgesamt sechs deutlich voneinander abgrenzbare Variationen zeigt. Die Wandlungen des Science-Motivs stimmen meist mit einer Erhöhung der Anspannung etwa bei neuen Informationen überein („The corn will die soon", Nolan 2014: 28'50"–28'55") oder einem anderen Stimmungswechsel, der mit einer weiteren Wandlung des

Motivs einhergeht (vgl. Nolan 2014: 29'55"; 31'25"; 31'58"; 33'52"). Insgesamt bleibt das Science-Motiv von Klavier und Orgel geprägt, die Begleitung wechselt zwischen Holzblasinstrumenten, Synthesizer-Pads, Klavier, Kirchenorgel und Streichinstrumenten. Der Gestus ist zurückhaltend, forschend und nachdenklich, wobei auch hier durch die Kirchenorgel, das eher hohe Register und die schwebenden Figurationen eine magische, metaphysische oder religiöse Konnotation gegeben ist. Aus einer wissenschaftlichen Mission mit vielen physikalischen und technischen Details wird so eine religiös aufgeladene Rettungsmission, die durchaus mit der Arche Noah oder auch anderen mythischen Legenden vergleichbar ist. Die Wissenschaft wird hier zum Gegenstand menschlicher Hoffnungen und mögliches Mittel zur Erlösung der Menschheit. Der Score reflektiert diese Sehnsucht nach einer heilen Zukunft.

Als im späteren filmischen Verlauf die von Dr. Mann schwer beschädigte Endurance kurz davor steht, vom Schwarzen Loch Gargantua verschlungen zu werden, entschließt sich Cooper zu einer waghalsigen Docking-Aktion, um das Raumschiff (und damit die Mission) zu retten (vgl. Nolan 2014: 127'45"–131'25"). In dieser dramatisch zugespitzten Spannungssequenz, die Ähnlichkeiten mit der Standardsituation des Showdowns hat, zeigt der Score eine komplexe Verwendung von insgesamt drei miteinander verschmolzenen Leitmotiven, wodurch vielfältige Zusatzbedeutungen und funktionale Bezüge hergestellt werden. Zunächst erklingt über teils chromatischen Soundlayern mit Synthesizer-Pads und Klavier- und Orgeltönen ein perkussiver Beat, der einen dynamischen Puls erzeugt und eine Variante des Space-Motivs darstellt. Als Cooper sich an die Rettung der trudelnden und schnell rotierenden Endurance macht, erklingt zunächst die Grundform (vgl. Nolan 2014: 128'10") und anschließend, nach einem Tonartwechsel, die variierte Form des Science-Motivs (vgl. Nolan 2014: 129'21"). Als Instrumentierung türmen sich Kirchenorgel-Akkorde und verzierende Läufe über Sub-Bass-Liegetöne, perkussive Beats, Streicher-Harmonien und Klavierläufe auf. Schließlich wandelt sich das Motiv mit der vom Murph-Motiv bekannten Harmoniefolge VIb–VIIb–i beziehungsweise F-Dur mit großer Septime / G-Dur mit großer Sexte / a-Moll, wodurch der dramatische Höhepunkt erreicht ist (vgl. Nolan 2014: 129'57"). Die Kirchenorgel erweist sich hier als dominantes Lead-Instrument und wird dabei von verzierend wirbelnden Klavierläufen, Synthesizern, Percussion, Beat und verschiedenen Orchesterinstrumenten begleitet. Die Sequenz endet nach dem erfolgreichen Andocken mit einem Dur-Akkord mit übermäßiger Quinte, wodurch eine chromatische Reibung erzeugt wird und das Gravity-Motiv angedeutet wird. Insgesamt ergeben sich durch diese komplexe Verwebung verschiedener Leitmotive, wie schon angedeutet, vielfältige Bezüge und Andeutungen. Das zunächst dominante Space-Motiv drückt die Gefahr der Situation und die Unerbittlichkeit der technischen Herausforderungen im Weltraum aus. Dieses Motiv wird schließlich vom Science-Motiv überlagert: Der menschliche Umgang mit wissenschaftlichen Problemen und die forschende Suche nach Lösungen steht hier symbolisch im Vordergrund. Das Anklingen des Murph-Motivs lässt sich als Andeutung auf Coopers subjektive Gefühlslage interpretieren: Sein Wille, angesichts der dramatischen Situation nicht aufzugeben, entspringt auch seiner Sehnsucht und seinem Versprechen an Murph, zurückzukehren. Das Anklingen des Gravity-Motivs mit einem letzten Anschwellen der Kirchenorgel und des Orchesters verweist nochmals auf die Gefahr der großen Anziehungskraft des Schwarzen Lochs. Insgesamt ergeben sich auch hier viele metaphysische Konnotationen: Das Space-Motiv wird durch die anderen Motive, vor allem das Science- und Murph-Motiv, verdrängt. Passend zum zentralen Dialog zwischen dem Roboter Tars und Cooper: „It's not possible." – „No, it's necessary" (Nolan 2014: 128′16″–128′20″) unterstützt der Score hier nicht nur das Überwinden scheinbar unlösbarer Probleme mit menschlicher Willenskraft. Zugleich erhebt der Score die Sequenz auf eine poetische Ebene mit metaphysischem Bedeutungsraum: Die ikonischen Bilder der schnell rotierenden Endurance über dem Abgrund des Schwarzen Lochs werden hier – auch das kann als Reminiszenz an *2001: A Space Odyssey* bewertet werden – durch den Score zu einem Todestanz im Weltraum, der gleichzeitig schön und schaurig anzusehen ist. Coopers Erfolg macht die Docking-Aktion zu einer quasireligiösen Erfahrung: Sein – durch seine Liebe zu Murph gestärkter – Glaube siegt über das scheinbar Unmögliche. Der Score verstärkt diese Interpretation – erneut – durch eine reichliche Verwendung der Kirchenorgel, aber auch durch die Assoziationen des Murph-Motivs.

Zum Ende der Narration hin verstärkt sich die Neigung des Scores zu metaphysischen Bedeutungsassoziationen. Ein Beispiel dafür ist Coopers beabsichtigter Fall ins Schwarze Loch, der scheinbar seinen sicheren Tod bedeutet (vgl. Nolan 2014: 137′19″–138′15″): Der orchestral geprägte Score ist hier zwar dramatisch und expressiv zugespitzt, hat jedoch auch einen erlösend-apotheotischen Charakter. Hier wird das Gravity-Motiv modifiziert und um Akkordfolgen mit der Rückkehr zum tonalen Zentrum C-Dur ergänzt, die dem bisher geheimnisvollen und mysteriösen Motiv eine Auflösung geben. Schließlich erklingen friedliche, himmlisch anmutende Streichinstrumente in hoher Lage und ein Klavier-Akkord mit leisen Orgel-Arpeggien, die Coopers Fall ins Schwarze Loch mit einer sakralen Konnotation umgeben: Sein Plan scheint erfüllt und Cooper seine Erlösung im Tod zu finden. Der Score stellt mythische und sakrale Assoziationen her und heroisiert gleichzeitig den Protagonisten: Dieser fällt nicht einfach in einen extrem massereichen Himmelskörper, sondern steigt in eine andere mythische Dimension auf und wird entrückt.

Gegen Ende der filmischen Story wird Cooper allmählich bewusst, dass die Schwerkraft zeitliche und räumliche Dimensionen überwinden und er durch sie mit Murph kommunizieren kann – auch in die Vergangenheit (vgl. Nolan 2014: 146'53"–153'17"). Dieser zentrale filmische Plot-Twist wird vom Score zunächst mit einer Verschmelzung des Gravity- und des Murph-Motivs unterlegt: Im Duktus des Murph-Motivs mit seinem Dreiertakt, der non-legato-Betonungen der Kirchenorgel auf der Zählzeit 2 und der sanft-zurückhaltenden Klangfarbe im eher hohen Register erklingt die chromatisch geprägte Melodie des Gravity-Motivs. Dazu mischen sich eine Klavierbegleitung, die eher mit der wissenschaftlichen Sphäre des Science-Motivs konnotiert ist, sowie tiefe Liegetöne in Synthesizer-Bass und Kirchenorgel und Klangflächen in Pads und Streichinstrumenten. Insgesamt wird so zunächst eine geheimnisvolle Atmosphäre mit Beiklängen der Verbindung zwischen Cooper und Murph und zu semantischen Ebenen von Liebe, Neugier, Erforschung und Metaphysischem geschaffen (vgl. Nolan 2014: 146'53"–149'51"). Als Cooper schließlich realisiert, wie er mit Murph Kontakt aufnehmen kann, setzt sich die Kirchenorgel mit dem Murph-Motiv durch, begleitet von Klavier und verzierenden Läufen in der Kirchenorgel, später auch von Streichern und Synthesizer-Pads sowie -Bässen (vgl. Nolan 2014: 149'51"–151'12"). Der Score öffnet sich ganz dem Murph-Motiv, während Cooper im Dialog mit dem Roboter Tars erkennt: „Love, Tars, Love. [...] It's the key." (Nolan 2014: 150'28"–150'34"). Dabei vereinigen sich hier in der Instrumentierung das Klavier und die Kirchenorgel sinnbildlich für die Sphären von Wissenschaft, Neugier, Erforschung und Problemlösung (Klavier) sowie Liebe, Bindung, Gefühl und Sakrales (Kirchenorgel).

Als Murph die entscheidenden Informationen empfängt und so die Gleichung zur Rettung der Menschheit lösen kann, spinnt sich das Murph-Motiv fort und wird teils von Orchesterinstrumenten wie Blechblasinstrumenten übernommen, wodurch es einen heroischen, triumphierenden Beiklang erhält (vgl. Nolan 2014: 151'12"–152'38"). Folgerichtig ist es auch das Murph-Motiv, das ihren Heureka-Moment auditiv begleitet, und nicht das Science-Motiv; die Instrumentierung entspricht mit dem Klavier als Lead-Instrument jedoch eher dem Science-Motiv (vgl. Nolan 2014: 152'38"–153'17"). Auch hier setzt sich das Murph-Motiv nicht nur durch, sondern es gewinnt einen apotheotischen Charakter; es ist die Vertonung der Erlösung nach jahrzehntelanger Sehnsucht und Suche. Der Score fügt der filmischen Sequenz auch hier eine poetische Idee voller mythischer und utopischer Nebenbedeutungen hinzu. Aus einer astrophysikalischen Problemlösung wird so eine quasireligiöse Erlösungserfahrung mit sakral-entrückter Bedeutung.

Auch verbindet der Score wissenschaftliche Phänomene (wie die zentrale Kraft der Gravitation) mit menschlichen und emotionsbasierten Sujets wie Vater–Tochter-Liebe, Familie und Bindung. Die Gravitationsbindung und die familiäre Bindung werden gleichgesetzt: Der Score schafft so nicht nur eine räumliche und zeitliche Klammer, sondern auch eine semantische. Er verbindet die Sphären des

Rationalen und des Gefühls und entspricht damit sowohl Ernst Cassirers Begriff des mythischen Weltbilds als auch der Forderung der Romantiker*innen nach einer höheren Wahrheit, die sich jenseits der allein evidenzbasierten Realität manifestiert, namentlich im mythischen Raum. Der ausgeprägte Hang zur Transzendenz und zum Übernatürlichen im Score von *Interstellar* ist die musikalisch realisierte Idee eines den Raum, die Zeit und andere Dimensionen überwindenden Universalprinzips.

Zimmers Score in *Interstellar* erfüllt damit – so, wie es auch erwartet worden war – nur teilweise die Konventionen des filmischen (Sub-)Genres. In stilistischer Hinsicht entspricht er zwar weitgehend den Hörkonventionen einer kontemporären Filmmusik, setzt hier aber deutliche und innovative Akzente im Soundbereich mit dem ungewöhnlichen und originellen Einsatz der Kirchenorgel, ihrer ebenso innovativen Mischung mit anderen orchestralen, analogen und digitalen Klängen sowie der engen Integration von Musik und Sounddesign. Damit gewinnt der Score von *Interstellar* einen eigenständigen Charakter, der zwar deutlich an Glass' *Koyaanisqatsi* anknüpft, Elemente von Nolans und Zimmers vorangegangenen Kollaborationen aufweist (namentlich die motivisch-thematische Reduktion und die enge Verzahnung von Score und Sounddesign) und auch jeweils Reminiszenzen an Genre-Vorgänger wie *2001: A Space Odyssey* oder *Gravity* zeigt (etwa die Strauss-Hommage und die starke Nutzung von Sounddesign für Weltraum-Konnotationen). Dennoch kommt *Interstellar* zu einem eigenständigen Ergebnis, das sowohl klanglich als auch stilistisch und konzeptionell nur eingeschränkt mit den genannten Referenzen vergleichbar ist.

Ebenfalls die Konventionen nicht erfüllt haben die Dimensionen des Otherings, des Song-Einsatzes sowie der Utopie-Dystopie-Dichotomie. Die stark ausgeprägte Kohärenz des Scores von *Interstellar* bedeutet auf allen diesen Ebenen deutliche Einschränkungen: Das musikalische Othering beschränkt sich auf die Verwendung von Stille beziehungsweise auf musikalische Generalpausen (was weniger Fremdes ausdrückt als eine andere, unterscheidbare semantische Sphäre ankündigt), auf rhythmisches Pulsieren (vor allem im Space-Thema) und auf Sounddesign (zum Beispiel durch Antriebsgeräusche). Auch werden typische Genre-Konventionen wie der lydische Modus (für Geheimnisvolles) und Chromatik (für Anspannung, Gefahr und Mysterien) eingesetzt. Auf musikalische Exotismen im Sinne von kulturell verortbarer Stilistik verzichtet der Score jedoch – genauso wie auf den Einsatz von Songs jeglicher Art.

Dadurch ist auch die konventionelle Utopie-Dystopie-Dichotomie nur schwach ausgeprägt: Es gibt in *Interstellar* keine klassische Gut-Böse-Zweiteilung, die durch den Score bekräftigt oder gespiegelt wird. Vielmehr unterstützt der Score eine Kontrastierung unterschiedlicher Sphären, von denen für die filmische Narration die Dimensionen Wissenschaft und Liebe die wichtigsten darstellen. Diese Sphären werden durch eigene Leitmotive, aber auch durch unterscheidbare Instrumentierung (am deutlichsten in den Lead-Instrumenten Kirchenorgel für das Thema Familie und Liebe sowie Klavier für das Thema Wissenschaft und Forschung) kontrastiert. Auch gibt es auditiv unterscheidbare Sphären von Technik (ausgedrückt durch das Space-Motiv sowie teilweise das Gravity-Motiv mit den Konzepten Sounddesign, Pulsieren, Perkussion, Chromatik und harmonischer Stillstand) sowie von menschlichen Bezügen (ausgedrückt durch das Murph-, Science- und Stay-Motiv sowie teils auch das Gravity-Motiv: schwebende, tonal zuzuordnende Musik mit motivischer und harmonischer Fortschreitung). Gegen Ende der Narration werden diese Gegensätze in beeindruckender Weise zusammengeführt: Durch die Vermischung von Kirchenorgel und Klavier, durch die Vereinigung mehrerer Leitmotive wie dem Murph-, dem Science- und dem Gravity-Motiv, aber auch durch die Vermengungen von Musik und Sounddesign wie etwa beim Raketenstart von der Erde. Dadurch werden mythisierende Sinnzusammenhänge erzeugt und zentrale Sujets wie die Vater–Tochter-Beziehung von Cooper und Murph erhalten eine greifbare Glaubwürdigkeit durch den Score. Selbst physikalische, kognitiv schwer zu begreifende Phänomene wie Gravitationswellen werden so durch den Score auf einer abstrakten, aber emotionsbasierten Ebene vermittelt und dadurch sinnvoller, greifbarer und glaubwürdiger.

Trotz aller Originalität verwendet der Score in *Interstellar* typische und bekannte Genre-Topics. Dazu gehört die Verwendung von charakteristischen Skalen mit semantischen Zuschreibungen (wie dem lydischen Modus) oder von Chromatik für Sujets, die eher mit Anspannung und Gefahr konnotiert werden, aber auch die Verwendung von Beat beziehungsweise Ticken oder Pulsieren für eine höhere Dynamik in actionreichen Filmszenen. Auch weist der Score trotz der innovativen Klangcharakteristik einen reichlichen Einsatz des Orchesters auf, das ebenfalls entsprechend der Konvention zumeist um digitale Instrumente wie Synthesizer-(Sub-)Bass erweitert wird. Ebenso findet sich die bekannte Aufteilung zwischen Sounddesign für konkrete Sujets und Musik für Abstraktes, wobei diese Aufteilung, wie gezeigt wurde, nur eingeschränkt durchgeführt wird. Auch die Leitmotivik muss hier zu den typischen Genre-Codes gezählt werden, selbst wenn die Verwendung eines Main Titles nur eingeschränkt den Genre-Konventionen entspricht. Der Score ignoriert insgesamt nicht die Leitlinien und Referenzen des Genres, sondern interagiert mit ihnen (und damit mit dem medial-mythischen Raum): An manchen Stellen bricht der Score bewusst mit etablierten Konventionen.

Das zeigt sich etwa am Sujet des Main Titles: Der Score präsentiert im Filmfinale tatsächlich einen krönenden, geradezu apotheotischen Abschluss und kehrt zum Murph-Motiv zurück, das sich damit in filmdramaturgisch-konzeptueller Hinsicht zum eigentlichen Main Title macht. Nur beinhaltet das Motiv musikalisch eben kein Main-Title-Material, sondern ein schwebendes, elegisch-sanftes Kirchenorgel-Ostinato mit metaphysischen Bezügen und Reminiszenzen an die Minimal Music (und speziell an Glass' Score zu *Koyaanisqatsi*). Dass der Score dennoch auf erlösende Weise zum Murph-Motiv zurückkehrt und dieses deutlich mit dem zentralen filmischen Plot-Twist interferiert, zeigt die tiefe konzeptuelle Integration der filmischen Story mit dem Score (oder in anderen Worten: von Drama und Musik). Der Score wird dramaturgisch zu einer Metapher für eine alles durchdringende, universale Kraft: vordergründig (und auf physikalischer Ebene) die Gravitation, auf poetischer Ebene – und durch den filmischen Storyverlauf bestätigt – die emotionale Kraft der zwischenmenschlichen Liebe und der familiären Bindung. Dadurch sprengt der Score durchaus semantische Grenzen und ist sowohl das Herz als auch die, verschiedene Dimensionen verbindende, Brücke des Films. Der Score zeigt sich hier tief verwurzelt in der filmischen Konzeption, mit innovativer Realisierung und individuellem Ergebnis, aber dennoch als integrativer Teil des zentralen filmischen Sujets. Den verfügbaren Gestaltungsspielraum füllt Zimmers Score aus und stellt dadurch auch seine hohe Autonomie unter Beweis – nicht im Sinne einer vom Film losgelösten, sondern im Sinne einer integrativen, zentralen Funktion, die sich nicht allein auf eine dienende, unterstützende Wirkung beschränkt, sondern im Gegenteil zum Zentrum der filmischen Botschaft wird.

5.6.4 Rückbezüge und Auswertung

Insgesamt wurden die Erwartungen, die durch Hans Zimmers Zuordnung zum Komponist*innen-Typ C mitbestimmt wurden, in vielen Bereichen erfüllt. Es wurde herausgearbeitet, dass Zimmer in der (Vor-)Produktionsphase intensive Vorbereitungen in enger Zusammenarbeit mit dem Regisseur Christopher Nolan unternommen hat, wobei er eine starke konzeptuelle Kollaboration vor allem mit Nolan selbst – und erst in zweiter Linie auch mit dem Organisten Roger Sayer – eingegangen ist. Wie vorher antizipiert, hat er intensive und teilweise improvisierte Recording Sessions durchgeführt, um die klanglichen, motivischen und figurativen Möglichkeiten der Kirchenorgel auszuloten. Von ebenso hoher Bedeutung zeigt sich der innovative Soundmix und die Produktion des Scores, was an den vielschichtigen Klangmischungen von Kirchenorgel, Synthesizer, Sounddesign, analogen Effekten, Klavier und Orchesterinstrumenten erkennbar ist und wesentlich zum individuellen Klangbild des Scores von *Interstellar* beiträgt. Auch zeigt sich eine integrale Verzahnung von Musik und Sounddesign, als dies bei *The Hobbit* oder *Thor: The Dark World* der Fall war. In Bezug auf Sound-Experimente ragen die analogen Register-Varianten der Kirchenorgel ebenso heraus wie ihre digitale Nachbearbeitung im finalen Soundmix. Auch zeigen sich deutliche Einflüsse der europäischen Kunstmusik, etwa in der Reminiszenz an Richard Strauss' *Also sprach Zarathustra*, aber auch in der konventionellen Verwendung der expressiven Möglichkeiten des Orchesters. Zimmers in der Inhaltsanalyse herausgearbeitete Tendenz zur Poetizität zeigt sich in *Interstellar* ebenfalls deutlich: Die poetische Ebene der familiären oder elterlichen Liebe und die Kontrastierung mit der wissenschaftlichen Dimension wird im Score konsequent betont und abstrahiert die filmische Story von konkreten Ereignissen. Auch der kollaborative Aspekt bleibt nicht auf die Zusammenarbeit mit Nolan und Sayer beschränkt: Die Vorab-Recherchen zeigen, dass Zimmer im Rahmen seiner Produktionsfirma „Remote Control" auf ein großes Team an Unterstützer*innen in den Bereichen Musik, Sound und Produktion zurückgriff. Dabei blieb Zimmer – in Zusammenarbeit mit Nolan – der kreative Kopf und fungierte mutmaßlich als eine Art Supervisor oder Teamleiter für die einzelnen Produktionsschritte des Scores: Die hohe Kohärenz und die hörbare Handschrift der auditiven Sphäre zeigt, dass das Ausmaß der Zusammenarbeit hier stringent und intensiv gewesen sein muss und sich improvisierte Anteile in der musikalischen Produktion in Grenzen gehalten haben müssen. Insgesamt wurden die Erwartungen an den Komponist*innen-Typ C damit weitgehend erfüllt.

Weniger vollumfänglich wurden die Erwartungen getroffen, die sich durch die filmischen Referenzen sowie die vorangegangenen Nolan-Zimmer-Kollaborationen ergeben haben. So zeigt die Filmmusik in *Interstellar* kaum Ähnlichkeit mit der in der Literatur betonten Referenz auf *2001: A Space Odyssey*. Weder im Klangbild noch in stilistischer Hinsicht gibt es hier nennenswerte oder gar vorbildhafte Überschneidungen: Bis auf das kurze (und streitbare) Strauss-Zitat finden sich keine vergleichbaren stilistischen Bezüge, auch die Verwendung präexistenter Musik aus der Spätromantik und der Neuen Musik findet keine Nachahmung bei *Interstellar*. Auch im Hinblick auf die Emotionalisierung, die wiederkehrende Leitmotivik und die funktionale Konzeption des *Interstellar*-Scores zeigt die Filmmusik von *2001: A Space Odyssey* eine geradezu konträre Ausgestaltung.

Interessanterweise sind auch die Referenzen der Hans-Zimmer-Ära sowie die früheren Nolan-Zimmer-Kollaborationen nur teilweise vorbildhaft für *Interstellar*. Zwar entsprechen die motivische Reduktion und die digitale Nachbearbeitung des Orchesters den Erwartungen, aber *Interstellar* zeigt nur eine geringe Ausprägung der gewöhnlichen Verwendung eines Hybrid-Orchesters mit brachialen Blechblasinstrumenten und Ostinato-Figuren mit verstärktem (Sub-)Bass in Synthesizern, wie sie etwa in *Inception* oder *The Dark Knight Rises* deutlich präsenter auftreten.

Größere Überschneidungen zeigen sich mit Steven Prices Score zu *Gravity*, dem die Verschmelzung von Musik und Sounddesign und ein weitgehender Verzicht auf ein konventionelles (Hybrid-)Orchester-Klangbild ebenfalls attestiert wurden. Jedoch findet auch hier *Interstellar* zu einer eigenen Ausprägung, in der der Score sich verschiedener Elemente bedient und diese innovativ zusammenfügt, um zu einem individuellen Ergebnis zu kommen. Zimmers Score zeigt auch deutliche Referenzen zur Minimal Music und greift dabei Glass' Score zu *Koyaanisqatsi* auf (vgl. Reggio 1982; siehe Videobeispiel 21). Zimmer adaptiert die Ideen der langsam mäandernden motivischen Fortschreitungen, der sakral konnotierten Kirchenorgel und der poetischen Zeitmanipulation für seinen Score und das Science-Fiction-Genre, entwickelt aus diesen Grundideen jedoch eine eigene musikalische Verwirklichung, die auch elektronische Musik, ästhetische Merkmale der Popularmusik sowie der sakralen Musik mit einem konventionellen Filmorchester vereint. Der Score von *Interstellar* zeigt dabei deutliche romantizistische Tendenzen: unter anderem die verallgemeinernde Betonung des Emotionalen, aber auch die Überwältigungstendenzen, die Assoziationen einer Zukunftssehnsucht und die Bezüge zu metaphysischen und sogar sakralen Themen. Damit setzt der Score einen prägnanten Kontrapunkt zum wissenschaftlichen Setting des Films: Die Wissenschaft wird durch den Score romantisiert und zur Verheißung, ja rettenden Utopie stilisiert, die die Erlösung der Menschheit bringen soll.

Ein Abgleich des *Interstellar*-Scores mit dem aufgestellten, vorläufigen Romantik-Modell fördert ergiebige Verbindungen zutage. So erschafft der Score einen runden und für sich zyklisch geschlossenen Mythos, da er Anfang und Ende der filmischen Narration miteinander verbindet. Auch zeigt sich der Score als zeitmanipulativ und große räumliche Distanzen überwindend: Hier wird ein sinnstiftendes Glaubwürdigkeitsmodell angeboten (in diesem Fall der universalen Liebe), das als verbindendes Element mythische Tendenzen erhält. In *Interstellar* finden sich Elemente einer – nach Maßstäben der Frühromantiker*innen – höheren Wahrheit, die über die rationale Faktenfindung hinausgehen und, nach Schelling und Schlegel, Züge einer mythischen Wahrheit tragen. Damit mythisiert der Score die filmische Story zu einem glaubhaft-emotionalen Erlebnis, das auch dann rezeptiv verstanden werden kann, wenn die technologischen oder physikalischen Implikationen der Filmdiegese unklar bleiben. Außerdem schafft der Score einen filmischen Mythos auch dadurch mit, dass er für die Sphären von Wissenschaft und von menschlichem Gefühl einen gemeinsamen Ursprung deklariert und so eine starke filmische Botschaft sendet, die auch vertonte Utopie ist. Gegensätze werden so im filmischen Mythos vereint. Innerhalb der Kontinuitätsfunktion des medialen Mythos zeigt der Score deutliche Innovationen, knüpft diese aber an etablierte Konventionen an und schafft so neue Bezüge und Interpretationen, ohne darüber jedoch eingeübte musikalische Topics und Codes völlig zu vernachlässigen.

Hinsichtlich einer Poetizität bewahrheitet sich größtenteils die erwartete Neigung Zimmers zur poetischen Ebene. Durch die Verbindung von wissenschaftlicher und emotional-zwischenmenschlicher Dimension gelingt es dem Score von *Interstellar*, die zentralen filmischen Themen auf eine poetische Abstraktionsebene zu heben, die Ansätze einer universalen Übertragbarkeit zeigt. Auch die vielen konnotativen Anknüpfungen des Metaphysischen und Transzendenten tragen einen poetischen Charakter in sich, weil sie stets in einem mehrdeutigen, interpretierbaren Feld verweilen und so auch individuelle ästhetische Erfahrungen ermöglichen. Gleichzeitig bietet der Score eine subjektive Positionierung durch die musikalische Vertonung von Gefühlen oder der Psychologisierung der Protagonist*innen. Hierin zeigt sich eine romantizistische Neigung zur Universalpoesie: Die subjektive, menschliche Perspektive mit all ihren Gefühlszuständen und subjektiven Sichtweisen wird durch den Score mit den physikalischen Phänomenen, technologischen Plänen und mathematischen Gleichungen in Verbindung gebracht: Der Score nimmt konsequent die Perspektive des Ichs, des menschlichen Inneren, bei der Vermittlung dieser Vorgänge ein und abstrahiert gleichzeitig diese Vorgänge auf universale, symbolbehaftete Ebenen wie Familie, Liebe, Neugier, Erlösung und Sakralität. Dadurch wird die Poetizität des Scores in *Interstellar* zur Dienerin des medialen Mythos: Die poetische Abstrahierung stellt emotionale Glaubwürdigkeit her, weil sie den Rezipient*innen die Identifikation mit den Figuren und dramaturgischen Vorgängen des Films erleichtert. Die Story von *Interstellar* erscheint so wie eine zeitlose, universal gültige Handlung, die sich in ähnlicher Form immer wieder wiederholt. Das sind Wesensmerkmale von Mythen, und der Score stellt diese Brücke zur mythischen Sphäre über die poetische Erhebung der konkreten Filmstory in einen universell übertragbaren Mythos her.

Die utopischen Bezüge in *Interstellar* zeigen sich besonders hinsichtlich einer Idealisierung der Wissenschaft, die einen verheißenden, gegen Ende der filmischen Narration auch erlösenden Charakter gewinnt. Der gezeigte Heureka-Moment und das durchaus Hollywood-gemäße Happy End des Films sind auch musikalisch mit erlösenden, simplifizierenden Schlüssen verstärkt, die auch die Sehnsucht nach der Erlösung der Menschheit (und dies mit sakralen Bezügen) ausdrücken. Die visuell gezeigte Dystopie zu Beginn des Films findet dagegen kaum Resonanz im Score, ebenso wenig wie ein musikalischer Exotismus zur Anwendung kommt. Die Filmmusik betont dagegen durch die Vereinigung und teilweise durch Verdrängung der weltlicheren Leitmotive (etwa des Science- und des Gravity-Motivs) durch die stärker emotionsbasierten Motive (vor allem das Murph-Motiv) die optimistische, hoffnungsvolle Variante einer gelebten – und in Ernst Blochs Sinne durchaus konkreten – Utopie.

Im Bereich des Orchestralismus zeigt der Score von *Interstellar* ein ambivalentes Bild. Zwar spielt das Orchester im Gesamtsound und bei der expressiven Steigerung dramatisch zugespitzter Szenen immer noch eine wichtige, bisweilen zentrale Rolle. Jedoch besticht der Score gerade dadurch, sich im Soundmix, aber auch in den verwendeten Lead-Instrumenten teilweise deutlich vom etablierten Hybrid-Orchester-Sound der Hans-Zimmer- beziehungsweise der Franchise-Ära zu distanzieren. Das zeigt sich zum Beispiel darin, dass für wichtige Leitmotive und deren Variationen die Kirchenorgel (in unterschiedlichen Registern und Klangfarben), das Klavier und teils auch verschiedene Synthesizer (wie Pads, (Sub-)Bass und Beats) sowie Sounds eine wichtige Rolle spielen; das Orchester als vielseitiger musikalischer Expressionsapparat tritt hier oft erst in der variierenden Verarbeitung und Ausgestaltung hinzu. Dagegen hat die Leitmotivik in *Interstellar* eine zentrale Bedeutung: Mit fünf zentralen Motiven und deren – zahlreichen – Variationen wird der überwiegende Teil des gesamten Scores geschaffen. Das erreicht Zimmer unter anderem durch eine motivische Reduktion in der Grundvariante des jeweiligen Motivs, die eine vielseitige und flexible weitere Ausgestaltung je nach expressiven, emotionalen und dramaturgischen Erfordernissen ermöglicht. Dadurch gelingt es dem Score, eine eigene poetische Erzählung in Ergänzung (oder Erhöhung) der filmischen Narration auszubreiten, die einzelne Szenen und Geschehnisse oft symbolisiert, abstrahiert und mit der Sphäre des Metaphysischen verbindet. Tatsächlich ist mit dieser Leitmotivik in *Interstellar* umgesetzt, was Adorno und Eisler (1944/2006: 13) im Film noch schmerzlich vermissten. Wenn sie forderten, dass das „Leitmotiv [...] nicht einfach Personen, Emotionen oder Dinge charakterisieren, sondern [...] im Sinn der eigentlichen Wagnerschen Konzeption die szenischen Vorgänge in die Sphäre des metaphysisch Bedeutenden erheben [soll]", weil „[n]ur um solcher Symbolik willen [...] die Leitmotivtechnik erfunden worden" sei (Adorno/Eisler 1944/2006: 13), dann ist diese Forderung in *Interstellar* erfüllt (siehe auch Kapitel 3.8.3). Hier zeigen sich auch deutliche Unterschiede in der leitmotivischen Konzeption zu *The Hobbit*: Dort ist die Quantität der Leitmotive deutlich höher, jedoch sind diese bisweilen nur als Erinnerungsmotive zur klaren semantischen Zuordnung von Personen, Figuren und Themen eingesetzt. In *Interstellar* jedoch ist nach Schneiders Skala (vgl. Schneider 1983) die volle leitmotivische Ausprägung gegeben, da die Leitmotive nicht nur weitgehend die gesamte musikalische Substanz bilden, sondern sie auch den Score und damit den Film mitformen und durch ihre unzähligen Variationen, Weiterentwicklungen und Vermischungen eine große dramaturgische und poetische Kraft entfalten.

5.7 Analysebeispiel 4: *Solo: A Star Wars Story*

5.7.1 Vorab-Informationen

Der Kinofilm *Solo: A Star Wars Story* erschien im Jahr 2018 und weist in der hier untersuchten Kinoversion eine Länge von 135 Minuten auf (vgl. Howard 2018). *Solo: A Star Wars Story* ist Teil einer neuen *Star-Wars*-Ära ab 2015, die wesentlich durch die Veröffentlichungsstrategie der Produktionsfirma Lucasfilm beziehungsweise des Disney-Konzerns bestimmt wurde: Nach der Übernahme der Rechte am Filmuniversum *Star Wars* im Jahr 2012 durch Disney wurden nicht nur eine neue Kinofilm-Trilogie der Hauptlinie angekündigt und umgesetzt, sondern auch zwei begleitende Spin-Off- oder Prequel-Filme: *Rogue One: A Star Wars Story* und *Solo: A Star Wars Story* (vgl. Edwards 2016; Howard 2018). Dadurch erschien in den fünf Jahren zwischen 2015 und 2019 jedes Jahr ein *Star-Wars*-Kinofilm: die drei Hauptfilme 2015, 2017 und 2019 sowie die beiden erwähnten Spin-Offs in den Jahren 2016 sowie 2018 (vgl. Abrams 2015; Johnson 2017; Abrams 2019). Sowohl bei *Solo: A Star Wars Story* als auch bei *Rogue One: A Star Wars Story* handelt es sich um Prequels: Sie beleuchten wichtige Vorgeschichten der Hauptstory und schließen damit erzählerische Lücken. Beim hier behandelten Film *Solo: A Star Wars Story* ist dies die Vorgeschichte der berühmten Filmfigur Han Solo.

Diese dritte *Star-Wars*-Phase (nach der Originaltrilogie 1977 bis 1983 sowie den Prequels zwischen 1999 und 2005) setzte musikalisch vor allem auf Kontinuität: So wurde für die Filmmusik-Komposition der drei Hauptfilme abermals John Williams verpflichtet, dessen unverkennbare musikalische Handschrift eine verbindende Brücke zu den ersten sechs *Star-Wars*-Kinofilmen bildete (vgl. etwa Lucas 1977; Kershner 1980; Marquand 1983). Der für viele Nachfolgeprojekte vorbildhafte und charakteristische *Star-Wars*-Score wurde in mehreren Beispielen der vorliegenden Studie bereits untersucht, wesentliche Kriterien sollen hier der Übersichtlichkeit halber jedoch erneut zusammengefasst werden. So zeigt sich in der Filmmusik zu *Star Wars* ein starker (Rück-)Bezug auf die kompositorische Leitmotivik, den Einsatz des Orchesters sowie eine Klangästhetik, die sich unter anderem an Vorbildern wie Gustav Mahler, Edward Elgar, Gustav Holst und Igor Stravinsky orientiert. John Williams schuf mit dem *Star-Wars*-Score nach einhelliger Forschungsmeinung eine prägende Stilistik, die beträchtlichen Einfluss auf das Science-Fiction- und Fantasy-Genre hatte und für eine Renaissance des filmmusikalischen Orchestralismus nach der Experimentierphase der 1950er- bis 1970er-Jahre sorgte (vgl. Flinn 1992; Scheuer 2008; Kloppenburg 2012/2015; Halfyard 2012; Halfyard 2013; Audissino 2017a; Hill 2017; Zacharopoulos 2017; siehe Kapitel 3.2.2).

Der *Star-Wars*-Score zeichnet sich unter anderem durch eine stark ausgeprägte orchestrale Leitmotivik mit hoher Expressivität und motivischer Variabilität aus, die bisweilen mythisierenden Charakter gewinnt (vgl. etwa Buhler 2000; Scheurer 2008; Halfyard 2012; siehe auch Videobeispiel 6). Durch die Verwendung von traditionellen Kompositionstechniken und stilistischen Konzepten des Hollywood-Sounds erschafft Williams so eine komplexe sinfonische Musik mit triadischer Chromatik, intensivem Einsatz der Leitmotivtechnik, Kontrapunkten, virtuosen orchestralen Modulierungen, aber auch klassisch beeinflussten Formanlagen (vgl. Audissino 2017a: 225). Der bereits untersuchte Main Title etwa zeigt die opulenten sinfonischen Gestaltungsmittel, die Williams für eine gesteigerte Expressivität und Variabilität einsetzt. Zugleich entspricht der Main Title nicht nur den Konventionen eines heroisierenden Main-Title-Typus, sondern hat diese Konvention selbst entscheidend mitgeformt: Der an spätromantische Scherzi und Opernouvertüren erinnernde Main Title zeigt eine Dur-Tonika, aufsteigende Quart- oder Quintsprünge und Trompeten-dominierte Motivgebungen, die in der Regel von einem elegisch-lyrischen, von Streichern oder Holzblasinstrumenten intonierten Seitenthema ergänzt werden. Der Main Title hat typischerweise optimistische, dynamische und bisweilen militärische Nuancen, die ein Wir-Gefühl und eine Identifikation mit der*den Protagonist*innen ebenso unterstützen wie eine utopisierte Sehnsucht nach dem Guten und Erlösenden (siehe Notenbeispiel 7 und Klangbeispiel 20).

Das Musikbeispiel von „Duel of the Fates" zeigte auf, dass Williams nicht allein auf das Orchester als Klangapparat zurückgreift, sondern dieses je nach gebotenem musikalischem Konzept und filmisch-szenischer Anforderung auch um Elemente wie einen Chor und weitere Instrumente verstärkt. Dabei zeigen sich romantizistische Muster wie eine poetische Abstrahierung der musikalischen Bezüge ebenso wie exotistische Elemente sowie eine zyklische musikalische Form (siehe Notenbeispiel 4, Notenbeispiel 5 und Klangbeispiel 12). Nicht zuletzt zeichnet sich die Filmmusik von *Star Wars* auch durch einen prägnanten Song-Einsatz wie etwa der ikonischen Cantina Band mit Jazz-Elementen aus.

Videobeispiel 22: Wichtige Leitmotive aus *Star Wars*, URL: https://youtu.be/52Pfq19L5JU (vgl. Inside the Score 2018).

In diesem Videobeispiel werden zentrale Leitmotive aus der klassischen *Star-Wars*-Trilogie in kurzer Form präsentiert (vgl. auch Lucas 1977; Kershner 1980; Marquand 1983). So fallen deutliche Ähnlichkeiten in den Motivgestaltungen der lyrischen Leia-, Love- und Luke-and-Leia-Motive auf (vgl. Inside the Score 2018: 02'12"–03'14"; 04'02"–04'27"; 09'42"–10'55"). Das Rebels-Motiv setzt den heroischen Gestus des Main Titles fort und lässt über einen von Percussion verstärkten Marschrhythmus parallele Dur-Akkorde in Blech- und Holzblasinstrumenten erklingen (vgl. ebd.: 00'25"–00'49"). Es findet sein Gegenstück in dem Imperials-Motiv, in dem über einem ebenfalls

> perkussiven Grundrhythmus dräuende Holz- und Blechblasinstrumente parallele Moll-Akkorde und spannungssteigernde Triller erklingen lassen (vgl. ebd.: 03'15"–03'47"). Andere antagonistische Motive wie das Death-Star-Motiv, das Droids- und das The-Emperor-Motiv zeigen eine Tendenz zur Verschleierung des tonalen Zentrums und zu chromatischen Fortschreitungen (vgl. ebd.: 03'47"–04'03"; 05'40"–06'29"; 08'20"–08'54"). Exotistische Elemente enthält das Ewoks-Motiv mit Blockflöten-Instrumentierung, Perkussionsinstrumenten und ungewöhnlicher Skalen- und Rhythmen-Nutzung (vgl. ebd.: 08'54"–09'42"). Einen klar tonalen Charakter mit konventioneller Skalennutzung haben die positiv konnotierten Force- und Yoda-Motive (vgl. ebd.: 01'07"–02'13"; 06'29"–07'28"). Die Filmfiguren Han Solo und Chewbacca haben keine eigenen Leitmotive.

Die auditive Ebene von *Star-Wars*-Filmen zeichnet sich in der Regel durch zwei kontrastierende Dichotomien aus. Das Videobeispiel 22 verdeutlicht den kontrastierenden Unterschied zwischen protagonistischen Leitmotiven, die von klarer Tonalität, heroischen sowie sehnsüchtig-utopischen Topoi geprägt sind, und antagonistischen Leitmotiven, die deutlich stärkere Elemente aus dem Expressionismus und der Neuen Musik beinhalten, wie beispielsweise uneindeutige tonale und rhythmisch-metrische Zuordnungen, chromatisch-atonale Bezüge und ungewöhnliche Skalen. Daneben konnte ein weiteres wichtiges Konzept des *Star-Wars*-Sounds aufgezeigt werden: Buhler (2000: 41) zeichnet die deutliche Kontrastierung zwischen dem leitmotivischen, orchestralen und mythisierenden Score auf der einen Seite, der die semantischen Ebenen der Held*innen, menschlicher Emotionen, aber auch metaphysischer Elemente wie der mysteriösen Macht symbolisiert, und dem Sounddesign auf der anderen Seite nach, das vor allem die Technologie, die Androiden, aber auch Gewalt und die dunkle Seite der Macht repräsentiert:

> If, from its very first appearance, music is thus linked with the production of myth in *Star Wars*, sound effects are linked with technology. The soundtrack in fact is an arena of contention between myth and technology, between past and future, between the Force and the Darkside. (Buhler 2000: 37)

Die mythenbildende Funktion des *Star-Wars*-Scores ist, wie bereits gezeigt wurde, vorbildhaft auch für nachfolgende Scores aus dem Fantasy- und Science-Fiction-Genre geworden. Dazu gehört auch die funktionelle Trennung von Score, der zeitlos-abstrakte Sujets bedient, mehrheitlich die filmische gute Seite der Protagonist*innen ein- und mythische Funktionen übernimmt, und Sounddesign, das den semantischen Feldern der dunklen Seite, der Roboter, Droiden und der Technologie zugeordnet werden kann. Die Fortsetzung oder Adaption dieser beiden Dichotomien (romantizistische und atonale Leitmotive; poetisch-menschlicher Score und technologisch-unmenschlicher Sound) wird in der Analyse von *Solo: A Star Wars Story* ebenfalls überprüft werden.

5.7 Analysebeispiel 4: *Solo: A Star Wars Story*

Da der Score von *Solo: A Star Wars Story* durch eine Kollaboration zwischen John Williams und John Powell entstanden ist, soll hier auch eine hypothetische Typisierung von John Williams erfolgen, da er in dem Interviewband *Score* nicht interviewt und deshalb nicht typisiert wurde (vgl. Schrader 2017). Der im Jahr 1932 geborene John Williams erscheint mitunter wie ein Relikt des 20. Jahrhunderts: Audissino (2017a) betont etwa Williams' traditionelle, analoge Arbeitsweise mit Bleistift und Papier, aber auch die leitmotivisch-sinfonische Behandlung des Orchesters mit reichen Motivvariationen, detaillierten Arrangements und klassischen Satztechniken (vgl. IMdb.com, Inc. 2024l). Er schlussfolgert wie auch Hill (2017: 317) daraus, dass Williams' Stil nicht mehr zeitgemäß sei: Das ist ein typisches Kriterium eines Typ-A-Komponisten (siehe Kapitel 4.6.1). Ebenfalls für diese Einstufung spricht Williams' Betonung der Kontinuität, durch die eine stilistische Freiheit in der Filmmusikkomposition deutlich eingeschränkt sei (vgl. Audissino 2017a: 230).

Als wichtige Einflüsse auf Williams' Stil wurden in der Forschung die drei Vertreter der Wiener Klassik genannt, aber auch Gustav Mahler, Gustav Holst, Edward Elgar, Igor Stravinsky sowie Erich Wolfgang Korngold und Miklós Rózsa (vgl. Kloppenburg 2012/2015; Zacharopoulos 2017; Audissino 2017a). Auch zeigt sich Williams' breites filmmusikalisches Œuvre als vielseitig und mitunter deutlich durch expressionistische und atonale Kompositionen sowie Konzepte aus dem Jazz sowie der Neuen Musik beeinflusst (beispielhaft in *Close Encounters of the Third Kind* und *Jaws*). Zudem ist auch der Kunstcharakter von Williams' Kompositionen betont worden: Die hohe motivische Prägnanz, die virtuose Orchesterbehandlung, die variationsreichen Motivverarbeitungen und die ausgeprägte innere musikalische Syntax seien wesentliche musikalische Substanzmerkmale, die den Erfolg von Williams' Kompositionen auch außerhalb des filmischen Zusammenhangs erklären (vgl. Audissino 2017a: 221 f.; Zacharopoulos 2017). Ebenfalls beschrieben wurden die Kanonisierung vieler Werke von Williams als filmmusikalische Klassik, sein Einzug in die hochkulturelle Sphäre und Genie-Elemente in seiner Selbstdarstellung (siehe Kapitel 3.10.3 und Videobeispiel 20). Insgesamt sprechen diese Befunde für eine Einstufung von Williams als Typ-A- oder Typ-B-Komponist – unter hypothetischem Vorbehalt. Besonders die deutlichen stilistischen Bezüge von Williams' Kompositionen zu Klassik und Spätromantik, seine Maestro-haften Selbstinszenierungen und die Verwendung von analogen Werkzeugen sprechen für eine Einordnung in den Komponist*innen-Typ A, wohingegen seine Bezüge zur Neuen Musik und zum Jazz, zu filmkompositorischen Vorgängern wie Korngold und Rózsa und seine breite stilistische Varianz in seinem immensen filmmusikalischen Werk eher für Typ B sprechen.

Klangbeispiel 55: John Williams – *The Force Awakens*, Rey's Theme, URL: https://open.spotify.com/intl-de/track/5wsHtmFHWntJzcN6n8ivjd (vgl. Williams 2015a).

Auch im Score der neuen *Star-Wars*-Trilogie ab 2015 ist Williams' musikalische Handschrift klar erkennbar (vgl. Abrams 2015). Das Leitmotiv der Protagonistin Rey beginnt mit einer von Holzblasinstrumenten begleiteten Celesta mit mysteriösem Gestus, was an den Main Title zu *Harry Potter* – ebenfalls aus Williams' Feder – erinnert (vgl. Williams 2015a: 00′00″–00′24″). Daraus entspinnt sich ein getragenes, primär von Streichern und Flöten gespieltes Thema, das zunächst nicht dem heroisierenden Charakter konventioneller Protagonist*innen-Leitmotive entspricht: Zwar tonal gehalten und mit einprägsamer Melodieführung versehen, ähnelt es eher getragenen Leitmotiven wie dem Force-Motiv (vgl. ebd.: 00′24″–01′09″). Erst nach Modulationen mit Tonartwechseln, orchestralen Steigerungen und verstärkter Blechbläser-Beteiligung entwickelt sich daraus ein zwar lyrisches Thema, das aber auch optimistische, hoffnungsvolle und utopische Konnotationen zeigt und im Orchester-Tutti aufgeht (vgl. ebd.: 01′09″–02′39″). Zum Schluss betont das Thema mit der Rückkehr zum geheimnisvollen Beginn das Mysterium der Hauptfigur Rey und spielt damit auf ihre ungeklärte Herkunft an (vgl. ebd.: 02′39″–03′11″).

Klangbeispiel 56: John Williams – *The Force Awakens*, March of the Resistance, URL: https://open.spotify.com/intl-de/track/420y9qWviZ4cdneynQWSKr (vgl. Williams 2015b).

Der treibende und triumphale „March of the Resistance" zeigt deutliche Reminiszenzen an ähnlich martialische *Star-Wars*-Leitmotive wie das Rebels-Motiv, den „Imperial March" und auch den Main Title, darüber hinaus erinnert er auch deutlich an den Marsch-artigen Main Title aus *Superman*. Das Hauptmotiv ist von Trompeten- und Posaunen-Fanfaren geprägt, die von reichen Verarbeitungen, Kontrapunkten, synkopischen Betonungen und Modulationen ergänzt werden (vgl. Williams 2015b: 00′15″–01′11″). Daran schließt sich ein Fugato-Durchführungsteil an mit mediantischen Tonartwechseln, dialogischen Instrumentengruppen-Wechseln und weiteren Verarbeitungen (vgl. ebd.: 01′11″–02′01″), bevor das Hauptmotiv des Marsches in veränderter Tonart zurückkehrt und der Marsch in einer kulminierenden Coda schließt (vgl. ebd.: 02′01″–02′36″). Der „March of the Resistance" reiht sich damit nahtlos in die Kategorie der martialischen und heroischen Motive sowie Themengestaltungen aus der *Star-Wars*-Welt ein.

Klangbeispiel 57: John Williams – *The Last Jedi*, Finale, URL: https://open.spotify.com/intl-de/track/5ow6O4uWFDrZlcDDxPYNCP (vgl. Williams 2017).

Das Finale aus dem achten *Star-Wars*-Kinofilm *The Last Jedi* (vgl. Johnson 2017) beginnt mit einem geheimnisvollen Übergangspart mit Harfe, Flöte, Glockenspiel und Waldhorn, der kurz den bekannten Main Title sowie das Force-Motiv anklingen lässt (vgl. Williams 2017: 00′00″–01′04″). Die nachfolgende End-Credits-Musik führt die etablierte musikalische Form der *Star-Wars*-Kinofilme weiter und bietet nach dem Erklingen des für den Abspann angepassten Main Titles zwar auch neue Motive, kehrt dafür jedoch zu weiteren altbekannten *Star-Wars*-Motiven zurück (die auch zuvor während der filmischen Handlung eingesetzt wurden). So sind neben dem Rey-Motiv und dem „March of the Resistance" auch das Leia-, das Rebels- und das Yoda-Motiv zu hören. Damit ist der Score von *The Last Jedi* erneut ein Beispiel für die stilistisch-konzeptuelle Geschlossenheit und Kohärenz der Scores zu den *Star-Wars*-Kinofilmen.

Mit dieser hypothetischen Einordnung ergibt sich ein interessantes Spannungsfeld zum zweiten Mitwirkenden am Score von *Solo: A Star Wars Story*: Der englische

Komponist John Powell, in der Inhaltsanalyse als Typ-D-Komponist eingestuft, ist im Jahr 1963 in London geboren worden und hat nach einer Vergangenheit in der Werbemusik seit dem Jahr 1993 eine große Anzahl von Scores für Kinofilme, aber auch für TV-Serien und Videogames geschrieben. Erwähnenswert ist hierbei seine langjährige Mitarbeit in Hans Zimmers Produktionsfirma „Remote Control Productions" (vgl. Schrader 2017: 291; IMDb.com, Inc. 2024j; siehe auch Kapitel 4). Als Typ-D-Komponist arbeitet Powell primär mit dem Computer, mit digitalen Plug-Ins und mit der DAW als zentralem digitalem Produktionswerkzeug; folgerichtig nennt er den Computer sein wichtigstes Instrument (siehe Kapitel 4.5.10). Auch zeigt Powell deutliche Ansätze, vorgegebenen Leitlinien nicht bedingungslos zu folgen, sondern einen eigenen Ansatz zu finden und innovative Wege zu gehen, wofür er sich etwa von popkulturellen und popmusikalischen Einflüssen inspirieren lässt. Powell äußert im Interview eine deutliche Abneigung gegen breitgetretene Pfade und etablierte Konventionen, die er als langweilig empfindet. Als ausgewiesener Teamplayer neigt er dagegen zu Experimenten und sucht nach originellen kompositorischen – oder auch improvisatorischen – Lösungen. Er zeigt sich offen für neue und digitale Technologien, stilistische Experimente und originelle Mischungen von Genres, Stilen und Instrumentierungen.

Insgesamt ergeben sich für die Musik hierdurch deutliche Spannungsfelder zwischen den starken Einflüssen der Konvention einerseits (vertreten durch die Genre-Konvention, aber auch durch die starke, stilbildende Kontinuität der *Star-Wars*-Scores sowie nicht zuletzt durch den direkten Einfluss von John Williams) und der Innovation andererseits (vertreten durch den innovationsfreudigen Typ-D-Komponisten John Powell, der den Großteil des Scores zu *Solo: A Star Wars Story* auskomponiert hat). Angesichts der starken Kontinuitäts-Referenzen bleibt die Frage, inwiefern Powell als Typ-D-Komponist im Score zu *Solo: A Star Wars Story* eigene Akzente setzen konnte, oder ob die Filmmusik sich klar den Leitlinien des Genres und des medialen Mythos *Star Wars* sowie den Einflüssen John Williams' gefügt hat.

Neben den deutlichen referentiellen Bezügen von Williams' Filmmusik zu *Star Wars* soll auch kurz auf weitere mögliche Einflüsse auf den Score zu *Solo: A Star Wars Story* geblickt werden: erstens auf die in der Literatur positiv herausgehobene Filmmusik von Powell zum Animationsfilm *How to Train Your Dragon*, der – wie *Star Wars* – ebenfalls Bezüge zum Fantasy-Genre aufweist (vgl. DeBlois/Sanders 2010; Hill 2017: 350–381); zweitens auf den Score von Michael Giacchino zum direkten filmischen Vorläufer *Rogue One: A Star Wars Story*, der wie *Solo: A Star Wars Story* ebenfalls als Spin-Off der Hauptfilme innerhalb der neuen, von Disney eingeleiteten *Star-Wars*-Ära konzipiert wurde und wie dieser nicht von Williams selbst vertont wurde, aber starke Bezüge zum *Star-Wars*-Score aufweist (vgl. Edwards 2016).

Klangbeispiel 58: John Powell – *How to Train Your Dragon*, This is Berk, URL: https://open.spotify.com/intl-de/track/1g3Bc80hioYOSitxntNQYi (vgl. Powell 2010).

Powells Score zu *How to Train Your Dragon* (vgl. DeBlois/Sanders 2010) wurde in der kritischen Rezeption als besonders gelungen hervorgehoben, was etwa die Expressivität, die Instrumentierung und die innovative sowie prägnante Motivgestaltung betrifft (vgl. Hill 2017: 350). Wie der Track „This is Berk" illustriert, ist der Score weitgehend orchestral gehalten, aber durch weitere, auch ungewöhnliche Instrumente wie Dudelsack, Fiedel, verstärktes Schlagwerk, Drehleier oder irische Flöte sowie durch Männer- und Frauenchor ergänzt worden. Der Score symbolisiert hier nicht nur den Heimatort Berk der Protagonist*innen, sondern auch die Freundschaft des Jungen Hiccup und des Drachen Toothless: Die musikalische Umsetzung konnotiert Sujets wie Heimat und Treue, Abenteuer und Gutherzigkeit, aber auch Humor. Der abwechslungsreiche, als Eröffnungsmusik fungierende Track zeigt Elemente einer Opernouvertüre auf: Nach einem langsamen, getragenen Beginn geht die Musik in ein lebhaftes und Main-Title-artiges Hauptthema im 12/8-Rhythmus über, das eine dynamische Marschmelodie mit Folklore-haften Verzierungen in Blechblasinstrumenten, Streichern und irischer Flöte präsentiert (vgl. Powell 2010: 00'00"–00'59"; 00'59"–01'47"). Nach Durchführungs-artigen Variationen mit einem Seitenthema und Tonartverändernden Variationen wiederholt sich das Hauptthema zweimal in veränderter Form, wobei als Melodieinstrumente Trompeten, Männerchor, Posaunen, Dudelsack, irische Flöte, Klarinette, Waldhörner, Tuben und Streichinstrumente zu hören sind (vgl. ebd.: 01'47"–02'59"). Die präsente Snare Drum verleiht dem Thema einen militärisch-dynamischen Duktus. Abgeschlossen wird das Thema von einem lyrischen Schlusspart mit elegischem Gestus (vgl. ebd.: 02'59"–03'16"). Der Score hat eine lebhafte und expressive Kraft, die unter anderem durch abwechslungsreiche Instrumentierungen, modulierende Übergänge, Kontrapunkte und auch keltische oder Irish-Folk-Elemente erreicht wird. Viele begleitende orchestrale Details und die kontrastierende Instrumentierung betonen einen Sense of Wonder, dem ein heroisierender Optimismus innewohnt. Die der keltisch-irischen Folklore entlehnten melodischen Verzierungen und die Verwendung von Dudelsack und irischer Flöte offenbaren zudem einen positiven, idealisierenden Folklorismus, der exotistische Tendenzen aufweist. Powells innovative Behandlung des Hybrid-Orchesters zeigt einen kreativen Umgang mit den – dennoch klar hörbaren – Konventionen des Fantasy-Genres. Allerdings halten sich hörbare musikalisch-klangliche Experimente etwa im Sounddesign-Bereich in moderaten Grenzen.

Klangbeispiel 59: Michael Giacchino – *Rogue One: A Star Wars Story*, Jyn Erso & Hope Suite, URL: https://open.spotify.com/intl-de/track/4tD2tUs8Bf4X5dMS6CxccV (vgl. Giacchino 2016).

Im Film *Rogue One: A Star Wars Story* (vgl. Edwards 2016) versucht Michael Giacchino, seine eigene musikalische Handschrift mit den Ansprüchen an einen *Star-Wars*-Score zu vereinen. Die lyrische „Jyn Erso & Hope Suite" vertont das tragische Schicksal der Protagonistin, die sich im Kampf gegen das (böse) Imperium selbst aufopfert und dadurch einen entscheidenden Vorteil für die (guten) Rebellen erringen kann. Der orchestral gehaltene Track wird zunächst von Solo-Instrumenten in kammermusikalischer Besetzung eingeleitet, die schließlich von einem ausgewachsenen Orchester ergänzt werden (vgl. Giacchino 2016: 00'00"–01'56"). Das vorgetragene Thema in Moll erinnert mit seinem langsamen, getragenen Duktus und der wiederholt auftretenden Solo-Violine an lyrische Moll-Leitmotive aus dem *Star-Wars*-Universum wie das Liebesmotiv „Across the Stars" oder auch das Force-Motiv, aber auch an weitere Kompositionen von Williams wie beispielsweise den Score zu *Schindler's List*. Giacchinos Cue drückt die tragische Geschichte Jyn Ersos auf poetische Weise aus, vermittelt dabei jedoch auch eine hoffnungsvolle Konnotation durch ein Seitenthema in Dur, das mit den ersten aufsteigenden Quinten an den Main Title von *Star Wars* erinnert (vgl. ebd.: 03′26″–04′32″). Dabei bleibt Giacchinos Behandlung des Orchesterapparats jedoch deutlich hinter Williams' sinfonischen Gestaltungsmitteln zurück und ist deutlich statischer und weniger variantenreich. Auch die reichhaltigen harmonischen, kontrapunktierenden und modulierenden Verarbeitungen des Orchesters, die in zahlreichen Cues des *Star-Wars*-Scores von Williams zu hören sind, bleiben hier aus. Die an popmusikalische Idiome erinnernde Geradlinigkeit und Eingängigkeit des Giacchino-Scores fällt gerade im Vergleich zu Williams' musikalischer Handschrift auf und steht gleichzeitig für die den filmmusikalischen Entwicklungen des 21. Jahrhunderts entsprechenden Tendenzen zur motivischen Reduktion und erhöhten Simplizität filmmusikalischer Themengestaltung.

Die aufgezeigten Referenzen und Einflüsse ergeben ein (unvollständiges) Spektrum möglicher Konventionslinien und filmmusikalischer Konzepte, dessen Umsetzung in *Solo: A Star Wars Story* erwartet werden kann. Ein besonderes Augenmerk wird dabei auf erkennbare Unterschiede zwischen Williams' und Powells musikalischen Handschriften gelegt werden.

Die filmische Produktionsphase von *Solo: A Star Wars Story* war von schwierigen Begleitumständen geprägt, die sich mutmaßlich auch auf die Verwirklichung des Scores ausgewirkt haben. So wurde in der zwischenzeitlich chaotischen Produktionsphase das ursprünglich verpflichtete Regisseur-Duo, bestehend aus Phil Lord und Chris Miller, noch während der Dreharbeiten entlassen und durch den erfahrenen Regisseur Ron Howard ersetzt. Dieser drehte einen Großteil der Szenen neu und veränderte dabei auch das Drehbuch in nicht unbeträchtlicher Weise (vgl. Morgenstern 2018; IFMCA 2019; Bullets & Blockbusters 2023). Diese ungewöhnlichen Begleitumstände erklären, warum kein offizielles Making-Of-Video zum Film öffentlich verfügbar ist – abgesehen von kurzen und eher werblichen Behind-The-Scenes-Videos mit spezifischen Themen wie visuellen Effekten in einer bestimmten Szene. Durch die Besetzungswechsel und die verlängerten Dreharbeiten erhöhen sich die Produktionskosten des Films deutlich, wodurch seitens der Produktionsfirmen Lucasfilm und Disney mutmaßlich Druck ausgeübt wurde, keine weiteren Experimente oder anderen risikoreichen Aktionen zu wagen (vgl. Morgenstern 2018; Bullets & Blockbusters 2023).

Dieser Druck hatte möglicherweise Einfluss auf die Ausgestaltung des Scores. So berichtet John Powell in mehreren Interviews offen über sein Engagement und die Zusammenarbeit mit John Williams (vgl. Epicleff Media 2018a; 2018b; IFMCA 2019). So war ihm demnach von Beginn an bekannt, dass er mit Williams zusammenarbeiten würde, und gab dies als ausschlaggebenden Grund für seine Zusage an. Powell hingegen wurde gerade wegen seiner früheren Erfahrungen als Teamplayer und Teil eines Komponist*innen-Teams vom Produktionsstudio beziehungsweise vom ursprünglichen Regisseur-Duo engagiert – und entgegen seiner Erwartung nach dem Regisseur-Wechsel auch nicht entlassen. Laut Powells

Aussagen stand von Anfang an fest, dass Williams eine musikalische Suite mit (mindestens) einem zentralen Thema oder Leitmotiv für den Film schreibt, was dieser auch tat. Die Suite, an deren Komposition Powell nicht beteiligt war, stand diesem von vornherein zur Verfügung. Dennoch war die Kollaboration nicht allein darauf beschränkt: So beschreibt Powell die Zusammenarbeit mit Williams explizit als „songwriting partnership" (IFMCA 2019: 02'32"–02'44"); demnach gab es eine kollaborative konzeptionelle Arbeit am Score mit gemeinsamen Spotting Sessions und einem kreativen Austausch zu musikalischen Motivgestaltungen. Daraus entstanden zwei dem Protagonisten Han Solo zugeordnete Motive, die aus Williams' Feder stammen: neben dem Main Title auch ein weiteres Leitmotiv, das laut Powell Hans Sehnsucht oder Suche ausdrückt, aber nicht so oft verwendet wird wie das erste Motiv. Powell setzte diese beiden Han-Motive in vielfältigen Variationen und Ausgestaltungen im Film ein und studierte dafür auch Williams' spezifische Handschrift bezüglich seiner Orchestrierung, seiner Themenverarbeitungen und seiner Harmonik (vgl. Epicleff Media 2018a; Williams/Powell 2018).

Williams schrieb des Weiteren mehrere musikalische Cues für einige filmische Szenen, die für Powell eine grundsätzliche musikalische Richtung vorgaben, an der er sich für seine eigenen Ausgestaltungen hinsichtlich Stilistik und Orchestrierung, aber auch Grundduktus orientierte. So stammen aus Powells Feder nach eigener Aussage weitere wichtige Leitmotive des Scores wie das Liebesthema von Han und Qi'ra, das Chewbacca-Motiv, das Marauders-Motiv und ein Thema, das Qi'ras Schicksal intoniert (vgl. IFMCA 2019: 02'44"–11'06"). Außerdem benutzte und adaptierte Powell Leitmotive aus den originalen *Star-Wars*-Filmen (vgl. Epicleff Media 2018b). Auch die Autorenangaben des veröffentlichten Soundtrack-Albums zum Film legen nahe, dass Williams die beiden Han-Motive komponiert hat, während Powell diese Motive in verschiedenen Cues aufgegriffen und verarbeitet sowie die anderen Leitmotive komponiert hat (vgl. Williams/Powell 2018). Dabei betont Powell, dass er durchaus kreative Freiheiten hatte und dem von Williams etablierten *Star-Wars*-Sound eigene Ideen hinzufügen konnte, wie beispielhaft eine verstärkte Percussion-Instrumentierung (vgl. IFMCA 2019: 11'06"–15'30"). Insgesamt beschreibt Powell die Arbeit am Score als nicht unproblematisch: einerseits durch die Schwierigkeiten und Besetzungswechsel der Produktionsphase, andererseits aber auch durch den immensen Druck, an einem *Star-Wars*-Kinofilm in Kollaboration mit dem von Powell verehrten John Williams mitzuwirken (vgl. Epicleff Media 2018a; 2018b; IFMCA 2019). Deutlich wird aus den ausgewerteten Quellen, dass hier keine kompositorische Teamarbeit auf Augenhöhe stattfand, sondern dass Williams die initialen Entwürfe zu den zentralen Leitmotiven und auch zu stilistischen Leitplanken vorgab und Powell als Junior-Partner diese Motive und Vorgaben auskomponierte, wobei er durchaus Spielraum für weitere Leitmotive, eigene Ideen und Ausgestaltungen hatte. Wie groß dieser Spielraum tatsächlich war, wird die Analyse zumindest teilweise enthüllen.

Die orchestralen Aufnahmen, an denen Powell im Gegensatz zu Williams persönlich teilnahm, wurden in den Abbey Road Studios in London durchgeführt (vgl. Epicleff Media 2018b). Ähnlich wie bei Hans Zimmer sind auch bei Powell transparente Angaben zu den Produktionsbeteiligten am Score zu finden, die verdeutlichen, dass der Score von *Solo: A Star Wars Story* keineswegs ein Produkt lediglich zweier Komponisten ist, sondern ein großes Team an Assistent*innen und anderen musikalischen Zuarbeitenden dahintersteckt. So werden für den Score mit Batu Sener, Anthony Willis und Paul Mounsey drei Namen allein für die Kategorie „Additional Music" genannt (vgl. Hans-zimmer.com 2024c). Der kommerzielle Erfolg von *Solo: A Star Wars Story* war mit einem weltweiten Einspielergebnis von knapp 400 Millionen US-Dollar angesichts der immensen Produktionskosten enttäuschend, gerade im direkten Vergleich mit anderen *Star-Wars*-Kinofilmen einschließlich des konzeptuellen Vorgängers *Rogue One: A Star Wars Story*. Dennoch erreichte der Film Platz 24 der erfolgreichsten Kinofilme des Jahres (vgl. IMDb.com, Inc. 2024 m). In der Rezeption erhielt der Film gemischte Bewertungen mit leicht positiver Tendenz und einer durchschnittlichen Bewertung von 6,9 von 10 Punkten in der Internet Movie Database; bei Kritiker*innen erhielt er einen Metacritic-Score von 62 von 100 möglichen Punkten (vgl. IMDb.com 2024k). Besonders häufig positiv herausgehoben von Rezensent*innen werden die visuelle Darstellung der gezeigten Landschaften, der Aliens und der Actionszenen, die darstellerischen Leistungen von Donald Glover als Lando Calrissian sowie von Alden Ehrenreich als Han Solo sowie der abwechslungsreiche und spannende Plot. Auf der negativen Seite werden vor allem Kontinuitäts- und Einbindungsprobleme in die *Star-Wars*-Welt bemängelt, etwa die undurchdachte charakterliche Entwicklung Han Solos oder das fehlende *Star-Wars*-Feeling, daneben wird besonders häufig die Veröffentlichungsstrategie der beteiligten Produktionsfirmen (Lucasfilm respektive Disney) kritisiert, da *Solo: A Star Wars Story* der vierte *Star-Wars*-Kinofilm in vier Jahren seit 2015 war; auch die hölzernen Nebenfiguren sowie der schwache Antagonist werden oft kritisiert.

5.7.2 Synopse des Films

Der junge Han träumt davon, Pilot zu werden und von seinem Heimatplaneten Corellia zu entkommen. Zusammen mit seiner Freundin Qi'ra plant er die Flucht, doch sie wird gefangen genommen, während Han entkommt. Jahre später, als Han aus der imperialen Flotte ausgeschlossen wird, schließt er sich einer Gruppe von Kriminellen an, die von Tobias Beckett angeführt wird. Dabei trifft er auf den

Wookiee Chewbacca, und die beiden werden schnell zu Freunden. Becketts Gruppe plant, wertvolles Coaxium von einem fahrenden Zug des Imperiums zu stehlen, doch der Plan scheitert, und sie stehen nun in der Schuld des Verbrecherbosses Dryden Vos. Bei einem Treffen mit Vos stellt sich heraus, dass Qi'ra inzwischen für ihn arbeitet. Um ihre Schuld zu begleichen, schlägt Han vor, unraffiniertes Coaxium vom gefährlichen Planeten Kessel zu stehlen. Die Crew heuert den berüchtigten Glücksspieler und Schmuggler Lando Calrissian und dessen Schiff, den Millennium Falcon, an. Mit einer waghalsigen Aktion gelingt der Diebstahl des Rohstoffes, und Han steuert das Schiff auf einer riskanten Route durch den Weltraum, um das Coaxium rechtzeitig zu raffinieren. Während des letzten Treffens mit Dryden Vos enthüllt Beckett seinen Verrat. Han und Qi'ra kämpfen gegen Vos, wobei Qi'ra Vos tötet und Han das Coaxium sichert. Qi'ra übernimmt die Kontrolle über Vos' Operation und trennt sich von Han. Beckett versucht, das Coaxium zu stehlen, doch Han tötet ihn in einem Duell. Am Ende gewinnen Han und Chewbacca den Millennium Falcon von Lando in einem Glücksspiel und machen sich auf den Weg nach Tatooine, um einen Auftrag von einem berüchtigten Gangsterboss anzunehmen (vgl. Howard 2018).

5.7.3 Score-Analyse

5.7.3.1 Musik- und Sound-Ebene

Der Score zu *Solo: A Star Wars Story* zeigt typische Anzeichen eines *Star-Wars*-Scores. Der Score ist auf der Audiospur des Films dominant und macht den größten Anteil des Soundtracks aus, gefolgt von Dialogen und Soundeffekten. Filmische Szenen ohne Score-Untermalung bleiben in *Solo: A Star Wars Story* die Ausnahme. Die instrumentelle Basis für alle Leitmotive und wichtige Szenen ist das Orchester, auch zeichnen sich die (neuen) Leitmotive durch einen zumeist konventionellen harmonisch-melodischen Verlauf aus. Dadurch ergeben sich neben den Bezügen zu einem spätromantisch-orchestralen Stil auch deutliche Reminiszenzen an den Hollywood-Sound, wobei *Star-Wars*-typisch auch Anklänge atonaler Musik sowie vereinzelnd von Jazz zu finden sind. Der Score zeigt sich insgesamt leitmotivisch geprägt: So wurden sieben zentrale Leitmotive ausfindig gemacht, die den Großteil des Scores bilden (und die weiter unten einzeln beschrieben werden). Jedoch zeigt der Score gerade in Actionszenen auch Ausflüge in atonale Gefilde, die keinen erkennbaren leitmotivischen Bezug zeigen. Neben einem deutlichen Anteil an (Selbst-)Referenzialität in Form von direkten leitmotivischen Zitaten aus dem *Star-Wars*-Kosmos zeichnet sich der Score bisweilen auch durch innovative Elemente aus: etwa in der Form ungewöhnlicher Instrumente, Klangfarben und Skalen. Diesen Elementen (die im Folgenden exemplarisch aufgegriffen werden) ist jedoch gemein, dass sie zumeist nur kurzzeitig auftreten und oft nicht weiterverfolgt werden, wodurch sie kein bleibendes oder charakteristisches Merkmal des Scores sind.

In harmonischer Hinsicht setzt sich in *Solo: A Star Wars Story* die herausgearbeitete Dichotomie von tonal und atonal geprägten Cues fort: Während alle Leitmotive – bis auf die Ausnahme der beiden antagonistischen Marauders-Motive – eine konventionelle Dur-Moll-Harmonik und in der Regel auch einen klaren tonalen Bezugspunkt aufweisen, sind die Vertonungen von Spannungs- und Actionszenen oft tonal erschwert oder gar nicht zuzuordnen und weisen chromatische und (weniger oft) mediantische Elemente auf; damit zeigen sie typische Stilmittel der triadischen Chromatik. Auch hier wird damit eine Atonalitäts-Zuordnung zu den semantischen Feldern der Bedrohung, Feindseligkeit, Anspannung, Gefahr, Gewalt und Fremdheit erschaffen und bestätigt. Ungewöhnliche Skalen weisen zwei Marauders-Motive auf, in denen zudem exotistische Elemente auftreten.

Wie bei einem *Star-Wars*-Score erwartet, übernimmt das Orchester die dominante Rolle innerhalb der (musikalischen) Klangfarben, sodass auch hier von einem orchestralen Score gesprochen werden kann. Die behutsame Verwendung elektronischer Instrumente beschränkt sich auf Songs, die – wie im Vorbild – als Source Music für Auftritte von Alien-Bands verwendet werden. Wie bei *Thor: The Dark World* ist auch hier eine klare funktionale Aufteilung zwischen dem Score und dem Sounddesign zu erkennen: Der Score bedient die abstrakte oder poetische Ebene und zielt auf eine Mythisierung, Emotionalisierung und Zeitlosigkeit ab, während das Sounddesign direkte diegetische Vorgänge akustisch konkretisiert, dabei ein zukunftsähnliches beziehungsweise Science-Fiction-Setting bestätigt und im Gegensatz zum vermenschlichenden Score tendenziell eher auf Technologie verweist. Weniger deutlich ist jedoch die Zuordnung des Sounddesigns zu einer antagonistischen Sphäre oder dunklen Seite, was vor allem narrative Gründe hat: In *Solo: A Star Wars Story* spielt das metaphysische Story-Element der Jedi-Ritter*innen und der hellen wie der dunklen Seite der Macht (fast) keine Rolle.

In der Dynamik zwischen Leitmotiven und Main Title zeigt sich bei *Solo: A Star War Story* eine Balance: Beides ist deutlich ausgeprägt, hält sich jedoch gegenseitig die Waage. So gibt es mit dem Han-Motiv einen eindeutigen Main Title, der sich an Dutzenden Stellen durch den gesamten Film zieht und auch Main-Title-typische Merkmale aufweist. Dennoch ist der Main Title nicht so dominant wie etwa bei *Thor: The Dark World*, denn auch die anderen Leitmotive spielen eine (tendenziell) zentrale Rolle. Zwar hat *Solo: A Star Wars Story* eine nicht so ausufernde Motiv-Quantität wie *The Hobbit* und zeigt auch nicht so intensive leitmotivische Verarbeitungen wie *Interstellar*, die Leitmotive sind aber insgesamt sehr ausgeprägt und bestimmen den Großteil der Score-Substanz (was ebenfalls als *Star-Wars*-typisch anzusehen ist).

Das zentrale Leitmotiv, das die Funktion des Main Titles übernimmt, wird im Folgenden Han-Motiv genannt.[42] Das Han-Motiv findet sich an einer Vielzahl von Stellen im Film und charakterisiert primär den Protagonisten Han Solo, genauer: seine heroische Seite (vgl. beispielhaft Howard 2018: 06'18"–06'38"; 24'17"–24'38"; 42'19"–42'36"; 64'33"–64'57"; 82'05"–82'39"; 88'54"–89'26"; 115'12"–115'33"; 125'52"–126'08").

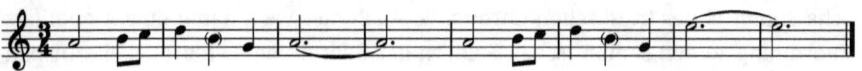

Notenbeispiel 28: John Powell / John Williams – Han-Motiv (vereinfachter, stilisierter Ausschnitt; Quelle: eigene Notation).

Das Han-Motiv, das nach den ausgewerteten Vorab-Informationen von John Williams komponiert wurde, zeichnet sich im Kern durch einen diatonischen Aufstieg vom Moll-Grundton zur Oberquart aus, dem der (manchmal durch einen Zwischenterzschritt ergänzte) Quintabfall zum Moll-Leitton auf der siebten Stufe sowie die Rückkehr zum Grundton folgt (vgl. Notenbeispiel 28, T. 1–4). In manchen Motivversionen folgt daraufhin ein Motiv-Nachsatz mit dem finalen Aufstieg zur Obersexte (T. 5–8). Auf mehreren Ebenen zeigt sich das Motiv als variantenreich; so gibt es keine vorherrschende Grundtonart, das Motiv erklingt in zahlreichen Transpositionen. In harmonischer Hinsicht gibt es drei typische Akkordfolgen: über der ersten Stufe in Dur oder Moll etwa die Stufenabfolgen VIb–VIIb–I, VIb–VIIb–i oder i–VIIb–i). Zumeist erklingt das Motiv in einem Dreiertakt. Es kann in Blechblasinstrumenten mit orchestraler Tutti-Begleitung ebenso erklingen wie in elegischer Streicher-Instrumentierung oder von einem einzelnen Fagott, Waldhorn oder Englisch Horn vorgetragen werden (vgl. 42'19"–42'36"; 54'58"–55'31"; 64'33"–64'57"; 73'05"–73'16"). Allen Erscheinungsformen des Han-Motivs gemein ist eine grundsätzlich heroische Komponente, die musikalisch durch eine motivische Prägnanz (Aufstieg vom Grundton zur Oberquarte, Quintfall zum Leitton und Rückkehr zum Grundton), eine Akkordfolge mit der Rückkehr zur ersten (Moll- oder Dur-)Stufe und eine klare, nachvollziehbare Struktur unterstützt wird. Trotz wechselnder Tonarten in den jeweiligen Ausprägungen ist das tonale Zentrum innerhalb des Motivs stets deutlich erkennbar und begünstigt vertraute

---

42 Alle Leitmotive aus *Solo: A Star Wars Story* wurden vom Verfasser benannt; ihre Namen beziehen sich auf prägende semantische Bedeutungen oder durch sie charakterisierte Figuren.

Hörgewohnheiten. Das Han-Motiv trifft außerdem teilweise gängige Main-Title-Konventionen: unter anderem den Quart-Aufstieg, den Quintfall, eine nicht ungewöhnliche Akkordfolge und teilweise auch Blechbläser-lastige Ausprägungen mit expressiver Steigerung.

Mit dem Han-Motiv verwandt ist das Schurk*innen-Motiv, das das zweithäufigste (und zweitwichtigste) Leitmotiv in *Solo: A Star Wars Story* darstellt. Das Schurk*innen-Motiv bildet mit dem Han-Motiv ein Leitmotiv-Paar zur kontrastierend-ergänzenden Charakterisierung der Hauptfigur, was durchaus vergleichbar mit der Motivpaarbildung in *The Hobbit* zur Charakterisierung des Zwergenanführers Thorin ist (siehe Kapitel 5.4.3.1). Jedoch symbolisiert das Schurk*innen-Motiv nicht allein die zwielichtige, weniger heroische Seite Han Solos, sondern auch diejenige seiner Begleiterin Qi'ra, wie die weitere Analyse zeigen wird.

Notenbeispiel 29: John Powell / John Williams – Schurk*innen-Motiv (vereinfachter, stilisierter Ausschnitt; internationale Akkordbezeichnungen; Quelle: eigene Notation).

Das Schurk*innen-Motiv in seiner Grundform ist nach den Vorab-Recherchen ebenfalls von Williams komponiert worden (vgl. etwa Williams/Powell 2018). Es ist ebenfalls an zahlreichen filmischen Stellen zu hören und nimmt einen bedeutenden Platz innerhalb des Scores ein (vgl. Howard 2018: 00'54"–01'57"; 09'08"–09'50"; 12'20"–12'45"; 36'52"–37'12"; 64'09"–64'33"; 81'04"–81'34"; 125'39"–125'52"). Das Motiv zeichnet sich unter anderem durch eine ungewöhnliche Rhythmik aus: Über einem Dreiertakt – worin eine Parallele zum Han-Motiv besteht – erklingen synkopische Tonwiederholungen auf der Moll-Terz, die nur von einem Achtel-Pendel mit kleinem Sekundschritt unterbrochen werden (siehe Notenbeispiel 29, T. 1). Nach exakter Wiederholung der eintaktigen Phrase geht das Motiv in einen Quartsprung über, der den synkopischen Rhythmus beendet, aber von keiner harmonischen Entwicklung begleitet wird. Die Anspannung und Reibung der ersten beiden Takte wird damit nur teilweise aufgelöst. Das Motiv kann in der Lead-stimme durch unterschiedliche Instrumentengruppen intoniert werden, behält dabei aber seinen drängenden, angespannten und wenig heroischen Grundcharakter ohne echte Auflösung bei. Dieser Charakter entsteht aus dem Zusammenspiel von synkopischer Rhythmik, Tonwiederholungen, kleinen Sekundschritten und fehlender harmonischer Fortschreitung. Bemerkenswert ist zudem der Nachsatz des Themas, der an mehreren Stellen vor allem zu Beginn des Films erklingt (T. 9–16 im Notenbeispiel, vgl. Howard 2018: 01'16"–01'28"; 09'31"–09'49"; 12'31"–12'39"; 64'18"–64'29"): Die einzige harmonische Fortschreitung des Themas ist hier die sogenannte Tarnhelm-Progression (m8m-Progression, in Stufen i–vib; etwa von h-Moll nach g-Moll): Dies ist ein klarer und prägnanter Verweis auf das Imperial-March-Leitmotiv der originalen *Star-Wars*-Filme, das konnotativ mit den imperialen Truppen, dem Filmbösewicht Darth Vader und der antagonistischen dunklen Seite verbunden ist (siehe auch Kapitel 2.6.5, Videobeispiel 3 und Videobeispiel 4).

Notenbeispiel 30: John Powell / John Williams – Schurk*innen-Motivvariante (vereinfachter, stilisierter Ausschnitt; internationale Akkordbezeichnungen; Quelle: eigene Notation).

Das Schurk*innen-Motiv weist eine wichtige Variante auf, die, basierend auf den Vorab-Recherchen, mutmaßlich aus Powells Feder stammt. Diese Motivvariante besticht durch eine motivische Reduktion auf das charakteristische Achtel-Sekundpendel der Grundform und erklingt ebenfalls an zahlreichen filmischen Stellen, unter anderem ganz zu Beginn des Films während der Opening Credits (anstelle des sonst in *Star Wars* hier erklingenden Main Titles; vgl. Howard 2018: 00'16"–00'54"; 12'43"–12'57"; 50'12"–50'24"; 66'34"–66'51"; 97'58"–98'13"; 102'13"–102'38"; 105'37"–106'37"; 117'12"–117'37"; 120'34"–121'01"). Im Gegensatz zum drängenden, dynamischen und rhythmischen Charakter weist diese Variante einen getragenen, dunkel schwebenden Duktus ohne feste Metrik auf, in der Regel von Blechblasinstrumenten tieferen Registers intoniert. Auffällig sind hier die mediantischen Akkordwechsel: Die Tarnhelm-Progression beziehungsweise harmonische i–vib-Akkordstufenfolge von Takt 1 auf 2 ist hier der zentrale Akkordwechsel und konstitutiver Bestandteil der Motivvariante (siehe Notenbeispiel 30). Der in der Grundform teilweise entspannende Quartsprung entfällt hier; durch die mediantischen Fortschreitungen, die unklare, schwebende Rhythmik und die Tarnhelm-Progression erhält diese Variante eine mysteriös-düstere Zusatzbedeutung, die nach den etablierten musikalischen Topics und Codes des *Star-Wars*-Kosmos dezidiert antiheldisch zu lesen ist.

Der Score von *Solo: A Star Wars Story* enthält neben dem Han-Motiv ein weiteres heroisches Motiv, das im Folgenden Rebell*innenbanden-Motiv genannt wird. Dieses mutmaßlich von Powell komponierte Motiv charakterisiert die zwielichtige Truppe Krimineller um den Anführer Beckett, die sowohl schurkische als auch heroische Ambitionen hat. Das Rebell*innenbanden-Motiv betont dabei deutlich die positive Seite dieser Gauner*innentruppe und erklingt ebenfalls an zahlreichen Stellen des Films (vgl. Howard 2018: 14'50"–15'22"; 16'00"–16'12"; 30' 20"–31'25"; 36'28"–36'46"; 40'33"–41'28"; 74'40"–76'00"; 104'28"–105'16"; 119'53"–120'34").

Notenbeispiel 31: John Powell / John Williams – Rebell*innenbanden-Motiv (vereinfachter, stilisierter Ausschnitt; Quelle: eigene Notation).

Das Motiv wird in der Regel von Blechblasinstrumenten wie Waldhörnern oder Posaunen intoniert und ist zumeist in einem martialischen Marschrhythmus gehalten. Die Melodielinie ist diatonisch geprägt, weist aber einen Quartsprung vom Moll-Grundton zur Oberquart auf, was eine Parallele zum Han- sowie zum Schurk*innen-Motiv darstellt: Auch dort ist die Quarte über dem Moll-Grundton wichtiger Bestandteil des melodischen Verlaufs. Die Artikulation wechselt Staccato- und gehaltene Töne ab und betont so den prägnanten, marschähnlichen Ausdruck. Die häufigste, im Notenbeispiel 31 dargestellte harmonische Begleitung ist die Stufenabfolge i–VII–iv–i. Das Leitmotiv zeigt sich offen und weist variable Fortführungen auf; auch wird der Gestus bisweilen deutlich variiert, um eine elegische Trauerstimmung oder unterschwellige Spannung zu erzeugen. In der Regel erfolgt aber eine befriedigende Rückkehr zum Moll-Grundton. Der punktierte Rhythmus, der Quartaufstieg, die Blechbläser-Instrumentierung und der treibend-dynamische Duktus sind dabei deutliche Codes für eine Heroisierung und die musikalische Erzeugung eines Identifikationsgefühls, das Züge eines mythisierenden Gemeinschaftssinns trägt: Der Score macht aus Becketts Bandit*innentruppe strahlende Hero*innen.

Des Weiteren führt *Solo: A Star Wars Story* ein Liebes-Motiv ein, das die Verbindung zwischen Han und Qi'ra symbolisiert. Dieses ebenfalls von Powell geschriebene Motiv weist einen lyrisch-elegischen Gestus auf und wird in der Regel von Streichinstrumenten intoniert, wobei die Artikulation legato gehalten ist. In der Grundvariante steht das Liebes-Motiv in einer (variablen) Dur-Tonart und enthält in harmonischer Hinsicht zumeist die Akkordabfolge I–ii (etwa von D-Dur zu e-Moll; vgl. z. B. Howard 2018: 03'05"–03'25"; 10'17"–10'21"; 44'41"–45'45"; 65'24"–67'11"; 97'20"–98'51"; 116'02"–116'54"; 121'01"–121'16").

Notenbeispiel 32: John Powell / John Williams – Liebes-Motiv (vereinfachter, stilisierter Ausschnitt; Quelle: eigene Notation).

Das an eine Streicherserenade erinnernde Leitmotiv hat einen schwelgerischen und sehnsüchtigen Charakter, der sich unter anderem aus dem Pendeln zwischen Ruhe und leichter Anspannung ergibt. Neben der harmonischen Fortschreitung ist auch die Melodielinie von dieser Dichotomie geprägt: Nach diatonischen Achteln und Sechzehnteln, die einen langen Auftakt bilden, führt die Melodie zu einem Quartsprung (von der Untersext zur Sekunde, siehe Takt 2 und 4 im Notenbeispiel 32). Hierin zeigt sich nicht nur ebenfalls eine Nähe des motivischen Materials zu den anderen zentralen Leitmotiven. Der aufsteigende Quartsprung bildet eine Art Gegenstück zum absteigenden Quartsprung im Schurk*innen-Motiv. Auch gewinnt die Sekunde im melodischen Verlauf als Eingangs-, Durchgangs- und Halteton herausragende Bedeutung: Sie erzeugt eine leichte Spannung und hat einen unaufgelösten, fragenden und sehnsüchtigen Charakter, der zumeist durch die Rückkehr zur Tonika befriedigend beantwortet (und sogleich wieder in Frage gestellt) wird. Darin wird ein romantizistischer Sehnsuchtsgedanke sowie eine utopische Konnotation durch die Imaginierung einer Glückseligkeit deutlich, die Wunschtraum bleibt und nicht realisierbar ist.

Das Liebes-Motiv zeigt sich insgesamt wandelbar, allerdings nicht im Sinne einer (Weiter-)Entwicklung, sondern hinsichtlich einer Fragilität und Instabilität. Neben der schwelgerischen Variante ist an vielen weiteren Stellen eine düster-verzweifelte Variante zu hören (vgl. Howard 2018: 10'58"–11'04"; 11'47"–12'01"; 115'37"–116'02"; 116'54"–117'12"; 118'49"–119'03"; siehe Notenbeispiel 33).

Notenbeispiel 33: John Powell / John Williams – Liebes-Motivvariante (vereinfachter, stilisierter Ausschnitt; Quelle: eigene Notation).

Diese Variante zeichnet sich in der Regel durch eine Moll-Tonika aus, außerdem ist der sehnsuchtsvolle Quartsprung zumeist zu einer großen Septime vergrößert. Die chromatische Reibung dieses Intervalls in Verbindung mit dem großen Tonsprung erzeugt eine nochmalige Verstärkung des sehnsüchtigen Charakters und stellt zudem durch den Tongeschlechtswechsel zu Moll und die angedeutete Chromatik einen deutlich negativeren Beiklang her. Die Liebe zwischen Han und Qi'ra wird hier als unerfüllbar und sogar gefährlich charakterisiert. Die dystopische Wandlung der Liebes-Motivvariante wird durch noch düsterere Abweichungen mit stark chromatischen Elementen zusätzlich betont (vgl. etwa Howard 2018: 118′ 49″–119′03″).

Neben diesen vier zentralen Motiven gibt es weitere Leitmotive, die aber in ihrer Häufigkeit und Bedeutung für die filmische Narration zurückfallen: das Chewbacca-Motiv sowie zwei Marauders-Motive. Allen drei Leitmotiven – die ebenfalls aus Powells Feder stammen – ist gemein, dass sich ihr komplementärer Charakter auch darin ausdrückt, dass sie für stilistische, klangliche und instrumentelle Abwechslung sorgen. Das Chewbacca-Motiv beispielsweise symbolisiert die Verbindung zwischen Han und seinem haarigen Begleiter und ist durch einen ruhigen, getragenen und optimistischen Charakter in Dur geprägt. Bei seinem ersten Auftreten wird das Motiv von einer auffälligen Mixtur aus Orchester-Instrumenten, Gitarre, Hackbrett, Drums, Percussion und irischer Flöte intoniert, die an die Stilistik und das Klangbild des von Powell komponierten Scores zu *How to Train Your Dragon* erinnert (vgl. Howard 2018: 24′52″–26′05″). Die ungewöhnliche Instrumentierung in dieser Szene ist jedoch (bis auf ein erneutes Aufgreifen in den End Credits) singulär und bleibt ein klanglicher Farbtupfer; im weiteren filmischen Verlauf wird das Leitmotiv zwar wiederholt aufgegriffen, aber in das bekannte Klangbild des orchestralen Scores integriert (vgl. Howard 2018: 76′26″–78′50″; 79′36″–79′58″; 87′54″–88′01″; 121′16″–121′33″; 133′23″–134′37″).

Des Weiteren enthält *Solo: A Star Wars Story* zwei Leitmotive, die den (zunächst) antagonistischen Marauders zugeordnet werden können. Beiden Motiven ist gemein, dass sie klanglich wesentlich von einem Frauenchor geprägt werden, der auffällig an bulgarische oder (süd-)osteuropäische Gesangstraditionen erinnert. Das erste Marauders-Motiv basiert auf einem Orchester-Tutti mit lautem Schlagwerk und einem dominanten Frauenchor, der melodisch von Chromatik und einer verminderten Quarte geprägt wird (vgl. 33′03″–33′27″; 38′23″–38′28″; 62′40″–63′04″; 99′27″–102′12″). Die charakteristische Tonskala, die chromatischen Elemente und die Instrumentierung verorten das Leitmotiv eindeutig als ungewöhnlich und – in Bezug auf das sonstige Material des Scores – fremdartig. Der bedrohliche Charakter dieses Leitmotivs in Verbindung mit den distinkten musikalischen Topics verweist auf ein exotisches Element zur distanzierenden Kennzeichnung dieses Leitmotivs (und den damit verbundenen Marauders, was weiter unten näher beleuchtet wird). Das erste Marauders-Motiv bildet zumeist eine Art Intro für das zweite, in dem die exotistischen Stilmittel noch deutlicher zutage treten: Über einem 5/4-Takt intoniert ein Frauenchor mit charakteristischer kehliger Klangfarbe einen stolzen Kriegsgesang, der orchestral und perkussiv begleitet wird. Dieses Motiv weist dadurch eindeutige exotistische Elemente auf (vgl. Howard 2018: 33'27"–34'17"; 35'38"–36'06"; 37'45"–37'54"; 102'49"–102'57"; 112'15"–112'39"). In der weiteren Analyse wird beleuchtet, inwieweit dieses Motiv als Mittel des Otherings eingesetzt wird.

Der Score von *Solo: A Star Wars St*ory zeichnet sich zu einem großen Teil durch konventionelle stilistische Bahnen aus, die sich innerhalb der erwarteten Leitlinien eines *Star-Wars*-Films befinden. Der orchestrale und leitmotivische Score verzichtet auf einen etwa im Superhelden-Genre verbreiteten Hybrid-Sound, auch halten sich elektronische Klänge, Synthesizer oder digital bearbeitete und verstärkte Drums in Grenzen. Dennoch setzt der Score immer wieder Akzente, die als stilistische Ungewöhnlichkeiten auffallen. In der Regel sind diese Elemente jedoch nicht von bleibender Dauer, sondern als Abwechslungen, musikalische Marker für Besonderes und Auffälliges oder funktionale Werkzeuge des Exotismus zu interpretieren (wie die obigen Beispiele des Chewbacca-Motivs und der Marauders-Motive zeigen; vgl. auch Howard 2018: 01'58"–02'32"; 42'37"–44'30"; 45'45"–47'02"; 52'45"–53'45"; 54'50"–57'22"; 70'03"–70'40"; 98'51"–99'27"; 123'23"–125'39"). So erklingt beispielsweise bei der Ankunft der Crew auf dem bisher fremden Planeten Kessel eine ungewöhnliche Instrumentierung mit E-Gitarre, E-Bass und Percussion, die das Orchester ergänzt und stilistisch an Agent*innenfilme oder Spionage-Thriller erinnert (vgl. Howard 2018: 70'03"–70'40"). In einer Szene an einem Strand wird mittels tonal schwer zuzuordnenden Orgelklängen und Soundeffekten wie Wind und quietschenden Türen eine unheimliche, fremdartige und bedrohliche Atmosphäre erzeugt, die eindeutige Referenzen an das Western-Genre zeigt (vgl. Howard 2018: 98'51"–99'27"). Zu Beginn des Films ist zudem in einer Hinterhofszene eine Variante des Schurk*innen-Motivs zu hören, die primär von Klavier, verstärkten Drums, Gitarre, Hackbrett und Synthesizern vertont wird (vgl. Howard 2018: 02'03"–02'32"). Diese für den Film, aber auch den *Star-Wars*-Kosmos höchst auffällige Instrumentierung ist ebenfalls nur an dieser kurzen Stelle zu hören und wird im nachfolgenden Kapitel nochmals beleuchtet.

Außerdem gibt es filmische Stellen, in denen Songs oder songähnliches Material zu hören sind. Am prägnantesten ist hier eine Bar-Szene im Raumschiff des Verbrecherbosses Dryden Vos, in der eine Bühnenperformance zu sehen und zu hören ist (vgl. Howard 2018: 42'37"–44'30"). Der performte Song hat deutliche Anleihen an Jazz, Fusion und Lounge Music und weist einen pseudo-französischen Jazz-Gesang auf. Die Instrumentierung des Songs wird aus E-Piano, Synthesizer, E-Bass, digitalen Beats und kurzen Streicher-Einwürfen mit parallelen Dur-Harmonien gebildet. Die Band in dieser Szene ist gemischter Herkunft: Eine menschliche Sängerin wird von einem männlichen Alien begleitet, hat jedoch die Lead-Stimme. Darin zeigt sich eine deutliche Referenz an die von Aliens verkörperte Cantina Band mit ihrem Science-Fiction-Jazz aus dem ersten *Star-Wars*-Film (vgl. Lucas 1977). Durch die Verwendung von Blue Notes, eines langsamen Tempos und den verführerischen und eleganten Charakter des Songs wird jedoch eine verruchte, aber auch fremdartige Atmosphäre erzeugt. Der angewandte Exotismus ist gemäßigt: Jazz und Lounge-Beats sind keine fremden oder zumindest den Kulturen des Globalen Nordens fremde Gattungen, aber die dem Französischen entlehnte Sprache des Gesangs in Verbindung mit der (schwarzen) Leadsängerin und dem (nicht-menschlichen) Background-Sänger könnten Assoziationen an Kreolsprachen sowie (frühere) französische Kolonien wecken. Auch ist gegen Filmende beim erneuten Aufeinandertreffen von Han und Lando ein (instrumentaler) songähnlicher Percussion-Rhythmus zu hören, der karibische und Latin-Elemente enthält (vgl. Howard 2018: 123'23"–124'22"). Dieser enthält eine erweiterte Percussion, synkopische und polyrhythmische Elemente sowie lateinamerikanisch angehauchte Trompeten, die von einer eindeutigen Exotisierung zeugen.

Neben diesen stilistischen Ausflügen zeigt sich vor allem in Actionszenen die typische *Star-Wars*-Konvention eines primär orchestralen Scores, der auf eine Dichotomisierung von zumeist tonalem Leitmotiv-Material und atonalen Elementen zur Kennzeichnung von Bedrohungen, Gefahr oder negativen Entwicklungen setzt. Parallele Dur- und Moll-Harmonien, kontrapunktische Trompeten-Einwürfe, wirbelnde Streicherläufe, plötzliche Orchester-Crescendi sowie der moderate Einsatz von Schlagwerk finden sich hier ebenso wie das gelegentliche Aufgreifen von zentralen Leitmotiven zur Betonung heroischer Aktionen. Der *Star-Wars*-Sound zeichnet sich auch in *Solo: A Star Wars Story* durch ein klar orchestrales Klangbild aus, das auf einen Wall of Sound, elektronische (Sub-)Bass-Elemente, deutliche Anwendungen von Equalizern und ein digital bearbeitetes Hyperorchester verzichtet. Einige dieser Szenen werden im nächsten Kapitel genauer analysiert (vgl. Howard 2018: 05'58"–09'08"; 30'20"–33'03"; 34'28"–35'38"; 36'10"–37'45"; 74'40"–77'47"; 79'02"–81'34"; 85'12"–90'02"; 113'33"–115'33").

Erwähnenswert ist außerdem, dass vor allem in der zweiten Filmhälfte der Score reichlich Gebrauch von Leitmotiven aus den früheren *Star-Wars*-Filmen macht. In einer frühen Szene erklingt etwa der bekannte Imperial March in einer Radio-Version, die auch durch den charakteristischen Retro-Radioklang deutliche Reminiszenzen an nationalsozialistische Propagandamusik enthält (vgl. Howard 2018: 12'59"–13'17"). Im späteren filmischen Verlauf kehren fünf weitere Leitmotive aus dem *Star-Wars*-Kosmos zurück. Allen Motiven ist gemein, dass sie in der Regel im gewohnten klanglichen Gewand hinsichtlich Instrumentierung, Stilistik und Gestus erklingen und so deutlich zu erkennen sind. Die häufigste Verwendung in *Solo: A Star Wars Story* finden das Rebels-Motiv (vgl. Howard 2018: 68'

08"–68'25"; 83'15"–83'37"; 86'27"–87'32"; 88'21"–88'24"; 89'34"–89'44"; 92'32"–92'37"; 94'47"–93'53"; 95'12"–95'17"; 95'47"–95'53"; 126'51"–126'57") sowie der Main Title (vgl. Howard 2018: 61'33"–62'06"; 72'33"–72'40"; 88'13"–88'21"; 89'44"–89'51"; 94'41"–94'47"; 95'01"–95'12"; 126'08"–126'38"), die zumeist mit heroischen Momenten sowie der Wiedererlangung des Millennium Falcon, des ikonischen Raumschiffs aus der Originaltrilogie, verknüpft sind. Auch kehren das Imperials-Motiv (vgl. Howard 2018: 31'52"–32'07"; 32'20"–32'28"), das Death-Star-Motiv (vgl. Howard 2018: 85'01"–85'08") sowie das Duel-of-the-Fates-Motiv (vgl. Howard 2018: 117'47"–118'49") zurück.

Diese reichlichen Motivzitate aus dem *Star-Wars*-Kosmos haben Einfluss auf die äußere Form des Scores. Nach behutsamen Innovationen und einzelnen stilistischen Ausflügen wendet sich der Score gerade in der zweiten Filmhälfte stärker dem originalen *Star-Wars*-Material zu. Der Score zeigt eine stilistische Rückentwicklung von kreativen Ansätzen hin zu den erwarteten Leitlinien eines *Star-Wars*-Scores, die mutmaßlich intendiert ist: Aus der – bisweilen düsteren – Vorgeschichte eines Antihelden wird im filmischen Verlauf zunehmend eine *Star-Wars*-Geschichte. Das schwächt den Main Title des Films, das Han-Motiv, jedoch nur bedingt, da dieser nicht nur häufig wiederkehrend und in allen filmischen Großabschnitten vertreten ist, sondern gegen Filmende auch zurückkehrt und damit andere Motive wieder verdrängt (vgl. Howard 2018: 125'52"–134'37"). Die Kohärenz des Scores ist dadurch insgesamt jedoch signifikant beeinträchtigt und leidet auch durch die dramaturgische Hinwendung zum *Star-Wars*-Material an einer Schieflage. Die vielen stilistischen Kurzausflüge und Unterbrechungen in Kombination mit der Durchsetzung der *Star-Wars*-Sounds in der zweiten Filmhälfte können als Entwicklung gesehen werden, bieten jedoch auch Anlass zur Interpretation einer Inkonsequenz oder Rückentwicklung. Das liegt auch daran, dass die stilistischen Ausflüge an sich nicht zusammenhängen, sondern in verschiedene Richtungen gehen und dadurch einen diffusen, undurchdachten Eindruck hinterlassen. Auch lässt sich hier mutmaßen, dass die Kollaboration von Williams und Powell, die nicht auf Augenhöhe stattfand, Einfluss auf diese Spezifika hatte: Der Score trägt (mindestens) zwei Handschriften, die sich hörbar als innovative Ausflüge (Powell) und stilistische Rückkehr zum *Star-Wars*-Sound (Williams) interpretieren lassen.

Der musikalische Substanzcharakter von *Solo: A Star Wars* weist auch deshalb unterschiedliche Charakteristika auf. Der Score zeigt viele selbstständige Leitmotive, die für einen autarken Charakter sorgen; die Reminiszenzen an bekannte Leitmotive aus dem filmischen Kosmos sind etwa nicht so stark ausgeprägt wie im analysierten Score zum *Hobbit*. Dadurch bewahrt der Score insgesamt eine weitgehende Eigenständigkeit. Dieser ist jedoch deutlich eingebettet in die Kontinuität des Genres. Die zentralen Leitmotive weisen untereinander eine motivische Verbundenheit durch den Quartsprung und dadurch ein Prägnanzmerkmal auf. Originalität zeigt der Score vor allem hinsichtlich einiger stilistisch innovativer Episoden sowie der Marauders-Leitmotive, die jedoch Elemente eines Exotismus aufweisen.

5.7.3.2 Musik-Film-Ebene

Der leitmotivische und orchestrale Score zu *Solo: A Star Wars Story* zeigt in funktionaler Hinsicht eine große Bandbreite an Wirkungen, die von unterstützenden Funktionen bis zu vermittelnden, kommentierenden und kontrastierenden Funktionen reichen. In vielen Szenen, von denen einige im Folgenden exemplarisch näher untersucht werden, vermischen und addieren sich die funktionalen Wirkungen jedoch und setzen den Film gleichzeitig in Bezug zum mythischen Raum des *Star-Wars*-Universums. Wenn etwa in einer der Standardsituation Verfolgungsjagd entsprechenden Szene auf Hans Heimatplaneten Corellia zu Beginn des Films eine die visuelle Action untermalende Orchestermusik mit rhythmischen Trompeteneinwürfen, flirrenden Streicherläufen und typischen Wechseln zwischen tonalen und atonalen Parts zur Unterscheidung von heroischen und bedrohlichen Aktionen erklingt, dann erfüllt der Score hier einerseits unterstützende, verstärkende, fokussierende und kommentierende Funktionen; andererseits übernimmt er hier auch die zentrale Aufgabe, den *Star-Wars*-Kosmos zu bestätigen, indem er eindeutig zu erkennen gibt, dass dies ein *Star-Wars*-Score – und die filmische Handlung eine *Star-Wars*-Geschichte ist (vgl. Howard 2018: 05′ 58″–09′33″). Der Protagonist Han flieht an dieser Stelle vor den Häscher*innen der Unterwelt-Anführerin Lady Proxima, nachdem er sich erstmals mutig gegen sie zur Wehr gesetzt hat. Der Score intoniert hier auch erstmals in heroischem Gestus das Han-Motiv, das sich als eigentlicher Main Title des Films etablieren wird, wobei es sich immer wieder mit dem Schurk*innen-Motiv abwechselt, das eher unsichere, angespannte und bedrohliche Momente illustriert. So schreibt der Score den *Star-Wars*-Mythos fort, indem er im gewohnten *Star-Wars*-Klangbild neue Motive einführt. Han wird zudem musikalisch in einem Spannungsfeld zwischen utopischer Verheißung (durch das Han-Motiv) und dystopischer Eintrübung (durch das Schurk*innen-Motiv) charakterisiert; ein Spannungsfeld, das sich gegen Ende des Films zugunsten des Han-Motivs auflöst.

Interessanterweise bestätigt der Score diese mythenbildende Aufgabe nicht durchgehend, sondern er spielt mit der Bestätigung des *Star-Wars*-Kosmos gerade zu Beginn des Films. In den ersten drei Filmminuten bricht der Score an mehreren Stellen klar mit der *Star-Wars*-Konvention und bestätigt sie explizit nicht: Während der Opening Credits mit den *Star-Wars*-typischen, eingeblendeten Texttafeln erklingt nicht der Main Title, der an dieser Stelle in allen *Star-Wars*-

Kinofilmen der Hauptlinie zu hören ist. Stattdessen beginnt der Score mit dunklen, mediantischen Blechbläserakkorden, die die Schurk*innen-Motivvariante anklingen lassen, begleitet von mysteriösen Harfen-Arpeggien. Das Han-Motiv wird in tiefen Streichinstrumenten vorausahnend angedeutet, ohne hier bereits den heroischen Charakter zu besitzen (vgl. Howard 2018: 00′00″–00′54″). Damit stellt der Score bewusst in Frage, ob der Film den *Star-Wars*-Konventionen entspricht, und erzeugt eine deutliche Reibung mit den etablierten musikalischen Leitlinien.

Dies setzt sich auch in den ersten beiden Szenen fort (vgl. Howard 2018: 00′54″–02′32″). Nach einer nächtlichen, fluchtartigen Autofahrt, während der ein zwar orchestraler, aber von deutlich perkussiven Gitarren- und Schlagwerkklängen angereicherter Score erklingt, folgt eine Hinterhofszene, in der noch Ungewöhnlicheres zu hören ist: Ein geheimnisvolles Klavier deutet das Schurk*innen-Motiv an und wird von digitalen Synthesizer-Pads, Gitarre, Hackbrett und bearbeitetem Schlagwerk begleitet. Auch hier nimmt der Score Bezug zur Szene, indem er die Autofahrt mit treibender Dynamik untermalt und die Hinterhofszene auditiv mit geheimnisvollen Klängen illustriert. Doch tut der Score hier in funktionaler Hinsicht noch etwas anderes, das deutlich auffälliger ist: Er bricht mit der *Star-Wars*-Konvention. Der Score ist hier noch kein *Star-Wars*-Score: Der düstere, unheroische Beginn ohne den bekannten Main Title von John Williams war bereits ein Bruch, und in der Hinterhofszene ist die Instrumentierung und der Einsatz elektronischer Instrumente besonders prägnant.

Mit Blick auf die nachfolgende Entwicklung, in der sich der Score langsam der *Star-Wars*-Konvention annähert, ist diese Anfangsszene eine musikalische Retrospektive und gewinnt damit eine erinnernde Funktion: Die ungewöhnlichen musikalischen Stilmittel, besonders das bearbeitete Klavier in der Hinterhofszene, wirken wir eine Erinnerung an dunkle, vergangene Tage ohne heroischen Glanz, ohne Raumschiffe, ohne Gut-gegen-Böse-Kämpfe oder mysteriöse Jedi-Kräfte. Gleichzeitig täuscht der Score in den ersten drei Minuten des Films: Er suggeriert einen neuartigen Score und damit auch eine andere Geschichte als durch den *Star-Wars*-Kosmos erwartet. Dies bestätigt sich jedoch nicht: Spätestens mit der Flucht vor Lady Proxima in der oben beschriebenen Verfolgungsjagdszene zeigt der Score typische Elemente des *Star-Wars*-Scores, die sich im weiteren filmischen Verlauf auch weitgehend durchsetzen. Das in der Hinterhofszene erklingende Klavier-Synthesizer-Klangbild, mutmaßlich von Powell komponiert und produziert, kehrt im Film dagegen nicht zurück.

Wie sehr sich der Score in der zweiten Filmhälfte an den *Star-Wars*-Standard angenähert hat, wird in einer Raumschiff-Verfolgungsjagdszene deutlich, in der Han und seine Gefährt*innen nach dem erfolgreichen Raub des Coaxiums im Millennium Falcon vor imperialen Schiffen fliehen (vgl. Howard 2018: 85′12″–90′02″). Der Score besticht hier nicht nur durch bekannte orchestrale Konzeptionen wie dem kennzeichnenden Wechsel zwischen tonalen, heroischen Motiven und tonal sowie rhythmisch schwer zuzuordnenden Einwürfen oder Läufen, durch Trompeten-Rufe, schwirrende Holzbläser- und Streicherläufe sowie heroische Blechbläser-Fanfaren, die durch ebenfalls bekannte Soundeffekte wie Laser- sowie Torpedo-Schüsse und Fluggeräusche ergänzt werden. Auch ist das überwiegende leitmotivische Material in dieser Szene aus den originalen *Star-Wars*-Filmen: An zahlreichen Stellen klingt das Rebels-Motiv an, auch das Death-Star-Motiv (bei Erscheinen des imperialen Sternenzerstörers) und der Main Title (als Chewbacca und Han erstmals gemeinsam am Steuer des Millennium Falcon sitzen sowie nach Hans finalem und gelungenem Flugmanöver) sind zu hören. Nur gelegentliche Intonierungen des Han- und des Chewbacca-Motivs beweisen, dass dieses Cue kein Ausschnitt aus der Originaltrilogie ist. Das Schweigen des Schurk*innen-Motivs lässt hier zudem Hans heroische Seite besonders hervortreten.

Bedeutend in funktionaler Hinsicht und für die Forschungsperspektive des vorliegenden Textes ist zudem der Einsatz des Liebes-Motivs. Als sich Han und Qi'ra nach Jahren der Trennung unerwartet wiedersehen, erklingt eine lyrische, schwelgerische Streicherserenade mit dem Liebes-Motiv in D-Dur, das die emotionale Verbindung der beiden illustriert, aber auch bereits konnotative Ansätze von Trauer und Wehmut enthält (vgl. Howard 2018: 44'41"–45'45"). In einer späteren Kussszene – die eine Reminiszenz an eine intime Szene zwischen Han und Prinzessin Leia aus der Originaltrilogie darstellt – setzt sich die Streicherserenade fort und breitet sich zu einem Orchestersatz mit Variationen des Motivs in unterschiedlichen Instrumentengruppen aus. Als Han und Qi'ra sich aussprechen und Qi'ra ihre dunkle Vergangenheit andeutet, mischt sich in den Variationensatz die Schurk*innen-Motivvariante, die sich erst mit dem Kuss der beiden in die kulminierende und schwelgerische Rückkehr zum Liebes-Motiv mit Harfen- und Bläser-Begleitung auflöst (vgl. Howard 2018: 65'26"–67'11"). Die filmmusikalische Komposition in dieser Szene versinnbildlicht die romantische Sehnsucht und innige Zuneigung des Liebespaars, symbolisiert aber auch Zweifel, Unsicherheit und einen fragenden Charakter. Die Zweifel werden jedoch schnell wieder beiseite gewischt: Der Score zelebriert hier das Gefühl und die Verheißung einer erfüllten Liebe, auch wenn bereits angedeutet wird, dass diese nicht zu erreichen ist.

In der letzten Szene des Paars, die sowohl eine Kuss- als auch eine Abschiedsszene darstellt, erklingt eine traurige Mollvariante des Liebes-Motivs: zunächst in den von Harfe und Holzblasinstrumenten begleiteten Streichern, dann im Klavier (vgl. Howard 2018: 115'37"–117'12"): Das Klavier kehrt in dieser Szene als Instrument der Retrospektive zurück, als Ausdruck des nostalgischen Erinnerns einer Vergangenheit: Es erklingt im Film ansonsten nur in der oben beschriebenen Hinterhofszene zum Filmbeginn. Das Motiv betont hier dennoch die schwelgerische, idyllische Seite der Liebesbeziehung: Diese ist an dieser Stelle bereits als Wunschdenken enttarnt und wird durch den Score dennoch noch einmal aufgelebt. Darin zeigt sich ein romantischer Kern: das Zelebrieren des Gefühlszustands, das emotionsbasierte Imaginieren in eine Wunschvorstellung, deren Realisierbarkeit bereits ausgeschlossen ist. Das hat eskapistische Züge: Das Liebes-Motiv besetzt den semantischen Raum der idealisierenden, utopischen Idylle. Nach dem Abschied des Paars geht das Motiv in die von tiefen Streichinstrumenten vorgetragene Liebes-Motivvariante über, die nicht nur die Unsicherheit und Angespanntheit verstärkt, sondern – in der Folge noch nachdrücklicher – auch verdeutlicht, dass die Liebe des Paars keine Zukunft hat und zerbrechen wird (vgl. Howard 2018: 118′ 49″–119′03″). Die Verbindung von Han und Qi'ra gewinnt eine tragische Komponente, die unter anderem durch den Score bestätigt wird. Qi'ra opfert die Liebe zugunsten ihrer Verpflichtungen und ihres Machthungers, und der Score reflektiert dies mit bedrohlichen Charakterisierungen, die – zumindest ansatzweise – ein dystopisches Schreckensmotiv zeichnen.

Wie der Score von *Solo: A Star Wars Story* mit den Erwartungen und Konventionen des mythischen Raums *Star Wars* umgeht, wird am Beispiel eines filmischen Abschnitts deutlich, der den sogenannten Kessel Run zeigt: eine waghalsige Mission von Han und seinen Begleiter*innen, um auf dem Planeten Kessel eine wertvolle Ressource namens Coaxium zu stehlen (vgl. Howard 2018: 70′03″–97′00″). Eingeleitet wird dieser Abschnitt mit der Ankunft der Crew auf dem Planeten, die, wie bereits beschrieben, musikalisch durch eine ungewöhnliche Instrumentierung begleitet wird, die an Agent*innenfilme oder Spionagethriller erinnert (vgl. Howard 2018: 70′03″–70′40″). Damit werden mehrere Wirkungen erzielt: Einerseits dient dieser stilistische Ausflug der denotativen Ahnung, dass wir es im Folgenden mit einer Mission zu tun haben könnten, die durchaus Ähnlichkeiten mit Agent*innen-Tätigkeiten aufweist. Dadurch wird mit dem Score eine Erwartungshaltung geweckt und ein prägnantes Intro für den hier beginnenden Abschnitt gesetzt, der gleichzeitig durch die instrumentelle und stilistische Veränderung einen Bruch mit dem vorhergehenden Abschnitt erzeugt: Hier beginnt unmissverständlich etwas Neues. Der Score resoniert auch mit der räumlichen Veränderung und führt die Welt Kessel klanglich mit einer neuen Instrumentation ein, die auch diesen Planeten charakterisiert. Kessel wird zu einem Schauplatz für eine gefährliche Mission stilisiert. Neben dieser räumlichen Exotisierung ahnt der Score die kommenden Geschehnisse voraus. Andererseits stellt dieser kompositorische Griff auch ein innovatives Element dar, das mit den Erwartungen an die Genre-Konventionen spielt.

Jedoch hält der Score auch diesen klanglichen Ausflug nicht lange durch: In der ersten Szene nach der Landung, in der Han, Qi'ra und ihre Begleiter*innen mit falscher Identität auf imperiale Wachen der Raffinerie treffen, klingt im Soundmix zwar noch die E-Gitarre der Intro-Sequenz nach, doch der gewohnte orchestrale Score hat hier mit tonal schwerlich zuzuordnenden Einwürfen, chromatischen Elementen und angespannten Holz- und Bläserakkorden wieder die dominante Rolle eingenommen (vgl. Howard 2018: 71'03"–72'33"). Bereits kurze Zeit später beginnen jedoch bewaffnete Auseinandersetzungen im Kampf um die Raffinerie, und statt der erwarteten Agent*innen-Mission beginnt ein bewaffneter Aufstand, der unter anderem in der Befreiung der gefangenen Arbeitssklav*innen mündet. Diese Befreiungsaktion wird durch den Score weiter stilisiert, indem dieser einen Fugato-Variationensatz, basierend auf dem Rebell*innenbanden-Motiv, anklingen lässt (vgl. Howard 2018: 74'40"–76'00"; 76'55"–77'47"; 79'02"–79'22"). Diese Motiv-Variante erinnert auffällig an den „March of the Resistance" aus *The Force Awakens* und weckt eindeutige Konnotationen an Freiheitskampf und Held*innenmut. Aus der angekündigten Agent*innenmission ist ein heroischer Kampf gegen das unterdrückende Imperium geworden. Diese Motivvariante wird während verschiedener gelungener Aktionen immer wieder durch das Han-Motiv im heroischen Gestus ergänzt oder unterbrochen (vgl. Howard 2018: 76'50"–76'55"; 79'22"–79'36"; 80'16"–81'03"), auch ansonsten entspricht der Score nun wieder den *Star-Wars*-Konventionen. Diese werden noch deutlicher, als nach der gelungenen Bergung des Rohstoffs in den Millennium Falcon die weiter oben beschriebene Verfolgungs-Flugszene folgt, in der der Score mit reichlichem Gebrauch von originalen *Star-Wars*-Leitmotiven vollends zurück in den *Star-Wars*-Kosmos führt. Dadurch hat der Score das Spiel mit den Erwartungen an die Genre-Konvention von einem Extrem (Bruch mit Stil, Orchesterklang und Leitmotivik) ins andere Extrem geführt (Rückkehr zu originalen *Star-Wars*-Motiven).

Neben diesen Beispielen hinsichtlich funktionaler Gestaltung und Umgang mit dem mythischen Raum *Star Wars* müssen einige Elemente des Scores beleuchtet werden, die sowohl eines Exotismus als auch eines möglichen Konzepts des Otherings verdächtigt sind. Dazu gehören die beiden Marauders-Leitmotive, die in mehreren Szenen zur Charakterisierung der Marauders dienen. Befehligt von der*dem (vorerst geschlechtlich nicht zu bestimmenden) Anführer*in Enfys Nest, werden diese als Pirat*innen vorgestellt, die zudem persönlich verfeindet mit Becketts Truppe sind. Maskiert auf Motorrad-ähnlichen Fluggeräten und mit verschiedenen Waffen ausgestattet, kämpfen sie in einer frühen Actionszene wild und verbissen gegen Beckett, Han und ihre Gefährt*innen (vgl. Howard 2018: 33'03"–39'09"). Die dabei erklingenden Marauders-Leitmotive framen die maskierten Pirat*innen als fremdartige, stolze Kämpfer*innen, die einen Kriegschor anstimmen. Die Marauders werden hier durch den Score zusätzlich entfremdet und von den filmischen Protagonist*innen distanziert. Das wäre ein eindeutiges Stilmittel des exotistischen, pejorativen Otherings, wenn nicht gegen Ende des Films Enfys Nest ihren Helm abnehmen und sich in einer typischen Plot-Twist-Szene als junge Freiheitskämpferin zu erkennen geben würde, die sich Han und seinen Gefährt*innen sogar als Verbündete gegen die Verbrechersyndikate und das Imperium anbietet (vgl. 99'27"–103'15"). Der Human Turn findet hier nicht auf der musikalischen, sondern auf der diegetischen Handlungsebene des Films statt. Die exotisierenden Marauders-Motive bleiben jedoch: Durch diesen Plot-Twist umgedeutet, gewinnen sie nun die Assoziation eines stolzen und feministischen Freiheitskampfes gegen Unrecht und Unterdrückung. Doch die distanzierenden Motive haben ihre Spuren hinterlassen: Der nun durch diesen Plot-Twist positiv umgedeutete Exotismus bleibt dennoch als solcher bestehen.

Exotistische Elemente sind auch in einigen Szenen mit hörbaren Songs oder Song-Elementen auszumachen. Auch hier überwiegen jedoch positiv konnotierte Aspekte, die durchaus für einen Science-Fiction-gemäßen Sense of Wonder sprechen. Der lasziv-sinnliche Jazz-Lounge-Song, der während einer Party von Verbrecherboss Dryden Vos auf einer Bühne als Source Music performt wird, transportiert in Verbindung mit der subtil-bedrohlichen Atmosphäre zunächst auch fremdartige und negative Assoziationen (vgl. Howard 2018: 42'37"–44'30"). Das Mensch-Alien-Duett wird jedoch durch viele vertraute musikalische Elemente wie einen Beat im Vierviertheltakt und tonal zuzuordnende Dur-Moll-Harmonien adäquat vertont und nicht zusätzlich verfremdet. Hier findet kein Othering statt, sondern eine – im Rahmen der *Star-Wars*-Konventionen adäquate – Territorialisierung, die zudem deutliche Reminiszenzen an die Kinofilm-Vorgänger aus dem *Star-Wars*-Universum enthält. Auch der karibisch angehauchte Latin-Rhythmus in der zweiten Spielszene zwischen Han und Lando, die der Standardsituation eines Happy Ends entspricht, dient der Charakterisierung von Orten, nicht primär von Personen: Hier assoziiert der Score positive Urlaubsgefühle, anstatt distanzierendes Othering zu betreiben (vgl. Howard 2018: 123'23"–124'22"). Die Song-Einsätze in *Solo: A Star Wars Story* sind im Rahmen der Erwartungen und dienen auch der Abwechslung vom orchestralen Klangbild des Scores sowie seiner Kontrastierung, ohne mit der generellen mythenbildenden Wirkung zu brechen. Die Konsistenz des filmischen *Star-Wars*-Universums wird auch hier kaum aufgeweicht, da sich gerade der Jazz-Lounge-Song in die Tradition origineller Stilmixe für die filmische Welt einbindet und kein Songmaterial etwa von erfolgreichen, zeitgenössischen popmusikalischen Künstler*innen benutzt wird.

Vor dieser Epilog-artigen Szene, in der Han den Millennium Falcon im Spiel gegen Lando Calrissian gewinnt, findet das Finale des filmischen Plots statt, in dem der verräterische Beckett in einer Showdown-Standardsituation von Han gestellt und erschossen wird, bevor Qi'ra die Nachfolge des Verbrecherbosses Dryden Vos antritt und Han verlässt. Han, der in Chewbacca einen loyalen Freund gewonnen hat, trifft sich ein letztes Mal mit den ehemaligen Marauders, die ihn jedoch nicht als Freiheitskämpfer und Rebellen gegen Unrecht, Syndikate und Imperium gewinnen können. Daraufhin fliegt er mit Chewbacca im Millennium Falcon davon (vgl. Howard 2018: 119'04"–123'23"). Auf der musikalischen Ebene findet hier eine Reihe leitmotivischer Entwicklungen statt. In der Sterbeszene Becketts erstirbt auch das Rebell*innenbanden-Motiv: Dieses hatte Beckett und seine Truppe – durchaus irreführend – im filmischen Verlauf mit einer heroischen Komponente versehen. Nun vergeht das Motiv mit Beckett in hohler Unisono-Stimme in Streichinstrumenten ohne harmonische Zuordnung: Es hat seine Bedeutung verloren (vgl. Howard 2018: 119'53"–120'34").

In der sich anschließenden Szene nähert sich das Schiff des verstorbenen Dryden Vos, nun kommandiert von Qi'ra, dem Strand – nur um kommentarlos weiterzufliegen und die hinterherblickenden Han und Chewbacca zurückzulassen (vgl. Howard 2018: 120'34"–121'35"). Diese ereignisarme, aber bedeutungsschwere Szene wird musikalisch von vier Leitmotiven untermalt. Zunächst erklingt eine Kombination aus bedrohlichen Hörnerrufen, die die Schurk*innen-Motivvariante anstimmen, und Streichinstrumenten im tiefen Register, die darüber zurückhaltend-nachdenklich das Han-Motiv erklingen lassen. Interpretativ lässt sich hier das (letzte) Aufeinandertreffen von verbrecherischen und heroischen Motiven heraushören, aber auch – etwas profaner – das letzte Treffen von Han und Qi'ra. Folgerichtig geht der Score in das Liebes-Motiv über, das ein letztes Mal im wehmütigen, traurigen Gestus und primär in Streichinstrumenten die (hier bereits hoffnungslose) Liebe der beiden zelebriert. Hoffnung bringt jedoch nach einem Tonartwechsel das Chewbacca-Motiv, als die Musik-Bild-Kombination die Treue und Loyalität Chewbaccas dem Verrat Qi'ras gegenüberstellt: Das Leitmotiv erklingt, als der haarige Freund Hans diesem seine Hand auf die Schulter legt. Stellt sich spätestens jetzt die Liebesbeziehung Hans und Qi'ras als fragil und schließlich zerbrochen heraus, so wirkt die treue Loyalität Chewbaccas umso kontrastreicher.

Der Score geht anschließend mit einem Szenenwechsel in einen zunächst einsamen, den nachdenklichen Gestus der vorangegangenen Motive fortsetzenden Hörnerruf über, der das Han-Motiv intoniert. Dieser wird vom Orchesterapparat aufgenommen und steigert sich nach einem Tonartwechsel zu einem heroischen Orchester-Tutti (vgl. Howard 2018: 121'35"–122'24"). Auch das anschließende Schurk*innen-Motiv (in der Grundvariante) klingt durch eine kadenzierende Harmonisierung und getragene Horn-Choräle nun aufgehellter und geht erneut in das Han-Motiv über (vgl. Howard 2018: 122'24"–123'23"). Nicht nur hat sich in dieser Szene das Han-Motiv als zurückkehrender Main Title endgültig durchgesetzt. Begleitet wird dies in der Filmdiegese durch entscheidende Ereignisse, die Han Solo so formen, wie er sich in der klassischen Filmtrilogie von *Star Wars* wiederfindet: als gutherziger Bandit, der zwar unabhängig agiert, aber doch auf der guten Seite steht und von seinem Freund Chewbacca begleitet wird. Der Score bildet diese charakteristische Ausformung mit, indem er die Rebell*innenbanden- und Liebes-Motive ersterben und auch das zu Han gehörende Schurk*innen-Motiv nun freundlicher klingen lässt; vor allem aber assoziiert der Score mit der Rückkehr zum Main Title Han Solo nun endgültig als primär heroischen Charakter.

Insgesamt tritt der Score in *Solo: A Star Wars Story* als den *Star-Wars*-Mythos bestätigender Vermittler von Glaubwürdigkeit auf, der weitgehend innerhalb der konventionellen stilistischen Bahnen verbleibt und die mythenbildende Überfunktion der Bestätigung und des Sinnstiftens über weite Strecken der filmischen Diegese erfüllt. Dabei greift der Score sogar auf reichliche direkte Zitate von bekannten *Star-Wars*-Leitmotiven zurück. Die Filmmusik hilft dadurch bei der Immersion, das Make-Believe der*des Rezipient*in wird deutlich erleichtert. Gerade zu Beginn des Films wird diese mythenbildende Wirkung jedoch gestört: Durch das anfängliche Spiel mit der Erwartungshaltung verzögert der Score die Identifikation mit dem mythischen Raum, wodurch Unsicherheiten entstehen, die erst nach einiger Zeit gelöst werden. Das tut der Score unter anderem mit dem Aufgreifen von Genre-typischen und vor allem *Star-Wars*-Kosmos-affinen Codes und Topics: Dazu gehören das orchestrale Klangbild, Elemente wie kontrastierende Trompeteneinwürfe, Streicherläufe, (moderates) Schlagwerk sowie die musikalische Gegenüberstellung von klaren tonal-leitmotivischen Bestandteilen und atonalen, rhythmisch unklaren Elementen.

Diese Gegenüberstellung kann als Ausprägung einer Utopie-Dystopie-Dichotomie verstanden werden, wobei sich diese im Vergleich mit früheren *Star-Wars*-Filmen in Grenzen hält. Was *Solo: A Star Wars Story* weitgehend fehlt, ist ein philosophisch-metaphysisches Element wie das der Macht (engl. force), jener Magie-ähnlichen Kraft, mittels derer die Jedi-Ritter*innen ebenso wie die antagonistischen Sith schier Übermenschliches zu leisten imstande sind. Utopische (und dystopische) Elemente werden so eher über die charakterisierenden Leitmotive der Protagonist*innen hergestellt, wobei der Score hier primär für diese Bildung verantwortlich ist. Der Score ist es, der nicht nur Han selbst mit dem Han-Motiv heroisiert und damit zu einer positiven Figur glorifiziert: Auch das Rebell*innen banden-Motiv verklärt die eigentlich aus zynischen Halunk*innen bestehende Truppe rund um den letztendlichen Verräter Beckett. Nicht zuletzt ist das Liebes-Motiv Ausdruck sehnsüchtiger Verheißung, wodurch ein eskapistisches Element einer nicht erreichbaren Utopie ausgedrückt wird: Der Score zelebriert hier bisweilen ein Liebesglück, das von vornherein zum Scheitern verurteilt ist – allein deswegen, weil bekannt ist, dass Han in der filmischen Zukunft mit Leia Organa zusammenkommt und die Liebe zu Qi'ra kein gutes Ende nehmen kann. Die dystopischen Beimischungen des Scores halten sich dennoch in Grenzen, auch deswegen, weil es kein dezidiert negatives oder antagonistisches Leitmotiv gibt – bis auf die Ausnahme der Motive der Marauders, die sich jedoch schließlich als Verbündete herausstellen. Das färbt auch auf den blass bleibenden Antagonisten Dryden Vos ab, der kein eigenes charakterisierendes Leitmotiv hat.

Zuletzt ist die Frage nach der Rolle des Scores innerhalb des filmischen Gesamtwerks relevant. Auch in *Solo: A Star Wars Story* besetzt der von Powell und Williams geschriebene Score die emotionalen, charakterlichen und dramaturgisch-poetischen Sujets, deren semantische Konnotationen abstrahierbar und damit universalisierbar sind. Die Soundeffekte haben hier – wie auch in *Thor: The Dark World* und teilweise in *Interstellar* – zumeist die komplementäre Funktion, technologiebasierte Vorgänge konkret zu illustrieren und dadurch das moderne Science-Fiction-Setting zu bestätigen. Auch in *Solo: A Star Wars Story* nimmt der Score dadurch die – im auditiven Mix durchaus dominante – Rolle ein, die Erzählung als abstrahierende, poetische Stimme mitzuformen: Dies tut er durch die Charakterisierung (und die Begleitung der charakterlichen Weiterentwicklung) wichtiger Figuren, die Fokussierung auf universelle Kernthemen wie Freiheit, Loyalität und Abenteuerlust sowie die fortdauernde Bestätigung der Konvention – und dadurch des filmischen Mythos *Star Wars*. Dabei füllt der Score den Gestaltungsspielraum aus, den John Williams in den Kinofilmen der Hauptreihe definiert hat: Nur gelegentlich und stilistisch eher diffus verlässt der Score diese Bahnen, innovative Konzeptionen des Scores bleiben auf gelegentliche – und kurze – Episoden beschränkt. Hier hat sich die Handschrift von Williams weitgehend durchgesetzt. Dennoch muss auch Powell attestiert werden, dass er einen lebendigen und in der Orchestrierung und Motivausgestaltung weitgehend gelungenen Score co-komponiert hat, der versierte und kunstfertige Satz- und Kompositionstechniken offenbart. So sind manche Score-Ausgestaltungen wie etwa in der Verfolgungsflugszene im Anschluss an die Kessel-Mission so nah am filmmusikalischen Material der originalen Kinofilme, dass nicht zwischen Williams' und Powells' Autorenschaft unterschieden werden kann. Es darf gemutmaßt werden, dass Powell versucht hat, sich dem geforderten *Star-Wars*-Stil anzupassen und behutsame kreative Ideen einzubauen. Dies geht teilweise auf Kosten der Prägnanz: Zwar nicht so ausufernd wie in *The Hobbit*, büßt *Solo: A Star Wars Story* durch die zahlreichen Verbeugungen vor dem originalen Score-Material dennoch einiges an Originalität ein – auch, weil dadurch die eigenen stilistischen Ausflüge konterkariert werden.

5.7.4 Rückbezüge und Auswertung

Die Analyse des Scores zu *Solo: A Star Wars Story* war von der vorausgehenden Frage geprägt, inwieweit sich die Ansätze von John Williams (als hypothetischer Komponist*innen-Typ A oder B) sowie von John Powell (als Komponist*innen-Typ D) vereinigen oder im Score bemerkbar machen. Das Ergebnis ist eindeutig: Der Score ist in weiten Teilen insofern konventionell, als er nicht nur die orchestrale Stilistik, die funktionale Mythenbildung des *Star-Wars*-Mythos, die Leitmotivik und Konzepte wie die Dichotomie zwischen Score und Sound, zwischen tonaler und atonaler Musik bestätigt und adaptiert. Auch bekennt er sich durch reichliche musikalische Reminiszenzen an originale – und altbekannte – Leitmotive eindeutig zu den filmmusikalischen Wurzeln, die bis zum ersten *Star-Wars*-Kinofilm aus dem Jahr 1977 zurückreichen. Originelle Ansätze hinsichtlich stilistischer Einflüsse des 20. und 21. Jahrhunderts, hinsichtlich innovativer Sound-Experimente, improvisatorischer Anteile oder digitaler Bearbeitungen des Scores sind im Vergleich dazu deutlich schwächer ausgeprägt und bisweilen diffus, wodurch sie hinter den Erwartungen zurückbleiben.

Insofern zeigt sich hier die Macht der Konvention und auch der Kontinuitätsfunktion: Powells innovative Ausflüge bleiben episodisch und bisweilen bruchstückhaft und stehen damit teils unvollendet im filmisch-musikalischen Raum. Auch konnte die genaue Art der Kollaboration zwischen Powell und Williams und damit die Frage, wie groß der Gestaltungsspielraum Powells war, nicht letztgültig geklärt werden. Dennoch legten die Voruntersuchungen nahe, dass Powell einen Großteil der Leitmotive und der kompositorischen Ausgestaltungen beigetragen hat und daher zumindest theoretisch über einen signifikanten Gestaltungsspielraum verfügt hat. Hier kann mangels eindeutiger Quellen nur gemutmaßt werden, ob Powell sich dem Druck von Williams, dem Regisseur Ron Howard oder den Produzent*innen von Lucasfilm und Disney beugen musste – oder ob es seine Intention war, sich an die Handschrift Williams' und die stilistisch-konzeptuellen Vorgaben eines *Star-Wars*-Films freiwillig anzupassen.

Wurden die Erwartungen an das Spannungsfeld unterschiedlicher Komponist*innen-Typen nur teilweise getroffen, so sind umso deutlicher die Erwartungen an das filmische Genre und den mythischen Raum erfüllt worden. Wie an zahlreichen Beispielen gezeigt wurde, fügt sich der Score in weiten Teilen – und mit wenigen Ausnahmen wie dem Filmbeginn und einigen episodenhaften Kurzausflügen – den Konventionen eines *Star-Wars*-Scores. Das beinhaltet eine deutliche konzeptionelle Unterscheidung von den Leitlinien des Science-Fiction-Genres: Wo hier allgemein Vermischungen von Score und Sounddesign und auch Einflüsse etwa der elektronischen Musik erwartet werden, ist die Konvention des mythischen *Star-Wars*-Raums deutlich stärker auf ein orchestrales Klangbild und eine klare, auch funktionale Aufteilung zwischen Score und Sound ausgelegt (siehe Kapitel 5.7.1). Dies erfüllt der Score und zeigt eine weitgehend gelungene, abwechslungsreiche und handwerklich versierte Orchestrierung und Motivverarbeitung. Vor allem in der zweiten Filmhälfte wird der mythische Bezug zum *Star-Wars*-Universum immer deutlicher bestätigt. Dies hebt auch die Bedeutungen der Kontinuitätsfunktion sowie der Franchise-Ära hervor: Die jahrzehntealten Konventionen des *Star-Wars*-Scores überdauern einerseits neuere

Einflüsse wie die Hans-Zimmer-Ära mit ihren Entwicklungen hinsichtlich (leit-)motivischer Reduktion, Hinwendung zu einem digitalen Klangbild und konzeptueller Vermischungen von Score und Sounddesign; andererseits zeigen sich die etablierten und tradierten Codes auch deutlich wirkmächtiger als die Genre-Vorgaben des Science-Fiction-Genres. Tatsächlich ist der *Star-Wars*-Score – und dezidiert auch der Score von *Solo: A Star Wars Story* – den engeren Vorgaben eines Fantasy-Scores näher als dem Science-Fiction-Score (siehe auch Kapitel 3.5).

Die semantischen Großräume des vorläufigen Romantik-Modells wurden im Score von *Solo: A Star Wars Story* weitgehend tangiert. So sind auch hier starke Berührungspunkte mit dem Mythos auszumachen: Die Filmmusik in *Solo: A Star Wars Story* sorgt durch eine deutliche Annäherung an die etablierte Konvention des filmischen *Star-Wars*-Kosmos für eine Bestätigung des medialen Mythos, der sich in diesem Franchise ausgeprägt hat. Der Score vergegenwärtigt durch die mythenbildende Funktion die Existenz der fiktiven Welt von *Star Wars* und erzählt die filmische Handlung als Teil dieser Welt. Zur Verstärkung dieser Funktion greift der Score originale Leitmotive aus früheren Kinofilmen auf und baut damit auch eine nostalgische Brücke zur Originaltrilogie, wodurch der Score nicht nur eine räumliche Verortung, sondern auch eine zeitliche Mythisierung erschafft. Nur eingeschränkt trifft dagegen das Idiom des Gesamtkunstwerks auf die Filmmusik in *Solo: A Star Wars Story* zu: Im Score prallen unterschiedliche musikalische Perspektiven und Konzepte aufeinander, die nicht immer einheitlich sind. Dennoch stellt sich der Score in den Dienst des übergeordneten Dramas und abstrahiert konkrete Ereignisse auf eine poetische, manchmal sogar utopisch oder metaphysisch konnotierte Ebene.

So sind auch utopische Konzepte in *Solo: A Star Wars Story* anhand des Scores auszumachen. Die heroisierenden Han- und Rebell*innenbanden-Motive transportieren auch verklärende und verheißende Elemente, die die hierdurch charakterisierten filmischen Figuren – Han Solo sowie Becketts Schurk*innen-Truppe – teilweise zu Unrecht glorifizieren: zu Unrecht deswegen, weil die Handlungen und Verhaltensweisen dieser Figuren nur eingeschränkt mit ihren verklärenden Leitmotiven in Einklang zu bringen sind. Das trifft besonders auf die Rebell*innen-Gruppe von Beckett zu, die gar nicht so heroisch ist und deren Anführer Beckett schlussendlich gar Verrat aus Eigeninteresse begeht. Auch der Protagonist Han Solo ist letztendlich ein Freischärler mit teilweise zwielichtigen Motiven, der musikalisch mit dem Han- und dem Schurk*innen-Motiv durch zwei semantische Pole zwischen Utopie und Dystopie charakterisiert wird. Die zum Scheitern verurteilte Liebesbeziehung zwischen Han und Qi'ra wird durch das Liebes-Motiv mit romantischer, unerfüllbarer Sehnsucht aufgeladen: Die Rezipient*innen wissen bereits im Vorfeld, dass diese Liebe keinen Bestand haben wird, da Han später – in der ersten Filmtrilogie, deren Handlung nach *Solo: A Star Wars Story* spielt – die ikonische Verbindung mit Prinzessin Leia Organa eingeht. Dennoch zelebriert der Score auf sehnsüchtige und durchaus idealisierende Weise die Han–Qi'ra-Beziehung. Auch exotistische Elemente enthält der Score mit den Marauders-Motiven, die zunächst deutlich negative semantische Verbindungen enthalten. Erst mit dem Plot-Twist zum Filmschluss verwandelt sich dieser Exotismus in eine positive Variante. Im Vergleich zu anderen Filmen der *Star-Wars*-Welt sind dystopische Elemente im Score zu *Solo: A Star Wars Story* weniger ausgeprägt: Das metaphysische Element, das die mysteriöse Macht (engl. force) und ihre hellen und dunklen Ausprägungen mit sich brachte, fehlt hier weitgehend. Auch sind dystopische Ansätze einer Sound-Sphäre mit atonalen oder nicht-musikalischen Bestandteilen hier deutlich moderater und wenig ausgeprägt.

Der Score von *Solo: A Star Wars Story* wurde bereits als orchestraler Score beschrieben. Zwar bindet er auch weitere musikalische Elemente mit ein, doch hat das Orchester hier eine dominante Stellung nicht nur im Soundmix, sondern auch als Basis der leitmotivischen Konzeption sowie nicht zuletzt als Signatur-Klang für den filmischen *Star-Wars*-Kosmos. Das Orchester wird in *Solo: A Star Wars Story* zu einem mythisierten Instrument im doppelten Sinne: Es erzählt einerseits den *Star-Wars*-Mythos weiter aus, indem es die etablierten Konventionen der Filmreihe aufgreift und weiterspinnt. Andererseits besetzt es in *Solo: A Star Wars Story* die funktional-konzeptionelle Rolle des zeitlosen Abstrahierens und der universalisierten Poetisierung: Der orchestrale Score nimmt (bis auf kontrastierende Ausnahmen) keinen klanglichen Bezug auf das Science-Fiction-Setting etwa in Form elektroakustischer Instrumente oder digitaler Bearbeitungen, stattdessen überlässt er die Rolle des technologischen und zeitlichen Bezugs der Soundebene (und eingeschränkt den als Source Music eingesetzten Songelementen).

Dadurch kann der leitmotivische Orchesterscore als von konkreten und zeitlichen Bezügen losgelöstes Mittel zur Erzählung des filmischen Mythos eingesetzt werden: Die Leitmotive bilden hier – ähnlich wie beim Hobbit – ein musikalisches Gewebe, das verschiedene Bedeutungsebenen herstellen kann. Dabei kann eine grundsätzliche Unterscheidung hergestellt werden zwischen der Charakterisierung von filmischen Figuren auf der einen Seite und der poetischen Kommentierung filmischer Vorgänge auf der anderen. Diese beiden Seiten können nicht trennscharf voneinander abgegrenzt werden, da naturgemäß ein poetisches Erzählen Ambiguitäten mit sich bringt: Auch die Leitmotive in *Solo: A Star Wars Story* kommentieren einerseits mit musikalischen Verweisen, Gesten und Bezügen die verschiedenen Seiten des Protagonisten Han Solo. Gleichzeitig transportieren sie stets weitere Konnotationen, unter anderem durch Reminiszenzen an Vorgängerfilme, aber auch durch gestischen Gehalt, durch Instrumentierung, durch (Nicht-)Beachten von Genre-Codes und durch zeitliche und räumliche Verweise. Das dadurch entstehende Bedeutungsgewebe weist auch in *Solo: A Star

Wars Story eine interpretierbare, teilweise vielseitig zu deutende Komplexität auf, die poetische Qualität gewinnt.

Zuletzt gibt es einige, wenn auch vage Hinweise auf ein romantisch adaptiertes Virtuos*innentum beziehungsweise einen Genie-Bezug: Die Vorab-Recherchen haben gezeigt, dass die Verehrung für John Williams selbst durch derart profilierte Filmkomponisten wie John Powell glorifizierende Züge annimmt, was möglicherweise die Nachahmung des Stils des musikalischen Vorbilds begünstigte. Das könnte mitursächlich dafür sein, dass der Score von *Solo: A Star Wars Story*, der mehrheitlich von Powell komponiert und produziert wurde, vor allem nach Williams klingt.

5.8 Ergebnisse und Vergleiche

Die vier exemplarischen Filmmusikanalysen haben einige Ergebnisse zutage gefördert, anhand derer sich Vergleiche ziehen und von denen sich Beobachtungen ableiten lassen. Vor den eigentlichen Analysen wurde eine Reihe von Parametern und Analyse-Ebenen aufgestellt, die es zu beleuchten galt. Neben musikalischen Parametern wie Stilistik, Soundfragen und Kompositionstechnik waren dies auch funktionale Ebenen sowie die Rolle von Genre-Konvention, mythischem Raum und der Filmmusik innerhalb des Gesamtfilms. Zuletzt wurden verschiedene Rückbezüge zu den aufgestellten Komponist*innen-Typen sowie dem vorläufigen Romantik-Modell hergestellt. Die zentralen Ergebnisse dieser Untersuchungen werden im Folgenden in verkürzter Form zusammengefasst, verglichen und auf die Forschungsperspektive der vorliegenden Studie zurückgeführt.

5.8.1 Vergleichende Auswertung der Filmmusikanalysen

5.8.1.1 Stilistische Bezüge
Bei der Frage der stilistischen Bezüge konnten deutliche Ergebnisse zusammengetragen werden, die filmübergreifend Elemente verschiedener musikalischer Stile aufdeckten. Eine zentrale Stellung nimmt hierbei ein weitgehend tonaler und orchestral geprägter Stil, zum Teil mit Einflüssen triadischer Chromatik, ein. Die musikalisch-klangliche Ausgangsbasis ist hier zumeist das Orchester. Viele zentrale Cues des Scores – namentlich wichtige Leitmotive und die Main Titles – zeigen sich dabei als tonal mit Dur-Moll-Harmonik, klarer rhythmischer Zuordnung sowie deutlich homophoner Ausrichtung: In der Regel trägt eine Lead- oder Oberstimme eine (oft, aber nicht immer einstimmige) Melodie vor, die eine harmonisch fortschreitende, bisweilen auch kontrapunktische oder rhythmisch betonte Begleitung mit klarem tonalem Zentrum hat. Die Expressivität des Orchesters

wird für variable Ausdrücke und Gesten innerhalb dieser stilistischen Vorgaben benutzt, die auch in den Main Titles keineswegs nur heroische Bläserfanfaren im dynamisch-heroisierenden Duktus bilden, sondern auf instrumentelle und expressive Vielfalt setzen. Diese Variabilität erhöht sich im komplementären filmmusikalischen Material weiter (unabhängig davon, ob es leitmotivisches Material ist oder nicht): Gerade in Spannungs- und Actionszenen, zur Untermalung und Charakterisierung von Antagonist*innen sowie von semantischen Feldern wie Gefahr, Angst, Fremdheit oder Feindseligkeit zeigen alle vier Scores Elemente der triadischen Chromatik sowie der Neuen Musik: tonale und rhythmische Verschleierungen (oder gänzlich fehlende Bezüge), Toncluster, die Auflösung eines erkennbaren tonalen Zentrums, klangähnliche Effekte sowie melodische und harmonische Chromatik. Mediantische Elemente sowie – seltener – ungewöhnliche Tonskalen und Modi gehören ebenfalls zum Repertoire, um semantische Beiklänge des Mysteriösen, Geheimnisvollen, Magischen und Fremden herzustellen. Angereichert sind diese grundsätzlichen musikalischen Konzeptionen mit kontrastierenden stilistischen Ausflügen wie Song-Elementen, Folk-Anleihen sowie Komponenten aus der Popmusik, der elektronischen Musik, der Minimal Music und des Jazz. Hier muss jedoch betont werden, dass diese Elemente als musikalische Kontraste deutlich auffallen und lediglich komplementären Charakter haben: Sie bilden keinen gleichberechtigten Gegenpol zum tonal-orchestralen Leitmotivstil, sondern setzen lediglich kontrastierende Akzente, die (aus dramaturgischen oder anderen Gründen) für Abwechslung sorgen.

Die Leitmotive selbst können – unterschiedlich starke – stilistische Bezüge aufweisen, die sowohl aus der Klassik (etwa eine ausgeglichene Form, Vorder- und Nachsatz, sinfonische Elemente), dem Pop (Stufenharmonik, Hit-Merkmale, Eingängigkeit, digitale Produktion und Soundmix) als auch der Romantik hergeleitet werden können (Leitmotivik, gesteigerte Expressivität und Emotionalität, vergrößertes Orchester, dominante Blechblasinstrumente, triadische Chromatik und Spiel mit Tonalität, häufige Tonartwechsel, charakteristische Klangfarben, zyklische Formen, unendliche Melodie und weitere). Betont werden muss hier, dass diese Bezüge oft nicht eindeutig sind und ein und dasselbe Cue mehrere Einflüsse aufweisen kann. Daneben zeigen sich deutliche Einflüsse der Filmmusik des 20. und 21. Jahrhunderts mit dem Hollywood-Sound sowie der Renaissance des Orchestralismus, die in musikalischer Hinsicht mangels vergleichender stilistischer Forschungsarbeiten nur sehr eingeschränkt voneinander sowie von den Einflüssen der Romantik abgegrenzt werden können. Zuletzt sind auch klare Beeinflussungen durch die neueren Strömungen der Franchise-Ära (Kontinuität, Konservatismus, Nostalgie) und Hans-Zimmer-Ära (Digitalisierung, Hybrid-Sound, Sounddesign und motivische Reduktion) zu erkennen. Daraus ergeben sich die zentralen stilistischen Einflüsse auf die vier Scores, die von einer stilistischen Beliebigkeit jedoch weit weg sind und im

Gegenteil eine erstaunlich hohe Kohärenz aufweisen, die nur gelegentlich – und durch kontrastierende Elemente wie Song-Bestandteile, Elemente der Neuen Musik oder des Sounddesigns – aufgelockert wird.

Tabelle 8: Prägende stilistische Einflüsse in den analysierten Filmmusiken (stark vereinfachte Übersicht; Quelle: eigene Darstellung).

	The Hobbit	Thor 2	Interstellar	Solo
Klassik	(X)			(X)
Romantik	X	(X)	X	X
Hollywood-Sound	X	(X)	(X)	X
Orchestralismus	X	(X)	(X)	X
Jazz				(X)
Neue Musik	(X)	(X)	(X)	(X)
Popmusik		X	(X)	
Folk Music	(X)			(X)
Elektronische Musik		(X)	X	
Minimal Music			(X)	
Franchise-Ära	X	X		X
Hans-Zimmer-Ära		X	X	

In Tabelle 8 wurde der Versuch unternommen, prägende stilistische Einflüsse in den vier untersuchten Filmmusiken übersichtlich darzustellen. Ein X steht hier für einen deutlichen und prägenden Einfluss auf den Score, während ein in Klammern dargestelltes (X) für komplementäre Einflüsse auf Songelemente, auf einzelne Leitmotive oder definierte semantische Ebenen wie die Darstellung des Fremden und Gefahrvollen steht.

Diese Übersicht dient einer oberflächlichen Orientierung über wichtige Einflüsse, ist aber dennoch aus mehreren Gründen mit Vorsicht zu genießen: Erstens stand die Untersuchung romantizistischer Adaptionen im Fokus der Untersuchung, sodass andere stilistische Einflüsse weniger stark verfolgt und analysiert wurden. Die Auflistung von musikalischen Stilen, Epochen und Gattungen ist nicht vollständig: So sind hier zum Beispiel mögliche Bezüge zum Barock oder zum Impressionismus nicht aufgeführt, wodurch sie aber keinesfalls ausgeschlossen werden können. Zweitens könnte diese Darstellung zur These veranlassen, dass in den untersuchten Filmmusiken (die nicht nur den Score, sondern auch Songelemente, Source Music und Sounddesign einschließen) ein freier Stilpluralismus vorherrscht, der beliebige Einflüsse zulässt und eine Vielfalt und Gleichzeitigkeit scheinbar gegensätzlicher musikalischer Stile begünstigt. Das haben die Analysen aber nicht bestätigt, im Gegenteil: Die Scores zeichnen sich generell durch eine große (auch stilistische) Kohärenz aus, die in der Regel nur durch gelegentliche kontrastierende Elemente in Form von Song-Elementen, Sounddesign, Source Music oder stilistisch auffälligen Leitmotiven etwa zur musikalischen Markierung des Fremden aufgelockert werden. Die Scores selbst dagegen bestechen in der Regel durch eine hohe stilistische Stringenz, die zwar verschiedene Einflüsse aufweist, aber zumeist durch den gesamten Film hindurch beibehalten wird. Wie die Tabelle hier unterstützend aufzeigt, sind die dominantesten stilistischen Einflüsse quer durch die analysierten Filmmusiken hindurch die der Romantik, des Hollywood-Sounds und des Orchestralismus (ab den 1970er-Jahren) sowie der Franchise-Ära des frühen 21. Jahrhunderts. Gerade diese stilistischen Bezüge voneinander trennscharf zu unterscheiden, ist in vielen Fällen unmöglich: Ein heroisches Leitmotiv mit stark expressiver Blechbläser-Motivik kann all diese Einflüsse aufweisen. Vielmehr verdeutlicht sich hieran eine historische Kontinuität der Beeinflussungen und Adaptionen, die tatsächlich die Hypothese eines filmmusikalischen Stils stärken: Ausgehend von der Romantik über Hollywood-Sound und Renaissance des Orchestralismus bis zur Franchise-Ära hat sich bis in die 2010er-Jahre eine offensichtlich wirkmächtige stilistische Kontinuitätslinie herausgebildet (die, wie die Darstellung in Tabelle 8 ebenfalls unterstützend aufzeigt, von vielen anderen stilistischen Bezügen beeinflusst wurde). Wie in den Theoretisierungen der Musikkonzeptionen im Fantasy-, im Science-Fiction- und im Superhelden-Genre herausgearbeitet, konnte der Einfluss der Neuen Musik weitgehend als wichtiges, aber eben komplementäres und semantisch eindeutig antagonistischen Ebenen zugeordnetes Element bestätigt werden (siehe auch Kapitel 3.5). Prägende Einflüsse von Pop, elektronischer Musik und Hans-Zimmer-Ära waren dagegen nur in zwei der vier untersuchten Filmmusiken zu finden, und wenn, dann traten sie zusammen auf; auch hier zeigen sich stilistische Kontinuitäts- und Entwicklungslinien.

Aus den vier untersuchten Filmmusiken lassen sich keine Verallgemeinerungen über einen Filmmusik-Stil ableiten, auch nicht mit den zeitlichen und Genrebezogenen Einschränkungen des Forschungsgegenstands. Sie geben lediglich Hinweise darauf, dass tatsächlich vielfältige stilistische Bezüge vorliegen können, aber nicht jeder dieser Bezüge gleichbedeutend oder prägend für die gesamte Filmmusik ist. Diesbezüglich sind quantitative Untersuchungen anzuraten.

5.8.1.2 Leitmotive, Main Title und Topics

Eine der zentralen Fragen der Analyse war, inwiefern und mit welchen Mitteln leitmotivische Konzepte in den filmischen Scores zur Anwendung kamen. Dabei konnten mehrere signifikante Beobachtungen gemacht werden. Zunächst stand im Fokus, ob und in welcher Ausgestaltung eine Leitmotivik zur Anwendung kam. Dies war grundsätzlich bei allen vier untersuchten Scores der Fall. In der

Qualität, der Quantität und der individuellen funktionalen Anwendung konnten jedoch erhebliche Unterschiede beobachtet werden. *The Hobbit* etwa weist die höchste Anzahl erkannter Leitmotive auf, auch ist die musikalische Substanz des Scores hier am durchgängigsten von leitmotivischem Material bestimmt. Doch zeigte sich in der näheren Untersuchung, dass viele Leitmotive einen stark denotativen Charakter haben und eher der Fokussierung für die*den Rezipient*in dienen: Ein nicht unerheblicher Anteil der Leitmotive hat primär den Zweck, wichtige Figuren oder Topoi zu benennen und damit Halt und Orientierung zu geben. Eine leitmotivische Entwicklung im Sinne von motivischen Modulationen, Veränderungen von Gestus und Duktus oder einer Verschmelzung mit anderen Motiven konnte nur bei zentralen Leitmotiven, die den Hauptfiguren oder wichtigen filmischen Sujets zuzuordnen sind, beobachtet werden. Damit haben viele Motive eher den Charakter einer Erinnerungsmotivik, die nicht die dramaturgische Komplexität und sinfonische Verarbeitungstiefe wie die vollausgebildete Leitmotivik erreicht und in historischer Hinsicht auch bereits *vor* romantischen Musikformen eingesetzt wurde (vgl. Kapitel 2.6.4 und 3.8.3). Aus funktionaler Hinsicht wäre es jedoch zu kurz gedacht, deshalb lediglich von einer Erinnerungsmotivik zu sprechen: So zeigen erstens die Weiterentwicklungen der zentralen Motive auch im *Hobbit* leitmotivischen Charakter. Auch entsteht durch die schiere Präsenz der großen Motivanzahl ein semantisch komplexes Gewebe mit vielen musikalischen wie außermusikalischen Bezügen, Verweisen, Ahnungen und Erinnerungen. Dieses Gewebe ragt über den Einzelfilm hinaus: Die Leitmotivik im *Hobbit* ist als solche nur nachzuvollziehen, wenn der mythische Raum von Tolkiens Mittelerde betrachtet wird, der die sechs Verfilmungen, aber auch die literarischen Werke Tolkiens (und weitere mediale Erzeugnisse wie Games und Serien) mit einschließt. Die Leitmotivik ist hier ein konstitutiver Bestandteil der Erschaffung dieses medialen Mythos.

Ähnlich konnte auch in *Solo: A Star Wars Story* eine hohe Quantität an Leitmotiven beobachtet werden, und hier entstammt ebenfalls ein nicht unbeträchtlicher Teil der Motive bereits früheren Verfilmungen aus dem *Star-Wars*-Kosmos. Auch hier stützt und trägt die Leitmotivik den mythischen Raum, wobei sich durch die – behutsamen – Innovationen John Powells kleine Risse in der Konsistenz der Motive aufzeigten, die eine grundsätzliche Problematik dieser Art von filmübergreifender, mythenbildender Leitmotivik verdeutlichen: Bereits kleine Änderungen in der musikalischen Handschrift, der stilistischen Bezüge oder der Instrumentierung können die Kohärenz und damit die Glaubwürdigkeit und Überzeugungskraft dieser fiktiven Welt beeinträchtigen, gerade wenn diese über Jahrzehnte gewachsen ist und einen eigenen Signatur-Sound etabliert hat.

Auch vor diesem Hintergrund ist die Konzeption im MCU interessant: Das musikalische mythenbildende Konzept ist hier grundsätzlich anders aufgebaut und verzichtet auf die Kontinuität filmübergreifender Leitmotive – und teilweise selbst auf einen einheitlichen filmmusikalischen Stil. Wie die Analyse von *Thor: The Dark World* aufgezeigt hat, hat Brian Tylers Score zwar durchaus leitmotivische Elemente in Form von zentralen Motiven, die sowohl in funktionaler Hinsicht symbolische Abstrahierungen vorweisen können als auch eine dramaturgische wie musikalische Weiterentwicklung zeigen. Dennoch übernimmt *Thor: The Dark World* weder Leitmotive aus anderen MCU-Filmen, noch ist der Score allein leitmotivisch geprägt: Große Anteile des Scores sind konzeptuell anders aufgebaut und entsprechen nicht-leitmotivischem Material, das eher nach einem kompositorischen Baukasten- oder Montage-Prinzip angeordnet ist. Dennoch folgt auch dieser Score strengen musikalischen Konventionen, etwa einem einheitlichen Klangbild mit dem typischen Sound des Hybrid-Orchesters mit digital bearbeiteten, verstärkten Drums und Bässen. Der Score greift auf ein großes Instrumentarium an musikalischen Topics und Codes zurück, die auf etablierte Genre-Konventionen zurückgehen und das leitmotivische Material in ihrer mythenbildenden Funktion durchaus ergänzen und sogar teilweise ersetzen: Auch nicht-leitmotivische Topics und Codes wie chromatische Akkordrückungen, Streicher-Tremoli oder Pizzicato-Cues können vielfältige Referenzen enthalten und einen Verweis-Charakter innehaben, der mit dem medialen mythischen Raum – über den Einzelfilm hinaus – interferiert. In *Thor: The Dark World* gewinnt auch das Sounddesign sowie der Sound-Mix einen Wiedererkennungs-Charakter, der mit der denotativen Funktion von Erinnerungsmotiven vergleichbar ist und damit ebenfalls mythisierende Qualität erhalten kann.

Die breite Varianz des Umgangs mit Leitmotiven wurde durch die spezifische Konzeption in *Interstellar* bestätigt: Der Score zeigt hier eine geringere Quantität von Leitmotiven, die sich allerdings durch eine hohe Variabilität und ein großes Entwicklungspotenzial auszeichnen. Als einziger untersuchter Stand-Alone-Film hat *Interstellar* weniger direkte Verweise in den mythischen Raum, auch wenn die musikalische Adaption – und deutliche Transformation – von Philipp Glass' Score zum Dokumentarfilm *Koyaanisqatsi* deutlich ist. Ebenso hat die Leitmotivik hier einen weniger denotativen Charakter, vielmehr besticht sie durch starke poetische und metaphysische Bezüge, die durch eine auf Abstrahierung und Symbolisierung ausgerichtete musikalische Konzeption erreicht werden. Kein anderer untersuchter Score zeigt eine derart starke manipulative Tendenz in Bezug auf die Mythisierung von Zeit, Raum und Technologie. Auch die Fokussierung auf narrative Kernthemen sowie der utopisierte Sehnsuchtscharakter sind hier besonders ausgeprägt. Außerdem veranschaulicht der Score, dass die Leitmotivik in ihrem variierenden und expressiven Potenzial nicht (allein) auf die Gestaltungsmöglichkeiten des Orchesters beschränkt sein muss, sondern auch mit anderen Instrumenten, digitalen Bearbeitungen, dem Soundmix sowie dem Sounddesign kombiniert werden kann, um eine mindestens ebenso große Vielfalt expressiver, gestischer und klanglicher Ausdrucksmittel zu erreichen.

Des Weiteren kann festgestellt werden, dass sich eine ausgeprägte Leitmotivik und ein starker Main Title nicht immer vertragen und sogar gegensätzliche Tendenzen aufweisen können. Das illustrieren etwa die gegensätzlichen Beispiele von *Thor: The Dark World*, dessen Score einen starken Main Title und eine schwach ausgeprägte Leitmotivik aufweist, und *The Hobbit* sowie *Interstellar*, deren Scores eine deutliche – wenn auch unterschiedlich konzipierte – Leitmotivik haben, dafür jedoch nur schwache Main-Title-Merkmale enthalten. In den beiden letztgenannten Filmen ist diskutabel und nicht eindeutig zu klären, ob es einen filmischen Main Title gibt (und wenn ja, welches Motiv diesen darstellt). Nur *Solo: A Star Wars Story* zeigt hier einen Mittelweg mit einer Balance zwischen ausgeprägter Leitmotivik und deutlichem Main Title auf. Für diese gegensätzlichen Tendenzen gibt es verschiedene Erklärungsansätze: Erstens haben die Analysen gezeigt, dass eine stark ausgeprägte Leitmotivik zur Komplexität der musikalischen Substanz beiträgt, aber auch die Möglichkeiten der Referenzen, poetischen Verweise und symbolischen Abstrahierungen erhöht. Wie das Beispiel von *Interstellar* zeigt, muss dies nicht mit der Anzahl der Leitmotive einhergehen, sondern kann auch eine starke Variabilität, Modulation und dramaturgische Entwicklung nur weniger Leitmotive bedeuten. Ein starker Main Title dagegen reduziert die Komplexität tendenziell: Er dient als gleichbleibender Orientierungsanker oder als Leitmotto des Films, auch wenn er freilich ebenfalls variiert werden und in deutlich veränderter Form zurückkehren kann. Der Einsatz eines starken Main Titles und einer schwachen Leitmotivik scheint darüber hinaus den stärkeren Einsatz von Genre-üblichen Topics und Codes zu begünstigen, die die dramaturgische Ausgestaltung des Scores und die Anpassung an konkrete diegetische Handlungen erleichtern. Insgesamt zeigen die Analysen, dass die Leitmotivik eher als sinfonisches Element aufgegriffen werden kann, das auf Programmmusik, Musikdrama und sinfonische Dichtungen zurückgeht: Im Vordergrund steht hier die motivisch-thematische Entwicklung und die Erschaffung eines musikalisch-dramaturgischen Referenzsystems, das zugleich die musikalische Form bildet. Der Main Title dagegen kann als Element mit verschiedenen Bezügen gelesen werden, etwa der idée fixe von Hector Berlioz, der Erinnerungsmotivik romantischer Opern, aber auch der Hit-Konzeption aus der Popmusik. Der Main Title erhöht die Prägnanz und Eindeutigkeit des Scores und erleichtert die Identifikation mit zentralen filmischen Botschaften und Figuren.

Im Bereich der Kompositionstechniken wurden neben der Leitmotivik auch viele Beispiele für ein filmmusikalisches Underscoring gefunden. So wurde etwa in der Analyse von *Thor: The Dark World* die filmmusikalische Begleitung zu den vielen filmischen Action-Spektakeln beschrieben: Der Score resoniert hier mit

Tabelle 9: Ergebnisse aus den Filmmusikanalysen anhand wichtiger Parameter (stark vereinfachte Übersicht; Quelle: eigene Darstellung).

	The Hobbit	Thor 2	Interstellar	Solo
Orchestraler Score	Ja	Teilweise	Teilweise	Ja
Instrumente	Orchester, (Chor), (Percussion)	Orchester, bearbeitete Drums, Synthesizer, (Chor)	Kirchenorgel, Orchester, Klavier, Synthesizer, Sounddesign	Orchester, (Percussion)
Leitmotive(Anzahl)	Stark ausgeprägt; 15 + 14	Wenig ausgeprägt; 5	Stark ausgeprägt; 7	Ausgeprägt; 7 + 6
Main Title	Wenig ausgeprägt	Stark ausgeprägt	Wenig ausgeprägt	Ausgeprägt
Kompositionstechniken	Leitmotivik, Underscoring	(Leitmotivik), Underscoring, Baukasten	Leitmotivik, Mood-Technik	Leitmotivik, Underscoring
Exotismen	Ja	Nein	Nein	Ja
Othering	Ja	Ja	Eingeschränkt	Ja
Rückkehr Main Title	Eingeschränkt	Eingeschränkt	Ja	Ja
Score – Sound	Score ist dominant	Abstrakt – Konkret	Score–Sound-Verschmelzung	Abstrakt – Konkret
Songs	Ja	Nein	Nein	Ja
Erwartung an mythischen Raum getroffen	Ja	Ja	Nein	Ja

dem Energielevel der Actionszenen und stützt damit primär die dynamischen diegetischen Vorgänge. Ähnlich zeigten auch die Scores in vielen Szenen von *The Hobbit* sowie in *Solo: A Star Wars Story* einen unterstützenden Charakter, auch wenn es sich zumeist um leitmotivisches Material handelte: Auch hier resoniert der Score oft mit dem durch die diegetischen Vorgänge Erwarteten. In Actionszenen unterstützt der Score mit lauten und schnellen Blechbläser- und Percussioneinsätzen, während in traurigen Szenen elegische Streichersätze erklingen.

Gleichzeitig zeigten die Analysen gerade in diesen Szenen, dass die Kompositionstechniken nicht klar voneinander zu trennen sind: Neben der schon genannten Vermischung mit der Leitmotivtechnik zeigten sich teilweise in denselben Szenen Elemente der Mood-Technik, wenn durch musikalische Topics gewisse semantische Verweise hergestellt wurden, beispielweise abrupte Pausen für Überraschungsmomente oder plötzliche dramaturgische Wendungen, Chöre für dramatisch-epische Höhepunkte oder mediantische Akkordwechsel für mysteriöse und übernatürliche Sujets. Die in der Analyse zu *Thor: The Dark World* herausgearbeitete Tabelle 7 zeigt dabei durchaus interfilmisch übertragbare Konzeptionen; eine detaillierte Analyse von Unterschieden musikalischer Topics zwischen Reihen und Genres kann an dieser Stelle jedoch nicht geleistet werden. Die genannten Elemente in *Thor: The Dark World* werden im Score als kombinierbare Ebenen der musikalischen Struktur übereinandergeschichtet, worin sich Ansätze des kompositorischen Baukasten- oder Montage-Prinzips zeigen. Die geringsten Ansätze für das Underscoring fanden sich in *Interstellar*, dessen Score ausgiebig Gebrauch von der Mood-Technik macht: In keinem anderen hier untersuchten Film zeigten sich so viele Reibungen zwischen diegetischen Vorgängen einerseits und musikalischer Aussage andererseits. Die oft stark emotionalisierende Mood-Technik in *Interstellar* baut eine eigene musikalische Sphäre auf, die nicht nur emotional, sondern auch zeitlich, räumlich sowie thematisch eigene Ebenen bildet und dadurch ein großes mythenbildendes Potenzial entfaltet.

5.8.1.3 Funktionale Aspekte

Dieses mythenbildende Potenzial hat sich an den analysierten musikalischen Funktionen besonders anschaulich gezeigt und konnte grundsätzlich in allen vier Film- beziehungsweise Musikbeispielen gefunden werden. Die funktionale Detailanalyse erwies sich als noch komplexer als die Untersuchung der angewandten Kompositionstechniken: Auch hier zeigten sich oft große Überschneidungen und Gleichzeitigkeiten von mehreren parallel stattfindenden Funktionsräumen des Scores in ein und derselben Szene. Neben unterstützenden Funktionen waren dies in großer Zahl erweiternde Funktionen, die filmische Aussagen oft verstärken. Gerade die vielen Leitmotive multiplizieren die parallel stattfindenden Funktionsebenen deutlich, da sie neben verdoppelnden und verstärkenden Funktionen meistens auch erinnernde, territorialisierende und reflektierende Wirkungen entfalten: Ein Misty-Mountains-Motiv in *The Hobbit*, das in einem verzweifelten Kampf der Zwergengemeinschaft gegen den Antagonisten Azog in tiefen Blechbläsern erklingt, verweist nicht nur auf den Charakter der Zwerge, sondern hat auch martialische Konnotationen, unterstützt das Dynamik- oder Energielevel der Kampfszene, erinnert die Vergangenheit der Gruppe, verbindet ihr Verhalten in der aktuellen Szene mit früheren Taten und hilft zudem der*dem Rezipient*in potenziell dabei, die Vorgänge richtig einzuordnen, indem die Zwerge semantisch in den Vordergrund gehoben werden.

Hinzu kommen symbolische Funktionen der Leitmotive (und auch nichtleitmotivischer musikalischer Topics): Diese können auf semantische Ebenen verweisen, die sich auf abstrahierte Sujets wie Liebe, Trauer oder Freundschaft beziehen – und damit über den einzelnen Film hinausweisen. Auch gibt es Beispiele für kontrastierende Funktionen: So kann der Score bewusst täuschen, beispielsweise durch Trauermusik bei Lokis vermeintlichem Tod in *Thor: The Dark World*, er kann polarisierende Charakterisierungen betreiben wie die Heroisierung der schurkischen Rebell*innenbande in *Solo: A Star Wars Story*, und er kann eine bewusst de-territorialisierende Reibung erzeugen wie in der Drohnenfang-Szene in *Interstellar*. Gemeinsam haben diese Funktionen in vielen Fällen das Spiel mit Glaubwürdigkeit, Sinn und kausalen Zusammenhängen: Das unterstreicht die Bedeutung der mythenbildenden Überfunktion, die als funktionale Klammer der meisten Wirkungseffekte in den untersuchten Scores angesehen werden kann. Der Score zahlt – gerade dann, wenn er eine hohe Kohärenz aufweist und die Leitmotiv- oder Mood-Technik anwendet – auf die Bestätigung des mythischen Raums (etwa des Genres, der Reihe oder des filmischen Universums) ein, er schafft Sinnzusammenhänge, erhöht die Glaubwürdigkeit und das Immersionspotenzial des Films und ermöglicht eine leichtere Identifikation mit den filmischen Figuren, der Story und dem rezeptiven Modus, der in der Literatur als Make-Believe beschrieben wurde (vgl. Bareis 2014; siehe Kapitel 3.3.2).

Neben den verschiedenen Funktionsräumen wurden auch wiederkehrende Standardsituationen analysiert, allen voran Actionszenen (in verschiedenen Varianten wie Verfolgungsjagd- und Schlacht-Szenen). Hier zeigten sich in den verschiedenen Analysen durchaus Parallelen in der auditiven Begleitung solcher Szenen, etwa die Kombination des allgegenwärtigen Scores mit den besondere Vorgänge konkretisierenden Soundeffekten. Die Scores zeigen sich hier häufig mit chromatischen Elementen sowie im Orchester-Tutti mit dominanten Blechblasinstrumenten und verstärkten Drums oder Percussion; gelegentliche leitmotivische Elemente verweisen auf heroische Momente oder rücken die Protagonist*innen oder spezifische Topoi in den Fokus. Dies sind deutliche Hinweise darauf, dass Standardsituationen einen signifikanten Einfluss auf die Score-Ausgestaltungen haben, wobei hierfür weitere Untersuchungen anzuraten sind. Dennoch können auch konkurrierende und teils wirkmächtigere Einflüsse ausgemacht werden: In *Thor: The Dark World* ist die Standard-Untermalung solcher Szenen ein mit digital bearbeiteten Drums und Bässen verstärktes Hyperorchester, das in ähnlicher Form auch in anderen Scores des MCU eingesetzt wird. Ähnlich charakteristisch, aber in der Ausgestaltung deutlich anders ist der Actionszenen-Score in *Solo: A Star Wars Story* angelegt: Hier treffen schwirrende Streicher-Läufe auf oft chromatische oder rhythmisch prägnante Trompeten-Einwürfe, eine treibende (aber nur behutsam bearbeitete, analoge) Percussion, polyrhythmische und metrisch verschleiernde Elemente, tonal nicht zuzuordnende Cluster, chromatische Rückungen und kontrapunktierende Gegenüberstellungen von Instrumentengruppen des Orchesters. Dieses Konzept wurde als typischer *Star-Wars*-Sound erkannt und zeigt, dass auch der filmische Kosmos, die Reihe und das Genre Einfluss auf die Score-Ausgestaltungen in Standardsituationen haben.

Neben dem großen Einfluss des leitmotivischen Komponierens wurden bereits musikalische Topics als einflussreiches filmmusikalisches Konzept beschrieben. Besonders deutlich wird dies anhand der Vielzahl an Spannungs-Szenen der untersuchten Filme. Typische filmmusikalische Topics sind hier hohe Streicher-Tremoli, tiefe Liegetöne (von Streichern, Blechbläsern oder digitalen Synthesizer-Drones und -Pads), chromatische melodische und harmonische Verläufe und gelegentlich auch mediantische Akkordfolgen. Insgesamt zeigt sich in Szenen mit bedrohlichem, spannungsreichem oder gefahrvollem Gehalt ein filmmusikalisches Instrumentarium, das die Mittel von triadischer Chromatik, Verschleierung des tonalen Bezugs oder Atonalität und Aufhebung erkennbarer Rhythmik oder Metrik anwendet. Dies kann mit leitmotivischem Material kombiniert werden, was meistens aber nicht der Fall ist: In den untersuchten Filmen bleiben die Leitmotive – mit der signifikanten Ausnahme von *The Hobbit* – primär den positiv konnotierten Topoi sowie filmischen Protagonist*innen vorbehalten. Dadurch zeigen sich in *Thor: The Dark World*, *Interstellar* und *Solo: A Star Wars Story* kontrastierende Dichotomien von oft nicht-leitmotivischen Cues zur Vertonung des negativ Konnotierten einerseits und Leitmotive mit utopischem und mythischem Potenzial andererseits: Hier stehen Topoi wie Identifikation, Wir-Gefühl, positive Charakterisierung bis hin zu Heroisierung, utopischer Glorifizierung und Verheißungs- und Erlösungselementen im Vordergrund.

Das hat in diesen Filmen mehrere Auswirkungen: Zum einen bleiben die Antagonist*innen durch die weniger spezifische, mehr auf etablierten Topics basierende Score-Charakterisierung relativ blass. Das zeigt sich etwa an Malekith in *Thor: The Dark World*, aber auch an Dr. Mann in *Interstellar* und Dryden Vos in *Solo: A Star Wars Story*. Andererseits sind das utopische Potenzial, der Sehnsuchtscharakter nach Überfiguren und Superheld*innen, aber auch die Zukunftsvisionen hier besonders groß. Auch zeigt sich eine Dichotomie in der musikalischen Substanz der Scores selbst: Die Leitmotive verbleiben in der Mehrheit tonal, rhythmisch, klanglich und harmonisch in gewohnten Formen, während die Score-Elemente, die negativ besetzte semantische Sphären berühren, variablere Tendenzen in Tonalität, Skalen, Rhythmik, aber auch Instrumentierung und Klang aufweisen, dafür oft weniger oder keine leitmotivischen Bezüge haben.

5.8.1.4 Exotismen und Othering

Wichtige Beobachtungen können auch in den untersuchten Bereichen der Exotismen und des Otherings festgehalten werden. Grundsätzlich zeigten sich hier zwei unterschiedliche Ausprägungen in den analysierten Filmmusiken: Die beiden stärker orchestral geprägten Scores der Filme *The Hobbit* und *Solo: A Star Wars Story* beinhalten exotistische Elemente, die nicht unproblematisch sind, weil sie negative Assoziationen mit geographisch zuzuordnenden Regionen und Kulturen verbinden. Das betrifft das Gollum-Zymbal-Motiv in *The Hobbit* sowie die Marauders-Motive in *Solo: A Star Wars Story*, die beide musikalische Elemente enthalten, die dem osteuropäischen oder pannonischen Raum zugeordnet werden können. Hier muss allerdings einschränkend erwähnt werden, dass das Zymbal dem Hackbrett und anderen Zither-Arten im Klang nicht unähnlich ist und auch der Klang des Zymbals nicht allein mit ungarischen Elementen verbunden ist, sondern sich auch davon losgelöste Beispiele der Verwendung in der europäischen Kunstmusik finden lassen. Bei den Marauders-Motiven hingegen werden die negativen semantischen Verbindungen durch die anfängliche Charakterisierung der Marauders als wilde, feindlich gesinnte Pirat*innen durch den Plot-Twist gegen Filmende aufgelöst, wodurch sich die Marauders-Motive in mit Freiheit assoziierte Motive wandeln. Gerade in diesen beiden Filmen finden sich auch Exotismen mit positiven Beiklängen: Mit dem Shire-Motiv in *The Hobbit* sowie dem Chewbacca-Motiv in *Solo: A Star Wars Story* gibt es zwei parallele Beispiele für den musikalischen Einsatz von Irish-Folk-Elementen, die mit semantischen Feldern wie Freundschaft, Loyalität und Heimat verbunden sind. Hier findet ein utopisierender Exotismus statt, der eine semantische Idylle musikalisch ausdrückt. Die Beispiele zeigen nicht unproblematische Tendenzen: In beiden Filmen sind westeuropäische Exotismen (Irish Folk) mit Idylle und Utopie verbunden, während (süd-)osteuropäische Elemente mit Gefahr und Feindseligkeit assoziiert werden. Da gerade diese beiden Filme etablierten Franchises mit teils Jahrzehnte zurückliegenden Genre-Konventionen entstammen, setzen sich hier möglicherweise problematische Altlasten dieser mythischen Räume beziehungsweise Filmreihen fort (was weiterer Untersuchungen bedarf).

Auch in Bezug auf ein musikalisches Othering fanden sich Hinweise, allerdings nicht nur in zwei, sondern in allen untersuchten Filmen. Die Konzeption des Otherings barg jedoch Unterschiede in den analysierten Filmen und deren musikalischen und auditiven Bestandteilen. So zeigte sich, dass ein musikalisches Othering in den untersuchten Filmmusiken in der Regel nicht mit exotistischen Elementen, sondern mit anderen musikalischen Topics herbeigeführt wird. Die Leitmotive der antagonistischen Figuren in *The Hobbit* etwa zeichnen sich durch starke chromatische Fortschreitungen, extreme (meist tiefe) Register, perkussive Elemente und ungewöhnliche Metriken aus. Die geheimnisvollen Elb*innen dagegen werden musikalisch mit ungewöhnlichen Skalen, sphärischer Klangcharakteristik und mediantischen Akkordwechseln intoniert. In *Thor: The Dark World* und *Interstellar* wird ebenfalls auf besondere klangliche Charakteristika und Sounddesign zur musikalisch-auditiven Markierung von Sujets mit Fremdheitsaspekten gesetzt: Manche Motive wie das Aether-Motiv in *Thor: The Dark World* oder das Space-Motiv in *Interstellar* bestehen im Wesentlichen aus (unmusikalischem) Sounddesign, das offenbar als solches ein etabliertes Topic zur Markierung von Fremdheit darstellt. Auch eine fehlende harmonische Fortschreitung erweist sich als Marker für Othering: Motive wie das Malekith-Motiv, das Loki-Motiv oder das Gravity-Motiv kombinieren chromatische Elemente mit ungewöhnlichen Sounds sowie fehlender harmonischer Entwicklung, wodurch sie klar von dem üblichen musikalischen Stil der Score-Substanz unterschieden werden können. Insgesamt deutet sich hier an (mit der Einschränkung, dass die vier untersuchten Musikbeispiele keine repräsentative Auswahl oder Stichprobe des Forschungsgegenstands darstellen), dass das musikalische Othering in den 2010er-Jahren möglicherweise nicht mehr so stark auf kulturellen Vorurteilen und musikalischen Exotismen basiert, sondern mit anderen Mitteln umgesetzt wird, die sich aus Stilen und Gattungen bedienen, die sich prägnant von dem gewöhnlichen orchestral-romantischen Filmmusik-Klang abheben: Dazu gehören Elemente der Neuen Musik (wie Atonalität, Ausbleiben metrischer und rhythmischer Strukturen, musikalischer Einsatz von Klängen), der elektronischen Musik und des Sounddesigns, aber auch der Romantik (wie Chromatik, Mediantik, musikalische Klangcharakteristik und Ausreizen extremer Register).

5.8.1.5 Musik, Sound und Songs

Das Verhältnis von Score, Sound, Songs und anderen auditiven Elementen des Films war ebenfalls Bestandteil der Analysen. Hier kann generell attestiert werden, dass der Score einen dominanten Bestandteil der Tonspur des Films einnimmt. Dies betrifft einerseits die Quantität oder Länge des Scores: Szenen und längere Sequenzen ohne musikalische Begleitung bleiben in allen untersuchten Filmen die Ausnahme. Der Standard ist, dass ein Score weitgehend durchgängig erklingt. Dieser wird durch zwei Elemente ergänzt oder unterbrochen, die in der Regel auch dominant im Soundmix sind: Dialoge und Soundeffekte. Diesen Elementen ist jedoch gemein, dass sie im Gegensatz zum Score nicht dauerhaft erklingen: Selbst längere Dialoge haben unterschiedlich lange Pausen zwischen den gesprochenen Zeilen, und auch Soundeffekte sind in der Regel nur von kurzer Dauer. Der Score dagegen ist die Konstante auf der Tonspur: Wie ein Hintergrundgemälde setzt er im wahrsten Sinne des Wortes den Ton des Films. Dennoch zeigten sich besonders im Verhältnis von Score und Sounddesign beziehungsweise Soundeffekten beträchtliche Unterschiede in den Filmen, die teilweise mit den verschiedenen Genre-Zugehörigkeiten erklärt werden können. So hat der Fantasy-Film *The Hobbit* weniger laute Soundeffekte: Der Score zeigt sich hier besonders dominant, während das Sounddesign nur ergänzenden Charakter hat. In *Solo: A Star Wars Story* und teilweise auch in *Thor: The Dark World* zeigt sich dagegen eine klare Rollenaufteilung: Der Score besetzt die abstrahierte, emotionale und poetische Ebene des nondiegetischen Kommentierens, während das Sounddesign konkrete (und in der Regel diegetische) Vorgänge anzeigt. Diese klare Rollenverteilung ermöglicht dem Score, funktionale Räume zu besetzen, die über eine bloße Unterstützungsfunktion (und das Underscoring) hinausgehen, wie weiter oben beschrieben wurde: Der Score kann nicht nur abstrahieren und auf andere semantische Ebenen verweisen, sondern auch einen symbolisierenden Charakter einnehmen, während das Sounddesign als ergänzende Funktion die konkretisierende Fokussierung auf tatsächliche (und wichtige) Vorgänge leistet.

Allerdings ist diese klare Rollenverteilung nicht überall vollkommen zutreffend. In *Thor: The Dark World* konnte beobachtet werden, dass durch das kompositorische Baukasten-Prinzip Teile des Scores eher der konkretisierenden Sound-Sphäre zugeordnet werden können, besonders die digital verstärkten Drums als auditiv resonierende Entsprechung actionreicher Dynamik. Und mit dem Aether-Motiv hat auch das Sounddesign eine klar dramaturgische Funktion mit einer der Leitmotivik ähnlichen Umsetzung. Eine noch stärkere Verwebung von Score und Sound ist in *Interstellar* ausgemacht worden: Leitmotive wie das Space-Motiv und das Stay-Motiv zeigen hier, dass sowohl das Sounddesign abstrahierende und leitmotivische Funktionen annehmen kann als auch der Score teilweise nicht mehr vom Sounddesign zu trennen ist, etwa wenn ein rhythmisches Pulsieren im Raumschiff, das von Synthesizern, Pads und Streichinstrumenten ergänzt wird, teilweise diegetischen Ursprungs sein könnte, aber gleichzeitig ein mulmiges Gefühl von Enge, unterschwelliger Gefahr und technologisch-physikalischer Gnadenlosigkeit erzeugt. Hier wird der Score zu Sound, und der Sound wird musikalisiert. Das Ergebnis ist eine einheitliche auditive Sphäre, die musikalische Elemente und Sound-Elemente scheinbar selbstverständlich miteinander vermischt und dadurch einen immersiven Sog entfaltet.

Ebenfalls wurde der Einsatz von Songs und Song-Bestandteilen in den untersuchten Filmen untersucht – sowie ihre Wechselwirkung mit dem Score und anderen auditiven Elementen. Das auffälligste Ergebnis ist hier, dass entgegen den Erwartungen insgesamt nur wenig Song-Anteile gefunden wurden. So beinhalten *Thor: The Dark World* und *Interstellar* keine Songs; einziges Song-Element im Ersteren ist ein wenige Sekunden anhaltender Beat als diegetischer Handy-Klingelton. Gerade bei der popkulturellen Nähe von *Thor: The Dark World* ist dies signifikant: Hier kann gemutmaßt werden, dass der Score mit seinem an Pop-Hits angelehnten Main Title, der einprägsam und eingängig gestaltet ist, bereits Song-Elemente absorbiert hat und weitere Songs als nicht nötig angesehen wurden. Auch *Solo: A Star Wars Story* und *The Hobbit* haben zwar mehrere Song- und

Lied-Elemente, die jedoch eher als In-World-Songs beschrieben werden können: Das Zwergen-Trinklied oder der ulkige Grubenorks-Marsch in *The Hobbit* sowie der Jazz-Lounge-Song in *Solo: A Star Wars Story* sind keine kontemporären Popsongs, sondern an die filmischen Universen angepasstes Liedgut. Ein Song eines kontemporären Künstlers ist einzig in den End Credits von *The Hobbit* zu hören (und auch dies ist eine Interpretation des Misty-Mountains-Leitmotivs). Daher kann hier als vorsichtige Beobachtung festgehalten werden, dass Popsongs – insbesondere kontemporäre Popsongs – kein obligatorischer Bestandteil von Fiktive-Welten-Filmmusik in den 2010er-Jahren sein müssen, sondern eher als optional anzusehen sind. Ihr Fehlen erzeugt den Effekt, dass die Kohärenz des musikalischen Teils des Films hoch bleibt und die mythenbildende Funktion des Scores nicht durch Songelemente unterbrochen oder beeinträchtigt wird.

5.8.1.6 Form und Substanz

Diese hohe Kohärenz des Scores war eine Beobachtung, die in allen untersuchten Filmen gemacht wurde. Trotz der Vielzahl gefundener stilistischer Bezüge sind die untersuchten Scores stilistisch nicht beliebig gestaltet, sondern nach strengen formalen, dramaturgischen und funktionalen Kriterien geformt. Die Essenz der Scores ist ein weitgehend tonaler, orchestraler und leitmotivischer Kern, der klare historische Bezüge zu romantischen und filmmusikalischen Vorläufern erkennen lässt. Kontrastierende Ergänzungen etwa der semantischen Gefahr- oder Unheil-Sphäre oder in Form von Source Music mit Songelementen gestalten sich stilistisch freier und können Bezüge zu Neuer Musik, Jazz, Pop, Folk oder elektronischer Musik enthalten, seltener auch zu traditionellen oder kontemporären Musikgattungen spezifischer kultureller oder geographischer Räume. Die Leitmotivtechnik unterstützt hierbei die Homogenität der Scores, indem die verschiedenen Motive sich zwar gestisch, klanglich und expressiv variabel zeigen, aber durch ihren motivischen Kern oft ähnliche melodische, harmonische und rhythmische Gestaltungen einfordern, die wiederum einen Wiedererkennungswert haben. Auch über die klangliche Gestaltung in Form von Instrumentierung, Sounddesign und Soundmix beziehungsweise Produktion wird diese Homogenität begünstigt: Die Scores von *Interstellar* und *Thor: The Dark World* haben nicht nur wiederkehrende Leitmotive, sondern auch (beim letztgenannten Score: vor allem) einen spezifischen ausproduzierten Sound, der einen Wiedererkennungswert bietet und für sich genommen ein wichtiges Standbein der Bildung von Glaubwürdigkeit, Konsistenz und damit eine Bestätigung des filmischen Mythos darstellt. Im Fall von *Thor: The Dark World* ist das Hybrid-Orchester mit bearbeiteten, verstärkten Drums ein Signatur-Sound, der die Genre-Codes des mythischen Raums MCU zugleich bestätigt und mitprägt. Die Filmmusik in *Interstellar* erschafft dagegen in klanglicher Hinsicht einen prägnanten und in dieser spezifischen Form einzigartigen Sound, der für sich steht und dem Film ein Alleinstellungsmerkmal verschafft, ohne deshalb etablierte Genre-Konventionen völlig zu ignorieren.

Hier zeigen sich deutliche Unterschiede zu den Scores in *The Hobbit* und *Solo: A Star Wars Story*: Durch das intensive Aufgreifen bereits in anderen Filmen verwendeter Leitmotive verlieren diese Scores an eigenständiger Prägnanz. Zwar setzen sie jeweils eigene Akzente (unter anderem in der Form neuer charakteristischer Leitmotive oder behutsamer klanglich-konzeptioneller Innovationen), dennoch ist die Rolle des Scores hier vor allem in funktionaler Hinsicht zentral und sogar dominant für die Miterschaffung und Bestätigung des filmischen Mythos, der mehr als den einzelnen Film umfasst und auf die Filmreihe, das fiktive filmische Universum sowie das Genre abzielt. Insgesamt bildet sich in allen Scores durch die hohe Kohärenz eine stabile und dadurch verlässliche, bestätigende Form heraus, die dennoch moderate Entwicklungen und Veränderungen zulässt, die zum Beispiel mit der filmischen Dramaturgie resonieren. So zeigen sich bei *Solo: A Star Wars Story* deutliche Form-Veränderungen zugunsten stärkerer *Star-Wars*-Bezüge in der zweiten Filmhälfte; auch bei *Interstellar* sind klar strukturierende Kapitel auszumachen (die hier jedoch eher einer Sonatensatzform mit Eröffnungs-, Durchführungs-, Reprisen- und Coda-Teil ähneln).

Eine bereits in der Theorie postulierte Rückkehr des Main Titles konnte in den analysierten Scores durchaus festgestellt werden, aber in variablen und nicht immer eindeutigen Varianten. In *Interstellar* kehrt das Murph-Motiv in erlösender Form am Filmende zurück und verdrängt auch andere Motive, allerdings ist der Status dieses Leitmotivs als Main Title diskussionswürdig. In *Thor: The Dark World* ist der Main Title in Form des Asgard-Motivs derart dauerpräsent, dass kaum von einer Rückkehr gegen Filmende gesprochen werden kann. Im *Hobbit* setzt sich das Misty-Mountains-Motiv eher sukzessive im filmischen Verlauf durch, als dass es zurückkehrt; auch sein Status als Main Title ist nicht eindeutig. Nur in *Solo: A Star Wars Story* konnte eine eindeutige Rückkehr des Han-Motivs als Main Title festgestellt werden, der tatsächlich gegen Filmende auch andere Leitmotive ablöst und verdrängt. Insgesamt können so mehrere Beobachtungen hinsichtlich der äußeren Form und Struktur der untersuchten Scores festgehalten werden: Die Scores zeichnen sich insgesamt durch eine hohe Homogenität und Kohärenz aus, die ihren Wiedererkennungswert nicht nur durch Leitmotive, sondern auch durch spezifische Sound-Aspekte herstellen. Dies lässt – trotz der nachgewiesenen hohen Zahl an musikalischen Produktionsbeteiligten an den Scores – in der Regel ein klares Konzept oder eine klare Handschrift erkennen, die Wiedererkennungswert bietet. Strukturelle Entwicklungen des Scores im filmischen Verlauf gestalten sich unterschiedlich und müssen nicht an das Postulat einer Main-Title-Rückkehr gebunden sein. Auch behutsame, ausgeglichene Variationen (*Thor: The Dark World*), die sukzessive

Durchsetzung eines Hauptmotivs (*The Hobbit*), die klar formbildende Struktur mit Reprisen-Prinzip (*Interstellar*) oder ein Formverlauf von flexibleren Innovationen hin zu einer stilistischen Konstante (*Solo: A Star Wars Story*) können die Struktur des Scores prägen.

Hinsichtlich eines musikalischen Substanzcharakters können ebenfalls unterschiedliche Konzepte festgestellt werden. *Thor: The Dark World* hat einen Main Title, der klar auf Einprägsamkeit und Eingängigkeit ausgerichtet ist, wofür popmusikalische Konzepte angewendet wurden. Diese Hit-Maxime kann nicht allein mit innerfilmischen Funktionsmaximen erklärt werden und hat deutliche außerfilmische Ziele, beispielsweise der höchstmöglichen Verbreitung und eines kommerziellen Erfolgs. Dafür zeigen sich in diesem Score andere Teile, die durch die Anwendung des musikalischen Baukastenprinzips generisch wirken. Eine andere Ausprägung des Substanzcharakters weist der Score zu *Interstellar* auf, der als tief verankertes Herzstück der filmischen Erzählung angesehen werden kann. Seine Prägnanz gewinnt der Score durch die individuelle und einzigartige Ausgestaltung, etwa die Kombination von Kirchenorgel mit Orchester und elektronischen Sounds, die Anleihen aus der Minimal Music und die Verschmelzung von musikalischen und Sound-Elementen. Diese Ausgestaltungen haben ebenfalls Substanzcharakter, da sie den Score selbst als – klanglich ungewohntes – Hörerlebnis interessant machen (wie die hohen Aufrufzahlen belegen) und dieser auch vom filmischen Gesamtmedium losgelöst einen hohen Wiedererkennungswert zeigt. Dagegen ist der musikalische Substanzcharakter bei den Scores von *The Hobbit* und *Solo: A Star Wars Story* pauschal als geringer zu bewerten: Die hohen und intensiven leitmotivischen Reminiszenzen und die deutlichen stilistisch-konzeptuellen Bestätigungen von etablierten Genre-Codes trüben die Prägnanz dieser Scores deutlich ein und bezeugen einen geringeren Grad von Innovation und kreativer Eigenständigkeit. Hier zeigt sich eine Konkurrenz mit der mythenbildenden Funktion, die gerade in einem etablierten Franchise wie *Star Wars* oder Tolkiens Mittelerde-Verfilmungen von essentieller Bedeutung ist und dem Ziel einer eigenen musikalischen Ausprägung mit Substanzcharakter im Weg stehen kann.

Diese Aspekte erklären die Rolle des Scores innerhalb des Gesamtfilms bereits hinreichend. In der Regel bewies der Score eine konstitutive Funktion innerhalb des Films, mit der er den medialen Mythos bestätigt und weitererzählt. In den Franchise-Filmen *Thor: The Dark World* (MCU), *The Hobbit* (Tolkiens Mittelerde) und *Solo: A Star Wars Story* (*Star Wars*) wurde dies besonders deutlich: Der mythische Raum des Franchises zeigt sich hier bisweilen übermächtig, was sich darin äußert, dass der Score primär und vor allen anderen Funktionsaspekten diesen medialen Kosmos stützt, bestätigt und ihm dadurch Glaubwürdigkeit und Sinn verschafft. Dafür erweist sich die Kompositionstechnik der Leitmotivik als besonders geeignet, weil sie – zusätzlich zu ebenso bedeutenden stilistischen und klanglichen Reminiszenzen – nicht nur Zusammenhänge erschaffen, sondern auch musikalische Verweise auf andere Einzelfilme des jeweiligen Kosmos herstellen kann: entweder durch direkte Leitmotiv-Zitate oder durch Adaption und Weiterentwicklung des bereits vorhandenen motivischen Materials. *Interstellar* als einziger untersuchter Stand-Alone-Film zeigt ebenfalls eine konstitutive Rolle seines Scores: Hier ist dieser der Kern der filmischen Erzählung, der auf einer poetischen Ebene zentrale filmische Botschaften transportiert und vermittelt.

In Bezug auf konzeptuelle und musikalische Unterschiede zwischen den Genre-Grenzen gibt es nur vorsichtig zu interpretierende Ergebnisse, da die individuellen Konzepte hier nicht zwangsläufig nur auf Genre-Unterschiede, sondern auch auf verschiedene filmische Ausprägungen, filmische Universen oder künstlerische Konzepte zurückzuführen sein könnten (und auch hier die geringe Anzahl untersuchter Scores keine generellen Aussagen zulässt). Insgesamt fällt aber auf, dass die Soundeffekte in modernen Settings einen deutlich größeren Anteil haben: Science-Fiction-Settings und Actionszenen mit futuristischen Waffen, Raumschiffen und anderen fiktiven Technologien scheinen eine auditive Konkretisierung zu verlangen, die diese futuristischen Aspekte greifbarer macht und ihnen damit zu einer realeren Darstellung verhilft. Das Sounddesign stellt hier den Bezug zu einem futuristischen oder (post-)modernen Setting her. Dies hat Einfluss auf den Score, da er sich in dieser Rollenaufteilung stärker auf abstrahierte, poetische und mythisierte Sujets konzentrieren kann: Der Score bleibt dadurch ohne konkreten zeitlichen Bezug, weshalb er nicht futuristisch klingen muss. Dagegen zeigt sich im Fantasy-Film *The Hobbit* eine stärkere zeitlich-örtliche Konkretisierung der Filmmusik auf die filmische Welt: Die ausschließliche Verwendung von akustischen Instrumenten und die In-World-Songs mit möglichst wenig modernen Pop-Anleihen vermitteln auch in klanglicher Hinsicht nostalgische Reminiszenzen an eine vorindustrielle, unmoderne Vergangenheit.

5.8.2 Rückbezüge: Komponist*innen-Typen und Romantik-Modell

5.8.2.1 Komponist*innen-Typen

Im Fokus der Filmmusikanalysen standen nicht allein mögliche Romantizismen, Genre-Fragen oder stilistische Bezüge. Auch sollten die in Kapitel 4 herausgearbeiteten Komponist*innen-Typen mit den musikalischen Ergebnissen abgeglichen werden. Die Typisierung ergab eine unterschiedliche Herangehensweise der Filmkomponist*innen an Konzepte und Parameter wie ästhetische Bezüge, Vorbilder, Selbstverständnisse, präferierte Werkzeuge und Mittel sowie funktionale Fragen und Arten der Kompositions- oder Produktionsweise. Hieraus ergab sich eine Typisierung, die unterschiedliche Konzepte in vier Komponist*innen-

Typen zusammenfasste: Traditionelle Einzelgänger*innen mit Bezügen zum 19. Jahrhundert, zu analogen Werkzeugen, zur klassisch-romantischen Sphäre und zur leitmotivischen Filmmusik mit orchestralen und sinfonischen Elementen (Typ A); digitalisierte Künstler*innen mit Bezügen sowohl zur klassisch-romantischen als auch zur filmmusikalischen Sphäre, zur Technologie-Offenheit, zu einem hybriden Klang und zu einer musikalischen Substanzfunktion (Typ B); technisierte Sound-Producer mit einer stärkeren Hinwendung zu popkulturellen Einflüssen, zu kreativen Kompositions- und Produktionsformen, zu Sound- und Produktionsthemen sowie zur intensiven Kollaboration mit anderen filmischen wie musikalischen Akteur*innen (Typ C); und zuletzt innovative Teamplayer mit deutlichen popkulturellen, modernistischen, improvisatorischen, experimentellen und digitalen Tendenzen sowie einer Neigung zur Teamarbeit mit niedrigen Hierarchien (Typ D).

Insgesamt stimmten die musikalischen Analyseergebnisse weitgehend mit den Erwartungen an den jeweiligen Komponist*innen-Typ überein. Allerdings gibt es hier große Unterschiede: Wurden die Erwartungen an den jeweiligen Komponist*innen-Typ in *The Hobbit*, *Thor: The Dark World* und *Interstellar* weitgehend oder vollständig erfüllt, so ist diese Bewertung bei *Solo: A Star Wars Story* deutlich schwieriger. Der Score in *The Hobbit*, vom als Typ A klassifizierten Komponisten Howard Shore geschrieben, hat die Erwartungen vollständig getroffen. Die leitmotivische Kompositionsweise, die oft in der Tradition des Wagnerschen Musikdramas steht, die überdeutliche Kontinuität der Mittelerde-Verfilmungen und die Neigung zu analogen Werkzeugen, akustischen Instrumenten sowie klar thematisch geprägter Komposition für Orchester waren eindeutige Anzeichen für die herausgearbeitete Typisierung eines Typ-A-Komponisten. Auch klanglich nähert sich der Score an orchestral-sinfonische Vorbilder aus dem (späten) 19. Jahrhundert an. Für Typ-A-Komponist*innen wurde darüber hinaus eine besonders geringe Affinität zur musikalischen Substanzfunktion attestiert, was sich ebenfalls als zutreffend herausstellte: Kein anderer analysierter Score bedient sich in vergleichbarem Ausmaß bekannter Leitmotive aus dem filmischen Kosmos, um eine musikalische Kontinuität zu gewährleisten – auf Kosten einer filmmusikalischen Eigenständigkeit.

Bei Brian Tyler als Typ-B-Komponist ist das Ergebnis des Scores ein eindeutig anderes, trifft aber ebenfalls weitgehend die Erwartungen. So zeigt der Score von *Thor: The Dark World* hier einen Hybrid-Sound, der analoge (Orchester, Chor, Trommeln) und digitale Mittel (Synthesizer, (Sub-)Bässe, Equalizer) miteinander verbindet. Das zeigt nicht nur eine technologische Offenheit, sondern auch die Verbindung von klassisch-romantischen mit popkulturellen ästhetischen Bezügen. Auch die musikalische Substanzfunktion ist hier mit einem an der popmusikalischen Hit-Maxime orientierten Main Title deutlich ausgeprägt. Die Bedeutung von Produktion und Sound, der popmusikalische Bezug sowie die hybriden musikalischen Werkzeuge dürfen allerdings nicht darüber hinwegtäuschen, dass der Score dennoch zentrale leitmotivische, thematische und orchestrale Elemente enthält; auch gibt es auf der Tonspur des Films eine klare funktionale Auftrennung zwischen Musik und Sounddesign. Zudem orientiert sich der Score stark am etablierten Sound des MCU und entwickelt diesen behutsam weiter. Insgesamt trifft dies weitgehend auf die Voraussagen einer*eines Typ-B-Komponist*in zu.

Hans Zimmers Score zu *Interstellar* zeigt die deutlichsten Tendenzen hinsichtlich Innovation und Kreativität. Durch Zimmers Kategorisierung als Typ-C-Komponist war die Erwartungshaltung auch entsprechend ausgerichtet. Der Score zeigt die höchste nicht nur klangliche Verschmelzung mit dem Sound und Sounddesign, auch in funktionaler Hinsicht überlagern sich die Sphären von Musik und Sound deutlich. Der Score ist in klanglicher Hinsicht eine Mischung aus etablierter Instrumentierung (Orchester, Klavier, Hybrid-Sound) und innovativen Elementen (Kirchenorgel, Überlagerung von Musik und Sound). Auch in der Kompositionsweise zeigen sich Vermischungen von einer intensiv angewandten Leitmotivik mit einer starken Ausrichtung auf die Mood-Technik. Die in Typ C besonders starke Maxime, dass der Score Tiefe verleihen, berühren und poetische Ebenen ansprechen soll, wurde hier ebenfalls erfüllt. Die Art und Intensität der Kollaboration deutet sowohl auf Kommunikation auf Augenhöhe (Zimmer und Regisseur Christopher Nolan) als auch auf klar hierarchische Aspekte der Zusammenarbeit hin (Zimmers musikalisches Produktionsteam). Insgesamt zeigen sich viele Typ-C-Merkmale in der Filmmusik zu *Interstellar*, wobei jedoch auch sowohl Typ-B- als auch Typ-D-Merkmale zu erkennen sind (etwa in der Leitmotivik, in der Bedeutung des Orchesters und in romantischen Reminiszenzen hinsichtlich Typ B und in den Musik-Sound-Verschmelzungen hinsichtlich Typ D).

Der vierte untersuchte Score von *Solo: A Star Wars Story* stellt sich hinsichtlich der Erwartungen an die Komponist*innen-Typen als komplexer Fall dar, der allerdings auch signifikante Erkenntnisse zulässt. Zunächst haben hier zwei im Sinne der Typisierung konträre Komponisten mitgewirkt, die im Fall von John Williams als Typ A oder B und bei John Powell als Typ D klassifiziert wurden. Die Art der Kollaboration war nach den Vorab-Recherchen mutmaßlich keine Teamarbeit auf Augenhöhe, sondern implizierte ein hierarchisches Gefälle: Williams gab demnach nicht nur zwei zentrale Leitmotive vor, sondern bestimmte durch seine komponierte Suite auch wichtige Leitlinien der Instrumentierung, der stilistischen Bezüge und der Grundcharakteristik des Scores. Powells Rolle in dieser Kollaboration konnte nicht genau rekonstruiert werden, befand sich aber irgendwo zwischen einem Erfüllungsgehilfen und eines Mitarbeiters mit gewissen Freiheiten: Powell arbeitete die von Williams festgelegten musikalischen Eckpfeiler weiter aus. Dabei konnte er weitere Leitmotive beitragen und hatte bei einem Großteil der Motive und Szenen die Verantwortung der finalen musikalischen Ausgestaltung; der Grad des Einflusses von Williams (sowie anderer Personen) ist nicht abschließend geklärt. Vor diesem Hintergrund stellte sich die Frage, wie das filmmusikalische Endergebnis mit den Erwartungen an die verschiedenen Komponist*innen-Typen übereinstimmt. Hierbei zeigte sich, dass die Filmmusik in *Solo: A Star Wars Story* eindeutig zu den Eigenschaften der Komponist*innen-Typen A oder B tendiert und nur wenige erkennbare Merkmale einer*eines Typ-D-Komponist*in widerspiegelt: Der Score zeigt viele Bezüge zum klassisch-romantischen Kanon, ist stark leitmotivisch und orchestral geprägt und fügt sich überdies weitgehend nahtlos in die etablierte Konvention eines *Star-Wars*-Scores ein. Typ-D-Merkmale wie starke popkulturelle Bezüge, improvisatorische und innovative Anteile, Sound-Experimente, Musik-Sound-Verschmelzungen oder digitale Werkzeuge zeigen sich dagegen kaum – oder gar nicht.

Ausgehend von der Komponist*innen-Typisierung kann hier vereinfacht festgehalten werden, dass sich Williams als hypothetischer A- oder B-Typ durchgesetzt hat. Allerdings ignoriert diese Betrachtung den mutmaßlichen Einfluss der Genre-Konventionen (und weiterer Faktoren): Powell als Typ-D-Komponist hatte nicht nur Williams' Einfluss zu berücksichtigen, sondern musste auch einen Score auskomponieren, der in einem *Star-Wars*-Film funktioniert. Insofern sah sich Powell einer doppelten Herausforderung gegenüber: Die eigenen musikalischen Ausgestaltungen mussten sowohl Williams' persönlichen Stil als auch die Genre-Konventionen des mythischen Raums *Star Wars* berücksichtigen. Dies ist nur auf den ersten Blick ein und dasselbe: Williams' Ruf mag weit reichen und er hat den *Star-Wars*-Sound nicht nur entscheidend geprägt, sondern selbst erschaffen. Doch ist der entscheidende Punkt möglicherweise nicht Williams' Einfluss, sondern die Kontinuitätsmaxime, die erforderlich macht, dass der Score als mythenbildende Erzählstimme eingesetzt werden muss, fortwährend die *Star-Wars*-Welt bestätigt und diese glaubwürdig macht. Demnach hätte auch Williams selbst keine völlig anders gestaltete Filmmusik für *Solo: A Star Wars Story* schreiben können (etwa im Stil von *Close Encounters of the Third Kind*): Dies ist ein möglicher Hinweis darauf, dass die Wirkmacht des mythischen Raums mit seinen etablierten Codes und musikalischen Topics, seinen Konventionen, seinen tradierten Erwartungen und stilistischen Leitplanken womöglich größer ist als die Zugehörigkeit zum spezifischen Komponist*innen-Typ. Auch wenn diese Hypothese weiterer Untersuchungen bedarf, ist die Filmmusik in *Solo: A Star Wars Story* ein Exempel dafür, dass die Franchise-Ära eine starke Wirkung auf die stilistische und konzeptionelle Ausrichtung des Scores entfaltet und in Konkurrenz etwa zu fortschrittlicheren Komponist*innen-Typen möglicherweise durchsetzungsfähiger ist.

In diesem Zusammenhang muss erneut darauf hingewiesen werden, dass die Filmmusiken zu den hier untersuchten Hollywood-Produktionen keine Produkte einer*eines Einzelkämpfer*in sind, sondern dahinter Teams aus spezialisierten und zuarbeitenden Mitarbeitenden stecken, deren Einfluss auf die finale Ausgestaltung des Scores nicht hinreichend geklärt wurde. Zwar ist anzunehmen, dass die namentlich genannten Filmkomponist*innen in den untersuchten Scores die kreative Oberhoheit innehatten und wichtige Leitlinien, Motive und Konzepte vorgaben; letztlich gesichert ist dies jedoch nicht; auch deshalb nicht, da die Typisierung in der Inhaltsanalyse ergab, dass – je nach Komponist*innen-Typ – deutlich verschiedenartige Typen der Kollaboration verbreitet sind: Von einer stark hierarchischen Struktur mit klaren Arbeitsanweisungen bis hin zu Jam Sessions mit improvisatorischem Charakter eines gleichberechtigten Komponist*innen- oder Musiker*innen-Teams gibt es hier eine große Varianz.

Trotz dieser beiden signifikanten Einschränkungen der Wirkmacht des mythischen Raums sowie des Einflusses von Teamarbeit kann insgesamt konstatiert werden, dass die Erwartungen an den Komponist*innen-Typ weitgehend erfüllt wurden: Die Validität der Komponist*innen-Typen hielt durch die Stichprobe der vier Musikanalysen einer ersten Überprüfung weitgehend stand. Das Ausmaß des Einflusses des Komponist*innen-Typs ist dagegen nicht geklärt und bedarf weiterer Untersuchungen – ebenso die Frage, wie die Konventionsmacht der Franchise-Ära, die Leitlinien des mythischen Raums und die Einflüsse von musikalisch-konzeptuellen Kollaborationen mit diesem Einfluss konkurrieren.

5.8.2.2 Vorläufiges Romantik-Modell

Das vorläufige Romantik-Modell (siehe Abbildung 18 in Kapitel 4.10) ist nach fünf zentralen Bereichen gegliedert worden, die Mythos, Poetizität, Utopie, Orchestralismus und Virtuosität genannt wurden. Der Mythos wurde als zentraler Bereich beschrieben, der Elemente des Wagnerschen Gesamtkunstwerks mit Kontinuitätsfunktionen sowie mit mythischen Funktionselementen und der Beachtung von Genre-Konventionen vereint. Auch in den Filmmusikanalysen bestätigte sich generell diese zentrale Stellung: In allen Scores konnten zahlreiche Hinweise auf die mythenbildende Meta-Funktion nachgewiesen werden. Ein Kontinuitäts-Gedanke ist vor allem in den Franchise-Filmen sehr ausgeprägt, wobei dieser eng verwoben ist mit den Leitlinien des mythischen Raums, der sich als (Sub-)Genre, Franchise und/oder filmische Reihe manifestieren kann. Die Konventionen dieses mythischen Raums werden aufgenommen, bestätigt und weiterentwickelt. Dies gilt auch – allerdings in anderer Gewichtung – für den analysierten Stand-Alone-Film *Interstellar*: Dieser bezieht sich ebenfalls auf Vorgänger-Filme und resoniert mit den etablierten Erwartungen an das Genre (ohne diese immer zu befolgen). Daneben erschafft der Score hier einen eigenständigeren Mythos, der fortwährend durch intensive Leitmotivik, eine kohärente Form und Stilistik sowie abstrahierende, poetische Verweise bestätigt wird. Auch der Gesamtkunstwerk-Aspekt fand vor allem in *Interstellar* deutliche Bezüge: Die Integration von Score, Sound, aber auch Filmdiegese und visueller Ebene war hier besonders intensiv nachzuverfolgen. Die mythenbildende Funktion ist in den Scores der Franchise-Filme dagegen bisweilen so übermächtig, dass der Substanz-Charakter des Scores beeinträchtigt wird. Dennoch helfen die Scores entscheidend dabei mit, die fiktiven Welten und die filmischen Handlungen nachzuvollziehen, wichtige Kernthemen der Story zu verstehen und die teils übernatürlichen oder futuristischen Vorgänge glaubhaft zu vermitteln. Insgesamt wurden die Mythos-Aspekte des vorläufigen Romantik-Modells bestätigt, lediglich die Aspekte der Kontinuitäts-Funktion und der Genre-Konvention zeigten starke Ähnlichkeiten zueinander und waren nicht klar voneinander abzugrenzen.

Der Bereich der Poetizität fasste den romantizistischen Universalpoesie-Gedanken und die Maxime des Charakteristischen zusammen. Auch für diese Romantizismen fanden sich umfassende Belege in den Filmmusikanalysen. Alle untersuchten Scores weisen Elemente, Abschnitte oder Motive auf, die durch Mittel der Symbolisierung, der Allegorie oder des gefühlsbasierten Ausdrucks auf verallgemeinerte Sujets und abstrahierte Themen verweisen. Dabei bediente sich besonders Hans Zimmers Score zu *Interstellar* in intensiver Weise der poetischen Ebene zur Verallgemeinerung universeller menschlicher Gefühle und Fantasien. Auch die drei untersuchten Scores der Franchise-Filme zeigten deutliche Tendenzen der verbindenden Allegorie und symbolisierenden Abstrahierung, etwa durch die leitmotivische Herstellung von semantischen Verbindungen, durch emotionsbasierte Ausdruckssteigerungen oder auch durch die Verbindung verschiedener filmischer Bereiche wie Musik und Sound, die Überbrückung größerer innerfilmischer Zeitebenen oder mehrerer Szenen oder Abschnitte. So erreichte auch das Sounddesign mitunter eine poetische Qualität. Hier klang die romantische Sehnsucht nach der Synthese verschiedener, getrennter Ebenen, Kunstarten oder Sujets an. Dabei zeigte sich, dass die poetische Allegorisierung und die Herstellung synthetisierender Bezüge durch symbolisch-poetische Mittel des Scores oft zur Unterstützung des mythischen Raums eingesetzt wurde oder den filmischen Mythos stärkte: Die symbolische Verallgemeinerung stellt Bezüge her, die vertraut sind, und erhöht dadurch die Identifikationsmöglichkeit, Immersionsleitung und emotionale Glaubwürdigkeit des Films. Die Poetisierung des Scores verbindet nicht nur Kunstgattungen, sondern auch Film und Rezipient*in: Sie erschafft eine (oft emotionsbasierte) Brücke und unterstützt beim Verstehen der Handlung und wichtiger filmischer Narrative. Im filmmusikalisch-konzeptuellen Sinne ist diese Poetizität daher ein Mittel der Mythenbildung: Sie hilft bei der Herausbildung, Bestätigung und Weiterentwicklung des filmischen Mythos.

Ebenfalls bestätigten sich weitgehend die utopischen Bezüge in den Musikanalysen. So zeigten viele Leitmotive heroisierende Züge, die auf die Maxime einer Verheißung oder Verklärung abzielen. Bisweilen konnten auch metaphysische und religiöse Züge einer Erlösungsutopie nachgewiesen werden. Jeder der untersuchten Scores formuliert mindestens eine Utopie, der er sehnsuchtsvoll nachgeht: sei es die idealisierende Verklärung von Hobbit- oder Elb*innen-Motiven und der Sense of Wonder in *The Hobbit*, die jubelnde Heroisierung des Protagonisten in *Thor: The Dark World*, die quasireligiöse (und gleichzeitig wissenschaftliche) Zukunftsutopie in *Interstellar* oder die eskapistische, vergebliche Liebessehnsucht in *Solo: A Star Wars Story*. Durch die utopisch-sehnsüchtige Brille des Scores werden selbst technologische Themen, wissenschaftliche Problemstellungen oder ein zwielichtiger Haufen von Halunk*innen romantisiert: indem sie aus menschlich-emotionaler, subjektiver Ich-Perspektive erfasst und mit sehnsüchtig-idealisierender Tendenz utopisiert (oder aber mit negativen Emotionen Richtung Dystopie gerückt) werden. Dystopische Elemente fanden sich ebenfalls in den Filmmusikbeispielen, waren jedoch konzeptuell deutlich weiter gefasst und konnten in verschiedener Form auftreten: So fanden sich antagonistische Leitmotive mit auffälliger Charakteristik, düstere Variationen von eigentlich positiv gefärbten Leitmotiven mittels chromatischer Elemente oder Mittel der Neuen Musik sowie Elemente des Sounddesigns als konzeptuelles dystopisches Gegenstück zum (utopisch geprägten) Score. Zuletzt wurde auch der Bereich der Exotismen untersucht, die sich tatsächlich an einigen Stellen fanden. Die gefundenen musikalischen Exotismen der untersuchten Scores konnten sowohl utopische Züge (wie bei den Elb*innen in *The Hobbit*) als auch dystopische Elemente beinhalten (wie bei den Marauders in *Solo: A Star Wars Story*). Weniger deutlich wurden Anzeichen für eine Realitätsflucht oder einen Eskapismus: Außerhalb der Tatsache, dass die Fiktive-Welten-Genres per se Elemente dieser Bezüge aufweisen, fanden sich in den Scores nur wenige explizite Bezüge zu diesen Topoi, die von generell sehnsuchtsvollen oder utopischen Gesten unterschieden werden könnten.

Auch im Bereich der Virtuosität fanden sich bestätigende Bezüge für die hier konstruierten Romantizismen. So zeigten sich deutliche Anzeichen einer musikalischen Autonomie-Maxime in den Scores zu *Interstellar* und *Thor: The Dark World*, während die anderen beiden Scores sich hier deutlich zurücknahmen. Die tiefe Integration in den filmischen Kern bei *Interstellar* und die erkennbaren Bemühungen eines Main Titles mit Hitcharakter in *Thor: The Dark World* belegen das Interesse an einem musikalischen Substanzcharakter mit autonomen Zügen. Auch für das Genie-Dasein fanden sich Belege bei *Thor: The Dark World* sowie bei *Solo: A Star Wars Story*: Die kultische Verehrung John Williams' durch John Powell und die Selbstinszenierung Brian Tylers auf seinem YouTube-Kanal sind Hinweise auf Adaptionen romantischen Genie-Gedankenguts. Weniger deutlich wurden Bezüge auf virtuose Elemente in den Scores, auch wenn die akribisch bearbeiteten Hochglanzproduktionen oder die Verwendung einer hohen Anzahl von Leitmotiven Interpretationsspielraum für solche Bezüge zulassen.

Weitgehend bestätigt hat sich zuletzt der filmmusikalische Orchestralismus: Die untersuchten Scores können als orchestrale Scores angesehen werden oder haben zumindest wichtige orchestrale Elemente. Es bestätigte sich auch die Annahme, dass das Orchester und der orchestrale Klang obligatorisch für einen Fiktive-Welten-Score der 2010er-Jahre sind: Ein Score ohne orchestrale Bestandteile würde als solcher auffallen und klar gegen die Konventionen des Genres und des mythischen Raums verstoßen (was Scores ohne Orchester nicht unmöglich macht). Dennoch muss hier einschränkend konstatiert werden, dass das Orchester nicht der einzige prägende Teil der Instrumenten- oder Soundlandschaft des Scores sein muss: Auch Hybrid-Sounds und Vermischungen mit weiteren Instrumenten, Plug-Ins, Sounds und Klängen sind zahlreich. Hier soll nochmals darauf verwiesen werden, dass die vier untersuchten Scores als Stichprobe für repräsentative Aussagen über das gesamte Genre nicht ausreichen; auch muss nochmals darauf verwiesen werden, dass die Hollywood-Lastigkeit der untersuchten Scores möglicherweise den Einsatz des Orchesters begünstigte. Bezüglich des Bereiches des Orchestralismus muss des Weiteren attestiert werden, dass die in diesem Bereich eingeordnete Leitmotivik nicht auf orchestrale Motive beschränkt ist, sondern sich auch anderer Instrumente und Sounds bedienen kann (wie das Loki-Motiv, das Aether-Motiv, das Murph-Motiv, das Space-Motiv oder das Marauders-Motiv veranschaulichen). Auch wurde in den Analysen deutlich, dass es nicht nur ein Primat des Orchestralen, sondern auch des Instrumentalen gibt: Dies hat zwar auch produktionstechnische und pragmatische Gründe, da instrumentale Musik potenziell weniger die filmischen Dialoge stört. Dennoch zeigt sich hier auch eine Adaption der romantischen Aufwertung der Instrumentalmusik, die in Lage sei, das Unaussprechliche wie keine andere Musik zu vertonen.

Darüber hinaus konnten Beispiele für einige weitere stilistisch-musikalische Romantizismen festgehalten werden, die sich im vorläufigen Romantik-Modell nicht wiederfinden. Dazu gehört etwa die triadische Chromatik mit dem Einsatz von Medianten, chromatischen Melodieführungen und Akkordfolgen sowie dem Bedeutungsverlust der Grundtonart. Auch eine gesteigerte Expressivität mit Hilfe hoher Dynamik- und Register-Ausreizungen sowie prägnanten Klangfarben zur emotionalisierenden Ausdruckssteigerung konnte hier als wiederkehrendes musikalisches Mittel ausgemacht werden sowie eine Klang-Charakteristik, die (abgeleitet von der Ästhetik des Charakteristischen) mit unterschiedlichen Klangfarben, Instrumentierungen, aber auch weiteren musikalischen Parametern spielt, um als musikalisches Kolorit prägnante Ausdrucksformen zu erzielen.

5.9 Überarbeitetes Romantik-Modell

Die festgestellten Ergebnisse der Filmmusikanalysen in Bezug auf das vorläufige Romantik-Modell gaben zu einer grundlegenden Bestätigung des Modells Anlass. Die wesentlichen Charakteristika des Modells konnten durch die Musikanalysen weitgehend validiert werden. Allerdings gab es einige Abweichungen und neue Erkenntnisse: Dies betrifft vor allem die Poetizität als Mittel, das im filmmusikalischen Kontext dem Konzeptraum des Mythos zugeordnet werden kann, und den bisherigen Bereich des Orchestralismus, der sich als Erklärung musikalisch-stilistischer Romantizismen als zwar zutreffend, aber zu eng gefasst und ungenügend herausgestellt hat.

Daher wurde ein überabeitetes Romantik-Modell konstruiert, das die wesentlichen Kritikpunkte und Änderungsdesiderata berücksichtigt (siehe Abbildung 21).

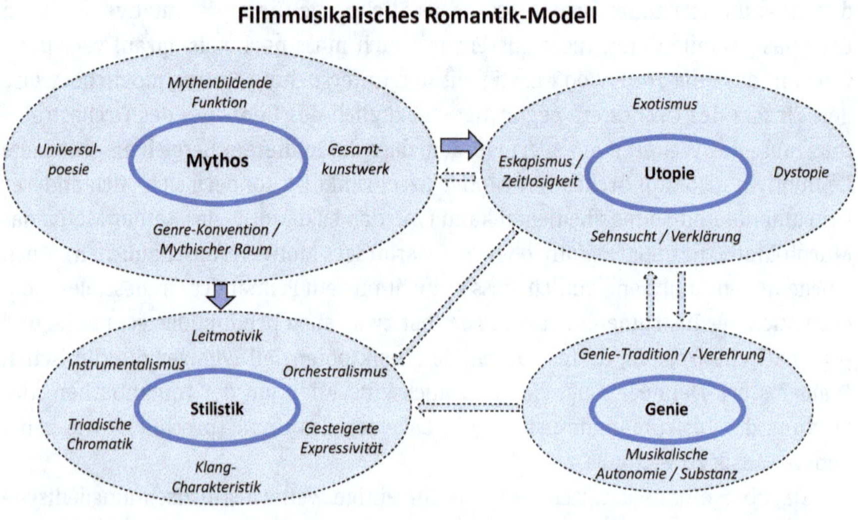

Abbildung 21: Überarbeitetes filmmusikalisches Romantik-Modell (Quelle: selbst erstellte Darstellung).

Das überarbeitete Romantik-Modell führt den Mythos als zentralen von nurmehr vier Bereichen auf: Im romantizistischen Mythos-Konzept ist die Universalpoesie als eigener Aspekt neu angesiedelt worden. Die dem Mythos zugehörenden Aspekte der Kontinuität und der Genre-Konvention wurden zusammengefasst, da sie starke Parallelen aufweisen. Die mythenbildende Funktion und das Gesamtkunstwerk sind als wichtige Aspekte des filmmusikalischen Mythos-Konzepts beibehalten worden, da sie in den Filmmusikanalysen ebenfalls validiert werden konnten. Damit ist die Poetizität als eigener Bereich aufgelöst, aber als Teil des Mythos-Konzepts bleibt sie ein wichtiger Teil des Romantik-Modells. Der Einfluss des Mythos-Konzepts auf die Bereiche der Utopie und der Stilistik wurde durch Pfeildarstellungen visualisiert.

Die zweite größere Änderung betrifft den Bereich des Orchestralismus: Dieser wurde zum Bereich Stilistik ausgeweitet, in dem sich filmmusikalisch-kompositorische Konzepte des Romantizismus wiederfinden. Ein Teil dieses Bereichs ist nach wie vor der Orchestralismus, auch die (nun weiter gefasste) Leitmotivik findet sich hier wieder. Neu hinzugekommen als Unterbereiche sind der Instrumentalismus, die triadische Chromatik, die gesteigerte Expressivität sowie die Klang-Charakteristik. Zudem wird durch Pfeildarstellungen verdeutlicht, dass dieser Bereich durch die ästhetischen Konzepte des Mythos, aber auch der Utopie und des Genies beeinflusst wird.

Im Bereich der Utopie wurde die Sehnsucht beziehungsweise Verklärung als Unterbereich ergänzt, da sie als wichtiges utopisches Mittel erkannt wurde. Auch wurden zur Darstellung der Wechselwirkungen mit den anderen Bereichen Pfeilsymbole eingefügt. Zuletzt wurde der Bereich der Virtuosität in Genie umbenannt, da das Genie-Dasein sich als adäquatere Bezeichnung erwies und sich zum Genie stärkere Bezüge als zur Virtuosität fanden. Der Genie-Aspekt wird um den Teilbereich der Genie-Tradition und -Verehrung ergänzt, der sich als wiederkehrendes Merkmal herausstellte. Die musikalische Autonomie wurde um den Begriff der Substanz erweitert, da sich hier mehrere Bezüge fanden, die dem Autonomie-Charakter jedoch sehr nahekommen.

Im überarbeiteten filmmusikalischen Romantik-Modell hat der **Mythos** als zentrales Konzept nach wie vor eine hervorgehobene Stellung inne. Die Filmmusik wird als mythenbildendes Werkzeug eingesetzt, das Musik, Mythos und Film miteinander vereint. So wird eine glaubwürdige filmische Welt mit poetischen Bezügen geschaffen, die über den Einzelfilm hinausreicht und Kontinuität mit dem mythischen Raum herstellt, der nicht nur mit dem filmischen Genre, sondern auch mit Serialisierungen, Filmreihen und Franchises interferiert. Die Tonspur des Films vereinigt dafür potenziell Score, Sounddesign und Songs, um eine kohärente auditive Welt mit poetischem Potenzial innerhalb des filmischen Gesamtkunstwerks zu erzeugen und eine sinnstiftende Kohärenz aller klanglichen und musikalischen Bestandteile herzustellen. Die Soundschicht des Films verdichtet, abstrahiert und verallgemeinert einzelne Szenen und Elemente der filmischen Story und verweist dadurch auf universelle, nachvollziehbare Sujets. Dadurch können Brücken zur*zum Rezipient*in gebaut und universale Anknüpfungspunkte an zentrale menschliche und emotionale Themen geknüpft werden. Der Score resoniert in intensiver Weise mit den Konventionen des mythischen Raums und bestätigt diese und/oder entwickelt sie behutsam weiter. So wird ein synthetisiertes, also alle Teilbereiche verbindendes Gesamtprodukt Film erschaffen, das durch die Schlüsselrolle der Filmmusik die Identifikation der*des Rezipient*in erleichtert, die Immersion und Glaubwürdigkeit erhöht und damit einen mythischen Wahrheitsgehalt konstruiert, der den rezeptiven Modus des Make-Believe ermöglicht und erleichtert. Dieses zentrale Mythos-Konzept beeinflusst auch die filmmusikalische Utopiekonzeption sowie die Auswahl der filmmusikalisch-stilistischen Mittel zur Realisierung des Mythos.

Dem Mythoskonzept zur Seite steht ein romantizistisch geprägter **Utopiegedanke**, der eine subjektiv gefärbte Perspektive ermöglicht, aus der heraus die fiktionalen Geschehnisse, Figuren und der poetische Gehalt des filmischen Mediums mit den Mitteln der Filmmusik erzählt werden. Diese Perspektive trägt Züge der romantizistischen Sehnsucht nach dem Unerfüllbaren: Trotz oder wegen des fiktionalen Charakters der filmischen Begebenheiten wird diese Sehnsucht utopisch aufgeladen und gesteigert. Figuren werden musikalisch heroisiert oder mit Erlösungskonnotationen belegt, nahe und ferne Orte als Idylle charakterisiert und Zukünfte oder Vergangenheiten verklärt. Dabei greift das Utopie-Konzept bisweilen auch auf exotisierende Mittel zurück, die nicht immer ein utopisch-idealisierendes Element enthalten, sondern auch in das dystopische Gegenstück umschlagen können. Dieses wird mittels der romantizistisch beeinflussten Ästhetik des Erhabenen mit negativen Emotionen besetzt und musikalisch durch kontrastierende, prägnante und charakteristische Stilmittel umgesetzt. Die utopisch gefärbte Filmmusik ermöglicht die Loslösung von konkreten zeitlichen Bezügen und besetzt die überzeitlichen Sujets, wodurch sie ein Element der Zeitlosigkeit gewinnt. Dies unterstützt eskapistische Fantasien in ferne Zeiten und Räume. Diese Utopie-Maxime ist eng mit dem Mythos-Konzept verwoben und hat auch Einfluss auf die Anwendung der stilistischen Mittel zur Ausgestaltung der Filmmusik.

Die Filmmusik greift auf eine Palette romantizistischer **Stilmittel** zur Umsetzung von Mythos- und Utopiekonzeption zurück. Die Leitmotivik ermöglicht die Herstellung eines komplexen musikalischen wie außermusikalischen Gewebes, das vielfältige intertextuelle Verweise und Bezüge herstellen und damit ein Kausalsystem von mythischer Qualität aufbauen kann. Umgesetzt wird dies in der Regel mit dem Orchester als klanglich und expressiv vielseitigem Klangapparat, der auch Bezüge zur romantischen Orchestertradition zulässt und als musikalische Errungenschaft mit starkem historischem Bezug glorifiziert wird. Dem Orchestralismus zur Seite steht der Instrumentalismus, der generell die nicht-vokale musikalische Form begünstigt und die Filmmusik als abstrahierte, vom konkreten Informationsgehalt der Sprache getrennte Stimme zur symbolischen, allegorischen Ausformung des medialen Mythos erklingen lässt. So sind selbst vokale Anteile in der Filmmusik bisweilen in künstlichen oder (fast) unbekannten Sprachen gehalten, um nicht vom musikalisch-abstrahierenden Charakter abzulenken. Klanglich bedient sich die instrumentale Filmmusik eines hochexpressiven Sound-Instrumentariums, das ebenso aus akustischen, traditionellen Instrumenten wie aus digitalen Klängen, Hybrid-Sounds, Plug-Ins, regionalen Klängen und Spielweisen sowie nichtmusikalischen Soundeffekten besteht, um prägnante und charakteristische Sounds zu generieren. In harmonischer Hinsicht wird die romantizistisch beeinflusste triadische Chromatik benutzt, die sich in einem Spiel mit den Erwartungen etwa an die Tonalität und die klassische Funktionsharmonik äußert, um charakteristische, kontrastierende oder einprägsame Effekte zu erzeugen, beispielsweise mit den Mitteln chromatischer Tonverschiebungen, mediantischer Akkordfortschreitungen oder der Verschleierung des tonalen Zentrums.

Ergänzt wird das filmmusikalische Romantik-Modell durch ein **Genie**-Konzept, das sich unter anderem bei der Verhandlung von Selbst- und Professionalitätsverständnissen von Filmkomponist*innen ausprägt. Das filmmusikalische Genie erschafft von Trends und aktuellen Strömungen befreite, zeitlose Musik, die als höherwertige Kunstform angesehen wird. Der filmische Score kann einen musikalischen Substanzcharakter aufweisen, hat autonome Tendenzen und kann nicht nur als Filmscore, sondern als Musik oder Kunst generell Bestand haben und geht damit potenziell über die rein funktionale Aufgabenerfüllung hinaus. Daher werden allzu starke Beeinflussungen des Filmscores durch Kitsch oder Kommerz sowie Gelegenheitsarbeiten abgelehnt; stattdessen kann der gelungene Filmscore eine künstlerische Schöpfung mit universellem Kunstcharakter darstellen, die auch in der außerfilmischen Rezeption Anerkennung erhält. Das filmmusikalische Genie beruft sich auf von ihm verehrte Vorgänger*innen oder Vorbilder früherer Epochen, deren Erbe hochgehalten wird und in deren Tradition man sich stellt. Das Genie-Konzept beeinflusst ebenfalls die Wahl der musikalischen Stilmittel und stellt in funktionaler Hinsicht einen komplementären Gegenpol zum Mythos-Konzept dar: Wo dieses primär *inner*filmische Funktionen erfüllt, ist der Genie-Gedanke Ursprung *außer*filmischer Wirkungen. Darüber hinaus zeigt das Genie-Konzept Wechselwirkungen mit dem Utopie-Gedanken: Beiden gemeinsam ist eine intentionale Loslösung von konkreten zeitlichen Bezügen, von aktuellen musikalischen Strömungen und allgemein der Gegenwart. Das Genie schreibt utopisch veranlagte Musik, die sowohl nostalgische Rückbesinnungen auf die musikalische Vergangenheit als auch kühne musikalische Zukunftsvisionen beinhalten kann.

Damit wurden die Ergebnisse der Filmmusikanalyse mit dem bisher erarbeiteten vorläufigen Modell abgeglichen, wichtige Abweichungen dokumentiert und schließlich ein überarbeitetes Romantik-Modell aufgestellt. Dieses filmmusikalische Romantik-Modell integriert die Ergebnisse beider Hauptstudien dieses Textes (siehe Abbildung 21). Die größten Änderungen zum vorläufigen Romantik-Modell (siehe Abbildung 18) betreffen die Integration der Poetizität in das filmmusikalische Mythos-Konzept sowie die Erweiterung des Orchestralismus zu einem allgemeineren Bereich der Stilistik. Mit den vier Begriffen Mythos, Utopie, Stilistik und Genie sind die detaillierten Romantik- und Filmmusik-Studien des Theorie-Teils schlussendlich auf ein bewusst simplifizierendes Minimum heruntergebrochen und empirisch einer ersten Prüfung unterzogen worden. Damit wurden die vier grundsätzlichen Säulen eines wissenschaftlichen Modells gebildet: Die Matrix wurde im theoretischen Teil dieses Textes aufgearbeitet; das Modell selbst wurde im Verlauf der vorliegenden Studie entwickelt, die zugleich das Modell-Objekt darstellt; das Applikat war der empirische Teil dieser Studie, der zugleich der Überprüfung und Revision des Modells diente (vgl. Kerschbaumer 2018: 17–37; siehe Kapitel 1.1).

6 Ergebnisse und Fazit

Die vorliegende Studie hat einen weiten Bogen geschlagen von der Romantik über die Film Music Studies bis hin zu der Inhaltsanalyse des Komponist*innen-Interviewbands und der Musikanalyse von vier exemplarischen Filmmusiken. Dabei gab es eine Vielzahl von wichtigen Beobachtungen und (Zwischen-)Ergebnissen zu den eingangs aufgestellten Forschungsfragen, die deshalb im Folgenden verdichtet zusammengetragen werden sollen. Im Anschluss werden die Ergebnisse mit den Forschungsfragen abgeglichen und die Relevanz der Studie für den Forschungsstand erläutert. Abschließend erfolgt eine kritische Reflexion, die auf Einschränkungen und Forschungsdesiderata eingeht, bevor der Text mit einem Ausblick auf die zukünftige Forschung zum Thema schließt.

6.1 Romantizismen und Romantik-Modell

Aus der Aufarbeitung des Forschungsstandes und den empirischen Ergebnissen der qualitativen Inhaltsanalyse sowie der Filmmusikanalysen wurde ein filmmusikalisches Romantik-Modell entwickelt, das die zentralen Romantizismen von Filmmusik fiktiver Welten in den 2010er-Jahren stark verkürzend und vereinfachend darstellt (siehe Abbildung 21). Damit wurde der in der Einleitung formulierten höchstmöglichen Reduktion auf ein Minimum der wichtigsten Bezüge entsprochen. Es zeigte sich in den Untersuchungen deutlich, dass im filmmusikalischen Romantik-Modell nicht nur Konzentrationen auf einige romantische Merkmale, sondern auch Adaptionen und Transformationen romantischer Motive stattfinden. Zugleich visualisiert das Modell aber auch historische Kontinuitätslinien, die von romantischen Konzepten wie der Programmmusik, dem Musikdrama und der sinfonischen Dichtung über den klassischen Hollywood-Sound der 1930er- bis 1950er-Jahre und der Renaissance des Orchestralismus in den 1970er-Jahren bis in die filmmusikalischen Strömungen um die Jahrtausendwende wie die Hans-Zimmer-Ära und die Franchise-Ära reichen.

Das filmmusikalische Romantik-Modell ist in die vier Bereiche *Mythos*, *Utopie*, *Genie* und *Stilistik* untergliedert. Alle vier Bereiche weisen mehrere ergänzende und spezifizierende Aspekte auf, die teilweise für Weiterentwicklungen romantischer Ideen stehen. Auch sind die Bereiche insgesamt von gegenseitigen Wechselwirkungen geprägt: So stellen die ersten drei Bereiche zentrale – teils miteinander zusammenhängende – ästhetische Konzepte dar, während der Stilistik-Bereich für stilistisch-musikalische Romantizismen steht, die sich aus den Konzepten der ersten drei Bereiche ergeben.

Als wichtigstes ästhetisch-konzeptuelles Motiv des filmmusikalischen Romantik-Modells wurde der *Mythos* ermittelt. Dieses Konzept ist eine erweiterte Adaption des romantischen Mythosgedankens, etwa der Neuen Mythologie Friedrich Schlegels und der Frühromantiker*innen sowie von Richard Wagners Mythoskonzept. Die Filmmusik ist hiernach ein mythenbildendes Mittel, das Musik, Mythos und filmisches Medium miteinander vereint und dadurch eine glaubwürdige filmische Welt entstehen lässt. Das Mythos-Konzept vereint einzelne Aspekte zu einem größeren Ganzen: Der filmische Mythos ragt über das einzelne filmische Medium hinaus in den mythischen Raum, der sich auf (Sub-)Genres, aber auch auf filmische Reihen, Serialisierungen und Franchises beziehen kann. Auch die auditiven Filmelemente Score, Sounddesign, Source Music und Songs werden potenziell zu einem integrativen Soundtrack vereinigt, um eine höchstmögliche Kohärenz innerhalb des filmischen Gesamtkunstwerks zu erreichen. Die Filmmusik abstrahiert und universalisiert filmische Konkretisierungen und schafft so eine sinnstiftende, emotional berührende Brücke zur*zum Rezipient*in. Durch das universale, poetische Verallgemeinern filmischer Sujets erschafft die mythenbildende Filmmusik einen medialen Mythos, der die Glaubwürdigkeit und das Immersions- sowie Identifikationspotenzial in der Rezeption stärkt und dadurch die filmischen Inhalte zu mythischen Wahrheiten überhöht.

Neben dem Mythos ist die Filmmusik fiktiver Welten vom Konzept der *Utopie* geprägt. Die Filmmusik wird zum Ausdruck und zur Umsetzung utopischer Sehnsüchte nach fernen Orten und Zeiten, nach Naturidylle oder dem Goldenen Zeitalter. Sie kann damit potenziell gleichermaßen – und gleichzeitig – Vergangenheitsnostalgien wie Zukunftsvisionen ausdrücken. Filmische Inhalte werden durch die Filmmusik mit einer utopischem Perspektive angereichert, die Züge der romantizistischen Sehnsucht nach dem Unerfüllbaren trägt. Filmische Landschaften werden durch den Sense of Wonder zu utopisierten Idyllen, Figuren werden zu Hero*innen überhöht und ferne Zeiten idealisiert. Die zu utopischen Zwecken eingesetzte Filmmusik entkoppelt filmische Sujets von ihren konkreten Orts- und Zeitbezügen und schafft dadurch überzeitliche und universalisierte semantische Bezüge. Der romantizistische Utopiegedanke wird durch ein davon abgeleitetes dystopisches Gegenstück zur Besetzung negativer Emotionen und Assoziationen ergänzt, das Anzeichen von Schreckensmotiven und Schauerromantik trägt. Dabei wird auch das Mittel des musikalischen Exotismus eingesetzt, um sowohl verklärende Idealisierungen als auch pejorative Distanzierungen herzustellen und zu verstärken. Das Utopiekonzept ist eng mit dem filmmusikalischen Mythos verbunden und beeinflusst die Auswahl filmmusikalischer Stilmittel und stilistischer Konzepte.

Der dritte zentrale Bereich des filmmusikalischen Romantik-Modells ist das *Genie*-Konzept. Filmkomponist*innen weisen ein Selbst- und Professionalitätsverständnis auf, das vom romantischen Geniegedanken beeinflusst ist. Das filmmusikalische, in der Regel männliche Genie erschafft potenziell zeitlose und von Trends und aktuellen Strömungen befreite Filmmusik, die einen ausgeprägten Kunstcharakter hat. Diese Musik ist utopisch veranlagt und kann sowohl nostalgische Rückbesinnungen auf die Vergangenheit als auch kühne musikalische Zukunftsentwürfe enthalten. Dadurch wird der Filmscore zu einem höherwertigen Kunstwerk, das autonome Züge trägt und individuellen Kriterien einer musikalisch-künstlerischen Substanz oder Qualität entspricht: Der ideale Filmscore des Genies erhebt sich über die rein innerfilmische Aufgabenerfüllung und trotzt auch den Beeinflussungen durch kommerzielle Maximen oder allzu flachen Gefühls- oder Kitschansprüchen. Durch diesen Substanzcharakter hat der Filmscore Potenzial, auch in der außerfilmischen Rezeption Anerkennung zu erfahren – ob in der Gegenwart oder der Zukunft. Gleichermaßen verehrt das filmmusikalische Genie Vorgänger und Vorbilder der Vergangenheit – in der Regel verstorbene weiße Männer – und führt deren Tradition fort. Auch das Genie-Konzept beeinflusst die Wahl der musikalischen Stilmittel und steht in enger Wechselwirkung mit dem Utopiegedanken.

Die Auswahl filmmusikalischer *Stilistiken* und Stilmittel ist eng an die beschriebenen ästhetischen Konzepte geknüpft. Die Leitmotivik als zentrale Kompositionstechnik erschafft ein komplexes musikalisches (und außermusikalisch-semantisches) Gewebe voller intertextueller Verweise, die zeitliche, räumliche und intermediale Brücken bauen. Dadurch erschafft die leitmotivische Komposition ein mythenbildendes System kausaler und sinnstiftender Zusammenhänge. Die Umsetzung erfolgt mit den expressiven Möglichkeiten des (erweiterten) Orchesters, das als Bestandteil einer klassisch-romantischen Kulturtradition glorifiziert und gleichzeitig als mythenbildender Klangkörper eingesetzt wird. Ergänzt wird der filmmusikalische Orchestralismus durch einen Instrumentalismus, der die nichtsprachliche Musik bevorzugt und Filmmusik damit zu einer abstrahierten, symbolischen und allegorischen Kommentarstimme macht, die bei der medialen Mythenbildung mitwirkt. Ergänzt werden diese Merkmale durch eine hohe Expressivität und Klangcharakteristik, die sich auch der Sound Studies, digitaler Klangerzeugungen sowie regionaler Spielweisen und Sounds bedienen, sowie eine erweiterte Tonalität, die mit atonalen und tonartverschleiernden Elementen sowie Mitteln der triadischen Chromatik und der Neuen Musik spielt, ohne den tonalen Bezug und die Hörgewohnheiten aus der klassischen Funktionsharmonik damit zu negieren.

Das ausgearbeitete filmmusikalische Romantik-Modell ist das zusammenfassende Ergebnis der theoretischen und empirischen Forschung der vorliegenden Studie. In diesem Ergebnis kam es zu Abweichungen von den eingangs formulierten Erwartungen. So hat sich der Bereich des Exotismus in den untersuchten Filmmusiken zwar nach wie vor als existent, aber nicht mehr als obligatorisch oder zentral erwiesen: Tatsächlich erscheinen musikalische Exotismen – zumal solche mit problematischen, da pejorativen Bezügen oder postkolonialen Motiven – als optional und sind kein selbstverständliches Element von Filmmusik in fiktiven Welten der 2010er-Jahre. Ebenfalls wurde der Orchestralismus, der in der Filmmusik des 20. Jahrhunderts dominant war, um weitere instrumentale Bezüge, Klangtechniken, digitale Instrumente sowie Sound Design deutlich erweitert. Auch die Leitmotivik ist dadurch nicht mehr auf das Orchester als Ausdrucksmittel beschränkt und bezieht – ganz im Sinne eines romantizistischen Gesamtkunstwerk-Konzepts – auch andere Instrumente sowie nichtmusikalische Soundeffekte mit ein. Das Genie-Konzept erwies sich zudem als wichtiger Bestandteil des Modells, der nicht nur ästhetische und funktionale Maximen der Filmmusik erklärt, sondern auch antiquierte Gender-Verständnisse des 19. und frühen 20. Jahrhunderts fortführt.

Mit dem filmmusikalischen Romantik-Modell werden prägnant romantizistische Verbindungen nachgezeichnet, aber auch Adaptionen und Transformationen romantischer Motive angedeutet. Dies betrifft mehrere Aspekte, die den Großbereichen des Modells zugeordnet wurden, unter anderem die Beachtung der Genre-Konvention beziehungsweise des mythischen Raums und auch die mythenbildende Funktion der Filmmusik. Beide Aspekte sind Adaptionen romantizistischer Motive, die primär aus dem Mythoskonzept entstanden sind und auf die spezifischen filmmusikalischen Bedingungen angepasst wurden. Auch der Dystopie-Aspekt der romantizistischen Utopie ist ein weiterentwickeltes Motiv des 20. Jahrhunderts, das seinen Ursprung in romantizistischen Schauer- und Schreckensvorstellungen der Ästhetik des Erhabenen hat. Hier wird deutlich, wie sich romantizistische Aspekte über das 20. Jahrhundert hinweg weiterentwickelt und transformiert haben: Das Romantik-Modell kann lediglich ein vereinfachendes und transformiertes Abbild dessen sein, was unter Romantik zusammengefasst wird.

6.2 Komponist*innen-Typen

Nicht nur die finalen Ausgestaltungen von Filmmusik wurden analysiert, sondern auch der produktionstechnische Weg dahin. Die Produktionsbedingungen im späten 20. und frühen 21. Jahrhundert haben durch technologische Innovationen und die Digitalisierung entscheidende Veränderungen erfahren. Filmmusik wird mit digitalen Instrumenten wie dem Computer und mit Software wie der DAW und Plug-Ins produziert, abgemischt und mit dem Film synchronisiert. Innerhalb eines arbeitsteiligen, internationalen und von kommerziellem und zeitlichem Druck bestimmten Produktionsumfelds werden romantizistische Vorstellungen eines einsamen filmmusikalischen Genies, das isoliert und mit Bleistift und Papier zeitlose musikalische Kompositionen verfertigt, zunehmend modifiziert und hinterfragt.

Vor diesem Hintergrund wurden in einer empirische Studie 14 Interviews mit Filmkomponist*innen ausgewertet und daraus vier Komponist*innen-Typen entwickelt, die nach Produktionsprozessen, Aspekten der Teamarbeit, Selbst- und Professionalitätsverständnissen, Vorbildern, ästhetischen und stilistischen Bezügen sowie funktionalen Vorstellungen vor einem romantizistischen Hintergrund gruppiert wurden. Die qualitative Inhaltsanalyse brachte eine Vielzahl von romantizistischen Konzepten und Adaptionen zutage, konnte allerdings auch konstante und gemeinsame Bezüge aller Typen zur Romantik nachweisen. Anhand zentraler ästhetischer Diskurslinien wurden die Typenmerkmale gebildet und voneinander abgegrenzt.

Die *traditionellen Einzelgänger*innen (Typ A)* zeigen sich der klassisch-romantischen Tradition verpflichtet und weisen deutliche Bezüge nicht nur zur Romantik als Geisteshaltung, sondern auch zur musikalischen Epoche der Romantik auf. Ihre Präferenz analoger Werkzeuge und Instrumente, leitmotivischer Themenentwicklung und musikalischer Vorbilder aus dem 19. Jahrhundert ist besonders ausgeprägt, auch zeigen sie eine besondere Nähe zur abendländischen Kunstmusik und zu einer eklektizistischen Verehrung romantizistischer Idiome wie Sinfonismus und Programmmusik.

Digitalisierte Künstlerinnen (Typ B) weisen ebenfalls ausgeprägte ästhetische Bezüge zur Romantik auf, erweitern diese aber durch deutliche filmmusikalische (und moderate popmusikalische) Traditionslinien des 20. Jahrhunderts. Auch zeigen sie eine technologische Offenheit und beziehen digitale Hilfsmittel sowie (hierarchische) Arbeitsteilungen in ihre Produktions- und Kompositionsarbeit ein. Sie sehen sich weniger als Epigon*innen romantischer Vorbilder, sondern als Filmmusik-Genies in der Fortführung klassisch-romantischer Traditionen. In vielerlei Hinsicht zeigt der Komponist*innen-Typ B die größte Ausgeglichenheit der Bezüge und entspricht damit einer Standardform des Filmkomponist*innen-Typus.

Die *technisierten Sound-Producer (Typ C)* haben sich der popkulturellen Sphäre und weiteren technologischen sowie Teamwork-Möglichkeiten geöffnet und arbeiten in der Regel im Team, wodurch die leitmotivisch-thematische Komposition durch Kollaboration, Sounddesign und Produktion ergänzt (aber nicht ersetzt) wird. Sie arbeiten als Leiter*innen eines musikalischen Produktionsteams mit Geniehaften Zügen. Die Filmmusik ist bei ihnen zu einem technischen Produkt geworden, das primär nicht komponiert, sondern produziert wird. Trotz deutlicher popkultureller Reminiszenzen zeigen sie ebenfalls ästhetische Bezüge zur orchestralen Filmmusik sowie zu klassisch-romantischen Traditionslinien.

Die *innovativen Teamplayer (Typ D)* beziehen sich deutlich auf digitale Werkzeuge, technologische Innovationen und Popkultur des 21. Jahrhunderts. Filmmusik wird über hierarchielose Teamarbeit und Jam Sessions mit improvisierten Anteilen hergestellt. Sie weisen starke Bezüge zum Sounddesign auf und verstehen Musik und Sound als konzeptionell ganzheitliche Sphäre, die Züge eines auditiven Gesamtkunstwerks trägt. Auch musikalische Klanginnovationen und neue Instrumentierungen und Stile stehen im Vordergrund. Filmmusik wird für sie zu einem in gleichberechtigter Teamarbeit durchgeführten, improvisierten Sound-Experiment mit starkem Kunstcharakter.

Die Komponist*innen-Typen A und B zeigen insgesamt stärkere Bezüge zu stilistischen Gestaltungsmitteln, Instrumenten sowie Vorbildern der historischen Romantik. Dennoch weisen die Typen C und D nicht etwa weniger romantizistische Bezüge auf, sondern diese sind stärker transformiert: Dies betrifft das Aufgreifen eines Genie-Daseins, die kritische Hinterfragung kommerzieller Aspekte, die Verhandlung von eskapistischen Bezügen sowie den Diskurs um höhere und niedere Musik. Die auf den ersten Blick fortschrittlicheren Komponist*innen-Typen C und D brechen nicht mit romantizistischen Traditionen, sondern versuchen, diese in fruchtbare und innovative Neuverhandlungen hinsichtlich Produktionsprozesse, Selbstverständnisse sowie Aufgaben und Charakter von Filmmusik zu überführen. Darin zeigt sich ebenfalls ein romantizistisch geprägtes Bezugssystem mit poetisch-künstlerischer Ausprägung.

Die Komponist*innen-Typen wurden in den nachfolgenden Filmmusikanalysen berücksichtigt und hielten einer Analyse ihrer Validität weitgehend stand. Sie erwiesen sich als wichtiger Faktor, um die Erwartungen und Voraussagungen an einen filmischen Score eingrenzen zu können. Die Filmkomponist*innen-Typen haben offenbar Einfluss und eine signifikante Aussagekraft, wie die Filmmusik im Ergebnis ausfallen könnte. Allerdings zeigte sich auch, dass andere Faktoren (mindestens) ebenso wichtig bei der konzeptuellen und stilistischen Ausprägung des Filmmusik-Ergebnisses sind, allen voran die Bedingungen und Leitlinien des mythischen Raums.

Mit den konstruierten Komponist*innen-Typen wird versucht, eine Lücke in der Filmmusikforschung zu schließen: die Beeinflussung der filmmusikalischen Endergebnisse durch die Produktionsbedingungen und die Beteiligten selbst, also die filmischen und musikalischen Akteur*innen. Unter den vielfältigen Adaptionen der Romantik fallen einige auf, die bisher unzureichende Berücksichtigung finden: Darunter sind der Genie-Bezug und die filmmusikalischen Substanz- und Kontinuitätsfunktionen zu nennen. Auch sind in der Forschung neuere Prozesse der Filmmusikproduktion bisher unzureichend berücksichtigt: Filmmusik wird in vielen Fällen nicht allein komponiert, sondern im Rahmen von vielgestaltigen Arbeitsteilungen mit improvisatorischen Anteilen produziert. Das berührt auch bisherige (teils romantisch geprägte) Verständnisse der musikalischen Autor*innenschaft.

Die ausgearbeiteten Komponist*innen-Typen sind grundsätzlich auch auf andere filmische Genres jenseits der in dieser Studie fokussierten fiktiven Welten übertragbar, da die Grundlage der Auswertung und Typisierung Genre-übergreifende Untersuchungen waren (erstens durch die Aufarbeitung des Forschungsstands, zweitens durch die qualitative Inhaltsanalyse der Komponist*innen-Interviews). Jedoch repräsentieren die vier Typen keine allgemeinen Klassifizierungen von Filmkomponist*innen, sondern sind stets vor dem Hintergrund der Kontextualisierung von Filmmusik und Romantik zu lesen.

6.3 Stilistische Einordnung: Gibt es einen Filmmusik-Sound?

Die Ergebnisse der vorliegenden Studie weisen vielfältige stilistische Einflüsse auf die Filmmusik – nicht nur der Fiktive-Welten-Genres – nach. Trotz dieser vielfältigen Bezüge lassen sich Tendenzen und Konzepte festhalten, die gegen eine stilistische *Beliebigkeit* sprechen. In historischer Hinsicht konnte eine Kontinuitätslinie von der historischen Romantik bis zur Filmmusik des 20. und 21. Jahrhunderts nachgezeichnet werden. Diese Linie wird filmmusikhistorisch von vier zentralen Phasen geprägt: erstens vom Hollywood-Sound der Goldenen Ära Hollywoods als stark romantizistisch geprägtem Standard, der spätere Entwicklungen geprägt hat; zweitens von der Renaissance des Orchestralismus ab den 1970er-Jahren; drittens von der auch Hans-Zimmer-Ära genannten Hinwendung zu digitalisierter Produktion und Sounddesign ab den 1990er-Jahren; viertens von der Franchise-Ära mit der Betonung von Kontinuität sowie stilistischer Homogenität und Tradition seit dem frühen 21. Jahrhundert.

Die historische Kontinuitätslinie befördert stilistische Romantizismen, die dennoch Transformationen und Adaptionen erfahren haben. Als zentrale stilistische Elemente, die romantizistische Bezüge aufweisen, konnten eine ausgeprägte Leitmotivik nach dem Vorbild von Richard Wagner ermittelt werden, die oft über eine bloße Erinnerungsmotivik hinausgeht, ein orchestral geprägter Klangapparat mit starken Anteilen der Blechblasinstrumente, der in der Regel instrumental bleibt, und eine triadische Chromatik, die die klassische Funktionsharmonik um Stilmittel wie Tonartwechsel und Verschleierungen der Grundtonart, chromatische Motiverweiterungen oder Akkordrückungen ergänzt, aber nicht aushebelt. Auch eine hohe Expressivität unter Ausreizung der Register und der Dynamik mit hohem Emotionalisierungs- und Überwältigungsgrad sowie eine abwechslungsreiche Klangcharakteristik unter Ausschöpfung des (Hybrid-)Orchesters wurden als stilistische Merkmale erkannt. Daneben wurden auch Hinweise auf eine musikalische Exotistik mit bisweilen postkolonialen Zügen gefunden: Besondere Spielweisen, weniger bekannte Instrumente und Klänge sowie ungewöhnliche Skalen und Modi werden in den orchestral-romantizistischen Gesamtsound amalgamiert oder bewusst als fremde Elemente kontrastiert. Transformationen erfuhren diese stilistischen Mittel etwa durch die Einbindung eines Main-Title-Konzepts, die Adaption der Leitmotivik auf Sound-Aspekte und Sounddesign sowie die Reduktion des romantischen Sinfonismus auf einen filmmusikalischen Orchestralismus. Diese filmmusikalischen Romantizismen erweisen sich in funktionaler Hinsicht als besonders geeignete Stilmittel für die Umsetzung der grundlegenden Mythos- und Utopie-Konzepte der Filmmusik.

Die Filmmusik fiktiver Welten weist neben der musikalischen Romantik viele andere stilistischen Bezüge auf, die unterschiedlich stark ausgeprägt sind. Besondere Bedeutung haben die Bezüge zur Neuen Musik und zum Pop. Diese Elemente haben jedoch klare Funktionsräume und fest zugewiesene Plätze in der Dramaturgie und Substanz der Filmmusik. Den Kern des filmischen Scores bildet der oben skizzierte romantizistische, (erweitert) orchestrale und leitmotivische Stil. Eine kontrastierende Rolle nehmen Elemente der Neuen Musik (wie Atonalität, Klang- und Soundeffekte, Toncluster und rhythmisch-metrische Verschleierungen) ein, wobei sie zumeist auf die semantische Ebene des Antagonistischen, Fremden oder Gefahrvollen reduziert sind. Damit sind die Stilmittel der Neuen Musik (etwa der Zweiten Wiener Schule, der Seriellen Musik oder der Musique concrète) ein filmmusikalisches Mittel des Otherings. Auch Elemente des Pops sind unterschiedlich stark und beziehen sich auf die Auflockerung oder Kontrastierung durch die Einbindung von Songs, aber auch auf die hohe Bedeutung einer brillanten, digital bearbeiteten Produktion. Zunehmend sind Elemente einer Vermischung von Musik und Sounddesign zu beobachten, wobei dieses in eine leitmotivisch-dramaturgische Gesamtkonzeption auf der auditiven Filmebene einbezogen wird.

All diese weiteren stilistischen Bezüge haben – im Unterschied zum filmmusikalischen Romantizismus – lediglich ergänzenden und optionalen Charakter. Der Kern des Filmscores fiktiver Welten ist weiterhin orchestral geprägt (wobei das Orchester bisweilen zum digital bearbeiteten Hybrid- oder Hyperorchester verstärkt wird) und weist romantizistische stilistische Einflüsse auf. Ihn zeichnen in der Regel eine hohe Kohärenz und stilistische Geschlossenheit der Form aus, auch wenn es mehrere stilistische Einflüsse geben mag. Unter anderem durch Genre-Konventionen werden Erwartungen an einen filmmusikalischen Sound aufgestellt, die Standards wie Leitmotivik, einen Main Title und Kriterien der Tonalität und Instrumentierung enthalten. Dadurch erhält der Filmscore fiktiver Welten im frühen 21. Jahrhundert einen typischen Sound mit Wiedererkennungswert, der allerdings eine gewisse Varianz aufweisen kann. Die Strömungen der Hans-Zimmer-Ära und der Franchise-Ära arbeiten diesbezüglich als konträre Gegenpole: Erstere verstärkt die nicht-romantizistischen Einflüsse – beispielsweise hinsichtlich digitaler Produktion, elektronischer Musik und Sounddesign –, Letztere dagegen verstärkt romantizistische Prägungen durch starke Kontinuitätsbetonungen und Anforderungen an einen wiedererkennbaren Filmmusik-Standard.

6.4 Genre-Diskussion und mythischer Raum

Die filmischen fiktiven Welten Science-Fiction, Fantasy und Superhelden weisen viele gemeinsame Merkmale hinsichtlich ihrer musikalischen Konzeption auf. Zu diesen Merkmalen gehören eine romantizistisch-leitmotivisch geformte Stilistik, die auch den Main Title prägt, sowie eine starke filmmusikalische Umsetzung der mythenbildenden Funktion. Mittels dieser wird die Genre-Zugehörigkeit des filmischen Mediums bestätigt, aber auch ein komplexes Netz an vielfältigen semantischen und zeitlich-räumlichen Beziehungen geschaffen, das die Glaubwürdigkeit und Sinnhaftigkeit der fiktiven Welt stärkt, Vertrautheit und Immersion erhöht und die konkreten filmischen Handlungen auf eine abstrahierte und dadurch universell zugängliche Ebene erhebt. Filmscores fiktiver Welten arbeiten mit starken mythisierenden und utopischen Bezügen, die romantizistischen Mythos- und Sehnsuchtstopoi entlehnt sind. Daneben sind auch filmmusikalische Exotismen sowie Song-Einsätze möglich. Vor allem das Science-Fiction-Genre zeigt sich in filmmusikalischer Hinsicht offen für alternative und neuere Konzepte wie Sounddesign oder Einflüsse elektronischer und Neuer Musik, behält jedoch ebenfalls in der Regel ein leitmotivisch, orchestral und tonal geprägtes Grundkonzept bei.

Grundsätzlich bestätigt wurde die auf Scheurer (2008) zurückgehende filmmusikalische Genre-Theorie, die filmische Genres als mediale Mythen auffasst und der Musik innerhalb dieser Genre-Grenzen eine Schlüsselrolle primär zur Ausformung und Bestätigung des filmischen Mythos zuschreibt. Die fiktiven Welten weisen kulturelle Codes auf, die durch Publikumserwartungen und Genre-Klischees mitgeformt werden. Die Filmmusik hat eine zentrale Funktion in der Interaktion mit diesen Codes und Erwartungen und füllt so den medialen Mythos aus und entwickelt ihn weiter. Dadurch wird auch die Wahl der Stilmittel und stilistischen Einflüsse eingeschränkt, da die Leitlinien des Genres nicht ignoriert werden können – auch wenn sie sich als flexibel zeigen und behutsame filmmusikalische Innovationen grundsätzlich zulassen. Die Genre-Theorie greift in ihrer bisherigen Auffassung jedoch zu kurz: Die Franchise-Ära verdeutlicht die Bedeutungszunahme von weiteren medialen Kategorien wie dem filmischen Universum, der Filmreihe beziehungsweise Serialisierung oder dem Franchise. Diese Kategorien wurden mit filmischen Genres und Standardsituationen unter dem Begriff mythischer Raum zusammengefasst: Dieser weist durchlässige und flexible Grenzen auf, steht mit den verschiedenen medialen Kategorien in konstantem

Austausch und lässt spezifische Eigenheiten etwa von Subgenres und Filmreihen innerhalb von Genres zu.

Die vorliegende Studie bestätigt die große Wirkmacht des mythischen Raums auf die konkreten Ausgestaltungen der Filmmusik. In den Filmmusikanalysen konnte der mythische Raum als dominanter Einfluss auf filmmusikalische Konzepte festgestellt werden. Die konzeptuellen, klanglich-instrumentellen und stilistischen Leitlinien des Franchises, des (Sub-)Genres, des filmischen Universums oder der Filmreihe erwiesen sich als klare Kontinuitätsfaktoren für die Ausgestaltung der jeweiligen Scores. Auch die Inhaltsanalyse bestätigte die intensive Auseinandersetzung der Filmkomponist*innen mit den durch den mythischen Raum vorgegebenen Erwartungen an den Score. Dennoch konnte auch nachgewiesen werden, dass der mythische Raum zwar stilistisch und konzeptuell prägend für die Filmmusik ist, aber auch Varianzen und Innovationen zulässt. So ist die Ausprägung eines Main Titles unterschiedlich stark, und filmmusikalische Song-Elemente und Exotismen sind optionale Konzepte, die in höchst unterschiedlichen Ausprägungen – oder gar nicht – vorkommen können. Umso deutlicher ist der Druck der Konvention, den der mythische Raum auf die grundsätzliche Stilistik des Filmscores ausübt, der sich in der Regel als stark leitmotivisch, (hyper-)orchestral und (erweitert) tonal geprägt zeigt.

6.5 Filmmusikalische Funktionen

Die ältere filmmusikalische Wirkungsforschung sah eine detaillierte, aber nicht widerspruchsfreie Systematisierung von einzelnen filmischen Wirkungen vor und charakterisierte Filmmusik generell als funktionale Musik (in Opposition zur autonomen Musik mit einem künstlerischen Gehalt). Gegen dieses Konzept regt sich in der jüngeren Forschung Widerstand, und auch in der vorliegenden Studie wurden Ergänzungen des Funktionscharakters von Filmmusik erkannt und ausgearbeitet.

Erstens wurde im Anschluss an die filmmusikalische Genre-Theorie eine mythenbildende Über- oder Metafunktion beschrieben und mit der klassischen Funktionseinteilung kombiniert. Die mythenbildende Funktion wurde als zentrales Paradigma der funktionalen Zuweisung von Filmmusik in fiktiven Welten erkannt und ihre Bedeutung durch die Ergebnisse der Inhalts- und Filmmusikanalysen bestätigt. Eng verwandt mit der mythenbildenden Funktion ist die Kontinuitätsfunktion, die vor allem die Erwartungen an den mythischen Raum berücksichtigt.

Zweitens ist die Wirkungsforschung stark auf innerfilmische Funktionen ausgerichtet und vernachlässigt filmunabhängige Maximen der Filmmusik. Die jüngere Forschung belegt die wachsende Bedeutung und Rezeption außerfilmischer

Verwendungen der Filmmusik: sei es im konzertanten Rahmen, im Klassik-Radio oder als Zweit- und Drittverwertungen in Dokumentationen, bei Sport- und Politik-Events, auf thematischen YouTube- und Spotify-Playlists oder in Filmtrailern. Die vorliegende Studie hat das Funktionsschema deshalb um die musikalische Substanzfunktion ergänzt, die eng mit einer filmmusikalischen Autonomie-Maxime einhergeht. Die empirischen Studien der Inhaltsanalyse und der Filmmusikanalyse untermauern die Bedeutung dieser Funktion, die das Ziel einer generell hohen musikalischen Qualität und Prägnanz verfolgt (wobei die genauen Definitionen dieser Qualität variieren). Beeinflusst werden diese Maximen durch ein von der Romantik adaptiertes Genie-Konzept, das unter anderem das Ziel verfolgt, zeitlose (und medial unabhängige) gute Musik zu erschaffen, die einen Kunstcharakter enthält.

6.6 Rezeption und interkulturelle Bedingungen

In rezeptiver und soziokultureller Hinsicht wurde die Stellung der Filmmusik in einem Spannungsfeld zwischen Pop- beziehungsweise Unterhaltungskultur einerseits und Kunstmusik beziehungsweise Hochkultur andererseits nachgezeichnet. Nachdem die ältere Forschung primär den funktionalen Charakter von Filmmusik betonte und auf die Wesensähnlichkeiten zwischen Filmmusik und Popmusik verwies, weisen jüngere Studien vielfältige und zunehmende Bezüge zur Klassik-Sphäre nach, die auch in der vorliegenden Studie untersucht wurden. Dabei zeigten sich starke Einflüsse einer zunehmenden Kanonisierung von Filmmusik innerhalb des klassischen Kosmos, die zur filmmusikalischen Erweiterung des Klassik-Kanons, aber auch zu signifikanten Airplays in Klassik-Radios und Adaptionen von Filmmusikstücken in klassisch geprägten Konzertprogrammen führen. Des Weiteren werden kritische Diskurse über programmatische Musik weitergeführt, die zum Teil Kontinuitäten bis in das 19. Jahrhundert zurück aufweisen: etwa die Kritik am funktionalen, gefühlsbasierten oder eklektizistischen Charakter, die Frage des autonomen Kunstcharakters von (Film-)Musik, die kritische Betrachtung der Verflechtungen von Musik und Kommerz sowie ihre Eignung als höhere Kunst.

Auch auf dem Gebiet der interkulturellen Bezüge erwiesen sich Kontinuitäten mit teilweise problematischem Charakter: Die Tradition des (film-)musikalischen Exotismus, in der sich eurozentristische und koloniale Muster fortsetzen, konnte vom 19. bis in das frühe 21. Jahrhundert nachverfolgt werden. So lassen sich Parallelen zwischen abwertenden, nationalistisch motivierten Exotismen des späten 19. und frühen 20. Jahrhunderts einerseits und der kulturellen Dominanz des Hollywood-Systems andererseits ziehen, das in filmmusikalischer Hinsicht bis in das frühe 21. Jahrhundert hinein Anzeichen eines unauthentischen und bisweilen pejorativen Umgangs mit exotisierten musikalischen Elementen aus vermeintlich fremden Kulturen zeigt. Dies äußert sich unter anderem in der Verwendung des musikalischen Otherings, das die Fremdheit kulturell marginalisierter Gruppen oder anderer Nationen weiter betont und verstärkt – auch und gerade in den filmischen fiktiven Welten. Erst in jüngerer Zeit zeigen sich Tendenzen einer Neuverhandlung exotistischer Strategien in der Filmmusik: beispielsweise durch semantisch positivere, ausgeglichenere Exotismen, eine größere Offenheit für Authentizität und den Human Turn, der einen Perspektiv- und Paradigmenwechsel darstellt und das exotistische Prinzip umkehrt, indem die Perspektive der Fremden eingenommen wird. Die empirischen Analysen der vorliegenden Studie weisen darauf hin, dass sich pejorative, auf postkolonialen Perspektiven beruhende Exotismen in der Filmmusik auf dem Rückzug befinden, aber nicht verschwunden sind. Insgesamt erkennbar ist bei zeitgenössischen Filmkomponist*innen der Wille, Musik außerhalb des Globalen Nordens sowie regionale und weniger bekannter Musikpraktiken ohne abwertende Tendenzen, sondern mit respektvoller, bisweilen utopisch verklärender Neugier zu verstehen und in den Score einfließen zu lassen. Die Filmmusikanalysen zeigen, dass Exotismen auch in den 2010er-Jahren weiterhin vorkommen können und teilweise – gerade bei filmischen Franchises mit längerer Vorgeschichte – nicht unproblematische Elemente aufweisen können, aber nicht müssen.

6.7 Beantwortung der Forschungsfragen

Zu Beginn des vorliegenden Textes wurden mehrere Arbeitshypothesen gebildet und Forschungsfragen formuliert, deren Beantwortung und Richtigkeit nun überprüft wird.

Die erste zentrale Arbeitshypothese lautete, dass Adaptionen der musikalischen Romantik signifikant und prägend in Film- und Serienscores der 2010er-Jahre fortleben, dabei jedoch spezifische Muster der Transformation erfahren haben. Die ausführlichen Untersuchungen in der vorliegenden Studie haben umfangreich zusammengetragen, dass sich tatsächlich viele Adaptionen der musikalischen Romantik in der analysierten Filmmusik nachweisen lassen. Unter anderem gibt das ausgearbeitete filmmusikalische Romantik-Modell präzise Auskunft über zentrale Romantizismen, aber auch einige Weiterentwicklungen und Transformationen. In historischer Hinsicht konnte eine stilistische und ästhetische Kontinuitätslinie nachgezeichnet werden, die sich von romantischen Motiven wie der Programmmusik, dem Musikdrama, der sinfonischen Dichtung und der unendlichen Melodie über die klassische Hollywood-Zeit Mitte des 20. Jahrhunderts und das Wiederaufleben orchestraler Filmmusik der 1970er-Jahre bis in neuere filmmusikalische Strömungen um die Jahrtausendwende wie die Hans-Zimmer-Ära und die Franchise-Ära erstreckt. Auch ästhetische

Prinzipien wie der romantische Mythosgedanke, die utopisierte Sehnsucht und das Genie-Dasein haben ihre jeweils spezifisch transformierte Ausprägung in Film- und Serienscores fiktiver Welten der 2010er-Jahre gefunden.

Wichtige Gründe für die weitgehende Kontinuität zentraler Romantizismen sind die oben erwähnten filmhistorischen Strömungen, aber auch der Konventionsdruck des mythischen Raums, der eine stark bewahrende Wirkung auf die tatsächliche Ausgestaltung des filmischen Scores ausübt. Der mythische Raum ist das ergänzende Konzept der filmmusikalischen Genre-Theorie und kann sich auf filmische Genres, aber auch Subgenres, Reihen, Serialisierungen, Franchises, filmische Kosmen, Standardsituationen und auch verwandte Medienformen wie Serien und Videogames erstrecken. Die kulturellen Codes und tradierten Formen des mythischen Raums bedingen eine fortwährende Bestätigung des filmischen Mythos, auch wenn behutsame Weiterentwicklungen möglich sind. Gleichzeitig wurde deutlich, dass die nachgewiesenen Romantizismen keinen Ausschluss anderer Einflüsse bedeuten und damit nicht exklusiv sind. Filmmusik kann viele andere Bezüge aufweisen, die teils auch erkannt und spezifiziert wurden. Diese haben in der Regel jedoch einen feste konzeptuelle Rollenzuweisung, die nur ergänzenden Charakter hat. Daher kann generell festgestellt werden, dass die Filmmusik fiktiver Welten der 2010er-Jahre deutlich und prägend von romantizistischen Motiven beeinflusst ist.

Zweitens wurde eingangs postuliert, dass stilistische Romantizismen in der Filmmusik innerhalb von Genre-Grenzen nachgewiesen werden können. Auch diese Hypothese wurde umfassend analysiert und die filmmusikalische Genre-Theorie kritisch geprüft sowie behutsam ergänzt, indem Modifizierungen der medialen Genre-Kategorie in neueren Forschungsbeiträgen aufgegriffen und auf den variableren mythischen Raum übertragen wurden. Dieser kann größer oder kleiner als das mediale Genre auffallen: So gibt es Überschneidungen unterschiedlicher, aber ähnlicher Genres (wie Science-Fiction und Superhelden) und zwischen Medienformen (wie Kinofilm und Serie). Auch auf der Mikroebene haben sich wichtige, aber auch hier variable und durchlässige Grenzen herausgestellt, vor allem innerhalb von Subgenres, filmischen Reihen, Franchises und Standardsituationen. All diese Kategorien wirken als komplexes, veränderliches und durchlässiges Klassifizierungssystem, das als mythischer Raum bezeichnet wurde. In den Fiktive-Welten-Genres Science-Fiction, Superhelden und Fantasy zeigen sich in filmmusikalischer Perspektive große Überschneidungen und Gemeinsamkeiten, allerdings auch jeweils Besonderheiten, die nicht nur Genre-spezifisch, sondern auch Reihen-, Franchise- und Standardsituation-abhängig ausfallen können. Das filmische Genre ist damit aus filmmusikalischer Perspektive nur einer von mehreren medialen Klassifizierungsfaktoren, die die spezifische Ausgestaltung der Filmmusik beeinflussen. In seiner Gesamtheit betrachtet stellte sich der mythische Raum allerdings als entscheidender Faktor bei der Auswahl der filmmusikalischen Stilmittel heraus. Dabei berücksichtigt das aufgestellte Romantik-Modell all diese medialen Kategorien der fiktiven Welten; Unterschiede zwischen den Genres sind nicht in den grundsätzlichen ästhetischen Bezügen, sondern in der Wahl, Verbindung und Gewichtung einzelner musikalischer Stilmittel begründet.

Eng damit verbunden war die Hypothese, dass ästhetische romantizistische Konzepte ebenfalls nachgewiesen werden können, vor allem in Form des Mythos, der Utopie und des Exotismus. Auch hier können die Ergebnisse sowie das konstruierte Romantik-Modell den Großteil der Hypothese bestätigen. In der genaueren Betrachtung ergeben sich jedoch Unterschiede: So wurde das Mythos-Konzept im finalen Ergebnis als entscheidendes und wichtigstes ästhetisches Konzept erkannt, das das Fundament romantizistischer Prägungen in der Filmmusikproduktion bildet. Ihm zur Seite steht die romantisch geprägte Utopie mit ebenfalls hoher Bedeutung. Der Exotismus wurde in seiner Existenz als Teil des Romantik-Modells zwar ebenfalls nachgewiesen, stellte sich jedoch in seiner Bedeutung als sekundär heraus: Er ist einerseits nur Teil eines utopischen Gesamtkonzepts, andererseits ist er durch die empirische Überprüfung eher als optional einzustufen und damit kein obligatorischer Teil des Romantik-Modells. Des Weiteren wurde das romantizistische Genie-Konzept als viertes und ebenfalls wichtiges Standbein des Romantik-Modells erkannt, dessen Bedeutung anfangs unterschätzt wurde. Hier hat die qualitative Inhaltsanalyse wertvolle Erkenntnisse zutage gefördert, die auch in der Filmmusikanalyse teilweise bestätigt werden konnten. Gleichzeitig zeigt sich hierin die Fortführung auch problematischer Gender-Verständnisse – etwa des weiß und männlich konnotierten Genies aus der historischen Romantik.

Viertens wurde angesichts der digitalisierten und technologisch geprägten Produktionsprozesse im 21. Jahrhundert nach Vorbildern, Selbstverständnissen und ästhetischen Idealen der Hauptakteur*innen der Filmmusik, der Filmkomponist*innen, gefragt. Insgesamt konnte eine erstaunliche Kontinuität der Produktionsprozesse vom Beginn des Hollywood-Studiosystems bis in das frühe 21. Jahrhundert nachgewiesen werden, sodass die wesentlichen Aufgabenverteilungen und übergeordneten Prozesse der Filmmusik-Produktion von der Ideenfindung bis zur Synchronisation mit dem Filmbild gleichgeblieben sind. Die empirische Inhaltsanalyse des Interviewbandes *Score* (vgl. Schrader 2017) brachte außerdem umfassende Erkenntnisse über den Zugang verschiedener Komponist*innen zu romantizistischen Mustern, Ideen und Motiven. Daraus konnten vier Komponist*innen-Typen konstruiert werden, die die unterschiedlichen (Neu-)Verhandlungen von romantizistischen Aspekten vertreten. Alle vier Typen weisen deutliche Prägungen durch romantizistische Konzepte auf, die sich allerdings teilweise deutlich voneinander unterscheiden. So wandeln sich die Bezüge von einem nostalgischen Eklektizismus und der Wahl analoger Arbeitsmittel in Typ A bis zu eher ideengetriebenen Neuverhandlungen tradierter Konzepte wie die leitmotivische Vereinigung von Musik und Sound Studies zu einem auditiven Gesamtkunstwerk in Typ D. In allen Typen fanden sich romantizistische Genie-Bezüge, eine Tendenz zu eskapistischen oder utopisch-zeitlosen Elementen sowie die starke Betonung von Filmmusik als potenziell höherwertiger Kunstform. Auch die leitmotivisch-thematische Komposition hat nach wie vor einen hohen Stellenwert, wird jedoch zunehmend durch neue Formen der kreativen Zusammenarbeit, der Improvisation sowie der Sound-Produktion ergänzt (nicht jedoch verdrängt). Traditionslinien wie das Erbe der Orchestertradition werden auch von fortschrittlich konnotierten Komponist*innen-Typen hochgehalten.

Zuletzt wurde aus postkolonialer Perspektive nach Eurozentrismen, Exotismen und problematischen musikalischen Konzepten des Otherings gefragt. Die umfassenden Analysen hierzu ergaben, dass diese Stilmittel tatsächlich nachzuweisen sind und eine bedauernswerte Tradition der Filmmusik-Historie (mit deutlichem Bezug zum 19. Jahrhundert) darstellen. Zugleich konnte beobachtet werden, dass pejorative Exotismen, die mit realen kulturellen oder geographischen Verweisen arbeiten, seit dem ausgehenden 20. Jahrhundert und insbesondere in den 2010er-Jahren nachlassen und teilweise – aber nicht vollständig – in positiv konnotierte Idealisierungen und Verklärungen etwa des Sense-of-Wonder-Konzepts überführt werden. Das Mittel des Otherings muss im frühen 21. Jahrhundert nicht mehr mit musikalischen Exotismen einhergehen, sondern kann auch mit anderen Stilmitteln (zum Beispiel des Sounddesigns oder der Neuen Musik) gelöst werden. Dennoch bleiben insgesamt postkoloniale Prägungen des Hollywood-Systems auch in der Filmmusik evident, auch wenn sie zunehmend hinterfragt und neu verhandelt werden.

6.8 Einordnung in den Forschungsstand

Die vorliegende Studie berührt durch ihren interdisziplinären Charakter unterschiedliche Teilgebiete der Forschung, weswegen die wichtigsten Beiträge zum Forschungsstand der verschiedenen Disziplinen hier kurz zusammengefasst werden. So weist die Studie einige empirisch überprüfte, eigene Weiterentwicklungen der Theorie auf: Neben dem filmmusikalischen Romantik-Modell betrifft dies auch ein überarbeitetes Funktions-Modell (mit der mythenbildenden Funktion als Über-Funktion), den mythischen Raum (als Erweiterung des filmischen Genres) sowie die Typisierung von Filmkomponist*innen (die Aufschluss über Selbst- und Professionalitätsverständnisse sowie Traditionen und ästhetische Bezüge von Filmkomponist*innen gibt).

Der Forschungsgegenstand der Filmmusik fiktiver Welten der 2010er-Jahre ist in der Filmmusikforschung bislang unzureichend aufbereitet und geht zumeist nicht über Einzelstudien hinaus. Auch generelle filmmusikalische Entwicklungen des späten 20. und frühen 21. Jahrhunderts wie die Franchise-Ära, die Hans-Zimmer-Ära sowie die Sound Studies wurden bisher nur lückenhaft untersucht; hier fehlen Überblicksstudien, die über Einzeldarstellungen hinausgehen. Die vorliegende Studie hat hier angesetzt und leistet einen Beitrag zu generellen stilistischen Tendenzen, ästhetischen Konzepten und Produktionsbedingungen der Filmmusik der 2010er-Jahre.

Kaum weiterentwickelt wurde bislang die filmmusikalische Genre-Theorie, die fruchtbare Ansätze für die wechselseitigen Beziehungen von filmmusikalischer Stilistik und filmischem Genre entwickelt hat. Die Ergebnisse der vorliegenden Studie zeigen, dass diese Ansätze sowohl für die stilistischen Bezüge von Filmmusik als auch für zentrale filmmusikalische Wirkungen von großer Bedeutung sind. So stellen sich die kulturellen Codes und musikalischen Topics, die durch die Konventionen des medial-mythischen Raums ausgeformt werden, als zentrale Leitlinien heraus, die die filmmusikalisch-stilistische Ausgestaltung vorhersagen können. In funktionaler Hinsicht wurden mit der Kontinuitätsfunktion und vor allem der mythenbildenden Meta-Funktion entscheidende Wirkungsprinzipien gefunden und empirisch bestätigt, die sich als primäre innerfilmische Aufgaben von Filmscores erwiesen. Diese übergreifenden Aspekte stellten sich als deutlich wirkmächtiger heraus als detaillierte Einzelauflistungen funktionaler Aspekte, die zudem der Filmmusik eine rein funktionale Rolle zuweisen und autonome Aspekte vernachlässigen. Auch die musikalische Substanzfunktion liefert einen schlüssigen Erklärungsansatz für intendierte Wirkungen, die über den filmischen Zusammenhang hinausgehen.

Hinsichtlich der Frage nach einem filmmusikalischen Stil oder Filmmusik-Sound hat sich die diesbezügliche Forschung in den vergangenen Jahren festgefahren. Einerseits werden quantitative Erhebungen harmonischer Fortschreitungen angeraten (aber bislang nicht durchgeführt), um einen vermuteten, romantizistisch geprägten Filmmusik-Sound nachzuweisen und zu spezifizieren. Andererseits wird Filmmusik immer noch als primär funktionale Kategorie ohne eigene stilistische Charakterisierungen beschrieben, was zu Annahmen einer vorgeblichen stilistischen Vielfalt oder sogar Beliebigkeit führte. Der vorliegende Text leistet einen empirisch fundierten Beitrag dazu, letztere Ansichten zu entkräften und eindeutige Indizien für einen tatsächlichen Filmmusik-Sound – zumindest für die Fiktive-Welten-Genres in den 2010er-Jahren – vorzulegen. Die stilistischen Bezüge in dieser Filmmusik sind strengen konzeptuellen Regeln unterworfen, wodurch die postulierte stilistische Vielfalt lediglich komplementären Charakter erhält. Der Kern des Filmscores – also jener Teil, der die wichtigsten Leitmotive enthält, den Main Title, den Filmbeginn und den Filmschluss vertont sowie zentrale filmische Motive symbolisiert und Figuren charakterisiert – ist stilistisch eindeutig einzugrenzen und bezieht deutliche musikalische Romantizismen mit ein.

Dadurch bestätigt der vorliegende Text auch eine postulierte filmmusikhistorische Kontinuitätslinie von musikalischen Gattungen des 19. Jahrhunderts wie der Programmmusik und Richard Wagners Musikdrama über die Etablierung des maßgeblichen Hollywood-Sounds und die orchestrale Renaissance der 1970er-Jahre bis zu den neueren Strömungen um die Jahrtausendwende mit der Hans-Zimmer-Ära und der Franchise-Ära. Auch zur Erforschung der Einflüsse von der Romantik auf die Filmmusik fehlten bisher ganzheitlich ansetzende Studien, die über die Erforschung einzelner Ebenen wie dem Leitmotiv, dem Mythos oder der Utopie hinausgehen. Die vorliegende Studie liefert mit dem filmmusikalischen Romantik-Modell eine bedeutende Ergänzung und Verbindung der zentralen romantizistischen Adaptionen in der Filmmusik, die sowohl Mythos-Bezüge, Utopie-Konzepte, Leitmotivik als auch Genie-Motive vereint.

Darüber hinaus wird im vorliegenden Text auch auf den verwandten Bereich von Serienscores im Streaming-Zeitalter geblickt und damit angesichts zunehmender medialer Formate ein Mindestmaß der anzuratenden Erweiterung des Forschungsgegenstands erfüllt. Auch die intensiv beleuchteten Produktionsprozesse von Filmmusik und ihre Akteur*innen wurden durch den spezifischen methodischen Ansatz der Studie in die Ausformung des Romantik-Modells einbezogen, sodass dieses nicht nur fertige filmmusikalische Werkbetrachtungen, sondern auch soziokulturelle, wirtschaftliche und kommerzielle Bedingungen der Entstehung und Produktion von Filmmusik mit berücksichtigt.

Mit dem romantizistischen Genie-Konzept wurde zudem ein in der Forschung bisher kaum beachteter filmmusikalischer Romantizismus ermittelt, der deutliche Einflüsse nicht nur auf die Ausgestaltungen von Filmmusik, sondern auch auf die Selbstverständnisse von Filmkomponist*innen sowie auf außerfilmische Wirkungen der Filmscores hat: Die klaren Tendenzen des Hineindrängens in den Klassik-Kanon sowie die starke und zunehmende Rezeption von Filmmusik außerhalb des ursprünglichen Mediums können mit dem Genie-Konzept besser erklärt werden. Vor allem im deutschsprachigen Raum leistet die vorliegende Studie deshalb auch einen Beitrag dazu, Filmmusik als eigene musikalische Kategorie mit klaren stilistischen Bezügen ernst zu nehmen und nicht allein nach funktionalen Gesichtspunkten zu klassifizieren. Andererseits zeigen diese Ergebnisse auch Fortführungen antiquierter Geschlechter-Verständnisse der historischen Romantik auf, die das Genie primär als männlich – und auch als weiß – konnotieren.

Nicht zuletzt bereichert die vorliegende Studie die interdisziplinäre Romantik-Forschung (etwa des Jenaer Graduiertenkollegs *Modell Romantik*; vgl. Friedrich-Schiller-Universität Jena 2024), die sich mit den Fortführungen und rezeptiven Auseinandersetzungen der Romantik bis in die Gegenwart beschäftigt, um filmmusikalische Aspekte, und ergänzt so die vielfältigen Ansätze von Romantik-Modellen um eine filmmusikalische Variante mit spezifischen Ausprägungen.

6.9 Kritische Reflexion

Trotz der vielfältigen Ergebnisse und breiten Erkenntnisse konnten einige Themen und Forschungsfragen nicht vollumfänglich beantwortet werden. Dazu gehört die stilistische Eingrenzung eines vermuteten Filmmusik-Sounds: Wie mehrfach in der vorliegenden Studie betont wurde, lag der Fokus auf den stilistischen Bezügen der Filmmusik auf die Romantik. Andere stilistische und auch ästhetische Bezüge, wie zum Beispiel auf den Barock, den Impressionismus, den Jazz oder das weite Feld der Pop- und Rockmusik sind dadurch weniger detailliert untersucht worden (konnten aber dennoch gefunden werden). Daraus folgt also kein Romantik-Alleinstellungsanspruch: Es gibt in der Filmmusik viele weitere ästhetische und stilistische Einflüsse; das Romantik-Modell erklärt und präzisiert lediglich diejenigen, die auf romantische Ursprünge zurückzuführen sind. Einige andere Verbindungen, beispielsweise zur Neuen Musik, konnten durchaus konzeptuell und funktional zugeordnet werden, wodurch ihre komplementäre Rolle zu den musikalischen Romantizismen deutlich wurde. Bei anderen Wechselwirkungen, darunter denjenigen mit dem Pop, dem Impressionismus oder der Barockmusik, konnten allerdings keine systematischen Einordnungsversuche unternommen werden, da dies nicht Teil der Forschungsperspektive war.

Die Auswahl der untersuchten Filmmusiken war in der vorliegenden Studie durch begrenzte zeitliche Ressourcen vorgeprägt und entspricht keiner repräsentativen Stichprobe der Fiktive-Welten-Musik zwischen 2010 und 2019. Daraus ergibt sich die theoretische Möglichkeit, dass es auch Beispiele relevanter Filme und Serien der fiktiven Welten im genannten Zeitraum gibt, die ohne nennenswerte Romantizismen auskommen. Auch hier gilt erstens die schon formulierte Vorgabe, dass das ausgearbeitete Romantik-Modell nicht nachweisen soll, *dass* Filmmusik immer romantizistisch geprägt ist, sondern *wie* sich diese Romantizismen – wenn sie vorkommen – manifestieren. Zweitens wurde mit der Maxime der Relevanz gearbeitet, die eine Einschränkung der zu untersuchenden Filmmusikbeispiele erwirkte. Zumindest diese Filterung scheint Filmmusikbeispiele ohne offensichtliche Romantizismen – für den eingegrenzten Forschungsgegenstand der fiktiven Welten der 2010er-Jahre – praktisch auszuschließen. Das gilt grundsätzlich auch für das mediale Format der narrativen Serien auf Streaming-Portalen, die zwar aus oben genannten Gründen kein Bestandteil der detaillierten Musikanalyse waren. Dennoch legen die vielfachen, im theoretischen Teil dieser Studie ausgearbeiteten sowie durch mehrere Musikbeispiele unterlegten Verbindungen zwischen Kinofilm und narrativer Serie nahe, dass das Romantik-Modell grundsätzlich – vorbehaltlich weiterer Untersuchungen – auch auf solche medialen Formate anzuwenden ist.

Die ästhetischen Konzepte des Mythos und der Utopie sind in der vorliegenden Studie die zentralen Motive des filmmusikalischen Romantik-Modells und stehen dadurch im Zentrum der ästhetischen Verbindungslinien zwischen Romantik und Filmmusik. Daraus ergeben sich weitere Forschungsaspekte, die nicht alle gleichermaßen berücksichtigt werden konnten. Sowohl das Mythos- als auch das Utopie-Konzept zeigen Verbindungen zu romantischen Idiomen und Motiven auf, sind aber auch jeweils für sich eigene Forschungsfelder mit interdisziplinärem Ansatz. Daraus ergibt sich eine hohe Zahl theoretischer Mythos- und Utopie-Konstrukte, die nicht alle in der vorliegenden Studie berücksichtigt werden konnten. So wurden im Bereich des Mythos besonders die Ausarbeitungen von Ernst Cassirer als fruchtbar und gewinnbringend für romantische Verbindungen erkannt, auf dem Feld der Utopie-Forschung wurde mehrheitlich auf das Konzept von Ernst Bloch zurückgegriffen, weil sich auch hier viele Erklärungsansätze für romantizistische Bezüge ergaben. Diese Ausarbeitungen sind angreifbar, und andere Mythos- und Utopie-Ansätze sind möglicherweise weniger kompatibel mit romantizistischen Verbindungen. Daher ist eine Nachschärfung der Wechselwirkungen zwischen Romantik- und unterschiedlichen Mythos- und Utopie-Konzepten anzuraten.

Zuletzt können die angesprochenen potenziellen Unschärfen auch auf weitere Teilgebiete verallgemeinert werden. Die vorliegende Studie hat einen großen Bogen gespannt von einer Vielzahl an romantischen Strömungen, Ideen, Konzepten und Stilmitteln über philosophische Theorien (beispielsweise der Mythos- und Utopieforschung) bis hin zum weiten (und immer noch in vielen Bereichen lückenhaft erforschten) Feld der Filmmusik (sowie verwandter Bereiche wie Television Music Studies und Videogame Studies). Aus diesem großen, interdisziplinären und komplexen Bogen ein verdichtetes, prägnantes Romantik-Modell zu entwickeln, führt notgedrungen zu Lücken, Auslassungen und Fokussierungen, die in zukünftiger Forschung weiter berücksichtigt werden sollten.

6.10 Ausblick

Die zentralen Ergebnisse der vorliegenden Studie – allen voran das Romantik-Modell, aber auch die Komponist*innen-Typen, das überarbeitete Funktionsmodell sowie die stilistischen und Genre-bezogenen Einordnungen – sind zunächst auf den eng abgesteckten Forschungsgegenstand der Fiktive-Welten-Medien der 2010er-Jahre ausgerichtet und präzisiert worden. Dadurch ergibt sich die Frage nach der Erweiterung und Übertragbarkeit der Ergebnisse auf weitere Forschungsbereiche. Zwar sind die ausgearbeiteten Ergebnisse grundsätzlich übertragbar, da viele Teilergebnisse im theoretischen Teil sowie in der ersten empirischen Studie nicht auf die Fiktive-Welten-Genres beschränkt waren. Dennoch steht diese Übertragbarkeit auf dem Prüfstand, da möglicherweise die Ergebnisse dadurch ihre Präzision verlieren. Mögliche Dimensionen der Übertragbarkeit sind zunächst die filmischen Genres: Hier stellt sich die Frage, ob etwa das Romantik-Modell auf ähnliche mediale Genres wie Horror, Mystery, Animation, Abenteuer- oder Historienfilm hinreichend präzise anwendbar ist, oder auch in filmischen Gattungen mit geringerem, eigene Welten konstruierendem Bezug wie Komödien, Liebesfilmen oder Dokumentationen funktioniert. Darüber hinaus stellt sich auch die Frage der Anwendbarkeit auf nicht-filmische Genres beispielsweise aus dem Videogames-Bereich, namentlich Rollenspiele oder (Action-)Adventures. Im Gegensatz zu narrativen Serienformaten, die starke Überschneidungen mit filmischen Genres erkennen lassen, weisen Videogames teilweise deutlich abweichende Genre-Kategorisierungen, Rezeptionsmodi und Diskurse auf, wodurch eine Übertragbarkeit des Romantik-Modells hier noch zweifelhafter ist. Allerdings gibt es hier ebenfalls potenziell deutliche Berührungspunkte, denkt man an die hohe Bedeutung der Kreation von Atmosphäre, Immersion und Glaubwürdigkeit in narrativen Videogames, die klare Ähnlichkeiten zum filmischen und filmmusikalischen Mythos-Konzept zeigen.

Weitere Dimensionen der möglichen Ausweitung der Studienergebnisse betreffen räumliche und zeitliche Ausdehnungen. Andere geographische Produktionsräume außerhalb des Hollywood-Systems wurden nur angeschnitten (etwa Mitteleuropa) oder gar nicht beleuchtet. Zwar erweisen sich viele untersuchte Filmbeispiele als internationale Produktionen, die weltweit rezipiert werden, dennoch weisen sie die Spezifika einer Hollywood-Produktion auf. Die Untersuchung regionaler Besonderheiten nicht nur in europäischen Räumen, sondern auch in Asien und Regionen des Globalen Südens stand in der vorliegenden Studie nicht im Fokus und könnte Differenzierungen und Besonderheiten der romantizistischen Bezüge zutage fördern. Dies betrifft auch die Übertragung auf weitere Zeiträume. Gerade die Phase der Konsolidierung des Hollywood-Studiosystems in den späten 1920er-Jahren – und die parallel laufenden Entwicklungen des europäischen Films – sind vor dem Hintergrund romantizistischer Bezüge interessant und bisher unzureichend erforscht; auch die wichtigen Zeiträume der 1950er- bis 1970er-Jahre mit ihren experimentellen Auswüchsen sowie der 1980er- bis 1990er-Jahre mit ihren stark ausgeprägten Pop- und Rocksong-Elementen versprechen weitere Erkenntnisse hinsichtlich der historischen Entwicklung eines filmmusikalischen Romantik-Modells, das sich über die Jahrzehnte gehalten und verändert hat.

Ein ebenfalls unzureichend erforschter Forschungsbereich mit Erkenntnisdesiderata bildet das Feld der postkolonialen Bezüge, die nicht nur musikalische Exotismen, sondern auch Prinzipien des filmischen Otherings und andere Methoden eurozentristischer und nationalistischer Wertvorstellungen beinhalten. Die vorliegende Studie konnte einige Hinweise auf veränderliche Konzepte und Muster erlangen, die sich in neuen Paradigmen wie dem Human Turn äußern, aber auch Elemente problematischer ‚Altlasten' fortführen.

Hinsichtlich stilistischer Entwicklungen sind zwei Forschungsfelder in Zukunft von hohem Interesse: Zunächst bringen die Sound Studies neue Diskurse mit sich und beeinflussen auch die Theorien der Film Music Studies, der Television Music Studies und der Ludomusicology. Studien zu Wechselwirkungen und Verbindungen von Sound und Musik beobachten potenziell große Innovationsfelder, wobei auch hier romantizistische Bezüge relevant sein können, wie die Ergebnisse der vorliegenden Studie andeuten. Weiterhin wünschenswert wären außerdem quantitative Untersuchungen zu harmonischen Beziehungen wie der Transformational Theory, die einen Erkenntnisgewinn hinsichtlich eines vermuteten Filmmusik-Stils oder -Sounds bedeuten könnten.

Die 2020er-Jahre werden auch hinsichtlich filmmusikalischer Romantizismen weitere Veränderungen mit sich bringen. Der Erfolg sekundärer Rezeptionsformen von Film- und Medienmusik – also außerhalb des ursprünglichen filmischen Zusammenhangs, für den sie produziert wurde, etwa auf Konzerten, in Playlists oder zweitverwertet in Dokumentationen oder Trailern – sowie der Einzug von Filmmusik in die Klassik-Sphäre scheinen sich fortzusetzen, und zwar verstärkt. Damit scheinen auch alte Gräben wie die Einteilung in Ernste und Unterhaltungs-Musik zunehmend überwunden zu werden. Eine weitere bedeutende Entwicklung ist der Einzug generativer KI in den filmmusikalischen Kosmos. Schon jetzt können mittels KI-Tools wie Suno (vgl. Suno, Inc. 2024) musikalische Cues in Sekundenschnelle generiert werden, auch im Stil von Filmmusik. Nicht nur die Frage, wie generative KI einen Filmmusik-Stil definiert und nach welchen Parametern sie vorgeht, um diese zu erzeugen, ist von hoher Relevanz. Auch der Einfluss generativer KI auf Produktionsbedingungen hat das Potenzial, die über Jahrzehnte etablierten Produktions- und Kompositionsprozesse gründlich umzuformen und darüber hinaus die Fragen nach dem Genie-Charakter von Akteur*innen sowie nach dem Kunstwerk-Charakter von filmmusikalischen Kreationen neu aufzuwerfen.

Waren die 2010er-Jahre angesichts neuer, potenziell umwerfender Entwicklungen wie generativer KI, weiterer Digitalisierung und der Hinwendung zum Sounddesign womöglich das letzte Jahrzehnt mit deutlicher romantizistischer Prägung in der Filmmusik? Diese Kontextualisierung greift zu kurz. Mit der Franchise-Ära ist um die Jahrtausendwende eine wirkmächtige Strömung entstanden, die eine Begünstigung konventioneller (und damit auch romantizistisch geprägter) Scores ermöglicht. Ein Ende dieser Ära ist noch nicht in Sicht. Die Entwicklungen in der weiteren Zukunft müssen nicht die grundsätzliche Abkehr von romantizistischem Gedankengut bedeuten. Die vielfältigen Ansatzpunkte, die die Romantik bietet, scheinen noch nicht erschöpft. Romantizistische Motive müssen nicht gleichbedeutend mit einem Stillstand der Innovation oder einem Eklektizismus sein, sondern können auch kreativ und fruchtbar für neue Ideen benutzt werden. Das haben Weiterentwicklungen wie die Ausdehnung der Leitmotivik auf den Soundbereich oder auch untersuchte, innovative Filmmusikbeispiele wie *Interstellar* eindrucksvoll unter Beweis gestellt.

Aus historischer Perspektive sind die ausgeprägten Romantizismen in der Filmmusik ein Erfolgsmodell: Ihre Rückkehr in den 1970er-Jahren und ihre andauernde Beliebtheit bis in die Gegenwart, aber auch ihre Wandlungsfähigkeit beweisen, dass die Gedanken und Ideen der Jenaer Frühromantiker*innen und von Denkern wie E. T. A. Hoffmann, von Neudeutschen wie Richard Wagner und Franz Liszt, aber auch von Komponisten wie Hector Berlioz, Bedřich Smetana, Modest Mussorgsky und Anton Bruckner in heutiger Zeit immer noch eine Relevanz haben. Mehr noch bieten sie einen reichen Fundus an Inspirationen sowohl für Musikkonzeptionen als auch Weltkonstruktionen, aus dem wir uns heute noch gern bedienen.

Quellenverzeichnis

Literatur

Publikationen

Adorno, Theodor W./Hanns Eisler (1944/2006): *Komposition für den Film*. Mit einem Nachwort von Johannes C. Gall und einer DVD „Hanns Eislers Rockefeller-Filmmusik-Projekt 1940–1942", im Auftrag der Internationalen Hanns Eisler Gesellschaft herausgegeben von Johannes C. Gall, Frankfurt am Main: Suhrkamp.
Ahlers, Michael (2019): Komposition und Produktion von populärer Musik, in: Schramm, Holger (Hrsg.), *Handbuch Musik und Medien. Interdisziplinärer Überblick über die Mediengeschichte der Musik*. 2., überarbeitete und erweiterte Aufl., Wiesbaden: Springer VS, S. 421–448.
Akremi, Leila (2016): *Kommunikative Konstruktion von Zukunftsängsten. Imaginationen zukünftiger Identitäten im dystopischen Spielfilm*, Wiesbaden: Springer Fachmedien.
Albrecht, Henning (2021): *Leitmotivik in der Filmmusik. Einflüsse auf die visuelle Aufmerksamkeit und emotionale Wirkungen während der Filmrezeption*, Baden-Baden: Tectum. (Wissenschaftliche Beiträge aus dem Tectum Verlag, Reihe Musikwissenschaft, Bd. 16).
Amberger, Alexander/Thomas Möbius (2017): Auf Utopias Spuren, in: Amberger, Alexander/ Thomas Möbius (Hrsg.), *Auf Utopias Spuren. Utopie und Utopieforschung. Festschrift für Richard Saage zum 75. Geburtstag*, Wiesbaden: Springer Fachmedien, S. 1–5. (Technikzukünfte, Wissenschaft und Gesellschaft, hrsg. von A. Grunwald, R. Heil und C. Coenen).
Audissino, Emilio (2017a): John Williams and Contemporary Film Music, in: Coleman, Lindsay/Joakim Tillman (Hrsg.), *Contemporary Film Music. Investigating Cinema Narratives and Composition*, London: Palgrave Macmillan, S. 221–236.
Audissino, Emilio (2017b): *Film/Music Analysis. A Film Studies Approach*, Cham: Palgrave Macmillan.
Auhuber, Friedhelm (2010): Meister Floh (1822), in: Kremer, Detlef (Hrsg.), *E. T. A. Hoffmann. Leben – Werk – Wirkung*, 2. Aufl., Berlin/Boston: De Gruyter, S. 378–393.
Bachmann, Christian (2014): Superhelden, in: Wodianka, Stephanie/Juliane Ebert (Hrsg.), *Metzler Lexikon moderner Mythen. Figuren, Konzepte, Ereignisse*. Mit 32 Abbildungen, Stuttgart: J. B. Metzler, S. 352–356.
Bareis, J. Alexander (2014): Fiktionen als Make-Believe, in: Klauk, Tobias/Tilmann Köppe (Hrsg.), *Fiktionalität. Ein interdisziplinäres Handbuch*, Berlin/Boston: De Gruyter, S. 50–67. (Revisionen. Grundbegriffe der Literaturtheorie, hrsg. von Fotis Jannidis, Gerhard Lauer, Matías Martínez und Simone Winko, Bd. 4).
Bartkowiak, Mathew J. (Hrsg.) (2010): *Sounds of the Future. Essays on Music in Science Fiction Film*, Jefferson: MacFarland & Company, Inc.
Bartsch, Christoph/Frauke Bode (2019): Erzählte Welt(en) als Kategorie. Ein kritischer Querschnitt der narratologischen Begriffsbildung, in: Bartsch, Christoph/Frauke Bode (Hrsg.), *Welt(en) erzählen: Paradigmen und Perspektiven*, Berlin/Boston: De Gruyter, S. 7–42. (Narratologia, hrsg. von Fotis Jannidis, Matías Martínez, John Pier und Wolf Schmid (executive editor), Bd. 65).
Behrendt, Maria (2025): Raffgier oder Romantik? Tolkiens Lied der Zwerge im filmmusikalischen Vergleich, in: Behrendt, Maria/Christoph Hust (Hrsg.), *Hergeträumt. Weltenbau fiktiver Kulturen durch Musik in Film und Fernsehen*, München: Edition Text + Kritik, S. 21–45.

Bender, Stephanie (2023): *Ethics for the Future. Perspectives from 21st Century Fiction*, Bielefeld: transcript. (Culture & Theory, Bd. 288).

Bernsen, Michael (2014): Moderne/Postmoderne, in: Wodianka, Stephanie/Juliane Ebert (Hrsg.), *Metzler Lexikon moderner Mythen. Figuren, Konzepte, Ereignisse*. Mit 32 Abbildungen, Stuttgart: J. B. Metzler, S. 258–263.

Bloch, Ernst (1971): *Geist der Utopie*. Faksimile der Ausgabe von 1918, Frankfurt am Main: Suhrkamp. (Ernst Bloch Gesamtausgabe, Bd. 16).

Blumenberg, Hans (1979/2006): *Arbeit am Mythos*, Frankfurt am Main: Suhrkamp. (Suhrkamp Taschenbuch Wissenschaft, Bd. 1805).

Böhnert, Martin/Paul Reszke (Hrsg.) (2019): *Vom Binge Watching zum Binge Thinking. Untersuchungen im Wechselspiel zwischen Wissenschaften und Popkultur*, Bielefeld: transcript. (Edition Kulturwissenschaft, Bd. 197).

Brandstetter, Gabriele/Gerhard Neumann (Hrsg.) (2011): *Genie – Virtuose – Dilettant. Konfigurationen romantischer Schöpfungsästhetik*, Würzburg: Königshausen & Neumann (Stiftung für Romantikforschung, Bd. LIII).

Bregman, Rutger (2023): *Utopien für Realisten. Die Zeit ist reif für die 15-Stunden-Woche, offene Grenzen und das bedingungslose Grundeinkommen*. Aus dem Englischen von Stephan Gebauer, 20. Aufl., Reinbek: Rowohlt.

Bribitzer-Stull, Matthew (2017): *Understanding the Leitmotif. From Wagner to Hollywood Film Music*, Cambridge: Cambridge University Press.

Bridgett, Rob (2013): Contextualizing Game Audio Aesthetics, in: Richardson, John/Claudia Gorbman/Carol Vernallis (Hrsg.), *The Oxford Handbook of New Audiovisual Aesthetics*, Oxford: Oxford University Press, S. 563–571.

Brill, Mark (2012): Fantasy and the Exotic Other. The Films of Ray Harryhausen, in: Halfyard, Janet K. (Hrsg.), *The Music of Fantasy Cinema*, Sheffield: Equinox, S. 16–39.

Brock, Ditmar (2014): *Die radikalisierte Moderne. Moderne Gesellschaften*. Zweiter Band, Wiesbaden: Springer Fachmedien.

Buhler, James (2000): Star Wars, Music, and Myth, in: Buhler, James/Caryl Flinn/David Neumeyer (Hrsg.), *Music and Cinema*, Hannover: Wesleyan University Press, S. 33–57.

Buhler, James (2014): Ontological, Formal, and Critical Theories of Film Music and Sound, in: Neumeyer, David (Hrsg.), *The Oxford Handbook of Film Music Studies*, Oxford: Oxford University Press, S. 188–226.

Buhler, James/David Neumeyer (2014): Music and the Ontology of the Sound Film: The Classical Hollywood System, in: Neumeyer, David (Hrsg.), *The Oxford Handbook of Film Music Studies*, Oxford: Oxford University Press, S. 17–43.

Bullerjahn, Claudia (2001): *Grundlagen der Wirkung von Filmmusik*, Augsburg: Wißner.

Bullerjahn, Claudia (2012/2015): Musik zum Stummfilm. Von den ersten Anfängen einer Kinomusik zu heutigen Versuchen der Stummfilmillustration, in: Kloppenburg, Josef (Hrsg.), *Das Handbuch der Filmmusik. Geschichte – Ästhetik – Funktionalität*. Mit 46 Abbildungen und 41 Notenbeispielen, Laaber: Laaber, S. 25–85.

Bullerjahn, Claudia (2018): Psychologie der Filmmusik, in: Hentschel, Frank/Peter Moormann (Hrsg.), *Filmmusik. Ein alternatives Kompendium*, Wiesbaden: Springer Fachmedien, S. 181–229.

Casanelles, Sergi (2016): Mixing as a Hyperorchestration Tool, in: Greene, Liz/Danijela Kulezic-Wilson (Hrsg.), *The Palgrave Handbook of Sound Design and Music in Screen Media*. Integrated Soundtracks, London: Palgrave Macmillan, S. 57–72.

Caskel, Julian (2023): Musikalische Sequels. Referenzebenen ‚non-diegetischer' Orchestermusik in den Filmreihen *Die Hard* und *Alien*, in: *Kieler Beiträge zur Filmmusikforschung*, Nr. 16, S. 81–120.

Cassirer, Ernst (2010): *Philosophie der symbolischen Formen. Zweiter Teil. Das mythische Denken.* Text und Anmerkungen bearbeitet von Claus Rosenkranz, Hamburg: Felix Meiner. (Philosophische Bibliothek, Bd. 608).
Citron, Marcia J. (2014): Opera and Film, in: Neumeyer, David (Hrsg.), *The Oxford Handbook of Film Music Studies*, Oxford: Oxford University Press, S. 44–71.
Coleman, Lindsay/Joakim Tillman (Hrsg.) (2017): *Contemporary Film Music. Investigating Cinema Narratives and Composition*, London: Palgrave Macmillan.
Cooke, Mervyn/Fiona Ford (Hrsg.) (2016): *The Cambridge Companion to Film Music*, Cambridge: Cambridge University Press.
Cooper, David (2016): ‚Pictures That Talk and Sing'. Sound History and Technology, in: Cooke, Mervyn/Fiona Ford (Hrsg.), *The Cambridge Companion to Film Music*, Cambridge: Cambridge University Press, S. 29–50.
Cuntz-Leng, Vera (2020): Der Fantasyfilm, in: Stiglegger, Marcus (Hrsg.), *Handbuch Filmgenre*, Wiesbaden: Springer Fachmedien, S. 527–538.
Dahlhaus, Carl (1988): *Klassische und romantische Musikästhetik*, Laaber: Laaber.
Dahlhaus, Carl/Norbert Miller (2007): *Europäische Romantik in der Musik. Band 2. Oper und symphonischer Stil 1800–1850. Von E. T. A. Hoffmann zu Richard Wagner.* Mit 94 Abbildungen, Stuttgart: Springer.
Deisinger, Marko (2021): „Schließlich waren alle Genies der Kunst immerhin doch Männer …". Zum Geniebegriff bei Heinrich Schenker, in: *Zeitschrift der Gesellschaft für Musiktheorie*, Jg. 18, Nr. 1, S. 9–33.
Deleon, Marisa Cara (2010): A Familiar Sound in a New Place: The Use of the Musical Score Within the Science Fiction Film, in: Bartkowiak, Mathew J. (Hrsg.), *Sounds of the Future. Essays on Music in Science Fiction Film*, Jefferson: MacFarland & Company, Inc., S. 10–21.
Dibeltulo, Silvia/Ciara Barrett (Hrsg.) (2018): *Rethinking Genre in Contemporary Global Cinema*, Cham: Palgrave Macmillan.
Dietschy, Beat (2012): Ungleichzeitigkeit, Gleichzeitigkeit, Übergleichzeitigkeit, in: Dietschy, Beat/ Doris Zeilinger/Rainer E. Zimmermann (Hrsg.), *Bloch-Wörterbuch. Leitbegriffe der Philosophie Ernst Blochs*, Berlin: De Gruyter, S. 589–633.
Eco, Umberto (1994): *Im Wald der Fiktionen. Sechs Streifzüge durch die Literatur. Harvard-Vorlesungen (Norton Lectures 1992–93).* Aus dem Italienischen von Burkhart Kroeber, München: Carl Hanser.
Eggebrecht, Hans Heinrich (1999): Romantisch, Romantik, in: Eggebrecht, Hans Heinrich/ Albrecht Riethmüller (Hrsg.), *Handwörterbuch der musikalischen Terminologie.* Ordner V: P–Se, Stuttgart: Franz Steiner.
Elias, Karim S. (2017): Filmmusik heute, in: Rötter, G. (Hrsg.), *Handbuch Funktionale Musik. Psychologie – Technik – Anwendungsgebiete.* Mit 92 Abbildungen und 11 Tabellen, Wiesbaden: Springer Fachmedien, S. 457–486. (Springer Reference Psychologie)
Elsaesser, Thomas/Malte Hagener (2007): *Filmtheorie zur Einführung*, Hamburg: Junius.
Emons, Hans (2014*): Film – Musik – Moderne. Zur Geschichte einer wechselhaften Beziehung*, Berlin: Frank & Timme.
Erbe, Marcus (2018): Flüchtigkeit und Kontingenz. Die audiovisuelle Gestaltung digitaler Spiele in Relation zum Film, in: Hentschel, Frank/Peter Moormann (Hrsg.), *Filmmusik. Ein alternatives Kompendium*, Wiesbaden: Springer Fachmedien, S. 277–301.
Fabbri, Franco/John Shepherd (2003): Genre, in: Shepherd, John/David Horn/Dave Laing/Paul Oliver/ Peter Wicke (Hrsg.), *Bloomsbury Encyclopedia of Popular Music of the World.* Volume I. *Media, Industry and Society*, London: Bloomsbury Academic, S. 401–404.

Federhofer, Hellmut (2009): *Akkord und Stimmführung in den musiktheoretischen Systemen von Hugo Riemann, Ernst Kurth und Heinrich Schenker*, 2. Aufl., Wien: Verlag der Österreichischen Akademie der Wissenschaften.

Flinn, Caryl (1992): *Strains of Utopia. Gender, Nostalgia, and Hollywood Film Music*, Princeton: Princeton University Press.

Frank, Manfred (2008): *Mythendämmerung. Richard Wagner im frühromantischen Kontext*, München: Wilhelm Fink.

Franke, Rainer (1983): *Richard Wagners Zürcher Kunstschriften. Politische und ästhetische Entwürfe auf seinem Weg zum „Ring des Nibelungen"*, Hamburg: Verl. der Musikalienhandlung Karl Dieter Wagner (Diss.). (Hamburger Beiträge zur Musikwissenschaft, Bd. 26).

Franklin, Peter (2007): The Boy on the Train, or Bad Symphonies and Good Movies. The Revealing Error of the „Symphonic Score", in: Goldmark, Daniel/Lawrence Kramer/Richard Leppert (Hrsg.), *Beyond the Soundtrack. Representing Music in Cinema*, Berkeley: University of California Press, S. 13–26.

Friedrich, Sven (1996): *Das auratische Kunstwerk. Zur Ästhetik von Richard Wagners Musiktheater-Utopie*, Tübingen: Max Niemeyer. (Theatron. Studien zur Geschichte und Theorie der dramatischen Künste, hrsg. von Hans-Peter Bayerdörfer, Dieter Borchmeyer und Andreas Höfele, Bd. 19).

Fuhrmann, Wolfgang (2021): The Flight to Neverland – Filmmusik ohne Scham hören: Eine Gebrauchsanweisung, in: Schwarz, Marina (Hrsg.), *Das verdächtig Populäre in der Musik. Warum wir mögen, wofür wir uns schämen*, Wiesbaden: Springer VS, S. 89–109.

Gervink, Manuel (2011): Filmmusik als Bildungsgut?, in: Schäfer-Lembeck, H.-U. (Hrsg.), *Musikalische Bildung – Ansprüche und Wirklichkeiten. Reflexionen aus Musikwissenschaft und Musikpädagogik. Beiträge der Münchner Tagung 2011*, München: Allitera, S. 220–235. (Musikpädagogische Schriften der Hochschule für Musik und Theater München, hrsg. von Wolfgang Mastnak, Hans-Ulrich Schäfer-Lembeck und Stephan Schmitt, Bd. 3).

Goldmark, Daniel/Lawrence Kramer/Richard Leppert (Hrsg.) (2007): *Beyond the Soundtrack. Representing Music in Cinema*, Berkeley/Los Angeles: University of California Press.

Gollin, Edward/Alexander Rehding (Hrsg.) (2011), *The Oxford Handbook of Neo-Riemannian Music Theories*, Oxford: Oxford University Press.

Grabbe, Lars/Patrick Kruse (2009): Roland Barthes. Zeichen, Kommunikation und Mythos, in: Hepp, Andreas/Friedrich Krotz/Tanja Thomas (Hrsg.), *Schlüsselwerke der Cultural Studies*, Wiesbaden: VS Verlag für Sozialwissenschaften, S. 21–30. (Medien – Kultur – Kommunikation, hrsg. von Andreas Hepp und Waldemar Vogelgesang).

Grabes, Herbert (2004): *Einführung in die Literatur und Kunst der Moderne und Postmoderne. Die Ästhetik des Fremden*, Tübingen/Basel: A. Francke.

Greene, Liz (2016): From Noise: Blurring the Boundaries of the Soundtrack, in: Greene, Liz/Danijela Kulezic-Wilson (Hrsg.), *The Palgrave Handbook of Sound Design and Music in Screen Media*. Integrated Soundtracks, London: Palgrave Macmillan, S. 17–32.

Greene, Liz/Danijela Kulezic-Wilson (Hrsg.) (2016): *The Palgrave Handbook of Sound Design and Music in Screen Media*. Integrated Soundtracks, London: Palgrave Macmillan.

Halfyard, Janet K. (Hrsg.) (2012): *The Music of Fantasy Cinema*, Sheffield/Bristol: Equinox. (Genre, Music and Sound, hrsg. von Mark Evans (Founding Editor)).

Halfyard, Janet K. (2013): Cue the Big Theme? The Sound of the Superhero, in: Richardson, John/ Claudia Gorbman/Carol Vernallis (Hrsg.), *The Oxford Handbook of New Audiovisual Aesthetics*, Oxford: Oxford University Press, S. 171–193.

Hanslick, Eduard (1922/2017): *Vom Musikalisch-Schönen. Ein Beitrag zur Revision der Ästhetik der Tonkunst*, Leipzig: Breitkopf und Härtel.

Hantke, Steffen (2022): Science Fiction Cinema between Arthouse and Blockbuster. From Stanley Kubrick's *2001* to Christopher Nolan's *Interstellar* (2014), in: McSweeney, Terence/Stuart Joy (Hrsg.), *Contemporary American Science Fiction Film*, New York: Routledge, S. 109–127.
Heidenreich, Felix (2020). *Politische Metaphorologie. Hans Blumenberg heute*, Berlin: J. B. Metzler.
Heimerdinger, Julia (2007): *Neue Musik im Spielfilm*, Saarbrücken: Pfau.
Heldt, Guido (2016): Film-Music Theory, in: Cooke, Mervyn/Fiona Ford (Hrsg.), *The Cambridge Companion to Film Music*; Cambridge: Cambridge University Press, S. 97–113.
Heldt, Guido (2018): Was uns die Töne erzählen. Narratologie und Filmmusik, in: Hentschel, Frank/Peter Moormann (Hrsg.), *Filmmusik. Ein alternatives Kompendium*, Wiesbaden: Springer Fachmedien, S. 123–146.
Hemming, Jan (2016): *Methoden der Erforschung populärer Musik*, Wiesbaden: Springer Fachmedien. (Systematische Musikwissenschaft, hrsg. von Jan Hemming).
Hentschel, Frank/Peter Moormann (Hrsg.) (2018): *Filmmusik. Ein alternatives Kompendium*, Wiesbaden: Springer Fachmedien.
Henzel, Christoph (2018): Die Filmmusikouvertüre, in: Hentschel, Frank/Peter Moormann (Hrsg.), *Filmmusik. Ein alternatives Kompendium*, Wiesbaden: Springer Fachmedien, S. 101–122.
Hickethier, Knut (2002/2007): Genretheorie und Genreanalyse, in: Felix, Jürgen (Hrsg.), *Moderne Film Theorie*, 3. Aufl., Mainz: Bender, S. 62–96.
Hill, Andy (2017): *Scoring the Screen. The Secret Language of Film Music*, Lanham: Rowman & Littlefield.
Hogg, Anthony (2019): *The Development of Popular Music Function in Film. From the Birth of Rock 'n' Roll to the Death of Disco*, Cham: Palgrave Macmillan. (Palgrave Studies in Audio-Visual Culture, hrsg. Von K. J. Donnelly).
Hörisch, Jochen (2016): *Pop und Papageno. Über das Spannungsverhältnis zwischen U- und E-Musik*, Paderborn: Wilhelm Fink.
Hühn, Helmut (2015): Deutungskonflikt ‚Romantik'. Problemgeschichtliche Überlegungen, in: Hühn, Helmut/Joachim Schiedermair (Hrsg.), *Europäische Romantik. Interdisziplinäre Perspektiven der Forschung*, Berlin/Boston: De Gruyter, S. 17–36.
Hühn, Helmut/Joachim Schiedermair (2015): Romantik und Romantikforschung heute, in: Hühn, Helmut/Joachim Schiedermair (Hrsg.), *Europäische Romantik. Interdisziplinäre Perspektiven der Forschung*, Berlin/Boston: De Gruyter, S. 3–16.
Huschner, Roland (2016): „[...] if it would be me producing the song...". Eine Studie zu den Prozessen in Tonstudios der populären Musikproduktion, Berlin: Humboldt-Universität zu Berlin [Diss.].
Hutcheon, Linda (2013): *A Theory of Adaptation*. With Siobhan O'Flynn. Second Ed., London: Routledge.
Jacke, Christoph (2019): Kulturen und Ästhetiken von Popmusik und Medien, in: Schramm, Holger (Hrsg.), *Handbuch Musik und Medien. Interdisziplinärer Überblick über die Mediengeschichte der Musik*. 2., überarbeitete und erweiterte Aufl., Wiesbaden: Springer VS, S. 497–524.
Janz, Tobias/Chien-Chang Yang (Hrsg.) (2019): *Decentering Musical Modernity. Perspectives on East Asian and European Music History*, Bielefeld: transcript. (Music and Sound Culture, Bd. 33).
Jaspers, Kristina/Nils Warnecke/Gerlinde Waz/Rüdiger Zill (Hrsg.) (2017): *Future Worlds. Science – Fiction – Film*, Berlin: Bertz + Fischer.
Jaszoltowski, Saskia/Albrecht Riethmüller (2019): Musik im Film, in: Schramm, Holger (Hrsg.), *Handbuch Musik und Medien. Interdisziplinärer Überblick über die Mediengeschichte der Musik*. 2., überarbeitete und erweiterte Aufl., Wiesbaden: Springer VS, S. 95–122.
Karlin, Fred/Rayburn Wright (2004): *On the Track. A Guide to Contemporary Film Scoring*. 2. Aufl., New York: Routledge.
Keil, Werner (2018): *Musikgeschichte im Überblick*. 3., aktualisierte und erweiterte Aufl., Leiden: Wilhelm Fink.

Keil, Werner (2022): Friedrich Schlegel. Athenäums-Fragmente, in: Wörner, Felix/Melanie Wald-Fuhrmann (Hrsg.), *Lexikon Schriften über Musik. Band 2: Musikästhetik in Europa und Nordamerika*, Kassel: Bärenreiter, S. 751–753.
Kerschbaumer, Sandra (2018): *Immer wieder Romantik. Modelltheoretische Beschreibungen ihrer Wirkungsgeschichte*, Heidelberg: Winter (Jenaer Germanistische Forschungen, Neue Folge, Bd. 43).
Kloppenburg, Josef (Hrsg.) (2000): *Musik multimedial. Filmmusik, Videoclip, Fernsehen*, Laaber: Laaber (Handbuch der Musik im 20. Jahrhundert, Bd. 11).
Kloppenburg, Josef (Hrsg.) (2012/2015): *Das Handbuch der Filmmusik. Geschichte – Ästhetik – Funktionalität*. Mit 46 Abbildungen und 41 Notenbeispielen, Laaber: Laaber.
Knörer, Ekkehard (2017): HBOification, in: *POP. Kultur und Kritik*, Jg. 6, Nr. 1, S. 81–86.
Kohli, Hansjörg (2010): Musik in fiktionalen Fernsehformaten, in: Moormann, Peter (Hrsg.), *Musik im Fernsehen. Sendeformen und Gestaltungsprinzipien*, Wiesbaden: VS Verlag für Sozialwissenschaften, S. 91–104. (Musik und Medien, hrsg. von Holger Schramm).
Kohli, Hansjörg (2018): Akteure und Einflussfaktoren bei der Realisierung von Filmmusik. Beobachtungen zur aktuellen Arbeitspraxis, in: Hentschel, Frank/Peter Moormann (Hrsg.), *Filmmusik. Ein alternatives Kompendium*, Wiesbaden: Springer Fachmedien, S. 15–32.
Kompridis, Nikolas (2009): Romanticism, in: Eldridge, Richard (Hrsg.), *The Oxford Handbook of Philosophy and Literature*, Oxford: Oxford University Press, S. 247–270.
Konzett, Matthias (2010): Sci-Fi Film and Sounds of the Future, in: Bartkowiak, Mathew J. (Hrsg.), *Sounds of the Future. Essays on Music in Science Fiction Film*, Jefferson: MacFarland & Company, Inc., S. 100–117.
Kopp, David (2011): Chromaticism and the Question of Tonality, in: Gollin, Edward/Alexander Rehding (Hrsg.), *The Oxford Handbook of Neo-Riemannian Music Theories*, Oxford: Oxford University Press, S. 400–418.
Kramarz, Volkmar (2014): *Warum Hits Hits werden. Erfolgsfaktoren der Popmusik. Eine Untersuchung erfolgreicher Songs und exemplarischer Eigenproduktionen*, Bielefeld: transcript. (Studien zur Popularmusik).
Krohn, Tarek/Willem Strank (2018): Besonderheiten der Musik von US-Fernsehserien. Ein Überblick über die geschichtliche Entwicklung und die spezifischen Funktionen, in: Hentschel, Frank/Peter Moormann (Hrsg.), *Filmmusik. Ein alternatives Kompendium*, Wiesbaden: Springer Fachmedien, S. 147–180.
Krois, John Michael (1979): Der Begriff des Mythos bei Ernst Cassirer, in: Poser, Hans (Hrsg.): *Philosophie und Mythos. Ein Kolloquium*, Berlin/New York: De Gruyter, S. 199–217.
Kuckartz, Udo (2018): *Qualitative Inhaltsanalyse. Methoden, Praxis, Computerunterstützung*, 4. Aufl., Weinheim: Beltz Juventa.
Kühn, Clemens (2002): *Analyse lernen*, 4. Aufl., Kassel: Bärenreiter. (Bärenreiter Studienbücher Musik, Bd. 4).
Lederer, Alexander (2022): *Die Narrativität der Musik im Film. Audiovisuelles Erzählen als performatives Ereignis*, Bielefeld: transcript. (Cultural Studies, hrsg. von Rainer Winter, Bd. 57).
Lehman, Frank (2018): *Hollywood Harmony. Musical Wonder and the Sound of Cinema*, New York: Oxford University Press. (The Oxford Music/Media Series, hrsg. von Daniel Goldmark).
Lehman, Frank (2021): John Williams's Action Music in the Twenty-First Century, in: Buhler, James/Mark Durrand (Hrsg.), *Music in Action Film. Sounds Like Action!*, New York: Routledge, S. 116–148.
Lensing, Jörg U. (2009): *Sound-Design. Sound-Montage. Soundtrack-Komposition. Über die Gestaltung von Filmton*, 2. Aufl., Berlin: Schiele & Schön.

Lévi-Strauss, Claude (1962/2022): *Das wilde Denken.* Aus dem Französischen von Hans Naumann, 20. Aufl., Paris: Librairie Plon/Suhrkamp. (Suhrkamp Taschenbuch Wissenschaft).
Link, Stan (2016): Horror and Science Fiction, in: Cooke, Mervyn/Fiona Ford (Hrsg.), *The Cambridge Companion to Film Music*, Cambridge: Cambridge University Press, S. 200–215.
Lissa, Zofia (1965): *Ästhetik der Filmmusik*, Berlin: Henschel.
Liu, Guoyi (2010): *Die Macht der Filmmusik. Zum Verhältnis von musikalischem Ausdruck und Emotionsvermittlung im Film*, Marburg: Tectum. (Wissenschaftliche Beiträge aus dem Tectum Verlag, Reihe: Psychologie, Bd. 19).
Lund, Holger (2018): Pop und Hybrid-Pop. Überlegungen zur Dekolonialisierung von Pop-Musik und ihrer neuen globalen Geschichtsschreibung, in: Knopf, Eva/Sophie Lembcke/Mara Recklies (Hrsg.): *Archive dekolonialisieren. Mediale und epistemische Transformationen in Kunst, Design und Film*, Bielefeld: transcript, S. 241–250. (Edition Kulturwissenschaft, Bd. 173).
Luyken, Lorenz (2023): *Musikgeschichte „Romantik"*, Kassel: Bärenreiter (Bärenreiter Studienbücher Musik, hrsg. von Silke Leopold und Jutta Schmoll-Barthel, Bd. 22).
Maas, Georg (1994): Funktionen der Filmmusik, in: Maas, Georg/Achim Schudack, *Musik und Film – Filmmusik. Informationen und Modelle für die Unterrichtspraxis*, Mainz: Schott, S. 30–39.
Magdanz, Jana (2012): *Spuren des Geistigen. Die Macht des Mythos in Medien und Werbung*, Wiesbaden: VS Verlag für Sozialwissenschaften.
Maier, Carla J. (2016): Sound Cultures, in: Merten, Kai/Lucia Krämer (Hrsg.): *Postcolonial Studies Meets Media Studies. A Critical Encounter*, Bielefeld: transcript, S. 179–196. (Postcolonial Studies, Bd. 23).
Martin, Jean/Frieder Butzmann (2018): Sound Design, in: Hentschel, Frank/Peter Moormann (Hrsg.), *Filmmusik. Ein alternatives Kompendium*, Wiesbaden: Springer Fachmedien, S. 247–275.
McSweeney, Terence (2018): *Avengers Assemble! Critical Perspectives on the Marvel Cinematic Universe*, London/New York: Wallflower Press.
Meine, Sabine/Nina Noeske (2011): Musik und Popularität. Einführende Überlegungen, in: Meine, Sabine/Nina Noeske (Hrsg.), *Musik und Popularität. Aspekte zu einer Kulturgeschichte zwischen 1500 und heute*, Münster: Waxmann, S. 7–24. (Populäre Kultur und Musik, hrsg. von Michael Fischer und Nils Grosch, Bd. 2).
Mera, Miguel/David Burnand (Hrsg.) (2006): *European Film Music*, Hampshire/Burlington: Ashgate.
Metzger, Christoph (2012/2015): Genre und kulturelle Codes im Film, in: Kloppenburg, Josef (Hrsg.) (2012/2015), *Das Handbuch der Filmmusik. Geschichte – Ästhetik – Funktionalität*. Mit 46 Abbildungen und 41 Notenbeispielen, Laaber: Laaber, S. 413–450.
Meyer, Stephen C. (2021): „There and back again". Music and Genre Transformation in Peter Jackson's Hobbit Films, in: Buhler, James/Mark Durrand (Hrsg.): *Music in Action Film. Sound Like Action!*, New York: Routledge, S. 149–164. (Routledge Music and Screen Media Series, hrsg. von Neil Lerner, Bd. 7).
Michelle, Carolyn/Charles H. Davis/Ann L. Hardy/Craig Hight (2017): *Fans, Blockbusterisation, and the Transformation of Cinematic Desire. Global Receptions of the Hobbit Film Trilogy*, London: Palgrave Macmillan.
Moormann, Peter (2019): Musik in Computerspielen, in: Schramm, Holger (Hrsg.), *Handbuch Musik und Medien. Interdisziplinärer Überblick über die Mediengeschichte der Musik*, 2. Aufl., Wiesbaden: Springer VS, S. 213–224.
Moormann, Peter (2020): Genrespezifika der Filmmusik, in: Stiglegger, Marcus (Hrsg.), *Handbuch Filmgenre*, Wiesbaden: Springer Fachmedien, S. 271–283.
Moser, Hans Joachim (1953): *Musikästhetik*, Berlin: Walter de Gruyter & Co. (Sammlung Göschen, Bd. 344).

Mungen, Anno (2018): Filmmusik und die multimedialen Künste des 19. Jahrhunderts, in: Hentschel, Frank/Peter Moormann (Hrsg.), *Filmmusik. Ein alternatives Kompendium*, Wiesbaden: Springer Fachmedien, S. 33–43.

Murphy, Scott (2014): Transformational Theory and the Analysis of Film Music, in: Neumeyer, David (Hrsg.), *The Oxford Handbook of Film Music Studies*, Oxford: Oxford University Press, S. 471–499.

Negus, Kenneth (1965): *E. T. A. Hoffmann's Other World. The Romantic Author and his „New Mythology"*, Philadelphia: University of Pennsylvania Press. (University of Pennsylvania Studies in Germanic Languages and Literatures, hrsg. von Andre von Gronicka und Otto Springer).

Negus, Keith (1999): *Music Genres and Corporate Cultures*, London/New York: Routledge.

Neumeyer, David (Hrsg.) (2014): *The Oxford Handbook of Film Music Studies*, Oxford: Oxford University Press.

Neumeyer, David (2015): *Meaning and Interpretation of Music in Cinema*. With Contributions by James Buhler, Bloomington: Indiana University Press.

Neuwirth, Markus/Martin Rohrmeier (2016): Wie wissenschaftlich muss Musiktheorie sein? Chancen und Herausforderungen musikalischer Korpusforschung, in: *Zeitschrift der Gesellschaft für Musiktheorie*, Jg. 13, Nr. 2, S. 171–193.

Nir, Bina (2020): Biblical Narratives in INTERSTELLAR (Christopher Nolan, US/GB 2014), in: *Journal for Religion, Film and Media*, Jg. 6, Nr. 1, S. 53–69.

Noelle, Oliver (2020): Das Jahrhundert der Superhelden, in: *Cinema*, Jg. 26, Nr. 8, S. 64–75.

Pederson, Sanna (2014): Romanticism/anti-romanticism, in: Downes, Stephen (Hrsg.), *Aesthetics of Music. Musicological Perspectives*, London: Taylor & Francis, S. 170–187.

Power, Aidan (2018): *Contemporary European Science Fiction Cinemas*, Cham: Palgrave Macmillan. (Palgrave European Film and Media Studies, hrsg. von Ib Bondebjerg, Andrew Higson und Mette Hjort).

Prox, Lothar (1993): Konvergenzen von Minimal Music und Film, in: de la Motte-Haber, Helga (Hrsg.), *Film und Musik*. Fünf Kongreßbeiträge und zwei Seminarberichte, Mainz: Schott, S. 18–24. (Veröffentlichungen des Instituts für Neue Musik und Musikerziehung, Darmstadt).

Rauscher, Andreas (2020): Genre-Spiele zwischen Leinwand und Video Games, in: Stiglegger, Marcus (Hrsg.), *Handbuch Filmgenre*, Wiesbaden: Springer Fachmedien, S. 250–269.

Redner, Gregg (2010): Strauss, Kubrick and Nietzsche. Recurrence and Reactivity in the Dance of Becoming That Is 2001: A Space Odyssey, in: Bartkowiak, Mathew J. (Hrsg.), *Sounds of the Future. Essays on Music in Science Fiction Film*, Jefferson: MacFarland & Company, Inc., S. 177–193.

Reinfandt, Christoph (2003): *Romantische Kommunikation. Zur Kontinuität der Romantik in der Kultur der Moderne*, Heidelberg: Winter. (Anglistische Forschungen, hrsg. von Rüdiger Ahrens, Heinz Antor und Klaus Stierstorfer).

Richardson, John/Claudia Gorbman (2013): Introduction, in: Richardson, John/Claudia Gorbman/Carol Vernallis (Hrsg.), *The Oxford Handbook of New Audiovisual Aesthetics*, Oxford: Oxford University Press, S. 3–35.

Ritzer, Ivo/Harald Steinwender (Hrsg.) (2017): *Transnationale Medienlandschaften. Populärer Film zwischen World Cinema und postkolonialem Europa*, Wiesbaden: Springer VS. (Neue Perspektiven der Medienästhetik, hrsg. von I. Ritzer).

Rodman, Ronald (2014): Auteurship and Agency in Television Music, in: Neumeyer, David (Hrsg.), *The Oxford Handbook of Film Music Studies*, Oxford: Oxford University Press, S. 526–556.

Rudolph, Pascal (2022): *Präexistente Musik im Film. Klangwelten im Kino des Lars von Trier*, München: Richard Boorberg.

Rudolph, Pascal (2023): Polyphonie als Nymphomanie: Filmische Aneignung von präexistenter Musik aus der Perspektive der Metapherntheorie, in: *Kieler Beiträge zur Filmmusikforschung*, Nr. 17, S. 179–212.
Rummenhöller, Peter (1989): *Romantik in der Musik. Analysen, Portraits, Reflexionen*, Kassel: Bärenreiter.
Safranski, Rüdiger (2007): *Romantik. Eine deutsche Affäre*, München: Carl Hanser.
Schanze, Helmut (2018): *Erfindung der Romantik*, Stuttgart: J. B. Metzler.
Scheurer, Timothy E. (2008): *Music and Mythmaking in Film. Genre and the Role of the Composer*, Jefferson: MacFarland & Company, Inc.
Schmeink, Lars/Simon Spiegel (2020): Science-Fiction, in: Stiglegger, Marcus (Hrsg.), *Handbuch Filmgenre*, Wiesbaden: Springer Fachmedien, S. 515–526.
Schmidt, Jochen (1988): *Die Geschichte des Genie-Gedankens in der deutschen Literatur, Philosophie und Politik 1750–1945. Band 2. Von der Romantik bis zum Ende des Dritten Reichs*. 2., durchgesehene Aufl., Darmstadt: Wissenschaftliche Buchgesellschaft.
Schmidt, Lisa M. (2010): A Popular Avant-Garde. The Paradoxical Tradition of Electronic and Atonal Sounds in Sci-Fi Music Scoring, in: Bartkowiak, Mathew J. (Hrsg.), *Sounds of the Future. Essays on Music in Science Fiction Film*, Jefferson: MacFarland & Company, Inc., S. 22–43.
Schneider, Norbert Jürgen (1983): Der Film – Richard Wagners „Kunstwerk der Zukunft"?, in: Weiß, Günter/Gernot Gruber/Robert Münster/Erich Calentin/Siegfried Mauser (Hrsg.), *Richard Wagner und die Musikhochschule München, die Philosophie, die Dramaturgie, die Bearbeitung, der Film*, Bd. 4, München: Gustav Bosse, S. 123–150.
Schrader, Matt (2017): *Score. A Film Music Documentary. The Interviews. Educational Edition*, Los Angeles: Epicleff Media.
Schroer, Markus (2017): *Soziologische Theorien. Von den Klassikern bis zur Gegenwart*, Paderborn: Wilhelm Fink.
Schröder, Martin (2017): Möglichkeiten kultureller Identifikation in Howard Shores Soundtrack zu Peter Jacksons The Lord of the Rings, in: *Kieler Beiträge zur Filmmusikforschung*, Nr. 13, S. 41–75.
Schwennsen, Anja (2014): Kunst und Mythos zwischen Präsenz und Repräsentation. Cassirers Begriff des mythischen Denkens in literaturwissenschaftlicher Perspektive, in: Gebert, Bent/Uwe Mayer (Hrsg.), *Zwischen Präsenz und Repräsentation. Formen und Funktionen des Mythos in theoretischen und literarischen Diskursen*, Berlin/Boston: De Gruyter, S. 205–225. (linguae & litterae, hrsg. von Auer, Peter/Gesa von Essen/Werner Frick, Bd. 26).
Schwinning, Reinke (2019): *Philosophie der Musik in Ernst Blochs frühem Hauptwerk* Geist der Utopie. *Kommentar zu ausgesuchten Stellen des Kapitels „Zur Theorie der Musik" in der zweiten Ausgabe von 1923*, Siegen: Universitätsverlag Siegen. (Si! Kollektion Musikwissenschaft, hrsg. von Matthias Henke, Bd. 3).
Smith, Jeff (2013): The Sound of Intensified Continuity, in: Richardson, John/Claudia Gorbman/Carol Vernallis (Hrsg.), *The Oxford Handbook of New Audiovisual Aesthetics*, Oxford: Oxford University Press, S. 331–356.
Smith, Jeff (2014): „The Tunes they are A-changing": Moments of Historical Rupture and Reconfiguration in the Production and Commerce of Music in Film, in: Neumeyer, David (Hrsg.), *The Oxford Handbook of Film Music Studies*, Oxford: Oxford University Press, S. 270–290.
Steinhauer, Iakovos (2018): *Das Musikalische im Film. Zur Grundlegung einer Ästhetik der Filmmusik*, Hildesheim: Georg Olms. (Studien und Materialien zur Musikwissenschaft, Bd. 102).
Stephen, J. Drew (2012): Who Wants to Live Forever: Glam Rock, Queen and Fantasy Film, in: Halfyard, Janet K. (Hrsg.), *The Music of Fantasy Cinema*, Sheffield/Bristol: Equinox, S. 58–78.

Stiglegger, Marcus (Hrsg.) (2020), *Handbuch Filmgenre. Geschichte – Ästhetik – Theorie*, Wiesbaden: Springer Fachmedien.
Stokes, Jordan Carmalt (2013): *Music and Genre in Film. Aesthetics and Ideology*, Ann Arbor: ProQuest.
Stoppe, Sebastian (2021): Simulation von Gesellschaft. Science-Fiction als Raum für Experimente, in: *Politik & Kultur*, Nr. 7–8, S. 18.
Strank, Willem (2021): Der Sound des Anderen. Musik im Science-Fiction-Film, in: *Politik & Kultur*, Nr. 7–8, S. 25.
Tally Jr., Robert T. (2022): *J. R. R. Tolkien's The Hobbit. Realizing History Through Fantasy. A Critical Companion*, Cham: Palgrave Macmillan. (Palgrave Science Fiction and Fantasy: A New Canon, hrsg. von Sean Guynes und Keren Omry).
Tönies, Simon (2022): Wagners Mythos – Möglichkeiten einer ideologiekritischen Werkanalyse, in: *Die Musikforschung*, Jg. 75, Nr. 2, S. 117–136.
Unseld, Melanie (2011): Und täglich grüßt die Nachtmusik. Gedanken über die ‚Klassik-Hits' des Repertoires, in: Meine, Sabine/Nina Noeske (Hrsg.), *Musik und Popularität. Aspekte zu einer Kulturgeschichte zwischen 1500 und heute*, Münster: Waxmann, S. 187–194.
Unseld, Melanie (2022): *Musikgeschichte „Klassik"*, Kassel: Bärenreiter (Bärenreiter Studienbücher Musik, hrsg. von Silke Leopold und Jutta Schmoll-Barthel, Bd. 21).
Vidal, Francesca (2012): Ästhetik, in: Dietschy, Beat/Doris Zeilinger/Rainer E. Zimmermann (Hrsg.), *Bloch-Wörterbuch. Leitbegriffe der Philosophie Ernst Blochs*, Berlin/Boston: De Gruyter, S. 13–38.
Volker, Reimar (2006): *Per aspera ad astra* and back again: Film Music in Germany from 1927 to 1945, in: Mera, Miguel/David Burnand (Hrsg.), *European Film Music*, Hampshire/Burlington: Ashgate, S. 13–27.
Volkmann-Schluck, Karl-Heinz (1969): *Mythos und Logos. Interpretationen zu Schellings Philosophie der Mythologie*, Berlin: Walter de Gruyter & Co.
Wagner, Richard (1869): *Das Judenthum in der Musik*, Leipzig: J. J. Weber.
Wagner, Richard (2008): *Oper und Drama*. Herausgegeben und kommentiert von Klaus Kropfinger, Stuttgart: Reclam. (Reclams Universal-Bibliothek).
Wegele, Peter (2012): *Der Filmkomponist Max Steiner* (1888–1971), Wien: Böhlau. (exil.arte-Schriften, hrsg. von Gerold Gruber, Bd. 2).
Wehnert, Martin (1998): Romantik und romantisch, in: Finscher, Ludwig (Hrsg.): *Die Musik in Geschichte und Gegenwart. Allgemeine Enzyklopädie der Musik begründet von Friedrich Blume*. Sachteil 8 (Quer–Swi), 2. Aufl., Kassel/Stuttgart: Bärenreiter, Sp. 464–507.
Werbeck, Walter (2015): Romantik und Historie, in: Hühn, Helmut/Joachim Schiedermair (Hrsg.), *Europäische Romantik. Interdisziplinäre Perspektiven der Forschung*, Berlin/Boston: De Gruyter, S. 109–122.
White, Christopher W. M./Ian Quinn (2016): The Yale-Classical Archives Corpus, in: *Empirical Musicology Review*, Jg. 11, Nr. 1, S. 50–58.
Wierzbicki, James/Nathan Platte/Colin Roust (Hrsg.) (2012): *The Routledge Film Music Sourcebook*, New York: Routledge.
Wilcox, Felicity (2017): The ‚Alternate Space' of A. R. Rahman's Film Music, in: Coleman, Lindsay/Joakim Tillman (Hrsg.), *Contemporary Film Music. Investigating Cinema Narratives and Composition*, London: Palgrave Macmillan, S. 27–56.
Winter, Rainer (2020): Filmgenres und Populärkultur, in: Stiglegger, Marcus (Hrsg.), *Handbuch Filmgenre*, Wiesbaden: Springer Fachmedien, S. 111–127.
Winters, Ben (2012): Superman as Mythic Narrative. Music, Romanticism and the ‚Oneiric Climate', in: Halfyard, Janet K. (Hrsg.), *The Music of Fantasy Cinema*, Sheffield/Bristol: Equinox, S. 111–131.

Winters, Ben (2016): The Composer and the Studio. Korngold and Warner Bros., in: Cooke, Mervyn/Fiona Ford (Hrsg.), *The Cambridge Companion to Film Music*, Cambridge: Cambridge University Press, S. 51–66.

Wolther, Irving Benoît (2019): Musikformate im Fernsehen, in: Schramm, Holger (Hrsg.), *Handbuch Musik und Medien. Interdisziplinärer Überblick über die Mediengeschichte der Musik*, 2. Aufl., Wiesbaden: Springer VS, S. 123–155.

Wünschel, Ulrich (2018): Filmmusik jenseits des Films. Konzerte, Tonträger, musikalische Sozialisation, in: Hentschel, Frank/Peter Moormann (Hrsg.), *Filmmusik. Ein alternatives Kompendium*, Wiesbaden: Springer Fachmedien, S. 319–331.

Xalabarder, Conrado (2013): *The Music Script in Film*, Barcelona: MundoBSO.

Zacharopoulos, Konstantinos (2017): Musical Syntax in John Williams's Film Music Themes, in: Coleman, Lindsay/Joakim Tillman (Hrsg.), *Contemporary Film Music. Investigating Cinema Narratives and Composition*, London: Palgrave Macmillan, S. 237–262.

Zimmer, Jörg (2017): Ungleichzeitigkeit und Utopie. Ernst Blochs ästhetisches Denken im Exil, in: Maeding, Linda/Marisa Siguan (Hrsg.), *Utopie im Exil. Literarische Figurationen des Imaginären*, Bielefeld: transcript, S. 17–30.

Zornado, Joseph (2017): *Disney and the Dialectic of Desire. Fantasy as Social Practice*, Cham: Palgrave Macmillan.

Zudeick, Peter (2012): Utopie, in: Dietschy, Beat/Doris Zeilinger/Rainer E. Zimmermann (Hrsg.), *Bloch-Wörterbuch. Leitbegriffe der Philosophie Ernst Blochs*, Berlin/Boston: De Gruyter, S. 633–664.

Online-Quellen

ASCAP (2025): *Repertory*, URL: https://www.ascap.com/repertory (Stand: 08.04.2025).

Bundesministerium für Wirtschaft und Energie (2019): *Monitoringbericht Kultur- und Kreativwirtschaft 2019. Kurzfassung*, URL: https://www.bmwk.de/Redaktion/DE/Publikationen/Wirtschaft/monitoringbericht-kultur-und-kreativwirtschaft-2019-kurzfassung.pdf (Stand: 16.08.2024).

Fabbri, Franco (1999): *Browsing Music Spaces: Categories and the Musical Mind*, URL: http://www.francofabbri.net/files/Testi_per_Studenti/ffabbri990717.pdf (Stand: 16.08.2024).

Friedrich-Schiller-Universität Jena (2024): *Modell Romantik. Variation – Reichweite – Aktualität*, URL: https://www.modellromantik.uni-jena.de/ (Stand: 03.09.2024).

Gesellschaft für musikalische Aufführungs- und mechanische Vervielfältigungsrechte (2022): *GEMA-Jahrbuch 2022/2023*. 32. Jg. Hrsg. von Heker, Harald, Baden-Baden: Nomos, URL: https://www.gema.de/documents/20121/906123/Gema_2022_2023-beschnitten-pdf/db091327-d0c6-3a83-1948-5b98b726c8e8 (Stand: 10.09.2024).

Hans-zimmer.com (2024a): *Team*, URL: https://hans-zimmer.com/team (Stand: 09.09.2024).

Hans-zimmer.com (2024b): *Interstellar, 2014. Directed by Christopher Nolan. Film Credits*, URL: https://hans-zimmer.com/discography/1/project/2578 (Stand: 09.09.2024).

Hans-zimmer.com (2024c): *Solo – A Star Wars Story, 2018. Directed by Ron Howard. Film Credits*, URL: https://hans-zimmer.com/discography/21/project/3306 (Stand: 09.09.2024).

IMDb.com, Inc. (2024a): *Box Office Mojo. Franchises (US & Canada)*, URL: https://www.boxofficemojo.com/franchise/ (Stand: 26.08.2024).

IMDb.com, Inc. (2024b): *The Hobbit: An Unexpected Journey (2012). Full Cast & Crew*, URL: https://www.imdb.com/title/tt0903624/fullcredits (Stand: 05.09.2024).

IMDb.com, Inc. (2024c): *The Hobbit: An Unexpected Journey (2012). Metacritic Reviews*, URL: https://www.imdb.com/title/tt0903624/criticreviews/ (Stand: 05.09.2024).

IMDb.com, Inc. (2024d): *Howard Shore*, URL: https://www.imdb.com/name/nm0006290/ (Stand: 30.08.2024).

IMDb.com, Inc. (2024e): *Brian Tyler*, URL: https://www.imdb.com/name/nm0003911/ (Stand. 06.09.2024).

IMDb.com, Inc. (2024 f): *Thor: The Dark World*, URL: https://www.imdb.com/title/tt1981115/ (Stand: 06.09.2024).

IMDb.com, Inc. (2024g): *Hans Zimmer*, URL: https://www.imdb.com/name/nm0001877/ (Stand: 04.09.2024).

IMDb.com, Inc. (2024h): *Interstellar*, URL: https://www.imdb.com/title/tt0816692/ (Stand: 04.09.2024).

IMDb.com, Inc. (2024i): *IMDb Top 250 Movies*, URL: https://www.imdb.com/chart/top/ (Stand: 04.09.2024).

IMDb.com, Inc. (2024j): *John Powell*, URL: https://www.imdb.com/name/nm0694173/ (Stand: 09.09.2024).

IMDb.com, Inc. (2024k): *Solo: A Star Wars Story*, URL: https://www.imdb.com/title/tt3778644/ (Stand: 02.09.2024).

IMDb.com, Inc (2024l): *John Williams*, URL: https://www.imdb.com/name/nm0002354/ (Stand: 09.09.2024).

IMDb.com, Inc. (2024 m): *Box Office Mojo. Worldwide Box Office*, URL: https://www.boxofficemojo.com/year/world/ (Stand: 09.09.2024).

IMDb.com, Inc. (2024n): *Advanced Name Search*, URL: https://www.imdb.com/search/name/ (Stand: 09.09.2024).

ISWC Network (2025): *Search*, URL: https://iswcnet.cisac.org/search (Stand: 08.04.2025).

Kremer, Alice/Saskia Bommer (2025): GEMA-Reform gescheitert: Streit um E und U geht weiter, in: *Saarländischer Rundfunk* (Online-Portal), URL: https://www.sr.de/sr/srkultur/home/gesellschaft_ueberregionales/geplante_gema_reform_vorerst_geplatzt_100.html (Stand: 01.08.2025).

Kvifte, Tellef (2001): Hunting for the Gold at the End of the Rainbow: Identity and Global Romanticism. On the Roots of Ethnic Music, in: *Popular Musicology Online*, Nr. 4, URL: http://www.popular-musicology-online.com/issues/04/kvifte.html (Stand: 16.08.2024).

Lamberty, Pia (2020): Verschwörungserzählungen, in: *Informationen zur politischen Bildung (izpb)*, Nr. 35, URL: https://www.bpb.de/shop/zeitschriften/izpb/318171/verschwoerungserzaehlungen/ (Stand: 16.08.2024).

Marvel Entertainment, LLC (2024): *Movies. Journey into the Cosmic Depths of the Mighty Marcel Cinematic Universe. Marvel Movies*, URL: https://www.marvel.com/movies (Stand: 10.09.2024).

Morgenstern, Joe (2018): ‚Solo: A Star Wars Story' Review: The Force is Half-Awake. The Smuggler-turned-Hero gets an Origin Tale with few Surprises, in: *The Wall Street Journal*, 22.05.2018, URL: https://www.wsj.com/articles/solo-a-star-wars-story-review-the-force-is-half-awake-1527024820 (Stand: 27.09.2024).

Statista GmbH (2024): *Weltweites Einspielergebnis (in Millionen US-Dollar) der erfolgreichsten Kinofilme aller Zeiten* (Stand: 17. September 2024), URL: https://de.statista.com/statistik/daten/studie/2272/umfrage/die-15-erfolgreichsten-filme-aller-zeiten/ (Stand: 27.09.2024).

Stiglegger, Marcus (2009): *Filmgenres. Keynote zur Gattungspoetik des Films*, URL: http://www.ikonenmagazin.de/artikel/Genretheorie_Stiglegger.htm (Stand: 16.08.2024).

Suno, Inc. (2024): *Suno*, URL: https://suno.com/ (Stand: 03.10.2024).

Van Rees, Pieter (2020): *Art and Truth. Nietzsche's Struggle with Romanticism* (Masterarbeit), URL: https://www.academia.edu/10462255/Art_and_truth_Nietzsches_struggle_with_romanticism (Stand: 16.08.2024).

Vu, Huan (2012): *Genrefilm*, URL: https://genrefilm.net/genrefilm/ (Stand: 16.08.2024).

Wolf, Andreas (2014): *Misty Mountains*, URL: https://hemator.wordpress.com/2014/08/24/misty-mountains/ (Stand: 08.04.2025).

Audio- und Videoquellen

Spotify

Sämtliche Klangbeispiele wurden der besseren Zugänglichkeit halber eigens in einer öffentlichen Spotify-Playlist angelegt, die unter folgendem Link abrufbar ist: https://open.spotify.com/playlist/1Y0e6AWao4UPiymfOfWDi9?si=bfd2152b55ef4751.

Berlioz, Hector (2008): Symphonie fantastique, Op. 14, H 48: IV. Marche au supplice. Allegretto non troppo, in: *Berlioz: Symphonie fantastique & La Mort de Cléopâtre*, Simon Rattle (Ltg.), Parlophone Records Ltd., URL: https://open.spotify.com/track/4s75QF6atcCeDhngDq7Oph?si=b6dae1d1126947a5 (Stand: 27.03.2024).

Borodin, Alexander (1994): In the Steppes of Central Asia, in: *Borodin: In the Steppes of Central Asia; Symphonies Nos.1 & 2*, Vladimir Ashkenazy (Ltg.), Decca Music Group Ltd., URL: https://open.spotify.com/track/0XgPWSYgvA56fGa39roY7t?si=48ac1dc5af8449c6 (Stand: 22.03.2024).

Brahms, Johannes (1999): Ein deutsches Requiem, Op. 45: I. Selig sind, die da Leid tragen (Ziemlich langsam), in: *Brahms: Ein Deutsches Requiem/Symphony No. 1*, Sergiu Celibidache (Ltg.), EMI Records Ltd., URL: https://open.spotify.com/intl-de/track/7p7sL7iew6RXLPkiaft1OC?si=b47895ca701b4159 (Stand: 27.03.2024).

Bruckner, Anton (1997): Symphony No. 9 in D Minor, WAB 109: I. Feierlich, Misterioso, in: *Bruckner: Sinfonien*, Günter Wand (Ltg.), Sony Music Entertainment, URL: https://open.spotify.com/track/5DP6YCounslWM8pXEvbt9b?si=20c82eaae0f54ed8 (Stand: 23.03.2024).

Bruckner, Anton (1998): Symphony No. 4 in E-Flat Major, WAB 104, „Romantic": III. (Scherzo), in: *Anton Bruckner: Symphonie Nr. 4*, Günter Wand (Ltg.), BMG Entertainment, URL: https://open.spotify.com/intl-de/track/6nQu75lj2zvMy6iITJ332F?si=76588350746c49da (Stand: 11.04.2024).

Churchill, Frank/Larry Morey (1997): Overture – Snow White, in: *Snow White and the Seven Dwarfs (Original Movion Picture Soundtrack)*, Walt Disney Records, URL: https://open.spotify.com/intl-de/track/6xB1tVi17ufjIEB7seMZ23?si=843cf968457c4a00 (Stand: 07.04.2024).

Djawadi, Ramin (2011): Main Title, in: *Game of Thrones (Music from the HBO Series)*, Home Box Office/Varese Sarabande Records, URL: https://open.spotify.com/intl-de/track/2USBToQBjvRoL22yzmURIr?si=8af9751dc86d4b7a (Stand: 06.04.2024).

Djawadi, Ramin (2017): The Army of the Dead, in: *Game of Thrones: Season 7 (Music from the HBO Series)*, Home Box Office/WaterTower Music, URL: https://open.spotify.com/intl-de/track/3M6i5gWJGqzeUzrxCnFrwE?si=6e4550e2aec74dff (Stand: 08.04.2024).

Djawadi, Ramin (2022): The Heirs of the Dragon, in: *House of the Dragon: Season1 (Soundtrack from the HBO® Series)*, Home Box Office/WaterTower Music, URL: https://open.spotify.com/intl-de/track/75EiP8M4Egeqndtv08lD66?si=251aa1d39ca341f0 (Stand: 06.04.2024).

Djawadi, Ramin (2024): *Ramin Djawadi* (Künstler-Seite), URL: https://open.spotify.com/intl-de/artist/1hCkSJcXREhrodeIHQdav8?si=1xO6f3LdRsqWoRg9qapOCQ (Stand: 16.02.2024).

Doyle, Patrick (2011a): Sons of Odin, in: *Thor*, MVL Film Finance/Marvel Entertainment/Marvel Music, URL: https://open.spotify.com/intl-de/track/6x2fElXvwEvLoTTtDLrzjW (Stand: 02.06.2024).

Doyle, Patrick (2011b): Laufey, in: *Thor*, MVL Film Finance/Marvel Entertainment/Marvel Music, URL: https://open.spotify.com/intl-de/track/2TNjRxvK55RkI1RLNJF0Qn (Stand: 02.06.2024).

Doyle, Patrick (2011c): Can You See Jane?, in: *Thor*, MVL Film Finance/Marvel Entertainment/Marvel Music, URL: https://open.spotify.com/intl-de/track/0A4qM3w8O5Dj28GVEnjj1K (Stand: 02.06.2024).

Giacchino, Michael (2016): Jyn Erso & Hope Suite, in: *Rogue One: A Star Wars Story (Original Motion Picture Soundtrack)*, Lucasfilm Ltd., URL: https://open.spotify.com/intl-de/track/4tD2tUs8Bf4X5dMS6CxccV (Stand: 04.08.2024).

Goldsmith, Jerry (1968): The Searchers, in: *Planet of the Apes (Original Motion Picture Soundtrack)*, Twentieth Century Fox/Varese Sarabande Records, URL: https://open.spotify.com/intl-de/track/7Ji5FCAGswh7RRn5Lw37Jh?si=c6f7e4b524474ee9 (Stand: 12.04.2024).

Goldsmith, Jerry (2007): Main Title, in: *Alien*, The Island Def Jam Music Group, URL: https://open.spotify.com/intl-de/track/4Rhue1CTPr3n1P3Zs0jPwU?si=28149165bf154214 (Stand: 13.04.2024).

Goldsmith, Jerry (2010): Main Title / Locutus, in: *First Contact*, ZYX Music, URL: https://open.spotify.com/intl-de/track/1JklSH0XqRJ8UPbO2p5Qs9?si=b304ea71ddd0478e (Stand: 11.04.2024).

Herrmann, Bernard (1998): Sultan's Feast, in: *The 7th Voyage of Sinbad (Original Motion Picture Soundtrack)*, Masters Film Music/Varese Sarabande Records, URL: https://open.spotify.com/intl-de/track/5rsNKFKaWxApO3bPIX2F1u?si=8371937ffd1e4776 (Stand: 07.04.2024).

Herrmann, Bernard (2014): The Murder, in: *Psycho (Original Soundtrack Theme)*, JB Production, URL: https://open.spotify.com/intl-de/track/7gQWVKrrz830kWTB2wi2ME?si=12fa388047b5436a (Stand: 07.04.2024).

Holst, Gustav (2002a): The Planets, Op. 32, H. 125: Mars, the Bringer of War (Allegro), in: *Holst: The Planets – Elgar: ‚Enigma' Variations*, Sir Adrian Boult (Ltg.), EMI Records, URL: https://open.spotify.com/intl-de/track/08bONIq29Lp9rwdMRVDkqy?si=76a5fcd044bd4495 (Stand: 12.04.2024).

Holst, Gustav (2002b): The Planets, Op. 32, H. 125: Jupiter, the Bringer of Jollity (Allegro giocoso), in: *Holst: The Planets – Elgar: ‚Enigma' Variations*, Sir Adrian Boult (Ltg.), EMI Records, URL: https://open.spotify.com/intl-de/track/44tnk3aAHP80y3taeGtyAD?si=856691960ea344ca (Stand. 12.04.2024).

Hooper, Nicholas (2007): A Journey to Hogwarts, in: *Harry Potter and the Order of the Phoenix (Original Motion Picture Soundtrack)*, Warner Bros. Entertainment/Warner Records, URL: https://open.spotify.com/intl-de/track/3jDQ62q9iG7oZv6FpFGL6y?si=cc0d770990cf448a (Stand: 07.04.2024).

Horner, James (2009): Becoming one of „The People" Becoming one with Neytiri, in: *Avatar, Music From The Motion Picture*, Music Composed and Conducted by James Horner, Twentieth Century Fox/Atlantic Recording Corporation/WEA International, URL: https://open.spotify.com/intl-de/track/1UBd7aWHZCz8yirI9KCvAU?si=04dd5fd62f12456f (Stand: 07.04.2024).

Howard, James Newton (2014): Maleficent Suite, in: *Maleficent (Original Motion Picture Soundtrack)*, Walt Disney Records, URL: https://open.spotify.com/intl-de/track/0x5OFwaIy6cOQE2nT95YFw?si=7b2c4d24b431408e (Stand: 07.04.2024).

Howard, James Newton/Hans Zimmer (2005): Vespertilio, in: *Batman Begins (Original Motion Picture Soundtrack)*, DC Comics/Warner Bros. Entertainment, URL: https://open.spotify.com/intl-de/track/5s1vSkSpX2N9VqMkt0uWls?si=41080ca2e4de4d11 (Stand: 11.04.2024).

Jablonsky, Steve (2007a): Autobots, in: *Transformers: The Score*, Dreamworks/Paramount Pictures/ Hasbro/Warner Records, URL: https://open.spotify.com/intl-de/track/1hQMzVXdoDZXcO16 GOhWc5?si=c6acbedc568b47e9 (Stand: 13.04.2024).

Jablonsky, Steve (2007b): Decepticons, in: *Transformers: The Score*, Dreamworks/Paramount Pictures/ Hasbro/Warner Records, URL: https://open.spotify.com/intl-de/track/3Lt5817WbIBT9Dp3Kv4J9r? si=c173de4060864997 (Stand: 13.04.2024).

Junkie XL (2015): Survive, in: *Mad Max: Fury Road (Original Motion Picture Soundtrack)*, Warner Bros. Entertainment/WaterTower Music, URL: https://open.spotify.com/intl-de/track/2swNqO rOIIINPHTdQZ2UGT?si=9bd989b89ef140bf (Stand: 13.04.2024).

Liszt, Franz (2022): Dante Symphony, S. 109, I. Inferno, in: *Liszt: Orchestral Works, Vol. 2. A Faust Symphony, A Dante Symphony & Mephisto Waltzes*, Kurt Masur (Ltg.), Warner Classics/Parlophone Records Ltd., URL: https://open.spotify.com/track/6eGeorTcjri43QnoDoAJ4U?si= e2f981285dd9427d (Stand: 28.03.2024).

Morricone, Ennio (1965): For a Few Dollars More – Main Theme, in: *For a Few Dollars More (Original Motion Picture Soundtrack) – Remastered*, EMI Music Publishing Italia, URL: https://open.spotify. com/intl-de/track/1aXxjgFceA1j68soTeGsu8?si=5194c59045be4f3c (Stand: 07.04.2024).

Mussorgsky, Modest (1962): Night on Bald Mountain, in: *Pictures at an Exhibition & Night on Bald Mountain*, Leonard Bernstein (Ltg.), Sony BMG Music Entertainment, URL: https://open.spotify. com/track/5rPqo5uyPn5MDoJkkiu8Nr?si=1bcfba45c94e4d0f (Stand: 27.03.2024)

Orff, Carl (2008): Carmina Burana: Fortuna Imperatrix Mundi: O Fortuna, in: *Carl Orff: Carmina Burana*, Eiji Oue (Ltg.), Rondeau Production, URL: https://open.spotify.com/intl-de/track/7BBe S9aFnEJSizuvtM2H4B?si=b5f2d3dd6cb24a7a (Stand: 07.04.2024).

Powell, John (2010): This is Berk, in: *How to train Your Dragon (Music from the Motion Picture)*, DreamWorks Animation L.L.C./Varese Sarabande, URL: https://open.spotify.com/intl-de/track/ 1g3Bc80hioYOSitxntNQYi (Stand: 04.08.2024).

Price, Steven (2013): Above Earth, in: *Gravity (Original Motion Picture Soundtrack)*, Warner Bros. Entertainment/WaterTower Music, URL: https://open.spotify.com/intl-de/track/4wrfG7WZa thU9Z6tXlPxd1 (Stand: 04.07.2024).

Rózsa, Miklós (2012): Prelude – From „Ivanhoe", in: *Ivanhoe (Original Soundtrack from „Ivanhoe")*, JB Production CH, URL: https://open.spotify.com/intl-de/track/10nbkpmZ6cdb8Vbt6o2geJ?si= f091014782ca47e2 (Stand: 11.04.2024).

Rózsa, Miklós (2013): Prelude, in: *El Cid (Original Motion Picture Soundtrack)*, Sinetone AMR, URL: https://open.spotify.com/intl-de/track/2yTNDj5bKv4jrNk8DDWKiT?si=2df330e1ca2f4077 (Stand: 05.04.2024).

Shore, Howard (2001): Rivendell, in: *The Lord of the Rings: The Fellowship of the Ring – the Complete Recordings*, New Line Productions/Reprise Records, URL: https://open.spotify.com/intl-de/track/ 3wlNmUeoHnM1jcOcXxC6qI?si=cb0df74dfa8c4f38 (Stand: 07.04.2024).

Shore, Howard (2002): The Uruk-hai, in: *The Lord of the Rings: The Two Towers (Original Motion Picture Soundtrack)*, New Line Productions/Reprise Records, URL: https://open.spotify.com/intl-de/track/ 6XzqQBPwLws8fUH2KRBf7d?si=4df6c865d4784958 (Stand: 08.04.2024).

Shore, Howard (2003a): Bilbo's Song, in: *The Lord of the Rings: The Return of the King – The Complete Recordings (Limited Edition)*, New Line Productions/Reprise Records, URL: https://open.spotify. com/intl-de/track/4aB29POCPX88HgVvwl4xqb?si=06b4cd24e1854491 (Stand: 27.03.2024).

Shore, Howard (2003b): Minas Morgul, in: *The Lord of the Rings: The Return of the King (Original Motion Picture Soundtrack)*, New Line Productions/Reprise Records, URL: https://open.spotify.com/intl-de /track/0yaqMD9NrsqIHEPntfXd0z?si=7a8058c4e2ff4a29 (Stand: 27.05.2024).

Shore, Howard (2024): *Howard Shore* (Künstler-Seite), URL: https://open.spotify.com/intl-de/artist/0OcclcP5o8VKH2TRqSY2A7 (Stand: 05.05.2024).
Silvestri, Alan (1997): Awful Waste of Space, in: *Contact Soundtrack*, Warner Records Inc., URL: https://open.spotify.com/intl-de/track/3Ck4MMfWA0O2BQqOAYIL1m (Stand: 04.07.2024).
Silvestri, Alan (1999): Back to the Future: Back to the Future – From „Back to the Future", in: *The Back to the Future Trilogy*, Universal City Studios/Varese Sarabande Records, URL: https://open.spotify.com/intl-de/track/1FI5hblwy9ZwyPg4Jr5hni?si=bdceb6a9718a4ff2 (Stand: 13.04.2024).
Silvestri, Alan (2011): Captain America, in: *Captain America: The First Avenger*, MVL Film Finance/Marvel Entertainment, URL: https://open.spotify.com/intl-de/track/4V2s08BMEqJWIfa3PcNOpR (Stand: 02.06.2024).
Silvestri, Alan (2012): The Avengers, in: *The Avengers (Original Motion Picture Soundtrack)*, URL: https://open.spotify.com/intl-de/track/5SXsXjVJCWeJuf7FHvgBYR (Stand: 02.06.2024).
Silvestri, Alan (2018): The Avengers, in: *Avengers: Infinity War (Original Motion Picture Soundtrack / Deluxe Edition)*, Marvel Music, URL: https://open.spotify.com/intl-de/track/2Zb6Cu5peVtG3UDifxEd1u?si=7ab9c72d0b244749 (Stand: 11.04.2024).
Smetana, Bedřich (2003): Má Vlast, JB 1:112, No. 2, Vltava (Die Moldau), in: *Smetana: Ma Vlast*, Nikolaus Harnoncourt (Ltg.), Sony BMG Music Entertainment, URL: https://open.spotify.com/intl-de/track/1ES671b3rtljUyR6y0Cm1V?si=d7330cdfbf04416c (Stand: 07.04.2024).
Strauss, Richard (1998): Also sprach Zarathustra, Op. 30: I. Einleitung, oder Sonnenaufgang, in: *Strauss: Also sprach Zarathustra. Mahler: Totenfeier*, Pierre Boulez (Ltg.), Deutsche Grammophon GmbH, URL: https://open.spotify.com/track/70V3XldSuKEmnoGNKKYvwi?si=30987f95e87047fc (Stand: 27.03.2024).
Tyler, Brian (2013): Iron Man 3, in: *Iron Man 3 (Original Motion Picture Soundtrack)*, Marvel Music, URL: https://open.spotify.com/intl-de/track/7u5XBHnht6dyoRXRBb5soK (Stand: 02.06.2024).
Wagner, Richard (2010): Gotterdammerung (Twilight of the Gods): Act III Scene 2: Siegfrieds Trauermarsch (Siegfried's Funeral March), in: *Wagner: Gotterdämmerung*, Christian Thielemann (Ltg.), Opus Arte, URL: https://open.spotify.com/track/1675rYJFlOhibhMaH1gRC0?si=30c5dd6ecdf54dc7 (Stand: 28.03.2024).
Wagner, Richard/Mariss Jansons/Oslo Philharmonic Orchestra (1992): Wagner: Tannhäuser: Overture, in: *Wagner: Overtures & Orchestral Music*, Parlophone Records, URL: https://open.spotify.com/intl-de/track/4aso0NlcdYu33cf2HprNTu?si=db96ba1b67e648d2 (Stand: 07.04.2024).
Williams, John (1980): Star Wars (Main Theme), in: *Star Wars: Das Imperium schlägt zurück (Original Film-Soundtrack)*, Lucas Film, URL: https://open.spotify.com/intl-de/track/2wi6V9TPFAqciBWQ2FmD7o?si=0a7f4222c8bd4fd2 (Stand: 07.04.2024).
Williams, John (1999): Duel of the Fates, in: *Star Wars: Die dunkle Bedrohung (Original Film-Soundtrack)*, Lucas Film Ltd., URL: https://open.spotify.com/intl-de/track/415B3OUKVRUrNu09IRDufO?si=afa49ebc8a5c4b6e (Stand: 05.04.2024).
Williams, John (2005): Prelude and Main Title March, in: *Superman: The Movie (Original Motion Picture Soundtrack)*, Warner Strategic Marketing, URL: https://open.spotify.com/intl-de/track/6OhvyTlsBnubNpHZz7wXuT?si=a965640efd174e20 (Stand: 11.04.2024).
Williams, John (2015a): Rey's Theme, in: *Star Wars: The Force Awakens (Original Motion Picture Soundtrack)*, Lucasfilm, URL: https://open.spotify.com/intl-de/track/5wsHtmFHWntJzcN6n8ivjd (Stand: 23.08.2024).
Williams, John (2015b): March of the Resistance, in: *Star Wars: The Force Awakens (Original Motion Picture Soundtrack)*, Lucasfilm, URL: https://open.spotify.com/intl-de/track/420y9qWviZ4cdneynQWSKr (Stand: 23.08.2024).

Williams, John (2017): Finale, in: *Star Wars: Die letzten Jedi (Original Film-Soundtrack)*, Lucasfilm, URL: https://open.spotify.com/intl-de/track/5ow6O4uWFDrZlcDDxPYNCP (Stand: 23.08.2024).
Williams, John/John Powell (2018): *Solo: A Star Wars Story (Original Motion Picture Soundtrack)*, Lucasfilm, URL: https://open.spotify.com/intl-de/album/0BClgKzpi6YhuXeTIAoeDm (Stand: 26.08.2024).
Zimmer, Hans (2010): Dream is Collapsing, in: *Inception (Music from the Motion Picture)*, Warner Bros. Entertainment, URL: https://open.spotify.com/intl-de/track/5xKVYMxOHB2XRLCUafFrz6?si=ed5255ce0f9c442f (Stand: 05.04.2024).
Zimmer, Hans (2013): Look to the Stars, in: *Man of Steel (Original Motion Picture Soundtrack) [Deluxe Edition]*, Warner Bros. Entertainment/DC Comics/WaterTower Music, URL: https://open.spotify.com/intl-de/track/2wPb6n8xwP7JltmvxsNPhf?si=03eef25030704c51 (Stand: 13.04.2024).
Zimmer, Hans (2014): *Interstellar (Original Motion Picture Soundtrack) [Expanded Edition]*, Warner Bros. Entertainment/WaterTower Music, URL: https://open.spotify.com/intl-de/album/3B61kSKTxlY36cYgzvf3cP?si=VkYWB66eQCyhMhJWLbY9WA (Stand: 18.07.2024).
Zimmer, Hans/James Newton Howard (2008): I'm not a Hero, in: *The Dark Knight (Original Motion Picture Soundtrack)*, Warner Records/DC Comics, URL: https://open.spotify.com/intl-de/track/56pKYnSA0CyayMJWcEU5kH?si=069dd7ef7d874e59 (Stand: 14.04.2024).
Zimmer, Hans (2024): *Hans Zimmer* (Künstler-Seite), URL: https://open.spotify.com/intl-de/artist/0YC192cP3KPCRWx8zr8MfZ (Stand: 02.03.2024).

YouTube

4K HDR Media (2018): *Blade Runner – Opening Scene* (HDR – 4K – 5.1), URL: https://youtu.be/P1jXmJmmj3o (Stand: 12.04.2024).
Art History (2015): 2001: *A Space Odyssey – The Dawn of Man*, URL: https://youtu.be/ypEaGQb6dJk (Stand: 11.04.2024).
Berg, Steven L. (2013): *Triumph des Willens* (1935), URL: https://youtu.be/_6uVrO5d6KU (Stand: 05.04.2024).
Bullets & Blockbusters (2023): *What Could Have Been: Lord and Miller's Solo*, URL: https://youtu.be/r1o-v6VdAfc (Stand: 02.08.2024).
Cetkhup (2020): *7th Voyage of Sinbad – Skeleton Fight*, URL: https://youtu.be/XD5l9aEj00s (Stand: 07.04.2024).
Deutsche Grammophon – DG (2020a): *John Williams & Vienna Philharmonic – Williams: Imperial March (from „Star Wars")*, URL: https://www.youtube.com/watch?v=vsMWVW4xtwI (Stand: 29.03.2024).
Deutsche Grammophon – DG (2020b): *John Williams & Vienna Philharmonic feat. Anne-Sophie Mutter – „Hedwig's Theme" From „Harry Potter"*, URL: https://youtu.be/qsCZP3wdF4w (Stand: 14.04.2024).
DP/30: The Oral History of Hollywood (2015): *DP/30: Interstellar, Hans Zimmer*, URL: https://youtu.be/jU5rfokh4vw (Stand: 04.07.2024).
Dune 2021 (2022): *Dune – My Lungs taste the Air of Time, blown Past fallen Sand Bagpipes*, URL: https://youtu.be/Oi3na4qTW1o (Stand: 14.04.2024).
Elegyscores (2014): *Hans Zimmer – making of INTERSTELLAR Soundtrack*, URL: https://youtu.be/L_8t2VlwK4w (Stand: 04.07.2024).
Empire State Studios (2017): *Koyaanisqatsi – Prophecies (Part 1)*, URL: https://youtu.be/yBqcXU0t_Xc (Stand: 09.04.2025).

Entropy DarkEn (2023): *Best Movie Soundtracks for Studying (Playlist)*, URL: https://youtube.com/playlist?list=PLXEg1KA5o1XlTxYy2_rX72MiQcsJzqdHi&feature=shared (Stand: 17.02.2024).
Epicleff Media (2018a): *John Powell on Continuing the Star Wars Legacy in Solo | Score: The Podcast*, URL: https://youtu.be/HqEV3lvrNps (Stand: 02.08.2024).
Epicleff Media (2018b): *John Powell on Getting John Williams „Blessing" for Solo: A Star Wars Story | Score: The Podcast*, URL: https://youtu.be/YC-tkiZOG-8 (Stand: 02.08.2024).
IFMCA (2019): *IFMCA – The Winners Speak – John Powell – Solo*, URL: https://youtu.be/VvHXxGw4KwU (Stand: 02.08.2024).
Inside the Score (2018): *Star Wars Music: Themes and Leitmotifs*, URL: https://youtu.be/52Pfq19L5JU (Stand: 23.08.2024).
Jackson, Peter (2014b): *The Hobbit: An Unexpected Journey Production Diaries*, URL: https://youtube.com/playlist?list=PL06D56F197834BAD9 (Stand: 05.05.2024).
JoBlo Movie Clips (2020): *APOCALYPSE NOW Clip – Ride of the Valkyries (1979) Francis Ford Coppola*, URL: https://youtu.be/hn37QfXw1-E (Stand: 05.04.2024).
Listening In (2021): *Why the Matrix has the Perfect Ending*, URL: https://www.youtube.com/watch?v=TXGyCp6aQPo (Stand: 02.09.2024).
Marvel Studios Movies (2018): *Thor: The Dark World | Behind the scenes*, URL: https://youtu.be/9AUjY6d8x88 (Stand: 06.06.2024).
Middle-Earth Themes (2019): *An Unexpected Journey Themes*, URL: https://youtube.com/playlist?list=PL6WamSVOkZA0q8e7HokrVYSBDI3jyilMf (Stand: 24.05.2024).
Middle-Earth Themes (2020a): *Fellowship of the Ring Themes and Songs – The Lord of the Rings*, URL: https://youtube.com/playlist?list=PL6WamSVOkZA01N50p_k2D1rhGjoo1Iq-s (Stand: 24.05.2024).
Middle-Earth Themes (2020b): *The Two Towers Themes and Songs – The Lord of the Rings*, URL: https://youtube.com/playlist?list=PL6WamSVOkZA30dOl4_6x0RWmIPA-rY73S (Stand: 27.05.2024).
Middle-Earth Themes (2020c): *The Return of The King Themes and Songs – The Lord of the Rings*, URL: https://youtube.com/playlist?list=PL6WamSVOkZA0dYk2WfI9uKVKqtj632oc1 (Stand: 27.05.2024).
Movieclips (2016): *King Kong (1933) – Beauty Killed the Beast Scene (10/10) | Movieclips*, URL: https://www.youtube.com/watch?v=MMNICLfHE3M (Stand: 28.03.2024).
Movieclips (2020): *The Dark Knight Rises (2012) – Batpod Chase Scene (2/10) | Movieclips*, URL: https://youtu.be/F9DYqoWl_JE (Stand: 06.04.2024).
No Fools Anime (2018): *Avengers Infinity War 2018 Thanos Kills Gamora Death Scene HD Bluray*, URL: https://youtu.be/F-hCRJ9k79E (Stand: 11.04.2024).
OfficialMovieSoundtrack (2018): *01. Driving With the Top Down (Iron Man Soundtrack)*, URL: https://youtu.be/n94MnbqO9d0 (Stand: 02.06.2024).
Pajasek99 (2022a): *10x11 – The Music of The Hobbit – Overture Music of the Wilderland | Hobbit Behind the Scenes*, URL: https://youtu.be/rvVVZjzsnBg (Stand: 05.05.2024).
Pajasek99 (2022b): *10x12 – The Music of The Hobbit – 1st Movement The World of Men | Hobbit Behind the Scenes*, URL: https://youtu.be/WSWG93vDvGk (Stand: 05.05.2024).
Popoff, Alexandre (2021): *‚Tarnhelm' transformation in Music / Film Music*, URL: https://www.youtube.com/watch?v=I33UqUhKE10 (Stand: 29.03.2024).
Scene City (2022): *Arrival: First Heptapod Meeting (Amy Adams, Jeremy Renner) 4K HD Sci Fi Clip*, URL: https://youtu.be/mBAQIhMMgjQ (Stand: 13.04.2024).
Screen Master (2020): *T'Challa Arrives in Wakanda | Black Panther [IMAX 4K]*, URL: https://youtu.be/WK_yQD_s8f8 (Stand: 14.04.2024).
Screen Themes (2022): *Star Wars: A New Hope (1977) – ‚Ben Kenobi's Death' Scene*, URL: https://youtu.be/9IiNhsoceaY (Stand: 05.04.2024).

Talks at Google (2017): *Score: A Film Music Documentary | Joe Kraemer, Matt Schrader*, URL: https://www.youtube.com/watch?v=xK3bbjFqlsQ (Stand: 25.09.2024).

Tydynian, Daniil (2017): *Gottlob Frick & Ernst Kozub ‚Wolfsschlucht Scene' Der Freischütz (мой русский перевод)*, URL: https://www.youtube.com/watch?v=9_pRfJHuGQw (Stand: 28.03.2024).

Tyler, Brian (2019): *Making of „Thor: The Dark World" Score (composed by Brian Tyler)*, URL: https://youtu.be/NoGS23YvdO4 (Stand: 06.06.2024).

Universal Pictures All-Access 2022: *Jurassic Park in 4K Ultra HD | All Aboard to Jurassic Park Island | Extended Preview*, URL: https://youtu.be/VzZN9AVBS1I (Stand: 11.04.2024).

Vanity Fair (2022): *How ‚Dune' Composer Hans Zimmer Created the Oscar-Winning Score*, URL: https://www.youtube.com/watch?v=93A1ryc-WW0 (Stand: 22.09.2024).

V Two (2019): *Highlander 1986 720p BluRay x264 0001*, URL: https://youtu.be/0YPtaqJqoHw (Stand: 08.04.2024).

Wagner Leitmotifs (2014): *2 Glance: Tristan und Isolde*, URL: https://youtu.be/NE2gTGG6k_Y (Stand: 27.05.2024).

WaterTower Music (2012): *The Hobbit Official Soundtrack | Creating the Music with Howard Shore | WaterTower*, URL: https://youtu.be/5hL-TlpX5zA (Stand: 05.05.2024).

Wolfen45, Max (2021): *Robin Hood (1938) – The King is Found!*, URL: https://youtu.be/eHl-HTV3Vwo (Stand: 05.04.2024).

Yuliano, Henry (2015): *Vertigo – Scene d'Amour*, URL: https://youtu.be/8317WohgMo (Stand: 07.04.2024).

Filmische Medien

Kino- und Dokumentarfilme

Abrams, J. J. (2015): *Star Wars: Episode VII – The Force Awakens*, San Francisco: Lucasfilm/Walt Disney Pictures/Bad Robot.

Abrams, J. J. (2019): *Star Wars: Episode IX – The Rise of Skywalker*, San Francisco: Lucasfilm/Walt Disney Pictures/Bad Robot.

Adamson, Andrew (2005): *The Chronicles of Narnia: The Lion, the Witch and the Wardrobe*, Burbank: Walt Disney Pictures/Walden Media.

Bay, Michael (2007): *Transformers*, Universal City: Dreamworks Pictures/TomDeSanto/Don Murphy Production/Paramount Pictures/Hasbro/Di Bonaventura Pictures/SprocketHeads.

Besson, Luc (1997): *The Fifth Element*, Neuilly-sur-Seine: Gaumont/Pinewood Studios.

Black, Shane (2013): *Iron Man 3*, Burbank: Marvel Studios/Walt Disney Pictures.

Boorman, John (1981): *Excalibur*, Tulsa: Cinema '84/Orion Pictures.

Branagh, Kenneth (2011): *Thor*, Los Angeles: Paramount Pictures/Marvel Studios.

Cameron, James (1984): *The Terminator*, Tulsa: Cinema '84/Euro Film Funding/Hemdale/Pacific Western Productions.

Cameron, James (1991): *Terminator 2: Judgment Day*, Manhattan Beach: Carolco Pictures/Pacific Western Productions/Lightstorm Entertainment/Le Studio Canal+.

Cameron, James (1997): *Titanic*, Los Angeles: Twentieth Century Fox/Paramount Pictures/Lightstorm Entertainment/Baja Studios.

Cameron, James (2009): *Avatar*, Los Angeles: Twentieth Century Fox/Dune Entertainment/Lightstorm Entertainment.
Columbus, Chris (2001): *Harry Potter and the Philosopher's Stone*, Burbank: Warner Bros./Heyday Films/1492 Pictures.
Condon, Bill (2012): *The Twilight Saga: Breaking Dawn – Part 2*, Santa Monica: Summit Entertainment/Temple Hill Entertainment/Sunswept Entertainment.
Coogler, Ryan (2018): *Black Panther*, Burbank: Marvel Studios/Walt Disney Pictures.
Cooper, Merian C./Ernest B. Schoedsack (1933): *King Kong*, Los Angeles: RKO Radio Pictures.
Coppola, Francis (1979): *Apocalypse Now*, San Francisco: Omni Zoetrope.
Cuarón, Alfonso (2013): *Gravity*, Borehamwood: Heyday Films/Esperanto Filmoj.
Curtiz, Michael/William Keighley (1938): *The Adventures of Robin Hood*, Burbank: Warner Bros.
Curtiz, Michael (1942): *Casablanca*, Burbank: Warner Bros.
DeBlois, Dean/Chris Sanders (2010): *How to Train Your Dragon*, Glendale: DreamWorks Animation/Mad Hatter Entertainment/Vertigo Entertainment.
Donner, Richard (1978): *Superman*, London: Dovemead Films/Film Export A.G./International Film Production
Edwards, Gareth (2016): *Rogue One: A Star Wars Story*, San Francisco: Lucasfilm/Walt Disney Pictures.
Emmerich, Roland (1996): *Independence Day*, Los Angeles: Centropolis Entertainment/Twentieth Century Fox.
Favreau, Jon (2008): *Iron Man*, Los Angeles: Paramount Pictures/Marvel Studios/Fairview Entertainment/Dark Blades Films/Legion Entertainment.
Fincher, David (2010): *The Social Network*, Culver City: Columbia Pictures/Scott Rudin Productions/Michael De Luca Productions/Trigger Street Productions.
Fleming, Victor (1939): *Gone with the Wind*, Hollywood: Selznick International Pictures/Metro-Goldwyn-Mayer.
Frakes, Jonathan (1996): *Star Trek: First Contact*, Los Angeles: Paramount Pictures.
Gunn, James (2014): *Guardians of the Galaxy*, Burbank: Marvel Studios/Walt Disney Pictures/Moving Pictures Company/Longcross Studios/Marvel Enterprises.
Hand, David/William Cottrell/Wilfred Jackson/Larry Morey/Perce Pearce/Ben Sharpsteen (1937): *Snow White and the Seven Dwarfs*, Burbank: Walt Disney Animation Studios.
Hawks, Howard (1959): *Rio Bravo*, Los Angeles: Armada Productions.
Hessler, Gordon (1973): *The Golden Voyage of Sinbad*, Culver City: Columbia Pictures/Ameran Films.
Hitchcock, Alfred (1958): *Vertigo*, Los Angeles: Alfred J. Hitchcock Productions.
Hitchcock, Alfred (1960): *Psycho*, Los Angeles: Shamley Productions.
Howard, Ron (2018): *Solo: A Star Wars Story*, San Francisco: Lucasfilm/Allison Shearmur Productions/Walt Disney Pictures/Lord Miller.
Jackson, Mick (1992): *The Bodyguard*, West Hollywood: Kasdan Pictures/Tig Productions/Warner Bros.
Jackson, Peter (2001): *The Lord of the Rings: The Fellowship of the Ring*, Burbank: New Line Cinema/WingNut Films/The Saul Zaentz Company.
Jackson, Peter (2002): *The Lord of the Rings: The Two Towers*, Burbank: New Line Cinema/WingNut Films/The Saul Zaentz Company.
Jackson, Peter (2003): *The Lord of the Rings: The Return of the King*, Burbank: New Line Cinema/WingNut Films/The Saul Zaentz Company.
Jackson, Peter (2005): *King Kong*, Los Angeles: Universal Pictures/WingNut Films/Big Primate Pictures/MFPV Film.
Jackson, Peter (2012): *The Hobbit: An Unexpected Journey*, Burbank: New Line Cinema/Metro-Goldwyn-Mayer (MGM)/WingNut Films.

Jackson, Peter (2013): *The Hobbit: The Desolation of Smaug*, Burbank: New Line Cinema/Metro-Goldwyn-Mayer (MGM)/WingNut Films.
Jackson, Peter (2014a): *The Hobbit: The Battle of the Five Armies*, Burbank: New Line Cinema/Metro-Goldwyn-Mayer (MGM)/WingNut Films/3Foot7.
Johnson, Rian (2017): *Star Wars: Episode VIII – The Last Jedi*, San Francisco: Lucasfilm/Walt Disney Pictures.
Johnston, Joe (2011): *Captain America: The First Avenger*, Burbank: Marvel Studios/Paramount Pictures.
Juran, Nathan (1958): *The 7th Voyage of Sinbad*, Culver City u. a. Columbia Pictures/Morningside Productions.
Kershner, Irvin (1980): *The Empire Strikes Back*, San Francisco: Lucasfilm.
Kubrick, Stanley (1968): *2001: A Space Odyssey*, London: Stanley Kubrick Productions.
Lang, Fritz (1927): *Metropolis*, Babelsberg: Universum Film (UFA).
Leone, Sergio (1965): *For a Few Dollars More*, [Rom]: Produzioni Europee Associati (PEA)/Constantin Film.
Lucas, George (1977): *Star Wars*, San Francisco: Lucasfilm/Twentieth Century Fox.
Lucas, George (1999): *Star Wars: Episode I – The Phantom Menace*, San Francisco: Lucasfilm/Twentieth Century Fox.
Mangold, James (2017): *Logan*, Los Angeles: Twentieth Century Fox/Marvel Entertainment/TSG Entertainment/Kinberg Genre/Hutch Parker Entertainment/Donners' Company.
Mann, Anthony (1961): *El Cid*, New York: Samuel Bronston Productions/Dear Film Produzione.
Marquand, Richard (1983): *Return of the Jedi*, San Francisco: Lucasfilm.
Marshall, Rob (2011): *Pirates of the Caribbean: On Stranger Tides*, Burbank: Walt Disney Pictures/Jerry Bruckheimer Films/Moving Picture Company (MPC).
McKay, Adam (2021): *Don't Look Up*, Los Angeles: Hyperobject Industries.
Méliès, George (1902): *Le Voyage dans la Lune*, New York: Star Film.
Miller, George (2015): *Mad Max: Fury Road*, Los Angeles: Village Roadshow Pictures/Kennedy Miller Mitchell/RatPac-Dune Entertainment.
Mulcahy, Russell (1986): *Highlander*, West Hollywood: Davis-Panzer Productions/Thorn EMI Screen Entertainment/Highlander Productions Limited.
Nolan, Christopher (2005): *Batman Begins*, Burbank: Warner Bros. Pictures/DC Comics/Legendary Pictures/Syncopy/Patalex III Productions.
Nolan, Christopher (2008): *The Dark Knight*, Burbank: Warner Bros./Legendary Entertainment/Syncopy/DC Comics.
Nolan, Christopher (2010): *Inception*, Burbank: Warner Bros./Legendary Entertainment/Syncopy.
Nolan, Christopher (2012): *The Dark Knight Rises*, Burbank: Warner Bros./Legendary Entertainment/Syncopy/DC Comics.
Nolan, Christopher (2014): *Interstellar*, Los Angeles: Paramount Pictures/Warner Bros./Legendary Entertainment/Syncopy/Lynda Obst Productions.
Nolan, Christopher (2017): *Dunkirk*, Burbank: Syncopy/Warner Bros./Dombey Street Productions/Kaap Holland Film.
Ramis, Harold (1993): *Groundhog Day*, Culver City: Columbia Pictures.
Reggio, Godfrey (1982): *Koyaanisqatsi*, San Francisco: Zoetrope Studios/Institute for Regional Education.
Riefenstahl, Leni (1935): *Triumph des Willens*, Berlin: NSDAP Reichspropagandaleitung Hauptabt. Film/Leni Riefenstrahl-Produktion.
Ross, Gary (2012): *The Hunger Games*, Santa Monica: Lions Gate Films/Color Force.

Russo, Anthony/Joe Russo (2018): *Avengers: Infinity War*, Burbank: Marvel Studios/Walt Disney Pictures.
Russo, Anthony/Joe Russo (2019): *Avengers: Endgame*, Burbank: Marvel Studios/Walt Disney Pictures.
Schaffner, Franklin J. (1968): *Planet of the Apes*, Los Angeles: APJAC Productions.
Schrader, Matt (2016): *Score: A Film Music Documentary*, Los Angeles: Epicleff Media.
Scott, Ridley (1979): *Alien*, Los Angeles: Twentieth Century Fox/Brandywine Productions/Scott Free Productions.
Scott, Ridley (1982): *Blade Runner*, Hollywood: The Ladd Company/Shaw Brothers/Blade Runner Partnership.
Scott, Ridley (2017): *Alien: Covenant*, Los Angeles: Twentieth Century Fox/TSG Entertainment/Brandywine Productions/Scott Free Productions.
Seaton, George (1947): *Miracle on 34th Street*, Los Angeles: Twentieth Century Fox.
Shyamalan, M. Night (1999): *The Sixth Sense*, Burbank: Hollywood Pictures/Spyglass Entertainment/The Kennedy/Marshall Company/Barry Mendel Productions.
Snyder, Zack (2013): *Man of Steel*, Burbank: Warner Bros./Legendary Entertainment/Syncopy/DC Entertainment.
Spielberg, Steven (1975): *Jaws*, Universal City: Universal Pictures/The Zanuck/Brown Company.
Spielberg, Steven (1977): *Close Encounters of the Third Kind*, London: EMI Films/Julia Phillips and Michael Phillips Productions.
Spielberg, Steven (1982): *E.T. the Extra-Terrestrial*, Los Angeles: Universal Pictures/Amblin Entertainment.
Spielberg, Steven (1993): *Jurassic Park*, Los Angeles: Universal Pictures/Amblin Entertainment.
Stromberg, Robert (2014): *Maleficent*, Burbank: Walt Disney Pictures/Roth Films.
Taylor, Alan (2013): *Thor: The Dark World*, Burbank: Marvel Studios/Walt Disney Pictures.
Thorpe, Richard (1952): *Ivanhoe*, Beverly Hills: Metro-Goldwyn-Mayer.
Trevorrow, Colin (2015): *Jurassic World*, Los Angeles: Universal Pictures/Amblin Entertainment/Legendary Entertainment/Dentsu/Fuji Television Network/The Kennedy/Marshall Company.
Vaughn, Matthew (2011): *X-Men: First Class*, Los Angeles: Twentieth Century Fox/Marvel Entertainment/Dune Entertainment/Bad Hat Harry Productions/The Donners' Company.
Villeneuve, Denis (2016): *Arrival*, New York: FilmNation Entertainment/Lava Bear Films/21 Laps Entertainment.
Villeneuve, Denis (2017): *Blade Runner 2049*, Los Angeles: Alcon Entertainment/Columbia Pictures/Sony/Torridon Films/16:14 Entertainment/Scott Free Productions/Babieka/Thunderbird Entertainment.
Villeneuve, Denis (2021): *Dune*, Burbank: Warner Bros./Legendary Entertainment/Villeneuve Films.
Von Sternberg, Josef (1930): *Der blaue Engel*, Babelsberg: Universum Film (UFA).
Von Trier, Lars (2011): *Melancholia*, Hvidovre: Zentropa Entertainments/Memfis Film/Slot Machine/Liberator Productions.
Von Trier, Lars (2013a): *Nymphomaniac: Vol. I*, Hvidovre: Zentropa Entertainments/Heimatfilm.
Von Trier, Lars (2013b): *Nymphomaniac: Vol. II*, Hvidovre: Zentropa Entertainments/Heimatfilm.
Wachowski, Lana/Lilly Wachowski (1999): *The Matrix*, Burbank: Warner Bros./Village Roadshow Pictures/Groucho Film Partnership/Silver Pictures.
Waititi, Taika (2017): *Thor: Ragnarok*, Burbank: Marvel Studios/Walt Disney Pictures.
Waititi, Taika (2022): *Thor: Love and Thunder*, Burbank: Marvel Studios/Walt Disney Pictures.
Wan, James (2018): *Aquaman*, Burbank: Warner Bros./DC Entertainment/Atomic Monster/The Safran Company/Québec Production Services Tax Credit/Australian Film/Icelandic Film.
Whedon, Joss (2012): *The Avengers*, Burbank: Marvel Studios/Walt Disney Pictures.

Wise, Robert (1979): *Star Trek: The Motion Picture*, Los Angeles: Paramount Pictures/Century Associates/Robert Wise Productions.
Yates, David (2010): *Harry Potter and the Deathly Hallows – Part 1*, Burbank: Warner Bros./Heyday Films.
Yates, David (2011): *Harry Potter and the Deathly Hallows – Part 2*, Burbank: Warner Bros./Heyday Films.
Yates, David (2016): *Fantastic Beats and Where to Find Them*, Burbank: Warner Bros./Heyday Films.
Zemeckis, Robert (1985): *Back to the Future*, Los Angeles: Universal Pictures/Amblin Entertainment.
Zemeckis, Robert (1997): *Contact*, Burbank: Warner Bros./South Side Amusement Company.

TV- und Streaming-Serien

Anstelle der*des Regisseur*in sind hier in der Quellenangabe die Serienschöpfer*innen angegeben (engl. *creators*; in der Regel aufgeführt als *created by* [...] oder *written by* [...]. Die Jahreszahlen bezeichnen das Veröffentlichungsjahr der ersten sowie bisher letzten Staffel (Stand: 29.09.2024). In eckigen Klammern nach den Produktionsfirmen wird das ausstrahlende Netzwerk beziehungsweise der/die TV-/Streaming-Sender genannt, wobei sich die Angabe auf die (in der Regel US-amerikanische) Originalversion bezieht.

Benioff, David/D. B. Weisz (2011–2019): *Game of Thrones*, Santa Monica: Home Box Office (HBO)/Television 360/Grok! Studio/Generator Entertainment/Bighead Littlehead [HBO].
Condal, Ryan J./George R. R. Martin (2022–2024) *House of the Dragon*, Santa Monica: Home Box Office (HBO)/1:26 Pictures [HBO].
Duffer, Matt/Ross Duffer (2016–2022): *Stranger Things*, Los Angeles: 21 Laps Entertainment/Monkey Massacre/Netflix/Upside Down Pictures [Netflix].
Favreau, Jon (2019–2023): *The Mandalorian*, San Francisco: Lucasfilm/Golem Creations/Fairview Entertainment/Walt Disney Studios [Disney+].
Ficket, Travis/Terry Matalas (2015–2018): *12 Monkeys*, Los Angeles: Atlas Entertainment [Syfy].
Goddard, Drew (2015–2018): *Daredevil*, Burbank: ABC Signature/DeKnight Productions/Goodard Textiles/Marvel Entertainment/The Walt Disney Company [Netflix].
Gough, Alfred/Miles Millar (2016–2017): *The Shannara Chronicles*, New York: Music Television (MTV)/Sonar Entertainment/Farah Films [MTV/Paramount Network].
James, Ed (1954–1960): *Father Knows Best*, o. O.: Rodney-Young Productions/Screen Gems Television [CBS/NBC].
Jacobs, David (1978–1991): *Dallas*, Beverly Hills: Lorimar Productions/Lorimar Television [CBS].
Joy, Lisa/Jonathan Nolan (2016–2022): *Westworld*, Burbank: Warner Bros. Television/Bad Robot/Jerry Weintraub Productions/Kilter Films [HBO].
Judkins, Rafe (2021–2023): *The Wheel of Time*, Los Angeles: Amazon Studios/Sony Pictures Television/Little Island Productions/Radar Pictures/Red Eagle Entertainment [Amazon Prime Video].
Kasdan, Jonathan (2022): *Willow*, San Francisco: Lucasfilm/Imagine Entertainment/MGM Television/Savages Personal Management [Disney+].
Lindelof, Damon (2019): *Watchmen*, Santa Monica: Home Box Office (HBO)/DC Comics/Paramount Television/Storm Studios/Warner Bros. Television/White Rabbit [HBO].

McKay, Patrick/John D. Payne (2022–2024): *The Lord of the Rings: The Rings of Power*, Los Angeles: Amazon Studios/Harper Collins Publishers/New Line Cinema/Tolkien Enterprises/Warner Bros. Television [Amazon Prime Video].

Newman, Sydney/C. E. Webber / Donald Wilson (1963–1989): *Doctor Who*, London: British Broadcasting Corporation (BBC) [BBC1].

Roddenberry, Gene (1966–1969): *Star Trek*, Los Angeles: Paramount Television/Desilu Productions/Norway Corporation [NBC].

Roddenberry, Gene (1987–1994): *Star Trek: The Next Generation*, Los Angeles: Paramount Television [div.] .

Schmidt-Hissrich, Lauren (2019–2023): *The Witcher*, Los Angeles: Netflix/Cinesite/Hivemind/Pioneer Stillking Films/Platige Image [Netflix].

Straczynski, J. Michael (1993–1998): *Babylon 5*, Burbank: Warner Bros./Babylonian Productions/Time Warner [PTEN/TNT].

Tancharoen, Maurissa/Jed Whedon/Joss Whedon (2013–2020): *Agents of S.H.I.E.L.D.*, Burbank: Marvel Television/Mutant Enemy/ABC Studios [ABC].

Thorne, Jack (2019–2022): *His Dark Materials*, London: Anton/Bad Wolf/British Broadcasting Corporation (BBC)/Home Box Office (HBO)/New Line Cinema/Scholastic [HBO/BBC One].

Waldron, Michael (2021–2023): *Loki*, Burbank: Marvel Studios [Disney+].

Wright, Brad/Jonathan Glassner (1997–2007): *Stargate SG-1*, Los Angeles: Gekko Film/Double Secret Productions/Kawoosh! Productions/MGM Worldwide Television Productions/Sony Pictures Television [Showtime/Syfy].

Anhang

Anhang 1: Daten der qualitativen Inhaltsanalyse (MAXQDA).
Download-Link (Leuphana – MyShare):
https://myshare.leuphana.de/?t=d82c03b330ac732f7e6764d9d04a1181.

Anhang 2: Analyseprotokolle der Filmmusikanalysen.
Download-Link (Leuphana – MyShare):
https://myshare.leuphana.de/?t=d82c03b330ac732f7e6764d9d04a1181.

Anhang 3: Notenbeispiele (MuseScore).
Download-Link (Leuphana – MyShare):
https://myshare.leuphana.de/?t=d82c03b330ac732f7e6764d9d04a1181.

Register

Personenregister

Adorno, Theodor W. 94, 99, 154, 182, 223, 234, 249, 260–264, 511
Audissino, Emilio 100, 104, 105, 107, 112, 113, 140, 149, 155, 215, 240, 243, 264, 404

Barthes, Roland 33, 34, 85, 121, 363
Beethoven, Ludwig van 41, 51, 55, 56, 59, 60, 63, 64, 68, 70, 72, 105, 144, 210
Berlioz, Hector 9, 52, 55, 66, 82, 223, 551, 596
Bernstein, Elmer 104, 282, 297, 300, 323, 372, 400
Bloch, Ernst 35–45, 60, 79, 147, 148, 361, 510, 593
Borodin, Alexander 48–50
Brahms, Johannes 58, 64, 144
Bruckner, Anton 41, 55, 57, 64, 71, 165, 166, 178, 183, 190, 596
Bullerjahn, Claudia 94, 96, 99, 100, 140, 148, 149, 158, 203–210, 214–221, 223, 225, 227, 244–247, 250, 378, 381

Campbell, Joseph 130, 132–135, 499
Cassirer, Ernst 20, 21, 24, 28–33, 37, 53, 57, 83, 120, 123–125, 133, 135, 162, 214, 225, 361, 476, 505, 593
Chopin, Frédéric 59, 73, 146
Coppola, Francis Ford 108

Dahlhaus, Carl 47, 52, 53, 56, 61, 63, 65, 66, 69, 70, 73, 77, 84, 92, 93, 205, 206, 259, 260
Davis, Don 144, 153, 184
Desplat, Alexandre 113, 329, 332, 337, 338, 361, 365, 370, 373, 391
Djawadi, Ramin 112, 114, 117, 118, 171, 198–201, 447, 448
Doyle, Patrick 449, 450
Dvořák, Antonín 48

Eco, Umberto 125, 126
Eisler, Hanns 94, 99, 154, 182, 223, 234, 249, 260–264, 511
Elfman, Danny 144
Elgar, Edward 512, 515

Feuerbach, Ludwig 25, 61
Flinn, Caryl 36–38, 43–45, 58, 69, 78, 94, 100–102, 109, 133, 143, 152, 165, 224, 225, 237, 241, 257, 262–265, 385
Frank, Manfred 19, 21–29, 54, 56

Giacchino, Michael 202, 252, 517–519
Glass, Philip 479–481, 488, 498, 505, 507, 509, 550
Goldenthal, Elliot 273, 329, 330, 337, 361, 377, 378, 385, 388
Goldsmith, Jerry 104, 153, 174, 183, 187, 201, 254, 300, 325, 338, 372, 381, 400, 473
Göransson, Ludwig 192, 193, 257

Halfyard, Janet K. 95, 104, 115, 132–135, 162, 163, 177, 180, 212, 225
Hanslick, Eduard 91, 92, 152, 259–261, 265
Hardenberg, Friedrich von. *Siehe* Novalis
Herrmann, Bernard 103, 115, 144–146, 154, 168, 198, 221
Hill, Andy 95, 107, 143–148, 150, 210, 239, 242, 254, 263, 264, 403, 515
Hoffmann, E. T. A. 20, 36, 37, 40, 45, 51, 54, 56, 60, 63, 69, 70, 92, 165, 210, 596
Holkenborg, Tom 112, 188, 273, 325–327, 332, 339, 340, 345, 369, 378, 383
Holst, Gustav 105, 142, 178, 181, 182, 264, 512, 515
Horner, James 153, 170, 230, 236, 257
Howard, James Newton 144, 166, 179, 180, 224, 227

Jablonsky, Steve 188, 189, 252
Jackman, Henry 114, 273, 330, 331, 337, 338, 345, 368, 370, 376, 381
Jackson, Peter 418–420
Jóhannsson, Jóhann 190
Jones, Quincy 273, 319, 335, 337, 339, 367, 373, 378, 380, 392, 393
Junkie XL. *Siehe* Holkenborg, Tom

Kerschbaumer, Sandra 3–5, 11, 14, 17, 20, 53
Kloppenburg, Josef 81, 94, 102, 110, 112, 113, 115, 116, 139, 148, 149, 175, 203, 209, 210, 213, 217, 220, 221, 223–225, 228, 229, 238, 243, 265
Korngold, Erich Wolfgang 101, 105, 110, 181, 236, 515
Kubrick, Stanley 174, 176, 230, 239, 477, 478, 487, 499
Kuckartz, Udo 271, 273

Lehman, Frank 87–91, 95, 102, 107, 114, 143, 145, 149–151, 167, 185, 187
Lévi-Strauss, Claude 29–32, 34, 36, 63, 119–124, 126, 188, 191
Lewin, David 89, 142
Ligeti, György 176, 184, 479
Liszt, Franz 48, 55, 59, 64, 68, 69, 90, 91, 105, 143, 146, 171, 178, 205, 429, 596
Luyken, Lorenz 1, 2, 16, 46, 48, 49, 51, 52, 54, 59, 67, 70, 72, 80, 88

Mahler, Gustav 72, 101, 110, 111, 143, 230, 512, 515
McCreary, Bear 273, 322, 323, 339, 345, 366, 370, 371, 373, 378, 379, 385, 392, 394
Mendelssohn, Felix 46, 68, 300
Morricone, Ennio 157, 393
Morus, Thomas 35, 36
Mothersbaugh, Mark 118, 202, 273, 293, 331, 332, 341, 342, 362, 369, 372, 374, 378, 379, 389, 392, 394
Mussorgsky, Modest 46, 52, 162, 596

Newman, Alfred 103, 220, 297, 300
Newman, Thomas 146, 252
Nolan, Christopher 98, 114, 116, 382, 390, 477–483, 485, 505, 507, 508, 564
Novalis 11, 17, 20, 54, 56, 57

Orff, Carl 168, 229

Portman, Rachel 273, 319, 320, 336, 337, 364, 375, 377, 386, 392
Powell, John 114, 144, 273, 291, 327, 328, 341, 342, 345, 361, 362, 367, 371, 377, 382, 387, 515, 517–521, 524–529, 532, 534, 541, 542, 545, 549, 564, 565, 568
Price, Steven 479, 480, 508,

Rabin, Trevor 114, 118, 273, 327, 336, 345, 348, 367, 371, 372, 375, 377, 378, 386, 387, 390
Ravel, Maurice 282, 300, 337, 339, 377
Reznor, Trent & Ross, Atticus 118, 273, 324, 341, 362–364, 366, 369, 378, 389, 391
Reznor, Trent. *Siehe* Reznor, Trent & Ross, Atticus
Riemann, Hugo 87–89, 146
Rimskij-Korsakov, Nikolai 76, 143, 187, 282, 339
Ross, Atticus. *Siehe* Reznor, Trent & Ross, Atticus
Rózsa, Miklós 101, 103, 105, 110, 181, 515

Schelling, Friedrich 11, 17, 20–22, 24–26, 54, 509
Schenker, Heinrich 60, 61, 87
Scheurer, Timothy E. 94, 102, 121–123, 127, 141, 152, 153, 158–161, 173–175, 184–187, 190, 191, 212–216, 221, 231, 234, 379, 403, 444, 583
Schlegel, August 11, 17, 18, 63
Schlegel, Friedrich 11, 17, 19, 21, 22, 24–26, 33, 53, 131, 396, 509, 576
Schrader, Matt 9, 269–271
Schubert, Franz 88, 143, 144, 230, 300, 320, 337, 377
Schumann, Clara 59
Schumann, Robert 46, 59, 162
Shore, Howard 58, 86, 89, 113, 167, 169–171, 199, 201, 224, 226, 251, 273, 320, 321, 334, 336, 360, 366, 370, 374, 375, 377, 383, 385, 388, 406, 415, 418–422, 424–434, 437–445, 455, 563
Silvestri, Alan 147, 180, 181, 185, 186, 190, 202, 300, 325, 381, 447, 448, 450, 473–474, 479
Steiner, Max 69, 101, 223, 224, 236, 254
Steinhauer, Iakovos 40, 41, 94, 153, 154, 160, 207, 211–213, 217, 220, 222, 226
Strauss, Johann 144, 239, 479
Strauss, Richard 71, 76, 110, 111, 142, 146, 165, 176, 178, 184, 230, 239, 479, 487, 499, 505, 508
Stravinsky, Igor 183, 184, 282, 300, 339, 368, 429, 512

Tieck, Ludwig 17, 20
Tiomkin, Dimitri 101, 256, 257
Tolkien, J. R. R. 132, 135, 202, 305, 336, 417–419, 421, 423, 436, 440–443, 450, 549, 561
Trier, Lars von 177, 231
Tschaikowsky, Pjotr Iljitsch 144, 300
Tyler, Brian 202, 273, 325, 337, 338, 367, 371, 380, 381, 387, 390–392, 415, 448, 451–453, 455–462, 464–467, 469–471, 473–476, 550, 563, 568

Vangelis 108, 183, 193, 480

Wachsmann, Franz. *Siehe* Waxman, Franz
Wagner, Richard 20–27, 33, 34, 39–41, 45, 46, 63, 64, 76–87, 89–91, 100–102, 141–146, 149, 150, 152, 162, 164–166, 177, 178, 180, 183, 184, 186, 201, 210, 212, 214, 216, 217, 219, 221, 223–225, 240, 262–264, 328, 336, 337, 362, 363, 420, 422, 438, 441–444, 474–475, 566, 576, 581, 591, 596

Walton, Kendall 125, 126, 135, 162
Waxman, Franz 101, 110, 220, 254
Weber, Carl Maria von 72, 74, 75, 223
Williams, John 89, 90, 104–107, 113, 140, 147, 149, 152, 153, 163, 164, 166, 175–178, 180, 181, 186, 188, 190, 201, 224, 236, 251, 253, 254, 266, 300, 308, 372, 376, 393, 400, 417, 447, 457, 512, 513, 515–521, 524–528, 532, 541, 542, 545, 564, 565, 568
Windt, Herbert 111

Zimmer, Hans 98, 107, 112, 116, 156, 174, 179–180, 186, 193, 194, 222, 227, 236, 251, 252, 273, 321–322, 326, 332, 339, 340, 345, 348, 364, 365, 367, 368, 372, 378–380, 382, 385, 386, 389–393, 417, 447, 479–485, 488, 489, 491, 492, 494, 496, 498, 505, 507–509, 511, 517, 521, 564, 567

Sachregister

Absolute Musik 68, 71, 92, 205–207
Antikommerzialisierung. *Siehe* Kommerzialisierung
Antimodernismus 63–65, 370, 371
Antisemitismus 27, 49, 50, 168, 169
Arbeitsteilung. *Siehe* Teamarbeit
Ästhetik 50–64, 98, 99, 248–251
– Ästhetik des Erhabenen 51, 52, 55, 56, 153, 210, 364, 365
– Ästhetik des Charakteristischen 66, 569
Atonalität. *Siehe* Neue Musik

Barock 63, 220

Chromatik 87–91, 143–145, 150, 151
Classic Hollywood. *Siehe* Golden Age Hollywoods

Deutsche Filmmusik 109–112
Digitalisierung 113–115, 237–240, 369, 370
Digital Audio Workstation (DAW) 237–240, 247, 248, 386, 517
Dub Stage. *Siehe* Synchronisierung
Dystopie 41–43, 126–128, 177, 397, 570, 572, 578

Eklektizismus 6, 138, 139, 148, 151, 579
Elektronische Musik 107, 108, 116, 180–184, 187, 242, 248, 480, 509
Erinnerungsmotiv. *Siehe* Leitmotivik
Eskapismus 38, 134, 363, 366, 536, 572
Europäische Filmmusik 101, 109–112, 119, 128, 232, 233, 255, 256, 594
Eurozentrismus. *Siehe* Postkolonialismus
Exotismus 45–50, 72, 74, 151, 167–170, 192–196, 255–259, 363, 364, 391–393, 552, 554–557
E-Musik (Ernste Musik). *Siehe* Hochkultur

Fantasy 124–126, 132–136, 161–173, 194–196
Fiktionstheorie 125
Fiktionsvertrag 125
Fiktive Welten 7, 8, 113, 117, 118, 124–136
Filmkomponist*innen-Typ. *Siehe* Komponist*innen-Typ
Filmmusikanalyse. *Siehe* Musikanalyse
Film Music Studies 94, 95

Folk. *Siehe* Volkslied
Franchise-Ära 113, 116–118, 129, 136, 180, 181, 202, 203, 232, 546–548
Frankfurter Schule. *Siehe* Kritische Theorie
Frühromantiker*in 13, 17, 18, 20–27, 33, 34, 46, 52–54, 131, 397, 576
Funktion (Musikalische ~) 203–232, 290–295, 380–382, 553–555, 573, 578
Funktionale Musik 140, 203–205

Games. *Siehe* Videogames
Gefühlsästhetik 66, 91, 92, 259–263
GEMA 249–250
Genie 40, 58–62, 64, 65, 147, 237, 241, 254, 296, 307–309, 346, 350, 357, 367, 368, 571
Genre 118–138
– Filmisches Genre 118–126
– Musikalisches Genre 137, 138
– Genre-Theorie 7, 119, 120, 122, 123, 158, 161, 207, 208, 347, 379, 401, 413, 583, 584
Gesamtkunstwerk. *Siehe* Musikdrama
Golden Age Hollywoods 44, 100–103, 244
Goldenes Zeitalter 36, 37, 44, 165

Hans-Zimmer-Ära 113, 114, 118, 154, 237–240
Harmonik 86–91, 141–146, 150, 151, 153, 154, 167, 185, 186, 264, 410
Heldenreise 130, 132–134
Historismus 63–65, 370, 371
Hochkultur 62, 250–255
Höhere und Niedere Musik 61, 62, 91
Hollywood-Sound 44, 99–103, 113, 218, 220, 223, 236, 256, 257, 546–548
Horror 42, 52, 125, 127, 153, 187, 206
Human Turn 192–194, 258, 538, 586, 595
Hybrid-Sound. *Siehe* Hyperorchester
Hyperorchester 115, 116, 154–156, 242–244, 448, 454, 455, 582

Idée fixe 66, 82, 223, 551
Inhaltsanalyse. *Siehe* Qualitative Inhaltsanalyse
Instrumentalismus 68–71, 92, 570–572, 577

Sachregister

Jazz 6, 110, 112, 115, 148, 189, 305, 342, 513, 515, 522, 530, 531, 538, 546, 547
Jenaer Frühromantiker*innen. *Siehe* Frühromantiker*in

Kitsch 61, 261, 265, 369, 394
Klassik. *Siehe* Klassische Musik
Klassische Musik 6, 9, 19, 51, 62, 63, 71, 72, 92, 93, 105, 253, 254, 256, 299, 340, 344, 394, 515, 546, 547
Kollaboration. *Siehe* Teamarbeit
Kolonialismus. *Siehe* Postkolonialismus
Kommerzialisierung 27, 32, 61, 131, 232–237, 247, 249, 259–265, 310, 311, 313, 314, 368, 369, 384–386, 394, 395, 397, 398
Komponist*innen-Typ 332–347, 413, 414, 562–566, 578–581
Kompositionstechnik 217–232, 380–384
Kontinuitätsfunktion. *Siehe* Funktion
Kritische Theorie 260–263
Künstliche Intelligenz (KI) 128, 129, 190, 191, 595
Kunstmusik. *Siehe* Hochkultur
Kunstreligion 55–58, 60, 365–367

Leitmotivik 74–86, 100, 104, 115, 141–143, 159, 160, 162, 163, 196, 201, 223–227, 280, 336, 344, 374, 375, 410, 545, 555, 571, 572
Ludomusicology. *Siehe* Videogames

Main Title 163–165, 178–182, 185–187, 191, 194, 410–412, 551, 552
Make-believe 125, 162, 540
Marvel Cinematic Universe (MCU) 124, 129, 180, 181, 445–452
Mediantik 88, 144–146, 423, 458, 466, 467
Minimal Music 184, 479, 481, 488, 496, 507, 509, 547
Mittlere Musik. *Siehe* Höhere und Niedere Musik
Modell. *Siehe* Romantik-Modell
Modell Romantik (Graduiertenkolleg) 2
Moderne 12, 15, 32, 36, 63, 120, 121, 131, 370
Monomythos. *Siehe* Heldenreise
Mood-Technik 219–222, 228, 552, 553
Musikalische Substanz 281, 293, 294, 311, 321, 322, 368, 375, 382, 391, 411, 561, 571
Musikdrama 23, 25, 26, 70, 74–86, 100, 177, 178, 223, 224, 374, 375

Musique Concrète. *Siehe* Neue Musik
Mythenbildende Funktion. *Siehe* Funktion
Mythos 18–35, 360–363, 570–572, 576
– Medialer Mythos 119–124, 159–161, 196, 207, 213–216, 379, 380
– Mythische Funktion. *Siehe* Funktion
– Mythischer Raum 29, 30, 34, 77, 83, 85, 119–124, 396, 550–552, 565, 566, 571
– Wagnerscher Mythos 22–28, 76, 77

Nationalismus 27, 46, 48–50, 72, 88, 256, 257, 585
Nationalsozialismus 27, 110–112, 531
Naturideal 26, 27, 36, 58, 63, 72–74, 77, 78, 128, 305, 576
Neo-Riemannsche Theorie 142, 146, 150
Neudeutsche Schule 64, 91, 92, 152, 166, 205, 259, 263
Neue Musik 15, 92, 93, 110, 98, 99, 153–155, 157, 171, 182, 183, 194, 195, 227, 250, 261–263, 377, 546–548
Neue Mythologie 19–22, 26, 54, 131, 396, 397, 576
Niedere Musik. *Siehe* Höhere und Niedere Musik
Nostalgie 36, 41, 45, 109, 116, 165, 264, 363, 398
Novum 127

Oper 22–23, 26, 47, 51, 72, 74–80, 99, 100
Orchestralismus 69–71, 76, 80, 81, 104–107, 371–373, 398, 399, 546–548
Othering 48, 167–171, 187, 190, 193, 195, 258, 552, 555–557

Poetizität 14, 52–55, 65–68, 71, 88, 152, 175, 364, 365, 397, 398, 566, 567, 570–572
Postkolonialismus 2, 48–50, 168, 195, 244, 255–259, 391–393, 581, 585, 586
Popkultur 8, 61, 121, 172, 247–250, 340, 343, 344, 558, 563
Popmusik 62, 250, 255, 312, 313, 341, 372, 373, 383, 384, 546, 547, 595
Popularmusik. *Siehe* Popmusik
Popsong. *Siehe* Song
Postmoderne. *Siehe* Moderne
Präexistente Musik 67, 97, 139, 172, 177, 229–232, 341
Produktionsprozess 237–244, 273–290, 588
Programmmusik 67–69, 91, 92, 205, 206

Qualitative Inhaltsanalyse 269, 271

Rocksong. *Siehe* Song
Romantik 11–93
– Historische Romantik 9, 11–12, 16
– Romantik-Modell 1–5, 8–10, 395–399, 566–574, 575–578
– Romantizismus 12, 16, 17, 141–148, 360–375, 575–578
– Schauerromantik. *Siehe* Ästhetik des Erhabenen

Science-Fiction 37, 124–128, 173–196, 477, 478, 562, 583
Sehnsucht 13, 36, 37, 397, 568, 570–572
Semiologie. *Siehe* Semiotik
Semiotik 20, 21, 28, 33, 34, 85
Sense of Wonder 47, 167, 185, 195, 392
Serialisierung 67, 117, 196–203, 291, 363, 379, 587
Serie. *Siehe* Serialisierung
Serielle Musik. *Siehe* Neue Musik
Sinfonismus 55, 57, 68–71, 84, 104, 107, 110, 141–143, 371–373
Song 97, 108, 109, 171–173, 189, 190, 194–195, 229–232, 235, 312, 372, 383–384, 547, 548, 552, 558, 559
Sounddesign 97, 98, 108, 154–158, 226, 227, 242, 243, 377, 388–390, 557, 558, 582, 583
Sound Studies 154, 155, 595
Source Music 96–98
Spätmoderne. *Siehe* Moderne
Standardsituation 123, 124, 184, 221, 554, 555, 587
Star Wars 104–107, 163–165, 188, 512–519, 531–533, 541–544

Stil. *Siehe* Stilistik
Stilistik 65–91, 137–158, 194–196, 376, 377, 571–573
Substanz. *Siehe* Musikalische Substanz
Superhelden (Subgenre) 129–132, 173–194
Symbol 28–31, 34, 35, 77, 212, 223, 224

Teamarbeit 236, 240–242, 289, 290, 298, 299, 309, 341, 342, 566
Temp-Track 176, 229, 239, 278, 387, 388
Territorialisierung 160, 211
Tonalität. *Siehe* Harmonik
Topic 143, 160, 161, 221, 466
Transformational Theory 142
Triadische Chromatik 150, 151, 167, 410, 545, 546, 570, 571

Underscoring 218, 219, 551–553
Ungleichzeitigkeit 39, 60, 147, 361
Universalpoesie. *Siehe* Poetizität
Ursatz 87
Utopie 35–45, 48, 94, 128, 133, 165, 172, 363, 364, 397, 568, 571–573
– Utopie-Dystopie-Dichotomie 190, 195, 413
U-Musik (Unterhaltungsmusik). *Siehe* Popmusik

Videogames 122, 197, 378, 593, 595
Virtuosität 58–62, 237, 254, 367, 398, 568, 569
Volkslied 46, 61, 71–74, 78, 170, 218, 256, 257, 277, 423, 424, 439, 440, 518, 546, 547, 556

Wirkungsforschung. *Siehe* Funktion

www.ingramcontent.com/pod-product-compliance
Lightning Source LLC
Chambersburg PA
CBHW070753300426
44111CB00014B/2394